MI 5

Das Buch

Für wen hat Mata Hari wirklich spioniert? Was genau haben Kim Philby und die legendären Cambridge Five an Stalin verraten? Wie wurde der Atomspion Klaus Fuchs enttarnt? In seiner großen Geschichte des britischen Geheimdienstes MI 5 lässt Christopher Andrew, einer der führenden Experten, einschlägige Ereignisse und Personen der Geheimdienstgeschichte des 20. Jahrhunderts in neuem Licht erscheinen. Er offenbart die Identität zahlreicher Topspione und räumt mit hartnäckigen Mythen auf.

Am Anfang stand die Angst vor einer Invasion der »Hunnen«. Doch spätestens im Ersten Weltkrieg hatte man die Spionageaktivitäten der Deutschen im Griff. Im Zweiten Weltkrieg gelang es dann mit hoher Effizienz, deutsche Spione umzudrehen und als Doppelagenten einzusetzen. Weit weniger effektiv war der MI 5 gegenüber der sowjetischen Infiltration. Im Kalten Krieg kam die Abwehr von Technologie- und Wirtschaftsspionage hinzu, in der Gegenwart vor allem der Terrorismus der IRA und islamistischer Gruppen. Andrews Buch schildert erstmals umfassend und mit einer Fülle unbekannter Details die Triumphe und Niederlagen dieser geheimnisumwitterten Institution.

Der Autor

Christopher Andrew, Professor für Neuere Geschichte und Zeitgeschichte an der Cambridge University. Leiter der British Intelligence Study Group, die umfassenden Zugang zu britischen Geheimdienst-Unterlagen hat. Zahlreiche Buchveröffentlichungen zur Geschichte der Geheimdienste, darunter der Weltbestseller *Das Schwarzbuch des KGB. Moskaus Kampf gegen den Westen* (1999).

Von Christopher Andrew ist in unserem Hause bereits erschienen:

Das Schwarzbuch des KGB 2 (2006)

Christopher Andrew

MI 5

Die wahre Geschichte des britischen Geheimdienstes

Aus dem Englischen von
Stephan Gebauer, Enrico Heinemann und Norbert Juraschitz

List Taschenbuch

Besuchen Sie uns im Internet:
www.list-taschenbuch.de

Ungekürzte Ausgabe im List Taschenbuch
List ist ein Verlag der Ullstein Buchverlage GmbH, Berlin.
1. Auflage September 2011
© für die deutsche Ausgabe
Ullstein Buchverlage GmbH Berlin 2010/Propyläen Verlag
© Crown 2009
Titel der englischen Originalausgabe:
The Defence of the Realm. The Authorized History of MI 5 (Penguin, London)
Konzeption: semper smile Werbeagentur GmbH, München
Umschlaggestaltung: bürosüd° GmbH, München
(nach einer Vorlage von Morian & Bayer-Eynck, Coesfeld)
Satz: LVD GmbH, Berlin
Gesetzt aus der Aldus
Papier: Creamy von Stora Enso Werk Anjala, Finnland
Druck und Bindearbeiten: CPI – Clausen & Bosse, Leck
Printed in Germany
ISBN 978-3-548-61028-3

Inhalt

Vorwort des Generaldirektors des Security Service 7
Vorwort 11
Danksagung 16

A Die deutsche Bedrohung, 1909–1919
Einleitung: Die Ursprünge des Secret Service Bureau 19
1 »Die Spione des Kaisers«: Spionageabwehr vor dem Ersten Weltkrieg 51
2 Der Erste Weltkrieg. Teil 1: Das Scheitern des deutschen Geheimdienstes 85
3 Der Erste Weltkrieg. Teil 2: Der Aufstieg der Subversionsabwehr 124

B Zwischen den Kriegen
1 Die Rote Gefahr in den zwanziger Jahren 161
2 Die Rote Gefahr in den dreißiger Jahren 188
3 Der britische Faschismus und die Bedrohung durch die Nazis 221

C Der Zweite Weltkrieg
1 Täuschung 258
2 Sieg 287

D Die Frühphase des Kalten Krieges
1 Spionageabwehr und sowjetische Infiltration: Igor Gusenko und Kim Philby 325
2 Zionistische Extremisten und Terrorbekämpfung 347
3 Venona, Sicherheitsüberprüfungen, Atomspione und Gefahrenabwehr 366
4 Die Jagd auf die »Magnificent Five« 402
5 Das Ende des britischen Weltreichs: Teil I 431

  6 Das Ende des britischen Weltreichs: Teil II   458
  7 Die Regierung Macmillan: Spionageskandale und die Profumo-Affäre   486

E Die Spätphase des Kalten Krieges

  1 Operation FOOT und die Spionageabwehr in den siebziger Jahren   513
  2 Der Kampf gegen den Terror und Gefahrenabwehr Anfang der Siebziger   541
  3 Der Kampf gegen den Terror und Gefahrenabwehr Ende der Siebziger   577
  4 Der Kampf gegen den Terror und Gefahrenabwehr Anfang der Achtziger   593
  5 Spionageabwehr im letzten Jahrzehnt des Kalten Krieges   622
  6 Der Kampf gegen den Terror und Gefahrenabwehr Ende der Achtziger   657

F Nach dem Kalten Krieg

  1 Religiös motivierter Terror   681
  2 Nach dem 11. September   700

Schlussfolgerung
Die ersten hundert Jahre des Security Service   723

Anhang 1
Direktoren und Generaldirektoren, 1909–2009   753

Anhang 2
Personalstand des Security Service, 1909–2009   754

Anhang 3
Aufbau und Zuständigkeitsbereiche der Branches/Divisionen des Security Service, 1914–1994   755

Anmerkungen   765
Abkürzungsverzeichnis   879
Bibliografie   881
Code- und Aliasnamen   901
Personenregister   903

Vorwort des Generaldirektors des Security Service

Ich freue mich sehr über die Gelegenheit, ein Vorwort zu Christopher Andrews vom Security Service genehmigter Geschichte unseres Nachrichtendienstes schreiben zu können. Stephen Lander, der von 1996 bis 2002 Generaldirektor war, wollte das hundertjährige Bestehen unserer Behörde im Jahr 2009 mit einer Geschichte des Security Service feiern und leitete das Projekt ein, dessen Ergebnis dieses Buch ist. Sowohl seine direkte Nachfolgerin Eliza Manningham-Buller als auch ich waren eng in die Entstehung des Werkes eingebunden. Wir waren von Anfang an davon überzeugt, dass einer »offenen«, einem breiteren Publikum zugänglichen Darstellung der Vorzug vor einer »geschlossenen«, lediglich für den internen Gebrauch bestimmten Geschichte gegeben werden sollte, da es für den Erfolg des Security Service unabdingbar ist, dass die Gesellschaft seine Tätigkeit versteht und unterstützt. Außerdem sollte diese Geschichte von einem unabhängigen Historiker geschrieben werden, der die Erfolge und Misserfolge unseres Nachrichtendienstes in seinen ersten hundert Jahren objektiv beurteilen kann. Wir schätzen uns glücklich, mit Professor Andrew einen Autor gefunden zu haben, der sich durch eine außergewöhnliche Kenntnis der Nachrichtendienste, eine besondere Fähigkeit, aus der gewaltigen Materialfülle die wesentlichen Erkenntnisse herauszufiltern, sowie durch seine Beharrlichkeit auszeichnet, seine eigenen Schlüsse zu ziehen. Ich möchte ihm für seine Professionalität und sein Engagement für dieses Projekt danken.

Ein Großteil der Arbeit des Security Service muss selbstverständlich geheim bleiben. Wir haben die Pflicht, jene zu schützen, die uns mit Informationen versorgen, und uns das Vertrauen dieser und anderer Personen auch für die Zukunft zu erhalten. Und wir müssen jene, die unserem Land und seiner Bevölkerung Schaden zufügen wollen, daran hindern, sich Informationen zu beschaffen, die ihnen die Verwirklichung ihrer Vorhaben ermöglichen könnten. Diese Einschränkung hat es zu einer sehr verantwortungsvollen Aufgabe gemacht, eine für die Veröffentlichung bestimmte Geschichte des Security Service bis zur Gegenwart zu schreiben. Ich glaube nicht, dass bisher irgendein anderer großer Nachrichtendienst auf der Welt einen ähnlichen Versuch unternommen hat. Doch ich bin ebenso wie meine an diesem Vorhaben beteiligten Vorgänger davon überzeugt, dass es ein lohnenswertes Unterfangen ist.

Der Security Service des Jahres 2009 ist sehr viel offener als jener des Jahres 1909. Auch im Jahr 1980, als ich in den Dienst eintrat, war er noch weit von einer vergleichbaren Offenheit entfernt. Diese Veränderung trägt der Tatsache Rechnung, dass die Gesellschaft von den öffentlichen Einrichtungen erwartet, Rechenschaft über ihre Tätigkeit abzulegen. Und sie trägt der veränderten Natur der Bedrohungen Rechnung. In den ersten achtzig Jahren seiner Existenz hatte sich der Security Service in erster Linie mit verschiedenen Formen ausländischer Spionage auseinanderzusetzen. Die Gegenspionage ist weiterhin ein wichtiger Bestandteil unserer Tätigkeit, aber in den letzten zwanzig Jahren ist eine andere Bedrohung in den Vordergrund getreten: Der Terrorismus hat sehr viel größere unmittelbare Auswirkungen auf das Leben des durchschnittlichen britischen Bürgers als Spionage oder andere Bedrohungen, mit denen der Security Service zu tun gehabt hat. Daher muss unsere Behörde innerhalb der vom Gesetz gezogenen Grenzen möglichst offen und transparent sein. Die Offenheit gegenüber der Gesellschaft festigt das Vertrauen der Bürger in ihren Nachrichtendienst, was es uns erleichtert, die nationale Sicherheit zu schützen. In den letzten zwanzig Jahren haben wir begonnen, die Identität unserer Generaldirektoren preiszugeben. Wir sind dazu übergegangen, Stellen offen auszuschreiben. Wir haben eine öffentliche Website eingerichtet, und wir haben begonnen, einen Teil unserer älteren Aufzeichnungen dem Nationalarchiv zur Verfügung zu stellen. Diese und andere Maßnahmen entspringen unserem Bemühen um ein Höchstmaß an Offenheit. Die vorliegende Geschichte unseres Nachrichtendienstes ist der jüngste und in vieler Hinsicht ehrgeizigste Ausdruck dieses Bemühens.

Professor Andrew und Vertreter des Security Service mussten zahlreiche ausführliche Gespräche führen, um die komplexe und schwierige Aufgabe zu bewältigen, in diesem Buch ein Gleichgewicht zwischen dem Bemühen um Offenheit und der Notwendigkeit des Schutzes der nationalen Sicherheit herzustellen. Anschließend mussten andere Behörden in einem aufwändigen Freigabeverfahren um ihre Einwilligung in die Veröffentlichung sie betreffende Informationen eingebunden werden. Die vorliegende Geschichte des Security Service enthält so manche Information, die für die Behörde unangenehm ist. Es wurden nur jene Informationen eliminiert, deren Offenlegung die nationale Sicherheit beeinträchtigt hätte oder für das allgemeine Interesse irrelevant gewesen wären (dies traf auf einige wenige Fälle zu). Es liegt auf der Hand, dass aus der Darstellung der jüngeren Vergangenheit mehr Material gestrichen werden musste, weil seine Offenlegung die nationale Sicherheit gefährdet hätte. Da das Urteil darüber, was aus Gründen der nationalen Sicherheit gestrichen werden sollte, sehr schwierig ist, werden die Prinzipien, nach denen wir uns bei der Beurteilung des Textes gerichtet haben, auf unserer Website genau erläutert (www.mi5.gov.uk/output/centenary-history-policy-on-disclosure.html). Wir haben vor allem darauf geachtet, dass sämtliche Angaben im Text mit dem von der Regierung angewandten Grundsatz »Weder bestätigen noch dementieren« vereinbar sind und gleichzeitig den Zielen dienen, die wir mit der Veröffentlichung von Professor Andrews Arbeit verfolgen. Dieser Freigabeprozess hat zur Folge, dass das Buch nichts enthält, was die nationale Sicherheit beeinträchtigen könnte.

Die Schlüsse, die Professor Andrew gezogen hat, beruhen auf seinem persönlichen Urteil und müssen sich nicht mit der Einschätzung des Security Service oder der Regierung decken. Ein wesentliches Element des Projekts war, dass Professor Andrew die Unabhängigkeit zugestanden wurde, seine eigenen Schlüsse zu ziehen, gleichgültig, ob sie den Security Service in ein vorteilhaftes oder abträgliches Licht rücken. Professor Andrew hat nicht nur auf die Aufzeichnungen unserer Behörde, sondern auch auf zahlreiche andere Informationsquellen zurückgegriffen. Es wäre daher falsch anzunehmen, seine Ergebnisse beruhten ausschließlich auf für die Öffentlichkeit unzugänglichem Material aus unserem Archiv. Bei dem vorliegenden Werk handelt es sich nicht um eine »offizielle« Geschichte im Sinne des staatlichen Forschungs- und Publikationsprogramms für amtliche historische Darstellungen der Tätigkeit staatlicher Einrichtungen.

Ich hoffe, Sie werden Vergnügen an der Lektüre der Geschichte unseres Nachrichtendienstes haben und so wie ich zu der Einschätzung gelangen, dass dieses Werk einen vollkommen neuen Einblick in einen wichtigen Bestandteil des Lebens unserer Nation im vergangenen Jahrhundert und in die Arbeit der vielen engagierten Mitarbeiter des Security Service gewährt, deren Leistungen kaum von der Öffentlichkeit zur Kenntnis genommen wurden, was auch in Zukunft weitgehend so bleiben dürfte.

Jonathan Evans

Vorwort

Der Security Service (MI5) ist in seiner hundertjährigen Geschichte für Außenstehende zumeist eine geheimnisvolle Organisation gewesen. Eine britische Regierung nach der anderen wollte es so. Wie die übrigen Geheimdienste sollte sich der Inlandsnachrichtendienst nach Möglichkeit dem Blick der Öffentlichkeit entziehen. Der Historiker Sir Michael Howard sagte im Jahr 1985: »Wenn es nach der offiziellen Haltung der Regierung geht, existieren die britischen Sicherheits- und Nachrichtendienste nicht. Feindliche Agenten fallen vom Himmel, und geheimdienstliche Informationen bringt der Storch.« So waren sowohl die Vergangenheit als auch die Gegenwart des Security Service stets ein offizielles Tabu. Selbst nach dem Ende des Kalten Krieges hätten sich die Mitarbeiter kaum vorstellen können, dass der Nachrichtendienst seinen hundertsten Geburtstag im Jahr 2009 mit der Veröffentlichung dieser Geschichte feiern würde.

Das erste Jahrhundert des britischen Inlandsgeheimdienstes kann abhängig von der Verschiebung der Prioritäten in sechs Abschnitte unterteilt werden (die aus dem Inhaltsverzeichnis hervorgehen): 80 Jahre lang war es die Aufgabe des Security Service, »das Reich zu verteidigen«. Die Gegner waren abwechselnd Deutschland und Russland und ihre Anhänger auf britischem Boden. Bis zum Ersten Weltkrieg und in den beiden Weltkriegen war der MI5 vor allem darum bemüht, die deutschen Geheimdienstoperationen zu bekämpfen. Hingegen galt es in der Zwischenkriegszeit und im gesamten Kalten Krieg vor allem, die in den Augen des Inlandsnachrichtendienstes miteinander verknüpften Bedrohungen durch die sowjetische Spionage und die kommunistische Unterwanderung abzuwehren. Während es dem MI5 gelang, sowohl die Nachrichtendienste von Kaiser Wilhelm II. als auch den Geheimdienst Hitlers in die Schranken zu weisen, erwies sich der sowjetische Geheimdienst als härterer Widersacher. Erst mit der Massenausweisung von Agenten des KGB und der GRU aus London im Jahr 1971 gewann der Security Service die Oberhand in dieser Auseinandersetzung.

Anlässlich des 25-jährigen Bestehens des MI5 im Jahr 1934 erklärte der stellvertretende Leiter: »Unser Security Service ist nicht national, er ist imperial.« Im ersten Vierteljahrhundert nach dem Zweiten Weltkrieg durften die Agenten und viele weitere Mitarbeiter des MI5 damit rechnen, zwischen einem Viertel und einem Drittel ihrer Laufbahn im Empire und im Commonwealth zu verbringen. Eine Analyse der Rolle des Inlandsnachrichtendienstes in den »Überseegebieten« erweitert unser Verständnis der britischen Entkolonialisierung. Bis zum Beginn der »Troubles« im Jahr 1969 wusste der Security Service über Nordirland sehr viel weniger als über das englischsprachige Afrika. Und er besaß kaum Erfahrung in der Terrorbekämpfung. Noch im Jahr 1974 flossen lediglich 7,5 Prozent der Mittel des MI5 in die Auseinandersetzung mit der IRA und internationalen Terrorgruppen, die praktisch zeitgleich mit den Troubles als Sicherheitsbedrohung erkennbar wurden. Bis 1992 kam die nachrichtendienstliche Führungsrolle im Kampf gegen die IRA nicht dem Security Service, sondern der Special Branch der Metropolitan Police (Scotland Yard) zu.

Mit dem Ende des Kalten Krieges und dem Zerfall der Sowjetunion änderten sich die Prioritäten des Security Service. Seine vorrangige Aufgabe wurde nun die Terrorbekämpfung. Seitdem musste er zwei gefährliche terroristische Offensiven abwehren: jene der IRA, die in den neunziger Jahren eine größere Bedrohung für das britische Kernland darstellte als je zuvor, sowie jene der islamistischen Terroristen, die sich im ersten Jahrzehnt des 21. Jahrhunderts als noch gefährlicher erwiesen. Im Jahr 2007 untersuchte der MI5 30 »aktive« Terrorvorhaben, mehr als je zuvor in der britischen Geschichte.

Die Verschiebung der Prioritäten des Security Service ging mit einem grundlegenden Wandel des Bildes einher, das sich die Öffentlichkeit von der Behörde machte. In den letzten Jahren des Kalten Kriegs wurde dem Nachrichtendienst klar, dass die britische Gesellschaft offener und unbotmäßiger wurde. Die Folge war, dass eine über das für die erfolgreiche Tätigkeit des MI5 erforderliche Maß hinausgehende Geheimhaltung das Vertrauen der Öffentlichkeit in den Nachrichtendienst untergrub und die Ausbreitung von Verschwörungstheorien begünstigte. Zum ersten Mal machte die jüngere Geschichte des Security Service Schlagzeilen, wobei jene beiden Episoden, die das größte öffentliche Aufsehen erregten, dem Ansehen des Nachrichtendienstes schadeten, obwohl sie vollkommen fiktiv waren: Gemeint sind die frei erfundene Karriere von Sir Roger Hollis (Generaldirektor von 1956 bis 1965) als sowjetischer Agent und die ebenfalls nicht existente Verschwörung zum Sturz des Labour-Premierministers Harold Wilson.

Im Jahr 1989 wurde die Tätigkeit des MI5 mit der Verabschiedung des Security Service Act erstmals in seiner Geschichte auf eine gesetzliche Grundlage gestellt. Drei Jahre später wurde zum ersten Mal die Ernennung eines Generaldirektors öffentlich bekannt gegeben, und gleichzeitig wurde das Amt zum ersten Mal mit einer Frau besetzt. Stella Rimington sah einen ihrer wichtigsten Erfolge an der Spitze des MI5 in der »Entmystifizierung der Behörde« und in der »Aufklärung der Öffentlichkeit und der Medien«. Weiter vorangetrieben wurde die Entmystifizierung durch die Einrichtung eines parlamentarischen Ausschusses zur Beaufsichtigung der Nachrichtendienste (des Intelligence and Security Committee), der von nun an jährlich über die britischen Geheimdienste Bericht erstattete. Einige der grob vereinfachten Schlagzeilen zu Rimingtons Ernennung im Jahr 1992 (darunter eine Blüte wie »Zweifache Mutter nimmt sich Terroristen zur Brust«) waren undenkbar geworden, als ihre Amtszeit im Jahr 1996 endete. Ein Jahr später begann der MI5 freie Posten öffentlich auszuschreiben.

Allerdings hat die Entmystifizierung des Security Service weiterhin Grenzen. An der Geheimhaltung sämtlicher laufenden Operationen und der Tarnung der Identität von Mitarbeitern und Agenten hat sich seit der Gründung des MI5 wenig geändert. Hingegen hält sich der Nachrichtendienst mittlerweile weniger bedeckt, was seine vergangenen Aktivitäten anbelangt: Seit 1997 sind über 4000 Akten zur Geschichte der Behörde im ersten halben Jahrhundert ihres Bestehens an das Nationalarchiv übergeben worden. Diese Akten haben den Rohstoff für zahlreiche innovative historische Forschungsarbeiten geliefert.

Im Jahr 2002 machte sich der Security Service auf die Suche nach einem Historiker, der zum hundertjährigen Bestehen der Behörde ihre offizielle Geschichte verfassen sollte, und interviewte eine

Reihe von Bewerbern. Ich hatte das Glück, dass die Wahl auf mich fiel. Im Jahr 2003 machte ich mich in der Zentrale des MI5 im Thames House an die Arbeit. Von da an erhielt ich praktisch ungehinderten Zugang zu den Akten des Nachrichtendienstes aus dem 20. Jahrhundert sowie zu der begrenzten Zahl von Aufzeichnungen aus dem 21. Jahrhundert, die ich einsehen wollte. Kein anderer der großen Geheimdienste hat je einem externen Historiker einen derart umfassend Einblick in sein Innenleben gewährt. Einige der Akten, die ich zu sehen bekam, enthielten Informationen über Nachrichtendienstquellen und Arbeitsmethoden, die, wie von vornherein klar war, nicht veröffentlicht werden durften. Ich hielt es jedoch für wichtig, diese Akten zu studieren, um sicherzugehen, dass die Schlüsse, die ich aus Dokumenten zog, aus denen zitiert werden konnte, nicht dem Inhalt von weiterhin geheimen Akten widersprachen. Wie anderen Verfassern offizieller historischer Darstellungen in Großbritannien wurde mir vor Beginn der Arbeit zugesichert, dass der Auftraggeber nicht versuchen würde, irgendeines meiner Ergebnisse zu korrigieren. An diese Zusicherung hat sich der Security Service gehalten.

Die Freigabe dieses Werkes hat sich, wie nicht anders zu erwarten, in die Länge gezogen. Es besteht ein unvermeidliches Spannungsverhältnis zwischen den Erfordernissen der nationalen Sicherheit und den Wünschen der Historiker. Wie die Kollegen im Security Service bestätigen können, habe ich mich mit Nachdruck für die Freigabe von in meinen Augen bedeutsamem Material eingesetzt. In einigen Fragen war dies schwierig. Es gibt zahlreiche – überwiegend vertrauliche – Belege dafür, dass der Security Service mit Recht darauf beharrt, dass die Identität der meisten früheren Agenten nicht preisgegeben werden dürfe, um das Vertrauen der gegenwärtigen Mitarbeiter in ihren Arbeitgeber nicht zu erschüttern. Dennoch hat die Behörde einen neuen Weg beschritten, indem sie mir die Möglichkeit gegeben hat, diese historische Untersuchung bis in die Gegenwart zu führen.

Als besonders schwierig hat sich die Freigabe jener Erkenntnisse erwiesen, die andere Regierungsstellen betreffen. Eine auf den Erfordernissen anderer Behörden beruhende Kürzung ist meiner Meinung nach kaum zu rechtfertigen. Dieses und andere Probleme, die mit der Frage zu tun haben, inwieweit frühere Geheimdienstoperationen mit Blick auf die nationale Sicherheit geheim gehalten werden müssen, verdienen meiner Meinung nach eine Prüfung durch den parlamentarischen Nachrichtendienstausschuss (obwohl die Entscheidung darüber selbstverständlich beim Ausschuss liegt).

Danksagung

Der Umfang des Archivs des Security Service fasziniert den Besucher und schüchtert ihn gleichzeitig ein. Es sind fast 400 000 Akten erhalten geblieben, die vielfach mehrere Bände umfassen. Es wäre mir unmöglich gewesen, mich in diesem gewaltigen Archiv zurechtzufinden, hätte ich nicht auf die Hilfe von zwei großartigen Teilzeit-Forschungsteams zählen können: In der Zentrale des MI5 forschten ein gegenwärtiger und zwei ehemalige Angehörige des Security Service (deren Namen ich bedauerlicherweise nicht nennen kann), und an der Universität Cambridge wurde ich von den Wissenschaftlern Dr. Peter Martland und Dr. Calder Walton unterstützt. Es war eine Freude, mit ihnen zu arbeiten.

Bei der Arbeit an der Geschichte des 100 Jahre alten Security Service standen mir drei aufeinanderfolgende Generaldirektoren mit unverzichtbarer Hilfe zur Seite: Sir Stephen Lander, der die Idee hatte, Baroness Manningham-Buller und Jonathan Evans. Das Forschungsteam ist auch all jenen Angehörigen zu großem Dank verpflichtet, die erhellende Kommentare zu Kapitelentwürfen und meinen Vorträgen zur Geschichte des Inlandsnachrichtendienstes abgaben. Wir danken auch den zahlreichen MI5-Mitarbeitern im Ruhestand, auf deren Erinnerungen wir zurückgreifen durften, sowie jenen, die uns bei der Verwaltung, im Sekretariat, in der Datenverarbeitung und anderen Bereichen zur Seite standen. Obwohl die gegenwärtigen und ehemaligen Angehörigen des Security Service mit Ausnahme von den Generaldirektoren nicht namentlich genannt werden können, wissen sie, wie dankbar wir ihnen sind.

Bei der Arbeit an diesem Buch habe ich sehr von der intellektuellen Anregung durch das Nachrichtendienstseminar der Universität Cambridge profitiert, in dem eine bemerkenswerte Gruppe von Postgraduates aus aller Welt versammelt ist, die Experten für die Rolle der Geheimdienste in einer Vielzahl von Bereichen sind, denen frühere Generationen von Gelehrten keine Aufmerksamkeit geschenkt haben. Ich habe viel von ihnen gelernt: Ihre Doktorarbeiten zu Themen, die mit der Geschichte des Security Service zusammenhängen, sind in den Anmerkungen und der Bibliografie angeführt. Ich bedanke mich auch bei Dr. Tony Craig vom Nachrichtendienstseminar für die Nachforschungen, die er im Nationalarchiv für die Jubiläumsgeschichte anstellte. Wie wertvoll die Arbeit der Geschichtsstudenten in Cambridge ist, die zu unterrichten ich mich glücklich schätzen darf, zeigt das Beispiel von Pete Gallaghers bahnbrechender Dissertation, die Ende des Jahres 2009 erscheinen wird und in diesem Buch an drei Stellen zitiert wird.

Unter meinen Historikerkollegen bin ich insbesondere Dr. Nicholas Hiley zu Dank verpflichtet, der eine unvergleichliche Kenntnis des frei zugänglichen Materials über die Anfänge der modernen britischen Nachrichtendienste mit einem beneidenswerten Fachwissen über die britischen politischen Karikaturen verbindet.

Die Geschichte zum hundertjährigen Bestehen des MI5 hat so wie ihr Autor das große Glück gehabt, von Stuart Proffitt und Peter James im Lektorat von Penguin und vom Literaturagenten des Security Service Bill Hamilton betreut zu werden, die alle zu den Besten auf ihrem Gebiet gehören. In Cambridge haben mir Jane Martin und Kate Williams vom Corpus Christi College mit freundlichem Nachdruck geholfen, meine akademischen und administrativen Pflichten so effizient zu organisieren, dass es mir möglich war, dieses Werk zu bewältigen.

Im gesamten Verlauf dieses ebenso spannenden wie anspruchsvollen Projekts waren meine Frau Jenny, unsere Kinder, ihre Partner und unsere Enkelkinder wie immer meine größte Inspiration.

Christopher Andrew

A Die deutsche Bedrohung, 1909–1919

Einleitung:
Die Ursprünge des Secret Service Bureau

Der Security Service (MI5) und der Secret Intelligence Service (SIS oder MI6) nahmen den Betrieb im Oktober 1909 als eine einzige Organisation auf. Das Secret Service Bureau hatte seinen Sitz in Räumen, die ein Privatdetektiv, der Chief Inspector im Ruhestand Edward »Tricky« Drew, in der Londoner Victoria Street 64 gegenüber dem Army and Navy Stores gemietet hatte.[1] Anfangs arbeiteten nur zwei Offiziere in dem Büro: Mansfield Cumming, ein 50-jähriger Oberstleutnant der Marine, und der 14 Jahre jüngere Vernon Kell, ein Hauptmann des Heeres. Die beiden lernten sich am 4. Oktober kennen, als sie, wie es in Cummings Tagebuch heißt, »über die Zukunft plauderten« und sich »darauf einigten, gemeinsam für den Erfolg unserer Sache« zu arbeiten.[2] Später übernahmen Cumming und Kell die Leitung der neuen Abteilungen SIS (MI6) beziehungsweise MI5. Doch bis dahin saßen sie mehrere Monate im selben Raum und waren bemüht, sich mit sehr geringen Mitteln »sowohl mit der feindlichen Spionage in unserem Land als auch mit der Tätigkeit unserer Auslandsagenten zu beschäftigen«.[3]

Gegründet wurde das Secret Service Bureau auf Empfehlung eines Unterausschusses des Committee of Imperial Defence, jenes Ausschusses, der für die Planung der Verteidigung des Königreiches verantwortlich war. Das Committee war im März 1909 von der liberalen Regierung unter Herbert Asquith angewiesen worden, »Natur und Umfang der ausländischen Spionage, die gegenwärtig in unserem Land betrieben wird, und die Gefahr, die sie für uns darstellt«, zu untersuchen.[4] Am 24. Juli berichtete der Ausschuss: »Die vorgelegten Belege lassen keinen Zweifel daran, dass in unserem Land ein umfassendes deutsches Spionagesystem existiert und dass wir keine Organisation haben, um diese Spionage zu beobachten und ihr Ausmaß oder ihre Ziele richtig einzuschätzen.«[5] Die meisten europäischen Militärs wären über die schlechte Verfassung des britischen Geheimdienstes erstaunt gewesen. Seit den Tagen, als es dem von Sir Francis Walsingham, dem Secretary of State Königin Elizabeths I., aufgebauten Geheimdienst gelungen war, mehrere katholische Verschwörungen aufzudecken, herrschte der verbreitete Irrglauben, der britische Geheimdienst habe so wie das britische Empire stetig an Größe und Einfluss gewonnen und seine Tentakeln in alle Winkel der Erde ausgestreckt.

Zur Verbreitung dieses Mythos trug auch der Spionageroman bei, der in der Regierungszeit Edwards VII. (1901–1910) eine Blüte erlebte. Der produktivste und erfolgreichste Autor derartiger Romane, William Le Queux, der angeblich der Lieblingsschriftsteller von Königin Alexandra war, versicherte seinen Lesern: »Der britische Geheimdienst mag in der Öffentlichkeit nicht so präsent sein wie die von Frankreich und Russland entsandten skrupellosen *agents provocateurs*, aber er ist genauso aktiv wie sie. Er arbeitet in der Stille und im Verborgenen, aber er hat schon viele Umtriebe der Feinde Englands erfolgreich bekämpft.«[6] Le Queux (ausgesprochen als »Kju«) brüstete sich damit, persönlich an einigen dieser Triumphe teilgehabt zu haben. In seinem 1903 veröffentlichten Roman *Secrets of the Foreign Office* behielt Le Queux in der leicht durchschaubaren Verkleidung als Duckworth Drew[7], »Geheimagent im Dienst des Foreign Office und neben dem Außenminister ihrer Majestät eine der unerschütterlichen Säulen der englischen Vorherrschaft«, die Oberhand über den altgedienten französischen Außenminister Théophile Delcassé (der ebenfalls nur sehr oberflächlich hinter der Figur des Monsieur Delanne versteckt war). Delcassé alias Delanne »gab zu, dass er nur allzu gerne eine meiner ausgezeichneten leichten Corona Superbos rauchen würde«. Aber dem unaufmerksamen Minister war etwas an Drews Zigarren entgangen: »Bis zum heutigen Tag ahnt Monsieur le Ministre nicht, dass jene spezielle Corona von mir sorgfältig mit einer Lösung von *cocculus indicus* präpariert worden war ...« Vom Rauch der mit Cocculin beträufelten Corona verwirrt, gab der orientierungslose Delanne die Geheimnisse preis, auf die es Drew (der manchmal als Prototyp von James Bond bezeichnet wird) abgesehen hatte.[8] Die von Le Queux konstruierten Phantasiegebilde waren bei den Lesern sehr beliebt, und wie Thomas Hardy und H. G. Wells, die beide sehr viel bessere Schriftsteller waren, erhielt er den Spitzensatz von zwölf Guineen pro tausend Worte und veröffentlichte sehr viel mehr als seine beiden Zeitgenossen.[9]

Auch Rudyard Kipling, ein Mann, der literarisch auf einer ganz anderen Stufe stand als Le Queux, überschätzte die Erfolge des britischen Geheimdienstes – in diesem Fall in der Konfrontation mit Russland an der indischen Nordwestgrenze – erheblich. In *Kim*, dem vermutlich besten aller Spionageromane, der allerdings weit über die Welt der Spionage hinausgeht, spielen unsichtbare, aber allgegenwärtige Agenten der britischen Kolonialmacht »unablässig das Große Spiel*, das Tag und Nacht überall in Indien gespielt wird«. Und das tun sie mit einer Subtilität, der das zaristische Russland, »die drohende Macht aus dem Norden«, und das verbündete Frankreich, dessen Emissäre »niedergeschlagen und hilflos« sind, nichts entgegenzusetzen haben.[10] Für das Kriegsministerium, das War Office, hatte der Mythos eines weitverzweigten britischen Geheimdienstnetzes, unabhängig davon, ob er von Kipling oder weniger begabten Dichtern verbreitet wurde, den Vorteil, dass er die Öffentlichkeit über dessen wahre Schwäche hinwegtäuschte. »Erfreulich ist nur«, erklärte das War Office im Jahr 1907, »dass alle ausländischen Regierungen der unausgesprochenen Überzeugung sind, wir verfügten bereits über einen gut organisierten und wirkungsvollen europäischen Geheimdienst.«[11]

In Wahrheit besaß Großbritannien lediglich kleine und unzureichend finanzierte Nachrichtendienstabteilungen des Heeres und der Marine, die kaum in der Lage waren, geheime Informationen zu sammeln. Dazu kam die Metropolitan Police Special Branch (MPSB), die im Jahr 1883 gegründet worden war, um der Bedrohung der Hauptstadt durch den irisch-republikanischen Terrorismus der Fenian-Bruderschaft zu begegnen. Später weitete die Special Branch ihre Tätigkeit auf die Untersuchung anderer terroristischer und subversiver Bedrohungen aus, konnte jedoch nur im kleinen Rahmen arbeiten und besaß kaum Kenntnisse auf dem Gebiet der Spionageabwehr.[12] Keine der drei Behörden hatte besonderen Einfluss auf die Regierung. Spenser Wilkinson, der erste Chichele Professor für Kriegführung an der Universität Oxford, verglich die Tätigkeit des

---

* The Great Game, die Auseinandersetzung zwischen Russland und Großbritannien um die Vorherrschaft in Zentralasien.

Intelligence Department (ID), der Nachrichtendienstabteilung des Kriegsministeriums, im Burenkrieg (1899–1902) mit dem Verhalten eines Mannes, »der für den gelegentlichen Einsatz ein kleines Gehirn in seiner Westentasche bei sich trägt, seinen Kopf ansonsten jedoch von einem Uhrwerk antreiben lässt«.[13] Die Königliche Kommission für den Krieg in Südafrika gelangte im Jahr 1903 zu dem Schluss, das ID habe »zu wenig Personal für die Vorbereitung eines großen Krieges« gehabt,[14] aber die Forderungen nach einer Reform der Nachrichtendienste und nach einer Aufstockung ihrer Mittel verstummten rasch wieder, als der Krieg aus der öffentlichen Debatte verschwand.

Allerdings wurden im Jahr 1903 innerhalb des Direktoriums für militärische Operationen im Kriegsministerium zwei winzige Abteilungen eingerichtet, das MO2 und das MO3, die für die Auslandsaufklärung beziehungsweise für die Spionageabwehr verantwortlich waren. Das MO3 war der direkte Vorläufer des MI5. Superintendent William Melville, der im vorangegangenen Jahrzehnt die Special Branch der Metropolitan Police geleitet hatte, sollte sowohl für das MO2 als auch für das MO3 die geheimen Untersuchungen durchführen. Er wurde später Chefdetektiv des Security Service in dessen ersten acht Jahren. Da er Anspruch auf eine Polizeipension von 240 Pfund hatte und zusätzlich 400 Pfund vom Kriegsministerium bezog, waren diese Funktionen finanziell attraktiv. Melvilles Ernennung wurde nicht öffentlich bekannt gegeben. Offiziell zog er sich einfach aus der Special Branch zurück und ging in den Ruhestand. *The Times* berichtete, Scotland Yard* habe seinen »derzeit angesehensten Ermittler« verloren.[15] Mit der Ernennung zum MVO (Member of the Royal Victorian Order) anlässlich seines offiziellen Ausscheidens aus dem Amt im Jahr 1903 wurde Melville auch für seinen Beitrag zur Sicherheit von Königin Victoria, König Edward VII. und anderen Mitgliedern der königlichen Familie ausgezeichnet, die er zu einer Zeit, als die europäischen Staatsoberhäupter ständig von revolutionären und anarchistischen Gruppen mit Mord bedroht wurden, mit sehr geringen Mitteln sowohl in der Heimat als auch bei ihren Reisen auf dem Kontinent be-

---

* Die Metropolitan Police wird nach ihrem Sitz auf den »Scotland Yards« auch als Scotland Yard bezeichnet.

schützt hatte. Unter den europäischen Staatsoberhäuptern, die in jener Zeit Mordanschlägen zum Opfer fielen, waren ein russischer Zar, ein französischer Präsident, eine Kaiserin von Österreich-Ungarn, ein König von Italien, Ministerpräsidenten Spaniens und Russlands – jedoch kein britischer Minister oder Angehöriger des Königshauses. Zu den ausländischen gekrönten Häuptern, für deren Sicherheit Melville bei Besuchen in Großbritannien verantwortlich war, zählte Kaiser Wilhelm II., der sich mehrfach mit goldenen Uhren, Ringen und Zigaretten für den Schutz erkenntlich zeigte.[16]

Die Tatsache, dass Melvilles Tätigkeit für den Security Service entsprechend der Personalakte bereits 1903, also sechs Jahre vor der Gründung des MI5, begann, ist ein Beleg dafür, dass seine Arbeit nach 1909 als Fortsetzung und Erweiterung seiner früheren Untersuchungen im Auftrag des Kriegsministeriums betrachtet wurde. Seine Ermittlungsarbeit betrieb Melville aus einem Büro in der Victoria Street 25 in Westminster, wobei er den Decknamen »W. Morgan, General Agent« verwendete.[17] Melville war gut bekannt mit Gustav Steinhauer, der 1901 die Leitung der britischen Abteilung des neuen Aufklärungsdienstes der deutschen Admiralität übernahm, der als »N« bezeichneten Nachrichten-Abteilung. Der ehemalige Berliner Kriminalkommissar, der sich großspurig als »Spion des Kaisers« bezeichnete, war bei Pinkerton in Chicago in die Lehre gegangen und sprach fließend Englisch mit einem amerikanischen Akzent.[18] Er begleitete den Kaiser als persönlicher Leibwächter 1901 nach England, als Wilhelm seiner sterbenden Großmutter Königin Victoria die letzte Ehre erwies und später an ihrem Begräbnis teilnahm. Ein Inspektor der MPSB beschrieb Steinhauer als »gut aussehende, soldatische Erscheinung« und äußerte die Einschätzung, dieser Mann habe »mehr Höfe als Militärlager gesehen«. Steinhauer beschrieb Melville als »einen stillen, zurückhaltenden Mann, der nicht dazu neige, große Reden zu führen«, und ihn beim Abendessen mit Zigarren und »ein oder zwei Flaschen Wein« in Simpson's Grand Cigar Divan an der Strand verwöhnte. Die Anwesenheit zahlreicher gekrönter Häupter aus ganz Europa beim Begräbnis von Königin Victoria weckte zwangsläufig die Furcht vor Mordanschlägen. Steinhauer schilderte später in einem melodramatischen Bericht, wie er Melville bei der Jagd auf drei russische Nihilisten begleitet hatte, die einen Selbstmordanschlag im Schilde führten und die Flucht ergriffen, nachdem sie angeblich eine Informantin der Special Branch getötet hatten. Melville sagte dem Kaiser, er sei von Steinhauers geheimdienstlichen Kenntnissen beeindruckt. »Ja, Steinhauer ist ein toller Bursche!«, antwortete der Kaiser.[19]

Im Frühjahr 1904 schickte Melville seinen Assistenten Herbert Dale Long (offiziell als Geschäftsmann) auf die erste von mehreren Missionen des MO2 nach Deutschland. Vermutlich sollte Long Informationen über den deutschen Schiffbau sammeln.[20] Fragmentarische Informationen über Melvilles frühe Arbeit für das MO3 (das im Jahr 1907 in MO5 umbenannt wurde) deuten darauf hin, dass er anfangs (vor allem während des Russisch-Japanischen Kriegs von 1904/05) nicht der deutschen Spionagetätigkeit, sondern den Aktivitäten der zaristischen Geheimpolizei Ochrana Vorrang einräumte. Ein Dokument von einem gewissen Colonel Dawson enthält eine dramatische Beschreibung des Leiters der Ochrana, Pjotr Ratschkowski, der als »Oberhaupt der gesamten [russischen] Geheimpolizei in der ganzen Welt und der wichtigste Mann in Russland« bezeichnet wird. »Kommandeur der Ehrenlegion in Frankreich, hat überall auf der Welt Agenten.« Während seiner Stationierung in Europa lebte Ratschkowski in sehr viel größerem Luxus als seine sowjetischen Nachfolger. Am 25. November 1904 berichtete Melville:

> Ich kenne ihn persönlich und habe ihn oft in London getroffen. Er forderte mich wiederholt auf, ihm Vorgesetzte bei Scotland Yard vorzustellen ... Wenn er in London war, umgab sich Ratschkowski mit zahlreichen Mitarbeitern und wohnte stets in einer Suite im Savoy Hotel. Mir wurde gesagt, dass er in Paris und Kopenhagen einen ähnlichen Lebensstil pflegte.[21]

Melville wusste vermutlich, dass Ratschkowski und andere Mitarbeiter des russischen Auslandsgeheimdienstes für eine Reihe von Explosionen und Lockspitzel-Operationen in Europa verantwortlich waren, die dazu dienten, russische Exilrevolutionäre in Misskredit zu bringen. Hingegen dürfte er nicht gewusst haben, dass Ratschkowski mit einiger Wahrscheinlichkeit auch für die Fälschung der antisemitischen *Protokolle der Weisen von Zion* verantwortlich war, die eine angebliche jüdische Weltverschwörung beschrieben.²² In der Zwischenkriegszeit lieferten die *Protokolle,* die Hitler in *Mein Kampf* pries, der antisemitischen Propaganda der Nationalsozialisten ein wichtiges Argument. (Zu Beginn des 21. Jahrhunderts taucht der Text auf zahlreichen islamistischen Websites auf.)

Von 1905 bis 1907 wandte sich Melville zusehends von Russland ab, um sich mehr auf die Aktivitäten der Deutschen zu konzentrieren. Berichte über verdächtiges Verhalten in Großbritannien ansässiger Auslandsdeutscher und deutscher Besucher überzeugten ihn davon, dass auf der Insel Invasionsrouten für eine deutsche Armee ausgekundschaftet werden sollten. Im Jahr 1906 glaubte er, in Epping eine Gruppe von Spionen entdeckt zu haben:

> Ich erwähnte gegenüber dem Polizeichef von Epping, die Deutschen seien möglicherweise Spione. Er lachte und bezeichnete den Gedanken als lächerlich: »Spione! Was sollten sie hier ausspionieren?« Eine Diskussion war nutzlos. Tatsache ist, dass sie zweifellos Spione waren, und ich würde sagen, dass ihre Aufgabe darin bestand, sich mit den Routen von der Küste nach London vertraut zu machen, damit sie eine deutsche Invasionsarmee durch das Land führen konnten.²³

Es spricht vieles dafür, dass die Skepsis des Polizeichefs von Epping angebracht war. Auch in anderen Landesteilen stellte Melville bei seinen Nachforschungen über die deutschen Spione fest, dass die örtliche Polizei »vollkommen unbrauchbar« war.²⁴ Doch die Skepsis der Sicherheitskräfte hielt ihn nicht davon ab, sich an das Innenministerium zu wenden:

> Angesichts unentwegter Nachforschungen verdächtiger Deutscher an der Ostküste, vermutlicher deutscher Vorstudien für Feldzüge usw. zwischen 1905 und 1907 reichte ich Berichte ein, die einen Plan zur Überwachung aller verdächtigen Ausländer im Land enthielten. Darin schlug ich den Einsatz von Polizei, Postbehörden und Küstenwache vor.

Es überrascht nicht, dass das Home Office nicht auf Melvilles Vorschläge reagierte.²⁵

Als Major James Edmonds Ende des Jahres 1907 Leiter des MO5 wurde, »hatte man die Aktivitäten des Büros einschlummern lassen«. Neben Melville gehörte Edmonds Mitarbeiterstab nur ein weiterer Major an, dessen größte Sorge darin bestand, sich die Gunst eines Wahlvolks zu sichern, das ihn drei Jahre später als konservativen Abgeordneten ins Parlament schickte. Abgesehen von Melvilles Berichten enthielten die Akten des MO5 zu dem Zeitpunkt, als Edmonds die Leitung des Büros übernahm, »lediglich Papiere über den Krieg in Südafrika [den Burenkrieg] und einige Schnipsel über Frankreich und Russland – aber überhaupt nichts über Deutschland«.[26] Doch genau diesem Land galt Edmonds größte Sorge. Anscheinend wurde er sowohl von Melvilles alarmierenden Berichten als auch von den internationalen Spannungen beeinflusst, die durch die britisch-deutsche Rivalität zur See hervorgerufen wurden. Die Entente Cordiale von 1904 und die Triple Entente im Jahr 1907 hatten zunächst die Interessenkonflikte zwischen Großbritannien und Frankreich und anschließend auch die Differenzen zwischen diesen beiden Mächten und Russland ausgeräumt. Die drei Länder sollten schließlich Verbündete im Krieg werden. Die größte Bedrohung für Großbritannien ging nunmehr von der wachsenden deutschen Hochseeflotte aus. Die Sicherheit des viktorianischen Großbritannien hatte von der Fähigkeit des Empire abgehangen, die Weltmeere mit einer Royal Navy zu beherrschen, die mit Abstand die größte Seestreitmacht der Welt war. Aber mit der Jungfernfahrt des neuen britischen Schlachtschiffs *Dreadnought* im Jahr 1906 nahm die anglo-deutsche Rivalität zur See eine gefährliche Wendung. Mit ihrer Größe und Feuerkraft drohte die *Dreadnought* alle anderen Kriegsschiffe obsolet zu machen. Ihre 12-Zoll-Kanonen hatten eine Reichweite von fast 13 Kilometern; keines der bisherigen Schiffe konnte sich mit einer derartigen Feuerkraft messen. Die Home Fleet schien wie jede andere Kriegsflotte der Welt über Nacht überflüssig geworden zu sein. Es wurde jedoch befürchtet, die deutsche Hochseeflotte, die ebenfalls mit dem Bau von Schlachtschiffen begann, würde der Home Fleet bald ebenbürtig sein und die Vorherrschaft zur See, von der die Sicherheit Großbritanniens abhing, bedrohen.

Die Furcht vor der Bedrohung durch die wachsende deutsche Hochseeflotte nährte den Mythos, diese könne für eine überraschende Invasion Englands eingesetzt werden. William Le Queux schlüpfte rasch in die Rolle des Chefalarmisten. In seinem 1906 veröffentlichten Bestseller *The Invasion of 1910* schilderte er die Umtriebe deutscher Spione, die auf englischem Boden geeignete Routen für die Invasoren auskundschafteten. Von dem Buch wurden eine Million Exemplare verkauft, und es wurde in 27 Sprachen übersetzt, darunter auch ins Deutsche. Nach Ansicht von Melville trug Le Queux wesentlich dazu bei, »die Öffentlichkeit aufzurütteln«.[27] In den Londoner Klubs und bei den Dinnerpartys ließ sich Le Queux, wie er selbst ohne jede Bescheidenheit erklärte, als der Mann feiern, »der es gewagt hatte, die Wahrheit zu sagen«. Der gewaltige Erfolg stieg ihm derart zu Kopf, dass seine Phantasiekarriere als Geheimagent und unvergleichlicher Jäger von Spionen immer wildere Blüten trieb. Er schloss sich einem neuen »freiwilligen Geheimdienst« an: »Ein halbes Dutzend Patrioten machten sich insgeheim und auf eigene Kosten daran, in Deutschland und anderen Ländern Informationen einzuholen, die unserem Land im Notfall nutzen konnten.«[28]

Mehrere Monate vor der Veröffentlichung in Buchform erschien *The Invasion of 1910* in der auflagenstärksten britischen Zeitung, der *Daily Mail*, als Fortsetzungsroman. Lord Northcliffe, der Eigentümer der Zeitung (kurze Zeit später brachte er auch die *Times* in seinen Besitz), war der Meinung, dass sich die Invasionshysterie sehr gut eigne, um den Wunsch des Durchschnittsbriten nach einer »schönen Hassfigur« zu befriedigen. Northcliffe selbst hatte Deutschland zum bevorzugten Ziel seines Hasses gemacht, und dieses Land sollte einen herausragenden Platz in der Paranoia seiner letzten Lebensjahre einnehmen. (In seinem kurz vor seinem Tod im Jahr 1922 verfassten letzten Willen beschuldigte er die Deutschen, ihn mit Eiscreme vergiftet zu haben.) Allerdings übte der Lord heftige Kritik an der ursprünglichen Route, die Le Queux für die deutsche Invasionsarmee ausgewählt hatte, denn diese führte über zu viele unbedeutende Ortschaften, in denen die Leserschaft für die *Daily Mail* sehr klein war. Also wurde die Invasionsroute zwecks Erhöhung der Auflage verlegt, damit die »Hunnen« jede größere englische Stadt von Sheffield bis Chelmsford terrorisieren konnten. In der *Daily Mail* wurden täglich spezielle Karten veröffentlicht, auf denen man verfolgen konnte, welchen Bezirk die Deutschen am folgenden Morgen überfallen würden. Dank dieser Serie stieg die Auflage der *Mail* um 80 000 Exemplare.[29] Le Queux beklagte sich später über die »zahlreichen Nachahmer, die viel Ruhm und Geld eingeheimst« hätten, indem sie auf den Zug der Invasionshysterie aufgesprungen seien.[30] Doch es gab nicht nur Nachahmer. Sein erfolgreichster Rivale, E. Phillips Oppenheim, führte einen eigenen »Feldzug gegen den deutschen Militarismus« und verdiente damit genug Geld, um das Ledergeschäft seiner Familie aufgeben zu können und eine Karriere als einer der produktivsten britischen Autoren von Unterhaltungsromanen zu beginnen.[31]

Im Herbst 1907 gelang es Feldmarschall Lord Roberts, einem in die Jahre gekommenen Kriegshelden (der mit Le Queux an der deutschen Invasionsroute gearbeitet hatte), und einigen prominenten Vertretern der Konservativen Partei, die liberale Regierung mit einer Pressekampagne dazu zu bewegen, einen Unterausschuss des Committee of Imperial Defence mit einer Untersuchung der Invasionsgefahr zu beauftragen. Die Zusammensetzung des Unterausschusses gibt Aufschluss darüber, welche Bedeutung der Angelegenheit beigemessen wurde: Den Vorsitz führte Finanzminister Asquith, der kurze Zeit später die Leitung der Regierung übernehmen sollte. Neben ihm saßen vier hochrangige Regierungsmitglieder – der Lord President of the Council, der Außenminister, der Kriegsminister und der Erste Lord der Admiralität – und eine beeindruckende Zahl von Behördenchefs im Ausschuss, der zwischen November 1907 und Juli 1908 16-mal tagte und am 22. Oktober 1908 seinen Abschlussbericht vorlegte. Der Großteil der von den Invasionstheoretikern vorgebrachten Argumente wurde in dem Bericht entkräftet, und der Ausschuss gelangte zu dem Schluss, dass ein deutscher Überraschungsangriff unmöglich sei. Doch jene, deren Theorien sich als völlig haltlos erwiesen hatten, ließen sich auch durch die Erkenntnisse eines Unterausschusses nicht überzeugen. In sommerlichen Seemanövern gelang es einer kleinen »Invasionsstreitmacht«, der Flotte auszuweichen und in Nordschottland an Land zu gehen. Während die Admiralität betreten schwieg, schwoll die Zahl der angeblichen Invasoren bedrohlich an. Reginald McKenna, der Erste Lord der Admiralität, sah sich gezwungen, einen Bericht zu dementieren, in dem es hieß, in Wick seien 70 000 »Invasoren« gelandet. Seine Kritiker blieben skeptisch. Die *Daily Mail* behauptete, die Landstreitkräfte hätten in einer militärischen Übung trotz des Einsatzes von zwei Bussen und einer Dampfmaschine drei Stunden gebraucht, um den angegriffenen Küstenabschnitt zu erreichen.[32]

Die Angst vor einem Überfall der »Hunnen« erhielt im Herbst 1908 neue Nahrung, als Berichte über deutsche Bemühungen die Runde machten, den Bau von Schlachtschiffen insgeheim voranzutreiben. Obwohl diese Berichte unzutreffend waren, wurden sie vom britischen Marineattaché in Berlin und vom Konsul in Danzig bestätigt.[33] Die folgende Auseinandersetzung im Kabinett begann mit erbitterten Schuldzuweisungen und endete in einer Farce. »Am Ende«, schrieb Winston Churchill, »gelangte man zu einer kuriosen und bezeichnenden Lösung. Die Admiralität hatte sechs Schiffe gefordert, die Wirtschaftsexperten boten vier an, und man einigte sich auf acht.« Diese bemerkenswerte Entscheidung war das Ergebnis externen Drucks. Die konservative Opposition, die Tory-Presse, die Navy League und andere patriotische Gruppen überschlugen sich mit Anschuldigungen gegen die Regierung, die ihrer Meinung nach zu zögerlich auf die Bedrohung durch die deutsche Kriegsmarine reagierte. »Wir sind noch nicht bereit, jedes Porträt Nelsons mit dem Gesicht zur Wand zu drehen«, donnerte der *Daily Telegraph,* »und in Friedenszeiten die schändlichste Kapitulation in unserer Geschichte zu unterzeichnen.« Schließlich konnte die liberale Regierung dem Druck der lautstarken Forderung »Wir wollen acht und werden nicht warten!« nicht mehr standhalten.[34]

Im Jahr 1907 war Major William Thwaites, Leiter der deutschen Abteilung im Kriegsministerium, zu der Überzeugung gelangt, dass die Zeitungsberichte über die Umtriebe deutscher Geheimagenten in sämtlichen Grafschaften »durchaus zutreffend« seien. Der Leiter der Abteilung Militärische Operationen, Generalmajor John Spencer Ewart, glaubte ebenfalls, dass in Großbritannien »Scharen deutscher Agenten und Spione« ausschwärmten.[35] Edmonds vom MO5 teilte ihre Einschätzung. Befreundete Deutsche hatten ihm von Anfragen der deutschen Admiralität erzählt, die ihre Landsleute aufgefordert hatte, die Bewegungen britischer Kriegsschiffe zu beobachten und Arbeit in Werften und Arsenalen, im Flugzeugbau und bei der Errichtung von Munitionsfabriken anzunehmen.[36] Ende des Jahres 1907 begann er, sämtliche Berichte über angebliche deutsche Spionage zu sammeln, »die bei näherem Hinsehen Grund zum Verdacht gaben«. Später gestand er jedoch ein, dass kein einziger dieser Fälle von der Polizei ans Kriegsministerium gemeldet worden war. Vielmehr stammten sämtliche Berichte von besorgten Bürgern, die häufig unter dem Einfluss der alarmierenden Zeitungsartikel standen. Edmonds gestand ein: »Viele Fälle sind erst aufgetaucht, nachdem bestimmte Zeitungen die Aufmerksamkeit auf das Thema gelenkt haben.« Das MO5 verfügte nicht über ausreichende Mittel, um die Berichte sorgfältig zu prüfen.[37]

Obwohl Edmonds, Melville, Thwaites, Ewart und andere im War Office den Presseberichten über Spione und Invasionspläne und den Meldungen verängstigter Bürger zu unkritisch gegenüberstanden, hatten sie für ihren Verdacht, Deutschland habe eine große Spionageoffensive gegen Großbritannien gestartet, sehr viel bessere Gründe, als ihnen die meisten Historiker zugestanden haben.[38] Edmonds war vermutlich der führende Armeeexperte seiner Generation sowie ein außergewöhnlich sprachbegabter Mann, der als Autodidakt viele Sprachen zu lesen lernte und unter anderem fließend Deutsch sprach. Nach einer Schulbildung an der King's College School in Wimbledon wurde er mit der besten Bewertung, an die sich die Prüfer erinnern konnten, in die Royal Military Academy aufgenommen. Er schloss sein Studium auch als Jahrgangsbester ab, gewann mehrere Auszeichnungen, darunter das Schwert für den besten Gentleman-Kadetten, und wurde von den Royal Engineers aufgenommen, wo ihm seine intellektuelle Brillanz den Spitznamen »Archimedes« eintrug. Später wurde er mit Bestnoten ins Staff College (die Generalstabsakademie) aufgenommen. Im Jahr 1899 wurde er dem Intelligence Department (ID) des Kriegsministeriums zugeteilt, und nach einem dreijährigen Aufenthalt in Südafrika (von 1901 bis 1904) kehrte er in diese Abteilung zurück. Als er mit der Leitung des MO5 betraut wurde, war Edmonds ein erfahrener Nachrichtendienstoffizier.[39]

Im Alter von neun Jahren hatte Edmonds (1861–1956), der zu jener Zeit in Frankreich gelebt hatte, mit eigenen Augen den Einmarsch der Besatzungstruppen aus dem gerade vereinigten Deutschland gesehen. Von da an studierte er bis an sein Lebensende die deutsche Armee.[40] Wie andere im War Office war Edmonds der Ansicht, dass der Deutsch-Französische Krieg, der bis dahin letzte zwischen zwei europäischen Großmächten, wichtige Hinweise auf die wahrscheinliche deutsche Strategie im nächsten Krieg gebe. Der rasche, überwältigende Vorstoß der deutschen Armee 1870/71 war seiner Meinung nach teilweise auf die Effektivität des deutschen Nachrichtendienstes und die Wirkungslosigkeit der französischen Spionageabwehr zurückzuführen. Der Leiter der deutschen Feldaufklärung, General Lewal, hatte ein dichtes Agentennetz aufgebaut, das die deutschen Regimenter bei ihrem Vormarsch durch Frankreich leitete. Einige dieser Agenten waren »mobile Agenten«, das heißt loyale deutsche Reichsangehörige, die als Kellner, Barbiere und Sprachlehrer in Frankreich arbeiteten und jede militärisch nützliche Information, deren sie habhaft wurden, nach Berlin schickten. Es wurde berichtet, die deutsche Aufklärung habe im Jahr 1870 einen Verbindungsagenten in Lyon gehabt, der sämtliche Aufklärungsberichte nach Genf telegrafierte, von wo aus sie nach Deutschland weitergeleitet wurden.[41] Das MO5 gelangte auch zu dem Schluss, dass sich der deutsche Geheimdienst in den Jahren vor dem Krieg der in Frankreich lebenden deutschen Armeereservisten sowie des deutschen Konsulardienstes bedient habe.[42] Die Abteilung studierte deutsche Militärpublikationen wie das *Militärwochenblatt*, in dem über die Notwendigkeit eines Einsatzes von Sabotageagenten auf feindlichem Territorium noch vor der Mobilmachung berichtet wurde.[43] In der deutschen Felddienstordnung von 1894, von der sich das MO5 eine Kopie beschaffte, wurde »ganz offen auf die Notwendigkeit der Spionage hingewiesen und der Einsatz von Spionen in allen Kommandos angeordnet«.[44]

In den neunziger Jahren des 19. Jahrhunderts hatten Großbritannien und Deutschland Erkenntnisse über Russland ausgetauscht, und Edmonds hatte freundschaftliche Beziehungen zu mehreren deutschen Nachrichtendienstoffizieren geknüpft. Zwar wurde sein wichtigster Kontakt im Jahr 1900 durch einen Offizier mit »antienglischen Neigungen« ersetzt, doch andere Gesprächspartner gaben ihm die – zutreffende – Information –, dass der deutsche Geheimdienst im Jahr 1901 eine neue, auf Großbritannien spezialisierte Abteilung eingerichtet habe.[45] Doch weder Edmonds noch ein anderer Beamter im Kriegsministerium begriff, dass sich diese Abteilung ausschließlich mit der Marine beschäftigte und nichts mit dem Heeresnachrichtendienst in der Sektion IIIb zu tun hatte. Man nahm an, Deutschland habe begonnen, ein militärisches Spionagenetz in

Großbritannien aufzubauen, dessen Vorbild die Struktur war, die mit so großem Erfolg vor dem Krieg von 1870/71 in Frankreich errichtet worden war. Obwohl das MO5 wusste, dass der deutsche Marinenachrichtendienst in Großbritannien aktiv war, verwechselte es einige Operationen der 1901 gegründeten Nachrichten-Abteilung (»N«) mit denen der militärischen Sektion IIIb. Das Netz von »N« in Großbritannien, das von Melvilles altem Bekannten Gustav Steinhauer geleitet wurde, umfasste sowohl »Berichterstatter«, die in Friedenszeiten Informationen über die Royal Navy nach Berlin meldeten, als auch »Vertrauensmänner«, die nach einem Kriegsausbruch mobilisiert werden sollten. Steinhauers Rekrutierungsmethoden waren nicht sehr ausgefeilt – üblicherweise wurden in Großbritannien lebende Deutsche von einer Tarnadresse in Potsdam aus angeschrieben und um Unterstützung gebeten –, aber der »Spion des Kaisers« entwickelte auch ein anspruchsvolleres System von »Mittelsmännern«, die als Bindeglieder zwischen ihm und seinen Agenten in Großbritannien fungierten. Nach einem Kriegsausbruch sollte ein »Kriegsnachrichtenwesen« eingerichtet werden, der Agenten mit falscher Identität und spezifischen Aufträgen nach Großbritannien schicken würde. Doch Steinhauer war weitgehend auf sich gestellt und erhielt kaum aktive Aufgabenstellungen seitens der deutschen Admiralität.[46]

Verstärkt wurde Edmonds' Überzeugung, der deutsche Geheimdienst sammle nicht nur Informationen über die Royal Navy, sondern betreibe auch eine aktive militärische Spionage auf britischem Boden, durch den falschen Umkehrschluss, die Deutschen verhielten sich ebenso wie die Briten, denn er wusste, dass die britische Armee die Gegebenheiten auf dem Kontinent intensiv auskundschaftete. Im Jahr 1907 hatte das War Office eine geheime Erkundung des Gebiets angeordnet, in das im Kriegsfall wahrscheinlich das britische Expeditionskorps entsandt werden würde. Ein Jahr später lagen bereits derart detaillierte Angaben vor, dass man über die Bevölkerung der Ortschaften und die Standorte von Postämtern, über den Verlauf der Wasserleitungen, über Fahrradwerkstätten und die Nebengleise der Bahnstrecken Bescheid wusste.[47] Da er überzeugt war, dass die Deutschen eine ähnliche Aufklärung in Großbritannien betrieben, war Edmonds gerne bereit, die Berichte über Spione im Dienst der deutschen Sektion IIIb zu glauben. In seiner späteren Tätigkeit als

Historiker des Ersten Weltkriegs verdiente er sich mit seiner akribischen, wenn auch manchmal etwas behäbigen Analyse britischer und deutscher militärischer Dokumente eine Ehrenprofessur der Universität Oxford.[48] Bedauerlicherweise zeigte er bei der Einschätzung der deutschen Spionage vor dem Krieg kein vergleichbares Maß an kritischem Urteilsvermögen. Edmonds galt als führender Intellektueller in der Armee, aber er hatte auch eine »schrullige« Seite, wie Vernon Kell es später ausdrückte. Das ist eine Erklärung dafür, dass er trotz seiner Begabung nie über den Rang einen Brigadegenerals ehrenhalber hinauskam.[49]

Edmonds schrieb seinen »Erfolg« bei der Aufdeckung des Ausmaßes der deutschen Versuche, die britischen Land- und Seestreitkräfte auszuspionieren, zwei bemerkenswerten »Glücksfällen« zu, deren mangelnde Plausibilität ihm vollkommen entging. Der mit ihm befreundete F. T. Jane (der die nach ihm benannten Jahrbücher der See- und Landstreitkräfte begründete) war eines Tages in Portsmouth »auf der Pirsch nach Spionen«, als er auf einen verdächtigen Deutschen stieß. Er trieb den Mann nach Woburn und behauptete, ihn »im Tierpark des Herzogs von Woburn abgesetzt« zu haben, um ihm eine Lektion zu erteilen. Unmittelbar nach dieser Heldentat erhielt Jane mehrere Briefe über weitere Deutsche, die als Spione verdächtigt wurden, und leitete diese ans Kriegsministerium weiter. Der zweite vorgebliche »Glücksfall« war eine Flut von Briefen, die William Le Queux von seinen Lesern erhielt, die allenthalben verdächtige Ausländer gesehen haben wollten, die Karten korrigierten, sich »neugierig in der Nähe von Eisenbahnbrücken« herumtrieben und »Nachforschungen über die Gas- und Wasserversorgung« anstellten. Im Lauf des Jahres 1908 nahm Edmonds Kontakt mit »besonders vielversprechenden« Informanten von Le Queux und Jane auf und stellte weitere Nachforschungen an. Im Februar 1909 gelangte er in einem alarmierenden Memorandum zu folgendem Schluss:

> Tagein, tagaus wird unermüdlich daran gearbeitet, Informationen zu beschaffen und der Gegenseite Sand in die Augen zu streuen, und das Endergebnis ist unserer Meinung nach folgendes: Ein deutscher General, der mit seinen Truppen in Ostanglien landen würde, wüsste mehr über das Land als jeder britische General,

mehr über jede Stadt als ihr Bürgermeister, und er hätte diese Information so methodisch geordnet, dass er innerhalb von Minuten jede Frage beantworten könnte, die man ihm über irgendeine Stadt, Ortschaft oder Verteidigungsstellung in einem bestimmten Gebiet stellen würde.[50]

Auch Le Queux verstieg sich zu immer fantastischeren Verschwörungstheorien. Im Jahr 1909 veröffentlichte er einen weiteren Bestseller mit dem Titel *Spies of the Kaiser: Plotting the Downfall of England,* in dem er behauptete, England sei von einer »gewaltigen Armee deutscher Spione« überschwemmt worden:

> Ich habe keineswegs den Wunsch, übertriebene Besorgnis zu wecken. Ich bin Engländer, und ich hoffe, ein Patriot zu sein. Was ich hier in fiktiver Form niedergeschrieben habe, beruht auf ernst zu nehmenden Tatsachen, von denen ich persönlich Kenntnis erhalten habe … In den letzten zwölf Monaten habe ich mit Unterstützung eines bekannten Detektivs meine persönliche Untersuchung der Aktivitäten dieser Spione durchgeführt, eine Untersuchung, die mit zahlreichen Reisen, großer Wachsamkeit und oft beträchtlichen Unannehmlichkeiten verbunden war.

Im letzten Kapitel bezahlen die Helden der Geschichte, John »Jack« Jacox und sein Freund Ray Raymond, ihre unerschrockenen Nachforschungen beinahe mit dem Leben. Im Dezember 1908 bieten ihnen einige anscheinend gutartige Deutsche Weihnachtskekse an, doch ein Kriminalinspektor klärt sie im letzten Augenblick über die wahren Absichten der »Hunnen« auf:

> »Die Absicht dieser Leute war es, schreckliche Rache an Ihnen beiden zu nehmen, weil Sie das deutsche Spionagesystem in England aufgedeckt haben und diese Spione unermüdlich verfolgen.«
> »Rache?«, stieß [Jacox] hervor. »Was für eine Rache?«
> »Nun«, antwortete der Inspektor, »diese Kekse enthalten Bomben von großer Zerstörungskraft, und hätten Sie einen davon angerührt, so wären Sie beide in Ihre Atome aufgelöst worden. Dies war die niederträchtige Absicht dieser Leute.«[51]

Es war Edmonds klar, dass Le Queux diese und andere Episoden in *Spies of the Kaiser* frei erfunden hatte. In der Behauptung, das Buch beruhe auf Le Queux bekannten Fakten, sah er vermutlich jene Art von künstlerischer Freiheit, die sich ein Verfasser populärer Romane zu nehmen pflegt. Aber die »Dutzenden Briefe über ... das verdächtige Verhalten von Deutschen«, die leicht zu beeinflussende Leser von *Spies of the Kaiser* an Le Queux geschickt hatten, nahm er durchaus ernst, und auch Le Queux selbst wurde von ihm weiterhin ernst genommen. In seinen unveröffentlichten Erinnerungen, die er viele Jahre nach Le Queux' Tod zu Papier brachte, bezeichnete Edmonds den Autor als einen »Freund«.[52] Le Queux wirkte persönlich sehr viel glaubwürdiger als auf dem Papier. So wie er Edmonds überzeugt hatte, hatte er auch bei dem Parlamentsmitglied Sir Robert Gower, der das Vorwort zu seiner offiziellen Biografie schrieb, den Eindruck erweckt, dass »sein Interesse einzig und allein dem Wohlergehen seines Landes« diene.[53]

R. B. Haldane, der Kriegsminister im Kabinett Asquith, reagierte zunächst befremdet auf die von Edmonds präsentierten außergewöhnlichen Berichte über die deutsche Spionage. Anders als Edmonds war Haldane weiterhin um gute Beziehungen zu Berlin bemüht. Nach Kriegsausbruch wurde er wegen seiner angeblichen Sympathie für die Deutschen aus dem Amt gejagt. Seine erste Reaktion auf die von Edmonds vorgelegten Beweise war, dass es sich bei den angeblichen Spionen wohl eher um den »Apparat des Frauenhandels« handle.[54] Einige der von Edmonds präsentierten Hinweise, etwa jene auf verdächtige Deutsche mit Fotografenausrüstung in Epping, die »an Wochenenden gelegentlich Besuch von Frauen aus London« erhielten,[55] legten tatsächlich diese Deutung nahe. Doch Edmonds blieb »hartnäckig«, obwohl ihn seine Bemühungen, wie er später gestand, beinahe den Job gekostet hätten. Schließlich gab Haldane dem unablässigen Drängen Edmonds' nach und ließ sich überzeugen. Den Ausschlag für diesen Sinneswandel gab nach Edmonds' Einschätzung ein Brief des Bürgermeisters von Canterbury, Francis Bennett-Goldney (der kurze Zeit später als konservativer Abgeordneter für Canterbury ins Parlament einzog), der berichtete, er sei in seinem Park mit zwei Deutschen ins Gespräch gekommen und habe sie zum Abendessen eingeladen. Nach dem Essen hätten die beiden Männer dem verblüfften Bürgermeister den finsteren Zweck ihrer scheinbar harmlosen Ausflüge enthüllt: »Als der Portwein ihre Zungen gelöst hatte, verrieten sie ihm, dass sie die Routen für einen Vorstoß auf London aus den Häfen Folkestone, Dover, Ramsgate und Margate auskundschafteten.« Selbst als er diese bemerkenswerte Episode Jahre später erzählte, schien Edmonds ihre ungewöhnliche Ironie nicht durchschaut zu haben:[56] Deutsche und Briten hatten in diesem Fall die nationalen Stereotype ausgetauscht. Zwei Deutsche mit einem hintergründigen Sinn für Humor hatten ihrem tumben britischen Gastgeber einen Streich gespielt, und dieser hatte jene Schwerfälligkeit an den Tag gelegt, die die Briten so gerne den humorlosen Deutschen zuschreiben.

Auf einer tieferen Ebene entsprang Haldanes Bereitschaft, derart unglaubliche Geschichten über die deutsche Spionage zu glauben, seinem großen Respekt gegenüber dem Können und der Professionalität des deutschen Generalstabs. Er betonte gegenüber Vernon Kell immer wieder »die Präzision ihrer herausragenden Planung«[57] und traute ihnen zu, ein dichtes und gefährliches Spionagenetz über Großbritannien zu legen. Im März 1909 richtete Haldane mit Zustimmung des Kabinetts einen prominent besetzten Unterausschuss des Committee of Imperial Defence ein, der »Natur und Umfang der ausländischen Spionage, die gegenwärtig in diesem Land betrieben wird, und die Gefahr, die sie für uns darstellt«, untersuchen sollte. Den Vorsitz übernahm Haldane persönlich.[58]

Am 30. März berichtete Edmonds dem Ausschuss über die rasch wachsende Zahl von Fällen »angeblicher deutscher Spionage«, die dem Kriegsministerium von Bürgern gemeldet wurden. Im Jahr 1907 waren sieben Fälle angezeigt worden, aber im folgenden Jahr war die Zahl auf 47 gestiegen, und allein in den ersten drei Monaten des Jahres 1909 waren bereits 24 Anzeigen eingegangen. Edmonds legte Einzelheiten zu rund 30 Fällen vor. Er befolgte Haldanes Rat, »das anarchistische (destruktive) Motiv« in den Vordergrund zu rücken, und wies auf das »aggressive« Wesen der deutschen Spionage hin, die sich seiner Ansicht nach nicht auf die Informationssammlung beschränkte, sondern auch Sabotageangriffe auf Werften, Brücken, Munitionslager, Bahnstrecken und Telegraphenleitungen »bei Kriegsausbruch oder davor« vorbereitete.[59] Allerdings standen Haldane und Edmonds mit der Überzeugung, die deutschen Agenten würden für Sabotageakte eingesetzt werden, keineswegs allein. Im Jahrzehnt vor

Ausbruch des Ersten Weltkriegs wurden im einflussreichen und in den britischen Streitkräften gern gelesenen *Journal of the Royal United Services Institution* einige Artikel über die Möglichkeit einer groß angelegten Sabotageoffensive gegen Großbritannien zur Vorbereitung einer deutschen Landung auf der Insel veröffentlicht.[60]

Als er dem Unterausschuss des Comittee of Imperial Defence im Jahr 1909 die Beweise für deutsche Spionageaktivitäten vorlegte, räumte Edmonds ein: »Wir haben … kein reguläres System und keine Organisation, um Verdachtsfälle festzustellen und zu untersuchen, sondern sind vollkommen auf zufällig eintreffende Informationen angewiesen.« Noch bedauerlicher war der Zustand der Spionageabwehr der Admiralität. Captain R. C. Temple vom Marinenachrichtendienst teilte dem Unterausschuss mit, dass seine Einheit, die im Grunde lediglich Informationen über ausländische Kriegsflotten zusammenstellte, nicht imstande sei, irgendwelche »Untersuchungen zur ausländischen Spionage« durchzuführen, weshalb sie die bei ihr eingehenden Berichte einfach an Colonel Edmonds weiterleite. Dieser legte bei der Darstellung seines Beweismaterials »besonderes Augenmerk auf die Tatsache, dass kein einziger dieser Fälle von den Polizeibehörden gemeldet worden war und dass er sämtliche Hinweise Privatpersonen verdankte«.[61] Er schien nicht besonders überrascht darüber, dass es der Polizei nicht gelungen war, auch nur einen einzigen verdächtigen Deutschen aufzuspüren, und zweifellos war seine Skepsis gegenüber den von »Privatpersonen« gelieferten Informationen zu wenig ausgeprägt.

Eine unbekannte Zahl der Hinweise auf verdächtige Deutsche, die Edmonds dem Unterausschuss vorlegte, war von Melville untersucht worden, darunter ein Bericht über Deutsche, die in West Hartlepool Fotos gemacht hatten und in Melvilles Augen zweifellos Spione waren.[62] Kurz vor der ersten Sitzung des Unterausschusses hatte Melville seinen Assistenten Herbert Dale Long nach Ostanglien geschickt, um die Spur deutscher Spione aufzunehmen, die angeblich dort lebten. In seinen Berichten bezeichnete Long die Deutschen mit dem Codenamen *tariff reformers* oder »tr«. (Die Frage einer Zollreform hatte die konservative Regierung in den Jahren vor 1906 gespalten und war auch unter der dem Freihandel zugeneigten liberalen Regierung weiterhin ein Thema.)[63] Dasselbe Akronym, das auch Edmonds verwendete, wurde später (als »TR« geschrieben) vom ersten Leiter des SIS, Mansfield Cumming, übernommen, der Deutschland manchmal als »Tiaria« bezeichnete.⁶⁴ Am 23. März 1909, also eine Woche vor der ersten Sitzung des Unterausschusses, meldete Long, dass die angeblichen deutschen Agenten in verschiedenen ostanglischen Ortschaften bei seiner Ankunft bereits verschwunden gewesen seien:

> Es ist mir nicht gelungen, tr-Agenten an einem dieser Orte aufzuspüren, und ich glaube, es kann davon ausgegangen werden, dass sich zum gegenwärtigen Zeitpunkt dort keine aufhalten.
> Es gibt jedoch kaum Zweifel daran, dass die Emissäre der Partei [des deutschen Geheimdienstes] den Bezirk bearbeitet haben; der Eigentümer des Ship Hotel in »Reedham« – H. Carter – weist nachdrücklich auf das Verhalten zweier von ihm beobachteter Agenten hin, die sich im vergangenen Sommer besonders aktiv Notizen machten und Skizzen für die Bewegung anfertigten.⁶⁵

Die Beweise für deutsche Spionage, die Edmonds dem Unterausschuss vorlegte, wirken aus heutiger Sicht dürftig. Bei den ersten zwölf Fällen handelte es sich um »angebliche Nachrichtendienstaktivitäten von Deutschen«. In der Hälfte dieser Fälle waren die verdächtigen Personen nicht einmal eindeutig als Deutsche identifiziert worden. Es wirkt passend, dass der lächerlichste »Nachrichtendienstbericht« offenbar von Le Queux stammte (obwohl er ebenso wie die anderen Informanten nicht namentlich identifiziert, sondern lediglich als »ein bekannter Autor« bezeichnet wurde):

> Auf einer wenig befahrenen Straße zwischen Portsmouth und Chichester überfuhr der Informant vergangenen Sommer fast einen Radfahrer, der eine Karte studierte und sich Notizen machte. Der Mann fluchte auf Deutsch, und als der Informant aus dem Wagen stieg, um sich zu entschuldigen, erklärte er in gutem Englisch im Verlauf des Gesprächs, dass er in Oxford religiöse Studien betreibe und deutsch geflucht habe, um nicht unschicklich zu wirken. Er war offensichtlich ein Ausländer.⁶⁶

Des Weiteren beschrieb Edmonds zwölf Fälle von »Deutschen, deren Verhalten als verdächtig beschrieben worden ist«. Auf dieser

Liste stand mindestens ein tatsächlicher Spion. Aus Unterlagen in den deutschen Archiven geht hervor, dass Paul Brodtmann, der geschäftsführende Direktor der Continental Tyre Company in London, im Jahr 1903 von der deutschen Nachrichten-Abteilung angeworben worden war, um Informationen über die in Southampton liegenden britischen Schlachtschiffe zu sammeln, und mehrere Berichte an den deutschen Militärattaché in London geschickt hatte.[67] Ein weiterer Mann auf Edmonds' Liste, der möglicherweise tatsächlich ein Spion war, war ein gewisser Sandmann, der in Portland Aufnahmen von den Befestigungsanlagen gemacht hatte, die dann in der Zeitung *Die Woche* veröffentlicht wurden. Doch sollte Sandmann ein Spion gewesen sein, so sind angesichts seiner geringen Scheu vor der Öffentlichkeit gewisse Zweifel an seiner Kompetenz angebracht. Die dritte Gruppe von Beweisen, die Edmonds heranzog, bezog sich auf sechs »Häuser, die der Reihe nach von Deutschen bewohnt wurden und eine Beobachtung wünschenswert machen«. Auch hier wurde eines der Beispiele offenbar von Le Queux (einem »bekannten Autor«) geliefert: »In der Powerscourt Road 173 in Portsmouth geht eine Reihe von Deutschen ein und aus. Sie erhalten viele Briefe aus Deutschland.«[68] Aus derartigen überwiegend haltlosen Verdächtigungen schloss Edmonds auf die Existenz eines »ausgedehnten« deutschen Spionagenetzes in Großbritannien, das seiner Meinung nach von einem speziellen Büro in Brüssel aus geleitet wurde. »Der Einsatz von Motorfahrzeugen«, erklärte er, »begünstigt die Spionage, da er den Agenten die Möglichkeit gibt, in einiger Entfernung von ihrem Einsatzgebiet an einem Ort zu leben, an dem ihre Gegenwart keinen Verdacht erregt.«[69]

Mindestens ein Mitglied des Unterausschusses, Lord Esher, war alles andere als beeindruckt von Edmonds und beschrieb ihn in seinem Tagebuch als »einen albernen Vertreter des War Office«: »Agentenjäger haben nichts anderes als die Spionage im Kopf. Sie vermuten hinter jedem Wandteppich einen Spion.«[70] Vermutlich um die Grenzen von Edmonds' Leichtgläubigkeit zu vermessen, fragte Esher ihn, ob ihm »die große Zahl deutscher Kellner im Land« Sorgen bereite. Edmonds blieb gefasst und antwortete, dass man sich seiner Meinung nach »bezüglich der Mehrheit dieser Kellner keine Sorgen machen« müsse.[71] Eshers anfängliche Skepsis schwand, als das Kriegsministerium das ganze Ausmaß seiner Befürchtungen enthüllte. Die letzten Zweifel im Unterausschuss räumte schließlich dessen Vorsitzender persönlich aus. Haldane stand in dem Ruf, eher der deutschen Kultur als der deutschen Spionage Bedeutung beizumessen. John Morley, der Minister für Indien, beklagte sich darüber, dass der Kriegsminister »seine Kabinettskollegen mit langatmigen Vorträgen über die deutschen Beiträge zur Kultur belästigt«.[72] Umso überzeugender wirkte es, als Haldane den Mitgliedern des Unterausschusses erklärte, es sei »einigermaßen klar, dass die Deutschen unser Land umfassend ausspähen« und dass ihnen ein Teil ihrer Aktivitäten wahrscheinlich die Möglichkeit eröffnen werde, »bei Kriegsausbruch oder früher in diesem Land beträchtliche Schäden und Zerstörungen anzurichten«.[73]

In der zweiten Sitzung des Unterausschusses am 20. April erklärte Haldane seinen Kollegen, dass er gerade von einem Besuch in Deutschland zurückgekehrt sei. Obwohl er nicht glaube, dass die deutsche Regierung über einen fertigen Invasionsplan verfüge, gebe es seiner Meinung nach kaum Zweifel daran, dass »der deutsche Generalstab in Großbritannien systematisch Informationen sammelt«. Es müssten also Wege gefunden werden, um die Deutschen »in Kriegszeiten oder bei gespannten Beziehungen daran zu hindern, die gesammelten Informationen zu nutzen und unsere Verteidigungsstellungen, Lager oder inneren Kommunikationslinien anzugreifen«. Auf Haldanes Vorschlag wurde vereinbart, dass fünf Mitglieder des Unterausschusses »einen Weg zum Aufbau einer Geheimdienstorganisation« finden sollten. Die fünf waren Sir Charles Hardinge, ständiger Staatssekretär im Außenministerium, Sir George Murray, ständiger Staatssekretär im Finanzministerium, Sir Edward Henry, der Polizeipräsident von Greater London, Generalmajor Ewart sowie Konteradmiral A. E. Bethell, der Leiter des Marinenachrichtendienstes (Director of Naval Intelligence, DNI).[74]

In der dritten und letzten Sitzung des Unterausschusses am 12. Juli brachte Haldane die bis dahin bemerkenswerteste falsche Geheimdienstinformation auf den Tisch. In der letzten Woche, so erklärte er, habe das War Office aus dem Ausland ein Dokument erhalten, das »einiges Licht auf die Vorgänge« werfe:

Dieses Dokument stammte von einem französischen Handelsreisenden, der auf dem Weg von Hamburg nach Spa gewesen war. Er hatte im Zug das Abteil mit einem Deutschen geteilt, dessen Reisetasche seiner eigenen zum Verwechseln ähnlich gesehen hatte. Als der Deutsche ausstieg, nahm er die falsche Tasche mit, und als der Handelsreisende das bemerkte, öffnete er die Tasche seines Mitreisenden, in der er detaillierte Pläne für die Invasion Englands fand. Er kopierte möglichst viel davon, bevor man ihn zur Rückgabe der Tasche aufforderte, über deren Verlust der eigentliche Besitzer die Verantwortlichen am nächsten Bahnhof per Telegramm informiert hatte.

Haldane hatte diese Pläne zunächst mit Recht als Fälschungen betrachtet, die möglicherweise von den Franzosen angefertigt worden waren, um die Briten zu Expertentreffen zu bewegen, in denen gemeinsame Vorbereitungen für den Krieg mit Deutschland getroffen werden sollten. Die Generäle Ewart und Murray (die für die Abteilungen Militärische Operationen bzw. Militärische Ausbildung verantwortlich waren) überzeugten ihn vom Gegenteil:

> [In ihren Augen verraten die Pläne] eine große Kenntnis der verwundbaren Punkte in unserem Land und zeigen deutlich, dass es, wie wir bereits vermuteten, bestimmte Orte gibt, an denen deutsche Agenten stationiert sind, deren Aufgabe bei Kriegsausbruch oder in Zeiten gespannter Beziehungen im Vorfeld des Krieges darin bestehen würde, bestimmte Maßnahmen zu ergreifen.[75]

Einige Jahre später gestand Edmonds rückblickend ein, dass es sich bei diesen Plänen offenkundig um Fälschungen gehandelt habe, wobei er jedoch zu dem etwas abwegigen Schluss gelangte, sie seien den Briten wahrscheinlich nicht von den Franzosen, sondern von den Deutschen selbst untergeschoben worden.[76] Doch zu jener Zeit hatte der Unterausschuss keine Zweifel an ihrer Authentizität, sondern gelangte zu dem einhelligen Schluss, dass »in unserem Land ein weit verzweigtes deutsches Spionagenetz existiert«. Der Unterausschuss genehmigte auch einen von fünf Mitgliedern vorbereiteten Bericht über die Gründung und Finanzierung eines Secret Service Bureau. Aufgabe dieser Dienststelle würde es sein, »sowohl die Spionage in unserem Land zu bekämpfen als auch die Tätigkeit unserer Agenten im Ausland zu koordinieren und als Verbindungsstelle zwischen der Admiralität und dem War Office auf der einen und den Geheimagenten und Personen, die Informationen an die britische Regierung verkaufen möchten, auf der anderen Seite zu fungieren«.[77]

Der vom Unterausschuss genehmigte Bericht über die Gründung des Secret Service Bureau war so streng geheim, dass nur ein einziges Exemplar davon existierte, das dem Leiter der Abteilung Militärische Operationen zur Aufbewahrung anvertraut wurde.[78] Und auch nach seiner Gründung blieb diese Behörde derart geheim, dass nur eine kleine Gruppe hochrangiger Regierungsmitarbeiter und Minister von ihrer Existenz wusste. Noch mehr als ein halbes Jahrhundert später ahnten die Biografen von Asquith und seinen Ministern anscheinend immer noch nichts von der Existenz dieser Behörde. Selbst die neunbändige offizielle Biografie Winston Churchills, des wichtigsten Fürsprechers des Secret Service Bureau in der Regierung Asquith, enthält keine Erwähnung dieser Dienststelle. Zu den wenigen Personen außerhalb des kleinen Kreises von Ministern und Abteilungsleitern, die von der Gründung der Behörde erfuhren, zählte Le Queux, der die Information vermutlich von Edmonds erhielt. Als er im Januar 1910 im *Manchester Guardian* beschuldigt wurde, er verbreite einen »Mythos von einer deutschen Spionage«, setzte sich Le Queux in einem entrüsteten Leserbrief zur Wehr:

> Die Londoner Behörden dürften einigermaßen amüsiert sein von Ihrer Versicherung, es gebe unter uns keine deutschen Spione. Es dürfte Ihnen neu sein, dass die massive Anwesenheit dieser Leute derart unerträglich geworden ist, dass vor kurzem eine eigene Regierungsabteilung eingerichtet wurde, um ihre Bewegungen beobachten zu können.[79]

Die meisten Beweise für die Existenz eines »ausgedehnten deutschen Spionagesystems«, die zur Gründung des Secret Service Bureau führten, waren fadenscheinig, und einige, darunter die in der Abschlusssitzung des Unterausschusses behandelte Fälschung eines deutschen Invasionsplans, waren nachgerade absurd. Zu jener Zeit gab es kein deutsches militärisches Nachrichtendienstnetz in Großbritannien, und folglich waren die vom Unterausschuss untersuchten Beweise für die Aktivitäten der deutschen Spione falsch (abgesehen möglicherweise von einigen privaten Initiativen deutscher Bürger zur Informationsbeschaffung und vereinzelten Berichten von Informanten, die nicht dem militärischen Geheimdienst angehörten, an den deutschen Militärattaché in London).[80] Dennoch sprach einiges für die Einrichtung einer solchen Dienststelle. Tatsächlich gab es ein Netz des deutschen Marinenachrichtendienstes in Großbritannien, und bis zur Gründung des Secret Service Bureau gab es, um aus dem Bericht des Unterausschusses zu zitieren, »keine Organisation, die diese Spionage beobachten und ihr Ausmaß oder ihre Ziele genau einschätzen könnte«. Angesichts des fortgesetzten britisch-deutschen Wettrüstens zur See, das bis zum Ersten Weltkrieg ein Quell ständiger Spannungen zwischen den beiden Mächten war, war eine solche Organisation unverzichtbar geworden. Die Erfolge der deutschen Nachrichten-Abteilung vor Kriegsausbruch selbst nach der Gründung des Secret Service Bureau deuten darauf hin, dass der Marinenachrichtendienst der deutschen Admiralität zahlreiche geheime Informationen über ihren größten Rivalen verschafft hätte, wäre seine Entfaltung in Großbritannien nicht behindert worden. Ein ausreichend dichtes Informationsnetz des deutschen Nachrichtendienstes hätte auch über die Entsendung der britischen Expeditionsstreitmacht nach Europa im August 1914 Bericht erstatten können.

Am Anfang herrschte im Secret Service Bureau Verwirrung. Der Unterausschuss beschloss, dass »zwei ehemalige Offiziere der Marine und des Heeres mit speziellen Qualifikationen [für das Büro] abgestellt werden sollten«, machte jedoch keine Angaben zur Aufgabenverteilung zwischen den beiden Offizieren. Auch ging aus dem Beschluss nicht hervor, ob der Heeres- oder der Marineoffizier die Leitung der Dienststelle übernehmen sollte, obwohl feststand, dass derjenige, der mit dieser Funktion betraut würde, von anderen Arbeiten befreit und imstande sein sollte, »seine ganze Aufmerksamkeit den Problemen des Secret Service zu widmen«.[81] Die von Kriegsministerium und Admiralität ausgewählten Offiziere waren Captain Vernon Kell und Commander Mansfield Cumming von der Royal Navy.[82]

Kell war 36 Jahre alt. Er war während eines Seeurlaubs seiner Mutter in Yarmouth zur Welt gekommen und bezeichnete sich in der Familie deshalb gerne als »Hering aus Yarmouth«. Der sonderbare Spitzname war irreführend. Kells Vater hatte sich als Armeeoffizier im Krieg gegen die Zulu und in anderen Konflikten am Rand des Empire ausgezeichnet, während seine (später von seinem Vater geschiedene) Mutter die Tochter eines polnischen Grafen war, dessen Verwandtschaft über Westeuropa verstreut im Exil lebte. Kell war von Privatlehrern erzogen worden und in einem kosmopolitischen Ambiente aufgewachsen. Die Besuche bei Freunden und Verwandten hatten ihn in viele europäische Länder geführt, und bei seinen ausgedehnten Reisen hatte er, schenkt man der von seiner Witwe verfassten unveröffentlichten Biografie Glauben, fünf Sprachen gelernt. Nach dem Besuch der Militärakademie in Sandhurst trat er in das Regiment seines Vaters ein, das South Staffordshire. Er war »entschlossen, sich zu behaupten und seine Sprachkenntnisse zu nutzen«. Nachdem er mit Leichtigkeit die Aufnahmeprüfung als Armeedolmetscher für Französisch und Deutsch bestanden hatte, brach Kell im Jahr 1898 nach Moskau auf, um Russisch zu lernen. Zwei Jahre später reiste er mit seiner frisch angetrauten Frau Constance nach Schanghai, um sich die chinesische Sprache anzueignen, und wurde Zeuge des antiwestlichen Boxeraufstands. Seine Witwe erinnerte sich später: »Wir hörten immerzu, dass es den Boxern alarmierend schnell gelang, die Köpfe der Dorf- und Stadtbewohner zu vergiften.«[83] Kein anderer britischer Geheimdienstler war in so vielen Sprachen zu Hause wie Kell.

Nach seiner Rückkehr aus China im Jahr 1902 wurde er im Kriegsministerium mit der Analyse nachrichtendienstlicher Informationen über Deutschland betraut. Es lag wahrscheinlich am Mangel an Informationen, dass er diese Tätigkeit »nicht besonders interessant« fand.[84] Doch kurz nach Ausbruch des Russisch-Japanischen Kriegs im Jahr 1904 erhielt er Gelegenheit, sich hervorzutun, als sich herausstellte, dass der für den Bereich Fernost zuständige Offizier die Stadt Kowloon mit Kaoling (einem indischen Getreide) verwechselt und weitere peinliche Fehler begangen hatte. Der Mann wurde durch Edmonds ersetzt, der Kell zu seinem Stellvertreter und zu seiner »rechten Hand« machte. Es war Edmonds als Leiter des MO5, der 1909 Kell (den damaligen stellvertretenden Leiter des Committee of Imperial Defence) für das Secret Service Bureau vorschlug.[85] Der jüngst aufgetauchten Behauptung, Kell sei bei seinem Eintritt in die Dienststelle ein »eingefleischter Deutschenhasser« gewesen,[86] widerspricht die Tatsache, dass sich das Ehepaar Kell im Jahr 1907 entschloss, ein deutsches Kindermädchen für ihre Kinder einzustellen.[87] Obwohl Kell wie viele im War Office die irrige Vorstellung hegte, Großbritannien sei nicht nur vom Marinenachrichtendienst, sondern auch vom Heeresnachrichtendienst des Deutschen Reiches ins Visier genommen worden, gibt es keinen Hinweis darauf, dass er ähnlich wie der empfänglichere Edmonds mit William Le Queux in Kontakt stand.[88] Aus Sicherheitsgründen musste Kell vor seinem Eintritt ins Secret Service Bureau aus dem aktiven Dienst gestrichen werden. Seine Frau schrieb später: »Es bestand die Gefahr, dass, sollte er diese Tätigkeit nicht durchhalten, seine Karriere beendet war und er nicht mehr für seine Familie würde sorgen können. Aber er war jung und optimistisch – warum hätte er scheitern sollen?«[89]

Mansfield Cumming war deutlich extrovertierter als der um 14 Jahre jüngere Kell. Major Walter Kirke vom MO5, der Cumming in den zwei Jahren vor Kriegsausbruch fast täglich sah, hielt ihn für den »vergnüglichsten Burschen«, dem er je begegnet sei, »immer gut für eine amüsante Geschichte«. Dabei konnte er auf den ersten Blick auch einschüchternd wirken. Der Schriftsteller Compton Mackenzie, der im Ersten Weltkrieg für ihn arbeitete, erinnerte sich daran, wie er Neulinge durch ein Monokel mit Goldrahmen anstarrte. Die Geheimdienstarbeit in Friedenszeiten, erklärte er gegenüber Mackenzie, sei ein »herrlicher Sport«.[90] Es gab eine wichtige Gemeinsamkeit zwischen den Karrieren von Kell und Cumming. Kell hatte eine Bürotätigkeit angenommen, weil er an Asthma mit teilweise schweren Anfällen litt. Cumming war ebenfalls von einer Krankheit zum Rückzug aus dem aktiven Dienst gezwungen worden. Im Jahr 1898 kehrte er in den Dienst zurück und wurde mit dem Kommando über die Netzleger von Southampton betraut. Im August 1909 erhielt er unerwartet einen Brief vom Leiter des Marinenachrichtendienstes, Konteradmiral Bethell: »Die Netzleger müssen Ihnen ein wenig langweilig werden ... Vielleicht wären Sie an einem neuen Quartier interessiert. Wenn ja, dann habe ich Ihnen etwas Interessantes anzubieten ...« Das neue »Quartier« war das Secret Service Bureau.[91]

Die Admiralität und das Kriegsministerium hatten es versäumt, die Aufgabengebiete von Cumming und Kell klar abzugrenzen. Von Bethell erfuhr Cumming zunächst, dass ihm »alle von ihm und dem

Kriegsministerium beschäftigten Agenten unterstehen« würden und dass er einen Mitarbeiter erhalten würde. Doch als das Secret Service Bureau den Betrieb aufnahm, hatte es den Anschein, als würde sein jüngerer Kollege Kell dank der Unterstützung des Kriegsministeriums die Oberhand behalten. Nach einem weiteren Gespräch mit Bethell schrieb Cumming in sein Tagebuch, er habe »enttäuscht feststellen müssen«, dass er offenbar »nicht der Leiter der gesamten Dienststelle« sein werde. Seine Enttäuschung wurde noch größer, als ihm Colonel George Macdonogh, der Edmonds' Stelle an der Spitze des MO5 eingenommen hatte, am 10. Oktober mitteilte, dass er vorgeschlagen habe, sämtliche Angelegenheiten des Kriegsministeriums in Kells Hände zu legen, und ihm vorschlug, er solle direkt für Kell arbeiten. »Dieser Brief«, schrieb Cumming, »belastete mich sehr, denn ich konnte mich des Gefühls nicht erwehren, dass es sich unter den gegebenen Umständen um eine deutliche Abfuhr handelte«.[92] Dazu Cummings Biograf Alan Judd: »Das War Office glaubte, das Bureau unterstehe ihm, die Admiralität glaubte, Cumming unterstehe ihr, und das Foreign Office, das die Kosten trug, wollte zu diesem Zeitpunkt eigentlich nichts mit der Dienststelle zu tun haben.«[93] Am 21. Oktober einigten sich Kell und Cumming auf eine Aufgabenteilung, die ihre zukünftigen Funktionen als erste Leiter des MI5 und des SIS (MI6) vorwegnahm. Cumming schrieb in sein Tagebuch: »[In einer] Sitzung mit K[ell] und Macdonogh Zuständigkeiten aufgeteilt; K[ell] übernimmt Inland, sowohl Marine als auch Heer (Spionage und Spionageabwehr), und ich bekomme Ausland, Marine und Heer; K[ell] bekommt M[elville] und D[ale Long] und ihr Büro, und ich soll nichts mit ihnen zu tun haben.« Doch Kell und Cumming blieben nur bis zum Jahresende im selben Büro. Macdonogh ließ Cumming sein Monatsgehalt von 41 Pfund, 13 Schilling und 8 Pence über Kell zukommen.[94]

In den ersten Monaten war Kell, wie er später erklärte, vor allem damit beschäftigt, »in den Akten des War Office die bisherige Geschichte der Spionageabwehr zu studieren und die verschiedenen Bestandteile der Arbeit kennenzulernen«.[95] Melville (»M«) besuchte gemeinsam mit Dale Long (»L«) eine Reihe von Ortschaften, aus denen Berichte über angebliche deutsche Spione an das Kriegsministerium geschickt worden waren. Obwohl sich Cumming und Kell auf eine Arbeitsteilung geeinigt hatten, blieb ihre Beziehung gespannt. Am 1. November war Cumming der Verzweiflung nahe:

> Kann im Büro überhaupt nicht arbeiten. Bin seit fünf Wochen hier und habe noch nichts unterschrieben. Bin vollkommen von der Umwelt abgeschnitten, da ich weder meine Adresse angeben noch mich unter meinem richtigen Namen anrufen lassen kann. Bin von Anfang an außen vor gewesen. K[ell] hat an einem Tag mehr getan als ich in der ganzen Zeit ...
> Das System ist vom Heer organisiert worden, das lange genug die Kontrolle über unser Schicksal gehabt hat, um mir jegliche Tätigkeit zu entziehen, die ich übernehmen konnte, mir den mit Abstand schwierigsten Teil der Arbeit (für den ihr eigener Mann offenkundig besser geeignet ist) aufzuhalsen und mir die dafür nötigen Mittel zu entziehen.
> Ich bin fest davon überzeugt, dass K[ell] mich über kurz oder lang vollkommen hinausdrängen wird. Er wird zahlreiche Ergebnisse vorzuweisen haben, während ich nichts geleistet habe. Es wird durchsickern, dass ich kein Sprachexperte bin, und dann wird er die ganze Arbeit mit einem Untergebenen übernehmen, während man mich – mehr oder weniger diskreditiert – in den Ruhestand schicken wird.[96]

Cummings Stimmung hellte sich ein wenig auf, als Konteradmiral Bethell, der Leiter des Marinenachrichtendienstes, ihm versicherte, er müsse nichts tun, um seine Ernennung zu rechtfertigen. Er solle lediglich »geduldig auf die kommende Arbeit warten« und »müsse nicht untätig im Büro sitzen, sondern könne losgehen und lernen«.[97]

Trotz dieser Rückendeckung und ungeachtet der Tatsache, dass ihn Anfang November erste nachrichtendienstliche Hinweise erreichten,[98] zweifelte Cumming an Kells Absichten. Am 26. November beklagte er sich bei Bethell darüber, dass sein Kollege versucht habe, sich in die Organisation eines Treffens mit einem Agenten einzumischen, und behauptet habe, nicht Cumming, sondern er selbst müsse diesen Agenten bezahlen. Bethell stellte sich auf seine Seite und bestand darauf, dass allein Cumming für die Auslandsaktivitäten zuständig sei, weshalb auch die Bezahlung der Agenten zu seinen Aufgaben gehöre. In einem weiteren Gespräch am 30. November behauptete Bethell, dem Kriegsministerium sei mittlerweile klar geworden, dass es ein Fehler gewesen sei, die Arbeit der neuen Dienststelle aufzuteilen und zuzulassen, dass Kell die wichtigeren Aufgaben übernahm.[99]

In seiner Frühzeit litt das Secret Service Bureau auch unter Geldmangel, wie ein Brief Macdonoghs vom 28. Februar 1910 zeigt:

> Mein lieber Kell,
> wir sind sehr knapp bei Kasse und werden es bis zum Ende dieses Monats bleiben. Würden Sie daher bitte Ihre Ausgaben auf ein Mindestmaß reduzieren und nicht ohne vorherige Rücksprache Reisekosten auf sich nehmen, und auch dann nur in Angelegenheiten, die keineswegs bis April warten können.
> Herzliche Grüße,
> M[acdonogh][100]

Ende des Jahres 1909 hatte sich Cumming ein separates Hauptquartier in einer Wohnung in Ashley Gardens unweit der Vauxhall Bridge Road eingerichtet. Die Ausgaben für dieses Büro (einschließlich des Telefons) musste er aufgrund des knappen Budgets aus der eigenen Tasche bezahlen. Doch dort konnte er, wie er Bethell später berichtete, »jedermann befragen …, ohne Gefahr zu laufen, dass jemand das Gespräch aufschnappte«. Und jetzt hatte er so viel Arbeit, wie er bewältigen konnte.[101]

Kell war ebenfalls auf der Suche nach neuen Räumen. Am 17. März 1910 schrieb Cumming in sein Tagebuch:

> Händigte meinen kleinen Safe und die Schlüssel zu meinem Tisch auf Ks [Kells] Ersuchen seiner Bürokraft aus … Er fragte, ob es mir recht sei, wenn er in die Nachbarschaft ziehe, aber ich sagte ihm, dass das meiner Meinung nach meine Privatsphäre in meiner Wohnung stören werde, und bat ihn, von diesem Vorhaben abzusehen. Ich würde es vorziehen, ihn überhaupt nicht in der unmittelbaren Nachbarschaft zu haben.[102]

Die Beziehung zu Kell blieb angespannt. Am 23. März 1910 hielt Cumming mehrere Beschwerden in seinem Tagebuch fest. Kell hatte kurz zuvor eine gewisse Miss Yonger befragt, die Informationen angeboten hatte, und versucht, ihren Namen vor Cumming geheim zu halten, obwohl dieser der Meinung war, dass »ihre Information ausschließlich für meine Abteilung relevant ist«.

Zweitens sagte mir K[ell], dass er mit dem Redakteur des *Standard* bekannt sei und durch diesen einen Mann namens »Half Term« kennengelernt habe, der ihm einige Informationen geliefert und dafür einen Vorschuss von 50 Pfund pro Jahr erhalten habe. Mir wurde ausdrücklich verboten, an Zeitungsredakteure heranzutreten.

Darüber hinaus beklagte Cumming sich darüber, dass Kells Abteilung sowohl größer als auch finanziell besser ausgestattet war als seine, was zweifellos vor allem daran lag, dass Kell seit langem mit dem Kriegsministerium verbunden war.[103] In einem Tagebucheintrag vom 5. April hielt Cumming ein weiteres Ärgernis fest: Kell hatte ihn angerufen und aufgefordert, »wegen einer ›dringenden Angelegenheit‹ in sein Büro zu kommen. Als ich dort eintraf, stellte sich heraus, dass er mich lediglich nach einem Papier fragen wollte, das unter eher sonderbaren Umständen in Auftrag gegeben worden war, die zu klären ich mich bereit erklärte.« Kell legte ihm auch einen Brief vor, den er von einer Frau in Deutschland erhalten hatte, die Informationen anbot, jedoch ihre Adresse nicht preisgab, da sie nur mit ihm persönlich sprechen wollte. Am folgenden Tag fand Cumming heraus, dass die Information ein (zweifellos nicht existierendes) deutsches Waffenversteck auf britischem Boden betraf.[104]

Die Beziehung entspannte sich erst, als die strikte Trennung der beiden mittlerweile als Inlands- und Auslandsabteilungen des Secret Service Bureau anerkannten Einheiten endgültig feststand. Am 28. April 1910 schrieb Cumming in sein Tagebuch: »Kell stimmte zu, dass sich unsere Tätigkeiten grundlegend voneinander unterschieden und dass uns allein der Name verband, weshalb es für uns beide besser wäre, getrennt zu arbeiten.«[105] Am 9. Mai 1910, drei Tage nach dem Tod König Edwards VII., während in Whitehall tiefe Trauer herrschte, erklärte Macdonogh in einer Sitzung in Bethells Büro in der Admiralität, an der auch hochrangige Vertreter des Kriegsministeriums teilnahmen, dass die beiden Abteilungen wenig gemein hätten und dass die Zuständigkeiten von Kell und Cumming sauber abgegrenzt werden müssten. Kells Verantwortung für sämtliche Aktivitäten im Vereinigten Königreich und Cummings Zuständigkeit für die gesamte Auslandsspionage wurden bestätigt. Zudem einigte man sich darauf, dass die Arbeit von Kells Abteilung ausreichend »legal« sei, um ihre Existenz einzugestehen, während Cummings Abteilung nicht offiziell anerkannt werden könne.[106]

Diese Unterscheidung zwischen einem (wenn auch nicht öffentlich) anerkannten MI5 und einem SIS, zu dem man sich nicht bekennen konnte, blieb bis zum Jahr 1992 aufrecht, als die Existenz des SIS erstmals offiziell eingestanden wurde. Immer wieder wurden in Whitehall Forderungen nach einer Zusammenlegung oder zumindest nach einer Unterbringung im selben Gebäude laut. Sie verhallten allesamt ungehört.

1
»Die Spione des Kaisers«:
Spionageabwehr vor dem Ersten Weltkrieg

Der von Kell geleitete Bereich des Secret Service Bureau, den jene, die von seiner Existenz wussten, als »Abteilung für Gegenspionage« (Counter-Espionage Bureau)[1] oder »Sonderabteilung für Nachrichtendienste« (Special Intelligence Bureau)[2] kannten (innerhalb des Kriegsministeriums wurde die Dienststelle auch als MO5(g) bezeichnet), musste mit sehr wenig Geld auskommen. Ein moderner Geheimdienst könnte unmöglich mit derart geringen Mitteln funktionieren, wie sie der Secret Service vor dem Ersten Weltkrieg erhielt. Erst im März 1910 erhielt Kell eine Bürokraft, und es wurde Januar 1911, bis dem Büro der erste Offizier zugeteilt wurde. Noch bei Kriegsausbruch im August 1914 bestand das Personal[3] des Secret Service Bureau aus nur sechs Offizieren[4], zu denen Melville und zwei Assistenzdetektive[5], sechs Bürokräfte[6] und eine Hausmeisterin[7] kamen. Zu diesem Zeitpunkt trug Kell bereits den Titel eines Direktors.

Angesichts der Mittelknappheit bestand Kells Strategie zur Bekämpfung der gegnerischen Spionage in Großbritannien anfänglich darin, sich die Unterstützung von Polizeichefs im ganzen Land zu sichern. Voraussetzung dafür war eine Hilfestellung durch das Innenministerium. Zu Kells Glück wurde dieses Ressort den größten Teil des Jahres 1910 sowie im Jahr 1911 von Winston Churchill geleitet, der während seiner gesamten Karriere größeres Interesse und mehr Verständnis für den Geheimdienst zeigte als jeder andere britische Politiker seiner Generation. Zu seinen Abenteuern im Burenkrieg hatten Radtouren durch Johannesburg gezählt, wo er verkleidet Feindaufklärung hinter den gegnerischen Linien betrieben hatte. Später gestand Churchill ein, wäre er gefasst worden, so hätte »kein europäisches Kriegsgericht Mühe gehabt, über einen solchen Fall zu entscheiden«. Er wäre als Spion erschossen worden.[8] Als Innenminister spielte Churchill auch eine wichtige Rolle beim

Aufbau von Kells Nachrichtendienst. General Ewart, der Leiter der Abteilung Militärische Operationen, empfahl ihm Kell im April 1910 in einem Schreiben als »vollkommen diskret und zuverlässig«:

> Diesen Offizier, der meiner nachrichtendienstlichen Abteilung angehört, setze ich ein, um die zahlreichen Fälle von angeblicher ausländischer Spionage und andere verdächtige Vorfälle, die uns zur Kenntnis gebracht werden, zu untersuchen. Aufgrund der Natur dieser Tätigkeit wäre es wünschenswert, mit Ihrer Erlaubnis vertrauliche Kontakte zwischen ihm und den Polizeichefs der Grafschaften herzustellen, und es würde uns sehr helfen, wenn es Ihnen möglich wäre, ihm ein allgemeines Empfehlungsschreiben auszustellen, das er bei Bedarf vorlegen könnte.

Churchill diktierte folgende Anordnung: »Lassen Sie Captain Kell alles zukommen, was er benötigt.«[9] Sein Privatsekretär überbrachte Kell am nächsten Tag ein an die Polizeichefs von England und Wales gerichtetes Empfehlungsschreiben, das mit folgenden Worten schloss: »Mr. Churchill lässt Ihnen ausrichten, dass er Ihnen sehr verbunden wäre, wenn Sie Captain Kell alles zur Verfügung stellen würden, was er für seine Arbeit benötigt.«[10] Im Juni erhielt Kell vom Schottland-Ministerium ein ähnliches Geleitschreiben, das an die Polizeichefs in Schottland gerichtet war.[11] Im Sommer 1910 knüpfte er persönliche Kontakte zu 33 englischen und schottischen Polizeipräsidenten, die allesamt »gerne bereit waren«, ihm »jede erdenkliche Hilfe zukommen zu lassen«.[12] Der im März 1910 gegründete Unterausschuss für Ausländerfragen des Committee of Imperial Defence bewilligte unter Churchills Vorsitz die Erstellung eines Geheimregisters der Staatsangehörigen wahrscheinlicher Kriegsgegner (vor allem Deutschlands) auf der Grundlage der von den örtlichen Polizeibehörden bereitgestellten Daten.[13]

Es war Kell klar, dass ein System wie das des deutschen Meldewesens, das die verpflichtende Registrierung aller Ausländer vorsah und ihre Bewegungsfreiheit im Land einschränkte,[14] in Großbritannien nicht akzeptiert würde. Daher griff er auf die geheime Meldung zurück. In einem im Oktober 1910 von Kell entworfenen Formular zur »Eintragung von Fremden« sollte die Polizei auch jegliche »spezifische Spionageakte der gemeldeten Personen sowie andere ungewöhnliche Beobachtungen« eintragen.[15] Doch trotz der Unterstützung der Polizeibehörden konnten Kell und Melville aufgrund der knappen Mittel anfangs nicht viel mehr tun, als die Berichte über angebliche deutsche Spionage zu untersuchen, die dem Kriegsministerium bereits vorlagen. Der erste Fortschrittsbericht, den Kell im März 1910 vorlegte, war eindeutig von Melvilles Überzeugung beeinflusst, die deutsche Spionage auf britischem Boden hänge mit Plänen für eine Invasion der Insel zusammen. In dem Bericht gelangte Kell zu dem Schluss, der »Fall Rusper« und der »Fall Frant« lieferten »deutliche ergänzende und bestätigende Hinweise darauf, dass in unserem Land ein organisiertes deutsches Spionagesystem existiert«. In dem ersten Fall ging es um »verdächtige« Aktivitäten deutscher Bürger in der Ortschaft Rusper in Sussex:

> Es dürfte kaum erforderlich sein, die Aufmerksamkeit auf die Tatsache zu lenken, dass die Kenntnis des Gebiets zwischen dem North und South Down, in dem die wichtigen Höhen von Hindhead, Box Hill sowie die Türme von Holmbush, die Kirche von Rusper und Lyne House liegen, von größtem Wert für eine von der Küste zwischen Dover und Portsmouth vorrückende Invasionsstreitmacht wären, und dasselbe gilt für die genaue Kenntnis der Eisenbahnstrecken, die von der Küste zu den Knotenpunkten Guildford, Dorking und Tunbridge führen.

Im »Fall Frant« ging es um einen Geflügelhof in Sussex, der nach Meinung der Nachbarn ein Treffpunkt deutscher Agenten war. Kell zitierte aus dem Bericht »unseres Ermittlers« (bei dem es sich wahrscheinlich um Melvilles Assistenten Herbert Dale Long handelte), der »beträchtliche Erfahrung mit allen Arten von Deutschen« für sich in Anspruch nahm und überzeugt war, bei zwei Besuchern des Geflügelhofs handle es sich um inkognito reisende deutsche Offiziere.

Nun, da die neue Dienststelle seit sechs Monaten arbeitete, gelangte Kell zu folgendem Ergebnis:

(a) Die Entscheidung zur Einrichtung des Büros hat sich als richtig erwiesen.

(b) Die gesammelten Erkenntnisse haben bewiesen, dass eine unerlässliche Voraussetzung für das gute Funktionieren der Spionageabwehr darin besteht, dass sämtliche in seinen Zuständigkeitsbereich fallende Informationen an das Büro weitergeleitet und ausschließlich von diesem bearbeitet werden sollten.

Kell pries die Kooperationsbereitschaft der Polizeichefs, die er als unerlässlich für die Arbeit seiner Dienststelle bezeichnete, und forderte eine Reform des wirkungslosen Gesetzes zum Schutz von Staatsgeheimnissen (des Official Secrets Act von 1889), das die Strafverfolgung von Spionen erschwere.[16]

Rückblickend mag es überraschen, dass Kells erster Fortschrittsbericht bei denen, die ihn lasen, keine größere Skepsis hervorrief. Die Fälle Rusper und Frant hatten in Wahrheit keineswegs die von Kell behaupteten unanfechtbaren Beweise für ein »organisiertes System der deutschen Spionage« geliefert. Wie der Unterausschuss des Committee of Imperial Defence, dessen Empfehlungen ein halbes Jahr vorher zur Gründung des Secret Service Bureau geführt hatten, hatten die Leser von Kells Bericht im Kriegsministerium und in der Admiralität »keinen Zweifel daran, ... dass in unserem Land ein ausgedehntes deutsches Spionagenetz existiert«. Es war tatsächlich so, dass der deutsche Marinenachrichtendienst in Großbritannien sehr aktiv war, aber Kells vollkommen unzureichend ausgestatteter Dienststelle fehlten die Mittel, um diese Aktivitäten aufzudecken. Die Hinweise auf Spionageaktivitäten, die die Untersuchungen des Büros im Sommer 1910 zutage förderten, hatten nicht mehr Substanz als die in seinem ersten Fortschrittsbericht beschriebenen. Melville meldete im Juni, er sei einem »verdächtigen Deutschen« auf der Spur, der sich als Handelsreisender ausgab und »regelmäßig alle deutschen Kellner in der Umgebung von Dover und Folkestone sowie unserer Meinung nach die Kellner entlang der gesamten Küste besucht«.[17] Im Juli erhielt Kell von einem gewissen Colonel R. G. Williams die Mitteilung, es seien zwei Deutsche entdeckt worden, die einander in der Nähe des Tunnels von Sevenoaks »in der Nacht mit Lampen Signale geben«. Kell nahm sofort Kontakt zum Polizeichef von Kent auf, der ihn darüber aufklärte, dass die Lampen offenbar eher Campern als deutschen Spionen gehörten.[18]

Einige der Falschmeldungen über angebliche deutsche Militärspionage in Großbritannien stammten aus scheinbar gut informierten Quellen. Einer der Informanten war Colonel Frederic Trench, ein bekannter Autor, der sich mit militärischen Themen beschäftigte. Seine Ernennung zum britischen Militärattaché in Berlin im Jahr 1906 war vom Kaiser, mit dem er persönlich befreundet war, begeistert begrüßt worden. Trench hatte mit Erlaubnis des Kaisers an der Seite der deutschen Streitkräfte in Deutsch-Südwestafrika gedient und hatte in der deutschen Armee zahlreiche Freunde und Ansprechpartner. Während seines Aufenthalts in Berlin gelangte er zu der Überzeugung, dass die Deutschen einen Überraschungsangriff auf Großbritannien planten: »Wenn Deutschland glaubt, dass seine Marine stark genug oder dass die britische Flotte ausreichend verstreut oder anderweitig beschäftigt ist, so dass eine gute Aussicht auf Erfolg besteht …, wird der erste Schlag ohne jede Vorwarnung erfolgen.« Trench war auch der Meinung, dass zur Vorbereitung der Invasion deutsche Spione in Großbritannien eingesetzt würden. Einige seiner Berichte wurden an Kell weitergeleitet.[19]

In Wahrheit gab es mehr Belege für britische Geheimdienstaktivitäten in Deutschland als für deutsche Spionage auf britischem Boden. Im August 1910 wurden Lieutenant Vivien Brandon von der Hydrografischen Abteilung der Admiralität und Captain R. M. Trench von den Royal Marines (nicht zu verwechseln mit Colonel Trench) verhaftet, die im Auftrag des britischen Marinenachrichtendienstes die deutschen Verteidigungsstellungen an der Nordseeküste bei Borkum und anderen Orten ausgekundschaftet hatten. Die Unerfahrenheit der beiden Männer zeigte sich nicht nur daran, dass man zahlreiche belastende Dokumente bei ihnen fand, sondern auch an ihrem Verhalten vor Gericht. Der Staatsanwalt räumte ein, dass nur durch Trenchs Aussage im Prozess ans Licht gekommen war, dass die beiden tatsächlich bis zu den Befestigungsanlagen von Borkum vorgedrungen waren.[20] Am 30. August wurde Kell zu einem Gespräch mit dem Leiter des Marinenachrichtendienstes Bethell, dem Sekretär der Admiralität Sir Graham Greene (dem höchstrangigen zivilen Vertreter der Admiralität) sowie Cumming und anderen hochrangigen Marineoffizieren zitiert. Man fragte ihn, ob er »eine ›vergleichbare Bombe‹ zünden« könne: Er sollte einige deutsche Spione in Großbritannien auf frischer Tat ertappen. Aber Kell »befürchtete, dass dies nicht möglich sein würde«.[21]

Doch am 5. September erhielt Kell ein Telegramm aus Portsmouth, in dem er darüber informiert wurde, dass Leutnant Siegfried Helm vom Nassauischen Pionier-Bataillon Nr. 21 unter dem Verdacht der Spionage verhaftet worden war.[22] Helm war unter dem Vorwand eines Sprachstudiums nach England gekommen und hatte seinen Besuch mit einem Schreiben an eine gewisse Miss Wodehouse vorbereitet, die mit einem seiner Offizierskollegen befreundet war und ihm geholfen hatte, unweit ihres Hauses in der Gegend von Portsmouth eine Unterkunft zu finden. Als Wodehouse entdeckte, dass Helm nicht nur die Gesellschaft einer »reizenden Lady« genoss, sondern auch Skizzen von Festungen und Militäranlagen anfertigte, meldete sie ihre Beobachtung der örtlichen Kaserne.[23] Der Erste Lord der Admiralität, Reginald McKenna, wollte öffentliches Aufsehen vor dem Prozess vermeiden, aber Kell hielt es für »sehr vorteilhaft, wenn die Verhaftung möglichst bald bekannt würde, da sie auf der anderen Seite des Kanals möglicherweise mäßigend wirken« und andere deutsche Spione abschrecken werde. Die Nachricht von Helms Verhaftung erschien im *Daily Express*. Weder in diesem noch in irgendeinem der folgenden Fälle, in denen die Spionageabwehr tätig wurde, erwähnten die Zeitungen Kells Rolle. Dieser stieg am 6. September in den Zug nach Portsmouth, um die Leitung der Untersuchung zu übernehmen, nachdem er »alle erforderlichen Beweise und Dokumente« erhalten hatte, darunter auch Helms Notizbuch. Miss Wodehouse überzeugte Kell davon, dass sie »Leutnant Helm gezielt zu einem amourösen Abenteuer ermutigt habe, um sein Vertrauen zu gewinnen, da sie von Anfang an den Verdacht gehegt habe, es mit einem Spion zu tun zu haben«.[24]

In der *Times* wurde Helms »soldatisches Auftreten« vor Gericht beschrieben, doch in Wahrheit hatte er eher Ähnlichkeit mit einer Figur aus der Satirezeitschrift *Punch*. Sein Verteidiger erklärte, Helm habe »eine Manie, Dinge in sein Notizbuch zu schreiben«, und tue dies mit stereotyper teutonischer Gründlichkeit: So hatte er jedes Detail des Mobiliars seines Schlafzimmers und die exakte

Entfernung zwischen der Kommode und dem Bett festgehalten. Seine Zeichnungen von Festungen und militärischen Anlagen waren weniger beeindruckend. Kells späterer Stellvertreter Eric Holt-Wilson tat sie als »eher missratene Skizzen der veralteten Befestigungsanlagen von Portsmouth« ab. Helm erklärte, die Zeichnungen der Festungen seien kein Ergebnis verdeckter Aufklärungsarbeit, stattdessen habe er durch ein großes öffentliches Teleskop auf der South Parade von Portsmouth geschaut. Nach seiner Verhaftung schrieb er einen schmerzerfüllten, aber durchaus zuversichtlichen Brief an Miss Wodehouse: »Es ist furchtbar, man hält mich für einen Spion! Dabei ging es nur um meine Studien. Die Offiziere sind sehr freundlich zu mir. Ich hatte nie einen angenehmeren Aufenthalt!« Als Helm entdeckte, dass seine Geliebte ihn angezeigt hatte, änderte sich sein Ton: »Ich kam als wahrer Freund zu Ihnen, und Sie waren meine Feindin. Es stimmt, was in der Heiligen Schrift steht: Das Weib ist falsch wie eine Schlange!!« Obwohl er sich in seinem Prozess schuldig bekannte, wurde Helm unter der Bedingung guter Führung auf freien Fuß gesetzt und von Richter Bankes freundlich, wenn auch ein wenig gönnerhaft verabschiedet:

> Ich vertraue darauf, dass Sie dieses Land mit dem Gefühl verlassen werden, dass wir, obwohl wir wachsam und für Ihren Geschmack möglicherweise übermäßig wachsam sind, ... auch gerecht und gnädig sind, und zwar nicht nur zu den Untertanen dieses Königreichs, sondern auch zu jenen, die wie Sie die Gastfreundschaft unseres Landes genießen.[25]

Sowohl in Deutschland als auch in Großbritannien galten ausländische Offiziere, die Spionage betreiben, immer noch als wahre Patrioten, weshalb sie auf einige Nachsicht hoffen durften. Im Fall von Brandons und Trenchs Erkundung der Verteidigungsstellungen an der deutschen Nordseeküste gab es sehr viel deutlichere Beweise für systematische Spionage als im Fall von Helm, weshalb beide zu vier Jahren Haft verurteilt wurden. Doch ihr Prozess endete in einer bemerkenswert freundschaftlichen, ja geradezu surreal anmutenden Atmosphäre. Der Korrespondent der *Times* schrieb:

Als alles vorüber war, blieben sie noch einige Minuten im Saal, plauderten mit ihrem Verteidiger und anderen Personen, schüttelten die Hände von Bekannten wie dem Untersuchungsrichter, der das Vorverfahren geleitet hatte ... Sie waren fröhlich und vollkommen zufrieden mit dem Ergebnis des Prozesses.

Brandon und Trench sollten ihre Strafe in einer Festung verbüßen, wo sie »die Erlaubnis haben werden, sich angenehm einzurichten und die Gesellschaft der Offiziere, Studenten und anderer zu genießen, allesamt Männer von Bildung und gehobener gesellschaftlicher Stellung, die die Gastfreundschaft des Kommandanten in der Festung in Anspruch nehmen«. Abschließend hieß es im Bericht des *Times*-Korrespondenten: »Es gibt keine unangenehmen Vorschriften, und es wird ihnen nicht schwerfallen, Freigang zu erhalten und Ausflüge in die Stadt zu unternehmen.«[26]

Da Helm ein aktiver Offizier des Heeres war, schien sein Prozess zu bestätigen, dass sowohl das deutsche Heer als auch die Marine in Großbritannien Spionage betrieb. Doch aus Dokumenten in den deutschen Archiven geht hervor, dass Helm nicht auf Befehl, sondern in Eigeninitiative gehandelt hatte – was Kell zu jenem Zeitpunkt nicht wissen konnte (obwohl er möglicherweise den Verdacht hegte).[27] Kell hoffte, nach dem Ende des Prozesses mehr über die Hintergründe von Helms stümperhafter Spionage zu erfahren. Im Zug zurück nach London setzte er sich zu Helm und dessen Vater, die ihn nicht kannten, ins Abteil. Doch zu Kells Enttäuschung waren die beiden eher wortkarg.[28]

Nur vier Tage später gab Major William Thwaites, der Leiter der deutschen Abteilung des War Office (und späterer Leiter des Heeresnachrichtendienstes), der sich sehr für Kells Dienststelle einsetzte, einen anscheinend vielversprechenden Hinweis.[29] Der Major berichtete, im vergangenen Monat hätten regelmäßig sechs Deutsche im Restaurant Terriani's gegenüber von Harrods zu Abend gegessen: »Sie wirkten sehr geheimnistuerisch, und es wurde die Vermutung laut, dass sie für den Geheimdienst arbeiten.« Kell ging mit Melville in das Restaurant essen. Begleitet wurden sie von Captain Stanley Clarke, einem Armeeoffizier, der nach elfjährigem Dienst in Indien nach Großbritannien zurückgekehrt war und bald darauf für kurze Zeit Kells Assistent wurde. »Aber es tauchte kein Deutscher auf«, schrieb Kell in sein Tagebuch.[30] So wie bei den meisten Hinweisen auf verdächtige Deutsche in jenen Jahren handelte es sich auch hier höchstwahrscheinlich um einen Fehlalarm.[31]

Genau wie Melville glaubte Kell weiterhin, dass die deutsche Spionage der Vorbereitung einer Invasion diente. In seinem zweiten Fortschrittsbericht im Oktober 1910 fasste er die (anscheinend nie in die Tat umgesetzte) Möglichkeit ins Auge, »unsere eigenen Spione in den Küstengrafschaften vorzumerken (und auszubilden??), damit sie im Fall einer Invasion hinter den feindlichen Linien arbeiten können«.[32] In der ersten Jahresbewertung der Tätigkeit des Secret Service Bureau, die am 15. November im Kriegsministerium stattfand, wurde vereinbart, das Außenministerium um Mittel zu ersuchen, damit Kell einen Assistenten mit einem Jahresgehalt von 400 Pfund einstellen konnte (zusätzlich zu einer Armeepension).[33] Kell hatte für diese Funktion bereits Stanley Clarke ins Auge gefasst, der am 1. Januar 1911 die Arbeit aufnahm.[34] Eine von Clarkes ersten Aufgaben bestand darin, Kell beim Umzug vom Büro in der Victoria Street in größere (und preisgünstigere) Räume im Paper Building 3 im Inner Temple zu helfen, wo sie sich selbst um die Wasser- und Stromversorgung kümmern mussten. Als der Umzug (der dadurch erschwert wurde, dass Kell drei Wochen lang krank war) am 20. Februar abgeschlossen war, brach Clarke zu einer dreiwöchigen Wanderung entlang der Küste von Essex und Suffolk auf,[35] vermutlich in der vergeblichen Hoffnung, dort Hinweise auf Spione zu finden, welche die (eingebildete) deutsche Invasion vorbereiteten.

Nachdem er einer Reihe von Hinweisen nachgegangen war, die mit Ausnahme von dem eher possenhaften Fall Helm bis dahin keinen einzigen stichhaltigen Beweis für deutsche Spionage geliefert hatten, war Kell zu Recht beunruhigt über die geringe Qualität der nachrichtendienstlichen Informationen, die bei ihm eintrafen. Am 3. März führte er ein »langes Gespräch mit M[elville] in seinem Büro und machte ihm klar, dass er von nun an energischer sein« müsse: »Ich erwarte von ihm, dass er neue Methoden zur Beschaffung von Informationen entwickelt.«[36] In seinem dritten Fortschrittsbericht schrieb Kell, dass Melvilles Arbeit ausgezeichnet sei und dass er bei seinen Nachforschungen großes Gespür beweise, aber: »Die Arbeit, die er in den letzten achtzehn Monaten für mich geleistet hat, war nicht aufwändig und hat nichts mit der umfassenden Tätigkeit zu tun, für die er eigentlich eingestellt wurde.« Aufgrund seines Alters (Melville war über sechzig Jahre alt)[37] und seines Ranges konnte man »kaum von ihm erwarten, dass er Tätigkeiten wie Beschattungen rund um die Uhr verrichtet, eine Aufgabe, die ohnehin kein einzelner Mann bewältigen kann«.

Bisher musste ich mich weitgehend auf die Unterstützung verlassen, die mir die Metropolitan Police und die Dienststellen der Grafschaften bei der Ermittlungsarbeit gewähren konnten, aber insbesondere die County Police hat nur sehr wenige Beamte in Zivil zur Verfügung, und obendrein haben einige Polizeichefs eingestanden, dass ihre Männer, so gut sie auch bei der Verbrechensbekämpfung arbeiten, nicht das erforderliche Taktgefühl besitzen, um derart heikle Ermittlungen durchzuführen …
Es ist Mr. Melville gelungen, den einen oder anderen ihm bekannten ehemaligen Polizeibeamten anzuwerben, aber diese Männer sind natürlich nicht immer verfügbar, wenn ihre Dienste benötigt werden. Zudem ist es offenkundig nicht wünschenswert, für eine solche Arbeit Aushilfsdetektive zu beschäftigen, abgesehen davon, dass es sehr kostspielig ist. Es ist sehr schwierig, Privatdetektive zu finden, die für weniger als eine Guinee am Tag arbeiten, und dazu kommen noch die Auslagen. Daher bitte ich inständig um Erlaubnis, zwei Detektive einstellen zu dürfen.[38]

Am 7. Juni nahm John Regan, ein ehemaliger Beamter der Metropolitan Police, seine Tätigkeit als Assistent von Melville auf; aber auf den zweiten geforderten Detektiv musste Kell noch ein weiteres Jahr warten.[39] Man bewilligte ihm jedoch einen »Marineassistenten«: Lieutenant B. J. Ohlson, ein Kapitänleutnant der Reserve,[40] trat den Dienst am 19. Mai an. Er war verantwortlich für die »Sammlung von Informationen in den Häfen entlang der Ostküste«, beginnend mit dem Londoner Hafen.[41] In den folgenden Monaten sicherte sich Ohlson die Unterstützung der Kapitäne von sechs Handelsschiffen, die zwischen London und dem Kontinent verkehrten. Nach Kells Einschätzung waren sie »diskret und bereit, die Augen offen zu halten und jede nützliche Beobachtung zu melden«.[42]

Im August 1911 gab ein bemerkenswerter Glücksfall der Untersuchung der Aktivitäten der deutschen Nachrichten-Abteilung auf britischem Boden einen wichtigen Anstoß: Stanley Clarke reiste im selben Zugabteil wie Francis Holstein, der aus Deutschland gebürtige Eigentümer des Peacock Hotel in Leith. Während der Fahrt unterhielt sich Holstein mit einem Freund über einen Brief aus Deutschland, in dem er um Informationen über die öffentliche Meinung und die Kriegsvorbereitungen in Großbritannien gebeten worden war. Weitere Nachforschungen ergaben, dass Holstein im Vorjahr zwei ähnliche Briefe erhalten hatte, deren Absender wie bei dem jüngsten ein gewisser »F. Reimers, Brauerstrasse, Potsdam« war. Wie sich herausstellte, war »Reimers« ein Pseudonym von Gustav Steinhauer.[43] So ungewöhnlich es scheinen mag, dass Clarke zufällig jene Unterhaltung im Zug aufschnappte: Da Steinhauer die unsichere Methode praktizierte, unaufgefordert Briefe an Auslandsdeutsche in Großbritannien zu senden, um sie als Informanten anzuwerben, war es nur eine Frage der Zeit, bis einer der Empfänger preisgab, ein solches Schreiben erhalten zu haben. Deutsche Agenten in Großbritannien beklagten sich wiederholt darüber, dass sie durch die unzureichenden Sicherheitsvorkehrungen in Gefahr gebracht würden, aber Steinhauer ignorierte ihre Bedenken.[44] Der deutsche Marineattaché in London berichtete im Jahr 1912 an den Leiter des Marinenachrichtendienstes in Berlin, die Anwerbung in Großbritannien lebender Deutscher sei »sehr viel schwieriger, als man sich in Berlin vorstellt«: »Die Deutschen mittleren Alters (nur Herren im Alter zwischen 35 und 50 Jahren sind geeignet, da die jüngeren Herren keiner ständigen Beschäftigung nachgehen und den Arbeitgeber viel zu oft und ohne vorherige Ankündigung wechseln) hegen eine wachsende Abneigung gegen diese Art von Tätigkeit, da sie England schadet.«[45] Die Mehrheit der Empfänger von Steinhauers Briefen hatten wie Holstein nicht die Absicht, auf diese wenig durchdachte nachrichtendienstliche Kaltakquise einzugehen.

Nun erhöhte Churchill die Schlagkraft von Kells Dienststelle, indem er das Abfangen verdächtiger Korrespondenz erheblich erleichterte. Bis dahin war für jeden Versuch, einen Brief zu öffnen, eine eigens vom Innenminister unterzeichnete Durchsuchungsvollmacht erforderlich gewesen.

Die Post warnte stets davor, das öffentliche Vertrauen in das Postgeheimnis zu erschüttern. Der Postminister hatte im Jahr 1909 in einer Mitteilung an den ... Unterausschuss für ausländische Spionage sogar erklärt, es sei sehr fraglich, ob die Untersuchung der Korrespondenz von Spionen überhaupt nützliche Ergebnisse zeitigen würde, da es unwahrscheinlich sei, dass ein Spion ein wichtiges Schreiben abschicke oder empfange, ohne Verschlüsselungsmethoden anzuwenden.[46]

Hätte sich das Postministerium mit seinem Standpunkt durchgesetzt, so wäre Kell eines Instruments der Gegenspionage beraubt worden, das sich rasch als sehr nützlich erwies. Doch Churchill setzte sich über die Einwände der Post hinweg, weitete das System der Durchsuchungsvollmachten des Innenministeriums (Home Office Warrants, HOW) erheblich aus und führte die Möglichkeit ein, »allgemeine Vollmachten« auszustellen, die die »Durchsuchung der gesamten Korrespondenz bestimmter Personen ermöglichten, die auf einer laufend zu ergänzenden Liste standen«. Churchill war sehr beeindruckt von den Belegen für deutsche Spionage, die dank der von ihm unterzeichneten Durchsuchungsvollmachten zutage gefördert wurden. Nachdem er im November 1911 seinen Schreibtisch im Home Office geräumt hatte, um das Amt des Ersten Lords der Admiralität einzunehmen, schrieb er an den Außenminister Sir Edward Grey:

Capt. Kell vom Geheimdienst des War Office hat mir das beiliegende Bündel von Berichten übergeben, die das Ergebnis der von ihm in Zusammenarbeit mit den Polizeichefs während meiner Amtszeit im Home Office ergriffenen Maßnahmen sind. Obwohl darunter sehr viel »überflüssiger Kram« ist, lohnt es sich durchaus, diese Berichte durchzusehen, denn sie zeigen, dass wir der Gegenstand einer minutiösen und wissenschaftlichen Untersuchung durch die deutsche Armee und Marine sind und dass uns keine andere Nation auf der Welt derart große Aufmerksamkeit widmet. Würden Sie die Berichte Lloyd George [dem Schatzkanzler] zeigen, wenn Sie morgen Abend mit ihm speisen? Ich sollte hinzufügen, dass Kell vollkommen vertrauenswürdig und ausgesprochen fähig ist und dass die Namen und Adressen fast aller genannten Personen selbstverständlich bekannt sind. Natürlich sind die Informationen geheim. Dank der von mir als Innenminister unterzeichneten Vollmachten zur Inspektion von Briefen ist sehr viel mehr ans Licht gekommen.[47]

Im September 1911 begann Kell damit, einen mit Querverweisen versehenen Index der abgefangenen Briefe zu erstellen, die Steinhauer mit seinen Agenten in Großbritannien austauschte. In einer intern verfassten Geschichte des MI5 aus dem Jahr 1921 hieß es, die Originalbriefe seien zwar vernichtet worden, aber der Index, der erhalten geblieben sei, enthalte 1189 Eintragungen für den Zeitraum 1911 bis 1914. In den drei Jahren vor Kriegsausbruch landete also jeden Tag durchschnittlich mehr als ein abgefangener Brief von Steinhauer und seinen britischen Agenten in Kells Büro.[48] Zu den wichtigsten frühen Erkenntnissen, die aus dieser Korrespondenz gewonnen wurden, zählte die, dass Steinhauer kaum auf die Tarnung der Mittelsmänner achtete, die er für die Kommunikation mit seinen Spionen einsetzte. Kell beschaffte sich beim Innenministerium Durchsuchungsvollmachten für diese »Postboten« und konnte in das Netz eindringen. Der wohl aktivste »Postbote« war Karl Ernst, der einen Friseursalon in der Nähe der Haftanstalt Pentonville besaß und regelmäßig dem Kaplan und den Vollzugsbeamten die Haare schnitt.[49] Ernst war nicht nur für die Weiterleitung der Korrespondenz zuständig, sondern wurde gelegentlich auch eingesetzt, um an enttäuschte Angehörige der britischen Marine heranzutreten, um herauszufinden, ob sie bereit waren, Informationen über die Royal Navy zu liefern. Einige seiner anderen Aufträge waren eher banal. So wurde er einmal aufgefordert, einen im *Daily Express* erschienenen Artikel über Steinhauer zu beschaffen. Die Überschrift lautete: »Deutsches Spionagebüro. Der Cheforganisator und seine Arbeitsweise. Ein geheimnisvoller Mann. Opfer auf Bestellung.«[50] Bei mindestens einer Gelegenheit führten die bei den »Briefkontrollen« gewonnenen Erkenntnisse fast zu Steinhauers Festnahme. Im Dezember 1911 ging aus abgefangenen Schreiben hervor, dass ein deutscher Offizier durch Großbritannien reiste. Doch als man genug Beweise gesammelt hatte, um seine Verhaftung zu rechtfertigen, hatte er das Land bereits wieder verlassen. Im Februar 1912 wurde ein Brief abgefangen, der zeigte, dass es sich bei diesem Offizier um Steinhauer gehandelt hatte.[51]

Der erste von Kell untersuchte Fall eines für Steinhauer arbeitenden Spions führte zur Verurteilung von Dr. Max Schultz, dem ersten promovierten Philosophen, der in Großbritannien wegen Spionage ins Gefängnis musste. Obwohl er in Deutschland wegen Veruntreuung verurteilt worden war, setzte »N« ihn ein, um Informationen über die Royal Navy in Portsmouth zu sammeln. Der flamboyante Schultz verstand wenig von verdeckten Operationen. Er bezog Quartier in einem Hausboot in Portsmouth, hisste am Mast die deutsche Flagge und veranstaltete Feste, bei denen er (ohne Erfolg) versuchte, das Gespräch auf die Kriegsmarine zu bringen. Er erregte rasch Verdacht, konnte jedoch keine brauchbaren Informationen beschaffen. Einmal traf er bei Schießübungen seine Haushälterin in den Arm. Als ihn die Frau, deren Name Sturgeon war, auf Schadenersatz verklagte, wandte sich Schultz an den Rechtsanwalt Hugh Duff, den er bei der Gelegenheit auch gleich aufforderte, für eine »deutsche Zeitung« Informationen über die britischen Streitkräfte zu beschaffen. Duff und einer seiner Freunde, Edward Tarren, erklärten sich dazu bereit, informierten jedoch die Polizei. Kell nahm sich des Falls an und versorgte Duff und Tarren mit gefälschten Informationen, die sie Schultz übergeben konnten. Am 17. August waren genug Beweise gesammelt, um einen Haftbefehl für Schultz auszustellen. Der teilweise sonderbare Verlauf des Gerichtsverfahrens passte sehr gut zur persönlichen Exzentrik des Angeklagten. Man machte ihm als »Dr. Phil Max Schultz« den Prozess, wobei den Behörden völlig entging, dass es sich bei dem »Phil« auf den von Schultz unterschriebenen Verhörprotokollen nicht um einen Vornamen, sondern um seinen Doktortitel handelte. Bevor Richter Alverstone den Angeklagten zu 21 Monaten Gefängnis verurteilte, sagte er zu Schultz, es sei »bedauerlich, dass Sie, ein Mann von Bildung, imstande waren, hierherzukommen und sich als Gentleman auszugeben«, um anschließend unzulässige Informationen zu sammeln. »Ich bin dankbar dafür, dass die Beziehungen zwischen unseren beiden Ländern ausgesprochen gut und freundschaftlich sind und dass die Vergehen, deren Sie sich schuldig gemacht haben, nirgends auf entschiedenere Ablehnung stoßen werden als in den führenden Kreisen in Deutschland.«[52]

Während das Verfahren gegen Schultz seinen Lauf nahm, wurde das Gesetz zum Schutz von Staatsgeheimnissen geändert. Der Official Secrets Act von 1889 war im Jahr 1909 vom Unterausschuss für Spionage, in Kells Fortschrittsberichten und vom Committee of Imperial Defence als untauglich bezeichnet worden. Der Verlauf des Prozesses gegen Helm verlieh ihren Argumenten zusätzliches Gewicht: Das Gericht hatte den Vorwurf gekippt, Helm habe sich durch das Vorhaben, »bestimmte Skizzen und Pläne« an einen »ausländischen Staat, nämlich das Deutsche Reich« weiterzugeben, eines Schwerverbrechens *(felony)* schuldig gemacht, und ihm lediglich wegen eines geringfügigeren Vergehens den Prozess gemacht. Nach Maßgabe des Gesetzes von 1889 musste die Absicht nachweisbar sein, sich rechtswidrig Informationen zu beschaffen. Wie Viscount Haldane im Juli 1911 in der zweiten Lesung eines neuen Gesetzes zum Schutz von Staatsgeheimnissen im House of Lords erklärte, wurden dadurch die Versuche, die Spionageaktivitäten anderer Staaten zu bekämpfen, auf unzumutbare Art behindert: »Es ist noch nicht allzu viele Monate her, da stießen wir mitten in den Befestigungsanlagen von Dover auf einen neugierigen Ausländer, der seine Anwesenheit mit dem Wunsch erklärte, sich das Gezwitscher der Vögel anzuhören. Allerdings gab er diese Erklärung ein wenig übereilt ab, denn es war tiefer Winter.«[53]

Das neue Gesetz machte die Beschaffung oder Weitergabe jeglicher für eine feindliche Macht nützlichen Information sowie die Annäherung an oder das Betreten eines »verbotenen Ortes« strafbar, sofern dadurch »die Sicherheit oder die Interessen des Staates beeinträchtigt« werden konnten. Die Beweislast wurde auf den Beschuldigten abgewälzt, der glaubhaft machen musste, dass er keine unlauteren Absichten verfolgt hatte. Nach der Verabschiedung durch die Lords wurde die Gesetzesvorlage am 17. August im Unterhaus eingebracht. Es gab rechtliche Präzedenzen für die Verlagerung der Beweislast auf den Beschuldigten; eine ähnliche Regelung galt für den Tatbestand des »absichtlichen Herumlungerns«, der nach dem Gesetz über Verbrechensvorbeugung (Prevention of Crimes Act) aus dem Jahr 1871 strafbar war.[54] Dennoch ging der Generalstaatsanwalt Sir Rufus Isaacs sehr weit, als er dem Unterhaus am 18. August versicherte, die Gesetzesvorlage enthalte »keine grundlegende Neuerung« gegenüber dem Official Secrets Act von 1889. Der liberale Abgeordnete Sir Alpheus Morton hielt ihm entgegen: »Dieses Gesetz verstößt grundsätzlich gegen die Magna Charta.« Dennoch gelang es Colonel »Jack« Seely, dem Staatssekretär im Kriegsministerium, die Atmosphäre der Dringlichkeit zu nutzen, die im Jahr 1911 angesichts der Befürchtung herrschte, die von der deutschen Kanonenbootdiplomatie ausgelöste Krise (die Entsendung des Kanonenboots SMS *Panther* in den marokkanischen Hafen Agadir) könne einen europäischen Krieg auslösen. Seely schaffte es, die Gesetzesvorlage in einem beispiellos kurzen Zeitraum von weniger als einer Stunde durch Debatte und Abstimmung zu peitschen.[55] In seinem nächsten Fortschrittsbericht stellte Kell fest, das neue Gesetz erleichtere seine Arbeit erheblich.[56]

Der erste deutsche Agent, dem nach der Verabschiedung des Official Secrets Act von 1911 der Prozess gemacht wurde, war Heinrich Grosse, der im Februar 1912 von einem Schwurgericht in Winchester verurteilt wurde. Wie Schultz hatte auch Grosse eine kriminelle Vergangenheit, doch auch in seinem Fall ließ sich die Nachrichten-Abteilung dadurch nicht davon abhalten, ihn in Dienst zu stellen. Tatsächlich wurde seine kriminelle Energie möglicherweise sogar als Hinweis darauf gedeutet, dass er sich für die Spionage eignete. Er wurde nach Portsmouth entsandt, um Informationen über Hafenbefestigungen, U-Boote, Geschütze und Minenleger zu sammeln. Grosse gab sich als Sprachlehrer mit Namen »Captain Hugh Grant« aus und beauftragte einen ehemaligen Marineangehörigen namens William Salter damit, Erkundigungen über die Kohlebestände in Portsmouth einzuholen. Salter ging schnurstracks zur Hafenpolizei, die Meldung an Kell erstattete. Obwohl Grosse ein mittelmäßiger Spion war, schlug Kell einigen Nutzen aus dem Fall. Eine Überprüfung von Grosses Korrespondenz sowie Erkenntnisse über dessen Aktivitäten führten Kell zu zwei Mittelsmännern, die Steinhauer einsetzte, um Kontakt zu seinen Agenten in Großbritannien zu halten. Im Fall Schultz hatte Kell dessen Mitarbeiter Duff mit falschen Informationen versorgt, und ausgehend von dieser Erfahrung wurden Salter nun sorgfältig gestaltete Fehlinformationen zugespielt, die Grosse nach Berlin weiterleitete. Grosses Führungsoffizier fand derart großen Gefallen an den gefälschten Daten, dass er dem Agenten eine Liste detaillierter Fragen zu Themen wie Funk- und Entfernungsmessanlagen, Schiffsgeschützen und Kohlebeständen zukommen ließ. Allerdings musste sich Grosse anhören, dass sein Bericht über einen »schwimmenden Kommandostand« (offenbar handelte es sich um eine von Kells weniger glaubwürdigen Erfindungen) »mit

Sicherheit erfunden« sei. Selbstverständlich wurde dieses Schreiben ebenso wie Grosses übrige Korrespondenz abgefangen. Schließlich ordnete Kell eine polizeiliche Durchsuchung von Grosses Unterkunft an, um die belastenden Beweise zu beschaffen, die für eine Anklage benötigt wurden. Im Gefängnis erhielt Grosse noch einen weiteren (ebenfalls abgefangenen) Brief von einem Vertreter der Nachrichten-Abteilung, der ihm eine »Geldsumme« versprach, die er entweder für einen Strafverteidiger oder für seinen Unterhalt nach der Haftentlassung verwenden könne, wobei er indirekt darauf hingewiesen wurde, dass die zweite Lösung vermutlich die vernünftigere sei. Richter Darling, der eine Reihe von Fällen von Geheimnisverrat behandelte, fand angesichts der bizarren Beweise, die in diesem Prozess vorgelegt wurden, mehrfach Gelegenheit, seinen berühmten juristischen Humor zu beweisen, der von den Prozessbeteiligten mit schmeichlerischem Gelächter begrüßt wurde. Wie Lordoberrichter Alverstone im Schultz-Prozess hegte Darling eine Abneigung gegen die nachrichtendienstliche Tätigkeit. Nachdem er Grosse zu einer dreijährigen Haftstrafe verurteilt hatte, erklärte er: »Wir wünschen freundschaftlich mit allen benachbarten Nationen zusammenzuleben, und die Praxis der Spionage schürt zwangsläufig feindselige Gefühle ... Das gegenseitige Ausspionieren weckt derartige Abneigung, dass es nach Möglichkeit ausgerottet werden sollte.«[57]

Der nächste deutsche Spion, der vor Gericht gebracht wurde, Armgaard Karl Graves, lieferte ein weiteres Beispiel für die Vorliebe der Nachrichten-Abteilung für Kriminelle, deren Geschick nach Ansicht des deutschen Geheimdienstes für das Sammeln geheimer Informationen nützlich sein konnte. Wie Schultz und Grosse war auch Graves ein Abenteurer, der sich auf die Spionage verlegte. Doch anders als seine Vorgänger war er ein erfolgreicher Hochstapler, dem es gelang, sowohl die Deutschen als auch die Engländer hinters Licht zu führen. Steinhauer erklärte später, Graves sei nie »sein Spion« gewesen, vielmehr hätten seine Vorgesetzten in der deutschen Admiralität den Mann gegen seine Empfehlung engagiert (für diese Behauptung gibt es allerdings keine Bestätigung). Graves hatte sich längere Zeit in Australien aufgehalten und überzeugte nach seiner Heimkehr im Jahr 1911 die Nachrichten-Abteilung davon, eine Spionagemission in Schottland zu finanzieren. Anfang des Jahres

1912 traf er in Schottland ein und ließ sich mit gefälschten australischen Diplomen als Vertretungsarzt in Leith nieder. Da Graves nicht nur ein Hochstapler, sondern auch ein Phantast war, ist es schwierig, den Wahrheitsgehalt seiner farbenfrohen Schilderung des Einsatzes in Schottland richtig einzuschätzen. Nach seiner Darstellung entdeckte er, dass er Verdacht erregt hatte, und versuchte daraufhin »einen ganz großen Bluff«, indem er sich zur Glasgower Polizeizentrale begab und den Chief Constable zu sprechen verlangte:

> Ich wurde in den Raum des Dienststellenleiters geführt, wo mich ein typischer schottischer Gentleman begrüßte. Ich eröffnete das Feuer etwa wie folgt: »Haben Sie irgendeinen Grund zu der Annahme, ich sei ein deutscher Spion?«
> Ich sah, dass ihn das vollkommen überraschend getroffen hatte. »Aber nein«, sagte er verblüfft. »Davon weiß ich überhaupt nichts.«
> »Sie haben also nicht angeordnet, mich zu beschatten?«
> »Natürlich nicht«, antwortete er.[58]

Sollte Graves bis dahin noch nicht unter Beobachtung gestanden haben, so dauerte es nicht lange, bis es dazu kam. Kells Behörde hatte seine Korrespondenz abgefangen und ihn als Spion identifiziert, und der Leiter der Dienststelle begab sich persönlich nach Glasgow, um die Leitung der Untersuchung zu übernehmen. Als abgefangene Briefe darauf hindeuteten, dass Graves möglicherweise kurz vor der Rückkehr nach Deutschland stand, wurde er am 14. April auf Kells Geheiß hin verhaftet.[59]

Die von großem öffentlichem Aufsehen begleiteten Fälle Schultz, Grosse und Graves erleichterten es Kell mit Sicherheit, im Kriegsministerium eine Personalaufstockung für seine winzige Dienststelle durchzusetzen. Am 1. April 1912 erhielt er die Erlaubnis, einen zusätzlichen Offizier einzustellen. Captain Reginald Drake, der den wenig überraschenden Spitznamen »Duck« trug, hatte seine Laufbahn wie Kell in einem Staffordshire-Regiment begonnen.[60] Drakes Lebenslauf enthielt eine bemerkenswerte Zahl von Freiluft- und Sportaktivitäten: »Freizeitbeschäftigungen: Jagen, Schießen, Meutejagden, Skifahren, Golf, Cricket, Hockey, Polo, Otterjagd,

Schwimmen, Tennis, Rasentennis, Racquets, Squash.«[61] Kells Frau war begeistert von ihm und bezeichnete ihn als »ungemein fähigen Mann und ausgezeichneten Spürhund – denen, die in sein Netz gehen, bleibt nur wenig Hoffnung«.[62] Kells Wahl fiel vermutlich nicht zuletzt deshalb auf Drake, weil er Deutsch sprach (außerdem beherrschte er das Französische, für das er ein Übersetzerdiplom hatte, und das Niederländische).[63] Als Stanley Clarke Ende 1912 aus der Behörde ausschied, um Polizeipräsident von Kent zu werden,[64] nahm Drake dessen bisherige Funktion als leitender Ermittler der Gegenspionage ein. Im September 1912 zog Kell aus dem Temple in das neue Hauptquartier in den wenige hundert Meter entfernten York Buildings um. Die Büros befanden sich im dritten Stock des Watergate House. Die Korrespondenz wurde von einer Tarnadresse dorthin geleitet, von Kelly's Letter Bureau in der Shaftesbury Avenue (»Kelly« war eines von Kells Pseudonymen).[65]

Im Dezember 1912 stellte Kell noch Captain Eric Holt-Wilson ein. ein Absolvent der Harrow School, der an der Militärakademie Woolwich Militäringenieurswesen unterrichtet hatte. Wie Drake war er ein ausgezeichneter Allroundsportler, ein »Meisterschütze mit dem Revolver« (um seine Selbstbeschreibung zu zitieren) und späterer Präsident des britischen Skiklubs. Lady Kell beschrieb Holt-Wilson in ihren unveröffentlichten Memoiren als »geradezu genialen Organisator« und »unerschütterlich loyalen und ergebenen Freund«. Im Krieg wurde er Kells Stellvertreter, eine Position, die er behielt, bis er sein Amt nach Kells Sturz im Jahr 1940 abgab.[66] Seinen Spitznamen »Holy Willy« verdankte er der Tatsache, dass er der Sohn eines Pfarrers und ein gläubiger Anglikaner war. Auch Holt-Wilsons leidenschaftlicher Patriotismus trug fast religiöse Züge: So schrieb er in sein Tagebuch, er habe sein Leben und seine Kraft der »edelsten Sache auf dieser Erde geweiht – der Erhebung der Menschheit durch das Beispiel der britischen Rasse«.[67] Wie andere Mitarbeiter, die vor dem Krieg den Sprung in den neuen Geheimdienst wagten, setzte Holt-Wilson seine Karriere aufs Spiel, indem er aus der Armee ausschied, um sich einer Dienststelle anzuschließen, deren Zukunft ungewiss war. Doch bevor er den Posten annahm, schrieb er an Kell und bat ihn um eine kurze schriftliche Arbeitsplatzgarantie, »auf die ich mich stützen kann, sollte Ihnen etwas Unvorhergesehenes widerfahren und eine Generation folgen, ›die Joseph nicht kennt‹ [eine biblische Anspielung]. Ich hoffe, Sie halten mein Ansuchen nicht für übermäßig vorsichtig – aber es ist gewagt, sein Offizierspatent in den Kamin zu schleudern und beim nächsten Schritt auf das Glück zu vertrauen.«[68]

Ende des Jahres 1912 ließ sich Kell auf ein Wagnis ein. In den Fällen Schultz und Grosse hatte er Duff und Salter de facto kurzzeitig als Doppelagenten eingesetzt, um dem deutschen Geheimdienst Informationen und Falschinformationen zukommen zu lassen. Nun machte Graves ihm das bemerkenswerte, wenn auch riskante Angebot, ihn als Doppelagenten anzuwerben. Am Tag seiner Verurteilung erklärte Graves, er sei bereit, die deutschen Geheimdienstaktivitäten in Großbritannien aufzudecken. Allerdings wollte er nur mit einem »anerkannten und gut informierten Beamten des Geheimdienstes des Kriegsministeriums« sprechen. Am 9. und 10. September traf sich Kell unter dem Pseudonym »W. Robinson« im Glasgower Gefängnis mit ihm. Graves enthüllte eine glaubwürdige Mischung zutreffender Informationen, unter denen die Namen einiger hochrangiger Mitarbeiter der deutschen Nachrichten-Abteilung waren, mit frei erfundenen Angaben, darunter jener, er sei angewiesen worden, einen Sabotageanschlag auf die Eisenbahnbrücke über den Firth of Forth vorzubereiten und »verkommene Subjekte« in Großbritannien für Terroranschläge anzuwerben. In dem Irrglauben, die Deutschen seien nicht nur an der britischen Marine interessiert, sondern betrieben auch militärische Spionage, nahm Kell auch Graves' Behauptung ernst, der deutsche Geheimdienst habe ganz England in 24 Bezirke unterteilt, die jeweils einem Nachrichtendienstoffizier unterstünden. Graves erzählte ihm, dass Deutschland 29 »Hauptagenten« in Großbritannien sowie einen in Irland habe, die jeweils eine spezielle Kennnummer hätten (Graves war die Nummer »27«). Kell sorgte dafür, dass Graves nach Brixton verlegt und am 18. Dezember 1912 heimlich auf freien Fuß gesetzt wurde. Kells Büro stellte den Doppelagenten unter dem Decknamen »Snell« oder »Schnell« für zunächst sechs Monate mit einem Wochengehalt von 2 Pfund ein. Nach dem Krieg unterzog der MI5 den Fall Graves einer Prüfung, und obwohl Kells persönliche Rolle nicht bewertet wurde (was nicht überrascht, da er ja noch der Leiter der Behörde war), wurde das MO5 – also Kells Büro, das MO5(g) – dafür kritisiert, dass es sich von den Informationen des Doppelagenten derart habe beeindrucken lassen und dessen »außergewöhnlich schlechten Charakter« nicht berücksichtigt habe.[69]

Doch Henry Fitzgerald, ein früherer Beamter der Metropolitan Police, der am 1. November 1912 als Ermittler ins Secret Service Bureau eingetreten war, ließ sich von Graves nicht täuschen.[70] Fitzgerald erhielt den Auftrag, gemeinsam mit Graves angebliche Schlupfwinkel deutscher Spione zu besichtigen. Fitzgeralds Berichte sind nicht erhalten geblieben, aber aus einer in der Zwischenkriegszeit vom MI5 erstellten Zusammenfassung seiner Aufzeichnungen geht hervor, dass er »wiederholt auf die Kargheit der Resultate hinwies und meldete, dass Schnell [Graves] versuche, ihn über die Person von W. Robinson auszuhorchen«. Fitzgerald »durchschaute ihn und beschrieb ihn in seinen Berichten mit einiger Ironie«. Graves' nächster Kunstgriff bestand in der Behauptung, in der Berliner Zentrale des deutschen Geheimdienstes gebe es ein Buch, das »die Namen, Dienstanweisungen und Codes sämtlicher deutscher Agenten in diesem Land sowie ihre Einsatzorte und -zeitpunkte« enthalte. Kell erklärte sich bereit, Graves Ende Januar 1913 nach Berlin zu schicken, um eine Kopie des Buchs zu beschaffen.[71] Kaum war Graves in Berlin eingetroffen, bat er telegrafisch um mehr Geld, das Kell bereitwillig schickte. Als Graves das nächste Mal Kontakt zu seinen Auftraggebern in London aufnahm, befand er sich auf einem Schiff nach New York, wo er angeblich einen hochrangigen deutschen Geheimdienstoffizier beschattete, der eine Kopie des geheimen Registers bei sich trug. Doch am 18. März meldete der Generalkonsul in New York in einem Telegramm, »Snell« habe gerade »nach einem Mordanschlag das Krankenhaus verlassen« und sämtliche Berichte, die er geschrieben habe, verloren.[72] Kell erfüllte zwei weitere Geldforderungen, die Graves aus New York schickte, wurde dann jedoch misstrauisch. Als Graves ein drittes Mal um Geld bat, reagierte Kell nicht. Als das Parlament Fragen nach den Gründen für Graves' vorzeitige Entlassung aus der Haft zu stellen begann, erhielt es die Erklärung, der Spion sei aufgrund seines schlechten Gesundheitszustandes auf freien Fuß gesetzt worden. Im Jahr 1914 brachte Graves sowohl Kells Büro als auch die deutsche Nachrichten-Abteilung erneut in eine missliche Lage, indem er Zeitungsartikel und ein Buch über seine Abenteuer als Geheimagent veröffentlichte.[73]

Angesichts des exzentrischen Verhaltens der ersten vier Spione, die verurteilt wurden, nachdem das Secret Service Bureau seine Tätigkeit aufgenommen hatte – Helm, Schultz, Grosse und Graves –, ist man versucht, die vom deutschen Marinenachrichtendienst ausgehende tatsächliche Bedrohung als gering einzuschätzen (von der potenziellen Gefahr ganz zu schweigen). Doch die letzten Fälle, die vor Kriegsausbruch vor Gericht kamen, zeigen deutlich, dass die Bedrohung real war. Der Prozess gegen Karl Hentschel und George Parrott im Januar 1913 war der bis dahin spektakulärste. Hentschel, ein ehemaliger Seemann auf deutschen Handelsschiffen, gehörte ebenfalls zu den von »N« angeworbenen kriminellen Abenteurern (obwohl seine Fantasiewelt weniger weitläufig war als jene von Graves). Er wurde 1908 nach Großbritannien geschickt, wo er sich zunächst in Devonport und später in Sheerness als Sprachlehrer niederließ. Unter seinen Schülern waren zahlreiche Angestellte der Royal Navy, denen er Informationen zu entlocken versuchte. Hentschel heiratete eine Engländerin, Patricia Riley, und freundete sich mit George Parrott an, dem Geschützführer der HMS *Agamemnon*. Dann tat Hentschel etwas, vor dem, wie Steinhauer es ausdrückte, »selbst der skrupelloseste Spion zurückschrecken würde«: Er ermutigte seine Ehefrau, eine Affäre mit Parrott zu beginnen. Diese Verbindung trug bald nachrichtendienstliche Früchte: Parrott entwendete auf der HMS *Agamemnon* vier Bände eines Geheimberichts der Kriegsmarine über die Fortschritte des Schießwesens. Im Nachhinein stellte Kells Behörde fest, dass Parrott in den Jahren 1910 und 1911 insgesamt 23 geheime Marinehandbücher an »N« geliefert hatte.[74]

Doch im Frühjahr 1911 brach Hentschel mit Parrott. Offenbar war es zu Streitigkeiten über die Affäre zwischen ihm und seiner Frau sowie über die Aufteilung des aus Berlin geschickten Geldes gekommen. Die britische Gegenspionage wurde auf Hentschel aufmerksam, als Ende des Jahres 1911 Briefe abgefangen wurden, die er während eines mehrmonatigen Aufenthalts in Australien an seine Frau schickte.[75] Fast zur selben Zeit tauchte auch ein erster Hinweis auf Parrotts fortgesetzte Kontakte zum deutschen Geheimdienst auf,[76] obwohl es mehrere Monate dauerte, bis der Secret Service seine frühere Verbindung zu Hentschel entdeckte.[77] Zwar hatte Melville es ursprünglich abgelehnt, Verdächtige selbst zu beschatten, doch im Juli 1912 folgte er Parrott auf eine Fähre nach Ostende, wo sich der Observierte mit einem Mann traf, der »offensichtlich Deutscher war ... Alter zwischen 35 und 40. Größe 1,75 Meter, Haar und Schnauzbart brünett. Trägt leichten Tweedanzug und Strohhut. Haltung und Auftreten typisch deutsch.« Steinhauer behauptete später, gleichzeitig Melville beschattet zu haben, ohne Parrott zu warnen, was vielleicht der Befürchtung entsprang, der Spion könnte seine Tätigkeit für den deutschen Geheimdienst einstellen.[78] Parrott wurde bei der Rückkehr nach England verhaftet, aber da die Behörden kein Interesse daran hatten, die belastenden Beweise durch ein Gerichtsverfahren publik zu machen, wurde er nicht angeklagt, sondern lediglich aus der Royal Navy entlassen.[79]

Auch zwei weitere angehende Marinespione, die im Jahr 1912 durch die Kontrolle ihres Briefwechsels enttarnt werden konnten, wurden nicht vor Gericht gestellt, um die Beweise nicht veröffentlichen zu müssen. Im Februar ließ sich Frederick Ireland, ein 20-jähriger Heizer auf der HMS *Foxhound*, von seinem deutschen Onkel Otto Kruger, einem Agenten der Nachrichten-Abteilung, überreden, für Steinhauer zu arbeiten. In der Akte des Secret Service zu diesem Fall steht: »Da es nicht wünschenswert war, bestimmte Beweise offenzulegen, wurde [Ireland] ohne Prozess aus der Navy entlassen.«[80] Am 23. März 1912 wurde ein von einem »Walter J. Devlin« unterzeichneter Brief an den »Leiter Nachrichten-Abteilung, Kriegsministerium, Deutschland« abgefangen. »Devlin«, der seine Dienste als Agent anbot, behauptete, siebeneinhalb Jahre in der Royal Navy gedient zu haben und immer noch Zugang zu verschiedenen Schiffen und Marinekasernen zu haben. Sollte die Nachrichten-Abteilung an seinem Angebot interessiert sein, so möge sie im *Daily Mirror* eine Kleinanzeige mit folgendem Text aufgeben: »Ihre Dienste werden von Nutzen sein, Devonport«. Sie müsse lediglich eine Briefadresse angeben. Die britische Spionageabwehr schaltete die Kleinanzeige und begann unter dem Pseudonym »A. Pfeiffer« mit »Devlin« zu kommunizieren. Nach einem Monat gab er seinen wirklichen Namen John Hattrick und seine Adresse in Plymouth an. Bei einem Treffen mit »Pfeiffer« am 15. Mai unterzeichnete Hattrick, der aus der Kriegsmarine desertiert war, eine von ihm aufgesetzte Vereinbarung über die Beschaffung von Informationen über Marine und Heer im Auftrag der deutschen Regierung. Am folgenden Tag wurde er in der Werft von Devonport unter dem Vorwurf verhaftet, er habe versucht, Informationen an eine ausländische Macht weiterzugeben. Nach einiger Zeit wurde er wieder auf freien Fuß gesetzt (was zweifellos von Anfang an beabsichtigt gewesen war); man warnte ihn lediglich vor weiteren Spionageversuchen.[81]

Aus Parrotts abgefangener Korrespondenz ging hervor, dass er anders als Ireland und Hattrick weiterhin mit dem deutschen Geheimdienst Kontakt hielt, nachdem er auf frischer Tat ertappt worden war.[82] Am 18. Oktober 1912 reiste er nach Hamburg, um seinen Führungsoffizier »Richard« zu treffen, der ihm 500 Pfund aushändigte, einen zu jener Zeit hohen Geldbetrag. Während seines Aufenthalts wurde Parrott von Geschütz- und Torpedoexperten, Schiffsingenieuren und Nachrichtendienstlern umfassend befragt und erklärte sich bereit, seine Tätigkeit als Agent fortzusetzen. Bei der Heimkehr wurde er verhaftet. Im Januar 1913 verurteilte Richter Darling ihn wegen Verstoßes gegen das Gesetz zum Schutz von Staatsgeheimnissen zu vier Jahren Zwangsarbeit. Der Richter erklärte, Parrott sei »einer Frau ins Netz gegangen«, und versprach ihm »einen gewissen Straferlass«, sofern er bereit sei, »den Behörden« alles mitzuteilen, was er wisse.[83]

Parrotts Anwerber Karl Hentschel und dessen Frau hatten sich in der Zwischenzeit nach Australien abgesetzt, aber nachdem ihre Ehe in die Brüche gegangen war, kehrten sie im September 1913 getrennt nach Großbritannien zurück. Nun bot Hentschel den britischen Behörden Informationen über den deutschen Geheimdienst an; als Gegenleistung verlangte er Schutz vor Strafverfolgung und eine bezahlte Stelle im Secret Service. Melville befragte ihn und zahlte ihm 100 Pfund für die gelieferten Informationen.[84] Nachdem er sich vergeblich bemüht hatte, das Zerwürfnis mit seiner Frau zu überwinden, tauchte Hentschel kurze Zeit später in der Polizeiwache von Chatham in der Grafschaft Kent auf, erklärte, er sei ein deutscher Spion, und bat um seine Verhaftung. Die Polizisten lehnten sein Ansuchen ab, aber am folgenden Tag versuchte Hentschel in der Wache von Old Jewry in London erneut sein Glück. »Ich möchte mich stellen, denn ich bin ein deutscher Spion«, erklärte er den Beamten. »Sie halten mich möglicherweise für verrückt, aber das bin ich nicht. Ich habe Schwierigkeiten mit meiner Frau gehabt und mich daraufhin entschlossen, zu gestehen, was ich seit meiner

Ankunft in England getan habe.« Diesmal wurde er befragt und verhaftet. Er musste sich wegen Verschwörung »zum Verrat von Marinegeheimnissen« mit dem ehemaligen Kanonier Parrott vor dem Polizeigericht von Westminster verantworten. Hentschels Schuldbekenntnisse brachten Kell in eine unangenehme Lage. Das Gericht stellte fest, dass Kells Behörde (die lediglich als eine »speziell mit derartigen Angelegenheiten« und nicht mit der Polizei verbundene Behörde identifiziert wurde) Hentschel für Parrott belastende »vertrauliche Informationen« bezahlt und ihm Straffreiheit zugesagt hatte, sofern er seine Rolle geheim hielt. Doch der Staatsanwalt gelangte zu dem etwas unbedarften Schluss, der Angeklagte habe als Ausländer möglicherweise nicht verstanden, dass er seinen Schutz vor Strafverfolgung verlieren würde, »sollte er irgendeine öffentliche Erklärung über seine Beteiligung an einem Verbrechen abgeben«. Daher beschloss der öffentliche Ankläger, keine Beweise vorzulegen und die Anklage zurückzuziehen. Aber Hentschel wurde unmissverständlich davor gewarnt, Kell noch einmal in eine derart unangenehme Lage zu bringen: »Sollte der Beklagte, unter welchen Umständen auch immer, in Zukunft irgendwelche offenen oder öffentlichen Bekenntnisse zu seiner Beteiligung an einem Verbrechen ablegen, so werden die Behörden von ihrem Recht auf Strafverfolgung Gebrauch machen.«[85]

Die letzten beiden deutschen Spione, die vor dem Krieg verurteilt wurden, waren ebenso unzuverlässig wie ihre Vorgänger, wenn auch auf ganz andere Art. Wilhelm Klauer alias »Klare« war im Jahr 1902 nach England gekommen. Nachdem er sich anfangs als Tellerwäscher in einer Küche durchgeschlagen und dann als Assistent eines Zahnarztes verdingt hatte, ließ er sich selbst als Zahnarzt in Portsmouth nieder, wo er die mageren Honorare, die er sich mit dem Ausreißen von Zähnen verdiente, mit den Einnahmen aufbesserte, die er als Zuhälter seiner Frau einstrich. Ende 1912 schrieb Klauer an die deutsche Admiralität und bot an, Informationen über die britische Marine zu beschaffen. Steinhauer wurde zu einem Treffen mit Klauer entsandt und gelangte nach eigener Aussage zu der zutreffenden Einschätzung, dass der Mann ein Betrüger war, der vermutlich die Romane von Le Queux gelesen hatte und glaubte, mit der Spionage könne man viel Geld verdienen. Entgegen Steinhauers Empfehlung beschloss die deutsche Admiralität, Klauer mit der

Beschaffung eines Geheimberichts über Torpedoversuche zu betrauen. Klauer hatte keine Ahnung, wie er an einen solchen Bericht herankommen sollte, und suchte Hilfe bei einem deutschjüdischen Friseur und Fußpfleger namens Levi Rosenthal. Klauer bot dem Friseur 100 Pfund für die Beschaffung des Berichts an. Er brauchte das Dokument nur lange genug, damit es »nach Deutschland und zurück reisen« konnte. Und dies, erklärte er Rosenthal, sei nur der Anfang, denn es gebe noch »hunderte« Pfund mehr zu verdienen. Rosenthal hörte sich den Vorschlag an und lief geradewegs zur Polizei. Von da an arbeitete er unter Anleitung des Geheimdienstes und brachte Klauer schließlich mit einem Angestellten einer Werft in Kontakt, der dem Spion ein vertrauliches Dokument übergab, um ihn für die Strafverfolgung zu belasten. Im März 1913 wurde Klauer unter dem Beifall des zahlreich erschienenen Publikums zu fünf Jahren Zwangsarbeit verurteilt.[86]

Der letzte deutsche Spion, dem vor Kriegsausbruch der Prozess gemacht wurde, war vermutlich auch der erfolgreichste. Frederick Adolphus Schroeder alias »Gould« war als Sohn einer englischen Mutter und eines deutschen Vaters in Deutschland zur Welt gekommen und hatte sich nach dem Dienst in der deutschen Armee in England niedergelassen. Nachdem er sich erfolglos an mehreren Geschäften versucht hatte, verdingte er sich kurz nach der Jahrhundertwende als Teilzeitspion. 1906 stand er als »Beobachter« von Sheerness und Chatham im Dienst der Nachrichten-Abteilung.[87] Doch seine produktivste Zeit begann im Jahr 1908, als er die Leitung des Wirtshauses »Queen Charlotte« in Rochester übernahm, das von zahlreichen Marineangehörigen aus Chatham besucht wurde. In Steinhauers professioneller Einschätzung war Schroeder kein Mann, den irgendjemand für einen Spion halten würde. Würde man ihm auf der Straße begegnen, so würde man ihm nachsehen und denken: »Wie nett dieser Bursche aussieht!« Er war breitschultrig und bärtig, und die Natur – sowie zwölf Jahre in der deutschen Armee – hatten ihm einen massiven, athletischen Körperbau und ein angenehmes, heiteres Auftreten verliehen.[88]

Im Mai 1912 erhielt Schroeder auf Steinhauers Empfehlung einen Dienstvertrag bei »N« und ein monatliches Festgehalt von 15 Pfund. Die beiden Männer wurden enge Freunde. In einem nicht datierten

Brief von Steinhauer (der vermutlich zu den von Kells Dienststelle abgefangenen zählte) hieß es: »Du bist uns stets willkommen. Meine Kinder fragen ständig, wann Onkel Gould kommt.« Ab Juni 1912 schickte Schroeder alle zwei Wochen einen Bericht nach Berlin. Der Bote war zumeist Wilhelm Kronauer, einer der Mittelsmänner von »N«, deren Korrespondenz Kell mit Vollmacht des Innenministeriums kontrollieren ließ. John Regan, der Melville als Detektiv zur Seite stand, schaffte es, sich als Seemann getarnt mit Schroeder anzufreunden, der ganz offen (wenn auch unzutreffend) darüber plauderte, wie mit deutschem Geld eine Revolution in Großbritannien geschürt werde. Anscheinend dauerte es mehr als ein Jahr, bis der Secret Service entdeckte, dass Schroeder nicht nur schriftliche Berichte an Steinhauer schickte, sondern gemeinsam mit seiner Lebensgefährtin Maud Sloman auch regelmäßig auf den Kontinent übersetzte, um sich mit Steinhauer und anderen Offizieren der Nachrichten-Abteilung zu treffen.[89] Doch im Februar 1914 fing der Secret Service einen Brief ab, aus dem hervorging, dass sich Sloman anschickte, unter ihrem Decknamen »Mrs. Gould« mit einem Übungsreglement für Kanoniere, Karten von Bergen und Spithead sowie Bauplänen von Kreuzern nach Brüssel zu reisen. Als sie am 22. Februar aufbrach, um nach Ostende überzusetzen, wurde sie am Bahnhof Charing Cross beim Besteigen des Zugs nach Ramsgate verhaftet. Sie hatte Geheimdokumente bei sich.[90] Noch am selben Tag wurde auch Schroeder verhaftet, der auf seinem Dachboden zahlreiche weitere Dokumente aufbewahrte. Steinhauer »stockte das Blut«, als er von der Enttarnung des Pärchens erfuhr. Seiner Aussage nach hatte Schroeder »mehr Informationen über die Flotte« geliefert »als alle anderen Spione zusammen«. Die geheimen Dokumente, auf die in seinem Prozess Bezug genommen wurde, betrafen »wichtige Angelegenheiten in Zusammenhang mit Schiffsmotoren und der Auslegung von Maschinenräumen auf Schlachtschiffen«. Im April 1914 wurde Schroeder zu sechs Jahren Zwangsarbeit verurteilt.[91]

Im Dezember 1913 war das geheime Fremdenregister des Büros für Gegenspionage bis auf London (wo etwa die Hälfte der Ausländer lebte) vollständig, und Kell bedankte sich in einem Schreiben an das Innenministerium »für die ausgezeichnete Arbeit, welche die Polizeichefs und ihre Inspektoren in den vergangenen drei Jahren für uns geleistet haben«, und forderte die Polizeibehörden auf, ihre Register »laufend auf den neuesten Stand zu bringen«.[92]

Die Umsetzung von Kells ursprünglichem Plan, Polizeikräfte aus dem ganzen Land einzusetzen, um ein Geheimregister sämtlicher Bürger wahrscheinlicher feindlicher Mächte (vor allem Deutschlands) zusammenzustellen, hatte sich aufgrund des Ausmaßes dieses Unterfangens und der begrenzten Mittel des Secret Service Bureau und der Polizei als schwierig erwiesen. Das Innenministerium hatte zudem klargestellt, dass keinem Fremden irgendwelche »inquisitorischen« Fragen gestellt werden dürften.[93] Doch die Ergebnisse der Volkszählung von 1911 ermöglichten es, ein auf bestimmte Gruppen begrenztes Fremdenregister zu erstellen. Im Lauf des Jahres 1913 wurden anhand der Volkszählungsdaten detaillierte Angaben zu allen volljährigen männlichen Ausländern aus acht Staaten (darunter vor allem Deutsche und Österreicher) festgehalten, die in Gebieten wohnten, die man im Kriegsfall zu Sperrzonen für Ausländer erklären würde. Die Informationen über die Ausländer aus der Volkszählung wurden anschließend zur Prüfung an die Polizeidienststellen weitergeleitet, die aufgefordert wurden, sich die in ihrem Zuständigkeitsbereich lebenden Personen aus dem Register zu notieren.[94]

In Kells Register wurden die in der Volkszählung von 1911 gesammelten und von den Polizeipräsidien übermittelten Informationen über die Ausländer auf sogenannten »Spezialkarten« festgehalten. Dies war der Anfang des Kartenindex des MI5. Das Register zählte zu den modernsten seiner Zeit. Kell stützte sich nicht auf die seit langem gebräuchlichen Journalsysteme, sondern zählte zu den Ersten, die sich der neuartigen Methode der Datenverwaltung zuwandten, dem Roneo-System.[95] Zu jedem Ausländer wurden auf einer mit Seriennummer versehenen Karteikarte grundlegende Informationen festgehalten: Name, Staatsangehörigkeit, Geburtsdatum, Angaben zum Familienstand, Adresse (privat und dienstlich), Stellung im Haushalt (Hauseigentümer, Mieter, Dienstbote), Beruf oder Tätigkeit, Angaben zu Arbeitgebern. Alle zusätzlichen Informationen wurden auf der Rückseite der Karteikarte festgehalten. Die Karten wurden aktualisiert, sobald die Polizeipräsidien neue Informationen übermittelten. Um das Ausmaß der Bedrohung, die nach Ansicht des Geheimdienstes von den einzelnen Ausländern ausging, leichter erkennen zu können, wurden die Karten mit Farbcodes und Symbolen versehen. Eine gelbe Karte deutete auf einen möglichen Verdächtigen hin, über den regelmäßig Berichte bei der Polizei einzuholen waren. Eine rote Karte kennzeichnete sehr gefährliche Ausländer aus feindlichen Ländern auf der »Besonderen Kriegsliste«, die Gegenstand einer sorgfältigen Berichterstattung waren und nach einem Kriegsausbruch überwacht werden sollten. War eine rote Karteikarte zusätzlich mit einem Kreuz (X) markiert, so musste der Ausländer bei Kriegsausbruch ausfindig gemacht werden, und zwei Kreuze (XX) bedeuteten, dass er auf einer Verhaftungsliste für den Kriegsfall stand. Ein kleines Loch, das in eine gelbe Karte gestanzt war, deutete darauf hin, dass der Fremde nicht länger auf der Liste der Verdächtigen stand; ein Loch in einer roten Karte bedeutete, dass er aus der »Besonderen Kriegsliste« gestrichen worden war.[96]

Die Mehrheit der in den Jahren vor dem Ersten Weltkrieg von Kells Behörde entdeckten deutschen Spione wurde nicht vor Gericht gestellt. Jenen Agenten, die *in flagranti* bei der Beschaffung geheimer Informationen ertappt wurden, wurde nach Maßgabe des Official Secrets Act von 1911 der Prozess gemacht. Die übrigen identifizierten Mitglieder von Steinhauers Spionagenetz, insbesondere Karl Ernst und den »Postboten«, ließ Kell nicht verhaften. Stattdessen versuchte er, sich laufend über ihre Aufenthaltsorte zu informieren und ihre Korrespondenz zu überwachen, um ihre Kontakte verfolgen zu können und bei Kriegsausbruch in der Lage zu sein, einen entscheidenden Schlag gegen die deutsche Spionage in Großbritannien zu führen.[97] Mit verfrühten Verhaftungen hätte man riskiert, der Nachrichten-Abteilung zu verraten, wie viel man über das bestehende Agentennetz wusste, was den deutschen Geheimdienst möglicherweise dazu bewegt hätte, eine neue und sicherere Organisation aufzubauen, die schwerer aufzubrechen gewesen wäre. Aus diesem Grund zog es Kell vor, die britischen Informanten zu verwarnen, anstatt sie strafrechtlich zu verfolgen. Im August 1912 beklagte er sich:

> Aufgrund der Tatsache, dass es in diesem Land unmöglich ist, Strafprozesse wegen Spionage und verwandter Straftaten unter Ausschluss der Öffentlichkeit durchzuführen (wie es auf dem Kontinent üblich ist), sind wir zu dem Schluss gelangt, dass es den

Interessen des Staates zuwiderlaufe, diese Männer vor Gericht zu stellen, da auf diese Art die Identität unserer Informanten und andere vertrauliche Angelegenheiten offengelegt würden.[98]

Die wichtigste dieser »vertraulichen Angelegenheiten« war die Tatsache, dass dank Churchills Änderung des Systems der Durchsuchungsvollmachten des Innenministeriums (HOW) sehr viel öfter als früher Briefe geöffnet wurden, wodurch ein Großteil von Steinhauers Netz offengelegt worden war. Zweifellos missfiel es Kell, dass in den Prozessen gegen Schultz und Graves der Inhalt einiger abgefangener Briefe als Beweismittel herangezogen worden war.[99] In einem Bericht der *Times* über den Gould-Prozess wurde auf eine Reihe von Briefen verwiesen, die mit »St« unterzeichnet waren (nicht jedoch auf die Tatsache, dass in Goulds Papieren auch ein signiertes Foto des Verfassers Gustav Steinhauer gefunden worden war). Am 27. März wurde ein Haftbefehl gegen Steinhauer wegen Verstoßes gegen den Official Secrets Act erlassen. Der Vorwurf lautete, er habe Gould angestiftet, Informationen zu beschaffen, die für ein feindliches Land nützlich sein konnten.[100] Obwohl Steinhauer später behauptete, er habe gewusst, dass seine Briefe gelesen wurden,[101] bewies die Verhaftung seiner Agenten bei Kriegsausbruch, dass er unmöglich geahnt haben konnte, wie genau seine Korrespondenz kontrolliert wurde. Während der Julikrise nach der Ermordung des habsburgischen Thronfolgers Erzherzog Franz Ferdinand am 28. Juni 1914 unternahm Steinhauer eine letzte, sehr gewagte Reise nach Großbritannien, um sich mit einigen seiner Agenten zu treffen. Kell wusste aus abgefangenen Briefen, dass ein Jutevertreter unter dem Namen »Fritsches« (der bereits als wahrscheinliches Pseudonym von Steinhauer identifiziert worden war) durch Großbritannien reiste, aber er hatte nicht genug Mittel, um alle wahrscheinlichen Stationen auf Steinhauers Route zu überwachen, so dass der »Spion des Kaisers« unerkannt entweichen konnte.[102] Steinhauer brüstete sich später damit, nicht als Jutevertreter, sondern als herrschaftlicher Angler bis nach Kirkwall hoch oben im schottischen Norden vorgedrungen zu sein.[103]

Am 29. Juli, sechs Tage vor dem Eintritt Großbritanniens in den Ersten Weltkrieg, verschickte Kells Behörde »Warnmeldungen« an die Polizeipräsidien; diese Schreiben enthielten Listen vermutlicher deutscher Agenten und Dossiers über die zu verhaftenden Spione.[104] In den letzten Friedenstagen blieb Kell rund um die Uhr in seinem Büro im Watergate House, wo er umgeben von Telefonapparaten schlief und sich nach Aussage von Constance Kell in ihren unveröffentlichten Memoiren bereithielt, um im Augenblick der Kriegserklärung sofort die Verhaftung von 22 identifizierten deutschen Spionen anordnen zu können.[105] Hätte Kell nicht seit 1910 enge Kontakte zur Polizei gepflegt, so wäre die Zerschlagung des Kerns von Steinhauers Agentensystem nicht möglich gewesen. Da er bei Kriegsausbruch nur insgesamt 17 Mitarbeiter (einschließlich des Hausmeisters) hatte, war Kell bei der Ermittlungs- und Beobachtungsarbeit, die den Verhaftungen vorausging, sowie bei den eigentlichen Verhaftungen auf die örtlichen Polizeikräfte angewiesen. Heutzutage wären für einen derartigen Einsatz Hunderte Geheimdienstmitarbeiter und Polizeibeamte nötig. Doch Kell verfügte weder über genug Personal noch über moderne Kommunikationssysteme, um ständig engen Kontakt zu allen beteiligten Polizeikräften zu halten. Daher überrascht es nicht, dass sechs Polizeipräsidien in Eigeninitiative zur Tat schritten. Die Polizei von Portsmouth preschte vor und verhaftete am 3. August, das heißt am Tag vor dem britischen Kriegseintritt, einen Agenten, der auf Kells Liste stand (Alberto Rosso alias »Rodriguez«). Am 4. August und an den folgenden Tagen nahmen andere örtliche Polizeikräfte weitere Verdächtige fest, deren Verhaftung nicht von Kell angeordnet worden war (offenbar gab es kaum Beweise dafür, dass es sich bei diesen Personen tatsächlich um Spione handelte).[106]

Kells ursprüngliche Verhaftungsliste ist nicht erhalten geblieben, wurde jedoch in der Zwischenkriegszeit anhand der Akten des MI5 rekonstruiert.[107] Im Anschluss an die übereilte Festnahme Rossos am 3. August fanden am folgenden Tag neun von Kell angeordnete Verhaftungen, am 5. August fünf weitere sowie im Lauf der nächsten Woche noch einmal fünf Festnahmen statt. Die letzten Spione wurden am 15. und 16. August dingfest gemacht, womit die Gesamtzahl auf 22 stieg.[108] Unter den Verhafteten war auch ein Verdächtiger, der nicht auf der ursprünglichen Liste gestanden hatte, nämlich der bis dahin nicht identifizierte Ehemann der deutschen Agentin Lina Heine, der sie im Augenblick ihrer Festnahme begleitete.[109] Ein Spion, der sehr wohl auf der ursprünglichen Liste gestanden hatte, der Deutschlehrer Walter Rimann aus Hull, hatte am 1. August die Fähre nach Zeebrugge genommen und kehrte nie nach Großbritannien zurück. Seine in den vorangegangenen zwei Jahren abgefangenen Briefe hatten gezeigt, dass er sehr um seine Sicherheit besorgt war, seit in den Spionageprozessen Einzelheiten über Steinhauers Aktivitäten in Großbritannien aufgetaucht waren.[110]

Obwohl die Ermittlungen der Polizei wertvolle Beiträge zur Identifizierung der 22 deutschen Agenten leisteten, die im August 1914 auf Kells Anweisung verhaftet wurden,[111] kam die zentrale Rolle normalerweise Kells Behörde zu. Die Korrespondenz von mindestens 17 dieser Spione, wahrscheinlich jedoch mehr, war mit Durchsuchungsvollmachten des Home Office beobachtet worden, die das zuverlässigste Mittel darstellten, um ihre Kontakte zur Nachrichten-Abteilung zu kontrollieren.[112] Im Vorfeld des Krieges hatte Kells Behörde auch begonnen, Einfluss auf die Politik zu nehmen, indem sie beim Entwurf eines Gesetzes half, das dazu dienen sollte, »Personen an der Kommunikation mit dem Feind zu hindern« und die Bewegungsfreiheit von Ausländern einzuschränken; es wurde nach Kriegsausbruch in aller Eile vom Parlament verabschiedet.

Die verhafteten Spione – 20 Männer und 2 Frauen – stellten ein sehr unterschiedliches Bedrohungspotenzial dar. Aber sie alle hatten in Kontakt mit der Nachrichten-Abteilung gestanden (eine einzige Ausnahme war möglicherweise Lina Heines Ehemann). Der Nachrichten-Abteilung war klar, dass ihr Agentennetz auf britischem Boden einen vernichtenden Schlag erlitten hatte. Gustav Steinhauer räumte später ein, dass bei Kriegsausbruch sämtliche deutschen Agenten in England eingefangen worden seien.[113] Der Kaiser sei außer sich vor Wut gewesen, als er von den Festnahmen erfahren habe:

> Er konnte anscheinend nicht glauben, was er da hören musste, tobte fast zwei Stunden lang über die Inkompetenz seiner sogenannten Geheimdienstoffiziere und bellte: »Bin ich von Tölpeln umgeben? Warum hat man mich nicht informiert? Wer ist dafür verantwortlich?« Und Ähnliches in dieser Art.[114]

Es ist unwahrscheinlich, dass sich Steinhauer ein derart vernichtendes Urteil über sein persönliches Unvermögen ausdachte.

In den weniger als fünf Jahren seit Gründung des Secret Service Bureau hatte Kell die britische Spionageabwehr grundlegend verändert. Hatte er anfangs noch Phantome gejagt, so gelang es seiner Behörde bis zum Jahr 1912, sich auf die tatsächliche deutsche Spionage einzustellen. Die Fälle Parrott und Schroeder zeigen, dass die Nachrichten-Abteilung, wären ihre Aktivitäten nicht eingedämmt worden, durchaus bedeutende nachrichtendienstliche Informationen über Stärken und Schwächen der Royal Navy hätte sammeln können. Die Erweiterung des HOW-Systems zur Überwachung des Briefverkehrs und das neue Datenverwaltungssystem des Geheimdienstregisters waren die Grundsteine, auf denen der MI5 errichtet wurde. Noch bemerkenswerter waren die Leistungen dieser kleinen Geheimdienstbehörde in Anbetracht der Mittelknappheit. Die Zahl der im August 1914 verhafteten Spione überstieg die Zahl der Mitarbeiter des Secret Service.

In den deutschen Archiven findet man Belege dafür, dass es Kells Dienststelle nicht gelang, sämtliche deutschen Agenten aufzuspüren, die bei Kriegsbeginn in Großbritannien aktiv waren. Doch anscheinend war es dem Secret Service gelungen, aller *wichtigen* Spione habhaft zu werden. Es gibt keinen Hinweis darauf, dass in den bedeutsamen Wochen nach Kriegsausbruch irgendwelche wertvollen nachrichtendienstlichen Informationen von Großbritannien nach Deutschland gelangten. Holt-Wilson erinnerte sich später:

> Zu Beginn des Krieges fiel uns ein deutscher Befehl in die Hände, der Aufschluss darüber gab, dass das deutsche Heereskommando noch am 21. August (d. h. 17 Tage nach der Kriegserklärung) nichts von der Entsendung oder von den Bewegungen der Haupttruppe unserer Expeditionsstreitmacht wusste, obwohl diese Informationen in unserem Land mehr oder weniger allgemein bekannt waren.[115]

Selbstverständlich hatte Kells kleines Büro in seinen ersten fünf Jahren bei Weitem nicht alles über den deutschen Geheimdienst in Erfahrung gebracht. Der bedeutsamste Irrtum bestand in der Überzeugung, dass neben dem Nachrichtendienst der deutschen Kriegsmarine auch jener des Heeres auf britischem Boden aktiv sei. In Wahrheit beschäftigte sich der deutsche Nachrichtendienst des Heeres (die Sektion IIIb, Nachrichtenwesen, ab 1914 Abteilung IIIb) bis zum Kriegsausbruch ausschließlich mit Russland und Frankreich – so wurde der preußische Generalstab Ende Juli 1914 von seinen Agenten in Russland über die russische Mobilmachung informiert.[116] Dennoch beruhte Kells Überzeugung, der militärische Nachrichtendienst habe auch Großbritannien im Visier, keineswegs auf einem törichten Trugschluss. Der Leiter der Sektion IIIb, Oberstleutnant Walter Nicolai, erklärte später: »Wir hatten nicht genügend Zeit gehabt, um diese Organisation auf England auszuweiten, doch dies wäre der nächste Schritt beim Aufbau unseres Nachrichtendienstes gewesen.«[117]

2
Der Erste Weltkrieg
Teil 1: Das Scheitern des deutschen Geheimdienstes

Der Krieg mit Deutschland ließ die Spionagehysterie in Großbritannien vollkommen ausufern. Am 4. August 1914, dem Tag des britischen Kriegseintritts, erhielt Basil Thomson, der das Criminal Investigation Department (CID) von Scotland Yard leitete und damit auch für den 114 Mitarbeiter zählenden Nachrichtendienst der Metropolitan Police (die Special Branch, MPSB) zuständig war,[1] die Mitteilung, dass Saboteure eine Wasserleitung in der Nähe von Aldershot und eine Eisenbahnbrücke in Kent gesprengt hätten. Bei einer Inspektion der Tatorte am folgenden Tag stellte sich heraus, dass beide Anlagen unversehrt waren. Die Angst vor Agenten, schrieb Thomson später, »breitete sich wie eine von Wahnvorstellungen begleitete Epidemie aus, gegen die kein Medikament half«: Diese Hysterie »steckte unterschiedslos alle Klassen an, ja sie schien unter den nüchternen, gelassenen und ansonsten aufrichtigen Menschen besonders leichte Opfer zu finden.« Die Behörden wurden mit Berichten über deutsche Agenten überflutet, die angeblich das Chaos heraufzubeschwören versuchten und die unmöglichsten Wege fanden, um mit dem Feind zu kommunizieren. Doch es waren allesamt Fehlalarme.[2]

Am 5. August versuchte Innenminister Reginald McKenna, die Öffentlichkeit zu beruhigen, und erklärte im Unterhaus, in den vergangenen 24 Stunden seien »im ganzen Land« 21 Spione und der Spionage verdächtige Personen festgenommen worden, »vor allem in wichtigen militärischen und Marineeinrichtungen«.[3] Doch in dem Bemühen, der Spionagehysterie entgegenzuwirken, war McKenna über das Ziel hinausgeschossen. Sieben der von Kell identifizierten deutschen Agenten waren noch auf freiem Fuß. Neue Rechtsvorschriften gaben der Regierung beispiellose Vollmachten im Umgang mit Ausländern und Spionageverdächtigen. Der Aliens Restriction Act (Gesetz zur Beschränkung der Bewegungsfreiheit von Fremden), der in Erwartung des Kriegsausbruchs vom Innenministerium in Abstimmung mit Kell und Holt-Wilson entworfen worden war,[4] wurde am 5. August in aller Eile vom Parlament verabschiedet und gab der Regierung freie Hand, um »Ausländern Beschränkungen aufzuerlegen und alle notwendigen oder geeigneten Vorkehrungen zu treffen, um diese Beschränkungen durchzusetzen«. Der Defence of the Realm Act (DORA, Gesetz zur Verteidigung des Reichs), der ebenfalls in Abstimmung mit Kell und Holt-Wilson entworfen worden war[5] und drei Tage später verabschiedet wurde, gab der Regierung Vollmachten, die denen unter dem Kriegsrecht nahekamen. Das Gesetz diente dazu:

a) Personen an der Kommunikation mit dem Feind oder an der Beschaffung von Informationen zwecks Weitergabe an den Feind oder zur Verhinderung des Erfolgs der Operationen der Streitkräfte seiner Königlichen Hoheit oder zur Unterstützung des Feindes zu hindern, und
b) die Sicherheit sämtlicher Kommunikationsmittel, Eisenbahnstrecken, Werften oder Häfen zu gewährleisten.

Staatsangehörige feindlicher Mächte wurden zur polizeilichen Meldung verpflichtet und durften in zahlreichen »Verbotszonen« nur noch mit polizeilicher Genehmigung leben.[6] Kell und die übrigen nicht mehr aktiven Armeeoffiziere in seiner Behörde wurden als Generalstabsoffiziere für den Kriegsdienst mobilisiert.[7] Das Special Intelligence Bureau (SIB), wie es sich weiterhin nannte, wurde als MO5(g) ins Kriegsministerium integriert, und sein Zuständigkeitsgebiet wurde ausgeweitet: Es beinhaltete nun auch »militärische Maßnahmen in Zusammenhang mit der Zivilbevölkerung einschließlich von Ausländern« sowie die »Verwaltung der Regelungen zur Verteidigung des Königreichs, soweit diese das Direktorat Militärische Operationen betreffen«.[8] Die Tätigkeit der Behörde blieb jedoch weiterhin geheim. Die von der Regierung abgesegnete Vorgehensweise des MO5(g) bestand darin, »sogar die Existenz einer britischen Behörde für Gegenspionage« zu verbergen.[9]

Die neuen Kriegsgesetze waren zunächst nicht geeignet, die Spionagehysterie einzudämmen. Als Innenminister McKenna am 9. Oktober erneut versuchte, die verängstigte Öffentlichkeit zu beruhigen, indem er erklärte, die vor dem Krieg auf der Insel aktiven Spione hätten »kaum wertvolle Informationen« gesammelt und bei Kriegsausbruch sei vermutlich das gesamte deutsche Spionagenetz »zerschlagen« worden, reagierte die *Times* »mehr als ein wenig ungläubig«, denn: »Das deckt sich nicht mit dem, was wir über das deutsche Spionagesystem wissen ... Die Deutschen, die sich begierig die niedrigere Form des Militarismus angeeignet haben, scheinen sich geradezu in eine Rasse von Spionen verwandelt zu haben.«[10] In den Akten des Secret Service sind einige jener Briefe erhalten geblieben, die vom Kriegs- und vom Innenministerium an den Geheimdienst weitergeleitet wurden und nicht weniger verblendet waren als jene, die unter Edward VII. zur Spionagepanik in England beigetragen hatten. Ein in London stationierter Armeeoffizier berichtete unter anderem, Haldane sei »der wichtigste aller Spione. Seine Häuser sollten durchsucht werden, er hat in einem seiner Schlafzimmer ein Funkgerät hinter dem Schrank versteckt.« Andere Briefschreiber behaupteten, deutsche Bergmänner hätten in den Kohlegruben von Kent eine Reihe von Tunneln gegraben, die im Krieg für Sabotageakte genutzt werden sollten. In einem Schreiben hieß es, einer dieser Tunnel verlaufe unter der Kathedrale von Canterbury.[11]

Die Spionagehysterie, die nach Kriegsbeginn ausbrach, verschaffte William Le Queux einen neuen Lebensunterhalt. Er verkündete, er habe sich »nicht mit dieser als Spionagepanik bekannten Krankheit angesteckt«, und pries die »unermüdlichen Anstrengungen« von Kells Behörde, die er als »eine namenlose, nur unter einer Codenummer bekannte Abteilung« bezeichnete. Le Queux stellte die falsche Behauptung auf, mit der Funktionsweise dieser Behörde genau vertraut zu sein: »Ich kenne ihre großartigen Mitarbeiter, ihre unermüdlichen und aufzehrenden Bemühungen, ihre Sorgfalt, ihren Patriotismus und den Scharfsinn ihres Leiters, der zu den edelsten Engländern zählt, denen ich begegnet bin.« Aber Le Queux war der Meinung, dass Kells »namenlose Abteilung« dem Ausmaß der Bedrohung durch den deutschen Geheimdienst mittlerweile nichts mehr entgegenzusetzen habe: »Die besorgniserregende Wahrheit ist, dass eine träge Militärverwaltung der Spionage und der heimtückischen Propaganda der Deutschen in den vergangenen Jahren die Möglichkeit gegeben hat, derart tiefe Wurzeln zu schlagen, dass sich die Behörden mittlerweile außerstande sehen, das Wachstum dieser zersetzenden Kraft aufzuhalten.«[12]

Selbst jene, die nichts für die wilden Hirngespinste von Le Queux übrig hatten, litten unter milden Formen des Spionagefiebers. Sie sahen sich in ihren Befürchtungen bestärkt, als deutsche U-Boote am 22. September 1914 in der Nordsee drei britische Kreuzer versenkten. Der frühere Oberkommandierende der Kanalflotte, Admiral Lord Charles Beresford, der für Portsmouth im Parlament saß, erklärte am 2. Oktober vor Rekruten: »Aufgrund von Informationen, die an die deutsche Admiralität verraten wurden, sind drei Kreuzer verloren gegangen. Das britische Volk sollte vom Innenministerium verlangen, zu verhindern, dass Armee und Marine Großbritanniens von Mördern in Gestalt von Spionen einen Dolchstoß in den Rücken versetzt bekommen. Alle Staatsangehörigen feindlicher Mächte sollten eingesperrt werden!« Kurze Zeit später behauptete er in einem offenen Brief: »Zahlreiche Männer wurden auf frischer Tat dabei ertappt, wie sie Signale gaben usw., und mussten aus Mangel an Beweisen wieder auf freien Fuß gesetzt werden.« Als die Kronanwaltschaft Beresford aufforderte, Beweise für seine Behauptung vorzulegen, erhielt sie eine ebenso wirre wie wütende Antwort. Doch Generalstaatsanwalt Sir John Simon war bereit, Beresfords Erklärung für die Versenkung der Kreuzer zu glauben. Am 26. Oktober notierte er:

> Die Erfahrung hat gezeigt, dass die deutsche Marine außerordentlich gut über unsere Bewegungen informiert ist, und obwohl ich die Spionagehysterie verabscheue, glaube ich, dass kein Zweifel daran bestehen kann, dass es in unserem Land eine Reihe von nicht identifizierten Personen gibt, die heimtückisch Informationen weitergeben und die uns bei Kriegsausbruch nicht bekannt waren.[13]

Die Ausweitung der Zuständigkeit des MO5(g) sowie die wachsende Besorgnis über die Bedrohung durch die deutsche Spionage im Regierungsviertel und über Whitehall hinaus hatten zur Folge, dass das Personal der Behörde bis zum Kriegsende stetig wuchs. In den vier Monaten zwischen dem Kriegsausbruch und dem Jahresende 1914 stieg die Zahl der Mitarbeiter des MO5(g) um mehr als das Doppelte von 17 auf 40, aber das waren immer noch viel zu wenig, um die rasch wachsende Arbeitslast zu bewältigen. Im Jahr darauf wurden nicht weniger als 227 neue Mitarbeiter eingestellt.[14] Viele der angeworbenen Offiziere waren an der Westfront oder auf anderen Kriegsschauplätzen verwundet worden und konnten nicht mehr in den aktiven Dienst zurückkehren. Eine Karikatur aus dem Krieg zeigt einen neuen Mitarbeiter, der einem Besucher erklärt: »Mir wurde ein Stück aus dem Schädel geschossen, daher bin ich jetzt beim Nachrichtendienst.«[15] Einige dieser Offiziere erholten sich so weit, dass sie an die Front zurückkehren konnten. Um die wachsende Mitarbeiterzahl zu bewältigen, bezog das MO5(g) im Jahr 1915 Räume im Adelphi Court in der Nähe der Zentrale im Watergate House in den York Buildings. Später wurde der gesamte Block übernommen.

Der bemerkenswerteste unter den Neuzugängen des MO5(g) im ersten Kriegsjahr war der 20-jährige William Edward Hinchley Cooke, der zweisprachig aufgewachsene Sohn einer deutschen Mutter und eines britischen Vaters, der in Dresden zur Schule gegangen war und anschließend ein Studium an der Universität Leipzig aufgenommen hatte. Zu Jahresbeginn 1914 hatte er als Büroangestellter in der britischen Gesandtschaft in Dresden zu arbeiten begonnen, deren Mitarbeiter jedoch bei Kriegsausbruch samt und sonders des Landes verwiesen worden waren. Der Leiter der Gesandtschaft, A. C. Grant Duff, legte den jungen Mann Kell ans Herz: »Er fühlt vollkommen wie ein Brite, und die Tatsache, dass er Englisch mit ausländischem Akzent spricht, sollte nicht gegen ihn sprechen.«[16] Hinchley Cooke trat am 21. August in das MO5(g) ein und wurde einer von wenigen Mitarbeitern, die in beiden Weltkriegen für den Secret Service arbeiteten. Um den von seinem deutschen Akzent geweckten Verdacht zu entkräften, schrieb Kell auf Hinchley Cookes War Office-Ausweis: »Er ist ein Engländer.« Hinchley Cookes erste Aufgabe bestand darin, die Verbindung zu Basil Thomson bei Scotland Yard herzustellen und »die Papiere von Staatsangehörigen feindlicher Mächte zu prüfen«, wofür er nach Kells Ansicht aufgrund seiner »einzigartigen Kenntnis des Deutschen besonders geeignet« war. Hinchley Cooke verstand es, kryptische Andeutungen in den Briefen und Unterlagen von Spionageverdächtigen zu deuten, und er besaß zu einer Zeit, als es noch nicht üblich war, entsprechende Tests durchzuführen, ein ausgeprägtes Gespür für den Einsatz von Geheimtinten. Kell bezeichnete ihn als »Hauptverantwortlichen für die Verhaftung mehrerer deutscher Spione«.[17]

Ein weiterer Mitarbeiter, der in den ersten Kriegsmonaten zum MO5(g) stieß, war der 52-jährige Prozessanwalt Walter Moresby, der in Cambridge studiert hatte. Er war der Sohn von Admiral John Moresby, der unweit von Kells Haus in Weybridge in Surrey wohnte, und wurde im Oktober 1914 der erste Rechtsberater des Secret Service. Kell brauchte einen erfahrenen Rechtsanwalt, der ihn bei der Anwendung der immer komplexeren Kriegsverordnungen und bei der von großem öffentlichem Aufsehen begleiteten Strafverfolgung deutscher Spione beraten konnte.[18] Kells Frau Constance beschrieb die Familie Moresby in ihren unveröffentlichten Memoiren als »unsere Vetter«, denn: »Wir lernten sie gut kennen und wurden enge Freunde.«[19]

Am 1. Oktober teilte Kell das MO5(g) in drei Abteilungen auf:

MO5(g)A: Untersuchung von Spionagefällen und verdächtigen Personen.

MO5(g)B: Koordinierung der allgemeinen Politik der staatlichen Stellen im Umgang mit Ausländern. Fragen in Zusammenhang mit den Verordnungen zur Verteidigung des Königreichs und mit dem Gesetz über die Beschränkung der Bewegungsfreiheit von Fremden, dem Aliens Restrictions Act.

MO5(g)C: Dokumentation, Personal, Verwaltung und Hafen- [Einwanderungs-] Kontrolle.[20]

Wie bereits vor dem Krieg stützte sich das MO5(g) bei seinen Untersuchungen vor allem auf das Register und auf die Kontrolle des Briefverkehrs. Da die Zuständigkeit der Behörde im Krieg auf »verdächtige Personen«, Ausländer und die Einwanderungskontrolle in den Häfen ausgeweitet wurde, stieg der Umfang ihrer Dokumentation stetig. Bis zum Frühjahr 1917 war das Zentralregister des MI5 auf 150 000 Karteikarten und 27 000 Personenakten angewachsen, und 130 weibliche Bürokräfte aktualisierten laufend die Informationen über die wichtigsten Spionageverdächtigen. Major Claude Dansey, der zu jener Zeit für die Kontakte zu den Vereinigten Staaten zuständig war, erklärte gegenüber dem US-Heeresnachrichtendienst, das Ablagesystem im Register sei die »große Stütze und der Eckpfeiler der Arbeit« seiner Behörde: »Wir haben es so weit gebracht, dass sämtliche Ministerien sich an uns wenden, wenn sie Informationen benötigen.« Und dasselbe taten die Sicherheitsdienste anderer Länder des Empire und verbündeter Staaten.[21]

Das Zentralregister, das Central Registry, entwickelte eine Standardklassifizierung für Verdächtige. Zunächst wurde auf jeder Karteikarte im Index die »zivile Einstufung«, also die Staatsangehörigkeit festgehalten: BS, AS, NS oder ES (British, Allied, Neutral oder Enemy Subject). Dann folgte die »allgemeine militärische (nachrichtendienstliche) Einstufung« anhand einer einprägsamen sechsstufigen Skala, die ein wenig komisch wirkt:

AA »Absolutely Anglicised«* oder »Absolutely Allied«** – zweifellos wohlgesinnt.
A   »Anglicised« oder »Allied« – wohlgesinnt.
AB »Anglo-Bocha«*** »– zweifelhaft, vermutlich wohlgesinnt.
BA »Boche-Anglo« – zweifelhaft, vermutlich feindselig.
B   »Boche« – feindselig.
BB »Bad Boche« – eindeutig feindselig.[22]

Den Abschluss bildete eine alphabetische Reihe von »Unterklassifizierungen der Special Intelligence Black List (SI/BL)«, die ebenfalls mit Blick auf die Einprägsamkeit gestaltet war:

A »Antecedents«: Vorgeschichte in zivilem, polizeilichem oder rechtlichem Sinn derart gravierend, dass der Patriotismus möglicherweise nicht der bestimmende Faktor und das Zugehörigkeitsgefühl nicht unerschütterlich ist.

B »Banished«: Ausweisung aus einem oder mehreren verbündeten Ländern während des Kriegs oder Einreiseverbot in einem dieser Länder.

C »Courier«: Kurier, Übermittler von Briefen, Mittelsmann oder Hilfskraft feindlicher Agenten.

---

*   Vollkommen englisch geprägt.
**   Vollkommen verbündet.
*** »Boche« ist eine geringschätzige Bezeichnung für einen Deutschen, vergleichbar mit »Kraut«.

D »Detained«: Aus geheimdienstlichen Gründen in einem verbündeten Staat verhaftet, interniert oder an der Ausreise gehindert.

E »Espion«: Feindlicher Spion oder Agent, der aktiv schädlichen Aktivitäten nachgeht (nicht zwangsläufig auf Spionage beschränkt).

F »False«: Falscher oder irregulärer Identitätsnachweis oder falsche Zulassung.

G »Guarded«: Beschattet, verdächtig, unter besonderer Beobachtung und noch nicht anderweitig eingestuft.

H »Hawker«: Hausierer, macht Geschäfte mit dem Feind oder in seinem Auftrag.

I »Instigator«: Anstifter feindlicher, pazifistischer, einschläfernder oder gefährlicher Propaganda.

J »Junction«: Verbindung erwünscht. Geheimdienst oder verbündeter Geheimdienst erbittet dringend Auslieferung der Person oder Informationen über sie.

K »Kaiser's man«: Mann des Kaisers. Feindlicher Offizier oder Staatsdiener oder ehemaliger feindlicher Offizier oder Staatsdiener.[23]

Im September 1915 wurde in Paris das Bureau Central Interallié gegründet, das die Sammlung und den Austausch nachrichtendienstlicher Erkenntnisse zwischen den Geheimdiensten der Alliierten koordinieren sollte. Dieses Büro übernahm die Kategorien A bis I.[24]

Der für die Registratur und die Verwaltung zuständige Offizier, Lieutenant Colonel Maldwyn Makgill Haldane, der die Spitznamen »Muldoon« und »Marmaduke« trug und ein Neffe des früheren Kriegsministers Viscount Haldane war, wurde im April 1914 der erste Mitarbeiter des MO5(g) mit einem Universitätsabschluss. Bevor er im Jahr 1899 in das schottische Kavallerieregiment der Royal Scots eingetreten war, hatte Haldane am Jesus College der Universität Cambridge und an der Universität Göttingen studiert. Wie viele von Kells Offizieren besaß er Fremdsprachenkenntnisse – er sprach Französisch, Deutsch und Hindustani – und ging einer beeindruckenden Vielzahl von Freiluft- und Sportaktivitäten nach: Forellenfischen, Rudern, Rugby, Wandern, Geflügelzucht und Gärtnerei. Weniger typisch für einen Mitarbeiter des Secret Service war, dass er sich auch mit »Völkerkunde, Geschichte, Paläontologie und Biologie« beschäftigte.[25] In einer Karikatur, die in den Kriegsjahren entstand, wurde Haldane in der Uniform der Royal Scots und mit

Tartanhose dargestellt, inmitten einer Gruppe bewundernd zu ihm aufblickender Mitarbeiterinnen.

Aufgrund der Ausweitung des Registers und der Einstellung immer neuer Mitarbeiter bestand das Personal des MO5(g) am Jahresende 1914 mehrheitlich aus Frauen. In einem nach dem Krieg verfassten Bericht über die Arbeit dieser Frauen hieß es:

> Die Qualifikationen, die der M. I.5 von seinen weiblichen Bürokräften und Sekretärinnen verlangte, waren schnelles Auffassungsvermögen, Sorgfalt und vor allem Verschwiegenheit. Daher suchte der M. I.5 seine Mitarbeiterinnen von Anfang an unter den gebildeten Frauen, bei denen davon auszugehen war, dass sie von Natur aus einem Ehrenkodex gehorchten; das bedeutet, dass die Mitarbeiterinnen des M. I.5 Damen waren, die eine gute Schule und in einigen Fällen eine Hochschule besucht hatten.[26]

Erst nach dem Zweiten Weltkrieg begann der MI5, in den Universitäten nach männlichen Mitarbeitern zu suchen. Hingegen stellte er schon im Ersten Weltkrieg Frauen ein, die in Oxford oder an den Londoner Universitäten studiert hatten. Anfangs wurden die meisten dieser neuen Bürokräfte auf persönliche Empfehlung von Mitarbeitern aufgenommen. Als es angesichts der raschen kriegsbedingten Expansion nicht länger möglich war, anhand dieser Methode den Personalbedarf zu decken, trat die Behörde an die Leitung des Cheltenham Ladies College sowie weiterer führender Frauenhochschulen (der St. Hugh's und Somerville Colleges an der Universität Oxford sowie von Royal Holloway in London) heran.[27] So kam es, dass der Anteil der Mitarbeiterinnen aus der Oberschicht im MO5(g) höher war als in jeder anderen britischen Behörde. Die weiblichen Angestellten hatten im Durchschnitt auch einen höheren sozialen Status als die Männer. Im Security Service spielten die Frauen im Krieg eine bedeutsamere Rolle als in jeder anderen Regierungsstelle.

Ab November 1914 war die Registratur ausschließlich mit Frauen besetzt, und die Leitung übernahm »Lady Superintendent« Lily Steuart.[28] Wie in einem Nachkriegsbericht eingeräumt wurde, war die Registratur in den ersten Monaten nach Kriegsausbruch von der »Flut von Dokumenten beinahe überwältigt« worden.[29] Als Hilda

Cribb (die 1920 die Aufsicht über das weibliche Personal übernahm) am 2. Februar 1915 die Arbeit in der Registratur aufnahm, stellte sie fest, dass sich auf den Aktenschränken nicht abgelegte Papiere türmten.[30] Die durch den Krieg gestiegene und aufgrund der unzureichenden Mittel des MO5(g) kaum zu bewältigende Arbeitslast erklärt wahrscheinlich, warum 15 weibliche Bürokräfte, die zwischen Oktober 1914 und Februar 1915 in das Register eintraten, nach kurzer Zeit – sie blieben zwischen wenigen Tagen und zwei Monaten – wieder kündigten. Unter ihnen war auch Lily Steuart.[31]

Ihre Nachfolgerin als Leiterin der Registratur war Edith Annie Lomax, die am 20. Februar 1915 den Dienst antrat und sich als eine der fähigsten Verwalterinnen in der Geschichte des Secret Service erwies. Sie wurde später als erste Mitarbeiterin in den Orden des Britischen Empire aufgenommen (dann sogar zum Offizier des Ordens ernannt).[32] Als Assistentin brachte Miss Lomax die kompetente Elsie Lydia Harrison (spätere Mrs. Akehurst) mit, die ihre Nachfolgerin wurde und ebenfalls mit einem MBE (Mitglied des Ordens des Britischen Empire) ausgezeichnet wurde. Hilda Cribb bemerkte sofort eine Veränderung. Lomax sorgte nicht nur für eine Aufstockung des Personals und für zusätzliche Büroräume, sondern nahm eine Reihe von einfachen Verbesserungen an den Arbeitsverfahren vor. Ein Beispiel: Als sie ihre Tätigkeit aufnahm, standen die Karteischränke so nahe beieinander, dass nur zwei Mitarbeiterinnen gleichzeitig daran arbeiten konnten. Nachdem der Abstand zwischen den Schränken vergrößert worden war, hatten mehr Personen die Möglichkeit, sie zu nutzen. »Es herrschte unablässig emsiges Treiben«, erinnerte sich Cribb.[33] Im Jahr 1915 wurde beschlossen, keine Frauen mehr einzustellen, die über 40 Jahre alt waren; innerhalb eines Jahres wurde die Altersgrenze »mit Blick auf die erhebliche geistige Beanspruchung der Mitarbeiterinnen« auf 30 Jahre gesenkt. Allerdings wurden einige Ausnahmen gemacht; so wurden beispielsweise zwei Frauen mit Doktortitel eingestellt, um Berichte (und später hausinterne historische Darstellungen) zu verfassen.[34] Als unerlässliche Voraussetzung für die Aufnahme in die Registratur galt ein Sinn für Humor, ohne den die Frauen nicht in der Lage gewesen wären, »die teilweise unmöglich zu erfüllenden Aufgaben mit Gleichmut zu akzeptieren«.[35] In einem nach dem Krieg höchstwahrscheinlich von einer Frau anonym verfassten »Bericht über die Tätigkeit der Frauen« wurde das Resümee gezogen, dass die meisten Frauen die typischen weiblichen Tugenden von Intuition und Detailbesessenheit an den Tag legten, obwohl eine Minderheit »die eher männlichen Fähigkeiten zur Organisation und zur Entscheidung über allgemeine Arbeitsmethoden zeigte und ... der Abteilung unschätzbare Dienste erwies«.[36] Damit war vermutlich insbesondere Lomax gemeint. Im Jahr 1917 wurde Lomax zur Verantwortlichen für das weibliche Personal ernannt. Ihre bisherige Stellvertreterin Lydia Harrison übernahm die Leitung der Registratur.[37]

Auch die Sekretariatsarbeit war Frauen vorbehalten. Viele Sekretärinnen neigten aufgrund ihres hohen Bildungsstandes und ihrer privilegierten Herkunft dazu, zu ihren eigenen Vorstellungen zu stehen. Percy Marsh, der seine klassischen Studien am Wadham College in Oxford mit Auszeichnung abgeschlossen, die Jahre bis zum Kriegsausbruch in der Kolonialverwaltung in Indien verbracht hatte und dem MO5(g) im Mai 1915 beitrat, war vermutlich der männliche Neuzugang mit dem höchsten Bildungsstand. Er beobachtete amüsiert, wie einige der intelligenten jungen Sekretärinnen auf höfliche Art ihre intellektuelle Überlegenheit gegenüber älteren Offizieren des MO5(g) unter Beweis stellten.

Miss A. W. Masterton, die Sekretärin des Leiters der Abteilung (Branch) C, Haldane, übernahm von ihm zunächst zeitweilig und später dauerhaft die Buchführung des MO5(g), eine Tätigkeit, die auch einen Großteil der Finanzplanung der Behörde beinhaltete. Im »Bericht über die Tätigkeit der Frauen« hieß es, dies sei »das bisher einzige Beispiel dafür, dass eine Frau für die Finanzen einer Regierungsbehörde zuständig ist«.[38]

Abgesehen vom stetig wachsenden Register stützte sich die Gegenspionage des MO5(g) vor allem auf die erheblich ausgeweitete Kontrolle des Brief- und Telegrammverkehrs. Das MO5 hatte vor dem Krieg detaillierte Pläne für die Zensur des Telegrammverkehrs entworfen und Offiziere und Angestellte für den Kriegsdienst unter Colonel A. G. Churchill, dem Leiter der Zensurabteilung, vorgemerkt. Hingegen waren für die Postzensur keine derartigen Vorbereitungen getroffen worden.[39] Im September 1914 wurde dem MO5 klar, dass auch die Korrespondenz mit neutralen Ländern überwacht werden musste, wenn man verhindern wollte, dass der Feind mit Informationen versorgt wurde. Aber jene Handvoll von MO5-Mitarbeitern, die in das Postsortierzentrum Mount Pleasant in Clerkenwell geschickt wurden, konnte die Masse an Briefen unmöglich bewältigen. Als Colonel G. K. Cockerill kurz nach seinem Amtsantritt als Leiter des MO5 im Oktober die Sortieranlage besuchte, fand er dort Stapel geöffneter Briefe, die auf die Auswertung warteten, und Haufen von Postsäcken, die noch nicht aufgeschnürt worden waren. Im November erhielt der neue Leiter des Marinenachrichtendienstes, Captain Reginald »Blinker« Hall, alarmierende Berichte, denen zufolge aufgrund der Probleme in Mount Pleasant »beträchtliche Mengen« von Mitteilungen an den Feind durch das Netz der Zensur schlüpften. Hall nahm diese Berichte für bare Münze und verlangte, »dass *sämtliche* Briefe ins Ausland geöffnet werden und keine einzige geheime Mitteilung durchkommt«. Cockerill antwortete, die Regierung sei schon über das gegenwärtige Ausmaß der Zensur nicht glücklich, erklärte sich jedoch bereit, von Hall ausgesuchten Zensoren zunächst für einen Zeitraum von zwei Monaten zu erlauben, eigene Briefkontrollen vorzunehmen. Hall bewegte den Ersten Lord der Admiralität, Winston Churchill, dazu, 1600 Pfund zur Verfügung zu stellen, äußerte sich jedoch »absichtlich vage« zum Verwendungszweck des Geldes. Der mit ihm befreundete Lieutenant Colonel Freddie Browning (der später Cummings Stellvertreter wurde) willigte ein, die Leitung von Halls »kleiner Privatzensur« zu übernehmen, und suchte in der National Service League, einer patriotischen Vereinigung, die sich für ein allgemeines Milizsystem einsetzte, Freiwillige für die Tätigkeit.

Drei Wochen später teilte Browning Hall mit, dass in einem Brief an einen Parlamentsabgeordneten, den er für den »niederträchtigsten Schurken überhaupt« hielt, ein Zensurformular vergessen worden war. Als der Abgeordnete bemerkte, dass seine Post geöffnet worden war, beschwerte er sich empört bei Reginald McKenna, der Hall und Cockerill daraufhin ins Innenministerium zitierte und zu wissen verlangte, ob es tatsächlich wahr sei, dass Hall es gewagt hatte, ohne seine Genehmigung seine Nase in die Angelegenheiten der Royal Mail zu stecken? »Das ist durchaus zutreffend, Herr Innenminister«, antwortete Hall. Die Strafe für ein solches Vergehen, erklärte ihm McKenna, sei eine zweijährige Gefängnishaft. Doch Cockerill konnte den Minister mit der Erklärung beschwichtigen, er sei der Meinung gewesen, die in Kriegszeiten geltenden Zensurbestimmungen hätten ihm das Recht gegeben, jede verfügbare zeitweilige Hilfe in Anspruch zu nehmen, um die Weitergabe von Informationen an den Feind zu verhindern.[40] Bis zum Jahresende stieg die Zahl der Postzensoren von ursprünglich einem einzigen auf 170. Im April 1915 wurden die Zensoren offiziell einer neuen Abteilung des Innenministeriums unterstellt, dem MO9 (dem späteren MI9). Die Leitung der Abteilung übernahm ein Diplomat im Ruhestand. Zum Zeitpunkt des Waffenstillstands war das Personal auf 4861 Mitarbeiter gestiegen, von denen drei Viertel Frauen waren.[41]

Wie schon vor dem Krieg trug die Überwachung des Briefverkehrs wesentlich zum Erfolg der Gegenspionage des MO5(g) bei. Carl Lody, der erste Agent, den die deutsche Nachrichten-Abteilung (»N«) nach Kriegsausbruch nach Großbritannien schickte, hatte ursprünglich die Aufgabe, Informationen über die Verluste der Royal Navy in einem nach Ansicht der deutschen Admiralität unmittelbar bevorstehenden Kräftemessen zwischen der Hochseeflotte und der Grand Fleet zu sammeln.[42] Lody, ein Reserveoffizier der kaiserlichen Kriegsmarine, sprach fließend Englisch mit einem amerikanischen Akzent. Nachdem mehrere Briefe abgefangen worden waren, die er an eine Adresse in Stockholm geschickt hatte und die »N« zugeordnet werden konnten, wurde er am 2. Oktober auf dem Weg nach Queenstown verhaftet, wo sich der wichtigste britische Marinestützpunkt in Irland befand.[43] Reginald Drake, der die Abteilung Gegenspionage in Kells Behörde leitete, verlangte, dass der Prozess gegen Lody unter Ausschluss der Öffentlichkeit stattfand, konnte sich jedoch nicht durchsetzen, was anscheinend daran lag, dass man in Whitehall glaubte, ein öffentliches Kriegsgerichtsverfahren werde der Bevölkerung beweisen, dass die Behörden die deutsche Spionage erfolgreich bekämpften.[44] Wäre Lody hinter verschlossenen Türen abgeurteilt worden, so hätte Drake »eine einfallsreiche Methode zur Übermittlung falscher Informationen an den Feind« anwenden können, »die davon abhing, dass der Gegner nicht wusste, welcher seiner Agenten gefasst worden war«.[45] So wie später im Zweiten Weltkrieg hätte der erste Spionagefall nach Kriegsausbruch auf diese Art die Entwicklung eines »Double-Cross-Systems« [double cross = Doppelspiel] zur Versorgung des Feindes mit Falschinformationen ermöglichen können. Doch da die Regierung gegen den Wunsch des MO5(g) auf öffentlichen Prozessen und Kriegsgerichtsverfahren gegen gefangene Spione bestand, war es unmöglich, feindliche Spione anhand eines solchen Systems umzudrehen oder den Gegner mit falschen Informationen in die Irre zu führen. Allerdings ergaben sich im Verlauf des Krieges einige Gelegenheiten für beschränkte Täuschungsmanöver.

Lody wurde Ende Oktober 1914 von einem Kriegsgericht in der Westminster Guildhall zum Tode verurteilt. Er sollte von einem Erschießungskommando im Londoner Tower hingerichtet werden – womit dort erstmals seit anderthalb Jahrhunderten wieder eine Exekution stattfinden würde. Thomson schrieb später: »Es gab verschiedene Meinungen darüber, ob es vernünftig war, Geheimagenten hinzurichten und den Anfang mit einem patriotischen Spion wie Lody zu machen.« Nach Aussage seiner Frau schätzte Kell den deutschen Spion als »wirklich guten Mann« und »bedauerte es zutiefst, dass ein so tapferer Mann mit dem Tod bestraft werden sollte«. Die Tapferkeit, mit der Lody in den Tod ging, verstärkte Kells Gewissensbisse zusätzlich. Lody schrieb an den Offizier, der die Kaserne in Wellington befehligte:

> Sir, ich halte es für meine Pflicht als deutscher Offizier, den Offizieren und Soldaten, die mich während meiner Gefangenschaft betreuten, meinen aufrichtigen Dank und meine Wertschätzung auszudrücken. Die freundliche und rücksichtsvolle Behandlung, die sie mir angedeihen ließen, weckt in mir die höchste Achtung und Bewunderung für die Kameradschaft auch gegenüber dem Feind, und ich erlaube mir, Sie darum zu bitten, ihnen dies mitzuteilen.
> Hochachtungsvoll,
> Carl Hans Lody,
> Oberleutnant zur See der Reserve II.D, Kaiserliche Marine

Am Morgen seiner Hinrichtung sagte Lody zum Assistenten des Leiters der Militärpolizei: »Ich nehme an, Sie werden einem Spion nicht die Hand schütteln.« Der Offizier antwortete: »Nein, aber ich werde einem tapferen Mann die Hand schütteln.«[46] Im Zweiten Weltkrieg wurde ein deutscher Zerstörer nach Lody benannt.

Im Vergleich zur Spionageabwehr maß Kell der Subversionsabwehr anfangs geringe Bedeutung bei. Bis 1916 stellten der Pazifismus und Arbeiterunruhen nach Ansicht des MO5(g) kaum eine Beeinträchtigung des britischen Kriegseinsatzes dar. Im August 1914 hatte sich der Gewerkschaftsdachverband, der Trades Union Congress, für die Dauer des Krieges verpflichtet, auf Arbeitskämpfe zu verzichten, und die Arbeiterführer beteiligten sich an der Seite der Arbeitgeber an den Rekrutierungskampagnen. Kell und seine Frau nahmen im Jahr 1915 an einer Benefizveranstaltung teil, auf der der erfahrene Streikführer Ben Tillett gemeinsam mit dem Herzog von Rutland um warme Kleidung für die Truppen bat. Constance Kell bemerkte dazu in ihren Memoiren in einem etwas gönnerhaften Ton: »Nie werde ich den Anblick vergessen, den der sehr kleinwüchsige Ben Tillett und der sehr groß gewachsene Herzog boten, als sie Seite an Seite dastanden, der eine mit amüsiertem Gesichtsausdruck, der andere wohlmeinend auf ihn herabblickend.« Tillett fragte das Publikum: »Können Sie sich vorstellen, wie diese Männer nur mit ihrem bloßen Körper den Gewehren des Feindes entgegentreten?« Constance Kell bezeichnete dies als »vielsagende Worte«.[47]

Von den 40 Labour-Abgeordneten im Parlament lehnten sechs (unter ihnen der zukünftige Premierminister Ramsay MacDonald) den Krieg ab, aber Arthur Henderson, der die Partei in den Kriegsjahren führte, schloss sich der im Mai 1915 von Asquith gebildeten Koalitionsregierung an. Der Widerstand gegen die britische Kriegsbeteiligung wurde anfangs von der kleinen Independent Labour Party (ILP) angeführt. Kell erhielt vom Innenministerium eine HOW-Vollmacht zur »Prüfung« der Korrespondenz des Stop-the-War-Komitees, das C. H. Norman, einer der militantesten ILP-Führer, gegründet hatte. Die Ergebnisse waren beruhigend. Aus einem Bericht, den Kell im Juli 1915 vorlegte, ging hervor, dass das Komitee kaum Briefe verschickte, deren Zahl obendrein stetig sank:

> Keiner der Briefe deutet darauf hin, dass der Autor antibritische Neigungen hat oder dass das Komitee in irgendeiner Art vom Feind angestiftet oder unterstützt wird ... Daher hat es den Anschein, dass die Mitglieder des Komitees mit ihrer Propaganda kaum Ergebnisse erzielen und zum gegenwärtigen Zeitpunkt praktisch keinen Schaden anrichten.[48]

Die größte Aktivität des deutschen Geheimdienstes in Großbritannien war im ersten Kriegswinter zu beobachten.[49] Bei den deutschen Spionen handelte es sich nun nicht mehr nur um solche, die von der Nachrichten-Abteilung der Marine entsandt worden waren. Nach

Kriegsausbruch wandte sich auch die Sektion IIIb, der Heeresnachrichtendienst, Großbritannien zu, obwohl seine vorrangigen Ziele weiterhin Frankreich und Russland waren. Ab Anfang November 1914 war die wichtigste Basis der Sektion IIIb für Operationen gegen Großbritannien die Kriegsnachrichtenstelle im besetzten Antwerpen, die eine »Spionageschule« für Agenten betrieb, die nach Frankreich und Großbritannien entsandt werden sollten.[50] Anfang 1915 schrieb ein belgischer Flüchtling in den Niederlanden an das War Office und gab einen Namen (Franz Leibacher) und eine Adresse in Rotterdam an; die Briten wussten, dass die Kriegsnachrichtenstelle diese Adresse für die Korrespondenz mit ihren Agenten in Großbritannien verwendete.[51] Am 30. Januar wurde damit begonnen, von dieser Adresse kommende Briefe abzufangen, was im folgenden Monat drei Festnahmen ermöglichte. Der erste Spion, der gefasst wurde, war der in Deutschland geborene Anton Küpferle, der in den Vereinigten Staaten gelebt hatte und behauptete, die amerikanische Staatsbürgerschaft angenommen zu haben, nach Ansicht des MO5(g) jedoch in der deutschen Armee diente. Küpferle traf im Februar 1915 aus den USA kommend in England ein. Drei seiner Briefe an die Rotterdamer Adresse der Kriegsnachrichtenstelle wurden abgefangen. Eine genauere Untersuchung durch die Zensurexperten förderte zutage, dass die Briefe in Geheimtinte geschrieben waren (er war der erste deutsche Spion, der sie verwendete). Den Inhalt betrachtete das MO5(g) als »Information von Bedeutung für Heer und Marine«. Küpferle erleichterte dem MO5(g) die Arbeit, indem er in den Briefen seinen richtigen Namen und seine Adresse angab, das Wilton Hotel in London, wo er am 19. Februar verhaftet wurde.[52]

Küpferle weckte keine vergleichbare Sympathie wie Lody, sondern wurde von den Ermittlern, die ihn befragten, als »typischer deutscher Unteroffizier« bezeichnet, als »steif, schroff und ungehobelt«. Sein Prozess im Old Bailey war noch nicht abgeschlossen, da fand man ihn an einem seidenen Halstuch am Deckenventilator in seiner Zelle hängend. Er hatte auf einer Schiefertafel eine Botschaft hinterlassen:

Ich kann feststellen, dass mir im Vereinigten Königreich ein fairer Prozess gemacht wurde, aber ich bin nicht mehr imstande, die Belastung zu ertragen, weshalb ich das Gesetz selbst in die Hand nehme. Ich habe in vielen Schlachten gekämpft, und der Tod ist nur eine Erlösung für mich ... Was ich tat, das tat ich für mein Land. Ich möchte meinen Dank ausdrücken. Gott schütze Sie alle.

Küpferles Briefe sind nicht erhalten geblieben, aber nach Aussage von Basil Thomson zeigte er in einem abgefangenen Schreiben an einen anderen deutschen Agenten weniger Großmut gegenüber den Briten. Er begrüßte darin den Einsatz von Giftgas gegen britische Soldaten und den »betäubenden Tod«, den das Gas verursache. Dieser Brief bewies nach Ansicht von Thomson, dass Küpferle anders als Lody ein typischer Hunne von »echter preußischer Mentalität« gewesen sei.[53] Die meisten Spione, die in der Folge gefasst wurden, weckten ebenfalls wenig Sympathie, ob sie nun Deutsche waren oder nicht. Kell hielt die meisten dieser Agenten nicht für Patrioten wie Lody, sondern für Männer, die bereit waren, für Geld jede schmutzige Arbeit zu machen.

Während das MO5(g) im Februar 1915 Küpferles Korrespondenz untersuchte, wurden fünf weitere Briefe abgefangen, die an dieselbe Rotterdamer Adresse der deutschen Kriegsnachrichtenstelle gerichtet waren und ebenfalls in unsichtbarer Tinte abgefasste nachrichtendienstliche Berichte über das Heer und die Marine Großbritanniens enthielten. Nachforschungen ergaben, dass einer dieser Briefe, der in Deptford aufgegeben und in Geheimtinte mit »Hahn« unterzeichnet war, von John Hahn stammte, einem eingebürgerten deutschstämmigen Bäcker, der in Deptford im Londoner Stadtteil Greenwich lebte. Er wurde am 24. Februar verhaftet. Am Tag darauf erzählte seine Frau Scotland Yard, dass ein Russe namens Karl Müller in die Aktivitäten ihres Mannes verwickelt sei, und nannte die Adresse dieses Mannes. Müller wurde am 25. Februar verhaftet. Er war erst sechs Wochen zuvor in England eingetroffen. Obwohl er einen russischen Reisepass besaß, nahm das MO5(g) mit Recht an, es mit einem Deutschen zu tun zu haben.[54]

Die Kriegsnachrichtenstelle in Antwerpen wusste nichts von Müllers Verhaftung und schickte weiterhin Nachrichten an ihn, was dem Leiter der Spionageabwehr des MO5(g), Reginald Drake, die Möglichkeit eröffnete, eines jener Täuschungsmanöver zu versuchen, die ein öffentlicher Prozess und eine aufsehenerregende Hinrichtung ein Jahr zuvor in Lodys Fall verhindert hatten. Mit Hilfe des zweisprachigen Hinchley Cooke konstruierte Drake in Geheimtinte geschriebene Berichte, die angeblich von Müller stammten. Die Kriegsnachrichtenstelle ließ sich täuschen, schickte Geld und forderte weitere Informationen an.[55] Bis Ende Mai 1915 nahm der deutsche Geheimdienst die falschen Informationen ernst. Im April 1915 stufte die Kriegsnachrichtenstelle Berichte über ein mit 20 schweren Geschützen beladenes Schiff, das aus Bristol auslaufen sollte, über die Stationierung von acht Freiwilligendivisionen in Aldershot und über die Einschiffung großer Truppenkontingente in Dartmouth als »glaubwürdig« ein. Bemerkenswert ist, dass ein frei erfundener Bericht vom 30. April über Vorbereitungen für einen Angriff britischer Seestreitkräfte auf Schleswig als »verlässlich und von anderen Berichten bestätigt« eingeschätzt wurde. Besonders beeindruckt zeigte sich die Kriegsnachrichtenstelle von Müllers Behauptung, eine zuverlässige Quelle in der Admiralität zu haben. Ein am 10. Mai eingegangener fabrizierter Bericht, der nach Einschätzung des deutschen Nachrichtendienstes auf Informationen aus dieser Quelle beruhte, betraf die Sammlung großer Truppenkontingente am Humber und am Firth of Forth an der Ostküste Englands und Schottlands; diese Truppen sollten angeblich beim (erfundenen) Angriff auf Schleswig oder auf einem anderen Kriegsschauplatz abseits der Westfront eingesetzt werden. Drei Tage später wurde ein weiterer Bericht, in dem Müller behauptete, er sei persönlich nach Hull und Leith gereist und habe dort eine große Zahl von Soldaten gesehen, die für die Einschiffung bereit seien, als »verlässlich« eingestuft. Doch am 30. Mai wurde die Kriegsnachrichtenstelle offenbar misstrauisch und schätzte Müllers Berichte als »in jüngster Zeit weniger glaubwürdig« ein, was vermutlich daran lag, dass die Behauptung, 80 000 zusätzliche britische Soldaten seien nach Frankreich entsandt worden, durch andere nachrichtendienstliche Informationen widerlegt wurde.[56]

Dem deutschen Nachrichtendienst waren mehrere Artikel über die Verhaftung Müllers und den bevorstehenden Prozess entgangen, die die *Times* nach der Aufhebung einer Informationssperre seit dem 10. April veröffentlicht hatte. Doch das vom MO5(g) errichtete Lügengebäude begann am 5. Juni endgültig zu bröckeln, als die Kriegsnachrichtenstelle einen Artikel in der *Times* entdeckte, in dem berichtet wurde, dass ein Gericht Müller zum Tod und seinen Komplizen John Hahn zu einer Haftstrafe von sieben Jahren verurteilt hatte.[57] Vor seiner Hinrichtung im Tower am 22. Juni schüttelte Müller Berichten zufolge jedem Mitglied des Erschießungskommandos die Hand.[58] Doch Drake und Hinchley Cooke schickten weiter angebliche Mitteilungen Müllers nach Antwerpen. In einer späteren Darstellung der Kriegsnachrichtenstelle hieß es:

> Wir wussten ohne jeden Zweifel, dass einer unserer Agenten [Müller] im Vereinigten Königreich verhaftet und erschossen worden war. Kurze Zeit später erbat dieser »tote Agent« Geld, da er vollkommen pleite sei. Eine Woche später beklagte er sich in einem weiteren Brief bitterlich darüber, dass wir ihn im Stich gelassen hätten, und schickte einen Bericht, der kaum Informationen enthielt. Der Stil des Agenten war gut kopiert, aber wir hegten sofort den Verdacht, der britische Geheimdienst habe die Mühe auf sich genommen, uns Berichte zu schicken, um die Tatsache zu verschleiern, dass unser Mann das schlimmste Schicksal erlitten hatte. Wir taten so, als würden wir die Wünsche unseres toten Kollegen erfüllen, und schickten ihm Geld, wobei wir ihn aufforderten, seine Arbeit gewissenhaft zu machen. Und tatsächlich versorgten uns die Briten gewissenhaft mit der Information, die wir ihrer Meinung nach haben sollten.[59]

Allerdings hatte der deutsche Geheimdienst offenbar nicht erkannt, dass *sämtliche* Berichte, die Müller seit Ende Februar geschickt hatte, gefälscht waren. Hinchley Cooke erklärte später, das MO5(g) habe die Bemühungen, die Täuschung aufrechtzuerhalten, schließlich aufgegeben, als die Kriegsnachrichtenstelle Müller anwies, nach Rotterdam zu reisen, um sich weitere Instruktionen abzuholen. Das aus Antwerpen an Müller geschickte Geld ermöglichte es dem MO5(g), einen dringend benötigten zweiten Dienstwagen zu kaufen, einen zweisitzigen Morris, der bald nur noch als »der Müller« bezeichnet wurde.[60] Maurice Hankey (später Lord Hankey), der Sekretär des Committee of Imperial Defence, der im Dezember 1916 der erste Kabinettssekretär wurde (und dieses Amt länger innehatte als alle bisherigen Nachfolger), erinnerte sich im Jahr 1940 in einer Analyse des britischen Geheimdienstes: »Während des letzten Krieges fuhr ich ein Automobil und lebte von einem Gehalt, das die Deutschen für … imaginäre Dienste bezahlten.« Er berichtete auch, das MO5(g) habe »wegen der nicht genehmigten Verwendung deutscher Gelder Probleme mit dem Schatzamt« bekommen.[61] Laut Aussage von Hinchley Cooke beschwerte sich das Finanzministerium »in einem wütenden Brief an das Army Council – im Army Council waren militärische, zivile und politische Einrichtungen vertreten, darunter das Kriegsministerium, der Generalstab und das Außenministerium – über die unangemessene Verwendung von Mitteln, die an das Schatzamt hätten überwiesen werden müssen«.[62] Das Täuschungsmanöver im Fall Müller war in gewisser Hinsicht ein Vorläufer des Double-Cross-Systems, das mit viel Erfolg im Zweiten Weltkrieg angewendet wurde. Doch weil Kell die Festnahme und Aburteilung deutscher Spione nicht geheim halten konnte, war jede derartige Täuschung zwangsläufig kurzlebig. Die Regierung wollte einer teilweise skeptischen Öffentlichkeit unbedingt beweisen, dass sie in der Lage war, die deutschen Spione dingfest zu machen, und brachte es deshalb nicht über sich, ihre Erfolge zu verschweigen. Doch selbst wenn es im Fall Müller gelungen wäre, den Schein länger aufrechtzuerhalten, wäre der Nutzen beschränkt gewesen. Anders als die umgedrehten deutschen Agenten im Zweiten Weltkrieg wurde Müller hingerichtet und konnte daher den falschen Informationen, die in seinem Namen an den deutschen Nachrichtendienst geschickt wurden, keine persönliche Glaubwürdigkeit verleihen. Das Double-Cross-System hing zudem nicht von einer einzigen Person ab, sondern stützte sich auf eine ganze Reihe umgedrehter Agenten sowie auf die Kooperation sämtlicher Sparten des britischen Geheimdienstes, die eine Mischung von zutreffenden und falschen Informationen zusammenstellten, die den Feind täuschten. Auch konnte das MO5(g) nicht, wie der MI5 im Zweiten Weltkrieg, auf einen stetigen Strom von SIGINT-Informationen (abgehörte Funksprüche) zurückgreifen, die es ihm ermöglicht hätten, sich ein Bild von der Wirkung seines Täuschungsmanövers zu machen.

Nachdem der deutsche Nachrichtendienst entdeckt hatte, dass er im Fall Müller getäuscht worden war, wurde es für den MO5(g) schwerer, eine derartige Täuschung erneut hinzubekommen, ohne Verdacht zu erwecken. Doch zuvor eröffnete sich Kell noch eine weitere Gelegenheit: Anfang Mai hatten die Zensoren in einem aus Dänemark eingetroffenen Postsack einen Brief entdeckt, der eigentlich nach Berlin hätte gehen sollen, jedoch irrtümlich nach London weitergeleitet worden war. Den Brief hatte ein gewisser Robert Rosenthal in Kopenhagen an »Franz Kulbe« geschickt, dessen Berliner Adresse, wie das MO5(g) wusste, vom deutschen Marinenachrichtendienst verwendet wurde. Die britische Spionageabwehr wusste auch, dass »Franz Kulbe« ein Pseudonym von Hauptmann von Prieger von der deutschen Admiralität war. Der Brief enthielt auf den ersten Blick eine geschäftliche Mitteilung, aber als die Zensoren das Papier mit dem Bügeleisen erhitzten, kam ein in Geheimtinte verfasster Text zum Vorschein, aus dem hervorging, dass von Prieger beabsichtigte, als Vertreter von Zigarrenanzündern getarnt nach England einzureisen. Als Rosenthal, der mit einem amerikanischen Reisepass reiste, in Newcastle verhaftet wurde, fand man bei ihm keinerlei belastendes Material. Aber als man ihm den abgefangenen Brief nach Berlin vorlegte, gestand er, er sei Deutscher und Hauptmann von Prieger habe ihn entsandt, um Informationen über die Royal Navy zu sammeln. Zwar bestritt er, an Prieger irgendwelche wertvollen Informationen übermittelt zu haben, aber er gab zu, bereits zwei frühere Spionagemissionen absolviert zu haben. Wie einige der deutschen Spione, die vor dem Krieg nach Großbritannien geschickt worden waren, war Rosenthal vorbestraft und hatte in Deutschland wegen Urkundenfälschung im Gefängnis gesessen, bevor er in die Vereinigten Staaten gegangen war, wo er fünf Jahre gelebt hatte.[63]

Rosenthal bot an, als Doppelagent tätig zu werden. Um seine Kooperationsbereitschaft zu beweisen, gab er den Briten Informationen über Geheimtinten, Geheimcodes und die vom deutschen Geheimdienst angewandten Methoden der Ausweisfälschung.[64] Aber Kell lehnte das Angebot ab – vermutlich weil er schlechte Erinnerungen an seinen ersten Doppelagenten Graves hatte, dem es gelungen war, ihn zu täuschen. Und wie Graves hatte Rosenthal eine kriminelle Vorgeschichte. Wie die Finte im Fall Müller zeigt, hielt Kell die Methode, einen toten deutschen Agenten als Strohmann zu verwenden, für sicherer, als sich eines lebenden zu bedienen. Rosenthal versuchte verzweifelt, sein Leben zu retten, indem er behauptete, seine Loyalität gelte in Wahrheit nicht Deutschland, sondern den Vereinigten Staaten: »Eigentlich hat mir Deutschland nie am Herzen gelegen, ich habe die Deutschen nie gemocht und wollte stets ein echter Yankee sein.«[65] Als er am 15. Juli im Militärgefängnis Wandsworth den Galgen bestieg, flehte er um sein Leben und weckte, wie es in einem offiziellen Bericht hieß, »durch seinen Mangel an Tapferkeit bei den Verantwortlichen höchste Abscheu«. Der Kommandant bezeichnete ihn als »Köter«.[66]

Der Einsatz von Geheimtinte durch die deutschen Spione gab Kell den Anstoß zu einem ersten Vorstoß in die Kriminaltechnik. Im Jahr 1915 wandte er sich an Henry Vincent Aird Briscoe, der sich am Imperial College in London auf anorganische Chemie spezialisiert hatte. Der Forscher entwickelte mit seinem Laborteam eine Reihe von Techniken zur Erkennung von unsichtbarer Tinte in Briefen und zum Nachweis der immer anspruchsvolleren Chemikalien, die in diesen Tinten zum Einsatz kamen.[67]

Rosenthal hatte im Verhör preisgegeben, dass der deutsche Geheimdienst verstärkt Agenten aus neutralen Ländern einzusetzen versuchte, die wie er selbst als Handelsreisende getarnt waren. Daraufhin ordnete Kell an, den Brief- und Telegrammverkehr zwischen Großbritannien und den neutralen Ländern genau zu überwachen. Diese »Superzensur«, wie sie innerhalb des MO5(g) genannt wurde, förderte ein Telegramm vom 25. Mai zutage, das ein Niederländer namens Haicke Janssen, der als Zigarrenvertreter auftrat, in Southampton aufgegeben hatte. Der Empfänger war Dierks & Co. in Den Haag (die Briten wussten bereits, dass dies eine Tarnadresse des deutschen Geheimdienstes war). Janssen bestellte 4000 Sumatra-Zigarren der Marke »A. G. K.«, eine Bezeichnung, in der das MO5(g) einen verschlüsselten Hinweis auf die vier *Alten Großen Kreuzer* erkannte (große Kreuzer älterer Bauart). Wie sich herausstellte, lagen diese Schiffe tatsächlich im Hafen von Southampton. Ein weiterer Hinweis auf 4000 Stück der Marke »Sumatra Havanna« bezog sich nach Ansicht der britischen Spionageabwehr auf vier Torpedoboote, die ebenfalls in Southampton vor Anker lagen. Kell forderte beim Chefzensor Kopien sämtlicher Telegramme an, die an Dierks & Co. geschickt worden waren. Man fand heraus, dass ein weiterer angeblicher Zigarrenvertreter aus den Niederlanden namens Willem Roos in Edinburgh ebenfalls zwei Nachrichten an diese Adresse aufgegeben hatte.[68]

Die Kontakte zu verbündeten Nachrichtendiensten, die später immer wichtiger werden sollten, wurden im Ersten Weltkrieg dadurch erschwert, dass die Streitkräfte Frankreichs und Großbritanniens unbedingt jegliche Einmischung der Verbündeten in ihre eigenen Aktivitäten verhindern wollten. Doch im Fall Janssen leistete der französische Nachrichtendienst einen wichtigen Beitrag.[69] Am 15. Juni übergab Colonel Cartier, der Leiter der SIGINT des französischen Heeres, Major Walter Kirke, einem Nachrichtendienstoffizier beim britischen Generalhauptquartier in Frankreich, mehrere entschlüsselte deutsche Telegramme, die einige Details über Agenten in britischen Häfen enthielten. In einem der Telegramme wurde Janssen, der wie Roos zu diesem Zeitpunkt bereits in Haft war, eindeutig identifiziert, und Kirke stellte zufrieden fest, dass »dies eine Gewähr dafür sein sollte, dass er erschossen wird«. Cartier reiste kurze Zeit später zu Gesprächen mit Kell nach London.[70]

Nachdem Janssen und Roos am 16. Juli zum Tode verurteilt worden waren, versuchten beide wie Rosenthal, ihr Leben zu retten, indem sie anboten, die Seite zu wechseln. Janssen behauptete, er habe in Wahrheit die ganze Zeit mit Großbritannien sympathisiert, und lieferte Informationen über das deutsche Spionagenetz in den Niederlanden, die zur Enttarnung mehrerer deutscher Agenten beitrugen. Roos versuchte der Hinrichtung zu entgehen, indem er vorgab, wahnsinnig zu sein. Beide wurden am 30. Juli im Tower of London vor ein Erschießungskommando gestellt. Anscheinend zog Kell nie die Möglichkeit in Betracht, einen von ihnen als Doppelagenten einzusetzen. Die Einschätzung seiner Frau spiegelt vermutlich sein Urteil über diese beiden Spione wider: »Da sie alles nur für Geld taten, waren Janssen und Roos verabscheuungswürdige Männer, die bereit waren, für persönlichen Gewinn jede schmutzige Arbeit zu tun.«[71]

Noch vor dem Prozess gegen Janssen und Roos hatte der Leiter von Cummings Rotterdamer Büro, Richard Tinsley (Codename »T«), ein hartgesottener ehemaliger Marineoffizier und Schiffsdisponent, der von einem seiner Mitarbeiter als »eine Mischung aus Schiffskapitän und Preisboxer« beschrieben wurde,[72] gemeldet, dass Josef Marks, ein deutscher Agent mit amerikanischem Reisepass, in Kürze nach England aufbrechen werde. Marks wurde am 18. Juli bei der Ankunft in Tilbury verhaftet. Er gab zu, mit der Beschaffung von Informationen über die Munitionsproduktion beauftragt zu sein, und gab die

Chiffriercodes preis, die er hatte verwenden sollen, behauptete jedoch, den Auftrag nur unter erheblichem Druck angenommen zu haben. Am 28. September wurde er von einem Kriegsgericht zu fünf Jahren Haft verurteilt.[73] Die von »T« gelieferten Informationen ermöglichten in der Folge die Enttarnung von vier deutschen Agenten im Jahr 1915[74] sowie eines weiteren im Jahr 1916[75].

Ihren größten Erfolg feierte die britische Spionageabwehr im Juni 1915, als innerhalb von nur wenig mehr als zwei Wochen sieben deutsche Spione aufgespürt werden konnten.[76] In der Folge schraubte der deutsche Geheimdienst seine Aktivitäten auf britischem Boden drastisch zurück. Aus den deutschen Archiven geht hervor, dass die Zahl der Agenten in Großbritannien von 22 im Januar 1915 auf vier am Jahresende sank.[77] In den verbleibenden Kriegsjahren setzte Deutschland vor allem als Handelsreisende getarnte Agenten aus neutralen Ländern ein, die nur kurze Reisen nach Großbritannien unternahmen und sich die gesammelten Informationen einprägten, anstatt sie schriftlich festzuhalten. Doch ihr Erfolg war beschränkt. Kells Behörde (die im Januar 1916 in MI5 umbenannt wurde), gelangte zu dem Schluss, dass die meisten dieser Spione weder die richtige Einstellung noch eine ausreichende Ausbildung hatten, um erfolgreich sein zu können. Der letzte Agent, der hingerichtet wurde, war Ludovico Hurwitz y Zender, ein Peruaner skandinavischer Herkunft, der den Verdacht der Zensoren erregte, als er zur falschen Jahreszeit fingierte Bestellungen über große Mengen norwegischer Sardinen aufgab. Er wurde am 11. April 1916 im Tower erschossen.[78]

Kurz nach der Hinrichtung dieses Spions warb der MI5 seinen erfolgreichsten Doppelagenten im Ersten Weltkrieg an, einen in den Niederlanden lebenden Amerikaner mit dem Codenamen »COMO«. Wie aus den erhalten gebliebenen Papieren in seiner Akte hervorgeht, arbeitete er »in Holland als deutscher Agent, trieb jedoch ein doppeltes Spiel für uns«. Im Mai 1916 entsandte die Kriegsnachrichtenstelle COMO nach Großbritannien, wo er Kontakt zu mehreren Agenten aufnehmen sollte, die sich seit einiger Zeit nicht mehr gemeldet hatten. Er berichtete dem MI5, der erste der von ihm kontaktierten Männer, Fritz Haas, sei harmlos und habe »wahrscheinlich nie als Agent gearbeitet, zumindest nicht wissentlich«. Im Juli wurde COMO vom deutschen Geheimdienst mit einer neuen Mission betraut; diesmal sollte er Informationen über in England stationierte kanadische Truppen und den wahrscheinlichen Zeitpunkt ihrer Entsendung nach Frankreich sowie genaue Daten über die Verluste der britischen Flotte in der Skagerrakschlacht sammeln. In einer Mitteilung des MI5 hieß es:

> Wir gaben »COMO« plausible Informationen über unsere kanadischen Divisionen – ihre Truppenstärke, Positionen usw. – an nicht auf Anhieb als falsch zu erkennenden Orten. Dazu erfundene Informationen über die Situation der Marine und der Industrie sowie über die politische Lage, sehr überzeugend geschrieben. Schickten auch Informationen über die Auswirkungen der Zeppelin-Angriffe auf London.

Im September meldete COMO der Kriegsnachrichtenstelle auf Anweisung des MI5 weitere falsche Informationen über die militärische Lage in England und die wahrscheinlichen Bewegungen an der Westfront. Er teilte den Deutschen mit, die Briten planten für den 15. September einen Angriff auf die belgische Küste. In unregelmäßigen Abständen lieferte er vom MI5 zusammengestellte Fehlinformationen an den deutschen Nachrichtendienst. Aus einer Bewertung nach dem Krieg geht hervor, dass COMO »fast immer aufrichtig und vertrauenswürdig war und sehr wertvolle Arbeit für uns leistete, wobei er sich gleichzeitig das Vertrauen der Deutschen erhielt«. Doch die Sorgen des Kriegsministeriums verhinderten den Aufbau eines regelrechten Double-Cross-Systems. Bei mindestens einer Gelegenheit bezeichnete der Leiter des Heeresnachrichtendienstes die Fragen, die die deutsche Kriegsnachrichtenstelle an COMO richtete, als »extrem gefährlich« und ordnete an, »keine Antworten« zu geben.[79]

Bei seinen letzten Versuchen, ein wirksames Agentennetz in Großbritannien aufzubauen, rekrutierte der deutsche Geheimdienst vor allem Amerikaner. Am 3. Juni 1916 meldete der in Rotterdam stationierte Tinsley dem MI5 eine vom deutschen Nachrichtendienst verwendete Tarnadresse in Den Haag, und Kell ordnete unverzüglich an, die entsprechende Korrespondenz zu überwachen.[80] Der MI5 würdigte dies als eine der besten Leistungen von »T«,[81] da die Spionageabwehr dank seiner Information eine »wichtige Bande« von Spionen ausheben konnte, die Karl Wünnenberg, ein deutscher

Marineoffizier der Reserve, gemeinsam mit dem Journalisten Albert Sander von New York aus leitete.[82] Um ihre Tarnung in New York zu verbessern, unterhielten Wünnenberg und Sander keinerlei Kontakt mit deutschen Regierungsvertretern in den Vereinigten Staaten, sondern kommunizierten ausschließlich mit der Kriegsnachrichtenstelle in Antwerpen. Es gelang ihnen, sechs amerikanische Journalisten als Agenten anzuwerben, denen sie jeweils einen Vorschuss von 1000 Dollar zahlten und ein Wochensalär von 125 Dollar versprachen.[83] Dass die Kriegsnachrichtenstelle bereit war, derart hohe Beträge zu zahlen, ist ein Hinweis darauf, wie dringend sie neue Agenten in Großbritannien brauchte.

Am 29. September 1916 öffneten die Zensoren einen Brief, den George Vaux Bacon, einer der von Wünnenberg und Sander angeworbenen US-Journalisten, in der Vorwoche in London an die von Tinsley identifizierte Adresse des deutschen Nachrichtendienstes abgeschickt hatte. Es vergingen noch mehrere Tage, bis Major Carter vom MI5 den Brief am 9. Oktober untersuchte. Zu diesem Zeitpunkt hielt sich Bacon bereits seit mehr als zwei Wochen in den Niederlanden auf und begriff, dass sein Brief von der Zensur aufgehalten worden war. Bacons Verdacht verstärkte sich noch, als einer von Tinsleys Agenten an ihn herantrat, sich dabei jedoch nach Einschätzung des MI5 »etwas unbeholfen« anstellte. Obwohl der MI5 glaubte, dass Bacon »den Verdacht hegte, dass ihm die britischen Behörden auf den Fersen waren«, kehrte der Spion Anfang November zu einer weiteren Spionagemission nach Großbritannien zurück. Der MI5 stellte fest, dass Bacon ein »lockeres« Leben (mit häufigen Partnerwechseln) führte, doch bei seiner Ankunft wurde »nichts Verdächtiges« in seinem Besitz gefunden, und es gelang ihm, sich den Beamten, die ihn beschatteten, bei Besuchen mehrerer Marinestützpunkte in Irland zu entziehen. Am 9. Dezember 1916 wurde Bacon von Scotland Yard befragt. Die Ermittler erwarteten nicht, dass er Spionage gestehen würde, sondern hofften, ihn »abschrecken« zu können, damit er das Land verließ. Doch diesmal fand man genügend belastendes Material in seinem Besitz, um ihn in Gewahrsam zu nehmen. Abgesehen davon, dass er Ausrüstung für die Anfertigung geheimer Texte bei sich hatte, stellte sich heraus, dass »zwei seiner Socken unsichtbare Tinte produzierten, wenn man sie in Wasser legte«.[84]

Zwei Tage später erhielt der MI5 von einem amerikanischen Journalisten namens Roslyn Whytock, der als zweiter deutscher Spion in Großbritannien eine Tätigkeit als Doppelagent angenommen hatte, Informationen zum Fall Bacon, die nach Einschätzung der Behörde »von größter Bedeutung« waren.[85] Whytock hatte eine bewegte Vergangenheit: Vor dem Krieg hatte er in St. Louis als Zeitungsredakteur gearbeitet und als Hauptmann der Nationalgarde von Missouri gedient, ein Posten, den er nach einer Affäre mit dem Model Irma Jones, deren Ehemann ihn bei der Scheidung als Mitverantwortlichen nannte, aufgeben musste. Offenbar besaß Whytock außergewöhnliche soziale Fähigkeiten. Seine Frau, die ebenfalls die Scheidung einreichte, erklärte in einem »Exklusivinterview« mit der *New York Times*, der Ehemann von Irma Jones sei mit dem festen Vorsatz nach St. Louis gekommen, Roslyn Whytock zu töten, »aber der Hauptmann redete ihm das aus, und nach wenigen Tagen waren die beiden gute Freunde«.[86]

Anfang November 1916 berichtete Whytock dem Military Control Office des MI5 in New York, der deutsche Agent Albert Sander versuche, ihn für Spionagemissionen in England anzuwerben. Auf Ersuchen des Control Office gab Whytock vor, das Angebot anzunehmen, vertraute sich nach seiner Ankunft in England jedoch dem MI5 an und verriet alles, was er wusste, darunter die von der »Bande amerikanischer Spione« verwendeten Codes und Geheimtinten sowie die Identität eines »US-Journalisten von schlechtem Ruf«, Charles Hastings, mit dem er auf Anweisung Sanders zusammenarbeiten sollte. Whytock erklärte, Sander habe seine Agenten angewiesen, paarweise zusammenzuarbeiten. Einer der beiden Journalisten solle Informationen in England sammeln, die er dann in mit unsichtbarer Tinte geschriebenen Briefen an seinen Partner in den Niederlanden schicken solle, der sie an die Kriegsnachrichtenstelle weiterleiten werde.[87] Dies war offenbar Whytocks einzige Aufgabe. Anscheinend versuchte Kell nicht, ihn langfristig als Doppelagenten einzusetzen, eine Vorgehensweise, die im Zweiten Weltkrieg üblich wurde. Whytocks Erfahrung im Dienst des MI5 wurde jedoch in seinem Heimatland genutzt. Nach dem Kriegseintritt der Vereinigten Staaten im April 1917 trat er in New York als Hauptmann in den Nachrichtendienst der US Army ein.[88]

Unter dem Einfluss von Whytocks Enthüllungen über die »Bande amerikanischer Spione« legte Bacon am 9. Februar 1917 ein nach Ansicht des MI5 »umfassendes Geständnis« über seine Anwerbung durch Wünnenberg und Sander ab. In einem Kriegsgerichtsverfahren in der Guildhall wurde Bacon am 4. März zum Tod verurteilt; er sollte im Tower vor ein Erschießungskommando gestellt worden.[89] Doch die amerikanische Regierung bewegte die britischen Behörden dazu, das Todesurteil in lebenslange Haft umzuwandeln und Bacon an die Vereinigten Staaten zu überstellen, damit er gegen seine deutschen Vorgesetzten aussagen konnte. Ende März verurteilte ein New Yorker Gericht Wünnenberg und Sander zu jeweils zwei Jahren Haft in einem Bundesgefängnis. Außerdem verhängte Richter Van Vleet eine einjährige Haftstrafe über Bacon, wobei er jedoch sein Bedauern darüber äußerte, »einen so intelligenten jungen Mann« ins Gefängnis schicken zu müssen.[90]

Anfang 1917 machte sich der britische Geheimdienst daran, die nachrichtendienstlichen Aktivitäten der Deutschen in den Vereinigten Staaten aufzudecken. Der DNI (Leiter des Marinenachrichtendienstes) Blinker Hall entschloss sich mit Genehmigung des Ersten Lords der Admiralität, Arthur Balfour, die amerikanische Öffentlichkeit mit der Enthüllung einer von britischen Dechiffrierexperten entschlüsselten Depesche des deutschen Diplomaten Arthur Zimmermann an die mexikanische Regierung zu schockieren, aus der hervorging, dass Deutschland beabsichtigte, Mexiko im Fall eines Kriegseintritts der USA bei der Rückeroberung »verlorener Gebiete in Texas, New Mexico und Arizona« zu unterstützen. Balfour erklärte später, der Augenblick, in dem er das entschlüsselte Telegramm dem US-Botschafter in London überreicht habe, sei der dramatischste in seinem Leben gewesen.[91] In der Rede vor beiden Kammern des Kongresses, in der sich Woodrow Wilson am 2. April für eine Kriegserklärung an Deutschland aussprach, führte der Präsident sowohl die Aktivitäten des deutschen Geheimdienstes in den Vereinigten Staaten als auch Zimmermanns Telegramm als Beweis dafür an, dass »Deutschlands verantwortungslose Regierung … Amok läuft«:

> Zu den Dingen, die uns davon überzeugt haben, dass die preußische Autokratie nie unser Freund war und es nie sein würde, zählt die Tatsache, dass sie unsere arglosen Gemeinden und sogar un-

sere Regierungsbehörden seit Kriegsausbruch mit Spionen gefüllt hat und überall verbrecherische Ränke treibt.[92]

Präsident Wilson hatte dabei zweifellos vor allem die (im Folgenden behandelten) deutschen Sabotageakte im Sinn. Doch nur eine Woche später rief die Verurteilung von Wünnenberg und Sander, der beiden Männer, die einen »so intelligenten jungen Mann« wie Bacon korrumpiert hatten, der Öffentlichkeit in Erinnerung, dass deutsche Spione mitten in New York ihr Unwesen trieben.

Aus Akten des MI5 geht hervor, dass im Ersten Weltkrieg 65 deutsche Agenten verhaftet und nach dem Aliens Restriction Act verurteilt oder interniert wurden.[93] In den deutschen Archiven finden sich Hinweise auf mindestens 120 Agenten, die zwischen 1914 und 1918 nach Großbritannien geschickt wurden.[94] Einige (möglicherweise die Mehrheit) der nicht verhafteten Agenten waren anscheinend »Aufklärungsagenten«, die britische Häfen aufsuchten und lediglich zu jenen Informationen Zugang hatten, die sie selbst beobachten konnten.[95] Eine vermutlich beträchtliche Minderheit brach nach der Ankunft in Großbritannien den Kontakt zum deutschen Nachrichtendienst ab. Die Erfolge des MO5(g) in der Gegenspionage und die Hinrichtungen überführter Spione überzeugte eine unbekannte Zahl von Agenten, dem Beispiel von Walter Rimann zu folgen, der 1914 aus dem Land geflohen war, oder die Spionage aufzugeben. Bei mindestens zwei Gelegenheiten wurde der Doppelagent COMO von der Kriegsnachrichtenstelle in Antwerpen aufgefordert, Agenten ausfindig zu machen, die der deutsche Geheimdienst aus den Augen verloren hatte. Im Oktober 1916 berichtete er dem MI5:

> Die Deutschen hatten die Spur von etwa 20 ihrer Agenten in Großbritannien verloren und wussten nicht, was aus ihnen geworden war. COMO befriedigte ihre Neugier mit der Erklärung, sie hätten sich nach Erhalt ihrer 20 Pfund von den Deutschen nach Amerika abgesetzt, und sagte, [die Deutschen] sollten sie nicht bezahlen, bis sie die Arbeit erledigt hätten, für die sie nach England geschickt worden waren.[96]

Zwar konnte das MO5(g) mehrere aktive deutsche Spione nicht enttarnen, aber es gibt keine überzeugenden Hinweise darauf, dass diese Agenten irgendwelche bedeutsamen Informationen weitergegeben haben.[97]

Nach dem Krieg gelangte der MI5 in einer Auswertung der Aktivitäten der Spionageabwehr zu folgendem Ergebnis:

> Wenn es ein einzelnes Kriterium gibt, an dem der Erfolg des Secret Service Bureau gemessen werden kann, so ist dies die Höhe der Gehälter, die den feindlichen Agenten gezahlt wird; und im Fall von Großbritannien wissen wir, dass der normale Betrag bei Kriegsausbruch zwischen 10 und 25 Pfund lag. Bis 1915 stieg er rasch auf 50 Pfund, bis Juni 1916 auf 100 Pfund, und Anfang 1918 lag er bei 150 Pfund im Monat. Im letzten Jahr vor dem Waffenstillstand bekam ein guter Spion praktisch jeden Betrag, den er forderte.[98]

Der MI5 schrieb seinen Erfolg im Kampf gegen die deutsche Spionage nicht zuletzt guten präventiven Sicherheitsmaßnahmen zu (später als »protective security« bezeichnet), die Großbritannien in ein schwieriges Ziel verwandelt hätten:

> Es wirkt paradox, ist jedoch bezeichnend, dass die Effizienz unserer Spionageabwehr nicht an der Zahl der gefangenen Spione gemessen werden kann. Denn eine solche Organisation kann, selbst wenn sie überhaupt keine Spione fängt, sehr erfolgreich sein, indem sie den feindlichen Nachrichtendienst lähmt und ihn zwingt, in dem Bemühen, die vor ihm errichteten Hindernisse zu überwinden, Geld, Arbeitskräfte und vor allem Zeit zu verschwenden. Um den Wert von Einrichtungen wie der Zensur, der Hafenkontrollen und anderer Präventivmaßnahmen des S[pecial] I[ntelligence] B[ureau] richtig würdigen zu können, muss man sich den raschen und überwältigenden Erfolg der Preußen im Feldzug gegen Österreich im Jahr 1866 vor Augen halten, als die Österreicher nicht über eine Spionageabwehr verfügten, weshalb überall in Böhmen verstreute Spione jede Bewegung der österreichischen Truppen melden konnten.[99]

Der Erfolg der *protective security* (Schutzmaßnahmen zur Gefahrenabwehr) war zunächst daran zu erkennen, dass deutsche Sabotageakte in Großbritannien ausblieben. Bei Kriegsausbruch war es durchaus angebracht, dass Kell und die Regierung die Bedrohung durch Sabotage ernst nahmen. Überall in Europa hatten die Generalstäbe sowie einige führende Militärtheoretiker vorausgesagt, dass Sabotage durch Zivilisten in der modernen Kriegführung eine wichtige Rolle spielen werde.[100] Kell teilte diese Befürchtung. Und wie die Auswertung der Dokumente in den deutschen Archiven gezeigt hat, war seine Sorge durchaus berechtigt. Der von Oberstleutnant Walter Nicolai geleitete Heeresnachrichtendienst richtete eine eigene Abteilung (die Sektion P) für Sabotageakte in feindlichen Ländern ein (Agitat-Werke), die zudem Nachschublieferungen aus den Vereinigten Staaten an die Alliierten verhindern sollte. Die Sektion P brachte in nordamerikanischen Häfen Sprengstoff (oft als Kohlebriketts getarnt) an Bord von Schiffen, die den Atlantik überqueren sollten.[101] Hingegen gelang kein einziger derartiger Anschlag in einem britischen Hafen.

Mit ihrem spektakulärsten Sabotageanschlag traf die Sektion P ein Depot in Black Tom Pier in New Jersey, wo mehr als 2 Millionen Pfund Munition lagerten, die für eine russische Offensive an der Ostfront bestimmt waren. Am Abend des 30. Juli 1916 wurde das Munitionslager gesprengt; vier Menschen starben, und der Schaden belief sich auf 14 Millionen Dollar. Die Explosion war so gewaltig, dass die Druckwelle noch in 150 Kilometern Entfernung zu spüren war. Eine offizielle Untersuchung der Ereignisse nach dem Krieg deutete auf eine Beteiligung von mehreren ehemaligen Mitgliedern der deutschen Geheimdienste hin.[102] Wären die Sicherheitsmaßnahmen in Großbritannien so wirkungslos gewesen wie in den Vereinigten Staaten, so hätte die deutsche Sabotage dort vermutlich mindestens ebenso großen Schaden angerichtet.[103] Die Tatsache, dass die Sektion P in Großbritannien anscheinend nie eine vergleichbare Aktion versuchte, war zumindest teilweise den Maßnahmen zum Schutz der »physischen Sicherheit« zu verdanken, die Holt-Wilson gemeinsam mit den staatlichen und örtlichen Behörden organisierte, die im ganzen Land Sperrzonen rund um sensible Einrichtungen wie Munitionslager einrichteten.[104]

Im August 1915, ein Jahr nach Kriegsausbruch, wurde die Gefahrenabwehr erheblich ausgeweitet. Eine neue Abteilung für Hafenkontrolle (die E Branch) wurde eingerichtet, um in Zusammenarbeit mit den Military Permit Offices in London, Paris, Rom und New

York den zivilen Passagierverkehr von und nach Großbritannien zu kontrollieren.[105] Die Büros im Ausland arbeiteten bei der Ausstellung von Einreisevisa und der Überwachung britischer Auslandsbürger eng mit den britischen Konsulaten und dem MO5(g) zusammen. Das MO5(g) stationierte in den für die Einreise in Kriegszeiten ausgewählten Häfen und an den Grenzstationen im Empire Offiziere, die MCO (Military Control Officers), die mit den für Ausländer zuständigen Offizieren und mit der Polizei zusammenarbeiteten und als unerwünscht eingestufte Personen an der Einreise hindern konnten.[106] Unter den MI5-Offizieren, die ausländische Reisende in den britischen Häfen befragten, war Hinchley Cooke. Der MCO in Falmouth, Major Rowland Money, berichtete Kell im Oktober 1916, dass Hinchley Cooke, der gerade einmal 22 Jahre alt war, »im Hafen sehr eifrig bei der Arbeit ist. Seine Sprachkenntnisse sind von großem Nutzen, da zahlreiche deutsche Frauen Falmouth als Transithafen nutzen.«[107] Bei der Befragung dieser Frauen und anderer Reisender trat Hinchley Cooke offenbar unter dem Namen Wilhelm Eduard Koch als Deutscher auf, den die Befragten wahrscheinlich als Überläufer betrachteten.[108] Seine geschickte Verhörführung legte in den folgenden zwei Jahren den Grundstein für eine Reihe von Operationen, in denen er ebenfalls als Deutscher auftrat. Hinchley Cookes Personalakte enthält mehrere Fotografien von ihm in deutscher Armeeuniform sowie eine im Jahr 1917 von der Metropolitan Police auf den Namen Wilhelm Eduard Koch ausgestellte Meldebestätigung für einen feindlichen Staatsangehörigen. Für dieses Dokument wurde dasselbe Foto verwendet wie für seinen Dienstausweis im Innenministerium.

Die wesentliche Funktion der Hafenkontrollabteilung des MI5 bestand in der Gefahrenabwehr. Wie die Gefangennahme des deutschen Saboteurs Hans Boehm bei der Landung in England im Januar 1917 bewies,[109] war Großbritannien ein schwieriges Ziel. Eine neuartige und zugleich besonders heimtückische Form von Sabotageakten, an denen sich die Sektion P versuchte, waren Anschläge mit biologischen Waffen. Mindestens ein Chemiker der deutschen Sabotageabteilung entwarf im Jahr 1916 nachweislich einen Plan zur Auslösung einer Pestepidemie in Großbritannien; zu diesem Zweck sollten Ratten infiziert oder, was weniger praktisch war, Bakterienkulturen aus Luftschiffen über britischen Häfen ausgestreut werden. Doch die Oberste Heeresleitung lehnte die bakteriologische Kriegführung gegen Menschen ab, da sie mit dem internationalen Recht (den Haager Konventionen) vollkommen unvereinbar war. Für Tiere galten solche Beschränkungen jedoch nicht. Der deutsche Generalstab betrachtete die Vergiftung von Pferden, Rindern und anderen Nutztieren als Angriff auf »militärischen Nachschub«, den die Haager Konventionen erlaubten. Dies war bedeutsam, wenn man bedenkt, dass Pferde und andere Nutztiere im Ersten Weltkrieg eine wichtige (heutzutage oft unterschätzte) Rolle spielten. Im April 1915 schickte die Sektion P den deutschstämmigen US-Bürger Dr. Anton Dilger, einen in Heidelberg ausgebildeten Arzt, in die Vereinigten Staaten. In einem Laboratorium in Washington D. C. züchtete Dilger Kulturen von *Bacillus anthracis* und *Pseudomonas mallei*, den Erregern von Milzbrand und Lungenrotz. Einige Monate nach Dilgers Ankunft in Washington wurden Pferde und Maultiere, die in Verladepferchen in den Häfen von New York, Baltimore, Newport News und Norfolk auf die Verschiffung nach Europa warteten, mit diesen Erregern infiziert.[110] Das US-Programm wurde nach Dilgers Rückkehr nach Deutschland im Herbst 1916 eingestellt. Es gibt Hinweise darauf, dass die Sektion P anschließend versuchte, Milzbrand und Rotz auch in Großbritannien einzuschleppen. Am 30. März 1917 informierten der MI5 und die Special Branch andere Regierungsbehörden darüber, dass deutsche Agenten offenbar versuchten, in Großbritannien Pferde und Maultiere mit Milzbrand und Rotz zu infizieren. Vier Milzbrandausbrüche auf der Isle of Man im folgenden Monat waren mit einiger Sicherheit auf einen deutschen Angriff mit biologischen Waffen zurückzuführen.[111] Ohne die Gefahrenabwehr wäre es wahrscheinlich zu einer sehr viel größeren Zahl von Ausbrüchen gekommen. Der letzte deutsche Sabotageagent, der im Ersten Weltkrieg bis nach Großbritannien vordrang, war Alfred Hagn, der im Mai 1917 aufgrund von Hinweisen des norwegischen Nachrichtendienstes verhaftet werden konnte.[112] Im August wurde das (später in eine Haftstrafe umgewandelte) Todesurteil über Hagn gesprochen. Dies war der letzte Prozess gegen einen deutschen Spion im Ersten Weltkrieg.

Nach dem Krieg gelangten die Verfasser eines Berichts über die Gefahrenabwehr zu dem etwas übertriebenen Schluss, der MI5 könne für sich in Anspruch nehmen, »einen Beitrag zum Überleben fast jeden Einwohners des Vereinigten Königreichs« geleistet zu haben:

> [Der MI5] verwandelte sich von einer Organisation, die vor dem Krieg einige wenige Mitarbeiter beschäftigte und wenige hundert Verdächtige untersuchte, in eine große Einrichtung, die Hunderte Personen, beschäftigte, Tausende und Abertausende Untersuchungen durchführte, Kontrollverfahren einführte, die jede Person betrafen, die ins Ausland reiste oder nach England einreiste oder eine Korrespondenz mit dem Ausland führte.[113]

Während des Krieges überprüfte der MI5 die persönlichen Angaben von etwa 75 000 Personen, die um ein Visum oder eine Reiseerlaubnis nachgesucht hatten, anhand der sie betreffenden Eintragungen im Register des Nachrichtendienstes.[114] Die bekannteste Spionageverdächtige, die von der Hafenkontrollabteilung des MO5(g) identifiziert werden konnte, war die Nackttänzerin und Kurtisane Margaretha Geertruida Zelle alias Mata Hari. Zelle lebte in einer Fantasiewelt. Sie verbarg ihre bürgerliche Herkunft aus den Niederlanden hinter einer erfundenen exotischen Identität und behauptete, in einem hinduistischen Tempel am Ufer des Ganges als Tänzerin aufgezogen worden zu sein. So konnten sich die Mitglieder der besseren Pariser Gesellschaft, die ihre Auftritte besuchten, einreden, dass sie sich nicht an einem ähnlich vulgären Spektakel wie dem Can-Can im Moulin Rouge, sondern an der Mystik des Orients ergötzten.[115] In einem Bericht in Zelles MI5-Akte hieß es, die Aufnahme einer großen Schlange in ihren Auftritt sowie ihr »kaum verhüllter Körper und ihre geschmeidigen Bewegungen« hätten bei deutschen und österreichischen Zuschauern besondere Begeisterung geweckt. Im Dezember 1915 wurde Zelle von der Hafenpolizei in Folkestone festgehalten, als sie versuchte, ein Schiff nach Frankreich zu besteigen. Captain Stephen Dillon von der E Branch befragte sie und beschrieb sie als »attraktiv, keck ... gut und modisch gekleidet«; sie trug eine Kombination »mit Waschbärfellbesatz und einen dazu passenden Hut«. Obwohl sie »auf jede Fragen eine gute Antwort wusste, machte sie einen sehr unvorteilhaften Eindruck auf mich, doch nachdem ich sie sehr sorgfältig durchsucht und nichts gefunden hatte, gelangte ich zu dem Schluss, dass es keine ausreichenden Gründe gab, um ihre Abreise zu verhindern.«

Dem MI5 wurde berichtet, in Den Haag sei Zelle von der deutschen Botschaft bezahlt worden, nachdem sie, so der Verdacht, »für die Deutschen eine wichtige Mission in Frankreich durchgeführt hatte«.[116] Im November 1916 kam es erneut zu einem Zusammenstoß zwischen Zelle und dem britischen Geheimdienst. Die Hafenpolizei holte sie in Falmouth von einem Dampfer, der dort auf dem Weg nach Holland Station machte, und brachte sie mit ihren zehn Koffern nach London, wo Basil Thomson und der MI5 sie verhörten. Nach Einschätzung von Thomson hatten die Jahre »die Reize, von denen wir so viel gehört hatten, ein wenig verblassen lassen«. Auch nach dieser Befragung gelangten die Beamten zu dem Urteil, dass es nicht genug Beweise gebe, um eine Verhaftung zu rechtfertigen.[117] Im Februar 1917 wurde Zelle schließlich in Paris verhaftet. Kurz darauf teilte der französische Geheimdienst dem MI5 mit, Zelle habe gestanden, für die Deutschen zu arbeiten.[118] Im Morgengrauen des 15. Oktober wurde sie im Schloss Vincennes vor ein Erschießungskommando gestellt. Sie lehnte eine Augenbinde ab und warf den Schützen einen Kuss zu, bevor sie das Feuer eröffneten.[119] Im November durfte der Verbindungsoffizier des MI5 im französischen Kriegsministerium, Lieutenant Colonel Hercules Pakenham, einen Blick in ihre Akte werfen, welche die Niederschrift eines Geständnisses enthielt. Zelle hatte erklärt, vom deutschen Geheimdienst für die Auskundschaftung von Geheimnissen der Alliierten 5000 Franc pro Mission erhalten zu haben. Doch Pakenham meldete an die Zentrale des MI5, Zelle habe »nie ein volles Geständnis abgelegt«. Zwar hatte sie eingeräumt, »alle möglichen allgemeinen Informationen« an die Deutschen weitergegeben zu haben, aber keines der in Pakenhams Bericht genannten Beispiele konnte als Spionage eingestuft werden.[120] Die Zweifel, die der MI5 nach zwei Befragungen Zelles in Großbritannien an der Stichhaltigkeit der gegen sie erhobenen Vorwürfe geäußert hatte, waren vermutlich begründet gewesen. Es gefiel Zelle, sich selbst als geheimnisvolle Spionin darzustellen, so wie sie in ihrer Fantasie einst eine hinduistische Tempeltänzerin gewesen war. Zwischen ihren amourösen Abenteuern mit Offizieren verschiedener Nationalität bot sie sowohl dem französischen als auch dem deutschen Geheimdienst ihre Dienste an, lieferte jedoch keiner der beiden Seiten bedeutsame Informationen.

Die extremste Form der Gefahrenabwehr in beiden Weltkriegen war die Internierung von Ausländern. Mit dem Aliens Restriction Act hatte die Regierung eine Blankovollmacht erhalten, um »Ausländern Beschränkungen aufzuerlegen«, und die DORA-Verordnung 14B ermächtigte die Behörden, aus dem feindlichen Ausland stammende Personen zu verhaften, wann immer dies »zur Gewährleistung der öffentlichen Sicherheit oder zur Verteidigung des Königreichs ratsam« war. Feindliche Staatsangehörige mussten sich polizeilich melden und durften in zahlreichen »Verbotszonen« nur mit Genehmigung der Polizei leben. Anfang 1915 behauptete die Regierung: »Jeder einzelne Staatsangehörige eines feindlichen Landes in diesem Land ist den Behörden bekannt und steht unter ständiger polizeilicher Beobachtung.« Doch der Boulevardpresse und wahrscheinlich dem Großteil der Öffentlichkeit genügte diese Überwachung nicht. Die Spionagehysterie und die Empörung über die deutschen Kriegsverbrechen (die nicht in jedem Fall, aber überwiegend eingebildet waren) fachten die Proteste gegen die Regierung an, die sich dagegen sträubte, mehr als eine kleine Minderheit der Ausländer aus feindlichen Staaten zu internieren. Im Mai 1915 beugte sich Asquith gegen seine Überzeugung dem Druck der Öffentlichkeit. Innenminister McKenna musste widerstrebend feststellen, dass männliche Staatsangehörige feindlicher Staaten aufgrund der ausufernden Ausländerfeindlichkeit möglicherweise in Internierungslagern sicherer sein würden. Von nun an vertrat die Regierung den – allerdings nicht immer angewandten – Grundsatz, sämtliche Ausländer aus feindlichen Staaten zu internieren, sofern sie nicht beweisen konnten, dass sie harmlos waren. Letztendlich wurden mindestens 32 000 Ausländer interniert, bei denen es sich überwiegend um Männer im wehrfähigen Alter handelte. Mindestens 20 000 Menschen (zumeist Frauen, Kinder und nicht wehrfähige Männer) wurden ausgewiesen, und die Bewegungsfreiheit der übrigen Fremden wurde erheblich eingeschränkt.[121]

Die Leitung des MO5(g) vertrat in der Frage der Internierung eine harte Linie.[122] Diese Haltung beruhte teils auf ethnozentrischen Vorurteilen, teils auf den Erfordernissen der Gefahrenabwehr. Holt-Wilson hielt jede »Person mit deutschem Blut« für ein Sicherheitsrisiko – obwohl im MO5(g) der Halbdeutsche Hinchley Cooke arbeitete.[123] Im Juni erklärte Holt-Wilson vor dem Unterausschuss für Ausländerfragen des Committee of Imperial Defence:

> Aufgrund der Vaterlandsliebe und der Disziplin, die ihnen im Blut liegen und manchen Mann die Furcht vor dem Tod verlieren lassen, werden die Deutschen mit Freuden jede Strafe riskieren und ertragen und alle Gesetze der Ehre und der Menschlichkeit missachten, wenn sie ihrem Vaterland dadurch einen noch so geringen Dienst auf Kosten des Feindes leisten können.

Noch gefährlicher als die Neuankömmlinge waren in seinen Augen jene Menschen mit deutschem Blut, die den Großteil ihres Lebens in Großbritannien verbracht hatten: »Ein langjähriger Aufenthalt in Großbritannien erhöht die von einem feindlichen Ausländer ausgehende Bedrohung erheblich.« Je länger solche Personen in Großbritannien lebten, desto größer sei ihre Fähigkeit, den britischen Kriegsinteressen zu schaden.[124] Das MO5(g) hatte durchaus Grund zu der Annahme, dass der deutsche Geheimdienst über »Schläfer« verfügte, die seit langem in Großbritannien lebten. Karl Ernst, der »Postbote des Kaisers«, der eine Schlüsselrolle in der Kommunikation zwischen Steinhauer und seinen Agenten spielte, war gut in die britische Gesellschaft integriert und besaß, wie sich nach seiner Verhaftung im August 1914 herausstellte, die britische Staatsbürgerschaft. Frederick Adolphus Schroeder alias »Gould«, Steinhauers vielleicht erfolgreichster Spion vor dem Krieg, hatte eine englische Mutter, sprach perfekt Englisch und übte den Beruf eines Gastwirts aus. Obwohl sie sich als unangebracht erwies, war die Furcht des MO5(g) vor unerkannten deutschen Schläfern nicht abwegig. Das auffälligste Merkmal der deutschen Spione, die nach dem ersten Kriegsjahr enttarnt wurden, bestand darin, dass die meisten von ihnen keine Deutschen waren.

In den ersten beiden Kriegsjahren bahnte sich eine Rivalität zwischen Kell und dem für den Nachrichtendienst der Metropolitan Police zuständigen Assistenzkommissar Basil Thomson an, ein Gegensatz, der beträchtliche Auswirkungen auf die unmittelbare Nachkriegsgeschichte des MI5 haben sollte. Thomson, Sohn des verstorbenen Erzbischofs von York, hatte eine bemerkenswert wechselvolle

Karriere hinter sich. Nach seinem Abschluss in Eton hatte er die Universität Oxford besucht, sein Studium jedoch abgebrochen, um in die britische Kolonialverwaltung (den Colonial Service) einzutreten. Später erinnerte er sich: »Meine ersten eingeborenen Freunde waren Kannibalen, aber ich fand rasch heraus, dass ein Krieger, der seinen Feind in einem quasireligiösen Akt verzehrt hatte, sehr viel ehrenwerter war als ein von den Missionaren aufgezogener Eingeborener.« Im Alter von nur 28 Jahren wurde er Premierminister von Tonga. Anschließend war er Privatlehrer des Kronprinzen von Siam und Direktor des Gefängnisses von Dartmoor.[125] Im Jahr 1913 trat er in die Special Branch von Scotland Yard ein und stürzte sich voller Energie in die Spionageabwehr. Er genoss die mit dieser Tätigkeit verbundene öffentliche Aufmerksamkeit. Kell hatte nichts gegen die öffentliche Fehleinschätzung der Rolle der Special Branch einzuwenden. Wie Holt-Wilson später schrieb: »Wir begrüßen den unerschütterlichen Glauben der Öffentlichkeit, für die Bekämpfung von Spionen sei Scotland Yard zuständig. Das ist eine ausgezeichnete Tarnung.«[126]

Als Geheimbehörde konnte der MI5 nicht öffentlich die Lorbeeren für seine Beteiligung am Kampf gegen deutsche Spione beanspruchen. Der extravagante Thomson hingegen, der bereits Übung darin hatte, seine Leistungen in der Öffentlichkeit gebührend hervorzuheben, konnte das tun und nutzte die Gelegenheit, was ihm die Feindschaft des MI5 eintrug. Reginald Drake, der bis 1917 die Abteilung Spionageabwehr des MI5 leitete, schrieb an Blinker Hall: »Wie Sie wissen, erfuhr B. T. von der Existenz oder der Aktivität irgendeines überführten Spions stets erst dann, wenn ich ihm davon erzählte; aber der Dreckskerl verdrehte die Tatsachen und behauptete, ihm allein gebühre der Verdienst.«[127] Es war nicht zu vermeiden, dass sich die Aktivitäten des MI5 und der Special Branch teilweise überschnitten, was die Rivalität zwischen den beiden Dienststellen weiter verschärfte. Eddie Bell, der für die nachrichtendienstlichen Verbindungen in der US-Botschaft zuständig war, schrieb nach dem Krieg, dass, wenn sie Erkundigungen über unter dem Verdacht der Spionage für Deutschland verhaftete Personen einholen wollten, die behaupteten, amerikanische Staatsbürger zu sein, »beinahe eine Münze geworfen werden musste, um zu entscheiden, ob man die Informationen bei Scotland Yard, beim Home Office oder beim MI5 anfordern sollte«. Blinker Hall hegte für den schillernden Thomson sehr viel größere Sympathie als für den zurückhaltenden Kell. Thomson genoss das Rampenlicht, Kell mied es. Vernon Kells einzige bekannte Veröffentlichung ist ein Schreiben an eine Zeitungsredaktion, in dem er sich mit dem Verhalten des Kiebitz befasste.[128]

In den letzten Kriegsjahren profilierte sich Thomson als der stärkste Rivale, mit dem es Kell in seinen 31 Jahren an der Spitze des MI5 zu tun bekommen sollte. In dem folgenden Machtkampf wurde Kells Behörde zum Opfer ihres Erfolgs. Wäre die deutsche Spionage bis zum Kriegsende eine offenkundig ernst zu nehmende Bedrohung geblieben oder wäre es Deutschland gelungen, Großbritannien mit spektakulären Sabotageanschlägen zu treffen, so wäre es Kell sehr viel leichter gefallen, die Führungsposition im Inlandsgeheimdienst zu verteidigen. Doch in der zweiten Hälfte des Krieges, als sich die Regierung mehr Sorgen über die Subversion als über die Spionage machte, konnte sich Thomson leichter bei den Ministern Gehör verschaffen als Kell.

3
Der Erste Weltkrieg
Teil 2: Der Aufstieg der Subversionsabwehr

Am 3. Januar 1916 wurde Kells Behörde im Rahmen einer Reorganisation des Kriegsministeriums in MI5 umbenannt, und diesen Namen hat sie abgesehen von kleineren Unterbrechungen seitdem behalten. Die drei Hauptabteilungen der umbenannten Behörde waren F (Präventiver Nachrichtendienst), G (Ermittlungen) und H (Sekretariat, Registratur und Verwaltung). Holt-Wilson, der Leiter der Abteilung F, wurde auch mit der Führung der Abteilungen A (Ausländerfragen), E (Hafen- und Grenzkontrolle) und später im selben Jahr D (Nachrichtendienst für das Empire und die Überseegebiete einschließlich Irlands) betraut.[1] Das Personal wuchs nun noch schneller als im Jahr 1915: Im Jahr 1916 wurden 423 Mitarbeiter eingestellt, im Jahr 1917 erhöhte sich der Personalstand um 355 und im Jahr 1918 um weitere 484 Personen. Die Personalfluktuation war beträchtlich, denn im Lauf des Kriegs schieden etwa 700 Mitarbeiter aus.[2] Am größten war Fluktuation unter den Mitarbeiterinnen der Registratur und den Sekretärinnen – ein Hinweis darauf, wie anspruchsvoll und Kräfte raubend diese Tätigkeiten waren.[3] Ein Teil des Personals musste sogar über Weihnachten arbeiten. Auf einer am ersten Weihnachtsfeiertag des Jahres 1916 von Hugh Gladstone gezeichneten Karikatur ist eine Gruppe von Mitarbeiterinnen der Registratur zu sehen, die sich um einen großen Weihnachtskuchen versammelt haben. Zum Zeitpunkt des Waffenstillstands enthielt die Kartei des MI5 etwa eine Million Namen.[4] Die 21 Bände umfassende »Schwarze Liste« der wichtigsten Verdächtigen enthielt 13 524 Namen.[5]

Zahlreiche Änderungen an den Arbeitsabläufen in der Registratur (Sektion H2) waren den Mitarbeitern zu verdanken. In einem begeisterten Bericht hieß es:

Sämtliche Mitarbeiter von H-2 sind intelligente Personen und werden wie solche behandelt; sie werden aufgefordert, Vorschläge zu möglichen Verbesserungen der Maschinerie des Büros zu unterbreiten, und man gibt ihnen das Gefühl, dass sie persönlich einen wichtigen Beitrag zur Arbeit leisten. Das geht so weit, dass viele der Verbesserungen, die im Lauf der Zeit vorgenommen wurden, von Mitarbeitern angeregt wurden.[6]

Jene, die während des Krieges mit dem frenetischen Arbeitsrhythmus im MI5 mithalten konnten, behielten die kameradschaftliche Atmosphäre in jener Zeit in schöner Erinnerung. Ein »Poet« schrieb im Programm der »Hush-Hush-Revue«, die am Jahresende in der Behörde aufgeführt wurde:

> We'll think of when we had the 'flu,
> The days we had to »muddle through«,
> And all the work we used to do
> To snare the wily Hun.
>
> Of days when strafes were in the air
> And worried secretaries would tear
> Great handfuls of their flowing hair
> And swear at everyone.
>
> We'll think with something like regret
> Of all the jolly friends we met;
> The jokes that we remember yet
> Will once again revive.
>
> Here's to the book that's just begun
> May it recall to everyone
> The jokes and laughter and the fun
> We had in M. I. 5.

(Wir erinnern uns an die Grippe, daran, wie wir uns »durchwursteln« mussten, und an all die Mühe, die wir auf uns nahmen, um den verschlagenen Hunnen zu fangen.

An die Tage, als Beschuss drohte und sich besorgte Sekretärinnen Büschel ihres wogenden Haares ausrissen und alle Welt verfluchten.

Wir erinnern uns mit Bedauern an die guten Freunde, die wir fanden, an die Scherze, die erneut zum Leben erwachen.

Trinken wir auf das Buch, das wir aufgeschlagen haben. Möge es jedermann daran erinnern, wie viel wir lachten und welche Freude wir im M. I.5 hatten.)

Das stetige Wachstum der Belegschaft im Krieg hatte zur Folge, dass der MI5 im Sommer 1916 aus seinen Räumen herausgewachsen war und ein Umzug in ein größeres Hauptquartier im Waterloo House in Haymarket erforderlich wurde. In der neuen Zentrale in der Charles Street Nr. 16 gab es endlich eine große Kantine. Außerdem durfte sich das Personal auf dem Dach entspannen, wo man sowohl »ein wenig frische Luft schnappen« als auch »einen Blick auf die Nelsonsäule werfen« konnte.[7] Die Behörde wuchs weiter, und im April 1917 wurden zusätzliche Büros in der Cork Street bezogen. Im Juni 1918 kamen Räume im angrenzenden Greener House hinzu. Die Sicherheitsmaßnahmen im Kriegshauptquartier des MI5 waren gemessen an modernen Maßstäben ausgesprochen locker. Im Jahr 1918 wurde das zweite Auto des MI5, der »Müller« (gekauft mit Geld, dass der deutsche Geheimdienst an seinen Agenten Karl Müller geschickt hatte), genau vor dem Waterloo House gestohlen.[8]

Am Kriegsende hatte der MI5 insgesamt 844 Mitarbeiter.[9] In der Londoner Zentrale saßen 84 Beamte (bei denen es sich mit Ausnahme von einigen wenigen Zivilisten ausschließlich um Armeeoffiziere handelte), 291 Sekretärinnen und Mitarbeiterinnen der Registratur, 15 männliche Bürokräfte, 77 »untergeordnete Mitarbeiter« und 23 Polizeibeamte. Eine der größten Veränderungen im Verlauf des Krieges bestand darin, dass zum Zeitpunkt des Waffenstillstands mehr als 40 Prozent des Personals außerhalb Londons in Heimathäfen sowie in Zollstellen und Gesandtschaften in verbündeten Ländern stationiert waren: 255 Hafenpolizisten (die vor der Ära des Flugverkehrs sämtliche Reisenden überwachten, die in Großbritannien eintrafen oder die Insel verließen), 49 Offiziere, 34 weibliche und 7 männliche Bürokräfte sowie 9 untergeordnete Mitarbeiter.[10]

Mit dem Niedergang der deutschen Spionage in Großbritannien im Laufe des Jahres 1916 verschob sich die vorrangige Aufgabe des MI5 von der Spionageabwehr zur Subversionsabwehr. Es war durchaus vernünftig, dass der MI5 damit rechnete, dass der deutsche Geheimdienst versuchen könnte, eine große Unterwanderungsoffensive gegen Großbritannien zu starten, um dessen Kriegsengagement zu schwächen. Seit Kriegsausbruch entwickelte die Oberste Heeresleitung die sogenannte Revolutionierungspolitik, was nichts anderes hieß, als subversive Bewegungen in den feindlichen Ländern zu unterstützen. Thomas Boghard schrieb dazu: »Deutsche Agenten finanzierten französische Pazifisten, amerikanische Arbeitervereinigungen und indische Nationalisten. Sie unterstützten russische Revolutionäre, muslimische *Dschihadisten* und irische Republikaner.«[11] Dem MI5 und der britischen Regierung war es zu jener Zeit nicht bewusst, aber der deutsche Geheimdienst verzichtete nicht aus mangelndem Interesse auf ernst zu nehmende subversive Anstrengungen auf den britischen Inseln, sondern hauptsächlich deshalb, weil er nach der Verhaftung der wichtigsten deutschen Agenten im ersten Kriegsjahr begriffen hatte, dass Großbritannien schwerer anzugreifen war als seine Hauptverbündeten.

Bei Kriegsausbruch glaubte die deutsche Regierung, der beste Weg zur Zerrüttung des Vereinigten Königreichs bestehe darin, den irischen Republikanern dabei zu helfen, die britische Herrschaft abzuschütteln. Die Hoffnungen Berlins ruhten vor allem auf dem Exil-Iren Sir Roger Casement, einem ehemaligen namhaften Mitglied des britischen Konsulardienstes, der die deutsche Regierung um Unterstützung für einen Aufstand in Irland gebeten hatte. Der wichtigste britische Informant über Casements Aktivitäten in den ersten Kriegsmonaten war sein bisexueller norwegisch-amerikanischer Diener und Liebhaber Adler Christensen, der ihn im Oktober 1914 aus den Vereinigten Staaten kommend nach Deutschland begleitete. Während eines Zwischenaufenthalts in Oslo (damals noch Christiania) nahm Christensen heimlich Kontakt zum britischen Gesandten Mansfeldt de Carbonnel Findlay auf, dem er Kopien von mehreren belastenden Dokumenten aushändigte, die Casement bei sich hatte. Darunter war ein Empfehlungsschreiben des deutschen Botschafters in Washington, Graf Johann Heinrich von Bernstorff, an den deutschen Kanzler Theobald von Bethmann-Hollweg. Außenminister Sir Edward Grey hielt die von Christensen gelieferten Informationen für so bedeutsam, dass er Kopien von Findlays Bericht an Premierminister Asquith, Kriegsminister Feldmarschall Graf Kitchener, den Ersten Lord der

Admiralität, Winston Churchill und den Irlandminister Augustine Birrell schickte.¹²

Casement versuchte auf bemerkenswert unbedarfte Art und Weise, die britische Postzensur zu umgehen. Am 7. Dezember 1914 gab er in Rotterdam einen Brief an Alice Stopford Green in London auf, die das Schreiben an Eoin MacNeill, den Stabschef der Irischen Freiwilligen, weiterleiten sollte. Green war als irische Nationalistin bekannt und daher ein naheliegendes Ziel für die Postzensur, und obendrein wurde die gesamte Post aus den neutralen Niederlanden kontrolliert (da sie aus Deutschland stammende Sendungen enthielt). In Casements kurzem, nicht unterzeichneten Tarnschreiben wimmelte es von kaum verhüllten Anspielungen auf die deutsche Unterstützung für die Befreiung der »vier grünen Felder« (die unschwer als die vier irischen Provinzen erkennbar waren) vom »Fremden« (Großbritannien). Diese sehr leicht durchschaubare Verschlüsselung wäre einem Zensor ohnehin kaum entgangen, doch die eindeutige Sprache, deren sich Casement im Begleitschreiben an MacNeill bediente, führte alle Bemühungen um Geheimhaltung ad absurdum:

> Ich bin in Berlin, und wenn Irland seine Pflicht erfüllt, so können Sie sicher sein, dass auch Deutschland seine Pflicht uns, unserer Sache und unserer Zukunft gegenüber erfüllen wird. … Sobald unser Volk, unser Klerus und die Freiwilligen wissen, dass Deutschland im Fall eines Sieges sein Bestes tun wird, um uns in unserem Kampf für ein unabhängiges Irland zu helfen, muss sich jeder Mann in der Heimat für Deutschland und die Freiheit Irlands erheben … Sagen Sie allen, sie mögen den Deutschen – und mir – vertrauen.

Casements Brief trug keine Unterschrift. »Sie wissen, wer dies schreibt«, erklärte er MacNeill. Und das MO5(g) wusste es auch.¹³

Die bedeutsamsten nachrichtendienstlichen Hinweise auf die deutsche Unterstützung für Casement lieferte die SIGINT-Einheit der Admiralität. Zwischen dem Kriegsausbruch und dem Vorabend des Osteraufstands im Jahr 1916 entschlüsselte diese als Room 40 bezeichnete Abteilung mindestens 32 Telegramme, die bezüglich der Unterstützung für die irischen Nationalisten zwischen der deutschen Botschaft in Washington und dem Außenministerium in Berlin ausgetauscht wurden. Das erste dieser Telegramme schickte Botschafter Bernstorff am 27. September 1914 nach Berlin (wann die Nachricht entschlüsselt wurde, ist unklar).[14] Bernstorff berichtete über ein Treffen mit Casement, in dem es um die Bildung einer Irischen Brigade aus Kriegsgefangenen ging. Die Telegramme zeigten, dass die Deutschen beabsichtigten, im Frühjahr 1916 in der Tralee Bay Waffen für den Osteraufstand an Land zu schmuggeln und anschließend Casement in einem U-Boot nach Irland zu bringen. Dank dieser Informationen konnte die HMS *Bluebell* am 21. April 1916 den Dampfer *Aud* abfangen, der die deutsche Munition an Bord hatte. Das Schiff wurde nach Queenstown geleitet, wo die deutsche Besatzung es bei der Ankunft versenkte. Casement wurde verhaftet und bei Scotland Yard verhört, und zwar von Thomson, Captain Reginald »Blinker« Hall, dem Leiter des Marinenachrichtendienstes (DNI), sowie dem wichtigsten Irlandexperten des MI5, Major Frank Hall (nicht verwandt mit dem DNI). Major Hall war ein Grundbesitzer aus der nordirischen Grafschaft Down.[15]

Den zahlreichen Verschwörungstheoretikern, die sich mit der Affäre Casement befasst haben, ist überraschenderweise nicht aufgefallen, dass Frank Hall vor dem Krieg Militärsekretär der loyalistischen Miliz Ulster Volunteer Force gewesen war und sich selbst als Waffenschmuggler betätigt hatte.[16] Wie die meisten Offiziere im MI5 verbrachte er den Großteil seiner Freizeit mit Freiluftaktivitäten, in diesem Fall Schießen und Segeln. Er hegte eine ausgeprägte Abneigung gegen den irischen Nationalismus und war sehr stolz auf die Bedeutung des britischen Empire; bei seinem Eintritt in den MI5 im Dezember 1914 brüstete er sich damit, er habe »mit Ausnahme von Sierra Leone sämtliche Häfen des Empire nördlich des Äquators« besucht.[17] Churchill merkte später an, Kell sei »mit den irischen Angelegenheiten nicht besonders vertraut gewesen«, sondern habe sich diesbezüglich auf Halls Sachkenntnis verlassen.[18]

Casement behauptete, er habe im Verlauf des Verhörs bei Scotland Yard um Erlaubnis gebeten, die Iren zu einem Verzicht auf den Osteraufstand aufrufen zu dürfen, um »unnötiges Blutvergießen« zu verhindern. Die Verhörführer hätten dies abgelehnt, möglicherweise in der Hoffnung, der Aufstand werde der Regierung die Möglichkeit geben, eine Verschwörung Deutschlands mit den irischen Nationalisten zu zerschlagen. Nach Aussage von Casement sagte Blinker Hall zu ihm: »Ein solches Geschwür schneidet man besser heraus.«[19] Obwohl diese Äußerungen nicht in die Niederschrift des Verhörs aufgenommen wurden, bestätigt eine Notiz in den Akten des Innenministeriums Casements Darstellung:

> Casement bat inständig darum, mit den Führern Kontakt aufnehmen zu dürfen, um zu versuchen, den Aufstand aufzuhalten, aber das wurde ihm nicht erlaubt. Am Ostersonntag flehte er bei Scotland Yard erneut darum, mit den Aufständischen kommunizieren oder ihnen eine Botschaft schicken zu dürfen. Aber sie lehnten es ab und antworteten: »Es ist ein eitriges Geschwür, es ist sehr viel besser, wenn es aufbricht.«[20]

Doch selbst wenn Casement die Möglichkeit erhalten hätte, einen Appell zu machen, um »unnötiges Blutvergießen zu verhindern«, ist kaum anzunehmen, dass es ihm gelungen wäre, den siebenköpfigen Militärrat der Irisch-Republikanischen Bruderschaft davon abzuhalten, den Befehl zum Osteraufstand zu geben.[21]

Obwohl sich die Beamten, die Casement befragten, um einen höflichen Ton bemühten, ist unübersehbar, dass sie ihn verachteten. Ein Beispiel für diese Geringschätzung war ihre Reaktion auf ein bewegendes Gedicht, das Casement am 5. Juli 1916, knapp einen Monat vor seiner Hinrichtung, im Gefängnis schrieb, während er auf die Aufnahme in die katholische Kirche wartete. Das Gedicht ist in den Akten des MI5 erhalten geblieben:

> Weep not that you no longer feel the tide
> High breasting sun and storm that bore along
> Your youth on currents of perpetual song;
> For in these mid-sea waters, still and wide,
> A Sleepless purpose the great Deep doth hide:
> Here spring the mighty fountains, pure and strong,
> That bear sweet change of breath to city throng,
> Who, had the sea no breeze, would soon have died.
> So, though the Sun shines not in such a blue,
> Nor have the stars the meaning youth devised,
> The heavens are nigher, and a light shines through
> The brightness that nor sun nor stars sufficed,
> And on this lonely waste we find it true
> Lost youth and love, nor lost, are hid with Christ.

Nachdem er das Gedicht gelesen hatte, schrieb Frank Hall spöttisch an Basil Thomson: »Glauben Sie, dass das hier als Plädoyer auf Geisteskrankheit taugt?!!«

Während man Lody als Patrioten respektiert hatte, wurde Casement trotz seiner Selbstaufopferung für die Sache der irischen Unabhängigkeit als Verräter verachtet, der auf heimtückische Art versucht habe, irische Soldaten, die für König und Vaterland kämpften, dazu zu verleiten, zum Feind überzulaufen. Die Beamten, die ihn verhörten, waren zweifellos wütend, weil er versucht hatte, verwundete irische Kriegsgefangene, die im Jahr 1915 aus Deutschland in die Heimat entlassen worden waren, für eine Irische Brigade anzuwerben. (Die Schilderungen dieser Soldaten sind in den Akten des MI5 erhalten geblieben.) Der Soldat Joseph Mahony erklärte:

> Im Feb. 1915 hielt Sir Roger Casement eine Ansprache [im Kriegsgefangenenlager Limburg] und forderte uns auf, uns der Irischen Brigade anzuschließen, die unsere Chance sei, »eine Lanze für unser Land zu brechen«. Er wurde mit Buhrufen aus dem Lager gejagt.... Um uns dazu zu bewegen, uns dieser Sache anzuschließen, wurden uns später die Rationen gekürzt, und wir erhielten etwa zwei Monate lang nur die halbe Ration Brot.[22]

Berichte wie dieser lassen vermuten, warum die britischen Geheimdienstchefs derart entschlossen waren, Casement an den Galgen zu bringen und sein Ansehen zu schmälern.

Ein weiterer möglicher Grund für ihre Verachtung war die Homophobie (übrigens ein Vorurteil, das der britische Geheimdienst mit den irischen Nationalisten teilte). Christensen hatte Findlay im Oktober 1914 erzählt, dass Casement homosexuell sei. Sir Edward Grey teilte einigen seiner Kabinettskollegen mit, dass Casement und Christensen eine »widernatürliche Beziehung« unterhielten.[23] Besonders »widernatürlich« schien diese Beziehung, weil sie nach Christensens Darstellung begonnen hatte, als er ein 15- oder 16-jähriger Seemann und Casement britischer Konsul in Brasilien war. Nach Aussage von Christensen war Casement ihm damals in einem Hotel in Montevideo in eine Toilette gefolgt, wo sie Geschlechtsverkehr hatten.[24] Casements »Schwarze Tagebücher«, die im Verlauf seiner Befragungen bei Scotland Yard entdeckt wurden und anschauliche Schilderungen seiner zahlreichen sexuellen Begegnungen mit Liebhabern und Liebesdienern sowie seine Besessenheit von »riesigen«, »enormen« Genitalien enthielten,[25] weckten zusätzliche Abscheu bei den Geheimdienstbeamten, die ihn befragten. Dass diese Tagebücher zweifellos echt sind, wurde erst vor kurzem durch eine kriminaltechnische Untersuchung definitiv bestätigt,[26] aber die Behauptung, es habe sich um Fälschungen des britischen Geheimdienstes gehandelt, war stets sehr unglaubwürdig. Weder der MI5 noch eine andere britische Geheimdienstbehörde waren zu einer derart groß angelegten und komplexen Fälschung imstande. Selbst der KGB, dessen Desinformationsabteilung, die Abteilung A, sehr viel umfassender von Fälschungen Gebrauch machte als alle westlichen Geheimdienste, hat nie ein handschriftliches Dokument von vergleichbarem Umfang fabriziert.[27]

Die relativ harmonische Zusammenarbeit zwischen Frank Hall vom MI5, Captain Hall und Basil Thomson bis zum Prozess gegen Casement stand in deutlichem Gegensatz zu der Unordnung, die in der britischen Geheimdienstorganisation in Irland herrschte. Die Tätigkeit des Heeresnachrichtendienstes war schlecht mit jener der Polizei koordiniert. Innerhalb der Polizei trug die unzureichende Abstimmung zwischen der Ermittlungseinheit der Municipal Police von Dublin und der Sonderabteilung für Verbrechensbekämpfung der Royal Irish Constabulary (RIC) zur Verwirrung bei. Der Chefinspektor der RIC beklagte sich im Jahr 1916 über die Unordnung und bezeichnete es als widersinnig, dass »Dublin der Sonderabteilung eines Geheimdienstes und der Rest des Landes dem System eines anderen Geheimdienstes untersteht«. Die Rolle des MI5 war ungeklärt. Einen Monat nach Casements Hinrichtung erklärte Thomson: »Es besteht zweifellos die Gefahr, dass die irische Regierung aufgrund des Mangels an Koordination als letzte von gravierenden Bedrohungen des Friedens in Irland erfährt.« Bis zum Kriegsende konzentrierten sich die Nachrichtendienste von Armee und Polizei im Wesentlichen auf das falsche Ziel und gingen vergleichsweise unbedeutenden deutschen Intrigen nach, anstatt die sehr viel bedeutsamere Entwicklung des irischen Nationalismus zu beobachten. Das irische Generalhauptquartier sollte später bedauern, dass »die Gelegenheit zum Aufbau einer Nachrichtendienstabteilung mit geschulten Köpfen, die gemeinsam das militärische Potenzial der Sinn-

Fein-Bewegung hätten überwachen können, nicht ergriffen wurde«.[28] Bis 1917 war Sinn Fein stark genug geworden, um eine Kampagne für die Gründung einer irischen Republik zu starten.

Die deutsche Subversionsstrategie gegen Großbritannien war nicht nur auf Irland beschränkt, sondern zielte auf das gesamte Empire. Unmittelbar nach Kriegsausbruch, als die Briten noch den Begriff »Great War« verwendeten, sprach man in Deutschland bereits vom »Weltkrieg«.[29] Die deutsche Regierung und die Oberste Heeresleitung waren sich der Tatsache bewusst, dass die britische Kriegsbeteiligung vom Empire abhing, das drei Millionen Soldaten stellte, die Hälfte davon in der indischen Armee. Die größte potenzielle Gefahr ging daher von einer Unterwanderung der Kolonialherrschaft in Indien aus. Dies war der einzige Teil des Empire, mit dem der MI5 bereits bei Kriegsausbruch in Kontakt stand. Die Verbindung zum Director of Criminal Intelligence in Delhi wurde über dessen Londoner Repräsentanten Major John Wallinger hergestellt.[30] Vor dem Krieg trug nicht Kells Behörde, sondern eher die Special Branch der Metropolitan Police die Hauptverantwortung für die Bekämpfung der indischen »Aufwiegler« *(seditionists)* in Großbritannien.[31] Aber im Sommer 1914 beklagte sich der Director of Criminal Intelligence darüber, dass »die Informationen, die Scotland Yard über die Umtriebe der indischen Agitatoren in England gibt, seit einiger Zeit eher kärglich« seien, was daran liege, dass die Beamten von Scotland Yard »derart beschäftigt mit der Suffragettenbewegung« seien, dass sie »kaum Zeit für eine Beschäftigung mit den Indern« hätten.[32]

Im September 1914 teilte Reichskanzler Theobald von Bethmann-Hollweg seinem Außenministerium mit: »England scheint entschlossen, den Krieg bis zum bitteren Ende zu führen ... Eine unserer wichtigsten Aufgaben besteht somit darin, England durch Unruhen in Indien und Ägypten Schritt für Schritt zu zermürben.«[33] Eine neu gegründete Nachrichtenstelle für den Orient, die dem deutschen Außenministerium unterstand, sollte herausfinden, wie das zu bewerkstelligen war. Die Nachrichtenstelle richtete zunächst ein Indisches Unabhängigkeitskomitee in Berlin ein, dessen Leitung der Gelehrte und Jurist Virendranath Chattopadhyaya übernahm, der sich während seines Studiums im Middle Temple in London der revolutionären Bewegung angeschlossen hatte.[34] Die Hoffnung der Berliner Regierung, die Unzufriedenheit unter den muslimischen Untertanen Großbritanniens anzufachen, erhielt neue Nahrung, als das Osmanische Reich am 5. November 1914 an der Seite Deutschlands in den Krieg eintrat. Die osmanische Regierung gab mehrere Fatwas heraus, in denen alle Muslime zum Heiligen Krieg gegen die Alliierten aufgerufen wurden. Ein Drittel der Soldaten der indischen Armee waren Muslime.[35] Bei einer stichprobenartigen Kontrolle der Korrespondenz der 138 000 indischen Soldaten, die im Jahr 1915 an der Westfront kämpften, stellten die Zensoren zur Erleichterung der indischen Kolonialregierung und des ressortübergreifenden Ausschusses der britischen Regierung für indische »revolutionäre« Aktivitäten fest, dass weder die indischen »Revolutionäre« noch der Panislamismus in der Truppe großen Zulauf fanden. Allerdings berichtete der Zensor über eine bedenkliche Vorliebe der indischen Soldaten für das Schreiben von Gedichten, worin er ein »unheilvolles Anzeichen für geistige Unrast« sah.[36]

Kells wichtigster Indienexperte zu Beginn des Krieges war Robert Nathan. Nathan hatte nach einer Ausbildung zum Prozessanwalt 26 Jahre in der indischen Kolonialverwaltung verbracht und war Vizekanzler der Universität Kalkutta gewesen, hatte 1914 jedoch aufgrund von gesundheitlichen Problemen nach England zurückkehren müssen.[37] Am 4. November 1914 trat er in das MO5(g) ein[38] und vertrat die von Kell geleitete Behörde im ressortübergreifenden Ausschuss der britischen Regierung für indische »revolutionäre« Aktivitäten.[39] Er arbeitete auch eng mit Basil Thomson zusammen, der sich sehr lobend über Nathans Mitarbeit in sämtlichen indischen Fällen äußerte, mit denen Scotland Yard zu tun hatte. Tatsächlich war Nathan der einzige Beamte des MI5, dessen Tätigkeit Thomson in seinen Memoiren würdigte. Doch entgegen dem Eindruck, den Thomson in seinen Erinnerungen erweckte, hatte Nathan sehr viel größeren Einfluss als er, denn Thomson saß nicht im ressortübergreifenden Ausschuss.[40]

Aus abgefangenen Briefen ging hervor, dass die indischen Revolutionäre im Jahr 1915 eine Reihe von Mordanschlägen in England, Frankreich und Italien planten. Obwohl diese Vorhaben nicht in die Tat umgesetzt wurden, hatte Nathan allen Grund, sie ernst zu nehmen.[41] Das letzte Opfer eines politisch motivierten Mordanschlags in Großbritannien war Sir William Curzon Wyllie gewesen, der politische Adjutant des Indienministers. Er war im Sommer 1909 von dem indischen Studenten Madan Lal Dhingra in London ermordet worden. Sogar Winston Churchill sah trotz seiner Feindseligkeit gegenüber dem indischen Nationalismus einen romantischen Helden in Dhingra, dessen letzte Worte vor seiner Hinrichtung Churchill als »die edelsten je im Namen des Patriotismus« ausgesprochenen bezeichnete.[42] Es bestand Grund zu der Annahme, dass der Erste Weltkrieg weitere Dhingras hervorbringen würde. Im Sommer 1915 meldete das indische Department of Criminal Intelligence (DCI), es habe aus »vertrauenswürdiger Quelle« erfahren, dass der indische Nationalist Dr. Abdul Hafiz und deutsche Agenten in der Schweiz die Ermordung mehrerer italienischer Minister planten. Hafiz wurde aus der Schweiz ausgewiesen, aber es trafen weiterhin Berichte über Mordkomplotte ein. Am 29. November übermittelte Nathan der italienischen Regierung über das Foreign Office das Ersuchen, sämtliche aus der Schweiz einreisenden Inder festzunehmen und nach Möglichkeit nach England zu deportieren.[43]

Im Oktober 1915 gestand der indische »Revolutionär« Harish Chandra in einem von Nathan und Thomson geführten Verhör, im Auftrag des Indischen Unabhängigkeitskomitees in Berlin versucht zu haben, die Loyalität indischer Kriegsgefangener zu untergraben. Zudem berichtete er über Versuche der deutschen Regierung, den afghanischen Emir dazu zu bewegen, sich an einem muslimischen Dschihad gegen die britische Herrschaft zu beteiligen. Es gelang Nathan und Thomson, Chandra als Doppelagenten anzuwerben. Im Oktober 1915 warben sie einen weiteren Inder an, Thakur Jessrajsinghji Sessodia, dessen Verwicklung in Mordkomplotte dem britischen Geheimdienst aus abgefangenen Briefen bekannt war. Sowohl Chandra als auch Sessodia erwiesen sich als zuverlässige Doppelagenten. Die von ihnen gelieferten Informationen, die teilweise von anderen Quellen bestätigt wurden, zeigten deutlich, wie unrealistisch das deutsche Vorhaben war, in Indien Unruhen anzufachen. Im Lauf des Jahres 1916 gelangte der ressortübergreifende Ausschuss in Whitehall zu dem Schluss, dass die beste Vorgehensweise darin bestehe, die Entwicklung der Komplotte weiter zu beobachten und die Deutschen zu ermutigen, Geld und Personal dafür zu vergeuden.[44]

Im Frühjahr 1916 brach Nathan in die Vereinigten Staaten auf, um dort die Leitung eines vom indischen DCI zur Verfolgung indischer

Revolutionäre eingerichteten Büros zu übernehmen.[45] Seine Dienststelle lieferte den amerikanischen Behörden einen Großteil der Beweise für zwei große Prozesse gegen Mitglieder der indischen Ghadr-Partei (»Revolte«), denen eine Verschwörung mit Deutschland mittels Planung einer Revolution in Indien vorgeworfen wurde. Der erste Prozess, der in Chicago stattfand, endete im Oktober 1917 mit der Verurteilung von drei Ghadr-Aktivisten. Der zweite Prozess in San Francisco erreichte im April 1918 einen dramatischen Höhepunkt, als einer der Angeklagten, Ram Singh, im Gerichtssaal den Führer der Ghadr-Partei, Ram Chandra Peshawari, erschoss.[46] Basil Thomson kommentierte die Ereignisse so:

> In den westlichen [US-] Staaten können solche Vorfälle die Mitarbeiter eines Assisengerichts nicht aus der Ruhe bringen: Der Deputy-Sheriff zückte die Pistole, zielte von seinem erhöhten Platz an der Rückwand des Gerichtssaals über und zwischen die Köpfe der Beteiligten hindurch und erschoss den Mörder.[47]

Einer von Nathans Assistenten schrieb begeistert: »Ich denke, die ganze Sache ist ein großer Triumph, der unserem Land sehr von Nutzen sein wird. Die Vorfälle haben der Öffentlichkeit die Verkommenheit der Ghadr-Partei vor Augen geführt ... Dies ist vor allem eine sehr erfolgreiche Propagandaaktion.«[48] Veteranen aus der indischen Armee und Polizei sowie aus der Kolonialverwaltung stellten immer noch eine beträchtliche Minderheit des Personals des MI5. Von den 27 Mitarbeitern der G Branch (Ermittlungen) im Jahr 1917 hatten acht in Indien gedient.[49]

Der Indische Nationalkongress weckte in den Kriegsjahren offenbar weder beim MI5 noch bei einer anderen britischen Geheimdienstbehörde großes Interesse, was daran lag, dass er keine Verbindungen zu Deutschland unterhielt und die britische Herrschaft nicht mit gewalttätigem Widerstand bedrohte. Vor dem Ersten Weltkrieg war der Nationalkongress eine Debattiergesellschaft der indischen Mittelschicht, die sich jedes Jahr im Dezember versammelte, um den Rest des Jahres untätig zu sein. Im Jahr 1914 deutete nichts darauf hin, dass diese Vereinigung als Massenbewegung aus dem Krieg hervorgehen und den Widerstand gegen die britische Herrschaft in Indien anführen würde. Der Mann, der diesen Wandel ermöglichte, war Mohandas Karamchand »Mahatma« Gandhi, ein in England ausgebildeter Anwalt, der der Innung des Inner Temple angehörte. Er trug mehr als jeder andere dazu bei, den Prozess in Gang zu setzen, der eine Generation später den Zusammenbruch des britischen Weltreichs einleitete. Im Jahr 1915 kehrte Gandhi nach Indien zurück. Er kam aus Südafrika, wo er die Methode des *satyagraha* entwickelt hatte, des passiven Widerstands (eigentlich »Hingabe an die Wahrheit«), den er später gegen die britische Kolonialmacht einsetzte. Das DCI schätzte ihn »weder als Anarchisten noch als Revolutionär« ein, sondern hielt ihn für einen »lästigen Agitator, der sich durch seinen Enthusiasmus wiederholt dazu verleiten ließ, sich über die Grenzen der für Asiaten geltenden südafrikanischen Gesetze hinwegzusetzen«.[50]

Im Verlauf des Krieges weitete der MI5 seine Beteiligung an der Nachrichtendienstarbeit über Indien hinaus auf das gesamte Empire und den Commonwealth aus. Im August 1915 begann die Behörde mit Unterstützung des Kolonialministeriums (Colonial Office), für einen »raschen und direkten Informationsaustausch« zwischen ihrer Zentrale und den Kolonialverwaltungen zu sorgen. Ein Jahr später stand sie, wie es in einem nach dem Krieg vorgelegten Bericht hieß, in ständigem Kontakt zu den »für die Spionageabwehr verantwortlichen Behörden in fast allen Kolonien«. Im Herbst 1916 verwandelte sich die Abteilung der G Branch, die für die Koordinierung der ausländischen Nachrichtendienste zuständig war, in die D Branch. Die Leitung der neuen Abteilung, die auch für »Nachrichtendienstliche Spezialmissionen« in verbündeten Ländern zuständig war (vor allem in Rom und Washington D. C.), übernahm Frank Hall.[51] In einem Nachkriegsbericht über die D Branch hieß es in realitätsferner Übertreibung, es seien »Einzelheiten über die deutschen Aktivitäten in allen Teilen der Welt, von Peru bis Niederländisch-Ostindien und zu den Pazifikinseln« gesammelt worden, und »Missionare oder andere Vertreter behielten auf allen Kontinenten die deutsche Propaganda im Auge«.[52] Von nun an nahm der MI5 eine »mehr als nationale« Rolle für sich in Anspruch, die sich »auf das Weltreich« erstreckte.

Die Unterwanderung auf britischem Boden weckte erstmals im Jahr 1916 Besorgnis beim MI5. »Erst 1916 wurden die Pazifisten aktiv«, schrieb Thomson später.[53] Der unmittelbare Auslöser für das

Wiedererwachen pazifistischer Neigungen war die Einberufung aller unverheirateten Männer im »wehrfähigen Alter« (zwischen 18 und 41 Jahren) im Februar 1916, die zwei Monate später auf die verheirateten Männer ausgeweitet wurde. Innerhalb des MI5 übernahm Major Victor Ferguson von der G Branch die Leitung der Untersuchung der Bewegung gegen die Einberufungsbefehle. Ferguson war bei Kriegsbeginn in die Behörde eingetreten und brachte eine für viele Offiziere des MI5 charakteristische Kombination von Fähigkeiten mit: Seine bevorzugten Freizeitbeschäftigungen waren die Jagd (»auf Großwild«), das Schießen und das Fischen, gefolgt von Autofahren, Skifahren, Cricket und »in früheren Jahren Fußball«. Abgesehen davon, dass er Freiluftaktivitäten nachging, hatte er in Oxford studiert, und zwar wiederum wie viele seiner Kollegen Fremdsprachen. Ferguson besaß Übersetzerdiplome für Deutsch, Russisch und Französisch (die Sprachen der wichtigsten ausländischen Revolutionäre und subversiven Kräfte, die die Aufmerksamkeit des MI5 weckten); obendrein sprach er ein wenig Spanisch, Niederländisch und Arabisch.[54] Im Juni 1916 führten Beamte der Special Branch von Scotland Yard in Abstimmung mit der G Branch eine Razzia in der Londoner Zentrale der No-Conscription Fellowship (Vereinigung gegen die allgemeine Wehrpflicht) durch und beschlagnahmten alle Aufzeichnungen und Dokumente sowie eine Dreivierteltonne an Publikationen. Am Tag darauf wurden im National Council Against Conscription (NCAC, Nationaler Rat gegen die Wehrpflicht) weitere anderthalb Tonnen an Dokumenten beschlagnahmt. Diese gewaltige Menge an Papier wurde anschließend von Beamten des MI5 nach Beweisen durchforstet, die eine Strafverfolgung nach Maßgabe des Defence of the Realm Act ermöglichten.[55] Ferguson schickte eine Auswahl beschlagnahmter Unterlagen an den Rechtsberater des Innenministeriums.[56] Seiner Meinung nach bestand das eigentliche Ziel des NCAC darin, »vor allem in den Fabrikhallen Stimmung gegen die Maßnahmen zu machen, die erforderlich sind, um den Krieg erfolgreich fortzusetzen«:

Welches auch immer ursprünglich ihre Politik gewesen sein mag – und es wird nicht bestritten, dass sie anfangs durchaus legal war –, es gibt nicht den geringsten Zweifel daran, dass ihr ursprünglicher Zweck aufgegeben wurde und dass sie sich in eine gefährliche Waffe verwandelt hat, die dazu dient, die Loyalität des Volkes und die Disziplin der Armee zu untergraben ... Wenn sich [diese Einrichtungen] nicht für den Erfolg unseres Landes einsetzen, ist es durchaus angebracht, sie als pro-deutsch einzustufen. Dies ist jedenfalls das Bild, das der Großteil der Öffentlichkeit von ihnen hat, und die Öffentlichkeit hat im Grunde recht.[57]

Zwischen Juni 1916 und Oktober 1917 überprüfte der MI5 5246 Personen, die »des Pazifismus, Antimilitarismus usw. verdächtig« waren.[58] Die Wirkung der Proteste gegen die Einberufungsbefehle blieb gering. Etwa 7000 Kriegsdienstverweigerer aus Gewissensgründen erklärten sich zu einem Dienst ohne Kampfeinsätze (normalerweise in Feldambulanzen) bereit, 3000 wurden in Arbeitslager des Innenministeriums geschickt, und 1500 »Absolutisten«, die jeglichen Zwangsdienst verweigerten, wurden einberufen und anschließend wegen Befehlsverweigerung inhaftiert.[59] Die Zahl der Kriegsdienstverweigerer war verschwindend gering im Vergleich zur Zahl der Bürger, die dem Einberufungsbefehl gehorchten. Ende 1916 war die Truppenstärke dank der Einberufungen von 2,5 Millionen auf 3,5 Millionen Mann gestiegen. In den Jahren 1917 und 1918 stabilisierte sich die Zahl der Soldaten zwischen 4 und 4,5 Millionen – das war die Hälfte der Männer im »wehrfähigen Alter«.[60]

Mit dem Kommunismus, gegen den sich nach der bolschewistischen Revolution mehr als 70 Jahre lang seine Aktivitäten zur Bekämpfung der Unterwanderung richten sollten, kam der MI5 erstmals im Jahr 1915 in Berührung, als der Communist Club in der Charlotte Street 107 in London untersucht wurde. Unter den Mitgliedern dieses Klubs waren einige russische Exilrevolutionäre, darunter zwei zukünftige sowjetische Außenminister, Georgi Tschitscherin und Maxim Litwinow.[61] Tschitscherin wurde im Dezember 1915 für kurze Zeit inhaftiert, doch die Beweise reichten nicht für eine Strafverfolgung aus.[62] Kell berichtete dem Innenministerium, die in dem Klub versammelten Russen seien »ein verzweifelter und sehr gefährlicher Haufen«. Einige von ihnen waren seiner Meinung nach vor dem Krieg an den Houndswitch-Morden beteiligt gewesen.[63] Der Hauptverdächtige im Communist Club war der lettische Bolschewist Jakow Peters, der nach der Revolution ein blutrünstiger stellvertretender Leiter der Tscheka wurde, der Vorläuferorganisation des KGB. Im Dezember 1910 gehörte er anscheinend einer Bande gewalttätiger lettischer Revolutionäre an, die bei einem Raubüberfall auf einen Juwelier in Houndswitch von einer Polizeipatrouille überrascht worden waren. Die Revolutionäre erschossen drei Polizisten und verwundeten zwei weitere Beamte schwer. Anschließend zerstreuten sie sich, aber in den folgenden Wochen wurden mehrere Bandenmitglieder verhaftet, darunter auch Peters, der im Prozess freigesprochen wurde, was er einem fähigen Strafverteidiger verdankte, der ironischerweise William Melvilles Sohn James war (der später unter der Labourregierung Generalstaatsanwalt wurde).[64]

Im Lauf des Jahres 1916 entdeckte die Abteilung G1 (die Spionageverdächtige überprüfte) Verbindungen zwischen dem Communist Club und dem Wirtshaus Diamond Reign, das einem Bericht der Ermittler zufolge »ein Treffpunkt für zutiefst feindselige britische Bürger deutscher Herkunft« war. G1 gelangte zu dem alarmierenden Ergebnis, dass der Kommunistische Klub die Streikwelle in den schottischen Munitionsfabriken am Clyde im Frühjahr 1916 »angefacht« habe.[65] Zwar gibt es kaum Zweifel daran, dass die Kommunisten die »rote Clydeside« unterstützten, aber sie dürften kaum nennenswerten Einfluss auf die Streikenden gehabt haben. Allerdings wurde in Regierungskreisen wiederholt der Verdacht geäußert, dass dort subversive Kräfte am Werk seien. Christopher Addison, parlamentarischer Staatssekretär des Rüstungsministers David Lloyd George, vermutete einen »systematischen und heimtückischen Plan« zur Sabotage der »Produktion der wichtigsten Kriegswaffen am Clyde«, um die geplante Großoffensive an der Westfront im Sommer 1916 zu verhindern. Sein Verdacht wurde durch unzutreffende Berichte eines kleinen privaten Nachrichtendienstes über deutsche Machenschaften in den Rüstungsbetrieben genährt. Dieser Nachrichtendienst war insgeheim vom Kronanwalt Sir Lynden Macassey, dem Vorsitzenden der Clyde Dilution Commissioners, organisiert worden. Aufgabe der Commissioners war die »Verwässerung« *(dilution)*, das heißt die Aufstockung der Belegschaften von Facharbeitern durch ungelernte Arbeitskräfte zur Erhöhung der Rüstungsproduktion. Addison, der kurze Zeit später Lloyd Georges Platz an der Spitze des Rüstungsministeriums einnehmen sollte, las Macasseys Berichte und schrieb in sein Tagebuch:

> Er hat direkte Zahlungen aus Deutschland an drei Arbeiter zurückverfolgt und entdeckt, dass ... der Mann, der die Arbeiter am Clyde finanziert, ... eine in Deutschland verheiratete Tochter und einen mit einer Deutschen verheirateten Sohn hat und in erster Linie in Deutschland geschäftlich tätig ist. [Macassey] steht offenkundig vor einer sehr bedeutsamen Enthüllung.[66]

Macasseys Berichte bewegten das Rüstungsministerium dazu, einen eigenen Nachrichtendienst einzurichten (der später als PMS2 bekannt wurde). Im Februar 1916 stellte Kell dem Ministerium einen »Kern« von MI5-Mitarbeitern unter der Leitung von Colonel Frank Labouchere zur Verfügung, die die Aktivitäten von Ausländern und die Arbeiterproteste beobachten sollten. Labouchere, der in Charterhouse und an der Universität Genf studiert hatte, verband wie Kell, Ferguson und andere Beamte des MI5 eine Vorliebe für Freiluftaktivitäten mit guten Fremdsprachenkenntnissen. Neben Deutsch (bei der Untersuchung möglicher vom Ausland finanzierter Unterwanderung besonders wichtig) sprach er Französisch, Niederländisch und Persisch.[67] Macasseys war sehr verärgert, als sein Nachrichtendienst, auf den er über alle Maßen stolz war, von Labouchere übernommen wurde.[68]

Addison schrieb später in seinen Erinnerungen, es habe »nie den geringsten Hinweis« auf eine Verwicklung Deutschlands in die Arbeitskämpfe gegeben.[69] Doch zu jener Zeit gab es sehr wohl solche Hinweise, die sich allerdings später als unzutreffend erwiesen. Am 16. September leitete Cumming einen Bericht seines Nachrichtendienstes aus Berlin an Kell weiter: »Vergangene Woche schlossen die Persische Bank und andere Banken die Vorkehrungen für die Ausfuhr von 800 000 Mark in Fremdwährung in verschiedene Zentren außerhalb Deutschlands ab. Es wird berichtet, dass 250 000 Mark für die Aufwiegelung der Arbeiter in England bestimmt sind.«[70] Selbst wenn die Informationen, die Cumming hatte, zutreffend gewesen sein sollten, kam das Geld mit einiger Sicherheit nie in England an. Addison, der mit der Untersuchung der Arbeitskämpfe durch das PMS2 nicht zufrieden war, fragte im Dezember 1916 Basil Thomson, ob dieser »sämtliche nachrichtendienstlichen Untersuchungen von Arbeitsfragen im Land« übernehmen wolle. Das war ein klarer Affront gegen Kell. Thomson willigte ein, entsandte zwölf Unteroffiziere aus dem CID von Scotland Yard ins Ministerium und erhielt ein Jahresbudget von 8000 Pfund für den Betrieb des neuen Nachrichtendienstsystems. Im April 1917 wurden die Verwaltungsangestellten des in Ungnade gefallenen PMS2 offiziell vom MI5 »wiederaufgenommen«.[71] Doch Kell stellte klar, dass er die Beamten, die sich »mit Arbeitskämpfen und Streiks« beschäftigt hatten, nicht wiederhaben wollte,[72] und Labouchere kehrte nicht in den MI5 zurück.[73]

Die Berichte, die die Polizei im Lauf des Jahres über den Communist Club und die aus Deutschland gebürtigen Stammgäste des Diamond Reign übermittelte, waren beruhigend. Doch das MI5 hielt diese Meldungen für irreführend und führte sie auf die Korruption in der Metropolitan Police zurück: »Die Deutschen waren davon überzeugt, die Polizei bestechen zu können.« Im November 1916 wurden die Räumlichkeiten des Communist Club aufgrund der Ermittlungen von G1 durchsucht, und man empfahl die Internierung von 22 Mitgliedern aus verschiedenen Ländern. Der Innenminister stimmte der Internierung von 17 Revolutionären zu.[74] Zu diesem Zeitpunkt hatte der MI5 bereits einen eigenen Informanten im Klub. Kell war sehr beunruhigt über das, was er von diesem Informanten und aus anderen Quellen erfuhr. Im Januar 1917 berichtete er, der Klub habe es sich zum Ziel gemacht, »die Fortsetzung des Krieges in der gegenwärtigen Krise mit allen verfügbaren Mitteln (z. B. durch Propaganda gegen den Kriegsdienst, Anstiftung von Streiks usw.) zu behindern«. Ebenso besorgt war Kell über die Aktivitäten von Tschitscherins »Komitee zur Unterstützung russischer politischer Gefangener und Exilanten«:

> Die vielleicht größte unmittelbare Gefahr geht von der Anstiftung Tausender russischer Einwanderer und Flüchtlinge (und ihrer Nachkommen), die sich mittlerweile in unserem Land aufhalten, zur Feindseligkeit gegenüber der britischen Regierung aus ... Die Tatsache, dass Deutschland die so geschürte aktive Feindseligkeit zum geeigneten Zeitpunkt geschickt manipulieren kann, erhöht die Gefahr beträchtlich.[75]

Zu dem Zeitpunkt, als er diese Memos schrieb, stand Kell offenbar unter großem Druck. Sein Asthma hatte sich aufgrund der Belastung und der langen Arbeitszeiten verschlimmert. Wie Cumming musste er am ersten Weihnachtsfeiertag des Jahres 1916 hart arbeiten. An diesem Tag rief er Cumming an, um ihn in einem »langen Gespräch« dazu zu bewegen, ihm einen Verbindungsoffizier in den MI5 zu schicken. Doch er konnte Cumming nicht überzeugen, da dessen Personal ebenfalls überlastet war.[76] Eine weitere Enttäuschung erlebte Kell, als er im Januar 1917 mit dem Versuch scheiterte, den Innenminister zur Internierung Tschitscherins zu bewegen, der seiner Meinung nach »eine unverhohlen anti-britische Haltung« an den Tag legte und »offen enge Beziehungen zu Deutschen und deutschenfreundlichen Personen« unterhielt.[77]

Anfang 1917 wurde Kell durch seine Asthmaerkrankung gezwungen, das geliebte Landhaus seiner Familie in Weybridge in der Grafschaft Surrey, dessen großer Garten 400 Rosensträucher und einen Rasentennisplatz umfasste, aufzugeben und ein Haus in der Nähe seines Büros in Campden Hill in London zu beziehen. Kurze Zeit später wurde Kell krank.[78] Seine Verzweiflung darüber, dass er seine Funktion als Leiter des MI5 zeitweilig niederlegen musste, erklärt ohne Zweifel, warum weder dieser noch zwei weitere Krankheitsurlaube in seinen Dienstaufzeichnungen erwähnt sind, was ungewöhnlich ist. Er hegte offenbar den Verdacht, dass der Leiter der G Branch (Ermittlungen), Reginald »Duck« Drake, der neben Kell dienstälteste Offizier im MI5, eine Verschwörung plane, um seinen Posten einzunehmen. In den Akten sind keine Einzelheiten über die Auseinandersetzung erhalten geblieben, doch Kell erklärte später, er sei »zu der Überzeugung gelangt, dass [Drake] ein unsauberes Spiel treibt«.[79] Im März wechselte Drake ins Generalhauptquartier in Frankreich, wo er für die Informationsbeschaffung hinter den deutschen Linien zuständig war.[80]

Im Frühjahr 1917 kam es sowohl an der Ost- als auch an der Westfront zu großen Krisen. Die Schockwellen der russischen Revolution, die im März 1917 den Zar gestürzt hatte (nach dem julianischen Kalender war diese die »Februarrevolution«), weckte bei der seit drei Monaten amtierenden Regierung Lloyd George die Befürchtung, die revolutionären Agitatoren könnten den britischen Kriegseinsatz untergraben. Zusätzlich verstärkt wurde diese Sorge dadurch, dass die Abgeordneten und der Nationalrat der Independent Labour Party (ILP) die »großartige Leistung des russischen

Volkes« als einen Schritt auf dem Weg zum Frieden pries, der »nicht auf der Vorherrschaft der Militärs und Diplomaten, sondern auf Demokratie und Gerechtigkeit« beruhen werde.[81] In dem Bemühen, die Bedrohung richtig einzuschätzen, wandte sich das Kriegskabinett zunächst an Basil Thomson statt an Kell. In einer Konferenz im Innenministerium am 5. April beobachtete Thomson »sehr viel ignoranten Alarmismus, vor allem unter den anwesenden Generälen«. Er wurde angewiesen, Berichte über »das Wachstum der anarchistischen und sozialistischen Bewegungen und ihren Einfluss auf den Streik« vorzulegen.[82]

Am 6. April 1917 traten die Vereinigten Staaten in den Krieg ein, aber es dauerte noch mehr als ein Jahr, bis ausreichend große amerikanische Truppenkontingente in Europa eintrafen, um eine Wende an der Westfront herbeizuführen. Im Frühjahr 1917 legte der französische Oberkommandierende General Robert Nivelle einen Plan für eine Blitzoffensive vor, die den Alliierten einen raschen Sieg ermöglichen sollte. Nicht nur die französische Regierung, sondern überraschenderweise auch Llyod George, der den Behauptungen der Generäle normalerweise mit Skepsis begegnete, ließ sich von dem Plan blenden. Nivelle hatte aus den Erfahrungen der vergangenen zwei Jahre, in denen sich die Kriegsgegner im Grabenkrieg festgefahren hatten, nichts gelernt, sondern ließ sich zu dem leichtsinnigen Versprechen eines »sicheren« Sieges hinreißen, der »rasch und billig« sein werde: »Anderthalb Millionen Franzosen können nicht scheitern.« Die Offensive, die im April begann, dauerte drei Wochen. Aber es gelang kein Durchbruch, und die Folge des Fehlschlags war eine Meuterei im französischen Heer.[83]

Angesichts der schwindenden Kampfbereitschaft des französischen und des russischen Heeres hielten einige Minister auch die britische Kriegsbeteiligung für gefährdet. Lord Milner, der neben Lloyd George den größten Einfluss im Kriegskabinett ausübte, schrieb am 1. Juni 1917 an den Premier: »Ich fürchte, der Zeitpunkt ist nah, da wir entschlossene Maßnahmen werden ergreifen müssen, um die ›Fäulnis‹ in unserem Land aufzuhalten, da wir sonst ›Russland folgen‹ und der Hilflosigkeit und der Auflösung anheimfallen werden.« Aber die »Fäulnis« setzte sich fort. Zwei Tage später versammelten sich die ILP und die kleinere marxistische British Socialist Party (BSP) in Leeds zu einer Konferenz, um die russische

Revolution zu feiern. Die Delegierten unterstützten die Forderung der Provisorischen Regierung Russlands nach einem Friedensschluss »ohne Annexionen oder Reparationen«, empfahlen der britischen Regierung, sich dieser Forderung anzuschließen, und riefen zur Bildung britischer Arbeiter- und Soldatenräte nach sowjetischem Vorbild auf.[84] Der MI5 überwachte seit zwei Jahren die Korrespondenz der BSP und hatte im Oktober 1916 gemeldet, die Haltung der Partei und ihres Generalsekretärs Albert Edward Inkpin sei »heftig pro-deutsch«.[85] Victor Ferguson, beim MI5 für die Untersuchung pazifistischer Bewegungen zuständig, hielt folgende Informationen über Inkpin fest, die er von Victor Fisher, einem ehemaligen Führungsmitglied der BSP, erhalten hatte, der sich wegen Inkpins Opposition gegen den Krieg von diesem abgewandt hatte: »Deutsches Blut. Hat einen Bruder (Vorname unbekannt), beide sind entschieden pro-deutsch. Gelder aus deutschen Quellen fließen möglicherweise über ihn. Sehr schlau. Bewegte die Führung [der BSP] dazu, sich den Deutschen zuzuwenden.«[86] Es ist ausgesprochen unwahrscheinlich, dass Inkpin tatsächlich Geld aus Deutschland erhielt. Er war eher ein leidenschaftlicher Kriegsgegner als ein Freund Deutschlands.[87] Inkpin hatte keine Einberufung zum Kriegsdienst erhalten, da er als Führer einer politischen Partei einer Tätigkeit im »nationalen Interesse« nachging. Der MI5 hatte die Entscheidung ursprünglich mit der Begründung begrüßt, dass Inkpin so keine Gelegenheit erhalten werde, den Defätismus in den Streitkräften zu fördern. Doch nach der bolschewistischen Revolution änderte Kell seine Meinung und setzte sich erfolglos dafür ein, Inkpins Befreiung vom Kriegsdienst zu widerrufen.[88] Inkpin wurde im Jahr 1920 zum ersten Generalsekretär der Kommunistischen Partei Großbritanniens (CPGB) und an der Seite von Lenin, Trotzki und anderen kommunistischen Führern ins Präsidium der Kommunistischen Internationale (Komintern) gewählt.[89]

Die erfolgreichste Subversionsoperation im Ersten Weltkrieg gelang den Deutschen, indem sie Lenin im Frühjahr 1917 aus dem Schweizer Exil in einem »plombierten« Zug nach Petrograd brachten (»wie einen Pestbazillus«, um Churchill zu zitieren). Lenins »revolutionärer Defätismus« war gleichbedeutend mit der Anerkennung des deutschen Siegs durch Russland. Cumming leitete einen Bericht eines Agenten in Bern an den MI5 weiter, aus dem hervorging, dass die Deutschen von Lenin die Garantie verlangt hätten, dass sämtliche im Zug mitreisenden Revolutionäre »Verfechter eines sofortigen Friedensschlusses« waren.[90]

Die strengen Vorschriften für das Rauchen und die Benutzung der Toiletten, die Lenin seinen Mitreisenden aufzwang, waren ein früher Hinweis auf den autoritären Einparteienstaat, den er in Russland errichten sollte.[91] Am 3. April (am 16. April nach gregorianischem Kalender) wurde Lenin in Petrograd ein theatralischer Empfang bereitet, obwohl die Kapelle, die vermutlich die falschen Noten mitgebracht hatte, statt der »Internationale« die Marseillaise spielte. Am folgenden Tag schickte ein deutscher Vertreter in Stockholm folgendes Telegramm nach Berlin: »Lenins Einreise nach Russland erfolgreich. Er arbeitet genauso, wie wir es uns wünschen.«[92] Lenin lehnte die Kritik an der Zusammenarbeit mit dem Deutschen Reich als »dummes bourgeoises Vorurteil« ab: »Wenn die deutschen Kapitalisten dumm genug sind, uns nach Russland zu bringen, so graben sie sich ihr eigenes Grab.« Die unvermeidlichen Gerüchte, er sei ein deutscher Spion, wurden von einem russischen Offizier fälschlich bestätigt; er behauptete, dies als Kriegsgefangener von seinen deutschen Bewachern erfahren zu haben. Am 6. Juli ordnete das Justizministerium der Provisorischen Regierung Lenins Verhaftung wegen Hochverrats an. Lenin war gezwungen, sich seinen Bart abzurasieren, sich als Arbeiter zu verkleiden und sich vorübergehend nach Finnland abzusetzen.[93] »Wir gehen davon aus«, stellte Major Claude Dansey von der E Branch im August fest, »dass der russische Generalstab mittlerweile Beweise für Lenins Schuld hat.«[94]

In Anbetracht der Tatsache, dass Berlin zur Untergrabung der russischen Kampfbereitschaft die Bolschewisten unterstützte, war es nachvollziehbar – obwohl falsch, wie sich später herausstellte –, dass der MI5 davon ausging, dass Deutschland auch den britischen Anhängern der Bolschewisten helfe. Da die russische Regierung den »Beweis« dafür erbracht hatte, dass Lenin im Sold der Deutschen stand, war der britische Geheimdienst davon überzeugt, dass auch die britischen Sozialisten mit deutschem Geld finanziert würden. Der gefährlichste Bolschewist in Großbritannien war nach Ansicht des MI5 Georgi Tschitscherin, der Lenins »revolutionären Defätismus« vorbehaltlos unterstützte. Nachdem sich der MI5 im Januar 1917 erfolglos für Tschitscherins Internierung eingesetzt hatte, wurde der Forderung im August mit folgender Begründung stattgegeben:

1. Er verbündet sich durch seine Kontakte zu Deutschen und deutschenfreundlichen Personen im Cummunist Club mit feindlichen Kräften ...
2. In Anbetracht seiner Aktivitäten und seiner Haltung, die gegen die Verbündeten gerichtet sind und Deutschland nützen, stellt er eine Gefahr für die öffentliche Sicherheit und die Verteidigung des Königreichs dar.[95]

In seinem erfolglosen Einspruch gegen die Internierung erhob Tschitscherin einen Vorwurf, der die britische Regierung in eine missliche Lage bringen konnte. Er behauptete, von der russischen Provisorischen Regierung beauftragt worden zu sein, die Beziehungen zwischen der zaristischen Ochrana und Scotland Yard zu untersuchen, und beschuldigte die britische Regierung, diese Untersuchung zu behindern, um »dunkle Machenschaften« der Ochrana zu vertuschen.[96] Es gab in der Tat Vorgänge, die die britische Regierung in eine unangenehme Lage bringen konnten, darunter die frühere Zusammenarbeit zwischen dem MI5-Chefermittler William Melville (der einige Monate später in den Ruhestand ging und im Jahr darauf früh verstarb) und dem skrupellosen Leiter der Ochrana, Pjotr Ratschkowski.

Die wachsende Zahl von Hinweisen auf eine deutsche Finanzierung der Opposition gegen den Krieg in Frankreich vertiefte die Furcht vor einer ähnlichen Unterwanderung Großbritanniens. Am 15. Mai 1917 wurde Raoul Duval, einer der Direktoren der für ihren Widerstand gegen den Krieg bekannten linken Zeitung *Bonnet Rouge*, bei der Heimkehr aus der Schweiz mit einem von einem deutschen Bankier ausgestellten Scheck über einen hohen Betrag gefasst. Später wurde Duval wegen Verrats zum Tode verurteilt und hingerichtet. Im August beging der Chefredakteur von *Bonnet Rouge*, Miguel Almereyda, im Gefängnis Selbstmord. Georges Clemenceau, der kurze Zeit später französischer Ministerpräsident wurde, behauptete, die Weigerung des Innenministers Louis Malvy, Strafverfahren gegen Almereyda und andere Defätisten einzuleiten, sei die Ursache für die Meutereien in der Armee. Malvy wurde später eines »schuldhaften Pflichtversäumnisses« schuldig gesprochen und zu einem fünfjährigen Exil verurteilt. Der frühere radikale Ministerpräsident Joseph Caillaux, der *Bonnet Rouge* vor dem Krieg finanzielle Unterstützung gewährt hatte, wurde ebenfalls verhaftet. Nach Aussage des britischen Botschafters hoffte Clemenceau, man werde Caillaux erschießen. (Nach dem Krieg wurde Caillaux in einem Prozess des Verrats schuldig gesprochen, aber man billigte ihm »mildernde Umstände« zu.)[97]

Später stellte sich heraus, dass Clemenceau und seine Anhänger das Ausmaß der von Deutschland finanzierten Subversion erheblich übertrieben hatten, aber zu jener Zeit nahmen viele britische Beobachter diese Behauptung für bare Münze. Am 3. Oktober erklärte Sir Edward Carson, Minister ohne Portefeuille in Lloyd Georges Kriegskabinett, es sei »eine Tatsache«, dass deutsches Geld in Russland, Frankreich, Italien, Spanien, den Vereinigten Staaten, Argentinien, Chile, »ja überall dort, wo günstige Bedingungen für eine Einmischung« herrschten, eingesetzt werde, um »Zwist in der Industrie« zu säen. Seine Kabinettskollegen nahmen Carsons Behauptungen ernst. In der Kabinettssitzung am 4. Oktober wurde festgestellt, dass »das einzig wirklich wirksame Propagandasystem, das gegenwärtig in unserem Land existiert, jenes ist, das von den Pazifisten organisiert wird, die über hohe Geldbeträge verfügen und ihre Angriffe sehr entschlossen vortragen«. Im Sitzungsprotokoll ist nicht vermerkt, dass irgendein Kabinettsmitglied Kritik an dieser grotesken Behauptung äußerte.[98] In seiner Sitzung am 19. Oktober befasste sich das Kriegskabinett ein weiteres Mal mit der Finanzierung des Pazifismus durch Deutschland. Aus dem Sitzungsprotokoll geht hervor, dass erneut abwegige Verschwörungstheorien aufgestellt wurden. Diesmal wurde behauptet, die Antikriegspropaganda werde »von wohlhabenden Männern finanziert, die auf die Gelegenheit warten, nach dem Krieg gute Geschäfte mit Deutschland zu machen«. Auch diese These wurde offenbar nicht angefochten. Das Kriegskabinett beschloss, das Innenministerium (also nicht Kell, sondern Thomson) mit der »Koordinierung und Lenkung der Untersuchungen der pazifistischen Propaganda und der damit zusammenhängenden Fragen« sowie mit der entsprechenden Berichterstattung zu beauftragen.[99] Thomson stöhnte innerlich, als er die Neuigkeit erfuhr. Er hielt die Ängste der Minister für übertrieben, wusste jedoch, dass man ihn möglicherweise der Nachlässigkeit bezichtigen würde, wenn er es unterließ, ihren Befürchtungen die gebührende – das hieß: unangebrachte – Aufmerksamkeit zu schenken. Am 22. Oktober schrieb er in sein Tagebuch:

> Das Kriegskabinett ... ist nicht willens, sich in dieser Angelegenheit beruhigen zu lassen. Da die Minister davon überzeugt sind, dass die [pazifistischen und revolutionären] Vereinigungen mit deutschem Geld finanziert werden, wollen sie die Gewissheit haben, dass die Polizei etwas unternimmt. Ich bin sicher, dass kein deutsches Geld fließt, sondern dass [diese Vereinigungen] ihre Ausgaben mit den Beiträgen dieser Spinner decken.[100]

In seinem Bericht brachte es Thomson zuwege, vorsichtige Wachsamkeit gegenüber der Gefahr einer von Deutschland finanzierten Subversion an den Tag zu legen und gleichzeitig zu einem beruhigenden Schluss zu gelangen. Deutsches Geld sei, teilte er den Ministern mit, weder in großem Stil noch wirkungsvoll eingesetzt worden. Mit Ausnahme der ILP seien die pazifistischen Organisationen »seit einiger Zeit finanziell in einer sehr schlechten Lage«. Die Union of Democratic Control (UDC) sei »keine revolutionäre Organisation« und übe lediglich auf die »intellektuellen Schichten« einen gewissen Reiz aus. Die britischen Arbeiterräte seien in einem »erbärmlichen Zustand«. Die BSP mache zwar »großen Lärm«, habe jedoch »keinen großen Einfluss« und sei auf die Hilfe der ILP angewiesen. Die Gewerkschaftsobmänner in den Fabriken würden mehrheitlich die Fortsetzung des Krieges befürworten. Die pazifistische Propaganda verdanke der Langeweile mehr als Deutschland: Die Angehörigen der Arbeiterklasse (insbesondere unverheiratete junge Männer mit Geld in der Tasche) vermissten »die Ablenkungen, an die sie vor dem Krieg gewohnt waren«, was auf die »Beschränkungen für Pferderennen, Fußball und andere Vergnügungen sowie auf die verkürzten Öffnungszeiten der Gasthäuser« zurückzuführen sei.[101]

Doch dann traf die Nachricht von der bolschewistischen Revolution ein und weckte neue Befürchtungen beim Kriegskabinett. Am 12. November, fünf Tage nach dem Umsturz in Russland, erklärte das Außenministerium, die Deutschen hätten sich des Bolschewismus »für ihre eigenen Zwecke bemächtigt und ihn vergiftet«, um die russische Kriegsbeteiligung zu untergraben: »Es steht noch nicht fest, welcher der bolschewistischen Führer deutsches Geld genommen hat; einige haben es zweifellos getan, während andere ehrliche Fanatiker sind.«[102] Es war unvermeidlich, dass bei einigen Ministern die Befürchtung wuchs, die britische Subversion werde ebenfalls mit deutschem Geld finanziert. Innenminister Sir George Cave äußerte den Verdacht, die von Deutschland bezahlte Unterwanderung habe ein größeres Ausmaß erreicht als von Thomson angenommen, und ordnete »weitere Untersuchungen« durch einen gemeinsamen Ausschuss von MI5 und Special Branch an. Dieser Ausschuss sollte auch die bei Polizeirazzien beschlagnahmten Aufzeichnungen pazifistischer und revolutionärer Vereinigungen durchforsten, um sich ein Bild von ihren Einkommensquellen zu machen.[103] Doch weder der MI5 noch die Special Branch fanden irgendwelche Hinweise darauf, dass das Deutsche Reich die britischen Pazifisten und Revolutionäre unterstützte. Thomsons geringschätzige Kommentare über die No-Conscription Fellowship, die dem Kriegskabinett am 13. Dezember vorgelegt wurden, waren bezeichnend für seine allgemeine Verachtung für die Pazifisten: »Die Dokumente enthalten keine Hinweise auf eine Einflussnahme oder finanzielle Unterstützung durch den Feind. Die Vereinigung wird von Spinnern auf dilettantische Art geführt, und ihr Einfluss scheint auf den Kreis der Kriegsdienstverweigerer aus Gewissensgründen beschränkt zu sein.«[104]

Kell nahm die von der Unterwanderung ausgehende Bedrohung ernster, wobei sein Augenmerk dem Bolschewismus galt. Auf der Neujahrskarte des MI5 von 1918, die von Kells Stellvertreter Holt-Wilson persönlich gestaltet und von dem bekannten Illustrator Byam Shaw im Stil der Präraffaeliten gezeichnet wurde, ist die abscheuliche, haarige Gestalt der Subversion dargestellt, aus deren Nüstern Rauch quillt und die sich auf allen vieren an den (wie ein römischer Soldat gekleideten) britischen Krieger anschleicht, der nichts von der Gefahr in seinem Rücken ahnt, da sein Blick auf die Vision von »Dieu et Mon Droit« und den Sieg im Jahr 1918 geheftet ist. Als die Subversion dem britischen Krieger gerade den Dolch in den Rücken stoßen will, wird sie vom MI5, der als maskierte Britannia dargestellt ist, mit einem Dreizack (versehen mit ihrem geheimen Monogramm) aufgespießt. Im Januar 1918 begann Kell, mögliche sowjetische Subversionsaktivitäten in Rüstungsfabriken zu untersuchen, und forderte die Polizeichefs auf, jede Veränderung der Einstellung der in den Munitionsfabriken arbeitenden Russen zu melden, die gekennzeichnet ist durch: pazifistische oder Antikriegspropaganda, eine schwindende Bereitschaft zur weiteren Beteiligung an der Rüstungsproduktion oder eine aktive Neigung zur Behinderung des Nachschubs entweder durch die Verringerung der Produktion oder durch die Zerstörung von Erzeugnissen oder Fabriken.[105]

Trotz der Furcht vor der Unterwanderung durch die Bolschewisten bemühte sich der MI5 offenbar nicht darum, die übergeordnete Bedeutung der bolschewistischen Revolution und ihre wahrscheinliche Wirkung außerhalb Russlands zu analysieren.[106] Rückblickend hatte die Revolution eine überraschend geringe Wirkung auf die britische Arbeiterbewegung, denn sie fand sehr viel weniger Zustimmung als der Sturz des Zaren acht Monate vorher. Die kleine BSP unterstützte die Bolschewiken, nicht aber der Großteil der ILP-Führung. Der führende Labour-Journalist H. N. Brailsford verurteilte die russische Revolution im *Herald* als »rücksichtslose und unvernünftige Raserei«.[107]

Während seiner Internierung in der Strafanstalt Brixton erfuhr Georgi Tschitscherin aus der Zeitung, dass er von Leo Trotzki, dem sowjetischen Kommissar für Äußere Angelegenheiten, zum Vertreter der Sowjetregierung in London ernannt worden war. Er schickte Trotzki aus dem Gefängnis ein Telegramm, in dem er die Ernennung akzeptierte.[108] Im Januar 1918 durften Tschitscherin und ein weiterer inhaftierter russischer Revolutionär im Gegenzug für die Freilassung von zwei in Russland festgehaltenen Briten ausreisen. Ein Freund, der Tschitscherin zum Bahnhof begleitete, berichtete, dass bei der Abfahrt des Zuges »die Internationale auf Russisch gesungen wurde und Hochrufe auf die russische Revolution ausgebracht wurden«.[109] Im Februar 1918 nahm Tschitscherin als Mitglied der bolschewistischen Delegation an den Friedensverhandlungen in Brest-Litowsk teil, in denen die Sowjetregierung Deutschland große Gebietszugeständnisse machte (die Gebietsgewinne im Osten wurden durch die deutsche Niederlage an der Westfront wettgemacht). Lenin war fest davon überzeugt, dass seine Regierung keine andere Wahl als einen demütigenden Friedensschluss habe: »Wer nicht fähig ist, mit dem Bauch durch den Schmutz zu kriechen, ist kein Revolutionär, sondern ein Schwätzer.«[110] Sowohl der Frieden von Brest-Litowsk als auch der Beginn der letzten deutschen Großoffensive an der Westfront nahmen dem Widerstand gegen den Krieg in Großbritannien den Wind aus den Segeln. Brest-Litowsk schien zu beweisen, dass die Bolschewisten Sympathie für Deutschland hegten, und der Befehl »Mit dem Rücken zur Wand«, den Feldmarschall Sir Douglas Haig an der Westfront ausgab, als es so aussah, als könnte den Deutschen ein Durchbruch gelingen, fand an der Heimatfront breite Unterstützung. Thomson zeigte sich verblüfft von der entschiedenen Ablehnung des Pazifismus durch die Bevölkerung, eine Haltung, die nach Angabe sämtlicher Informanten auf den »entscheidenden Einfluss der Verwandten der in Flandern kämpfenden Arbeiter« zurückzuführen war.[111]

Im letzten Kriegsjahr weitete der MI5 seine Aktivitäten vor allem im Bereich der Hafenpolizei aus (die zum Zeitpunkt des Waffenstillstands 325 Beamte umfasste).[112] Die Ports Police beschränkte sich mittlerweile nicht mehr auf die Suche nach Anhängern Deutschlands, sondern hielt auch Ausschau nach Personen, die mit den Bolschewisten sympathisierten. Zudem richtete der MI5 ein Büro in Rom ein und erhöhte seine Präsenz in den Vereinigten Staaten deutlich. Die Eröffnung der römischen Niederlassung des MI5, der Britischen Militärmission, am 1. Januar 1918 war eine Folge der Schlacht von Caporetto, in der österreichischen und deutschen Kräften zwei Monate vorher ein Vorstoß gelungen war, der sich in einen Durchbruch der Mittelmächte an der italienischen Front zu verwandeln drohte und mit sechs anglo-französischen Divisionen aufgehalten werden musste. Der Leiter der Mission, das Parlamentsmitglied Sir Samuel Hoare, ein Ritter und späterer Außenminister, war der einzige amtierende Abgeordnete, der je dem MI5 angehörte.[113] In den vorangegangenen zwei Jahren hatte Hoare überwiegend für den MI1c gearbeitet, Cummings Auslandsgeheimdienst im Krieg. Bis zur Februarrevolution hatte er das Büro in Petrograd geleitet und die ersten grauenhaften Einzelheiten über die Ermordung Rasputins, die den Westen erreichten, an Cumming gemeldet. Hoare hatte eine übertriebene Darstellung des Beitrags der pro-deutschen »dunklen

Kräfte« (denen der charismatische, aber ausschweifende Mönch angehört hatte) zur Unterminierung der russischen Kriegsanstrengungen geliefert[114] und verbrachte in Rom einen Großteil seiner Zeit mit der Aufdeckung und Bekämpfung ähnlicher subversiver Aktivitäten in Italien. Er schickte eine Reihe von Berichten über die Gegensätze zwischen Anhängern und Gegnern der Alliierten im Vatikan an Kell (ein Teil davon ging mit Sicherheit in Kopie an Cumming) und beschuldigte den päpstlichen Nuntius in München Eugenio Pacelli, den späteren Papst Pius XII. (1939–1958), ein »überzeugter Deutschenfreund« zu sein. Um die Subversion in Italien zu bekämpfen, bestach Hoare unter anderem den Alliierten gewogene Journalisten wie den ehemaligen Sozialisten Benito Mussolini, der im Jahr 1919 die Faschistische Bewegung gründete. Hoare bezahlte Mussolini den damals beträchtlichen Betrag von 100 Pfund pro Woche.[115]

Im Lauf des Jahres 1918 wurden 30 Mitarbeiter des MI5, darunter 14 Offiziere, in die Büros in Washington und New York entsandt.[116] Das Verbindungsbüro in Washington hatte seine Tätigkeit unmittelbar nach dem Kriegseintritt der Vereinigten Staaten im April 1917 aufgenommen, als Claude Dansey dorthin entsandt worden war, um den militärischen Nachrichtendienst der USA detailliert über die Lage in Europa zu informieren. Dansey beeindruckte seine Zuhörer sehr. Nach einem seiner Vorträge erklärte Major General Joseph Kuhn, Präsident des US Army War College in Washington, der britische Geheimdienst sei »ausgezeichnet«.[117] Im August 1917 wechselte Dansey vom MI5 zum SIS, wo er den Rest seiner Karriere verbrachte und bis zum stellvertretenden Leiter aufstieg. Im Januar 1918 übernahm Lieutenant Colonel Hercules Pakenham, ein ehemaliger Angehöriger der Royal Irish Rifles (irisches Infanterieregiment) und erfahrener Verbindungsoffizier, die Leitung des Washingtoner Büros des MI5.[118] Pakenham, der Eton besucht hatte und Adjutant der Generalgouverneure von Kanada und Indien gewesen war,[119] hatte auch zahlreiche familiäre Bindungen in den Vereinigten Staaten: Einer seiner Vorfahren hatte im Jahr 1815 an der Schlacht von New Orleans teilgenommen, in der die Briten von den Amerikanern geschlagen worden waren (obendrein war der Krieg von 1812 eigentlich bereits beendet, da zwei Wochen vor der Schlacht der Friedensvertrag von Gent unterzeichnet worden war).

Die Ankunft der US-Truppen an der Westfront verschaffte dem

Verbindungsbüro zusätzliche Bedeutung. Aufgrund der großen Zahl amerikanischer Bürger, die über die britischen Häfen reisten, und mit Blick auf die große deutsch-amerikanische Gemeinde, die sich dem Kriegseintritt der USA in der Vergangenheit widersetzt hatte, erstellte der MI5 im August einen »Index amerikanischer Verdächtiger«, der an den Leiter des Heeresnachrichtendienstes in Washington, nicht jedoch an andere Verbündete, weitergegeben wurde.[120] Wie aus einem erhalten gebliebenen Gästebuch des MI5 hervorgeht, war ab August ein geringer, aber stetiger Zustrom amerikanischer Geheimdienstoffiziere in der Londoner Zentrale zu beobachten.[121]

Am 1. März 1918 übernahm Major Norman Thwaites, der bisherige Stellvertreter von Cummings Büroleiter in den USA, Sir William Wiseman, die Leitung des MI5-Büros in New York.[122] Thwaites war teilweise in Deutschland ausgebildet worden und sprach fließend Deutsch. Vor dem Krieg hatte er in New York als Privatsekretär des prominenten Journalisten Joseph Pulitzer (der später den Pulitzer-Preis ins Leben rief) gute Beziehungen zur deutsch-amerikanischen Gemeinde geknüpft.[123] Vor dem Kriegseintritt der USA war es Thwaites gelungen, ein Foto zu entwenden und zu kopieren, auf dem der deutsche Botschafter in Washington, Graf von Bernstorff, mit zwei Frauen in Badeanzügen im Arm zu sehen war. Thwaites gab Bernstorff dem allgemeinen Spott preis, indem er seine Kontakte zur Presse nutzte, um eine Veröffentlichung des Bildes zu arrangieren. Der russische Botschafter hatte eine Kopie auf seinem Kamin stehen.[124] Wie Hoare blieb auch Thwaites während seiner Tätigkeit für den MI5 in Kontakt mit dem MI1c. Beide arbeiteten eng mit der New Yorker Polizei, dem Bureau of Investigation (dem späteren FBI), der amerikanischen Zollbehörde und den Nachrichtendiensten des Heeres und der Marine zusammen. Der MI1c berichtete, Thwaites habe besonderen Einfluss erlangt, da es die amerikanischen Sicherheits- und Nachrichtendienste in New York ablehnten, Deutsch-Amerikaner zu beschäftigen: »Major Thwaites ist seit Monaten der einzige Geheimdienstoffizier in New York, der Deutsch lesen und sprechen kann. Er verbringt viele Nächte in der Polizeizentrale usw., um vom Feind erbeutete Dokumente zu analysieren.«[125] Unter den Mitarbeitern des amerikanischen Heeresnachrichtendienstes in New York, mit denen Thwaites wahrscheinlich zu tun hatte (obwohl dies nicht unzweifelhaft bestätigt werden kann), war der frühere britische Doppelagent Captain Roslyn Whytock. Die Ausweitung der Tätigkeit von Thwaites war vermutlich der Grund dafür, dass Wiseman zu der Überzeugung gelangte, Kell plane die Übernahme des MI1c-Büros in New York.[126]

Innerhalb Großbritanniens war ein Streik der Londoner Polizei das Sicherheitsproblem, das der Regierung im letzten Kriegssommer die größten Sorgen bereitete. Am 30. August meldeten sich 10 000 der 19 000 Beamten der Metropolitan Police nicht zum Dienst. Sie verlangten eine Anerkennung ihrer Gewerkschaft und eine sofortige Gehaltserhöhung. Lloyd George war derart erschüttert, dass er später erklärte, an jenem Tag sei Großbritannien »dem Bolschewismus so nahe gewesen wie zu keinem späteren Zeitpunkt«. Kell befand sich zu diesem Zeitpunkt im Krankenstand, und es sind keine Aufzeichnungen darüber erhalten, wie er den Streik beurteilte. Fest steht, dass Thomson die Lage weniger dramatisch einschätzte als Lloyd George. Seiner Meinung nach wäre es überhaupt nicht zum Streik gekommen, hätte man die sofort nach Beginn des Ausstands versprochene Gehaltserhöhung früher bekannt gegeben. Die bessere Bezahlung genügte, um die Polizisten zur Wiederaufnahme der Arbeit zu bewegen; es war nicht erforderlich, ihre Gewerkschaft anzuerkennen.[127] Doch obwohl der Konflikt rasch beigelegt wurde, war sich Thomson nicht mehr ganz sicher, wie groß die Bereitschaft der Polizei zur Bekämpfung etwaiger bolschewistisch inspirierter sozialer Unruhen sein würde. Im Jahr darauf trat die Metropolitan Police erneut in den Ausstand.

Als sich im Sommer 1918 an der Westfront die Lage zugunsten der Alliierten wendete, schwand die Furcht vor einer ernst zu nehmenden Unterwanderung rasch, und als sich der Sieg schließlich abzeichnete, verschwand der Pazifismus in der Versenkung. Die Moral der britischen Arbeiterschaft, schrieb Thomson am 21. Oktober, drei Wochen vor dem Waffenstillstand, sei »vermutlich so hoch wie noch zu keinem Zeitpunkt« seit Kriegsausbruch.[128]

Thomson warb bereits um Unterstützung für den Aufbau eines von ihm zu leitenden Nachrichtendienstes, der nach dem Krieg die Subversion in Friedenszeiten beobachten sollte; der Nachrichtendienst der Marine unterstützte ihn dabei. Sowohl Blinker Hall als auch dessen Assistent Claud Serocold verstanden sich gut mit Thomson, während sie eine Abneigung gegen Kell hegten, den sie für

»kurzsichtig und ängstlich« hielten.[129] Auch in der Regierung genoss Thomson mehr Unterstützung als Kell. Sein wichtigster Fürsprecher war der Kolonialminister Walter Long. Am 14. Oktober schickte Long »inoffiziell und als Freund« ein sonderbares Memo »zur Frage unseres Secret Service« an Thomson. Darin hieß es: »In unserem Land gibt es eine sehr starke bolschewistische Vertretung, der es infolge des Mangels an effizienter Gegenwehr des Geheimdienstes gelingt, große Probleme zu verursachen.« Long räumte ein, möglicherweise »übertrieben misstrauisch« zu sein, hielt jedoch an der Ansicht fest, dass die Streiks der Polizei, der Eisenbahner und der Arbeiter in den Rüstungsfabriken am Clyde allesamt auf »deutsche Intrigen und deutsches Geld« zurückzuführen seien. Er habe »verlässliche Informationen« darüber, dass man während des Polizeistreiks »nur um ein Haar einer Katastrophe furchtbaren Ausmaßes« entgangen sei. Und er erklärte: »Ich bin davon überzeugt, dass es nur einem effizienten Geheimdienst gelingen wird, mit dem Bolschewiken, dem Gewerkschaftler und dem deutschen Spion fertig zu werden. Ich bin sicher, dass alle drei weiterhin aktiv ihren teuflischen Machenschaften nachgehen.«[130]

Eigentlich nahm Thomson Longs Furcht vor einer von Deutschland finanzierten subversiven Verschwörung großen Ausmaßes nicht ernst, aber da er Longs Unterstützung keinesfalls verlieren wollte, stimmte er dem Minister darin zu, dass es »eine starke und wachsende bolschewistische Aktivität« in Großbritannien gebe. Zur Beruhigung fügte er jedoch hinzu, er kenne »die wichtigsten darin verwickelten Personen und bis zu einem gewissen Grad auch ihre Geldquellen«. Und Thomson begrüßte Longs Forderung nach dem Aufbau eines koordinierten Inlandsgeheimdienstes begeistert. Er sagte voraus, der größte Widerstand gegen ein solches integriertes System werde vom MI5 kommen, der auch in Friedenszeiten sein Monopol auf die Spionageabwehr erhalten wolle, die Thomson als »sehr wichtigen Bestandteil des Inlandsgeheimdienstes« bezeichnete, denn der Krieg habe gezeigt, »dass die Gegenspionage weit über die Enttarnung ausländischer Spione hinausgeht, da sich die feindlichen Intrigen in alle Richtungen verzweigen«. Mit Blinker Halls und Serocolds Unterstützung machte sich Thomson für die Ernennung eines zivilen Leiters sämtlicher Nachrichtendienste stark, wobei er an seine eigene Person dachte. Er sprach sich für einen von

Hall und Serocold vorgeschlagenen Plan zur Finanzierung des Geheimdienstes in Friedenszeiten aus, und zwar mithilfe einer treuhänderisch zu verwaltenden Kriegsanleihe von etwa einer Million Pfund: »Es ist sehr zu bezweifeln, dass das Parlament nach dem Krieg weiterhin ausreichende Mittel für die Geheimdienste bewilligen wird, insbesondere, wenn Labour an die Macht kommt.«[131]

Long unterstützte Thomsons Vorschlag und leitete ihn an den Premier weiter.[132] In den folgenden Monaten überhäufte er Lloyd George mit Vorschlägen zur Reorganisation der Nachrichtendienste. »Wenn nicht unverzüglich Schritte unternommen werden«, schrieb er am 18. November, »wird der Secret Service dann, wenn wir ihn am meisten brauchen, verkrüppelt sein.«[133]

Kell konnte es im Kampf um die Kontrolle über den britischen Inlandsgeheimdienst nach dem Krieg infolge seiner krankheitsbedingten Abwesenheit in den letzten Kriegsmonaten und aufgrund des mangelnden Rückhalts in der Regierung kaum mit Thomson aufnehmen. Ein erhalten gebliebener Brief, den Kell am 7. September 1918 aus Northumberland an seinen Stellvertreter Holt-Wilson schrieb, zeigt deutlich, dass der Direktor trotz der Gastfreundschaft des Herzogs von Northumberland einsam und gelangweilt war und sich mit persönlichen Angelegenheiten und Problemen im Büro befasste, ohne auf die dramatische Entwicklung an der Westfront, die täglich die Titelblätter der Zeitungen füllte, oder auf die Debatte in der Regierung über den Umbau der Nachrichtendienste nach dem Krieg einzugehen, die erhebliche Auswirkungen auf die Zukunft des MI5 haben würde:

Ich bin in sehr viel besserer Verfassung und erhole mich hier gut – Aber kein Angeln – flaches Wasser, und die Fische beißen nicht. John [Kells Sohn] fing heute beim Spielen am See eine kleine Forelle. Meine Frau findet mittlerweile großen Gefallen am Angeln – obwohl die Fischbestände brachliegen. Ich wünschte, sie hätte mit mir nach Morpeth hinauffahren können, denn die Fischgründe des Herzogs könnten gut für sie sein.
Meine 2 Monate [im Krankenstand] enden am 1. Okt, aber da ich 5 Tage in Dubl[in] und Edinboro gearbeitet habe, werde ich, sofern das Wetter ordentlich bleibt, diese 5 Tage anhängen und am Freitag, dem 4. Oktober, nach London zurückkehren und am 5. im Büro vor-

beischauen – und am Sonntag an die ARBEIT gehen. Sollte sich das Wetter jedoch verschlechtern, so werde ich früher zurückreisen – und irgendwann hereinschneien! Sehe sehr viel besser aus. Wenn es jemanden gibt, der unbedingt eine Woche Urlaub braucht, so schicken Sie ihn vorbei, denn ich bin hier vollkommen allein und an den Abenden in einer scheußlich trüben Stimmung. Ich kann ein sehr komfortables Hotel, gutes Essen und eine herrlich frische Luft anbieten. Ich freue mich auf unser Wiedersehen.[134]

Während sich Kell in Northumberland erholte, warb Thomson in London für ein Nachrichtendienstsystem, in dem er nach dem Krieg eine führende Rolle spielen würde.

Im Januar 1919 richtete das Kriegskabinett einen Geheimdienstausschuss ein, um die Ergebnisse der Nachrichtendienste zu beurteilen und zu untersuchen, wie ihre Arbeit am besten koordiniert werden konnte. Den Vorsitz hatte Lord Curzon, der das Außenministerium leitete, während Balfour in Paris an der Friedenskonferenz teilnahm (im Juni übernahm Curzon das Ressort). Als Vizekönig von Indien hatte sich Curzon zu Beginn des Jahrhunderts am »Great Game« an der Nordwestgrenze beteiligt, und er betrachtete die Pläne der Sowjetregierung für Indien mit noch größerem Argwohn als jene der zaristischen Herrscher. Wie Long und Churchill, die ebenfalls im Geheimdienstausschuss saßen, maß er den Geheimdienstberichten über die vorrückende »rote Gefahr« große Bedeutung bei. In Thomson sah Curzon einen »ausgezeichneten Spürhund«. Der Geheimdienstausschuss trat unter seinem Vorsitz in unregelmäßigen Abständen zwei Jahre lang zusammen, um die Reorganisation der im Ersten Weltkrieg beträchtlich gewachsenen Nachrichtendienste voranzutreiben, deren Tätigkeit den Bedürfnissen in Friedenszeiten angepasst werden musste. Thomsons ehrgeiziges Vorhaben, sämtliche Nachrichtendienste einem einzigen zivilen Leiter zu unterstellen, lehnte der Ausschuss allerdings ab. Hingegen bewilligte er den früheren Vorschlag Longs, einen »Civil Secret Service« einzurichten, der subversive Aktivitäten überwachen sollte. In ihrem ersten Bericht empfahl diese Behörde im Februar 1919 Thomsons Ernennung zum Leiter einer neuen Nachrichtendienstabteilung (Directorate of Intelligence) im Innenministerium.[135] Wie Kell wurde Thomson in diesem Jahr zum Ritter geschlagen.

Am 1. Mai 1919 trat Thomson sein neues Amt an und verwandelte sich damit offiziell in den Leiter der britischen Subversionsabwehr, dem die Special Branch der Metropolitan Police unterstand. Eddie Bell, der nachrichtendienstliche Verbindungsmann in der amerikanischen Botschaft in London, berichtete im Mai 1919 nach Washington, dass der kommende starke Mann des britischen Inlandsgeheimdienstes nicht Kell, sondern Thomson sei, der bereits »fest im Sattel« sitze: »In Zukunft wird es für uns sehr wichtig sein, eine gute Beziehung zu ihm zu pflegen.«[136]

B ZWISCHEN DEN KRIEGEN

1
Die Rote Gefahr in den zwanziger Jahren

Jeder Bolschewik sah die Russische Revolution als Teil einer weltweiten (oder zumindest europäischen) Bewegung. Der Zusammenbruch der Großmächte in Mitteleuropa in den letzten Monaten des Ersten Weltkrieges löste in Lenin begeisterte Hoffnungen aus. Am 1. Oktober schrieb er: »Die internationale Revolution ist im Verlauf einer einzigen Woche so nahe gerückt, dass wir in den nächsten paar Tagen mit ihrem Ausbruch rechnen können.«[1] Heute mag diese Zuversicht als übertriebener Optimismus gelten, aber damals nahmen sie sowohl Gegner als auch Unterstützer der Bolschewiki durchaus ernst. »Der Bolschewismus«, schrieb US-Präsident Woodrow Wilson gleich nach seiner Ankunft in Europa, wo er an den Verhandlungen zu einer Nachkriegsordnung teilnahm, »rückt stetig westwärts, hat Polen überrollt und vergiftet Deutschland.«[2]

Die westlichen Führungen sahen den Bolschewismus von Russland aus bei ihnen einsickern. Er bedrohte die Religion, die Tradition und alle Bande, die ihre Gesellschaft zusammenhielt. In Deutschland und Österreich übernahmen in den Metropolen und Städten Arbeiter- und Soldatenräte die Macht. Soldaten und Matrosen meuterten. Paris, Lyon, Brüssel, Glasgow, San Francisco und sogar das verschlafene Winnipeg in den kanadischen Prärien erlebten Generalstreiks. Waren es isolierte Aufstände oder die auflodernden Flammen eines riesigen Feuers aus dem Untergrund?[3]

Die Gründung der von Moskau dominierten Kommunistischen Internationale (Komintern) im März 1919 fachte die Flammen weiter an. »Ganz Europa«, schrieb Lloyd George, »ist vom Geist der Revolution erfüllt.« In Ungarn wurden am 21. März und in München am 7. April Räterepubliken ausgerufen. Grigori Sinowjew, der Vorsitzende der Komintern, sagte vorher, dass »binnen eines Jahres ganz

Europa kommunistisch sein« würde. Allerdings mussten die Bolschewiki hilflos mitansehen, wie die Münchner Räterepublik nach kaum einem Monat gewaltsam niedergeschlagen und die Ungarns im August gestürzt wurde.[4] Trotz dieser Rückschläge hielten sich noch mehrere Jahre die Hoffnungen und Ängste, dass sich die bolschewistische Herrschaft von ihrer russischen Basis (die aus dem Bürgerkrieg von 1918–1920 gefestigt hervorging) weiter nach Westen ausbreiten würde.

Im Großbritannien der Nachkriegszeit galt die kommunistische Umsturzgefahr als eine noch größere Bedrohung als die sowjetische Spionage. Für den Umgang mit zivilen »revolutionären Bewegungen« war bis 1931 Thomsons Directorate of Intelligence, die Nachrichtendienstabteilung des Innenministeriums, und nach dessen Rücktritt die Special Branch zuständig. Kell musste 1925 den Polizeichefs mitteilen, dass der MI5 »mit dem Kommunismus nur insofern befasst [war], als die Streitkräfte der britischen Krone« betroffen waren. Die zivile Umsturzgefahr unterstehe Thomsons Verantwortung.[5] Auf der Grußkarte des MI5 zum Jahreswechsel 1920 ist eine attraktive weibliche Gestalt für die »Freiheit und Sicherheit« dargestellt. Sie trägt ein transparentes Gewand, hält die Fackel der Freiheit hoch und steht auf einem Podest, das heldenhaft kämpfende und arbeitende Briten (rechts) errichtet haben. Allerdings ist die »Freiheit und Sicherheit« durch Staatsfeinde (links) bedroht: von einem besiegten Hünen mit Pickelhaube (inzwischen eher die Beschwörung einer vergangenen als einer künftigen Gefahr), vom aufständischen Iren (eine viel kleinere Bedrohung im Mutterland als in Irland) und von bolschewistischen Revolutionären, die an das Judenklischee erinnern. Hauptgefahr sind die Bolschewiken, die beim Versuch abgebildet sind, die Fundamente der »Freiheit und Sicherheit« zu untergraben. Die Initialen MIV (V für die römische 5) formuliert Kell zu einer passenden Devise um: Malevolence Imposes Vigilance – »Böswilligkeit zwingt zur Wachsamkeit«. Ein liegender Mann unten auf der Neujahrskarte hat die Staatsfeinde im Visier: Es ist allerdings kein Offizier des MI5, sondern ein Polizist.

Zu einer ersten Untersuchung des MI5 wegen einer möglichen Umsturzgefahr innerhalb der Streitkräfte kam es wegen der ungeschickten Art, auf die die größte Armee in der britischen Geschichte nach dem Krieg demobilisiert wurde. Dass es nicht gleich gelungen war, die zuerst Eingezogenen auch einfach als Erste wieder zu entlassen, sorgte vielfach für Unzufriedenheit. So kam es in den Armeecorps in Calais und Folkestone zu Meutereien. Berichte des MI5, wonach einige der Unruhen durch prosowjetische Agitatoren geschürt worden seien, veranlassten das Kriegsministerium im Februar 1919 dazu, an die kommandierenden Offiziere sämtlicher Militäreinrichtungen einen als »geheim und dringlich« eingestuften Fragebogen auszugeben. Sie mussten jede Woche »ausnahmslos« Auskunft über die politischen Stimmungen in der Truppe geben – im Hinblick »auf die Einrichtung eines effizienten Aufklärungsdienstes«, damit »der Army Council der Truppe den Finger auf den Puls legen« könne. Unter anderem wurden die Kommandeure gefragt, ob »Soldatenräte nach sowjetischem Vorbild« gegründet worden seien; ob Soldaten »den Befehlen gehorchten, die öffentliche Ordnung aufrechtzuerhalten« und den »Streikbruch unterstützten«; und ob sie »für Einsätze in Übersee, insbesondere in Russland, Paraden abhalten« würden. Der Fragebogen geriet zu einem Schuss in den Ofen. Ein Exemplar wurde im sozialistischen *Daily Herald* abgedruckt und löste Thomson zufolge »große Verärgerung über die Regierung« aus.[6]

Der Versuch, zwischen ziviler und militärischer Subversion zu unterscheiden, führte zusammen mit dem Beschluss, den jeweiligen Umgang damit getrennten Behörden zu unterstellen, zu einem Kompetenzgerangel. Wie der Geheimdienstausschuss verspätet 1925 einräumte:

> Ein Kommunist, der in Kreisen der Flotte oder der Armee in Portsmouth oder Aldershot agitiert, kann auch sonntags im Hyde Park revolutionäre Reden schwingen. Die erste dieser Beschäftigungen ist ein Untersuchungsgegenstand für den MI5. Seine Wochenendvergnügungen sind ein Fall für die Special Branch.[7]

Im Sommer 1920 legte der II. Weltkongress der Komintern in Moskau die »21 Bedingungen« für eine Aufnahme fest. Sie stammten zumeist aus Lenins Feder und zwangen sämtlichen Mitgliedsparteien, also auch der frisch gegründeten britischen CPGB, eine geradezu militärische Disziplin auf. Völlig zu Recht erklärten die Führer der

Labour Party die Mitglieder der CPGB zu »geistigen Sklaven Moskaus«. Allerdings wurde diese Sklaverei aus freien Stücken und sogar begeistert angenommen. So schrieb ein kritischer britischer Delegierter nach der Rückkehr vom Weltkongress der Komintern: »Es ist ziemlich klar, dass Russland für viele Kommunisten kein Land ist, von dem man lernen kann, sondern ein sakrosanktes Allerheiligstes, vor dem man katzbuckeln muss.« Die »21 Bedingungen« verlangten eine totale und bedingungslose Unterstützung Sowjetrusslands mit illegalen wie legalen Mitteln einschließlich der »systematischen Propaganda und Agitation in den Streitkräften und des Aufbaus kommunistischer Zellen in sämtlichen Militäreinheiten. Diese Arbeit von Kommunisten muss größtenteils illegal durchgeführt werden.« Das von den Sowjets dominierte Exekutivkomitee der Komintern buchstabierte den Mitgliedsparteien in regelmäßigen Abständen vor, was von ihnen erwartet wurde.[8]

Für Kell war das Bemühen der Komintern um eine militärische Subversion geradezu ein Albtraum. Während des Krieges hatte die Vorschrift 42 des Defence of the Realm Act »jede Tat, die absichtlich oder billigend Meuterei, Aufruhr oder Untreue unter sämtlichen Streitkräften Seiner Majestät hervorrufen könnte«, mit einer lebenslangen Haftstrafe (bei bewusster Unterstützung des Feindes auch mit der Todesstrafe) belegt. Zu Kells Bestürzung hatte das Unterhaus einen Antrag abgelehnt, die drakonischen Maßnahmen in die Militärgesetzgebung von 1919 aufzunehmen. Die nachvollziehbare Begründung hatte gelautet, dass sie in den Streitkräften in Friedenszeiten berechtigte Kritik im Keim ersticken könnten. Dass es daher keine Gesetze insbesondere gegen zivile Versuche gab, in der Truppe politische Unzufriedenheit zu schüren, geißelte Kell als »eine ernsthafte Lücke in unserer nationalen Verteidigung«, die erst 1939 geschlossen werden sollte.[9] 1920 und 1921 untersuchte der MI5 um die 95 Fälle von »mutmaßlichen kommunistischen Umtrieben« in der Armee, 60 davon in den Landstreitkräften.[10]

Nach Kell musste der MI5 zur Abwehr eines militärischen Umsturzes die zivilen pro-bolschewistischen Bewegungen im Auge behalten, die die Armee zu unterwandern versuchten. So wurden zwischen den Kriegen zur Überwachung und Durchleuchtung der CPGB mehr geheimdienstliche Mittel eingesetzt als für jedes andere Ziel. Der MI5 verfolgte die Gründung der Partei 1920 so aufmerksam, wie es angesichts seiner schwindenden Mittel möglich war, und überwachte ihre einflussreichsten Führer: darunter Harry Pollitt[11], David Ramsey[12], Robert »Robby« Robson[13], John Campbell[14] und Robert »Bob« Stewart[15]. Ebenso beobachtete er bekannte kommunistische Frontorganisationen, so das National Minority Movement in den Gewerkschaften, die Workers Music Association sowie Organisationen mit kommunistischem Einfluss wie den Collet's Book Shop in London und The Left Book Club.[16] Im Oktober 1920 berichtete der US-Militärattaché nach Washington von »beträchtlichen Irritationen« Sir Basil Thomsons über Einmischungen des MI5 in einen Bereich, den er als sein Hoheitsgebiet ansah.[17] Im Dezember fügte der Militärattaché hinzu:

> Offiziell ist der britische MI5 nur mit zivilen Aktivitäten befasst, wenn diese die Streitkräfte betreffen, aber in Wirklichkeit und insbesondere in jüngerer Zeit hat er sich allgemein mit revolutionären und bolschewistischen Agenten befasst und dabei als Grundlage für Operationen mit den »Listen Verdächtiger« gearbeitet, die im Krieg erstellt und seither ergänzt worden waren.[18]

Am Ende des Krieges standen auf der von der Registratur angelegten »Schwarzen Liste zur Verteidigung« 13 500 Namen. In »Vorbeugenden Index« umbenannt, wuchs sie bis 1925 auf 25 250 Namen an und stellte in Karteiform ein »Zentralregister der Personen« dar, »die für die nationale Verteidigung potenziell gefährlich sind«. Der Index unterteilte sich in zwölf Kategorien, die von »Personen mit Verbindung zu ausländischen Geheimdiensten« bis zu »Personen mit ausländischem Blut oder mit Verbindungen zu britischen staatlichen Behörden« reichten. Die Namen waren zudem »nach Rassen geordnet«. Nach Kells Stellvertreter Holt-Wilson dienten »nicht die Nationalität per Geburtsort oder per Gesetz, sondern die des Blutes, der rassischen Interessen und bestimmter Sympathien und Freundschaften als Kriterien bei sämtlichen Klassifikationen möglicher feindlicher Agenten oder gefährlicher Personen«. Nach Kells Überzeugung betrachten Briten »einen britischen Staatsbürger, der freiwillig eine ausländische Staatsbürgerschaft annimmt, mit Mitleid und Herablassung«. Und sie »bemitleiden auch jedes unserer Frauenzimmer, das einen Ausländer heiratet«. Misstrauen weckten bei Kell selbst britische Untertanen mit einem ausländischen Verwandten: »Im letzten Krieg hatten wir genug Ärger mit halbherzigen Mischlingen, die sich vom Frontdienst entbinden lassen wollten, um keine Verwandten töten zu müssen.«[19] Kells grobe Vorurteile gegen »Mischlinge« passen indes schlecht mit seiner herzlichen Wertschätzung William Hinchley Cookes zusammen, den er trotz dessen deutscher Mutter erfolgreich für den OBE-Verdienstorden empfohlen hatte. Obwohl der »Vorbeugende Index« beim MI5 verblieb, verfügte Thomson bei der Ausspähung des britischen Kommunismus über größere Ressourcen als Kell. Wie Major William Phillips, der spätere Chef der A Branch, einräumte: »Welche Beschwerden wir auch gegen Sir Basil Thomson vorbringen könnten, ein Mangel an Austausch aller nützlicher Informationen, so meine ich wohl zu Recht, gehört nicht dazu. Insgesamt bekamen wir von ihm wahrscheinlich mehr, als wir wollten.«[20]

Einige der wertvollsten Informationen zu sowjetischen Umsturzbestrebungen lieferte die neue britischen SIGINT-Behörde, die Staatliche Code- und Chiffrenschule GC&CS. Im Krieg hatten die britischen Codeknacker die zaristischen diplomatischen Chiffren wegen ihrer Komplexität für nicht entzifferbar gehalten.[21] Diese hatten allerdings im Jahrzehnt nach der bolschewistischen Revolution erheblich an Raffinement eingebüßt. Der Angriff auf sie wurde unter der Leitung des Chefs der Russland-Abteilung des GC&CS, Ernst Fetterlein, durchgeführt. Fetterlein war ein sowjetischer Überläufer und einst ein führender Kryptoanalytiker des Zarenreichs. Es handelte sich um einen bebrillten griesgrämigen Einzelgänger, dessen Umgang mit den Kollegen sich zumeist in einem »Guten Morgen« mit breitem russischem Akzent erschöpfte. Dem amerikanischen Kryptografen William Friedman, der ihn am Ende des Krieges kennenlernte, fiel ein großer Rubinring am Zeigefinger seiner rechten Hand auf: »Als ich mich für dieses ungewöhnliche Schmuckstück interessierte, erzählte er mir, er habe den Ring als Anerkennung und zum Dank für seine Erfolge bei der Kryptoanalyse im Geheimdienst von Zar Nikolaus, dem letzten der Linie, erhalten.« Zu Fetterleins Meriten in Russland zählte die Dechiffrierung des britischen diplomatischen Verkehrs.[22] Ähnliche Erfolge erzielte er während des Großteils der zwanziger Jahre bei der Dechiffrierung des sowjetischen diplomatischen Verkehrs in Großbritannien.

In den zehn Monaten der britisch-sowjetischen Handelsgespräche, die im Mai 1920 in London begannen, bildete die SIGINT-Behörde für Lloyd Georges Regierung die wichtigste Geheimdienstquelle. Der Abschluss des Abkommens, mit dem erstmals eine Großmacht die Sowjetunion de facto anerkennen würde, war für Moskau von großer Bedeutung. Die Fähigkeit der GC&CS, die meisten drahtlosen Botschaften zwischen Moskau und ihrer Handelsdelegation in London zu entschlüsseln, verschaffte den Briten einen hervorragenden Einblick in die sowjetische Politik.[23] Von den dechiffrierten Meldungen, die Lloyd George als Premier im Krieg erhielt, ist nur noch eine dokumentiert. Da dieser sich im Mai 1920 persönlich mit den Verhandlungen mit der sowjetischen Handelsdelegation befasste, erreichte ihn ein ständiger Strom an entschlüsselten sowjetischen Botschaften. Zwischen Juni und September erhielt er eine direkte Sendung der GC&CS,[24] darunter eine unverblümte Warnung Lenins an die sowjetischen Unterhändler: »Dieses Schwein Lloyd George kennt in seiner betrügerischen Art weder Skrupel noch Scham. Glaubt ihm kein Wort und übertölpelt ihn dreimal mehr.«

Während Lloyd George solche Beleidigungen gelassen hinnahm, verlangten Außenminister Lord Curzon und andere Hardliner im Kabinett, die sowjetische Delegation wegen subversiver Umtriebe auszuweisen. Thomsons Nachrichtendienst berichtete über die überwachten Geheimkontakte der sowjetischen Handelsdelegation zu den britischen Kommunisten, über die sowjetischen Zuwendungen an die CPGB und den sozialistischen *Daily Herald* und darüber, dass die Russen und die Komintern kontinuierlich Kuriere entsandten, die die bolschewistischen Sympathisanten in Großbritannien mit Finanzmitteln, Propaganda und Ermahnungen versorgten. Manche Kuriere schmuggelten auf ungewöhnlichen Wegen Schmuckstücke der Zarenfamilie ins Land. Francis Meynell, ein Direktor des *Daily Herald*, berichtete später, er habe in einem Fass mit dänischer Butter zwei Perlenketten aus Kopenhagen eingeführt und bei anderer Gelegenheit dem Philosophen Cyril Joad, damals ein Freund der Bolschewiken, eine große Schachtel mit Schokoladencremes geschickt, von denen jede einen Diamanten oder eine Perle enthielt.

Thomson berichtete dem Kabinett, dass »Juwelenhändler aus allen Teilen Europas« nach London strömten, um Edelsteine zu kaufen, die die Handelsdelegation und einzelne Kuriere nach London eingeschmuggelt hätten. Curzon war davon überzeugt, dass »sich der revolutionäre Virus« dank der von den Sowjets finanzierten subversiven Umtriebe »mit bedrohlicher Geschwindigkeit unter den Klassen« ausbreite, »mit deren Führern [die Handelsdelegation] in täglichem Kontakt« stehe. Lloyd George, der die dürftigen Aussichten auf eine Revolution in Großbritannien inzwischen weitaus realistischer einschätzte, setzte die Handelsgespräche trotz allem fort. Nach Unterzeichnung des britisch-russischen Abkommens vom 16. März 1921 wurde in London eine ständige sowjetische Handelsmission eingerichtet. Im August öffnete eine britische Handelsmission in Moskau. Obwohl es drei Jahre lang keine weiteren förmlichen diplomatischen Beziehungen gab, hatte Sowjetrussland die erste Hürde zu einer Anerkennung durch die internationale Gemeinschaft genommen.[25]

Der MI5 besaß kein offizielles Mandat, um die Aktivitäten der Handelsdelegation zu beobachten. Allerdings hatte er eine dicke Akte zu Nikolai Klischko angelegt, den Sekretär und offiziellen Übersetzer der Delegation, der in Wahrheit der erste Geheimdienstresident (Stationschef) in London war. Klischko, der vor dem Krieg aus politischen Gründen aus dem zaristischen Russland nach Großbritannien geflohen war, hatte als technischer Übersetzer bei der Rüstungsfirma Vickers gearbeitet. Scotland Yard hatte ihn verdächtigt, die russischen Revolutionäre mit geschmuggelten Waffen zu beliefern.[26] Zur Zeit der Russischen Revolution berichtete eine Führungskraft bei Vickers, Klischko »pflege einen sehr freundlichen Umgang mit dem berüchtigten Lenin« und vertrete »radikalste leninistische Anschauungen«.[27] Captain Maurice Bray, Chef der russischen Sektion (G4) und einer der russisch sprechenden MI5-Mitarbeiter, kam im Juli 1918 zu dem Ergebnis, dass Klischko »hier der gefährlichste Bolschewik« sei.[28] Im August wurde er interniert und anschließend deportiert, kehrte aber im Mai 1920 mit der russischen Handelsdelegation nach London zurück. Dort wurde er unzulänglich überwacht. Erst in den späten zwanziger Jahren deckte der MI5 auf, dass Klischko am Aufbau eines Spionagerings beteiligt war, der von William Norman Ewer, dem Auslandsredakteur des *Daily Herald* und Freund der Bolschewiki, geleitet wurde.[29]

Die Informationen, die der MI5 vom Auslandsgeheimdienst SIS Anfang der zwanziger Jahre zu den Aktivitäten der Sowjets erhielt, waren von unterschiedlicher Qualität.[30] Im Februar 1921 berichtete der Chef der SIS-Niederlassung in der estnischen Hauptstadt Reval (heute Tallinn), ein Agent mit dem Codenamen BP11 habe in Reval erfolgreich das Büro Maxim Litwinows, des sowjetischen stellvertretenden Kommissars für Äußere Angelegenheiten, infiltriert und Zugang zu dessen Codeabteilung erlangt. BP11s »Zuverlässigkeit [sei] bei vielen Gelegenheiten überprüft worden«. In den nächsten paar Monaten lieferte er über zweihundert »Zusammenfassungen und Paraphrasen« von Funksprüchen, die mutmaßlich zwischen Litwinow in Reval, sowjetischen Führern in Moskau und der Handelsdelegation in London ausgetauscht worden waren. Eine besondere Sensation waren abgegangene Botschaften, die zeigten, dass die Sowjets (zumeist über die Handelsdelegation) Sinn-Fein-»Keimzellen« in Irland unterstützten. Den Ausdruck »Keimzellen«, so erklärte der SIS, gebrauchten die »Bolschewiken für kleine kommunistische Gruppen, die sie in Vereinigungen und Bewegungen einschleusten, die ihren Zwecken nützen« könnten. Manche Botschaften mit militärischem Inhalt, so eine Waffenhilfe an die »Keimzellen« der Sinn Fein, berührten unmittelbar die Interessen des MI5.[31] Im April deckte die GC&CS auf, dass es sich bei den abgefangenen Botschaften aus Reval um Fälschungen handelte. Sie habe, so ihr Bericht, zwischen Reval und Moskau keinen Funkverkehr ausgemacht, »weil es wahrscheinlich eine Leitung über Land gibt«. Und die Botschaften, die zwischen Reval und London tatsächlich abgefangen worden seien, wiesen ein Chiffriersystem »ohne jede Beziehung« zu dem der Funksprüche des SIS auf.[32] Zwei Jahre später sollte eine weitere gefälschte Botschaft, der die SIS-Niederlassung in Reval erneut aufsaß, eine politische Sensation auslösen und viele Linke davon überzeugen, dass der britische Geheimdienst und das Zentralbüro der Konservativen konspirativ zusammenarbeiteten, um die Labour Party von der Macht fernzuhalten.

Am 22. Januar 1924 wurde James Ramsay MacDonald mit Unterstützung der Liberalen zum ersten Premier einer Labour-Regierung gewählt. König Georg V., dessen Hand MacDonald bei der Amtsübernahme küsste, schrieb in sein Tagebuch: »Heute vor 23 Jahren starb meine liebe Großmama [Königin Victoria]. Ich frage mich, was sie zu einer Labour-Regierung gesagt hätte!«[33] MacDonald wusste wahrscheinlich nicht, dass der MI5 im Krieg erwogen hatte, gegen ihn eine Anklageerhebung wegen aufrührerischer Reden zu empfehlen, sich aber dann doch dagegen entschieden hatte.[34] Dabei war Kell durchaus bewusst, dass die Labour Party dem MI5 mit Misstrauen begegnete.[35] MacDonald, der zugleich Premier- und Außenminister war, machte rasch deutlich, dass die Informationen, die er zu einer angeblichen sowjetischen und kommunistischen Subversion erhielt, bei ihm auf Skepsis stießen. Als er am 24. Januar von Sir Wyndham Childs, dem Chef der Special Branch, einen entsprechenden Bericht vorgelegt bekam, kommentierte er diesen scherzhaft:

> Man könnte ihn sofort spannend und richtig unterhaltsam machen, wenn die Untersuchung so erweitert würde, dass sie nicht nur die kommunistischen, sondern auch andere extremistische Aktivitäten abdeckt. So könnten ein paar Erkenntnisse zur faschistischen Bewegung in diesem Land ... oder möglicherweise einige Informationen darüber, aus welcher Quelle beispielsweise die *Morning Post* ihre Finanzierung bezieht, dem Schriftstück einen aufheiternden Zug geben und es durch eine Erweiterung seiner Zielsetzung in ein vollständiges und vollendetes Stück Literatur verwandeln.[36]

Childs amüsierte das wenig. Im Gegensatz zu seinem Vorgänger Stanley Baldwin dachte MacDonalds gar nicht daran, Childs wöchentliche Berichte im Kabinett umlaufen zu lassen. Noch größere Irritationen dürfte die Labour-Regierung bei Kell und Childs ausgelöst haben, als sie am 2. Februar – als Erste im Westen – das Sowjetregime *de jure* anerkannte. Und das Außenministerium machte MacDonalds mögliche Reaktion so nervös, dass es ihm die entschlüsselten diplomatischen Botschaften der Sowjets und anderer Staaten, die es von der GC&CS erhielt, jeweils erst nach Monaten zustellte.[37]

Allerdings stellte sich MacDonalds Regierung als weitaus weniger radikal heraus, als man in Whitehall befürchtet hatte. Der Premierminister, schrieb Hankey, »tut so, als betrachte er mich als einen Reaktionär, und ich behandle ihn im Gegenzug als einen Visionär, aber das alles ist doch mehr oder weniger neckisches Geplänkel. Als Sekretär des Kabinetts mache ich weiter wie bisher«.[38] Das zuverlässigste Kabinettsmitglied für den MI5 war Innenminister »Onkel« Arthur Henderson, der 1916 und 1917 im Kriegskabinett gedient und die Special Branch im Unterhaus entschieden gegen die Angriffe der Hinterbänkler seiner Partei verteidigt hatte.[39] Zur Erleichterung des MI5 genehmigte Henderson weiterhin die Überwachung des Briefverkehrs kommunistischer Führungskader, wobei entsprechende Anträge für den Telefonverkehr seltsamerweise erst ab 1937 für notwendig erachtet wurden.[40] Von besonderem Interesse dabei war Robert »Bob« Stewart. Das Mitglied der CPGB hatte seine Zeit als Wehrpflichtiger zumeist im Gefängnis verbracht – nach vier Verurteilungen durch ein Kriegsgericht, unter anderem, weil er nach der Februarrevolution verkündet hatte, er werde sein Gewehr nicht gegen Deutsche richten. Ab Anfang 1923 arbeitete er für das Hauptquartier der Komintern. Dort lernte er sämtliche sowjetischen Führer, darunter Lenin, kennen, dessen Begräbnis er 1924 beiwohnte. Er leitete die Geheimorganisation der Partei und war daran beteiligt, Informationen über die britischen Streitkräfte an die Russen weiterzuleiten. Nach einem Bericht des SIS, der am 2. Juli an den MI5 ging, hatte der Komintern-Vorsitzende Sinowjew Stewart für »Agitprop«-Arbeit unter den Streitkräften 3000 Pfund pro Monat geboten.[41]

Nach ersten Erfahrungen mit sozialen Unruhen nahm MacDonalds Regierung insgesamt eine freundlichere Haltung ein, wenn es darum ging, im Inland geheimdienstliche Informationen zu sammeln. Bei der ersten Sitzung am 23. Januar musste sich das neue Kabinett darum kümmern, während eines Streiks der Zugführer die Versorgung mit Lebensmitteln, Milch und Kohle aufrechtzuerhalten. In den nächsten beiden Monaten streikten zunächst die Dockarbeiter und dann die Beschäftigten der Londoner U-Bahn. Die Regierung plante daraufhin, von den Notstandsgesetzen Gebrauch zu machen, die die Labour Party bei der Einführung durch Lloyd George erbittert bekämpft hatte.[42] Am 15. April ernannte das Kabinett einen fünfköpfigen Ausschuss zu den Unruhen in der Industrie. Er sollte die Hintergründe der jüngsten Streikwelle untersuchen, »um zu ermitteln, ob ein nennenswerter Prozentsatz der leidigen Aspekte dieser Streiks kommunistischen Aktivitäten geschuldet« gewesen sei. Viele Anhaltspunkte, mit denen sich der Ausschuss befasste, gingen auf geheimdienstliches Material der Special Branch, des SIS und des MI5 zurück. Dazu gehörten abgefangene Briefe britischer Kommunisten, der Komintern und der Roten Gewerkschafts-Internationale (RGI) sowie Berichte von Informanten in der CPGB und den Gewerkschaften. Der Ausschuss kam zum Ergebnis, dass die britische KP regelmäßig finanzielle Zuwendungen und Instruktionen von der Komintern erhielt, während die Kommunisten in der Gewerkschaftsbewegung Geld und Anweisungen von der RGI bekamen. Deutlich wurde zudem eine Beteiligung der Kommunisten (ermuntert von der Komintern und der RGI) an der jüngsten Streikwelle. Ein abgefangenes »geheimes Rundschreiben« vom 18. Februar offenbarte, dass Harry Pollitt vom Zentralen Industrieausschuss der CPGB – Pollitt wurde später Generalsekretär der Partei – die Bezirkskomitees der Partei angewiesen hatte, dass »alles, was euch vom britischen Büro der RGI erreicht, so zu behandeln ist wie eine Mitteilung der Partei«. Willie Gallagher, der spätere kommunistische Abgeordnete, der am längsten im Unterhaus saß, teilte in einem abgefangenen Schreiben vom 30. Januar seiner Frau mit, dass er den gesamten vorigen Tag über für die Komintern Berichte zu den Streiks vorbereitet habe. Und in einem abgefangenen Scheiben des Sekretärs des Londoner Solidaritätsausschusses der Transportarbeiter hieß es: »Wir müssen zu Sabotageaktionen bereit sein.«[43]

Der vom Kabinett eingesetzte Ausschuss kam am Ende zu dem Ergebnis, dass die Kommunisten zwar ihr Bestes getan hätten, um die jüngsten Streiks zu verschärfen, an deren Ausbrechen aber nur marginal beteiligt gewesen seien. Trotz der »substanziellen Unterstützung« durch die Komintern stecke die CPGB »ständig in großen Finanznöten«. Trotz ihrer »extremen« Aktivitäten seien die Mitgliederzahlen, die zwei Jahre zuvor mit 4000–5000 einen Höhepunkt erreicht hatten, inzwischen wieder gefallen. Besorgt zeigte sich der Ausschuss allerdings wegen der Hinweise »auf systematische Instruktionen und Pläne ... die von der CPGB ausgegeben« würden und darauf abzielten, die Gewerkschaften zu unterwandern und zu übernehmen. Es herrsche die Überzeugung, dass »verantwortungsbewusste Gewerkschaftsführer« auf dieses geheime Material »informell und vertraulich« hingewiesen werden müssten.[44] Der Bericht des Ausschusses zu den Unruhen in der Industrie wurde am 15. Mai vom Kabinett gebilligt. Die Minister genehmigten damit faktisch die Überwachung des Postverkehrs der Kommunisten und der Komintern und erkannten die Echtheit der abgefangenen Botschaften an.[45]

Die erste britische Labour-Regierung hielt kaum mehr als neun Monate. MacDonald, dem die Liberalen die Unterstützung entzogen hatten, setzte für Oktober 1924 Neuwahlen an. In einer tragischen Wende sollte der Wahlkampf der Labour Party durch eine weitere abgefangene Botschaft der Komintern belastet werden – durch das Bekanntwerden des sogenannten »Sinowjew-Briefs«. Tatsächlich handelte es sich um eine Fälschung. Wie 1921 war die Masse der abgefangenen Botschaften und der entschlüsselten diplomatischen Nachrichten auch 1924 – wenn auch in geringerem Umfang – von Fälschungen durchsetzt. Wie die fingierten Botschaften 1921 kam der Sinowjew-Brief von der SIS-Niederlassung in Reval, die offenbar erneut antibolschewistischen weißrussischen Fälschern aufgesessen war. Der Brief, den Sinowjew und zwei weitere Mitglieder des Exekutivkomitees der Komintern am 15. September 1924 angeblich verschickt haben sollten, wies die Führung der CPGB an, Druck auf Sympathisanten in der Labour Party auszuüben, damit sie »allen die Nerven strapazierten«, damit das jüngste Abkommen zwischen der Regierung MacDonald und der Sowjetunion ratifiziert würde. Zudem sollten sie die »Agitations- und Propagandaarbeit in den Streitkräften« intensivieren und allgemein eine britische Revolution vorbereiten. Am 9. Oktober verschickte der SIS Kopien des Briefs an das Außenministerium, den MI5, Scotland Yard und die Ministerien der Streitkräfte. Beigefügt war eine – jeder Grundlage entbehrende – Versicherung, dass seine »Authentizität zweifelsfrei« feststehe.[46] Durch seine ungenehmigte Veröffentlichung in der konservativen *Daily Mail* am 25. Oktober – in der letzten Woche des Wahlkampfs – wurde der Brief, so MacDonald, zu einem »politischen Sprengsatz«. Die Verantwortlichen hatten es darauf abgesehen, Labours Siegeschancen zu mindern, indem sie suggerierten, die Partei gebe möglicherweise kommunistischem Druck nach.

Durch den Aufruf an die Partei, »Agitations- und Propagandaarbeit in den Streitkräften« zu leisten, rückte der Sinowjew-Brief direkt in die Zuständigkeit des MI5. Wie andere, die mit abgefangenen Mitteilungen der Komintern und der Sowjets vertraut waren, reagierte Kell keineswegs überrascht. Seiner Meinung nach »enthielt [der Brief] nichts Neues oder anderes als das, was von den Absichten und der Propaganda der UdSSR« bereits bekannt war.[47] Ähnliche Äußerungen kannte er aus echten Mitteilungen der Komintern an die britische KP und an das National Minority Movement (die kommunistisch geführte Organisation zur Bildung einer Einheitsfront der Gewerkschaften).[48] Zumindest anfangs hatte er wahrscheinlich keine Probleme, der Versicherung des SIS zu glauben, wonach der Sinowjew-Brief echt sei. Diese Versicherung hätte allerdings nie gegeben werden dürfen. Demond Morton vom SIS teilte dem Ständigen Staatssekretär im Außenministerium, Sir Eyre Crowe, unerhörterweise mit, dass »Jim Finney«, ein in die CPGB eingeschleuster Agent von Sir George Makgill[49], von einer Sitzung des Zentralkomitees der Partei berichtet habe: Dieses habe sich mit einem Brief aus Moskau mit Anweisungen befasst, die sich mit denen aus dem Sinowjew-Brief deckten. Crowe teilte daraufhin MacDonald mit, er wisse »aus absolut zuverlässiger Quelle«, dass der Brief von der Parteiführung diskutiert worden sei. In Wahrheit fand sich im betreffenden Bericht »Finneys« keinerlei Erwähnung auf einen Brief aus Moskau. Und die Quellen des MI5 konnten die Behauptung des SIS, wonach die KP-Führung den Brief erhalten und diskutiert habe, auch nicht bestätigen – schon deshalb nicht, weil er nie verschickt worden war.[50]

Der MI5 hatte mit der offiziellen Bearbeitung der Affäre um den Sinowjew-Brief wenig zu tun, abgesehen davon, dass er am 22. Oktober 1924 Abschriften an Armeekommandos verschickte, um sie auf den Aufruf zu subversiven Aktivitäten in den Streitkräften aufmerksam zu machen.[51] Welche inoffizielle Rolle einige Beamte des MI5 dabei gespielt hatten und noch spielten, den Brief bekannt zu machen, um für eine Wahlniederlage der Labour Party zu sorgen, ist nach wie vor ungeklärt. Das erhaltene Archivmaterial der Geheimdienste konnte bislang wenig Licht in die Affäre bringen. Andere Quellen geben dagegen einige Aufschlüsse. So bemühte sich Donald Im Thurn, der vom Dezember 1917 bis Juni 1919 im MI5 gedient hatte, unermüdlich um eine Bekanntmachung des Sinowjew-

Briefs und könnte die *Daily Mail* und das Zentralbüro der Konservativen auf ihn aufmerksam gemacht haben. Im Thurn behauptete später, er habe eine Kopie des Briefs von einem Geschäftsfreund mit Kontakten zu kommunistischen Kreisen erhalten. Dieser habe »an einen sicheren Ort« fliehen müssen, weil sein Leben bedroht gewesen sei.[52] Die unglaubwürdige Geschichte diente wahrscheinlich dazu, seine Kontakte zum Geheimdienst nicht zu kompromittieren. Nach seinem Ausscheiden aus dem Dienst und der Rückkehr nach London 1919 aß er regelmäßig mit Major William Alexander von der B Branch (einem Oxford-Abgänger, der vor dem Ersten Weltkrieg eine Zulassung als Anwalt erworben hatte) im Hotel *Hyde Park* zu Mittag. Ebenso gut bekannt war Im Thurn mit dem Chef des SIS, Admiral »Quex« Sinclair. Im Thurn hatte vor der Veröffentlichung des Sinowjew-Briefs in diesen zwar keinen Einblick, wurde über seinen Inhalt aber durch einen oder mehrere Kontakte beim Geheimdienst unterrichtet. Major Alexander informierte ihn offenbar am 21. Oktober darüber, dass der Text Kommandos der Streitkräfte zugeleitet werden würde. Dubios ist auch die Rolle des Chefs der B Branch, Joseph Ball.[53] Das Zentralbüro der Konservativen, zu dem Ball enge Kontakte hatte, erhielt wahrscheinlich am 22. Oktober, drei Tage vor Veröffentlichung, eine Abschrift des Sinowjew-Briefs. Ende der zwanziger Jahre[54] arbeitete Ball im Zentralbüro. Dass er seine geheimdienstlichen Erkenntnisse in dieser Zeit ohne Skrupel auch parteipolitisch nutzte, spricht durchaus dafür, dass er dies auch im Wahlkampf 1924 getan hatte. Ball war dabei nicht der Einzige. Zu weiteren Beteiligten bei der Veröffentlichung des Sinowjew-Briefs zählen der ehemalige Chef der Marineaufklärung, Admiral »Blinker« Hall, und Lieutenant-Colonel Freddie Browning, Cummings ehemaliger Stellvertreter, ein Freund Halls sowie des Herausgebers der *Daily Mail*.[55] Wie Im Thurn, Alexander, Sinclair und Ball gehörten auch Hall und Browning einem erzkonservativen und stark patriotisch ausgerichteten Netzwerk an, in dem üblicherweise auch Staatsgeheimnisse ausgetauscht wurden: »Da sie sich als Teil einer besonderen abgeschotteten Gemeinschaft fühlten, tauschten sie Geheimnisse im vermeintlich sicheren Wissen aus, dass sie vor Indiskretionen geschützt seien.«[56]

Die Beteiligten konspirierten im Oktober 1924 in der Überzeugung, sie handelten im nationalen Interesse, wenn sie eine Regierung entmachteten, die sich womöglich sowjetischem und sowjetfreundlichem Druck beugte und so die nationale Sicherheit gefährdete. Viele Linke und Rechte hielten den Sinowjew-Brief für die Hauptursache des Erdrutschsieges der Torys vom 29. Oktober.[57] Lord Beaverbrook, der Verleger des *Daily Express* und des *Evening Standard*, teilte seinem Konkurrenten Lord Rothermere, der die *Daily Mail* herausbrachte, mit, deren Kampagne mit dem »Roten Brief« habe den Konservativen den Sieg beschert. Rothermere stimmte unbescheiden zu, dass diese Kampagne ihnen 100 Parlamentssitze verschafft habe.[58] Die Labour-Führung neigte der gleichen Ansicht zu und fühlte sich trickreich aus dem Amt gedrängt. Scheinbar erhärtet wurde ihr Verdacht, als sie feststellte, welche Rolle das Zentralbüro der Konservativen bei der Veröffentlichung des Briefs gespielt hatte.

Als Premierminister hatte Ramsay MacDonald die Geheimdienstbehörden immer auf Distanz gehalten. Wahrscheinlich hat er niemals einen Offizier des MI5 oder des SIS bewusst persönlich kennengelernt. Nach seiner Wahlniederlage und vor Bildung einer neuen – konservativen – Regierung unter Baldwin beschloss er, Major Malcolm »Woolly« Woollcombe, den Chef der politischen Sektion des SIS, zum Sinowjew-Brief zu befragen. Dabei konnte er sich nicht zu einem Gespräch von Angesicht zu Angesicht durchringen. Woollcombe musste in einem Raum im Außenministerium Platz nehmen. Er selbst nahm in einem Nachbarraum Platz, und der Ständige Staatssekretär Sir Eyre Crowe postierte sich in der Tür zwischen beiden. Dann richtete er seine Fragen über Crowe an Woollcombe, der ihm seine Antworten auf demselben Weg übermittelte. Bei diesem skurrilen Vorgang bekam Woollcombe den Premierminister keinen Augenblick zu Gesicht.[59]

Am 17. November legte Admiral Sinclair einem Untersuchungsausschuss des Kabinetts ein Schriftstück vor, das wahrscheinlich der SIS-Offizier Desmond Morton verfasst hatte und in dem »fünf gute Gründe« genannt wurden, warum der Sinowjew-Brief echt sei. (Alle sollten sich als irreführend und sogar als falsch erweisen.) Der Ausschuss, den Austen Chamberlain, Außenminister in Baldwins künftiger Regierung, leitete, erklärte am 19. November, er sei »einhellig der Meinung, dass an der Authentizität des Briefs kein Zweifel« bestehe. Gleichwohl trafen seit Anfang des Monats von SIS-

Niederlassungen Berichte ein, wonach es sich um eine Fälschung handele, die wahrscheinlich in den Baltenstaaten fabriziert worden sei. Am 27. November setzte Morton den MI5 schließlich darüber in Kenntnis, dass »wir fest überzeugt sind, dass es sich bei dem vorliegenden Stück um eine Fälschung handelt«. Wohl hauptsächlich, um den Ruf des SIS zu schützen, hielten sich Sinclair und Morton dem Außenministerium gegenüber allerdings weitgehend bedeckt.[60] Dann tauchte eine Serie weiterer unerkannter Fälschungen auf, die die Echtheit des Sinowjew-Brief zu bestätigen schienen. Am 16. Dezember ließ der SIS eine Reihe gefälschter Protokolle des Sownarkom (der Sowjetregierung) zirkulieren, in denen der Außenminister Tschitscherin mit den Worten zitiert wurde: »Das Original des [Sinowjew-]Briefs wurde nach Eingang bei der britischen Kommunistischen Partei von dem Genossen Inkpin [dem Generalsekretär] vernichtet.«[61] Am 9. Januar 1925 wartete Morton gegenüber der Special Branch (und wahrscheinlich dem MI5) mit der ungewöhnlichen Behauptung auf: »Wir kennen inzwischen die Identität aller Personen, die [mit dem Brief] zu tun hatten, ab dem Tag, als die erste [Person] Sinowjews Original sah, bis zu dem, als wir ihn erhielten. Alle außer Sinowjew selbst waren unsere Agenten.«[62] Wahrscheinlich schon zu diesem Zeitpunkt, aber sicher später, wusste Con Boddington, der einzige verdeckte MI5-Offizier mit einer Mitgliedschaft in der CPGB –, dass Mortons Behauptung, wonach das Zentralkomitee ein Schreiben ähnlich dem Sinowjew-Brief diskutiert habe, aus der Luft gegriffen war. Boddington kannte »Jim Finney«[63], den Morton als Quelle für seine Behauptung genannt hatte, und wusste, dass Finney nichts dergleichen berichtet hatte.[64]

Kurz nach der Wahlniederlage von Labour im Oktober 1924 leitete der MI5 den langen Prozess der Enttarnung des ersten größeren sowjetischen Spionagenetzes ein, das in Großbritannien aufgedeckt wurde. Den Erfolg verdankte er am Ende seiner praktischen Fähigkeit, spärliche Ressourcen effektiv einzusetzen, und dem zuweilen dilettantischen Vorgehen des Netzes. Begonnen hatte der Fall bemerkenswert einfach mit einer Annonce im *Daily Herald* von 21. November 1924. Dort hieß es: »Geheimdienst – Labour-Gruppe, die Untersuchungen durchführt, freut sich auf Informationen und Einzelheiten von jedem, der Verbindungen zu irgendeiner Abteilung des Geheimdienstes oder zu dessen Operationen hatte – Schreiben Sie zunächst an Postfach 573, *Daily Herald*«. »Jasper« Harker, der Chef der B Branch, argwöhnte zu Recht einen Versuch der Sowjets oder der Komintern, den Britischen Geheimdienst zu unterwandern. Er ließ den Agenten »D« über das Fach 573 seine Dienste in der Hoffnung anbieten, seinerseits die »Labour-Gruppe« zu unterwandern. »D« erhielt eine Antwort, die mit »Q. X.« unterzeichnet war. (Hinter dem Kürzel, so stellte sich später heraus, steckte William Norman Ewer, der Auslandsredakteur des *Daily Herald*). Zu einem verabredeten Treffen erschien »Q. X.« dann allerdings nicht. John Ottaway, der Leiter der dreiköpfigen Observierungsabteilung des MI5, wurde von Harker zur Beobachtung des Treffens geschickt. Wie er berichtete, war »D« beim Warten auf »Q. X.« von einem Mann – dieser »A« Genannte stellte sich später als der ehemalige Polizeibeamte Walter Dale heraus, der für Ewers Netzwerk arbeitete – observiert worden.[65] Am nächsten Tag kontaktierte »Q. X.« »D«, »entschuldigte sich aufrichtig« für das ausgebliebene Erscheinen und vereinbarte ein weiteres Treffen, bei dem er ihn zur Arbeit des Geheimdienstes und dessen Einsatz von Agenten in der Arbeiterbewegung befragte. Zudem enthüllte er Pläne der Arbeiterbewegung, zur Abwehr der staatlichen Ausspähung einen eigenen Geheimdienst aufzubauen. Nach »D«s Treffen mit »Q. X.« erhielt der MI5 die Genehmigung, die über das Fach 573 des *Daily Herald* laufende Korrespondenz zu überwachen.[66]

Am 4. Februar 1925 fand zwischen »D« und einem Vertreter der »Labour-Gruppe« (wahrscheinlich erneut Ewer) ein weiteres Treffen statt. Ottaway gelang es anschließend, »A« (Walter Dale) zur Mooregate Street zu den Büros einer Allrussischen Kooperativen Gesellschaft (ARCOS) zu folgen. Diese hatte vordergründig den Zweck, die Handelsbeziehungen zwischen Großbritannien und Russland zu fördern, wurde aber auch als Basis für sowjetische Geheimdienstoperationen benutzt. Mit Ottaway weiter im Schlepptau bewegte sich Dale anschließend zum Gebäudekomplex Outer Temple, 222–225 Strand, in dem neben anderen Büros die Presseagentur Federated Press of America (FPA) untergebracht war. Dieses Londoner Büro, das 1923 eröffnet worden war und von Ewer geleitet wurde, hatte mit der angeblichen amerikanischen Schwesterfirma wenig zu tun und diente hauptsächlich als eine journalistische

Tarnung für Spionage. Eine Überwachungsvollmacht für das Telefon der FPA führte zu »sofortigen Ergebnissen«: Die ermittelten Anrufe wurden mit ARCOS, mit herausgehobenen Kommunisten und mit einem mutmaßlichen sowjetischen operativen Geheimdienstagenten geführt.[67] Die genehmigte Überwachung des Postverkehrs erbrachte regelmäßig regulär eingehende Päckchen aus Paris, die an »Kenneth Milton« (ein Deckname Ewers) adressiert waren, sowie »Abschriften von Depeschen und Telegrammen, die französische Minister aus verschiedenen Hauptstädten an den Quai D'Orsai [geschickt hatten, sowie] Berichte zur politischen und finanziellen Lage Frankreichs«.[68] Der Herkunft der Päckchen kam der MI5 auf die Spur, als einer der Berichte, die »Milton« aus Paris erhalten hatte, am 8. Mai 1925 fast wörtlich im *Daily Herold* abgedruckt wurde: in einem Artikel George Slocombes, des Paris-Korrespondenten der Zeitung, der zugleich das Pariser FPA-Büros leitete.[69]

Das heute nur noch unvollständige erhaltene Material deutet darauf hin, dass der MI5 und der SIS von 1925 bis 1927 bei ihren Operationen gegen Ewer und sein Netzwerk zusammenarbeiteten. Der MI5 übernahm die Überwachung des Post- und Telefonverkehrs und einige Observierungen in London, während der SIS die Bewegungen der Gruppe im Ausland beobachtete. Sinclair berichtete später, die Operationen hätten abschließend ergeben, »dass die Gruppe, deren Chef und Finanzkontrolleur zweifellos Ewer war, für die sowjetische Regierung und für die CPGB mit deren Finanzierung Geheimdienstaktivitäten durchführte.«[70] Aus der überwachten Post ging hervor, dass Slocombe von Ewer ca. 1000 US-Dollar pro Monat zur Bezahlung seiner Informanten erhielt – ein klarer Hinweis auf die große Bedeutung dieser geheimdienstlichen Informationen. (Moskau unterstützte die CPGB insgeheim jährlich mit 20 000 Dollar.)[71]

Aus Slocombes Postverkehr ging zudem hervor, dass er mit einer Pariser Adresse in Kontakt stand, die nach Erkenntnissen der Sûreté Nationale, die dem Innenministerium unterstand, vom sowjetischen Geheimdienst genutzt wurde.[72] Auf Drängen Sinclairs stimmte der MI5 zu, die Special Branch in die Operationen nicht einzuweihen[73] – obwohl die Aktivitäten Ewers und des Londoner FPA-Büros für sie von offensichtlichem Interesse waren. Die fragwürdige Entscheidung erwies sich als richtig: Wie sich bei den Ermittlungen herausstellte, hatte Ewer die Special Branch am erfolgreichsten unterwandert.

Gestört wurden die Operationen des MI5 und des SIS gegen Ewers Netzwerk im Jahr 1927 durch die ARCOS-Razzia, wie sie später genannt wurde. Am 31. März leitete Sinclair Kell die Auskunft eines unzufriedenen Ex-Mitarbeiters von ARCOS zu, wonach die Frontorganisation ein als geheim eingestuftes Lehrbuch zur Funkausbildung auf der Militärbasis Aldershot abfotografiert hatte. Kell und Harker hatten wahrscheinlich noch den Fall des Sinowjew-Briefs im Kopf, als sie während der nächsten sechs Monate die Zuverlässigkeit der Informationen des SIS überprüften, Untersuchungen in Aldershot durchführten und den unzufriedenen Ex-Mitarbeiter sowie eine weitere SIS-Quelle bei ARCOS befragten, die Morton als »britischen Untertan von zweifelsfreier Loyalität« bezeichnete. Schließlich hatten sie sich davon überzeugt, dass die ARCOS das geheime Handbuch tatsächlich abfotografiert hatte, und erstellten einen Fallbericht für den Generalstaatsanwalt. Dieser bestätigte Kell gegenüber am 11. Mai um 11 Uhr, dass der Besitz des fraglichen Handbuchs durch ARCOS ein strafbarer Verstoß gegen die Geheimhaltungsgesetzgebung war. Kell hatte anschließend Schwierigkeiten, eine Durchsuchung der Geschäftsräume von ARCOS genehmigt zu bekommen – ein Hinweis darauf, dass er in Whitehall deutlich schlechtere Verbindungen hatte als Sinclair. So versuchte er den verbleibende Vormittag des 11. Mai nacheinander vergeblich, sich Termine mit dem Ständigen Staatssekretär im Innenministerium, mit den Direktoren der Militäroperationen und der Aufklärung sowie mit dem Chef des Generalstabs zu sichern.[74] Auf dem Nachhauseweg vom Büro zum Mittagessen lief er indes zufällig dem Kriegsminister Sir Laming Worthington-Evans über den Weg. Dieser stimmte einem Treffen für 17.15 Uhr zu. Er verwies Kell anschließend an Innenminister William Joynson-Hicks, einen erbitterten Gegner der Sowjets, der sofort eine Mitteilung Kells an den Premierminister entgegennahm. Baldwin genehmigte daraufhin eine Durchsuchung bei ARCOS, um Beweise für einen Verstoß gegen den Official Secrets Act sicherzustellen.[75]

Die Durchsuchung begann am 12. Mai um 16.30 Uhr im Hauptquartier von ARCOS, in dem auch die Niederlassung der sowjetischen Handelsdelegation untergebracht war. Dürftig vorbereitet, verlief sie schlecht koordiniert. Die teilnehmenden uniformierten Polizisten und die Offiziere der Special Branch und des Geheimdienstes wussten nicht genau, wer welche Rollen und Zuständigkeiten hatte. Weder das abfotografierte Funklehrbuch noch anderes bedeutendes belastendes Material konnten sichergestellt werden.[76] Später entschlüsselte die GC&CS ein Telegramm des sowjetischen Geschäftsträgers nach Moskau, wonach sich in der Niederlassung »der Handelsdelegation kein streng geheimes Material befunden« habe. Einen Monat zuvor hatte er wegen einer möglichen polizeilichen Durchsuchung Moskau in einem weiteren abgefangenen Telegramm geraten, »die postalische Zusendung von Dokumenten von Freunden, ›Nachbarn‹ [wahrscheinlich eine Anspielung auf die britische KP und sowjetische Geheimdienstoffiziere] und so weiter von London nach Moskau und umgekehrt vorübergehend einzustellen«.[77] Dabei bezweifelte er allerdings, dass die Special Branch die Botschaftsräume durchsuchen würde. In einem späteren Bericht kam der MI5 zum Ergebnis, dass die Durchsuchungsaktion bei ARCOS die laufenden Spionageoperationen in Großbritannien unterbrochen habe.[78] Allerdings sollte die Reaktion der Regierung auf das Ergebnis der Aktion weitaus stärker die Aktivitäten des britischen Geheimdienstes behindern.

Als am 23. Mai das Kabinett zu einer Diskussion über die britisch-sowjetischen Beziehungen zusammentrat, befand es sich in einem Dilemma. Die Regierung, die sich einer heftigen Kampagne konservativer Hinterbänkler gegen sowjetische subversive Umtriebe, die unter anderem von Churchill unterstützt wurde, ausgesetzt sah, hatte beschlossen, die diplomatischen Beziehungen mit Moskau abzubrechen, und dabei gehofft, dies mit den Unterlagen rechtfertigen zu können, die bei ARCOS sichergestellt worden waren. Ein Kabinettsausschuss kam allerdings zu dem Ergebnis, dass diese nicht einmal »die Komplizenschaft der sowjetischen diplomatischen Mission« bei den »propagandistischen Aktivitäten« der Handelsdelegation bewiesen. Da dem Kabinett noch immer verwertbare Hinweise auf Spionageaktivitäten fehlten, mussten der sowjetischen Gesandtschaft wenigstens Verstöße gegen die Regeln des diplomatischen Verhaltens nachwiesen werden können. Das einzig verfügbare Material dazu waren die von der GC&CS entschlüsselten Telegramme zwischen ihr und Moskau. Es handelte sich um »Geheimdokumente einer Klasse, die in veröffentlichten Dokumenten gewöhnlich nicht zitiert werden«, wie es in den Protokollen des Kabinetts euphemistisch hieß.[79] Mit Blick auf seine Anschuldigungen gegen die russische Delegation beschloss das Kabinett, dem undiplomatischen Beispiel der empörten Proteste Lord Curzons an Moskau von 1923 (das »Curzon-Ultimatum«) zu folgen. Die erste öffentliche Bezugnahme auf die abgefangenen Botschaften erfolgte am 24. Mai 1927, als der Premierminister vor dem Unterhaus zu der Durchsuchungsaktion bei ARCOS Stellung bezog. Baldwin las vier russische Telegramme vor, die, so bemerkte er trocken, »in den Besitz der Regierung Seiner Majestät« gelangt seien. Ein Abgeordneter der Opposition verlangte Auskunft darüber, wie sie an die Telegramme gekommen sei, wobei ihn aber ein Tumult (eine »Unterbrechung« nach dem Protokoll) daran hinderte, seine Frage weiter auszuführen. Der Präsident des Unterhauses vertagte daraufhin jede weitere Diskussion über das Thema auf die Sitzung zwei Tage später, auf der über einen Abbruch der diplomatischen Beziehungen zur Sowjetunion entschieden werden sollte.[80]

Die Debatte am 26. Mai geriet mit Blick auf die geheimdienstliche Tätigkeit zu einer Orgie an Indiskretionen, die in der modernen Parlamentsgeschichte ihresgleichen sucht. Außenminister Austen Chamberlain und Innenminister Joynson Hicks (»Jix«) folgten Baldwins schlechtem Beispiel und zitierten aus abgefangenen russischen Telegrammen. Chamberlain zitierte zudem aus Mitteilungen der Komintern, um so zu belegen, dass »der Sinowjew-Brief nicht das einzige oder letzte« derartige Dokument sei. Empört warf Jix der sowjetischen Handelsdelegation vor, sie betreibe »eines der umfassendsten und schändlichsten Spionagesysteme«, dem er je begegnet sei. »Zufällig habe ich nicht nur die Namen, sondern auch die Adressen der meisten dieser Spione in meinem Besitz«,[81] prahlte er. Am Tag der Debatte informierte Chamberlain den russischen Geschäftsträger über den Beschluss, die diplomatischen Beziehungen wegen Moskaus »antibritischer Spionage und Propaganda« abzubrechen. Der Außenminister gab seiner Mitteilung eine ungewöhnliche persönliche Note, indem er ein abgefangenes Telegramm des Geschäftsträgers an Moskau vom 1. April zitierte: In ihm fordern »Sie Material an, das Sie in die Lage versetzt, eine politische Kampagne gegen die Regierung Seiner Majestät zu führen.«[82] Baldwins Regierung konnte zwar den Vorwurf belegen, wonach sich die Sowjets in die britische Politik einmischten. Aber mit Blick auf den Spionagevorwurf konnte sie nur auf wenige versteckte Anspielungen verweisen, die in den beschlagnahmten Dokumenten von ARCOS und den abgefangenen Telegrammen enthalten waren.[83] Am Ende erlitt sie gleich zwei Niederlagen: Sie war belastbare Beweise für »Jixs« schwere Vorwürfe wegen »eines der umfassendsten und schändlichsten Spionagesysteme« schuldig geblieben und hatte zugleich eine ihrer wertvollsten geheimen Nachrichtenquellen gegen die Sowjetspionage kompromittiert. Moskau reagierte auf die Bekanntmachung des abgefangenen Materials, indem es seinen diplomatischen und geheimdienstlichen Nachrichtenverkehr mit dem praktisch unknackbaren One-Time-Pad* verschlüsselte. Von 1927 bis zum Ende des Zweiten Weltkrieges konnte die Staatliche Code- und Chiffrenschule GC&CS fast keine wichtigen sowjetischen Mitteilungen mehr entziffern und war nur noch bei einigen wenigen Botschaften der Komintern erfolgreich. Wie Alastair Denniston, der operative Chef der Dienststelle, bitter schrieb, hatte Baldwins Regierung es »ganz offenbar für nötig befunden, unsere Arbeit zu kompromittieren«.[84]

Nach der Durchsuchung des ARCOS-Hauptquartiers im Mai 1927 stellte der MI5 fest, dass Ewer seine geheimdienstlichen Aktivitäten zurückschraubte. Ein Jahr später kam Harker, der Chef der B Branch, zum Schluss, dass »die als FPA bekannte Organisation jetzt definitiv auseinandergebrochen« sei. Informationen über ihr Mitglied Albert Allen deuteten darauf hin, dass dieser »mit seinen früheren Arbeitgebern in Streit geraten sein könnte, was aus seiner Korrespondenz herauszulesen ist. Sollte sich dies bestätigen, könnten wir von ihm bei einer vorsichtigen Herangehensweise wertvolle Informationen bekommen«. Allen, ein Tarnname für Arthur Lakey, war ein ehemaliger Sergeant der Special Branch, der nach dem Polizeistreik von 1919 entlassen worden war. Am 25. Juni 1928 trat John Ottaway von der Observierungsabteilung auf ihn zu. Er stellte sich als »G. Stewart von der Antikommunisten-Union« vor und gab vor, diese habe ihn beauftragt, ihn zu seiner Tätigkeit bei der FPA zu be-

---

* Eine Chiffriermethode, bei dem jeder nach dem Zufallsprinzip erstellte Geheimschlüssel nur einmal verwendet wird und nur dem Sender und dem Empfänger bekannt ist.

fragen. Allen erklärte sich bereit, Informationen zur FPA, zu ARCOS und zu anderen russischen »Intrigen« zu liefern. Ottaway berichtete nach dem Treffen, dass Harkers Vermutung richtig gewesen sei. Allens »ehemalige Dienstherren« hätten »ihn offenbar enttäuscht und erbittert«. Als Beweis, dass er wichtige Informationen liefern könne, habe er offenbart, dass ihm undichte Stellen im Außenministerium und in der Special Branch bekannt seien.[85]

Im Juli 1928 entschloss sich Harker zu einem persönlichen Treffen mit Allen und stellte sich als jemand vor, »der von Colonel Kell« komme:

Ich hatte rasch das Gefühl, dass wir gut miteinander auskommen würden. Als ich ihn fast als Kollegen behandelte, begann er bis zu einem gewissen Punkt bereitwillig zu reden. Ich halte ihn für einen außerordentlich selbstgefälligen Menschen. Er geht davon aus, dass er für die als FPA bekannte Untergrundorganisation hervorragende Arbeit geleistet und von seinen Dienstherren nicht die verdiente Anerkennung bekommen habe.

Als sich Allen hartnäckig weigerte, seinen ehemaligen Chef zu verraten, weil er »sehr von ihm angetan« gewesen sei, schrieb Harker auf ein Blatt Papier die Initialen »W. N. E.« (für William Norman Ewer) und fragte ihn: »Das war Ihr ehemaliger Chef, nicht?« Allen antwortete: »Ja, Trilby. Trilby ist ein netter Kerl und verdammt intelligent.«[86] Wie Harker wusste, verdankte Ewer seinen Spitznamen Trilby seiner Jugendgewohnheit, barfuß zu gehen – nach der Titelheldin aus dem gleichnamigen beliebten spätviktorianischen Roman von George du Maurier. Nach Verhandlungen begannen gegen eine Zahlung von 75 Pfund pro Treffen Informationen zu fließen. Allen verriet, dass Ewer seinen Quellen bei Scotland Yard in der Woche 20 Dollar für »Insider-Informationen« zahlte, unter anderem für Namen von Personen, die überwacht wurden oder bei ihrer Ankunft in britischen Häfen befragt werden sollten – hochbrisante Informationen zur Durchführung von Operationen sowjetischer Agenten:

Ewer diktierte jede Woche oder alle zehn Tage eine Liste mit Adressen, von denen bekannt war, dass für sie eine Überwachung genehmigt worden war. Die Listen wurden mit zwei Durchschlägen getippt. Eine Ausführung ging an Chesham House [die sowjetische Gesandtschaft], eine wurde über Chesham House direkt nach Moskau versandt, und eine dritte gelangte an eine bestimmte Person in der CPGB.

Nach Allen war »jeder Schritt, den S[cotland] Y[ard] gegen die CPGB oder eines ihrer Mitglieder unternahm, Ewer vorher fast immer genau bekannt. Er warnte die Betreffenden vor den anstehenden Polizeiaktivitäten.« Die Partei und die sowjetische Gesandtschaft wurden von der Durchsuchungsaktion bei ARCOS nur deswegen überrascht, weil eine besonders strenge Geheimhaltung geherrscht hatte: Den beteiligten Polizeibeamten wurde zunächst mitgeteilt, sie müssten staatliche Schiffswerften durchsuchen. Harker fragte Allen, warum er trotz seiner Insider-Informationen nicht gewusst habe, dass der MI5 eine Überwachungsvollmacht gegen ihn und Ewer erwirkt hatte. Allen antwortete – korrekt –, dass der MI5 es Scotland Yard offenbar nicht mitgeteilt habe.[87]

Durch die Beschattung weiterer Mitglieder von Ewers Netzwerk kam Ottaways Observierungsteam auf die Spur von Walter Dale, der zunächst (bei unklarer Identität) dabei beobachtet worden war, wie er das erste anberaumte Treffen zwischen »D« und Ewer überwacht hatte. Dale führte die Ermittler daraufhin unfreiwillig zu seinen wichtigsten Kontakten bei der Special Branch, zu dem in den Niederlanden gebürtigen Inspektor Hubertus van Ginhoven und zu Sergeant Charles Jane. Die Entdeckung von Dales Tagebuch nach dessen Verhaftung brachte weitere Einzelheiten zur Tätigkeit von Ewers Netzwerk ans Licht. Wie sich bestätigte, hatte Allen eine Zeitlang als »Sicherung« zwischen Ewers und den Offizieren der Special Branch gedient.[88] Und Dales Tagebuch gab weitere Details zu dessen Aufgaben preis, so die Observierung von britischen Geheimdienstoffizieren, die Überwachung von Russen im Ausland, die Erstellung von Listen mit herausragenden Personen, die für die Russen interessant sein könnten, und die Überwachungsabwehr für russische Agenten, darunter für Ewer und Mitarbeiter der FPA. Fünf Jahre lang, die im Tagebuch dokumentiert waren, erhielten Dale und andere eine »unermüdliche Überwachung« der Örtlichkeiten und einiger Mitarbeiter der britischen Geheimdienstbehörden aufrecht, darunter des SIS und der GC&CS. Sie notierten unter anderem die

Autokennzeichen von Offizieren und verfolgten diese bis nach Hause. Aus Allens Angaben und Dales Tagebuch schloss der MI5:

> Es wurde vielfach deutlich, dass in den letzten zehn Jahren alle Informationen, die Scotland Yard vom SIS oder vom MI5 zu subversiv agierenden Organisationen und Individuen erhalten hatte und die zu Ermittlungen der Special Branch führten, wahrscheinlich an Ewers Gruppe verraten wurden.[89]

Ewer siedelte 1928 ins Ausland über.[90] Inspektor Ginhoven und Sergeant Jane wurden nach disziplinarischen Ermittlungen im Mai 1929 aus den Ämtern entfernt.[91] Zu dieser Zeit verfügte der MI5 insgesamt nur über 13 Offiziere.[92] Angesichts dieser dünnen Personaldecke war die Lösung des Falls Ewer ein beachtlicher Erfolg.

Trotz des Risikos, dass bei einem Prozess geheimdienstliche Methoden bekannt werden könnten, reagierten der SIS und der MI5 besorgt auf die Entscheidung des Generalstaatsanwalts, auf eine Strafverfolgung von Ewer, Ginhoven, Jane und deren Gehaltsempfängern zu verzichten.[93] Im MI5 vermutete man politische Motive hinter dem Beschluss. Nach einem späteren Tagebucheintrag Guy Liddells herrschte »die allgemeine Überzeugung, dass es als schlechte Politik galt, etwas aufzudecken, das zu dem Aufschrei ›Noch ein Sinowjew-Brief‹! hätte führen können«.[94] Im Wahljahr 1929 herrschte »allgemein die Ansicht, dass ein weiterer Zwischenfall wie der Sinowjew-Brief« vermieden werden sollte«.[95] Ein Prozess hätte eine hitzige politische Kontroverse über die Rolle von John (»Jack«) Hayes entfacht, einem ehemaligen Polizeibeamten und Organisator des Polizeistreiks von 1919, der 1923 für die Labour Party ins Unterhaus eingezogen war und 1929 wiedergewählt wurde. Eine Verhandlung hätte publik gemacht, dass Hayes für Ewer ein Detektivbüro geleitet und ihn mit Allen und Ginhoven in Kontakt gebracht hatte. Er war 1924 in MacDonalds erster Regierung parlamentarischer Privatsekretär geworden und erhielt im Juni 1929 in dessen zweiter Regierung ein ministerielles Amt als stellvertretender Kämmerer für den Königlichen Hof.[96] Der MI5 lag zweifellos richtig mit der Überzeugung, dass bei einem Prozess gegen Ginhoven und Jane wegen deren Verbindungen zu Hayes die politischen Wogen, die fünf Jahre zuvor der Sinowjew-Brief ausgelöst hatte, erneut hochgeschlagen wären.

Obwohl es zu keiner Anklage kam, markierte der Fall Ewer in der Geschichte des MI5 einen Wendepunkt. Die Entdeckung, dass die Special Branch vom sowjetischen Geheimdienst infiltriert worden war, sorgte mit dafür, dass 1931 die Verantwortlichkeiten für die Bekämpfung der zivilen und der militärischen kommunistischen Subversion von ihr abgezogen und dem MI5 übertragen wurden.

2
Die Rote Gefahr in den dreißiger Jahren

Ende der zwanziger Jahre herrschte in der Komintern Verärgerung über die CPGB. Die Führung der britischen Kommunisten, so die Beschwerden, lasse es am notwendigen Eifer fehlen, das Abweichlertum der nichtstalinistischen Linken zu brandmarken. 1929 protestierte ein herausgehobener Apparatschik der Komintern:

> Wie kommt es, dass sämtliche Grundprobleme der Kommunistischen Internationale unsere britische Bruderpartei ungerührt lassen. … All diese Schwierigkeiten erwecken den Anschein, als seien sie in die Aktivitäten der Britischen Kommunistischen Partei gewaltsam hineingetragen worden … In der britischen Partei gibt es eine Art Sondersystem, das so charakterisiert werden könnte: Die Partei ist eine Gesellschaft von guten Freunden.

Ende 1929 trieb die Komintern die »guten Freunde« aus dem Amt und zwang der CPGB eine neue Führung auf, die sie zu einer devoten Partei machte. Auf Moskaus Drängen verzichtete der neue Generalsekretär Harry Pollitt auf sämtliche Versuche, sich mit den »Klassenfeinden« der Labour Party zu arrangieren. In den dreißiger Jahren geißelte die CPGB Ramsay MacDonalds zweite Labour-Regierung pflichtschuldig als ein Verein von »Sozialfaschisten«, während sich das kommunistische National Minority Movement in den Gewerkschaften öffentlichen Angriffen aus Moskau ausgesetzt sah, weil es »rechtsopportunistische Irrtümer« begehe. Die CPGB wuchs von 2550 Mitgliedern Ende 1930 auf über 6000 ein Jahr später an, wenn auch eher wegen des Beginns der Weltwirtschaftskrise und der Massenarbeitslosigkeit als wegen der Politik, die ihr die Komintern verordnet hatte. Allerdings gelang es der Partei nicht, nennenswertes politisches Kapital daraus zu schlagen, dass im August 1931 die Labour-Regierung zurücktrat, die Labour Party sich spaltete und eine nationale Koalitionsregierung (National Government) entstand, in der Ramsay MacDonald Premierminister blieb und von vielen Ex-Kollegen als Verräter gebrandmarkt wurde. Die Schwäche der Kommunisten offenbarte sich deutlich bei den Parlamentswahlen im Oktober, als ihre 26 Kandidaten insgesamt ganze 75 000 Stimmen und keinen einzigen Sitz errangen. (In scharfem Gegensatz zu den 14 Millionen für das National Government und den 6,5 Millionen Stimmen für die »Sozialfaschisten« der oppositionellen Labour Party).[1]

Trotz des erbärmlichen Abschneidens der CPGB war der Inlandsgeheimdienst weiterhin besorgt, dass die kommunistische Propaganda in den Streitkräften langfristig eine zersetzende Wirkung haben könnte. Während des Jahres 1929 hatte er 82 Fälle von kommunistischen Umtrieben untersucht. 46 Soldaten wurden »entlastet«, bei fünf wurde die Untersuchung eingestellt, 16 Ermittlungen liefen am Jahresende noch, und 15 Soldaten (einer weniger als 1928) wurden entlassen. Dennoch vermeldete der MI5 Ende 1929 eine »Intensivierung der offenen Propaganda und der umstürzlerischen Aktivitäten im Untergrund. Er führte dies auf geheime Instruktionen des Exekutivkomitees der Komintern an die CPGB vom 11. Oktober 1929 zurück. Demnach sollte diese in den Streitkräften Zellen mit dem Ziel gründen, Geheiminformationen zu sammeln, gegen kommandierende Offiziere zu agitieren und antimilitaristische Propaganda zu verbreiten. »Dass wir wegen der Gefahr der Spionage und der Propaganda auf der Hut sein müssen«, berichtete der MI5, »kann nicht genug betont werden.«[2] 1929 baute die Französische Kommunistische Partei (PCF) ein Netzwerk von »Arbeiterkorrespondenten« auf. Diese wurden aufgefordert, Informationen aus Militäreinheiten und Rüstungsbetrieben an die Parteizeitung *L'Humanité* zu schicken, die sie nach Moskau weiterleitete. Dieser offene Aufruf zur Spionage führte zur Verhaftung eines Großteils der PCF-Führung. Dessen ungeachtet forderte die Komintern im Juli 1930 weitere KPs auf, dem Beispiel der PCF zu folgen.[3]

Die Bestrebungen der Komintern spiegelten Stalins entschiedene Haltung wider, wonach die Sowjetunion »der Bedrohung eines neuen imperialistischen Krieges« ausgeliefert sei. Sowohl die GPU (der Vorläufer des KGB) als auch die militärische Vierte Abteilung (die spätere GRU) waren aktiv an Operationen zur Abwehr einer angeblichen Bedrohung durch eine imperialistische Aggression beteiligt. Innerhalb der GPU wurde die »Verwaltung für Sonderaufgaben«, so ihr euphemistischer Name, unter Leitung des routinierten Killers Jakow (»Jascha«) Serebrjanski mit Mordanschlägen, Sabotageakten und Terroroperationen im Ausland betraut. Serebrjanski brachte den sowjetischen Geheimdienst später ernsthaft in Verlegenheit, als dieser sich von den Blutbädern in den dreißiger Jahren zu distanzieren und sich selbst – unglaubwürdig – mehr als ein Opfer denn als ausführendes Organ von Stalins Terror darzustellen versuchte. Noch 1993 wurde aufgrund von Material, das der postsowjetische Auslandsgeheimdienst SWR bereitstellte, die Legende ausgegeben, wonach Serebrjanski »kein reguläres Mitglied der Staatssicherheit gewesen«, sondern nur »für Sonderaufgaben eingesprungen« sei. Dagegen zeigen die KGB-Akten, dass er ein hochrangiger GPU-Offizier war, dessen Verwaltung für Sonderaufgaben zu einem Elitedienst mit über 200 Mitgliedern heranwuchs. Die langfristigen Vorbereitungen von Sabotageakten hinter den feindlichen Linien im Krieg, die zu Serebrjanskis ursprünglichem Aufgabenbereich gehört hatten, verloren an Bedeutung gegenüber einer immer mörderischeren Hatz auf »Volksfeinde«, die ins Ausland geflohen waren. In den dreißiger Jahren war Paris für Weißgardisten – Überbleibsel der Weißen Armeen aus dem Russischen Bürgerkrieg – und für Anhänger des Ketzers Leo Trotzki das wichtigste Zentrum und damit auch Serebrjanskis wichtigstes Operationsgebiet. Mehrere seiner Offiziere wurden für erfolgreich ausgeführte Morde mit dem Orden des Roten Banners ausgezeichnet.[4]

Der MI5 konnte zwar nicht ausschließen, dass Mordanschläge, wie sie auf dem Kontinent stattfanden, nicht auch Großbritannien betreffen könnten, seine Hauptsorge blieben indes die von der Komintern gesteuerten umstürzlerischen Aktivitäten in den britischen Streitkräften. Anfang 1930 berichtete er, die »kommunistischen Bemühungen, auf die Streitkräfte S. M. zuzugreifen, haben zugenommen und nehmen weiter zu«:

> Das soll keineswegs heißen, dass Loyalität und Disziplin in den Streitkräften schon jetzt allgemein ernsthaft beschädigt wurden, aber im Fall von bestimmten technischen Einheiten besteht kein Zweifel, dass diese lang fortgesetzte und subtile Propaganda auf

die Disziplin und die Moral allmählich eine gewisse Wirkung tut. Wenn sich diese unkontrolliert ausbreitet, wird sie sich für die Streitkräfte als Ganzes auf lange Sicht als verheerend erweisen.[5]

Deutlich glaubwürdiger wurden die Warnungen des MI5 vor den Gefahren der Subversion, als im September 1931 auf der Marinebasis Invergordon unter den Seeleuten der Atlantikflotte eine Meuterei ausbrach – ein spontaner Protest des Unterdecks gegen eine schlechte Planung und ungerechte Verteilung bei Soldkürzungen. Eine Verringerung der Abstriche konnte die Wogen rasch glätten. Die Seeleute selbst sahen ihre Aktion als Streik, und die einzige gewaltsame Ausschreitung bestand darin, dass ein Offizier in der Kantine mit einem Bierkrug beworfen wurde. Dennoch sorgte der Aufruhr in der Königlichen Marine trotz der kurzen Dauer bei den offiziellen Stellen für größeres Aufsehen als jeder andere unter den Streitkräften seit der Demobilisierung nach dem Ersten Weltkrieg: Er beschwor kurzzeitig das Gespenst der Meutereien in der russischen und in der deutschen Marine 1917 und 1918 herauf, die zum Sturz des Zaren und des deutschen Kaisers beigetragen hatten. Der Aufruhr wurde in den Medien ordentlich aufgebauscht, was umso stärker wirkte, als das Land sich inmitten einer großen Finanzkrise befand, die für den Bestand des National Government einen kritischen Moment darstellte. Diese bestärkte die Befürchtungen ausländischer Bankiers, dass die Regierung die Kontrolle über das Land verloren habe, und »stimulierte immens« die Kapitalflucht, wie Kabinettssekretär Hankey beklagte. Am 17. September wurden von der Bank of England 10 Millionen Pfund in Gold abgehoben. Am nächsten Tag stieg die Summe auf 18 Millionen. Die Regierung sah sich gezwungen, in einem bislang undenkbaren Verstoß gegen eine orthodoxe Finanzpolitik den Goldstandard abschaffen.[6]

Am 21. September 1931, als die Vorlage zur Aufhebung der Goldwährung im Eilverfahren alle parlamentarischen Hürden nahm, ereilte das Kabinett ein alarmierender Bericht zum Verlauf der Meuterei. Er beruhte vornehmlich auf Informationen des Naval Intelligence Department und des MI5 und wurde so geheim eingestuft, dass er in die Protokolle einging. Eine Zusammenfassung mit dem Vermerk *top secret* (dann *most secret*) wurde in einen Umschlag gesteckt, den nur Kabinettssekretär Hankey, sein Stellvertreter oder deren Nachfolger öffnen durften. In dem Bericht an das Kabinett hieß es:

> Die Lage war äußerst ernst. Eine vollständige Organisation auf dem Unterdeck widersetzte sich den Soldkürzungen, und jetzt waren die Marineunteroffiziere betroffen ... Inzwischen wurde beabsichtigt, dass die Mannschaften die Schiffe am Dienstagmorgen [22. September] verlassen sollten. Die Marinesoldaten auf See waren beteiligt und ... auf die in den Heimathäfen war kein Verlass.

Heute ist bekannt, dass für den 22. September keine weitere Meuterei geplant war. Aber die Überschätzung des Aufruhrs schürte unweigerlich weitere Ängste vor kommunistischen Umtrieben. Das Kabinett erhielt die Mitteilung, dass »die Kommunisten in den Häfen aktiv waren und einige ihrer besten Agenten dorthin entsandt hatten«.[7]

Die CPGB hatte tatsächlich eilends Agenten in die Heimathäfen entsandt, aber deren Versuche, die Stimmung anzuheizen, gerieten mitunter zur Farce. So wurde am 23. September der Gefreite Bateman, dessen Schiff aus Invergordon in Portsmouth eingelaufen war, in einem Schnellimbiss von dem kommunistischen Aktivisten Stephen »Shorty« Hutchings angesprochen, der sich als Journalist ausgab. Hutchings bestand darauf, Batemans Fish and Chips zu bezahlen, er erzählte ihm, er brauche eine Story zu Invergordon und verabredete sich mit ihm für den nächsten Tag zum Getränk in einem lokalen Hotel. Am 24. tauchte Bateman dort mit dem Marinetelegrafisten Stephan Bousfield auf. Der meldete das Treffen der Polizei und antwortete dann auf die Fragen des MI5.[8] Nach vier Stunden ständigen Trinkens, so Bousfield, habe Hutchings verraten, dass er Mitglied der Komintern sei und »die Matrosen zum Streiken bewegen wolle«. Als Bateman und Bousfield für eine Streikagitation Geld verlangten, habe Hutchings entgegnet, er müsse »seine Vorgesetzten in London« konsultieren. Wenn sie einverstanden seien, würde er Bousfield ein Telegramm schicken: »Mutter krank. Komme sofort. Walter.«

Nach Erhalt des angekündigten Telegramms von »Walter« reiste Bousfield nach London und traf sich in einem Haus in Hampstead mit William Shepherd, einem Journalisten des *Daily Worker*. Bousfield erklärte sich zum Verfassen eines Pamphlets bereit, das Aufrufe zu weiteren Streiks in der Königlichen Marine enthielt. Im Gegenzug wollte Shepherd Bousfields Frau im nächsten Jahr jede Woche mit zwei Pfund unterstützen. Bateman würde eine weitere Zahlung erhalten. Das Pamphlet sollte Bousfield in einer Bar in Portsmouth zum Drucken einem Mann übergeben, den er an einem gelben Taschentuch in der Brusttasche erkennen würde. Die eigentliche Übergabe fand nach dem vereinbarten Treffen in der Toilette des Bahnhofs von Portsmouth statt. Der Mann mit dem gelben Taschentuch wurde sofort verhaftet und als George Allison identifiziert, ein altbekannter Kommunist. Er war vor fünf Jahren in Haft genommen worden, weil er mit gefälschtem Pass nach Indien gereist war. Gegenwärtig wirkte er als geschäftsführender Generalsekretär des National Minority Movement. Im November wurde er zu drei Jahren und Shepherd zu zwanzig Monaten Gefängnis verurteilt.[9]

Hutchings konnte sich einem Prozess durch eine Flucht nach Russland entziehen. In seinen abgefangenen Briefen beklagte er sich bald über die miserablen Lebensbedingungen und die Trennung von seiner Familie in England. Jane Sissmore, die wichtigste Sowjetexpertin des Geheimdienstes, hoffte darauf, dass Hutchings mit der »Aussicht auf ein mildes Urteil« überredet werden könne, sich einem Prozess zu stellen und »sämtliche verfügbaren Informationen zu dem Fall und zu den Methoden der KP zu liefern – allgemein und mit besonderem Blick auf die Untergrundarbeit gegen die Marine«:

> Wenn wir sicher sein könnten, dass Hutchings mitspielt, bedeutete dies, so meine ich, wohl ein wirkungsvoller Schlag gegen die Kommunistische Partei hier und eine bedeutende Abschreckung, was künftige Aktivitäten von der Art betrifft, in die Hutchings verstrickt war.
> Bislang wiegen sich gesetzesbrüchige Kommunisten immer in der Sicherheit, sie würden in Moskau versorgt werden, wenn sie außer Landes fliehen müssen. Hutchings Bericht von den Entbehrungen in Moskau kann dazu beitragen, die Illusion, die von der Partei so sorgfältig gepflegt wird, zu zerstreuen.[10]

Hutchings blieb allerdings in Moskau.[11]

Die übertriebenen Ängste vor subversiven Umtrieben in der Marine, die durch die Vorgänge in Invergordon geschürt worden waren, führten zu einer gründlichen Säuberung. Fast 1000 Marineangehörige wurden aus dem Dienst entfernt.[12] Am 16. November gratulierte die Admiralität dem Geheimdienst offiziell für seine »exzellente Arbeit« nach der Meuterei: »Meine Lords erkennen, dass [der Geheimdienst] nicht die Organisation besaß, um sich mit Unruhen unter solchen Umständen und in einer solchen Größenordnung zu befassen, und haben das Bedürfnis … den Ausdruck ihrer Hochachtung zu übermitteln.« Besondere Anerkennung zollte die Admiralität den Untersuchungen, die Captain H. E. »Con« Boddington, Harkers »Assistent für Sonderermittlungen«, in Plymouth durchgeführt hatte.[13] Von dessen Operationen sind nur wenige Einzelheiten bekannt.[14]

Nach der Meuterei von Invergordon reagierten der MI5 und die Ministerien der Streitkräfte aufgeschreckt auf die plumpen Traktate, die die KP zur Verteilung unter den Streitkräften vorbereitete. Ihre Grundbotschaft fasste ein Aufruf in der *Soldier's Voice* zum Klassenkrieg vom Mai 1932 zusammen: »Nutzen wir das Wissen im Umgang mit den Waffen, das sie uns vermitteln, bei sich bietender Gelegenheit dazu, ihre Herrschaft zu stürzen und geschlossen mit unseren Arbeitergenossen ein freies sozialistisches Großbritannien zu errichten.«[15] Der Jungkommunist Douglas Hyde aus Bristol, der spätere Herausgeber des *Daily Worker*, erinnerte sich, wie Bündel der *Soldier's Voice* »von London eingeschmuggelt« und nachts über die Mauern der örtlichen Kasernen geworfen wurden: »Das Unternehmen war recht gewagt, deshalb wurden Freiwillige aufgerufen, unter denen dann das Los entschied. Ich meldete mich, zog aber eine Niete. Der Pechvogel wurde nachts auf frischer Tat ertappt und verschwand auf 18 Monate hinter den Mauern des nahen Gefängnisses.«[16] Der Security Service las die *Soldier's Voice* aufmerksamer als die Soldaten in Bristol.[17]

Anfang 1933 tauchten neue »Informationen von höchster Bedeutung« auf, die wahrscheinlich von einer von Knights Agentinnen in der CPGB[18] stammen. (Maxwell Knight, 1900 geboren, war der wohl begabteste Mitarbeiter des Industrial Intelligence Bureau, ein jugendlicher autodidaktischer Agentenführer, der später in den Security Service eintrat.) Jene Informationen ließen die Pläne der Komintern, »die Streitkräfte der Krone von ihrer Treue abzubringen«, in »einem grellen Licht« erscheinen.[19] Dank dieser Informationen konnte der Inlandsgeheimdienst eine – vor dem Krieg begonnene und bislang erfolglose – Kampagne intensivieren, mit der er eine Gesetzgebung zur Abschreckung von subversiven Aktivitäten in den Streitkräften anstoßen wollte.[20] Am 18. Oktober beriet das Kabinett über den ersten Entwurf zu einer Gesetzesvorlage gegen das Schüren von Unruhen und über ein Memorandum, das vom Innenminister, vom Marineminister und vom Kriegsminister unterzeichnet war:

> Als erstes Ziel sollte die Gesetzesvorlage eine kurz gefasste Methode zum Umgang mit Bestrebungen liefern, die Mitglieder der Streitkräfte Seiner Majestät zur Pflichtvergessenheit und Illoyalität zu verleiten. Als zweitwichtigstes Ziel sollten Friedensrichter ermächtigt werden, Durchsuchungsverfügungen zu erteilen, wenn es einen belastbaren Verdachtsgrund gibt, dass ein Verstoß gegen das entsprechende Gesetz vorliegt.[21]

Der Gesetzesentwurf wurde am 10. April 1934 ins Unterhaus eingebracht. Bei der zweiten Lesung sechs Tage später fragte der Liberale Isaac Foot (der Vater des künftigen Labour-Führers Michael Foot), »welche Anhaltspunkte es denn dafür gibt, dass ein einziger Soldat in seiner Loyalität beeinflusst worden ist oder dass ein einziger Matrose mehr getan hat, als über diese köstlichen Blätter *The Soldier's Voice* und *The Red Signal* zu spotten«. Obwohl keine genannt werden konnten, wurde der Entwurf mit großer parlamentarischer Mehrheit vor Jahresende Gesetz. Zur Überraschung seiner Gegner wie seiner Befürworter kam es bis zum Zweiten Weltkrieg allerdings nur zu einer einzigen Strafverfolgung.[22]

Die ernsthafteste subversive Bedrohung in Kriegszeiten stellten Sabotageakte dar. Der MI5 und die Special Branch berichteten gemeinschaftlich im Jahr 1930:

> Es ist ein unstrittiges Faktum, dass die britische Kommunistische Partei unter Anweisungen aus Moskau mit allen Mitteln danach trachtet, Vorbereitungen zu treffen, dass ausgewählte Mitglieder im Fall einer Kriegserklärung durch dieses Land oder einer allgemeinen Mobilmachung gegen Russland zuvor erstellte Sabotagepläne zur Ausführung bringen. Eindeutige Anweisungen sind von

Moskau an die Kommunistische Partei Großbritanniens ausgegeben worden, wonach im Fall einer Kriegserklärung die Arbeiter in der Lage sein müssen, die Kampagne durch eine allgemeine Desorganisation zu durchkreuzen.

Das Hauptaugenmerk des MI5 lag dabei auf der sowjetischen Handelsorganisation Russian Oil Products (ROP), die 1924 als eine britische Gesellschaft mit beschränkter Haftung gegründet worden war. Wie der MI5 im folgenden Jahr vermerkte, waren alle Anteilseigner russische Staatsbürger. Eines der prominenten Parteimitglieder, die zu den ROP Kontakt hatten, war Willie Gallagher. MI5 und Special Branch errechneten 1930, dass die ROP fast 1000 Mitarbeiter hatte, von denen ungefähr ein Drittel Mitglied in der CPGB waren. Zudem hatte sie ein das ganze Vereinigte Königreich überspannendes Netz aus 33 Büros, Depots und Anlagen aufgebaut.[23] Holt-Wilson berichtete an das Committee of Imperial Defence, dass Teile des ROP-Netzwerks in gefährlicher Nähe zur Unverzichtbaren Nationalen Infrastruktur (Critical National Infrastructure, CNI), wie sie später heißen sollte, insbesondere zu Tanklagern, angesiedelt waren.[24] Im Fall eines Krieges mit der Sowjetunion, so glaubte der MI5, bestünde die Gefahr, dass Tanklastfahrzeuge der ROP in britische Treibstoff- oder Munitionsdepots gefahren und zur Explosion gebracht würden. 1934 stimmte das Innenministerium einem Vorschlag des Inlandsgeheimdienstes zu, dass im Fall eines »Notstands« oder einer internationalen Krise die Bewegungsfreiheit der Tanklaster polizeilich eingeschränkt würde. Wegen der Gefahr, dass auch Tankschiffe der ROP in britischen Häfen zur Detonation gebracht werden könnten, wurden die Hafenbehörden angewiesen, diese einer strengen Überwachung zu unterziehen.[25]

Die Untersuchung des Secret Service mit Blick auf die ROP erstreckte sich auf die Spionageabwehr wie auf die Gefahrenabwehr.[26] Die Priorität, die der sowjetische Geheimdienst der ROP als Front für wissenschaftliche und technische Geheimdienstoperationen gab, drückte sich in den dort investierten Summen aus: Eine gemeinsame Finanzanalyse des MI5 und der Special Branch von 1930 ergab, dass die ROP mit einem jährlichen Verlust von 370 000 bis 390 000 Pfund betrieben wurde.[27] Der Inlandsgeheimdienst berichtete 1932, dass »einer der wichtigsten Genossen, der als Bindeglied zwischen den

ROP und der Partei agiert«, Percy Glading sei,[28] der später wegen Spionage im Woolwich Arsenal verurteilt wurde. Die ROP lieferte eine gut getarnte Basis für die wachsenden sowjetischen wissenschaftlichen und technischen Geheimdienstoperationen in den dreißiger Jahren, und zum ersten Mal fuhren die Russen in Großbritannien unter »falscher Flagge« und gaben bei den Zielpersonen falsche Auftraggeber an. Im September 1932 flog ein Mitarbeiter der ROP-Niederlassung in Bristol auf, der sich (unter dem Aliasnamen »Olsen«) als ein rumänischer Journalist ausgab, der über die britische Ölindustrie berichten wollte. So hoffte er, über Mitarbeiter der Shell Mex Company in London an Wirtschaftsgeheimnisse heranzukommen.[29] Der Inlandsgeheimdienst bekam die Überwachung von Olsens Adresse genehmigt und deckte auf, dass er in Wirklichkeit Joseph Wokowitsch Wolodarski hieß. Im November 1932 bekannte er sich für schuldig, einem Mitarbeiter von Shell Schmiergeld angeboten zu haben, und wurde zu einer Geldstrafe von 50 Pfund verurteilt.[30] 1933 siedelte Wolodarski von Großbritannien nach Nordamerika über und beteiligte sich dort an der Beschaffung falscher Ausweispapiere für den sowjetischen Illegalen Willy Brandes, bevor dieser nach London versetzt wurde.[31]

Der potenziell wichtigste mutmaßliche sowjetische Spion, mit dem sich der Security Service Anfang der dreißiger Jahre befasste, war der herausragende russische Physiker und künftige Nobelpreisträger Pjotr Kapiza, der 1924 eine Tätigkeit am weltberühmten Cavendish-Laboratorium der Universität Cambridge angetreten hatte und zum Fellow des Trinity College gewählt worden war. Der MI5 hatte gute Verdachtsgründe gegen Kapiza. Bei der Überwachung von ARCOS, deren Aktivitäten als Tarnung für eine sowjetische Spionage dienten, kam eine Verbindung zu ihm zum Vorschein. Wie der SIS berichtete, hatte ihm ARCOS Finanzmittel für seine Forschungen beschafft. Ein Informant am Trinity College verriet zudem, dass Kapiza enge Kontakte zu dem führenden Cambridger Kommunisten Maurice Dobb[32] unterhielt, der später den Wirtschaftsstudenten Kim Philby betreute und bedeutenden Einfluss auf ihn ausübte. Bei Dobb suchte Philby an seinem letzten Tag in Cambridge denn auch um Rat nach, wie er sein Leben am besten in den Dienst der kommunistischen Sache stellen könne.[33] 1931 erhielt der Geheimdienst eine Vollmacht zur Überwachung von Kapizas Briefverkehr. Im selben Jahr hatte Guy Liddell im Cavendish-Laboratorium ein Geheimtreffen mit einem Informanten, der Kapiza – möglicherweise aus Neid auf dessen berufliche Erfolge – als sowjetischen Spion denunzierte.[34] Verdächtig erschienen auch Kapizas Kontakte zu dem Kommunisten Andrew Rothstein, der damals an der Rekrutierung von Agenten für die wissenschaftliche und technische Spionage beteiligt war. Im Juni 1934 offenbarte ein abgefangenes Telegramm aus Moskau, dass Rothstein angewiesen worden war, von Kapiza Informationen zu dessen »neuer Anlage zur Verflüssigung von Helium« zu bekommen. Einen Monat später war in einem Geheimdienstbericht zu Kapiza vermerkt, dass der sowjetische Botschafter Iwan Maiski und Mitglieder seines Stabes »mysteriöse Autofahrten nach Cambridge und in die umliegenden Städte unternahmen«.[35]

Obwohl der Inlandsgeheimdienst damals vernünftige Verdachtsgründe gegen Kapiza hatte, ist aus heutiger Sicht höchst unwahrscheinlich, dass dieser tatsächlich in Spionageaktivitäten am Cavendish verstrickt war. Seine Bereitschaft, über seine Forschungen zu reden und über die der Kollegen zu diskutieren, war ein akzeptierter Teil der westlichen Wissenschaftskultur. Und er beklagte sich über deren Fehlen in Russland, obwohl er das Sowjetsystem unterstützte. Als ihn die sowjetische Gesandtschaft im Sommer 1934 in London kontaktierte, sollte er wahrscheinlich zu einem Besuch in Moskau überredet werden. Kapiza reiste im Herbst nach Russland. Anschließend wurde ihm zu seiner Bestürzung eine Rückkehr verweigert. Erst nach zwei Jahren konnte er die Forschungen, die er in Cambridge zur Niedertemperaturphysik und zum Magnetismus vorangetrieben hatte, fortsetzen.[36]

Der Security Service hatte keine Ahnung, dass gerade im Sommer 1934, als der naheliegende, aber unbegründete Verdacht gegen Kapiza seinen Höhepunkt erreichte, in Großbritannien die erfolgreichste Kampagne zur Agentenrekrutierung begann, die der sowjetische Geheimdienst dort jemals durchführte. Das Hauptziel war die Universität Cambridge. Im Juni des Jahres traf Kim Philby, der im Vorjahr am Trinity College graduiert hatte, erstmals mit seinem sowjetischen Führungsoffizier zusammen. In der Überzeugung, sein Leben »dem Kommunismus weihen« zu müssen, verbrachte er den Großteil des nächsten Jahres in Wien. Dort arbeitete er für die

Internationale Arbeiterhilfe, die den Kommunisten nahestand, und diente als Kurier für die im Untergrund agierende Kommunistische Partei Österreichs. In Wien lernte er die geschiedene junge Kommunistin Litzi (oder »Lizzy«, wie er sie nannte) Friedmann kennen. Er heiratete sie nach einer kurzen Liebesaffäre, die seine ersten Sex-Erfahrungen im Schnee umfassten (»eigentlich recht warm, wenn man sich erst einmal daran gewöhnt hatte«, erinnerte er sich später). Im Mai 1934 siedelte er mit ihr nach London über.[37] Fast 30 Jahre später, unmittelbar bevor er sich nach Moskau absetzte, verriet Philby schließlich, wie er angeworben worden war:

> Lizzy kam eines Abends nach Hause und sagte mir, dass sie für mich ein Treffen mit einem »Mann von entscheidender Bedeutung« arrangiert habe. Ich fragte nach, aber sie wollte keine näheren Einzelheiten verraten. Das Rendezvous fand im Regent's Park statt. Der Mann stellte sich als Otto vor. Viel später stellte ich anhand eines Fotos in den Akten des MI5 fest, dass er unter dem Namen Arnold Deutsch geführt wurde. Ich glaube, er war tschechischer Abstammung. Ungefähr 1,70 m groß, stämmig und mit blauen Augen und hellem gelocktem Haar. Obwohl überzeugter Kommunist, hatte er eine tief humanistische Ader. Er hasste London, liebte Paris und sprach mit einer liebevollen Zuneigung von dieser Stadt. Sein Bildungshorizont war beachtlich.
> Otto redete sehr ausführlich und argumentierte, dass eine Person mit meinem familiären Hintergrund und meinen Möglichkeiten für den Kommunismus weitaus mehr erreichen könne als ein x-beliebiges Parteimitglied oder ein Sympathisant … Ich stimmte zu. Seine ersten Instruktionen lauteten, dass Lizzy und ich so schnell wie möglich alle persönlichen Kontakte zu unseren kommunistischen Freunden abbrechen sollten.[38]

Philby wurde zum Ersten der »Cambridge Five«, der fähigsten britischen Agentengruppe, die je ein ausländischer Geheimdienst rekrutiert hatte.

Deutsch, dessen Rolle als sowjetischer Geheimdienstoffizier erst 1940, lange nach seinem endgültigen Abschied aus England, vom Security Service entdeckt wurde,[39] hatte einen noch glanzvolleren akademischen Hintergrund als die übrigen Mitglieder der Cambridge Five. Seine tschechischen Eltern, so Philbys Erinnerung, waren nach Österreich übergesiedelt, als er noch ein Kind war. An der Universität Wien erwarb Deutsch ganze fünf Jahre nach der Immatrikulation den Doktortitel mit Auszeichnung. Als Student bezeichnete er sich in den Unterlagen für die Universität als gläubiger Jude (mosaisch) – wahrscheinlich zur Verschleierung seiner Mitgliedschaft bei der KPÖ. Obwohl er in Chemie promovierte, belegte er auch Seminare in Psychologie und Philosophie. Nach seiner Promotion verband er auf bemerkenswerte Weise seine verdeckte Tätigkeit für die Komintern und die GPU mit einer offenen Zusammenarbeit mit dem marxistischen Psychologen und Sexualforscher Wilhelm Reich. Dieser arbeitete damals an dem Versuch einer Synthese des Werks von Marx und Freud und erwarb sich später den wohl unverdienten Ruf eines »Propheten des alleinseligmachenden Orgasmus«. Deutsch unterstützte Reich offen in der »Sex-Pol-Bewegung« (Sexualität und Politik), die Kliniken mit der Aufgabe betrieb, Geburtenkontrolle und sexuelle Aufklärung an die Wiener Arbeiter zu bringen. Zudem gründete er den kleinen Münster-Verlag (Dr. Arnold Deutsch), der Reichs Werke und Sex-Pol-Literatur herausgab. Als er im April 1934 nach London übersiedelte, stand er bereits im Visier der »Antipornografie«-Abteilung der Wiener Polizei.[40] Selbst wenn der Security Service während Deutschs Zeit in England von seiner früheren Zusammenarbeit mit Reich und der Sex-Pol-Bewegung gewusst hatte, hätte er ihn kaum für einen sowjetischen Spion gehalten. Seine Laufbahn hätte als eine zu unwahrscheinliche Tarnung gegolten.

Bei der Rekrutierung der Cambridge Five übernahm Deutsch eine führende Rolle.[41] Neben seinem Gespür als Agentenführer verdankte er seine Erfolge seiner neuen Rekrutierungsstrategie, die von der Zentrale (dem Hauptquartier des sowjetischen Geheimdienstes) übernommen wurde. Sie beruhte auf der Anbahnung von Kontakten zu jungen radikalen Hochbegabten an führenden Universitäten, bevor diese in die Schaltzentralen der Macht einzogen:

> Aus der Tatsache, dass die kommunistische Bewegung an diesen Universitäten eine Massenerscheinung darstellt und sich ihr ständig Studenten zuwenden, folgt, dass einzelne Kommunisten, die wir aus der Partei herausgreifen, sowohl in der Partei selbst als

auch in der Außenwelt unbemerkt bleiben werden. Die Menschen vergessen sie. Und wenn sie sich eines Tages daran erinnern, dass sie einst Kommunisten gewesen sind, wird man es als vorübergehende Jugendsünde abtun, insbesondere wenn die Betreffenden Sprösslinge der Bourgeoisie sind. Es ist an uns, dem einzelnen [Angeworbenen] eine neue [nichtkommunistische] politische Persönlichkeit zu geben.

Da die Universitäten von Oxford und Cambridge überproportional viele Spitzenbeamte in Whitehall hervorbrachten, war es nur logisch, statt die jüngeren englischen Universitäten mit ihren Backsteinbauten »Oxbridge« ins Visier zu nehmen. Die Entscheidung, mit der neuen Rekrutierung in Cambridge statt in Oxford zu beginnen, war weitgehend einem Zufall geschuldet: Als erster potenzieller Rekrut, auf den Deutsch aufmerksam wurde, hatte Philby hier seinen Abschluss gemacht. Deutsch gab ihm den deutschen Codenamen SÖHNCHEN.[42]

Ein halbes Jahrhundert nach seiner Flucht nach Moskau erinnerte sich Philby noch immer an sein »erstaunliches« erstes Treffen mit Deutsch:

Er war ein fabelhafter Mann. Einfach fabelhaft. Das habe ich gleich gespürt. Und [dieses Gefühl] hat mich nie verlassen ... Das Erste, was mir an ihm auffiel, waren seine Augen. Er sah dich an, als gäbe es im Moment nichts Wichtigeres im Leben als dich und das Gespräch mit dir ... Und er hatte einen wundervollen Sinn für Humor.[43]

Obwohl Deutsch in Moskau eine Ausbildung als Illegaler der GPU mit dem Decknamen »Stefan Lange« absolviert hatte,[44] reiste er unter realem Namen und realer Nationalität in England ein – wahrscheinlich, um seinen Cousin Oscar Deutsch, einen Millionär und Besitzer der Kinokette Odeon als Referenz benutzen zu können.[45] (Der Name der Kette war vom griechischen *Odeion* für eine Konzerthalle abgeleitet, bildete aber zugleich auch das Akronym für »Oscar Deutsch Entertains our Nation«.) Arnold Deutschs Akte im Innenministeriums ist nicht erhalten,[46] aber klar ist, dass nichts in ihr stand, was bei der Einwanderungsbehörde Verdacht hätte erregen können. Neben seiner Rückendeckung durch einen Cousin mit Millionenvermögen war er akademisch bestens qualifiziert für eine Tätigkeit an der Universität London, die für seine Geheimdienstarbeit eine ideale Tarnung bot. Zudem vermittelte sie ihm das britische Universitätsleben aus erster Hand. Von Oktober 1934 bis Januar 1936 strebte er am Londoner University College – ohne den Abschluss tatsächlich zu machen – ein Diplom in Psychologie an, das die Voraussetzung für den Erwerb eines Doktortitels geschaffen hätte.[47] Der Name seines akademischen Betreuers nach der Graduierung ist nicht mehr feststellbar,[48] aber spätere Nachforschungen des Security Service deuten darauf hin, dass er Professor Cyril Burt als Referenz benutzt haben könnte – den umstrittenen Leiter der psychologischen Fakultät an der Universität London, der später in den Ritterstand erhoben wurde.[49]

Deutschs erste Berichte an die Zentrale über Philby – dieser benötige »ständige Ermunterungen«, glaubte er – spiegelten sein Interesse für Psychologie wie seine geheimdienstliche Ausbildung wider:

> SÖHNCHEN stammt aus einer sonderbaren Familie. Sein Vater, ein Berater König Ibn Sauds von Saudi-Arabien, gilt gegenwärtig als der angesehenste Experte in Sachen arabische Welt ... Er ist ein ehrgeiziger Tyrann und wollte aus seinem Sohn einen bedeutenden Mann machen. Er hat alle seine Bedürfnisse unterdrückt. Deshalb ist SÖHNCHEN eine sehr schüchterne und unentschlossene Persönlichkeit. Er stottert ein wenig, und das vergrößert seine Unsicherheit. ... Jedenfalls geht er mit unserem Geld sehr vorsichtig um. Er genießt große Sympathien und Respekt wegen seiner Seriosität und Ehrlichkeit. Er war vorbehaltlos bereit, alles für uns zu tun, und hat in der Arbeit für uns alle Ernsthaftigkeit und allen Fleiß gezeigt.[50]

Deutsch bat Philby, ihm einige Studenten aus seiner Zeit in Cambridge zu empfehlen. Philbys zwei erste Empfehlungen waren Donald Maclean, der soeben am College Trinity Hall erstklassig in modernen Sprachen abgeschlossen hatte, und Guy Burgess vom Trinity College, der an einer Doktorarbeit in Geschichte gearbeitet, diese aber nicht beendet hatte. Ende 1934 hatte Deutsch mit Philbys Hilfe beide rekrutiert. Wie Philby wies er beide an, sich von ihren kommunistischen Freunden loszusagen. Burgess tat dies mit typischer Extravaganz und wurde im folgenden Jahr persönlicher Assistent des konservativen Abgeordneten Captain »Jack« Macnamara. Mit ihm reiste er auf »Erkundungsmissionen« ins Deutschland der Nationalsozialisten. Diese seien, so Burgess, weitgehend sexuellen Eskapaden mit schwulen Mitgliedern der Hitlerjugend gewidmet gewesen.[51]

Zum Zeitpunkt, als die Rekrutierung der Cambridge Five begann, befasste sich der Secret Service aktiv mit Pjotr Kapiza. Er hätte gleichzeitig wohl auch mühelos die militantesten kommunistischen Studenten in Cambridge identifiziert, wenn er bemerkt hätte, dass diese zu Zielpersonen des sowjetischen Geheimdienstes geworden waren. Eine Generation später, 1972, nachdem sich Philby, Maclean und Burgess nach Moskau abgesetzt hatten, kam der MI5 auf unbekanntem Weg an das Protokollbuch der wichtigsten kommunistischen Studentenorganisation in Cambridge, der Cambridge University Socialist Society (CUSS), die sich gewöhnlich am Trinity College traf.[52] Den Protokollen zufolge, die die Zeit zwischen 1928 und 1935 abdeckten, wurde Maclean, Sohn eines ehemaligen liberalen Ministers, in seinem ersten Jahr in Trinity Hall 1931 zum Komiteemitglied gewählt und auf einer späteren Sitzung – »die Mitglieder in Cambridge schmetterten erstmals die Internationale und andere Lieder« – mit der Öffentlichkeitsarbeit der CUSS betraut. Philby wurde 1932 zum Schatzmeister der Gesellschaft auserkoren. Hätte dem MI5 das Buch schon vor dem Krieg vorgelegen, hätte Philby wahrscheinlich weitaus größere Schwierigkeiten gehabt, in den SIS einzutreten.[53] Im März 1933, drei Monate vor seiner Graduierung, berichtete er, dass »die Finanzlage der Gesellschaft sehr prekär« und »ein Defizit zu erwarten« sei, weil »im gegenwärtigen Trimester nur sehr wenige neue Mitglieder beigetreten« seien. Nach seiner Graduierung hielt Philby zur CUSS weiterhin aktiven Kontakt. Eine Sitzung des Komitees im März 1934 befasste sich »mit einem Brief von H. A. R. Philby mit einem Aufruf zur Unterstützung« notleidender Arbeiter. Auf den Aufruf hin wurde eine Kollekte vereinbart, deren Verwaltung Guy Burgess zusammen mit einem weiteren Aktivisten der CUSS übertragen wurde.[54] Der Security Service kam gar nicht erst auf den Gedanken, die CUSS unter die Lupe zu nehmen. Angesichts seiner dünnen Personaldecke und seiner beschränkten Mittel erschien eine kommunistische Studentengruppe kein vordringliches Ziel für eine aktive Untersuchung.

Als Erster der Cambridge Five schleuste sich Maclean in den »bourgeoisen Apparat« ein und gelangte 1935 ins Außenministerium. Burgess erfüllte in seinen frühen Jahren als Sowjetagent dagegen hauptsächlich die Rolle des Talentsuchers. Er arrangierte Anfang 1937, inzwischen als Produzent bei der BBC, ein erstes Treffen zwischen Deutsch und Anthony Blunt, einem französischen Sprachwissenschaftler, Kunsthistoriker und Fellow des Trinity College in Cambridge. Blunt empfahl seinerseits als potenziellen Rekruten seinen ehemaligen Schüler John Cairncross, einen begeisterten schottischen Marxisten, dem das *Trinity Magazine* den Spitznamen »The Fiery Cross« (ungefähr: das Feuerkreuz) verabreicht hatte. 1936 hatte er am Trinity einen erstklassigen Abschluss in neuen Sprachen gemacht und erzielte bei der Aufnahmeprüfung fürs Außenministerium die besten Ergebnisse. Deutsch lernte Cairncross im Mai 1937 kennen und berichtete nach Moskau, dieser sei »sehr froh, dass wir Verbindung zu ihm aufgenommen haben, und bereit, sofort mit uns zusammenzuarbeiten«. Die KGB-Akten schreiben Deutsch in seiner Zeit in Großbritannien 20 Rekrutierungen von Agenten zugute, die erfolgreichsten waren freilich die Cambridge Five: Philby, Maclean, Burgess, Blunt und Cairncross. Bis 1951 hegte der Geheimdienst gegen sie keinerlei Verdacht. (Nach Erscheinen des populären Westerns *Die glorreichen Sieben* 1960 nannten sie einige in der Zentrale die »Glorreichen Fünf«.) Alle waren ideologisch motivierte Spione, angetrieben vom Mythos eines Russlands unter Stalin als einem Arbeiter-und-Bauern-Staat mit sozialer Gerechtigkeit für alle – ungeachtet der Realität einer brutalen Diktatur, die das am längsten bestehende Lagersystem in Friedenszeiten in der europäischen Geschichte unterhalten sollte. Mit seinen Rekruten teilte Deutsch den visionären Glauben an die Zukunft einer Menschheit, die von der Ausbeutung und der Entfremdung des kapitalistischen Systems befreit sein würde. Seine Freiheitsbotschaft hatte für die Fünf eine umso größere Anziehungskraft, als sie neben der politischen auch eine sexuelle Dimension hatte. Alle rebellierten ebenso gegen die strenge Sexualmoral wie gegen das antiquierte Klassensystem im Großbritannien der Zwischenkriegszeit. In einer Zeit, in der homosexuelle Beziehungen auch zwischen Erwachsenen verboten waren, waren Burgess sowie Blunt schwul und Maclean bisexuell. Cairncross, der wie Philby aus Überzeugung heterosexuell war, schrieb später eine Geschichte der Polygamie, die seinen Freund Graham Greene zu dem Kommentar veranlasste: »Damit gibt es endlich ein Buch, das bei allen Polygamen großen Anklang finden wird.«[55]

Die Einschleusung von sowjetischen Agenten in den dreißiger Jahren wurde erst dadurch ermöglicht, dass Whitehall bis dahin ein nur rudimentäres Verständnis von der Wahrung von Staatsgeheimnissen hatte. Moskau verfügte über weitaus mehr geheimdienstliche Informationen über die britische Politik als die britischen Geheimdienstkreise über die der Sowjetunion. Bis zum Zweiten Weltkrieg hatte das Außenministerium keinen Sicherheitsbeauftragten, geschweig denn eine Sicherheitsabteilung. Daraus erklärt sich die relative Leichtigkeit, mit der die GPU bzw. der NKWD* Anfang der dreißiger Jahre Chiffrierbeamte des Außenministeriums anwerben konnten. Die Zentrale glaubte, dass der erste rekrutierte Chiffrierbeamte, Ernest Oldham, vom MI5 oder vom Außenministerium enttarnt und 1933 ermordet worden sei. In Wahrheit beging Oldham Selbstmord. Sein Verrat blieb bis zum Zweiten Weltkrieg unentdeckt. Captain John King, der produktivste der rekrutierten Chiffrierbeamten im Außenministerium, blieb bis zum Ausbruch des Krieges ebenfalls unentdeckt. Donald Maclean etablierte sich rasch als ein »gut aussehender« Spitzenbeamter mit – so die Personalabteilung des Außenministeriums – »viel Grips und Eifer«. Er belieferte Moskau kontinuierlich mit als geheim eingestuften diplomatischen Unterlagen. John Cairncross konnte sich nach eigenen Angaben Zugang zu »einem Fundus an wertvollen Informationen zum Verlauf des Bürgerkrieges in Spanien« verschaffen, bevor er 1938 ins Schatzministerium überwechselte. Der MI5 hatte, wenn überhaupt, kaum Möglichkeiten, die erbärmlichen Sicherheitsvor-

---

* Die erste sowjetische Geheimdienstbehörde, die Tscheka, wurde sechs Wochen nach der Oktoberrevolution gegründet. Sie wurde anschließend zur GPU (1922), zur OGPU (1923), zum NKWD (1934), zum NKGB (1941), erneut zum NKWD (Juli 1941), wieder zum NKGB (1943), zum MGB (1946), zum MWD (1953) und schließlich zum KGB (1954). Näheres hierzu siehe Christopher Andrew/Wassili Mitrochin, Das Schwarzbuch des KGB. Moskaus Kampf gegen den Westen, München 2001, S. 37ff.

kehrungen des Außenministeriums zu verbessern. Als 1937 entdeckt wurde, dass aus der Botschaft in Rom klassifiziertes Material nach draußen sickerte (was schon seit über einem Jahrzehnt geschah), wandte das Ministerium sich nicht (wie später im Kalten Krieg) an den MI5, sondern an den SIS, obwohl dieser erklärte, dass er zur Sicherung der Botschaft keine Expertise besitze. Als Major Valentine Vivian von der Sektion V des SIS den Kanzleidiener Secondo Constantini als den damals Verantwortlichen ausmachte, glaubte ihm der Botschafter nicht und lud Constantini mit seiner Frau als Anerkennung für seine angeblich langjährigen treuen Dienste zur Krönung König Georgs VI. im Mai 1937 nach London ein.[56]

In den dreißiger Jahren praktizierte das Außenministerium gegenüber der Sowjetunion eine unwillentlich offene Diplomatie. Allein 1935 galten über 100 der diplomatischen Schriftstücke, die aus der Botschaft in Rom entwendet wurden, als so wichtig, dass sie »dem Genossen Stalin zugeleitet« wurden, darunter Berichte über Gespräche des Außenministers Sir John Simon und seines Stellvertreters Anthony Eden (der am Jahresende selbst Außenminister wurde) mit Adolf Hitler in Berlin sowie über Gespräche zwischen Eden und Maxim Litwinow, dem Volkskommissar für Auswärtige Angelegenheiten in Moskau. Ebenso zwischen Eden und dem tschechoslowakischen Außenminister Eduard Beneš in Prag und zwischen Eden und Mussolini in Rom.[57] Die dem Kremlherrscher vorgelegten Versionen waren allerdings so frisiert worden, dass sie in dessen Weltanschauung und Verschwörungstheorien passten und nichts enthielten, was ihn hätte beleidigen können. So fehlte 1935 auffallenderweise Edens Bericht über die Gespräche mit Stalin selbst in Moskau. Die Zentrale hatte offenbar nicht die Nerven, ihn mit Edens Einschätzung zu konfrontieren: Stalin sei »ein Mann mit starken orientalischen Charakterzügen von unerschütterlicher Selbstsicherheit und Selbstbeherrschung«, dessen »Höflichkeit in keiner Weise seine unerbittliche Rücksichtslosigkeit vor uns verbergen konnte«.[58]

In den dreißiger Jahren hatte keine britische Geheimdienstbehörde Zugang zu sowjetischen diplomatischen Dokumenten, deren Bedeutung nur annähernd mit denen der britischen vergleichbar waren, die in die Hände der Moskauer Zentrale gelangten. Seit 1927 bereitete der wichtigere sowjetische diplomatische und geheimdienstliche Verkehr der GC&CS große Schwierigkeiten. Anfang 1930 begann allerdings die Fernmeldeaufklärung von Marine und Militär »eine Masse an ungewöhnlichen und unbekannten Übertragungen« aufzufangen, so der Chef der GC & CS, Alastair Denniston, »alle chiffriert außer dem Klatsch der Funker«. Wie ihre Analyse zeigte, handelte es sich um Mitteilungen zwischen der Komintern in Moskau und einem weltumspannenden Netz aus geheimen Funkstationen.[59] Unter dem Codenamen MASK führte Lieutenant Colonel John Tiltman, ein brillanter Mathematiker, der schon im Alter von 13 Jahren eine Stelle an der Universität Oxford angeboten bekommen, sie aber abgelehnt hatte, eine Operation zur Identifizierung, Lokalisierung und Dechiffrierung der Botschaften der Komintern durch. Tiltman war 1929 in die GC&CS eingetreten – nach seiner Rückkehr aus Indien, wo er eine SIGINT-Einheit geleitet hatte, die dort den sowjetischen Nachrichtenverkehr abgefangen hatte. Bei der Operation MASK versuchten zunächst Harold Kenworthy und Leslie Lambert von der Metropolitan Police den Funksender der Komintern in London aufzuspüren, indem sie in einem Lieferwagen des SIS mit Ortungsgerät bei Nacht die Straßen der Hauptstadt abfuhren. Die Sender waren oft nur für wenige Minuten in Betrieb. Später erinnerte sich Kenworthy:

> Es gab einige aufregende Momente – insbesondere bei einer Gelegenheit, nachdem wir eine Zeitlang durch ein Viertel gefahren waren und von einem Polizeiwagen gestoppt wurden. Auf die Frage: »Was haben Sie in dieser Schachtel da?« – es handelte sich um einen Kurzwellenempfänger – antwortete Mr. Lambert: »Das möchte ich Ihnen nicht sagen.«

Kenworthy und Lambert mussten ihre Sonderausweise zeigen, um den Verdacht auszuräumen, dass sie Einbrecher seien. Erst nach mehreren Monaten spürten sie den Sender der Komintern in einem Haus in Wimbledon auf.[60] Bei einer Überwachungsoperation identifizierte der MI5 den Eigentümer als Stephen James Wheeton, ein bekanntes Mitglied der CPGB, und deckte auf, dass dieser die empfangenen Mitteilungen der Komintern bei regelmäßigen Treffen an die Parteiaktivistin Alice Holland weiterleitete.[61] Im April 1935 wurde Wheeton als Funker durch den Kommunisten William Morrison abgelöst.[62] Die Operation MASK dauerte bis Oktober 1937 fort, als Morrison als Kämpfer in den Spanischen Bürgerkrieg zog.[63] Danach wurden keine weiteren Botschaften mehr aufgefangen.[64]

Im Jahr 1933 oder früher konnte Tiltman mit einem Angriff auf das Chiffriersystem der Komintern einen »durchschlagenden Erfolg« verbuchen.[65] Am 31. Januar 1934 leitete der SIS dem MI5 entschlüsselte Botschaften aus der MASK-Operation für den Zeitraum zwischen dem 22. April 1931 und dem 9. Januar 1934 zu.[66] Sie lieferten weitere Beweise für sowjetisch gesteuerte subversive Umtriebe in der Marine und auf den Docks. Im Mai 1931 hatte die Komintern die CPGB angewiesen:

> Angesichts der wachsenden Kriegsgefahr und der Vorbereitung einer Intervention gegen die UdSSR gewinnt es an besonderer Bedeutung, dass wir die Matrosen und Hafenarbeiter auf unsere Seite ziehen. Die politische Kommission weist euch an, eure Arbeit unter den Seeleuten und Hafenarbeitern zu verstärken. Verstärkt die Arbeit unter den revolutionären Gewerkschaften und der gewerkschaftlichen Opposition und entwickelt diese weiter.[67]

Von Februar 1934 bis Januar 1937 konnte die GC&CS laufend Botschaften aus dem Funkverkehr der Komintern an die Sektion V des SIS übermitteln, die sie an den Security Service weiterleitete.[68] Die Botschaften offenbarten die Identitäten von mehreren bislang unbekannten heimlichen Mitgliedern der CPGB sowie Einzelheiten zu den Kurieren und zu britischen Kommunisten, die in Moskau studierten. Identifiziert wurde unter anderem ein Student an der Internationalen Lenin-Schule als Jomo Kenyatta, der Kenia 1963 in die Unabhängigkeit führen sollte.[69] Wie eine Auswertung der entschlüsselten Mitteilungen ergab, wurden in einigen an den KP-Führer Harry Pollitt gerichteten dessen richtiger Name genannt, während in anderen, die sich auf Geheimaktionen bezogen, ein Tarnname verwendet wurde.[70] Ans Tageslicht kamen zudem Einzelheiten zur verdeckten Unterstützung der CPGB und des *Daily Workers* durch Moskau.[71] Der sowjetische Botschafter Iwan Maiski, der 1932, drei Jahre nach Wiederaufnahme der diplomatischen Beziehungen, in London eingetroffen war, wurde vom Außenministerium informiert, dass diese Finanzierung genau überwacht würde. Schon wegen der politischen Schwäche der CPGB sorgte das »Gold aus Moskau« in Whitehall für weitaus weniger Aufregung als ein Jahrzehnt zuvor. Sir John Simon, der Außenminister im National Government 1931–1935, teilte Maiski mit, dass die sowjetischen Fördermittel »Geldverschwendung« seien: »Er hielt es für seine Pflicht, sehr freundlich, aber bestimmt seine Überzeugung zu wiederholen, dass sich dieses Spiel für die sowjetische Regierung nicht lohne und dass er selbst es für ein kleines und überflüssiges Ärgernis halte.«[72]

Ergänzt wurde die MASK-Operation durch SIS-Agenten in der Komintern, insbesondere durch Johannes Heinrich de Graaf (»Jonny X«), der sich als Informant bei der Berliner SIS-Niederlassung gemeldet hatte: Graaf war ein deutscher Kommunist, der von der sowjetischen militärischen Aufklärung angeworben worden war und der sich am Aufbau eines illegalen Netzwerks der Komintern in Großbritannien beteiligt hatte.[73] Ein Großteil der Nachrichten erwies sich nach der Entschlüsselung als unklar formuliert. Sowohl die Komintern als auch die CPGB hatten zuweilen Schwierigkeiten, die empfangenen Funkbotschaften zu verstehen, und mussten um Erläuterungen bitten. Und der MI5 und die Sektion V des SIS, die bei MASK zusammenarbeiteten, hatten so wenig Personal, dass sie die meisten Botschaften nicht detailliert auswerten konnten. Es waren einfach zu viele.[74]

Die heute noch erhaltenen entschlüsselten Botschaften aus der MASK-Operation geben keinerlei Aufschluss zu den Sabotageakten auf den Werften, die den MI5 Mitte der dreißiger Jahre hauptsächlich beschäftigten. Zwischen 1933 und 1936 gab es sechs Fälle einer schweren Beschädigung von Schiffsantrieben (fünf in Devonport und einer in Sheerness). Der MI5 strengte daraufhin eine detaillierte Untersuchung zu den kommunistischen Aktivitäten in den königlichen Werften und den Geschützfabriken der Marine an. Bei den von »Con« Boddington geleiteten Ermittlungen wurde als mutmaßlicher Drahtzieher John Salisbury ausgemacht, ein kommunistischer Schiffszimmermann, der nach »zuverlässigen Berichten« die Kommunistische Partei in Plymouth im Dezember 1931 aufgefordert haben sollte, »so viel Maschinen wie möglich zu zerstören. Er bezeichnete dies als Sabotage und sagte, es diene der Verhinderung eines Krieges und werde die Männer daran hindern, zu den Waffen zu greifen.«[75] Nach einer Empfehlung des MI5, Salisbury zu entlassen, fand am 8. Januar 1936 in der Admiralität im Raum des Leiters des Marinenachrichtendienstes eine Sitzung mit Kell, Harker und Boddington statt. Als Ergebnis sollte Salisbury vom Admiral-Superintendent der Werft von Devonport im Beisein von Boddington[76] verhört werden. Am 1. Februar wurde er schließlich entlassen.[77]

Salisburys Entlassung stieß auf wenig Protest. Örtliche Vertreter der Gewerkschaft Transport and General Workers Union (TGWU) wurden unter dem Siegel der Verschwiegenheit in die Vorwürfe gegen ihn eingeweiht. Ernest Bevin, der TGWU-Generalsekretär (und spätere Außenminister), der sich mit den Kommunisten bereits mehrfach erbittert gestritten hatte, sagte vertraulich, »keiner werde Salisbury in Schutz zu nehmen versuchen«. Im Oktober 1936 empfahl Kell acht weitere Entlassungen: vier in Devonport, eine in Sheerness und drei in den Marinegeschützfabriken in Sheffield. Mit seinen Empfehlungen befasste sich ein dreiköpfiger Ausschuss unter Sir Archibald Carter, dem Ständigen Staatssekretär der Admiralität. Neben den schriftlichen Berichten des MI5 zu den betreffenden acht Männern und den fotografierten abgefangenen Briefen verwertete der Carter-Ausschuss auch mündliche Aussagen Kells und Boddingtons, wobei Letzterer die Beteiligten »durch seine faire Gesinnung« beeindruckte. Wegen der Unmöglichkeit, geheime Informationsquellen preiszugeben«, so das Ergebnis, »könnten zwar keine gerichtsfesten Beweise vorgelegt werden, aber im Fall der Arbeiter von Devonport, Francis Carne, Alfred Durston, Henry Lovejoy und Edward Trebilcock lasse sich dennoch feststellen:

> Es ist ohne jeden begründbaren Zweifel sicher ... dass alle vier Männer nicht nur an der doktrinären Verkündigung des Kommunismus als politische Überzeugung, sondern auch aktiv an einer gefährlichen subversiven Propagandaaktivität beteiligt waren. Zudem besteht der dringende, wenn auch nicht bis zur Gewissheit gehende Verdacht, dass sie eng in Sabotageakte verstrickt waren. Keiner der vier war seit Salisburys Entlassung sehr aktiv, aber es gibt guten Grund zur Annahme, dass sie Anweisungen von oben erhalten haben ... Wir empfehlen, dass alle entlassen werden.

Weiterhin billigte der Ausschuss die Entlassung von Henry Law, einem Schiffszimmermann in Sheerness, der »neben anderen beachtlichen Aktivitäten ... aktiv an dem Versuch teilnahm, die Öffentlichkeit dazu zu bewegen, eine Mitwirkung an der Übung zu einem ›Blackout‹ in Sheerness 1935 zu verweigern«. Carter und seine Kollegen kamen zu dem Ergebnis, dass der MI5 keine »hinreichend konkreten Beweise« vorgelegt habe, um die Entlassung der Arbeiter in den Geschützwerken zu rechtfertigen: »Dennoch handelt es sich um verdächtige Charaktere, so dass sie unter nähere Beobachtung gestellt werden«. Da die örtlichen Gewerkschaften diesmal nicht konsultiert wurden, lösten bei ihnen die fünf Entlassungen eine Protestwelle aus. Bevin, der als Vorsitzender der TUC und als Generalsekretär der TGWU agierte, verlangte in einem Schreiben an Premierminister Stanley Baldwin einen unabhängigen Prozess. Auf einer nichtöffentlichen Sitzung im Unterhaus nahm Baldwin Bevin den Wind aus den Segeln. Als dieser argumentierte, im Fall von Alfred Durston habe es offenbar »ein Fehlurteil« gegeben, las er ihm Auszüge aus den kompromittierenden abgefangenen Briefen des Betreffenden vor.[78]

Im MI5 war man davon überzeugt, dass die kommunistische Subversion außerhalb der Streitkräfte, der Häfen und der Rüstungsindustrie auf dem Rückzug begriffen sei. Während der Volksfront-Zeit Mitte der dreißiger Jahre, als Moskau die Teilnahme der westlichen kommunistischen Parteien in antifaschistischen Koalitionen befürwortete, lieferten Agenten und die abgefangenen Botschaften der MASK-Operation beruhigende Anhaltspunkte dafür, dass die Komintern die CPGB davon zu überzeugen versuchte, im Interesse des antifaschistischen Kampfs ihre Propaganda zu mäßigen. So berichtete die Special Branch 1935, als die Komintern Anweisungen ausgegeben hatte, die Angriffe auf die britische Königsfamilie abzumildern:

> Die führenden Mitglieder der Kommunistischen Partei in London sind über diese Anweisungen nicht alle erfreut und schlagen vor, die Sache bei der Kommunistischen Internationale nochmals anzusprechen. Es ist hervorzuheben, dass die jüngsten Zuwächse beim Verkauf des »Daily Worker« und anderer kommunistischer Literatur eindeutig den antiroyalistischen Karikaturen MAROs und den satirischen Artikeln verschiedener Autoren über den Kö-

nig [Georg V.] und andere Mitglieder der königlichen Familie zu verdanken sind. Diese sind inzwischen zu einer Art Markenzeichen geworden.[79]

Die wertvollste Agentin des MI5, die die CPGB infiltriert hatte, war Olga Gray (»Miss X«), die 25-jährige Tochter eines Schlussredakteurs der *Daily Mail* in Manchester. Maxwell Knight hatte sie 1931 zur langfristigen Infiltrierung angeworben. Gray war ein klassisches Beispiel für Knights Maxime, wonach beim Versuch, eine subversive Organisation zu unterwandern, »der erste Schritt, sofern menschenmöglich, immer von der Organisation und nicht von dem unterwandernden Agenten unternommen werden sollte«. Auf Knights Anweisung kam Gray als eine hochqualifizierte Sekretärin im Herbst 1931 nach London und stellte kommunistischen Organisationen ihre Dienste zur Verfügung, ohne sich um einen Posten zu bewerben. Anfangs verzichtete sie sogar auf einen Eintritt in die KP und nahm lediglich an Versammlungen der Frontorganisationen der Komintern teil. Nachdem sie als freiwillige Aktivistin für die Freunde der Sowjetunion in Teilzeit als Schreibkraft gedient hatte, wurde sie gebeten, für die Liga gegen Imperialismus (LGI) und die Antikriegsbewegung Sekretariatsaufgaben zu erledigen. Dabei lernte sie CPGB-Generalsekretär Harry Pollitt und Percy Glading kennen, einen Bevollmächtigten der Liga, der später der Spionage für die Sowjetunion für schuldig befunden wurde. Erst jetzt trat Gray in die Partei ein. »Sie hatte diese höchst beneidenswerte Position erlangt«, schrieb Knight, »in der ein Agent sozusagen zu einem Möbelstück wird: nämlich dann, wenn Personen in ein Büro kommen und nicht bewusst wahrnehmen, ob der Agent anwesend ist oder nicht.«[80]

Im Jahr 1934 fragte Pollitt Gray, ob sie eine »Sondermission« übernehmen« und »Botschaften von hier [Großbritannien] in andere Länder überbringen« wolle. Glading wiederholte das Angebot. Gray hielt sich zunächst bedeckt. Knight merkte zustimmend an: »Wegen ihrer Zurückhaltung fiel Miss »X« nicht durch Übereifer auf.« Am Ende erklärte sie sich dazu bereit, als Kurierin indischen kommunistischen Führern Geld, Anweisungen und einen Fragebogen zu überbringen. Allerdings, so merkte Knight an, wurde Grays Reise so dilettantisch geplant, dass sie ohne seine Hilfe wohl nie in Indien angekommen wäre:

Sie schlugen vor, sie in der Regenzeit nach Indien zu schicken – eine Jahreszeit, für die gewöhnliche Leute keine Reise nach Indien planen. Sie sollte nur ein paar Wochen bleiben, was ebenfalls ein auffälliges Verhalten war. Und so realitätsfern, wie sie die allgemeinen gesellschaftlichen Verhältnisse einschätzten, erkannten sie nicht einmal die Gefahr, dass eine allein reisende junge Engländerin bei der Ankunft in Indien als mutmaßliche Prostituierte zurückgeschickt werden könnte. Unsere Abteilung war mit einer merkwürdigen Situation konfrontiert: Wir mussten Miss »X« bei der Erfindung einer angemessenen Geschichte zur Tarnung helfen, ohne dass die Partei merkte, dass sie fachkundigen Rat erhalten hatte. Es war keine leichte Aufgabe. Aber am Ende erfüllten wir sie mit einer ziemlich fadenscheinigen Geschichte von einer Seereise auf ärztliche Anweisung, kombiniert mit der Einladung einer Verwandten in Indien.

Für Gray wurde die Reise zu einer Strapaze. Nach ihrer Rückkehr schrieb Knight: »Wie leicht nachvollziehbar, war sie erschöpft und nervlich angespannt. Sie war der Meinung, dass sie genug getan habe. Sie hatte eine Art gesundheitlichen Zusammenbruch und zog sich aus der Szene zurück.« Gray genoss allerdings noch immer das Vertrauen von Pollitt und Glading. Als sie sich wieder erholt hatte, bot Pollitt ihr an, seine Privatsekretärin im Hauptquartier der Partei zu werden. Nachdem sie 1935 ein paar Monate für ihn gearbeitet hatte, belastete sie das Doppelleben zu sehr, und sie teilte Knight mit, dass sie ihre »Verbindung zur Kommunistischen Partei abbrechen und in ein gewöhnliches Leben zurückkehren« wolle. Knight versuchte nicht, sie von ihrem Entschluss abzubringen, konnte sie aber dazu bewegen, zu Glading und anderen Vertretern der Partei Kontakt zu halten. Bei einem Mittagessen im Februar 1937 bat Glading sie, auf ihren Namen, aber auf Kosten der Partei, eine Wohnung anzumieten, die sie ihm und Mitarbeitern gelegentlich für vertrauliche Treffen überlassen solle. »Um ganz offen zu sein«, schrieb Knight später, »war Miss ›X‹ nicht allzu begierig darauf, sich erneut in die Aktivitäten der Partei hineinziehen zu lassen«. Trotzdem konnte er sie zu der gewünschten Anmietung überreden. Mit seiner Hilfe fand sie ein passendes Objekt in der Holland Road. Knight schloss richtigerweise, dass Gray diesmal dazu ausersehen war, eine Spionagetätigkeit zu unterstützen.[81]

Im April 1937 betrat Glading mit einem »Mr. Peters« die Wohnung in der Holland Road. »Vor mir wurde nichts besprochen«, meldete Gray Knight, »und ich kam zum Schluss, dass sie deshalb gekommen waren, damit ›Mr. Peters‹ mich kennenlernen konnte. Offenkundig war er Ausländer. Welcher Nationalität, kann ich nicht sagen.« »Peters«, so berichtete sie, sei eine markante Erscheinung gewesen: 1,93 m groß, mit Schnurrbart, »glänzender grauer Gesichtsfarbe« und goldenen Füllungen in den Schneidezähnen. Gray schnappte von Glading auch Einzelheiten zu seinem Werdegang auf. Er war im Ersten Weltkrieg Feldgeistlicher in einem österreichischen Regiment gewesen, in russische Kriegsgefangenschaft geraten und hatte sich dann den Bolschewiki angeschlossen.[82] Glading arbeitete mit einem weiteren Mann zusammen. Er war klein und hatte ein »ziemlich wichtigtuerisches Auftreten«: »Glading kann ihn nicht leiden, muss sich mit ihm aus geschäftlichen Gründen aber arrangieren.« Drei Jahre später identifizierte der NKWD-Überläufer Walter Kriwitzki »Peters« und seinen kleineren Kollegen als Teodor Maly und Arnold Deutsch.[83] Es dauerte allerdings noch ein Vierteljahrhundert, bis Deutsch als der Chef-Anwerber der Cambridge Five und Maly als einer ihrer Führungsoffiziere enttarnt wurden.[84]

Deutschs und Malys Operationen 1937 umfassten die Leitung eines Spionagerings im Woolwich Arsenal, in dem Glading bis zu seiner Entlassung neun Jahre zuvor beschäftigt gewesen war. Wie Gray entdeckte, sollte die von ihr gemietete Wohnung hauptsächlich zum Abfotografieren »streng geheimer« Unterlagen dienen, die man sich über Kontaktleute im Arsenal »ausgeliehen« hatte. Am 18. Oktober trafen in der Wohnung zwei weitere sowjetische Illegale ein, die Gray als Mr. und Mrs. »Stevens« vorgestellt wurden. Sie probierten die Fotoausrüstung aus, die Mrs. »Stevens« benutzen sollte. Gray berichtete Knight, bei dem Ehepaar habe es sich »eindeutig um Ausländer« gehandelt. Die Frau habe mit dem Mann Französisch gesprochen und war »alles andere als eine kundige Fotografin ... [und wurde] deutlich nervös beim Gedanken, den Apparat mit ihrer geringen Erfahrung richtig bedienen zu müssen«. Gray konnte einige der Überschriften der Schriftstücke und Seriennummern auf den Fotos notieren. Dadurch konnte ein Teil des als geheim eingestuften Materials zur Verteidigungstechnik aus dem Woolwich Arsenal identifiziert werden. Nach einem Termin zum Abfotografieren wurde Mrs. »Stevens« von Observierungsleuten des MI5 von der Holland Road bis zum Hyde Park Corner verfolgt. Dort traf sie ihren Mann und eine weitere Person, die später als der Waffenprüfer George Whomack aus dem Woolwich Arsenal identifiziert wurde.[85] Kurz darauf teilte Glading Gray mit, die »Stevens« seien nach Moskau zurückgereist, weil ihre Tochter erkrankt sei. Mr. »Stevens« werde nach Weihnachten zurückerwartet. Einstweilen sprang Glading beim Abfotografieren ein.

Mr. »Stevens« kehrte nicht nach England zurück. Im Nachhinein hatte sich der MI5 zweifellos gewünscht, der Special Branch früher eine Anweisung zum Eingreifen gegeben zu haben, statt abzuwarten, bis mehr Beweise zusammengetragen sein würden. So waren die »Stevens« ins Ausland entkommen. »Mr. Stevens« wurde später als der NKWD-Illegale Willy Brandes identifiziert, ein Osteuropäer, der mehrere Aliasnamen verwendete und mit einem kanadischen Pass reiste.[86] Nach dessen Verschwinden fühlte sich Glading im Stich gelassen. Am 20. Januar 1938 beklagte er sich bei Gray, »er habe überall in London Material geparkt« und habe wegen »der Pflichtvergessenheit der Russen« Befürchtungen, dass er sich Geld borgen müsse, um die Leute zu bezahlen, die sich darum kümmerten. Glading bat Gray, »die Wohnung für etwas Wichtiges vorzubereiten«, und kündigte für den nächsten Tag »wichtige Fotoarbeiten« an. Einem späteren Bericht zufolge rief Gray am 21. Januar an und »teilte mit, dass Glading soeben ihre Wohnung verlassen habe und sich zum Bahnhof Charing Cross begebe. Dort werde er um 8.15 Uhr von einem Mann Material erhalten, das abfotografiert werden solle«.[87] Glading wurde am besagten Bahnhof von der Special Branch verhaftet, als er von Albert Williams, einem bislang unidentifizierten Spion im Woolwich Arsenal, geheime Unterlagen in Empfang nahm. Williams wurde ebenfalls verhaftet. Kurz darauf nahm die Special Branch George Whomack und Charles Munday fest, zwei weitere Kontakte Gladings im Arsenal. Beim Prozess vor dem Zentralen Strafgerichtshof Old Bailey konnte massenhaft belastendes Schrift- und Fotomaterial vorgelegt werden, das in den Wohnungen von Glading und Williams sichergestellt worden war. Im März wurden Glading zu sechs, Williams zu vier und Whomack zu drei Jahren Gefängnis verurteilt – alles milde Strafen verglichen mit den späteren Standards in Spionageprozessen. Munday wurde freigesprochen.

Der Richter gratulierte Olga Gray wegen ihrer »außergewöhnlichen Courage« und wegen des »großen Dienstes«, den sie »ihrem Land erwiesen« habe. Nach dem Prozess lud sie ein nicht identifizierter Oberst (wahrscheinlich Harker) zum Mittagessen ins Ritz ein. Er dankte ihr und überreichte ihr einen Scheck über 500 Pfund. Gray begann bald darauf in Kanada unter einem falschen Namen ein neues Leben. In höherem Alter beklagte sie sich in einem Interview, sie fühle sich wie »weggeworfen« und sehne sich nach der Zeit, als sie für Knight gearbeitet habe und »das Adrenalin so richtig strömte«.[88]

Da der MI5 Anfang 1938 über nur 26 Beamte verfügte, überrascht es nicht, dass er in diesem Fall nicht systematisch sämtlichen Anhaltspunkten nachgehen konnte. Einer war ein Tagebucheintrag Gladings vom 13. Januar 1936 mit einer Liste von sechs Namen: darunter Sirner (auch als »Sirness« wiedergegeben) und Steadman. Valentin Vivian, der Chef der SIS-Spionageabwehr, um dessen Hilfe der MI5 nachsuchte, identifizierte die Person hinter beiden Namen als Melita (»Lettie«) Norwood, geborene Sirnis, eine Sekretärin der metallurgischen Forschungsanstalt British Non-Ferrous Metals Research Association (BNFMRA).[89] Diese Information wurde von einem Agenten Maxwell Knights in der CPGB bestätigt: Demnach nutzte Sirnis auch den Namen Steadman, den Mädchennamen ihrer Mutter, einer Suffragette.

> Dieses Mädchen ist ein rätselhafter Charakter. Sie ist Mitglied der Kommunistischen Partei von Hendon. Zudem ist sie Mitglied des Cricklewooder Zweigs des Verbands der Schreibkräfte und Sekretärinnen. Sie ist in ihrer Gewerkschaft sehr aktiv, aber ihre tatsächlichen Aktivitäten in der Kommunistischen Partei sind bis zu einem gewissen Maß von Geheimnissen umgeben. Von ihrem Ehemann ist nichts bekannt, außer dass er so ähnlich aussieht wie Charlie Chaplin ... Lettie hat zudem eine Schwester [Gertrude, ebenfalls Kommunistin], die ihr stärk ähnelt. Beide sind groß, blond, recht hübsch und ein ziemlich außergewöhnlicher Typ.[90]

Im April 1938 lieferte der MI5 von Melita Norwood eine »Grobskizze« (tatsächlich mit großer Ähnlichkeit) und berichtete, dass sie »ein klar geeigneter Typ für Untergrundaktivitäten« sei. Sicher sei zudem, »dass sie für die Partei wichtige Aufgaben erfüllte«: »Lettie hat kürzlich ihren [kommunistischen] Parteigenossinnen im Verband der Schreibkräfte und Sekretärinnen mitgeteilt, dass sie für kurze Zeit keine offene Parteiarbeit mehr in Angriff nehmen könne.«[91]

Auf Melita Norwood war der Security Service erstmals 1933 aufmerksam geworden, als im Zug der genehmigten Überwachung eines kommunistischen Aktivisten und des Antikriegsrats Briefe von ihr gegen den Krieg aufgetaucht waren. Sie begannen mit »Liebe Genossen« und endeten mit »brüderlichen Grüßen«.[92] Der Security Service hatte allerdings keine Ahnung, dass Norwood 1937 als sowjetische Agentin angeworben wurde. Nach dem Spionagefall des Woolwich Arsenal legte der NKWD sie für einige Monate »auf Eis«, aus Angst, der Kontakt zu Glading könne sie kompromittiert haben. Als gegen sie nichts unternommen wurde, nahm dieser im Mai 1938 den Kontakt zu ihr wieder auf.[93] Den Bericht des Agenten, wonach Norwood aktive Kommunistin und an »besonders wichtigen« Geheimaktivitäten beteiligt sei, behandelte die Führung der B Branch nicht mit dem gebotenen Ernst – ein Fehler, der umso verwunderlicher ist, als Olga Gray eben erst gezeigt hatte, welche effiziente Agentenarbeit eine gute Sekretärin leisten kann. Wie Gray verstand sich Norwood hervorragend darauf, ihre Tarnung aufrechtzuerhalten. Ihr Chef, G. L. Bailey, der stellvertretende Direktor (und spätere Direktor) der BNFMRA, bezeichnete sie später als »die perfekte Sekretärin« mit einem starken »Ehr- und Pflichtgefühl«. Obwohl ihm bewusst war, dass sie eine begeisterte Sozialistin und eine »entschiedene Fürsprecherin für die ›Benachteiligten‹« war, zeigte er sich »überzeugt, dass sie keine Kommunistin« sei.[94] Hätte der Bericht des Agenten weitere Ermittlungen nach sich gezogen, wäre ihre Laufbahn als Spionin wohl im Keim erstickt worden. Stattdessen wurde sie die am längsten dienende sowjetische Agentin in Großbritannien. Am Ende des Krieges sollte sie Moskau mit einigen Geheimnissen zum britischen Atombombenprojekt versorgen.

Von Glading und den Beteiligten an der Spionage in Woolwich Arsenal abgesehen, blieb das Agentennetz, das Mitte der dreißiger Jahre aufgebaut worden war, zum größten Teil intakt. Erstaunlicherweise blieb es auch von der weitaus größeren Bedrohung durch Stalins Terror verschont. Dieser erreichte 1937 seinen Höhepunkt – mit mindestens 300 000 Exekutionen und dem Aufbau des gewaltigsten Systems an Konzentrationslagern, das es in der europäischen Geschichte in Friedenszeiten je gegeben hat. Nach den Trotzkisten stellten die Mitarbeiter des Auslandsgeheimdienstes die größte Anzahl der »Volksfeinde«, die im Ausland vom NKWD verfolgt wurden. So wurden im Verlauf 1937 sämtliche sowjetischen Geheimdienstmitarbeiter, die an der Spionage im Woolwich Arsenal beteiligt gewesen waren, nach Moskau zurückbeordert und waren deswegen 1938, als die Verhaftungen stattfanden, nicht mehr in Großbritannien.

In der paranoiden Stimmungslage während des Terrors erregte Teodor Maly wegen seiner religiösen Vergangenheit Verdacht. Im Juni 1937 folgte er mit idealistischer Schicksalsergebenheit einem Befehl zur Rückkehr nach Moskau: »Ich weiß«, sagte er einem Kollegen, »dass ich als ehemaliger Priester keine Chance habe. Aber ich habe zu gehen beschlossen, damit keiner sagen kann: ›Dieser Priester könnte schließlich wirklich ein Spion gewesen sein.‹« Seine jüdischen Wurzeln und seine unorthodoxe frühere Laufbahn machten auch Arnold Deutsch zu einem offenkundigen Verdächtigen. Offenbar rettete ihn nur die irrige Überzeugung der Zentrale, dass er von einem anderen Verdächtigen im NKWD verraten worden und deshalb eher ein Opfer als ein »Volksfeind« sei. Deutsch wurde im November 1937 nach Moskau zurückbeordert.[95] Und auch hinter dem Rückruf des Ehepaares Brandes im gleichen Monat steckte wahrscheinlich eher die Paranoia des Terrors als eine angebliche Krankheit seiner Tochter.

Wäre Deutsch in Großbritannien geblieben, wäre er wie die Brandes wahrscheinlich identifiziert und von der Observierungsabteilung des Security Service beschattet worden. Obwohl ein einfallsreicher Anwerber und Agentenführer, ging Deutsch ungewöhnliche Risiken ein und machte sich offenbar keine Sorgen darüber, dass einige seiner Agenten wussten, dass ihre Freunde ebenfalls angeworben worden waren. Die Flucht von zwei Agenten der Cambridge Five, Donald Maclean und Guy Burgess, 1951 nach Moskau trug so zur Kompromittierung der anderen drei bei. Ähnlich nachlässig bezüglich der Sicherheitsmaßnahmen zeigte sich Deutsch Anfang 1936, als er sich in Hampstead eine Wohnung in den Lawn Road Flats nahm, in denen auch andere Mieter Verbindungen zum sowjetischen Geheimdienst hatten.[96] Im Juni 1937 berichtete Deutsch einem höheren NKWD-Offizier, dass seine Agentin Edith Tudor-Hart ein

Tagebuch mit wichtigen operativen Informationen verloren habe, die sein Agentennetz zu kompromittieren drohten.[97] Allerdings könnte Deutsch die Sache auch als Ablenkungsmanöver gemeldet haben. Als seine Witwe später in Wien von einem Offizier des Security Service befragt wurde, »antwortete sie, ohne zu zögern, dass ihr Ehemann einmal ein Notizbuch mit Adressen darin verloren habe. Er war deswegen besorgt und glaubte, er habe es in einem Taxi vergessen.«[98] Wäre Deutsch nicht aus Großbritannien abgezogen worden, hätte seine nachlässige Vorgehensweise zu seiner Enttarnung durch den Security Service führen können. Und wäre ihm die Observierungsabteilung bis zu den Lawn Road Flats oder zu einem Treffen mit seinen Agenten gefolgt, wäre möglicherweise sein ganzes Netz aufgeflogen.

Nach Abberufung ihres Führungsoffiziers 1937 hatten die »Glorreichen Fünf« in den nächsten zwei Jahren zuweilen große Mühe, Kontakt zur Zentrale zu halten, ohne dass ihr Eifer für die Sache erlahmte. Im April 1938 übergab die Zentrale die Führung ihrer wichtigsten Agenten in Großbritannien dem neuen Chef der legalen Residentur, Grigori Grafpen, der durch seine diplomatische Tarnung geschützt war.[99] Im Dezember fiel Grafpen wie viele andere NKWD-Offiziere auf der ganzen Welt der Paranoia des Terrors zum Opfer: Er wurde nach Moskau zurückbeordert und später in den Gulag verschickt. Anatoli Gorski, der einzige verbliebene NKWD-Offizier in London, erhielt selbst über die wichtigsten Agenten der Residentur nur spärliche Informationen.[100]

Bei einem Verbindungstreffen mit dem französischen Deuxième Bureau im Januar 1939 erklärte Kell vertraulich, dass die sowjetische »Aktivität in England inexistent ist, sowohl mit Blick auf den Geheimdienst wie auf den politischen Umsturz«.[101] Während dies bei den Operationen der legalen Residentur in der sowjetischen Botschaft in Kensington Palace Gardens der Wahrheit ziemlich nahekam, handelte es sich mit Blick auf die Spionageaktivitäten der Sowjets um die erbärmlichste Fehleinschätzung, die Kell je unterlaufen war. Donald Maclean, der bei Weitem Produktivste der Cambridge Five, hatte seit vier Monaten seinen ersten Auslandsposten in der Pariser Botschaft inne. Schon in dieser frühen Phase seiner diplomatischen Laufbahn glaubten manche, er könne es dort bis ganz an die Spitze schaffen. Im Dezember 1938 berichtete Guy Burgess wahrscheinlich über Paris an die Zentrale, dass er in die Sektion D des SIS eingetreten sei. Diese war in dem Jahr eben erst zur Planung von »schmutzigen Tricks« eingerichtet worden, die von Sabotageakten bis zur psychologischen Kriegführung reichten. Damit war er als erster Auslandsagent im 20. Jahrhundert Mitarbeiter einer britischen Geheimdienstbehörde geworden.[102]

Trotz aller Schwierigkeiten stand die künftige sowjetische Spionage in Großbritannien bei Ausbruch des Krieges glanzvoller da denn je.

3
Der britische Faschismus und die Bedrohung durch die Nazis

Nach dem Ersten Weltkrieg rangierte die neu gegründete Weimarer Republik auf der Prioritätenliste des MI5 weit unterhalb des sowjetischen Russlands und der Kommunistischen Internationale. Mit einer Armee, die durch den Versailler Vertrag auf 100 000 Mann begrenzt war, einem entmilitarisierten Rheinland, einer chronisch instabilen politischen Lage und einer galoppierenden Inflation bedeutete Deutschland für die britische Sicherheit keine aktuelle Gefahr. Zudem waren den Deutschen durch den Versailler Vertrag Spionageaktivitäten untersagt. Die wichtigste nachrichtendienstliche Behörde Deutschlands in der Zwischenkriegszeit war die 1920 gegründete Abteilung Abwehr. Da die anderen Länder Deutschland weiterhin ausspähten, galt dieses Spionageverbot, das später in der Nazizeit missachtet wurde, durchaus zu Recht als Heuchelei.[1] Im britischen Unterhaus wurden in den zwanziger Jahren regelmäßig die Aktivitäten ausländischer Geheimdienste, vornehmlich des sowjetischen, angeprangert, wobei sich die aufeinanderfolgenden Regierungen aber an die (erst 1992 abgeschaffte) Konvention hielten, dass der SIS in keiner Weise erwähnt werden durfte. 1927 kritisierte Arthur Ponsonby, der ehemalige stellvertretende Außenminister während der ersten Regierung MacDonald, scharf die »Heuchelei, wonach wir so sauber sind: Der Geheimdienst [SIS] soll etwas sein, über das in diesem Haus nicht geredet werden darf. Ich sehe nicht, warum ich nicht über ihn reden sollte. Es ist an der Zeit, dass wir etwas über den Geheimdienst sagen.«[2] Tabubrüche wie dieser waren im Parlament allerdings äußerst selten.

Obwohl von der deutschen Spionage nach dem Ersten Weltkrieg also eine geringe Gefahr ausging, bestanden beim MI5 kaum Zweifel, dass sie bei einem künftigen Krieg eine große Rolle spielen würde. Anfang der zwanziger Jahre verteidigte Oberst Walter Nicolai, der ehemalige Chef des deutschen militärischen Nachrichtendienstes, öffentlich dessen Leistungen während des Krieges mit der Begründung – die viele Radikale in der Weimarer Republik verfochten –, dass Deutschland verraten, aber nicht besiegt worden sei.[3] Er setzte sich beharrlich für einen Wiederaufstieg Deutschlands zur Großmacht ein, wozu es sich dem Versailler Vertrag widersetzen und im Frieden einen starken Geheimdienst aufbauen müsse. Dieser würde in Kriegszeiten entscheidende Bedeutung gewinnen.[4] Die Einschätzung des MI5 zur deutschen Geheimdiensttätigkeit stand zudem stark unter dem Einfluss von beschlagnahmten deutschen Unterlagen aus dem Krieg und von Gesprächen mit Kriegsgefangenen. Dazu hatte Kells Stellvertreter Holt-Wilson 1922 einen bemerkenswerten Bericht erstellt. Die Erfahrungen des »totalen« Krieges 1914–1918, so Holt-Wilson, hätten gezeigt, dass die Staaten erstmals in der Lage gewesen seien, sämtliche Ressourcen gegen ihre Feinde zu mobilisieren. Folglich wären autoritäre Staaten in Friedenszeiten in der Lage, ein weitaus größeres Spektrum an verdeckten Mitteln einzusetzen, um ihre Gegner zu unterwandern.[5]

Zu der illegalen Wiederaufnahme der deutschen Spionagetätigkeit in der Weimarer Republik gibt es bislang noch keine detaillierte historische Aufarbeitung.[6] Trotz seiner chronisch mangelhaften Ressourcen in den zwanziger Jahren deckte der MI5 aber einige Tricks auf, mit denen Weimar das Verbot des Sammelns von geheimdienstlichen Informationen über das Ausland umging. Elemente der aufgelösten Geheimdienste des Deutschen Kaiserreichs – der militärische Nachrichtendienst und der Marinenachrichtendienst (Nachrichten-Abteilung) – wurden in offizielle deutsche Handelsorganisationen eingegliedert, insbesondere den Deutschen Überseedienst. In ihnen fungierten sie weiterhin als inoffizielle Spionagedienststellen.[7]

Die wichtigsten Hinweise des MI5 auf deutsche Spionageaktivitäten in den zwanziger und dreißiger Jahren kamen offenbar vom SIS. 1922 verfügte dieser über einen Agenten im Deutschen Überseedienst mit dem Codenamen A.14, der nach eigener Auskunft für die Bezahlung von dessen Agenten zuständig war. A.14 zufolge operierten 1922 in Großbritannien 83 deutsche »organisierende Agenten« in Vollzeit und 188 weitere in Teilzeit. Der Agent lieferte Einzelheiten von neun der wichtigsten Agenten in Großbritannien, von denen einige vom MI5 enttarnt wurden.[8] Allerdings schätzte der

SIS A.14 als unzuverlässig ein. Er versuche sich selbst in ein glanzvolles Licht zu setzen und leide »an akutem Größenwahn«, weshalb der Kontakt zu ihm abgebrochen wurde.[9] Wenige Jahre später gelang dem SIS eine erfolgreichere Infiltrierung des Deutschen Überseedienstes mit der Anwerbung eines Übersetzers und Verwaltungsassistenten. Dem MI5 teilte er mit, der Rekrut gelte als »einer von dessen zuverlässigsten Angestellten«. 1927 lieferte der Agent dem SIS eine Liste mit über 70 Einzelpersonen, die an deutschen Spionageoperationen in Großbritannien beteiligt waren.[10] Der MI5 informierte den SIS – wahrscheinlich mit einigem Stolz –, dass ihm über die Hälfte dieser Namen bereits bekannt gewesen seien.[11] Leider sind seine Berichte zu der anschließenden Überwachung des Spionagenetzwerks des Überseedienstes nicht mehr erhalten.

1931 zapfte der SIS eine weitere »äußerst gut platzierte Quelle« an (zur Identität erhielt der MI5 von ihm nur wenig Hinweise). Sie konnte Fragebögen beschaffen, die offenlegten, welche Einzelheiten zur britischen Rüstungsindustrie die deutsche Marine- und Militäraufklärung benötigte, darunter zum Flugzeugbau, zu Flussminen, zu Abhörgerät, zu Echolottechnik, zu Flugabwehrgerät, zu Torpedos und zum Zementstahlwerk von Vickers.[12] Allerdings gelang es dem MI5 nicht, das deutsche Spionagenetz mit dem harmlosen Namen »Etappendienst« zu enttarnen, das in den zwanziger und dreißiger Jahren in Großbritannien und auf der ganzen Welt operierte, indem es Mitglieder von Reedereien und anderen Unternehmen zum Sammeln eines breiten Spektrums an geheimdienstlichen Informationen einsetzte, wenn auch, zumindest in Großbritannien, nur mit mäßigem Erfolg.[13] Wie die während des Krieges waren auch die enttarnten Agenten Deutschlands zwischen den Kriegen keine Überflieger, die sich mit den Besten des sowjetischen Geheimdiensts nur annähernd hätten messen können.

Bis 1933 schenkte der MI5 dem Nationalsozialismus »praktisch keine Aufmerksamkeit«, was in Whitehall auch keineswegs erwartet wurde.[14] Der Machtantritt des 43-jährigen Fanatikers Adolf Hitler als Kanzler einer Koalitionsregierung am 30. Januar 1933 (rückblickend ein Wendepunkt in der Zeitgeschichte) ließ im Security Service und in Whitehall kaum die Alarmglocken läuten. Am nächsten Tag kommentierte *The Times:* »Herr Hitler führt die stärkste Partei im Reichstag und hat bei den letzten Wahlen fast ein Drittel der über 35 Millionen Stimmen erhalten. Dass er die Chance bekommen sollte, zu zeigen, dass er mehr als ein Redner und Agitator ist, war immer wünschenswert.«[15] Sein wahres Gesicht zeigte das Hitler-Regime nach dem Reichstagsbrand am 27. Februar, den der ehemalige holländische Kommunist Marinus van der Lubbe ausgelöst haben soll.

Die Naziführung behauptete, der Brand sei das Signal für einen kommunistischen Aufstand. Der damalige preußische Innenminister und Polizeichef Hermann Göring gab eine Presseerklärung ab, wonach Unterlagen, die einige Tage zuvor während einer Polizeirazzia im KPD-Hauptquartier beschlagnahmt worden waren, (nie öffentlich gemachte) Pläne zu Attacken auf öffentliche Gebäude und zur Ermordung von führenden Politikern enthalten hätten. Die Verordnung »Zum Schutz von Volk und Staat« setzte sofort und auf unbestimmte Zeit von der Weimarer Verfassung garantierte Grundrechte außer Kraft, so die Rede-, Versammlungs- und Pressefreiheit. Es folgte eine brutale Hetzjagd auf Kommunisten, Sozialdemokraten, Gewerkschafter und linke Intellektuelle. Sie wurden in die Keller der örtlichen SA- und SS-Einheiten geschleppt, misshandelt und gefoltert. Ein Wahlsieg am 5. März (44 Prozent) verschaffte den Nationalsozialisten zusammen mit der Kampffront Schwarz-Weiß-Rot die benötigte Mehrheit (52 Prozent; die kommunistischen Abgeordneten waren ausgeschlossen worden), um ihre Diktatur zu errichten. Der Hitler-Biograf Ian Kershaw kam zu dem Schluss, dass in Deutschland »die Gewalt- und Repressionsmaßnahmen ... weitgehend auf Zustimmung« stießen.[16]

Außer auf Seiten der Linken fielen die Proteste selbst in Großbritannien relativ gedämpft aus. Der Verfasser des Leitartikels der *Times* kommentierte am 22. März: »So viele ausländische Freunde des Landes auch die Grausamkeiten beklagen, die Deutsche an Deutschen begehen ... dies alles ist vornehmlich eine Angelegenheit Deutschlands ... Noch deutet nichts darauf hin, dass der neue Kanzler die Absicht hat, eine maßlose Außenpolitik zu betreiben.«[17] Tatsächlich strebte Hitler eine so maßlose Außenpolitik an, wie kein anderer Europäer im 20. Jahrhundert, auch wenn seine hochfliegenden Pläne vom »Lebensraum im Osten«, die er in *Mein Kampf* dargelegt hatte, fürs Erste in der Versenkung verschwanden. Trotzdem blieb der Security Service im März 1933 so gelassen wie die *Times*. Als wichtigste unmittelbare Reaktion auf Hitlers Machtergreifung nahm er ohne erkennbare Gewissenserforschung eine Einladung nach Berlin an, um das Material zu Komintern-Operationen zu diskutieren, das bei der Razzia im KPD-Hauptquartier beschlagnahmt worden war.[18] Am 22. März richtete die SS in einer stillgelegten Pulverfabrik bei Dachau ungefähr zwölf Kilometer vor München ihr erstes – und bald berüchtigtes – Konzentrationslager ein. Eine Woche später traf Guy Liddell – er sprach fließend Deutsch – in Berlin ein, »um mit der deutschen politischen Polizei Kontakt anzuknüpfen« und Einblick in die Komintern-Dokumente zu nehmen. Der SIS zahlte Liddell aus freien Stücken die Hälfte der Spesen und ließ ihm die Unterstützung von Frank Foley zukommen, dem Chef seiner Berliner Niederlassung.[19]

In den zehn Tagen war Liddell Gast bei Hitlers Auslandspressechef, dem Harvard-Abgänger Ernst »Putzi« Hanfstaengel, den Liddell als eine »insgesamt äußerst einnehmende Person« beschrieb, wenn auch mit »ziemlich unausgewogenen« Ansichten zu Juden und Kommunisten: »Er hat den irrigen Eindruck, dass der Kommunismus eine von den Juden kontrollierte Bewegung sei.« Sehr skeptisch reagierte Liddell auf die Behauptung der Nationalsozialisten, dank der Aktion des neuen Regimes sei »ein ernsthafter kommunistischer Aufstand gerade noch vereitelt worden«:

> Auch wenn die Deutsche Kommunistische Partei möglicherweise eine friedliche Straßendemonstration ins Auge gefasst hat, die zu gewalttätigen Gegendemonstrationen der Nazis geführt haben könnte, deuten alle unsere Informationen darauf hin, dass Moskau genaue Instruktionen ausgegeben hat, jeden offenen Akt zu unterlassen, der zu einer generellen Repression gegen die Partei führen könnte.

Ebenso skeptisch reagierte Liddell auf »einen Stadtplan, der angeblich zeigte, dass das internationale Judentum von London aus gesteuert werde«, und fasste sofort eine Abneigung gegen Rudolf Diels, den 33-jährigen Chef der politischen Polizeitruppe, die bald zur Gestapo werden sollte.[20]

> Sein Gesicht ist vernarbt von Degenduellen aus seiner Studentenzeit. Mit seinem kohlrabenschwarzen Haar, seinen Schlitzaugen und seiner fahlen Gesichtsfarbe sieht er ziemlich chinesisch aus.

Trotz seines unangenehmen Wesens war er ausgesucht höflich, und als er später auf einer Inspektionstour vorbeikam, gab er allen Anwesenden den Befehl, mir jede mögliche Unterstützung zu geben.

Die wenigen Unterlagen aus dem KPD-Hauptquartier, die Liddell zu Gesicht bekam, waren allerdings eine herbe Enttäuschung. »Die meisten Razzien wurden von der Sturmabteilung (SA) durchgeführt. Diese warf die Unterlagen einfach in Lieferwagen und kippte sie ungeordnet in großen Räumen aus.« Deswegen konzentrierte sich Liddell ironischerweise auf Berichte über die sowjetische Frontorganisation Liga gegen Imperialismus (LAI). Diese waren ein Jahr vor Hitlers Machtübernahme bei einer Polizeirazzia beschlagnahmt und im Gegensatz zu den Unterlagen aus dem KPD-Hauptquartier sorgfältig archiviert worden. In ihnen stieß Liddell auf weitere Hinweise auf eine sowjetische Finanzierung der LAI und auf Instruktionen der Komintern an indische Kommunisten.[21]

Als Liddell Berlin verließ, machte er sich über die Brutalität der Nationalsozialisten keine Illusionen. »Eine Anzahl von Juden, Kommunisten und selbst Sozialdemokraten«, berichtete er, »sind zweifellos jeder Art Gewalttat ausgeliefert gewesen, und dies dauerte auch noch zur Zeit meiner Abreise fort.« Aber irrigerweise sah er die Gewaltorgie als ein vorübergehendes Phänomen an und meinte, dass die Komintern ein größeres Problem darstelle als das Naziregime:

In ihrer gegenwärtigen Stimmung ist die deutsche Polizei äußerst bereitwillig, uns zu helfen, wo sie kann. Wesentlich ist allerdings, dass ein ständiger persönlicher Kontakt aufrechterhalten bleibt ... Wenn sich die gegenwärtige, ziemlich hysterische Atmosphäre der Emotionen und der Brutalität legt, werden die angeknüpften persönlichen Beziehungen gegenüber jeder Form der Bürokratie, die normalerweise dem freien gegenseitigen Informationsaustausch beschränken, die Oberhand gewinnen.

Besonders bestürzend in Liddells Bericht über seinen Besuch in Berlin ist ein Anhang zur »Antijüdischen Bewegung«. Die antisemitischen Verschwörungstheorien der Nazis weist er darin zwar zurück, sieht aber eine ernsthafte Grundlage für Behauptungen, wonach die

Ämterkorruption in der Weimarer Republik hauptsächlich den Juden zu verdanken gewesen sei:

> Es gibt zweifellos einige sehr ernsthafte Fälle von Korruption in den Regierungsstellen, in denen die Juden fest Fuß gefasst hatten. In den letzten zehn Jahren hat sich äußerst deutlich gezeigt, dass der Zugang zum Leiter jeder Abteilung nur durch Vermittlung eines Juden möglich war. Der Jude führte den Großteil der Gespräche, und in seinen Händen lag letztlich die Ausarbeitung jeder Maßnahme.[22]

Hinter Liddells Vorwürfen wegen einer angeblich jüdischen Korruption in Deutschland steckte allerdings kein genereller Antisemitismus. Auf seinen Vorschlag hin wurde im Krieg Victor Rothschild in den Security Service aufgenommen.[23] Dennoch markiert sein Bericht den Tiefpunkt seiner herausragenden Laufbahn.

Als erster Beamter des MI5 erkannte John »Jack« Curry die Ernsthaftigkeit der nationalsozialistischen Bedrohung.[24] Curry war nach einem Vierteljahrhundert in der indischen Polizei in die B Branch eingetreten. Dort nahm er zudem als erster Beamter ernsthaft die British Union of Fascists (BUF) ins Visier. Die Union war 1932 von dem politischen Außenseiter, Fechtmeister und ehemaligen Labour-Minister Sir Oswald Mosley gegründet worden. Die Uniform der BUF mit dem schwarzen Hemd hatte Mosley nach seinem Fechtwaffenrock entworfen. Curry trat in Mosleys »January Club« ein, der von zwei ehemaligen Offizieren der britischen Kolonialarmee in Indien geleitet wurde. Diese organisierten Dinner-Partys für Leute, die für faschistisches Gedankengut empfänglich sein könnten, und zielten wohl auf weitere Offiziere im Ruhestand ab. Nach mehreren langweiligen Abendessen kam Curry jedoch zu dem Schluss, dass der Klub auf ehemalige Armeeangehörige so wenig Reiz ausübe, dass er keine weitere Beobachtung verdiene.[25]

Die wichtigsten Quellen zur BUF stammten von Maxwell Knights Kontakten und Agenten innerhalb der Bewegung, von denen einige auf seine frühere Mitgliedschaft bei den British Faschisti zurückgingen.[26] Die früheren MI5-Berichte zeigen allerdings die verzerrende Sichtweise eines Glaubens an den aufrichtigen, wenngleich fehlgeleiteten Patriotismus der BUF. Bis zum Frühjahr 1934 wollte der MI5 trotz entsprechender Berichte aus Rom nicht wahrhaben, dass die BUF verdeckte Finanzhilfen von Mussolini erhielt.[27] Am 13. April räumte Knight seinen Fehler ein. Er berichtete, vor Mosleys Besuch in Italien im März habe sich die BUF in einer desolaten Finanzlage befunden, Mosley soll sogar nahe daran gewesen sein, den Schmuck seiner verstorbenen Frau zu verkaufen. Nach seiner Rückkehr aus Italien entspannte sich die Lage der BUF schlagartig. Knights Quellen in der BUF berichteten von 35 000 bis 40 000 aktiven Mitgliedern.[28] Allerdings beschränkte sich die Mehrheit wahrscheinlich darauf, Beiträge zu zahlen und das Magazin *Blackshirt* und diverse andere Druckerzeugnisse zu kaufen. Später schätzte der Security Service die Anzahl der aktiven Mitglieder in ihrer Hochzeit auf ungefähr 10 000.[29]

Die Hinweise auf ausländische Zuwendungen für die BUF, kombiniert mit den Straßenschlachten zwischen faschistischen Schwarzhemden und Kommunisten, hauptsächlich im Londoner East End, veranlasste Kell, seinen ersten umfassenden Report für das Innenministerium und andere staatliche Ministerien zur »faschistischen Bewegung im Vereinigten Königreich« zu verfassen. Anfang Mai schrieb er an Polizeichefs in England, Schottland und Wales mit der Bitte, ihm in regelmäßigen Abständen Einzelheiten zu den Mitgliederzahlen der BUF zukommen zu lassen, zusammen mit »ihren Meinungen zur Bedeutung, die dieser Bewegung in ihrem jeweiligen Raum beizumessen ist«. Aus ihren Antworten schloss er, dass »die Faschisten in den Industriezonen aktiver und erfolgreicher gewesen sind und dass ihre Erfolge in den meisten Grafschaften als vernachlässigbar gelten« könnten. An das Innenministerium meldete er, dass die Möglichkeit eines faschistischen Staatsstreichs noch in weiter Ferne liege, machte aber »verschiedene Tendenzen« aus, die »Sir Oswald Mosley und seine Gefolgsleute auf der Bühne weiter nach vorn bringen«. Ihre Propaganda sei »äußerst gerissen«.[30]

Ihren Höhepunkt erreichte die damalige faschistische Bedrohung im Juni 1934 bei der sogenannten Olympia Rallye, einer Kundgebung von Rechten in der Londoner Olympia-Halle. Diese wurde von der BUF im Vorfeld großsprecherisch zu »einem Meilenstein nicht nur in der Geschichte des Faschismus, sondern auch in der britischen Geschichte« hochstilisiert. Der Großteil der Choreografie während dieser Veranstaltung war von Hitler und Mussolini entlehnt. Mosley marschierte durch einen Wald aus britischen Flaggen und Fahnen der

BUF im Scheinwerferlicht zur Bühne, während uniformierte Schwarzhemden den faschistischen Gruß »Heil Mosley!« skandierten. Kaum hatte Mosley seine Rede begonnen, die ohne Unterbrechung zwei Stunden dauern sollte, kam es zu Handgreiflichkeiten zwischen Zwischenrufern und faschistischen Saalordnern. »Der Geist der Schwarzhemden«, verkündete er anschließend, »hat in Olympia triumphiert. Er zerschmetterte den bislang größten organisierten Versuch in diesem Land, eine Versammlung durch rote Gewalt zu verhindern.« Der kommunistische *Daily Worker* verkündete ebenfalls einen Sieg: »Die großen Gegendemonstrationen von Arbeitern bei Olympia gegen die Schwarzhemden ragt als ein bedeutender Meilenstein im Kampf gegen den Faschismus in diesem Land heraus.«[31] Obwohl BUF und CPGB jede Verantwortung für die Gewalt vehement zurückwiesen, hatten beide nach Ansicht des MI5 »illegale und gewaltsame Methoden« angewandt. »Tatsächlich waren beide ... über die Ergebnisse der Olympia-Veranstaltung höchst erfreut.«[32]

Trotz der Hinweise auf ausländische Zuwendungen an die BUF lehnte Innenminister Sir John Gilmour einen Antrag des Security Service auf eine Überwachung Mosleys ab[33] – offenbar in der Überzeugung, dass er ein standhafter Patriot geblieben sei und für die nationale Sicherheit keine Gefahr darstelle. Und sein Nachfolger, Sir John Simon, tat dies auch zwei Jahre später noch, als Mosley seine zweite Eheschließung mit Diana Mitford privat in Goebbels' Salon im Beisein Hitlers feierte. Hitler überreichte Diana in einem adlerbekrönten Silberrahmen ein signiertes Foto, das sie dann im ehelichen Schlafzimmer aufstellte.[34] Später kam der MI5 zum Ergebnis, dass »Lady Mosley vor Ausbruch des Krieges der wichtigste Kommunikationskanal zu Hitler war. Mosley selbst räumte ein, dass seine Frau mit dem Führer häufig Gespräche führte«.[35] Aber bis zu ihrer Internierung 1940 wurden seltsamerweise bei keinem von beiden Überwachungsvollmachten für den Post- oder Telefonverkehr erteilt. Dabei tauchten Mehrfertigungen von Briefen von ihnen und an sie in der Korrespondenz anderer, weniger gut vernetzter Faschisten auf, bei denen der MI5 durchaus Überwachungsvollmachten genehmigt bekam.

Nach der Olympia Rallye im Juni 1934 wandte das Kabinett vorübergehend sein Augenmerk darauf, wie künftige Versammlungen, auf denen Faschisten in Uniformen auftraten, zu unterbinden seien.

Eine entsprechende Gesetzgebung wurde durch das Problem erschwert, wie »politische Uniformen« zu definieren seien. Möglicherweise durch die Berichte des Security Service beschwichtigt, verlor das Kabinett Zug um Zug das Gefühl, dass es sich um eine dringliche Angelegenheit handele. Im Oktober 1934 berichtete Kell ans Innenministerium:

> Es zeichnet sich immer deutlicher ab, dass Mosley in der Olympiahalle einen Dämpfer bekommen hat, der sich wahrscheinlich als entscheidend herausstellen wird. Den haben ihm nicht die Kommunisten verabreicht, von denen die Provokationen ausgingen und die jetzt den Sieg für sich beanspruchen, sondern die konservativen Abgeordneten, die konservative Presse und alle Organe der öffentlichen Meinung, die dafür gesorgt haben, dass er die Methode, Störer mit seiner »Schutztruppe« zu überwältigen, aufgegeben hat.

Einen Monat nach der Versammlung in der Olympiahalle war der Pressebaron Lord Rothermere, zuvor ihr prominentester konservativer Unterstützer, von der BUF öffentlich abgerückt. Über Mosley selbst hieß es beim MI5, er befinde sich in einem Zustand »akuter Depression«. Der stellvertretende Führer der BUF, Dr. Robert Forgan, der die Bewegung später verließ, soll Berichten zufolge »Zweifel an der Zurechnungsfähigkeit seines Führers« geäußert haben.[36] Im März 1935 berichtete der MI5, nach einer zuverlässigen Quelle seien in »verschiedenen Zweigen des öffentlichen Dienstes« faschistische »Zellen« gegründet worden. Dennoch fielen Kells geheimdienstliche Mitteilungen im Tenor weiter beruhigend aus. Berichte der Polizeichefs an den MI5 zeigten, dass die Mitgliederzahlen der BUF in allen größeren Städten außer Manchester zurückgegangen und Niederlassungen geschlossen worden waren. Auch der Absatz des Blattes *Blackshirt* ging zurück und die Begeisterung erlahmte.[37] Angesichts der schlechten Chancen der BUF verzichtete Mosley auf die Aufstellung von Kandidaten zu den Parlamentswahlen im November 1935, wobei er allerdings nicht einsehen wollte, dass sich die Union durch ihr gewaltsames Auftreten auf Versammlungen den Ruf ruiniert hatte. Der Erdrutschsieg des National Government machte die zunehmende Bedeutungslosigkeit der BUF in der britischen Politik deutlich.

Mussolinis Zuwendungen konnten deren stetigen Niedergang in den zwei Jahren nach der Versammlung in der Olympiahalle kaum oder gar nicht aufhalten. Colin Ross, ein schottischstämmiger Nazi-ideologe, besuchte im April 1936 England, um über die Verfassung der britischen Faschisten zu berichten. Nach der Special Branch, die ihn intensiv observierte, kam Ross zu dem Ergebnis, dass die BUF »eine gute Strategie und einen hervorragenden Führer, aber absolut keine Organisation« habe. Dennoch gab es Anzeichen eines wachsenden deutschen Einflusses auf die britischen Schwarzhemden. Obwohl Hitler nicht bereit war, die BUF mit geheimen Finanzmitteln zu unterstützen, wandelte diese ihren vollen Namen in »British Union of Fascists and National Socialists« um. »Mosley«, merkte der MI5 an, »hat auch durch seine verstärkten Angriffe auf die Juden in den letzten Monaten einen engeren Anschluss an den deutschen Geist gezeigt.[38] Im Juli 1936 berichtete Kell an das Innenministerium, dass die monatlichen Zahlungen aus Italien von 3000 auf 1000 Pfund gekürzt worden seien. Die BUF sei im »allgemeinen Niedergang« begriffen:

> Es ist zwar richtig, dass die faschistischen Redner im East End besser als anderswo aufgenommen wurden, aber dort herrscht auch eine ziemlich antisemitische Stimmung, so dass antisemitische Reden willkommen sind. Es gibt eigentlich keinen Grund zu glauben, dass die öffentliche Meinung im East End den Faschisten ernsthaft freundlich gesinnt sei.[39]

Der Security Service hob die wachsende Bedeutung des NSDAP-Freunds William Joyce in der BUF hervor. Joyce habe auf die militanten Schwarzhemden größeren Einfluss als Mosley. Mehrere Jahre lang verließ sich der MI5 auf die optimistische Beurteilung von Joyce durch Knight (der in den Berichten ans Innenministerium nur als »jemand, der ihn gut kennt«, auftauchte). So hieß es in einem Bericht vom September 1934, Joyce sei zwar »ein rabiater Antikatholik« und ein »fanatischer Antisemit« mit einer »geistigen Ausrichtung …, die nicht seinen intellektuellen Fähigkeiten entspricht«, aber es sei unwahrscheinlich, dass »sein grundlegender Patriotismus durch irgendein Ereignis erschüttert werden« könne.[40] Tatsächlich wurde Joyce 1937 aus der BUF gedrängt, gründete die schrill nazifreundliche (aber kleine) British National Socialist League, nahm 1940 die deutsche Staatsbürgerschaft an und verbreitete während des Krieges als berüchtigter »Lord Haw-Haw« – der Name spielt lautmalend auf den affektierten Akzent der britischen Oberschicht an – in seinen Sendungen Nazipropaganda in Großbritannien.

Am 4. Oktober 1936 führte der Versuch von vier Kolonnen von Schwarzhemden, zu Versammlungen in Shoreditch, Stepney, Bethnal Green und Limehouse zu marschieren, zur »Schlacht auf der Cable Street«: Antifaschisten errichteten eine Barrikade, lieferten sich Gefechte mit der Polizei und zwangen Mosley auf seinem Marsch entlang der Uferbefestigung zu einem Umweg. Der Special Branch zufolge kam es an diesem Tag zur »zweifellos größten antifaschistischen Demonstration, die London je gesehen hat«. Zudem kehrte bei der Regierung das Dringlichkeitsbewusstsein zurück, das ihr in den beiden Jahren nach der Versammlung in der Olympiahalle abhandengekommen war. Obwohl Sir John Simon immer noch nicht bereit war, die Überwachung von Mosleys Post- oder Telefonverkehr zu genehmigen, teilte er dem Kabinett mit: »Es kann nicht den leisesten Zweifel daran geben, dass die faschistische Kampagne ... die kommunistische Bewegung fördert, so dass die Gefahr ernsthafter Zusammenstöße wächst.« Am 1. Januar 1937 trat ein durchs Parlament gepeitschtes Gesetz in Kraft, mit dem das Tragen politischer Uniformen verboten und die Polizei ermächtigt wurde, politische Aufmärsche zu untersagen.[41]

Die Straßenschlacht in der Cable Street wurde von der BUF als »erste Gelegenheit, bei der sich die britische Regierung dem Roten Terror ergeben hat«, angeprangert und verlieh Mosley die gewünschte öffentliche Aufmerksamkeit. Wie der Security Service berichtete, organisierte er im East End gleich danach weitere Versammlungen. Dabei habe »die Zurschaustellung profaschistischer Sympathien in den Straßen mehrere erfahrene Beobachter überrascht«. Die Renaissance der BUF war allerdings nur von kurzer Dauer. Ende November 1936 veranschlagte der MI5 ihre Stärke auf »höchstens 6500 aktive und 9000 inaktive Mitglieder«. Die Special Branch schätzte sie höher und wahrscheinlich weniger zuverlässig auf insgesamt fast 20 000 Mitglieder.[42] Mit dem Verbot der Schwarzhemduniformen schrumpfte die BUF in Friedenszeiten bis zur Bedeutungslosigkeit zusammen.⁴³ Dennoch betrachtete sie der Security Service für den Kriegsfall als eine potenzielle Bedrohung. Holt-Wilson verfasste einen Zusatz zum Government War Book (ein als geheim eingestuftes Kompendium der Gesetze, Verordnungen und anderen Maßnahmen, die im Kriegsfall eingeführt werden sollten), das sicherstellen sollte, dass britische Staatsbürger anders als im Ersten Weltkrieg nicht grundsätzlich von einer Internierung ausgeschlossen würden. Im Juli 1937 billigte das Comittee of Imperial Defence den Wortlaut einer Gesetzesvorlage, die »die Inhaftierung von Personen« vorsah, bei denen dies »dem Minister im Interesse der öffentlichen Sicherheit oder zur Verteidigung des Königsreichs zweckdienlich erscheint«. Damit wurde die Grundlage für eine Internierung Mosleys und zahlreicher Gefolgsleute drei Jahre später geschaffen.⁴⁴

Ungefähr zu dem Zeitpunkt, als den britischen Schwarzhemden das Tragen ihrer Uniformen verboten wurde, lösten die Deutschen erstmals seit dem Ersten Weltkrieg für den britischen Auslandsgeheimdienst Sowjetrussland als wichtigstes Ziel für Beobachtungen ab. In der »Rangliste der Prioritäten« des SIS rutschte die sowjetische Bedrohung auf den vierten Platz ab – hinter Deutschland, Italien und Japan.⁴⁵ Ebenso ließ die deutsche Wiederbewaffnung das Interesse wiedererstarken. Am 16. März 1935 verkündete Hitler unter Bruch des Versailler Vertrages die Einführung einer Wehrpflicht. Am 25. März prahlte er, die deutsche Luftwaffe habe die Stärke der britischen Royal Air Force erreicht. Eine Untersuchung des Ministerial Committee on Defence Policy and Requirements offenbarte eine ernsthafte Lücke in der Aufklärung mit Blick auf die deutsche Luftwaffe und »deckte sehr deutlich die Notwendigkeit auf, die Finanzmittel für die Geheimdienste zu erhöhen«. Ohne Debatte im Parlament wurde das Geheimdienstbudget im »Secret Vote« von 180 000 Pfund 1935 auf 250 000 Pfund (mit einem Nachtrag von weiteren 100 000 Pfund) 1936, auf 350 000 Pfund 1937, auf 450 000 Pfund 1938 und auf 500 000 Pfund 1939 angehoben.⁴⁶

Der eifrigste Unterstützer des MI5 und des SIS in Whitehall war Sir Robert Vansittart, Ständiger Staatssekretär im Außenministerium von 1930 bis Anfang 1938. »Van« war am Geheimdienst weitaus stärker interessiert als seine Vorgesetzten. Im Gegensatz zu Simon und Sir Nevile Henderson, dem britischen Botschafter in Berlin, war er »der Ansicht, dass wir [den Forderungen der Geheimdienste] in allem zu wenig nachgegeben haben«.[47] Er aß regelmäßig mit Quex Sinclair zu Abend, hatte seltener auch Kontakt zu Kell[48] und baute zum Sammeln geheimdienstlicher Erkenntnisse zu Deutschland seine »Privatdetektei« auf.[49] Mehr als jeder andere Spitzenbeamte in Whitehall trat Van für eine Aufrüstung und gegen eine Friedenspolitik ein. Deutschland begegnete er schon seit langem mit Misstrauen. Als Student hatte man ihn dort zu einem Duell herausgefordert, das er indes ablehnen konnte. Eine Generation später sagte er nun als einer der Ersten in Whitehall im Mai 1933 vorher, dass das »gegenwärtige Regime in Deutschland in der vergangenen oder gegenwärtigen Form einen weiteren Krieg vom Zaun brechen wird, sobald es sich dazu stark genug fühlt ... Wir haben es mit sehr rohen Menschen zu tun, die in ihren Köpfen außer nackter Gewalt und Militarismus kaum Ideen haben.«[50] Seine deutschen Quellen beschrieb Van später als »ein paar tapfere Männer«, die wussten, dass ich das Heraufziehen eines Krieges erkannt habe«. Sie »dachten, wenn sie mich mit ausreichenden Informationen versorgen, könnte ich meine Regierung aufrütteln und ihn so noch aufhalten. Natürlich täuschten sie sich, aber wir haben es versucht.«[51]

Von Vansittart ermuntert, begann der Security Service erstmals in der deutschen Botschaft Quellen zu erschließen.[52] Am wichtigsten war dabei der adlige Diplomat Wolfgang zu Putlitz, der stolz darauf war, dass seine Familie seit dem 12. Jahrhundert Burg Putlitz in Brandenburg besaß. Als er 1924 nach Großbritannien kam, um dort zur Vorbereitung einer diplomatischen Laufbahn Englisch zu lernen, machte er gemischte Erfahrungen. Ein Schreiben zur Einführung bei Lady Redesdale (der Mutter der exzentrischen Mitford Sisters) konnte nicht verhindern, dass ihm bei der Ankunft die Tür vor der Nase zugeschlagen wurde.[53] In London freundete sich Putlitz indes eng mit dem deutschen Journalisten Jona Ustinov an, der Anfang 1935 vom MI5 als Agent (mit dem Codenamen U35) angeworben worden war.[54] Zu dem Zeitpunkt arbeitete der damals 35-jährige Putlitz seit sechs Monaten in der deutschen Botschaft in London. Beide Männer waren erbitterte Gegner der Nazis, obwohl Putlitz später notgedrungen in die NSDAP eintrat, um seinen Posten zu behalten.

Vansittart brachte Kell in Kontakt zu Ustinov – fraglos mit der

Absicht, dass der Security Service ihn als Kontaktstelle zu Putlitz nutzen sollte.[55] Dass Van Homosexualität (neben Kommunismus und Deutschtümelei) zu seinen drei Lieblingshassobjekten zählte,[56] änderte nichts an seinem geschäftlichen Interesse an Putlitz, der schwul war und dessen Partner Willy Schneider bei ihm als Hausdiener arbeitete.[57]

Jona Ustinov hatte gegen seinen Vornamen eine ausgesprochene Abneigung und bevorzugte seltsamerweise den unattraktiven Spitznamen »Klop«, der im Russischen Wanze bedeutet. In seinen Zwanzigern war er so schmächtig gebaut, dass ihn seine in Russland gebürtige Frau, die Künstlerin und Designerin Nadia Benois, mit der Verkleinerungsform »Klopnic« (Wänzchen) anredete. Als er korpulenter wurde, nannte sie ihn wieder »Klop«.[58] Ustinovs erster Führungsoffizier Jack Curry ließ sich von Nadia porträtieren.[59] Dick White, der Curry als Führungsoffizier nachfolgte, nannte Klop Ustinov »den besten und einfallsreichsten operativen Agenten, mit dem zu arbeiten [er] die Ehre« gehabt habe.[60] In seiner Zeit als Ustinovs Führungsoffizier sah Curry Vansittart nur selten, hatte aber häufigen Kontakt mit den beiden höchst erfolgreichen jungen Diplomaten William Strang und Gladwyn Jebb, die ihn in außenpolitischen Fragen auf dem Laufenden hielten. Als Ergebnis hatte Curry als erster Beamter des Security Service regelmäßig Zugang zu britischen diplomatischen Unterlagen, insbesondere zu den Depeschen der Botschafter in Berlin und Rom: »Dies gab mir Einblicke in die Situation, die durch Hitler und die Nationalsozialisten entstand, und versetzte mich in die Lage, [Klop] auf die Fragen hinzuweisen, zu denen Putlitz nach unseren Wünschen seine Informationsquellen anzapfen sollte.« Mehrere Jahre lang schickte Curry regelmäßig Berichte an Vansittart mit Informationen, die Putlitz und andere in der deutschen Botschaft beschafften.[61]

Neben wichtigen geheimdienstlichen Erkenntnissen zur deutschen Außenpolitik lieferten Putlitz und weitere Quellen des Security Service in der deutschen Botschaft Informationen zur britischen Abteilung der Auslands-Organisation, des Verbands der im Ausland lebenden NSDAP-Mitglieder. Ein Antrag des Security Service zur Überwachung des Londoner Büros der Auslands-Organisation war im Januar 1934 abgelehnt worden. Der Ständige Staatssekretär im Innenministerium Sir Russell Scott teilte dazu Kell mit: »Solange wir [der MI5] beim gewöhnlichen Ablauf unserer Arbeit keinen Fall einer subversiven Propaganda oder anderer feindseliger Schritte gegen die Interessen dieses Landes entdecken, müssen wir sie in Ruhe lassen.«[62] Kell scheute zunächst vor einer Beteiligung an den Untersuchungen zur Auslands-Organisation der NSDAP-Mitglieder zurück. »Vielleicht«, dachte Curry, »hatte er das Gefühl, dass er in diesen Angelegenheiten in tiefere Gewässer geriet, als wenn er sich einfach nur mit Spionage durch eine ausländische Macht und deren Agenten befasste.« Aber schließlich konnten Vansittart und die B Branch Kell zur Teilnahme überreden.[63] Bis 1935 identifizierte der Security Service 288 in Großbritannien wohnhafte Mitglieder der NSDAP sowie 870 italienische Faschisten (Mitglieder der Fasci all'Estero).[64] Im Mai 1936 berief der MI5 eine Versammlung von Vertretern des Innen-, Außen-, Kolonialministeriums, des SIS und verschiedener Regierungsstellen ein, denen er seine Besorgnis wegen der Auslands-Organisation darlegte:

> Da der nationalsozialistische Apparat über den Einzelnen eine nie da gewesene Macht hat, kann er die Energien von jedem Parteimitglied in jede gewünschte Richtung lenken. Wenn der Führer, wie gegenwärtig, Freundschaft [mit Großbritannien] wünscht, werden alle darauf eingeschworen, entsprechend zu handeln und sich zu äußern. Wir dürfen die Tatsache nicht aus den Augen verlieren, dass die gesamte Energie des Apparats unter bestimmten Umständen in die umgekehrte Richtung gelenkt werden könnte. Er ist zum Beispiel ein bereitstehendes Instrument für geheimdienstliche Tätigkeiten, für Spionage und letztlich für Sabotage.[65]

Wurden die Besorgnisse des Security Service mit Blick auf die Auslands-Organisation von Winston Churchill geteilt – er nannte sie die »Naziter« –, so machten sie auf Whitehall kaum Eindruck.[66] Die wiederholten Forderungen des MI5 nach einem Verbot wurden zurückgewiesen.[67] Allerdings wurde Curry angewiesen, detaillierte Pläne zur Verhaftung aller wichtigen Mitglieder der Organisation zu erstellen, »wenn und sobald das Innenministerium beschließt, dass dies geschehen müsse«. Die Polizeikräfte erhielten Duplikate der Mitgliederkartei mit Instruktionen, diese nach Erhalt eines Telegramms mit dem Codewort ANSABONA – Curry hatte es nach dem Ausdruck »ANti SABOtage NAzis erstellt – zu verhaften. Das Telegramm wurde allerdings erst beim offiziellen Verbot der Organisation bei Kriegsausbruch verschickt.[68]

Von den Berichten der Auslands-Organisation nach Berlin, mit denen Putlitz den britischen Geheimdienst belieferte, hatte einer auf Curry die größte Wirkung: Er enthielt die richtige Vorhersage, dass Großbritannien mit keiner Militäraktion reagieren würde, wenn Hitler im März 1936 befehlen würde, unter Verstoß gegen den Versailler Vertrag (und den von der Weimarer Republik unterzeichneten Vertrag von Locarno) ins Rheinland einzumarschieren. Der deutsche Botschafter in London, Leopold von Hoesch, sagte das Gegenteil voraus. Hitler verurteilte ihn wegen seiner verzagten Haltung und pries dagegen die klarsichtigere Vision der Londoner Nationalsozialisten. Nach der Remilitarisierung des Rheinlands, die mit jubelnden deutschen Massen und Glockengeläut begrüßt wurde, kamen Curry angesichts von Putlitz' Warnungen, die Klop übermittelt hatte, Befürchtungen »wegen der Gefahr eines neuen großen Krieges«.[69] Im Juni 1936 reichte Kell beim Committee of Imperial Defence ein »Memorandum zu eventuellen Sabotageaktionen durch die Organisationen« ein, »die von den totalitären Regierungen Deutschlands und Italiens in britischen Ländern aufgebaut worden« waren. Von Curry verfasst, kursierte es als das wohl erste Dokument in Whitehall mit der Warnung, dass die Verhandlungen mit Hitler im Sand verlaufen würden und die großen territorialen Ambitionen, die in *Mein Kampf* niedergelegt seien, als Leitfaden seines künftigen Handelns ernst zu nehmen seien, auch wenn seine augenblickliche Rhetorik davon abweiche:

> Kein Vertrag, den Deutschland oder Italien unterzeichnet haben oder unterzeichnen werden, kann als zuverlässig gelten. Jede Verpflichtung, die sie eingegangen sind, kann ohne Vorwarnung widerrufen werden, wenn es dem im Weg steht, was ihre Diktatoren zu jedem Augenblick als vitale Interessen ihrer Nationen ansehen … Wenn Hitler mit Machtbefugnissen, für die es in der Geschichte nur wenige Beispiele gibt, Herr über Deutschland ist, dann hat die Frage, welche genaue Bedeutung seinem Buch *Mein Kampf* beizumessen sei, auch Auswirkungen darauf, wie die Stoßrichtung seiner Außenpolitik und Militärstrategie oder Wehrpo-

litik einzuschätzen ist ... Es handelt sich gewiss nicht um verantwortungslose Äußerungen, die ein Staatsmann nach seiner Machtergreifung ad acta gelegt hat.[70]

Putlitz hob hervor, und das entsprach auch der Überzeugung der B Branch, dass die einzige Art des Umgangs mit Hitler eine unnachgiebige Haltung sei. Eine Beschwichtigungspolitik würde fehlschlagen.[71]

Als Hoesch im April 1936 plötzlich starb, hatte Hitler wahrscheinlich bereits entschieden, ihn als deutschen Botschafter durch den ehemaligen Wein- und Spirituosenhändler Joachim von Ribbentrop abzulösen. Dieser traf im August in London ein. Ribbentrop, der sich für das Adelsprädikat von einer entfernten Tante hatte adoptieren lassen, glich seine dürftigen Kenntnisse der internationalen Beziehungen durch eine geschickte Liebedienerei aus. Hitler sagte er immer das, was der hören wollte. In London fiel er vor allem durch eine Serie gesellschaftlicher Ausrutscher auf und wurde vom Magazin *Punch* wegen seines taktlosen Benehmens in »Von Brickendrop« umgetauft. Wie Putlitz berichtete, bezeichnete Hitler ihn dagegen als »außenpolitisches Genie«.[72] Durch einen seltsamen Zufall saß Klop Ustinovs Sohn Peter im Schuljahr 1936/37 an der Westminster School in einer Klasse mit Ribbentrops Sohn.

Peter Ustinov verbuchte seinen ersten Erfolg als angehender Journalist, indem er für sieben Shilling und Sixpence für den *Evening Standard* einen reißerischen Bericht über ein Kunstwerk verfasste, in dem der junge Ribbentrop Krieg, Mord und Totschlag verherrlicht hatte.[73]

Putlitz berichtete, mit Ribbentrops Ankunft habe sich die Londoner Botschaft mit der einst gesetzten Atmosphäre in ein »vollständiges Tollhaus« verwandelt. Die Mitarbeiter stellten fest, dass ihre Schreibtische von den SS-Leuten, die der neue Botschafter nach London mitgebracht hatte, nachts regelmäßig durchwühlt wurden. Nach einem baldigen Treffen mit Premierminister Stanley Baldwin verkündete Ribbentrop herablassend, der alte Trottel wisse nicht, wovon er rede. Im September 1936 berichtete Putlitz, dass Ribbentrop und sein Stab einen Krieg des Deutschen Reichs mit Russland als »so sicher wie das Amen in der Kirche« betrachteten und darauf vertrauten, dass Großbritannien bei einem Einmarsch Hitlers keinen Finger rühren werde. Ribbentrop setzte große Hoffnungen in König Edward VIII., der zu Jahresanfang den Thron bestiegen hatte. Wegen seiner Unkenntnis des politischen Systems im Land überschätzte er allerdings die Möglichkeiten des Königs, die Beziehungen zu Deutschland zu beeinflussen, bei Weitem. Als die Abdankungskrise heraufzog, berichtete Putlitz, Ribbentrop versuche über den deutschfreundlichen Lord Clive an den König eine Botschaft zu richten, wonach das deutsche Volk in seinem Kampf hinter ihm stehe. König Edward müsse kämpfen, teilte der Botschafter seinen Mitarbeitern mit, sie würden sehen, dass er die Schlacht gegen die Verschwörer gewinne. Nach Edwards Abdankung im Dezember 1936 machte Ribbentrop dafür finstere bolschewistische Mächte verantwortlich, die gegen den Führungswillen des jungen Königs gewirkt hätten. Sämtliche Einzelheiten, so informierte er seinen Stab, werde er seinem Führer mündlich mitteilen. Erschüttert über die Obsession des Botschafters, der die britische Politik durch die Brille von Verschwörungstheorien sah, teilte Putlitz Ustinov mit: »Gegen solchen Unfug sind wir absolut machtlos!«[74]

Als im Mai 1937 Neville Chamberlain Baldwin als Premierminister ablöste, fasste Ribbentrop erneut für kurze Zeit Zuversicht. Nach Putlitz »betrachtete er Mr. Chamberlain als deutschfreundlich und sagte, er werde sein eigener Außenminister sein. Er werde [den jetzigen Außenminister] Mr. Eden zwar nicht entlassen, ihm im Außenministerium aber den Einfluss entziehen. Mr. Eden galt als Feind der Deutschen.« Tatsächlich dominierte Chamberlain die britische Außenpolitik. Erbittert über seine Einmischungen ins diplomatische Geschäft, trat Eden im Februar 1938 zurück. An seiner Stelle wurde Lord Halifax Außenminister. Chamberlain zeigte sich allerdings von Anfang an Deutschland gegenüber weniger bequem, als Ribbentrop erwartet hatte. In den letzten Monaten des Jahres 1937 fiel Putlitz auf, dass Ribbentrop auf Großbritannien immer schlechter zu sprechen war und London möglichst schnell verlassen wollte. Anfang 1938 berichtete Putlitz, vermutlich auf Ribbentrops Empfehlung hin habe Hitler ein früheres Moratorium mit Blick auf die deutsche Spionage in Großbritannien aufgehoben. (In Wahrheit war es bereits im Vorjahr ausgesetzt worden.) Die einzige Art des Umgangs mit den Engländern, so Ribbentrop, sei ein »Tritt in den Hintern«.[75]

Im Februar 1938 machte Hitler Ribbentrop zum Außenminister,

ein Posten, den er für den Rest des Dritten Reichs behalten sollte. Ustinov fasste Putlitz' Einschätzungen wie folgt zusammen:

> Die Armee wird in Zukunft das gefügige Instrument der NSDAP-Außenpolitik sein. Unter Ribbentrop wird diese Außenpolitik eine aggressive Vorwärtspolitik sein. Ihr erstes Ziel – Österreich – ist teilweise schon erreicht worden ... Österreich fällt wie eine reife Frucht an [Hitler]. Nach der Konsolidierung der Position in Österreich wird sich der nächste Schritt gegen die Tschechoslowakei richten.

Das Jahr 1938 über lautete Putlitz ständiger Refrain, dass »Großbritannien seine Trumpfkarten aus der Hand fallen lässt. Wenn es eine standhafte Haltung eingenommen hätte oder jetzt einnähme und mit Krieg gedroht hätte, wäre Hitler diese Art Bluff nicht gelungen. Auf einen größeren Krieg ist die deutsche Armee noch nicht vorbereitet.«[76] Als die Wehrmacht am 12. März nach Österreich einmarschierte, blieb eine Spur aus liegengebliebenen Fahrzeugen zurück, die selbst für eine Invasion ohne Widerstand schlecht gewappnet waren. Die gleichen Probleme hätten sich wahrscheinlich in einem Krieg gegen die Tschechoslowakei im folgenden Herbst gezeigt.

Im Mai 1938 wurde Putlitz aus London abgezogen und in die deutsche Botschaft nach Den Haag versetzt. Da der Security Service nicht befugt war, Agenten im Ausland zu führen, wurde Putlitz dank eines gegenseitigen Abkommens an den SIS überstellt. Dieser war aber ebenfalls der Meinung, dass Putlitz zu Klop Ustinov eine so enge Beziehung aufgebaut hatte, dass »es nicht in Frage kam, diesen durch einen anderen Mittelsmann zu ersetzen«. Als der Chef der SIS-Niederlassung in Den Haag, Major Richard Stevens, London besuchte, erhielt Curry die Anweisung, ihn Ustinov vorzustellen. Curry hielt es für wahrscheinlich, dass Stevens von der deutschen Botschaft in Den Haag als SIS-Offizier enttarnt worden sei und er deshalb von SS-Sicherheitsleuten beschattet werden könnte, die ihren Stützpunkt in der deutschen Botschaft in London hatten. Als Curry mit Stevens im Taxi zu Ustinov fuhr, blickte er aus dem Rückfenster:

> Als wir losfuhren, sprang direkt hinter uns ein Mann in ein Taxi und folgte uns dicht bis zur Rückseite des St. George's Hospitals. Hier wies ich unseren Fahrer an, zwei oder dreimal rasch in Sei-

tenstraßen einzubiegen, und sah zu meiner Erleichterung, dass das Taxi, das uns verfolgte, an einer Ecke im Verkehr steckenblieb. Der Mann unternahm offenbar besondere Anstrengungen, um freizukommen, aber es gelang ihm nicht.

Nach einem langen Umweg, bei dem Curry und Stevens mehrfach überprüften, ob sie noch verfolgt wurden, gelangten sie schließlich zu Ustinovs Wohnung. Obwohl Curry keinen Beweis hatte, dass ihr gescheiterter Verfolger tatsächlich von der deutschen Botschaft war,[77] war sein Verdacht, dass die Deutschen Stevens als den Chef der SIS-Niederlassung in Den Haag enttarnt hatten, durchaus begründet. Wie sich später herausstellte, hatten sie zudem Stevens beide Vorgänger, Major H. E. Dalton und Major »Monty« Chidson, enttarnt.[78] Die Infiltrierung der SIS-Niederlassung in Den Haag durch die deutsche Abwehr sollte Putlitz Laufbahn als britischer Informant gleich nach Ausbruch des Krieges abrupt beenden. Bis dahin versorgte er Klop Ustinov weiterhin mit wichtigen geheimdienstlichen Informationen zur deutschen Politik. Ustinov leitete sie an den MI5 und an den SIS weiter.

Um zu Putlitz regelmäßigen Kontakt zu halten, nahm Ustinov eine Stelle als Europakorrespondent bei einer indischen Zeitung an, die in Den Haag ein Büro unterhielt. Im Sommer 1938 erhielt Whitehall eine Reihe von Geheimdienstberichten, darunter einige von Putlitz, wonach Hitler beschlossen habe, das deutschsprachige tschechische Sudetenland zu annektieren.[79] Allerdings gab es widersprüchliche Berichte darüber, für wann Hitler den Angriff plante.[80] Abgesehen von Putlitz war Ustinovs wichtigste Quelle ab Mitte August »Herr von S.«.[81] Als Peter Ustinov zur Schauspielschule ging, fand er seinen Vater Klop eines Abends nach seiner Rückkehr ungewöhnlich erregt vor. Auf dem Tisch standen eine geöffnete Zigarrenkiste und eine Flasche Champagner in Eis. Peter wurde für den Abend ins Kino geschickt. Beim Hinausgehen stieß er auf eine Gruppe mysteriöser Besucher. Als er zurückkehrte, saßen sie im Zigarrennebel noch immer in der Wohnung. Jahre später offenbarte Klop, dass »Herr von S.« dabei gewesen war und ihm gesagt hatte: »Wir müssen die Briten unbedingt davon überzeugen, dass sie nicht klein beigeben. Wenn sie Hitler jetzt nachgeben, lässt er sich nicht mehr aufhalten.«[82] Unter dem Material, das »Herr von S.« Ustinov aushändigte und das dann der Security Service ans Außenministerium weiterleitete, war ein Memorandum Ribbentrops vom 3. August mit dem Hinweis, dass eine Entscheidung, die tschechoslowakische Frage »in unserem Sinne« zu lösen, vor Herbst fallen werde. Zum Ausdruck kam dabei die Zuversicht, dass Großbritannien und Frankreich in den Konflikt nicht eingreifen würden. Selbst wenn ein Krieg ausbräche, würde das Reich siegen.[83]

Anfang September kehrte Sir Alexander Cadogan, der im Januar Vansittart als Ständiger Staatssekretär nachgefolgt war, vorzeitig aus seinen Ferien in Frankreich ins Außenministerium zurück. Dort fand er Geheimberichte vor, »die einem die Haare zu Berge stehen lassen konnten«. »Offenbar steht es auf des Messers Schneide«, glaubte er, »aber es ist noch nicht so weit.« Am 6. September traf in Whitehall die bislang direkteste Warnung ein: Durch das Gartentor eingelassen, tauchte in der Downing Street 10 zu einer Geheimvisite der deutsche Geschäftsträger Theodor Kordt auf, einstmals einer von Vans »Privatdetektiven« und ein tapferer Mann, so Cadogan, der »das Gewissen über Loyalität stellt«. Kordt informierte Chamberlains engen Berater Sir Horace Wilson, dass Hitler beschlossen habe, in die Tschechoslowakei einzumarschieren. Am nächsten Tag besuchte er die Residenz des Premierministers erneut und wiederholte seine Mitteilung gegenüber Lord Halifax. Er forderte eine entschiedene Äußerung, die »an die deutsche Nation gesendet werden solle, wonach Großbritannien die Tschechen darin unterstützen werde, einem deutschen Angriff standzuhalten.[84] Er konnte seine Zuhörer nicht überzeugen. Am 8. September verkündete Chamberlain im engeren Kreis seiner Berater – Halifax, Wilson, Simon und Cadogan – einen »Plan Z«, wonach er Hitler persönlich treffen und versuchen werde, die Krise friedlich zu lösen. Nach Vansittart, der auf Halifax' Bitten nach der Verkündigung des Plans Z dazugeholt wurde, würde Chamberlain damit »einen Gang nach Canossa« unternehmen. Van blieb in Whitehall allerdings der einsame Rufer in der Wüste. »Wir haben mit ihm gestritten«, vertraute Cadogan selbstgefällig seinem Tagebuch an, »und ihn, wie ich glaube, auseinandergenommen.«[85]

Am 15. September flog der Premierminister in einer dramatischen Aktion nach München. Die Gespräche mit dem Führer fanden auf dem grandiosen Berghof am Obersalzberg bei Berchtesgaden statt. Die Stimmung der französischen und britischen Presse fing der *Matin* ein, als er den Mut eines »69-jährigen Mannes« lobte, »der seine erste Flugreise antrat ... um sich zu erkundigen, ob er den schrecklichen Albtraum, der über uns hängt, bannen und die Menschlichkeit retten kann«. In Vans Entourage gaben Chamberlains Versuche einer Beschwichtigung durch eine Pendeldiplomatie dagegen Anlass, ein höhnisches Lied zu dichten:

> Wenn du nicht gleich nachgeben kannst,
> dann flieg, flieg und flieg nochmals.

Am Tag von Chamberlains erstem Flug nach München kontaktierte »Herr von S.« Ustinov mit einem aktualisierten Bericht zu Hitlers Kriegsplan, den der Security Service ans Außenministerium weiterleitete:

> Hitler hat die Absicht, mit allen Mitteln oder irgendwie die Auflösung des tschechoslowakischen Staates ins Werk zu setzen ... Bis Sonntag, den 25. September, wird heimlich so weit mobilgemacht worden sein, dass Hitler nur noch auf den Knopf drücken muss, um die gesamte Militärmaschine in Gang zu setzen und den tschechoslowakischen Staat gewaltsam zu zerstören.
> Es ist Teil von Hitlers Plan, bis zum 25. September mit jedem erdenklichen Mittel auf die Tschechoslowakei und die anderen Mächte Druck auszuüben ... und wenn er bis zu diesem Datum sein Ziel nicht erreicht hat, beabsichtigt er, den Angriff auf die Tschechoslowakei für dieses Datum oder später zu befehlen.

Aber Hitler brauchte »den Knopf nicht zu drücken«, auch wenn er darüber geradezu enttäuscht zu sein schien. Nachdem Chamberlain drei Hin- und Rückflüge absolviert und an der desorganisierten Münchner Viermächtekonferenz teilgenommen hatte, kehrte er am 30. September nach London zurück und wurde dort wie ein Held empfangen. Er schwang ein Abkommen, mit dem das tschechische Sudetenland an Deutschland abgetreten wurde und das, wie er meinte, nicht nur »einen ehrbaren Frieden«, sondern »Frieden für unsere Zeit« bedeute. Jack Curry erinnerte sich später an die »wachsende Betroffenheit« im Security Service, während die Verhandlungen mit Hitler weiterliefen: »Als Chamberlain aus München zurückkehrte und mit seinem Stück Papier winkte, überkam uns alle ein akutes Gefühl der Scham.«[86]

Der SIS sah die Dinge anders. Vor und während der Sudetenkrise nahm Quex Sinclair – wahrscheinlich mehr denn je – Einfluss auf die Regierungspolitik. Die Strategie des SIS war in einem Memorandum vom 18. September mit dem Titel »Was sollen wir tun?« dargelegt. Es war von Malcom Woollcombe, dem Chef der politischen Aufklärung des SIS verfasst und von Sinclair persönlich gebilligt worden. Der SIS trat vehement dafür ein, die Tschechen unter Druck zu setzen, damit sie sich »ins Unvermeidliche« schickten und das Sudetenland abträten. Man müsse ihnen »unmissverständlich klarmachen, dass sie allein stünden, wenn sie eine solche Lösung zurückwiesen«. Großbritannien solle eine Politik des kalkulierten Appeasements fortsetzen und nicht warten, bis der deutsche Groll überkoche und Europas Frieden gefährde. Stattdessen solle die internationale Gemeinschaft die Initiative ergreifen und entscheiden, »welche *wirklich berechtigten* Beschwerden Deutschland hat und welche chirurgischen Eingriffe nötig sind, um diese zu besänftigen«. Einige von Deutschlands Kolonien, die nach dem Krieg beschlagnahmt worden waren, sollten zurückgegeben werden. Wenn echte Streitfälle mit Blick auf die Selbstbestimmung deutscher Minderheiten in Europa zurückblieben, müsse Abhilfe geschaffen werden:

> Man könnte argumentieren, dass man so Deutschland nachgebe, [Hitlers] Position stärke und ihn ermuntere, bis zum Äußersten zu gehen. Es ist allerdings besser, sich den Realitäten zu stellen und Missstände, so sie existieren, geradezurichten, als es Hitler zu überlassen, sie auf seine Weise und zu seiner Zeit zu korrigieren – insbesondere wenn wir und Frankreich konkurrierend unablässig unsere Stärke ausbauen und Deutschlands Potenziale, Unruhe zu stiften, verringern.

Großbritannien solle versuchen sicherzustellen, »*dass Deutschland in seinem Stil eingeengt wird, aber mit einem Minimum an Provokation.*« Sir Warren Fisher, der Chef des Beamtentums und der Vorsitzende des damals inaktiven Geheimdienstausschusses, bezeichnete das Memorandum »Was sollen wir tun?« Sinclair gegenüber als ein »ganz herausragendes Schriftstück«.[87]

Der MI5 war anderer Ansicht. Die B Branch verfolgte die Sudetenkrise und bereitete einen ganz anderen Bericht vor, der auf den Informationen beruhte, die das Außenministerium in den letzten Jahren von Putlitz und anderen deutschen Quellen (von denen keine namentlich identifiziert wurde) erhalten hatte.[88] Am 7. November wurde das Memorandum Kell übergeben, der es Vansittart überreichte. Van, der im selben Jahr die Treppe auf den (eher einflusslosen) Posten des diplomatischen Chefberaters für Chamberlains Kabinett nach oben gefallen war, gab es an Cadogan weiter, der es kommentierte und dann Außenminister Lord Halifax übergab.[89] Dieser bislang einzigartige Bericht enthält wohl die erste (wenn auch implizite) Verurteilung der Außenpolitik einer Regierung durch einen britischen Geheimdienst. Seite 1 des MI5-Berichts enthält die provokante Aussage, wonach angesichts der Informationen, die der Dienst aus »zuverlässigen Quellen« gesammelt habe, die Vorgänge in diesem Sommer in Verbindung mit der Tschechoslowakei nicht überraschen und durchweg vorherzusehen waren. Diese Ereignisse seien die logische Folge der nationalsozialistischen Weltanschauung Hitlers, seiner Außenpolitik und seiner Ansichten hinsichtlich der Rassenfragen sowie Deutschlands Stellung in Europa.

Mit ungewöhnlicher Offenheit wurde in dem Bericht weiter an die Frustration von Putlitz (»Herrn Q.«) und das Versagen der britischen Regierung erinnert, Hitler die Stirn zu bieten:

Unser Mittelsmann [Klop Ustinov] hat oft miterlebt, dass [Putlitz] sehr bestürzt oder sogar verzweifelt darauf reagiert hat, wenn die Haltung oder das Tun der britischen Regierung darauf hindeutete, dass sie die reale Natur von Hitlers machiavellistischem Plan, wie er ihn nennt, nicht zu erkennen vermochte. Zuweilen sagte er, die Engländer seien hoffnungslose Fälle, und es sei sinnlos, ihnen dabei helfen zu wollen, den Methoden der Nazis zu widerstehen, die sie ganz offenkundig nicht durchschauen. Aber nach Überlegung hat er es stets erneut versucht.
… Es ist wichtig hervorzuheben, dass sich die von ihm erhaltenen Informationen immer als absolut akkurat und vollkommen unvoreingenommen bei der Darstellung der Fakten erwiesen haben.

Neben den Informationen von Putlitz wurden im Bericht des MI5 vor allem die von »Herrn von S.« gelieferten hervorgehoben. Auch er hatte eine »harte Haltung Großbritanniens« gegenüber Hitlers Forderungen verlangt:

> Es muss kaum hervorgehoben werden, dass Herr von S. sein Leben riskiert hat, indem er uns ... mit Informationen versorgte. Am 28. September war sein Bedürfnis, möglichst alles zu unternehmen, um im Kriegsfall eine Niederlage des Nazi-Regimes herbeizuführen, so groß, dass er trotz der gewaltigen Schwierigkeiten ... Informationen zu verschicken versuchte, von denen er hoffte, dass sie der britischen Luftwaffe ein paar zusätzliche Stunden Vorwarnzeit geben würden.

Wie »Herr von S.« berichtete, hatte der deutsche Generalstab im Kriegsfall die Absicht, gegen Frankreich und Großbritannien »sofortige Luftangriffe« zu fliegen. Diese Information konnte der MI5 anhand »einer Quelle in der [NSDAP]« in London bestätigen.[90] Curry erinnerte sich später, dass er und seine Kollegen trotz des »akuten Gefühls der Scham« über das Münchner Abkommen »auch einige Erleichterung darüber empfanden, dass [sie] nicht sofort Luftangriffen ausgesetzt sein« würden.[91] In diesem Punkt waren die Informationen von »Herrn von S.« allerdings falsch und gingen möglicherweise auf eine Prahlerei Görings zurück. Ernsthafte Angriffe gegen Großbritannien konnte die deutsche Luftwaffe erst ab 1940 fliegen, nachdem sie Frankreich und die Benelux-Staaten erobert und sich so vorgelagerte Stützpunkte verschafft hatte. Die Fehleinschätzung hielt sich allerdings bis zum Ausbruch des Krieges im September 1939 – verstärkt durch eine Serie von Geheimdienstberichten aus verschiedenen Quellen, wonach die Luftwaffe gleich nach Beginn der Feindseligkeiten versuchen würde, einen sofortigen »Vernichtungsschlag« gegen London zu führen.[92]

Die britische Politik während der Sudetenkrise, so berichtete der MI5, habe Hitler von »der Schwäche Englands« überzeugt: »Jetzt besteht offenbar kein Zweifel mehr daran, dass er überzeugt ist, dass Großbritannien ›dekadent‹ sei und ihm der Willen und die Kraft fehlten, das britische Weltreich zu verteidigen.« Der Bericht zielte darauf ab, Chamberlains Entschlossenheit zu festigen: Er zeigte auf, dass das Appeasement Hitler eher zu seinen Angriffsplänen ermuntert als ihn davon abgebracht hatte:

> Hitler ... äußerte in einem Kreis von Freunden und Ministern: »Wenn ich Chamberlain wäre, würde ich keine Minute verlieren, um mein Land auf drastischste Weise auf einen ›totalen‹ Krieg vorzubereiten. Und ich würde ihn gründlich neu organisieren. Wenn die Engländer bis zum Frühjahr 1939 keine allgemeine Wehrpflicht eingeführt haben, können sie ihr Weltreich als untergegangen betrachten. Es ist erstaunlich, wie leicht es uns die Demokratien machen, unser Ziel zu erreichen.«[93]

Hitler, so schloss der Security Service korrekt, hatte soeben damit begonnen, ein massives Programm zur Territorialerweiterung umzusetzen:

> Erkennbar ist, dass Hitler eine im Wesentlichen dynamische Politik betreibt, und die Frage lautet, welche Richtung sie als Nächstes einschlagen wird. Wenn man den Informationen aus dem [Bericht], die sich in der Vergangenheit generell als zuverlässig und richtig erwiesen haben, glauben darf, dann steht Deutschland am Anfang einer »napoleonischen Ära«. Und seine Herren haben eine gewaltige Ausweitung der deutschen Macht im Auge.[94]

Um sicherzustellen, dass der Bericht des MI5 bei Chamberlain Beachtung fand, wurde auf Currys Vorschlag hin der Beschluss gefasst, Kostproben von Hitlers beleidigenden Äußerungen über ihn mit aufzunehmen.[95] Halifax unterstrich mit rotem Farbstift dreifach Hitlers Bezeichnung Chamberlains als »Arschloch«[96] und soll ihn direkt auf den Ausdruck aufmerksam gemacht haben.[97] Nach Curry machte die Beleidigung, wie beabsichtigt, »großen Eindruck auf den Premierminister«[98], der auf Spott und mangelnden Respekt bekanntermaßen wütend reagierte.[99] Berichtet wurde zudem, dass Hitler über Chamberlains Markenschirm als ein Symbol seiner Schwäche gehöhnt habe. Er reiße »begeistert Witze über den ›Schirm-Pazifismus‹ des einst so imposanten britischen Weltreichs«.[100]

Gesteigert wurde die Wirkung des MI5-Berichts durch die Angaben eines Informanten, wonach George Steward, der Pressesprecher der Downing Street, gegenüber Fritz Hesse, dem Presseattaché in der deutschen Botschaft, insgeheim angedeutet habe, dass Großbritannien »Deutschland alles geben werde, was es für das nächste Jahr verlangt«. Am 28. November 1938 begab sich Kell persönlich ins Außenministerium, um Cadogan die geheimen Informationen vorzulegen. Cadogan konnte sich schwer dazu durchringen, Kells Botschaft gegenüber Halifax zu wiederholen. Nach seiner Einschätzung hatte dieser es »allmählich ziemlich satt« und erwog einen Rücktritt. Trotzdem sah Cadogan es als seine Pflicht an, den Außenminister zu informieren. »Wir müssen dem einen Riegel vorschieben«, vertraute er seinem Tagebuch an. Als Halifax am nächsten Tag den Premierminister angriff, reagierte dieser entgeistert. Cadogan verdächtigte Sir Horace Wilson einer Komplizenschaft beim Kontakt zu Hesse, kam mit Kell aber überein, dass Wilson mit Steward »reden müsse«. »Dies«, so glaubte er, werde »allen Zügel anlegen«.[101]

Auf Liddells Ersuchen bereitete Curry zudem eine aktualisierte Kurzfassung der von Putlitz gelieferten Informationen für Innenminister Sir Samuel Hoare vor. Hoare gehörte zum engeren Kreis von Chamberlains außenpolitischen Beratern. Er war der erste ehemalige MI5 (und SIS)-Offizier, der Minister im Kabinett geworden war,[102] hatte für die gegenwärtigen Sichtweisen des Security Service mit Blick auf die Gefahren einer Appeasement-Politik dennoch wenig übrig. Curry begleitete Kell zu einer Visite im Innenministerium – um den Direktor zu unterstützen und weil Hoare Anfang der dreißiger Jahre als damaliger Staatssekretär für Indien Currys Buch über die indische Polizei gelobt hatte. Sie wurden vom Innenminister frostig empfangen. Als Kell ihm sagte, dass er Curry von früher kenne, wollte er sich nicht erinnern. Dann überreichte er ihm die Zusammenfassung der von Putlitz beschafften geheimen Informationen. Curry erinnerte sich später: »Als Hoare sie las, wich die Farbe aus seinen Wangen. Er äußerte einige kurze Kommentare, zeigte kein Bedürfnis, die Materie zu diskutieren oder sie sich näher ausführen zu lassen, und schickte uns fort.« Curry vermutete, Hoare sei darüber schockiert gewesen, dass Putlitz eines hervorgehoben hatte: »Wenn wir in München standhaft geblieben wären, hätte Hitler vielleicht die Initiative verloren.«[103] In Wahrheit war der Innenminister weniger schockiert als blind: Noch Anfang 1939 freute er sich auf ein neues europäisches »Goldenes Zeitalter«.[104]

Klop Ustinov berichtete, Putlitz sei über das Münchner Abkommen »äußerst betroffen« gewesen und habe geklagt, dass er »sinnlose Opfer bringe«, wenn er unter großen persönlichen Risiken geheime Informationen über Hitler weitergebe.[105] Im Januar 1939 arrangierten Curry und Ustinov ein Geheimtreffen von Putlitz mit Vansittart in der Hoffnung, dass ihn dieser beruhigen könne. Nach Putlitz teilte Van ihm während des Treffens mit:

> Putlitz, ich verstehe, dass Sie mit uns unzufrieden sind. München war eine Schande. Aber ich versichere Ihnen, jetzt ist Schluss. Auch unsere britische Langmut hat ihre Grenzen. Beim nächsten Mal kann sich Chamberlain unmöglich mehr mit einem Wisch abspeisen lassen, auf dem ihm Hitler einige nichtssagende Worte über seinen Friedenswillen hinkritzelt, sondern England muss zuschlagen.

Vansittart sicherte Putlitz Asyl zu, falls er sich je zum offenen Überlaufen entschließe.[106]

Wahrscheinlich von Vansittart wurde Curry mitgeteilt, dass die geheimdienstlichen Informationen, die der MI5 von Putlitz und anderen deutschen Quellen erhalten hatte, »materiell – wenn auch nur in geringem Umfang – zu Mr. Chamberlains Neuorientierung in der Politik beitrugen«, auch zu seiner Entscheidung im April 1939, die Wehrpflicht einzuführen.[107] Curry war sich dennoch bewusst, dass die Geheimdienstarbeit des MI5 auf Downing Street Nr. 10 einen nur geringen Einfluss hatte:

> Ich möchte unseren Berichten keine zu große Bedeutung beimessen. Dem Premierminister und dem Außenminister stand eine Menge an Informationen zur Verfügung, die sie von ausländischen Staatsmännern sowie erfahrenen und gut informierten Vertretern in unseren Botschaften und Konsulaten im Ausland bekommen hatten. Diese lieferten zweifellos eine umfassendere und besser begründete Einschätzung der Gesamtsituation, als Putlitz sie aus seinem beschränkten Blickwinkel heraus hatte anbieten können …

Dennoch waren Putlitz' Informationen, »soweit wir wissen, insofern einzigartig, als sie uns Erkenntnisse lieferten, die auf offiziellen deutschen Dokumenten und auf Bemerkungen Hitlers und einiger seiner wichtigsten Gefolgsleute beruhten«.[108] Putlitz war sicherlich weitaus besser informiert als der britische Botschafter in Berlin, Sir Nevile Henderson, der, so Cadogans Überzeugung, »von seinen deutschen Freunden völlig behext« war und kurzsichtig vermeldete, dass der deutsche Kompass in Richtung Frieden zeige.[109]

Falsch informiert war auch der Premierminister. »Alle Informationen, die ich bekomme«, schrieb Chamberlain am 19. Februar vergnügt, »scheinen in Richtung Frieden zu deuten.« Dagegen äußerte sich Vansittart nachdrücklich in der entgegengesetzten Richtung.[110] Tags darauf schickte er Halifax einen Bericht, der sich wahrscheinlich hauptsächlich auf Informationen von Putlitz stützte: Hitler habe beschlossen, die Tschechoslowakei zu liquidieren. Anfang März sagte Van für die Woche zwischen dem 12. und dem 19. des Monats einen deutschen Staatsstreich in Prag voraus.[111] Am 11. März suchte Kell das Außenministerium auf und ließ »mit Geschichten eines deutschen Einmarschs in die Tschechoslowakei in [den] nächsten 48 Stunden [Cardogan] die Haare zu Berge stehen«. Am Abend wartete Cardogans Privatsekretär Gladwyn Jebb mit weiteren »haarsträubenden« Berichten des SIS über eine zum 14. geplante Invasion auf. Am 13. März berichtete der SIS, die Deutschen seien im Begriff »einzumarschieren«. Die Warnungen überzeugten allerdings weder Chamberlain noch den Außenminister. Halifax sah noch immer keine Anhaltspunkte dafür, dass die Deutschen »in irgendeiner Gegend Unheil planten«. Allerdings fügte er als nachträglichen Gedanken hinzu: »Während ich schreibe, hoffe ich, dass sie sich nicht auf eine ungesunde Weise für die slowakische Situation interessieren!« Das deutsche Interesse hatte inzwischen in der Tat eine sehr ungesunde Entwicklung genommen. Am 15. März besetzten Hitlers Truppen Prag und verkündeten die Annexion der tschechischen Provinzen Böhmen und Mähren. Die Slowakei wurde ein Vasallenstaat. Van reagierte auf die Zurückweisung seiner Warnungen mit Verbitterung. »Es scheint alles nichts zu nützen«, schrieb er verdrossen, nachdem er die Neuigkeiten aus Prag erfahren hatte. »Offenbar will mir keiner zuhören und glauben.« Cadogan vertraute seinem Tagebuch an, dass er sich getäuscht und dass Vansittart recht gehabt hatte:

»Ich muss zugeben, dass es sich – gegenwärtig – so entwickelt, wie Van es vorhergesagt hat und ich es nie geglaubt habe.«[112] Am 18. März räumte Chamberlain vor dem Kabinett schließlich ein, dass auf »keine der Versicherungen der Nazi-Führer Verlass gewesen« sei,[113] – ein Ergebnis, das der Security Service dem Sekretär des Kabinetts schon vor fast drei Jahren offiziell mitgeteilt hatte.

Dennoch maß das Außenministerium den Erkenntnissen des Security Service noch immer nur geringes Gewicht bei. Anfang April erhielt es Besuch von Dick White, der inzwischen Klop Ustinovs Führungsoffizier war,[114] mit einer Warnung von Putlitz, wonach Italien einen Einmarsch in Albanien plane. Das Außenministerium reagierte reserviert.[115] Halifax spielte auf einer Kabinettssitzung am 5. April Berichte über die bevorstehende italienische Invasion herunter. Zwei Tage später, am Karfreitag, besetzte Italien Albanien. Nach dem Besuch eines dreistündigen Gottesdienstes traf sich Halifax mit Cadogan und stellte fest, »dass wir nichts tun können, um [die Invasion] zu stoppen«.[116] Chamberlain nahm den Einmarsch als persönlichen Affront auf. »Es ist nicht zu leugnen«, schrieb er jämmerlich an seine Schwester, »dass Mussolini sich mir gegenüber wie ein Kriecher und Flegel benommen hat.«[117]

Der beschränkte Einfluss des Security Service auf die Politik gegenüber Deutschland spiegelte die umfassendere Konfusion bezüglich geheimdienstlicher Einschätzungen wider. Das Joint Intelligence Committee (JIC), das 1936 auf Initiative der Generalstabschefs eingerichtet worden war, musste sich erst noch etablieren. Es hatte keinen Aufklärungsstab und wurde vom Außenministerium weitgehend ignoriert. Die Verwirrung zu Ostern 1939, als die Admiralität aus der Luft gegriffene geheimdienstliche Hinweise ernst nahm, wonach die deutsche Luftwaffe einen Angriff auf die britische Heimatflotte im Hafen plane, während das Außenministerium die begründeten Warnungen einer Invasion in Albanien in den Wind schlug, trieb die Sache auf die Spitze. Die Generalstabschefs verlangten daraufhin, dass als minimale Reaktion auf die gegenwärtigen Probleme alle – politischen wie militärischen – geheimdienstlichen Informationen, die rasche Entscheidungen erforderten, an zentraler Stelle zusammengetragen und eingeschätzt werden müssten. Und in dieser müsse auch das Außenministerium vertreten sein.[118] Cadogan verwies darauf, dass er »täglich von allen möglichen Berichten überschüttet« werde und sich außerstande sehe, die Spreu vom Weizen zu trennen. Wenn er geheimdienstliche Berichte als korrekt erkannt habe, sei dies rein zufällig geschehen: »Wir hatten zum Zeitpunkt ihres Erhalts keine Möglichkeit, ihre Zuverlässigkeit einzuschätzen.« Nach dem traumatischen Osterwochenende beschloss das Außenministerium auf Druck des Geheimdienstes, ein Lageberichtzentrum (Situation Report Center, SRC) einzurichten. Den Vorsitzenden sollte das Ministerium stellen. Dieser würde die Informationen bewerten und Tagesberichte erstellen, damit sich »sämtliche Notfallmaßnahmen, die möglicherweise getroffen werden müssen, ausschließlich auf die zuverlässigsten und auf sorgfältig koordinierte Informationen stützen«.[119] Zwei Monate später schlug das SRC seine Zusammenlegung mit dem JIC vor. Im Juli erklärte sich das Außenministerium, das in den Sitzungen bislang nur unregelmäßig vertreten gewesen war, dazu bereit, einen Vorsitzenden zu entsenden.[120] Natürlich blieben Wunder über Nacht aus. Es dauerte noch bis zum Ausbruch des Zweiten Weltkrieges, ehe sich die Einschätzungen der geheimdienstlichen Informationen in Großbritannien deutlich verbesserten.

Signifikante Schwächen zeigte in der Vorkriegszeit auch die Spionageabwehr. In der offiziellen Geschichte des britischen Geheimdienstes und der Spionageabwehr während des Zweiten Weltkrieges, die Sir Harry Hinsley und der ehemalige stellvertretende Generaldirektor des MI5, Anthony Simkins, 1990 veröffentlicht haben, taucht die bemerkenswerte und seither häufig wiederholte Behauptung auf, dass vor dem Krieg weder der Security Service noch der SIS den Namen der wichtigsten deutschen Spionageorganisation, der Abteilung Abwehr, oder den ihres Chefs, Admiral Wilhelm Canaris, gekannt hätten.[121] In Wahrheit wird in Berichten des MI5 vor dem Krieg auf beide bereits verwiesen. Ebenso nannte der Security Service die Abwehr in Berichten an Kontaktstellen in den USA.[122] Nach den Berichten des MI5 und des SIS von vor dem Krieg zu urteilen, betrachteten beide die deutsche Abwehr Mitte der dreißiger Jahre allerdings hauptsächlich als einen Spionageabwehrdienst.[123] Soweit Großbritannien betroffen war, stimmte diese Überzeugung weitgehend mit den Tatsachen überein. Den Wandel hin zu einem voll ausgebildeten Auslandsgeheimdienst vollzog die Abwehr erst nach der Machtergreifung durch die NDSAP.[124] Nach der

Unterzeichnung eines Marineabkommens mit den Briten 1935 untersagte ihr Hitler vorübergehend Spionageoperationen gegen Großbritannien, um eine Verbesserung der Beziehungen zu dem Land nicht zu gefährden.[125]

Dennoch lief diese Spionage bis zu einer erneuten Ermächtigung durch Hitler 1937 in geringerem Umfang weiter.[126] Zu den britischen Agenten der deutschen Abwehr gehörte Major Christopher Draper, ein Flieger-Ass aus dem Ersten Weltkrieg, der mit dem britischen Distinquished Service Cross und mit dem französischen Croix de Guerre ausgezeichnet worden war. Nach einer kurzen Laufbahn in der britischen Luftwaffe wurde er Stuntpilot und Filmschauspieler. Drapers Vorliebe, unter Brücken (so unter der Tower Bridge) hindurchzufliegen, trug ihm den Spitznamen »*Mad Major*« (Verrückter Major) ein, den er später als Titel für seine Autobiografie verwendete. 1933, ein Jahr, nachdem er bei einer Flugschau in München Hitler kennengelernt hatte, ging ihn der London-Korrespondent des *Völkischen Beobachters* um Informationen über die Britische Luftwaffe an. Draper berichtete dem Security Service von dem Vorstoß der Deutschen und erklärte sich zu einer Tätigkeit als Doppelagent bereit. Im Juni 1933 reiste er mit Zustimmung des MI5 nach Hamburg, um sich mit seinem Führungsoffizier bei der Abwehr zu treffen. In den nächsten drei Jahren verschickte er Falschinformationen, die der MI5 vorbereitet hatte, (nach Anweisung der Abwehr) als Austausch zwischen Briefmarkensammlern getarnt an eine verdeckte Adresse (Postschließfach 629) in Hamburg. Allerdings funktionierte die Zusammenarbeit zwischen den Abteilungen noch nicht so reibungslos wie später im Zweiten Weltkrieg bei der Erstellung von Desinformationen im »Unternehmen Doppelspiel« (Double-Cross-System). So hatte der MI5 zusehends Schwierigkeiten, für die Deutschen interessante Fehlinformationen zu fabrizieren. 1935 drückte die Abwehr eine »ernsthafte Unzufriedenheit« mit der Qualität der Auskünfte aus, die Drapers ihnen lieferte, und brach im selben Jahr den Kontakt zu ihm ab.[127]

Dass der MI5 für das Hamburger Postschließfach, das Draper für die Korrespondenz mit seinem Führungsoffizier genutzt hatte, nach wie vor eine Überwachungsvollmacht hatte, brachte ihn auf die Spur der schottischen Friseuse Mrs. Jessie Jordan, die von der Abwehr zur Weiterleitung von Schreiben einiger ihrer Auslandsagenten genutzt wurde. Im Januar 1938 tauchte dank der Überwachungsvollmacht für Jordans Adresse ein Brief eines Agenten der Abwehr in den USA mit dem Codenamen CROWN auf. Er enthielt Einzelheiten zu einem merkwürdigen Komplott, bei dem ein Oberst der amerikanischen Armee, der geheime Unterlagen zur Verteidigung der US-Küste besaß, mit Chloroform betäubt und entführt werden sollte. CROWN wurde als Guenther Rumrich identifiziert, als ein 27-jähriger Deserteur der US-Armee; er wurde in einem spektakulären Prozess mit mehreren Komplizen wegen Spionage für die Abwehr verurteilt.[128] Wegen der mangelnden Abstimmung zwischen den US-Behörden gelang anderen Beschuldigten allerdings die Flucht. Für die Panne schoben sich J. Edgar Hoover, der FBI-Direktor, und der zuständige Staatsanwalt gegenseitig die Schuld zu. Zu Hoovers heller Empörung machte der Richter allerdings das FBI verantwortlich. Leon G. Turrou, der Spezialagent des FBI, dem die Verhöre mit Rumrich oblagen, war so dürftig instruiert, dass er die Abwehr mit der Gestapo verwechselte.[129]

Obwohl der Security Service weitaus besser als das FBI informiert war, klafften große Lücken im Verständnis darüber, wie der deutsche Geheimdienst vor dem Zweiten Weltkrieg aufgebaut war,[130] die wohl bedeutendste war das fehlende Wissen um das Schiffsversorgungsnetzwerk »Etappendienst«, das erst bei der Sicherstellung deutscher Berichte 1945 auflog. Analysen nach dem Krieg offenbarten, dass der Security Service vor dem Krieg von dem Netzwerk zwar nichts wusste, aber erfolgreich einige ihrer Agenten enttarnt hatte. Einer war Otto Kurt Dehn, der 1936 als geschäftsführender Direktor der neu gegründeten Kinofilmgesellschaft Emelco in London eintraf, obwohl er – wie die B Branch im Antrag auf eine Überwachungsvollmacht vermerkte – in der Cinematografie, im Film oder in der Werbung keinerlei Erfahrungen besaß.[131] Als der Etappendienst 1939 von der Abwehr übernommen wurde, operierten für ihn insgesamt 31 Agenten gegen britische Ziele.[132] Die meisten arbeiteten allerdings offenbar auf Besuch und nicht als Niedergelassene, denn wie es heute aussieht, verfügte die deutsche Abwehr nach einigen Verhaftungen bei Kriegsausbruch in Großbritannien über keine bedeutenden operativen Agenten mehr. Ausnahmen waren ein von den Briten kontrollierter Doppelagent und seine drei Unteragenten. Einige Versuche der Abwehr vor dem Krieg, Erkenntnisse über die Einrichtungen der Royal Air Force zu gewinnen – der Security Service wusste darüber Bescheid –, führten für die deutsche Luftwaffe möglicherweise tatsächlich zu wertvollen Ergebnissen. Dennoch wurde der Großteil der deutschen Spionageanstrengungen, die vom MI5 in den dreißiger Jahren aufgedeckt wurden, so Currys späteres Ergebnis, »auf sehr dürftiger Grundlage« betrieben. Viele Agenten lieferten bedeutungslose Informationen, um »mit einem Minimum an Aufwand ein Maximum an Entlohnung herauszuholen«.[133]

Verständlicherweise war der Security Service weiterhin besorgt darüber, dass »ein Umfeld von gering qualifizierten Agenten dazu diente, die wenigen guten zu verdecken«, denen er nicht auf die Spur hatte kommen können.[134] Eines der Vorkriegsnetzwerke, das den MI5 bei seiner Aufdeckung durch Verhöre nach dem Krieg am meisten beeindruckte, war die Marinenachrichtenstelle der Abwehr in Bremen. Diese plante ihre Operationen zumindest teilweise offenbar nach dem Vorbild des Etappendienstes und setzte Mitglieder von deutschen Dampfschifffahrtsgesellschaften und andere Geschäftsleute ein, die von Bremen aus ins Vereinigte Königreich reisten. Ihr Chef, Kapitän Erich Pfeiffer, bekannte sich stolz zu den Leistungen dieser Stelle nach deren Ausweitung 1937. So habe die Entdeckung seiner Agenten, dass die Schlachtschiffe vom Typ King George V. mit Vierfach-Geschütztürmen ausgestattet werden sollten, in der deutschen Kriegsmarine für große Aufregung gesorgt. Und die geheimdienstlichen Erkenntnisse seiner Leute hätten die Anlage der Flugabwehr auf den Panzerschiffen *Gneisenau* und *Scharnhorst* beeinflusst.[135] Behauptungen wie diese sind allerdings schwer nachprüfbar. Die derzeit verfügbaren Erkenntnisse vermitteln den allgemeinen Eindruck, dass Pfeiffer ein gut organisiertes Netz der Abwehr leitete, das mehr durch die Quantität als durch die Qualität der gesammelten Informationen auffällt. Die Akte zu Pfeiffers Agent Fritz Block, eines Ingenieurs der Hamburg-Bremer Afrika-Linie, enthält 117 Geheimdienstberichte mit Fotografien zu britischen Seehäfen, Flugplätzen, Industrieanlagen, Werften, Kriegsschiffen, Funkstationen und Truppenbewegungen, für die er große Geldsummen erhielt.[136] Allerdings ist ziemlich unwahrscheinlich, dass sich bei Kriegsausbruch tatsächlich einer von Pfeiffers Agenten in Großbritannien aufhielt.

Zu diesem Zeitpunkt verfügte der Security Service im Kampf gegen das Nazi-Reich über einen operativen Doppelagenten, der sich als weitaus erfolgreicher erweisen sollte als Major Draper. Der Mann, den der MI5 als »Quelle und Ursprung« dessen betrachtete, was als Double-Cross-System (»Unternehmen Doppelspiel«) bekannt werden sollte, war ein in Wales gebürtiger Elektroingenieur mit dem Codenamen SNOW. Er war als Kind nach Kanada ausgewandert und später nach London übergesiedelt. Ab Anfang 1936 arbeitete er Teilzeit für den SIS und berichtete über seine geschäftlichen Besuche auf deutschen Schiffswerften. Später im Jahr stieß der MI5 bei einer Routineüberprüfung des Hamburger Postschließfachs 629, das zuvor Draper benutzt hatte, auf einen Brief SNOWS. Zur Rede gestellt, gestand SNOW, dass er sich von der deutschen Abwehr habe anwerben lassen, behauptete aber unglaubwürdigerweise, er habe dies nur zu deren Unterwanderung im Interesse des SIS getan. Die Engländer, die ihn verhörten, bezeichneten ihn herablassend als einen »typisch ›unterernährten‹ Typen aus Wales, sehr klein, mit kantigem Gesicht, schlecht geschnittenen Ohren, für einen Mann ungewöhnlich schmal und verschlagen aussehend«. Obwohl SNOW den MI5 und den SIS weiterhin mit Einzelheiten zu seinen Kontakten zur deutschen Abwehr versorgte, erweckte sein »verschlagenes Aussehen« weiterhin Verdacht. T. A. »Tar« Robertson, SNOWs Führungsoffizier beim MI5, führte ihn an der langen Leine im Bewusstsein, dass er im Kriegsfall unter den Notstandsgesetzen verhaftet werden konnte. Auch wenn SNOW vor dem MI5 einiges verborgen hielt, so ist auch klar, dass er ebenso die Abwehr hinters Licht führte, als er behauptete, er verfüge in England über mindestens ein Dutzend Unteragenten. Wie der MI5 feststellte, ist wahrscheinlich, »dass all diese Personen nur in SNOWs Fantasie existierten«.[137]

Im August 1939 reiste SNOW nach Hamburg. Begleitet wurde er von seiner Geliebten (einer Engländerin deutscher Abstammung) und einem Mann, von dem der MI5 glaubte, dass er sich von der Abwehr anwerben lassen wolle. Am 4. September, kurz nach seiner Rückkehr nach London, verabredete sich SNOW mit einem Inspektor der Special Branch zu einem Treffen am Bahnhof Waterloo. Zu seiner Überraschung wurde ihm dort ein Haftbefehl unter die Nase gehalten. Im Gefängnis Wandsworth verriet SNOW rasch, dass er seinen Funksender in der Gepäckaufbewahrung der Victoria Station abgegeben hatte, und bot an, ihn zur Nachrichtenübermittlung an die Abwehr unter Kontrolle des MI5 einzusetzen. Robertson stimmte zu. SNOWs Sender wurde in seiner Zelle installiert. Nach anfänglichen Schwierigkeiten gelang es ihm, eine wichtige Botschaft an seinen Führungsoffizier bei der Abwehr, Major Nikolaus Ritter, zu senden: »Muss Sie unverzüglich in Holland treffen. Bringen Sie Wettercode mit. Radiostadt und Hotel Wales bereit.« Der »Wettercode« diente laut SNOW zur Übermittlung der täglichen Wetterberichte, die er zu versenden hatte. Der Hinweis auf Wales bezog sich auf eine Anweisung Ritters, einen Nationalisten aus Wales zu rekrutieren, um im südlichen Landesteil Sabotageakte zu organisieren. Ritter stimmte dem Treffen rasch zu.[138] Obwohl anfänglich von geringer Bedeutung, weitete sich dieses Täuschungsmanöver gegen die Abwehr, die in SNOWs Zelle im Gefängnis Wandsworth begonnen hatte, am Ende zu dem Double-Cross-System aus, das bei der Landung der alliierten Truppen am D-Day in der Normandie 1944 eine wichtige Rolle spielte.

Als der Security Service die Abwehr hinters Licht zu führen begann, wusste er allerdings nicht, dass seine wichtigste Quelle, Wolfgang von Putlitz, durch die Unterwanderung der SIS-Niederlassung in Den Haag durch den deutschen Geheimdienst in Gefahr geraten war. Im Oktober 1938 wurde der 26-jährige Niederländer Folkert van Koutrik, der als – zuverlässig geltender – Assistent des SIS-Chefagenten in den Niederlanden arbeitete, von der Abwehr angeworben und er operierte fortan als Doppelagent. In seinen wöchentlichen Berichten verschickte er unter anderem Einzelheiten zu britischen Agenten in den Niederlanden und zum Kenntnisstand der SIS-Niederlassung mit Blick auf die deutschen Agenten.[139] Kurz nach Ausbruch des Krieges erkannte Putlitz, dass die Niederlassung infiltriert worden war und dass er Vansittarts Angebot eines Asyls in England annehmen musste.

Unmittelbar vor dem Krieg war Putlitz, der sich noch in völliger Sicherheit wähnte, sehr zuversichtlich angesichts seiner Überzeugung, dass sich Großbritannien endlich doch entschlossen habe, Hitler die Stirn zu bieten. So vermerkte Guy Liddell am 30. August in seinem Tagebuch:

Klop hat einen Bericht geschickt, wonach die Deutschen kalte Füße bekommen haben. Es ist eher eine Lage aus Befehl, Widerruf und Chaos. Es gab gegenseitige Schuldzuweisungen zwischen den Leuten der NSDAP und Nichtmitgliedern. Die Nichtmitglieder sagen: »Wir haben euch immer gesagt, dass ihr uns in diesen Schlamassel führt, und ihr werdet es jetzt als Erste ausbaden«. P[utlitz] hat den Eindruck, dass Hitler auf der Flucht ist und dass nichts unternommen werden solle, um ihm eine Goldene Brücke zu bauen.[140]

Putlitz' Bericht war einer von mehreren übertrieben optimistischen aus verschiedenen Quellen, die in den letzten Tagen des Friedens in Whitehall eintrafen. Beflügelt wurden sie durch eine Verschiebung des geplanten deutschen Angriffs auf Polen, ein Schritt, der darauf hindeutete, dass Hitler oder seinem Oberkommando in letzter Minute an der kriegerischen Aktion Zweifel gekommen waren. »Ich werde das Gefühl nicht los«, schrieb Cadogan am 30. August in sein Tagebuch, »[dass die] Deutschen schrecklich in der Klemme sitzen. Das ist auch dann noch offensichtlich, wenn man Gerüchte über Unruhen außer Acht lässt.« – »Ich habe durchaus den Eindruck«, vermerkte er am 31. August um Mitternacht, »[dass] Hitler zögert und alle möglichen Winkelzüge ausprobiert, einschließlich eines Bluffs in letzter Minute.«[141] Einige Stunden später, im Morgengrauen des 1. September, marschierten die deutschen Truppen über die Grenze nach Polen ein. Die letzten Hoffnungen auf Frieden zerstoben. Zwei Tage später befand sich Großbritannien im Krieg.

C Der Zweite Weltkrieg

1
Täuschung

Wie in die meisten Kriege zuvor trat Großbritannien auch in den Zweiten Weltkrieg allenfalls halb vorbereitet ein. Im Kriegsministerium war über die unmittelbaren Pläne der Deutschen zu Kampfhandlungen fast nichts bekannt.[1] Wegen der fehlerhaften Geheimdienstberichte aus dem letzten Jahr wurde befürchtet, die deutsche Luftwaffe werde zu einem sofortigen »Vernichtungsschlag« gegen London ausholen. Am Sonntag, dem 3. September, verkündete Premierminister Neville Chamberlain im Radio die Nachricht, dass die Nation im Krieg sei. Um 11.27 Uhr, keine Viertelstunde später, heulte über der Hauptstadt Fliegeralarm. Im Kriegsministerium in Whitehall eilten die bedeutenden und unbedeutenden Mitarbeiter die Treppen in den Luftschutzraum hinab. Ängstlich horchten sie auf eine Serie dumpfer Knallgeräusche über ihnen. Ein ehemaliger Militärattaché, der Luftangriffe aus dem Spanischen Bürgerkrieg kannte, meinte Luftabwehrfeuer und Bombeneinschläge zu hören. Als die Mitarbeiter wieder nach oben stiegen, stellten sie überrascht fest, dass ein Luftangriff ausgeblieben war. Das Knallen, das in den Fahrstuhlschächten widergehallt hatte, war das Schlagen von Türen gewesen.[2] Tatsächlich wäre die deutsche Luftwaffe zu einem »Vernichtungsschlag« gar nicht in der Lage gewesen. Die Bombenangriffe gegen London wurden erst im folgenden Jahr mit der Eroberung Frankreichs und der Benelux-Staaten möglich. In den acht Monaten bis dahin wurde im Westen ein »Scheinkrieg« geführt, der bisweilen so irreal war wie der angebliche Luftangriff in den ersten Stunden des Konflikts. Am 5. September hob der Luftfahrtminister hervor, dass es »nicht in Frage« komme, »die Munitionsfabriken in Essen zu bombardieren«, da »sie Privateigentum« seien. Man beschränkte sich auf den Abwurf von Flugblättern. Bis zu Chamberlains Ablösung durch Churchill als Premierminister im Mai 1940 fiel auf Deutschland keine einzige britische Bombe.[3]

Dagegen begann sofort ein Krieg der Geheimdienste, bei dem Deutschland einige Monate lang die Oberhand zu haben schien. Innerhalb weniger als zwei Wochen verlor der Security Service seine wichtigste Nachrichtenquelle. Wolfgang von Putlitz, der seit 16 Monaten in der deutschen Vertretung in Den Haag postiert gewesen war, wurde damit konfrontiert, dass es in der örtlichen Niederlassung des SIS eine undichte Stelle gab: Der deutsche Botschafter legte ihm eine Liste mit deutschen Agenten in den Niederlanden vor, die sich mit der deckte, die er selbst dem SIS gegeben hatte.[4] Putlitz kam zum Schluss, dass es »eine Frage der Zeit wäre, bis er enttarnt und ausgeschaltet würde«. Daraufhin suchte er mit seinem Lebenspartner und Kammerdiener Willy Schneider in Großbritannien Zuflucht. Beide trafen am 15. September in London ein. Dick White begrüßte sie und bracht sie vorübergehend in der Wohnung seines Bruders unter. Putlitz' Überzeugung, wonach die SIS-Niederlassung in Den Haag unterwandert worden sei, stellte sich später als richtig heraus, wurde zum damaligen Zeitpunkt aber nicht ernst genommen. »Nach dem allgemeinen Eindruck«, vermerkte Guy Liddell, »hat die ganze Situation seine Nerven ziemlich angegriffen. Deswegen hat er das Gefühl, dass er nicht weitermachen kann.«[5]

Für den Verlust von Putlitz wurde der Security Service nur dadurch entschädigt, dass eine seiner Agentinnen offenbar kurz davor stand, die deutsche Gesandtschaft in Den Haag zu unterwandern. Die deutschstämmige britische Staatsbürgerin war beim MI5 unter dem Namen Mrs. »Susan Barton« bekannt. Sie hatte mehrere Jahre lang in Großbritannien als Gelegenheitsagentin gedient, Informationen zu den dort lebenden Deutschen gesammelt und war 1939 in die Niederlande gezogen.[6] In Den Haag knüpfte sie den Kontakt zu Lili wieder an, einer alten Freundin aus Deutschland, die dem deutschen Marineattaché Kapitän Besthorn als Sekretärin diente. Die attraktive Mrs. »Barton« gefiel Besthorn, und sie ermunterte sein Interesse an ihr. Lili schrieb ihr einmal: »Der Kapitän will sich [bei dir] in Erinnerung rufen. Er hat sich über deinen Brief an ihn sehr gefreut! Ach, die Männer …« Nach Putliz' offenem Seitenwechsel kehrte Ustinov nach Großbritannien zurück. »Barton« zog bei Lili ein und berichtete am 25. Oktober, Besthorn habe in Berlin beantragt, ihr eine Stelle anzubieten. Lili reagierte allerdings verschnupft, »weil sie glaubt[e], sie sei selbst [in Besthorn] verliebt«.[7]

Mehrere Monate lang wähnte sich der SIS in Den Haag kurz vor einem spektakulären Erfolg, der den Verlust von Putlitz mehr als ausgleichen würde. Kurz nach Kriegsausbruch traten auf Major Richard Stevens, den Chef der SIS-Niederlassung, und seinen Kollegen Captain Sigismund Payne Best Deutsche mit der Behauptung zu, sie seien höhere Offiziere der Wehrmacht und planten eine Verschwörung, um Hitler von der Macht zu entfernen. In Wahrheit arbeiteten sie für den Sicherheitsdienst des Reichsführers SS (SD), seit 1936 offizieller Nachrichtendienst des Reiches, und führten Whitehall und den SIS erfolgreich hinters Licht. Sir Nevile Bland, der bevollmächtigte britische Gesandte in den Niederlanden, beglückwünschte den SIS-Chef, Admiral Quex Sinclair, dazu, dass er Stevens zum Verhandlungsführer mit den Verschwörern erkoren hatte: »Stevens ist ganz großartig: Sie hätten keine bessere Wahl treffen können.«[8]

Ebenso begeistert war Lord Hankey, ein Minister ohne Geschäftsbereich in Chamberlains Kriegskabinett, aber mit einer besonderen Verantwortung für die Geheimdienste (und vormals langjähriger Sekretär des Kabinetts). Hankey bezeichnete einen Geheimbericht Sinclairs zu Stevens und Bests Verhandlungen mit den angeblichen deutschen Verschwörern als »eines der erfreulichsten Dokumente, die ich gelesen habe«.[9] Auch Chamberlain war zuversichtlich, deutete er die Avancen doch als Hinweis auf ein wachsendes Bewusstsein bei den Deutschen, dass »sie nicht gewinnen können«. – »Ich habe eine ›Ahnung‹«, schrieb er am 5. November, »dass der Krieg bis zum Frühjahr vorbei sein wird.« Als sich Stevens und Best vier Tage später mit den angeblichen deutschen Verschwörern in Venlo an der holländisch-deutschen Grenze treffen wollten, wurden sie vom SD entführt und ins Deutsche Reich gebracht. Die NS-Propaganda stellte sie später als Drahtzieher des Attentats auf Hitler im Münchner Bürgerbräukeller hin.[10]

John Curry (und wahrscheinlich auch die anderen Mitarbeiter des Security Service) erfuhren davon zunächst aus einer Meldung in der *Times*, wonach in Venlo zwei britische Offiziere verschleppt worden seien. Curry rief sofort beim SIS an und fragte, ob es sich um Stevens und Best handele.[11] Nach diesem sogenannten Venlo-Zwischenfall sorgte sich die MI5-Führung vor allem um ihre Agentin »Susan Barton«, deren Identität Stevens bekannt war. Liddell vermerkte am

12. November: »Das Gefährliche daran ist, dass Stevens gewöhnlich in seiner Westentasche eine Agentenliste bei sich trug. Derzeit weiß niemand, was er bei sich hatte.« Dick White rief »Barton« sicherheitshalber nach England zurück und bereitete so ihrer Hoffnung, die deutsche Botschaft zu unterwandern, ein jähes Ende.[12] Trotz der Entführung von Stevens und Best ahnten der SIS und das Außenministerium nach wie vor nicht, dass sie dem deutschen SD auf den Leim gegangen waren. Den SIS erreichten noch immer Funkbotschaften der angeblichen Verschwörer ohne einen Hinweis auf den Venlo-Zwischenfall. Am 22. November hatte man beim SD das Theater schließlich satt bekommen und schenkte dem SIS in einem höhnischen Funkspruch reinen Wein ein. »Also ist es damit vorbei«, vermerkte Cadogan in seinem Tagebuch, glaubte aber immer noch, dass die Initiative der Hitler-Verschwörer ursprünglich echt gewesen, aber von der Gestapo übernommen worden sein könnte.[13] Der taktische Sieg des SD war allerdings ein strategischer Fehler. Statt Best und Stevens zu kidnappen, hätte der deutsche Geheimdienst beim SIS und in Whitehall die Illusion, dass sie mit einflussreichen Gegnern Hitlers in Kontakt stünden, aufrechterhalten und sie zu einem längerfristigen Täuschungsmanöver nutzen können.

Nach diesem Desaster machten der SIS und der MI5 (beide damals stark überlastet) noch immer keine ernsthaften Anstalten, Putlitz' Hinweise zu überprüfen, wonach die SIS-Niederlassung in Den Haag unterwandert worden sein könnte oder dass dort zumindest streng geheimes Material nach draußen sickerte. Als von jedem Verdacht frei galt insbesondere der Assistent der SIS-Chefagenten, Folkert van Koutrik, den die deutsche Abwehr im Oktober 1938 als Doppelagenten (Codenamen WALBACH) angeworben hatte. Dabei hatte van Koutrik Putlitz und den dienstältesten deutschen SIS-Agenten, Dr. Otto Krüger, verraten, einen Marineoffizier a. D., der von der SIS-Niederlassung in Den Haag aus geführt worden war. Kurz nach seinem Geständnis, dass er 21 Jahre lang für den SIS gearbeitet hatte, beging Krüger im Gefängnis Selbstmord.[14]

Nach dem deutschen Einmarsch in die Benelux-Staaten im Mai 1940 flohen Koutrik und seine Frau nach Großbritannien, wahrscheinlich auf Geheiß der Abwehr, die ihn zweifellos weiter als Doppelagent einzusetzen hoffte.[15] Van Koutrik, gegen den der SIS und der MI5 nach wie vor keinerlei Verdacht hegten, berichtete scheinheilig darüber, wie er als SIS-Agent in den Niederlanden bis zu seiner Flucht selbstlos seine Pflicht erfüllt habe:

> In den letzten beiden Jahren habe ich sicher in ständiger Gefahr gearbeitet, weil die Nazis ihre Macht immer weiter ausdehnten. Trotzdem hielt ich meine Stellung und gab mein Bestes.
> Als ich mit meiner Frau (die ein Kind erwartete) binnen Stunden Holland verlassen musste, habe ich alle Berichte, Listen und wertvollen Unterlagen vernichtet, wofür wir die gesamte verfügbare *[sic]* Zeit benötigten ... Ich fuhr meine Frau und Kinder sowie die Familie [des SIS-Chefagenten Adrianus] V[rinten]s während der Bombardements und der Maschinengewehrsalven durch die Stadt und schaffte sie sicher an Bord des Schiffes, das uns nach England brachte.
> Ich sage mit Stolz, dass ich kein einziges Stück Papier, das zur Verhaftung unseren deutschen Agenten hätte führen können, zurückgelassen habe. Wir haben das Haus nur mit einem kleinen Koffer und ein paar Kinderkleidern verlassen.[16]

In England wurde van Koutrik rasch vom Security Service übernommen und in der Unterabteilung E1C eingesetzt, um »Sonderermittlungen« unter den einströmenden ausländischen Flüchtlingen durchzuführen.[17] Um jeden Verdacht von sich abzulenken, dass er die undichte Stelle in der SIS-Niederlassung sein könnte, wies van Koutrik darauf hin, dass Vrinten angeblich nur »einen kleinen Teil« seiner Akten vernichtet habe und mehr daran interessiert gewesen sei, für die Überfahrt nach England seine Habe in »sechs oder acht großen Koffern« zusammenzupacken.[18] Während seiner Arbeit für den Security Service versuchte van Koutrik seine Behauptung zu untermauern, wonach Vrinten, der gegenwärtig bei der niederländischen Exilregierung arbeitete, nicht vertrauenswürdig sei: Dieser habe ihm bei mehreren Gelegenheiten »indiskrete Fragen« gestellt.[19]

Das einzige Mal in seiner Geschichte wurde der MI5 so im Mai 1940 – einen Monat bevor er sich ahnungslos den sowjetischen Agenten Anthony Blunt ins Haus holte – von einem deutschen Agenten unterwandert. Obwohl Koutrik nicht Blunts Klasse hatte, stellte er mit seiner Vorgeschichte als erfolgreichster Agent der deutschen Abwehr gegen britische Ziele und seiner fortdauernden Fähigkeit, keinen Verdacht zu erregen, für den Security Service ein gewaltiges Sicherheitsrisiko dar. Über seine Arbeit beim MI5 sind heute nur wenig Einzelheiten bekannt, aber eine Notiz vom Dezember 1940 weist darauf hin, dass ihm die E1C mit Blick auf seine Loyalität gegenüber den Alliierten blindlings vertraute: »Seit seiner Anstellung durch dieses Büro wurde er mit wechselnden Aufgaben betraut, wobei er als Agent den größten Erfolg gehabt hatte. In dieser Eigenschaft zeigte er sich stets sehr einfallsreich und stellte, wie ich sagen muss, immer eine vollkommen aufrichtige Pflichterfüllung unter Beweis.« Anstatt um seine Loyalität sorgte sich die E1C wegen van Koutriks ruppiger Art: »Er hat oft offizielle Vertreter, die uns äußerst nützlich hätten sein können, vor den Kopf gestoßen und beleidigt.«[20] Im August 1941 wurde van Koutrik mit einem Extra-Monatsgehalt aus dem Security Service entlassen, weil es für ihn, so die Begründung, keine Arbeit mehr gebe. »Zeigt mir die Regierung so ihre Wertschätzung?«, schrieb er sarkastisch. »Wirklich sehr großzügig.«[21] 1942 arbeitete er mehrere Monate beim SIS weiter, für den er ebenfalls Flüchtlinge befragte.[22]

Kaum war van Koutrik gekündigt worden, stellte der Security Service William »Jack« Hooper ein, der die britische und holländische Staatsbürgerschaft besaß. Hooper war vor dem Krieg als Agent gegen Deutschland eingesetzt worden und hatte ebenfalls in der SIS-Niederlassung in Den Haag gearbeitet. Im September 1936 war er vom SIS – ihm zufolge zu Unrecht – entlassen worden, nachdem der Chef der Niederlassung, Major H. E. Dalton, Selbstmord begangen hatte und aufgeflogen war, dass Dalton Gelder des SIS veruntreut hatte.[23] Nach seiner Entlassung trug Hooper seine Dienste dem sowjetischen Geheimdienst an. Dieser beschäftigte ihn 1937 als Agent, brach dann aber den Kontakt zu ihm ab – wahrscheinlich nach dem Überlaufen eines Offiziers der GRU, der von seiner Rekrutierung wusste. Während seiner Arbeit für den sowjetischen Geheimdienst hatte Hooper zudem Kontakte nach Deutschland geknüpft und 1938/39 als Agent für die Abwehr gearbeitet. Wie sich bei Befragungen deutscher Geheimdienstoffiziere nach dem Krieg herausstellte, hatte Hooper (wahrscheinlich kurz nachdem van Koutrik dies getan hatte) der Abwehr verraten, dass Dr. Otto Krüger ein Agent des SIS war und dass der sowjetische Geheimdienst die Nachrichtenabteilung des britischen Außenministeriums infiltriert hatte. (Letzteres hatte er bei seiner Tätigkeit für das NKWD erfahren.) Während er für die Abwehr arbeitete, versuchte er zugleich sein Verhältnis zum SIS zu verbessern, indem er auch diesem verriet, dass in der oben genannten Abteilung ein sowjetischer Spion saß. Seine Information wurde anfangs nicht ernst genommen. Als sie sich als richtig erwies, korrigierte der SIS seine Einschätzung Hoopers und stellte ihn im Oktober 1939 erneut als Agent ein. Nach der Besetzung der Niederlande durch die deutsche Wehrmacht siedelte Hooper wie van Koutrik nach Großbritannien über. 1941 übernahm ihn der Security Service als Agentenanwerber und stationierte ihn (nach einer Probezeit in London) in Glasgow.[24]

Obwohl der MI5 mit der Einstellung Koutriks und Hoopers unwissentlich hohe Risiken eingegangen war, haben ihm beide offenbar kaum geschadet. In der Nachkriegszeit äußerten sich hochrangige Offiziere der deutschen Abwehr offen über die Arbeit, die van Koutrik bis zu seiner Abreise im Mai 1940 für sie geleistet hatte, machten aber für die Zeit danach kaum Angaben. Neuerlicher Kontakt zur Abwehr von Großbritannien aus hätte für van Koutrik ein hohes Risiko bedeutet, vor dem er möglicherweise zurückscheute. Nach dem Krieg führten Nachforschungen des SIS allerdings zu dem Ergebnis, dass er für den holländischen Geheimdienst gearbeitet habe, »der holländischen Exilregierung gegenüber aber illoyal« gewesen sei, wobei keine Einzelheiten genannt wurden:

> Nachdem er nach der Befreiung nach Holland zurückgekehrt war, wurde er von den holländischen Behörden für eine Zeit in Haft genommen. Er kam nur deshalb wieder auf freien Fuß, weil die Holländer anhand der verfügbaren Informationen keine Möglichkeit sahen, ihm den Prozess zu machen.
> ...
> An den Händen dieses Mannes klebt Blut.[25]

Wie in van Koutriks deckte der Security Service auch in Hoopers Fall anhand von Verhören von Offizieren der Abwehr nach dem Krieg dessen vormalige Laufbahn als Agent für die Deutschen auf.[26] Auch bei ihm erscheint es höchst unwahrscheinlich, dass er nach seiner

Übersiedlung nach Großbritannien versucht hatte, zu den Deutschen erneut Kontakt zu knüpfen. Im August 1945, ein Monat, bevor Hooper mit den Beweisen gegen ihn konfrontiert und entlassen wurde, berichtete MI5-Generaldirektor Sir David Petrie an MI6-Chef »C«:

> Abgesehen von einem Zwischenfall, als er ziemlich ernste Indiskretionen gegenüber einer Frau [Hoopers Geliebten] beging, und einer allgemeinen Neigung, hohe Spesen geltend zu machen, hatte ich mit Hooper keinen Ärger und habe keinen Grund zu dem Verdacht, dass er nicht nur im Interesse dieses Landes gewirkt hat. Seine Arbeit wurde sorgfältig überprüft und war tatsächlich ausgezeichnet.[27]

Van Koutriks und Hoopers Erfolg bei der Unterwanderung des Security Service sowie die Demütigung, die der SIS zuvor in Venlo erlebt hatte, zeigen die Möglichkeiten des deutschen Geheimdienstes auf, im ersten Kriegsjahr ein eigenes System von Doppelagenten aufzubauen.[28] Die Abwehr hätte mit van Koutrik nach dessen Übersiedlung nach England wohl mühelos in Kontakt bleiben können, zum Beispiel in Form eines Briefwechsels mit Pseudonym über eine Deckadresse in einem neutralen Land. Seine weitere Mitarbeit hätte sie sich mit der Drohung sichern können, den Briten zu offenbaren, dass er Krüger und Putlitz verraten hatte. Diese Gelegenheit hat die Abwehr verpasst. Und es gibt auch keinen Hinweis darauf, dass sie sich ernsthaft darum bemüht hätte, Hooper nach Kriegsausbruch als Agenten zu halten.

Im ersten Kriegsjahr verschoben sich die Kräfteverhältnisse zwischen dem deutschen und dem britischen Geheimdienst dramatisch. Maßgeblich dafür verantwortlich war im Mai 1940, als Churchill Premierminister wurde, das Anlaufen der Operation ULTRA, dank der die Codes der deutschen ENIGMA-Maschine und anderer feindlicher komplexer Chiffrierverfahren geknackt werden konnten. Während die Deutschen beim Venlo-Zwischenfall die Gelegenheit verschenkten, den britischen Geheimdienst langfristig zu unterwandern, begann der Security Service mit dem Aufbau seines Systems von Doppelagenten, das unter der Bezeichnung Double-Cross-System (»Unternehmen Doppelspiel«) zu einem spektakulären Erfolg werden sollte.[29] Das System begann einige Wochen nach

Kriegsausbuch mit dem Doppelagenten SNOW, der sich in Rotterdam mit seinem Führungsoffizier von der Abwehr, Major Nikolaus Ritter, traf und für Oktober ein weiteres Treffen vereinbarte. Zu ihm wollte er einen walisischen Saboteur mitbringen.[30] Zur zweiten Begegnung entsandte der MI5 einen pensionierten Polizeiinspektor aus Swansea mit dem Codenamen GW.[31] GW gab sich erfolgreich als ein walisischer Nationalist und Sprengstoffexperte aus, der angeblich begierig darauf war, englische Ziele anzugreifen. Er und SNOW kehrten mit Geld, einem Code der Abwehr und Instruktionen nach England zurück, die den MI5 auf die Spur der einzigen beiden deutschen Agenten brachten, die sich noch in Großbritannien aufhielten.[32]

Die erste, Mathilde Krafft, eine in Deutschland geborene britische Staatsbürgerin, die von der deutschen Abwehr für Geldtransfers eingesetzt wurde, wurde unter Beobachtung gestellt, aber nicht verhaftet: Man wollte SNOW nicht kompromittieren und hoffte, über sie weiteren Agenten auf die Spur zu kommen. Später wurde Krafft im Gefängnis Holloway interniert.[33] Der zweite Agent mit Codenamen CHARLIE, ein britischer Geschäftsmann, war von der Abwehr mit Drohungen gegen einen Bruder in Deutschland gefügig gemacht worden und konnte so vom MI5 leicht »umgedreht« werden.[34] Der Code, den SNOW und GW erhalten hatten, half später der GC&CS, der Grundstruktur der nicht maschinell erstellten Codes der Abwehr auf die Spur zu kommen. Diese wurden anschließend regelmäßig geknackt und halfen bei der Festnahme weiterer deutscher Agenten. Die erste entzifferte Botschaft der Abwehr wurde von der GC&CS (die bei Kriegsausbruch nach Bletchley Park umgezogen war) am 14. April 1940 in Umlauf gebracht. Zur Entschlüsselung des Nachrichtenverkehrs, die bis Kriegsende weiter betrieben wurde, entstand in Bletchley eine neue Abteilung, die von dem altgedienten Codeknacker Oliver Strachey geleitet wurde. Die entschlüsselten Mitteilungen wurden (nach »Intelligence Service Oliver Strachey«) ISOS genannt. Einige, die zu ihnen Zugang hatten, bezeichneten sie mit dem ähnlich klingenden englischen »Ice« (Eis). Die Eingeweihten galten als »geeist«.[35]

Im Mai 1940 endete SNOWs achtzehn Monate alte Laufbahn als Doppelagent beinahe in einem Desaster. Sein deutscher Führungsoffizier Major Ritter bat ihn zu einem Treffen auf einem Fischkutter in der Nordsee, zu dem er einen weiteren potenziellen Rekruten für die Abwehr mitbringen sollte. Dieser sollte nach Deutschland eingeschleust und dort in Sabotage und Spionage ausgebildet werden. Der angebliche Rekrut, den die für Doppelagenten verantwortliche Unterabteilung B1 A ausgesucht hatte, war ein resozialisierter Kleinkrimineller (mit dem Codenamen BISCUIT), der dem MI5 zuvor als Informant gedient hatte.[36] SNOW und BISCUIT erwiesen sich als ein katastrophales Gespann. Noch bevor ihr Fischkutter aus Grimsby auslief, sagte BISCUIT seinem Führungsoffizier bei der B1 A, SNOW habe zugegeben, »mit uns ein Doppelspiel zu treiben«.[37] Auf See entbrannte zwischen den Männern ein heftiger Streit. Beide verdächtigten sich gegenseitig des Doppelspiels. SNOW wurde – auf BISCUITs Drängen – in der Kabine unter Bewachung gestellt. Daraufhin kehrte der Kutter nach Grimsby zurück.[38] Auf Anweisung des MI5 schickte SNOW Ritter einen Funkspruch mit der Behauptung, der Fischkutter sei zwar zum Treffen erschienen, habe sich aber auf der Nordsee im Nebel verirrt. BISCUIT reiste als Händler mit portugiesischen Weinen nach Lissabon zu einem Treffen mit Ritter und wiederholte die Entschuldigung. Ritter gab sich offenbar mit den Erklärungen zufrieden. Allerdings sagte er BISCUIT vertraulich, dass SNOW in der Vergangenheit exzellente Leistungen erbracht, seine beste Zeit aber hinter sich habe.[39] Mit dem Fall SNOW gewann der Security Service mit Blick auf die Operationen der deutschen Abwehr ganz neue Erkenntnisse. Nach Dick White »bewahrte er uns vor einer absoluten Finsternis in Sachen deutsche Spionage«.[40]

Die B1 A wurde von Thomas Argyll »Tar« Robertson geleitet, einem der fähigsten Agentenführer des MI5. Robertson war 1909 auf Sumatra geboren worden, wuchs aber im südenglischen Tonbridge auf und besuchte die Eliteschule Charterhouse School. Nach der Militärakademie Sandhurst startete er seine Laufbahn im Regiment der Seaforth Highlanders, arbeitete Anfang der dreißiger Jahre in der Londoner City und trat 1933 in den Security Service ein.[41] Als eine seiner ersten Aufgaben mischte er sich nach der Meuterei von Invergordon in den Pubs am Cromarty Firth unter die Matrosen, um ihre Stimmung zu sondieren.[42] Im Hauptquartier des MI5 trug er weiterhin die eng anliegenden gemusterten Hosen seines Regiments, was ihm den Spitznamen »Passion Pants« (ungefähr »Lusthose«)

eintrug.[43] Der Spitzname tat Robertsons natürlicher Autorität keinen Abbruch. Sir Michael Howard beschreibt ihn als »einen perfekten Typ Offizier, wie ihn Ronald Colman spielen könnte«.[44] Er hatte eine herausragende Gabe bei der Auswahl seiner Führungsoffiziere: Alle waren unerfahrene Leute, die in der Kriegszeit angeworben worden waren und sich in die Persönlichkeit ihrer Doppelagenten hervorragend einfühlen konnten. Nach seinen späteren Erinnerungen bestand »eine goldene Regel bei der Führung eines Agenten darin, dass jede an die deutsche Abwehr übermittelte Botschaft »dessen persönlichen Stempel tragen« musste.[45] Seine Mitarbeiter blieben ihm für den Rest ihres Lebens treu ergeben. Sein ehemaliger Mitarbeiter Christopher Harmer erinnerte sich in einem Schreiben an seinen Ex-Kollegen Hugh Astor von der B1 A: »Wir sollten Gott für Tar danken. Er hat uns alle machen lassen und uns ermutigt.«[46] Robertsons Urteile waren gewöhnlich ausgezeichnet, aber keineswegs unfehlbar. Bei seiner ersten Begegnung im Oktober 1941 mit Jack Hooper, der später als Ex-Agent des sowjetischen und des deutschen Geheimdienstes enttarnt wurde, bildete sich Tar »eine günstige Meinung über ihn« und empfahl eine Einstellung auf Probe.[47]

Die Erfolge der B1 A beruhten vielfach auf Hinweisen, die sie von den »Bibern« in der B1B bekamen. Diese werteten die entschlüsselten Botschaften zwischen Abwehr und Doppelagenten (ISOS) und andere geheimdienstliche Informationen aus, die das Double-Cross-System betrafen.[48] Zunächst unter der Leitung des späteren Richters Helenus »Buster« Milmo, arbeiteten in der B1B einige der brillantesten Köpfe des Security Service, so Herbert Hart, der spätere Oxforder Rechtsprofessor und Rektor des Brasenose College, sowie sein Oxforder Kollege, der Philosoph Patrick Day vom New College. Im August 1940 konnten die Biber die B1 A anhand entschlüsselter ISOS-Mitteilungen darüber informieren, dass die Abwehr kurz davor stand, eine neue Welle von Agenten zu entsenden. Ihr Versuch, das deutsche Agentennetzwerk in Großbritannien auszuweiten, gehörte zu den Vorbereitungen auf die Operation SEELÖWE, die geplante, aber nie erfolgte Invasion in Großbritannien. In den drei Monaten von September bis November 1940 landeten dort mit dem Fallschirm oder auf kleinen Booten 25 Agenten, die zumeist unzulänglich ausgebildet und schlecht ausgerüstet waren. Für den Security Service wurden sie »zu einer leichten Beute«,[49] da sie umso leichter aufzuspüren waren, als manche ihrer gefälschten Ausweispapiere auf fehlerhaften Informationen beruhten, die der MI5 ausgestreut hatte. So versorgte SNOW die Abwehr im August auf Anfrage mit Namen und Nummern für ein Dutzend gefälschter Personalausweise. Zwei Monate später wurde er um weitere gebeten.[50]

Vier der 25 Deutschen konnte die B1A rasch umdrehen. Bei der Anwerbung dieser Doppelagenten spielte das Verhörzentrum des Security Service im Krieg, Lager 020 (beim MI5 als B1E bekannt), eine entscheidende Rolle. Das Zentrum war in Latchmere House bei Ham Common in Westlondon untergebracht und wurde von Captain Robin »Tin-eye« Stephens geleitet. Tin-eye (»Blechauge«) verdankte seinen Spitznamen einem Monokel, das er sich ständig vor das rechte Auge klemmte. Angeblich ist er mit ihm sogar zu Bett gegangen. Der 1900 geborene Stephens hatte 14 Jahre in der British Indian Army und in der politischen Verwaltung in Indien verbracht und zuletzt bei der Militärstaatsanwaltschaft gearbeitet. Nach seiner Rückkehr nach England 1932 trat er in die Anwaltskammer Lincoln's Inn ein. Obwohl er (aus unbekannten Gründen) als Anwalt keine Zulassung erhielt, trat er als Mitverfasser juristischer Werke auf und arbeitete als Journalist. Wie viele andere Offiziere des MI5 war er ein begeisterter Sportler, der von 1937 bis 1939 für den National Fitness Council, ein Gremium zur Förderung der Volksgesundheit, arbeitete. Stephens sprach fließend Französisch, Deutsch und Italienisch, war qualifizierter Dolmetscher für Urdu und besaß – nach eigenen Angaben »dürftige« – Kenntnisse in Somali und im Amharischen.[51] Europäer genossen bei ihm zumeist keine Hochachtung. Italiener seien ein »zu kurz geratenes blasiertes Volk«, Belgier übergewichtig, »weinerlich und sentimental«, die Franzosen korrupt, die polnischen Juden »durchtrieben« und Isländer »unintelligent«. Eine besondere Abneigung hatte er gegen die Deutschen. Aber trotz der Vorurteile gegen Nationalitäten zeigte er bei Einzelpersonen ein bemerkenswertes Urteilsvermögen. »Nationale Charakteristika in Spionen«, so räumte er ein, »sind nicht beweiskräftig ... Die verhörende Person muss jeden Spion als individuellen Fall behandeln ... als einen sehr persönlichen Feind.«[52]

Im Januar 1941 wurde in der Royal Victoria School in Wandsworth das Meldezentrum London Reception Centre (LRC) eingerichtet. Es diente als Prüfungszentrum für die aus dem feindlichem Territorium eintreffenden Ausländer. Während des Krieges durchliefen fast 33 000 Flüchtlinge das LRC (das im Security Service als B1D lief), in dem sie nach der Methode und der Route ihrer Flucht, nach geheimen Unterschlupfen, Kurieren, Helfern und Belegen für ihre Angaben befragt wurden. Die Aussagen wurden akkurat registriert und mit denen von Begleitern und zuvor eingetroffenen Flüchtlingen abgeglichen. Nützliche Informationen wurden an die betreffenden Abteilungen in Whitehall weitergegeben. Jede Ungereimtheit in den Angaben zog eingehende Nachforschungen nach sich. Im LRC waren auch Offiziere des SIS und der Special Operations Executive (SOE) vertreten, aber das Recht auf die erste Befragung behielt sich der MI5 vor. Wie Dick White es auffasste, bestand dessen Aufgabe darin, die »Schafe von den Böcken zu trennen«.[53] Die Böcke – mutmaßliche Agenten der Achsenmächte – landeten im Lager 020.

Als ersten wichtigen Beitrag zum Aufbau des Double-Cross-Systems drehte das Lager 020 binnen weniger Tagen zwei Spione aus der ersten Welle der Abwehr-Agenten um: Die beiden Skandinavier, die die Codenamen SUMMER und TATE erhielten, waren im September 1940 in England eingetroffen. SUMMER war gleich nach seiner Landung per Fallschirm im ländlichen Raum in Northamptonshire von einem Farmarbeiter gestellt worden, der ihn in den frühen Morgenstunden des 6. September schlafend in einem Graben vorgefunden hatte. Neben seinem Fallschirm hatte er einen Funksender, 200 Pfund in Banknoten, einen gefälschten Ausweis und eine geladene Pistole dabei. Bei der Befragung im Lager 020 taxierte ihn Stephens als »fanatischen Nationalsozialisten«. Allerdings erklärte sich SUMMER schon nach zwei Tagen bereit, als Doppelagent zu arbeiten, wenn man ihm im Gegenzug verspreche, das Leben seines Freundes TATE zu schonen – ein Versprechen, das er als einmaliger Fall in der Geschichte dieses Lagers tatsächlich erhielt. Es erwies sich als entscheidend bei der Anwerbung von TATE, der in den frühen Morgenstunden des 20. September mit dem Fallschirm über den Mooren von Cambridgeshire absprang. Wie bei SUMMER wurde es eine harte Landung. TATE verstauchte sich einen Knöchel und erregte rasch Verdacht, als er in seinem modischen blauen Anzug in die Ortschaft Willingham humpelte. Bei seiner

Verhaftung wurden bei TATE ein echter dänischer Pass und ein gefälschter britischer Ausweis auf den Namen »Williams« sichergestellt. TATEs Befragung in Lager 020 verlief ganz anders als SUMMERs. Er behauptete, er sei auf der Flucht vor den Deutschen drei Wochen zuvor mit dem Boot aus Dänemark gekommen. Colonel Alexander Scotland, ein Offizier des militärischen Geheimdienstes MI9, der bei dem Verhör anwesend war, reagierte auf die Angaben mit einem Wutanfall,[54] wie Guy Liddell in seinem Tagebuch zum 22. September vermerkte:

> Wie ich soeben erfahren habe, machte sich der Offizier des MI9, der beim gestrigen Verhör TATEs zugegen war, anheischig, gegen den Gefangenen handgreiflich zu werden, ohne Colonel Stephens, Dick White oder Malcom Frost [alle vom MI5] zu informieren. Als Colonel Alexander Scotland um die Mittagszeit den Raum verließ, wurde das Verhör abgebrochen. Frost, der sich wunderte, wo er steckte, fand ihn schließlich in der Zelle des Gefangenen. Er verpasste TATE gerade einen Kinnhaken und bekam wohl selbst einen Treffer ab. Frost ging ohne Aufhebens zu machen dazwischen und teilte mir später mit, was vorgefallen war. Mir war völlig klar, dass wir solche Vorfälle in unserer Einrichtung nicht dulden können. Abgesehen von dem moralischen Aspekt, bin ich überzeugt, dass Gestapo-Methoden auf lange Sicht ergebnislos bleiben. Wir werden die Sache beim [Direktor des militärischen Geheimdienstes] zur Sprache bringen und ... mitteilen, dass wir diesen Offizier ... hier nicht mehr dulden werden.[55]

Fortan wurden die Verhöre außer in den Fällen, in denen spezielles fachliches Wissen gefragt war, ausschließlich von Offizieren des Lagers 020 durchgeführt.[56] Stephens widersetzte sich auch künftig jedem Einsatz von körperlicher Gewalt bei Verhören. (Dieser Grundsatz wurde vom Security Service nach dem Krieg erneut festgeschrieben.) Guy Liddell gibt ein Beispiel für Stephens' Prinzipientreue: Im Lager 020 war ein Offizier als zugelassener Zahnarzt für sämtliche notwendigen Behandlungen zuständig und zog gelegentlich auch eine versteckte Tintenkapsel aus einem hohlen Zahn heraus. Dazu musste er allerdings, Befehl von Stephens, zuvor das schriftliche Einverständnis des Gefangenen einholen.[57]

Dagegen glaubte Stephens fest an die Nützlichkeit von psychischem Druck, mit dem Gefangenen das Gefühl des Alleinseins vermittelt, sie eingeschüchtert und ihnen ihre Ohnmacht vor Augen geführt werden sollte.[58] Potenzielle Doppelagenten wurden vor die Wahl gestellt, für die Briten zu arbeiten oder vor Gericht gestellt und hingerichtet zu werden. Von den 440 Gefangenen, die im Lager 020 landeten, endeten nur 14 vor dem Henker – zur Enttäuschung von Stephens nicht mehr.[59] Zudem war Stephens ein begeisterter Verfechter des Einsatzes von Täuschungen bei den Verhören. So wurden die Informationen, die SUMMER gegen eine Garantie zur Schonung von TATEs Leben preisgegeben hatte, dazu benutzt, um diesen davon zu überzeugen, dass sein Freund ihn verraten hatte. »TATE«, schrieb Stephens später, »geriet ganz aus der Fassung, fluchte: ›das Schwein [SUMMER]‹ und platzte heraus, jetzt werde er die volle Wahrheit auf den Tisch legen. Und er hielt damit kaum hinter dem Berg.«[60] Nach nur zwei Verhörtagen[61] startete TATE seine Laufbahn als der am längsten dienende Doppelagent der B1 A. Von Oktober 1940 bis Mai 1945 tauschte er ständig Funksprüche mit der Abwehr in Hamburg aus. Seine deutschen Führungsoffiziere nannten ihn eine »Perle« von einem Agenten, schickten ihm große Geldsummen und sorgten dafür, dass er mit dem Eisernen Kreuz I. und II. Klasse ausgezeichnet wurde.

Im Verlauf des Zweiten Weltkrieges arbeiteten für die B1 A, die gewöhnlich über fünf Führungsoffiziere verfügte, insgesamt fast 120 Doppelagenten. Ein Führungsoffizier war so gleichzeitig für durchschnittlich 25 Agenten zuständig.[62] Nur sechs der Doppelagenten waren deutsche Staatsbürger. Die Abwehr setzte gegen Großbritannien 34 verschiedene Nationalitäten ein. Nur elf Doppelagenten wurden im Lager 020 umgedreht, darunter aber einige der erfolgreichsten: (neben TATE und SUMMER) der Brite Eddie Chapman (ZIGZAG) und der Norweger Helge John Niel Moe (MUTT).[63]

Obwohl der Security Service für das Double-Cross-System die Hauptverantwortung trug, hing dessen erfolgreiche Ausweitung von einer nie da gewesenen Kooperation innerhalb der britischen Geheimdienste ab. Diese erreichte ein Ausmaß und eine Intensität wie bei keiner anderen Kriegsmacht. ISOS-Botschaften, die die GC&CS entschlüsselt hatte, führten unmittelbar zur Festnahme von fünf der 23 deutschen Agenten, die 1941 im Vereinigten Königreich eintrafen. Zwei weitere wurden enttarnt und gaben wertvolle Hinweise für Falschinformationen, mit denen die Doppelagenten die deutsche Abwehr täuschten.[64] Im Dezember 1941 gelang es dem altgedienten Codeknacker »Dilly« Knox trotz Krebs im Endstadium, die Enigma-Codes der Abwehr zu entschlüsseln. Die entschlüsselten Mitteilungen wurden ISK (Intelligence Service Knox) genannt, um sie von denen ISOS-Botschaften der Abwehr zu unterscheiden, die nicht maschinell verschlüsselt und in den letzten zwanzig Monaten weitergeleitet worden waren. Die meisten Empfänger verstanden diese Unterscheidung allerdings nicht und bezeichneten alle entschlüsselten Botschaften der Abwehr als ISOS. Im Frühjahr 1942 konnte Tar Robertson anhand der gewonnenen Erkenntnisse apodiktisch behaupten, dass der Security Service sämtliche in Großbritannien operierenden deutschen Agenten kontrolliere.[65] Die Operation ULTRA lieferte entscheidende Anhaltspunkte dafür, dass sich die Deutschen von einem Großteil der Falschinformationen, die ihnen über umgedrehte Agenten verabreicht wurden, tatsächlich täuschen ließen.

Am Double-Cross-System war auch der SIS beteiligt, der Doppelagenten in neutralen Hauptstädten anwarb und betreute. Sein erster bedeutender Rekrut war Dušan »Duško« Popov, ein junger Jugoslawe, der für die Abwehr arbeitete und sich an die SIS-Niederlassung in Belgrad gewandt hatte. Im Dezember 1940 reiste Popov über Lissabon nach London, wobei er der Abwehr mitgeteilt hatte, er wolle bei einem Freund in der jugoslawischen Gesandtschaft geheimdienstliche Informationen einholen. In Wahrheit ging es um eine Kontaktaufnahme zum MI5. Popov, der wegen seiner Vorliebe für Dreierkonstellationen im Bett den Codenamen TRICYCLE erhielt, stand bald im Zentrum eines beachtlichen Netzwerkes von Agenten, von denen einige allerdings nur die Erfindung der B1 A waren. Nach dem Krieg erhielt er die britische Staatsbürgerschaft und wurde bei einer inoffiziellen Zeremonie in der Bar des Hotels Ritz mit dem Orden of the British Empire ausgezeichnet.[66]

Wie TRICYCLE begann auch der katalanische Geschäftsmann Juan Pujol Garcia (GARBO), der erfolgreichste aller von der B1 A geführten Doppelagenten, als Rekrut des SIS. Pujol, der nach seinen Erfahrungen im Spanischen Bürgerkrieg den Faschismus und den

Kommunismus verabscheute, bot den Briten seine Dienste zunächst im Januar 1941 in Madrid an, holte sich aber eine Abfuhr. Daraufhin wandte er sich mit dem Hinweis, er werde nach England reisen, an die deutsche Abwehr, die ihn daraufhin als Agent ARABEL rekrutierte. Pujol fuhr nur bis Lissabon und versorgte von dort die Abwehr – angeblich aus London – mit einer großen Menge an Falschinformationen über angebliche britische Truppen- und Schiffsbewegungen. Seine Meldungen pfefferte er mit Einzelheiten zu »Trinkgelagen und den lockeren Sitten in den Vergnügungszentren« in Liverpool sowie mit der überraschenden Enthüllung, dass die Dockarbeiter in Glasgow »für einen Liter Wein alles tun«. Die farbige Schilderung wurde im Februar 1942 in Bletchley Park entschlüsselt, worauf die Sektion V (Spionageabwehr) des SIS Pujol als Verfasser ausmachte. Einen Monat später rekrutierte ihn der SIS als Doppelagent.[67]

Da die Doppelagenten die Grenzlinie zwischen den Zuständigkeitsbereichen – der MI5 war auf den britischen Boden, der SIS auf ausländisches Terrain beschränkt – überschritten, erforderten ihre Operationen eine ungewöhnlich intensive Zusammenarbeit zwischen den Geheimdiensten. Kein Wunder, dass es immer mal wieder zu Reibungen kam. So teilte Felix Cowgill, der Chef der Sektion V des SIS im März 1942 Liddell mit, dass er GARBO zu einer Nachbesprechung im SIS-Hauptquartier nach London beordern wolle. Er brauche aber die Zusicherung des MI5, dass GARBO anschließend nach Lissabon zurückkehren und weiter für den SIS arbeiten werde. Liddell reagierte empört:

> [Cowgill] wollte [GARBO] nicht aufgeben oder uns Zugang zu ihm ermöglichen, obwohl es wohl in unser aller Interesse besser war, wenn er hier blieb. Seine grundlegende Haltung lautet: »Ich sehe nicht ein, warum ich Agenten rekrutiere und mir sie von euch wegschnappen lasse.« Das Ganze ist so engstirnig und kleinlich, dass es mich richtig wütend macht.[68]

Aus dem anschließenden Kampf zwischen den Geheimdiensten ging Liddell als Sieger hervor. Da Pujol in seinen Berichten an die deutsche Abwehr vorschützte, dass er und sein teils erdichtetes Agentennetzwerk in Großbritannien stationiert seien, war eine Führung durch den Security Service von London aus sinnvoller als durch den SIS von Lissabon aus. Am 24. April traf GARBO in London ein und wurde der B1 A unterstellt.⁶⁹

Die Beziehungen zu Cowgill blieben gespannt. Die Abteilung B, die bislang davon ausgegangen war, dass sie sämtliche entschlüsselte Botschaften der Abwehr vom ISOS und ISK erhielt, stellte im April 1942 fest, dass Cowgill alle Mitteilungen mit einer Erwähnung von SIS-Agenten zurückgehalten hatte, insgesamt über 100, darunter auch Berichte Pujols. Der Security Service, der mit dem vormaligen Chef der Sektion V, Valentine Vivian, gut zurechtgekommen war, war nicht die einzige nachrichtendienstliche Stelle, die mit Cowgill ihre Schwierigkeiten hatte. Commander Ewen Montagu, der Vertreter der Marineaufklärung im neu eingerichteten »Zwanzigerkomitee«, das nach der römischen Zwanzig (XX), einem Doppelkreuz für »Double-Cross« benannt wurde, beklagte sich gegenüber Tar Robertson, Cowgill sei von »einem pathologischen Unvermögen« befallen, »jemanden über irgendetwas zu informieren, das er ihm irgendwie vorenthalten« könne.⁷⁰ Kim Philby teilte Herbert Hart von der B1B mit, dass »er mit Major Cowgill darüber gestritten habe, dass das heimliche Entfernen dieser Mitteilungen aus den zirkulierenden ISOS- und ISK-Botschaften völlig falsch sei, weil es die Serie unvollständig mache. Bei einigen dieser beachtlich vielen Informationen ... kann man davon ausgehen, dass sie uns betreffen.«⁷¹ Am Ende setzte sich »C« Stewart Menzies gegen Cowgill durch und versicherte dem Vorsitzenden des Zwanzigerkomitees John Cecil Masterman am 11. Juni, dass sämtliche entschlüsselte Botschaften, die Doppelagenten betreffen, künftig an das Zwanzigerkomitee weitergeleitet würden.⁷²

Für eine effiziente Führung ihrer Doppelagenten benötigte die B1 A eine ausgewogene Mischung aus richtigen und falschen Informationen, um die deutschen Führungsoffiziere zu beeindrucken und sie so besser hinters Licht führen zu können. Im September 1940 war der Funkausschuss (Wireless Board) eingerichtet worden, der darüber zu entscheiden hatte, welche Informationen der Abwehr zufließen sollten. In dem Gremium saßen Guy Liddell (Harkers Nachfolger als Chef der Abteilung B), Stewart Menzies und die drei Chefs der Geheimdienste der Streitkräfte. Er erörterte ein breites Spektrum an politischen Fragen, hatte aber zwangsläufig nicht ausreichend Zeit, um die detaillierten Weisungen auszugeben, die nach

Ausweitung des Double-Cross-Systems im Herbst und Winter 1940[73] – zuweilen täglich – notwendig wurden. Deswegen delegierte der Funkausschuss die tägliche Auswahl der Informationen und Falschinformationen rasch an ein »Zwanzigerkomitee«. Das Komitee, in dem Vertreter des MI5, des SIS, des Kriegsministeriums, der drei Nachrichtenabteilungen der Streitkräfte, des Hauptquartiers der Inlandsstreitkräfte und gegebenenfalls weitere betroffene Abteilungen saßen, trat erstmals im Januar 1941 und fortan wöchentlich bis zum Ende des Krieges zusammen.[74]

Masterman war ein vom MI5 bestellter Oxforder Geschichtsprofessor, der später zum Ritter geschlagen wurde. Er war wie die beiden anderen Personen im Double-Cross-System, Robertson und Stephens, eine geniale Wahl. 1891 geboren, war er bedeutend älter als die meisten anderen Offiziere der B1 A. Rekrutiert worden war er im November 1940 von Dick White, der am College Christ Church sein Schüler gewesen war. Als junger Stipendiat von Christ Church hatte Masterman im August 1914 in Deutschland studiert und war dort für den Rest des Krieges interniert worden.[75] Auf ihn aufmerksam wurde der Security Service erstmals durch einen übereifrigen Postüberwacher, der dem Polizeipräsidenten von Hampshire berichtete, Mastermans Mutter habe bei einem holländischen Buchladen »verdächtige Bücher« bestellt, die ihrem Sohn während der Internierung zugesandt werden sollten. Kell wurde anschließend darüber informiert, dass die Bücher, hauptsächlich Gedichte und Abhandlungen zu den Ursprüngen des Krieges, Masterman selbst bestellt und darum gebeten hatte, die Rechnung an seine Mutter zu schicken. Die Ermittlungen wurden eingestellt.[76]

Masterman war nicht nur Akademiker, sondern wahrscheinlich auch der vielseitigste Mannschaftssportler, der je für den Security Service gearbeitet hatte. An der Universität hatte er einen »Blue« für höchste sportliche Leistungen errungen. Zwischen den Kriegen spielte er für England Hockey und Tennis und war mit 46 Jahren im Kricket noch immer ausreichend gut, um mit dem Marylebone Cricket Club nach Kanada zu touren.[77] In seinen Berichten zum Double-Cross-System flossen denn auch entsprechende Vergleiche ein. »Die Führung eines Teams von Doppelagenten«, so glaubte er, »ist sehr ähnlich der einer Cricketmannschaft. Ältere Spieler geraten außer Form und werden nach und nach durch Neuankömmlinge ersetzt.«

Die besten Doppelagenten verglich er mit bekannten Kricket-Spielern: »Wenn in der Welt des Double-Cross SNOW der W. G. Grace der Frühphase war, dann bildete GARBO sicher den Bradman der späteren Jahre.«[78]

Auch wenn Masterman für einige Spannungen sorgte, wenn er riskante Vorschläge von den jungen Führungsoffizieren der B1 A zurückwies, erwarb er sich bei allen Mitarbeitern Respekt. Zumindest im Rückblick räumten sie ein, dass seine Vorsicht notwendig gewesen war. Am Ende des Krieges merkte Guy Liddell an: »Abgesehen von seiner Kompetenz, ist er auch noch eine äußerst angenehme Person und war bei uns allen beliebt.«[79] Masterman war auch ein fürsorglicher Vorsitzender. Vor der ersten Sitzung des Zwanzigerkomitees traf er nach eigener Aussage »eine kleine, aber bedeutende Entscheidung. Für die Teilnehmer sollten immer Tee und ein Rosinenbrötchen bereitstehen«:

In Tagen des akuten Mangels und der Rationierungen war die Beschaffung von Rosinenbrötchen keine leichte Aufgabe, aber auf Biegen und Brechen (meistens Brechen) haben wir während der Kriegsjahre immer welche auftreiben können. War dieses einfache Hilfsmittel ein Grund dafür, dass die Anwesenheit im Komitee fast immer bei hundert Prozent lag?

Trotz einiger anfänglicher Spannungen zwischen dem MI5 und dem SIS sowie der Schwierigkeit, die bisweilen widerstreitenden Interessen bei der Irreführung, bei der Abschirmung und beim Sammeln nachrichtendienstlicher Erkenntnisse unter einen Hut zu bekommen, arbeitete das Zwanzigerkomitee bemerkenswert reibungslos. Masterman hatte eine große Begabung zur Herstellung eines Konsenses. Bei nur einer seiner 226 Sitzungen wurde wegen einer Uneinigkeit abgestimmt.[80] Schon bei der allerersten Sitzung, so Masterman, »*begannen wir schwach, ganz schwach zu ahnen, dass wir tatsächlich das feindliche System kontrollierten*«. Die Instruktionen an SUMMER und TATE im Herbst 1940 deuteten – wenn auch ohne echte Beweise – darauf hin, dass die einzigen in Großbritannien agierenden deutschen Agenten schon jetzt vom Security Service umgedreht worden waren. Das von der B1 A kontrollierte Netzwerk SNOWs wurde angehalten, als SUMMERs Auftraggeber aufzutreten, und TATE erhielt Kontaktdaten zum Doppelagenten RAINBOW.[81] Obwohl das Zwanzigerkomitee und die B1 A die Möglichkeit im Auge behielten, dass deutsche Agenten ganz außerhalb ihrer Kontrolle agierten, kam man nicht auf den Gedanken, dass der Security Service selbst von zwei der einst erfolgreichsten Agenten der Abwehr infiltriert worden sein könnte. Obwohl Folkert van Koutrik und Jack Hooper sich lieber in der Deckung hielten, konnten beide dem Double-Cross-System ernsthaft gefährlich werden.

Das Zwanzigerkomitee und die B1 A ahnten nichts von der Existenz der beiden Doppelagenten, gleichwohl war ihnen die Verwundbarkeit des Systems durchaus bewusst. SUMMER, der unter Bewachung in einem Haus bei Cambridge wohnte, unternahm im Januar 1941 einen Fluchtversuch. Er überwältigte den diensthabenden Wachmann mit den etwas hilflosen Worten: »Mich schmerzt es mehr als dich« und verschwand mit dessen Motorrad. Mit einem am Motorrad festgezurrten Paddelboot hoffte er, über den Kanal entkommen zu können. »Glücklicherweise«, schrieb Masterman, »war das Motorrad als Staatseigentum nicht sehr gut instandgehalten; es versagte.«[82] Der regionale Verbindungsoffizier des Security Service in Cambridge berichtete Dick White vom raschen Ende der Verfolgung von SUMMER:

> An der ersten Kreuzung trafen wir auf Straßenarbeiter, die angaben, dass sie gesehen hätten, wie ein Mann auf einem Motorrad mit einem Kanu nach links in die Newmarket Road eingebogen sei. Wir fuhren weiter bis zum Bahnhof Pampisford, wo wir auf den Straßenarbeiter F. Brown trafen. Dieser gab an, dass er den Mann auf dem Motorrad mit dem Kanu gesehen habe – tatsächlich von ganz nahe, denn er war direkt neben ihm zu Boden gestürzt –, und er hatte ihm geholfen, das Kanu über eine Hecke zu werfen.[83]

SUMMER wurde kurz darauf gefasst und seine Laufbahn als Doppelagent jäh beendet. Trotz aller Komik zeigte der Fluchtversuch deutlich die Gefahr auf, dass eine erfolgreiche Flucht das gesamte Double-Cross-System unterminieren konnte.

Die B1 A hatte den starken Verdacht, dass SUMMER nicht der einzige Doppelagent war, der sich bei nächster Gelegenheit wieder auf die Seite der Deutschen schlagen könnte. Deshalb wurden detaillierte

Pläne erstellt, die meisten Agenten im Fall einer deutschen Invasion, die Anfang 1941 noch als reale Möglichkeit galt, an geheime Orte in Nordwales zu bringen. Zu Ehren des zunächst verantwortlichen B1A-Beamten Cyril Mills, eines ehemaligen Schülers der Eliteschule Harrow, der in Cambridge einen Titel in Ingenieurswissenschaften erworben hatte, erhielt die Operation zunächst den Codenamen »Mr. Mills Circus«. Mills' Vater Bertram war einer der bedeutendsten Zirkusdirektoren in Großbritannien. Für den in Nordwales stattfindenden Teil der Operation verantwortlich war Captain P. E. S. Finney, der in seiner Korrespondenz mit der Zentrale denn auch zuweilen Zirkusmetaphern gebrauchte. So schrieb er im April 1941 aus Colwyn Bay: »Ich habe die Unterbringung der Tiere, der Jungen und ihre Halter sowie die von Mr. Mills inzwischen abgeschlossen.« Alle sollten in Hotels in Betws-y-Coed, LLanrwst und LLandudno unterkommen, deren Inhaber sicherheitsüberprüft worden waren.[84]

Höchste Priorität hatte im »Mr. Mills Circus« SUMMERs Freund TATE, weil davon ausgegangen wurde, dass »er im Fall einer Invasion zu entkommen versuchen« würde.[85] Als Nächstes kam SNOW, der bis dato immer die Nummer eins gewesen war, aber in Mastermans Kricket-Metaphorik die Schlagordnung im Januar 1941 umgekrempelt hatte, nachdem er nach Lissabon gereist war, um sich dort mit seinem Führungsoffizier Major Nikolaus Ritter (alias »Dr. Rantzau«) zu treffen. Der Hauptzweck von SNOWS Treffen mit Ritter bestand darin, ihm CELERY vorzustellen, einen Agenten des MI5, der einen neuen Rekruten für das Agentennetzwerk der Abwehr mimte. Nach der Rückkehr aus Lissabon behauptete SNOW allerdings, Ritter habe ihn eines Doppelspiels beschuldigt und er habe dies zugegeben. Sein Bericht widersprach sich allerdings in vielen Punkten mit CELERYs Version der Reise. Am Ende kam die B1 A zum Ergebnis, dass »SNOW in Wahrheit gar nicht ›überrumpelt‹ wurde, sondern diesen Teil der Geschichte erfunden hatte, weil ihm die Komplikationen seiner Lage über den Kopf wuchsen«.[86] SNOW galt mit Blick auf seine Loyalitäten als so konfus, dass kaum feststellbar war, ob er »(a) seinem Land gegenüber aufrichtig freundlich gesinnt oder (b) tatsächlich deutschfreundlich oder (c) darauf bedacht war, mit beiden Seiten zusammenzuarbeiten, um am Ende auf der richtigen Seite zu stehen«. Eine deutsche Invasion würde in SNOWS verwirrtem Kopf allerdings fast sicher Klarheit schaffen: »Da er von der deutschen Tüchtigkeit zutiefst überzeugt ist, würde er höchstwahrscheinlich sofort nach Beginn einer Invasion versuchen, sich den Deutschen anzuschließen. Deshalb sollte er bei den ersten Nachrichten einer Invasion sofort verhaftet und in einen sichereren Landesteil verbracht werden.«[87] SNOWS Führungsoffizier empfand ihn zudem als persönlich unangenehm, mit ungehobelten Manieren wie seine Eigenart, »seine falschen Zähne nur zum Essen einzusetzen«.[88]

Einige der Doppelagenten, insbesondere GW, erhielten im Vertrauen darauf, dass sie sich im Fall einer Invasion selbstständig nach Nordwales durchschlagen würden, Fahrzeugpapiere, Benzingutscheine und Geld.[89] Die unsicheren Kandidaten, allen voran SNOW und TATE, sollten in Handschellen in einem Wagen mit einer bewaffneten Eskorte in ihr Hotel gebracht werden. Die (später zurückgegebenen) Handschellen waren eine Leihgabe von Scotland Yard.[90] Tar Robertson informierte »Tin-eye« Stephens: »Sobald irgendeine Gefahr besteht, dass die gefährlicheren Agenten dem Feind in die Hände fallen, werden sie gewaltsam beseitigt«, also erschossen. Wenn es einem von ihnen gelänge, Kontakt zum Feind aufzunehmen, »könnte dies [die] gesamte Täuschung auffliegen lassen«.[91] Generaldirektor Sir David Petrie wies TATEs Eskorte persönlich an: »Da es von höchster Bedeutung ist, dass TATE nicht dem Feind in die Hände fällt, müssen Sie darauf vorbereitet sein, alle notwendigen Schritte zu unternehmen, um dies zu verhindern.«[92]

Diese und ähnliche Anweisungen an die Eskorten anderer Doppelagenten sind die einzig bekannten Fälle, in denen ein Generaldirektor Exekutionen genehmigt hat. (Ausgeführt wurde allerdings keine.) Die gesetzliche Grundlage für diesen Schritt wurde vermutlich darin gesehen, dass jeder Doppelagent, der eine einmarschierende Armee zu unterstützen versuchte, als feindlicher Kämpfer anzusehen sei.[93] Als die Furcht vor einer deutschen Invasion schwand, wurden die Aktivitäten von »Mr. Mills Circus« schrittweise zurückgeschraubt. Trotz des noch immer großen Misstrauens gegen ihn galt selbst bei TATE als unwahrscheinlich, dass er ohne eine ernsthafte Aussicht auf eine deutsche Invasion die Seiten wechseln würde. Dagegen wurde der wenig vertrauenswürdige SNOW bis zum Kriegsende in Dartmoor festgehalten.

Der Erfolg des Double-Cross-Systems hing nicht nur davon ab, dass alle in Großbritannien gefassten Agenten der Abwehr gefasst und einige von ihnen umgedreht wurden. Zudem musste verhindert werden, dass die Deutschen eine neue Basis für Spionage gewannen. Am geeignetsten für eine derartige Basis erschien die spanische Botschaft in London, in der einige mit dem NS-Staat sympathisierende Diplomaten ihre Immunität dazu nutzen konnten, in Zusammenarbeit mit anderen Spaniern in London Spionage für das Dritte Reich zu leisten. Die geheimdienstlichen Erkenntnisse, die in der Botschaft hätten gewonnen werden können, hätten Widersprüche zu den Falschinformationen offenbart, die die Deutschen von den Doppelagenten zugeschanzt bekamen – und diese somit kompromittiert. Allerdings gewann die spanische Spionage für die Deutschen nur eine geringe Bedeutung – größtenteils deshalb, weil der Security Service die spanische Botschaft erfolgreich infiltrieren konnte.

Seinen ersten Durchbruch ins »Herz des spanischen Spionagenetzwerks«, wie er genannt wurde, verdankte der MI5 dem Ergebnis einer Spur, auf die der SIS im Herbst 1940 gestoßen war. Am 27. September traf Miguel Piernavieja del Pozo unter der Tarnung als Journalist und Beobachter für das spanische Instituto de Estudios Políticos auf Spionagemission in London ein. Mit einer öffentlichen Prognose zu einem deutschen Sieg machte er sofort von sich reden. Nach einem Bericht des SIS, wonach del Pozo ein deutscher Agent sei, bekam der Security Service kurz darauf seine Überwachung genehmigt. Anhand abgehörter Telefongespräche und abgefangener Schreiben, kombiniert mit einer Observierung durch die B6, charakterisierte ihn der MI5 als einen »zuchtlosen und verantwortungslosen jungen Mann, 26-jährig, vom Typ Playboy«, der vom Journalismus, vom Instituto de Estudios Políticos und – wie sich bald herausstellte – auch von Spionage keine Ahnung hatte. Del Pozo erleichterte dem MI5 die Observierung besonders dadurch, dass er sich schriftlich an GW wandte, jenen von SNOW angeworbenen Doppelagenten, den die Abwehr für einen fanatischen walisischen Nationalisten hielt. Mit Billigung des MI5 traf sich GW mit del Pozo am 10. Oktober in dessen Wohnung in Athenaeum Court, Piccadilly. Zu seiner Überraschung überreichte ihm Pozo eine Talkumpuderdose, in der 3500 Pfund in großen Scheinen steckten – heute ein Gegenwert von über 100 000 Pfund und wohl die höchste Summe, die je an einen britischen Agenten im 20. Jahrhundert ausgehändigt wurde (von Geldern für die Kommunistische Partei und andere Organisationen abgesehen). Ein Teil des Geldes, so wurde GW gesagt, sei zu seinem persönlichen Gebrauch bestimmt. Einen anderen Teil solle er für del Pozo in sichere Verwahrung nehmen und ihn auf Aufforderung an ihn zurückgeben. GW erhielt Anweisung, wöchentliche Berichte über die Aktivitäten der Welsh Nationalist Party und über die Waffen- und Flugzeugproduktion dem Portier der spanischen Botschaft zuzuschicken, der sie dann an del Pozo weiterleiten würde.[94]

Bei einem ihrer regelmäßigen Treffen verriet del Pozo GW, dass er seine Befehle von Angel Alcázar de Velasco erhielt, einem höherrangigen Agenten der Abwehr (der zudem ein enger Freund von Francos NS-freundlichem Außenminister Ramón Serrano de Suñer war). Alcázar wurde im Januar 1941 trotz fehlender Englischkenntnisse Presseattaché in der spanischen Botschaft in London. Der Security Service schätzte ihn so ein:

Alcázar ist ein höchst merkwürdiger Charakter. Er stammt von Zigeunern ab und arbeitete als Knabe als Schuhputzer in Madrid. Besonders ehrgeizig, wurde er Stierkämpfer, um Geld für eine Ausbildung zusammenzubekommen. In der ersten Stunde schloss er sich der [faschistischen] Falange an und behauptete, er habe seinen ersten Aufstieg in der Politik durch einen Mord an einem republikanischen Polizeibeamten erreicht.

Nur durch seine Persönlichkeitsstärke beherrschte und terrorisierte dieser Autodidakt und ehemalige Stierkämpfer die spanische Kolonie [in London] und das Botschaftspersonal – mit der einzigen Ausnahme des [Botschafters] Herzog von Alba. Eine weniger brillante Figur hätte sich mit seinem Verhalten lächerlich gemacht. Zu einem Interview im Außenministerium ist er in seiner Falange-Uniform erschienen. Er hat Einladungen in elegante Clubs angenommen und dann darauf bestanden, seine Getränke selbst zu bezahlen. Im Savoy hat er den Fisch mit Fingern gegessen und im Türkischen Bad eine Demonstration seiner Technik beim Stierkampf gegeben. Die spanischen Diplomaten waren peinlich berührt, sagten aber zu allem ja, weil sie Alcázars Macht in Madrid fürchteten. Zudem hat er keinen Hehl daraus gemacht, dass er stark mit den Deutschen fühlt und sich einen Sieg der Achsenmächte wünscht.

Um die Zeit von Alcázars Ankunft in London verbrachte del Pozo, so der Überwachungsbericht des Security Service, »seine Zeit fast ausschließlich mit den Mädchen im Café de Paris und erwarb sich einen Ruf als Trunkenbold, Verschwender und Possenreißer«. Im Februar wurde er deswegen nach Spanien zurückbeordert. Alcázar kehrte im selben Monat vorübergehend nach Madrid zurück. Der Security Service forderte, ihn zur *Persona non grata* zu erklären, aber das Außenministerium befürchtete eine Vergeltungsaktion gegen das britische Botschaftspersonal in Madrid und beschränkte sich auf eine Verzögerungstaktik. So konnte Alcázar erst im Juli 1941 nach London zurückkehren.[95]

Im Mai 1941 versuchte der MI5, das Ausmaß der spanischen Spionage für den NS-Staat in Großbritannien zu erkunden und instruierte GW, erneut Kontakt zu dem Portier der Botschaft aufzunehmen, dem er Berichte für del Pozo geschickt hatte. Der Portier machte ihn während Alcázars Abwesenheit mit dem bekannten spanischen Journalisten Luis Calvo bekannt. Calvo verriet GW schon beim ersten Treffen, dass sein Journalismus als Tarnung für Spionage diente. »Sie und ich«, sagte er ihm, »werden sehr gut zusammenarbeiten«. Bei einer Reise nach Nordwales, so prahlte er, habe er vor kurzem »ganz nützliche Informationen« zu Flugzeugwerken und Flugplätzen beschafft. In der B1 G, die für die Abwehr der Spionage durch die Spanier zuständig war, sah man es als »zumindest zweifelhaft« an, dass man ohne GWs Kontakte »bis zu Calvo vorgestoßen« wäre, und man hätte »ganz sicher nicht so früh von ihm erfahren«. Weitere Erfolge der Spionageabwehr folgten. Ein Kommentar aus der B1 G lautete: »Als eine bemerkenswerte Tatsache haben wir in den wenigen Monaten zwischen September 1941 und Mitte Februar 1942 ... nicht nur die generellen Umrisse, sondern ein ziemlich präzises Bild von dem [spanischen] Spionagenetzwerk in diesem Land gewonnen.«[96]

In der Abteilung B war Anthony Blunt am aktivsten mit der Untersuchung zur Unterwanderung der Botschaften neutraler Länder befasst, insbesondere solcher Länder, die den Feind am wahrscheinlichsten unterstützen würden. Wie Blunt den sowjetischen Geheimdienst informierte, konnten die am Hafen positionierten MI5-Offiziere auf »zahlreiche [Diplomaten-]Koffer zugreifen, die über Kuriere auf dem Weg außer Landes« waren:

In manchen Fällen konnte – so merkwürdig es auch erscheint – der Kurier dazu überredet werden, seine Tasche in die Obhut des [MI5] Offiziers zu geben, anstatt sie über Nacht im Hotel zu lassen. Besonders gut funktioniert diese Methode bei Spaniern und Portugiesen, die sich von Poole oder Bristol aus nach Lissabon einschiffen.[97]

Der beste Agent des MI5 in neutralen Botschaften, so meldete Blunt nach Moskau, sei ein Angestellter der spanischen Botschaft, der »Codes, unverschlüsselte Versionen verschlüsselter Telegramme, Entwürfe der Berichte des Botschafters, Privatbriefe, Notizen zu festlichen Abendessen und Besuchern sowie allgemeinen Klatsch über die Mitarbeiter der Botschaft« liefere.[98] Der Angestellte war im Dezember 1941 als Agent DUCK angeworben worden. Einem Bericht der B1 G aus der Nachkriegszeit zufolge war DUCK »von unschätzbarem Wert«, weil er Zugang zu einem breiten Spektrum an diplomatischen Unterlagen hatte, da »die Sicherheitsvorkehrungen in der Botschaft zu unserem großen Glück gleich null waren«.[99] Im Januar 1942[100] und bei zumindest zwei weiteren Gelegenheiten[101] konnte DUCK den aktuellen Chiffrierschlüssel der Spanier in einer Tasche aus der Botschaft schmuggeln und einem Mitarbeiter des MI5 übergeben, der in einem Wagen um die Ecke wartete. Da jeder Schlüssel für einige Monate in Gebrauch blieb, konnte die GC&CS den Nachrichtenverkehr zwischen der Botschaft und Madrid dechiffrieren. Ein anderer Agent in der Botschaft, der von Maxwell Knights Abteilung geführt wurde, ließ manchmal nachts Mitarbeiter des MI5 durch ein Fenster in die Botschaft hinein und stand »für einen kleinen unauffälligen Einbruch« Schmiere.[102]

Wie für die Operationen zur Spionageabwehr gegen Deutschland und für das Double-Cross-System spielte die Fernmeldeaufklärung (SIGINT) auch bei der Aufdeckung der Spionagetätigkeit der spanischen Botschaft in London eine entscheidende Rolle. Im Januar 1942 wurden Telegramme entschlüsselt, die der japanische Botschafter in Madrid nach Tokio geschickt hatte. Demnach behauptete Alcázar, er betreibe in Großbritannien ein 21-köpfiges Agentennetzwerk. Berichte von einigen dieser Agenten wurden in den entschlüsselten ISOS-Mitteilungen zitiert, die von der Madrider Niederlassung der Abwehr nach Berlin gesandt worden waren. Nur zwei dieser Agenten waren Spanier: Luis Calvo und eine namentlich nicht genannte Einzelperson, von der der MI5 glaubte, dass es sich um den von GW kontaktierten Portier in der spanischen Botschaft handeln müsse. Calvo, der im Gegensatz zu Alcázar keine diplomatische Immunität genoss, wurde am 12. Februar verhaftet und gestand rasch, mit GW Spionagekontakte unterhalten zu haben.[103] Zu den meisten übrigen Mitgliedern von Alcázars Spionagering konnte er kaum etwas sagen. Einige von ihnen identifizierte die B1 A als die angeblichen Unteragenten GWs, die sie selbst zur Täuschung der Abwehr erfunden hatte. Wie der MI5 schrittweise herausfand, waren die übrigen Agenten Alcázars Fantasie entsprungen. Später räumte er dem SIS gegenüber ein, er habe zwei Jahre lang ungefähr 4000 Pfund pro Monat verdient, indem er den Japanern und Deutschen gefälschte Informationen verkauft habe. Einige hatten angeblich von einem weiteren ebenfalls inexistenten Spionagering in den USA gestammt. Seiner Sekretärin war es auf Alcázars Anweisung hin sogar gelungen, gefälschte Geheimdienstberichte an die Niederlassung des SIS in Madrid zu verkaufen.[104] Die spanische Botschaft in London stellte für das Double-Cross-System damit jedenfalls keine potenzielle Gefahr mehr dar.

2
Sieg

In der Mitte des Zweiten Weltkrieges wurde mit den britischen Kriegsanstrengungen insgesamt auch die Arbeit des Double-Cross-Systems deutlich intensiviert. Masterman listete später sieben Hauptziele auf, denen die Doppelagenten dienen sollten:

1. Überwachung des feindlichen Systems oder so viel davon, wie wir in die Finger bekommen können.
2. Ergreifung neuer Spione, sobald sie auftauchen.
3. Information über Personen und Methoden des deutschen Geheimdienstes.
4. Informationen über Code und Verschlüsselung des deutschen Geheimdienstes.
5. Erhalt von Hinweisen auf Pläne und Absichten des Feindes aufgrund der von ihm gestellten Fragen.
6. Beeinflussung der Pläne des Feindes durch die an ihn gesandten Antworten.
7. Täuschung des Feindes über unsere Pläne und Absichten.[1]

Das Zwanzigerkomitee gab der strategischen Täuschung (des feindlichen Oberkommandos und nicht mehr nur der feindlichen Streitkräfte im Feld) erst im Sommer 1942 Priorität. Am 15. Juli informierte Tar Robertson den Funkausschuss:

> Es ist ziemlich sicher, dass das einzige Netzwerk an Agenten, über das die Deutschen in diesem Land verfügen, jetzt vom Security Service kontrolliert wird ... Der kombinierte Generalstab in diesem Land hat in den Doppelagenten des MI5 ein starkes Mittel, um auf das deutsche Oberkommando der Wehrmacht Einfluss auszuüben.[2]

Die strategische Täuschung begann allerdings nicht auf dem europäischen Kriegsschauplatz, sondern im Nahen Osten, wo der Geheimdienstoffizier Lieutenant Colonel Dudley Clarke in der Frühphase des Krieges von dem britischen Oberkommandierenden General Sir Archibald Wavel dazu aufgefordert worden war, Täuschungspläne zu ersinnen.³ Anschließend gab Clarkes »A Force« bei Täuschungskampagnen im gesamten Nahen Osten und letztlich auch auf den anderen Kriegsschauplätzen den Ton an. Der Historiker Sir Michael Howard, der sich von offizieller Seite aus mit den britischen Täuschungsmanövern im Krieg befasst hat, kommt zu dem Ergebnis:

> Eine kleine Eichel, die Dudley Clarke im Dezember 1940 in Gestalt von einigen vorgetäuschten Kampfeinheiten in die Westliche Wüste setzte, sollte zu einer gewaltigen Eiche heranwachsen, zu deren Ästen die nicht existierende britische 12. Armee in Ägypten (und die – kaum existierende – 9. und die 10. Armee in Syrien bzw. im Irak) sowie die 1. Heeresgruppe der USA (FUSAG) in Großbritannien gehörten.⁴

Dudley Clarkes Talent bei der Täuschung erstreckte sich auch auf sein bis heute rätselhaft gebliebenes Privatleben. Im November berichtete Kim Philby, der dem sowjetischen Geheimdienst gerne skandalöse persönliche Details übermittelte, Clarke sei in Madrid in Frauenkleidern verhaftet worden.⁵ Philby sorgte – wahrscheinlich nach ausschweifenden Trinkgelagen – gelegentlich für Verwirrung, indem er neben eminent wichtigen geheimdienstlichen Erkenntnissen auch unglaubwürdige Berichte über seltsame Vorgänge nach Moskau schickte. Nach einem ließ das Dritte Reich angeblich Kokain und andere harte Drogen, wahrscheinlich per Fallschirm, in die Irische Republik einschmuggeln, von wo aus sie walisische Fischer auf Barkassen nach Großbritannien brächten und an Londoner Klubs lieferten. Und dort würden Offiziere der Royal Air Force »unter dem Einfluss von Drogen, Alkohol und Sexorgien oder Teufelsmessen dazu verleitet, Informationen preiszugeben«.⁶ Dagegen entsprach Philbys Bericht über Clarkes transvestitische Neigung, derentwegen er in Spanien vorübergehend inhaftiert wurde, durchaus den Tatsachen.⁷ Trotz seines exzentrischen Privatlebens gab Clarke mit seinen Täuschungsoperationen im Nahen Osten den Anstoß zur Gründung der London Controlling Section (LCS), die ab

1. Das älteste erhaltene Foto von Vernon Kell als Chef des MI5. Von allen Leitern britischer Regierungsbehörden im 20. Jahrhundert blieb er am längsten im Amt.

2. Major (später Brigadegeneral Sir) James Edmonds, der die Beweise für deutsche Spionagetätigkeit zusammentrug, die 1909 zur Gründung des Secret Service Bureau (Vorläufer des MI5 und des SIS) führten.

3. William Le Queux *(stehend)*, der Walter Mitty der Spionageabwehr vor dem Krieg, hier mit seinem Verleger abgebildet. Für 1000 Wörter bekam Le Queux das gleiche Honorar wie Thomas Hardy. Seine Bestseller erweckten bei vielen den Eindruck, Großbritannien werde von den »Spionen des Kaisers« überrannt.

4. Kells »Chefdetektiv« William Melville bei einer Beschattung an Bord einer Kanalfähre (vermutlich, um George Parrott, dem britischen Agenten von Gustav Steinhauer, auf der Spur zu bleiben).

5. Der »Spion des Kaisers« Gustav Steinhauer, Leiter der britischen Abteilung des Auslandsnachrichtendienstes der deutschen Admiralität, in einer der Verkleidungen, die er bei Einsätzen in Großbritannien verwendete.

6. *(oben)* Winston Churchill (*hier Mitte links* mit Zylinder bei der »Belagerung der Sidney Street« 1911 zu sehen) war Kells größter Fürsprecher in der Regierung in den ersten Jahren des MI5. Als Innenminister 1910/11 führte Churchill die Untersuchungsvollmachten ein, die noch heute ein wichtiger Bestandteil der MI5-Ermittlungen sind.

7. *(rechts)* William Hinchley Cooke in deutscher Militäruniform. Der Sohn eines britischen Vaters und einer deutschen Mutter war einer der ersten Rekruten Kells im Krieg und verkleidete sich als deutscher Offizier, um von deutschen Kriegsgefangenen Informationen zu erhalten.

8. MI9-Mitarbeiter bei der Überprüfung verdächtiger Briefe nach unsichtbarer Tinte (die von deutschen Agenten häufig verwendet wurde) im Ersten Weltkrieg.

9. Carl Lody, der erste deutsche Spion, der im Ersten Weltkrieg (nach dem Abfangen seiner Briefe) gefasst wurde. Er wurde zugleich als erster Mensch seit 150 Jahren im Londoner Tower hingerichtet. Kell hielt ihn für einen »wirklich guten Mann« und »bedauerte es zutiefst, dass ein so tapferer Mann mit dem Tod bestraft werden sollte«.

10. Karl Müller bewies ebenfalls großen Mut, auch wenn er von Kell nicht so bewundert wurde. Dem Vernehmen nach gab er dem Erschießungskommando vor der Hinrichtung im Tower im Juni 1916 die Hand. Ohne es zu wissen, wurde Müller zum Vorläufer des »Double-Cross-Systems« im Zweiten Weltkrieg. Der MI5 verdiente mit falschen Berichten, die in seinem Namen an den deutschen Nachrichtendienst geschickt wurden, so viel Geld, dass er ein Auto kaufen konnte, das »Müller« genannt wurde.

11. Der erste Mitarbeiter des MI5 mit einem Universitätsabschluss Lieutenant Colonel Maldwyn Haldane *(vordere Reihe)*, Leiter der Registratur und Verwaltung, mit seinen höchsten Mitarbeitern auf dem Dach des MI5-Hauptquartiers, Waterloo House, 1918.

12. Kell und die Leiter der MI5-Branches 1918. Vordere Reihe *(links nach rechts):* Lieutenant Colonel Eric Holt-Wilson (Kells Stellvertreter); Kell; Haldane. Hintere Reihe *(links nach rechts):* Major Sidney Chaytor Welchman (F: Präventivaufklärung); Major James Sealy Clarke (G: Ermittlungen); Major Francis Hall (D: Aufklärung im Empire und in Übersee); Major Herbert Eames Spencer (E: Hafen- und Grenzkontrolle).

13. *(oben)* Feier des Waffenstillstands 1918, »Armistice Day«, auf dem Dach des Waterloo House. Die »Stars and Stripes« wehen unter den Flaggen der Alliierten.

14. *(links)* Kells Dankesbrief zum Armistice Day an die »Damen, Offiziere und Mitarbeiter« des MI5.

15. Maxwell Knight, der beste Agentenführer des MI5 von 1931 bis Anfang der 1950er, mit einem seiner Haustiere. Wer ihn in seinem Haus besuchte, konnte ihn dabei antreffen, wie er »sich um ein Tierjunges kümmerte, eine riesige Kröte fütterte, junge Kuckucke aufzog oder sich ein Wortgefecht mit einem überaus raffinierten, grauen Papagei lieferte«, wie sich ein Besucher erinnerte. Sein Geschick bei der Aufklärungsarbeit war zum Teil auf die Studien des tierischen Verhaltens zurückzuführen. Knight arbeitete später als Zoologe für die BBC.

16. Jane Archer, geb. Sissmore, die erste Mitarbeiterin des MI5. Die im Krieg als »vorübergehende Angestellte« geworbene Archer erwarb in der Freizeit die Zulassung als Anwalt (hier ein Foto aus dem Jahr 1924) und wurde die wichtigste Expertin für die Sowjetunion. Im Jahr 1940 leitete sie die Befragung Walter Krivitskys, des ersten wichtigen sowjetischen Überläufers.

17. Der kommunistische Parteifunktionär Percy Glading, fotografiert während einer Haftstrafe wegen der Leitung eines Spionagerings in Woolwich Arsenal. Gladings Tagebuch, das vom MI5 nach der Verhaftung im Jahr 1938 untersucht wurde, enthielt einen Hinweis auf Melita Sirnis (später Norwood), dem man nicht nachging. Das galt auch für eine Spur von Agent M2, der berichtete, dass Norwood aktive Kommunistin sei, die eine »besonders wichtige«, geheime Tätigkeit leiste. Er legte gar eine Zeichnung vor.

18. Skizze von Melita Norwood des Agenten M2 von 1938. Sie sollte die langjährigste britische Agentin der Sowjetunion werden.

19. Norwood nach ihrer öffentlichen Enttarnung durch den KGB-Überläufer Wassili Mitrochin im Jahr 1999.

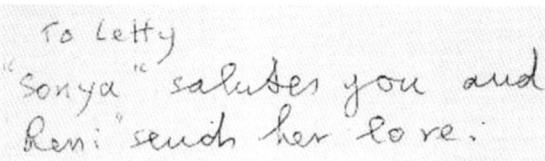

20. Ihr Führungsoffizier im Krieg »Sonja« (Ursula Beurton, geb. Kuczynski), die inzwischen in Ostdeutschland im Ruhestand lebte, schickte Norwood nach der Enttarnung einen Brief zur Unterstützung (Auszug).

21. Das Fliegerass Christopher Draper *(links)* aus dem Ersten Weltkrieg begegnet Adolf Hitler bei einer Münchner Flugschau im Jahr 1932. Zwischen den beiden sind zwei deutsche Piloten. Nach Hitlers Machtübernahme wurde Draper gebeten, der Abwehr Informationen über die RAF zu liefern. Er informierte den MI5 und arbeitete von da an als erster Doppelagent gegen Deutschland seit dem Ersten Weltkrieg.

22. Draper wurde wegen seiner Vorliebe, unter Brücken durchzufliegen, der »Mad Major« genannt. Hier im Anflug auf die Westminster Bridge.

23. *(oben links)* Wolfgang zu Putlitz, wichtigste Quelle des MI5 in der deutschen Botschaft in London vor dem Krieg. Er kommunizierte über seinen Freund Jona »Klop« Ustinov

24. *(oben rechts)* mit dem MI5, einem deutschen Journalisten, der 1935 MI5-Agent wurde (Deckname U35). (Das Bild zeigt Ustinows Meldenachweis als Ausländer, den die Londoner Polizei 1920 ausstellte.) Die Führung des MI5 ließ sich stark von der nachdrücklichen Forderung Putlitz' beeinflussen, gegen Hitler unbedingt standhaft zu bleiben; eine Beschwichtigungspolitik werde nicht funktionieren.

25. Dick White (später Chef des MI5 und des SIS), der 1939 Ustinovs Führungsoffizier wurde, nannte ihn den »besten und findigsten Mitarbeiter, mit dem ich jemals die Ehre hatte zu arbeiten«. White tat sich schwer mit dem Tragen der Uniform während des Krieges. Ein Kollege sah ihn einmal »die Offizierskoppel falsch herum tragen; das Vorderteil war hinten, und sie war schmutzig«.

26. *(oben)* Die Ruhe vor den Bomben. Mitarbeiter entspannen sich im Sommer 1940 bei Wormwood Scrubs, bevor der »Blitz«, der Luftangriff auf London, den MI5 zum Abzug zwang.

27. *(links)* Wormwood Scrubs, 1939. Ein Mitarbeiter in Zivil bei der Arbeit in einer Zelle. Die Zellentüren hatten innen weder Klinken noch Schlösser, so dass, wie ein MI5-Veteran sich erinnert, die Mitarbeiter »immer Gefahr liefen, von unvorsichtigen Besuchern eingeschlossen zu werden«.

28. Ein isolierter Vernon Kell in Wormwood Scrubs, um die Zeit, als er im Juni 1940 nach 31 Jahren als Chef des MI5 entlassen wurde.

29. Folkert van Koutrik wurde von der deutschen Abwehr 1938 als Doppelagent angeworben, während er für den Chefagenten in Den Haag arbeitete. Nach der deutschen Invasion in den Niederlanden im Mai 1940 flüchtete van Koutrik nach Großbritannien und wurde vom MI5 übernommen, um »Sonderermittlungen« unter ausländischen Flüchtlingen durchzuführen. Zum ersten Mal in der Geschichte des MI5 wurde er so von einem deutschen Agenten infiltriert, allerdings ging van Koutrik nach dem Umzug nach Großbritannien letztlich nicht das Risiko ein, den Kontakt zur Abwehr wiederaufzunehmen.

30. Im Juni 1940 warb der MI5 den sowjetischen Agenten Anthony Blunt, der hier in der Uniform des Intelligence Corps um die Zeit seines Eintritts in den Security Service zu sehen ist.

31. Beschattungsfoto von John Gollan (*Mitte,* später Generalsekretär der CPGB), als er eine Sitzung des Zentralkomitees der CPGB verließ, 30. Januar 1942. Blunt gelang es, seinen sowjetischen Führungsoffizier vor der Observierung der Parteiführung sowie den Abhörwanzen im Hauptquartier an der King Street zu warnen.

32. *(oben)* Das Verhörzentrum des MI5 während des Krieges, Lager 020 in Latchmere House in der Nähe von Ham Common im Westen Londons. Einige überaus erfolgreiche Doppelagenten wurden hier während des Verhörs »umgedreht«.

33. *(rechts)* Robin »Tin-eye« Stephens, der Kommandant von Lager 020, mit dem Monokel, das ihm seinen Spitznamen eintrug.

34. Thomas Argyll »Tar« Robertson, Chef der Doppelagenten-Abteilung B1 A des MI5. Der ehemalige Seaforth Highlander trug auch im MI5 seine engen Hosen im Schottenmuster und erwarb sich so den Spitznamen »Passion Pants«.

35. Der Oxford-Historiker John C. Masterman, den sein ehemaliger Schüler Dick White für den MI5 geworben hatte. Masterman leitete das Zwanzigerkomitee, das im Mittelpunkt des Double-Cross-Systems stand und den Feind mit Falschinformationen versorgte.

36. Juan Pujol (GARBO), der wohl erfolgreichste Doppelagent während des Krieges, vor dem Buckingham-Palast am 40. Jahrestag der Invasion in der Normandie, nachdem der Herzog von Edinburgh ihm gratuliert hatte. Pujol trägt die Auszeichnung MBE, die ihm 40 Jahre zuvor verliehen wurde.

37. Der Führungsoffizier von GARBO im Krieg, Tomás »Tommy« Harris, der zweisprachige Sohn eines englischen Vaters und einer spanischen Mutter. Die beiden Männer bildeten das wohl kreativste Agent-Offizier-Gespann in der Geschichte des MI5.

38. Der ersten weiblichen Agentenführerin des MI5, Mary Sherer, wurde es nur gestattet, eine Handvoll weiblicher Agenten zu führen: Die wohl wichtigste unter ihnen war die tüchtige, aber temperamentvolle Doppelagentin Nathalie »Lily« Sergueiev (TREASURE).

39. Nathalie »Lily« Sergueiev (TREASURE), hier mit ihrem Offizier der Abwehr, Major Kleimann, gab den Briten die Schuld am Tod ihres Hundes Babs (40. *oben rechts*), den sie wegen der britischen Quarantänevorschriften in Portugal zurücklassen musste. Sherer gegenüber gab sie zu, dass sie aus Rache erwogen hatte, die Doppelagenten-Operation gegen die Deutschen auffliegen zu lassen – allerdings entschied sie sich letztlich doch anders.

41. Guy Liddell (hier mit seinem Bruder David, ebenfalls ein MI5-Mitarbeiter) war von 1940 bis 1946 Direktor der Division B (Spionageabwehr) und von 1946 bis 1952 DDG. Selbst Kim Philby behielt ihn als einen »idealen Vorgesetzten« in Erinnerung, von dem »ein junger Mann viel lernen konnte«.

42. Victor, der dritte Baron Rothschild, Erbe einer Bankerdynastie, gründete die erste Sabotageabwehrabteilung des MI5 in einer Zelle in Wormwood Scrubs. Rothschild verdankte sein Geschick beim Entschärfen deutscher Bomben zum großen Teil der Kunstfertigkeit beim Sezieren, die er als Zoologe an der Cambridge University erlernt hatte.

43. Im Februar 1944 entschärfte Rothschild eine Bombe, die in dieser Zwiebelkiste aus Spanien versteckt war. Über das Feldtelefon meldete er, dass er einen »charakteristischen Block deutsches TNT« *(siehe Pfeil)* gefunden habe. Churchill traf persönlich die Entscheidung, ihm die Georgsmedaille für Tapferkeit zu verleihen.

Mai 1942 unter Leitung von Lieutenant Colonel J. H. Bevan dazu diente, »weltweit Täuschungspläne mit dem Ziel zu erstellen, den Feind dazu zu verleiten, seine militärischen Ressourcen zu vergeuden«. Trotz seines großsprecherischen Titels »Controlling Officer« hatte Bevan keine richtungsgebende Kompetenz. Seine Rolle beschränkte sich auf Planung, Koordination und Überwachung.[8]

Eine von der LCS koordinierte strategische Täuschung war bei der ersten größeren Offensive der Alliierten im Krieg von zentraler Bedeutung: bei der Operation TORCH, der Invasion von Französisch-Nordafrika, die ab Juli 1942 geplant wurde. Die beiden wichtigsten von Bevan durchgeplanten Täuschungsoperationen, OVERTHROW und SOLO, überzeugten die Deutschen erfolgreich davon, dass die Vorbereitungen der Alliierten zu einer Landung in Nordfrankreich beziehungsweise in Norwegen in ein fortgeschrittenes Stadium eingetreten seien.[9] Während dieser Täuschungsoperationen hielt die LCS engen Kontakt zum Zwanzigerkomitee und zur B1 A. Acht Doppelagenten wurden eingesetzt, um dem Feind Falschinformationen zu verabreichen.[10] Am einfallsreichsten führten diese Desinformationskampagne der spanische Doppelagent GARBO und sein Vollzeit-Führungsoffizier Tomás »Tommy« Harris[11] durch, der bei seinem englischen Vater und seiner spanischen Mutter zweisprachig aufgewachsen war. Die Partnerschaft zwischen GARBO und Harris war eine der kreativsten und erfolgreichsten dieser Art in der Geschichte des MI5.[12] Harris hatte sich vor dem Krieg als wohlhabender Kunsthändler, Künstler und Salonlöwe in London etabliert und war dem MI5 Anfang 1941 von dem ebenfalls künstlerisch interessierten Anthony Blunt empfohlen worden.[13] Während des Krieges führten Harris und seine Frau im Stadtteil Mayfair ein offenes Haus, in dem (trotz der Rationierung im Krieg) Freunde aus den Geheimdienst- und Künstlerkreisen großzügig mit Champagner und Häppchen bewirtet wurden, darunter Blunt, Guy Burgess, Kim Philby, Guy Liddell, Dick White, Victor Rothschild sowie Kunsthändler aus der Bond Street und Auktionatoren von Sotheby's. Dass Harris pikanterweise mit drei führenden Sowjetagenten befreundet war, tat seiner erfolgreichen Arbeit im MI5 keinen Abbruch.[14]

Vor der Operation TORCH schickte GARBO der Abwehr zahlreiche Berichte von Unteragenten, die er und Harris erfunden hatten.

So berichteten angeblich Unteragenten aus Schottland von einem Gebirgskampf-Training für kanadische, schottische und norwegische Soldaten, was auf Vorbereitungen auf eine Invasion Norwegens hindeutete. Über seine Kontakte zum Informationsministerium wollte GARBO angeblich wissen, dass von offizieller Stelle Gerüchte über eine Expedition nach Dakar ausgestreut worden seien, um von einem tatsächlichen Angriff anderswo, wahrscheinlich in Norwegen oder Frankreich, abzulenken. Am 29. Oktober berichtete GARBO korrekt, dass soeben ein Schiffskonvoi aus dem Fith of Clyde ausgelaufen sei. Drei Tage später, am 1. November, informierte er die Abwehr – ebenfalls korrekt –, dass Informationen aus dem Informationsministerium auf eine alliierte Invasion in Französisch-Nordafrika hindeuteten. Die B1 A richtete es allerdings so ein, dass die Schreiben mit den Berichten verspätet zugestellt wurden. Sie trafen erst am 7. November bei GARBOs Führungsoffizier ein, wenige Stunden vor der alliierten Landung und nachdem die Deutschen die Invasionsarmee bereits entdeckt hatten. »Ihre letzten Berichte sind alle ausgezeichnet«, ließ die Abwehr GARBO später wissen, »trafen aber zu unserem großen Bedauern zu spät ein.«[15] General Alfred Jodl, Chef des Wehrmachtsführungsstabes im Oberkommando (OKW) und Hitlers engster Militärberater, gab nach dem Krieg bei einem Verhör durch die Alliierten zu, dass die deutsche Militärführung von der Landung in Nordafrika vollständig überrascht worden sei.[16]

Wohl keine Behörde in der britischen und wahrscheinlich in der gesamten Geschichte der Geheimdienste hat je ein so breites Spektrum an Täuschungsmanövern so genial erdacht und erfolgreich umgesetzt wie die B1 A während des Zweiten Weltkrieges. Die meisten frisch angeworbenen Rekruten waren von Tar Robertsons Ethos so begeistert, dass sie die Kunst des Täuschens in einem erstaunlichen Tempo erlernten – darunter der 25-jährige Flight Lieutenant Charles Cholmondeley, der in Oxford studiert und 1940 von der nachrichtendienstlichen Abteilung des Luftfahrtministeriums aus in den MI5 eintrat.[17] Tar beschrieb ihn später als »einen ganz außergewöhnlichen und angenehmen Mann, der in meiner Abteilung hauptsächlich als Ideengeber wirkte.«[18] Robertsons Stellvertreter John Marriott sah ihn dagegen als »einen unverbesserlichen Romantiker aus der Welt der alten Mantel-und-Degen-Stücke.«[19] Das genialste Täuschungsmanöver ließ sich Cholmondeley gleich nach Beginn der Operation TORCH einfallen, eine Intrige, bei der dem Feind gefälschte Dokumente untergejubelt werden sollten, um ihn bei einer bevorstehenden alliierten Operation im Mittelmeerraum hinsichtlich des Ziels in die Irre zu führen:

> Wir beschaffen aus einem Londoner Krankenhaus (in Friedenszeiten gewöhnlich für 10 Pfund) eine Leiche, ziehen ihr die Uniform eines passenden Rangs an, füllen ihre Lungen mit Wasser und stecken ihr Unterlagen in eine Innentasche. Dann wird sie aus einer Maschine des Coastal Command [der britischen Luftwaffe] an einer Stelle abgeworfen, von wo aus sie die Strömung wahrscheinlich an die feindliche Küste treibt ... Die Informationen, die in den Unterlagen enthalten sind, können weitaus geheimerer Natur sein, als die, die man über die gewöhnlichen Kanäle der B1 A ausstreuen kann.[20]

Cholmondeley gewann rasch die Unterstützung von Lieutenant Commander Ewen Montagu, dem Vertreter der Marine im Zwanzigerkomitee. Am 4. Februar informierten die beiden den Ausschuss, dass ein geeigneter Leichnam aufgetrieben worden sei (der obdachlose Waliser Glyndwr Michael, der sich mit Rattengift das Leben genommen hatte), und bekamen die Operation MINCEMEAT genehmigt. Michael wurde mit der fiktiven Identität eines Majors William »Bill« Martin der Marineinfanterie der britischen Kriegsmarine ausgestattet, eines Offiziers aus dem Stab des Befehlshabers der kombinierten Operationen, Vizeadmiral Lord Louis Mountbatten.[21]

Cholmondeleys ursprünglicher Plan wurde mit einigen Änderungen bedacht. Damit die gefälschten offiziellen Dokumente an der Leiche sicher entdeckt würden, brachte man sie in einem am Handgelenk angeketteten Aktenkoffer unter. Die Taschen wurden dagegen mit persönlichen Gegenständen und angeblichen Briefen seiner Verlobten ausstaffiert. Statt den Leichnam aus einem Flugzeug zu werfen, sollte ihn ein U-Boot an die spanische Küste vor Huelva bringen, von wo aus er von der Strömung mit Sicherheit ans Ufer gespült würde.[22] Als zuständiger Offizier der LCS suchte Colonel Bevan am 15. April um 10 Uhr Churchill auf, um für die Operation MINCEMEAT seine Genehmigung einzuholen. Der Premierminister rauchte inmitten »von Papieren und schwarzen und roten Zigarrenkisten aufrecht im Bett eine Zigarre. Begeistert stimmte er der Täuschungsoperation zu. Zustimmung kam auch vom Oberkommandierenden der Alliierten für die Kriegseinsätze im Mittelmeer, General Dwight D. Eisenhower, der sie ebenfalls genehmigen musste. Sollte es beim ersten Versuch nicht klappen, so meinte er halb im Scherz, »müssen wir die Leiche eben bergen und dann nochmals schwimmen lassen«.[23]

Obwohl nicht verantwortlich, leistete der MI5 bei der Umsetzung der Operation MINCEMEAT erhebliche Unterstützung. Montagu forderte die Sekretärinnen im Bereich B auf, Fotos einzureichen, damit er für »Major Martin« eine passende Verlobte namens »Pam« aussuchen könne. Die Wahl fiel auf die Sekretärin der B1B. Ein attraktives Foto im Badeanzug wurde in »Martins« Brieftasche gesteckt.[24] Andere Sekretärinnen halfen beim Verfassen von »Pams« Liebesbriefen für »Martins« Jackentasche.[25] Das Foto in seinem Personalausweis stammte von dem B1A-Offizier Ronnie Reed, der dem unglücklichen Glyndwr Michael etwas ähnlich sah.[26] In »Martins« Taschen fanden sich zudem abgerissene Karten für ein Londoner Theater vom 22. April als Hinweis darauf, dass er London nach diesem Datum verlassen hatte.[27] In Wahrheit war der Leichnam schon Tage zuvor auf das U-Boot *HMS Seraph* verladen worden, das ihn vor die spanische Küste brachte. Am 22. April schenkten Montagu und Cholmondeley den Sekretärinnen, die die Liebesbriefe und das Foto von »Pam« beigesteuert hatten, die Theaterkarten zu den Kontrollabschnitten, die mit der Leiche auf die Reise gegangen waren. Anschließend begingen alle vier mit einem Theaterabend und einem Essen »Bill Martins Abschiedsparty«.[28]

Gut eine Woche später, am 30. April, wurde die Leiche in den frühen Morgenstunden in Huelva an den Strand gespült. Wie erwartet, nahmen sich die Behörden des franquistischen Spaniens ihrer an. Sie öffneten den Aktenkoffer an »Martins« Handgelenk, fotografierten die Dokumente ab, leiteten sie an die deutsche Abwehr weiter und überstellten die Leiche später den britischen Behörden. Der Aktenkoffer enthielt handschriftliche Briefe Mountbattens und des stellvertretenden Oberkommandierenden des britischen Generalstabs, Generalleutnant Sir Archibald Nye, sowie Druckfahnen eines Handbuchs zu kombinierten Militäroperationen, zu dem angeblich Eisenhower ein Vorwort schreiben wollte. Die Briefe deuteten fälschlicherweise auf eine geplante Landung der Alliierten in Griechenland unter dem Codenamen HUSKY hin. Wenig später zeigte der Inhalt von abgefangenen und entschlüsselten Meldungen, dass die Deutschen sich umfassend hatten täuschen lassen. Eine Notiz, die Churchill auf Besuch in Washington zugestellt bekam, vermeldete lapidar: »MINCEMEAT in der Gesamtheit geschluckt.« Selbst als der Angriff der Alliierten anstatt in Griechenland auf Sizilien erfolgte, kamen den Deutschen noch immer keine Zweifel an der Echtheit der Dokumente von MINCEMEAT. Sie glaubten vielmehr, die Alliierten hätten ihre Pläne geändert.[29]

Die Vorbereitungen auf die Operation MINCEMEAT überzeugten Duff Cooper, den Chef der Home Defence Executive (auch Security Executive, von Churchill eingerichtet, um die Arbeit der verschiedenen Geheimdienstbehörden besser zu koordinieren), davon, dass es nun an der Zeit sei, Churchill auch über einige andere Täuschungsmanöver der B1 A und ihrer Doppelagenten zu informieren.[30] Noch im März 1943 vermerkte Guy Liddell in seinem Tagebuch, dass der Premierminister trotz seiner regelmäßigen Treffen mit »C« und einem großen Interesse an der Arbeit von Bletchley Park und der Special Operations Executive (SOE) von den Operationen des Security Service noch immer nichts wisse.[31] Um ihn in die Arbeit der B1 A einzuführen, wählte Duff Cooper beispielhaft einen Fall aus, der beim Premierminister am ehesten Begeisterung entfachen würde: den Fall des Doppelagenten Eddie Chapmans.[32]

Chapman war vor dem Krieg in London ein extravaganter Berufsverbrecher gewesen, der einen Bentley fuhr und Anzüge aus der Savile Row trug. 1939 floh er vor der Londoner Polizei nach Jersey, wo er anschließend wegen Einbruchs und Diebstahls im Gefängnis saß. Mit der Besetzung der Kanalinseln durch die Deutschen änderte sich sein Schicksal. Chapman bot den Deutschen für die Zeit nach seiner Entlassung seine Dienste als Spion an und hatte bei der deutschen Abwehr schließlich Erfolg. In den frühen Morgenstunden des 16. Dezember 1942 sprang er mit einem Fallschirm über einer ländlichen Gegend von Cambridgeshire ab – mit falschen Papieren, 990 Pfund in alten Scheinen, einer Brieftasche, die einem toten britischen Soldaten abgenommen worden war, einem Funkgerät und einer Selbstmordkapsel. Am Vormittag meldete er sich bei der örtlichen Polizeidienststelle und teilte mit, er habe eine wichtige Geschichte für den britischen Geheimdienst. Er landete im Lager 020, wo ihn Kommandant »Tin-eye« Stephens binnen weniger Tage zum Doppelagenten »ZIGZAG« machte. Inwieweit Churchill in Sachen ZIGZAG unterrichtet wurde, lässt sich heute nicht mehr detailliert nachvollziehen, aber aller Wahrscheinlichkeit nach erfuhr er von dessen Sabotageoperation Anfang 1943 gegen die Flugzeugfabrik de Havilland in Hatfield – die Produktionsstätte der Bomber vom Typ Mosquito, die gegen deutsche Städte eingesetzt wurden. Dramatische Aufnahmen zeigten mit Planen abgedeckte zerstörte Werksgebäude inmitten von Trümmern. ZIGZAGs Führungsoffizier Stephan von Gröning, der sich in einer großen Villa in der Hafenstadt Nantes niedergelassen hatte, frohlockte und beging das Ereignis mit »Champagner für alle«. ZIGZAG bekam in einer Geheimzeremonie in Oslo noch im selben Jahr als erster britischer Staatsbürger für »seinen hervorragenden Eifer und Erfolg« das Eiserne Kreuz verliehen. Die »Sabotage« des de Havilland-Werkes war allerdings ein von der B1 A orchestrierter Schwindel.[33]

Der zweite Fall, über den Duff Cooper Churchill im März 1943 informierte, war der eines hochrangigen Offiziers der deutschen Abwehr mit dem Codenamen HARLEQUIN. Er war im November 1942 in Nordafrika in Gefangenschaft geraten und nach Großbritannien überstellt worden. Da die Deutschen von seiner Gefangennahme wussten, kam er für einen Einsatz als Doppelagent nicht in Frage, konnte aber bis zu einem gewissen Punkt nützlich werden:

> In der Überzeugung, dass eine deutsche Niederlage unvermeidlich sei, gab er uns ein schriftliches Angebot seiner Dienste in die Hand – mit dem einzigen Vorbehalt, dass er sich nicht zwingen lassen werde, Waffen auf deutsche Soldaten zu richten. Er hat eine Vielzahl geheimdienstlicher Erkenntnisse geliefert, von denen viele überprüft [und bestätigt] wurden, auch wenn ihm dies nicht bekannt ist. Ebenso wurde er in beratender Eigenschaft eingesetzt und gab in den vorgelegten Fällen nützliche und informative Auskünfte.[34]

Der Security Service war überzeugt, dass HARLEQUIN kein »zu strenges Gewissen« habe und einer Kooperation teilweise deswegen zugestimmt habe, weil ihm die »Zivilcourage« fehle, um sich mit einem Leben als Kriegsgefangener abzufinden. Er wolle den Krieg so schnell wie möglich beendet wissen. Aber im April antwortete Petrie: »Bisher hat er gut mitgespielt, und es ist davon auszugehen, dass er dies auch weiterhin tun wird, wenn wir unsere Verpflichtung in dem Handel einhalten.«[35]

Da sich Churchill von den geschilderten Operationen des MI5 von ZIGZAG, HARLEQUIN und anderen fasziniert zeigte, schlug Duff Cooper vor, der Security Service solle ihm jeden Monat einen kurzen Bericht zukommen lassen.[36] Wie Petrie hegte Liddell allerdings Befürchtungen, Churchill könne sich anschließend zu unüberlegten Aktionen hinreißen lassen: »Es hat offenkundige Vorteile, wenn wir uns beim Premierminister, der über unsere Abteilung augenblicklich nichts weiß, verkaufen. Andererseits könnte er sich bei einem bestimmten Fall in einen Aktionismus stürzen. Für unsere laufende Arbeit könnte sich dies als verheerend erweisen.«[37] Nach gründlicher Abwägung entschied sich Petrie vornehmlich im Interesse der Mitarbeiter des Security Service für einen monatlichen Bericht an Churchill:

Es ist im Großen und Ganzen ein Nachteil der Geheimdienstarbeit, dass die Ergebnisse hauptsächlich negativ sind, was bedeutet, dass man desto weniger vorzuzeigen hat, je besser die Arbeit getan wurde. Zudem liegt es in der Natur der Sache, dass man nur wenige in ihre Geheimsachen einweihen darf. Deshalb ist es nur fair, wenn der Premierminister und einige weitere hohe Chargen auf die gute Arbeit des Geheimdienstes, der auch ich Anerkennung zollen möchte, aufmerksam werden.[38]

Besonders sorgte sich die MI5-Führung wegen der wahrscheinlichen Reaktion des Innenministers Herbert Morrison, der als Mitglied der Labour Party in Churchills Koalitionskabinett saß. Bei einem Treffen beschlossen Guy Liddell, Dick White, Tar Robertson und Roger Hollis, dass der Monatsbericht nichts über den Kampf gegen subversive Umtriebe enthalten solle: Der Premierminister könne »mit dem Innenminister darüber sprechen, und wenn dieser nicht ebenfalls informiert wurde, könnten wir Unannehmlichkeiten bekommen«.[39] Ihr Widerwille, Morrison entsprechende Berichte zukommen zu lassen, hing eng mit einem Fall vom Vorjahr zusammen: Im März 1942 hatte eine Karikatur Philip Zecs im *Daily Mirror* den Zorn des Innenministers auf sich gezogen. Sie zeigte ein Floß im Atlantik mit einem Seemann mit ölverschmiertem Gesicht, dessen Schiff von Torpedos versenkt worden war. Wahrscheinlich fälschlicherweise deutete Morrison die Aussage so, als würde das Leben von Seeleuten den hohen Profiten von Ölkonzernen geopfert. In den Akten des Security Service finden sich keine Hinweise mehr, aber wahrscheinlich hatte Morrison den MI5 zu einer Untersuchung aufgerufen.[40] Wahrscheinlich aus Angst vor weiteren Aufforderungen zu Ermittlungen gegen angebliche subversive Umtriebe beschloss die Führung des MI5, sich in den Berichten an Churchill fast ganz auf dessen Rolle im Krieg gegen die Achsenmächte zu beschränken.

Für den ersten Monatsbericht verfassten die verschiedenen Abteilungen (außer die von Hollis) Entwürfe mit insgesamt 16 maschinengeschriebenen Seiten mit einzeiligen Abständen. Anthony Blunt arbeitete eine Kurzfassung aus. Die endgültige Fassung mit zweieinhalb Seiten erstellte er mit Dick White.[41] Da Blunt die Monatsberichte an Churchill bis zum Ende des Krieges verfasste,[42] gelangten sie aller Wahrscheinlichkeit nach auch an den sowjetischen Geheimdienst – und möglicherweise an Stalin persönlich.[43] Moskau könnte auch die ausführlichere ursprüngliche Version erhalten haben und so detaillierter informiert gewesen sein als Churchill!

Der erste monatliche »Bericht zu den Aktivitäten des Security Service«, der am 26. März 1943[44] an Churchill ging, wurde mit Blick auf dessen Reaktion ein durchschlagender Erfolg.[45] Mit roter Tinte setzte der Premierminister den Vermerk »höchst interessant« auf das Papier.[46] Fortan, so schrieb Petrie später, nahm Churchill »nachhaltig persönlichen Anteil an unserer Arbeit«.[47] Der erste Bericht begann mit einer Zusammenfassung der Erfolge der britischen Spionageabwehr seit Ausbruch des Krieges:

> Insgesamt sind uns 126 Spione in die Hände gefallen. Von ihnen ergaben sich 18 freiwillig. 24 haben sich als zugänglich erwiesen und dienen jetzt als Doppelagenten. 28 wurden in Niederlassungen in Übersee festgenommen, 8 auf hoher See verhaftet. Zudem wurden dem Feind 12 echte und 7 imaginäre Personen als Doppel-

agenten untergeschoben. 13 Spione wurden hingerichtet, einem 14. wird der Prozess gemacht.

Als Beispiel dafür, wie umfassend sich die Deutschen von den »Double-Cross-Spionen« täuschen ließen, enthüllte der Monatsbericht, dass die deutsche Abwehr GARBO (der wie die anderen Agenten namentlich nicht identifiziert wurde) 2500 Pfund zugeschickt und in Madrid weitere 250 000 Peseten zur Verfügung gestellt hatte. Für MUTT und JEFF wurden mit dem Fallschirm über Aberdeenshire ein neuartiges Funkgerät, Ausrüstung zum Begehen von Sabotageakten und 200 Pfund in Banknoten abgeworfen.[48]

Beim Lesen des ersten Monatsberichts interessierte sich Churchill offenbar besonders für HARLEQUIN und bat den MI5 um nähere Auskünfte darüber, welche nachrichtendienstlichen Informationen er beschafft hatte.[49] In dem ergänzenden Bericht markierte der Premier folgende Passage mit Rot: »HARLEQUIN behauptet, sämtliche Offiziere der [deutschen] Abwehr seien – wie auch er selbst – davon überzeugt, dass Deutschland den Krieg verloren habe, wenn die russischen Streitkräfte mit der deutschen Sommeroffensive [von 1942] nicht vernichtend geschlagen werden könnten.« In der Abwehr glaube man, dass angesichts des immer größeren Vorsprungs bei der Waffenproduktion der Großen Allianz (USA, Großbritannien und Sowjetunion) deren Sieg unvermeidlich sei.[50] Zwei Monate später berichtete der Security Service Churchill, HARLEQUIN, der zunächst »unschätzbar wertvolle Informationen« geliefert habe, verweigere inzwischen die Kooperation. Er habe seine deutsche Militäruniform angezogen und sei ins Kriegsgefangenenlager geschickt worden:

> Er bat um eine Entbindung von den eingegangenen Verpflichtungen: Ihm sei klar geworden, dass die Alliierten entschlossen seien, einem besiegten Deutschland erdrückende Friedensbedingungen aufzuzwingen. Er wolle nicht das Gefühl haben, dass er die Unterdrückung des deutschen Volkes irgendwie mit zu verantworten habe.[51]

In den schriftlichen Berichten für Churchill nicht erwähnt wurde indes, dass der militärische Geheimdienst HARLEQUIN nach dessen Gefangennahme eine Zusage gemacht hatte: Er könne im Gegenzug für seine Kooperation in ein neutrales Land ausreisen und sich dort mit dem Chef der deutschen Abwehr, Admiral Wilhelm Canaris, treffen. HARLEQUIN hatte Canaris als »das Zentrum einer künftigen Organisation der NS-Gegner« gesehen, die dem Hitler-Regime hätte nachfolgen sollen. Dann las er in der britischen Presse Berichte über Canaris' Entlassung, gab seinen Plan auf und hatte an einer Zusammenarbeit mit dem Security Service kein Interesse mehr. Die Presseberichte waren allerdings von der Political Warfare Executive in Umlauf gebracht worden: In Wahrheit verlor Canaris zwar zunehmend Einfluss an Himmler, blieb aber für ein weiteres Jahr Chef der Abwehr. Im Security Service wurde HARLEQUINs Entscheidung als ein »rein zufälliges« Ereignis aufgenommen. Man hatte kein Interesse an seinem Plan eines Treffens mit Canaris und glaubte zudem, dass man von ihm sämtliche beschaffbaren Informationen »außer einem verschwindend geringen Teil« bereits erhalten habe.[52]

Der zweite Monatsbericht des MI5, den Churchill am 1. Mai erhielt, enthielt spannende Neuigkeiten zu ZIGZAG. Dieser war in Lissabon eingetroffen, wo er für längere Zeit für die deutsche Abwehr arbeiten sollte, und hatte einen der als Kohlebrocken getarnten Sprengsatz mit der Anweisung erhalten, diesen im Kohlenbunker eines britischen Schiffes zu platzieren.[53] Der Doppelagent übergab ihn dem Kapitän. Später inszenierte der MI5 einen Zwischenfall, der die Deutschen glauben machen sollte, »ihr« Agent habe seine Sabotagemission erfüllt.[54] Duff Cooper ließ sich ein komplettes Duplikat von ZIGZAGs Akte kommen, die er »in einiger Ausführlichkeit mit dem Premierminister diskutierte. Churchill, so teilte er Dick White mit, habe »an dem Fall beträchtliches Interesse gezeigt«.[55] Dies betraf wahrscheinlich ZIGZAGs Plan, einen Besuch in Berlin bei seiner Arbeit für die Abwehr dazu zu nutzen, einen Mordanschlag auf Hitler auszuführen. Obwohl dieser Plan völlig aberwitzig erschien, wollte sein Führungsoffizier Ronnie Reed ein Gelingen nicht von vornherein ausschließen. ZIGZAG behauptete, sein Führungsoffizier bei der Abwehr sei von seiner begeisterten NS-Gesinnung überzeugt und habe ihm für eine Großkundgebung mit einer Rede Hitlers einen Sitzplatz in der Nähe der Tribüne versprochen. Nach Reed war seinem Agenten klar, dass ihn ein Attentatsversuch das Leben kosten würde, aber der Gedanke an einen Heldentod gefiel ihm: »Er kann sich keinen besseren Weg vorstellen, aus diesem Leben abzutreten, als seinen Namen in die Schlagzeilen der Weltpresse zu bringen und in den Geschichtsbüchern unsterblich zu werden – dies würde seine letzte Geste krönen.« Nichts deutet darauf hin, dass die B1 A ZIGZAG ermuntert oder seinen Plan begrüßt hat. Tar Robertson teilte ihm mit: »Und vor allem dürfen Sie keine wilden Sabotageakte unternehmen.«[56] Wahrscheinlich ging er dennoch davon aus, dass ZIGZAG seinen Attentatsplan bei geeigneter Gelegenheit ausführen würde. Dazu erhalten ist nur ein Bericht an Churchill, den dieser über ein Jahr später erhielt. Darin ist von »seinem eigenen Vorschlag« und eher obskur von »einem Parergon« die Rede, also von einer Ergänzung zu seinem wichtigsten Ziel, als Doppelagent für die B1 A in der Abwehr zu operieren.[57]

Nach HARLEQUINs Entscheidung, die Zusammenarbeit mit dem MI5 einzustellen, und mit Beginn einer langen Periode ohne Kontakt zu ZIGZAG ging der Security Service – zweifellos zu Recht – davon aus, dass bei Churchill nunmehr GARBO die größte Begeisterung entfachen könne.[58] In den Berichten an den Premierminister wurden die außergewöhnliche Kreativität und Produktivität des Agenten, seines Führungsoffiziers Tomás Harris und ihres Unterstützerteams beim MI5 hervorgehoben. Es war ihnen gelungen, der Abwehr weiszumachen, dass GARBO ein Netzwerk von sehr leistungsstarken Agenten unterhalte. Am Ende waren es 28, die zumeist im Vereinigten Königreich, aber auch im fernen Nordamerika und in Ceylon »operierten«:[59]

Während einige unserer Offiziere die Briefe der Unteragenten fälschen und der Führungsoffizier seine gesamte Zeit damit zubringt, den Fall zu überwachen, zu organisieren und weiterzuentwickeln sowie GARBOs Leben zu leben und dessen Gedanken zu denken, arbeitet GARBO selbst durchschnittlich sechs bis acht Stunden am Tag. Er verfasst geheime Briefe, entschlüsselt Schreiben, denkt sich Tarntexte aus, schreibt sie nieder und plant für die Zukunft. Zum Glück hat er einen eingängigen und reißerischen Stil, besitzt viel Einfallsreichtum und begeistert sich auf innige und höchst idealistische Weise für seine Aufgabe. Wegen der letzten Eigenschaft fühlt sich seine Frau vernachlässigt und hat ihm schon eine Eifersuchtsszene gemacht. Nur mit Mühe konnte sie davon abgebracht werden, das gesamte Unternehmen durch eine öffentliche Bekanntgabe scheitern zu lassen.[60]

Neben dem Gefühl, vernachlässigt zu werden, musste Mrs. Pujol (die bei der B1 A unter den Namen Mrs. GARBO oder Mrs. G. lief) auch noch stärkstes Heimweh verkraften. »Ihr einziger Wunsch«, merkte Liddell an, »ist die Rückkehr in ihr Heimatland.« Es galt als wahrscheinlich, dass sie dort umfassend Verrat begehen und das gesamte Double-Cross-System sabotieren würde:

> Wir haben ... daran gedacht, die spanische Botschaft anonym vor einer Frau zu warnen, deren Beschreibung auf Mrs. G. passt und die den spanischen Botschafter ermorden wolle. So hofften wir sicherzustellen, dass sie beim Versuch, sich an die Botschaft zu wenden, hinausgeworfen würde. Dann wäre allerdings auch die Polizei eingeschaltet worden, was verheerend gewesen wäre.

Der Plan wurde deshalb aufgegeben und durch eine gnadenlose Intrige ersetzt, die sich GARBO ausgedacht hatte. Am 22. Juni sprach ein ranghoher Beamter Scotland Yards bei Mrs. G. vor und teilte ihr mit, ihr Ehemann sei verhaftet worden. Er habe beschlossen, seine Laufbahn als Doppelagent zu beenden, weil sie gedroht habe, »die ganze Vorstellung platzen zu lassen«. Als am gleichen Tag GARBOs Funker Charles Haines bei Mrs. G. vorbeikam, hatte sie den Gashahn aufgedreht. Obwohl Haines den Verdacht hatte, dass sie »ein kleines Schauspiel« inszeniere, versuchte Tommy Harris' Frau, sie den Abend über »zu beruhigen«. Am nächsten Tag, dem 23. Juni, unterschrieb sie nach einem tränenreichen Gespräch mit Tar Robertson eine Erklärung, wonach sich »der ganze Zwischenfall durch ihre Schuld ereignet habe und dass sie in Zukunft jedes weitere Fehlverhalten vermeiden werde«. Anschließend durfte sie ihren Mann besuchen, der in einer Zelle im Lager 020 den Gefangenen markierte. Am 24. Juni eröffnete ihr der Rechtsberater des MI5 in »meisterhaftem Stil«, so Liddells Bewertung, dass sie um Haaresbreite einer Verhaftung entgangen sei. Im Wiederholungsfall würden sie und ihr Mann den Rest des Krieges im Internierungslager verbringen. Etwas aufgewühlt wegen der Täuschung seiner Frau kehrte GARBO nach Hause zurück, setzte seine Laufbahn als Doppelagent aber ungebrochen begeistert fort.[61]

Die Informationen, die Churchill 1943 zu GARBO und den Doppelagenten erhielt, brachten ihn zu der Überzeugung, dass »die Wahrheit im Krieg so kostbar ist, dass sie stets mit einer Leibwache aus Lügen auftreten sollte«. Keine Militäroperation in der britischen Geschichte wurde je so wirkungsvoll durch Täuschungen vorbereitet wie OVERLORD, die Invasion der Alliierten im besetzten Nordfrankreich 1944. Ende 1943 beschlossen die kombinierten britischen und amerikanischen Generalstäbe in Kairo und Teheran, die Invasion im Mai 1944 zu starten. (Das Datum wurde später auf den 6. Juni verschoben.) Colonel Bevan von der London Controlling Section wurde angewiesen, die Täuschungspläne für OVERLORD auszuarbeiten. Deren Kernziele waren:

a) Das deutsche Oberkommando sollte davon überzeugt werden, dass der Hauptangriff und die folgenden Kampfhandlungen östlich des Pas-de-Calais stattfinden würden, damit die Luft- und Landstreitkräfte und die Befestigungen dort auf Kosten der Militärmacht in anderen Gebieten, insbesondere in der Region Caen [in der Normandie], aufrechterhalten bzw. ausgebaut wurden.
b) Der Feind sollte über den Zeitpunkt des tatsächlichen Angriffs im Unklaren gelassen werden.
c) Während und nach dem Hauptangriff waren möglichst große Teile der deutschen Luft- und Landstreitkräfte für mindestens 14 Tage im oder östlich des Pas-de-Calais zu binden.[62]

Alle drei Ziele wurden erreicht.

Die beiden wichtigsten Täuschungspläne, die einen unverzichtbaren Bestandteil der Operation OVERLORD bildeten, waren FORTS und FORTN. FORTS sollte die meisten deutschen Kommandeure in der Überzeugung bestärken, dass ein alliierter Angriff in der Region um Calais stattfinden müsse. Das lag in der Natur der Logik: Neben der kürzesten Überfahrt über den Kanal bot der Pas-de-Calais den besten Landepunkt, um zum Ruhrgebiet als Kernzone der deutschen Industrie vorzustoßen. Dagegen sollte mit FORTN Hitlers Obsession eines Norwegens als »Schicksalszone« ausgenutzt und er und das Oberkommando der Wehrmacht davon überzeugt werden, dass die Alliierten einen größeren Ablenkungsangriff auf Norwegen planten. So sollte das deutsche Oberkommando bewegt werden, große Truppenteile dort zu belassen, anstatt sie zur Abwehr eines Angriffs in Nordfrankreich zu stationieren. In die Täuschungspläne flossen viele Elemente mit ein: unter anderem gefälschte, für die deutsche Abwehr bestimmte Funksprüche von nicht existierenden alliierten Armeeeinheiten, ausländische Falschinformationen von britischen Diplomaten und Agenten sowie Attrappen von Militäranlagen. Bei Dover errichteten die Shepperton Studios ein gewaltiges vorgetäuschtes Öllager. Von Basil Spence (später einer der führenden britischen Architekten) entworfen, wurde die Scheinanlage von König Georg VI., General Eisenhower, dem Oberkommandierenden der alliierten Expeditionsstreitkräfte für OVERLORD, und von Montgomery, dem Befehlshaber der Landstreitkräfte, in Augenschein genommen.[63] Die Rolle der Doppelagenten der B1 A war bei allem entscheidend.

Zum Erfolg der beiden als FORTITUDE geführten Täuschungsoperationen trug erneut am meisten GARBO bei. In den ersten sechs Monaten des Jahres 1944 leitete er in Zusammenarbeit mit Tomás Harris der Madrider Niederlassung der deutschen Abwehr über 500 Mitteilungen zu. Wie die abgefangenen deutschen Botschaften offenbarten, leitete die Abwehr diese anschließend – oft mit dem Vermerk »dringend« versehen – nach Berlin weiter. Mit dem Herannahen des geplanten Termins für die Landung in der Normandie wuchs in der B1 A allerdings die Besorgnis, dass die Deutschen die Täuschung entdecken könnten. Die größte Gefahr ging von Johann Jebsen aus, dem Führungsoffizier von TRICYCLE. Nach einem Treffen mit Jebsen in Lissabon im Herbst 1943 war sich TRICYCLE »absolut sicher«, dass dieser wusste, dass er für den britischen Geheimdienst arbeitete. Allerdings, so berichtete er auch, sympathisiere Jebsen mit den NS-Gegnern und habe mit ihm die Möglichkeit diskutiert, in Großbritannien um Asyl nachzusuchen. Ende September wurde Jebsen als Doppelagent mit dem Codenamen ARTIST angeworben. Im Januar 1944 gerieten die B1 A und das Zwanzigerkomitee in ein Dilemma, als ARTIST die Namen von einigen Agenten preisgab, die unter Führung der Lissabonner Niederlassung der Abwehr gegen Großbritannien operierten. Ganz oben auf der Liste stand GARBO, der bei der Abwehr als ARABEL geführt wurde. Wenn die britischen Behörden GARBO ungeschoren ließen, riskierten sie, dass ARTIST erkannte, dass es sich um einen Doppelagenten handelte. Selbst wenn er zunächst Stillschweigen wahrte, konnte die Lage außer Kontrolle geraten, wenn er von der Abwehr befragt würde, bei der er bekanntermaßen Misstrauen weckte. Für Tomás Harris bedeutete ARTIST für das gesamte Double-Cross-System eine so große Gefahr, dass er Ende Februar empfahl, GARBO für keine weitere Täuschungsoperation einzusetzen.[64] Das Zwanzigerkomitee erwog sogar ein Mordkomplott des SIS gegen ARTIST, lehnte diese Möglichkeit dann aber ab.[65] In seinem Bericht an Churchill vom 7. März 1944 kam der Security Service allerdings zu dem Ergebnis, dass das Problem beherrschbar sein könnte:

> [ARTISTs] Eifer und Tüchtigkeit ... brachte uns fast schon in Verlegenheit. Er hat begonnen, uns Informationen über die Netzwerke der Deutschen in diesem Land zu liefern. Demnach ist das wichtigste GARBOs Organisation, bei der wir uns gewiss nicht wünschen können, dass er uns zu viel über sie verrät. Wir sind im Augenblick mit der heiklen Aufgabe befasst, die Aufmerksamkeit dieses wertvollen Agenten auf andere Dinge zu lenken. Die Erfolgsaussichten stehen ganz gut.[66]

Die Versuche, ARTIST von GARBO abzulenken, schlugen allerdings fehl. Mitte April hatte ARTIST keinen Zweifel mehr daran, dass es sich um einen Doppelagenten der Briten handelte.[67] Allerdings maßen die B1 A und das Zwanzigerkomitee GARBO und seinem fiktiven Agentennetzwerk so große Bedeutung bei, dass sie ihnen trotz des Risikos eines Verrats durch ARTIST ihre Schlüsselrolle in den Täuschungsoperationen FORTITUDE beließen.

Als zweitwichtigster Doppelagent fungierte in diesen Operationen der ehemalige polnische Kampfpilot Roman Garby-Czerniawski (Codename BRUTUS), der 1941 im besetzten Frankreich das Agentennetzwerk Réseau Interallié betrieben hatte und von den Deutschen verhaftet worden war. Der Chef der deutschen Abwehr in Paris, Oberst Oscar Reile, rekrutierte Garby-Czerniawski als deutschen Agenten (zumindest glaubte er dies). Dabei setzte er auf dessen Gegnerschaft zum Kommunismus und zur Sowjetunion und versprach, alle Mitglieder seines Netzwerkes zu schonen, wenn er in Großbritannien für die deutsche Abwehr arbeiten würde.[68] Garby-Czerniawski stellte sich gleich nach seiner Ankunft in England im Oktober 1942 freiwillig und bot sich den Briten als Doppelagent an. Obwohl er bei den Vernehmungen »höchst pathetisch und selbstgefällig« auftrat, erhielt er eine Empfehlung zur Einstellung. Masterman befand das Risiko einer Zusammenarbeit allerdings für übertrieben hoch. Da BRUTUS' erste Loyalität Polen galt, lag für die Deutschen der Verdacht nahe, dass er lieber für die Briten als für die deutsche Abwehr arbeitete. Und auch die Russen begegneten dem Einsatz polnischer Agenten für Großbritannien mit größtem Argwohn.[69] Der Fall BRUTUS entfachte zwischen Masterman und den Offizieren der B1 A den wohl heftigsten Streit in der gesamten Geschichte des Double-Cross-Systems. Während Masterman die Risiken anfangs Sorgen bereiteten, dachten die »Jungtürken« der B1 A gar nicht daran, die sich mit diesem Agenten auftuenden Möglichkeiten zur Täuschung ungenutzt zu lassen. BRUTUS' erster Führungsoffizier Christopher Harmer behauptete später, »der alte JC (Masterman) sei wild entschlossen gewesen, ihn zu zerhacken, und intrigierte hinter [seinem] Rücken«. Am 5. März 1943, einen Tag vor seiner Heirat mit Peggy, einer Sekretärin des Bereichs B, fand Harmer noch Zeit, Masterman »einen der gröbsten Briefe« zu schreiben, den er »je verfasst hatte. Es dauerte einige Zeit, bis die Wunde verheilt war«. Dies geschah deshalb, weil Masterman wusste, dass die B1 A Risiko in Kauf nehmen musste, und weil in der B1 A das Bewusstsein herrschte, dass Mastermans Geschäft die Vorsicht war. »Ich liebte den alten Knaben«, schrieb Harmer später, »und gehe davon aus, dass er einfach seine Aufgabe erfüllt hat, dem verantwortungslosen Handeln junger Hitzköpfe in dieser Zeit mit Klugheit und Reife Grenzen zu setzen.«[70]

Die Memoiren Oscar Reiles, der BRUTUS für die deutsche Abwehr angeworben hatte, zeigen deutlich, dass Mastermans Befürchtungen vollauf berechtigt waren. Reile behauptet, er habe erkannt, dass BRUTUS (der bei der Abwehr ARMAND hieß) mit »an Sicherheit grenzender Wahrscheinlichkeit« unter britischer Kontrolle stand: »Zu dieser Beurteilung kam ich nicht zuletzt deshalb, weil in den Funksprüchen, die aus England kamen, niemals eine Frage nach den 66 Angehörigen des Réseau Interallié enthalten war, die sich in deutscher Hand befanden«.[71] Zudem geriet BRUTUS in

London mit dem Chef der polnischen Luftwaffe in einen Streit, weshalb er im Sommer 1943 vor dem Militärgericht landete.[72] Wie Reile beklagte, hegten die an den Militäroperationen beteiligten deutschen Offiziere allerdings keinen Zweifel, dass BRUTUS' Berichte wichtige Erkenntnisse enthielten, und wiesen seinen Verdacht einer britischen Täuschung zurück. Wegen BRUTUS' militärischer Vergangenheit konnte die B1A dessen Mitteilungen mit mehr militärischen Einzelheiten ausstaffieren als GARBOs Berichte, die sonst unglaubwürdig gewesen wären. Hugh Astor, der Harmer im Dezember 1943 als BRUTUS' Führungsoffizier ablöste, schrieb später:

> GARBO verschickte zwar ein weitaus größeres Volumen an Nachrichten, aber die von BRUTUS waren weitaus professioneller im Stil, und [die durch] ULTRA [entschlüsselten Mitteilungen] machte[n] deutlich, dass die Deutschen seinen Botschaften Gewicht beimaßen. Ich hatte den klaren Eindruck, dass ihre Vorstellung von unserer Schlachtordnung hauptsächlich auf BRUTUS zurückging.[73]

Nach einem Bericht über die (inexistenten) Vorbereitungen in Schottland für einen Angriff auf Norwegen funkte BRUTUS am 26. Mai die frohe Botschaft an die Abwehr, dass er als Mitglied einer alliierten Mission ins Hauptquartier der (ebenfalls inexistenten) Ersten US-Heeresgruppe (FUSAG) in Wentworth bei Ascot versetzt worden und dort an eine vollständige Schlachtordnung gekommen sei. TATE ergänzte und bestätigte die geheimdienstlichen Informationen zur Schlachtordnung, indem er einen Zeitplan zu den Truppenbewegungen der FUSAG lieferte. Angeblich hatte er sie von einem Eisenbahnangestellten in Ashford, Kent, bekommen.[74] Die Stärke der angeblichen FUSAG, deren Existenz im deutschen Oberkommando nie angezweifelt wurde, sollte bedeutender sein als die sämtlicher US-Streitkräfte, die später tatsächlich an der Landung in der Normandie teilnahmen.[75]

Die jüngst angeworbene Doppelagentin Nathalie »Lily« Sergueiev spielte bei den Täuschungen zu FORTUIT eine wichtige Rolle. Sergueiev, eine französische Agentin der deutschen Abwehr mit weißrussischer Abstammung, wechselte nach ihrer Entsendung nach Großbritannien im November 1943 die Seiten.[76] Masterman schrieb später, sie sei »eine intelligente, aber allzu temperamentvolle Frau« und habe sich schließlich als »äußerst lästig« erwiesen.[77] Die Wahl von TREASURE (Schatz) als ihr Codename durch die B1 A war anscheinend absichtlich satirisch gemeint. Als nur eine der wenigen Doppelagentinnen wurde TREASURE als einziger Spion von einer Frau, von Mary Sherer, geführt, der allerdings kein Offiziersrang zugestanden wurde.[78] Obwohl beide Frauen zuweilen effizient und professionell zusammenarbeiteten, entstand nie eine engere Bindung zwischen ihnen. TREASURE beklagte sich später, ihre Entschlossenheit, die Kriegsanstrengungen des NS-Reichs zu sabotieren, seien durch die gefühllose Haltung der britischen Behörden ihr und ihrer Hündin Babs gegenüber unterminiert worden.[79] Seit ihrer Ankunft in London sorgte sie sich um die Behandlung von Babs, die sie in Gibraltar zurückgelassen hatte, um ihr die sechsmonatige Quarantäne in England zu ersparen. TREASURE war der Meinung, man habe ihr versprochen, dass sie ihren Liebling unter Umgehung der Vorschriften nach London würde nachholen können. Im Dezember 1943 weigerte sie sich, der Abwehr weitere Briefe zu schicken, solange ihr Hund nicht eingetroffen sei. In einem gefühllos erscheinenden Bericht bezeichnete Sherer TREASURE als »sehr unvernünftig«.[80]

TREASURE beendete ihren »Streik«, wie Sherer es nannte, nachdem sie am Ende des Jahres wegen einer Krankheit eine Woche im Hospital verbracht hatte. Im März 1944 floh sie nach Lissabon, traf sich dort mit ihrem Führungsoffizier von der Abwehr und nahm einen Funksender in Empfang[81] – ein Faktum, das für hinreichend wichtig befunden wurde, um es Churchill zu melden.[82] In Lissabon wurde sie zudem mit Bargeld und Codes für ihre Mission in England ausgestattet, bekam Erinnerungsfotos von sich und ihrem Führungsoffizier und erhielt als Anerkennung für ihre Arbeit ein Diamantarmband geschenkt.[83] Zurück in London, berichtete sie der deutschen Abwehr über Funk, dass sie während regelmäßiger Aufenthalte übers Wochenende in Bristol im Südwesten von England kaum Truppenbewegungen ausgemacht habe,[84] und bestärkte die Deutschen so in der Überzeugung, dass die alliierten Truppen hauptsächlich im Südosten konzentriert würden, um eine Landung am Pas-de-Calais vorzubereiten. (In Wahrheit standen die meisten Truppen der Alliierten in Vorbereitung auf den D-Day im Südwesten.) Die Deutschen maßen TREASUREs Berichten große Bedeutung bei. Der Bletchley Park berichtete im Mai, dass die »Botschaften von TREASURE und BRUTUS wörtlich über das Netz der deutschen Funktelegrafie verbreitet würden und dass dieser ›Spickzettel‹ eine bedeutende Zeit- und Arbeitsersparnis bei der Entschlüsselung höchst geheimer [nachrichtendienstlicher] Quellen« bedeute. Dies, so teilte der Security Service Churchill mit, sei der Beweis, dass die Doppelagenten »in einer entscheidenden Phase eine kaum zu überschätzende Bedeutung gewonnen haben«.[85]

Churchill bekam zudem einen Eindruck davon, wie sehr der deutsche Geheimdienst die (Falsch)-Informationen von TRICYCLE und TATE schätzte. Unter der Rubrik zu Doppelagenten im Monatsbericht des MI5 kam der Ehrenplatz TRICYCLE zu, der soeben von einem Besuch bei »seinen deutschen Dienstherren« in Lissabon zurückgekehrt war: »Es gelang ihm einmal mehr, sie von seiner absoluten Zuverlässigkeit zu überzeugen, und er hat sich von ihnen für seine künftigen Dienste eine große Dollarsumme vorschießen lassen.«[86] Als TATE am 24. Mai seine 1000. Funkbotschaft an die deutsche Abwehr übermittelte, erfuhr Churchill aus dem Monatsbericht:

> Zu diesem Anlass verwies er auf diese Tatsache und bekundete dem Führer seine loyale Ergebenheit. Es kam eine herzliche Antwort, und wir hoffen, dass darüber die weitere Beförderung TATEs in den Orden des Eisernen Kreuzes erfolgt, von dem er bereits die I. und II. Klasse verliehen bekam.[87]

Im Monat vor der geplanten Landung in der Normandie erlitt das Double-Cross-System allerdings zwei Rückschläge, die beinahe zu einem Desaster geführt hätten. Zum einen starb in Gibraltar TREASUREs geliebter Hund Babs, wofür sie die Briten verantwortlich machte. Am 17. Mai erschreckte sie ihre Führungsoffizierin Mary Sherer mit dem Geständnis, dass sie schreckliche Rache zu nehmen geplant habe. In Lissabon habe sie von ihrem Führungsoffizier der Abwehr ein »Kontrollsignal« erhalten, das sie an ihre Funksprüche anhängen sollte. Sollte es ausbleiben, sei dies ein Zeichen dafür, dass die Briten ihren Funksender übernommen hätten:

> Sie hatte beabsichtigt, den Funksender nach ihrer Rückkehr wieder zu bedienen und das Täuschungsmanöver durch Weglassen

des Signals auffliegen zu lassen. Sie gestand, dass ihr Motiv Rache für den Tod ihres Hundes gewesen sei, für den sie uns verantwortlich machte. Nach der Rückkehr aus Lissabon hatte sie es sich mit dem Verrat allerdings anders überlegt. Doch das Signal wollte sie nicht preisgeben.[88]

Nur drei Wochen vor der geplanten Landung in der Normandie geriet Tar Robertson auf diese Art in ein großes Dilemma: Entweder ließ er TREASURE abrupt keine Botschaften mehr funken und erregte so bei den Deutschen Verdacht, oder er ließ sie weitermachen in der ungewissen Hoffnung, dass sie »ihre Meinung wirklich geändert« habe. Wahrscheinlich nach Absprache mit Masterman entschied er sich für die zweite Option.[89]

Eine noch größere Gefahr erwuchs dem Double-Cross-System dadurch, dass Anfang Mai TRICYCLEs Führungsoffizier ARTIST, der selbst Doppelagent geworden war, in Lissabon von der Gestapo verhaftet wurde.[90] Vor seiner Festnahme hatte ARTIST gegenüber seinem britischen Führungsoffizier deutlich gemacht, dass er von TRICYCLEs und GARBOs Tätigkeit als Doppelagenten wusste. Wahrscheinlich vermutete er, dass weitere deutsche Agenten in Großbritannien umgedreht worden waren. Ganze drei Tage vor dem D-Day erhielt Churchill die Warnung des Security Service, dass »der Fall TRICYCLE in eine höchst kritische Phase eingetreten ist und mit Blick auf OVERLORD höchst sorgfältig behandelt werden muss«.[91] Zwar wurde angenommen, dass ARTIST von der Gestapo eher wegen Unterschlagung als wegen einer vermuteten Tätigkeit als britischer Agent festgenommen worden sei, doch schrieb Masterman später:

> Aber diese Vermutung war nur ein schwacher Trost. Es war anzunehmen, dass beim Verhör viel, wenn nicht alles, über [ARTISTs] Tätigkeit ans Licht kommen würde, und dann wären viele unserer wichtigen Fälle zum Scheitern verurteilt.
> Und noch einmal standen das Glück und die Gunst der Stunde auf unserer Seite. Der *D-Day* war da, ehe es den Deutschen gelungen war, den überaus verwickelten Fall ARTIST zu entwirren, und sicherlich gab es nach dem *D-Day* in den deutschen Dienststellen kaum Zeit und Möglichkeit, geduldige Nachforschungen anzustellen.[92]

Am 1. Juni wartete Bletchley Park mit beruhigenden Nachrichten auf. Es gab Anhaltspunkte dafür, dass die Schlüsselelemente der strategischen Täuschung, auf der das Gelingen der Landung in der Normandie beruhte, trotz der potenziellen Gefahren durch ARTIST und TREASURE nach wie vor funktionierten. Eine entschlüsselte japanische Mitteilung offenbarte, dass Hitler dem japanischen Botschafter Hiroshi Oshima mitgeteilt hatte, in Großbritannien seien für die Invasion 80 feindliche Divisionen zusammengezogen worden. In Wahrheit waren es nur 47. Der Führer und sein Oberkommando hatten sich mit Blick auf die inexistente FUSAG und den angeblichen Ort des bevorstehenden alliierten Angriffs hinters Licht führen lassen. Hitler ließ Oshima wissen, dass die Alliierten ihre Hauptstreitmacht nach Ablenkungsangriffen an mehreren Orten an einer zweiten Front jenseits der Straße von Dover einsetzen würden.[93]

Der Schlussakt in dem großen Täuschungsmanöver für den D-Day wurde natürlich den besten Agenten, GARBO und Tomás Harris, anvertraut. Harris erhielt die Erlaubnis, dass GARBO eine Warnung funkte, wonach die alliierten Streitkräfte auf dem Weg an die Küste der Normandie waren – zu spät, als dass die Deutschen von ihr noch hätten profitieren können. Obwohl die Funkstation in Madrid gewöhnlich von 11.30 bis 7.30 Uhr geschlossen war, forderte GARBO sie auf, sich am 6. Juni (D-Day) für 3 Uhr für den Empfang einer Mitteilung bereitzuhalten.[94] Aus unerklärlichen Gründen ging Madrid aber erst um 6 Uhr auf Empfang und erhielt die Nachricht so mehrere Stunden später als beabsichtigt.[95]

Am Mittag des 6. Juni verkündete Churchill – seine Frau und seine Tochter saßen auf der Zuschauertribüne – vor einem vollen und gespannten Unterhaus: »In der Nacht und in den Frühstunden hat die erste der Serien der gewaltsamen Landungen auf dem europäischen Kontinent stattgefunden.« Wahrscheinlich ging der Premierminister davon aus, dass sein Hinweis auf weitere Landungen, die nach dem D-Day stattfinden sollten, die deutschen in dem Glauben bestärkte, dass in der Region um Calais ein noch größerer alliierter Angriff erfolgen würde. Bei Tar Robertson und anderen in der B1 A lösten Churchills Äußerungen allerdings Entsetzen aus: Sie widersprach unbeabsichtigt einer früheren Botschaft GARBOs an die Abwehr, wonach Kraft einer angeblichen Direktive der Political Warfare Executive (PWE) jeder öffentliche Hinweis auf »weitere Angriffe und Ablenkungen« zu unterbleiben habe.[96]

Churchills Fauxpas bestätigte offenbar Petries und Liddells Befürchtungen, wonach der Premier überstürzt die Initiative ergreifen könne, wenn man ihn (wie in diesem Fall) über ein Täuschungsmanöver informierte. Um 8 Uhr am D-Day funkte GARBO nach Madrid, er habe mit dem PWE-Direktor gesprochen, der bestürzt darüber gewesen sei, dass Churchill seine Direktive missachtet habe. Der Premierminister, so verkündete GARBO verlegen (ohne bei der Abwehr Verdacht zu erregen), habe sich verpflichtet gefühlt, bei seiner Ankündigung der Invasion vor dem Unterhaus und an die Nation die Fakten korrekt wiederzugeben.[97] GARBO rundete seine Funkmitteilung mit vernichtenden Vorwürfen ab: Madrid sei an diesem Tag um 3 Uhr morgens nicht auf Empfang gewesen und habe so seine wichtige Mitteilung zur unmittelbar bevorstehenden Landung der Alliierten an der Küste der Normandie nicht entgegennehmen können: »Dies wirft bei mir Fragen nach ihrer Ernsthaftigkeit und ihrem Verantwortungsbewusstsein auf. Ich verlange sofortige Aufklärung, was da passiert ist.« Nach einer angeblich schlaflosen Nacht funkte GARBO am folgenden Morgen eine weitere anklagende Mitteilung, in die sich diesmal Selbstmitleid mischte:

Ich bin zutiefst empört und kann in diesem Kampf auf Leben und Tod keine Ausreden und Nachlässigkeiten akzeptieren ... Ohne meine Ideale und meinen Glauben würde ich diese Arbeit im Stich lassen, weil ich mich als Versager erwiesen habe. Ich schreibe diese Botschaften, um sie noch in dieser Nacht zu versenden, obwohl ich durch Überarbeitung müde, erschöpft und völlig am Ende bin.

Der Führungsoffizier der Abwehr in Madrid, der es versäumt hatte, mit seiner Funkanlage um 3 Uhr auf Empfang zu gehen, antwortete entschuldigend mit einem überschwänglichen Lob für die Qualität von GARBOs Informationen: »Ich möchte auf deutlichste Weise hervorheben, dass unser Kommando dank Ihrer Arbeit in den letzten Wochen umfassend vorgewarnt und vorbereitet gewesen ist.«[98]

Dieses Lob, das GARBO und Harris wahrscheinlich losplatzen ließ, fand Eingang in den Juni-Bericht des MI5 an den Premier.[99]

Vor der Landung in der Normandie wurde erwartet, dass sich die Fiktion eines geplanten Angriffs auf den Pas-de-Calais höchstens bis zehn Tage nach der Invasion in der Normandie aufrechterhalten ließ. Wie der entschlüsselte deutsche Funkverkehr durch ULTRA allerdings zeigte, hatte sich die Illusion in den Köpfen Hitlers und seines Oberkommandos für weitaus längere Zeit festgesetzt.[100] Den restlichen Juni über schickten GARBO und BRUTUS weitere Tatarenmeldungen von noch mehr amerikanischen Streitkräften, die nach Großbritannien verlegt und im Südosten Englands massiert würden – wahrscheinlich mit dem Ziel eines Angriffs auf den Pas-de-Calais. Noch vier Wochen nach dem D-Day warteten auf Befehl des deutschen Oberkommandos 22 Divisionen darauf, einen Angriff der inexistenten FUSAG zurückzuschlagen.[101] Im Monatsbericht des Security Service vom Juni, der am 3. Juli an Churchill verschickt wurde, hieß es am Ende:

> Es ist uns bekannt, dass die Deutschen zu einem bestimmten Zeitpunkt beabsichtigt hatten, einige Divisionen aus der Region des Pas-de-Calais in die Normandie zu verlegen, aber angesichts einer möglichen Bedrohung für die Region wurden diese Truppen entweder auf dem Weg in die Normandie gestoppt oder zurückgerufen, oder sie rührten sich auf Beschluss erst gar nicht von der Stelle.[102]

Churchill wurde zudem darüber informiert, dass Berlin GARBO mit dem Eisernen Kreuz II. Klasse ausgezeichnet hatte. Als Beispiel für das überschwängliche Lob für ihn und seine imaginären Unteragenten wurde folgender Funkspruch zitiert: »Ich wiederhole gegenüber Ihnen als verantwortlichem Chef des Dienstes und Ihren Mitarbeitern unsere umfassende Anerkennung für Ihre vollkommene und hochgeschätzte Arbeit und ersuche Sie, in den alles entscheidenden Stunden des Kampfs um die Zukunft Europas mit uns weiterzumachen. Saludos.« Im Bericht des MI5 vom Juni an den Premierminister ebenfalls zitiert wurde »eine überschwängliche Botschaft der Ermutigung« an TATE von dessen deutschem Führungsoffizier: »Ihre Mitteilungen über Konzentrationen und Bewegungen (weitere Hinweise auf Vorbereitungen zu einem Angriff) können sich nicht nur als unglaublich wichtig, sondern vielleicht sogar als kriegsentscheidend erweisen.«[103] Einen Monat nach der Landung in der Normandie verkündete Eisenhower: »Ich kann nicht genug betonen, wie wichtig es ist, dass die alliierte Bedrohung für den Pas-de-Calais so lange wie menschenmöglich aufrechterhalten bleibt. Sie hat bereits eine gewaltige Dividende abgeworfen und wird dies, wenn Sorgfalt waltet, auch weiterhin tun.«[104] Erst in der letzten Juliwoche dämmerte es dem Hauptquartier des Oberbefehlshabers West Generalfeldmarschall Gerd von Rundstedt, dass es immer unwahrscheinlicher wurde, dass die noch in England stationierten Truppen eine weitere Landung an einem anderen Punkt ausführten, je mehr Gelände Montgomery vom Brückenkopf in der Normandie aus nach Süden gewann.[105]

Seit Februar 1944 waren Exemplare der Berichte des Security Service auch an Außenminister Anthony Eden gegangen,[106] dem Churchill im Dezember 1943 die Verantwortlichkeit für den MI5 übertragen hatte.[107] Am 26. Juni 1944 schrieb Petrie an Eden, er habe seit seiner Berufung zum Generaldirektor 1941 »dem Dienst wohl schlimmere Dinge gesagt als jeder andere sonst«, wolle ihm jetzt aber Anerkennung zollen:

Die Rolle des Security Service war besonders wichtig und besonders schwierig ... vor und sogar nach dem D-Day bei den jüngsten Operationen. Die deutsche Abwehr hat ein grenzenloses und geradezu rührendes Vertrauen in die Berichte der Agenten gezeigt, die so oder ähnlich beschrieben worden sind, dass sie »den gesamten Verlauf des Krieges« auf zentrale Weise beeinflusst haben.

Eden wiederholte am 7. Juli, dass der MI5 »auf das Erreichte mit Recht stolz sein« könne.[108] Nach den Operationen FORTITUDE wurde der Security Service mit immer neuen Glückwünschen und einer Dankbarkeit bedacht, wie er sie in seiner Geschichte nur selten erlebt hatte. Die offene Kritik der ersten Kriegsjahre war verflogen. Am 21. August schrieb Colonel Bevan als Controlling Officer der London Controlling Section: »Ich glaube aufrichtig, dass jeder erdenkliche Erfolg, der in unserem Geschäftszweig erzielt wurde, in höchstem Maß der Unterstützung durch die B1 A zu verdanken ist.«[109]

Im Bericht des Security Service vom August wurde Churchill darüber in Kenntnis gesetzt, dass sich eine in Italien erbeutete Landkarte mit der Position der britischen Bodentruppen im Vereinigten Königreich »exakt« mit der Desinformation decke, die dem Feind durch die Doppelagenten und das über Funk verlaufende Täuschungsmanöver zugespielt worden sei.[110] Mit einem nachvollziehbaren triumphierenden Unterton hieß es weiter: »Gespräche zwischen Hitler und seinen Generälen … offenbaren, dass die Bedrohung des Pas-de-Calais Rommel dazu veranlasste, den Einsatz seiner gesamten Kampfverbände so lange zu verschieben, bis der Brückenkopf ausreichend gefestigt war. So können wir seinen Angriff zurückschlagen.« Churchill notierte an dieser Passage: »will ich sehen«, und schrieb: »gut« an den Bericht.[111]

Später im Jahr wurde GARBO, dem sein deutscher Führungsoffizier bereits das Eiserne Kreuz versprochen hatte, als erster britischer Agent (nicht Nachrichtenoffizier) mit dem Orden des Britischen Empire MBE ausgezeichnet. Da die Begegnung eines Doppelagenten mit dem König unpassend erschien, wurde die Verleihung vom Generaldirektor Sir David Petrie in einer inoffiziellen Zeremonie im Beisein von Tomás Harris und hochrangigen Mitgliedern der B1 A vorgenommen. Petrie, so merkte Liddell an, »hielt eine nette kleine Ansprache« – »Später aßen wir im Savoy zu Mittag. GARBO antwortete auf die Tischrede in einem stockenden, aber passablen Englisch. Ich glaube, er war höchst erfreut.«[112]

Die B1 A setzte bis zur letzten Kriegswoche weiterhin Doppelagenten zu Täuschungszwecken ein. Die größte Gefahr durch die Deutschen, auf die der Security Service nach der Landung in der Normandie reagieren musste, waren die V(ergeltungs)-Waffen, die hauptsächlich auf London zielten. Die erste V-1, ein unbemannter sprengstoffbeladener Flugkörper, schlug am 13. Juni, nur eine Woche nach dem D-Day, in der britischen Hauptstadt ein. GARBO beklagte sich darüber, dass man ihn, obwohl in London lebend, vor dem Angriff nicht gewarnt habe (wofür sich die deutsche Abwehr entschuldigte), bejubelte aber »diese fantastische Vergeltungswaffe, die Schöpfung des deutschen Genies«. Am Sonntag, dem 8. Juni, schlug eine V-1 während des Vormittagsgottesdienstes in der Kapelle der Kaserne Wellington Barracks ein und tötete 121 Gläubige. Die Explosion war noch in den Büroräumen des MI5 in der St. James's Street zu hören. Da über den Angriff öffentlich berichtet wurde, gab GARBO pflichtgemäß Meldungen darüber durch –

allerdings mit der unglaubhaften Behauptung, die anfängliche Panik, die die anfliegenden Bomben ausgelöst hätten, sei »verschwunden«.[113] Obwohl die meisten V-1 abstürzten oder vor Erreichen der Zielzone abgeschossen wurden, schlugen 2419 in London, ungefähr 30 in Southampton und Portsmouth und eine in Manchester ein. 6184 Personen kamen dabei ums Leben, 17 981 wurden verletzt.[114]

GARBO berichtete, dass 17 Prozent der V-1, die im Juni England erreicht hatten, im Großraum London eingeschlagen seien. In Wahrheit waren es über 27 Prozent. Obwohl davon ausgegangen wurde, dass die V-1-Raketen auf die Londoner City, wahrscheinlich auf Charing Cross, gerichtet waren, machte das Ministerium für Heimatsicherheit als Haupteinschlagszone den Bereich um den Bahnhof North Dulwich aus. Wegen der großen Freiflächen gab es hier verhältnismäßig geringe Opferzahlen. Da sich die Einschlagszone bei einer nur geringfügigen Korrektur der Ziele ins Londoner Stadtzentrum verlagern würde, suchten das Luftfahrtministerium und die Home Defence Executive – diese war zur Abwehr einer deutschen Invasion gegründet worden – nach Wegen, um die Deutschen vor einer entsprechenden Korrektur ihrer Zielzone abzubringen. Die Doppelagenten sollten zur Verbreitung von Berichten eingesetzt werden, wonach die Flugkörper über ihr Ziel hinausschössen und die Entfernungen verkürzt werden müssten. So hoffte man, die Einschläge in der Londoner City zu verringern. Bei einer Sitzung am 29. Juni begrüßte das Zwanzigerkomitee dieses Täuschungsmanöver. Es passte gut zu bereits gefunkten Berichten GARBOs an seinen Führungsoffizier, wonach die Flugkörper hauptsächlich in einem Umkreis nördlich und westlich Londons niedergingen.[115]

Allerdings wurde angenommen, dass ein weiterer Einsatz GARBOs zum Funken von Desinformationen zu den Flugkörpern für die Glaubwürdigkeit dieses Staragenten der B1 A ein großes Risiko bedeutete. Ein Vorwand musste gefunden werden, damit er seine Berichte zu den V-1-Einschlägen einstellen konnte. Am 5. Juli meldete sein (inexistenter) Stellvertreter GARBO per Funk als vermisst, gefolgt von einem noch alarmierenderen Bericht zwei Tage später, wonach er verhaftet worden sei. Der entschlüsselte Nachrichtenverkehr der deutschen Abwehr zeigte die deutsche Bestürzung und am 10. Juli die Erleichterung, als GARBOs Stellvertreter dessen Freilassung bekanntgab. Am 14. Juli übermittelte GARBO über einen Kurier an seinen Führungsoffizier in Madrid Einzelheiten zu seiner angeblichen Festnahme: Er habe in Bethnal Green Schäden durch Flugkörper begutachtet und sei beim Versuch, sich Notizen zu machen, von der Polizei angehalten und in Gewahrsam genommen worden. Zum Glück habe sein Arbeitgeber im Informationsministerium heftig protestiert, so dass man ihn wieder auf freien Fuß gesetzt habe. GARBO fügte einen angeblichen Haftbefehl und einen Brief des Innenministeriums bei, das sich beim Informationsministerium für den Übereifer der Polizeibeamten entschuldigte. Die Nachricht löste bei der Abwehr in Madrid grenzenlose Freude aus. Und wie erwartet, bestand sie darauf, dass GARBO kein Risiko mehr einging und auf weitere Berichte zu Schäden durch V-1-Flugkörper verzichte. »Stellen Sie sämtliche Untersuchungen zu den neuen Waffen ein«, hieß es. Es müsse »eine Zeit der vollständigen Untätigkeit« geben, in der er den Kontakt zu seinem ausgedehnten Netzwerk von (inexistenten) Unteragenten auf Eis legen solle. Angesichts des Desasters, an dem GARBO angeblich vorbeigeschrammt war, übermittelte die Abwehr an BRUTUS, ihren vermeintlich zweitwertvollsten Agenten, die gleichen Instruktionen, um auch ihn vor Risiken zu schützen. Um GARBO der Hochachtung Berlins zu versichern, informierte ihn sein Führungsoffizier am 29. Juli, »mit großer Freude und Genugtuung«, dass der Führer beschlossen habe, ihn für seine »außergewöhnlichen Verdienste« mit dem Eisernen Kreuz auszuzeichnen. Man kann sich die Heiterkeit vorstellen, mit der GARBO und Harris die Antwort formulierten: »Ich vermag meine Dankbarkeit in diesem Augenblick, da ich von meinen Gefühlen überwältigt werde, nicht in Worte zu fassen.«[116]

Da GARBO und BRUTUS ausfielen, konnten als wichtigste Doppelagenten nur noch TREASURE, TATE und ZIGZAG über die Zerstörungen der V-1 berichten. TREASURE hatte bei der B1 A allerdings so stark an Vertrauen eingebüßt, dass man sie nicht einmal mehr unter Aufsicht funken ließ. Um die Zeit, da ihre Laufbahn abrupt beendet wurde,[117] traf die deutsche Abwehr letzte Vorbereitungen für ZIGZAGs Rückkehr nach Großbritannien. Er hatte unter anderem den Auftrag, über die Orte der Einschläge der V-1 und die verursachten Schäden zu berichten.[118] Der Security Service informierte Churchill darüber, dass das »herausragende Ereignis« der letzten Juniwoche die triumphale Heimkehr ZIGZAGs sei, der nach 15 Monaten besonderer Abenteuer bei der Abwehr aus einer Junkers 88 abgesprungen und per Fallschirm in Cambridgeshire gelandet sei:

> Für seine (von uns organisierte) Sabotage in den Werken in Hatfield und andere Dienste erhielt er von den Deutschen als Belohnung offenbar über 100 000 Reichsmark. Nach diesem Datum spendierte man ihm ausgedehnte Ferien in Norwegen, wo er Jachtfahrten und anderen Freizeitvergnügungen frönte und erfolgreich verschiedene psychologische und andere Tests bestanden hat, die alle dazu beitrugen, den Glauben der Deutschen an ihn zu festigen.[119]

ZIGZAG beschrieb Berlin als ein »vollständiges Trümmerfeld, ähnlich den Ruinen von Pompeji«. Die Moral der Deutschen sei erkennbar geschwächt. Bei keinem seiner drei Besuche in der Hauptstadt habe sich die Gelegenheit ergeben, seine Pläne zur Ermordung des Führers auszuführen, der immer zurückgezogener agiere.[120] Im ersten Monat nach seiner Rückkehr bestanden seine Funkmeldungen an die Abwehr, abgesehen von Klagen über Probleme beim Senden, aus Berichten zu den Zeitpunkten und Orten der Einschläge der Flugkörper.[121] Die B1 A bezeichnete ihn als »unverzichtbar für das Flugbomben-Täuschungsmanöver«.[122] Die Operation musste allerdings eingestellt werden, nachdem die Londoner Abendzeitungen Karten zu den tatsächlichen Einschlagzonen der V-1 veröffentlicht hatten.[123] Als Vorwand für ausbleibende weitere Berichte zu den »fliegenden Bomben« teilte ZIGZAG der Abwehr mit, er konzentriere sich darauf, ein von ihr angefordertes geheimes Ausrüstungsteil zu beschaffen.[124]

Nach Beginn der Offensive mit den Vergeltungswaffen scheute das Kabinett zwei Monate lang vor einem umfassenden Täuschungsmanöver zurück, bei dem den Deutschen weisgemacht werden sollte, dass ihre Waffen zu weit flögen und unbeabsichtigt den südlichen Großraum Londons träfen. Eine solche Täuschung hätte zwar die Opferzahlen und Schäden möglicherweise reduziert (was manche bestritten), dafür aber zum Tod anderer Einwohner Londons geführt. Deswegen sollte zunächst hauptsächlich verhindert werden, dass die Deutschen ihre Zielzone erfolgreich korrigierten und so größere Schäden erzielten. Mitte August billigte das Kabinett schließlich doch ein Täuschungsmanöver, um den Feind dazu zu bringen, seinen Zielbereich »leicht ... nach Südost« zu verschieben.[125] Von da an sollte die V-1-Offensive nur noch zwei Wochen währen. Am 18. August begannen die Deutschen die Abschussbasen der V-1-Flugkörper in Nordfrankreich zu schließen, bevor sie vom alliierten Vormarsch überrollt werden könnten. Die letzten Flugkörper dieser anfänglichen Offensive starteten in der Nacht vom 30. auf den 31. August 1944. Neun schlugen im Londoner Stadtzentrum ein.[126]

Eine weitaus größere Bedrohung stellte eine Offensive mit den V-2-Großraketen dar, vor denen der Geheimdienst bereits gewarnt hatte. Sie konnten im Gegensatz zu den V-1 vor Erreichen des Ziels nicht abgeschossen werden. Das Ministerium für Heimatsicherheit prognostizierte im schlimmsten Fall bis zu 100 000 Tote pro Monat (weitaus mehr, als tatsächlich starben). Im August kam es zu Massenevakuierungen in London.[127] Guy Liddell nahm die von den V-2 ausgehende Gefahr so ernst, dass er sich dafür aussprach, mit einem atomaren Vergeltungsschlag zu drohen, um Hitler vom Einsatz dieser Waffen abzuschrecken. Er vermerkte am 25. August 1944:

> »Ich habe heute »C« [Menzies] wegen der Uran[atom]bombe aufgesucht und ihm vorgeschlagen, den Deutschen deren Einsatz als Vergeltung anzudrohen, falls sie die V-2 einsetzen würden. »C« sagte, er habe keinen Grund zu der Annahme, dass die V-2 in Kürze einsatzbereit sei, auch wenn man sich einen Start für die nahe Zukunft vorstellen könne. Er war allerdings der Ansicht, dass die Drohung nicht schaden könne, und wollte meinen Vorschlag an den Premier weiterleiten.[128]

Churchills Antwort ist nicht dokumentiert. Angriffe mit der V-2-Waffe standen unmittelbarer bevor, als Menzies glaubte. Schon zwei Wochen später, am 8. September, schlug die erste, die England erreichte, im Londoner Stadtteil Chiswick ein. Im MI5-Hauptquartier in der St. James's Street meinte Liddell die Detonation und ihr Echo von näher zu hören, als sie in Wahrheit erfolgt war: »Es heißt, die Trümmerteile [der V-2], die in Chiswick gefunden wurden, seien so heiß gewesen, dass man sie nicht berühren konnte. Andererseits seien sie von einer Eisschicht überzogen gewesen. Die Rakete soll bis in eine Höhe von 38 Meilen [61 km] aufgestiegen sein.«[129] Eine Woche später notierte Liddell: »Die V-2-Angriffe gehen mit einer Quote von zwei oder drei alle 24 Stunden weiter. Erstaunlicherweise sind die Explosionen selbst noch ... [aus] einer Entfernung von 20 Meilen [32 km] ganz deutlich zu hören.«[130]

Die Security Executive erstellte den Täuschungsplan, der von der B1 A und den Doppelagenten umgesetzt wurde: Die Deutschen sollten davon überzeugt werden, dass die V-2-Raketen über ihr Ziel hinausschössen (eine kompliziertere Täuschung als bei den V-1, da genauere Berechnungen zu den Zeitpunkten ihres Einschlags notwendig waren).[131] Nach GARBOs angeblicher Verhaftung beim Begutachten der Schäden durch die V-1-Angriffe beschloss die deutsche Abwehr, ihn vorsichtshalber nicht um Berichte zu den V-2-Angriffen zu bitten. Um »Daten zu den Orten und Zeitpunkten der Explosionen« zu erhalten, verließ sie sich zunächst hauptsächlich auf ZIGZAG[132] und TATE[133]. Dann aber wurde ZIGZAGs Laufbahn als Doppelagent jäh beendet. »Tin-eye« Stephens hatte zwar vor seiner Tapferkeit und Nervenstärke großen Respekt, betrachtete ihn aber als einen moralisch verkommenen »eitlen Gauner«. »Ohne rot zu werden«, so Stephens, »berichtete er, dass er ein 18-jähriges Mädchen mit einer Geschlechtskrankheit angesteckt und sie dann mit der Drohung erpresst hatte, ihren Eltern zu sagen, dass er sich bei ihr angesteckt habe!«[134] Nach seiner Rückkehr nach London hatte ZIGZAG seine alten Bekanntschaften aus der Unterwelt aufgefrischt. Wie sich herausstellte, hatte er gegenüber einem verurteilten Tresorknacker (und schon zuvor in Norwegen gegenüber einer Freundin) mit seinem Doppelleben geprahlt und Staatsgeheimnisse verraten.[135] Das Fass zum Überlaufen brachte wohl die Entdeckung Ende Oktober, dass er mit dem verurteilten sowjetischen Vorkriegs-Agenten Wilfred Macartney über die Veröffentlichung eines Buchs über seine Erfahrungen diskutierte.[136] Ganze vier Monate zuvor hatte der Security Service ZIGZAG Churchill gegenüber als einen seiner besten Doppelagenten gepriesen. Anfang November wurde er fristlos entlassen.[137] Eddie Chapman (der Ex-Doppelagent ZIGZAG) und Macartney wurden je zu einer Geldstrafe von 50 Pfund verurteilt und mussten die Kosten des nichtöffentlichen Verfahrens tragen – wegen Geheimnisverrat im Zusammenhang mit der Veröffentlichung von Chapmans Memoiren, von denen der MI5 in einem Bericht an die Downing Street 10 allerdings einräumte, dass sie »sehr lesenswert und sehr korrekt« seien.[138]

Nach ZIGZAGs Ausscheiden fiel bei der Täuschungsoperation zur V-2 TATE die Hauptrolle zu. Die wichtigste Nebenrolle erfüllte ROVER, der im Rennstall der Doppelagenten ein Neuling war: Er war polnischer Marineoffizier und hatte sich der Abwehr angeschlossen, um sich so eine Gelegenheit zur Flucht auf alliiertes Territorium zu verschaffen. 1944 traf er – wahrscheinlich als letzter Agent der deutschen Abwehr – in England ein.[139] Masterman schrieb über ihn später: »Für uns war er deshalb interessant, weil er ein Jahr lang im Morsen, im Aufbau von Funkanlagen und in Kryptografie ausgebildet worden war. Wir konnten uns nicht vorstellen, dass die Deutschen eine solche Ausbildung an eine Person verschwenden würden, der sie nicht vertrauten.« Zur Überraschung und Enttäuschung der B1 A wurden ROVERs erste Funkmitteilungen von der Abwehr nicht beantwortet. Im September beschloss die B1 A, ROVER als Doppelagent aufzugeben und ihn zur polnischen Marine zurückzuschicken. »Fraglos waren wir zu ungeduldig«, schrieb Masterman, »denn kaum hatten wir dies beschlossen, nahmen die Deutschen zu ROVER doch noch Kontakt auf.« Weitere Schwierigkeiten folgten. Der Nachrichtenverkehr zwischen ROVER und seinem deutschen Führungsoffizier begann im Oktober 1944, musste aber schon im November wieder eingestellt werden, weil sein Funker bei der B1 A ins Krankenhaus kam und später starb. Angesichts eines zweiten Funkers erklärte ROVER Anfang Januar den Deutschen, er, ROVER, sei von einem Lieferwagen angefahren worden und habe mit gebrochenen Rippen, einem ausgerenkten Schlüsselbein und inneren Verletzungen im Krankenhaus gelegen. Sollte der veränderte Takt der Nachrichtenübermittlung auffallen, so die Hoffnung, werde die Abwehr dies auf die Schulterverletzung zurückführen. Und tatsächlich schöpfte sie mit Blick auf den neuen Funker keinen Verdacht.[140]

Der Security Service berichtete Churchill davon im Januar 1945:

TATE und ROVER haben erfolgreich Falschinformationen über die Einschläge der V-1 und V-2 verabreicht, und es gibt Grund zur Annahme, dass ihre Botschaften Einfluss darauf haben, wo diese Raketen niedergehen. Ebenso wurde TATE mit großem Erfolg in der Admiralität zur Täuschung der [feindlichen] Marine eingesetzt.[141]

In seinen Memoiren erklärt Masterman:

> Auf diese Weise gelang es uns mehrere Monate, den Feind zu einer stetigen Verringerung seiner Zielweite zu verleiten; so verschob sich in den vier Wochen vom 20. Januar bis zum 17. Februar 1945 der wirkliche MPI [mittlere Einschlagpunkt] wöchentlich um etwa drei Kilometer nach Osten und gelangte schließlich weit aus der Umgrenzung des Londoner Gebiets hinaus.
> Eine erbeutete deutsche Landkarte zeigt alle im Laufe von zwei Wochen erzielten Resultate aufgrund der Agentenberichte auf und gibt den MPI im Gebiet von Charing Cross an. Genau das wollten wir dem Feind vortäuschen.[142]

Und der MI5 schloss im Monatsbericht an Churchill:

> TATE und ROVER haben weiterhin Falschinformationen über die Einschläge der V-2 geliefert. Inzwischen liegt mit einiger Gewissheit der Schluss nahe, dass die Verlagerung der Hauptzielzone der V-2 in den Nordosten Londons den Berichten der Spezialagenten zu verdanken ist. Der neuerliche Einsatz von V-1 ging aus einer Nachricht an TATE eine Woche vor dem Ereignis hervor.[143]

Die letzte V-2 wurde am 27. März 1945 abgeschossen. Bis dahin waren insgesamt 1054 Raketen auf englischem Boden eingeschlagen, ungefähr die Hälfte davon im Großraum London. Über 2700 Londoner kamen bei den Angriffen ums Leben.[144] Spätere Analysen des Ministeriums für Heimatsicherheit führten zu dem Ergebnis, dass es zusätzlich ungefähr 1300 Tote und 10 000 Verletzte gegeben hätte, wenn die Hauptzielzone der V-2 nicht verlagert worden wäre – zuzüglich der Schäden an der Infrastruktur und für die Wirtschaft, wenn in der Zone zwischen Westminster und den Docks weitere V-2 eingeschlagen wären.[145]

Zur gleichen Zeit, als TATE irreführende Berichte zu den V-2 verschickte, übernahm er die Hauptrolle in der bedeutendsten Täuschungsaktion gegen die Marine im gesamten Krieg. 1944 wurden die deutschen U-Boote mit Schnorchel ausgerüstet, durch die sie Abgase ausstoßen und Frischluft ansaugen konnten. Dadurch konnten sie unbegrenzt untergetaucht bleiben – praktisch unsichtbar für das Radar der Suchflugzeuge.[146] Damit konnten sie in minenfreien Passagen ungestört den Schiffskonvois auflauern. Im November 1944 berichtete TATE seinem Führungsoffizier bei der deutschen Abwehr, dass ein Minenleger der britischen Kriegsmarine bisweilen bei ihm in der Wohnung übernachte. Von ihm habe er erfahren, dass Minen eines neuen Typs über dem Meeresboden verankert würden. Die Konvois könnten unbeschadet über sie hinwegfahren, während die untergetauchten U-Boote in der Gefahrenzone in sie hineinliefen. Zusätzliche Glaubwürdigkeit verschaffte TATE der Täuschung durch mitgeschickte Berichte über U-Boote, die in der angeblich verminten Zone tatsächlich untergegangen waren.[147] Am 19. Februar meldete der Security Service Churchill, TATEs Täuschungsmanöver sei ein »großer Erfolg«.[148] Als Anfang März ein U-Boot vor Fasnet Rock südlich von Irland auf eine Mine lief, hielten die Deutschen diese für eine der imaginären Tiefseeminen, von denen TATE berichtet hatte. Als Ergebnis erhielten die U-Boote die Instruktion, ein Areal von 3600 Quadratmeilen südwestlich von Fasnet Rock zu meiden.[149] Masterman schloss später: »Eine genaue Bilanz der Irreführung lässt sich nicht erstellen, doch TATE muss – nach bescheidener Schätzung – für die Sicherheit vieler unserer Schiffe gesorgt haben, die ohne sein Zutun in diesem Gebiet beträchtlichen Gefahren ausgesetzt gewesen wären, und es ist sehr wohl möglich, dass seine falschen Informationen die U-Boote aus ungefährdeten Gebieten in entschieden gefährdete Gebiete trieben.«[150] TATEs deutsche Führungsoffiziere waren über seine irreführenden Berichte so begeistert, dass sie ihn eine »Perle« unter den Agenten nannten. Am 2. Mai 1945, wenige Stunden, bevor Hamburg an die Alliierten fiel, appellierte sein Führungsoffizier noch per Funk an ihn, den Kontakt aufrechtzuerhalten.[151]

Für manch einen in den Büros des Security Service in der St. James's Street waren die letzten Kriegswochen, als die Gefahr für die nationale Sicherheit geschwunden war, geradezu eine Enttäuschung. Bei Hugh Astor, dem einst hochmotivierten Führungsoffizier von BRUTUS und weiteren führenden Doppelagenten, machte sich mit dem Auslaufen seiner Führungsarbeit Langeweile breit.[152]

Ebenso bei Guy Liddell, der am 4. Mai in sein Tagebuch schrieb: »Das Ende des Krieges verpufft so ziemlich, und ohne Speisen und Transportmöglichkeit wird der Tag des Sieges in Europa gewiss schrecklich öde. Man kann nur eine britische Flagge an seinen Bettpfosten hängen und sich schlafen legen.«[153] Anders war die Stimmung dagegen auf Blenheim Palace, dem Arbeitsplatz der meisten Mitarbeiter des Security Service. Am letzten Sonntag im Krieg, dem 6. Mai, läuteten zur Feier des Sieges die Glocken, die im Krieg nur vor einer deutschen Invasion hätten warnen dürfen. Die Flügeltüren im Speisezimmer des Herzogs wurden geöffnet, worauf die Mitarbeiter auf die Terrasse traten, um dem Geläut zu lauschen. Eine Mitarbeiterin aus der Registratur, die »in vier Jahren Krieg geschwitzt hatte«, erinnerte sich, dass dies für sie und ihre Kollegen »ein großartiger Moment [gewesen] war ... ein echtes Dankesfest«.[154]

Entgegen Liddells pessimistischer Einschätzung wurde der sogenannte V-E-Day oder »Sieg-in-Europa-Tag«, der 8. Mai 1945, zu einer der bedeutendsten nationalen Feiern in der britischen und insbesondere der Londoner Geschichte. In der Downing Street Nr. 10 bereitete Churchill morgens im Bett seine große Radioansprache zum Sieg vor, nachdem ihm Scotland Yard und das Ernährungsministerium versichert hatten, dass es keine Engpässe bei der Versorgung mit Bier gebe – auch wenn man »hier und da in vereinzelten Schankwirtschaften auf dem Trockenen sitzen« könnte. Um 15 Uhr ging der Premierminister auf Sendung und verkündete die bedingungslose Kapitulation sämtlicher deutscher Streitkräfte. Einige Mitarbeiter des MI5 in den Londoner Büros standen in der Menge auf dem Parliament Square und hörten sich die über Lautsprecher übertragene Rede an. Als Churchill von den »Übeltätern« redete, die »jetzt vor uns auf den Knien liegen«, ging ein hörbares Aufatmen durch die Menge. Am Ende der Rede rief er fast stockend aus: »Vorwärts Britannia!« Dann, am Schluss, wurde seine Stimme wieder fest: »Lang lebe die Sache der Freiheit! Gott schütze den König!« Seine abschließende Ansprache an diesem Tag hielt Churchill vom Balkon des Gesundheitsministeriums zu der Menge herab, die sich in der Straße Whitehall drängte, unter ihr erneut einige Mitarbeiter des MI5. »Dies ist euer Sieg«, sagte er ihnen, »Nein, es ist Ihrer!«, rief es aus der Menge zurück. Churchill fuhr fort: »Es ist der Sieg der

Sache der Freiheit in jedem Land. In unserer gesamten Geschichte haben wir keinen bedeutenderen Tag erlebt als diesen!«[155]

Der V-E-Day war auch der bedeutendste Tag in der Geschichte des Security Service. Seine Mitarbeiter veranschlagten ihren eigenen Beitrag zum Sieg geringer als den der Streitkräfte und ihrer Verbündeten, die in der Schlacht ihr Leben riskiert oder verloren hatten. Aber sie glaubten zu Recht, dass sie mit ihrem umfassenden Sieg über den deutschen Geheimdienst zahlreiche Leben gerettet hatten. Wenn überhaupt, dann glaubten nur wenige von denen, die das Geheimnis des Double-Cross-Systems kannten, dass es je ans Tageslicht kommen würde. Als Sir John Masterman (er wurde 1959 zum Ritter geschlagen) ein Vierteljahrhundert später in den USA seine Geschichte veröffentlichte, reagierten viele ehemalige und gegenwärtige Mitarbeiter des MI5 zutiefst empört. Generaldirektor Sir Martin Furnival Jones, der wenige Monate nach Masterman in den Secret Service eingetreten war, schrieb ihm: »Ich betrachte Ihr Handeln als beschämend und habe keine Zweifel, dass meine Meinung viele von denen teilen würden, mit denen Sie im Krieg zusammengearbeitet haben.«[156] John Marriott, der Stellvertreter des inzwischen verstorbenen Tar Robertson, redete mit Masterman kein Wort mehr.[157]

Der Erfolg des Double-Cross-Systems weckte zunächst übertriebene Erwartungen, dass sich solche Täuschungsmanöver auch im Kalten Krieg gegen die Sowjetunion einsetzen ließen. Schon im Februar 1944 argumentierte die London Controlling Section (LCS), dass »die organisierte Täuschung fortan einen wesentlichen Teil jeder modernen Kriegsmaschinerie bilden« solle.[158] Der Controlling Officer, Colonel Bever, begründete in einem Bericht nach dem Krieg ziemlich ausführlich, warum die strategische Täuschung »fast als eine neue Waffe klassifiziert werden« könne.[159] Die LCS legte 1949 die »notwendigen Grundlagen, um sicherzustellen, dass mit Beginn jedes künftigen Krieges unmittelbar Täuschungsmanöver eingesetzt werden können«.[160] Nach dem Krieg zeigten die Geheimdienstchefs am Einsatz von Doppelagenten großes Interesse. Im April mahnte Guy Liddell: »Unsere Hauptschwierigkeit besteht vielleicht nicht so sehr darin, hochrangige Offiziere davon zu überzeugen, Doppelagenten einzusetzen, sondern sie davon abzubringen, uns alles mit einem Doppelagenten lösen zu lassen.« Allerdings bestand niemals die Aussicht, dass ein gegen die Sowjetunion eingesetztes System aus Doppelagenten die Erfolge erzielen würde, die im Kampf gegen Hitler-Deutschland erreicht worden waren. »Es wäre extrem schwierig«, schrieb Liddell, die Sache bei den Russen »zu wiederholen«.[161] Als sich im folgenden Monat sein Freund, der ehemalige MI5-Agent Guy Burgess, und der Diplomat Donald Maclean nach Moskau absetzten,[162] muss auch Liddell klar geworden sein, dass der Aufbau eines Systems aus Doppelagenten im Kalten Krieg schwieriger sein würde, als er sich vorgestellt hatte.

D   Die Frühphase des Kalten Krieges

1
Spionageabwehr und sowjetische Infiltration: Igor Gusenko und Kim Philby

Die wenigen, die in das Double-Cross-System eingeweiht waren, sahen im Security Service nach dem Zweiten Weltkrieg jene Einrichtung, der das erfolgreichste Täuschungsmanöver in der Geschichte der Kriegführung gelungen war. Aber viele der Abgeordneten, die nach dem Erdrutschsieg der Labour Party im Jahr 1945 ins Parlament einzogen und nichts vom Beitrag des MI5 zum Sieg über Hitler-Deutschland wussten, sahen im Inlandsnachrichtendienst den Verantwortlichen für den Sturz der ersten Labour-Regierung von Ramsay MacDonald in der Zwischenkriegszeit.[1] Als Petrie im Frühjahr 1946 aus dem Amt schied, wurden die internen Nachfolgekandidaten zugunsten des Polizeichefs von Kent, Sir Percy Sillitoe, übergangen, dem der neue Premierminister Clement Attlee zutraute, den Security Service auf dem schmalen Pfad der politischen Neutralität zu führen. Sillitoe, der eine körperlich beeindruckende Erscheinung war und sich durch sein kompromissloses Vorgehen gegen die Kriminalität einen Namen gemacht hatte, genoss breite Unterstützung in der Regierung.

Die meisten hochrangigen Mitarbeiter des Security Service waren anderer Meinung. Guy Liddell, der Leiter des Bereichs B (Nachrichtendienst) war nicht nur enttäuscht, weil er gehofft hatte, selbst zum Generaldirektor ernannt zu werden, sondern hielt es auch für einen »Fehler, einen Polizisten zu ernennen, da sich die Arbeit unserer Behörde grundlegend von der Polizeiarbeit unterscheidet« und durch diese Personalentscheidung der falsche Eindruck entstehe, der MI5 sei »eine Art von Polizeibehörde«. Liddell bezweifelte, dass Sillitoes Einfluss in Whitehall seine mangelnde nachrichtendienstliche Erfahrung wettmachen werde. Und er glaubte, es werde die jüngeren Angehörigen der Behörde entmutigen, dass ein Außenstehender mit der Leitung des Security Service betraut wurde.[2]

Mit der Ernennung zum Generaldirektor erhielt Sillitoe Machtbefugnisse, die an heutigen Maßstäben gemessen bemerkenswert waren und keinerlei gesetzliche Grundlage hatten. Sir Findlater Stewart, der Vorsitzende der Security Executive, gelangte in einem Bericht vom 27. November 1945 zu folgendem Schluss: »Der einzige Zweck des Security Service besteht in der Verteidigung des Reichs. ... Es gibt keine Alternative dazu, [dem GD] freie Hand bei der Wahl seiner Mittel zu geben – natürlich unter der Voraussetzung, dass er das Gesetz nicht übertritt.«[3] Doch da die Befugnisse des MI5 nicht gesetzlich geregelt waren, bestand Unklarheit bezüglich der rechtlichen Grenzen. Zwar ging man davon aus, dass die Befugnis zur Überwachung des Briefverkehrs und zum Abhören von Telefonen vom Innenministerium mittels HOW-Vollmachten erteilt wurde und damit letzten Endes dem königlichen Hoheitsrecht entsprang, aber der genaue Ursprung der Ermächtigung zur Überwachung von Telefonen war »ein wenig verschwommen«.[4] Ein Ausschuss des Kronrats konnte zwölf Jahre später keine andere Grundlage für die Befugnis zur Überwachung von Korrespondenzen und Telefongesprächen finden als die »langjährige Praxis«, empfahl jedoch, an dieser Praxis nach Maßgabe der HOW-Vollmachten festzuhalten. Kronanwalt Sir David G. T. Williams gelangte zu folgendem Ergebnis: »Das bedeutet, dass der Security Service, eine Einrichtung ohne gesetzliche Grundlage, an einer Praxis festhalten wird, die ebenfalls keine gesetzliche Grundlage hat.«[5]

Es lag wahrscheinlich an Attlees Misstrauen gegenüber dem Security Service, dass er selbst die Kontrolle über den Nachrichtendienst behalten wollte, anstatt sie an den Verteidigungsminister zu delegieren. Vor seinem Amtsantritt am 1. Mai 1946 erhielt Sillitoe folgende Anweisung: »Sie werden dem Premierminister unterstehen, zu dem Sie direkten Zugang haben werden. Sie sind dafür verantwortlich, den Premierminister über subversive Aktivitäten, die eine Gefahr für die Sicherheit des Staates darstellen können, auf dem Laufenden zu halten.«[6]

Sillitoe ging davon aus, dass er Attlee mindestens einmal alle 14 Tage aufsuchen würde,[7] und obwohl es anscheinend nicht zu derart häufigen Treffen kam, erstattete Sillitoe dem Premierminister sehr viel öfter Bericht als jeder seiner Nachfolger im 20. Jahrhundert. Dieser direkte Zugang zum Regierungschef war ein großer Vorteil für den MI5, den Dick White und andere hochrangige Mitarbeiter, die eine geringe Meinung vom Generaldirektor hatten, jedoch nicht richtig zu nutzen wussten, wie White selbst später eingestand.[8] Sillitoe war ein ungewöhnlicher (möglicherweise sogar ein einzigartiger) Generaldirektor und genoss in der Downing Street größeres Vertrauen als bei seinen eigenen Mitarbeitern. Nachdem Liddell im Oktober 1946 Harker auf dem Posten des Stellvertretenden Generaldirektors (DDG) nachgefolgt war, vertrat er Sillitoe während dessen ausgedehnten Reisen durch das Empire und den Commonwealth in den Sitzungen mit dem Premier. Er gewann ebenfalls Attlees Vertrauen, obwohl es ihm ähnlich wie anderen Besuchern in der Downing Street schwerfiel, mit der Schweigsamkeit des Regierungschefs umzugehen: »Man sagt, was man zu sagen hat, und wenn man damit fertig ist, tritt eine lange Pause ein – dann geht man zum nächsten Punkt über. Ich glaube, das hat mit einer sonderbaren Schüchternheit zu tun, die er ausstrahlt und auf seine Besucher überträgt. Er sieht sein Gegenüber nicht oft direkt an.«[9]

Doch die traditionelle Vorgehensweise des Security Service bestand darin, eine sichere Distanz zu den Ministern zu wahren. Guy Liddell erläuterte diese Haltung mit einiger Geringschätzung:

> Je weniger die Minister mit den komplexen nachrichtendienstlichen Angelegenheiten zu tun hatten, desto besser. Es war sehr viel vorteilhafter, die Informationen einfach zu halten; die Minister hatten nicht die Zeit, um ins Detail zu gehen. Wenn sie eine Entscheidung fällen mussten, war es einigermaßen wahrscheinlich, dass sie falsch entschieden![10]

Unter Attlee und den drei folgenden konservativen Regierungen profitierte der Security Service vom Vertrauen des ungemein einflussreichen Sir Norman Brook, der ab 1945 stellvertretender Kabinettssekretär und von 1947 bis 1963 Kabinettssekretär war. Im Jahr 1950 nahm Brook im Auftrag Attlees eine Beurteilung des MI5 vor. Er verriet Liddell anschließend, dass es »praktisch nichts gegeben habe, was er hätte kritisieren können«. Anfangs hatte Brook geglaubt, der Personalstand und der Aufwand des Bereichs B1 [Subversionsabwehr] seien gemessen am Bereich B2 [Spionageabwehr] möglicherweise zu gering, »aber im Gespräch mit den betroffenen Mitarbeitern ließ er sich vom Gegenteil überzeugen«.[11] Brook wurde einer der engsten Vertrauten und Berater von Winston Churchill sowie von Harold Macmillan.[12]

Kurz nach seiner Ernennung zum Generaldirektor erhielt Sillitoe die Anweisung, den Premier – und niemanden sonst – über jeden Abgeordneten zu informieren, der »nachweislich einer subversiven Organisation angehört«.[13] Attlee erwartete zudem, von Hinweisen auf Unterwanderung bei Familienmitgliedern seiner Minister zu erfahren. Als der Generaldirektor unter Churchills Regierung im Jahr 1952 dem Innenminister (zu jenem Zeitpunkt Sir David Maxwell Fyfe) unterstellt wurde, teilte Sillitoe diesem mit, er sei »daran gewöhnt, dem Premierminister bestimmte heikle Erkenntnisse über das Privatleben von Ministern anzuvertrauen, mit denen der Security Service gelegentlich konfrontiert wird, beispielsweise über den Fall des Sohns eines Ministers, »der sich mit bestimmten vom Security Service untersuchten Personen eingelassen und diesen als Gegenleistung für eine Belohnung Informationen gegeben hatte«.[14]

In der 1952 herausgegebenen Maxwell-Fyfe-Richtlinie (die erst ein Jahrzehnt später nach der Profumo-Affäre veröffentlicht wurde), die der Security Service als sein »Gesetz« betrachtete, wurde die »Konvention« festgeschrieben, der zufolge sich die Minister »nicht mit den Detailinformationen befassen, die der Security Service in einzelnen Fällen sammelt, sondern lediglich jene Informationen erhalten, die sie für eine Entscheidung benötigen«. In dieser Richtlinie wurde der MI5 als »Bestandteil der Verteidigungskräfte des Landes« bezeichnet. Seine Aufgabe bestand in der »Verteidigung des gesamten Reichs gegen äußere und innere Bedrohungen« wie Spionage und Sabotage, die von Personen oder Organisationen im In- oder Ausland ausgehen konnten. Der Generaldirektor wurde zwar angewiesen, politische Voreingenommenheit zu vermeiden, konnte jedoch selbst beurteilen, was als »subversive« Aktivität zu betrachten war, womit der Security Service anders als der SIS eigenständig über seine Aufgabenstellung entscheiden konnte.

Als Guy Liddell im Jahr 1952 aus dem MI5 ausschied, stieg Dick White zum stellvertretenden Generaldirektor auf. Doch die Beziehung zwischen ihm und Sillitoe wurde nicht besser. White beschrieb Sillitoe später als »geistlos und oberflächlich« und warf ihm vor, sich häufig geirrt zu haben.[15] Bevor Sillitoe am 31. August 1953 sein

Amt aufgab, brach er seine Beziehung zum Security Service auf beispiellos dramatische Art ab, indem er die Anordnung gab, seine Personalakte zu vernichten.[16]

Ein hochrangig besetzter Regierungsausschuss machte sich auf die Suche nach einem Nachfolger und sprach Guy Liddell »eine unvergleichliche Erfahrung mit der vom MI5 gehandhabten Art von Informationen, eine ausgezeichnete Kenntnis der kommunistischen Mentalität und Taktik und die Fähigkeit zur intuitiven Bewältigung schwieriger Probleme« zu. Allerdings gab es Zweifel an seinem Organisationstalent und an seinem Geschick im Umgang mit den Ministern, den Abteilungsleitern und den Abgesandten anderer Länder.[17] Innenminister Fyfe und die Mehrheit des Ausschusses gaben Dick White den Vorzug, nicht zuletzt deshalb, weil man durch die Ernennung eines Angehörigen des Security Service die interne Moral der Behörde zu heben hoffte.[18] White war innerhalb des MI5 sehr beliebt, denn mit seiner »Lebhaftigkeit, seiner Gelassenheit, seinem Sinn für Humor – und für das Absurde – bewältigte er jede Krise«, wie der Oxford-Historiker und ehemalige Nachrichtendienstmitarbeiter Hugh Trevor-Roper schrieb. »Er war kein origineller, aber ein offener Geist. Er genoss Gespräche über Ideen, Literatur und Kunst.«[19]

Während Sillitoe eine halböffentliche Figur gewesen war und durch seine Versuche, sein Aussehen zu verbergen – beispielsweise trug er bei einem Fußballspiel Sonnenbrillen oder stieg rückwärts aus einem Flugzeug –, nur noch größere mediale Aufmerksamkeit auf sich gezogen hatte, war White entschlossen, den Security Service in den Schatten zurückzuführen. Seine Ernennung wurde anders als die seines Vorgängers nicht öffentlich bekannt gegeben. Gleich zu Beginn seiner Amtszeit gab White den Startschuss zur sogenannten »Oktoberrevolution«, einer umfassenden Reorganisation, in der die drei bestehenden Divisions – Einrichtungen und Verwaltung (A), Nachrichtendienst (B) und Gefahrenabwehr (C), die im Jahr 1950 durch den Übersee-Bereich (Overseas Division, OS) ergänzt worden waren – durch sechs Branches ersetzt wurden. Die Observierung, die bis dahin Bestandteil des Nachrichtendienstbereichs gewesen war, wurde in einen neuen Bereich A integriert, der für die technische Unterstützung zuständig war. Der Bereich B umfasste von nun an Personal und Einrichtungen, Bereich C war für die

Gefahrenabwehr zuständig, Bereich D übernahm die Spionageabwehr, Bereich E war für die Subversionsabwehr im Empire und im Commonwealth und Bereich F für den Kampf gegen die Unterwanderung auf britischem Boden verantwortlich.[20]

Whites neuer Stellvertreter Roger Hollis war sehr viel zurückhaltender als der Generaldirektor. White entschied sich vor allem deshalb für ihn, weil Hollis im Zweiten Weltkrieg zu jenen im Security Service gezählt hatte, die die wachsende Bedrohung vorausgesehen hatten, die nach dem Krieg von der sowjetischen Spionage und der kommunistischen Unterwanderung ausgehen würde. Dies waren die beiden wichtigsten Aufgabengebiete des Inlandsgeheimdienstes bei Whites Amtsantritt. Und Hollis genoss das Vertrauen der beiden wichtigsten verbündeten Nachrichtendienste im Commonwealth, nämlich des australischen und des kanadischen. Da Hollis ein Jahr älter war als White, schien seine Chance, der nächste Generaldirektor zu werden, sehr gering. Wäre Sir Anthony Eden, der 1955 in der Downing Street einzog, nicht mit der Führung des SIS unzufrieden gewesen, so wäre White wahrscheinlich bis zu seiner Pensionierung im Jahr 1958 Leiter des Security Service geblieben. Edens Entscheidung, den scheidenden »C« Sir John Sinclair durch White zu ersetzen, löste beträchtliches Missfallen bei Innenminister Gwilym Lloyd George aus, der White für den besten MI5-Leiter der Geschichte hielt und ungern gehen ließ.[21] White selbst wollte den Security Service ebenfalls nicht verlassen, doch er und der Innenminister mussten sich dem Wunsch des Premiers beugen, ihn an die Spitze des Auslandsnachrichtendienstes zu setzen.[22]

Als der Innenminister Hollis als neuen Generaldirektor vorschlug, unterstützte White die Beförderung seines Stellvertreters nachdrücklich,[23] obwohl er seine Meinung später änderte (er bezeichnete die persönlichen Beziehungen zwischen Hollis und seinen Mitarbeitern, die ihn als »reserviert und distanziert« erlebten, rückblickend als schwierig).[24] Einige Mitarbeiter lernten Hollis überhaupt nicht kennen. Ein Angestellter erkannte ihn im Aufzug nicht und sagte zu ihm: »Hallo, wir kennen uns noch nicht. In welcher Abteilung arbeiten Sie?« Der andere Fahrgast antwortete: »Ich bin der Generaldirektor.«[25]

Das vielleicht aufschlussreichste Beispiel für Hollis' extrem distanzierten Führungsstil lieferte die 13 Tage dauernde kubanische

Raketenkrise im Oktober 1962. Ausgelöst wurde die Krise durch die Entdeckung der Abschussrampen für sowjetische Atomraketen auf Kuba, aber in noch größerer Gefahr als die Vereinigten Staaten war Großbritannien, ihr wichtigster Verbündeter. Viele Angehörige des MI5 dürften ebenso wie ein Großteil der britischen Bevölkerung die reale Gefahr gesehen haben, dass die Krise in einen Atomkrieg und die Auslöschung Großbritanniens münden würde. Als die BBC kurz vor den amerikanischen Fernsehsendern Luftaufnahmen von den sowjetischen Abschussrampen zeigte, wurde den bis dahin schlecht informierten Mitarbeitern des Security Service klar, dass die Nachrichtendienste eine entscheidende Rolle bei der Bewältigung der Krise spielen würden. Die Mitarbeiter machten sich Sorgen über das Schicksal ihrer Familien, aber der Generaldirektor und die Führung des MI5 schwiegen.[26] Ohne das Personal zu informieren, war der Generaldirektor sechs Jahre früher zu dem Schluss gelangt, dass es im Fall eines Atomkriegs nutzlos sein würde, »ein organisiertes Hauptquartier ins Auge zu fassen, denn in Wahrheit gäbe es keinen Ausweg«. Überlebende Führungskräfte sollten helfen zu retten, was von der Verwaltung übrig sein würde. Für das übrige Personal wurden keine Pläne gemacht.[27]

Wäre es im Jahr 1962 zum Krieg gekommen, so hätte Hollis zwei oder drei Vertreter des MI5 (darunter wahrscheinlich sich selbst) auswählen müssen, die sich in einem großen Bunker mit dem Codenamen TURNSTILE in der Nähe von Corsham in den Hügeln der Cotswolds zum Premierminister und dem Kriegskabinett gesellt hätten.[28] Vor der Raketenkrise gab Harold Macmillan, der Eden im Jahr 1957 als Premierminister nachgefolgt war, die Anweisung, TURNSTILE in der Zeit, die optimistisch als »Überlebens- und Wiederaufbauphase« nach einem Angriff mit Atomwaffen bezeichnet wurde, zum »Regierungssitz« zu machen. Tatsächlich hätte der Bunker einer rudimentären britischen Regierung in einem Dritten Weltkrieg wohl lediglich als kurzfristiger Zufluchtsort gedient, während Großbritannien ausgelöscht worden wäre. Daran dürften der Premierminister und der Generaldirektor des Nachrichtendienstes auf dem Höhepunkt der Raketenkrise gedacht haben. Macmillan plante eine außergewöhnliche Kabinettssitzung am Sonntag, dem 28. Oktober, in der er vermutlich eine »Vorwarnstufe« zur Vorbereitung auf den Krieg einleiten wollte. Doch kurz vor der Kabinettssitzung erklärte sich Nikita Chruschtschow bereit, die Raketen aus Kuba abzuziehen. Die Mitarbeiter des Security Service wurden auch nach dem Ende der Raketenkrise nicht über die Vorgänge informiert. Hingegen hieß es, der frühere Generaldirektor Sir Dick White, der mittlerweile »C« war, habe das Personal des SIS zu seinen Beiträgen zur Beilegung der Krise beglückwünscht.

Im Kalten Krieg wurde der Inlandsgeheimdienst, der im Weltkrieg gemästet worden war, auf eine karge Diät gesetzt. Hatte der Security Service Anfang 1943 noch 1271 und Mitte 1945 immerhin noch 897 Mitarbeiter gehabt, so sank der Personalstand bis 1947 auf 570.[29] Im Zweiten Weltkrieg hatte Großbritannien dank seines Geheimdienstes mehr über seine Kriegsgegner in Erfahrung gebracht als je zuvor ein Staat. Die Sowjetunion war weniger erfolgreich beim Ausspionieren ihrer Feinde gewesen, aber dafür hatte sie mehr über die Geheimnisse ihrer Verbündeten herausgefunden als je ein Staat vor ihr. Bei Kriegsende waren in Großbritannien immer noch vier Mitglieder der »Magnificent Five« aktiv, der erfolgreichsten Gruppe von Auslandsspionen in der Geschichte der Sowjetunion: Kim Philby galt im SIS als potenzieller Kandidat für den Führungsposten. Donald Maclean und Guy Burgess lieferten aus dem Außenministerium große Mengen geheimer Dokumente an die Sowjets. John Cairncross hatte seine Glanzzeit als sowjetischer Agent hinter sich, konnte jedoch im Finanzministerium Informationen über die Verteidigungsausgaben Großbritanniens sammeln. Anthony Blunt schied aus dem Security Service aus und kehrte als Leiter des Courtauld Institute ins akademische Leben zurück, obwohl er weiterhin gelegentliche Teilzeitmissionen für den sowjetischen Geheimdienst übernahm.[30]

Im Gegensatz dazu besaßen der Secret Service und der SIS kurz vor Beginn des Kalten Krieges nicht einen einzigen wirklich wertvollen sowjetischen Agenten. Sie hatten keine Vorstellung von der gewaltigen sowjetischen Spionageoffensive im Krieg, ja sie besaßen nicht einmal grundlegende Informationen über die sowjetischen Nachrichtendienste. Die Fernmeldeaufklärung (SIGINT) war mehrere Jahre lang keine große Hilfe und blieb weit davon entfernt, in der Auseinandersetzung mit der Sowjetunion an die spektakulären Erfolge im Kampf gegen Nazi-Deutschland anzuknüpfen. Den ersten wichtigen Einblick in die Aktivitäten des sowjetischen Geheimdienstes im Westen gewann der Security Service dank eines Überläufers in Kanada.

Am Abend des 5. September 1945 steckte sich Igor Gusenko, ein 26-jähriger Chiffrier-Experte, der in der sowjetischen Botschaft in Ottawa für den sowjetischen Militärnachrichtendienst GRU arbeitete, mehr als 100 geheime Dokumente unter das Hemd und bemühte sich sehr, den Bauch einzuziehen, als er das Botschaftsgebäude verließ. »Sonst hätte es so ausgesehen, als wäre er schwanger«, erklärte seine Frau später. Doch überzulaufen war nicht so einfach, wie sich Gusenko vorgestellt hatte. Als er das kanadische Justizministerium und die Redaktion des *Ottawa Journal* um Hilfe bat, sagte man ihm, er solle am nächsten Tag wiederkommen. Doch auch am 6. September zeigten weder das Ministerium noch die Zeitung (die sich damit die Exklusivspionagegeschichte des Jahrzehnts entgehen ließ) größeres Interesse. Am Abend dieses Tages wurde der sowjetischen Botschaft klar, dass Gusenko sowie zahlreiche geheime Dokumente verschwunden waren. Der Russe versteckte sich mit seiner Frau und seinem Kind in der Wohnung eines Nachbarn, als sowjetische Sicherheitsbeamte seine Tür einschlugen und seine Wohnung durchsuchten. Es war fast Mitternacht, als die lokale Polizeibehörde Gusenko zu Hilfe kam und seine Familie endlich doch in Sicherheit brachte.[31] Später überzeugte Gusenko Guy Liddell davon, dass er aus ideologischen Gründen übergelaufen sei, doch zu jener Zeit wurde angenommen, dass er vor allem Furcht vor einer Rückkehr in die Sowjetunion hatte. Er hatte geheimes Material unverschlossen im Büro liegen lassen und war wegen dieses Verstoßes gegen die Sicherheitsvorschriften der GRU nach Moskau zitiert worden.[32]

Da die Westmächte nicht geahnt hatten, wie umfassend der sowjetische Geheimdienst ihre Nachrichtendienste infiltriert hatte, lösten Gusenkos Enthüllungen sowohl in London als auch in Ottawa einen Schock aus. Der kanadische Premier William Mackenzie King war schwer getroffen und schrieb mit einiger Naivität in sein Tagebuch:

> Während ich diese Notiz schreibe, habe ich die Tatsache vor Augen, dass die russische Botschaft nur wenige Häuser entfernt ist und einen Brennpunkt der Verschwörung darstellt. Während Kanada im Krieg Russland half und alles tat, um die Freundschaft zwi-

schen den beiden Ländern zu festigen, wurden wir von einem Bereich der russischen Vertretung ausspioniert ... Es ist verblüffend, wie viele Kontakte zu Personen in Schlüsselpositionen in Staat und Wirtschaft sie hergestellt haben.[33]

Gusenko lieferte nicht nur weitere Beweise für die sowjetische Spionage in den Vereinigten Staaten, sondern enthüllte auch die Existenz eines großen kanadischen Spionagerings der GRU, der das Parlament, das Außenministerium, den Nachrichtendienst der Luftwaffe, das Rüstungsministerium sowie Forschungseinrichtungen infiltriert hatte.[34] Aber Gusenkos schockierendste Enthüllung nur einen Monat nach Hiroshima bestand darin, dass der sowjetische Geheimdienst »Dokumente über die Atombombe« in seinen Besitz gebracht hatte, die »Beschreibungen des technologischen Prozesses, Zeichnungen und Berechnungen« umfassten.[35] Unter den Dokumenten, die er aus der Botschaft geschmuggelt hatte, waren GRU-Telegramme über einen Agenten mit dem Codenamen ALEK, der rasch als der britische Atomwissenschaftler Alan Nunn May identifiziert war. May, der sich heimlich den Kommunisten angeschlossen und zur selben Zeit wie Donald Maclean in Cambridge studiert hatte, war der erste »Atomspion«, der enttarnt wurde.[36] Im Januar 1943 war er in Montreal in ein gemeinsames Atomforschungslabor der Kanadier und Briten aufgenommen worden. Er hatte bereits ein Jahr zuvor in Großbritannien Kontakt zur GRU aufgenommen, doch das kanadische Büro des sowjetischen Geheimdienstes brauchte eine Weile, um sich der Bedeutung dieses Mannes bewusst zu werden. Erst Ende 1944 wurde ihm Pawel Angelow vom GRU-Büro in Ottawa als Führungsoffizier zugeteilt. Irgendwann in der ersten Jahreshälfte 1945 forderte Angelow May auf, Proben des für den Bau von Atomwaffen verwendeten Urans zu besorgen – ein Auftrag, den der kanadische GRU-Agent Israel Halperin als »vollkommen undurchführbar« bezeichnet hatte. Doch May bewältigte die Aufgabe: Am 9. August 1945, drei Tage nach dem Abwurf der Atombombe über Hiroshima, übergab er Angelow einen Bericht über die Nuklearforschung, genaue Informationen über die Bombe und zwei Uranproben: angereichertes ^{235}U in einer Phiole und eine feine Ablagerung von ^{233}U auf einer Platinfolie. Der Leiter des GRU-Büros in Ottawa, Nikolai Sabotin, schickte unverzüglich seinen Stellvertreter mit dem

Material nach Moskau. Kurze Zeit später wurde Sabotin mit zwei Orden ausgezeichnet: mit der Roten Fahne und dem Roten Stern. May erhielt etwa 200 Kanadische Dollar in einer Whiskyflasche.[37]

Für die Befragung Gusenkos nach seinem Seitenwechsel hätte sich Jane Archer (geborene Sissmore) besonders gut geeignet, die diese Aufgabe wohl auch übernommen hätte, wäre sie nicht im Jahr 1940 vom MI5 zum SIS gewechselt. Im Jahr 1944 war Archer der neu eingerichteten Sektion IX des SIS zugeteilt worden, die für die Abwehr sowjetischer und kommunistischer Spionage zuständig war. Es war das Pech des britischen und das Glück des sowjetischen Geheimdienstes, dass der Leiter der Sektion IX kein anderer als Kim Philby war. Wie Robert Cecil, einer von Philbys Kollegen beim SIS, später einräumte, war dessen bemerkenswerter Aufstieg zum Leiter der Sektion IX eine Gewähr dafür, dass »der Kreml über sämtliche Versuche, der kommunistischen Spionage nach dem Krieg zu begegnen, im Bilde war. In der Geschichte der Spionage gibt es wenige oder überhaupt keine vergleichbaren Geniestreiche.«[38]

Eine der ersten Maßnahmen Philbys bestand darin, die potenzielle Bedrohung Jane Archer auszuschalten, vor der er einen gesunden Respekt hatte: »Nach Guy Liddell war Jane die vielleicht fähigste professionelle Nachrichtendienstbeamtin in der Geschichte des MI5. Sie hatte einen Großteil ihres Lebens mit dem Studium der kommunistischen Aktivitäten in all ihren Facetten verbracht.« Im Jahr 1940 hatte Archer den sowjetischen Überläufer Walter Kriwitski befragt und dabei »gefährliche Informationen über einen jungen englischen Journalisten« gesammelt, den der sowjetische Geheimdienst während des Bürgerkriegs nach Spanien geschickt hatte. Philby hatte sich in dieser Beschreibung sofort wiedererkannt – allerdings war er der Einzige. »Jane wäre eine sehr gefährliche Feindin gewesen«, erklärte er. Daher lenkte Philby Archers Energie um und beauftragte sie mit der Analyse des umfangreichen abgefangenen Funkverkehrs zu den kommunistischen Aktivitäten in Osteuropa;[39] auf diese Art sorgte er dafür, dass sie weder mit dem Fall Gusenko noch kurze Zeit später mit dem Überläufer Wolkow zu tun bekam, zwei Fälle, in denen der SIS ihre außergewöhnlichen Fähigkeiten sehr viel gewinnbringender hätte einsetzen können.

So koordinierte im SIS nicht Archer, sondern Philby als Leiter der Sektion IX den britischen Umgang mit dem Fall Gusenko, und im

Security Service war der Leiter des Bereichs F (Subversionsabwehr), Roger Hollis, der spätere Generaldirektor (1956–1965), für die Angelegenheit zuständig. Als Philby die Nachrichten aus Ottawa hörte, fürchtete er zunächst um seine persönliche Sicherheit, da er damit rechnen musste, dass Gusenko möglicherweise auch Beweise gegen ihn hatte. Sein sowjetischer Führungsoffizier Boris Krötenschield meldete an die Geheimdienstzentrale in Moskau:

> STANLEY [Philby] war ein wenig aufgeregt ... Ich versuchte ihn zu beruhigen. STANLEY sagte, in Zusammenhang mit dieser Sache habe er möglicherweise extrem dringende Informationen für uns. Daher bat STANLEY um ein weiteres Gespräch wenige Tage später. Ich lehnte ein Treffen ab, aber ich erlaubte ihm, dringende und wichtige Informationen über HICKS [Burgess] weiterzuleiten.[40]

Noch größer wurde Philbys Besorgnis, als er am 19. September aus Istanbul erfuhr, dass Konstantin Dmitrijewitsch Wolkow, ein in der Türkei stationierter NKGB-Offizier, versucht hatte überzulaufen. Ende August 1945, wenige Tage vor Gusenkos Seitenwechsel, hatte Wolkow den britischen Vizekonsul in Istanbul in einem Brief um eine dringende Verabredung gebeten. Da er keine Antwort erhalten hatte, war Wolkow am 4. September – einen Tag vor Gusenkos erstem Versuch, sich abzusetzen – persönlich beim Vizekonsul vorstellig geworden und hatte im Gegenzug für politisches Asyl für ihn und seine Frau sowie 50 000 Pfund (etwa eine Million Pfund in heutiger Währung) wichtige Akten und Informationen angeboten, die er während seiner Tätigkeit in der britischen Abteilung in der Moskauer Geheimdienstzentrale gesammelt hatte. Um den Briten die Bedeutung der von ihm angebotenen Informationen zu beweisen, gab Wolkow preis, dass unter den hochrangigen sowjetischen Agenten in Großbritannien zwei Mitarbeiter des Außenministeriums (gemeint waren zweifellos Burgess und Maclean) und sieben Personen »im britischen Nachrichtendienstsystem« seien, darunter ein Mann, der »eine Sektion der britischen Spionageabwehr in London« leite, was mit einiger Sicherheit ein Hinweis auf Philby war.[41] Philby informierte unverzüglich seinen Führungsoffizier Krötenschield über Wolkows Vorhaben.[42]

Wie Philby hatte voraussehen können, machte der sowjetische

Geheimdienst kurzen Prozess mit dem Abtrünnigen. Am 21. September stellte das türkische Konsulat in Moskau Visa für zwei sowjetische diplomatische Kuriere aus (in Wahrheit waren es von der Geheimdienstzentrale entsandte Killer), die nach Istanbul aufbrachen. Die britische Untersuchung des Falls Wolkow wäre normalerweise vom Leiter des Nachrichtendienstes Nahost (Security Intelligence Middle East, SIME), Sir Douglas Roberts, geleitet worden, der sich zu diesem Zeitpunkt zufällig gerade in London aufhielt. Zum Glück für Philby reiste Roberts sehr ungern mit dem Flugzeug. Philby nahm dies zum Vorwand, um sich in den Fall einzumischen, und erhielt von »C«, Sir Stewart Menzies, die Erlaubnis, in die Türkei zu reisen und Wolkow persönlich zu betreuen. Aufgrund von Verzögerungen auf der Reise traf Philby erst am 26. September in Istanbul ein.[43] Er kam zu spät. Wolkow hatte bereits den britischen Vizekonsul aufgefordert, ihn im sowjetischen Konsulat anzurufen. Aber wie Guy Liddell in seinem Tagebuch erklärte:

Beim ersten Anruf meldete sich der russische Generalkonsul, beim zweiten Mal ein Mann, der Englisch sprach und vorgab, Wolkoff [sic] zu sein, es jedoch eindeutig nicht war. Schließlich teilte eine russische Telefonistin dem Anrufer mit, Wolkoff sei nach Moskau abgereist.[44]

Die russischen Killer hatten ihre Arbeit bereits erledigt. Wolkow und seine Frau waren betäubt worden und auf Bahren an Bord eines sowjetischen Flugzeugs gebracht worden, das sie nach Moskau brachte.[45] Vor seiner Hinrichtung gestand Wolkow in einem brutalen Verhör, die Briten um politisches Asyl und 50 000 Pfund gebeten und geplant zu haben, die Namen von nicht weniger als 314 sowjetischen Agenten preiszugeben, darunter wahrscheinlich auch Philby.[46] Dieser gab später zu, im Fall Wolkow »wahrhaftig mit knapper Not davongekommen« zu sein.[47] Mit etwas weniger Glück hätte Gusenko wenige Tage vorher nicht überlaufen können. Mit etwas mehr Glück hätte Wolkow Philby entlarven und den sowjetischen Geheimdienstoperationen erheblich größeren Schaden zufügen können als Gusenko.

Nach der Beseitigung Wolkows war Philby außer Gefahr und konnte sich darauf konzentrieren, den Schaden zu begrenzen, den

Gusenkos Enthüllungen dem sowjetischen Geheimdienst zufügen konnten. Zunächst wollte er versuchen, erfolgreiche Ermittlungen gegen seinen Studienkollegen aus Cambridge, Alan Nunn May, zu verhindern, der nicht wusste, dass Gusenko ihn enttarnt hatte. Philby meldete nach Moskau, die von Gusenko vorgelegten Beweise würden wahrscheinlich nicht für eine Verurteilung Mays genügen. Allerdings hatte Gusenko enthüllt, dass nach Mays Rückkehr nach Großbritannien eine Reihe von Treffen mit seinem sowjetischen Führungsoffizier in London geplant waren; so waren die beiden am 8. Oktober vor dem British Museum verabredet, wo May sich zu erkennen geben sollte, indem er sich ein Exemplar der *Times* unter den linken Arm klemmte.[48] Sir David Petrie entschied persönlich, dass versucht werden sollte, May auf frischer Tat zu ertappen.[49] Obwohl der MI5 und die Special Branch den von Gusenko angegebenen Treffpunkt vor dem British Museum vertraulich behandelten, erschienen weder May noch sein neuer sowjetischer Führungsoffizier. Am 18. November konnte ein erleichterter Philby seinem Führungsoffizier berichten:

> Nach Angabe des MI5 hat May keinen falschen Schritt getan, seit er in England eingetroffen ist. Er hat keine verdächtigen Kontakte geknüpft. Nichts deutet darauf hin, dass er sich fürchtet oder besorgt ist, und er geht seiner wissenschaftlichen Forschungsarbeit ganz normal nach. In Anbetracht dessen ist der MI5 zu dem Schluss gelangt, dass May eine harte Nuss ist und im Verhör nicht zusammenbrechen wird, solange er nicht mit frischen und stichhaltigen Beweisen konfrontiert wird.[50]

Aber diese »frischen und stichhaltigen Beweise« tauchten nicht auf. Der Rechtsberater des MI5, Colonel Cussen, gestand später, dass es, wie Philby richtig nach Moskau gemeldet hatte, »nicht wahrscheinlich war, dass irgendwelche in Kanada gesammelten Beweise gegen ›Primel‹ [May] ohne Vorladung eines russischen Vertreters zugelassen würden, da sie aus Telegrammen stammten, die zwischen Ottawa und Moskau ausgetauscht worden waren ... Wäre Corby [Gusenko] selbst in der Bow Street [ein Gerichtshof] vorgeladen worden, so hätte er Primel nicht identifizieren können, da er ihm nie begegnet war.«[51]

Erst als Burgess und Maclean im Jahr 1951 überliefen, begann der MI5 zu argwöhnen, dass May nach seiner Rückkehr nach London möglicherweise deshalb nicht zum Treffen mit seinem Führungsoffizier erschienen war, weil Philby die sowjetische Geheimdienstzentrale gewarnt hatte. Wahrscheinlich wies Philby Moskau auch darauf hin, dass weitere von Gusenko identifizierte sowjetische Agenten von den Briten und Amerikanern überwacht wurden. Philby war beim SIS für die Koordinierung der Informationen zuständig, die das FBI und andere amerikanische Behörden mit Unterstützung des SIS-Verbindungsoffiziers in Washington zu diesem Fall lieferten. Mindestens einem von Gusenko enttarnten Agenten gelang die Flucht aus den Vereinigten Staaten (vermutlich in die Sowjetunion), obwohl er vom FBI überwacht worden war.[52] Es ist durchaus möglich, dass eine Warnung Philbys die Moskauer Zentrale dazu bewegte, diesen Agenten in Sicherheit zu bringen.

Zu dem Zeitpunkt, als Gusenko überlief, versuchte Philby seit anderthalb Jahren, sich im britischen Geheimdienst als führender Gegenspionageexperte für die Sowjetunion zu profilieren. Als Leiter der Sektion IX des SIS hatte sich Philby regelmäßig mit Roger Hollis getroffen, um über die Sowjetunion und Fragen des Kommunismus mit ihm zu sprechen. In seinen Memoiren schrieb Philby gönnerhaft: »[Hollis] war ein netter, bedächtiger Bursche ... Obwohl ihm jener (mäßige) Schuss Verantwortungslosigkeit fehlte, der meiner Meinung nach eine unverzichtbare Zutat eines vollständigen menschlichen Wesens ist, kamen wir gut miteinander aus und tauschten bald vorbehaltlos Informationen aus.«[53] Die Informationen, die Hollis »vorbehaltlos« an ihn weitergab, leitete Philby nach Moskau weiter. Wenige Tage, nachdem Gusenko übergelaufen war, flog Hollis nach Ottawa, um Kontakt mit der Royal Canadian Mounted Police (RCMP) aufzunehmen, und wurde von den kanadischen Polizisten »wie ein Mitglied ihres eigenen Ermittlungsteams« behandelt.[54] Da Gusenko nicht auf ausländischem Staatsgebiet, sondern in einer Hauptstadt des Commonwealth übergelaufen war, war nicht der SIS, sondern der Security Service für die Angelegenheit zuständig. Obwohl Hollis' Anwesenheit in Kanada nicht publik gemacht wurde, war er bei der Befragung von Zeugen durch die für den Fall Gusenko zuständige Kommission anwesend und erhielt Einblick in sämtliche Dokumente und sonstige von der kanadischen Polizei gesammelten Beweise.[55] Als Premierminister Mackenzie King am 7. Oktober 1945 an Bord der *Queen Mary* zu einem vierwöchigen Besuch Englands in Southampton eintraf, kam Hollis an Bord und überbrachte ihm ein Telegramm des britischen Botschafters in Washington, Lord Halifax, der die britische Regierung über Präsident Trumans Wunsch informierte, May bei dem geplanten Treffen mit seinem russischen Führungsoffizier vor dem British Museum nicht zu verhaften, sofern dies nicht »aus offenkundigen Sicherheitsgründen notwendig« sei, weil zum Beispiel festgestellt werde, dass May »seinem Kontaktmann ein streng geheimes Dokument übergeben« wolle:

> Der Präsident äußerte nachdrücklich den Wunsch nach einer Einigung in dieser Frage. ... Es solle alles getan werden, um zu gewährleisten, dass weitere Informationen in den Vereinigten Staaten und Großbritannien beschafft werden könnten, anstatt übereilt zu handeln. [Es sei] zudem von größter Bedeutung, zunächst eine umfassende Übereinkunft zwischen den betroffenen Ländern zu finden.[56]

Mackenzie King war derselben Meinung wie Truman. Natürlich tauchten letzten Endes weder May noch sein sowjetischer Führungsoffizier zu dem Treffen vor dem British Museum auf. Der MI5, der nichts von Philbys Verrat ahnte, konnte nur raten, warum das Rendezvous nicht stattgefunden hatte.

Während Mackenzie Kings Aufenthalt in London einigte sich Norman Robertson, der kanadische ständige Staatssekretär für äußere Angelegenheiten, in einem Treffen mit Generaldirektor Sir David Petrie darauf, erst auf Gusenkos Enthüllungen zu reagieren, nachdem Attlee und Mackenzie King in Washington mit Truman gesprochen hätten.[57] Die Beteiligung des Security Service blieb im Fall Gusenko wie in den meisten anderen Fällen vollkommen geheim. Als der Fall fünf Jahre später nach der Verurteilung des Atomspions Klaus Fuchs erneut in die Öffentlichkeit gelangte, hielt es der Commonwealth-Minister Patrick Gordon Walker immer noch für »besonders wichtig, nicht öffentlich zu bestätigen, dass Mitarbeiter des Security Service in Kanada tätig sind oder waren«.[58]

Am 15. Februar 1946, einen Tag nach Bekanntwerden des Falls Gusenko, leitete Commander Leonard Burt von Scotland Yard die erste Befragung Mays. Das Verhör fand in Harwell statt, der ersten britischen Einrichtung zur Erforschung der Atomenergie. Burt berichtete Guy Liddell, dass May, als ihm der Sicherheitschef von Harwell mitgeteilt habe, dass jemand mit ihm sprechen wollte, »weiß wie ein Laken« geworden und »einem Zusammenbruch nahe« gewesen sei. Im Verlauf der Befragung durch Burt gab er keinerlei Antworten mit Ausnahme von kategorischen Verneinungen. Er machte eine einigermaßen sonderbare Bemerkung, als er gefragt wurde, ob er bereit sei, die Behörden zu unterstützen: »Nicht, wenn es um Gegenspionage geht.« Gefragt, was er damit meine, war er nicht imstande, es zu erklären. Seine Antwort lautete üblicherweise nach mehreren Minuten des Schweigens: »Die Antwort ist nein.«

Liddell notierte sich: »Aus seinem Verhalten geht unzweifelhaft hervor, dass er schuldig ist.«[59] Es gelang Burt durch eine geschickte Verhörführung, May davon zu überzeugen, dass die Beweise gegen ihn sehr viel erdrückender seien, als sie tatsächlich waren. Liddell schrieb in sein Tagebuch: »Ein besonders schwerer Schlag für May war meiner Meinung nach, dass Burt das vereinbarte Treffen [mit einem GRU-Offizier] in London erwähnte.« May unterzeichnete eine Aussage, in der er zugab, von einem »sowjetischen Agenten« angesprochen worden zu sein, den zu identifizieren er sich weigerte, und diesem Agenten einen Bericht über Nuklearforschung sowie zwei Uranproben übergeben zu haben:

> Er habe dies getan, da es seiner Meinung nach im allgemeinen Interesse sei, dass die Russen im Bilde seien und an der experimentellen Arbeit teilnähmen. Er wisse von der Verabredung in London, sei jedoch nicht erschienen, denn er sei der Meinung, dass keine weiteren Daten weitergegeben werden müssten, da bereits ausreichende Informationen über die Atomforschung bekannt seien.[60]

Mays Erklärung für seine Entscheidung, dem Treffen mit seinem Führungsoffizier fernzubleiben, war eine Lüge. Mehr als ein halbes Jahrhundert später gab er kurz vor seinem Tod schließlich zu, dass er vom sowjetischen Geheimdienst (zweifellos aufgrund von Philbys Meldung nach Moskau) gewarnt worden und deshalb nicht zu der Verabredung erschienen war.[61]

Mackenzie King reagierte gleichermaßen überrascht und erfreut auf Mays Geständnis am 20. Februar 1946. Dies sei, schrieb er, »die bisher beste Nachricht«, die beweise, dass es sowohl in Großbritannien als auch in Kanada Sicherheitslücken gebe; nun sei eine strafrechtliche Verfolgung möglich, die nach Ansicht des kanadischen Premierministers ähnliche Verfahren in den Vereinigten Staaten nach sich ziehen würde. Am 1. Mai bekannte sich May vor Gericht schuldig, den Official Secrets Act gebrochen zu haben, indem er einer unbekannten Person Informationen übergeben hatte, »die als nützlich für den Feind eingeschätzt wurden oder sein könnten«. Nach einem Verfahren, das nur einen Tag dauerte, wurde er zu einer Gefängnisstrafe von zehn Jahren verurteilt. Als die Nachricht von Mays Verhaftung Los Alamos erreichte, erklärte die Frau eines der britischen Wissenschaftler: »Ich kannte ihn ziemlich gut. Aber ich wüsste nicht, wie ich ihn beschreiben sollte. Er war wie – er war ein bisschen wie unser Freund Klaus hier.« Der anwesende Klaus Fuchs, der sich später als der wichtigste sowjetische Atomspion herausstellte, soll höflich gelächelt und gesagt haben, seiner Meinung nach könne May den Russen nichts Wichtiges erzählt haben.[62] Wahrscheinlich gelangte Fuchs zu dem zutreffenden Schluss, Gusenko habe ihn nicht belastet. Als sich im Jahr 1949 das Netz um Fuchs zu schließen begann, gelang es Philby erneut, die Zentrale in Moskau zu warnen.[63]

Seine wiederholten Versuche, die britische Beteiligung an den Gusenko-Ermittlungen unter seine Kontrolle zu bringen, sorgten für Verstimmung beim Security Service, der sich mehrfach über die Einmischung beschwerte. Am 19. Februar 1946 legte Philby den Entwurf eines Memorandums über Gusenko vor, das angeblich auf Wunsch von Sir Stewart Menzies, »C«, an die Leiter der militärischen Nachrichtendienste weitergeleitet werden sollte.[64] Hollis protestierte sofort:

Ich halte die Weitergabe dieses Dokuments Ihrer Behörde an die Nachrichtendienstchefs für einen unglücklichen Schritt. Der Fall ist in Kanada angesiedelt und hat in unserem Land Verzweigungen, und sowohl in Kanada als auch hier ist nicht Ihre, sondern unsere Behörde zuständig. Dank unserer engen Zusammenarbeit in diesem Fall haben Sie selbstverständlich ebenso viel Informationen wie wir, und wie Sie wissen, begrüßen wir das. Aber wenn es darum geht, ein solches Papier an die Nachrichtendienstchefs zu schicken, fürchte ich, dass der Eindruck entstehen könnte, Ihre Dienststelle und nicht der MI5 sei zuständig.

Hollis schlug vor, einen Brief an die Leiter der Nachrichtendienste zu schicken, um klarzustellen, dass nicht der SIS, sondern der MI5 die für die Spionageabwehr im Empire verantwortliche Behörde sei und das Rundschreiben genehmigt habe. Außerdem wies er auf einige irreführende Aussagen in Philbys Entwurf hin, die er höflich als »kleine Ungenauigkeiten« bezeichnete. Philby hatte es unterlassen, den Nachrichtendienstchefs mitzuteilen, welche Art von Informationen der GRU in Kanada ausspionierte. Hollis ging von der großzügigen, aber falschen Annahme aus, Philbys Beweggrund für diese Zurückhaltung sei der Wunsch gewesen, die Sicherheit der Gusenko-Untersuchung nicht zu beeinträchtigen. »Vielleicht haben Sie sich in diesem Punkt bedeckt gehalten«, teilte er Philby mit, »um zu vermeiden, den Leitern der Nachrichtendienste zu viele Detailinformationen geben zu müssen.« Zu den weiteren »Ungenauigkeiten« in Philbys Entwurf zählte, dass er nicht erwähnt hatte, dass sich die Kommunistische Partei Kanadas als Talentsucher für den sowjetischen Geheimdienst betätigt hatte – eine Enthüllung, die die Nachrichtendienstchefs dazu hätte bewegen können, die Rolle der britischen Kommunisten in den Streitkräften während des Krieges zu untersuchen.[65] Philbys Einmischung schadete seinem guten Ruf im Security Service nicht. Liddell äußerte »großes Bedauern«, als er im September 1946 erfuhr, dass Philby nach Istanbul gehen würde, um die Leitung des dortigen Büros zu übernehmen. Er bezweifelte, ob es gelingen würde, einen auch nur annähernd gleichwertigen Ersatz für Philby zu finden.[66]

Liddell empfand auch großen Respekt für Gusenko, den er im März 1946 in Kanada kennenlernte und als »außerordentlich aufmerksam und intelligent« bezeichnete:

Ich fragte ihn, wie es komme, dass sich Russland seit 28 Jahren in seinem gegenwärtigen Zustand befinde, und woran es liege, dass das russische Volk so gut kämpfe. Er sagte, wenn ich vom sechsten Lebensjahr an marxistisch erzogen worden wäre, nie etwas anderes als die sowjetische Presse und das sowjetische Radio kennengelernt hätte, die behaupteten, dass die Bedingungen im Ausland sehr viel schlechter seien als in Russland, ja dass die übrige Welt im Elend und Aufruhr lebe, wenn ich die Erfahrung gemacht hätte, mit meinem besten Freund auf der Straße zu gehen und nicht frei sprechen zu können, und wenn ich nie Gelegenheit gehabt hätte, meinen Lebensstandard mit dem anderer Menschen zu vergleichen, so hätte ich wohl so gedacht wie er, bevor er nach Kanada gekommen sei. Die Lebensbedingungen in Kanada hätten einen derart überwältigenden Eindruck auf ihn gemacht, dass er sich vollkommen verändert und begriffen habe, dass er von Kindheit auf getäuscht worden war. Er sagte, obwohl er Tag und Nacht von drei kanadischen Polizeibeamten bewacht werde, habe er sich noch nie so frei gefühlt.

Gusenko erklärte, Liddell könne sich unmöglich vorstellen, was es für ihn bedeute, die Möglichkeit zu haben, einfach loszugehen und sich einen Sack Orangen und ein Pfund Hackfleisch zu kaufen. Dazu schrieb Liddell in sein Tagebuch, auch für ihn hätten derartige Genüsse während der Rationierung in Großbritannien »ziemlich viel« bedeutet.[67]

Die von Gusenko gelieferten Informationen beinhalteten ein Rätsel, das dem MI5 über 30 Jahre lang zu schaffen machen sollte. Der Überläufer erklärte, es habe zwei sowjetische Agenten mit dem Codenamen ELLI gegeben. Der eine konnte rasch als Kay Willsher identifiziert werden, der im Archiv des britischen Hochkommissariats in Ottawa gearbeitet hatte und im März 1946 wegen Geheimnisverrats zu drei Jahren Gefängnis verurteilt worden war. Doch die Identität des zweiten und wichtigeren ELLI blieb bis in die achtziger Jahre ein Mysterium.[68] Eine Reihe von Verschwörungstheoretikern, darunter vor allem der einzelgängerische MI5-Mitarbeiter Peter Wright, redeten sich und vielen ihrer Leser ein, dass ELLI niemand anderer als Roger Hollis sei, der während der gesamten Gusenko-Untersuchung als sowjetischer Agent tätig gewesen sei.[69] In Wahrheit hatte wahrscheinlich kein anderer hochrangiger MI5-Beamter im Zweiten Weltkrieg nachdrücklicher als Hollis auf die anhaltende Bedrohung durch die sowjetische Spionage sowie auf die Notwendigkeit hingewiesen, die CPGB genau zu beobachten. Der KGB hielt die Verschwörungstheorie rund um Hollis für so bizarr, dass einige

Mitglieder des sowjetischen Auslandsgeheimdienstes dahinter »irgendeine mysteriöse interne britische Intrige« vermuteten.[70]

Der zweite ELLI wurde schließlich enttarnt, als der erfolgreiche Doppelagent Oleg Gordiewsky, der vom SIS angeworben worden war, im Jahr 1982 in die Londoner Residentur des KGB entsandt wurde. Gordiewsky identifizierte ELLI als Leo Long, den Anthony Blunt während des Krieges als Unteragent im militärischen Nachrichtendienst eingesetzt hatte. Long war wie Blunt ein Agent des NKGB (später des KGB) gewesen, weshalb Gusenko, der für die GRU gearbeitet hatte, nur bruchstückhafte Informationen über ihn liefern konnte. Dass Long für kurze Zeit in Gusenkos Gesichtsfeld aufgetaucht war, lag vermutlich daran, dass die GRU im Jahr 1943 an ihn herangetreten war, dann jedoch vom NKGB in die Schranken gewiesen wurde, der nicht wollte, dass andere Geheimdienste Kontakt mit seinem Agenten aufnahmen.[71]

Abgesehen davon, dass die Gusenko-Untersuchung ein großes ungelöstes Rätsel hinterließ, welches der britische Geheimdienst erst 40 Jahre später lösen konnte, trug sie auch zur Entstehung eines gravierenden Missverständnisses bei. In einem von Philby in Umlauf gebrachten frühen Bericht über den Fall wurde die offenbar von Gusenko beschriebene Qualität des sowjetischen Nachrichtendienstes deutlich übertrieben: »Im Großen und Ganzen gewinnt man ausgehend von den von Corby [Gusenko] gelieferten Informationen den Eindruck, dass die GRU eine extrem effiziente Nachrichtendienstorganisation ist, in der hochwertige Arbeit und ein Höchstmaß an Sicherheit die Norm sind und die teilweise unter einer übermäßigen Zentralisierung leidet.«[72] Während des gesamten Kalten Krieges sowie im Anschluss an den Fall Gusenko entging den britischen und amerikanischen Geheimdiensten immer wieder die riesige qualitative Kluft zwischen der teilweise bemerkenswert erfolgreichen Beschaffung von Informationen durch den sowjetischen Geheimdienst und der Auswertung nachrichtendienstlicher Erkenntnisse, die abgesehen von der wissenschaftlichen und technologischen Spionage häufig von beklagenswert geringer Qualität war. Wie in allen Einparteiendiktaturen fühlten sich die Experten, die nachrichtendienstliche Informationen auswerteten, verpflichtet, der politischen Führung zu erzählen, was diese hören wollte. Es war nicht möglich, den Machthabern die Wahrheit zu sagen.

Die von Gusenko gelieferten Informationen ermöglichen es nicht nur, ein ausgedehntes sowjetisches Spionagenetz in Kanada mit Verbindungen nach Großbritannien aufzudecken, sondern führten aufmerksamen Angehörigen des Security Service vor Augen, dass sie immer noch sehr viel über die sowjetischen Geheimdienstoperationen lernen mussten. Im Oktober 1946 bat John Curry den stellvertretenden Generaldirektor Guy Liddell in einem Memorandum inständig, er möge sich für eine Aufstockung der Mittel für die Spionageabwehr einsetzen: »Wir befinden uns mittlerweile gegenüber Russland in einer ähnlichen Position wie in den Jahren 1939/40 gegenüber Deutschland, denn wir wissen wenig über die grundlegende Organisationsstruktur, mit der wir uns auseinandersetzen müssen.«[73] Erst als die Fernmeldeaufklärung (SIGINT) im Jahr 1948 wichtige Hinweise zu liefern begann, machte der Security Service wirkliche Fortschritte bei der Jagd auf sowjetische Agenten.

2
Zionistische Extremisten und Terrorbekämpfung

Das Hauptaugenmerk des Security Service lag zu Beginn der Amtszeit des neuen Generaldirektors Sir Percy Sillitoe nicht wie allgemein angenommen auf dem beginnenden Kalten Krieg mit der Sowjetunion, sondern auf der Gefahr, die in den letzten Jahren des Palästina-Mandats (das der Völkerbund Großbritannien im Jahr 1922 erteilt hatte) vom Terrorismus im Nahen Osten ausging. Die terroristische Gefahr ging zu jener Zeit jedoch nicht (wie später im 20. Jahrhundert) von palästinensischen oder radikalislamischen Gruppen aus, sondern von der extremistischen zionistischen Bewegung Irgun Zvai Leumi und der Stern-Gruppe (die nach ihrem hebräischen Akronym auch als Lehi bezeichnet wurde). In den Augen dieser Organisationen erforderte und rechtfertigte die Gründung eines unabhängigen jüdischen Staates den Einsatz des Terrors gegen die britische Verwaltung. Beide Gruppen erhielten nach Einschätzung des Security Service wachsenden Zulauf. Die Mitgliederzahl der Stern-Gruppe schätzte der britische Nachrichtendienst auf etwa 500 aktive Mitglieder, und die Irgun war deutlich größer.[1] Die Stern-Gruppe zählte zu den letzten militanten Gruppen auf der Welt, die sich selbst öffentlich als »terroristische« Organisationen bezeichneten.[2] Wie die Irgun plante sie nach Ansicht des Security Service, ihr Operationsgebiet auf Großbritannien auszuweiten. Dies war bis zum Ende des Kalten Krieges die einzige Phase, in der die Terrorbekämpfung für den MI5 Vorrang vor der Spionageabwehr hatte.

Es gab im Security Service keine spezialisierte Abteilung für Terrorbekämpfung. Für die Auseinandersetzung mit dem zionistischen Terrorismus und anderen Angelegenheiten im Nahen Osten war in erster Linie die Unterabteilung B3A im Nachrichtendienstbereich im Leconfield House zuständig. Im Nahen Osten lag die Verantwortung beim abteilungsübergreifenden SIME (Security Intelligence

Middle East) in Kairo, der ein Netz von Defence Security Officers (DSO) befehligte, die später in Security Liaison Officers (SLO) umbenannt wurden, und in Kontakt zur B3 A stand. Im Krieg war der SIME eine militärische Organisation gewesen, aber im Dezember 1946 wurde die Einheit unter der Leitung des flamboyanten Alex Kellar der Kontrolle des Security Service unterstellt.[3] Es wird angenommen, dass Kellar als Vorbild für den »Mann mit den cremefarbenen Manschetten« in John le Carrés Roman *Schatten von Gestern* diente, der in der Verfilmung (unter dem Titel *Anruf für einen Toten*) von Max Adrian gespielt wird, der einen mit Drachenmustern bedruckten seidenen Hausmantel und ein violettes Halstuch trägt und eine Rose im Knopfloch stecken hat.[4] Im Sommer 1947 musste Kellar nach einem Zusammenbruch, der möglicherweise auf eine Amöbenruhr zurückzuführen war, nach London zurückkehren. Sein sehr viel robusterer Nachfolger Bill Magan, der seine Karriere in einem indischen Kavallerieregiment begonnen hatte, war von seiner Braut Maxine vor der Hochzeit in Neu-Delhi im Jahr 1940 voller Bewunderung als Offizier beschrieben worden, »der tatsächlich Bücher liest«. Es war bezeichnend für Magan, dass er, obwohl er am Tag der Hochzeit einen Malaria-Rückfall mit 40 Grad Fieber erlitt, eine Verschiebung der Zeremonie ablehnte.[5] Es war ihm durchaus bewusst, dass er sich mit seinen Ansichten bei der Jewish Agency, die die Gründung des Staates Israel vorbereitete, nicht beliebt machte: »Ich sagte ihnen: ›Ihr könnt ein paar Millionen Juden in euren kleinen jüdischen Staat packen, aber ihr werdet für alle Zeit von 200 Millionen Muslimen umgeben sein, die euch nie in Ruhe lassen werden.‹« Magan wusste auch, dass er auf der Liste der zionistischen Angriffsziele weit oben stand.[6]

Im März 1946 erfuhr die B3 A aus »zuverlässiger Quelle« in Palästina, die »in direktem Kontakt« zur Stern-Gruppe stand, dass »die Terroristen mittlerweile ihre Mitglieder dafür ausbilden, nach England aufzubrechen und Mitglieder der Regierung seiner Majestät zu ermorden«.[7] Aufgrund der Erfahrungen, die man im Krieg mit den zionistischen Terroristen gemacht hatte, nahm man derartige Berichte ernst. Im November 1944 hatte die Stern-Gruppe den britischen Staatsminister im Nahen Osten, Lord Moyne, ermordet, und zionistische Extremisten hatten mehrfach versucht, Sir Ronald MacMichael zu töten, den britischen Hochkommissar für Palästina.

Kurz bevor Sillitoe Sir David Petries Posten als Generaldirektor übernahm, gelangte er in einer Notiz bezüglich der zionistischen Bedrohung zu dem Schluss, dass »das rote Warnlicht zweifellos aufleuchtet«.[8] Im Juli 1946 sprengte die vom späteren israelischen Ministerpräsidenten Menachem Begin geführte Irgun das britische Hauptquartier im King David Hotel in Jerusalem in die Luft. Bei dem Anschlag, für den 500 Pfund in Milchkannen versteckter Sprengstoff verwendet wurden,[9] starben 91 Menschen,[10] darunter fünf einheimische Mitarbeiter des Security Service. Das gesamte Personal der Hauptverwaltung überlebte. Ein Augenzeuge erinnerte sich später an drei »Ladys aus London«, die mit Putz in den Haaren aus der Ruine des Hotels wankten und aussahen »wie der Zorn Gottes«. Die Frauen wirkten »wunderbar gelassen«.[11]

Sowohl die Irgun als auch die Stern-Gruppe standen auch in dem Verdacht, einen Mordanschlag auf den britischen Außenminister Ernest Bevin zu planen, der im ersten Jahr der Attlee-Regierung den Hass vieler Zionisten auf sich gezogen hatte. Bei seiner Ankunft im Foreign Office im Juli 1945 verkündete Bevin, der in der Vergangenheit mit einigem Erfolg in Arbeitskonflikten vermittelt hatte, etwas voreilig, er verwette seine »politische Zukunft« darauf, dass es gelingen werde, eine Einigung zwischen Juden und Arabern in Palästina herbeizuführen. Er galt auch als entschiedener Befürworter der Gründung eines jüdischen Staates. Doch wenige Tage nach seinem Amtsantritt als Außenminister hatte er seine Meinung geändert.

Er sprach den Premierminister auf Palästina an und erklärte: »Nach Einschätzung meiner Leute im Außenministerium haben wir uns geirrt. Wir müssen die Sache überdenken.« US-Präsident Truman drängte Attlee, unverzüglich 100 000 jüdische Flüchtlinge nach Palästina einreisen zu lassen, aber die Labour-Regierung begrenzte die Zahl der Einwanderer auf 1500 im Monat (eine Beschränkung, die die Führung der Labour Party in der Opposition noch abgelehnt hatte). Mit einem bemerkenswerten Mangel an Gespür scherzte Bevin auf dem Labour-Parteitag im Juni 1946, das heißt knapp ein Jahr nach der Befreiung der letzten nationalsozialistischen Konzentrations- und Vernichtungslager, die Vereinigten Staaten unterstützten die massenhafte jüdische Einwanderung nach Palästina, »weil sie nicht zu viele Juden in New York haben wollen«.[12]

Einen Monat nach dem Anschlag auf das King David Hotel berichtete der Geheimdienst am 23. August 1946 aus Palästina, dass »Irgun und Stern beschlossen haben, 5 Zellen nach London zu schicken, die ähnlich wie die I. R. A. arbeiten sollen. Um es mit ihren eigenen Worten zu sagen: ›Schlage den Hund in seinem eigenen Zwinger.‹«[13] Sillitoe fügte diese in roter Tinte geschriebene Warnung in eine Mitteilung mit der Überschrift »Drohende jüdische Aktivitäten im Vereinigten Königreich, in Palästina und anderswo« ein, die er Attlee kurz darauf übergab. Er fügte hinzu, es sei davon auszugehen, dass Bevin als Ziel von Mordanschlagen ausgewählt worden sei.[14] Im September 1946 berichtete der Security Service, die von der Stern-Gruppe angeworbenen Personen seien »verzweifelte Männer und Frauen, für die das eigene Leben geringen Wert« habe:

In den letzten Monaten wird berichtet, dass sie ausgewählte Mitglieder dafür ausbilden, ins Ausland zu reisen und eine prominente britische Persönlichkeit zu ermorden – in diesem Zusammenhang wurde mehrfach auf Mr. Bevin Bezug genommen.[15]

Der Eindruck, dass Bevin in Gefahr schwebte, verstärkte sich, als im Herbst 1946 berichtet wurde, der Führer der Irgun, Menachem Begin, sei aus Palästina verschwunden; nach Aussage mehrerer Informanten des MI5 und des SIS hielt er sich in Paris auf, um von Frankreich aus heimlich nach Großbritannien überzusetzen. (In Wahrheit blieb Begin bis Ende 1948 in Palästina.) Eine Quelle des SIS berichtete, Begin habe sich einer plastischen Operation unterzogen, um sein Aussehen zu verändern – der SIS räumte jedoch ein: »Wir haben keine Beschreibung des neuen Gesichts.«[16] Tatsächlich herrschte beträchtliche Verwirrung in Bezug auf Begins äußere Erscheinung, obwohl er sich keiner plastischen Operation unterzogen hatte. Scotland Yard hatte in Jerusalem zwei Fotos von ihm beschafft. Auf einem der Bilder war er nach Begins Einschätzung ziemlich gut getroffen, während das andere, das nach Ansicht von Scotland Yard das Foto auf Begins Militärausweis war, »nur geringe Ähnlichkeit« mit ihm hatte. Allerdings zeigte es einen Mann, der wie ein Bösewicht aussah. Begin war davon überzeugt, dass die Briten auf der Jagd nach ihm vor allem deshalb das zweite Foto verwendeten. Er verwirrte seine Häscher zusätzlich, indem er sich einen Bart wachsen ließ und den Kreis der Personen, die seine bärtige Erscheinung identifizieren konnten, erheblich verkleinerte. Als er einwilligte, dem Schriftsteller Arthur Koestler ein geheimes Interview zu geben, bestanden seine Leibwächter auf einem Treffen in einem abgedunkelten Raum. Koestler zog während des Interviews unentwegt kräftig an einer Zigarette, in der vergeblichen Hoffnung, mit der Glut das Gesicht seines Gegenübers ein wenig beleuchten zu können. Begin erklärte, der britische Geheimdienst habe sich in seinem Glauben an die Legende von der Gesichtsoperation bestätigt gefühlt, als ein führender Irgun-Aktivist nach seiner Verhaftung in Kairo im Verhör auf eine Frage nach dem Eingriff mit gespieltem Erschrecken antwortete: »Woher wissen Sie das? Aber nein, nein, das ist nicht wahr!«[17]

Mit einem verheerenden Bombenanschlag auf die britische Botschaft in Rom bewies die Irgun im Oktober 1946 nachdrücklich, dass sie in der Lage war, Attacken in Europa durchzuführen. Dieser Anschlag war nach Ansicht des Security Service ein deutlicher Hinweis darauf, dass Irgun Angriffe auf britischem Boden plante. Es war keineswegs abwegig, dass der MI5 annahm, die Irgun und die Stern-Gruppe würden beim Aufbau von Terrorzellen in Großbritannien von extremistischen britischen Zionisten unterstützt werden.[18] Zusätzlich zu den vom SIME gelieferten Informationen und den Berichten der Agenten in Großbritannien stützte sich die Unterabteilung B3 A auf abgefangene Mitteilungen und die »technische Observierung« einiger britischer Zionisten, welche die Identifizierung und Überwachung mehrerer Personen ermöglichten, die Kontakt zur Irgun und zur Stern-Gruppe hatten. Die Fernmeldeaufklärung trug wesentlich zur Informationssammlung im Nahen Osten bei, seit im Jahr 1923 eine Abhörstation in Sarafand in Palästina eingerichtet worden war. Alastair Denniston, der in der Zwischenkriegszeit die britische Codierungs- und Verschlüsselungsschule GC&CS (Government Code and Cypher School, die Vorläuferin des GCHQ) geleitet hatte, lobte im Jahr 1944 die »enge Zusammenarbeit zwischen GC&CS und Sarafand« in den vergangenen zwei Jahrzehnten.[19] Die für den Nahen Osten zuständige Sektion des MI5 bezeichnete die im Krieg aus abgefangenen Mitteilungen zionistischer Aktivisten gewonnenen SIGINT-Daten als »sehr nützlich«.[20] Dasselbe galt nach dem Krieg.

In Palästina, schrieb Begin später, zweifle niemand daran, dass »offizielle jüdische Einrichtungen und ihre Verbindungsleute der britischen Polizei die Namen von Hunderten Offizieren und Angehörigen der Irgun Zvai Leumi gaben«.[21] Unter jenen, die den Briten Namen nannten, war Teddy Kollek, der später als langjähriger Bürgermeister von Jerusalem bekannt wurde und im Jahr 1942 stellvertretender Nachrichtendienstchef der Jewish Agency geworden war. Von Januar 1945 bis Mai 1946 unterhielt Kollek als leitender externer Verbindungsoffizier der Agency in Jerusalem enge Kontakte sowohl zum wichtigsten MI5-Repräsentanten, dem DSO für Palästina, als auch zum SIME, die er beide mit Informationen über »beabsichtigte terroristische Aktivitäten« versorgte.[22] Im November 1946 informierte Guy Liddell Premierminister Attlee über die Zusammenarbeit des Security Service mit Kollek und anderen Vertretern der Jewish Agency in Palästina und Kairo:

> Ich teilte ihm mit, dass der Umfang dieser Kooperation begrenzt sei; sie hatte nie konkrete Hinweise auf Terroristen geliefert – im Allgemeinen wurden wir darüber benachrichtigt, dass in den kommenden 24 oder 48 Stunden wahrscheinlich an diesem oder jenem Ort etwas geschehen werde oder dass ein Terrorist in Jerusalem vermutet werde. Tatsächlich verriet die Agency den Behörden gerade so viel, wie ihrer Meinung nach in ihrem Interesse war, und war stets bemüht, die Fäden selbst in der Hand zu behalten und implizit klarzustellen, dass sie und nicht die britische Regierung Palästina regiere. Der Premier bemerkte, der Umgang mit diesen Leuten sei außergewöhnlich mühsam.[23]

In Wahrheit waren die nachrichtendienstlichen Informationen, welche die Jewish Agency zur Verfügung gestellt hatte, teilweise durchaus spezifisch gewesen. Beispielsweise nannte Kollek den Briten am 10. August 1945 den Ort eines geheimen Ausbildungslagers der Irgun in der Nähe von Binjamina und bezeichnete es im Gespräch mit einem Mitarbeiter des MI5 als »ausgezeichnete Idee, dort eine Razzia zu starten«. Bei der Razzia wurden 27 Mitglieder der Irgun verhaftet.[24]

Der Security Service stand auch in London in Kontakt mit der Jewish Agency und offiziellen zionistischen Organisationen, deren Führer ein Übergreifen des Terrorismus in Palästina auf Großbritannien fürchteten und bereit waren, Informationen über die Irgun und die Stern-Gruppe zu liefern.[25] Trotz der Zusammenarbeit verzichtete der Security Service nicht darauf, diese gemäßigten britischen Zionisten genau zu beobachten. Vom Innenministerium erteilte HOW-Vollmachten ermöglichten es dem MI5, die Korrespondenz sämtlicher zionistischer Organisationen in Großbritannien zu kontrollieren und ihre Telefone abzuhören: diese Maßnahmen betrafen sowohl die offizielle Jewish Agency und die Jewish Legion als auch die kleineren, extremistischeren United Zionist Revisionists (UZR) und die United Zionist Youth Organization (besser bekannt unter ihrem hebräischen Akronym Betar).[26] Besonders große Sorge bereitete dem Security Service die zionistische Jugendorganisation, der auch Begin als Jugendlicher in der Zwischenkriegszeit in Polen angehört hatte. Nach dem Krieg bildete die Betar ihre Mitglieder dafür aus, »nach Palästina zu gehen, um den jüdischen Staat zu errichten und zu verteidigen«. Der MI5 erhielt Berichte darüber, dass die Betar-Organisation in Palästina enge Verbindungen zur Irgun unterhielt.[27] Man beobachtete das Londoner Hauptquartier der Betar und identifizierte eine Reihe von Besuchern, die Verbindungen zur Stern-Gruppe und zur Irgun hatten und an der illegalen Beschaffung von Waffen beteiligt waren.[28] Im September 1946 lieferten zwei Agenten, die in die UZR beziehungsweise in die Betar eingeschleust worden waren und von Captain F. C. Derbyshire geführt wurden, dem Security Service detaillierte Berichte über die Unterstützung der extremistischen Zionisten für den Terrorismus.[29] Auf der anderen Seite konnte der Security Service beruhigt feststellen, dass sich die Jewish Agency und andere offiziell anerkannte Einrichtungen von den extremistischen Organisationen UZR und Betar distanziert hatten.[30]

Im November 1946 lieferte ein abtrünniger Angehöriger der Irgun, der über den Anschlag auf das King David Hotel schockiert war, wichtige Informationen über weitere geplante Angriffe und verriet den Standort des Jerusalemer Hauptquartiers der Organisation (wo bei einer Razzia lediglich Akten gefunden wurden) und die Lage eines großen Waffenlagers.[31] Sehr viel weniger wusste der Überläufer über Anschlagspläne in Großbritannien. Er wurde nach London gebracht, wo ihn der Security Service und die Special Branch der Metropolitan Police (MPSB) befragten. Er erklärte, die Terroristen würden zweifellos Sabotageakte im Vereinigten Königreich versuchen. Auf die Frage nach Details gab er eine nicht sehr hilfreiche Antwort: »Ich kann nur sagen, dass sie, wenn sie etwas versuchen, Sabotageanschläge auf Gebäude verüben werden.«[32] Die Warnung war zwar unbestimmt, erwies sich jedoch als durchaus angebracht – obwohl die größere Gefahr von der Stern-Gruppe ausging.[33]

Am 15. April 1947 wäre es der Stern-Gruppe fast gelungen, das Kolonialministerium in Whitehall in die Luft zu sprengen. Eine Bombe, die 24 Sprengstoffstangen enthielt, detonierte nicht, weil der Zeitzünder versagte. Commander Leonard Burt, der Leiter der Special Branch, war der Meinung, diese Bombe hätte ebenso verheerenden Schaden anrichten können wie jene neun Monate vorher im King David Hotel.[34] Nachdem die Stern-Gruppe mehrere Todesdrohungen ausgesprochen hatte, schickte sie im Juni 1947 von Italien aus 21 Briefbomben an Bevin, Attlee, Churchill, Anthony Eden und andere hochrangige britische Politiker.[35] Nachdem mehrere dieser Bomben ihre Adressaten erreicht hatten, ohne jedoch zu explodieren, war die Post gewarnt, und die übrigen Briefe konnten rechtzeitig abgefangen werden.[36] Nach Ansicht der Sprengstoffexperten des Innenministeriums waren sämtliche Sprengsätze potenziell tödlich.[37] Am 2. Juni, kurz bevor die Briefbomben in England eintrafen, wurden zwei Terroristen der Stern-Gruppe, Betty Knouth (auch bekannt als Gilberte oder Elizabeth Lazarus) und Jacob Elias, bei der Einreise nach Frankreich an der belgischen Grenze verhaftet. In einem Unterboden von Knouths Koffer wurden an britische Offizielle adressierte Briefumschläge, Zünder, Batterien und ein Zeitzünder entdeckt.[38] Knouth wurde zu einer einjährigen Haftstrafe verurteilt, Elias musste wegen der Beförderung des Sprengstoffs für acht Monate ins Gefängnis. Nach ihrer Freilassung erklärte die 22-jährige Knouth in einer Pressekonferenz der Stern-Gruppe in Tel Aviv: »Ob ich Briefbomben aufgab? Leider verhaftete mich die belgische Polizei, bevor ich dazu kam. Es handelt sich um ein Patent der Stern-Gruppe, müssen Sie wissen. ... Die belgischen Experten bezeichneten sie als tödlich. Ich bedaure, dass keiner dieser Briefe ausgetragen wurde.« Unter den Personen, die als Adressaten ins Auge gefasst worden waren, war der frühere Leiter der Palästina-Verwaltung, Sir John Shaw, der spätere Leiter der Auslandsabteilung des Security Service.[39]

»Elias« hatte eine sehr viel längere terroristische Vorgeschichte als Knouth. Als seine Fingerabdrücke nach London geschickt wurden, stellte sich seine wahre Identität heraus: Er hieß Yaacov Levstein[40] und war während des Krieges in Palästina als Terrorist für die Stern-Gruppe aktiv gewesen. Es wurde angenommen, dass er für den Tod mehrerer Polizeibeamter sowie für einen Mordanschlag auf den Hochkommissar verantwortlich war. Im Jahr 1942 war er zu lebenslänglicher Haft verurteilt worden (später in eine zehnjährige Haftstrafe umgewandelt), war jedoch nach acht Monaten aus dem Gefängnis entflohen.[41] Levsteins Fingerabdrücke wurden auf dem defekten Zeitzünder der Bombe gefunden, die am 15. April im Kolonialministerium platziert worden war. Der Security Service glaubte jedoch, dass die Bombe von Betty Knouth gelegt worden war. Vor dem Colonial Office war eine attraktive junge Frau gesehen worden, die eine auffällige Handtasche aus blauem Leder getragen hatte. Diese Handtasche war noch in Knouth' Besitz, als sie verhaftet wurde. Sie gab zu, am 11. April in London eingetroffen und am 15. wieder abgereist zu sein.[42] Als sie bei der Pressekonferenz nach ihrer Freilassung gefragt wurde, ob sie etwas mit der Bombe im Colonial Office zu tun habe, antwortete Knouth: »Scotland Yard könnte sehr präzise Detailangaben dazu machen, aber ich halte dies nicht für den richtigen Zeitpunkt, darüber zu sprechen. Wir sind noch im Krieg mit Großbritannien. Aber meine Tage als Terroristin sind jetzt vorüber.«[43]

Während die Untersuchungen auf dem Kontinent fortgesetzt wurden, entdeckte der Security Service in Großbritannien eine Gruppe zionistischer Verschwörer, die von zwei Juden aus dem Norden Londons angeführt wurde. Das Ziel von Leo Bella und Harry Isaac Presman bestand laut Security Service »zweifellos darin, Terrorakte in unserem Land zu organisieren«. Bella war ein staatenloser Betriebsleiter russischer Herkunft, Presman ein ebenfalls aus Russland stammender britischer Staatsbürger, der ein Chemieunternehmen leitete.[44] Der Security Service glaubte, dass Bella und seine Mitstreiter an der Briefbombenkampagne im April 1947 beteiligt gewesen waren.[45] Die Telefongespräche zwischen Bella und Presman wurden abgehört. Obwohl sie sich normalerweise sehr vorsichtig ausdrückten, ging aus den Gesprächen hervor, dass sie Sprengstoff beschafften, der nach Ansicht des Security Service für

Terroranschläge in Großbritannien bestimmt war.[46] In der Zusammenfassung der abgehörten Gespräche am 15. Juli hieß es: »›Presman sagt, dass er das Bariumnitrat-Natriumchlorid beschafft hat. Bella fragt, ob er ein oder zwei Pfund haben könne. Presman hält es für möglich – er wird es per Post an Bella schicken, es sei denn, jemand fährt in die Richtung, dann wird er es ihm mitgeben.‹«[47]

Die verdeckte Beobachtung von Presmans Versuchen, Waffen und Sprengstoffe anzuhäufen, wurde am 19. Juli abgebrochen, als Presmans Chauffeur Charles Whiting (der nichts von den Verbindungen seines Arbeitgebers zu Terroristen ahnte) in einer kurz zuvor von Presman geräumten Garage auf 24 Handgranaten und 24 Zünder stieß. Die folgenden, etwas possenhaften Geschehnisse verdeutlichen, wie schlecht Großbritannien in der Nachkriegszeit auf Terroranschläge vorbereitet war. Zu jener Zeit war der »flanierende Bobby« ein vertrauter Anblick auf den Straßen der Hauptstadt. Also machte sich Whiting nach seiner Entdeckung auf die Suche nach einem Polizisten. Tatsächlich stieß er bald auf den berittenen Beamten Pc 560 N und führte ihn zu dem Waffenversteck. Nachdem Pc 560 N die Granaten und Zünder begutachtet hatte, wies er Whiting an, sie in Presmans Rover zur Polizeiwache in Stoke Newington zu bringen, was der Chauffeur auch tat.[48] Die Polizei befragte Presman, der bestritt, etwas über die Waffen in der Garage zu wissen:

… Presman erklärt, dass er nicht verantwortlich sei, weil er die Garage Nr. 2 vor kurzem an einen ihm nicht bekannten Mann untervermietet habe. Er kann allerdings keinerlei Angaben zu diesem Mann machen, weshalb wir seine Darstellung nicht akzeptieren können. Er scheint Schritte unternommen zu haben, um sein Alibi zu bestätigen. …[49]

Presmans Erklärung war nicht sehr überzeugend, aber es gab keine für eine Strafverfolgung ausreichenden Beweise – zumal Whiting am 22. Juli in einer weiteren Aussage das Alibi seines Arbeitgebers bestätigt hatte. Nun erklärte er, Presman habe seine Erinnerung »zu bestimmten Geschehnissen aufgefrischt«, weshalb er sicher sei, »dass dies die wahre Geschichte ist«.[50] Die Entdeckung der Waffen in der Garage und die anschließende Befragung zum »Besitz extremistischer jüdischer Literatur«[51] durch die Special Branch bewegten Presman offenbar dazu, seine Aktivitäten einzustellen, denn es wurden keine weiteren Hinweise auf Kontakte zu terroristischen Gruppen beobachtet.[52] Anders als Presman ahnte Bella offenbar nicht, dass er unter Verdacht stand. Der Security Service betrachtete ihn weiterhin als »Cheforganisator einer revisionistischen Bewegung im Vereinigten Königreich, der Berichten zufolge in Kontakt mit dem Hauptquartier einer terroristischen Organisation in Paris steht, die sich aus Mitgliedern der Irgun Zvai Leumi und der Stern-Gruppe zusammensetzt«.[53]

Anfang des Jahres 1947 hatte sich Bevins unbedachte und übertrieben zuversichtliche Behauptung, er könne eine Verhandlungslösung für das Palästina-Problem vermitteln, als haltlos erwiesen, und er musste gestehen: »Ich bin mit meinem Latein am Ende.«[54] Großbritannien war nicht imstande, eine sowohl für die Juden als auch für die Araber akzeptable Regelung zu finden, und im Februar gab die Regierung das Palästina-Problem an die Vereinten Nationen weiter, die neun Monate später für die Teilung stimmten. Doch die britischen Versuche, die »illegale« jüdische Einwanderung von mehr als 1500 Juden im Monat zu verhindern, verschärften den Gegensatz zwischen den Zionisten und den britischen Behörden weiter. David Ben-Gurion, der spätere erste Ministerpräsident Israels, erklärte, Großbritannien habe »dem Zionismus den Krieg erklärt«.[55] Der Strom der von der Jewish Agency in Palästina bereitgestellten Informationen versiegte offenbar. Guy Liddell eiferte sich in seinem Tagebuch über die »Doppelzüngigkeit« der Agency, die ihrerseits die britischen Beschränkungen für die jüdische Einwanderung für heuchlerisch hielt. Liddell war der Meinung, die britische Verwaltung in Palästina habe nicht genug nachrichtendienstliche Informationen, um den Terrorismus erfolgreich bekämpfen zu können:

> Es fehlte uns an konkreten Informationen über die nächsten Aktionen der Irgun. Nur mit solchen Informationen konnte man den Terrorismus unterdrücken. Es war schwierig, ja beinahe unmöglich, derartige Informationen zu sammeln, da die Bevölkerung feindselig war oder sich fürchtete. Die Polizei litt offenkundig seit langem unter schwindender Stärke und Effizienz, und unter den gegebenen Umständen war es schwierig, ihre Durchschlagskraft zu erhöhen.[56]

Im Juli 1947, einen Monat, nachdem Liddell dies geschrieben hatte, verschleppte die Irgun in Natanja zwei britische Unteroffiziere des Militärnachrichtendienstes, um sie gegen drei ihrer Mitglieder auszutauschen, die wegen Terroranschlägen verurteilt worden waren und auf ihre Hinrichtung warteten.[57] Kurz nachdem die Irgun-Mitglieder exekutiert worden waren, wurden die britischen Unteroffiziere in einem Orangenhain erhängt gefunden. An ihren Leichen waren Sprengfallen angebracht worden, und bei dem Versuch, sie loszuschneiden, wurde ein weiterer britischer Offizier schwer verletzt.[58]

Erfolgreicher war der Nachrichtendienst in dem Bemühen, die nach Ansicht der Briten illegale jüdische Einwanderung einzudämmen. Der Security Service schätzte, dass dank der Infiltration der jüdischen Organisationen in London und anderer nachrichtendienstlicher Informationsquellen »nur etwa jedes dreißigste Schiff, das illegale Einwanderer beförderte, sein Ziel erreichte«.[59] Besonders umstritten war der Fall der *Exodus*, die im Juli 1947 vor der Küste Palästinas abgefangen wurde. An Bord befanden sich 4500 dieser »illegalen Einwanderer«, die auf Befehl Bevins in Flüchtlingslager in Deutschland zurückgebracht werden sollten. Wie sich der Kapitän der *Exodus* später erinnerte, gaben Mitarbeiter des zionistischen Nachrichtendienstes »die Anweisung, dieses Schiff mit Spruchbändern zu versehen, um zu zeigen, wie arm, schwach und hilflos wir und wie grausam die Briten waren«. In den Zeitungen in aller Welt waren Fotos von britischen Soldaten zu sehen, die wehrlose Juden anscheinend brutal misshandelten.[60]

Die Angriffe auf britische Uniformierte und Beamte in Palästina setzten sich bis zum Ende des Mandats im Jahr 1948 fort, aber weder der Irgun noch der Stern-Gruppe gelang es, einen größeren Anschlag im Vereinigten Königreich zu verüben. Am Jahresende 1947, als die Unabhängigkeit Israels und der Ausbruch des arabisch-jüdischen Konflikts in Palästina näher rückten, gelangte der Security Service zu der Einschätzung, dass auf den britischen Inseln keine akute Gefahr zionistischer Terrorangriffe mehr drohe. Um die Arbeitslast der Transkriptionskräfte zu verringern, war die aufwändige Abhöraktion gegen die UZR-Zentrale und die Überwachung von drei führenden revisionistischen Militanten eingestellt worden. Nur zwei der vier Militanten, deren Telefongespräche weiterhin abgehört wurden (Samuel Landman und Leo Bella), gaben noch Anlass zur Sorge, allerdings nicht in Zusammenhang mit einer unmittelbaren terroristischen Bedrohung Großbritanniens:

> Wir untersuchen gegenwärtig einen Versuch, einen internationalen Dienst einzurichten, der Geldmittel und nachrichtendienstliche Informationen für Irgun Zvai Leumi sammeln soll. Dank der [Telefon-] Überwachung von Landman, der anscheinend die Führungsrolle bei der Organisation des geplanten Dienste spielt, sind wir auf dem Laufenden über seine zahlreichen Kontakte, über die Natur des Vorhabens und über eine mögliche undichte Stelle auf Kabinettsebene.
> Obwohl Landman der wichtigste Verschwörer in dieser Sache ist, bleibt Bella der Hauptverdächtige aufgrund seiner früheren Verbindung zu der terroristischen Organisation in Paris und aufgrund seiner vermuteten Kontakte zu Irgun Zvai Leumi über seinen Bruder in Paris.[61]

Dass der Security Service gut daran tat, die anhaltende Bedrohung durch den zionistischen Terrorismus ernst zu nehmen, bewies die Ermordung des Präsidenten des Schwedischen Roten Kreuzes, Graf Bernadotte, in Palästina im September 1948. Die Juden hatten Bernadotte vorgeworfen, er habe sich mit seinen Empfehlungen zur zukünftigen Aufteilung des Landes an die Vereinten Nationen auf die Seite der Briten geschlagen.[62] Dass es der Irgun und der Stern-Gruppe nicht gelang, Bevin oder einen anderen hochrangigen britischen Regierungsvertreter in London zu töten, war zum einen auf den mangelnden Rückhalt für den Terrorismus unter den britischen Zionisten und zum anderen auf die im Vergleich zu Palästina besseren Sicherheitsmaßnahmen zurückzuführen.

Die Informationen, die dank einer HOW-Vollmacht zur Überwachung Samuel Landmans gewonnen wurden, deuteten darauf hin, dass ihm eine seiner Kontaktpersonen Mitteilungen eines jüdischen Angehörigen der Regierung Attlee überbrachte. Dabei handelte es sich um Emmanuel »Manny« Shinwell, der 1947 zunächst Energieminister und anschließend Kriegsminister wurde. Im November 1947 berichtete die Unterabteilung B3 A:

Es gibt zahlreiche Hinweise darauf, dass Landman über einen Freund namens »Stanley« ... nicht klar identifiziert ... Kontakte zu Regierungskreisen unterhält und Informationen von ihnen erhält ... Diese Kontakte werden erstmals am 31. Oktober erwähnt, als Landman erklärt, dass »er« (vermutlich Stanley) sich im House of Commons mit Shinwell treffen werde und dass er telefonisch mit Bevins Sekretär gesprochen habe.

Am nächsten Tag berichtet Stanley Landman über sein Treffen mit »Mannie« (wahrscheinlich Emmanuel Shinwell), der versprochen habe, er werde während der Verabschiedung [einer Gesetzesvorlage], für die er die alleinige Verantwortung trägt, alles in seiner Macht Stehende tun.[63]

... Stanley erklärt, dass er am Dienstagnachmittag (4. November) nach der Rückkehr des Premierministers aus Holland eine Verabredung mit diesem habe. Sollte der Premierminister bis dahin nicht zurückgekehrt sein, wird Stanley stattdessen mit »Ernie« [Bevin] sprechen. Landman wird Stanley alles Material geben, das dem Premierminister oder Stanleys Freund (vermutlich Shinwell) vorgelegt werden muss, der nach Aussage von Stanley von Attlee umfassende Befugnisse erhalten hat (?), das Problem in Angriff zu nehmen.[64]

Die weitere Untersuchung zeigte, dass Landmans Behauptung, über »Stanley« Einfluss auf Shinwell und die Regierung Attlee nehmen zu können, auf einer Mischung aus Erfindungen und Übertreibungen beruhte. Der Security Service schätzte Landman als sehr wenig vertrauenswürdig ein. Immerhin war er, ein Rechtsanwalt, im Jahr 1938 vom Disziplinarausschuss der Anwaltskammer wegen Unterschlagung von Klientengeldern für drei Jahre suspendiert worden.[65] Im Zweiten Weltkrieg hatten ihn sowohl der Security Service als auch Scotland Yard als einen »Gauner« bezeichnet, der »ahnungslose Klienten und jedermann ausplündert, der ihm die Möglichkeit eröffnet, schnelles Geld zu verdienen«.[66]

Wie sich herausstellte, war Landmans Freund »Stanley« ein Hochstapler namens Sidney Stanley. Er war der vermutlich schrillste Betrüger, der in der Nachkriegszeit im öffentlichen Leben Großbritanniens auf Beutefang ging. Seine Behauptung, Einfluss auf die Regierung Attlee nehmen zu können, war eine für ihn typische maßlose Übertreibung. Er hatte jedoch tatsächlich die Bekanntschaft des damaligen Kriegsministers »Manny« Shinwell gemacht, der Stanleys Dienste in Anspruch genommen hatte, um eine Stelle für seinen Sohn Ernie zu finden.[67] Stanley kam in den Besitz vertraulicher Informationen über die Auflösung der Transjordan Frontier Force,[68] wobei das Kriegsministerium möglicherweise die Quelle war.[69] Bei einer von ihm organisierten und bezahlten Dinner Party, für die Einladungen im Namen eines prominenten Mitglieds der Labour Party verschickt worden waren, lernte Stanley auch Ernie Bevin kennen.[70] Mit dem Hinweis auf ihre Unterhaltung auf der Party versuchte Stanley später vergeblich, über Bevins Privatsekretär ein persönliches Gespräch zu arrangieren.[71] Stanleys Behauptung gegenüber Landman, er habe eine Verabredung mit Attlee und werde sich, sollte der Premierminister nicht rechtzeitig aus dem Ausland zurückkehren, stattdessen mit Bevin treffen, war frei erfunden, und dasselbe galt für seine angebliche Fähigkeit, »in einem Bereich, in dem die Regierung Unterstützung braucht«, Stimmen zu beschaffen.[72]

Zu einem späteren Zeitpunkt im Jahr 1948 trat Sidney Stanley als wichtigster Zeuge in einem Verfahren zur Klärung von Korruptionsvorwürfen gegen Minister und Regierungsbeamte auf. Unter dem Vorsitz von Richter Lynskey hörte das Tribunal in einem mit Eichenholz getäfelten Saal im Church House in Westminster 60 Zeugen und prüfte zahllose Beweise. Die teilweise exotischen Enthüllungen über opulente und heimtückische Intrigen wirkten in der von Kargheit geprägten Nachkriegsatmosphäre derart faszinierend auf die Zeitungsleser, dass sie als »der große Frühstücksfortsetzungsroman« bezeichnet wurden. John Belcher, parlamentarischer Staatssekretär im Handelsministerium, der von Stanley mit Gastfreundschaft und Geschenken überhäuft worden war und sich mindestens einmal am Tag mit ihm getroffen oder mit ihm telefoniert hatte,[73] gab noch vor Beginn des Tribunals seinen Rücktritt bekannt, was sein Rechtsanwalt damit begründete, »dass diese Gefälligkeiten, obwohl er sie nicht korrupt entgegennahm und sich in keiner Weise bei irgendeiner Entscheidung davon beeinflussen ließ, mit seiner Position als Vertreter der Krone unvereinbar sind«.[74]

Belcher räumte ein, Stanley für »interessant, amüsant, großzügig und im Allgemeinen für einen guten Kameraden« gehalten zu haben. Stanleys einnehmendes Wesen und seine schillernde Persönlichkeit sorgten während des Tribunals für ebenso großes Aufsehen wie sein gestörtes Verhältnis zur Wahrheit. Als ihn Generalstaatsanwalt Sir Hartley Shawcross befragte, erklärte er: »Versuchen Sie nicht, mich mit der Wahrheit in die Falle zu locken.« Nach Shawcross' Schlussplädoyer sagte Stanley zu ihm: »Das war eine schöne Ansprache. Ich danke Ihnen, Sir Hartley. Ich bin ein Dummkopf gewesen, ich gebe es zu.« Der Generalstaatsanwalt antwortete: »Wenn Sie das sagen, Mr. Stanley, bin ich sicher, dass es die Wahrheit ist.« Ebenso liebenswürdig war Stanley zu dem Inspektor von Scotland Yard, der gegen ihn ermittelt hatte. »Ich danke Ihnen vielmals«, sagte Stanley. »Sie haben fair gespielt.«[75]

Stanleys Heiterkeit am Ende eines Tribunals, in dem er als Betrüger entlarvt worden war, entsprang vermutlich seiner Erleichterung darüber, dass es nicht gelungen war, ihm eine Mitgliedschaft im Nachrichtendienstnetz der Irgun in Großbritannien nachzuweisen. Während der Anhörungen vor dem Tribunal informierte der Leiter des SIS, Sir Stewart Menzies, Generaldirektor Sillitoe persönlich darüber, dass er »von einem zuverlässigen Informanten« erfahren habe, dass Stanley »einer Gruppe extremistischer Zionisten« angehöre, die Waffen nach Palästina zu schmuggeln versuchten.[76] In der Unterhausdebatte über die Erkenntnisse des Lynskey-Tribunals am 3. Februar 1949 gab Attlee bekannt, seine Regierung sei zu dem Schluss gelangt, es sei »von Vorteil für das Gemeinwohl«, Stanley zu deportieren. Allerdings verriet er dem Parlament nicht, dass Stanley weniger wegen des deutlich verringerten Risikos, er könne öffentliche Figuren korrumpieren, sondern vor allem wegen seiner Verbindungen zur Irgun als Gefahr betrachtet wurde.[77]

Kim Philby begrüßte wie seine Auftraggeber im sowjetischen Geheimdienst insgeheim die Terrorkampagne »progressiver« Juden russischer und polnischer Herkunft gegen das britische Mandat in Palästina, denn in Moskau wurde dies als Rückschlag für das britische Empire im Nahen Osten betrachtet. Laut einem Bericht der Unterabteilung B3 A hatte der neu ernannte Generalsekretär der United Zionist Revisionists C. Ben Aron am 19. Mai 1947 vor dem UZR-Rat für Nordwest-London erklärt:

Es besteht die Hoffnung, dass die Russen den Juden gegen die Briten helfen und den Rückzug der britischen Truppen aus Palästina verlangen werden. Die Aufgabe der Revisionisten besteht gegenwärtig darin, in Palästina Unruhen auszulösen und Schwierigkeiten zu verursachen und Großbritannien auf diese Art zu zwingen, das Mandat zurückzugeben.[78]

Die Waffen, die den Zionisten als Teil der sowjetischen diplomatischen Unterstützung im arabisch-israelischen Krieg von 1948 (den die Israelis als Unabhängigkeitskrieg und die Araber als al-Nakbah, »die Katastrophe« bezeichnen) mit Moskaus Segen aus der Tschechoslowakei geliefert wurden, waren von größter Bedeutung für die Geburt des Staates Israel. Noch im selben Jahr erkannte die Sowjetunion als erstes Land den neuen Staat an. Doch Stalin hatte sich verkalkuliert: Israel entwickelte rasch eine besondere Beziehung zu den Vereinigten Staaten, anstatt sich der Sowjetunion zuzuwenden. In seinen letzten Lebensjahren hing Stalin antisemitischen Verschwörungstheorien nach.

Die Gründung des Staates Israel genügte nicht, um die Furcht des Security Service vor zionistischen Terrorattacken in Großbritannien vollkommen zu beseitigen. Im November 1949 informierte Sillitoe den SIME:

> Die Abteilungsleiter [des Service] waren sich darin einig, dass man sich ausgehend von den gegenwärtig verfügbaren Informationen noch weiter damit beschäftigen müsse. Sie beschlossen, dieses Büro zum Mittelpunkt dieser Studien zu machen. Wir können nicht viel tun, aber wir werden versuchen, den SIS zu ermutigen, Nachforschungen in anderen Ländern anzustellen, und wir werden uns auch an Sie um Informationen aus dem Nahen Osten wenden. Unsere Hauptaufgabe wird es sein, jegliche Informationen über Organisationen oder Personen, die im Vereinigten Königreich Schwierigkeiten verursachen können, an die Polizei weiterzugeben.[79]

Die Abscheu, die Menachem Begin beim Security Service weckte, wurde durch die Veröffentlichung der englischen Übersetzung seiner Erinnerungen im Jahr 1952 neu entfacht. Der empörte Leiter der Auslandsabteilung, Sir John Shaw, der ehemalige Chefsekretär in Jerusalem, fällte in einer Notiz zu Begins Akte folgendes Urteil über die Memoiren:

Es ist ein abstoßendes Dokument, in dem das Auspeitschen britischer Beamter, das Hängen britischer Unteroffiziere usw. durch jüdische Terroristen in den letzten Jahren des Mandats verherrlicht wird. Ich habe rechtlichen Rat eingeholt, um zu prüfen, ob ich eine Verleumdungsklage in Zusammenhang mit [Begins] Darstellung der Episode im King David Hotel im Jahr 1946 anstrengen sollte, aber man hat mir aus technischen Gründen davon abgeraten. Das Buch verkauft sich in unserem Land nicht gut und hat nur wenige Leser gefunden; es ist zum gegenwärtigen Zeitpunkt nicht wert, dass sich unsere Behörde damit befasst.[80]

Es ist kein weiterer Fall bekannt, in dem ein Mitarbeiter des Security Service eine Verleumdungsklage gegen ein Ziel der Behörde erwog.

Wirklich unentschuldbar an der Haltung des Security Service gegenüber dem Zionismus in den Nachkriegsjahren ist die Haltung der Behörde in der Frage der Beschäftigung von Juden. Im Krieg hatte sich eine kleine Zahl von Juden, darunter vor allem Victor Rothschild, im Security Service ausgezeichnet. Obwohl die eigenen Untersuchungen des MI5 gezeigt hatten, dass die wichtigen Vereinigungen der britischen Juden den Terrorismus rundweg ablehnten, weigerte sich der Security Service nach dem Krieg, Juden einzustellen. Die Begründung lautete, ihre gespaltene Loyalität gegenüber Großbritannien auf der einen und Israel auf der anderen Seite könnte einen inakzeptablen Interessenkonflikt heraufbeschwören. Im Jahr 1955 erklärte John Marriott, Leiter des Bereichs B (Personal), dass »unsere Politik darin besteht, die Aufnahme von Juden nach Möglichkeit zu vermeiden, sofern sie nicht über eine besondere Qualifikation verfügen, die für unsere Arbeit benötigt wird«.[81] Gegenüber einem Personalausschuss erklärte er, es sei die »allgemeine Politik, gegenwärtig keine Juden einzustellen«.[82] Im Jahr 1956 wurde die Aufnahme einer Kandidatin mit der Begründung abgelehnt, sie sei eine praktizierende Jüdin,[83] während im Jahr 1960 eine Jüdin, die der Church of England angehörte, als Transkriptionsfachkraft eingestellt wurde.[84] Noch im Jahr 1974, als man sich darauf einigte, auf ein »generelles Verbot der Rekrutierung von Juden mit britischer Staatsbürgerschaft« zu verzichten, gab es Vorurteile gegenüber Juden, die ihren Glauben besonders intensiv praktizierten, und solchen von eindeutig jüdischem »Aussehen und Auftreten«.[85]

Die vom Security Service praktizierte Diskriminierung jüdischer Bewerber muss zumindest zu Beginn des Kalten Krieges im Kontext der tiefverwurzelten antisemitischen Vorurteile gesehen werden, die sogar nach dem Holocaust weiterhin im öffentlichen Leben Großbritanniens verbreitet waren. In einem Gespräch über die Neubesetzung von Ministerposten im Jahr 1951 heißt es über Premier Attlee: »Es gab zwei Leute, die stets empfohlen wurden, weil sie über die Industrie Bescheid wussten – [Ian] Mikardo und [Austen] Albu – aber sie gehörten beide dem auserwählten Volk an, und er [Attlee] meinte, dass er keinen von *diesen* wollte.«[86] So dachte leider auch der Security Service.[87]

3
Venona, Sicherheitsüberprüfungen, Atomspione und Gefahrenabwehr

Der bedeutsamste Durchbruch in der Gegenspionage gelang zu Beginn des Kalten Krieges dank der Fernmeldeaufklärung (SIGINT). Die Unterstützung, die der MI5 von der Fernmeldeaufklärung erhielt, beruhte auf der Fortsetzung der Special Relationship zu den Vereinigten Staaten in Friedenszeiten, denn dieser Durchbruch gelang den Amerikanern, die sich im Jahr 1946 in einer streng geheimen (und später mehrfach aktualisierten) Vereinbarung mit dem britischen Commonwealth verpflichtet hatten, die Kooperation in diesem Bereich auch in Friedenszeiten fortzusetzen.[1]

Zu Petries wenigen Fehlern als Generaldirektor zählte, dass er im Gegensatz zu Guy Liddell nicht voraussah, wie wichtig die besondere Beziehung zu den USA nach dem Krieg sein würde. Als Liddell im Februar 1946 in die Vereinigten Staaten reisen wollte, um die Kontakte zu den dortigen Nachrichtendiensten zu pflegen, erhielt er von Petrie keine Unterstützung und klagte in seinem Tagebuch über den geringen Wert, den der Generaldirektor seinen Bemühungen beimesse, die Beziehung zu den Amerikanern zu festigen.[2] Selbst Liddell dürfte kaum eine Vorstellung davon gehabt haben, wie wichtig die nachrichtendienstlichen Informationen aus den USA für den Rest seiner Amtszeit als DDG für die britische Spionageabwehr werden würden. Die wichtigste Informationsquelle war das »Venona«-Programm, das auf beiden Seiten des Atlantiks am strengsten gehütete Nachrichtendienstgeheimnis zu Beginn des Kalten Krieges.

»Venona« war der Codename für fast 3000 abgefangene Telegramme der sowjetischen Geheimdienste sowie weitere vertrauliche Mitteilungen, die in den Jahren 1940 bis 1948 verschickt wurden und bei denen die (theoretisch nicht zu entschlüsselnden) Einwegchiffrierscheiben mehr als einmal verwendet wurden,[3] was sie für eine kryptoanalytische Attacke anfällig machte. Die meisten

Mitteilungen wurden Ende der vierziger und Anfang der fünfziger Jahre von einem Team unter der Leitung der genialen Kryptoanalytikerin Meredith Gardner in der Army Security Agency (ASA) in Arlington Hall (Virginia) entschlüsselt, die ab 1948 Unterstützung von der britischen Fernmeldeaufklärung (dem Government Communications Headquarters, GCHQ) erhielt. Die meisten Mitteilungen konnten nur teilweise dechiffriert werden. Die ASA trat erstmals an die britischen Kollegen vom GCHQ heran, nachdem Gardner im Jahr 1947 entdeckt hatte, dass für einige der zwischen der sowjetischen Geheimdienstzentrale in Moskau und der Residentur in Canberra ausgetauschten Telegramme Einwegchiffrierscheiben wiederverwendet wurden. Im Mai 1947 wurden die Briten eingeladen, einen Verbindungsoffizier nach Washington zu schicken, der sich am Angriff der ASA auf den Telegrammverkehr zwischen Canberra und Moskau beteiligen sollte.[4] Am 25. November erhielt Liddell die Mitteilung, dass ein um 1945 datiertes sowjetisches Telegramm entschlüsselt worden war, aus dem hervorging, dass in Canberra große Mengen britischer Geheiminformationen verraten worden waren, wobei die Lücke im australischen Außenministerium vermutet wurde.[5]

Doch die meisten und bedeutsamsten Entschlüsselungserfolge betrafen die sowjetischen Geheimdienstoperationen in den Vereinigten Staaten. Wie sich herausstellte, hatten im Zweiten Weltkrieg über 200 Amerikaner für die Sowjetunion spioniert, von denen einige auch nach Kriegsende aktiv blieben, und die Führung der amerikanischen KP arbeitete Hand in Hand mit dem KGB. Der sowjetische Geheimdienst hatte im Krieg sämtliche Ministerien der Roosevelt-Regierung infiltriert. Und keine Nachrichtendienstbehörde in der amerikanischen Geschichte war derart von Spionen durchsetzt wie das US Office of Strategic Services (OSS, die Vorläuferbehörde der CIA). Die Sowjetunion hatte es ihren Agenten im streng geheimen Atombombenlaboratorium in Los Alamos zu verdanken, dass sie 1949 eine Kopie des amerikanischen Originals zünden konnte.[6]

Premierminister Attlee, der früher als US-Präsident Truman über »Venona« informiert wurde, erfuhr Ende 1947, dass dem sowjetischen Geheimdienst von »Freunden« im australischen Außenministerium streng vertrauliche britische Dokumente über die strategische Planung für die Nachkriegszeit zugespielt worden waren, und erteilte Generaldirektor Sillitoe die Erlaubnis, gemeinsam mit Roger Hollis (dem damaligen Leiter der Abteilung B1) nach Australien zu reisen, um Premierminister J. B. Chifley zu informieren und Wege zur Verbesserung der australischen Sicherheitsvorkehrungen zu finden.[7] Obwohl Attlee seinem Nachrichtendienstchef eine persönliche Empfehlung mitgab, fand Chifley keinen Gefallen an dem Besuch. Er rief Sir Frederick Shedden an, den Staatssekretär im Verteidigungsministerium, und sagte zu ihm: »Da kommt ein Bursche mit einem wirklich dummen Namen – Sillitoe. Soviel ich weiß, ist er der verdammte Chefspion – Sie sollten ihn unter die Lupe nehmen und herausfinden, was er im Schilde führt.«[8]

Die Briten holten sich von den Amerikanern die Erlaubnis, Chifley, Außenminister Evatt und Verteidigungsminister Dedman unter der Zusicherung strikter Geheimhaltung über die SIGINT-Beweise aufzuklären,[9] doch in der Zwischenzeit hatten die Vereinigten Staaten bereits die Weitergabe jeglicher vertraulicher Information an die Australier untersagt. Als Hollis im August 1948 zu einem weiteren Besuch in Australien eintraf, stellte er fest, dass das Verteidigungsministerium und die Armeeführung zutiefst beunruhigt über das amerikanische Informationsembargo waren und die australischen Sicherheitsvorkehrungen unbedingt verbessern wollten. Das Verteidigungsministerium hatte seit Ende 1944 den Verdacht gehabt, dass im Außenministerium ein sowjetischer Spion saß.

Am 17. September, kurz nach Hollis' Abreise, gestanden die Australier offiziell ein, dass ihr Nachrichtendienst, der Commonwealth Investigation Service (CIS), den Herausforderungen der Spionageabwehr nicht gewachsen sei, und drei Tage später genehmigte Chifley die Gründung einer dem MI5 nachempfundenen Behörde; er wollte Attlee um die Entsendung eines Mitarbeiters des Security Service bitten, der die Australier beraten sollte. Der Einfluss des MI5 auf die neu entstehende Australian Security Intelligence Organization (ASIO) war derart groß, dass Shedden im Dezember 1948 in einem geheimen Memorandum von einer »geplanten MI5-Sektion« sprach.[10] Die ASIO nahm keine Untersuchung in Angriff, ohne zuerst den Verbindungsmann (SLO) des Security Service zu Rate zu ziehen, wie Dick White, der Leiter des Bereichs B, zufrieden feststellte.[11] Wenn der erste SLO Courtenay Young »Venona«-Informationen an die Australier weitergab, so verbürgte er sich für deren Authentizität, enthüllte jedoch nie die Quelle.[12] Der SLO gab auch Hinweise zu den Verdächtigen, deren Telefone abgehört werden sollten.

Zu den ersten Observierungszielen zählten Fjodor Andrejewitsch Nosow, ein Journalist der Nachrichtenagentur TASS, der unter dem Decknamen TEKHNIK in den »Venona«-Mitteilungen als wichtigster Kontaktmann des australischen Spionagerings bezeichnet wurde, sowie zwei australische Diplomaten, die dank »Venona« als ideologisch motivierte Agenten identifiziert werden konnten: Ian Milner (Codename BUR), der sich als Student in Oxford im Jahr 1934 der kommunistischen Partei angeschlossen hatte und im Dezember 1946 ins UN-Sekretariat entsandt worden war, und Jim Hill (TOURIST), ein Bruder eines führenden kommunistischen Rechtsanwalts, der Anfang des Jahres 1950 zum Ersten Sekretär des australischen Hochkommissariats in London ernannt wurde, damit der MI5 ihn überwachen konnte.[13] Im Mai 1950 erhielt Hill in seinem Büro Besuch vom führenden Verhörspezialisten des MI5, Jim Skardon, der einige Monate vorher den Atomspion Klaus Fuchs zu einem Geständnis bewegt hatte. Hill war geschockt, beharrte jedoch auf seiner Unschuld. Als Ian Milner von der Befragung Hills erfuhr, floh er nach Prag. Hill wurde nie vor Gericht gestellt, schied jedoch im Jahr 1951 aus dem Außenministerium aus.[14]

Im Herbst 1948 wurde Arthur Martin (Abteilung B2B) und den übrigen Mitgliedern des kleinen Kreises von MI5-Mitarbeitern, die in das Dechiffrierprogramm eingeweiht waren, klar, dass die amerikanische ASA offenbar nicht nur den Telegrammverkehr zwischen Moskau und Australien entschlüsselte, sondern auch die Kommunikation zwischen Moskau und den Residenturen in den USA untersuchte.[15] Die ASA sträubte sich weiterhin dagegen, die Briten in das amerikanische »Venona«-Material einzuweihen, bis Anfang des Jahres 1949 mehrere im letzten Kriegsjahr zwischen der Moskauer Geheimdienstzentrale und den Residenturen in Washington und New York ausgetauschte Telegramme entschlüsselt wurden, die zeigten, dass in der britischen Botschaft ein sowjetischer Spion tätig gewesen war, der ohne britische Hilfe nicht identifiziert werden konnte. Als Liddell von diesen Telegrammen erfuhr, versuchte er den für die amerikanische Fernmeldeaufklärung zuständigen USCIB

(United States Communications Intelligence Board) mit Unterstützung des Leiters der britischen Fernmeldeaufklärung, Sir Edward Travis, dazu zu bewegen, den Briten auch die übrigen Telegramme zu überlassen, die sich auf die sowjetischen Geheimdienstoperationen in den USA bezogen. Außerdem bat er Travis, die Amerikaner dazu zu bewegen, dem SLO in Washington, Dick Thistlethwaite, Zugang zu allen dechiffrierten Mitteilungen sowie die Möglichkeit zu geben, mit »geeigneten« amerikanischen Kollegen die nötigen Maßnahmen zu besprechen.[16]

Zu seiner Überraschung erfuhr Travis, dass auch der USCIB nicht über die amerikanischen »Venona«-Erkenntnisse informiert worden war.[17] Also trat er an General Carter W. Clarke heran, den Leiter der ASA, der überrascht schien, dass der Vertreter der britischen Fernmeldeaufklärung in Washington noch keinen umfassenden Zugang zu den dechiffrierten Dokumenten hatte, und Anweisung gab, dies sofort zu ändern. Außerdem sollte das FBI Thistlethwaite und dem SIS-Verbindungsmann in Washington sämtliche dank »Venona« gewonnenen Informationen über die sowjetische Spionage in den Vereinigten Staaten zur Verfügung stellen.[18] Allerdings waren er und sein Kollege vom SIS damit einverstanden, dass man ihnen keine »Einzelheiten von rein innenpolitischem Interesse für die Vereinigten Staaten« anvertrauen würde.[19] Thistlethwaites Nachfolger Geoffrey Patterson berichtete Sillitoe später: »Das reine [Venona-] Material liefert, wenn es ausgewertet wird, verblüffende Aufschlüsse über die amerikanische Innenpolitik, und ich kann nicht glauben, dass die hiesigen Behörden zulassen werden, dass es in die Hände eines anderen Landes gelangt, so eng verbunden dieses Land auch mit den Vereinigten Staaten sein mag.«[20]

Dass die ASA, das FBI und die Armed Forces Security Agency (AFSA), die seit ihrer Gründung im Juli 1949 für das »Venona«-Programm zuständig war, mit allen drei britischen Nachrichtendiensten Informationen teilten, die für die amerikanischen Interessen bedeutsam waren, bewies trotz dieser Einschränkung, wie eng die Beziehungen zwischen den beiden Ländern waren.

Hingegen wurden die CIA und die meisten anderen amerikanischen Nachrichtendienste nicht darüber informiert. Thistlethwaite sah sich gezwungen, die Zentrale des MI5 zu warnen, dass nicht einmal der Direktor des USCIB und des amerikanischen Marinenachrichtendienstes, Konteradmiral Inglis, der zu jener Zeit gerade Großbritannien und mehrere andere europäische Länder besuchte, über die amerikanischen »Venona«-Mitteilungen informiert war: »Es steht uns daher nicht frei, mit ihm darüber zu sprechen. Wäre Ihnen dankbar, wenn Sie ›C‹ ebenfalls darüber aufklären könnten.«[21] Als Konteradmiral Earl F. Stone, der ebenfalls dem USCIB angehörte, im Juli 1949 die Leitung der neu gegründeten AFSA übernahm, war er anscheinend sehr verärgert darüber, dass man ihm »Venona« zuvor verschwiegen hatte. Zudem war er, wie es in einem euphemistischen FBI-Memorandum hieß, »einigermaßen besorgt«, als er erfuhr, dass die ASA zwar das FBI eingeschaltet hatte, um die Codenamen der sowjetischen Agenten zu identifizieren, jedoch weder den Präsidenten noch den CIA-Chef informiert hatte. Stone bestand darauf, dies sofort nachzuholen. ASA-Chef Carter Clarke lehnte das »entschieden« ab. Nach einer erbitterten Auseinandersetzung trugen Stone und Clarke die Sache dem Generalstabsvorsitzenden General Omar Nelson Bradley vor.[22] Bradley, der Trumans vorbehaltlose Unterstützung genoss, machte sich eines außergewöhnlichen Verstoßes gegen seine Gehorsamspflicht gegenüber dem Oberkommandierenden schuldig, indem er sich auf Clarkes Seite stellte. Clarke versicherte Patterson, dass Bradley, sollte er sich je entschließen, dem Präsidenten oder dem Nationalen Sicherheitsrat »Venona«-Material vorzulegen, eine »angemessen verhüllte Form« der Darstellung wählen werde, um den SIGINT-Ursprung des Materials zu verbergen.[23] Noch wichtiger war es für Bradley, dass die CIA nicht über »Venona« informiert wurde. Clarke sprach zweifellos nicht nur für sich selbst, sondern auch für Bradley, als er Patterson erklärte, es gebe »sehr gute Gründe für den Verdacht, dass es gefährlich ist, derart geheimes Material an die CIA weiterzuleiten«. Diese »sehr guten Gründe« waren zweifellos die in den dechiffrierten sowjetischen Mitteilungen enthaltenen Beweise für die umfassende Infiltration des OSS im Krieg; dies weckte die verständliche (wenn auch unbegründete) Befürchtung, die Nachfolgeorganisation CIA sei ebenfalls infiltriert.[24] FBI-Direktor J. Edgar Hoover zweifelte ebenfalls an der Sicherheit der CIA, in der er außerdem eine aufstrebende Konkurrenzbehörde sah. CIA-Chef Hillenkoetter war oft Trumans erster Besucher und überbrachte die aktuellen nachrichtendienstlichen Informationen. Hätte man Truman über »Venona« informiert, so hätte er Hillenkoetter wahrscheinlich eingeweiht. Um die CIA im Unklaren zu lassen, mussten Bradley und Hoover das Programm daher vor dem Präsidenten geheim halten.[25]

»Venona« brachte sehr viel weniger Erkenntnisse über die sowjetischen Aktivitäten in Großbritannien als über die in den Vereinigten Staaten, was vor allem daran lag, dass im Krieg sehr viel weniger Mitteilungen zwischen Moskau und London abgefangen worden waren als zwischen Moskau und den USA. Noch vor dem Kriegseintritt der Sowjetunion hatten die Briten begonnen, den Funkverkehr der sowjetischen Botschaft in London abzuhören und in der Hoffnung auf eine spätere Dechiffrierung aufzuzeichnen, aber diese Praxis war im August 1941 aufgegeben worden (lediglich die GRU-Mitteilungen wurden bis April 1942 abgefangen), da alle verfügbaren Mittel für die Enigma-Entschlüsselung benötigt wurden. Erst im Juni 1945 wurde wieder damit begonnen, die sowjetischen Mitteilungen abzufangen. In den Vereinigten Staaten erhielt die sowjetische Botschaft im Gegensatz zu Großbritannien keine Erlaubnis, über Funk mit Moskau zu kommunizieren. Stattdessen schrieben die Sowjets ihre Mitteilungen nieder und ließen sie von den Telegraphieunternehmen weiterleiten, die nach Maßgabe der Kriegszensur Kopien an die US-Behörden lieferten.[26]

Die Briten machten ihre bedeutsamste Entdeckung dank der Entschlüsselung fast aller Mitteilungen, die die Moskauer Geheimdienstzentrale zwischen dem 15. und 21. September 1945 nach London gefunkt hatte.[27] Aus diesen Mitteilungen ging die Existenz eines inneren Kreises sowjetischer Agenten in Großbritannien hervor, der von der Moskauer Zentrale als »das wertvolle Agentennetz« bezeichnet wurde und Zugang zu geheimen Informationen hatte. Einige Jahre später wurden nach einer langwierigen Analyse der ergänzenden Informationen die Codenamen von drei Angehörigen des Spionagenetzes als die von Philby, Burgess und Blunt identifiziert. Doch zu jener Zeit gab es kaum Hinweise auf die Identität der Agenten. Noch Mitte der siebziger Jahre war lediglich die Hälfte der 24 Codenamen aus den Mitteilungen vom September 1945 zugeordnet worden.[28] Dass die in einer einzigen Woche abgefangenen Mitteilungen derart bedeutsam waren, zeigte deutlich, welche Mengen an bedeutsamen Erkenntnissen verloren gegangen waren, weil man in den vergangenen vier Jahren darauf verzichtet hatte, den sowjetischen Funkverkehr abzuhören. Es sollte die britische Spionageabwehr in der Nachkriegszeit erheblich beeinträchtigen, dass kein britisches »Venona«-Material aus der erfolgreichsten Phase der sowjetischen Geheimdienstaktionen in Großbritannien zur Verfügung stand. Hätten die Briten ähnlich viel dechiffrierbares Material wie die Amerikaner gehabt, so wären einige der wichtigsten Untersuchungen der Spionageabwehr des MI5 – vor allem jene gegen die »Cambridge Five« – zweifellos rascher und mit größerem Erfolg abgeschlossen worden. Die ersten wichtigen sowjetischen Agenten in Großbritannien, die dank »Venona« enttarnt werden konnten – Klaus Fuchs und Donald Maclean – wurden beide nicht aufgrund von in London abgefangenen Mitteilungen, sondern dank der Entschlüsselung der Kommunikation zwischen der Moskauer Zentrale und den Residenturen in Washington und New York entdeckt, die sich auf den Aufenthalt dieser Spione in den Vereinigten Staaten bezog.

Der Zugang zu »Venona« war strikt beschränkt. Auf einer Liste vom 2. Oktober 1952 (fünf Jahre nach der Einbindung des Security Service in das Programm) standen nur neun Mitarbeiter, die uneingeschränkten Zugang zu den dechiffrierten Mitteilungen hatten; weitere 19 durften mit Einschränkungen Informationen einsehen oder wussten von der Existenz der entschlüsselten Dokumente.[29] Doch da die Sowjetunion sowohl die amerikanische AFSA als auch den britischen SIS infiltriert hatte, erwiesen sich diese Vorsichtsmaßnahmen als wertlos. Im Jahr 1950 entdeckte die AFSA zu ihrem Entsetzen, dass William Weisband, einer ihrer Mitarbeiter, seit seinem Eintritt in die Fernmeldeaufklärung des Heeres im Jahr 1942 für die Sowjetunion spioniert hatte.[30] Cecil Phillips, einer der Kryptoanalytiker im »Venona«-Programm, beschrieb Weisband als »sehr gesellig und sehr neugierig«. Meredith Gardner erinnert sich, dass ihr Weisband im Jahr 1946 über die Schulter sah, als ihr gerade ein erster wichtiger Erfolg bei der Entschlüsselung eines Textes gelang – es ging um ein Telegramm der New Yorker Residentur an die Moskauer Zentrale aus dem Dezember 1944, in dem einige der an der Entwicklung der Atombombe beteiligten Wissenschaftler aufgelistet waren.[31] Doch Weisband konnte diese dramatische Neuigkeit offenbar erst mehr als ein Jahr später nach Moskau weiterleiten. Nachdem der amerikanische KGB-Kurier Elizabeth Bentley im Jahr 1945 übergelaufen war, hatte die Zentrale angeordnet, die Verbindung zu Weisband aus Sicherheitsgründen zu kappen. Erst 1947 wurde der Kontakt wiederhergestellt.[32] Vermutlich aufgrund von Weisbands Warnung stellten die Sowjets die Wiederverwendung von Einwegchiffrierscheiben im Jahr 1948 ein.[33]

Als Weisband im Jahr 1950 verhaftet wurde, hatte die Moskauer Zentrale bereits Zugang zu einer noch besser über die Fortschritte Gardners und ihrer Kollegen informierten Quelle: Im September 1949 wurde Kim Philby, der einen Monat später die SIS-Liaison in Washington übernehmen sollte, in das »Venona«-Programm eingeweiht.[34] Kurz darauf meldete er nach Moskau, dass jener Atomspion, der in mehreren entschlüsselten Mitteilungen unter den Codenamen REST und CHARLES auftauchte, als Klaus Fuchs identifiziert worden war. So konnte Moskau jene Agenten in den Vereinigten Staaten, die mit Fuchs Kontakt gehabt hatten, warnen und ihnen ans Herz legen, sich nach Mexiko abzusetzen. Unter denen, die fliehen konnten, waren Morris und Lona Cohen, die später unter den Pseudonymen Peter und Helen Kroger in Großbritannien auftauchten und im Jahr 1961 wegen Spionage verurteilt wurden.[35] Morris Cohen wurde nach seinem Tod im Jahr 1995 von Präsident Boris Jelzin posthum zum Helden der Russischen Föderation erklärt.

Kurz nach seiner Ankunft in Washington wurde Philby vom scheidenden SIS-Verbindungsmann Peter Dwyer zur AFSA begleitet und Gardner vorgestellt. Wie bei verschiedenen früheren Gelegenheiten brachte Dwyer auch bei diesem Besuch Informationen mit, die es ermöglichten, Lücken in einer der entschlüsselten Mitteilungen zu schließen. Fast ein halbes Jahrhundert später hatte Gardner das Treffen noch immer in lebhafter Erinnerung:

> Ich war sehr erfreut [über die Fortschritte bei der Entschlüsselung], und dasselbe galt selbstverständlich für Dwyer. Philby sah uns mit gespannter Aufmerksamkeit zu, aber er sagte kein Wort, nicht ein einziges Wort. Und das war das letzte Mal, dass ich ihn zu Gesicht bekam. Philby hätte diese Besuche eigentlich fortsetzen müssen, aber mir zu helfen war das Letzte, was er wollte.[36]

Den Kontakt zu Gardner pflegte Philby nicht, aber er war sehr bemüht, an die entschlüsselten »Venona«-Dokumente heranzukommen. Er musste dieses Material unbedingt sehen, nachdem im Juni 1950 erstmals Telegramme aus Moskau an die Londoner Residentur (aus dem September 1945) dechiffriert worden waren, in denen von einem »wertvollen« britischen Agentennetz die Rede war, in dem er, wie er sehr gut wusste, eine herausragende Rolle gespielt hatte.[37] Der Verbindungsmann des MI5, Geoffrey Patterson, schrieb am 18. Juli 1950 an den Generaldirektor:

> Philby hat »C« gebeten, vorzuschlagen, eine zusätzliche Kopie von jedem Dokument, welches das GCHQ an [seine Washingtoner Verbindungsstelle] schickt, an Philby und mich weiterzuleiten. Gegenwärtig erhält [der Verbindungsmann des GCHQ] nur eine Kopie, die er uns selbstverständlich zeigt, aber er hat keine Zeit, um sich hinzusetzen und sie für uns zu kopieren. Wenn Philby und ich unsere eigene Kopie haben könnten, hätten wir mehr Zeit, sie zu studieren, bevor wir uns an das FBI wenden.[38]

Als Philby seine eigenen Kopien der entschlüsselten Telegramme hatte, konnte er sie nach Moskau weiterleiten.[39] Zu jener Zeit gab es in London und Washington außer ihm keine Person, die einen in den Moskauer Telegrammen genannten, besonders wichtigen sowjetischen Spion in Großbritannien, der den Codenamen STANLEY trug, als Kim Philby hätte identifizieren können.

Dank Weisband und Philby erfuhr Moskau sehr viel früher vom streng gehüteten Geheimnis des »Venona«-Programms als der Präsident der Vereinigten Staaten oder die CIA. Seit der Verhaftung Weisbands im Jahr 1950 musste Clarke, Bradley und Hoover klar sein, dass Stalin und die Moskauer Geheimdienstzentrale das Geheimnis kannten, das sie Truman und der CIA vorenthalten hatten. Doch während die amerikanischen und britischen Sicherheitsvorkehrungen kläglich versagten, als es zu vermeiden galt, dass Moskau von der Entschlüsselung seiner Geheimdienstmitteilungen erfuhr, eigneten sie sich bemerkenswert gut dazu, das Geheimnis innerhalb der Vereinigten Staaten und Großbritanniens zu hüten.

Obwohl dank »Venona« wahrscheinlich mehr sowjetische Agenten identifiziert werden konnten als in jeder anderen westlichen

Nachrichtendienstoperation im Kalten Krieg, war das Programm zu geheim, um es vor amerikanischen oder britischen Gerichten zu erwähnen, weshalb die in den entschlüsselten sowjetischen Telegrammen gefundenen Beweise kaum Verurteilungen ermöglichten. In den Mitteilungen identifizierte sowjetische Agenten konnten nur vor Gericht gestellt werden, wenn es gelang, sie zu einem Geständnis zu bewegen oder ergänzende Beweise zu finden.

Als der Strom dechiffrierter »Venona«-Telegramme Anfang der fünfziger Jahre zu versiegen begann, ließ das Interesse der MI5-Führung an dem Programm deutlich nach. Der Wert von »Venona« als Instrument der Spionageabwehr wurde zudem durch die extreme Geheimhaltung geschmälert. Der Leiter des GCHQ, E. M. Jones, erschwerte den Kryptoanalytikern die Arbeit, indem er ihnen die wirklichen Namen und die biografischen Daten jener britischen Bürger vorenthielt, die der MI5 im Verdacht hatte, hinter den Codenamen in den entschlüsselten Telegrammen zu stecken.[40] Im April 1956 gelangte die Leitung des Security Service, die nicht ahnte, dass nur sechs Monate vorher ein wichtiger Hinweis auf Philby übersehen worden war,[41] zu dem Schluss, dass sich die Arbeit an »Venona« nicht mehr lohne. Das GCHQ beteiligte sich weiter an dem Programm, aber der Security Service gab es für die nächsten fünf Jahre praktisch auf.

Die unangenehmste der zusätzlichen Aufgaben, die dem Security Service zu Beginn des Kalten Kriegs übertragen wurden, war die Sicherheitsüberprüfung. Bei Kriegsende gab es kaum Hinweise darauf, was in diesem Bereich auf die Behörde zukommen würde. Der zukünftige Generaldirektor Roger Hollis schrieb im Februar 1945: »Der öffentliche Dienst hat in der Vergangenheit verständlicherweise erbitterten Widerstand dagegen geleistet, dass wir seine Personalzugänge überprüfen.«[42] Zwar holten die meisten Behörden beim Security Service Informationen ein, bevor sie Mitarbeitern mit befristeten Dienstverträgen Zugang zu vertraulichen Informationen gaben, aber bei den festen Mitarbeitern verzichteten sie zumeist auf eine solche Überprüfung. In einem Fall wurde ein Kommunist zum Privatsekretär eines Ministers ernannt, weil es die Regierung versäumt hatte, beim MI5 nachzufragen.[43] Und selbst wenn entdeckt wurde, dass ein Kommunist einen sicherheitsrelevanten Posten bekleidete, war dies kein Grund für eine Entlassung. »Die Behörde konnte ihn nur auf einen Posten versetzen, auf dem er mit nicht geheimen oder mit weniger vertraulichen Informationen zu tun haben würde, sofern dadurch nicht der Verdacht des Betroffenen geweckt wurde.«[44]

Die Regierung Attlee sträubte sich anfangs dagegen, sich mit der Frage auseinanderzusetzen, wie Kommunisten von vertraulichen Informationen ferngehalten werden konnten. Der Grund dafür war die Befürchtung, vom linken Flügel der Labour Party einer Hexenjagd bezichtigt zu werden. Die Regierung sah sich erst zum Handeln gezwungen, als die sensationellen Fälle von sowjetischer Spionage ans Tageslicht kamen. Im März 1946 wurde Alan Nunn May verhaftet, und wenige Monate später legte die Canadian Royal Commission ihren Bericht über Igor Gusenkos Enthüllungen über den sowjetischen Spionagering in Kanada vor. Im Mai 1947 gelangte der neu gebildete Kabinettsausschuss für subversive Aktivitäten (GEN 183) zu dem Ergebnis, dass »das, was in Kanada getan wurde, mit vergleichbarem ... Erfolg in jedem anderen demokratischen Land einschließlich unseres eigenen versucht werden könnte«, und dass der Fall May ein Beleg für die »Existenz eines sowjetischen Spionageapparats in Großbritannien« sei:

> Die kommunistische Ideologie bedingt zumindest eine gespaltene Loyalität, die sich unter bestimmten Bedingungen in aktive Untreue verwandeln kann; der kanadische Fall hat deutlich gezeigt, wie real diese Gefahr ist. Das bedeutet nicht, dass alle Kommunisten bereit wären, ihr Land zu verraten, indem sie sich zur Spionage für die Sowjetunion bereit erklären – das gilt selbst dann, wenn sie einer intensiven kommunistischen Indoktrination ausgesetzt waren. Aber es ist unmöglich, die Schafe von den Böcken zu scheiden, zumindest so lange, bis der Schaden entstanden ist oder ein Verdacht wach wird. ... Daher sehen wir uns zu dem Schluss gezwungen, dass die einzige sichere Vorgehensweise darin besteht, Mitglieder der Kommunistischen Partei nicht mit Tätigkeiten zu betrauen, in denen sie Zugang zu vertraulichen Informationen haben können.[45]

Attlee war einige Monate unschlüssig, bevor er sich dazu durchrang, in den sauren Apfel zu beißen. Im Dezember 1947 schrieb er: »Wir können es uns nicht leisten, diesbezüglich Risiken einzugehen, und die Öffentlichkeit wird uns darin zustimmen. Manche Reisegefährten werden möglicherweise protestieren, aber damit müssen wir leben. Es sollten sowohl gegen Faschisten als auch gegen Kommunisten Maßnahmen ergriffen werden, obwohl die erste Gruppe schwach ist.«[46] So bedeutungslos die Überbleibsel des britischen Faschismus waren, konnte die Regierung doch behaupten, den Staat sowohl gegen linke als auch gegen rechte Extremisten zu verteidigen, was es ihr erleichterte, der Öffentlichkeit die neuen Maßnahmen nahezubringen. Im März 1948 kündigte der Premier im Anschluss an eine Kabinettssitzung im Unterhaus die Einführung einer Maßnahme an, die als »Säuberungsverfahren« (Purge Procedure) bekannt wurde und dazu diente, Kommunisten und Faschisten von Tätigkeiten fernzuhalten, die »für die Sicherheit des Staates bedeutsam« waren. Die Ankündigung bewegte den kommunistischen Abgeordneten Willie Gallagher zu dem wütenden Zwischenruf: »Hisst die scharlachrote Fahne!«

Der Security Service war nicht begeistert. Er hätte einen systematischeren Einsatz des vorhandenen Systems der informellen Sicherheitsüberprüfungen vorgezogen, das in seinen Augen ebenso wirkungsvoll war wie die Purge Procedure. Der MI5 befürchtete, öffentliche Sicherheitsüberprüfungen könnten den Schutz seiner Quellen, vor allem jener in der Kommunistischen Partei, beeinträchtigen.[47] Aber der Geheimdienst war auch verärgert darüber, dass die Labour-Minister, denen die Ausweitung der bei ihren Anhängern unpopulären Sicherheitsüberprüfungen sehr unangenehm war, anscheinend nicht bereit waren, die volle politische Verantwortung zu übernehmen, und es vorzogen, stattdessen den MI5 dem öffentlichen Unmut auszusetzen. Am 25. März 1948 erklärte der Lord President des Geheimen Kronrats, Herbert S. Morrison, im Gespräch mit dem DDG Guy Liddell: »Ich hoffe, ihr Jungs seid sehr vorsichtig bei der [Sicherheitsüberprüfung] all dieser Beamten.« Es mochte den Anschein haben, als hätte Morrison das halb im Scherz gemeint, aber Liddell erwiderte verärgert:

Ich sagte ihm, er müsse wissen, dass sämtliche Fälle mit größter Sorgfalt und Unvoreingenommenheit behandelt würden und dass wir in diesen Dingen alles andere als verantwortungslose Autokraten seien. Vielmehr sei es unsere Behörde, die nicht nur die vom Kabinett eingerichtete Arbeitsgruppe, sondern sämtliche Regierungsstellen bremse. Auf mich wirke es so, als lasse man zu, dass in der Presse, im Parlament und in der Öffentlichkeit ein vollkommen falscher Eindruck von der Arbeit unserer Behörde entstehe. Das werde sich zwangsläufig nachteilig auf unsere zukünftige Arbeit auswirken, vor allem auf die Unterstützung seitens der Polizei, der staatlichen Einrichtungen und der überseeischen Verwaltungen. Ich hätte den Eindruck, es bestehe die große Gefahr, dass wir zum Prügelknaben gemacht würden.[48]

Einige Wochen später trug Liddell dieselben Argumente dem Premier vor, der jedoch wenig Verständnis zeigte: »Ich erklärte ihm, dass wir in der Presse und in der Öffentlichkeit als ein Haufen verantwortungsloser Autokraten dargestellt würden, die ohne Befugnis wehrlose Staatsdiener misshandeln dürften. Er antwortete, bedauerlicherweise sei dies bis zu einem gewissen Grad unvermeidlich.«[49] Liddell schrieb indigniert an das Finanzministerium: »Es herrscht die verbreitete Überzeugung, dass der von Reaktionären der übelsten Sorte bevölkerte MI5 die Regierungsstellen gegen ihr besseres Wissen beeinflussen kann.«[50]

Daher begrüßte es der Security Service, als im April 1948 ein dreiköpfiges Beratendes Tribunal unter dem Vorsitz von Sir Thomas Gardiner (dem ehemaligen Generaldirektor der Post) eingerichtet wurde, das dem Geheimdienst einen Teil der Verantwortung für die Säuberungsentscheidungen abnahm. Die beiden anderen ursprünglichen Mitglieder des Tribunals waren Beamte im Ruhestand, von denen einer jedoch bald durch einen ehemaligen Gewerkschaftsfunktionär ersetzt wurde. Die endgültigen Entscheidungen über Entlassungen lagen weiterhin bei den Ministern, aber dem Tribunal oblag die Prüfung der Beweise für die verfassungswidrige Haltung von Staatsdienern. Der MI5 erklärte sich sofort bereit, dem Tribunal detaillierte Informationen über verdächtige Personen und die entsprechenden Quellen zu überlassen.[51] Im MI5 wurde eine neue Unterabteilung (B1E) eingerichtet, die Kommunisten im öffentlichen Dienst und in der Privatwirtschaft untersuchen sollte und für die Vorbereitung von Säuberungsmaßnahmen zuständig war. Deren Leiter Graham Mitchell (der kurze Zeit später die gesamte Abteilung B1 übernahm) legte dem Tribunal die Beweise vor und einigte sich üblicherweise rasch mit Gardiner, der bis 1958 Vorsitzender des Tribunals blieb. Nach Ansicht des Security Service war Gardiner »unparteiisch, zeigte jedoch durchaus Verständnis für die Probleme des Security Service, der empfindliche Quellen schützen musste«.

Mitchell setzte sich mit den drei Beratern und ihrem Sekretär (üblicherweise einem Beamten aus dem Finanzministerium) zusammen und zeigte ihnen nachrichtendienstliche Rohdaten, die noch keinem Minister und keiner Regierungsstelle vorgelegt worden waren, darunter Niederschriften abgehörter Telefongespräche und Unterhaltungen, Berichte von Agenten (mit Kommentaren zur Zuverlässigkeit und zu den Informationsquellen des Agenten) sowie Fotos auf Mitgliedsausweisen der Kommunistischen Partei. Gardiner war gerne bereit, dem Security Service die Möglichkeit zu geben, die Berichte des Tribunals an die Minister im Entwurf zu prüfen, um zu verhindern, dass unabsichtlich eine Geheimdienstquelle bloßgestellt wurde. Außerdem bemühten sich die drei Berater des Tribunals, die Quellen zu schützen, wenn sie Fragen zu einem Dossier stellten. Der MI5 machte es sich rasch zur Gewohnheit, nur Säuberungen zu empfehlen, gegen die das Tribunal mit Sicherheit keine Einwände erheben würde. Einmal äußerte Gardiner im Gespräch mit Mitchell die Sorge, die Tatsache, dass das Tribunal den Vorschlägen des Security Service normalerweise folge, könne in der Öffentlichkeit Zweifel an seiner Unvoreingenommenheit wecken. Doch Mitchell ging nicht auf Gardiners Vorschlag ein, auch einige weniger stichhaltige Fälle vorzulegen, die das Tribunal dann hätte ablehnen können, um die Öffentlichkeit von seiner Unparteilichkeit zu überzeugen.[52]

Die Purge Procedure war ursprünglich auf das Verfahren beschränkt, das später als »passive Sicherheitsüberprüfung« bekannt wurde, das heißt auf die Überprüfung aller mit »vertraulichen Tätigkeiten« betrauten Staatsdiener anhand der Aufzeichnungen des Security Service, insbesondere anhand seiner mittlerweile nahezu vollständigen Akten über die Mitgliedschaft in der Kommunistischen Partei. Dennoch machte sich der MI5 Sorgen über die wachsende Arbeitslast. Im Juni 1948 beklagte sich Hollis über die »unzumutbare Belastung des Security Service« durch das Säuberungsverfahren.[53] Die Arbeitslast wuchs weiter, als das Verfahren auf die mit geheimem Auftrag der Regierung arbeitenden »Liste-X-Firmen« ausgeweitet wurde. Von nun an war der Security Service jedes Mal, wenn er entdeckte, dass eine als Sicherheitsrisiko eingestufte Person in der Privatwirtschaft in einem geheimen Projekt arbeitete, gezwungen, das betreffende Unternehmen dazu zu bewegen, diese Person diskret von ihrem Posten zu entfernen. Da das nicht immer möglich war, einigte sich das Kabinett 1949 darauf, dass in letzter Instanz der zuständige Ressortchef (in der Praxis üblicherweise der Beschaffungsminister) das Recht haben sollte, das Unternehmen anzuweisen, einen Verdächtigen von einer geheimen Tätigkeit abzuziehen. Anders als das Säuberungsverfahren im öffentlichen Dienst wurde die »industrielle Säuberung« nie öffentlich gemacht.[54]

Im Januar 1949 gab Attlee bekannt, dass im Rahmen der Purge Procedure elf Regierungsbeamte aus empfindlichen Posten entfernt worden waren. Zehn von ihnen hatten Verbindungen zu den Kommunisten unterhalten, aber der elfte hatte sich – zweifellos zur Erleichterung des Premierministers – als Faschist herausgestellt, womit die Regierung Ausgewogenheit für sich in Anspruch nehmen konnte.[55] Bis September 1949 hatte die Purge Procedure noch größere Bedeutung erlangt. »Das Ereignis des Jahres«, schrieb Liddell später, war der erste sowjetische Atombombentest,[56] der etwa zwei Jahre früher stattfand als von Washington und London erwartet. Das Ende des amerikanischen Atomwaffenmonopols leitete eine neue und gefährlichere Phase im Kalten Krieg ein. Am 3. September registrierte ein amerikanisches Aufklärungsflugzeug abnormal hohe Strahlungsniveaus über dem Nordatlantik. In der folgenden Woche beobachteten Flugzeuge der amerikanischen und britischen Luftwaffe die radioaktive Wolke, die in großer Höhe über den Nordatlantik und den Atlantik auf Großbritannien zusteuerte.[57] Der Vorsitzende des Joint Intelligence Committee, William Hayter aus dem Außenministerium, gab die Entdeckung mit einem »melodramatischen Appell zur Geheimhaltung«, wie Liddell es beschrieb, im JIC bekannt:

> Hayter schickte die Sekretäre aus dem Raum und erklärte, jeder Anwesende, der nicht für sich behalten könne, was er hören werde, werde höflich gebeten, den Raum zu verlassen. … Dann gab [Sir

Michael] Perrin von der Atomenergiebehörde bekannt, dass in Russland, vermutlich irgendwo in der Nähe des Baikalsees, eine Atombombe gezündet worden war.[58]

Liddell und die übrigen Mitglieder des JIC und der Premierminister wollten die Nachricht geheim halten,[59] aber am 23. September gab Präsident Truman folgende Erklärung ab: »Wir haben Beweise dafür, dass in den vergangenen Wochen in der UdSSR eine Atombombenexplosion stattgefunden hat.« Der plötzliche Aufstieg der Sowjetunion zur Atommacht war ein Schock. Noch größer wurde die Besorgnis, als sich der Kommunismus im bevölkerungsreichsten Staat der Erde durchsetzte: Am 21. September 1949 hatte Mao Zedong die Gründung der Volksrepublik China bekannt gegeben.

Die wenigen Personen auf beiden Seiten des Atlantik, die Zugang zum »Venona«-Projekt hatten, erfuhren zum selben Zeitpunkt, als die Nachricht von diesen beiden kommunistischen Triumphen um die Welt ging, dass aus entschlüsselten sowjetischen Telegrammen hervorging, dass ein britischer Wissenschaftler mit den Codenamen REST und CHARLES die Baupläne für die erste amerikanische Atombombe kurz vor Kriegsende an den sowjetischen Geheimdienst verraten hatte. Das FBI fand rasch heraus, dass es sich bei diesem Wissenschaftler um den in Deutschland geborenen Klaus Fuchs handeln musste, der anders als Alan Nunn May tatsächlich eine wichtige Rolle im Manhattan-Projekt in den Laboratorien in Los Alamos in der Wüste von New Mexiko gespielt hatte und mittlerweile in Harwell arbeitete.[60] Obwohl es der Security Service auch für möglich hielt, dass es sich bei dem sowjetischen Spion um Rudolf Peierle handelte, einen mit einer Russin verheirateten Kollegen von Fuchs in Harwell, notierte Liddell am 20. September, dass alles auf Fuchs hindeute.[61] Der Fall war peinlich für den Security Service, weil Fuchs zuvor bei drei verschiedenen Gelegenheiten vom MI5 überprüft worden war, nämlich vor seiner Aufnahme in das britische Atomprogramm »Tube Alloys« im Jahr 1941, vor seinem Eintritt in das amerikanische »Manhattan Project« im Jahr 1943 und vor seiner Beteiligung am britischen Atomprogramm in Harwell im Jahr 1947. Bei dieser Gelegenheit gab es innerhalb des Security Service Meinungsverschiedenheiten: Der für die Sicherheitsüberprüfungen zuständige Bereich C schätzte Fuchs als erhebliches potenzielles Sicherheitsrisiko ein und empfahl, ihn unverzüglich der Atomforschung zu entziehen. Hingegen waren einige führende Vertreter des Bereichs B (Spionageabwehr), unter ihnen Dick White, Roger Hollis und Graham Mitchell, der Ansicht, dass die gegen Fuchs sprechenden Indizien durch die ausgezeichneten Referenzen der führenden britischen Physiker Neville Mott (ein späterer Nobelpreisträger) und Max Born mehr als aufgewogen würden. Die Sache wurde in die Hände des DDG Guy Liddell gelegt, der eine erneute Untersuchung anordnete und sich HOW-Vollmachten für die Überwachung der Korrespondenz von Fuchs und Peierle beschaffte. Da diese Untersuchung im Jahr 1947 keine weiteren Hinweise erbrachte, gelangte Liddell zu dem Schluss, dass es keine Grundlage für eine Ablehnung gebe.[62] Doch wie bei akademischen Empfehlungen nicht unüblich, hatte Mott es mit der Wahrheit nicht allzu genau genommen. Später erinnerte er sich daran, dass er in den dreißiger Jahren die Forschungsarbeit von Fuchs an der Universität Bristol überwacht hatte: Fuchs habe zu jener Zeit in dramatischen Lesungen der stalinistischen Schauprozesse mit Vorliebe die Rolle des sowjetischen Chefanklägers Andrej Wyschinski übernommen, wobei er »die Angeklagten mit einer Gehässigkeit« attackiert habe, die Mott »einem so ruhigen und zurückhaltenden Mann wie ihm nie zugetraut hätte«.[63]

Nachdem der Security Service am 12. September 1949 die »Venona«-Beweise für die sowjetische Atomspionage in Los Alamos erhalten hatte,[64] wurde Fuchs erneut einer – diesmal strengeren – Beobachtung unterworfen. Man zapfte seine Telefone an und fing seine Post sowohl in seinem Haus in Harwell als auch im Büro ab, wobei zahlreiche Briefe auf Geheimtinte getestet wurden. Sein Haus wurde verwanzt, und drei Mitarbeiter des Bereichs B übermittelten aus einem Hotel in Newbury jeden Tag über eine Zerhackerleitung einen Observationsbericht an die Zentrale.[65] Fuchs wurde von Observationsteams der Abteilung B4 beschattet, die berichteten, er sei ein »schlechter Fahrer«, und es sei schwierig, ihm zu folgen.[66] Zwar fand man so manches über das Privatleben des Observierten heraus, darunter eine Affäre mit der Frau seines Vorgesetzten,[67] doch Spionage konnte ihm nicht nachgewiesen werden. Allerdings hatte Fuchs dem Sicherheitschef von Harwell, Henry Arnold, erzählt, dass seinem Vater ein Posten an einer ostdeutschen

Universität angeboten worden sei (den der Vater kurze Zeit später annahm). Liddell hielt es daher für die beste Lösung, Fuchs »mit tiefstem Bedauern« zu erklären, dass es »sowohl uns als auch ihn in Erklärungsnot bringen würde, wenn er weiter in der Atomforschung tätig wäre, dass wir jedoch alles in unserer Macht Stehende tun würden, um einen geeigneten Posten für ihn zu finden«. Sillitoe hingegen wollte weiterhin unbedingt eine Verurteilung wegen Spionage erreichen.[68]

Die einzige Chance, Fuchs vor Gericht zu bringen, bestand darin, ihn mit Hilfe der in den »Venona«-Unterlagen enthaltenen Informationen über seine Spionagetätigkeit zu einem Geständnis zu bewegen.[69] Als Skardon am 21. Dezember mit dem Verhör begann, bestritt Fuchs entschieden, den Russen irgendwelche Informationen gegeben zu haben.[70] Doch schließlich machte Skardons Beharrlichkeit eine erfolgreiche Strafverfolgung möglich: Anstatt sich an das übliche Verfahren zu halten und einen raschen Durchbruch anzustreben, gelangte Skardon zu der Überzeugung, dass Fuchs eher gestehen würde, wenn es gelang, sein Vertrauen zu gewinnen. Wäre Skardon mit dieser Strategie gescheitert, so hätte er wohl heftige Kritik für die Verschleppung der Befragung über sich ergehen lassen müssen. Als am 24. Januar 1950 im Haus des Verdächtigen in Harwell die vierte Befragung begann, dürften Skardon selbst Zweifel an seiner Vorgehensweise gekommen sein. Fuchs eröffnete das Gespräch mit den Worten: »Sie werden mich nie dazu überreden, zu sprechen.« Doch nach dem Mittagessen änderte er unvermittelt seine Meinung und erklärte, er sei zu der Überzeugung gelangt, es sei in seinem Interesse, die Fragen zu beantworten.[71] Nun gab er zu, den Russen »sämtliche Informationen über die britische und amerikanische Forschung in Zusammenhang mit der Atombombe« weitergegeben zu haben, zu denen er Zugang gehabt habe.[72] In der Hoffnung, Fuchs werde Hinweise auf weitere Spione geben, entschied Skardon, die Special Branch nicht zu einer sofortigen Verhaftung aufzufordern. Skardons Vorgehensweise wiegte Fuchs derart in Sicherheit, dass er irrtümlich glaubte, man werde ihm erlauben, in Harwell zu bleiben, oder ihm zumindest »einen hochrangigen Posten an einer Universität« geben.[73] Stattdessen wurde Fuchs am 1. März zu einer 14-jährigen Haftstrafe verurteilt. In Chapman Pinchers Sensationsbericht über den Prozess hieß es: »Gestern wurde in 90 Minuten [im Gerichtssaal] Old Bailey ein Rätsel gelöst: Wie konnte Russland so rasch die Atombombe bauen? Nun, Dr. Klaus Emil Julius Fuchs ... lieferte [den Sowjets] das Know-how.« Fuchs hatte nicht begriffen, dass man ihn ohne sein Geständnis nicht hätte anklagen können. Skardons Kenntnis seiner Spionagetätigkeit, die ihn so beeindruckt hatte, beruhte auf SIGINT-Daten, die vor Gericht nicht verwendet werden konnten.

Das Urteil gegen Fuchs alarmierte die Führung der britischen KP, die öffentlichen Schaden befürchtete, sollten die Verbindungen des Spions zu anderen britischen Kommunisten ans Licht kommen. Doch zur Erleichterung der CPGB griff die Presse die Geschichte nicht auf. Der Security Service belauschte in der Parteizentrale das folgende Gespräch zwischen dem Gewerkschaftsorganisator Peter Kerrigan und Reuben Falber, dem späteren stellvertretenden Generalsekretär der CPGB:

> PETER KERRIGAN (liest offenbar aus einem Zeitungsbericht vor): »Er [Fuchs] hatte anscheinend kein aktives Interesse an den politischen Entwicklungen in seinem Heimatland. Auch ist nicht bekannt, dass er jemals Kontakte zu Mitgliedern der britischen Kommunistischen Partei unterhielt.« Wir kommen ungeschoren davon!
> REUBEN FALBER: Puh![74]

Der Fall Fuchs löste eine Krise in der Special Relationship zwischen den USA und Großbritannien aus. J. Edgar Hoover, der seit jeher skeptisch gegenüber der britischen Sicherheitspolitik war, betrachtete es als persönlichen Affront, dass die Aussagen von Fuchs, die Beweismittel für die Strafverfolgung waren, dem FBI aus rechtlichen Gründen erst nach dem Ende des Gerichtsverfahrens zur Verfügung gestellt werden konnten. Zudem erzürnte ihn die Weigerung des Innenministeriums, einem FBI-Vertreter einen Besuch bei dem Verurteilten zu erlauben; der Grund für diese Ablehnung war die Befürchtung, ein solcher Besuch könne die ausgezeichnete Beziehung zwischen Fuchs und Skardon beeinträchtigen. Hoover schrieb nach London, er sei »empört über die mangelnde Kooperationsbereitschaft der britischen Regierung und des MI5 im Fall Fuchs«. Es begann eine heftige Kontroverse. Der Verbindungsmann des MI5 in Washington, Geoffrey Patterson, berichtete über mehrere »interessante Gespräche« mit Hoover: »Manchmal fühle ich mich wie ein Sandwich – wie ein ganz kleines Stück zerkauten Fleisches zwischen zwei Brotkrusten.« Lish Whitson, jener unglückliche FBI-Beamte, der nach London geschickt worden war, um Fuchs zu befragen, wurde nach Washington zurückgerufen und fiel in Ungnade. Bei seiner Rückkehr musste er feststellen, dass sein Namensschild von der Bürotür verschwunden war: man hatte ihn auf einen Posten in der Provinz versetzt.[75]

Während eines Besuchs in London am 27. März 1950 berichtete der Vertreter des SIS in Washington, Kim Philby, dem DDG Liddell – und zweifellos auch dem KGB –, dass Hoover auf einer Befragung von Fuchs beharre: »Er [Philby] befürchtet, dass Hoover für den Fall, dass keine Einigung möglich ist, durchaus imstande ist, unsere Verbindung ohne Rücksicht auf den Schaden für seine eigene Organisation auf offizielle Kontakte zu beschränken.«[76] Nachdem Patterson eine ähnliche Warnung aus Washington übermittelt hatte, rief Sillitoe Attlee an, um auf eine Beilegung des Streits zu drängen, der die weitere Zusammenarbeit in der Atomforschung und die enge Verbindung zwischen den Geheimdiensten der beiden Länder gefährdete. Sillitoe hielt es für unumgänglich, dem FBI Zugang zu Fuchs zu geben.[77] Das Innenministerium gab nach, und am 19. Mai trafen die FBI-Beamten Hugh Clegg und Robert Lamphere in London ein, um Fuchs zu befragen. Doch in dieser Situation fachte Sillitoe den Streit erneut an, indem er sich bei den beiden Beamten über die Vorgehensweise des FBI beklagte und ihnen eine »Standpauke« hielt, wie Clegg es ausdrückte. Es folgte ein weiterer wütender Briefwechsel mit Hoover, und Patterson meldete nach Hause, dass er nun »offiziell boykottiert« werde. Die Gemüter beruhigten sich erst, nachdem Hoover im Herbst 1950 im Rahmen einer Feier in der Washingtoner Botschaft zum Ritter des britischen Empire ehrenhalber ernannt wurde.[78] Die erfolgreiche Befragung von Fuchs durch das FBI trug ebenfalls dazu bei, die Beziehungen zwischen den beiden Behörden zu verbessern. Die von Fuchs gelieferten Informationen ermöglichten die Identifizierung seines wichtigsten Kontaktmanns in den Vereinigten Staaten, des Chemikers Harry Gold, der seinerseits weitere Hinweise auf den dank dechiffrierter »Venona«-Telegramme enttarnten Rosenberg-Spionagering und andere sowjetische Agenten in den USA gab.[79]

Der Fall Fuchs verschärfte nicht nur die Spannungen zwischen Ost und West zu Beginn des atomaren Wettrüstens, sondern machte auch deutlich, dass zusätzlich zu den üblichen »passiven« Überprüfungen anhand der Akten des Security Service »aktive Sicherheitsüberprüfungen« all jener Personen nötig waren, die Zugang zu wichtigen vertraulichen Informationen hatten. Nach einer Diskussion im Kabinettsausschuss für subversive Aktivitäten (GEN 183), die am 5. April 1950 unter dem Vorsitz Attlees stattfand, ernannte der Premier John Winnifrith, einen hochrangigen Beamten aus dem Schatzamt, zum Leiter eines Ausschusses für aktive Sicherheitsüberprüfungen, der »die Möglichkeiten zur Auflistung einer begrenzten Zahl von Posten, bei denen eine solche Überprüfung vorgenommen werden kann, untersuchen und die Risiken und Vorteile eines solchen Untersuchungssystems beurteilen« sollte.[80] Der Security Service steckte in einem Dilemma: Einerseits war er von der Notwendigkeit überzeugt, intensivere Nachforschungen über die Personen anzustellen, die in wichtigen Geheimprojekten arbeiteten. Andererseits fürchtete er, von einer Ausweitung des Überprüfungssystems überfordert zu werden. Sillitoe erklärte im Ausschuss GEN 183, sollte vom MI5 verlangt werden, »direkt oder über die Polizei aktive Nachforschungen über die Personen anzustellen, zu denen [die verschiedenen Behörden] Anfragen stellen, so wird allein die Zahl der Anfragen aus der Zentrale unmöglich zu bewältigen sein«.[81]

Die sowjetische Atombombe, stellte Liddell am Neujahrstag 1950 fest, habe »alle Kalkulationen über den Haufen geworfen« und werde »eine Überarbeitung sämtlicher bisheriger Einschätzungen des JIC erforderlich machen«. Er prognostizierte, die Sowjetunion werde innerhalb von sieben Jahren »genug Atombomben haben, um unser Land vollkommen auszulöschen«.[82] Das JIC befürchtete, die Sowjetunion könne schon sehr viel früher einen Überraschungsangriff mit Atomwaffen versuchen. Am 12. Juni 1950 beschäftigte sich der Ausschuss mit einem entsetzlichen Planspiel, in dem eine sowjetische Atombombe nach Großbritannien geschmuggelt und in einem dicht bewohnten Gebiet gezündet wurde. Nach Einschätzung des JIC war es relativ einfach, eine sowjetische Atombombe in ihre Einzelteile zu zerlegen, an Bord eines Handelsschiffes unbemerkt nach Großbritannien zu schmuggeln, innerhalb von 24 Stunden wieder zusammenzubauen und mittels eines Fern- oder Zeitzünders zur Explosion zu bringen.[83]

Diese Befürchtungen verstärkten sich, als nicht ganz zwei Wochen später völlig unerwartet der Koreakrieg ausbrach. Der nordkoreanische Überfall auf den Süden in den frühen Morgenstunden des 25. Juni war für die westlichen Nachrichtendienste eine ebenso große Überraschung wie seinerzeit der Angriff auf Pearl Harbor.[84] Anfangs schien tatsächlich ein dritter Weltkrieg zu drohen. Ein geheimer Ausschuss des Verteidigungsministeriums mit der irreführend harmlosen Bezeichnung Imports Research Committee (Ausschuss für Importfragen) beschäftigte sich mit der Frage, ob es möglich sei, einen sowjetischen Kamikazeflieger mit einer Atombombe zu einem »Schlüsselziel« wie London zu schicken, damit er die Bombe in geringer Höhe zündete. Dies war zwar weniger wahrscheinlich als die Ankunft einer Bombe per Schiff, »aber es ist möglich, und offenbar gibt es keine Antwort darauf. Um die Bombe zum richtigen Zeitpunkt zünden zu können, müsste die Besatzung des Flugzeugs wissen, worin ihre Fracht besteht, weshalb es sich um ein ›Selbstmordkommando‹ handeln müsste. Abgesehen von der Möglichkeit, jedes unbekannte Zivilflugzeug abzuschießen, dass unser Land erreicht, wüssten wir nicht, wie ein Flugzeug mit einer solchen Mission am Erfolg gehindert werden könnte.«[85]

Der Koreakrieg erhöhte auch die Anforderungen an das System der Sicherheitsüberprüfungen. Im Juli gelangte der Bereich B in einer internen Analyse zu folgendem Ergebnis: »Der stetig wachsende Arbeitsaufwand hat eine Management- und eine Personalkrise ausgelöst.« Der Fall Fuchs hatte gezeigt, dass bei der Untersuchung der sowjetischen Spionage nicht nur eine aktuelle Parteimitgliedschaft, sondern auch frühere Verbindungen zu Kommunisten berücksichtigt werden mussten. Dies wurde die Aufgabe der Abteilung B1E.[86] Am 1. August 1950 wurde Sillitoe darüber informiert, »dass eine Reihe von Kontaktpersonen in der Industrie sehr gerne bereit sind, sich ihrer kommunistischen Mitarbeiter zu entledigen, und mittlerweile rascher als in der Vergangenheit zur Tat schreiten. Tatsächlich sind sie in einem Fall, der für die industrielle Säuberung vorgeschlagen war, bereits zur Tat geschritten. ... Nicht kommunistische Angestellte von de Havillands (Stage Lane) hatten mit einem Streik gedroht, sollten die kommunistischen Mitarbeiter nicht entlassen werden!«[87]

Ende September 1950 teilte Henry Arnold, der Sicherheitschef von Harwell, dem Security Service mit, dass einer der ehemaligen Kollegen von Fuchs, der aus Italien gebürtige Atomphysiker Bruno Pontecorvo, nach einem Familienurlaub nicht mehr nach Großbritannien zurückgekehrt war. Später stellte sich heraus, dass er mit seiner Familie nach Finnland gereist war und sich von dort in die Sowjetunion abgesetzt hatte. Dieser Fall machte erneut die Schwächen der passiven Sicherheitsüberprüfung deutlich. Von Pontecorvo hatte es noch wenige Monate vorher in den MI5-Akten »keine Spur« gegeben.[88] Eine aktive Sicherheitsüberprüfung würde in diesem Fall gezeigt haben, dass einige seiner italienischen Familienangehörigen bekannte Kommunisten waren.[89] Pontecorvo hatte erstmals am 2. März das Interesse des Security Service geweckt, als aus Schweden ein Bericht eingegangen war, demzufolge er und seine Frau Kommunisten waren. Als er von Arnold befragt wurde, stritt Pontecorvo dies ab, gab jedoch zu, dass einige seiner Verwandten mit dem Kommunismus sympathisierten. Er räumte ein, dass man ihn als erhebliches Sicherheitsrisiko betrachten könne, weshalb er seine Tätigkeit in Harwell lieber gegen einen Posten an einer Universität tauschen würde. Als er zu den Sowjets überlief, hatte man gerade einen Posten an der Universität Liverpool für ihn gefunden.[90]

Der Fall Pontecorvo löste einen weiteren erbitterten Zwist zwischen dem MI5 und dem FBI aus. Kurz bevor Pontecorvo im Jahr 1943 seine Tätigkeit im britisch-kanadischen Atomprojekt in Montreal aufgenommen hatte, hatte das FBI der British Security Coordination (BSC) in New York, zu deren Aufgaben die Pflege der nachrichtendienstlichen Kontakte zu den Vereinigten Staaten im Zweiten Weltkrieg gehörte, berichtet, dass in der Wohnung des italienischen Physikers in den Vereinigten Staaten kommunistische Schriften gefunden worden waren. »Niemand weiß, was mit diesen Berichten geschehen ist«, schrieb Liddell im Oktober 1950, »da die Aufzeichnungen der B. S. C. zerstört worden sind.«[91] Da Pontecorvo bis dahin nie in Großbritannien gelebt hatte, hatte die BSC seinen Fall nicht an den MI5 weitergeleitet. Nachdem er übergelaufen war, führte Hollis eine Untersuchung durch und stellte fest, dass der FBI-

Bericht offenbar aufgrund bürokratischer Fehler unbeachtet geblieben war.[92] Hollis fand zudem heraus, dass Sir John Cockroft, der Leiter von Harwell, im Februar 1950 von den Amerikanern über Aussagen des aus Italien stammenden Atomphysikers Emilio Segrè informiert worden war, der erklärt hatte, dass »mehrere Mitglieder von Pontecorvos Familie in Italien bekannte Kommunisten seien, die ›Einfluss auf ihn‹ hätten«. Segrè hatte auch behauptet, dass sich Pontecorvo möglicherweise »aus den falschen Gründen« für einen Verbleib in der Atomforschung entschieden habe. Unglaublich ist, dass weder Cockroft noch Arnold diesen Bericht vor Pontecorvos Flucht in die Sowjetunion an den Security Service weitergeleitet hatten, der das FBI nicht über diese Versäumnisse aufklärte, um den amerikanischen Zweifeln an der Sicherheit der britischen Atomforschung nicht noch weitere Nahrung zu geben.[93]

Zu dem Zeitpunkt, als wegen des Falls Pontecorvo ein neuer Streit mit dem FBI ausbrach, hielt sich Sillitoe gerade in Washington auf, um die durch den Fall Fuchs verursachten Probleme auszuräumen. Geoffrey Patterson meldete düster nach London, dass sich die freundliche Atmosphäre infolge der Aufnahme Hoovers in den Orden des britischen Empire wieder zu verflüchtigen drohe: »Jetzt sind wir mit einem weiteren Fall konfrontiert, der, um es deutlich zu sagen, alles über den Haufen werfen kann.«[94] Während des Aufenthalts in Washington wurde Sillitoe vom SIS-Repräsentanten Kim Philby über die Erkenntnisse des Auslandsgeheimdienstes in Bezug auf Pontecorvos Verrat informiert. Calder Walton bemerkte dazu später, dass der Generaldirektor ohne es zu ahnen die außergewöhnliche Erfahrung machte, von einem sowjetischen Agenten über die Flucht eines anderen sowjetischen Agenten aufgeklärt zu werden.[95] Es kann kein Zweifel daran bestehen, dass Philby einen detaillierten Bericht über dieses Treffen nach Moskau schickte. Attlee, der im Fall Fuchs noch Verständnis für den MI5 gezeigt hatte, war sehr enttäuscht, als er erfuhr, dass es dem Geheimdienst kurze Zeit später ein weiteres Mal nicht gelungen war, die Sicherheit der Atomforschung zu gewährleisten. In einem Gespräch mit dem Premier stellte Sillitoe die wenig überzeugende Behauptung auf, Pontecorvo habe bei seinem Aufbruch in den Urlaub »wahrscheinlich nicht die Absicht gehabt, ins russische Lager überzulaufen«.[96] Später klärte der Überläufer Oleg Gordiewsky, der mehrere mit dem Fall vertraute KGB-Offiziere kannte, die Briten darüber auf, dass Pontecorvo dem sowjetischen Geheimdienst nach seiner Ankunft in Montreal während des Krieges erstmals seine Dienste angeboten hatte und von seinen Führungsoffizieren als besonders wertvoller Agent eingestuft worden war.[97]

Nach der Verurteilung von Fuchs und der Flucht Pontecorvos wollte Attlee eine weitere derartige Überraschung unbedingt vermeiden und verlangte, von nun an über sämtliche Personen informiert zu werden, die »wichtige Positionen einnehmen und ungewöhnliche Zweifel bezüglich ihrer Zuverlässigkeit wecken«. Man lenkte seine Aufmerksamkeit auf den Fall des Wissenschaftlers Boris Davison,[98] der in Harwell aufgenommen worden war, nachdem eine passive Sicherheitsüberprüfung ergeben hatte, dass es in den Akten des Security Service keinerlei Hinweise auf ihn gab. Doch aus Davisons Personalakte ging hervor, dass zwar seine Eltern in Großbritannien geboren waren, er selbst jedoch in Russland zur Welt gekommen und aufgewachsen war. Eine genauere Untersuchung durch den MI5 förderte zutage, dass Davisons Vater gegenwärtig in Moskau lebte, dass der Wissenschaftler selbst auf der Universität »Verbindungen zu Kommunisten« unterhalten hatte (was kaum überraschen konnte, da er in Leningrad studiert hatte) und dass er vor dem Krieg unter Druck gesetzt worden war, damit er für die Sowjetunion spionierte. Da er sich geweigert hatte, seinen britischen Pass zurückzugeben, war sein sowjetischer Pass im Jahr 1938 nicht verlängert worden. Daraufhin war er nach Großbritannien gezogen. Der Security Service gelangte zu folgendem Ergebnis: »Da er zweifellos vollkommen konvertiert und mit einiger Sicherheit vollkommen vertrauenswürdig war, war in diesem Fall eigentlich kein Risiko eingegangen worden; wir hätten jedoch ... Beweise für seine Bekehrung sammeln sollen, bevor wir uns entschlossen, ihn als annehmbares Risiko einzustufen.«[99] Da der MI5 der Ansicht war, Davison sei gegenwärtig ein »annehmbares Risiko«, und da es schwierig war, einen geeigneten Ersatz für ihn zu finden, willigte Attlee im Januar 1951 ein, ihn auf seinem Posten in Harwell zu lassen, und übernahm »persönlich die politische Verantwortung« für diese Entscheidung.[100]

Die Fälle Pontecorvo und Davison lieferten Argumente für die aktive Sicherheitsüberprüfung, die der Kabinettsausschuss für subversive Aktivitäten unter dem Vorsitz Attlees am 13. November 1950 akzeptierte. Man versuchte jedoch, den Arbeitsaufwand für den Security Service zu begrenzen:

> Sollten die Ministerien außerstande sein, mit ihren eigenen Mitteln und anhand einer Routineuntersuchung des Security Service zu einem bestimmten Ergebnis zu gelangen, so können sie den Security Service ersuchen, spezifische Ermittlungen der örtlichen Polizeistellen einzuleiten; diese Ermittlungen sollten jedoch außergewöhnliche Maßnahmen sein und nur als letztes Mittel eingesetzt werden.[101]

Da ihre Parlamentsmehrheit bei der Wahl im Februar 1950 deutlich geschrumpft war, wagte es die Regierung Attlee nicht, sich Vorwürfen von Seiten der Hinterbänkler auszusetzen, sie habe eine Hexenjagd im öffentlichen Dienst vom Zaun gebrochen. Daher beschloss der Kabinettsausschuss für subversive Aktivitäten, auf eine öffentliche Ankündigung der Einführung aktiver Sicherheitsüberprüfungen (Positive Vetting, PV) zu verzichten und die betroffenen Personen nicht über die Überprüfung zu informieren.[102] Die Geheimhaltung des PV-Systems schmälerte zwangsläufig seine Wirksamkeit. Winnifrith räumte später ein, bei den Sicherheitsüberprüfungen habe man sich nur an Dritte wenden können, bei denen man sicher sein konnte, dass sie nichts über die PV »ausplaudern« würden. Anfangs ging man davon aus, dass lediglich für 1000 Stellen im öffentlichen Dienst eine aktive Sicherheitsüberprüfung erforderlich werden würde, da die Inhaber dieser Stellen Zugang zur »Gesamtheit eines lebenswichtigen Geheimnisses« hatten, das von »großem Wert für den Feind« war.[103]

Nachdrücklich gefordert wurde die aktive Sicherheitsüberprüfung von den Vereinigten Staaten, die auch verlangten, die Öffentlichkeit über das PV-Verfahren aufzuklären. Die Besorgnis der USA bezüglich der Schwächen des britischen Sicherheitssystems wuchs weiter, als im April 1951 Burgess und Maclean überliefen.[104] Im Juli desselben Jahres versammelten sich Briten, Kanadier und Amerikaner auf Initiative der USA zu einer Atomenergiekonferenz in London. Die Konferenz empfahl, »in Zukunft niemandem mehr Zugang zu geheimen Informationen über die Atomenergie zu gewähren, sofern er sich nicht einer offenen Prüfung seiner Loyalität, seines Charakters und seines Hintergrunds unterzogen hat«.[105] Damit stieg die Zahl der Personen, die in Großbritannien einer aktiven Sicherheitsüberprüfung unterzogen werden mussten, von 1000 auf 11 000.[106] Laut Aussage von Winnifrith unterstützte die britische Delegation diesen Vorschlag in der Hoffnung, er werde »die amerikanischen Zweifel an der Wirksamkeit unserer Sicherheitsvorkehrungen ausräumen und die Hindernisse für eine engere Zusammenarbeit auf dem Gebiet der Atomenergie beseitigen«.[107] In den letzten Monaten vor ihrer Wahlniederlage im Oktober 1951 sträubte sich die Labour-Regierung gegen die Umsetzung der meisten Vorschläge der Dreier-Konferenz. Es blieb der konservativen Nachfolgeregierung unter Winston Churchill überlassen, im Januar 1952 die Einführung eines erheblich ausgeweiteten PV-Systems bekanntzugeben.[108]

Die Regierung Churchill musste nun die Frage beantworten, ob auch die Minister, die Zugang zu den Atomgeheimnissen hatten, einer Sicherheitsüberprüfung unterzogen werden sollten. Nach seinem Rückzug aus dem politischen Leben gestand Attlee ein, den Verdacht gehabt zu haben, dass einige Mitglieder seines Kabinetts »nicht geeignet waren, derartige Geheimnisse zu hüten«.[109] Daher wurde die weitreichende Entscheidung, eine britische Atombombe zu bauen, am 8. Januar 1947 nicht vom gesamten Kabinett, sondern von einem eigens einberufenen Kabinettsausschuss für Atomenergie (GEN 163) gefällt, dem außer Attlee nur fünf Minister angehörten, denen er vollkommen vertraute.[110] Bekannt wurde die Entscheidung erst, als Verteidigungsminister A. V. Alexander im Mai 1948 eine Anfrage im Parlament beantworten musste. Doch Alexander sagte nicht die ganze Wahrheit: Selbst Churchill war verblüfft, als er nach dem konservativen Wahlsieg im Jahr 1951 entdeckte, dass Attlee dem Unterhaus verheimlicht hatte, dass das Atombombenprogramm 100 Millionen Pfund kostete. Als sich Churchill zum Bau einer Wasserstoffbombe entschloss, legte er den Vorschlag anders als sein Vorgänger dem vollständigen Kabinett vor, das am 26. Juli 1954 einen entsprechenden Beschluss fasste. Sein Freund und Berater in Fragen der Atompolitik Lord Cherwell schlug anschließend vor, die Minister genauso wie alle Personen, die Zugang zu den »wichtigsten Atomenergiegeheimnissen« hatten, einer Sicherheitsüberprüfung zu unterziehen. Cherwell erklärte, während die konservativen Minister seiner Meinung nach »vollkommen zuverlässig« seien, sei ein Labour-Premier, »dessen Kollegen möglicherweise nicht alle so hervorragend sind«, vielleicht dankbar dafür, dass sie überprüft würden. Die Vereinigten Staaten, erklärte Cherwell, seien nicht bereit, Atomgeheimnisse mit Sozialisten zu teilen. Churchill erwiderte, dass sei nicht sein Problem, sondern das der Labour-Führung: »Die Sozialisten müssen sich das Vertrauen der Amerikaner wie alle anderen verdienen.« Die beste Lösung für die britischen Wähler bestehe darin, »sie nicht zu wählen«. Churchill lehnte den Vorschlag ab, die Minister zu überprüfen.[111] Doch von nun an übergab der Generaldirektor des Security Service unmittelbar nach jeder Parlamentswahl dem ständigen Staatssekretär im Innenministerium (in späteren Jahren dem Premierminister) ein Dossier über jene Ministerkandidaten, die nach Ansicht des MI5 möglicherweise ein Sicherheitsrisiko darstellten.[112]

Der amerikanische Druck trug nicht nur zur Einführung der aktiven Sicherheitsüberprüfungen, sondern auch zur Stärkung der Gefahrenabwehr bei. In Gesprächen über Sicherheitsfragen mit den Vereinigten Staaten und Frankreich im Jahr 1953 kritisierten die amerikanischen Delegierten die Tatsache, dass es im Vereinigten Königreich keine Zentralbehörde gab, die Normen für die Gefahrenabwehr festlegte und durchsetzte. In Gesprächen mit dem Kabinettssekretär Sir Norman Brook räumte DDG Roger Hollis ein, die amerikanische Kritik sei nicht ganz unberechtigt. Zwar hatte der Security Service einen Leitfaden zur Gefahrenabwehr herausgegeben, aber es existierte kein Mechanismus, um zu gewährleisten, dass die Regierungsstellen die Empfehlungen auch umsetzten. Auf Brooks Empfehlung wurde ein von ihm geleiteter Ausschuss eingerichtet, dem der Generaldirektor und die Leiter der in erster Linie für die Gefahrenabwehr zuständigen Regierungsstellen angehörten.[113] Von da an bat ein Großteil der Dienststellen den Security Service, ihre Sicherheitsvorkehrungen zu prüfen und Verbesserungsvorschläge zu machen. Der MI5 hielt es vor allem für nötig, »in jeder Regierungsstelle, die eine beträchtliche Menge an vertraulichem Material zu schützen hat, spezialisierte Sicherheitsbeamte einzustellen, die die Befugnis haben müssen, die Einhaltung der Sicherheitsvorschriften zu überwachen«.[114] Das geringste Interesse an den Ratschlägen des Security Service zeigten die beiden Kammern des

Parlaments, deren Sicherheitslage bis zum Beginn des 21. Jahrhunderts beklagenswert blieb.[115]

Im November 1954 informierte der Security Service den Regierungsausschuss für Personalsicherheit darüber, dass das Parlament »ein wenig von seiner ursprünglichen Haltung« gegenüber den Sicherheitsüberprüfungen abgerückt sei und »deren Vorteile mittlerweile zu schätzen« wisse.[116] »Auf die Gefahr hin, selbstgefällig zu wirken«, schrieb Sir John Winnifrith im Jahr 1955 in einem für die Sicherheitskonferenz der Kronräte bestimmten Memorandum zu den Sicherheitsüberprüfungen, »möchte ich zunächst darauf hinweisen, dass das gegenwärtige System insbesondere in Anbetracht der Tatsache, dass es sehr rasch entwickelt wurde, ziemlich gut funktioniert.«[117] Mittlerweile waren 11 000 Personen, die in der Atomforschung tätig waren, überprüft worden, und 3000 PV-Verfahren standen noch aus. In anderen empfindlichen Bereichen waren 7000 Personen überprüft worden, weitere 6000 Sicherheitsüberprüfungen sollten folgen.[118] In Großbritannien kam es zu keiner antikommunistischen Hexenjagd wie jener, die Senator Joseph McCarthy in den Vereinigten Staaten anstrengte. Zwei Jahre nach seiner Wahlniederlage gab Attlee in einer amerikanischen Zeitschrift eine vernichtende Antwort auf McCarthys Kritik an der von ihm eingeführten Purge Procedure: »Die Labour Party bekämpft sei fast 40 Jahren den Kommunismus in Großbritannien, und trotz Krieg und Wirtschaftskrise sind die Kommunisten gescheitert. Man wird uns verzeihen, dass es uns ärgert, wenn uns ein Grünschnabel wie Senator McCarthy zu belehren versucht.«[119] Von 1947 bis 1956 wurden bei den Säuberungen in den USA 2700 Bundesangestellte entlassen; 12 000 weitere legten ihre Ämter nieder.[120] Verglichen damit war die Zahl der Säuberungen in Großbritannien gering. Zwischen 1948 und 1954 wurden 124 öffentlich Bedienstete entlassen (diese Entlassungen beinhalteten vermutlich Rücktritte und Versetzungen auf Posten ohne Zugang zu vertraulichen Informationen). Allerdings wirkten sich die Sicherheitsüberprüfungen in erster Linie bei der Aufnahme in den öffentlichen Dienst aus. Mit einiger Sicherheit überstieg die Zahl der Personen, die abgelehnt wurden oder vor einer Bewerbung zurückschreckten, die Zahl der Entlassenen.[121] Auch die psychologische Wirkung war beträchtlich. Die aktive Sicherheitsüberprüfung passte nicht zur Arbeitskultur der britischen Regierungsstellen. Als Arthur de la Mare im Jahr 1955 die Leitung der Sicherheitsabteilung des Außenministeriums übernahm, galten diese Überprüfungen als »unbritisch« und lösten bei vielen Diplomaten »Verachtung und Spott« aus. De la Mare beklagte sich, dass viele der Bürgen, die von überprüften Mitgliedern des diplomatischen Dienstes benannt wurden, beim Sicherheitsdienst und bei ihren Parlamentsabgeordneten »dagegen protestierten, dass sie von ›schnüffelnden Tierchen‹ über den Hintergrund und die Integrität ihrer Freunde ausgefragt wurden«.[122]

Sehr viel bemerkenswerter als das Missfallen der Diplomaten war der Widerstand, der sich im Security Service gegen Sicherheitsüberprüfungen der eigenen Mitarbeiter regte. Zu den wichtigsten Gegnern des internen PV zählte Roger Hollis, der es als DDG im Jahr 1954 sogar ablehnte, Bürgen für das Personal des MI5 zu suchen:

> Die Geheimhaltung des Berufs wirkt sich auf das Privatleben aus, und ich bezweifle, dass jemand, der einige Jahre im Security Service verbracht hat, Bürgen nennen kann, deren Empfehlung von wirklichem Nutzen ist. Ich bin sicher, dass ich keine solche Person nennen könnte, und es würde mir nicht gefallen, meine Freunde in einer so wichtigen Frage um eine Stellungnahme zu bitten, denn ich glaube nicht, dass das fair ihnen gegenüber wäre ...[123]

Aber Hollis wurde in einer Sitzung der Direktoren überstimmt. Von nun an war jeder Mitarbeiter verpflichtet, zwei Bürgen zu benennen.[124] Anscheinend wurde die verpflichtende aktive Sicherheitsüberprüfung für sämtliche Mitarbeiter des Security Service eingeführt, nachdem die Behörde (vermutlich im Jahr 1957) gegenüber der Atomwaffenforschungsanlage in Aldermaston in eine peinliche Lage geraten war. Kurz bevor vier Mitarbeiter des Geheimdienstes eine Sicherheitsinspektion in Aldermaston in Angriff nahmen, wurde der Security Service gefragt, ob diese Mitarbeiter denn auch ordnungsgemäß überprüft worden seien. Das war nicht geschehen, weshalb rasch eine Sicherheitsüberprüfung arrangiert werden musste. Einer der vier Mitarbeiter, der aus Nordostengland stammte und zwei Jahre vorher in den MI5 eingetreten war, erinnert sich daran, wie irritiert der Leiter des Bereichs B (Personal und Organisation), John Marriott, auf seine Eröffnung reagierte, er könne keine

Bürgen in London nennen, weshalb eilig PV-Interviews in Newcastle durchgeführt werden mussten.[125] Doch selbst nachdem sich der Security Service diese Blöße gegenüber Aldermaston gegeben hatte, kam die Sicherheitsüberprüfung des bestehenden Personals nur quälend langsam voran, so langsam, dass Hollis im Jahr 1957 als Generaldirektor die Losung ausgab, es sei nicht erforderlich, Mitarbeiter zu untersuchen, die vor der Einführung des PV-Systems in den Security Service eingetreten seien, »sofern es Belege dafür gibt, dass Referenzen eingeholt wurden«.[126] Bemerkenswert ist auch, dass Hollis die Regel einführte, dass bei Überwachungspersonal von A4 (früher B4) und anderen Mitarbeitern, die keinen Aktenzugang hatten, auf eine Sicherheitsüberprüfung verzichtet werden konnte.[127]

Umfassend eingeführt wurde die aktive Sicherheitsüberprüfung im Security Service erst Anfang der sechziger Jahre. Nach den Spionageskandalen zu Beginn des Jahrzehnts führte eine von Lord Radcliffe geleitete Untersuchung der »gegenwärtig im öffentlichen Dienst angewandten Verfahren und Praktiken«, über die im Jahr 1962 Bericht erstattet wurde, zu einer Ausweitung der Sicherheitsüberprüfungen. Hollis gab dem Kabinettssekretär die Zusage, dass der gesamte Security Service einer Sicherheitsüberprüfung unterzogen werde. Der Beamte des MI5, der den Auftrag erhielt, ein PV-System zu entwerfen, erinnerte sich später, John Marriott, der davon nichts habe wissen wollen, habe Hollis »gehasst«. Marriott wurde überstimmt. Der für die Entwicklung des Systems zuständige Mitarbeiter stellte ein Team von Befragungsexperten ein, bei denen es sich überwiegend um Offiziere im Ruhestand handelte, und befragte die Mitarbeiter im Offiziersrang persönlich.[128]

Die an der Radcliffe-Untersuchung beteiligten Personen waren sehr beeindruckt von einem Informationspapier des Security Service, aus dem hervorging, dass ein Drittel der ständigen und ein Viertel der gewählten Funktionäre in den großen Gewerkschaften des öffentlichen Dienstes Kommunisten waren oder mit dem Kommunismus sympathisierten.[129] Die Autoren des Berichts bezeichneten die kommunistische Infiltration dieser Gewerkschaften als »gefährliche Sicherheitsbedrohung« und empfahlen:

Die Regierungsstellen sollten in Bezug auf Einrichtungen oder Mitarbeiter geheimer Projekte das Recht haben, als Kommunisten eingeschätzten Gewerkschaftsvertretern den Zugang zu verwehren oder sie von Verhandlungen auszuschließen. Dies würde in jedem Fall ein Recht auf förmliche Anfechtung und Beschwerde bei den drei Beratern [im Überprüfungstribunal] erforderlich machen.

Im Rahmen des Säuberungsverfahrens identifizierte der Security Service neun Gewerkschaftsfunktionäre als Kommunisten, die aus Verhandlungen im öffentlichen Dienst ausgeschlossen werden sollten, obwohl man zwei Namen wieder zurückzog, bevor die Liste offiziell den Ministern vorgelegt wurde. Das dreiköpfige Beratende Tribunal, das mit Sir Henry Hancock, dem früheren Präsidenten des Board of Inland Revenue, einen neuen Vorsitzenden sowie neue Mitglieder hatte, arbeitete nicht mehr so harmonisch mit dem Security Service zusammen wie ein Jahrzehnt zuvor. Die ausgesonderten Gewerkschaftsfunktionäre hatten offiziell keinen Zugang zu Geheimnissen, waren keine Staatsdiener und sahen ihren Lebensunterhalt bedroht. Angesichts dessen ist es nachvollziehbar, dass die Berater ihre Aufgabe für abstoßend hielten. Einer von ihnen äußerte Zweifel an den vom Security Service vorgelegten Beweisen und erklärte, er habe Erfahrung mit der Verzerrung der Tatsachen durch die Geheimdienste. Als in einer Anhörung ein Foto als Beweis für die Teilnahme eines Gewerkschaftsfunktionärs an einer Versammlung von Kommunisten vorgelegt wurde, bestand das Tribunal auf der Vorladung eines Angehörigen der Abteilung A4, der bereit sei zu beschwören, dass die Aufnahme an einem bestimmten Tag entstanden war. Bei der Befragung von Verdächtigen hatten die Berater manchmal die vertraulichen Informationen des Security Service vorliegen und kompromittierten Nachrichtendienstquellen, indem sie sich auf Observierungsfotos oder Mitgliedsausweise der Kommunistischen Partei bezogen. Dennoch betrachtete der Security Service das Ergebnis der Anhörungen vor dem Tribunal als Erfolg. Fünf der als Kommunisten identifizierten Gewerkschaftsvertreter legten ihre Ämter nieder, und zwei weitere wurden auf Posten versetzt, auf denen sie keinen Kontakt zu Regierungsstellen hatten, die sensible Informationen handhabten.[130]

Nach der Vorlage des Radcliffe-Berichts versuchte der Security Service, des Raubbaus an seinen Ressourcen infolge der Ausweitung der Sicherheitsüberprüfung Herr zu werden. Im Oktober 1962 widersetzte sich Generaldirektor Sir Roger Hollis in einer Marathonsitzung mit den Stabschefs dem Vorschlag, der Security Service solle die Sicherheitsüberprüfungen in sämtlichen Ministerien übernehmen. Theoretisch hatten die Ressorts ihre Überprüfungen intern zu organisieren, aber in der Praxis trug das Beschaffungsministerium, das aufgrund seiner Beteiligung an der Atomforschung einige Erfahrung in diesem Bereich hatte, die Hauptlast der Überprüfungen in Whitehall. Hollis sprach für den gesamten Security Service, als er die Sicherheitsüberprüfungen als undankbare Aufgabe bezeichnete, die in Zukunft wahrscheinlich noch lästiger werden würde.[131]

Zu den undankbarsten (und sinnlosesten) Aufgaben des MI5 zählte die Überprüfung von Homosexuellen im öffentlichen Dienst. Aufgrund der ursprünglichen Kriterien für die aktive Sicherheitsüberprüfung waren Homosexuelle grundsätzlich als nicht vertrauenswürdig eingestuft worden.[132] Im Jahr 1951 hatte Graham Mitchell, der damalige Leiter der Sicherheitsabteilung des Security Service, die ersten detaillierten Regeln für die Sicherheitsüberprüfung von Homosexuellen aufgestellt. Er räumte ein, dass alle »laienhaften Verallgemeinerungen zweifelhaft sind oder als solche betrachtet werden sollten«, schlug jedoch die folgenden Grundsätze vor, die seiner Meinung nach *weniger* zweifelhaft waren als andere Verallgemeinerungen:

(a) Homosexuelle sind schlecht an das soziale Umfeld angepasst und daher charakterlich weniger stabil.
(b) Sie bleiben unter sich und sträuben sich dagegen, Informationen zu geben, selbst wenn es ihre Pflicht ist.
(c) Die Tatsache, dass ihre Handlungen strafbar sind, macht sie zumindest theoretisch anfälliger für eine Erpressung durch einen feindlichen Geheimdienst.[133]

Wie der Bericht des Wolfenden-Ausschusses für homosexuelle Verstöße und Prostitution im Jahr 1957 klarstellte, waren zumindest die ersten beiden Behauptungen haltlos.

Erneut angefacht wurde die Kontroverse über die angeblich von Homosexuellen ausgehenden Sicherheitsrisiken durch den Fall John Vassall. Er gestand im Jahr 1962, während seiner Tätigkeit als Bürokraft beim britischen Marineattaché in Moskau vom KGB erpresst und als Agent für die Sowjetunion angeworben worden zu sein, nachdem man ihn dabei fotografiert hatte, wie er (in seinen eigenen Worten) »mit einer Reihe verschiedener Männer oralem und analem Verkehr oder einer komplizierten Abfolge sexueller Aktivitäten« nachgegangen war.[134] Unter dem Eindruck der Affäre Vassall reagierte der Direktor des Bereichs C (Bill Magan) alarmiert auf einen Bericht eines Vertreters der kanadischen Polizei auf der Sicherheitskonferenz der Commonwealth-Staaten im Mai 1963:

> Kelly [der Vertreter der kanadischen Polizei] erklärte, die kanadische Regierung lehne die Beschäftigung Homosexueller in sensiblen Bereichen rundweg ab ... Es findet eine umfassende Säuberung statt. Diese hat keinerlei Unannehmlichkeiten oder administrative Probleme verursacht. Untersuchungen deuten darauf hin, dass rund zehn Prozent der Staatsdiener homosexuell sind. Die Praxis zielt nicht auf irgendwelche bestimmte Gruppen, sondern erfasst gleichermaßen hochrangige und untergeordnete Mitarbeiter, Verwaltungspersonal, Personal der Exekutive, Bürokräfte, Angehörige der Streitkräfte und so weiter. Zahlreiche hochrangige Beamte und Offiziere sind aus ihren Positionen entfernt worden. (Ein sehr hochrangiger Mitarbeiter des Außenministeriums steht in dem Verdacht, homosexuelle Kontakte zu einem Botschafter der Regierung Ihrer Majestät unterhalten zu haben.) In Kellys Worten: »Scharen von Leuten wurden hinter dem Eisernen Vorhang hervorgezerrt.«[135]

Um ein Bild vom Ausmaß des Problems in Großbritannien zu gewinnen, beschaffte sich der MI5 1964/65 HOW-Vollmachten, um die Telefone von vier vermutlich homosexuellen Staatsdienern anzuzapfen. Drei von ihnen erwiesen sich als relativ diskret in ihren Beziehungen. Doch beim Abhören des Telefons des vierten wurde eine »gewaltige Menge an Material« zutage gefördert: Er führte mit mehr als 250 Männern lange Gespräche mit »vielfach abstoßendem Inhalt«. Die mit der Niederschrift der Gespräche beauftragten Mitarbeiter empfanden die Aufgabe als sehr mühsam: »Jene Mitglieder seines Kreises, mit denen er regelmäßig Kontakt hatte, fanden großen Gefallen daran, einander mit Frauennamen anzusprechen (Maud, Kitty, Alice und so weiter). Diese Vertauschung der Geschlechterrollen und die Verwendung des homosexuellen Argots erschwerten vielfach die Interpretation.«[136] Doch der Security Service sah keinen Grund, dem Beispiel der Kanadier zu folgen: »Wir sind zu dem Schluss gelangt, dass die gegenwärtigen Kriterien angemessen sind, d. h. dass die Homosexualität die Vermutung der Untauglichkeit für einen Posten mit Zugang zu vertraulichen Informationen weckt, dass diese Vermutung jedoch vom Leiter der Dienststelle außer Acht gelassen werden kann, wenn er keine Bedrohung der nationalen Sicherheit sieht.« 1965 widersetzte sich der Security Service erfolgreich der Einschätzung des Schatzamtes, die Homosexualität sei möglicherweise mit jedem Posten unvereinbar, der eine aktive Sicherheitsüberprüfung erforderlich mache.[137]

Obwohl die Kriterien nie vollkommen geklärt wurden, machte sich der Security Service offenbar relativ wenig Sorgen über die Tätigkeit Homosexueller im öffentlichen Dienst, sofern sie sich nicht selbst als Homosexuelle deklarierten, sondern ihre sexuellen Beziehungen (die bis 1967 verboten waren) mit Diskretion behandelten. Nach der Verabschiedung des Sexual Offences Act von 1967, welcher der zehn Jahre alten Wolfenden-Empfehlung folgte, freiwillige homosexuelle Beziehungen zwischen Erwachsenen zu legalisieren, empfahl die C Branch dem Regierungsausschuss für Personalsicherheit (PSC), die Frage der Homosexualität weiterhin bei der Sicherheitsüberprüfung zu berücksichtigen, da weiterhin die Gefahr der Erpressung bestehe. Der PSC willigte ein. Da die Homosexualität nicht mehr strafbar war, wurde es den Ministerien jedoch freigestellt, Mitarbeiter aufzunehmen, die eine Sicherheitsüberprüfung anhand der früheren Kriterien nicht bestanden hätten. Ein Großteil der Ministerien blieb trotzdem zaghaft. Der Security Service erhielt weiterhin zahlreiche Anfragen von Regierungsstellen, die nicht sicher waren, ob einzelne Homosexuelle ein Sicherheitsrisiko darstellten. Noch im Jahr 1969 ging es in fast 50 Prozent der Fälle von »Charaktermängeln«, die an den Security Service weitergeleitet wurden, um Homosexualität.[138]

4
Die Jagd auf die »Magnificent Five«

Kim Philby, Guy Burgess, Donald Maclean, Anthony Blunt und John Cairncross – die allesamt Mitte der dreißiger Jahre an der Universität Cambridge oder kurz nach dem Ende ihrer Studien angeworben wurden – waren die fähigste Gruppe britischer Agenten, die jemals für eine fremde Macht spioniert hat. Es dauerte bis zum Frühjahr 1951, bis einer der »Magnificent Five« identifiziert wurde, als es im Rahmen des »Venona«-Projekts gelang, ein sieben Jahre altes Telegramm, das der NKGB aus der Washingtoner Residentur nach Moskau geschickt hatte, teilweise zu entschlüsseln. Diese Entdeckung, die den Security Service vollkommen überraschte, löste die komplexeste und langwierigste Untersuchung in der Geschichte der Behörde aus, eine Untersuchung, die mehr als 30 Jahre lang dauern sollte.

Seit der Demaskierung der Atomspione wusste der Security Service um die außergewöhnliche Qualität einiger ideologisch motivierter Agenten Moskaus, was ihn dazu verleitete, sich ein vollkommen falsches Bild von der Leistungsfähigkeit des spätstalinistischen Auslandsgeheimdienstes zu machen. In Wahrheit zeichnete sich der sowjetische Geheimdienst beim Einsatz seiner zahlreichen ideologisch motivierten Agenten im Westen in den vierziger und frühen fünfziger Jahren häufig eher durch Inkompetenz aus. Nachdem die einfallsreichen frühen Führungsoffiziere (insbesondere Arnold Deutsch und Teodor Maly) nach Moskau zurückbeordert worden waren, feierten die Cambridge Five viele ihrer bemerkenswerten Erfolge nicht dank, sondern eher trotz ihrer Führungsoffiziere. Im Zweiten Weltkrieg glaubte die Moskauer Geheimdienstzentrale verblüffenderweise fast zwei Jahre lang, diese Gruppe sei vom britischen Geheimdienst gebildet worden, um die Sowjetunion mit einem besonders ausgeklügelten Manöver zu täuschen. Obwohl nach dem Krieg nur noch eine Minderheit im sowjetischen Geheimdienst an dieser Einschätzung festhielt, gab es weiterhin hochrangige Nachrichtendienstler, die der Meinung waren, die Cambridge Five seien Teil eines »teuflisch schlauen« britischen Komplotts.[1] Zu Beginn des Kalten Krieges wurden sowohl Maclean als auch Philby in entscheidenden Augenblicken von ihren Führungsoffizieren im Stich gelassen. Es ist undenkbar, dass der Security Service oder der SIS im Umgang mit derart wichtigen Agenten ein vergleichbares Maß an Inkompetenz hätten zeigen können.

Als Maclean im Oktober 1948 im Alter von nur 35 Jahren als Berater und Kanzleichef nach Kairo versetzt wurde, schien er am Beginn einer glänzenden diplomatischen Karriere zu stehen. Doch sein Doppelleben belastete ihn zunehmend, und aufgrund der rücksichtslosen Behandlung durch die örtliche sowjetische Residentur verfiel er in eine tiefe Depression. Im Dezember 1949 fügte er dem letzten Paket geheimer Dokumente eine Notiz bei, in der er darum bat, seine Tätigkeit für den sowjetischen Geheimdienst einstellen zu dürfen. Die Residentur in Kairo war derart nachlässig in der Betreuung Macleans, dass sie seine Mitteilung ungelesen nach Moskau weiterleitete. Und so unglaublich das scheinen mag: die Zentrale ignorierte die Notiz ebenfalls. Erst als Maclean im April 1950 ein weiteres Mal darum bat, von der unerträglichen Belastung durch sein Doppelleben befreit zu werden, gelang es ihm endlich, die Aufmerksamkeit der Moskauer Zentrale zu wecken. Während Moskau noch über eine geeignete Antwort nachdachte, verlor Maclean die Beherrschung: An einem Abend im Mai verwüstete er gemeinsam mit seinem Zechkumpan Philip Toynbee im Rausch die Wohnung von zwei Mitarbeiterinnen der US-Botschaft, zerfetzte die Unterwäsche der Frauen und machte sich daran, das Badezimmer zu zerstören. Toynbee erinnerte sich später: »Donald hebt einen großen Spiegel über seinen Kopf und schleudert ihn in die Badewanne, doch zu meiner Verblüffung und meinem Entzücken springt die Wanne entzwei, während der Spiegel intakt bleibt.« Einige Tage später wurde Maclean nach London zurückgeschickt und vom Außenministerium für den Rest des Frühlings und den Sommer beurlaubt; außerdem schickte man ihn zum Psychiater.[2]

So miserabel die Behandlung Macleans durch den sowjetischen Geheimdienst gewesen sein mochte, sicher hatte zu seinem beklagenswerten psychischen Zustand auch beigetragen, dass weder das

Außenministerium noch sein Psychiater auf den Gedanken kamen, sie könnten es mit einem Spion zu tun haben. Der Psychiater vermutete eine organische Ursache und schlug eine Untersuchung im Maudsley Hospital vor:

> ... Es fiel mir sehr schwer zu glauben, dass der Mann, der mich am Samstagmorgen aufsuchte, im Foreign Office Karriere gemacht hat. Für einen Mann in seiner Position scheint er mir ein wenig langsam und zurückgeblieben, und selbstverständlich habe ich weder von seiner Frau noch von anderen Personen in Kairo einen Hinweis darauf erhalten, wie schlecht sein Zustand ist.[3]

Nachdem der medizinische Berater des Finanzministeriums Maclean untersucht hatte, teilte er der Personalabteilung des Außenministeriums mit: »Ich persönlich glaube, dass es schwierig sein wird, eine Lösung zu finden, da die gesamte Familie ... zweifellos unausgeglichen ist und eine deutliche Neigung zum Alkoholismus hat, die bei einem solchen familiären Hintergrund überrascht.« Zusätzlich verschlimmert wurde die Situation dadurch, dass Maclean darauf bestand, nicht vom Psychiater des Foreign Office, sondern von einer Psychoanalytikerin namens Erna Rosenbaum behandelt zu werden. Möglicherweise fürchtete er sich davor, in den Sitzungen etwas preiszugeben, das er keineswegs verraten wollte.[4] Die Entscheidung für Dr. Rosenbaum missfiel dem medizinischen Berater des Finanzministeriums, da sie »nicht in England ausgebildet« worden war, weshalb er befürchtete, es könnte sich um eine »Kurpfuscherin« handeln.[5] Doch dank der Behandlung schien sich Macleans Zustand teilweise zu stabilisieren. Bemerkenswert ist, dass man ihn im Herbst 1950 für ausreichend erholt hielt, um ihn mit der Leitung der amerikanischen Abteilung des Außenministeriums zu betrauen. Obwohl er sich häufig im Gargoyle Club betrank und sich im Rausch als »der englische Hiss« (ein ehemaliger sowjetischer Spion im amerikanischen Außenministerium) bezeichnete, leistete Maclean in den Bürozeiten sorgfältige und gute Arbeit, wie sich sein Stellvertreter später erinnerte.[6]

Nicht besser führte die Moskauer Zentrale Philby in seinen zwei Jahren als SIS-Verbindungsoffizier in Washington (1949 bis 1951). Der chaotische Zustand der Washingtoner Residentur, der den sowjetischen Geheimdienst in den Jahren 1948 und 1949 zwang, zwei ihrer Leiter abzuberufen, bewegte Philby dazu, jeglichen Kontakt zu legalen sowjetischen Geheimdienstvertretern in den Vereinigten Staaten zu verweigern. Fast ein Jahr lang erreichte er die Zentrale in Moskau nur mit Botschaften, die von Burgess in London weitergeleitet wurden. Im Sommer 1950 erhielt er einen unerwarteten Brief von Burgess: »Ich habe eine schlechte Nachricht für Sie. Ich bin gerade nach Washington versetzt worden.«[7] Burgess hatte wie Maclean große Schwierigkeiten, sein Doppelleben durchzustehen. Sein Verhalten war unzumutbar geworden, und er stand kurz vor der Entlassung aus dem diplomatischen Dienst. Eine Reise nach Gibraltar und Tanger im Herbst 1949 hatte sich in eine »wilde Odyssee von Fehltritten« verwandelt, wie es sein Freund Goronwy Rees ausdrückte: Unter anderem hatte er seine Rechnungen nicht bezahlt, Mitarbeiter des MI5 und des SIS öffentlich identifiziert und im Rausch in örtlichen Bars gesungen: »Little boys are cheap today, cheaper than yesterday.«[8] Der Vertreter des Security Service in Gibraltar beschwerte sich in einem Brief an den Generaldirektor über das »extrem indiskrete« Auftreten des Kollegen: »Burgess scheint ein hoffnungsloser Alkoholiker zu sein, und ich glaube, dass ich selbst in Gibraltar nie zuvor einen Mann gesehen habe, der in vergleichbar kurzer Zeit derart große Mengen harter Getränke hinuntergekippt hätte.«[9] Nach seiner Rückkehr wurde Burgess von der Personalabteilung des Außenministeriums zu einem Gespräch zitiert. Er bestritt, sich indiskret verhalten zu haben, und erklärte seine Schwierigkeiten mit seinem »schlechten Verhältnis« zu den »Sicherheitsbehörden« (gemeint war vermutlich der Security Service).[10] Der Rechtsberater des Security Service, Bernard Hill,[11] teilte dem Foreign Office mit, man könne Burgess wegen Verstoßes gegen den Official Secrets Act belangen, obwohl diese Vorgehensweise »nicht wünschenswert« sei, da keine »zusätzliche öffentliche Aufmerksamkeit auf die Angelegenheiten des SIS« gelenkt werden sollte. Burgess suchte Hilfe bei Guy Liddell, der meinte, es bedürfe lediglich einer »strengen Rüge« durch eine Respektsperson: »Ich glaube nicht, dass er oft vollkommen die Beherrschung verliert, aber zweifellos löst der Alkohol seine Zunge.« Liddell glaubte, Burgess sei kein Mann, der »vorsätzlich vertrauliche Informationen an Unbefugte weitergeben würde«.[12]

Philby behauptete später in seinen Memoiren, er habe Burgess während seiner Dienstzeit in der Washingtoner Botschaft als Mitbewohner in seinem großen neoklassizistischen Haus an der Nebraska Avenue aufgenommen, um ihn von Alkoholexzessen und anderen »Verlegenheiten« fernzuhalten, für die Burgess mittlerweile berüchtigt war. Einen wichtigeren Grund für seine Gastfreundschaft erwähnte Philby nicht: Burgess geriet weiter in »Verlegenheiten«, aber er erfüllte eine wichtige Funktion als Kurier zwischen Philby und seinem neuen Führungsoffizier Valeri Makajew, einem in New York stationierten sowjetischen Illegalen mit dem Codenamen HARRY.[13] Die Einrichtung einer anscheinend sicheren Kommunikationslinie nach Moskau über Burgess und Makajew ermutigte Philby zu dem Versuch, seinen ohnehin schon bemerkenswerten Zugang zu britischen und amerikanischen Geheiminformationen noch auszuweiten. Während eines Besuchs in London im September 1950 versuchte er Guy Liddell in einem langen Gespräch davon zu überzeugen, dass er auf seinem Posten in Washington nicht ausgelastet war (obwohl er eine Doppelbelastung hatte, da er nicht nur für den SIS, sondern auch für den sowjetischen Geheimdienst arbeitete). Liddell schrieb in sein Tagebuch: »Es scheint mir, als hätte er mir einen Köder in Form der Anregung zugeworfen, wir bräuchten eigentlich keinen Repräsentanten in Washington, er könne diese Aufgabe allein bewältigen, aber möglicherweise täusche ich mich.« Liddell täuschte sich keineswegs. Philby hatte sich seit dem Zweiten Weltkrieg beim Security Service Informationen über eine Reihe von Gegenspionagefällen beschafft und dies mit dem Bestreben begründet, eine effektive Zusammenarbeit zwischen dem Inlands- und dem Auslandsnachrichtendienst zu gewährleisten. Wäre es ihm gelungen, neben der Verbindungsstelle des SIS auch noch die des Security Service zu übernehmen, so wäre dies der krönende Abschluss seiner Strategie gewesen. Zwar hegte Liddell keinerlei Verdacht in Bezug auf Philbys Beweggründe, aber er schluckte den Köder nicht: »[I]ch sagte ihm, dass ich unabhängig vom Informationsfluss fest davon überzeugt sei, dass wir unseren eigenen Mann in der westlichen Hemisphäre brauchten.«[14]

Einige besonders bedeutsame vertrauliche Informationen, die Philby seinem sowjetischen Führungsoffizier HARRY lieferte, betrafen Donald Maclean: In den entschlüsselten »Venona«-Telegrammen, zu denen er Zugang hatte, wurde auf einen Agenten mit dem Codenamen HOMER Bezug genommen, der bei Kriegsende in Washington tätig gewesen war, aber die dechiffrierten Textstellen enthielten zunächst nur unbestimmte Hinweise auf die Identität dieses Agenten. Philby begriff rasch, dass es sich bei HOMER um Maclean handelte, wurde von der Moskauer Zentrale jedoch darüber informiert, dass Maclean »so lange wie möglich auf seinem Posten bleiben« solle; man werde ihn in Sicherheit bringen, »bevor sich das Netz schließt«. Im April 1951 wurde Maclean dank eines von Meredith Gardner entschlüsselten Telegramms enttarnt. Aus der Nachricht ging hervor, dass die Frau von HOMER im Juni 1944 ein Kind erwartet und bei ihrer Mutter in New York gelebt hatte. Diese Angaben trafen auf Macleans Frau Melinda, nicht jedoch auf die Ehefrau irgendeines anderen Verdächtigen zu.[15] Dem sowjetischen Geheimdienst blieb jedoch noch eine Gnadenfrist von einigen Wochen, in denen Macleans Flucht arrangiert werden konnte. Die Suche nach Beweisen, die für eine Verurteilung wegen Geheimnisverrats ausreichen würden, und die Tatsache, dass man sich entschlossen hatte, die »Venona«-Telegramme nicht in einem Strafverfahren zu nutzen, zwangen den Security Service, Maclean eine Weile zu observieren, in der Hoffnung, er werde Kontakt zu seinem sowjetischen Führungsoffizier aufnehmen. Der Plan, Maclean zu warnen, stammte nicht von der Moskauer Zentrale, sondern von Philby und Burgess.[16] Im April 1951 fiel Burgess in Ungnade und wurde nach London zurückzitiert, nachdem er mit einer Reihe weiterer Eskapaden den kollektiven Zorn der Polizei von Virginia, des State Department und des britischen Botschafters auf sich gezogen hatte. Am Abend vor seiner Abreise an Bord der *Queen Mary* traf er sich mit Philby zum Essen in einem chinesischen Restaurant in New York, wo die Musikberieselung eine Abhöraktion unmöglich machte. Die beiden verabredeten, dass Burgess sofort nach seiner Ankunft in Großbritannien sowohl Maclean als auch die Londoner Residentur des sowjetischen Geheimdienstes warnen würde.[17]

Noch größere Sorge als das Schicksal Macleans bereitete Philby die Möglichkeit, er selbst könnte enttarnt werden. Sollte Maclean im Verhör zusammenbrechen – was in Anbetracht seiner psychischen Überlastung durchaus möglich schien –, so waren Philby und die übrige Gruppe in größter Gefahr. Philby verlangte in einer Botschaft von der Moskauer Zentrale, Maclean sofort aus Großbritannien herauszuholen und in die Sowjetunion zu bringen, damit er selbst nicht kompromittiert würde.[18] Und er nahm Burgess das Versprechen ab, dass dieser Maclean nicht nach Moskau begleiten würde, da dies ebenfalls Verdacht auf seine Person lenken würde. Burgess nahm unmittelbar nach seiner Ankunft in England am 7. Mai Kontakt zu Blunt auf, der in seinem Auftrag eine Botschaft an den Führungsoffizier der Cambridge Five in der Londoner Residentur, Juri Modin, überbrachte, den Blunt als »Peter« kannte. Modin berichtete später, noch bevor Blunt ein Wort gesagt habe, habe sein besorgter Gesichtsausdruck verraten, dass etwas Schlimmes passiert war. »Peter, wir sind in großen Schwierigkeiten«, sagte er. »Guy Burgess ist gerade in London eingetroffen. HOMER soll verhaftet werden.... Donald ist in derart schlechter Verfassung, dass er sicher zusammenbrechen wird, wenn sie ihn befragen.« Zwei Tage später erklärte sich die Moskauer Zentrale bereit, Maclean aus Großbritannien herauszuschmuggeln. Da man annahm, dass Maclean kaum in der Lage war, allein zu fliehen, bestand die Zentrale darauf, dass Burgess ihn nach Moskau begleitete. Burgess weigerte sich anfangs, erinnerte an sein Versprechen gegenüber Philby und war »der Hysterie nahe«, wie Modin es ausdrückte. Anscheinend überredete der Leiter der Londoner Residentur, Nikolai Borisowitsch Rodin, Burgess zur Ausreise, indem er ihn glauben machte, dass er Maclean nicht bis nach Moskau begleiten müsse, in jedem Fall aber jederzeit nach London zurückkehren könne. In Wahrheit hielt die Moskauer Zentrale Burgess für eine Belastung und war entschlossen, ihn (notfalls mittels eines Täuschungsmanövers) nach Moskau zu schaffen und dort zu behalten. »Solange er bereit war, Maclean zu begleiten«, schrieb Modin später, »war alles andere ziemlich unwichtig. Die Zentrale war zu dem zynischen Schluss gelang, dass wir es nicht mit einem, sondern mit zwei ausgebrannten Agenten zu tun hatten.«[19]

Am 17. April gab Herbert Morrison, der Bevin im März 1951 als Außenminister abgelöst hatte, die Erlaubnis, Maclean unter Beobachtung des Security Service zu stellen.[20] Kurz nachdem Burgess nach London zurückgekehrt war, beobachtete ihn ein Observierungsteam der Abteilung A4 bei einem Treffen mit Maclean. Da Maclean der Leiter der amerikanischen Abteilung war und Burgess gerade aus der Botschaft in Washington zurückgekehrt war und seine Entlassung befürchten musste, war ihr Treffen an sich unverdächtig. Burgess wirkte sehr beunruhigt, aber man konnte annehmen, dass seine Besorgnis daher rührte, dass er vor den Trümmern seiner Karriere im Außenministerium stand. Eben weil sein Verhalten so unerhört war, verdächtigte ihn niemand, wie Maclean ein sowjetischer Agent zu sein. In einem Observierungsbericht von A4 hieß es:

> Guy Burgess scheint etwas auf der Seele zu haben und ist offenkundig sehr besorgt. Er bestellt einen großen Gin (sein Lieblingsgetränk) und läuft einige Sekunden an der Bar umher, kippt den Schnaps auf einen Zug hinunter und geht wieder, oder er bestellt ein weiteres Glas und wiederholt die Vorführung.
> Auf der Straße wirkt er häufig unentschlossen, anscheinend gelingt es ihm nicht, einen klaren Kopf zu bekommen.
> Zwischen ihm und CURZON [Maclean] herrscht fast so etwas wie eine verschwörerische Atmosphäre. Selbst in einer Bar ist es eigentlich unmöglich, ein Wort von dem zu verstehen, was sie sagen. Man kann annehmen, dass Burgess CURZON sein Herz ausgeschüttet hat, da dieser keine normale Gefühlsregung zeigt, wenn sie zusammen sind.[21]

Am Freitag, dem 25. Mai, wurde Maclean beobachtet, als er nach der Arbeit mit einer großen Pappschachtel unter dem Arm das Außenministerium verließ. Er wurde bis zur Victoria Station verfolgt, wo er einen Drink nahm und den Zug um 18:10 Uhr bestieg.[22] Das war das letzte Mal, dass ihn die Abteilung A4 zu Gesicht bekam. Die Observierung Macleans war mangelhaft, da es dem Security Service an Mitteln fehlte. Die Londoner Residentur des sowjetischen Geheimdienstes hatte das britische Observierungsteam bei der Arbeit beobachtet und festgestellt, dass die Beschattung jeden Abend und am Samstagmittag unterbrochen wurde. Am Sonntag arbeiteten seine Beobachter nicht.[23]

Maclean wusste nicht, dass das Außenministerium an jenem Freitag vorschlug, ihn irgendwann zwischen dem 18. und 25. Juni durch den Security Service befragen zu lassen.[24] Die sowjetische Residentur ging irrtümlich davon aus, dass Maclean am Montag, dem

28. Mai, verhaftet werden sollte, und traf daher Vorkehrungen, um ihn gemeinsam mit Burgess am Wochenende aus England herauszuschmuggeln. Der sowjetische Geheimdienst nahm richtigerweise an, dass die Abteilung A4 die Beschattung erst am Montagmorgen wieder aufnehmen würde.[25] (Es ist nicht klar, ob die sowjetischen Agenten wussten, dass Maclean in seinem Haus in Tatsfield an der Grenze zwischen Kent und Surrey überhaupt nicht observiert wurde, da der britische Geheimdienst fürchtete, die Beobachter würden in der Umgebung des abgelegenen Hauses entdeckt werden.)[26] Die sowjetische Residentur wusste, dass der Ausflugsdampfer *Falaise* an Wochenenden in Southampton zu Rundfahrten nach Frankreich auslief, bei denen die Passagiere keinen Reisepass benötigten. Man wies Burgess an, für sich und Maclean unter falschen Namen Fahrkarten für das Schiff zu kaufen, das am Freitag, dem 25. Mai, um Mitternacht auslief. Am folgenden Morgen gingen die beiden in Saint-Malo an Land, fuhren nach Rennes weiter und bestiegen den Zug nach Paris. Von dort aus reisten sie nach Bern, wo ihnen die sowjetische Botschaft falsche Pässe ausstellte. Sie kauften sich in Zürich Flugtickets nach Stockholm, verließen das Flugzeug jedoch bei einer Zwischenlandung in Prag, wo sie von sowjetischen Geheimdienstoffizieren abgeholt wurden. Zu dem Zeitpunkt, als Melinda Maclean meldete, dass ihr Ehemann nach dem Wochenende nicht nach Hause gekommen war, war er bereits hinter dem Eisernen Vorhang verschwunden.[27]

Die Moskauer Geheimdienstzentrale beglückwünschte sich selbst dazu, dass die erfolgreiche Exfiltrierung von Burgess und Maclean »die Autorität des sowjetischen Geheimdienstes in den Augen seiner Agenten gestärkt« habe. Philby sah es anders. Bei einem Treffen am 24. Mai musste Makajew (HARRY) feststellen, dass der britische Spion »alarmiert und um die eigene Sicherheit besorgt« war. Philby war davon überzeugt, dass es ihn »in Gefahr« bringen werde, sollte sein Freund Burgess, der in seinem Haus in Washington gewohnt hatte, mit Maclean nach Moskau fliehen. Dass Burgess tatsächlich gemeinsam mit Maclean übergelaufen war, erfuhr Philby etwa fünf Tage später vom Washingtoner Verbindungsoffizier des Security Service, Geoffrey Patterson. »Meine Konsternation war nicht gespielt«, schrieb Philby später. Noch am selben Tag fuhr er in einen Wald in Virginia hinaus und vergrub die Fotoausrüstung, mit der er im Auftrag des sowjetischen Geheimdienstes Dokumente kopiert hatte – diesen Schritt hatte er schon viele Male im Geist durchgespielt, seit er zwei Jahre zuvor in Washington eingetroffen war. Doch gerade jetzt, als Philby die Unterstützung seines Führungsoffiziers am meisten brauchte, ließ Makajew ihn im Stich. Die New Yorker Residentur hinterließ für HARRY in einem toten Briefkasten eine Nachricht und 2000 Dollar, die er an Philby weiterleiten sollte. Doch Makajew fand die Sendung nicht, weshalb Philby sie nie erhielt. Die Moskauer Zentrale nahm Makajews Versäumnis gegenüber dem britischen Spion zum Anlass, sein Verhalten zu untersuchen, und warf ihm »mangelhafte Disziplin«, »Missachtung der Anweisungen der Zentrale« und »rüde Umgangsformen« vor.[28]

Nach Schätzung des sowjetischen Geheimdienstes hatten Philby, Burgess und Maclean seit ihrer Anwerbung in den Jahren 1934 und 1935 20 000 Seiten an »wertvollen« Geheimdokumenten und Agentenberichten nach Moskau geschickt.[29] Doch Philby behielt recht: Die Flucht von Burgess und Maclean fügte den Spionagekarrieren der übrigen drei Mitglieder der Magnificent Five schweren Schaden zu, obwohl sie nicht das Ende ihrer Aktivität bedeutete. Auf Drängen von General Walter Bedell Smith, dem Director of Central Intelligence (DCI, Leiter der CIA), wurde Philby aus Washington abberufen.[30] In London eingetroffen, wurde er mit einer Abfindung aus dem SIS entlassen, obwohl die meisten seiner Kollegen weiterhin von seiner Unschuld überzeugt waren. Dick White, der Leiter des Bereichs B (Spionageabwehr), lud Philby ins Leconfield House ein, damit er bei der Untersuchung »dieser schrecklichen Sache mit Burgess und Maclean« helfen konnte.[31] Whites Freundlichkeit wiegte Philby in Sicherheit, weshalb er nicht auf der Hut war, als er zu einem weiteren Gespräch zum Security Service zitiert wurde. Diesmal wurde er von Kronanwalt H. J. P. »Buster« Milmo befragt, einem späteren Mitglied des Obersten Gerichtshofs, der im Krieg dem Security Service angehört hatte. Der forsche Milmo eröffnete Philby, dies sei eine »strafrechtliche Ermittlung«, und untersagte ihm zu rauchen.[32] Nach einem vierstündigen Verhör stellte Milmo fest: »Ich komme nicht um den Schluss herum, dass Philby seit vielen Jahren ein sowjetischer Agent ist.«[33]

Philbys Gefühl, dass Milmo ihn durchschaut hatte, obwohl es keine für eine erfolgreiche Strafverfolgung ausreichenden Beweise gegen ihn gab, war zweifellos der Grund für seine wütende Reaktion gegenüber seinen Freunden im SIS. Die Abteilung B4 (M. E. D. Cumming) notierte am 14. Januar 1952:

> Nicholas Elliott [vom SIS] kam erneut darauf zu sprechen, dass PEACH [Philby] wegen Milmos Befragung sehr wütend auf den M. I.5 sei. Elliott sagte, PEACH habe keinerlei Einwände gegen eine unabhängige Befragung erhoben, sei jedoch verärgert darüber, dass er nach den freundschaftlichen Gesprächen mit Dick White praktisch unter falschem Vorwand nach London gelockt und unvermittelt einem förmlichen Verhör ausgesetzt worden sei, bei dem man ihm sogar untersagte zu rauchen.[34]

In der Hoffnung, Philby ein Geständnis oder brauchbare Beweise zu entlocken, schickte der Security Service seinen führenden Verhörspezialisten Jim Skardon zu dem Verdächtigen nach Hause. Philby stellte fest, dass Skardon »ungemein freundlich« war und »beinahe exquisite Umfangsformen« pflegte. Er fühlte sich von Skardons »aufrichtigem Interesse« an seinen Ansichten und seiner Tätigkeit sehr geschmeichelt. Allerdings hatte Philby im Jahr zuvor sehr aufmerksam verfolgt, wie sich Skardon in den Gesprächen mit Fuchs in dessen Haus das Vertrauen des Verdächtigen »erschlichen« hatte. Er kannte Skardons subtile Verhörmethoden und war gewarnt: »In unserem ersten langen Gespräch bemerkte und umging ich zwei kleine Fallen, die er mir mit Schlauheit und Präzision gestellt hatte. Aber kaum hatte ich begonnen, mich dafür zu beglückwünschen, da wurde mir klar, dass er vielleicht noch weitere Schlingen ausgelegt hatte, die ich nicht bemerkt hatte.«[35] Doch Skardon war zumindest teilweise auf Philby hereingefallen: Er meldete, der Verdächtige habe auf ihn »einen sehr viel vorteilhafteren Eindruck als erwartet« gemacht. Er hielt die Vorwürfe gegen Philby für unbewiesen.[36]

Die Flucht von Burgess und Maclean im Mai 1951 und die Abberufung Philbys aus Washington lösten eine weitere Krise in der Special Relationship aus. Sillitoe flog nach Washington, um den leicht reizbaren J. Edgar Hoover persönlich über die Geschehnisse zu informieren und zu versuchen, ihn zu beschwichtigen. Abgesehen davon, dass er die schwierige Aufgabe hatte, den skeptischen FBI-Direktor bezüglich des Zustands des britischen Geheimdienstes zu beruhigen, musste er bald feststellen, dass er ins Kreuzfeuer zwischen dem FBI und der CIA geraten war. Hoover war erbost darüber, dass der britische Verbindungsoffizier den CIA-Chef General Bedell Smith über die Existenz der entschlüsselten »Venona«-Telegramme aufgeklärt hatte, die Maclean als HOMER identifizierten.[37] Hoover war damit einverstanden gewesen, dass dem MI5 Zugang zu den »Venona«-Daten gewährt wurde, aber er war entschieden dagegen, dass die seiner Meinung nach nicht vertrauenswürdige CIA solche Informationen erhielt.[38]

Besonders verheerend war Philbys vermutlicher Verrat für den kleinen Kreis jener, die in das Geheimprojekt »Venona« eingeweiht waren. Wenn Philby tatsächlich ein sowjetischer Agent war, so waren die Erkenntnisse aus einigen dechiffrierten »Venona«-Telegrammen zweifellos nach Moskau weitergeleitet worden. Im Januar 1952 erhielt Arthur Martin (B2B) die undankbare Aufgabe, den Canossagang zum GCHQ (dem britischen Dechiffrierzentrum, das sich zu jener Zeit in dem Londoner Vorort Eastcote befand) anzutreten und dessen Leiter, Group Captain Jones, mitzuteilen, dass »davon auszugehen war, dass Philby während seiner gesamten Tätigkeit für den SIS ein Spion gewesen war«. Jones war »verständlicherweise einigermaßen schockiert. Was auch immer ›C‹ ihm gesagt hatte, es war ihm mit Sicherheit nicht klar gewesen, dass wir zu einem derart eindeutigen Ergebnis gelangt waren, und man hatte ihm auch nicht gesagt, dass die Amerikaner auf dem Laufenden gehalten wurden.«[39]

Die Abtrünnigkeit von Burgess und Maclean beendete nicht nur Philbys Karriere im SIS (wenn auch nicht seine Kontakte zum früheren Arbeitgeber), sondern weckte auch Verdacht gegen John Cairncross und Anthony Blunt. Unmittelbar nach der Flucht von Burgess durchsuchte Blunt dessen Wohnung auf der Suche nach belastenden Dokumenten. Dabei entgingen ihm jedoch einige nicht signierte Notizen, in denen vertrauliche Diskussionen innerhalb der Regierung im Jahr 1939 beschrieben wurden. Nach einer langwierigen Untersuchung des Security Service konnte Sir John Colville, eine der in den Notizen erwähnten Personen, im Jahr 1952 Cairncross als Autor identifizieren.[40] Als Jim Skardon ihn befragte, gestand Cairncross ein, diese Notizen verfasst zu haben (er hätte es kaum bestreiten können), leugnete jedoch, gewusst zu haben, dass Burgess ein sowjetischer Spion war. Doch ein Mitarbeiter des SIS, der in seiner Zeit in Cambridge selbst Kommunist gewesen war, identifizierte Cairncross als Parteimitglied während seines Studiums am Trinity College. Der Verdächtige wurde vom Finanzministerium suspendiert und kurze Zeit später zum Rücktritt gezwungen.[41]

Die Abteilung A4 begann Cairncross zu beschatten und folgte ihm am 7. April 1952 zu einem hastig verabredeten Treffen mit seinem Führungsoffizier Juri Modin.[42] Doch Modin bemerkte rechtzeitig, dass Cairncross observiert wurde, und zog sich zurück. Cairncross hingegen erschien am Treffpunkt im Gunnersbury Park, wo er beim Kettenrauchen beobachtet wurde, obwohl er eigentlich Nichtraucher war. Als Skardon ihn später zu diesem Vorfall befragte, konnte Cairncross sein Verhalten zunächst nicht schlüssig erklären. Am nächsten Tag behauptete er, auf dem Weg zu einem geheimen Stelldichein mit einer verheirateten Frau aus Frankreich gewesen zu sein, die jedoch nicht aufgetaucht sei. Da seine Geliebte während ihrer Affäre strenge Sicherheitsvorkehrungen getroffen habe, könne er nicht einmal sagen, wo sie wohne. Bemerkenswerterweise ließ sich Skardon von dieser unglaubwürdigen Geschichte täuschen und berichtete: »Ich denke, er sagt die Wahrheit.« Skardons große Stärke als Verhörführer – seine im Fall von Fuchs bewiesene Fähigkeit, das Vertrauen der befragten Person zu gewinnen – war zugleich seine Schwachstelle.[43]

Unmittelbar nachdem Burgess und Maclean übergelaufen waren, wies die Moskauer Zentrale Modin an, Blunt dazu zu drängen, den beiden in die Sowjetunion zu folgen, da klar war, dass er als Freund und ehemaliger Mitbewohner von Burgess unter Verdacht stand. Doch Blunt weigerte sich, da er nicht bereit war, die angenehme Umgebung im renommierten Courtauld Institute gegen den tristen sozialistischen Alltag im stalinistischen Russland zu tauschen. »Ich weiß ganz genau, wie Ihr Volk lebt«, sagte Blunt zu seinem Führungsoffizier, »und ich kann Ihnen versichern, dass mir ein solches Leben sehr schwerfallen, ja fast unerträglich sein würde.« Modin war sprachlos, wie er selbst berichtete. Blunt vertraute mit Recht darauf, dass der MI5 keine stichhaltigen Beweise gegen ihn habe.[44] Wie Cairncross gelang es Blunt, Skardon zu täuschen, wenn auch aus anderen Gründen: Dass Blunt vieles von dem, was er über Burgess wusste, nicht preisgab, schrieb Skardon eher der Loyalität zwischen Homosexuellen als der Tatsache zu, dass er ein russischer Agent war. Am 21. April 1952 berichtete Skardon:

> Ich gewann in den Gesprächen mit Blunt den starken Eindruck, dass die ausgeprägte Loyalität eines Homosexuellen gegenüber einem anderen eine erfolgreiche Überprüfung dieses Mannes verhindern wird, solange diese Schranke und seine Obsessionen nicht überwunden sind. Die Zeit wird weisen, ob ich die geeignete Person für diese psychoanalytische Übung bin.[45]

Drei Wochen später gab Skardon die Hoffnung auf, mehr von Blunt zu erfahren: »Ich kann mich des Eindrucks nicht erwehren, dass Blunt den Behörden alles gesagt hat, was er weiß. Möglicherweise sind noch bedeutsame Zusammenhänge zu entdecken, aber sie werden wahrscheinlich erst im Lauf der Zeit geklärt werden, wenn wir auf weitere Informationen stoßen.«[46]

Die Suche nach weiteren Beweisen gegen Philby und Blunt wurde dadurch erschwert, dass einige fragmentarische Hinweise in den dechiffrierten »Venona«-Telegrammen falsch gedeutet wurden. Erst einige Jahre später wurde dem Security Service klar, dass es sich bei dem Agenten STANLEY, dem wichtigsten der »wertvollen« britischen Agenten (wie aus einer im September 1945 entschlüsselten Mitteilung hervorging), um Philby handelte. Die »Venona«-Experten sahen in Philby jahrelang den Agenten mit dem Codenamen JOHNSON (bei dem es sich in Wahrheit um Anthony Blunt handelte), während Burgess zutreffend als HICKS identifiziert wurde. J. C. Robertson (D1, zuständig für die Untersuchung der sowjetischen Spionage) teilte dem DDG Hollis im Mai 1954 mit: »Wir glauben seit einiger Zeit, dass es sich bei »HICKS« um Burgess und bei »JOHNSON« um Philby handeln könnte. Mittlerweile bin ich fest von dieser Theorie überzeugt.«[47]

Nach Philbys Abberufung aus Washington hielt es sein Londoner Führungsoffizier Juri Modin aufgrund der Beobachtung durch den Security Service drei Jahre lang für zu gefährlich, direkten Kontakt zu seinem Agenten aufzunehmen. Doch im Jahr 1954 stellte Modin die Verbindung schließlich auf die »einfallsreichste vorstellbare Art« her: Er bediente sich Anthony Blunts. Eines Abends trat Modin nach einem Vortrag Blunts am Courtauld Institute an ihn heran (vermutlich zum ersten Mal seit 1951), überreichte ihm eine Postkarte, auf der ein Gemälde abgebildet war, und fragte ihn nach seiner Meinung zu dem Werk. Auf der Rückseite der Karte stand eine in der unverwechselbaren Handschrift von Burgess verfasste Botschaft, in der Blunt um ein Treffen im Gasthaus »Angel« an der Caledonian Road am folgenden Abend ersucht wurde. Bei dem Treffen bat Modin Blunt, für ihn ein Treffen mit Philby zu arrangieren. Der Führungsoffizier nutzte die erste Begegnung mit seinem Agenten seit mehreren Jahren vor allem dazu, Philby Mut zuzusprechen, was diesen »mit neuer Zuversicht« erfüllte, wie er später behauptete.[48]

Philby brauchte Zuspruch, weil Wladimir Petrow, der KGB-Resident in Australien, gemeinsam mit seiner Frau Ewdokia übergelaufen war (und zu jener Zeit von einem Mitarbeiter des Security Service eingehend befragt wurde).[49] Petrow, dessen Fall einiges Aufsehen erregt hatte, lieferte Informationen über Burgess und Maclean, darunter die erste Bestätigung eines Zeugen, dass sich die beiden in Moskau aufhielten (bis dahin hatte es nur Indizien dafür gegeben). Es gelang Modin, Philby davon zu überzeugen, dass Petrow nichts über seine Karriere als sowjetischer Agent wusste.[50] Zusätzlichen Rückhalt gab Philby die Unterstützung durch ehemalige Kollegen im SIS. Ronnie Reed, der im Bereich D am »Venona«-Material arbeitete, erinnerte sich später an die »unüberbrückbaren Meinungsverschiedenheiten unserer beiden Behörden im Fall Philby«:

> [Der] MI6 war davon überzeugt, dass wir mit Guy Liddell einen ebenso guten Kandidaten für den Verräter im britischen Geheimdienst hätten. Er sagte, der MI6 bemühe sich sehr, darauf hinzuweisen, dass sich Liddell von seiner Frau getrennt habe, eine gewisse homosexuelle Ausstrahlung habe und während des Kriegs eng mit Burgess, Philby und Blunt befreundet gewesen sei.[51]

Am 20. Juli 1955 schrieb »C«, Major General Sir John »Sinbad« Sinclair, an den Generaldirektor Sir Dick White, es gebe eine wachsende Zahl von Belegen dafür, dass Philby infolge von Milmos voreingenommener Befragung einem Fehlurteil zum Opfer gefallen sei.[52] Zwei Tage später stimmte White einer gemeinsamen Überprüfung des Falls Philby durch den MI5 und den MI6 zu. Philby begrüßte die

Chance, seinen guten Ruf wiederherzustellen. Am 7., 10. und 11. Oktober unterzogen ihn zwei Mitarbeiter des SIS einer ausführlichen Befragung. Der Vertreter des Security Service und die für die Niederschrift zuständigen Beamten waren sehr unzufrieden mit der Vorgehensweise ihrer Kollegen vom Auslandsgeheimdienst und gaben zu Protokoll, dass einer der Fragesteller voreingenommen zu Philbys Gunsten sei, diesem wiederholt geholfen habe, Antworten auf unangenehme Fragen zu finden, und nie nachgefragt habe, wenn Philby eine Antwort schuldig geblieben sei.[53]

Zum Zeitpunkt der Befragung wussten sowohl der Security Service als auch der SIS, dass der Verdacht, Philby sei jener »dritte Mann«, der Burgess und Maclean gewarnt hatte, an die Öffentlichkeit gelangen würde. J. Edgar Hoover hatte mit Empörung darauf reagiert, dass ein am 23. September veröffentlichtes Weißbuch über den Verrat von Burgess und Maclean keinerlei Hinweis auf den Verdacht gegen Philby enthalten hatte. Nun schickte er sich an, die Briten zu einer umfassenden offiziellen Untersuchung zu zwingen, indem er die Geschichte an die Presse weitergab. Und tatsächlich wurde Philby am 23. Oktober in der New Yorker *Sunday News* als der »dritte Mann« bezeichnet. Bald darauf war Philbys Haus von Journalisten belagert. Er flüchtete sich in die Wohnung seiner Mutter und vergrub das Telefon unter einem Kissenstapel. Aber die britischen Zeitungen schreckten aus Angst vor einer Verleumdungsklage davor zurück, ihn namentlich zu nennen. Zwei Tage später wandte sich der Labour-Abgeordnete Marcus Lipton im Unterhaus in der parlamentarischen Fragestunde an den Premier:

> Hat sich der Premierminister entschlossen, die zweifelhaften Aktivitäten des dritten Mannes Mr. Harold Philby, der bis vor kurzer Zeit Erster Sekretär an der Botschaft in Washington war, um jeden Preis zu vertuschen, und ist er entschlossen, jegliche Diskussion über die sehr bedeutsamen Fragen, denen in dem kläglichen Weißbuch, das die Intelligenz dieses Landes beleidigt, ausgewichen wurde, im Keim zu ersticken?

Philby saß in der Londoner U-Bahn, als er auf die Zeitung eines Sitznachbarn aufmerksam wurde und seinen Namen auf der Titelseite des *Evening Standard* sah.[54] Liptons Frage spielte Philby in die Hand:

Harold Macmillan, der Außenminister der Regierung Eden, der in der Debatte über das Weißbuch am 7. November gezwungen war, sich zu dem Vorwurf zu äußern, hatte kaum eine andere Wahl, als alle Vorwürfe gegen Philby zurückzuweisen.[55] Am folgenden Tag gab ein triumphierender Philby im Wohnzimmer seiner Mutter eine Pressekonferenz und belog die versammelten Journalisten schamlos: »Ich sprach im Jahr 1934 zum letzten Mal mit jemandem, von dem ich wusste, dass er ein Kommunist war.«[56]

Macmillan wusste nicht, dass fast einen Monat früher neue Hinweise aufgetaucht waren, die Philby belasteten. Während Meredith Gardner beim GCHQ die Verbindung zur NSA (der im Jahr 1952 gegründeten amerikanischen Fernmeldeaufklärung) betreute, gelang ihr erstmals seit mehreren Jahren wieder die Entschlüsselung einer wichtigen Botschaft der sowjetischen Geheimdienstzentrale an die Londoner Residentur. Diese Mitteilung, die vom 17. September 1945 stammte, bekam C. P. C. de Wesselow von der Unterabteilung D1 A, einer der wenigen Mitarbeiter des Security Service, die in »Venona« eingeweiht wurden, erstmals am 10. Oktober 1955 im GCHQ zu sehen. Der Text lautete: »[Acht Gruppen nicht wiederhergestellt] STANLEY über die Ereignisse in Kanada bezüglich der Arbeit der Nachbarn. [Bericht B %] STANLEYS Information.« In Anbetracht des Datums und des Hinweises auf die »Nachbarn« (GRU) handelte es sich bei den »Ereignissen in Kanada« eindeutig um den Fall Gusenko, in den Philby eingebunden gewesen war. De Wesselow erklärte, dass Philby unter Berücksichtigung eines weiteren Hinweises auf STANLEY in einer dechiffrierten Mitteilung vom folgenden Tag, dem 18. September 1945, »eindeutig ein langjähriger sowjetischer Agent« sei:[57] »Es gibt in unseren Akten keine Aufzeichnungen darüber, dass irgendein Mitarbeiter des S. I. S. außer ›C‹ selbst und Mr. Philby vom Fall [Gusenko] wusste.«[58]

Nach einer erneuten Untersuchung des Falls gelangte der Leiter des Bereichs D (A. M. MacDonald) ein Jahrzehnt später zu folgendem Ergebnis:

Sonderbar ist, dass niemand im Security Service oder im MI6 eine direkte Beziehung zwischen STANLEY und Philby herstellte, obwohl Philbys Fall im September 1955, als die erste [Version der] Entschlüsselung zur Verfügung stand, sorgfältig verfolgt wurde.

Zu-gegebenermaßen gab es noch weitere Kandidaten, aber man sollte meinen, dass man ihn im Licht unserer Erkenntnisse über den Fall Philby am Jahresende 1955 als sehr aussichtsreichen Kandidaten für den Mann hinter dem Codenamen STANLEY hätte betrachten müssen.[59]

Auch DDG Anthony Simkins zeigte sich von diesem »offenkundigen Schnitzer« überrascht. Generaldirektor Furnival Jones merkte an: »Ich stimme zu.«[60] Wie MacDonald war den beiden anscheinend nicht bewusst, dass es keineswegs so war, dass »niemand im Security Service« erkannt hatte, dass Philby »ein aussichtsreicher Kandidat« war – denn genau das hatte de Wesselow in seiner Notiz gesagt. De Wesselow konnte sich später nicht mehr erinnern, wem er sein Papier gezeigt hatte, aber er hielt es für »undenkbar, dass er diese Frage nicht mit der Abteilung D1 [J. C. Robertson] besprochen haben sollte, die ihn mit den Nachforschungen beauftragt hatte, auf die sich seine Notiz bezog«. Doch weder Robertson noch irgendein anderer Mitarbeiter des MI5 konnten sich entsinnen, das Papier zu Gesicht bekommen zu haben.[61] Die Verwirrung rund um diese bedeutsame Episode gibt Aufschluss über einen gravierenden Fehler des Security Service im Umgang mit »Venona« sowie über die extreme Geheimhaltung, die das Projekt umgab. Dass es nicht gelang, STANLEY als Philby zu identifizieren, war derart bemerkenswert, dass Peter Wright und andere später behaupteten, die Identifizierung müsse absichtlich unterdrückt worden sein, was auf eine sowjetische Infiltration des Security Service hindeute. Die Abteilung D1 gelangte im Jahr 1967 zu dem plausibleren Schluss, dass es »andere Erklärungen als finstere Machenschaften geben könnte, aber wie auch immer diese lauten, sie deuten auf eine mangelnde Professionalität jener Personen hin, die die Mitteilung kannten«. De Wesselow lebte innerhalb des MI5 geradezu in einer eigenen Welt, denn über das streng geheime Material, mit dem er sich beschäftigte, durfte er mit den meisten Kollegen nicht sprechen.[62]

Da Philby mit den Arbeitsabläufen des Security Service vertraut war, wusste er seit der Befragung durch Milmo zweifellos, dass sich der Inlandsgeheimdienst HOW-Vollmachten besorgen würde, um die Briefe des Verdächtigen zu öffnen und sein Telefon abzuhören. Daher lieferten beide Überwachungsverfahren keine nennenswerten Hinweise – allerdings war aufgrund der Unterbrechung des Kontakts zwischen Philby und dem KGB bis zu jenem unbemerkten Treffen mit Modin im Jahr 1954 ohnehin nichts Bedeutsames über seine Aktivitäten zu entdecken. Eine Analyse der Überprüfungen in den fünf Jahren von 1951 bis 1956, die 33 Bände füllten, brachte folgendes Ergebnis: »Die einzige nachrichtendienstliche Erkenntnis ist ... dass PEACH [Philby] immer noch zahlreiche Kontakte im M.I.6 hat und von diesem umfassend unterstützt wird.«[63] Allerdings förderten die Kontrollen Details über Philbys teilweise verkommene Persönlichkeit zutage, die von seinen Biografen ignoriert wurde. Es wurde beobachtet, »dass PEACH dazu neigt, sich sinnlos zu betrinken und seine besten Freunde abscheulich zu behandeln«.[64] Besonders widerwärtig war Philbys Verhalten gegenüber seiner psychisch fragilen zweiten Frau Aileen, mit der er fünf Kinder hatte. Aileen Philbys Psychiater erzählte dem Secret Service, eines ihrer Probleme sei, dass sie von der Schuld ihres Ehemanns überzeugt war – und diese Überzeugung sei zumindest einer der Gründe für Philbys Versuche, Aileen »fertigzumachen«: »Er ist davon überzeugt, dass sie wichtige nachrichtendienstlich relevante Informationen über ihren Ehemann und ihre eigene kommunistische Vergangenheit besitzt. ... In [Aileens] Augen und nach Ansicht ihres Psychiaters hat Philby durch seelische Grausamkeit ihr gegenüber ›sein Bestes getan, um sie in den Selbstmord zu treiben‹.«[65]

Doch da es an brauchbaren nachrichtendienstlichen Erkenntnissen mangelte, stellte die seelische Grausamkeit gegenüber seiner Frau kein ausreichendes Argument für die Fortsetzung der Überwachung dar, weshalb die HOW-Vollmacht im Jahr 1956 ausgesetzt wurde.[66] Es gibt noch weitere Hinweise darauf, dass Aileen schließlich erkannt hatte, dass ihr Mann ein Verräter war, womit sie zu einer Gefahr für ihn geworden war. Eine ihrer Freundinnen behauptete später, Aileen habe ihrem Mann eines Abends ins Gesicht gesagt: »Ich weiß, dass du der dritte Mann bist!« Diese Erkenntnis beschleunigte in Kombination mit Philbys seelischer Grausamkeit ihren Absturz in den Alkoholismus und die Verzweiflung. Sie starb am 12. Dezember 1957 an einem Herzmuskelinfarkt, einer Atemwegserkrankung und Lungentuberkulose.[67] Ihr Psychiater äußerte den Verdacht, Aileen sei von Philby »ermordet worden«.[68] Das ist nicht zuletzt deshalb sehr unwahrscheinlich, weil Philby zu jenem

Zeitpunkt bereits als Journalist in Beirut lebte. Aber die hartherzige Behandlung, die er seiner Frau angedeihen ließ und die ihr Ende wahrscheinlich beschleunigte, war bezeichnend für die kalte Brutalität, mit der er jeden behandelte, der seine Sicherheit bedrohen konnte. Er vergaß es Burgess nie, dass dieser Maclean nach Moskau begleitet und dadurch den Verdacht auf ihn gelenkt hatte. Philby weigerte sich sogar, Burgess an seinem Sterbebett zu besuchen.[69]

Mitte der fünfziger Jahre verloren jene im Security Service, die an den Fällen Philby, Blunt und Cairncross arbeiteten, anscheinend den Mut. Die Leitung der Behörde sah keinen Sinn darin, weiter am britischen »Venona«-Material zu arbeiten. Der Leiter des Bereichs D (Graham Mitchell) schrieb im April 1956 an Sir Dick White:

> Ich gelange langsam mit Bedauern zu der Überzeugung, dass sich die Mühe nicht lohnt. Sämtliche Mitteilungen, bei denen Fortschritte gemacht worden sind, seit Gardner hier ist, und bei denen Hoffnung auf weitere Fortschritte zu erwarten sind, gingen aus Moskau nach London. Selbst wenn es in diesem Bereich wesentliche weitere Wiederherstellungen [Entschlüsselungen] geben sollte, dürfte der praktische Wert für uns gering sein. Was wir brauchen, ist eine nicht sehr wahrscheinliche Wiederherstellung der Sendungen von London nach Moskau.

White teilte diese Einschätzung.[70] Zwar arbeitete das GCHQ weiter an »Venona«, aber der Security Service gab das Projekt »bis 1961 praktisch auf«.[71] Wenn man bedenkt, dass Gardner die Entschlüsselung einer Botschaft der Moskauer Geheimdienstzentrale an die Residentur in London gelang, die darauf hindeutete, dass Philby zum Zeitpunkt von Gusenkos Seitenwechsel mit großer Wahrscheinlichkeit STANLEY gewesen war, ist heute schwer nachzuvollziehen, dass der MI5 nur sechs Monate später das Interesse an »Venona« verlor. Höchstwahrscheinlich hatten sowohl White als auch Mitchell aufgehört, »Venona« aufmerksam zu verfolgen. Als das GCHQ einige Jahre später aufgefordert wurde, die Arbeit an der teilweise entschlüsselten Mitteilung der Moskauer Zentrale an die Londoner Residentur vom 17. September 1945 fortzusetzen, lieferte das Entschlüsselungszentrum eine vollständigere Version, die zeigte, dass STANLEY Informationen über den Fall Gusenko geliefert hatte, was noch deutlicher bewies, dass es sich um Philby handelte: »[Genehmigung C %] [eine Gruppe nicht wiederhergestellt] wurde gegeben, um die Richtigkeit Ihres Telegramms zu verifizieren, das STANLEYs Daten über die Ereignisse im Tätigkeitsbereich der Nachbarn [Affäre Gusenko] enthielt. Von STANLEY gegebene Information entspricht den Tatsachen.«[72]

Zu Beginn der sechziger Jahre wusste der Security Service immer noch sehr wenig darüber, wie die Magnificent Five als sowjetische Agenten angeworben oder geführt worden waren. So nahm der MI5 irrtümlich an, die Erfolge der Magnificent Five seien das Ergebnis der sorgfältigen Planung und der beispielhaften Professionalität des KGB. Das bereitete den Boden für die Umtriebe jener kleinen, aber aufsässigen Gruppe in der Behörde, die an ein Komplott glaubte: Beispielsweise konnten die Verschwörungstheoretiker behaupten, dass Maclean nicht von Philby auf dem Umweg über Burgess gewarnt worden sei, sondern von einem nicht enttarnten sowjetischen Agenten im MI5. In der Fantasie von Peter Wright verwandelte sich der KGB in einen extrem hochentwickelten und außerordentlich subtil vorgehenden Geheimdienst. Als Wright immer tiefer in das Spiegelkabinett seiner Verschwörungstheorien vordrang, warnte Hollis ihn: »Peter, die sind nicht drei Meter groß!«[73] Doch diese Warnung bestärkte Wright lediglich in seinem Verdacht gegenüber Hollis selbst.

Im Dezember 1961 lief Major Anatoli Golizin vom KGB zur CIA über. Er brachte nicht nur bedeutsame neue Informationen über die Cambridge Five mit, sondern warf die Untersuchung des Security Service vollkommen über den Haufen. In einer Mitteilung an das Innenministerium, die im Jahr 1966 eher widerwillig verfasst wurde,[74] hieß es:

Im Jahr 1962 erklärte ein Überläufer [Golizin] vom russischen Nachrichtendienst, dass es in den dreißiger Jahren ein sehr wichtiges Spionagenetz im Vereinigten Königreich gegeben habe, das als ›Fünferring‹ bezeichnet wurde, weil es ursprünglich fünf Mitglieder hatte, die sich untereinander kannten und gemeinsam die Universität besucht hatten. Er wusste, dass Burgess und Maclean Mitglieder dieses Spionagerings gewesen waren. Seiner Meinung nach war das Netz mittlerweile größer geworden.

Bemerkenswert ist, dass Generaldirektor Furnival Jones gegenüber dem Ständigen Staatssekretär im Innenministerium, Sir Charles Cunningham, erklärte, er hoffe sehr, »dass sich der Innenminister nicht verpflichtet fühlen wird, den Premier zu informieren«.[75]

Bis 1964 gelang es dem Security Service, Philby, Blunt und Cairncross zu Geständnissen von unterschiedlicher Offenheit zu bewegen. Der Durchbruch in der langwierigen und lähmenden Untersuchung des Falls Philby gelang dank eines zufälligen Treffens zwischen dem früheren MI5-Mitarbeiter Victor Rothschild und Flora Solomon, einer Spitzenmanagerin von Marks & Spencer und ehemaligen Geliebten Alexander Kerenskis, des Leiters der durch die bolschewistische Revolution gestürzten Provisorischen Regierung. Solomon war empört über Philbys antiisraelische und pro-arabische Zeitungsartikel und vertraute Rothschild an, dieser Mann habe vor dem Krieg versucht, sie als sowjetische Agentin anzuwerben.[76] Nicholas Elliott, ein Freund und ehemaliger Kollege Philbys beim SIS, flog Anfang des Jahres 1963 nach Beirut, um Philby mit Solomons Behauptung zu konfrontieren. Nach seiner Flucht nach Moskau schilderte Philby dem KGB das Gespräch mit Elliott und behauptete, sein Freund habe ihm Folgendes gesagt:

> Du hast 1949 aufgehört, für sie [die Russen] zu arbeiten, dessen bin ich mir vollkommen sicher. ... Ich kann verstehen, dass jemand vor dem oder im Krieg für die Sowjetunion arbeitete. Aber im Jahr 1949 musste ein Mann von deinem Verstand und deiner Moral erkennen, dass all diese Gerüchte über Stalins monströse Taten keine Gerüchte, sondern die Wahrheit waren. ... Du beschlossest, mit der UdSSR zu brechen. ... Daher kann ich dir mein Wort und das von Dick White geben, dass du volle Straffreiheit erhalten wirst; man wird dich begnadigen – aber nur, wenn du es selbst erzählst. Wir brauchen deine Mitarbeit, deine Hilfe.

Philby versicherte dem KGB, er habe sich allen Versuchen, ihn zu einem Geständnis der Spionage für die Sowjetunion zu bewegen, standhaft widersetzt.[77]

Die Wahrheit sah anders aus. Philbys hatte seine Darstellung der Ereignisse nach seiner Ankunft in Moskau frei erfunden, um sich nicht in den Augen des KGB mit dem Eingeständnis zu diskreditieren, dass er, als Elliott ihm im Gegenzug für ein Geständnis Straffreiheit angeboten hatte, zugegeben hatte, von 1936 bis 1946 als Agent für die Sowjetunion gearbeitet zu haben. Doch ein Jahr nach Kriegsende habe er seinen Irrtum eingesehen und den Kontakt zum sowjetischen Geheimdienst abgebrochen. Allerdings habe er im Jahr 1951 aus Freundschaft eine Warnung an Maclean geschickt. Sein falsches Geständnis (das Elliott teilweise aufzeichnete) brachte Philby, einer der verschlagensten Lügner des 20. Jahrhunderts, derart überzeugend vor, dass sich nicht nur sein Freund, sondern auch die Leiter des Security Service und des SIS, Hollis und White, davon täuschen ließen. Hollis schrieb am 18. Januar 1963 eine beruhigende Mitteilung an J. Edgar Hoover:

> Nach unserer Einschätzung entspricht [Philbys] Aussage über seine Zusammenarbeit mit dem russischen Geheimdienst im Wesentlichen der Wahrheit. Sie deckt sich mit allen uns vorliegenden Beweisen, und wir haben abgesehen vom isolierten Zwischenfall mit Maclean keinen Hinweis darauf, dass er seine Tätigkeit für den russischen Geheimdienst nach 1946 fortgesetzt hat. Wenn das zutrifft, ist der Schaden für die Interessen der Vereinigten Staaten auf den Zweiten Weltkrieg beschränkt.[78]

Die Tatsache, dass sich Philby weniger als eine Woche später heimlich an Bord des sowjetischen Frachters *Dolmatowa* nach Russland absetzte, brachte Hollis und White gegenüber den amerikanischen Geheimdiensten in eine äußerst unangenehme Lage.

Philbys Flucht erhöhte vermutlich den psychischen Druck auf Cairncross und Blunt, ein vertrauliches Geständnis gegenüber dem Security Service abzulegen, denn keiner von beiden wollte den Rest seines Lebens in Moskau verbringen. Anfang des Jahres 1964 nahm Cairncross einen Lehrstuhl an der Western Reserve University in Cleveland (Ohio) an. Arthur Martin von der Abteilung D1 reiste nach Cleveland und bewegte ihn zu dem Geständnis, bis 1951 für die Sowjetunion spioniert zu haben. Erwartungsgemäß weigerte sich der Spion, für eine Befragung nach Großbritannien zurückzukehren. Noch im Jahr 1964 nahm er eine Stelle bei der UN-Sonderorganisation für Ernährung, Landwirtschaft, Fischerei und Forstwesen (FAO) in Rom an. Einige Jahre lang gab man Cairncross zu verstehen, dass ihm bei einer Rückkehr nach England eine Strafverfolgung drohe; erst im Jahr 1970 gab die Generalstaatsanwaltschaft dem Security Service die Erlaubnis, ihm Straffreiheit anzubieten. Bis dahin lautete das Urteil über ihn: »Obwohl er teilweise unbestimmte, verwirrende und widersprüchliche Informationen gab, schien er während der zahlreichen Befragungen nach seinem ersten Geständnis aufrichtig mit den Ermittlern zu kooperieren.«[79]

Der entscheidende Durchbruch in den Ermittlungen gegen Anthony Blunt gelang, als der Amerikaner Michael Straight gestand, während seines Studiums in Cambridge von Blunt angeworben worden zu sein. Am Abend des 23. April 1964 erhielt Blunt im Courtauld Institute Besuch von Arthur Martin, der ihn aufforderte, ihm alles zu erzählen, was er über Michael Straight wisse. Es fiel Martin auf, dass »Blunts rechte Wange deutlich zuckte«. Martin ließ die Eröffnung ein wenig wirken und erklärte anschließend, dass »Michael Straights Darstellung erheblich von seiner [Blunts] abwich«. Dann bot er Blunt die »uneingeschränkte Garantie an, dass keine Schritte gegen ihn unternommen würden«, sofern er die Wahrheit sagte:

> Er setzte sich und sah mich eine Minute lang schweigend an. Ich sagte ihm, sein Schweigen habe mir bereits verraten, was ich hatte wissen wollen. Ob er seine Seele jetzt erleichtern wolle? Ich fügte hinzu, es sei erst ein oder zwei Wochen her, dass ich Ähnliches mit John Cairncross erlebt hätte, der schließlich gestanden und mir anschließend dafür gedankt habe, dass ich ihn dazu bewegt hatte. Blunt antwortete: »Geben Sie mir fünf Minuten, um mit meinem Gewissen ins Reine zu kommen.« Er verließ den Raum, holte sich einen Drink, kam zurück und stellte sich an ein hohes Fenster, das auf den Portsman Square blickte. Ich ließ ihn einige Minuten in Ruhe und appellierte anschließend an ihn, sein Gewissen zu erleichtern. Er setzte sich wieder auf seinen Stuhl und [gestand].[80]

Als Philby nach Moskau geflohen und Cairncross und Blunt die Spionage gestanden hatten, hatte der Security Service, ohne es zu wissen, sämtliche Mitglieder des »Fünferrings« identifiziert. Die Tragödie war, dass der MI5 nicht begriff, dass er den Fall gelöst hatte – was vor allem daran lag, dass die Ermittler Golizins Aussage, alle fünf Spione hätten gemeinsam die Universität besucht, wörtlich nahmen. Blunt war jedoch erst angeworben worden, nachdem Philby die Talentsuche in Cambridge eingestellt hatte. Dies und die Tatsache, dass Blunt von der Moskauer Zentrale nach dem Krieg die Erlaubnis erhalten hatte, den MI5 zu verlassen, deuteten die Ermittler als Hinweis darauf, dass er nicht als der »vierte Mann« in Frage komme. Und Cairncross schien nicht als Kandidat für die Rolle des »fünften Manns« in Frage zu kommen, da er sein Studium in Cambridge erst aufgenommen hatte, als Philby und Maclean die Universität bereits verlassen hatten. Bis 1974 galt James Klugman, der sowohl an der Gresham's School als auch in Cambridge ein Zeitgenosse von Maclean gewesen war und zu jener Zeit obendrein zu den aktivsten jungen britischen Kommunisten gezählt hatte, im Security Service als wahrscheinlicher »vierter Mann«.[81]

Nach 1964 schien sich der MI5 einige Jahre lang eher von der Identifizierung der beiden fehlenden Mitglieder des »Fünferrings« und von einer Erklärung für die Umstände der Flucht von Burgess und Maclean zu entfernen, als ihr näherzukommen. Zwar fiel es dem sowjetischen Geheimdienst seit Ausbruch des Kalten Krieges immer schwerer, begabte ideologisch motivierte Agenten zu finden, aber auf der anderen Seite nahmen die Sachkenntnis und die Professionalität des KGB erheblich zu. Einige an der Suche nach den Magnificent Five und an der Untersuchung anderer in den dreißiger und vierziger Jahren angeworbener Agenten beteiligte Mitarbeiter des Security Service gingen von der falschen Annahme aus, der sowjetische Geheimdienst habe damals denselben Entwicklungsstand gehabt wie in den sechziger Jahren. Daher wurde die relativ offenkundige Tatsache, dass Burgess bei seiner Rückkehr aus den USA nach London im Mai 1951 vor allem das Ziel gehabt hatte, Maclean zu warnen, fälschlich als besonders geschicktes sowjetisches Täuschungsmanöver gedeutet. Die Abteilung K7, die sich mit der sowjetischen Infiltration befasste, erklärte im Jahr 1972: »Dass Burgess, wie uns der russische Geheimdienst glauben machen will, im Mai 1951 nach London zurückgeschickt wurde, um Maclean zu warnen, ist Unfug. Wir haben Grund zu der Annahme, dass der russische Geheimdienst andere Möglichkeiten hatte, um Maclean zu unterstützen.« Hätte K7 gewusst, wie miserabel Maclean 1949/50 von den Sowjets geführt worden war und wie beschränkt die Mittel des sowjetischen Geheimdienstes in jener Zeit gewesen waren, so hätte die Abteilung erkannt, dass ihre »begründete« Annahme in Wahrheit unbegründet war. Doch ausgehend von dieser Annahme wurde ein komplexes Verschwörungsszenario entwickelt, dem zufolge der Seitenwechsel von Burgess nicht dem Wunsch der sowjetischen Geheimdienstzentrale entsprungen war, Maclean nach Moskau zu bringen und zu verhindern, dass Burgess in London in weitere Schwierigkeiten geriet. Vielmehr glaubten sie, der sowjetische Geheimdienst habe Blunts Chancen erhöhen wollen, die Untersuchung des »Fünferrings« durch den MI5 zu beobachten:

Indem er gemeinsam mit Maclean verschwand, lenkte [Burgess] den Verdacht auf Blunt. Blunts naheliegende Vorgehensweise bestand darin, eine Zusammenarbeit mit dem Security Service vorzutäuschen. Auf diese Art konnte er seinen Ruf als loyaler Bürger in den Augen des Security Service wahren. Ein weiterer Vorteil war, dass er die Möglichkeit hatte, die Aktionen des Security Service bis zu einem gewissen Grad zu beobachten und die Interessen des russischen Geheimdienstes zu wahren, sofern das möglich war, ohne seine eigene Position zu gefährden.[82]

Peter Wright störte mit seinen Versuchen, Blunt zu einem Geständnis dieser und anderer Dinge zu bewegen, die er nicht getan hatte, zunehmend die seriöse Untersuchung seiner tatsächlichen Laufbahn als sowjetischer Agent. Bedauerlicherweise übernahm Wright, dessen Verschwörungstheorien dem Security Service möglicherweise ebenso großen Schaden zufügten wie Blunts Verrat, die Führungsrolle in der Befragung.

Obwohl Blunt schon vor seiner Begegnung mit Wright eine Vorliebe für Gin Tonic gehabt hatte, trug der Druck, nichtexistente Beweise für die irrigen Verschwörungstheorien Wrights zu liefern, dazu bei, ihn endgültig in einen Alkoholiker zu verwandeln. Je mehr Wright ihn bedrängte, desto mehr trank Blunt. Sein Lebensgefährte John Gasking erklärte im Dezember 1965 in einem Telefongespräch, das in Blunts Dienstwohnung im Courtauld Institute mitgehört wurde: »Sein Alkoholproblem wird schlimmer und schlimmer ... vollkommen maßlos. [Anthony hat eine] gewaltige Alkoholrechnung – über 100 Pfund im Monat.«[83] Im Jahr 1965 waren 100 Pfund mehr als das Monatsgehalt eines jungen Akademikers. Im Januar

1966 sagte Blunt zu einem Freund, er fühle sich »nicht sehr gut« und habe am Vortag lediglich Gin zu sich genommen.[84] Nach wenigen Jahren war es aufgrund seiner Alkoholabhängigkeit sehr schwierig geworden, ihn zu befragen. Wright schrieb im Juni 1970: »Er trinkt offenkundig wie ein Fisch und hat bei einem gemeinsamen Mittagessen eine unglaubliche Menge Gin konsumiert.«[85] Vier Monate später berichtete Wright, Blunt sei nach einem heftigen Alkoholkonsum zu Beginn einer weiteren Befragung »in einem solchen Zustand« gewesen, »dass es sich nicht lohnte, [die Befragung] fortzusetzen«.[86]

Die Tatsache, dass Golizins Beschreibung des »Fünferrings« nicht nur von Wright und der kleinen Gruppe von Verschwörungstheoretikern, sondern auch von anderen Ermittlern im Security Service wörtlich genommen wurde, wirkt in Anbetracht dessen, dass Golizin bekanntermaßen zur Übertreibung neigte und dass er zugegeben hatte, nie eine Akte über einen der fünf Agenten zu Gesicht bekommen zu haben, im Rückblick bemerkenswert. Tatsächlich bedeutete die Praxis des KGB, diese Spione kollektiv als »die Fünf«, den »Fünferring« und die »Glorreichen Fünf« zu bezeichnen, keineswegs, dass alle fünf zur selben Zeit in Cambridge gewesen waren, wie Golizin behauptete. Sie wurden einfach so genannt, weil sie die erfolgreichsten in einer größeren Gruppe von Spionen waren, die der sowjetische Geheimdienst in Cambridge angeworben hatte. Hätte der Security Service diese naheliegende Definition gewählt und sich einfach darauf konzentriert, die erfolgreichsten Spione aus Cambridge zu identifizieren, so hätte er sehr viel früher festgestellt, dass Blunt und Cairncross der vierte und fünfte Mann waren.

Da es nicht gelang, die Identifizierung der Cambridge Five abzuschließen, wuchs die Sorge, es könne weitere unentdeckte sowjetische Maulwürfe in hohen Positionen geben, die wie die Fünf an der Universität oder kurz nach dem Abschluss ihrer Studien rekrutiert worden waren. Im Jahr 1967 erhielt eine neu gegründete University Research Group (URG) die Mammutaufgabe, sämtliche ehemaligen Studenten an britischen Universitäten aufzuspüren, die in dem Vierteljahrhundert von 1929 bis 1954 Kommunisten gewesen waren oder mit dem Kommunismus sympathisiert hatten, und festzustellen, wo sie gegenwärtig beschäftigt waren. Bis dahin war die systematische Untersuchung von Kommunisten an den britischen

Universitäten weitgehend auf Oxford und Cambridge beschränkt gewesen. Hätte die URG weniger Gespür an den Tag gelegt, so hätte ihre Tätigkeit durchaus wie eine Hexenjagd im Stile McCarthys auf Staatsdiener wirken können, die verfolgt wurden, nur weil sie als Studenten mit der Linken sympathisiert hatten. Doch die meisten Beamten, an die der Security Service herantrat, kooperierten mit den Untersuchungsbeamten. Obwohl die Untersuchung sorgfältig durchgeführt wurde, förderte sie wenig Brauchbares zutage, wenn man davon absieht, dass sie dem MI5 die Möglichkeit gab, sich ein gutes Bild von den kommunistischen und Komintern-Aktivitäten an den britischen Universitäten zu machen. In der fünfjährigen Untersuchung wurde kein einziger zusätzlicher Sowjetspion entdeckt.[87]

Erst im Jahr 1974 gelang es, Blunt (zunächst vorläufig) als den »vierten Mann« zu identifizieren.[88] Doch auf der Jagd nach dem fünften Mann schien selbst dann noch kein Erfolg in Sicht. Nachdem die Enthüllungen Golizins und vom schwedischen Nachrichtendienst abgefangene Telegramme zwischen der Moskauer Geheimdienstzentrale und der Stockholmer Residentur in den sechziger Jahren beim Security Service neues Interesse an »Venona« geweckt hatten, hegte man die schwache Hoffnung, die Entschlüsselung eines weiteren sowjetischen Telegramms werde vielleicht die Lösung liefern. Am 22. Juni 1977 wurde Generaldirektor Sir Michael Hanley von Premier James Callaghan gefragt, ob er die Identität des »fünften Mannes« kenne. Hanley gab eine etwas defätistische Antwort:

> Ich antwortete, dass ich es nicht wisse, obwohl es zahlreiche Theorien gebe. Die einzige unabhängige Quelle, auf die ich mich stützen könne, sei VENONA. Es bestehe immer noch die Möglichkeit, dass wir genug VENONA-Mitteilungen der Londoner [Residentur] des KGB im Jahr 1945 erhalten würden, um mehr über den Fünferring herauszufinden. Die NSA arbeite intensiv daran, und ich hätte bereits gegenüber unseren amerikanischen Freunden betont, wie wichtig es zumindest aus unserer Sicht sei, diese Angelegenheit zu einem erfolgreichen Abschluss zu bringen.[89]

Die Identität des »fünften Mannes« wurde letzten Endes nicht dank eines verspäteten Durchbruchs im »Venona«-Programm gelüftet, sondern dank der Informationen, die Oleg Gordiewsky, ein Ende

1974 vom SIS angeworbener KGB-Agent, den Briten lieferte. Ab September 1975 gab der SIS alle von Gordiewsky erhaltenen Informationen an den Bereich K (Spionageabwehr) weiter, wo die Abteilung K6 nach Ansicht des Security Service »einen wesentlichen Beitrag zur Zusammenstellung und Auswertung« dieser Daten leistete.[90] Doch erst, nachdem Gordiewsky Ende der siebziger Jahre nach Moskau zurückgekehrt war, um in der KGB-Zentrale zu arbeiten, konnte er den »fünften Mann« zweifelsfrei identifizieren. Nach seiner Versetzung in die Londoner Residentur im Jahr 1982 enthüllte er, dass John Cairncross, der 18 Jahre früher gestanden hatte, ein sowjetischer Spion gewesen zu sein, der fünfte Mann war. Erst jetzt wurde dem Security Service klar, dass eines der größten Probleme der Spionageabwehr, das die Behörde mehr als zwei Jahrzehnte lang beschäftigt hatte, bereits im Jahr 1964 gelöst worden war.

5
Das Ende des britischen Weltreichs: Teil I

Die Auflösung des größten Weltreichs der Geschichte nach dem Zweiten Weltkrieg war nicht mit einer einzigen militärischen Niederlage verbunden und daher nicht mit den Demütigungen vergleichbar, die andere europäische Kolonialmächte erlitten. Im Fall Großbritanniens begann die Entkolonialisierung, anders als beim wichtigsten imperialen Rivalen Frankreich, bevor es für einen geordneten Rückzug zu spät war. Die Machtübergabe in Indien und Pakistan im Jahr 1947 erfolgte trotz des grauenhaften Gemetzels zwischen den Religionsgruppen rechtzeitig, um geeignete Bedingungen für eine freundliche Beziehung zur ehemaligen Kolonialmacht zu schaffen. Der letzte Vizekönig Lord Mountbatten wurde gebeten, als Generalgouverneur zu bleiben, und die Struktur der britischen Kolonialverwaltung wurde im unabhängigen Indien weitgehend beibehalten. Allerdings blieb es inoffiziell, dass Guy Liddell während eines Indienbesuchs im März 1947 von der Regierung Nehru die Genehmigung erhalten hatte, nach dem Ende der britischen Herrschaft einen Verbindungsoffizier (SLO) des MI5 in Neu-Delhi zu stationieren.[1] Obwohl der erste SLO, Lieutenant Colonel Kenneth Bourne, der im Krieg im Intelligence Corps in Indien gedient hatte,[2] nur sechs Monate im Amt blieb, gab seine Tätigkeit ein Beispiel für die Vorgehensweise des Nachrichtendienstes während der britischen Entkolonialisierung. In allen weiteren Commonwealth-Ländern, die die Unabhängigkeit erlangten, spielte der – üblicherweise nicht öffentlich bestätigte – Verbleib eines SLO eine wichtige Rolle in der Übertragung der Macht. Fast ein Vierteljahrhundert lang blieben die Beziehungen zwischen dem Security Service und seinem indischen Gegenstück, der Delhi Intelligence Branch (DIB oder IB) enger und vertrauensvoller als die Kontakte zwischen den übrigen britischen und indischen Regierungsstellen.

Im Jahr 1948, kurz nach dem Amtsantritt von Bournes Nachfolger Bill U'ren, der 22 Jahre lang in der indischen Polizei gedient hatte,[3] kam es zu Kompetenzstreitigkeiten zwischen dem britischen Hochkommissar in Indien, General Sir Archibald Nye, und dem SIS. Schließlich wurde der Grundsatz bestätigt, dass der Security Service die alleinige Zuständigkeit für das Empire und den Commonwealth hatte. Nachdem sich Nye im Herbst 1948 beklagt hatte, dass die Aktivitäten des SIS in Indien seine »heiklen Verhandlungen« in Neu-Delhi zu beeinträchtigen drohten, gab der Premierminister eine – später als »Attlee-Richtlinie« bezeichnete – mündliche und nie schriftlich festgehaltene Anweisung, mit der er dem SIS förmlich untersagte, Geheimoperationen in den Commonwealth-Ländern durchzuführen.[4] Ein Zusatz zur (schriftlichen) Maxwell-Fyfe-Richtlinie an den Generaldirektor ermöglichte ab 1952 eine flexiblere Auslegung der Attlee-Richtlinie:

> Grundsätzlich ist der Security Service auf dem Gebiet Großbritanniens, der Kolonien und des Commonwealth tätig, während sich die Aktivitäten des SIS auf das Ausland beziehen. Es wird jedoch davon ausgegangen, dass es unter bestimmten Umständen vorteilhaft ist, dass die beiden Behörden im Tätigkeitsbereich der jeweils anderen operieren, wobei vorausgesetzt wird, dass sie einander von solchen Aktivitäten in Kenntnis setzen.[5]

Erst Ende der sechziger Jahre, als die Entkolonialisierung beinahe abgeschlossen war, trat der Security Service die nachrichtendienstliche Führungsrolle in Indien und den meisten Commonwealth-Staaten an den SIS ab.

U'rens Nachfolger als SLO in Indien, Eric Kitchin (der ebenfalls viele Jahre in Indien gedient hatte), berichtete im Juni 1950, der erste Leiter des unabhängigen indischen Inlandsgeheimdienstes Delhi Intelligence Branch (DIB), T. G. Sanjevi, betone »bei jeder Gelegenheit, welch großen Wert er unserer Beziehung auf beruflicher und persönlicher Basis beimisst«.[6] Liddell und Sanjevi teilten ein tiefes Misstrauen gegenüber dem ersten indischen Hochkommissar in London, V. K. Krishna Menon, dem führenden Heißsporn des linken Flügels der Kongresspartei, der den Großteil seiner politischen Laufbahn in Großbritannien verbracht hatte (Gemeinderat für die Labour Party in St. Pancras, London ab 1934). Im Jahr 1932 hatte Menon die India

League gegründet, um für die Unabhängigkeit Indiens zu werben.[7] Im Jahr 1933 hatte sich der Security Service eine HOW-Vollmacht für die Überwachung von Menons Korrespondenz besorgt, da er ihn als »wichtiges Mitglied der indischen revolutionären Bewegung« mit Verbindung zur britischen KP betrachtete.[8] Äußerlich wirkte Menon, als habe er die englische Kultur vollkommen verinnerlicht. Als er 1947 Hochkommissar wurde, sprach er nur englisch, hatte eine Abneigung gegen Currygerichte und gab einem Tweed-Sakko und Flanellhosen den Vorzug vor der traditionellen indischen Kleidung. Aber Menon verabscheute die britische Kolonialherrschaft in Indien, und auch die Unabhängigkeit besänftigte seine Ressentiments nicht.

Die Frage des kommunistischen Einflusses auf das indische Hochkommissariat wurde im JIC behandelt, aber das Thema galt als derart sensibel, dass die Diskussion nicht protokolliert wurde. Liddell schrieb jedoch in sein Tagebuch, dass er im Ausschuss erklärt hatte: »Wir taten, was wir konnten, um Krishna Menon loszuwerden.«[9] Der Versuch schlug fehl. Zwar drohte Menon Berichten zufolge mit seinem Rücktritt, nachdem er von der indischen Presse attackiert worden war, aber er genoss Nehrus Unterstützung und nahm von dem Vorhaben Abstand.[10] Die Befürchtungen in Bezug auf Menons Sympathie für die Sowjetunion waren durchaus begründet. Im Verlauf seiner späteren politischen Karriere in Indien ließ er sich mindestens einen Wahlkampf vom KGB finanzieren.[11]

Sanjevis Nachfolger an der Spitze des DIB, B. N. Mullik, befürwortete ebenfalls eine enge Beziehung zum Security Service.[12] Im Jahr 1951 wurden Indien (vertreten durch Mullik), Pakistan und Ceylon (Sri Lanka) trotz des südafrikanischen Widerstands gemeinsam mit den weißen Dominions zur 2. Sicherheitskonferenz des Commonwealth in London eingeladen.[13] Die nachrichtendienstliche Zusammenarbeit mit Südafrika war seit dem Wahlsieg der für die Rassentrennung eintretenden National Party von Dr. Daniel Malan im Jahr 1948 schwieriger als jene mit Indien. Der Security Service hatte keinen SLO in Pretoria. Sir Percy Sillitoe, der zu Beginn seiner Karriere in der britischen Polizei in Südafrika und Rhodesien gedient hatte, besuchte Südafrika im Jahr 1949 und riet Attlee anschließend nachdrücklich von der Gründung eines örtlichen Inlandsgeheimdienstes ab:

Ein solcher Nachrichtendienst könnte von den Nationalisten für unangemessene Zwecke genutzt werden, unter anderem für Einsätze gegen die parlamentarische Opposition und gegen jene Angehörigen der britischen Gemeinschaft, die nicht mit dem politischen Programm der Nationalisten sympathisieren. Zweifellos würde er eingesetzt, um die schwarzen Rassen niederzuhalten.[14]

Obwohl der Security Service eine nachrichtendienstliche Zusammenarbeit mit Südafrika gegen den Kommunismus befürwortete, fürchtete er, die Regierung in Pretoria könne ihren Nachrichtendienst für politische Zwecke missbrauchen. Besonders besorgniserregend schien dem MI5 die Kampagne gegen Reverend Michael Scott, der gegen die Rassentrennung kämpfte und Kontakte zur britischen KP unterhielt, jedoch keineswegs ein Handlanger der Kommunisten war, wie die südafrikanische Regierung behauptete. Im Dezember 1951 erteilte Sillitoe dem SLO in Salisbury (dem späteren Harare), B. M. de Quehen, einen ungewöhnlich unverblümten Rüffel, weil dieser den südafrikanischen Behörden Informationen über Scott gegeben hatte:

> Das Commonwealth Relations Office, das Foreign Office und unser eigener Hochkommissar in Pretoria haben bereits erklärt, dass sie es aufgrund politischer Vorbehalte ablehnen, der südafrikanischen Regierung zu erlauben, aus britischen Quellen stammende Informationen über Scott zu verwenden.
> Würden Sie daher bitte davon Abstand nehmen, ohne Rücksprache mit uns dem südafrikanischen Hochkommissar weitere Informationen über Scott zu geben. Scotts Fall ist politisch außergewöhnlich delikat, was für uns nicht weniger unangenehm ist als für die Südafrikaner, und unsere Behörde muss unbedingt vermeiden, in die politischen Auseinandersetzungen hineingezogen zu werden.[15]

Von der Kritik gekränkt, antwortete Quehen in klagendem Ton: »Hätten Sie sich nicht ein wenig freundlicher ausdrücken können?«[16]

Weniger Zurückhaltung als im Fall Scott zeigte der Security Service, als es darum ging, Mullik und dem DIB Informationen über die kommunistische »Unterwanderung« zur Verfügung zu stellen. Als Walter Bell im Jahr 1952 SLO in Neu-Delhi wurde, wurde er von

Mullik ermutigt, sowohl die Außenstellen als auch die Zentrale des DIB zu besuchen.[17] Bell berichtete, dass Mullik »sowohl persönlich als auch in seiner Position ein derart außergewöhnlicher Mann war, dass er zur Quelle allen Wissens wurde, das ich benötigte«.[18] Als Mullik im Jahr 1953 nach London reiste, um an der 3. Sicherheitskonferenz des Commonwealth teilzunehmen, erklärte er Hollis (der zu jener Zeit noch DDG war), »das Intelligence Bureau sei ausreichend gut über die subversiven Aktivitäten in Indien informiert, während er mit der Position im Bereich der Spionageabwehr weniger zufrieden sei«. Mullik bat darum, ihm einen erfahrenen Experten für Spionageabwehr zu schicken, der in der Zentrale des DIB bei der Ausbildung der Transkribierer helfen sollte.[19] Es war vermutlich eine große Enttäuschung für Mullik, dass Nehru und Nikita Chruschtschow im Jahr 1955 mit gegenseitigen Staatsbesuchen eine neue Ära in den Beziehungen zwischen Indien und der Sowjetunion einleiteten. Die amerikanische Strategie, Pakistan als Gegengewicht gegen den sowjetischen Einfluss in Asien zu stärken, ermutigte Indien, sich der UdSSR zuzuwenden. Der neu ernannte SLO John Allen befürchtete verständlicherweise negative Auswirkungen auf die Beziehung zum DIB. Im Dezember schrieb er in einem Bericht an Hollis:

> Wie Sie wissen, hat sich Mullik stets bemüht zu vermeiden, dass das Außenministerium (mit Ausnahme von [N. R.] Pillai, dem Generalsekretär, der, wie ich annehme, eine engere Vertrauensbeziehung zu uns unterhält als jeder andere indische Staatsdiener) auf die Existenz eines SLO in Indien aufmerksam wird. Mullik ist der Meinung, dass allzu viele in dieser Dienststelle die Verbindung nur allzu gerne lösen würden. Dass weder Mullik noch Pillai davon überzeugt sind, dass der Ministerpräsident die Beziehung bereitwillig fortsetzen wird, und daher nicht wagen, seine Aufmerksamkeit darauf zu lenken, zeigt deutlich, wie heikel unsere Mission ist.[20]

Im Jahr 1956 erklärte Nehru, er habe nie einen »schwerer wiegenden Fall von nackter Aggression« gesehen als die englisch-französische Invasion auf der Suez-Halbinsel, während er zur brutalen Unterdrückung des ungarischen Aufstands durch die Rote Armee im selben Jahr schwieg. Doch die Eiszeit in den diplomatischen Beziehungen zwischen Indien und Großbritannien wirkte sich kaum auf die Zusammenarbeit zwischen dem DIB und dem MI5 aus. Mitarbeiter des DIB waren regelmäßige Teilnehmer an Schulungen des Security Service in London.[21] Auf Mulliks Ersuchen wurde im Jahr 1957 ein Mitarbeiter des Bereichs D nach Indien entsandt, um das Vorgehen des DIB zur Bekämpfung sowjetischer Spione einer sorgfältigen Prüfung zu unterziehen und Verbesserungen im indischen System der Spionageabwehr vorzuschlagen.[22] Zudem wurden Vorkehrungen für einen Besuch eines auf die britische KP spezialisierten MI5-Mitarbeiters in Neu-Delhi getroffen, wo er die Aufzeichnungen des DIB über die Finanzen der indischen KP studieren sollte,[23] die regelmäßig heimliche Finanzhilfe aus Moskau erhielt.[24] Nachdem er im Jahr 1957 zur Sicherheitskonferenz des Commonwealth nach London zurückgekehrt war, schrieb Mullik an Hollis, der mittlerweile White als Generaldirektor abgelöst hatte: »In meinen Gesprächen habe ich nie das Gefühl gehabt, mich in einer fremden Organisation zu befinden. Nebenbei bemerkt waren die Gastfreundschaft und Freundlichkeit, die Sie alle mir entgegenbrachten, überwältigend.«[25] Hollis besuchte das DIB im Mai 1958 und stellte fest, dass sich Mulliks Einschätzung der kommunistischen Infiltration eher mit seiner eigenen deckte als mit jener der indischen Regierung.[26] Der SLO John Allen fürchtete, dass Nehru in Anbetracht des »ungünstigen politischen Windes« zwischen Indien und Großbritannien die Zusammenarbeit zwischen dem DIB und dem MI5 vermutlich erheblich einschränken würde, sollte er erfahren, wie eng diese Beziehung war.[27] Doch entweder entdeckte Nehru das nie, oder er schritt bewusst nicht ein (was weniger wahrscheinlich ist).

Nach Einschätzung des Security Service hatte der DIB der wachsenden Präsenz des sowjetischen Geheimdienstes, der in Indien aktiver war als in jedem anderen Entwicklungsland, immer weniger entgegenzusetzen. Im Februar 1964, drei Monate vor Nehrus Tod, besuchte der Direktor des Bereichs E (zu jener Zeit zuständig für die Subversionsabwehr, die nachrichtendienstliche Organisation und die Verbindungsstellen in den Überseegebieten), der lange Jahre in der Polizei der Kolonialverwaltung gedient hatte, Neu-Delhi, um mit dem DIB über die Probleme in den Bereichen Ausbildung und Gegenspionage zu sprechen:

Trotz kleinerer Erfolge scheint der DIB dem riesigen Mitarbeiterstab der sowjetischen Botschaft nicht gewachsen. Die Politiker und viele Vertreter der Regierungsstellen sehen überhaupt nicht ein, dass es eine Bedrohung gibt, und es wird keinerlei Versuch unternommen, den Bewegungsspielraum der Russen einzuschränken. Tatsächlich haben sie sowohl in der Spionage als auch bei ihren Unterwanderungsversuchen beinahe vollkommen freie Hand.[28]

Die Akten des KGB zeigen, dass diese Einschätzung durchaus zutraf. Die Residentur in Neu-Delhi wurde für ihre Erfolge mit der Heraufstufung zur »Hauptresidentur« belohnt. Oleg Kalugin, der 1973 die Spionageabwehr im Auslandsnachrichtendienst des KGB übernahm, erinnert sich daran, dass Indien als »Modell für die Infiltration der Regierung eines Entwicklungslandes durch den KGB« galt. Auf die indische Regierung und Nehrus Tochter und Nachfolgerin Indira Gandhi zielten vermutlich mehr »aktive Maßnahmen« als auf jede andere Regierung in der Welt.[29] Die engen Beziehungen der verschiedenen britischen Verbindungsmänner zum DIB erhöhten den Wert der von ihnen gelieferten Informationen über die indische Politik und Regierung für das Hochkommissariat zu einer Zeit, als die Sowjetunion über den KGB sowie durch offene politische Maßnahmen versuchte, Indien an sich zu binden. 1965, ein Jahr nach Nehrus Tod, teilte der Hochkommissar John Freeman Hollis mit, wie wertvoll die Informationen des SLO waren: »[S]eine Verbindung bleibt vom Wandel der indisch-britischen Beziehungen unberührt.«[30] Die meisten nach Neu-Delhi entsandten Verbindungsmänner waren gesellige Charaktere, die Indien liebten und sowohl mit dem DIB als auch mit ihren Kollegen im Hochkommissariat gut auskamen. Im Jahr 1967 warb der SLO Stella Rimington, deren Ehemann Erster Sekretär im Hochkommissariat war, als Assistentin an. (Rimington übernahm später als erste Frau die Leitung des MI5.) Der SLO führte ein stilvolles Leben. »Er war vor allem für die exzellenten Curry-Gerichte bekannt, die er am Sonntagmittag auftischte; diese Mahlzeiten zogen sich meist bis in den Abend hin«, erinnerte sich Rimington. »Und er fuhr in einem schicken Jaguar in Delhi herum.«[31]

Indem Großbritannien nach Möglichkeit weiterhin enge Beziehungen zu den Regierungen seiner früheren Kolonien pflegte, versuchte es zu verhindern, dass diese im Kalten Krieg unter den Einfluss der Sowjetunion gerieten (im Fall Indiens führte diese Strategie nicht zum Ziel).[32] Obwohl es in der Öffentlichkeit nur selten erwähnt wurde, waren es vor allem die sicherheitspolitischen und nachrichtendienstlichen Verbindungen, die diesen Beziehungen Stabilität verliehen. Zu Beginn des Kalten Kriegs wurden die im Weltkrieg eingesetzten Defence Security Officers (DSO) durch ein Netz von SLO-Verbindungsmännern des MI5 ersetzt, die eher unter ziviler als unter militärischer Tarnung operierten, der örtlichen Kolonialverwaltung (üblicherweise dem Gouverneur) und manchmal den britischen Militärkommandanten unterstanden und nachrichtendienstliche Informationen aus London bezogen und dorthin schickten.[33] Nach der Unabhängigkeit wurden sie in das britische Hochkommissariat integriert. Sillitoe fühlte sich im Empire und im Commonwealth, wo er als DG ausgedehnte Rundreisen unternahm, eher zu Hause als in seinem Büro in Leconfield House. Um das Sicherheitsnetz des Empire besser zu koordinieren und seine eigene Autorität in diesen Einrichtungen zu festigen,[34] machte Sillitoe im Januar 1950 ein führendes Mitglied der Kolonialverwaltung, Sir John Shaw, zum Leiter eines neuen Bereichs, des Overseas Service (OS). Shaw verbrachte die ersten zwei Jahre in seiner neuen Funktion als Leiter dieser Abteilung für die überseeischen Gebiete hauptsächlich mit ausgedehnten Inspektionstouren im Nahen und Fernen Osten, auf dem indischen Subkontinent und im englischsprachigen Afrika.[35] Innerhalb des Security Service trug Shaw aufgrund seiner hageren Gestalt und seiner Vergangenheit als Pilot den Spitznamen »Fliegender Bleistift«.[36] Die meisten Bereichsleiter verübelten Shaw und dem OS die Einmischung in ihre direkte Kommunikation mit den SLO und Nachrichtendiensten. Als Dick White im August 1953 die Leitung des Security Service von Sillitoe übernahm, löste er die Übersee-Abteilung umgehend wieder auf.[37]

Der auf das Empire spezialisierte Historiker John Darwin hat mit Recht auf die »zwischen den verschiedenen Regionen sehr unterschiedlichen Einstellungen und politischen Maßnahmen Großbritanniens« und auf die »sehr unterschiedliche Verständigung mit den verschiedenen nationalistischen Bewegungen« hingewiesen.[38] Der Security Service trug oft zu dieser »Verständigung« bei.

Die erste große Gefahr für einen geordneten Rückzug des Empire war der Guerillakrieg, den die überwiegend aus Chinesen bestehende malaiische KP im Jahr 1948 begann. Der Kolonialverwaltung mangelte es an Mitteln, um dieser Herausforderung zu begegnen. Zu den größten Erfolgen des Geheimdienstes des Empire vor dem Krieg hatte die Anwerbung des vietnamesischen Kommunisten Lai Teck gezählt, der im Jahr 1939 Generalsekretär der malaiischen KP wurde. Chin Peng, der Lai Tecks Verrat im März 1947 aufdeckte und ihn als Generalsekretär beerbte, beschrieb die Agentenkarriere seines Amtsvorgängers später als »einen der größten Spionagetriumphe Großbritanniens«. Lai Teck wurde kurz nach seiner Enttarnung ermordet.[39] Zusätzlich verschärft wurden die Probleme des malaiischen Nachrichtendienstes durch einen Machtkampf zwischen dem in Singapur stationierten ressortübergreifenden Security Intelligence Far East (SIFE)[40] und dem Leiter des 1946 gegründeten malaiischen Inlandsgeheimdienstes MSS (Malayan Security Service), dem ehrgeizigen Colonel John Dalley:

> … Dalley wollte ein Imperium errichten; er konnte keine Aufgaben delegieren und hielt sich für den einzigen Nachrichtendienstexperten im Fernen Osten. … Die Mängel des MSS beeinträchtigten die Arbeit des SIFE erheblich, und Dalleys Persönlichkeit vereitelte jeden Versuch, die Probleme zu beseitigen.

Nachdem sich Sillitoe im Jahr 1947 beim Kolonialministerium beschwert hatte, wurden auf höchster Ebene Verhandlungen in London und in Fernost eingeleitet, die jedoch keine Lösung brachten.[41] Liddells Misstrauen gegenüber Dalley war derart ausgeprägt, dass er »deutliche Hinweise« darauf sah, dass Dalley die beabsichtigte Einschleusung eines Informanten in die malaiische KP »boykottieren« werde.[42]

Am 14. Juni 1948 berichtete Dalley: »Zum gegenwärtigen Zeitpunkt ist die innere Sicherheit Malayas nicht unmittelbar bedroht, obwohl sich die Lage laufend ändert und potenziell gefährlich ist.« Zwei Tage später tötete die kommunistische Guerilla auf zwei Kautschukplantagen zwei britische Manager und einen Assistenten. Auf einer der Pflanzungen machten die Guerillakämpfer ihre Absichten klar, indem sie den malaiischen Arbeitern, die Zeugen der Morde waren, zuriefen: »Wir werden alle Europäer erschießen!« Der Gouverneur Sir Edward Gent (der kurze Zeit später abgelöst wurde) verhängte daraufhin den Ausnahmezustand und sprach von einer »organisierten Mordkampagne« der Kommunisten.[43] Der ursprünglich als vorübergehende Maßnahme gedachte Ausnahmezustand blieb zwölf Jahre in Kraft. Zu jener Zeit wussten die Briten nicht, dass die kommunistische Führung zwar ein eher unpräzises Programm für den Guerillakrieg ausgegeben, die von einer örtlichen Parteigruppe beschlossenen Morde am 14. Juni jedoch nicht genehmigt hatte.[44]

Kurz nach Beginn des Ausnahmezustands schickte Sillitoe den flamboyanten Alex Kellar nach Malaya, der das SIFE fast ein Jahr lang leitete und strukturelle Verbesserungen im Nachrichtendienst anregte. Kurz nach seiner Ankunft verlangte er von der Zentrale die Rückerstattung seiner Auslagen für eine Tropengarnitur, die »zwei Anzüge aus Palm Beach- und einen aus Saigon-Leinen, weiße Hemden, Drillich und Sharkskin-Sakkos für festliche Anlässe« umfasste.[45] Kellars manieriertes Gehabe kam bei einigen Militärs nicht gut an. So kam es, dass auch Sillitoe bei einem Besuch kurz nach Verhängung des Ausnahmezustands ein ungewöhnlich kühler Empfang bereitet wurde. Als er hörte, dass Dalley ihn als »Glasgower Rowdy« bezeichnet hatte (eine beleidigende Anspielung auf Sillitoes Zeit an der Spitze der Glasgower Polizei, wo er sich in den dreißiger Jahren im Kampf gegen das Bandenunwesen hervorgetan hatte), forderte er eine förmliche Entschuldigung, die er auch erhielt. Der Sekretär des Gouverneurs berichtete, selten zuvor »eine derart angespannte Szene« gesehen zu haben.[46] Doch wie von Sillitoe und Kellar empfohlen, wurde der malaiische Nachrichtendienst durch eine neue Special Branch im Malayan Criminal Investigation Department ersetzt, die als Verbindungsstelle zwischen den SLO in Kuala Lumpur und der benachbarten britischen Kolonie Singapur diente.[47]

Wie sich herausstellte, genügte die Einrichtung der Special Branch nicht, um die Probleme des Nachrichtendienstes während des Ausnahmezustands zu lösen. Lieutenant General Sir Harold Briggs, der im Jahr 1950 operativer Leiter in Malaya wurde, beklagte sich: »Leider ist unser Nachrichtendienst, ... der unsere erste Angriffswaffe sein sollte, tatsächlich unsere ›Achillesferse‹. Wir verfügen nicht über eine Organisation, die imstande wäre, wichtige Informationen rasch herauszufiltern und zu verteilen.«[48] Der Kern des Problems war die mangelnde Koordination zwischen den zivilen und militärischen Dienststellen: Der Polizeichef und der Leiter des Heeresnachrichtendienstes vertrugen sich nicht miteinander. Angesichts einer Welle von kommunistischen Guerillaattacken und der schwindenden Moral der europäischen Bevölkerung in den Jahren 1950 und 1951 mussten die Briten zeitweise eine Niederlage fürchten. Im Oktober 1951 wurde der Hochkommissar Sir Henry Gurney in seinem Rolls-Royce von Guerillas getötet.[49] Oliver Lyttelton, der kurz zuvor das Kolonialressort in Churchills Regierung übernommen hatte, betrachtete Malaya als sein dringendstes Problem: »Es war unübersehbar, dass wir bald die Kontrolle über das Land verlieren würden.«[50] Doch diese Einschätzung war übertrieben pessimistisch. In der zweiten Jahreshälfte 1950 hatte Briggs befestigte »New Villages« errichten lassen, in denen die zumeist chinesischstämmigen illegalen Siedler, welche die kommunistische Guerilla unterstützten, zwangsweise angesiedelt wurden. Diese Siedlungen wurden nachts mit Flutlicht beleuchtet und tagsüber ständig überwacht, um das Eindringen der Guerilla zu verhindern. Der Guerillaführer Chin Peng, der zugleich Generalsekretär der Kommunistischen Partei von Malaya war, räumte später ein, der »Briggs-Plan« habe ab der ersten Jahreshälfte 1951 die Lebensmittelversorgung der Guerilla beeinträchtigt und ihre Nachschublinien schließlich vollkommen unterbrochen.[51]

Im Februar 1952 wurde General Sir Gerald Templer, ein früherer Leiter des Heeresnachrichtendienstes in London, zum Hochkommissar ernannt und gleichzeitig mit der Leitung der militärischen Operationen betraut, was ihn zum mächtigsten britischen General seit Oliver Cromwell machte.[52] Damit waren die Koordinationsprobleme zwischen den zivilen und militärischen Dienststellen in Malaya weitgehend gelöst. »Unser Nachrichtendienstsystem – unsere Special Branch – wird die Oberhand im Ausnahmezustand behalten«, erklärte Templer.[53] Für die dringende Reform der Special Branch sicherte er sich die Unterstützung des Security Service. »Die Zusammenarbeit mit den Leuten in der hiesigen Special Branch ist schwierig«, schrieb er an Sillitoe. »… Sie schmollen wie ein Haufen widerspenstiger Kinder und ertragen keine Kritik.«[54] Templer bot Dick White, der sich wie Sillitoe bei einem Besuch in Malaya persönlich ein Bild von der Situation gemacht hatte, den Posten des

Nachrichtendienstleiters an. White lehnte das Angebot ab, wobei er zweifellos das Rennen um die Nachfolge Sillitoes im Auge hatte.[55]

Templer betraute daraufhin Jack Morton, einen weiteren hochrangigen MI5-Mitarbeiter, der Kellar an der Spitze des SIFE gefolgt war, mit der Koordinierung des Nachrichtendienstes und machte ihn zu seinem Berater für die Reorganisation der Special Branch.[56] Die beiden Männer arbeiteten bemerkenswert gut zusammen.[57] Templer folgte Mortons Empfehlung, die Special Branch vom CID abzuspalten, um ihr die Möglichkeit zu geben, sich vollkommen auf die Bekämpfung der Aufständischen zu konzentrieren.[58]

Die Schlagkraft der kommunistischen Guerilla nahm stetig ab, da sie durch Templers Vorstöße und die Unterbrechung ihrer Nachschublinien gezwungen war, sich immer tiefer in den Dschungel zurückzuziehen. Die Infiltration durch Agenten der umgebauten Special Branch ermöglichte ebenfalls einige spektakuläre Erfolge. Nachdem Chin Peng zwei Monate lang »durch den dichtesten Dschungel der Welt gekrochen« war, richtete er im Sommer 1953 in Grik im Norden des Landes, nicht weit entfernt von der Grenze zu Thailand, ein neues Hauptquartier ein, doch kurz darauf erfuhr er von einheimischen Guerillakämpfern, dass er einen noch nicht identifizierten Verräter in seinen Reihen hatte. Im vorangegangenen Jahr waren die beabsichtigten Operationen der Guerilla »von den Briten zunichte gemacht worden, bevor sie gestartet werden konnten. Der Feind hatte Waffen, Munition und Nahrungsmittel beschlagnahmt. Wichtige Parteifunktionäre waren verraten und verhaftet worden.« Kurz nach Chin Pengs Ankunft in Grik wurde der Verräter identifiziert: In der Hemdtasche eines örtlichen Parteisekretärs wurde ein von der Regierung ausgestellter Scheck über 50 000 Dollar gefunden. Ende 1953 sah sich Chin Peng gezwungen, sein Hauptquartier in den Dschungel jenseits der thailändischen Grenze zu verlegen.[59] Im Februar 1954 erhielt Templer folgenden Bericht von Morton: »In den vergangenen zwei Jahren hat sich der Nachrichtendienstapparat beträchtlich weiterentwickelt.«[60] Templer war derselben Meinung. »Morton hat ausgezeichnete Arbeit geleistet«, schrieb er später, »und ich habe eine sehr hohe Meinung von ihm.«[61]

Templers Führungsstil und die enge Zusammenarbeit der Special Branch mit den Sicherheitskräften machten aus dem Feldzug in Malaya die vermutlich erfolgreichste neuzeitliche Kampagne zur Bekämpfung von Aufständischen. Ein wesentlicher Bestandteil von Templers Strategie bestand darin, »die Herzen und Hirne« der Bevölkerung zu gewinnen, obwohl dieser Slogan erst nach der Kampagne erfunden wurde. Ein Programm zum umfassenden Ausbau des Straßen- und Stromnetzes brachte eine Infrastruktur hervor, »mit der sich wenige Länder in Asien messen« konnten. Zudem wurde, wie ein hochrangiger Polizeibeamter im Jahr 1954 einräumte, das »Verprügeln« von Verdächtigen eingeschränkt.[62] Dem Security Service war bewusst, dass »ein Verhörzentrum nicht wie eine Wohlfahrtseinrichtung geführt werden« könne: »Es ist ein Ort, an dem eine strikte Disziplin herrschen muss.« Doch wie im Fall des Camp 020 während des Zweiten Weltkriegs[63] sprach sich der MI5 während der Entkolonialisierung entschieden gegen die Anwendung körperlicher Gewalt in Verhören aus: »Die moralischen Gründe allein sollten für ein Verbot genügen. Zudem besteht der Zweck der Befragung darin, brauchbare nachrichtendienstliche Erkenntnisse zu sammeln, während erzwungene Geständnisse eher unglaubwürdig sind.« Somit bedeutete weniger »Prügel« nach Ansicht des Security Service bessere Informationen.[64] Besonders vorsichtig sollte bei der Befragung von Frauen vorgegangen werden. Der SLO in Malaya lobte die im Jahr 1957 von der malaiischen Special Branch ausgegebenen Leitlinien für Verhöre: »Um den Respekt der Gefangenen zu gewinnen, muss der Beamte Selbstbeherrschung zeigen und eine derbe Ausdrucksweise vermeiden. Es ist vollkommen falsch, einer Gefangenen damit zu drohen, sie zu entkleiden und bloßzustellen.«[65]

Als Chin Peng im Jahr 1955 in der vergeblichen Hoffnung, die Regierung werde der Guerilla eine Amnestie gewähren, aus dem Dschungel kam, war klar, dass er den Krieg verloren hatte.[66] Im Vorfeld der Unabhängigkeit der Föderation Malaya im Jahr 1957 entwickelte der SLO eine derart enge Beziehung zum zukünftigen Führer des neuen Staates, Tunku Abdul Rahman, dass dieser den Briten sogar die Kombination seiner Safes anvertraute. Im Jahr 1958 wurden zwei Mitarbeiter des Security Service für die Special Branch abgestellt, um bei der Ausbildung der zukünftigen malaiischen Beamten zu helfen.[67] Als der Ausnahmezustand im Jahr 1960, drei Jahre nach der Unabhängigkeit, offiziell aufgehoben wurde, gab der entmutigte Chin Peng seinen Stützpunkt im Grenzgebiet auf und zog sich nach Peking zurück.[68]

Während in Malaya der Ausnahmezustand herrschte, wirkte sich die Tätigkeit des Security Service auch auf die britische Entkolonialisierungspolitik in West- und Ostafrika aus. Kurz nach Ausbruch der Unruhen in Akkra im Februar 1948, mit denen der aktive Unabhängigkeitskampf an der Goldküste (dem zukünftigen Ghana) begann, wurde Robin »Tin-eye« Stephens zum SLO ernannt und erhielt direkten Zugang zu Gouverneur Sir Charles Arden-Clarke.[69] Sein Einfluss in Akkra beruhte zum einen auf seiner starken Persönlichkeit (die er zuvor als Leiter des Verhörzentrums Camp 020 unter Beweis gestellt hatte), zum anderen auf der Tatsache, dass der Security Service das Kolonialministerium seit zwei Jahren mit Berichten über die Aktivitäten des Ende 1945 in London gegründeten West African National Secretariat (WANS) versorgte, das sich für die Unabhängigkeit einsetzte.[70] Der Generalsekretär des WANS (und spätere Ministerpräsident von Ghana), der gewandte Politiker Kwame Nkrumah, beschrieb das WANS-Büro in London später als »Treffpunkt für alle afrikanischen und westindischen Studenten und ihre Freunde. Dort versammelten wir uns, um Pläne zu diskutieren, Meinungen zu äußern und Klagen vorzubringen.«[71] Dem Security Service gelang es dank einer HOW-Vollmacht,[72] viele dieser Planungen, Meinungsäußerungen und Klagen mitzuhören. Begründet wurde die Erteilung der HOW-Vollmacht zur Überwachung des WANS mit den Kontakten der Organisation zur CPGB. Abgehörte Telefongespräche und ein Lauschangriff auf die Parteizentrale in der King Street lieferten weitere Belege für diese Verbindungen. Aus einer Notiz in Nkrumahs Akte geht hervor, dass er bei Anrufen in der King Street mit einem »ausländisch klingenden Akzent« sprach (vermutlich, um seine Identität zu verbergen), was es den Abhörexperten des MI5 schwer machte, ihn zu verstehen.[73] Im November 1947 wurde ein Telefongespräch zwischen Nkrumah und der King Street abgehört, in dem er ankündigte, Großbritannien zu verlassen und in seine Heimat zurückzukehren.[74]

Als im Februar 1948 an der Goldküste Unruhen ausbrachen, wurde Nkrumah von den Kolonialbehörden verhaftet und ins Gefängnis gesteckt. Er hatte eine unsignierte Mitgliedskarte der CPGB sowie Notizen über eine von ihm geführte Organisation mit Namen »Circle«

bei sich, deren Ziel es war, in Westafrika eine »Afrikanische Union Sozialistischer Republiken« zu gründen.[75] Diese Unionspläne entsprangen Nkrumahs ebenso großartiger wie realitätsferner Vision von einem geeinten postimperialen Afrika, das in seinen Augen »wahrscheinlich besser als fast jede andere Weltregion für die Industrialisierung geeignet« war und eine eigene Variante des Sozialismus entwickeln sollte.[76] Doch da die Zentrale des MI5 in den ersten Jahren des Kalten Kriegs praktisch keine zuverlässigen Informationen aus Moskau erhielt, gab sie gegenüber Akkra zu, dass sie es für möglich hielt, dass Nkrumahs Plan auf »externer« (sowjetischer) Anleitung beruhte, obwohl sie noch nie etwas von dem »Circle« gehört hatte.[77] In Wahrheit hatte der KGB – anders als die britische KP – zu jener Zeit nur geringes Interesse an Schwarzafrika; erst im Jahr 1960 richtete er eine auf diese Region spezialisierte Abteilung ein.[78] Dennoch machte sich der Security Service zu jener Zeit kaum Sorgen über Nkrumah und den afrikanischen Nationalismus. Der stellvertretende Generaldirektor Guy Liddell teilte dem JIC im Jahr 1949 mit:

> Es gibt in West- und Ostafrika keine Hinweise auf kommunistische Aktivitäten, wie sie in Europa verstanden werden; es gibt keine einheimische kommunistische Partei. Hingegen ist der Nationalismus verbreitet und wird von allen möglichen Personen gefördert, die die britische Demokratie predigen. Es stimmt, dass Nigger, die nach Großbritannien kommen, oft in die KP eintreten. Das bedeutet aber nicht, dass sie Kommunisten sind oder etwas über Karl Marx oder den dialektischen Materialismus wissen: Es bedeutet lediglich, dass sie von den Kommunisten mit offenen Armen empfangen werden, da es bei diesen keine rassische Diskriminierung gibt und da sie es befürworten, dass die Nigger ihre Angelegenheiten selbst in die Hand nehmen.[79]

Zwar war die Bezeichnung »Nigger« im Jahr 1949 noch keine so empörende Beleidigung wie heute, aber der Begriff war zweifellos abwertend. In einem offiziellen Bericht an den JIC hätte Liddell dieses Wort kaum verwendet.

Im Juni 1948 gelangte der Security Service zu dem Schluss, Nkrumah werde vor allem vom afrikanischen Nationalismus und vom persönlichen Ehrgeiz angetrieben: »Sein Interesse am Kommunismus dürfte seinem Wunsch entspringen, sich Unterstützung zu sichern, um seine eigenen Ziele in Westafrika zu verfolgen. ... Obwohl er zweifellos ein Nationalist ist, mischen sich diese Ziele wahrscheinlich mit seinem persönlichem Geltungsbedürfnis.«[80] Dass Nkrumah nach seiner Rückkehr nach Akkra mehrfach ins Gefängnis musste, weil er Proteststreiks und Kundgebungen gegen die Kolonialverwaltung angeführt hatte, trug nur dazu bei, ihn zum populärsten nationalistischen Politiker der Goldküste zu machen. Im Juni 1949 gab Stephens die zutreffende Prognose ab, dass Nkrumahs neue Convention People's Party (CPP) bei allgemeinen Wahlen wahrscheinlich den Sieg davontragen würde.[81] Im Lauf des folgenden Jahres berichtete er, dass Nkrumahs Forderung »Selbstverwaltung jetzt!« eine ständig wachsende Zahl von Anhängern fand.[82] Doch wie die Londoner Regierung und die Kolonialverwaltung wurde auch der Security Service von der Geschwindigkeit des Wandels sowohl an der Goldküste als auch in den übrigen afrikanischen Kolonien überrascht. Bei einem Besuch in Westafrika im Dezember 1950 fällte Liddell ein abfälliges Urteil:

> Ich bin fest davon überzeugt, dass die Eingeborenen Westafrikas vollkommen ungeeignet sind, sich selbst zu regieren. ... Man muss nur einmal versuchen, an einem heißen Nachmittag in der Hauptpost von Akkra ein paar Briefmarken für einen Schilling zu kaufen. Hinter den Schaltern schlendert eine riesige Menge von Schwarzen umher. Nach einer langen Wartezeit macht sich ein schwarzer Angestellter daran, die Summe zusammenzurechnen; das Ergebnis ist falsch, aber man beschwert sich besser nicht, da das nur eine weitere Verzögerung und noch größere Frustration zur Folge hätte![83]

Der Leiter des Übersee-Bereichs des Security Service, Sir John Shaw, pflegte ebenso wie der SLO einen engen persönlichen Kontakt zur Kolonialverwaltung in Akkra. Zu Silvester 1951 unterhielt sich Shaw bis zwei Uhr morgens am Telefon mit dem Gouverneur Sir Charles Arden-Clarke über die politische Lage. Die Zukunft der Goldküste, schrieb er am Neujahrstag, hänge davon ab, ob es Arden-Clarke gelingen werde, sich mit Nkrumah zu verständigen. Der Gouverneur freute sich, als vom MI5 in der Zentrale der britischen KP mitgehörte Gespräche offenbarten, dass Nkrumah bei den Kommunisten in Ungnade gefallen war. Im Oktober 1950 behauptete der *Daily Telegraph* in einem Artikel mit dem Titel »Rote Schatten über der Goldküste«, Nkrumahs CPP werde »mit Hexerei aus dem dunkelsten Afrika« von Moskau gelenkt. Die in Großbritannien und an der Goldküste abgefangene Korrespondenz Nkrumahs erzählte eine ganz andere, sehr viel beruhigendere Geschichte, denn er beabsichtigte, den verfassungsgemäßen Weg zur Unabhängigkeit zu beschreiten, sollte er im März 1952 zum Ministerpräsidenten gewählt werden. In Shaws Augen gaben die nachrichtendienstlichen Erkenntnisse Grund zu »zurückhaltendem Optimismus«.[84] Wie Shaw vorausgesehen hatte, trug Arden-Clarkes Fähigkeit, eine gute Beziehung zu Nkrumah aufzubauen, entscheidend zu einer reibungslosen Machtübergabe bei, die Ghana im Jahr 1957 als erster afrikanischer Kolonie Großbritanniens die Unabhängigkeit brachte.[85]

Die für den Security Service wichtigste Frage in den Monaten vor der Unabhängigkeit lautete, ob Nkrumah ein Beispiel für andere zukünftige Führer des englischsprachigen Schwarzafrika geben würde, indem er den SLO R. J. S. (John) Thomson im Land behielt. Im September 1956 gab sich Thomson gegenüber Nkrumah als Mitarbeiter des Security Service zu erkennen und überzeugte ihn rasch davon, dass es vorteilhaft sein würde, eine Verbindung zum britischen Nachrichtendienst aufrechtzuerhalten, der ihn über Unterwanderungsversuche durch Nassers Regime in Ägypten (das Nkrumah mit wachsendem Misstrauen betrachtete) und die mit Nasser verbündeten Ostblockländer auf dem Laufenden halten konnte. Ohne sie beim Namen zu nennen, erklärte Nkrumah in Anspielung auf die Partnerschaft zwischen Ägypten und der Sowjetunion: »Kolonialismus und Imperialismus können uns auch in anderer Verkleidung heimsuchen.«[86]

Als Thomsons Dienstzeit im November 1959 endete, wurde sie auf Ersuchen Nkrumahs bis Juni 1960 verlängert, wofür sich der Ministerpräsident in einem Schreiben an den Generaldirektor persönlich bedankte. Nkrumahs Innenminister Ashford Emmanuel Inksumah erklärte, die Regierung Ghanas hätte es am liebsten gesehen, wenn Thomson »für immer« geblieben wäre.[87] Thomson teilte die Zuversicht eines hochrangigen Mitarbeiters des Kolonialministeriums, der über Nkrumah sagte: »Wir haben einen Kommunisten in einen progressiven Sozialisten verwandelt.«[88] Die übrigen britischen Kolonien in Afrika folgten nach der Unabhängigkeit dem Beispiel Ghanas und behielten (in den meisten Fällen bis Ende der sechziger Jahre) einen SLO des Security Service im Land.

Größere Sorgen machte sich die Kolonialverwaltung über den Kenianer Jomo Kenyatta. So wie ihr Gegenstück in Malaya von den Ereignissen überrascht worden war, die zum Ausnahmezustand führten, war auch die Special Branch in Kenia nicht auf den Ausbruch des Mau-Mau-Aufstands im Jahr 1952 vorbereitet. Der Leiter der Dienststelle bezeichnete die Mau-Mau als »ungemein gefährliche subversive Organisation«.[89] Als der Kolonialminister Oliver Lyttelton die Berichte über die »bestialischen, widerwärtigen« Grausamkeiten der Mau-Mau las, hatte er den Eindruck, »den gehörnten Schatten des leibhaftigen Teufels« gesehen zu haben.[90] Einige britische Vertreter in Nairobi sowie das Kolonialministerium und andere Teile der Regierung sahen im Mau-Mau-Aufstand von Anfang an eine kommunistische Verschwörung. Kenyatta, den sie fälschlich für den »Führer« des Aufstands hielten, war in ihren Augen zweifellos ein »Kommunist«.[91] Der Gouverneur Sir Evelyn Baring erklärte: »Mit seiner kommunistischen und anthropologischen Ausbildung kennt [Kenyatta] sein Volk und war direkt verantwortlich [für Mau-Mau]. Hier haben wir es mit einem Führer zu tun, der Afrika in Finsternis und Tod führen wird.«[92] Der Security Service war ganz anderer Meinung. Sillitoe schrieb im Januar 1953: »Wir haben keinerlei Hinweis darauf, dass Kenyatta oder seine Anhänger im Vereinigten Königreich direkt mit den Aktivitäten von Mau-Mau zu tun haben, dass Kenyatta als Führer für Mau-Mau von Bedeutung ist oder dass er die Aktivitäten dieser Organisation lenken kann.«[93] Doch so mancher im Kolonialministerium ließ sich nicht überzeugen, und dasselbe galt für Baring.[94]

Die Verbindungen Kenyattas zum Kommunismus gaben den britischen Nachrichtendiensten schon seit 1929 Anlass zur Sorge. In jenem Jahr war er als Führer der Kikuyu Central Association nach Großbritannien gekommen, um an der London School of Economics zu studieren. Seine Aktivitäten wurden von der Special Branch beobachtet, die eine »dicke Akte« über ihn anlegte.[95] Im April 1930 berichtete der Nachrichtendienst von Scotland Yard, dass sich Kenyatta vermutlich der CPGB angeschlossen hatte und von Robin Page Arnot, einem führenden britischen Kommunisten, als »künftiger revolutionärer Führer Kenias« bezeichnet worden war.[96] Nachdem der Security Service vom SIS darüber informiert worden war, dass Kenyatta nach Hamburg zu einer »Negerkonferenz« gereist war,[97] legte der Inlandsgeheimdienst drei Monate später eine eigene Akte über ihn an. Der britische Geheimdienst wusste jedoch nicht, dass Kenyatta von Deutschland nach Moskau weiterreiste, wo er unter dem Pseudonym »James Joken« an der von der Komintern betriebenen geheimen Lenin-Schule und an der Kommunistischen Universität der Werktätigen des Ostens (KUTV) studierte.[98] Der MI5 erfuhr erst kurz nach Kenyattas Rückkehr nach Großbritannien Ende 1933 von seinem Aufenthalt in Moskau; ein Informant der Special Branch berichtete, Kenyatta habe während seines Studiums an der Lenin-Schule »Instruktionen« für eine Tätigkeit als Agent der Komintern erhalten.[99] (Tatsächlich standen auf dem Lehrplan der Lenin-Schule Unterrichtsgegenstände wie Untergrundarbeit, Spionage und Guerilla-Krieg.)[100] Sir Vernon Kell informierte das Kolonialministerium und den Polizeichef von Nairobi persönlich über diese Erkenntnisse.[101] Gleichzeitig beschaffte sich der MI5 eine HOW-Vollmacht zur Überwachung Kenyattas, der zu jener Zeit in London lebte. Vor dem Krieg wurden die Briefe in London derart prompt zugestellt, dass sich Kenyatta in den folgenden Monaten zweimal bei der Post beklagte, seine Briefe würden offenbar geöffnet, da er so lange darauf warten müsse. Um seinen Verdacht auszuräumen, wurde die HOW-Vollmacht im Juli 1934 ausgesetzt.[102]

Es blieb dem MI5 fast 20 Jahre lang verborgen, dass Kenyatta desillusioniert aus Moskau zurückgekehrt war. An der KUTV hatte er sich einem schriftlichen Protest gegen die »abwertende Darstellung der Neger in den Kultureinrichtungen der Sowjetunion« angeschlossen, die die Schwarzen für »wirkliche Affen« hielten. Bei den Dozenten hatte er sich beklagt, ihr Unterricht sei jenem an den »bürgerlichen Schulen in jeder Beziehung« unterlegen, denn im Westen würden die Schüler zum selbstständigen Denken ermutigt. Als ihn ein unerschütterlicher Kommunist aus Südafrika beschuldigte, ein »Kleinbürger« zu sein, erwiderte Kenyatta: »Es gefällt mir nicht, dass Sie mich als ›Kleinbürger‹ bezeichnen. Warum nennen Sie mich nicht einen Großbürger?«[103] Im Lauf des Zweiten Weltkriegs lieferten die Überwachung der CPGB-Zentrale und eine gelegentliche Beobachtung Kenyattas, der im Jahr 1940 nach West

Sussex zog, weitere Hinweise darauf, dass er sich vom Kommunismus löste. O. J. Mason, der kurze Zeit als erster SLO in Ostafrika stationiert war, berichtete dem Kolonialministerium nach Kenyattas Rede auf dem Panafrikanischen Kongress in Manchester im Jahr 1945: »In den letzten Jahren scheint Kenyatta ein einigermaßen ruhiges und unpolitisches Leben geführt zu haben, während er früher als antibritischer Agitator bekannt war. Es wird angenommen, dass er eine Zeitlang Kommunist war, aber offenbar hat er sich mit dieser Partei überworfen.[104]

Im Jahr 1946 kehrte Kenyatta nach Kenia zurück. Der Security Service erhielt beruhigende Informationen, die hauptsächlich auf abgefangenen Mitteilungen zwischen Großbritannien und Kenia beruhten. Im Juli 1951 berichtete Bob de Quehen, der SLO in Salisbury, mit einiger Verspätung, dass Kenyatta fast 20 Jahre früher enttäuscht aus Moskau zurückgekehrt war. Im Gespräch mit einem Informanten der südafrikanischen Polizei hatte Kenyatta geschildert, wie er während einer Versammlung in Moskau mit angesehen hatte, dass der erste schwarze Generalsekretär der südafrikanischen KP, Albert Nzula, von zwei OGPU-Offizieren aus dem Saal geschleift worden und für immer verschwunden war.[105] Kenyatta dürfte sich glücklich geschätzt haben, dass er Moskau im Jahr 1933 verlassen konnte. Wäre er wenige Jahre später während des Großen Terrors noch dort gewesen, so hätte er aufgrund seiner unbotmäßigen Äußerungen und seiner unverhohlenen Vorliebe für die »bourgeoise« Bildung vermutlich ein ähnliches Schicksal wie Nzula erlitten. Sillitoe glaubte, dass die fehlerhaften Berichte über Kenyattas früheren Aufenthalt an der Lenin-Schule in Moskau der Hauptgrund dafür waren, dass in Nairobi und London ein »kommunistischer Hintergrund von Mau-Mau« vermutet wurde.[106]

Kurz nach der Verhängung des Ausnahmezustands in Kenia durch den Gouverneur Sir Evelyn Baring am 20. Oktober 1952 schrieb Sillitoe an das Kolonialministerium, um diesem die Unterstützung des MI5 anzubieten. Der ständige Staatssekretär Sir Thomas Lloyd lehnte das Angebot ab und schlug stattdessen vor, »einen guten Mann aus einer Special Branch« zu schicken. Der Leiter des Übersee-Bereichs, Sir John Shaw, hatte keinen Zweifel daran, dass sich Lloyd mit seinem Vorschlag nicht durchsetzen würde: »Früher oder später wird man uns um Hilfe bitten.« Tatsächlich kam das Hilfeersuchen rascher, als Shaw erwartet hatte. Am 20. November flogen Sillitoe und A. M. MacDonald auf Einladung des Gouverneurs nach Nairobi, wo sich Alex Kellar zu ihnen gesellte, der aus dem Nahen Osten eingetroffen war. »Die erste Mannschaft des MI5 soll also gegen die Mau-Mau antreten«, sagte Shaw zu Lloyd. Die Delegation des Security Service traf an einem Freitag ein; am folgenden Dienstag hatte sie ihre Empfehlungen formuliert, die noch am selben Morgen von Baring angenommen wurden. MacDonald blieb als Sicherheitsberater in Kenia, »um alle Maßnahmen abzustimmen, die erforderlich sind, um die von der Regierung benötigten Informationen zu beschaffen«, sowie »die Aktivitäten sämtlicher in der Kolonie tätiger Nachrichtendienste zu koordinieren und die Zusammenarbeit mit den Special Branches in den angrenzenden Territorien zu verbessern«. Seine erste Aufgabe war es, die Special Branch zu reorganisieren, die er folgendermaßen einschätzte: Sie sei »mit Arbeit überlastet, vom Papierkram überwältigt und in Büros untergebracht, in denen die Mitarbeiter nicht sicher und die Arbeitsbedingungen unzumutbar sind. Die Mitarbeiter sind überwiegend ungeschult, die Ausrüstung mangelhaft und die finanziellen Mittel dürftig.« Der Umbau kam so rasch voran, dass MacDonald im August 1953 empfehlen konnte, seinen Posten als Sicherheitsberater abzuschaffen. Im Oktober schrieb er an die Zentrale: »Die Special Branch wird von Tag zu Tag stärker und verfügt mittlerweile über einige ausgezeichnete Quellen. Ich habe keine Bedenken, dieses lebensfrohe Kind in die Selbstständigkeit zu entlassen.«[107]

Doch genau wie die Londoner Regierung und die Kolonialverwaltung hatte der Security Service nicht verstanden, wie vielschichtig der Aufstand war. Die Ursprünge der Mau-Mau-Bewegung waren nicht nur im Widerstand gegen die britische Herrschaft, sondern auch in Zwistigkeiten innerhalb des Volks der Kikuyu zu suchen. Bei dem, was die Briten als Mau-Mau bezeichneten, handelte es sich nicht um eine homogene Bewegung, die ursprünglicher Wildheit entsprang (diese Vorstellung beruhte auf den obszönen Vereidigungszeremonien für neue Kämpfer und einer Reihe furchtbarer Morde), sondern um eine vielgestaltige und zersplitterte Ansammlung von Personen, Organisationen und Bestrebungen.[108] In Anbetracht der Tatsache, dass die Mittel des Security Service für die Operationen in Ostafrika knapp bemessen waren, durfte nicht von ihm erwartet werden, dass er eine vielschichtige Situation verstand, die auch der erfahrenen und personell sehr viel besser ausgestatteten Kolonialverwaltung ein Rätsel blieb. Aber anders als das Government House in Nairobi beging der MI5 nicht den Fehler, sämtliche Verfechter der Unabhängigkeit über einen Kamm zu scheren. Kenyatta erklärte bei einer Massenveranstaltung der Kenya African Union (KAU) im Juli 1952: »Die KAU ist keine Kampfgemeinschaft, die Waffen einsetzt. Wenn jemand unter euch ist, der die Gewalt befürwortet, so muss ich ihm widersprechen. ... Ich appelliere an euch, einander die Hände zu reichen, um die Freiheit zu erlangen, und Freiheit bedeutet, das Verbrechen zu besiegen.« Doch in der Kolonialregierung meinte man, Kenyatta und die Führung der KAU seien für die Mau-Mau verantwortlich.[109] Der SLO in Ostafrika, C. R. Major, glaubte irrtümlich, Kenyatta habe dabei geholfen, einige Mau-Mau-Aktionen vor dem Oktober 1952 zu organisieren, und habe anschließend den »Schneeballeffekt« dieser Vorfälle nicht mehr kontrollieren können.[110] Die Entscheidung des Gouverneurs, Kenyatta vor Gericht zu stellen, lehnte Major ab, da ein Prozess in seinen Augen politischer Berechnung und dem Wunsch entsprang, einen Schuldigen zu finden, um die britischen Siedler zu beschwichtigen.[111] Tatsächlich machte man Kenyatta, wie von Major befürchtet, so etwas wie einen Schauprozess. Die Kronzeugen, hieß es später, waren sorgfältig instruiert und mit hohen »Belohnungen« bestochen worden. Kenyatta wurde zu einer siebenjährigen Haftstrafe verurteilt.[112]

Während des Ausnahmezustands erhielten alle Mitarbeiter des Security Service einschließlich der Sekretärinnen eine Pistole, mit der sie Schießübungen absolvieren mussten. Die Sekretärinnen wurden zudem angewiesen, sehr darauf zu achten, mit wem sie Beziehungen eingingen. Robert Broadbent schlief während seiner Zeit als SLO in Nairobi mit einem Revolver unter dem Kopfkissen;[113] er ahnte nicht, dass in seiner Küche ein Waffenlager der Mau-Mau versteckt war. Die Waffen wurden während eines Empfangs in Broadbents Haus entdeckt, als ein Kellner ein Tablett mit Getränken fallen ließ: in der folgenden Aufregung wurden in der Küche Mau-Mau-Kämpfer entdeckt, die an diesem Tag gekommen waren, um ihre Waffen abzuholen.[114] Die britischen Medien beschäftigten sich eingehend mit den Gräueltaten, die an Europäern verübt wurden, aber während des Ausnahmezustands wurden lediglich 32 weiße Siedler getötet (in derselben Zeit starben in Nairobi mehr Weiße bei Verkehrsunfällen). Mehr als 90 Prozent der Opfer im Bürgerkrieg zwischen der loyalistischen Kikuyu Guard und der Mau-Mau-Bewegung waren Kikuyu. Obwohl der Ausnahmezustand erst 1959 aufgehoben wurde, waren die Mau-Mau eigentlich bereits Ende 1956 besiegt. Ausschlaggebend für den Erfolg war nach Ansicht einiger Mitarbeiter des Security Service die Ernennung John Prendergasts zum Sicherheits- und Nachrichtendienstchef im Jahr 1955. Prendergast, der bis 1958 amtierte, gehörte der kenianischen Polizei an und hatte zuvor in Palästina, an der Goldküste und in der Kanalzone gedient.[115] Von den schwarzen Kenianern wurde ein furchtbar hoher Blutzoll gefordert, denn sowohl der Aufstand als auch seine Niederschlagung war von großer Brutalität geprägt. Während des Ausnahmezustands verwandelte sich Kenia in einen Polizeistaat, in dem ein höherer Prozentsatz der Bevölkerung inhaftiert wurde als in jeder anderen Kolonie in der Geschichte des britischen Weltreichs. Einer zurückhaltenden Schätzung zufolge wurde jeder vierte erwachsene Angehörige des Volks der Kikuyu zu irgendeinem Zeitpunkt im Verlauf des Ausnahmezustands in einem der Internierungslager und Gefängnisse festgehalten, wo die Inhaftierten oft brutal behandelt wurden.[116]

Mitte der fünfziger Jahre wurde Eric Holt-Wilsons vor dem Zweiten Weltkrieg entworfenes Konzept eines vom Security Service beherrschten Nachrichtendienstnetzes für das gesamte Empire langsam in die Tat umgesetzt. Auch andere afrikanische Kolonien, die sich nationalistisch motivierten Unruhen gegenübersahen, machten es sich zur Gewohnheit, sich beim Security Service Rat zu holen, der üblicherweise beruhigend ausfiel. Beispielsweise äußerte Sir Geoffrey Colby, der Gouverneur von Njassaland (dem späteren Malawi), im September 1953 die Befürchtung, die politischen Agitatoren in seiner Kolonie könnten in Wahrheit »das Werkzeug einer gefährlichen antibritischen Organisation sein, die außerafrikanischen Einflüssen unterliegt«:

Nach reiflicher Überlegung bin ich zu der Überzeugung gelangt, dass es unverzichtbar ist, das gesamte verfügbare Material so bald wie möglich einem hochrangigen Experten des M.I.5 zur Bewertung vorzulegen. ... Die Special Branch ist nicht über diese Situation im Bild. Sie hat weder die Kapazitäten noch die Zeit für eine sorgfältige Untersuchung. Sie ist vollauf damit beschäftigt, ihre alltäglichen nachrichtendienstlichen Aufgaben zu bewältigen.[117]

Sir John Shaw versicherte dem Kolonialministerium, es sei unwahrscheinlich, dass die Unruhen von einer »gefährlichen antibritischen Organisation« im Ausland angefacht würden, und empfahl, Bob de Quehen zu Rate zu ziehen, den in Salisbury stationierten SLO für Zentralafrika.[118] Auch A. M. MacDonald wurde während seines Dienstes in Kenia im Jahr 1953 von benachbarten Kolonien um Rat gebeten. Diese Erfahrung bewegte ihn dazu, eine Studie zur Rolle des MI5 im Empire zu verfassen. Er gelangte zu folgendem Schluss: »Der Security Service muss nun mit umfassender Unterstützung des Colonial Office die Aufgabe in Angriff nehmen, die Nachrichtendienstorganisation einer Analyse zu unterziehen.«[119] Im Juni 1954 wurde MacDonald ins Kolonialministerium entsandt, wo er als sicherheitsdienstlicher Berater des Ressortchefs fungieren und zusätzlich die Special Branches in sämtlichen Kolonien aufbauen oder reorganisieren sollte, um weitere nachrichtendienstliche Überraschungen wie jene in Malaya im Jahr 1948 zu vermeiden und ein Frühwarnsystem für drohende Aufstände einzurichten.[120] Bei seiner Rückkehr aus Malaya im Jahr 1954 wurde Templer angewiesen, die Sicherheitslage in den Kolonien in aller Welt zu untersuchen. Er besuchte potenzielle Krisengebiete von Zypern bis Uganda und legte dem Kabinett im April 1955 einen in Abstimmung mit dem Security Service erstellten Bericht über diese Mammutuntersuchung vor. In seinem langen Bericht wies er nachdrücklich auf die Notwendigkeit hin, die nachrichtendienstliche Arbeit im Empire zu verbessern:

> Wäre unser Nachrichtendienstsystem besser gewesen, so wären uns die Ausnahmezustände in Kenia und Malaya möglicherweise erspart geblieben. Unser Ziel muss es sein, das gegenwärtige System so weit zu verbessern, dass wir in Zukunft so weit wie möglich gegen ähnliche Katastrophen gefeit sind.[121]

Templer war davon überzeugt, dass der Kommunismus nicht das größte Problem im Empire war:

Selbstverständlich ist der Kommunismus unser Feind im Kalten Krieg. Aber in den Kolonien ist diese Bedrohung weitgehend indirekt und nicht greifbar: Wenn überhaupt, so kommt sie in anderen antibritischen Bekundungen zum Ausdruck, die jedoch auch dann zu beobachten wären, wenn der Kommunismus nie erfunden worden wäre. Derartige Manifestationen werden durch viele verschiedene störende Faktoren hervorgerufen, darunter insbesondere der Nationalismus, das Rassenvorurteil, die Religion, Enttäuschung, Korruption und Armut. In Malaya müssen wir tatsächlich den Kommunismus bekämpfen. Aber in den übrigen Kolonien wirkt sich dieser kaum oder überhaupt nicht unmittelbar aus.[122]

Die einzige Kolonie, in der die Regierung ernsthaft mit einer kommunistischen Machtübernahme rechnete, war Britisch-Guayana. Templer berichtete über das Land: »Die Wurzel des Problems und damit auch die Methode zu seiner Lösung ist eine politische Frage, die sich meiner Zuständigkeit entzieht.«[123] Bei den ersten allgemeinen Wahlen im April 1953 siegte die People's Progressive Party (PPP) von Cheddi Jagan, einem in den Vereinigten Staaten ausgebildeten Zahnarzt, der von indianischen Plantagenarbeitern abstammte. Damit verwandelte sich Britisch-Guayana in die erste britische Kolonie mit einem marxistischen Premierminister. Auf Jagan und seine Frau Janet (geborene Rosenberg), eine Marxistin aus Chicago, war der Security Service erstmals im Jahr 1947 aufmerksam geworden, als Jagan in Washington Kontakt zu Vertretern der Sowjetunion aufgenommen hatte. Ab 1948 war er mit der Zentrale der CPGB in Kontakt.[124] Im Jahr 1950 beschrieb der SLO in Trinidad, der auch für Britisch-Guayana zuständig war, Jagan als »scharfsinnigen Politiker«, der großen Einfluss auf zahlreiche Personen ausübe, die »nie Kommunisten gewesen sind, wahrscheinlich nie welche sein werden und auch nicht die geringste Sympathie für die Ziele und Ideale der Kommunisten hegen«. Dass Jagan derart breite Unterstützung genoss, beruhte auf seiner Ablehnung der »selbstsüchtigen und hochmütigen« Eigentümer der Zuckerrohrplantagen (überwiegend britische Agro-Unternehmen) und der Großunternehmen.[125] Im Jahr 1951 gab es laut Einschätzung des Security Service »keinerlei Hinweis darauf, dass die PPP von einer kommunistischen Organisation außerhalb der Kolonie kontrolliert oder gesteuert wird«.[126] Die Jagans blieben jedoch in Kontakt mit der britischen KP-Zentrale, der Janet Jagan kurz nach dem Wahlsieg der PPP im Jahr 1953 einen Besuch abstattete.[127]

Unmittelbar nach der Bildung der PPP-Regierung bemühte sich Winston Churchill um Unterstützung seitens der USA bei dem Versuch, Jagan zu entmachten. Am 2. Mai schrieb er an Kolonialminister Lyttelton: »Wir sollten mit amerikanischer Unterstützung alles tun, was in unserer Macht steht, um die Kommunisten in Britisch-Guayana in die Schranken zu weisen.« Und er fügte eine satirische Anmerkung hinzu: »Vielleicht werden Sie sogar Senator McCarthy hinunterschicken.«[128] Churchill begrüßte auch die Vorbereitungen für britisch-amerikanische verdeckte Operationen (»Special Political Action« im politischen Jargon Großbritanniens), mit denen der als Sympathisant des Kommunismus eingeschätzte iranische Ministerpräsident Mohammed Mossadegh gestürzt werden sollte.[129] Obwohl dessen Entmachtung gelang, entschied Churchill schließlich, dass in Britisch-Guayana doch keine Hilfe der CIA erforderlich sein würde (später genehmigte die Regierung Macmillan eine Einbeziehung der CIA). Ende September 1953 teilte Lyttelton dem Kabinett mit, Jagans Regierung habe »nicht die Absicht, die gegenwärtige Verfassung demokratisch anzuwenden« und sei auch »nicht wirklich am Wohl des Volkes von Britisch-Guayana interessiert. Sie nutzt jede Gelegenheit, um die Verfassung auszuhöhlen und die kommunistische Sache voranzutreiben.«[130] Am 27. September genehmigte Churchill die »Operation Windsor«: Am 9. Oktober sollten unangekündigt britische Truppen in Britisch-Guayana landen; anschließend sollte die Regierung Jagan entlassen und die Verfassung außer Kraft gesetzt werden. (Der SLO in Trinidad dankte seiner Frau und der Frau des Polizeichefs in Trinidad später dafür, dass sie 600 belegte Brote für die Truppen zubereitet hatten, die an Bord eines britischen Kriegsschiffes nach Georgetown gebracht wurden.)[131] Doch die Nachricht von der »Operation Windsor« sickerte vorzeitig durch, und noch bevor der britische Gouverneur in Georgetown informiert worden war, kündigte die *Times* die Intervention am 7. Oktober mit einer dramatischen Schlagzeile an: »Drohender kommunistischer Putsch in Britisch-Guayana: Truppen entsandt, um Blutvergießen zu vermeiden.«[132]

Nach nur 133 Tagen im Amt wurde Cheddi Jagan gestürzt. In den folgenden drei Jahren regierte der Gouverneur mit Sondervollmachten. Die Regierung Churchill rechtfertigte Jagans Sturz damit, dass »die Intrigen der Kommunisten und ihrer Verbündeten« in der PPP-Regierung gedroht hätten, Britisch-Guayana in einen »kommunistisch dominierten Staat« zu verwandeln. Zwar erhielt Jagan im Londoner Parlament Unterstützung von einigen Labour-Hinterbänklern, aber der Oppositionsführer Clement Attlee sah in Jagan und den Mitgliedern seiner Regierung ebenfalls »entweder Kommunisten oder Handlanger der Kommunisten«.[133] Im Jahr 1955 spaltete Jagans früherer Verbündeter, der schwarze Anwalt Forbes Burnham, die PPP in zwei Fraktionen; zwei Jahre später gründete er den People's National Congress (PNC). Von da an hing es in Britisch-Guayana zunehmend von der ethnischen Zugehörigkeit ab, welcher politischen Gruppe bei Wahlen der Vorzug gegeben wurde: Die PPP stützte sich vor allem auf die indianische Bevölkerung, während der PNC seine Anhänger in der schwarzen Stadtbevölkerung fand. Obwohl der Security Service das Kolonialministerium einige Jahre früher darüber aufgeklärt hatte, dass sich Burnham nicht mit Cheddi und Janet Jagan messen könne,[134] sahen sowohl die Kolonialverwaltung als auch die CIA in der Unterstützung dieses Politikers den geeigneten Weg, die Jagans zu besiegen. Im Großteil des Empire trug der Security Service zu einer relativ reibungslosen Machtübergabe bei. Doch Britisch-Guayana sollte die Ausnahme werden. Der Geheimdienst, der dort in den turbulenten Jahren bis zur Unabhängigkeit im Jahr 1966 die Führungsrolle spielte, war nicht der Security Service, sondern die CIA.[135]

6
Das Ende des britischen Weltreichs: Teil II

Als Generaldirektor in der zweiten Hälfte der fünfziger Jahre hielt Roger Hollis die Sicherheit in den Kolonien und britisch verwalteten Überseegebieten für bedeutsamer als die Sicherheit auf den britischen Inseln selbst. Kurz bevor er im Mai 1958 zu einer seiner zahlreichen Rundreisen durch das Empire aufbrach, teilte er dem Innenminister R. A. »Rab« Butler mit, dass die Special Branches in den Kolonien »zweifellos jede Hilfe brauchen, die sie bekommen können, und wir erhalten zahlreiche Bitten um Unterstützung«. Butler war ebenfalls der Meinung, dass es angesichts der nahenden Unabhängigkeit der Kolonien »richtig ist, diesem Aspekt unserer Arbeit beträchtliche Zeit zu widmen«.[1] Die Gesamtzahl der in Großbritannien vom Security Service ausgebildeten Polizei- und Verwaltungsbeamten in den Kolonien und Commonwealth-Staaten stieg von durchschnittlich 250 im Jahr im Zeitraum 1954–1958 sprunghaft auf 367 im Jahr 1959.[2] Der MI5 hielt es für nötig, dem JIC im Jahr 1960 in Erinnerung zu rufen:

> Die Aufgabe des Security Service in der Heimat unterscheidet sich deutlich von seiner Rolle in den Überseegebieten. Im Inland liefert er nachrichtendienstliche Informationen und konsumiert zugleich sein eigenes Produkt; in Übersee sind seine Repräsentanten nicht in erster Linie Produzenten von Informationen. Vielmehr schulen und beraten sie jene, die ihnen die Informationen liefern.[3]

Die größte Herausforderung nach dem Ausnahmezustand in Malaya fand der Nachrichtendienst des Empire in Zypern vor. Wie in Malaya im Jahr 1948 hatte es kaum eine Vorwarnung gegeben, als im April 1955 ein offener Krieg zwischen der von Oberst George Grivas geführten Untergrundorganisation EOKA, die für den Anschluss an Griechenland kämpfte, und den britischen Truppen ausbrach. Den britischen Behörden mangelte es an Informationen, was vor allem auf die Desorganisation in der nur unzureichend ausgestatteten Special Branch von Zypern zurückzuführen war, die von einem leitenden Beamten des für den Nahen Osten zuständigen Nachrichtendienstes SIME als »wahrhaft königliches Kuddelmuddel« bezeichnet wurde.[4] Um die Moral der Special Branch und des CID zu brechen, startete die EOKA eine gegen den britischen Geheimdienst und seine Informanten gerichtete Kampagne unter dem Motto »Tod den Verrätern«.[5] Im Mai 1955 wurde Donald Stephens vom Security Service nach Zypern entsandt und mit der neuen Position eines Nachrichtendienstleiters betraut. Der im September zum Gouverneur und Oberkommandierenden auf Zypern ernannte Feldmarschall Sir John Harding stärkte Stephens' Autorität beträchtlich. Harding war ein Veteran aus Malaya und schaffte es wie Templer, die Kluft zwischen Politik und Militär zu überbrücken. Philip Kirby Greene, der zu Beginn des Jahres die Leitung des SIME übernommen hatte, berichtete, dass Stephens »im Mittelpunkt« des Kampfes gegen die EOKA steht und »jede Minute [dieses Kampfes] genießt«.[6] Man setzte verdeckte Informanten, die die wenig schmeichelhafte Bezeichnung »vermummte Kröten« trugen, zur Identifizierung von EOKA-Kämpfern ein, wenn man Verdächtige gestellt hatte.

Im Dezember 1955 wurde im Verlauf der »Operation Foxhunter« ein Versteck entdeckt, in dem die EOKA Dokumente aufbewahrte, darunter auch einen Teil von Grivas' bemerkenswert weitschweifigen Tagebüchern. Beinahe wäre es auch gelungen, den Autor zu fassen, der sich, wie sich später herausstellte, wenige Schritte von einem britischen Soldaten entfernt hinter einem Baum versteckt hielt. Die »Operation Lucky Alphonse« im Juni 1956 ermöglichte die Verhaftung von sieben Personen aus Grivas' Gefolge; zudem erbeuteten die Briten seinen liebsten Uniformgürtel und weitere 250 000 Worte seiner Tagebücher. Grivas entkam erneut um Haaresbreite, weil ihn ein bellender Patrouillenhund vor den nahenden britischen Soldaten warnte. Auszüge aus seinen Tagebüchern, die in einer Pressekonferenz in London vorgelesen und anschließend veröffentlicht wurden, enthielten Belege für die Verbindungen zwischen Erzbischof Makarios III., dem Oberhaupt der griechisch-orthodoxen Kirche in Zypern, und der EOKA (persönlich misstraute

Grivas dem Erzbischof) und lieferten eine Rechtfertigung für die bereits im März erfolgte Deportation des Erzbischofs nach Mahe (die abgelegenste Seychellen-Insel).[7]

Im November 1956 verhängte Harding erstmals einen förmlichen Ausnahmezustand und leitete eine vom Nachrichtendienst geführte Offensive gegen die EOKA ein, die einige Erfolge brachte, nicht zuletzt durch die sogenannten Q-Patrouillen (benannt nach den als Frachter getarnten britischen Kriegsschiffen, die im Ersten Weltkrieg einige deutsche U-Boote angelockt und zerstört hatten), die von umgedrehten EOKA-Kämpfern und zypriotischen Gegnern der Widerstandsbewegung gebildet wurden. Diese Einheiten gaben sich als EOKA-Kämpfer aus, die auf der Flucht vor britischen Truppen waren, und baten in den Dörfern um Hinweise auf Gesinnungsgenossen, die ihnen Schutz geben konnten.[8] In seiner Rolle als nachrichtendienstlicher Berater schrieb A. M. MacDonald nach einem Einsatz, der seiner Meinung nach die »völlige Zerschlagung der terroristischen Organisation in Nikosia und die Unterbrechung ihres Kuriersystems« ermöglicht hatte, an den Security Service, um zu berichten, dass sowohl Stephens als auch der Leiter der Special Branch, W. D. »Bill« Robinson, »höchstes Lob verdienen«.[9] Im März 1957 wurden allein 30 EOKA-Stützpunkte entdeckt und 22 hochrangige Untergrundkämpfer getötet oder gefangen genommen – unter anderem wurde Grivas' Stellvertreter Gregory Afxentiou in einem achtstündigen Feuergefecht getötet. Grivas erklärte sich im Gegenzug für die Freilassung von Makarios zu einem Waffenstillstand bereit. Der Erzbischof wurde aus den Seychellen zurückgeholt, damit er an den mühsamen Verhandlungen über eine politische Lösung des Konflikts teilnehmen konnte.[10] Stephens kehrte im Juli 1957 nach London zurück. Sein Nachfolger als Nachrichtendienstchef war Bill Robinson, der jedoch nach Ansicht des Security Service der Aufgabe nicht gewachsen war; insbesondere gelang es ihm nicht, das Entstehen einer terroristischen Organisation der türkischen Minderheit und die Zunahme der Gewalt zwischen den Volksgruppen zu unterbinden.[11]

Die Suche nach einer politischen Lösung erwies sich als sehr viel komplexer als in Malaya, da auf Zypern ein Ausgleich zwischen den griechischen und türkischen Interessen gefunden werden musste. Macmillan bezeichnete das »zypriotische Gewirr« später als »eines der verwirrendsten Probleme, denen ich je begegnet bin«.[12] Der Waffenstillstand dauerte bis Oktober 1957, aber die ersten Verhandlungsversuche mit Grivas und Makarios führten in eine Sackgasse. Im Dezember wurde Sir Hugh Foot zum Gouverneur Zyperns ernannt. Der Bruder des linken Labour-Abgeordneten Michael Foot galt selbst ebenfalls als linksgerichtet und schien besser als sein Vorgänger geeignet, eine politische Lösung für die Insel zu finden. Foot versuchte auch, den Nachrichtendienst zu reformieren, der nach Aussage des früheren Leiters des SIME, Philip Kirby Greene, der nach der Auflösung des SIME im Jahr 1958 SLO in Zypern wurde, in einem »erbärmlichen Zustand« war. Im Oktober bat Foot den Generaldirektor persönlich um die Abstellung eines »ausgezeichneten Recherche-Experten«, der die verfügbaren nachrichtendienstlichen Informationen zusammenstellen und bewerten konnte, um Grivas und die gesamte EOKA-Führung dingfest zu machen. Zur Freude Foots und des Kolonialministeriums erklärte sich Generaldirektor Hollis bereit, Bill Magan, den Leiter des Bereichs E, für einen Zeitraum von sechs Monaten für diese Aufgabe abzustellen. Magan war kaum in Zypern eingetroffen, als der Gouverneur ihn bat, »den gesamten Nachrichtendienst« einschließlich der Special Branch zu übernehmen; Magan lehnte das Angebot ab, erklärte sich jedoch bereit, vorübergehend als Sonderberater der Special Branch zu fungieren.[13]

Kurz nach Magans Ankunft schrieb Hollis an seinen Mitarbeiter: »Wenn es uns gelänge, Grivas zu fangen, würde dies der EOKA mit Sicherheit den Rest geben.«[14] Magan bildete ein Recherche-Team, das die zahlreichen Berichte und erbeuteten Dokumente über Grivas auswerten sollte. Am 25. November berichtete Kirby Greene dem Generaldirektor: »Er hat bereits eine große Menge teilweise bedeutsamer nachrichtendienstlicher Hinweise aufgespürt, die anscheinend bisher nicht entdeckt wurden und zweifellos nicht richtig aufgenommen oder abgelegt wurden, sondern vollkommen brachlagen.«[15] Magan äußerte sich anerkennend über Grivas' »außergewöhnliche Entschlossenheit« und die Art, in der er seinen Mitkämpfern seinen eigenen asketischen Lebensstil und seinen leidenschaftlichen Ordnungssinn aufzwang, hielt den Führer der EOKA jedoch nicht für einen besonders guten Befehlshaber. Daran liege es, dass seine Kämpfer überraschend wenige britische Soldaten getötet hätten:

Wäre die EOKA offensiver ausgerichtet und beherzter, so hätte sie im Schutz fast der gesamten griechischen Bevölkerung Zyperns an jedem Tag der Woche so viele Morde verüben können, wie ihnen in einem Monat gelingen. So hätten sie die Briten wie vor einem Jahrzehnt in Palästina zu einem Leben hinter Stacheldrahtverhauen zwingen und die Armee nötigen können, die statische Bewachung erheblich auszuweiten.

Magan erstellte ein ausführliches Persönlichkeitsprofil von Grivas, das, wie er einräumte, »teilweise ein wenig zu farbenfroh für ein offizielles Papier« wirken mochte. »Aber ich schreibe über einen Mann – über einen außergewöhnlichen Mann, nicht über ein Gaswerk.«[16]

Im Februar 1959 begannen im Lancaster House in London, dessen »Würde und Pracht« einen »Ehrfurcht gebietenden und hilfreichen Eindruck« auf die Delegationen aus der Kolonie machen sollten,[17] die schwierigen Verhandlungen über die zukünftige Verfassung eines unabhängigen Zypern; die Atmosphäre war angespannt. Während die Gespräche liefen, gelang es dem britischen Nachrichtendienst in Zypern in der »Operation Sunshine«, den Aufenthaltsort von Grivas auf einen Stadtteil von Nikosia einzugrenzen. Die Sicherheitskräfte glaubten, eine Zugriffstruppe könnte ihn festnehmen. Doch wäre Grivas gestellt worden, so hätte er es wahrscheinlich wie sein Stellvertreter zwei Jahre früher vorgezogen, in einem Schusswechsel mit den Sicherheitskräften zu sterben. Bei einem Abendessen der Konferenzteilnehmer im Lancaster House erkundigte sich Macmillan beim griechischen Außenminister Angelos Averoff nach den Konsequenzen einer Gefangennahme des EOKA-Führers. Averoff antwortete, die Verhandlungen würden scheitern, und es würde ein Blutbad folgen. Noch am selben Abend gab Macmillan die Anweisung, Grivas in seinem Versteck in Nikosia unbehelligt zu lassen.[18] Magan, dessen Erkenntnisse über die Denk- und Vorgehensweise von Grivas wesentlich zur Entdeckung des EOKA-Führers beigetragen hatten, musste die Beute entweichen lassen, die er seit seiner Ankunft in Zypern gejagt hatte. Sir Hugh Foot, der Magan sehr bewunderte, schrieb später:

Gerade als [Magan] die Sache im Griff hatte und zur Tat schreiten wollte, waren die Mächtigen unbedacht genug, den Fall zu den Akten zu legen. Wann immer ich ihn sehe, überkommt mich das Schuldgefühl, weil ich etwas damit zu tun hatte! Doch obwohl sein Gegner vom Gong gerettet wurde, ist Magan der Erste, der eingesteht, es sei gut, dass es so gekommen ist.[19]

Die Konferenzteilnehmer im Lancaster House einigten sich schließlich auf die Gründung einer unabhängigen zypriotischen Republik mit einem griechischen Präsidenten, einem türkischen Vizepräsidenten und einem Parlament, in dem die Griechen aufgrund ihres Bevölkerungsanteils 70 Prozent und die Türken 30 Prozent der Abgeordneten stellen sollten. Macmillan fürchtete bis zuletzt, Erzbischof Makarios, der später der erste Präsident von Zypern werden sollte, könne ein Scheitern der Verhandlungen provozieren. Doch am 19. Februar 1959 konnten die letzten strittigen Punkte geklärt werden. Macmillan schrieb in sein Tagebuch: »Ein außerordentlicher Tag. Kolonialminister rief um 9:00 Uhr an (kurz darauf Anruf des Außenministers). Die Antwort ist ›Ja‹. Die Zypern-Einigung ist damit unter Dach und Fach.«[20]

Ende der fünfziger und Anfang der sechziger Jahre fanden in London eine Reihe von Verhandlungen statt, in denen die britische Regierung sehr von den Informationen profitierte, die der Security Service bei der Beobachtung der Delegationen aus den Kolonien gesammelt hatte. Sowohl der Außen- als auch der Kolonialminister ließen dem MI5 über Innenminister Butler ihren persönlichen Dank für die Informationen übermitteln, die der Nachrichtendienst während der Verhandlungen über die Unabhängigkeit Zyperns und ein Jahr später in den immer wieder unterbrochenen Gesprächen über die Unabhängigkeit Kenias, die sich drei Jahre lang hingezogen hatten, geliefert hatte. Hollis gestand Butler, dass er sich durch die Überwachung der Delegationen »streng genommen ein wenig außerhalb der Aufgabenstellung« bewegt habe. Butler billigte diese Ausweitung der Aktivitäten des Security Service, da »ihr Ergebnis offensichtlich von erheblicher Bedeutung und großem Wert für die Verhandlungsführer der Regierung« sei.[21]

Im Jahr 1960 – Jomo Kenyatta saß noch im Gefängnis – wurden Delegationen der schwarzen Bevölkerung und der weißen Siedler zu einer weiteren Konferenz im Lancaster House eingeladen, in der sich die Regierung Macmillan zum Mehrheitsprinzip in Afrika bekannte.[22] Das besondere Interesse des Security Service galt während dieser Verhandlungen dem aufwieglerischen Oginga Odinga, dem zukünftigen Vizepräsidenten des unabhängigen Kenia. Am 19. Februar 1960 hörte der Security Service ein Gespräch Odingas mit der Zentrale der CPGB mit. Der kenianische Delegierte bat Idris Cox und einen seiner Kollegen von der Internationalen Abteilung der Partei, Statuten für eine neue kenianische Partei unter seiner Führung zu entwerfen.[23] Das kompromisslose Parteiprogramm der im Anschluss an die Londoner Konferenz gegründeten Kenya African National Union (KANU) enthielt zahlreiche Vorhaben, die Odingas Ratgeber in der CPGB zweifellos begrüßten. Anders als die eher gemäßigte Kenya African Demokratic Union (KADU) forderte die KANU die Beschlagnahmung des gesamten Grundbesitzes und des Eigentums der Siedler, die Einstellung der ausländischen Investitionen und die Verstaatlichung der Industrie. Es ist jedoch unklar, wie groß der Einfluss der britischen KP auf das Programm der KANU tatsächlich war. Ein »Forschungspapier« der kenianischen Special Branch, das der SLO in Nairobi im September 1960 nach London weiterleitete, nahm Odingas kommunistische Neigungen nicht allzu ernst:

> Es hat sich wiederholt gezeigt, dass Odinga kein überzeugter Anhänger der kommunistischen Ideologie ist, sondern den Ostblock als Quelle für Finanzhilfe betrachtet, die sein politisches Ansehen in Kenia erhöhen soll ... Odinga selbst hat nicht das Format, um den afrikanischen Nationalismus in Kenia zu unterwandern und in Richtung Kommunismus zu lenken, obwohl möglicherweise der Versuch unternommen wird, ihn für diese Funktion heranzuziehen.[24]

Doch Odinga war derart erfolgreich in dem Bemühen, sich im Ostblock und in China finanzielle Unterstützung zu beschaffen, dass man ihn bald ernst nahm. In einem Bericht, den der SLO im November nach London schickte, hieß es:

> Obwohl die Unterstützung, die ihm bereits zugesagt wurde, sehr viel geringer ausgefallen ist, als er behauptet, genügt sie, um ihm

in den kommenden Monaten die Möglichkeit zu geben, einen sehr störenden Einfluss auszuüben. Längerfristig könnte er sich in einen Exponenten der ausländischen Unterwanderung nach vertrautem Muster verwandeln und die Rückkehr eines Kaders kommunistischer Agenten nach Kenia ermöglichen.[25]

Bei den allgemeinen Wahlen im Jahr 1961 errang KANU einen Erdrutschsieg, lehnte es jedoch ab, eine Regierung zu bilden, solange Kenyatta nicht aus dem Gefängnis entlassen worden war. Im August 1961 wurde diese Forderung schließlich erfüllt, und eine Nachwahl ebnete Kenyatta den Weg ins Parlament als Präsident der KANU. Odinga hatte wahrscheinlich damit gerechnet, Kenyatta werde nach seiner Rückkehr aus dem Gefängnis nur noch ein Schatten seiner selbst sein: etwa 70 Jahre alt (niemand kannte sein genaues Alter), körperlich geschwächt, alkoholabhängig, von der politischen Entwicklung abgeschnitten, eine leicht zu beherrschende Galionsfigur. Stattdessen musste Odinga bald erkennen, dass Kenyatta *ihn* ins Abseits gedrängt hatte. Kenyatta rückte vom Wahlprogramm der KANU ab und versicherte den weißen Siedlern, sie würden im unabhängigen Kenia willkommen sein und müssten sich nicht vor einer Enteignung fürchten. »Viele von Ihnen«, sagte er zu ihnen, »sind ebenso Kenianer wie ich.« Der »Drahtzieher der Mau-Mau-Bewegung«, wie Baring ihn fälschlich bezeichnet hatte, erwies sich als großmütiger politischer Führer.[26] Im Juni 1963, sechs Monate vor der Unabhängigkeit, wurde Kenyatta als erster Ministerpräsident Kenias vereidigt. Zwei Monate später richtete er den vielgepriesenen Appell an die weißen Siedler, sie sollten »vergeben und vergessen« und im unabhängigen Kenia bleiben. Die meisten Siedler folgten seiner Aufforderung.

Im Oktober 1963 reiste Kenyatta an der Spitze einer KANU-Delegation nach London, um die Verhandlungen über die Unabhängigkeit in Lancaster House abzuschließen. Der Security Service wurde von einem Mitarbeiter des Kolonialministeriums darüber informiert, dass Duncan Sandys, der von Juli 1960 bis Oktober 1964 Minister für den Commonwealth (und ab Juli 1962 Kolonialminister) war, »den von uns bereitgestellten nachrichtendienstlichen Informationen über die Aktivitäten und Ansichten der Delegierten bei der Kenia-Konferenz große Bedeutung« beimesse.[27] Hollis beklagte sich darüber, dass Sandys die Vertraulichkeit der Informationen aufs Spiel setzte, indem er einige davon in den Verhandlungen preisgab. Nach Aussage eines Vertreters des Kolonialministeriums wirkte die kenianische Delegation nach einer von Sandys Indiskretionen »ein wenig verblüfft«. Der ständige Staatssekretär im Kolonialministerium, Sir Hilton Poynton, war der Meinung, dass sich Hollis zu Recht über den Missbrauch der nachrichtendienstlichen Informationen durch Sandys beklagt habe. Doch er erklärte Hollis, anstatt zu versuchen, »meinen Minister zu rügen«, werde er sich bemühen, dafür zu sorgen, dass Sandys diesen Fehler nicht ein zweites Mal begehen würde.[28]

Obwohl angenommen wurde, dass Kenyatta vermutete, dass seine Delegation überwacht wurde, wirkte sich dieser Verdacht nicht auf seine Beziehung zum Security Service aus. Während seines Aufenthalts in London stattete er Hollis in Begleitung seines Generalstaatsanwalts Charles Njonjo einen Besuch ab. Der Generaldirektor erklärte ihm, es freue ihn, dass Kenyatta den SLO in Nairobi, Walter Bell, kennengelernt habe.[29] Kenyatta erwiderte, er habe »interessante Gespräche mit Bell geführt«, der ein Nachbar seiner Tochter sei. Es habe ihn gefreut zu erfahren, dass zwei kenianische Polizisten gegenwärtig vom MI5 ausgebildet würden, und werde gerne weitere Beamte schicken. Er erkundigte sich, ob der Security Service Interesse habe, zusätzlich Beamte nach Kenia zu entsenden, um dort eine Grundausbildung durchzuführen. Obwohl Kenia bereits eine eigene Polizeischule hatte, »hielt er es für sehr vorteilhaft, ausländische Ausbilder ins Land zu holen. Diese hätten größere Autorität und würden möglicherweise neue Ideen mitbringen.« Hollis berichtete dem Kolonialministerium über das »freundschaftliche Gespräch«.[30] Kenyatta hatte deutlich seinen Wunsch bekundet, die Verbindung zum Security Service nach der Unabhängigkeit aufrechtzuerhalten. Im Dezember 1963 wurde er der erste Ministerpräsident des unabhängigen Kenia und ernannte Odinga zu seinem Stellvertreter. Ein Jahr später wurde Kenia zur Republik unter dem Präsidenten Kenyatta.

Auch bei den langwierigen und angespannten Verhandlungen, die im Jahr 1963 schließlich zur Auflösung der Zentralafrikanischen Föderation führten, eines schlecht konzipierten Staatengebildes, in dem 1951 Njassaland und Nordrhodesien – beide überwiegend von

Schwarzen bewohnt – mit Südrhodesien verschmolzen worden waren, das von einem auf der weißen Suprematie beharrenden Regime regiert wurde, lieferte die Überwachung der Delegationen aus den Kolonien den britischen Unterhändlern wertvolle Informationen. Macmillan entwickelte eine persönliche Abneigung gegen den sprunghaften und kampflustigen weißen Premierminister von Südrhodesien, Sir Roy Welensky (einen ehemaligen Preisboxer), und zeigte offenbar besonderes Interesse an den Niederschriften der mitgehörten privaten Gespräche. Später erinnerte sich Macmillan daran, dass Welenskys Zimmer im Savoy Hotel während der Verhandlungen im März 1961 verwanzt gewesen war: »... Welensky hielt sich stets für besonders schlau ... [Er] sagte zu seinen Gefolgsleuten: ›Wir haben die britische Regierung über den Tisch gezogen.‹ Das wurde mir unverzüglich gemeldet ... er war offenbar nicht so schlau, wie er gedacht hatte ...«[31] Der MI5-Beamte, der die Minister mit Informationen über die südrhodesische Delegation zu versorgen hatte, erinnerte sich daran, dass Duncan Sandys derart »heftig« reagierte, dass er sich entschloss, die Information für den Minister in Zukunft zu dosieren.[32]

Die Beziehung des Security Service zu Kenia und fast allen anderen Anfang der sechziger Jahre in die Unabhängigkeit entlassenen afrikanischen Kolonien folgten dem 1956 in Ghana entwickelten Muster. Dort hatte sich der SLO John Thomson bei Kwame Nkrumah vorgestellt. Alex Kellar schrieb im Jahr 1962: »Es ist unsere Gepflogenheit, die Rolle des Security Service und insbesondere die seines S. L. O. in dem Augenblick offenzulegen, da ein einheimischer Politiker das Amt des Regierungschefs einnimmt. Die übliche Praxis besteht darin, diesen Schritt zum selben Zeitpunkt zu tun, da die Minister offiziell über die Special Branch und die gesamte örtliche Nachrichtendienstgemeinde informiert werden.« Vor der Unabhängigkeit Tanganjikas im Jahr 1961 und Ugandas im Jahr 1962 stand Kellar den Gouverneuren dieser Länder persönlich zur Seite, als sie die nationalen politischen Führer Julius Nyerere und Milton Obote informierten.[33] Hingegen lehnte es Hastings Banda, der Führer des unabhängigen Malawi (das ehemalige Njassaland), nach der von erbitterten Konflikten begleiteten Auflösung der Zentralafrikanischen Föderation ab, an der üblichen Regelung festzuhalten, die vorsah, dass ein in Salisbury stationierter SLO für Zentralafrika auch für die beiden anderen Staaten der nunmehr aufgelösten Föderation zuständig sein würde. Nach Diskussionen zwischen Banda und dem stellvertretenden Generaldirektor Furnival Jones einigte man sich Anfang 1964 darauf, einen neuen SLO in Sambia (dem früheren Nordrhodesien) zu stationieren, der auch für Malawi zuständig sein sollte.[34] Einige der SLO in Asien und Afrika gewannen den Respekt ihrer unabhängigen Gastländer. Beispielsweise zeigte Hollis dem Innenminister im Jahr 1962 ein Schreiben, in dem sich Lee Kuan Yew für die Arbeit des SLO Christopher Herbert in Singapur bedankte.[35]

Kellar, der von 1958 bis 1962 den Bereich E leitete, war sehr stolz darauf, dass es den Verbindungsmännern des MI5 gelang, in vielen unabhängig gewordenen Staaten das Vertrauen der neuen Regierungen zu gewinnen, was diese »auf jeder Sicherheitskonferenz des Commonwealth deutlich bekunden«:

Im Fall der afrikanischen Commonwealth-Staaten bin ich fest davon überzeugt, dass wir mit Recht stolz auf die Beiträge sein können, die wir mit unseren Ausbildungseinrichtungen, mit unserem Informationsdienst und mit den in gemeinsamen Nachrichtendienstoperationen geknüpften engen Kontakten zur Sicherheit dieser Staaten leisten ... [W]ir haben in diesen neu entstehenden Staaten Kader einheimischer Beamter aufgebaut, die uns Bewunderung, Respekt und Vertrauen entgegenbringen und einen sehr vorteilhaften Einfluss auf ihre politischen Herren ausüben können.
... Es wird uns vielleicht nie gelingen, ein afrikanisches Land an den Westen zu binden, aber unsere Unterstützung wird diesen Ländern wenigstens helfen, neutral zu bleiben und sich nicht der falschen Seite anzuschließen.[36]

Die engen Beziehungen zwischen den SLO und einer Reihe von unabhängigen Regierungen und deren Sicherheitsbehörden erhöhten den Wert der Verbindungsmänner für die britischen Hochkommissare, die den direkten Zugang zu sämtlichen Einrichtungen der örtlichen Verwaltung verloren hatten.[37] Den SLO wurde damit im Jahr 1962 die zusätzliche Verantwortung für die Bereitstellung politischer Informationen für die Hochkommissariate übertragen (was jedoch keinen Einsatz von Agenten beinhaltete) – so wie es in Neu-

Delhi und einigen anderen Hauptstädten des Commonwealth seit einigen Jahren üblich war.[38] Die wachsende sowjetische Präsenz in den unabhängig gewordenen Commonwealth-Staaten erhöhte die Bedeutung enger Verbindungen zwischen den SLO und den Special Branches und Sicherheitsdiensten zusätzlich:

> Die neu in die Unabhängigkeit entlassenen Länder sind durchweg von großer Bedeutung im Kalten Krieg. Sie sind Ziele einer politischen und wirtschaftlichen Offensive des kommunistischen Blocks und öffnen oft bereitwillig ihre Tore für Gesandtschaften, Delegationen und Berater aus diesen Ländern. Damit steigt in den unabhängig gewordenen Commonwealth-Ländern der Bedarf an nachrichtendienstlichen Informationen über den kommunistischen Block.[39]

Einige nachrichtendienstliche Verbindungen zu früheren Kolonien erwiesen sich jedoch als kurzlebig. Der SLO in Uganda berichtete im Jahr 1962, die Minister seien »nicht willens oder nicht imstande, unseren Rat anzunehmen«.[40] Der SLO in Tanganjika, dem es ebenfalls nicht gelang, nach der Unabhängigkeit eine fruchtbare Beziehung zur neuen Regierung aufzubauen, wurde im Jahr 1964 abgezogen.[41] Der von 1965 bis 1967 in Sambia stationierte SLO geriet in die Isolation, als an der Spitze der Special Branch ein Auslandsbrite von einem Afrikaner abgelöst wurde. Sowohl die Vertretung des Security Service in Uganda als auch jene in Sambia wurden 1967 geschlossen.[42]

Auch die Beziehung zwischen dem SLO in Akkra und der Regierung Nkrumah war gefährdet. Am Ende seiner Dienstzeit im Juni 1960 hatte John Thomson, der erste SLO im unabhängigen Ghana, Nkrumah als »ein Bollwerk gegen den Kommunismus« bezeichnet. Als er im Juni 1962 für eine zweite Dienstzeit zurückkehrte, wurde er mit einem »Linksschwenk« konfrontiert, wie es der britische Hochkommissar ausdrückte.[43] Nkrumah hatte sich durch vom KGB gefälschte Dokumente täuschen lassen, aus denen hervorging, dass die CIA den Ministerpräsidenten von Burundi ermordet hatte und einen Staatsstreich in Tanganjika plante. Seit einem Mordanschlag auf ihn im Jahr 1962 war Nkrumah von dem Gedanken besessen, die CIA versuche ihn zu stürzen. Er beschenkte Besucher mit einem

Buch, in dem angebliche CIA-Verschwörungen angeprangert wurden,[44] und nahm das sowjetische Angebot an, sich von einem KGB-Agenten in Fragen des Personenschutzes beraten zu lassen.[45] Es folgten weitere Mitarbeiter des KGB und des Staatssicherheitsdienstes der DDR, die einen neuen nationalen Sicherheitsdienst aufbauten, der ein großes Informantennetz unterhielt (eine Spezialität der Stasi).[46]

Im November 1963 berichtete Thomson, dass der Leiter der Special Branch, J. W. K. Harlley, und dessen Stellvertreter A. K. Deku davon überzeugt seien, dass Nkrumah versuche, Ghana in einen sowjetischen Satellitenstaat zu verwandeln. Im Januar 1964 verübte ein ghanaischer Polizist einen Mordanschlag auf Nkrumah. Er verletzte den Präsidenten nur leicht, tötete jedoch einen seiner Leibwächter. Ein rasch vom KGB fabrizierter Brief eines angeblich desillusionierten Mitarbeiters des amerikanischen Heeresnachrichtendienstes überzeugte Nkrumah davon, dass dies ein weiterer Versuch der CIA gewesen war, ihn zu Fall zu bringen. In einem wütenden Protestschreiben an Präsident Lyndon Johnson beschuldigte er die CIA, ihre gesamte Energie »verborgenen subversiven Aktivitäten in unserem Volk« zu widmen.[47] Der Hochkommissar in Akkra, Hugh Smedley, versuchte vergeblich, Hollis dazu zu bewegen, Thomsons Aufenthalt über das vorgesehene Ende seiner Dienstzeit im Mai 1964 hinaus zu verlängern. Das Commonwealth-Ministerium schrieb an Hollis:

> Unser Hochkommissariat in Akkra bedauert Thomsons Rückzug, da es ihn als unverzichtbar für die Mission betrachtet, denn er ist mit den Angelegenheiten Ghanas vertraut und hat insbesondere in der Special Branch sehr wichtige Kontakte. ... Anscheinend steht in unseren Beziehungen zu Ghana eine jener Phasen bevor, in denen Thomsons Rat von besonderem Nutzen wäre.[48]

Im Jahr 1965, ein Jahr nach Thomsons Abreise, wurde der Posten des SLO in Akkra mit der Begründung gestrichen, dass er aufgrund der sich verschlechternden Beziehungen zu Nkrumahs Regime keinerlei spezifischen Zweck mehr erfülle.[49] Bei einer Abschiedsfeier im Haus eines ghanaischen Generals forderte Harlley Thomsons Nachfolger auf, London um die Zusendung von Abhörausrüstung zu bitten. Er erhielt keine Antwort.[50]

Am 24. Februar 1966 gelang es Harlley, einen gemeinsamen Putsch von Armee und Polizei zu organisieren, der das Regime Nkrumahs zu Fall brachte. Am folgenden Tag bat Sir Arthur Snelling vom Commonwealth-Ministerium Generaldirektor Furnival Jones in einem Telefongespräch, Thomson sofort nach Ghana zu entsenden. Snelling war davon überzeugt, dass Thomson »dank seiner Kenntnis zahlreicher Persönlichkeiten in Ghana herausfinden könne, was dort vorgeht und welche Aussichten für eine Wiederaufnahme der diplomatischen Beziehungen bestehen«.[51] Drei Tage später traf Thomson in Akkra ein und wurde von Harlley, der mittlerweile Vorsitzender des Nationalen Befreiungsrats (National Liberation Council, NLC) war, mit offenen Armen empfangen. Nachdem Harlley kurz seiner Verärgerung über die britische Regierung Luft gemacht hatte, die ihn seiner Meinung nach im Jahr 1963 im Stich gelassen, sein Leben in Gefahr gebracht und ihm obendrein die im Jahr 1965 erbetene Ausrüstung verweigert hatte, legten die beiden Männer ihre Meinungsverschiedenheiten bei und erneuerten ihre Freundschaft bei einer Flasche Brandy. Thomson wurde vom Vorsitzenden des NLC, General Ankrah, und anderen NLC-Mitgliedern begrüßt und sprach ihnen seine inoffiziellen Glückwünsche aus. Nachdem Thomson einen vorteilhaften Bericht übermittelt hatte, erkannte Großbritannien das neue ghanaische Regime am 2. März offiziell an, und drei Tage später nahmen die beiden Länder diplomatische Beziehungen auf. Dies war der einzige Fall, in dem ein Mitarbeiter des Security Service von der britischen Regierung beauftragt wurde, den ersten Kontakt zu einer neuen Regierung herzustellen, die durch einen Staatsstreich an die Macht gekommen war.[52]

In einigen afrikanischen Commonwealth-Ländern übte der Verbindungsmann des MI5 während des gesamten Jahrzehnts beträchtlichen Einfluss aus. Der SLO in Lagos erhielt im Jahr 1966 eines von 20 für hochrangige nigerianische Amtsträger bestimmten geheimen Regierungstelefonen. Nachdem ein Putsch im Juli 1966 General Gowon an die Macht gebracht hatte, wurde der SLO gebeten, mit Genehmigung des neuen Regimes die Flucht der Nummer zwei der gestürzten Regierung zu arrangieren, was er in »einigen amüsanten Stunden« bewerkstelligte, die ihn »an den Krieg erinnerten«, denn sie beinhalteten »Bootsfahrten nach Einbruch der Dunkelheit und eine Strickleiter, die über die seeseitige Bordwand des Postschiffes herabgelassen wurde«.[53] Der SLO berichtete auch, sein kleines Büro sei dank seiner Kontakte »während des Putsches praktisch die einzige wirkliche Quelle nachrichtendienstlicher Informationen« gewesen, weshalb sich die »riesige offizielle Vertretung mit ihren 44 britischen Diplomaten und über 100 Nichtdiplomaten fast alle Fakten« bei seiner Dienststelle beschafft habe.[54] Der Hochkommissar Sir Francis Cumming-Bruce teilte dem Generaldirektor im November mit, der SLO sei »die mit der nigerianischen Polizei verbundene Lebensader, aus der das Hochkommissariat seine Informationen über die täglichen Entwicklungen im Bereich der inneren Sicherheit bezieht«.[55] Im Jahr 1967 wurde zu Beginn des nigerianischen Bürgerkriegs, der auf die versuchte Loslösung Biafras folgte, ein neuer SLO ernannt, der verblüfft darüber war, wie viele interne Informationen über Gowons Regime er von seinen Kontaktleuten in der nigerianischen Special Branch erhielt;[56] unter diesen Kontakten war auch der Leiter der Behörde, den er in den fünfziger Jahren in einem Kurs der Kolonialverwaltung in Oxford kennengelernt hatte. Nach einem Treffen mit dem Präsidenten an der Seite des Hochkommissars bat General Gowon den SLO, ein wenig länger zu bleiben, und bedankte sich persönlich für seine Hilfe.[57]

In keiner früheren afrikanischen Kolonie spielte der Security Service nach der Unabhängigkeit eine ähnlich wichtige Rolle wie in Kenia. Kenyatta interessierte sich vor allem für jene nachrichtendienstlichen Informationen, welche die Aktivitäten seines prokommunistischen Vizepräsidenten Oginga Odinga betrafen. Mit Unterstützung ehemaliger Führungskräfte der Special Branch der Kolonialverwaltung, die Kenyatta nach dem Ende der britischen Herrschaft eingeladen hatte, im Land zu bleiben, wurde mindestens eines von Odingas Häusern verwanzt.[58] Am ersten Jahrestag der kenianischen Unabhängigkeit im Jahr 1964 fragte Kenyatta den früheren Commonwealth-Minister Duncan Sandys, »ob ... die Briten Dokumente vorlegen könnten, die bewiesen, dass Odinga Geld von den Chinesen erhielt. Kenyatta sagte, dass er über diese finanzielle Unterstützung im Bilde sei, ohne spezifische Beweise jedoch nichts gegen Odinga unternehmen könne.«[59] Obwohl anscheinend keine solchen Beweise gefunden wurden, fand die Special Branch heraus, auf welchem Weg Odinga die Gelder aus China erhielt.[60] Im April

1965 informierte der kenianische Generalstaatsanwalt Charles Njonjo den britischen Hochkommissar Malcolm MacDonald über Berichte, denen zufolge Odinga und seine Anhänger einen Staatsstreich planten, und erbat für den Notfall eine Intervention britischer Truppen. Der Putsch fand jedoch nie statt. Bei einer Durchsuchung von Odingas Büros wurden mehrere Kisten mit Maschinengewehren, Granaten und anderen Waffen beschlagnahmt. Kurze Zeit später erteilte ein aufgebrachter Kenyatta dem sowjetischen Botschafter eine Rüge, nachdem eine offenbar von Odinga organisierte sowjetische Waffensendung in Kenia eingetroffen war. Die Waffen wurden nach Russland zurückgeschickt. Odinga wurde im Jahr 1966 als Vizepräsident abgesetzt und verlor im Jahr darauf eine Kraftprobe mit Kenyatta.[61]

Kurz nach Odingas Sturz erhielt der Leiter der Schulungsabteilung des Security Service den Auftrag, die Funktionstüchtigkeit des kenianischen Nachrichtendienstes zu überprüfen.[62] Er empfahl, einen britischen Nachrichtendienstmitarbeiter mit der Leitung einer »Untersuchungsabteilung« zu beauftragen, die die Auswertung der nachrichtendienstlichen Informationen koordinieren und Berichte für Kenyatta und andere Regierungsmitglieder verfassen sollte. Zudem sollte eine Nachrichtendienstexekutive (National Security Executive) eingerichtet werden, welche die Tätigkeit sämtlicher Nachrichtendienste überwachen sollte. Sein Bericht wurde angenommen, und im Januar 1967 ernannte der MI5 einen Mitarbeiter zum Leiter der Untersuchungsabteilung und Sekretär der neuen Nachrichtendienstexekutive. Das Ministerium für überseeische Entwicklung zahlte sein Gehalt mit der etwas fragwürdigen Begründung, er leiste »technische Unterstützung«.[63] Der MI5-Mann berichtete später, Kenyatta habe ihn gebeten, »ein Auge auf Oginga Odinga« zu haben.[64] Der SLO in Nairobi berichtete im Juli 1968, der MI5-Mitarbeiter habe Zugang zur kenianischen Special Branch und zu deren Akten erhalten, »was in Afrika heutzutage fast einmalig ist«.[65]

Besonders schwierig verlief die Machtübergabe in Aden und Britisch-Guayana. In beiden Gebieten hatte der Security Service nur begrenzten Einfluss. Das Ziel der Regierung Macmillan bestand Ende der fünfziger und Anfang der sechziger Jahre darin, den britischen Einfluss in der arabischen Welt zu stabilisieren, indem sie die Kontrolle über den britischen Stützpunkt in der Kolonie Aden wahrte und in Südarabien eine Föderation britischer Protektorate unter der Herrschaft von Stammesfürsten aufbaute. Macmillan spürte zwar, dass der »Wind des Wandels« die Unabhängigkeit Afrikas bringen würde, aber er unterschätzte die Kraft des arabischen Nationalismus im Nahen Osten erheblich. Die Galionsfigur der nationalen Bestrebungen in diesen Ländern war der charismatische Ägypter Gamal Abd el-Nasser, der bei den Arabern in dem Ruf stand, die britischen und französischen Imperialisten in der Suezkrise von 1956 gedemütigt zu haben. Für Südarabien gab Macmillan folgende Losung aus: »Wir müssen dieses schreckliche Wort ›Unabhängigkeit‹ loswerden. Wir wollen ein Wort wie ›Selbstverwaltung‹ hören. Wir müssen nach dem arabischen Wort für ›Selbstverwaltung‹ suchen und ausgehend davon die Dinge ins Lot bringen.«[66]

Im Jahr 1959 wurden sechs Staaten im westarabischen Protektorat dazu bewegt, sich zu einer Föderation der südarabischen Emirate zusammenzuschließen und einen Freundschafts- und Kooperationsvertrag mit Großbritannien zu unterzeichnen, in dem sie den Briten zugestanden, ihren Militärstützpunkt in Aden zu behalten. Bis Ende 1962 stieg die Mitgliederzahl der Föderation auf elf Staaten. Die Kolonie Aden trat ihr im Januar 1963 bei, und der Staatenbund wurde in Südarabische Föderation umbenannt.[67] Es gab jedoch nie eine realistische Möglichkeit, den wachsenden arabischen Nationalismus unter Kontrolle zu bringen. Im Juni 1962 wurde mit Unterstützung Nassers in Aden die Sozialistische Volkspartei (PSP) gegründet, die dem Gewerkschaftsverband von Aden entsprang und von Abdullah al-Asnag geführt wurde. Sein Ziel war es, Arbeiterunruhen herbeizuführen, den Zusammenbruch der Regierung zu provozieren und die öffentliche Meinung in Aden zu radikalisieren. Ein Jahr später unterstützte Nasser die neu gegründete und noch radikalere Nationale Befreiungsfront (NLF), die von ihrer Basis im Jemen aus in einem Netz geheimer Zellen einen nationalistischen Aufstand in Aden plante. Ende 1963 war Nassers Geduld mit al-Asnag und der »zu gemäßigten« PSP erschöpft, weshalb er sich der NLF zuwandte. Doch am 10. Dezember versuchte al-Asnag seine revolutionäre Gesinnung mit einem Mordanschlag auf den Hochkommissar Sir Kennedy Trevaskis auf dem Flughafen von Aden unter Beweis zu stellen. Trevaskis überlebte, aber sein Adjutant George Henderson starb, als er sich schützend vor den Hochkommissar stellte.[68]

Es war zweifellos im Sinne der PSP und der NLF, dass die Regierung der Föderation den Ausnahmezustand verhängte und mehr als 50 PSP-Mitglieder verhaften ließ, womit sie Proteste in den Vereinten Nationen, seitens des Ostblocks und von zahlreichen antiimperialistischen Gruppen auslöste. Während eines Besuchs im benachbarten Jemen erklärte Nasser im April 1964: »Wir schwören bei Allah, dass wir die Briten von der gesamten arabischen Halbinsel vertreiben werden.«[69] Die britischen Behörden in Aden zogen keine Lehren aus dem Aufstand in Malaya vor mehr als einem Jahrzehnt. In der Nachrichtendienstorganisation herrschte Unordnung, und erst im Jahr 1965 wurde ein Leiter für den gesamten Nachrichtendienst ernannt. Der Security Service konnte in Aden keine vergleichbare Rolle spielen wie im Kampf gegen die vorangegangenen Aufstände in Malaya, Kenia und Zypern. Trevaskis befürwortete einen umfassenden Einsatz verdeckter »politischer Sondermaßnahmen« (Special Political Action, SPA) gegen die arabischen Nationalisten. Er glaubte, das Hochkommissariat in Aden könne »einen Zusammenstoß zwischen der PSP und der rivalisierenden Südarabischen Liga SAL herbeiführen, der sie dazu veranlassen wird, sich gegenseitig die Kehlen durchzuschneiden«. Kolonialminister Duncan Sandys gab Trevaskis die Erlaubnis, 15 000 Pfund in die »Infiltration ihrer Organisationen, die Bestechung ihrer Schlüsselfiguren, die Förderung der Rivalität und Eifersucht zwischen ihnen, die Verschärfung des Dissenses und die Bildung von Splittergruppen« zu investieren und sie »beispielsweise durch die Störung öffentlicher Versammlungen unter Druck zu setzen«.[70]

Im Juli 1965 berichtete das Hochkommissariat dem Kolonialministerium, dass »die ungeplant gezündete Granate und der ohne Sachverstand zusammengebaute Sprengkörper durch geplante und selektive Morde ersetzt werden. Wir vermuten, dass mittlerweile fähige und sorgfältig ausgebildete Agenten im Einsatz sind.«[71] Man nahm an, dass Trevaskis Vergeltungsmaßnahmen gegen die Mordkampagne der NLF in Form verdeckter Mordanschläge auf bekannte Terroristen befürwortete. In einer Sitzung im Kolonialministerium erklärte der Leiter des Bereichs E, Bill Magan, die richtige Strategie in Aden bestehe »wie im Dschungel von Malaya« und im Kampf gegen die »Mau-Mau im kenianischen Busch« nicht darin, Terroristen zu töten, sondern sie zu fangen und zu verhören.[72] Als das Colonial Office Trevaskis daraufhin bat, seine Ideen zur Terrorbekämpfung klarer zu formulieren, ließ er den Vorschlag fallen. Magan glaubte, der Vorschlag sei ursprünglich von den Streitkräften und aus dem Verteidigungsministerium gekommen, die ihn dem Hochkommissariat aufgezwungen hätten.[73] Der SLO in Aden befürwortete ebenfalls die selektive Ausschaltung bekannter Terroristen.[74] Magan war anderer Meinung: »Ich persönlich denke, dass die Erfahrung gezeigt hat, dass die Bekämpfung des Terrorismus mit Terror für die Macht, die das Gesetz vertritt, ein zweischneidiges Schwert ist und dass man der Versuchung, diese gefährliche Waffe einzusetzen, widerstehen sollte.«[75] Doch der SLO hielt an seiner Position fest: »Ich rate keineswegs zu drastischen Maßnahmen: Ich schlage zum gegenwärtigen Zeitpunkt lediglich vor, [Trevaskis] zu raten, dem Leiter der Special Branch mitzuteilen, dass es nicht mehr als eine formale Untersuchung geben würde, sollten einige wenige Verdächtige der NLF erschossen werden, weil sie sich der Verhaftung widersetzen.« Magan vermerkte auf dem Schreiben des SLO seinen (vermutlich resignierten) Widerspruch.[76]

Eine vom JIC eingerichtete Arbeitsgruppe für die Nachrichtendienstorganisation in Aden gelangte zu dem Schluss, dass der Nachrichtendienst trotz einiger Verbesserungen »immer noch nicht reibungslos funktioniert«.[77] Unter den Berichten, die die Arbeitsgruppe zu diesem Schluss bewegten, war einer des politischen Beraters des Middle East Command aus dem Dezember 1965:

> Es gibt eigentlich keinen Nachrichtendienst für das Protektorat. Die größte Ähnlichkeit mit einer solchen Einrichtung hat die Special Branch, die auf den Staat Aden beschränkt ist, durch Morde erheblich geschwächt wurde und aufgrund dieser Morde und durch die Einschüchterung der Bevölkerung sehr viel weniger Informationen erhält, als normalerweise zu erwarten wäre.
> … Das Material des Security Service steht bei Bedarf zur Verfügung, aber seine Tätigkeit außerhalb von Aden ist sehr beschränkt. Natürlich betreibt der Security Service kein eigenes Nachrichtendienstnetz.[78]

Im Februar 1966 kündigte die Labour-Regierung unter Harold Wilson an, dass Südarabien spätestens im Jahr 1968 vollkommen unabhängig sein werde; Großbritannien werde seinen Militärstützpunkt in Aden aufgeben und seine Verpflichtung zur Verteidigung der Föderation aufkündigen. Sandy Stuart, der vier Monate früher den Posten des SLO übernommen hatte, schrieb an die Zentrale: »Die politische Lage ist sowohl vor Ort als auch unter den Exilanten im Ausland sehr konfus, und die Entscheidungen über den hiesigen Stützpunkt und das Fehlen eines Militärabkommens nach der Unabhängigkeit haben die Verwirrung erhöht. Mein Eindruck ist, dass alle Beteiligten gegenwärtig einigermaßen orientierungslos sind.«[79] Stuart machte sich auch Sorgen über die teilweise brutalen Verhörmethoden des Ministeriums für innere Sicherheit der Föderation und hielt es für erforderlich, zu betonen, »dass es sowohl moralisch falsch als auch kontraproduktiv ist, die befragten Personen zu foltern oder zu misshandeln, ... und dass der Föderationsregierung unmissverständlich klargemacht werden sollte, dass wir selbst solche Verfahren im Verhörzentrum in der Festung Morbut in Aden nicht anwenden.«[80]

Die Labour-Regierung hatte gehofft, die Ankündigung des britischen Rückzugs aus Südarabien werde die Widerstandsbewegung bremsen, doch das Gegenteil war der Fall. Ein Sprecher der Nationalen Befreiungsfront erklärte: »Mancher fragt sich vielleicht: ›Warum für die Unabhängigkeit kämpfen, wenn die Briten sie uns freiwillig gewähren?‹ Kameraden, wahre Unabhängigkeit bekommt man nicht geschenkt. Man muss sie erkämpfen.«[81] Den einzigen Verlust im Verlauf des Rückzugs aus dem britischen Weltreich (nur in Palästina wurden einige einheimische Mitarbeiter getötet) hatte der MI5 am 28. Februar 1967 während eines Umtrunks in der Wohnung eines britischen Diplomatenehepaars in Aden zu beklagen: Der SLO Sandy Stuart hatte seiner Frau Judi versichert, dass die im vierten Stock gelegene Wohnung zu hoch für einen Angriff mit Schusswaffen oder Granaten liege. Doch während der Feier explodierte eine in einem Bücherregal versteckte Antipersonenmine tschechischer Herkunft. Judi Stuart und ein weiterer Gast wurden tödlich verwundet. Während Sandy Stuart im Krankenhaus wartete, wo seine Frau auf dem Operationstisch starb, brachte ihm der Nachrichtendienstchef John Prendergast eine Garnitur frischer Kleidung (Stuart bezeichnete diese Geste später als »christlichen

Akt«, denn seine Kleidung war mit dem Blut seiner Frau durchtränkt).[82] Stuart »schluckte jede Emotion hinunter« und schickte selbst den forensischen Bericht über den Tod seiner Frau an die Zentrale. Er begleitete ihren Leichnam zur Beerdigung nach England, bestand jedoch darauf, anschließend auf seinen Posten zurückzukehren. Bei der Untersuchung des Anschlags stellte sich heraus, dass die Bombe von einem Diener gelegt worden war, der »Groll gegen die Briten« hegte, was vermutlich damit zu tun hatte, dass er sich von einem früheren Arbeitgeber schlecht behandelt fühlte. In einem Heft in seinem Zimmer wurde ein Diagramm gefunden, das nach Ansicht der Ermittler den Stromkreis des Zündungsmechanismus darstellte.[83]

Judi Stuarts Tod war Teil einer Spirale wachsender Gewalt im letzten Jahr der britischen Herrschaft. Im September 1967 hatte Außenminister George Brown mit Südarabien abgeschlossen. »Da ist nichts zu machen«, erklärte er inoffiziell. »Wir wollen ja ohnehin so rasch wie möglich aus dem ganzen Nahen Osten heraus und auf möglichst große Distanz gehen.« Richard Crossman, der Sprecher des Unterhauses, schrieb mit einigem Zynismus in sein Tagebuch, die Tatsache, dass »das Regime ... von Terroristen gestürzt wurde und unseren raschen Abzug erzwungen hat«, sei »eigentlich nur ein Glück«.[84] Am 30. November 1967 wurde Südarabien unabhängig und verwandelte sich in die Demokratische Volksrepublik Südjemen.

Anders als in Südarabien wirkten sich die »politischen Sondermaßnahmen« in Britisch-Guayana erheblich auf den Übergang zur Unabhängigkeit im Jahr 1966 aus. Ohne die SPA wäre der erste Ministerpräsident des unabhängigen Britisch-Guayana mit einiger Wahrscheinlichkeit nicht der nach Ansicht der Briten gemäßigte prowestliche Forbes Burnham geworden, sondern Cheddi Jagan, der marxistische Führer der People's Progressive Party (PPP). Wenige Monate nach dem Wahlsieg der PPP im Jahr 1953 aus dem Amt des Regierungschefs entlassen, kehrte Jagan nach einem erneuten Wahlsieg der PPP im Jahr 1957 unter einer neuen Kolonialverfassung ins Amt zurück. Wie an anderen Orten im Empire und im Commonwealth spielte der Security Service kaum eine Rolle in den verdeckten SPA-Maßnahmen in Britisch-Guayana. Anders als an den meisten anderen Brennpunkten im Empire gab es in Britisch-Guayana keinen eigenen MI5-Verbindungsmann. Der zwischen

1960 und 1963 in Trinidad stationierte SLO besuchte Britisch-Guayana etwa einmal im Monat, bezeichnete das Land jedoch als den »Fluch meines Lebens – es ist ein scheußlicher Ort«.[85] Im Februar 1961 berichtete er, Jagan und seine Frau Janet hätten die Kontrolle über die PPP. Einige Amtsträger der PPP hatten sich während ihres Aufenthalts in Großbritannien in der dortigen KP engagiert, aber es gab keinen Beleg dafür, dass die Jagans selbst einer kommunistischen Organisation angehörten – obwohl sie zweifellos Marxisten waren. Es war jedoch davon auszugehen, dass sie nach der Unabhängigkeit eine enge Beziehung zu Castros Kuba, dem Cheddi Jagan im Jahr 1960 einen offiziellen Besuch abstattete, sowie zur Sowjetunion und zu China knüpfen würden. Der SLO glaubte, die PPP werde die Wahlen im Oktober 1961 vermutlich gewinnen, wenn auch nicht mit einer ausreichenden Mehrheit, um eine stabile Regierung bilden zu können. Er sprach sich entschieden gegen einen Versuch aus, Jagans Wahlsieg mit verdeckten »Sondermaßnahmen« zu verhindern; diese würden sich kaum auf das Wahlergebnis auswirken, warnte er im April, und »die Folgen eines Fehlschlags wären wahrscheinlich verheerend«.[86]

Anders als vom SLO erwartet, errang die PPP bei den Wahlen eine klare Mehrheit, und Jagan wurde Ministerpräsident. In der Londoner Zentrale der CPGB abgehörte Telefongespräche offenbarten, dass sich Jagan mit der Bitte an die britische KP gewandt hatte, ihm bei der Anwerbung von Personal für die Finanz-, Steuer- und Wohlfahrtsbehörden Britisch-Guayanas unter die Arme zu greifen.[87] Kurz nach seinem Wahlsieg besuchte er Präsident John F. Kennedy im Weißen Haus, um die Vereinigten Staaten für die Unterstützung der Unabhängigkeitsbestrebungen seines Landes zu gewinnen. Kennedy erklärte anschließend, Cheddi Jagan sei möglicherweise ein Marxist, »aber die Vereinigten Staaten haben keinen Einwand, da er eine saubere Wahl gewonnen hat«. Hinter verschlossenen Türen äußerte sich Kennedy anders: Nachdem der Versuch, Fidel Castros Regime mit der von der CIA unterstützten Landung einer exilkubanischen Brigade in der Schweinebucht zu stürzen, sechs Monate vorher kläglich gescheitert war, war der Präsident entschlossen zu verhindern, dass in der Karibik ein weiterer potenzieller Castro an die Macht kam.[88] Der amerikanische Außenminister Dean Rusk schrieb am 19. Februar 1962 an seinen britischen Amtskollegen Lord

Home: »Ich muss Ihnen sagen, dass ich zu dem Schluss gelangt bin, dass wir uns nicht mit einem unabhängigen Britisch-Guayana unter Jagan abfinden können.«[89] Macmillan teilte Home mit, Rusks Brief sei »reiner Machiavellismus« und offenbare ein »überraschendes Maß an Zynismus«. Home gab Rusk eine scharfe Antwort:

> Sie sagen, es sei Ihnen unmöglich, sich »mit einem unabhängigen Britisch-Guayana unter Jagan« abzufinden, und man solle »nicht zulassen, dass Jagan erneut an die Macht kommt«. Wie schlagen Sie vor, das in einer Demokratie zu bewerkstelligen? Und selbst wenn man ein geeignetes Mittel finden könnte, müsste es mit einiger Sicherheit transparent sein.[90]

Doch Macmillan und Home gaben dem amerikanischen Druck nach. In keiner anderen britischen Kolonie wurde den Vereinigten Staaten die Führungsrolle in den verdeckten Aktionen überlassen.[91] Am 15. August 1962 bewilligte Kennedy zwei Millionen Dollar für eine CIA-Operation, mit der Jagan vor der Unabhängigkeit Britisch-Guayanas entmachtet werden sollte.[92] Am 15. Oktober willigte Kolonialminister Duncan Sandys ein, der CIA den Auftrag zu geben, an die beiden wichtigsten politischen Gegner Jagans heranzutreten: an Forbes Burnham, den Führer des People's National Congress (PNC), und Peter D'Aguiar, dessen wirtschaftsfreundliche United Force (UF) für einen »Kapitalismus mit Volksunternehmen« warb.[93]

Bei einem Treffen mit Gouverneur Sir Ralph Grey bekannte sich Hollis am 7. November erneut zur traditionellen Einstellung des Security Service zu den verdeckten Operationen: »[Die Zentrale] und der SLO sollten auf jede direkte Beteiligung an der Durchführung der Pläne verzichten, aber ... wir taten aus einer gewissen Entfernung alles, was in unserer Macht stand, um dafür zu sorgen, dass die Pläne auf zutreffenden Fakten beruhten.«[94] Hingegen sprach sich der Leiter des Bereichs E, Alex Kellar, deutlich gegen den Einsatz verdeckter Maßnahmen gegen die Regierungen von Kolonien oder Commonwealth-Ländern aus:

> Trotz der politischen Belastungen und der Spannungen zwischen den Ländern des Commonwealth gibt es Faktoren, die die einzelnen Mitglieder weiterhin aneinander binden und den Common-

wealth zu einer auf weltpolitischer Ebene bedeutenden Kraft machen. Keiner dieser Faktoren ist wichtiger als das Sicherheitsgefüge des Commonwealth, in dem der Security Service und seine SLO eine so beherrschende und einflussreiche Stellung einnehmen. Insbesondere unsere Verbindungsmänner spielen eine führende Rolle, denn unabhängig von ihren individuellen Leistungen haben sie allesamt durch völlige Aufrichtigkeit das Vertrauen und den Respekt der einheimischen Beamten in Verwaltung und Polizei gewonnen, was ungemein wichtig ist, insbesondere in jenen neuen Commonwealth-Ländern, die sehr empfindlich in Bezug auf ihre neu gewonnene Unabhängigkeit sind und leicht mit Verärgerung auf uns reagieren können, wenn sie feststellen oder auch nur argwöhnen, dass wir hinter ihrem Rücken aktiv werden. Diese Gefahr wird immer drängender, da der Druck ... zunimmt, in diesen neuen Territorien Geheimoperationen durchzuführen, was unvermeidlich zu einer Verwicklung des SLO und zu einer Korrumpierung seiner Position führt.

... Ich bin mir darüber im Klaren, dass es im Commonwealth aufsässige Mitglieder gibt, die unsere Geduld auf eine harte Probe stellen, aber das Vereinigte Königreich mit seiner größeren Reife, seiner politischen Erfahrung und seiner Vorbildfunktion hat eine besondere Verpflichtung, Geduld zu beweisen.[95]

Die verdeckten Maßnahmen in Britisch-Guayana im Jahr 1963 bestätigten Kellar in seiner Befürchtung, die Rolle des SLO könne »korrumpiert« werden. Im Januar 1963 wurde berichtet, das Weiße Haus sei »sehr zufrieden mit der Entwicklung der verdeckten Operationen« in der Kolonie.[96] Am 10. April rief der dortige Gewerkschaftsverband einen Generalstreik aus, der zehn Wochen dauern sollte und das Land vollkommen lähmte – nie zuvor hatte ein Generalstreik irgendwo auf der Welt derart lange gedauert.[97] Am 8. Mai konfrontierte Jagan den Gouverneur mit dem dramatischen Vorwurf, »Geheimagenten der USA versuchten mit großen Geldsummen«, seine Regierung durch den Streik zu Fall zu bringen.[98] Der Regierungschef wusste nicht, dass sich der Leiter des Gewerkschaftsverbands TUC, Richard Ishmael, nach Jagans Wahlsieg im Jahr 1961 heimlich an Dean Rusk gewandt hatte, um Unterstützung für zukünftige Streikmaßnahmen gegen die »kommunistische Bedrohung Jagan« zu erbitten.[99] Die Vereinigten Staaten hatten diese finanzielle Unterstützung gewährt, die während des Generalstreiks über amerikanische Gewerkschaften an den TUC weitergeleitet wurde. Allerdings warnte man die TUC-Führung, die Unterstützung werde »in dem Moment eingestellt, da der Streik politisch wird«.[100] Die verdeckten Maßnahmen der USA zielten mit britischer Zustimmung darauf, Jagans Wahlniederlage herbeizuführen, nicht jedoch darauf, ihn mit einem Generalstreik zu stürzen.

Im August 1963, einen Monat nach dem Ende des Streiks, wandte sich der SLO an Janet Jagan, die in der Regierung ihres Ehemanns das Ministerium für innere Angelegenheiten leitete, um ihr mitzuteilen, er stehe »zur Verfügung, um sie in Sicherheitsfragen zu beraten«, insbesondere in Fragen der »Gefahrenabwehr und der nachrichtendienstlichen Organisation«. Wie nicht anders zu erwarten, versäumte er zu erwähnen, dass die größte Bedrohung für die Sicherheit der Regierung Jagan die verdeckten Maßnahmen waren, mit denen die CIA dafür sorgen wollte, dass diese Regierung zum Zeitpunkt der Unabhängigkeit nicht mehr im Amt sein würde. In dieser und den folgenden Sitzungen mit dem SLO hörte Janet Jagan »höflich zu« und war »sehr freundlich«. Allerdings zeigte sie sich »verblüfft davon, wie wenig Information ihr die Special Branch zur Verfügung stellt«. Der SLO unterließ es zu erwähnen, dass die Special Branch die Regierungspartei PPP infiltriert hatte, obwohl ihr Leiter sich vertraulich über den gegenwärtigen »Mangel an gut platzierten Agenten« beklagte. Nach seinem Gespräch mit Janet Jagan im August meldete der SLO an die Zentrale:

> Aus meiner Sicht verlief das Treffen günstig. Ich glaube, es ist mir gelungen, die Funktionen des SLO plausibel darzustellen (in den mit dem Gouverneur vereinbarten Grenzen), ohne mich unangenehmen Fragen der Ministerin auszusetzen. Ich habe keinen Zweifel daran, dass sie annahm, dass ich ihr nicht alles erzählte, aber ich habe keinen Grund zu der Annahme, dass ihre Haltung mich daran hindern wird, in Britisch-Guayana nützliche Arbeit zu leisten.[101]

Die verdeckten Maßnahmen in Britisch-Guayana brachten das gewünschte Ergebnis. Es gelang, Jagan ohne direkte Beteiligung des SLO aus dem Amt zu drängen. Das Wahlverfahren wurde auf die

Verhältniswahl umgestellt, ein System, das Burnhams PNC und D'Aguiars UF bevorzugte,[102] die beide von der CIA beraten und finanziell unterstützt wurden. Nach dem Sieg der Labour Party bei den britischen Parlamentswahlen im Oktober 1964 genehmigten Harold Wilson und der innere Kern seines Kabinetts (einschließlich des Außenministers Patrick Gordon Walker und des Kolonialministers Anthony Greenwood) die Fortsetzung der Special Political Action in Britisch-Guayana.[103] Die PPP verlor die Wahl im Dezember 1964, und Jagans Regierung wurde durch eine Koalition von PNC und UF unter dem Regierungschef Forbes Burnham abgelöst, die Guyana, wie das Land von nun an hieß, im Jahr 1966 in die Unabhängigkeit führte.

Zumindest bei einigen Mitgliedern des Security Service hinterließen die verdeckten Maßnahmen in Britisch-Guayana einen bitteren Nachgeschmack. Die Abteilung E5 beklagte sich im Vorfeld der Unabhängigkeit darüber, dass der Security Service nicht umfassend informiert werde.[104] Burnhams korrupte und inkompetente Regierung trieb die Wirtschaft Guyanas in den Ruin und verschärfte den Zwist zwischen der afrokaribischen und der indischen Gemeinschaft. Es ist eine Ironie, dass Burnham in den siebziger Jahren verkündete, Guyana sei »auf dem Weg zum Sozialismus«; er verstaatlichte die Zuckerrohrplantagen und knüpfte freundschaftliche Bande zum Ostblock.[105] Darüber, inwieweit sich Cheddi Jagan an die Sowjetunion angenähert hätte, können nur Vermutungen angestellt werden. Es ist allerdings bezeichnend, dass er sich nach der gewaltsamen Unterdrückung des »Sozialismus mit menschlichem Antlitz« in der Tschechoslowakei im August 1968 ähnlich wie Fidel Castro auf die Seite des Warschauer Pakts schlug. Im Jahr 1969 erklärte Jagan in Moskau: »Nicht nur die Theorie, sondern auch die Praxis hat uns gelehrt, dass dies unser Platz ist.«[106]

Sieht man von Ausnahmen wie Aden und Britisch-Guayana ab, so blickten die meisten Verbindungsmänner nostalgisch auf ihre Erfahrungen bei der Auflösung des britischen Weltreichs und auf die Freundschaften zurück, die sie mit den einheimischen Kollegen geschlossen hatten.

Die meisten MI5-Mitarbeiter aus der Nachkriegsgeneration sammelten Erfahrungen im Empire und im Commonwealth. Doch Ende der sechziger Jahre fand die postimperiale Tätigkeit des Security

Service ein unerwartet plötzliches Ende. Im Jahr 1968 begann ein neu ernannter Ausschuss für die überseeischen Vertretungen nach Einsparungsmöglichkeiten zu suchen. Sir Frank Roberts, der eine glänzende diplomatische Karriere hinter sich hatte, legte im Rahmen seiner Untersuchungen einen streng vertraulichen Bericht über die britischen Nachrichtendienstvertretungen im Ausland vor. Für die zehn Länder, in denen sowohl der MI5 als auch der SIS vertreten waren, schlug Roberts eine gemeinsame Niederlassung vor, deren Leitung ein Mitarbeiter des Security Service übernehmen sollte. Furnival Jones lehnte die Empfehlungen des Roberts-Berichts mit dem Argument ab, eine Zusammenlegung der Vertretungen werde aufgrund der unterschiedlichen Prioritäten von MI5 und MI6 nicht zwangsläufig zu wirklichen Einsparungen führen. Mit Ausnahme von Indien, wo bereits eine Auflösung des SLO-Postens vorgesehen war, sprachen sich sämtliche Hochkommissare in den vom Roberts-Bericht erfassten Ländern gegen einen Abzug des SLO aus. Das Außenministerium berichtete dem Security Service, seine geografischen Abteilungen hätten »die klare Vertrauensbekundung bestätigt, die Sie von den Hochkommissaren erhalten haben«. Doch der Security Service verstand es nicht so gut wie der SIS, seine Sache in Whitehall vorzubringen. Die SLO-Posten wurden in den meisten Ländern gestrichen, übrig blieb eine alleinige Vertretung des SIS.[107]

Die Abberufung der SLO rief bei vielen, möglicherweise bei den meisten Nachrichtendiensten im Commonwealth, bei denen die Verbindungsmänner akkreditiert waren, Enttäuschung hervor. Das zu jener Zeit von S. P. Varma geleitete Delhi Intelligence Bureau wurde von Generaldirektor Furnival Jones persönlich gewarnt, dass der gegenwärtige SLO am Ende seiner Dienstzeit nicht ersetzt werden würde. Varma reagierte »sofort und heftig«: Er würde es als Katastrophe betrachten, sollte der Posten aufgelöst werden, und wisse nicht, wie man »ohne [SLO] auskommen könne«.[108] Der indische Nachrichtendienst schickte ein förmliches Schreiben an Furnival Jones: »Wir unterhalten seit fast 20 Jahren über den SLO-Residenten in Neu-Delhi eine ununterbrochene Verbindung mit Ihrer Organisation. Die Abberufung dieses Verbindungsmanns würde eine langjährige persönliche Beziehung kappen, die für uns von unschätzbarem Wert ist.«[109]

Der Übersee-Bereich des Security Service (Branch E) wurde im

Jahr 1971 aufgelöst. Die verbleibenden Aufgaben wurden zwischen dem Sekretariat und den Nachrichtendienstbereichen aufgeteilt.[110] Auf lange Sicht sprach vieles dafür, die meisten Zuständigkeiten des Security Service in den ehemaligen Kolonien auf den Auslandsgeheimdienst SIS zu übertragen. Beispielsweise machte es im Lauf der Zeit keinen Sinn mehr, dass der MI5 die Führungsrolle in einem zum Commonwealth gehörenden afrikanischen Land spielte, während der MI6 die Hauptverantwortung für die Tätigkeit in den Nachbarländern trug, die nicht dem Commonwealth angehörten. Doch aufgrund der abrupten Auflösung der Verbindungsbüros des Security Service war zu wenig Zeit für eine geordnete Übertragung der Aufgaben, was in einigen Ländern zu einem Bruch in der nachrichtendienstlichen Zusammenarbeit führte, da der SIS die Lücke nicht sofort schließen konnte. Im Mai 1969 wurde berichtet, der kenianische Nachrichtendienstchef James Kanyotu sei »sehr verärgert« über die Abwicklung.[111] Dasselbe galt für einige Angehörige des Security Service.

7
Die Regierung Macmillan: Spionageskandale und die Profumo-Affäre

Die Beziehungen zwischen Harold Macmillan und dem Security Service erholten sich nie mehr, nachdem Sir Dick White im Jahr 1956 in den SIS versetzt und durch Sir Roger Hollis ersetzt worden war, der in der siebenjährigen Amtszeit Macmillans als Premierminister (1957–63) Generaldirektor blieb. White hatte die Zusammenarbeit mit Macmillan als »wunderbar« bezeichnet, und Macmillan seinerseits mochte und respektierte White. Hingegen hegte er eine Abneigung gegen den nicht annähernd so geselligen Hollis, den er, wie er später erklärte, »nichtssagend« fand und für unfähig hielt.[1] Wäre White Generaldirektor geblieben, so wäre die Beziehung zwischen Security Service und Regierung zweifellos harmonischer gewesen. Rab Butler, Macmillans erster Innenminister, hegte deutlich größere Sympathie für Hollis und den MI5, war bei seinem Amtsantritt jedoch kaum mit der Funktionsweise des Nachrichtendienstes vertraut. Zumindest in der ersten Hälfte des Kalten Kriegs wussten die meisten Minister, die mit dem Security Service zu tun hatten, sehr wenig über dessen Tätigkeit, wenn sie nicht sogar ein völlig falsches Bild davon hatten. Butler war keine Ausnahme: Im ersten Gespräch mit Hollis im Januar 1957 sagte er dem Generaldirektor, er wisse bereits, dass der Security Service sehr gute Arbeit leiste, und versprach jede mögliche Unterstützung. Doch wie sich herausstellte, wusste Butler nicht einmal, wo der Nachrichtendienst seinen Sitz hatte. Als er erfuhr, dass sich die Zentrale in Leconfield House befand, zeigte er sich überrascht, da er gedacht hatte, der MI5 operiere verdeckt – er glaubte vermutlich, der Nachrichtendienst betreibe seine Arbeit nicht von einem herkömmlichen Bürogebäude aus, sondern von einer Reihe von Verstecken. Er nahm eine Einladung des Generaldirektors an, die Zentrale des Security Service zu besuchen.[2]

Um die Spionageaktivitäten von KGB und GRU in London einzudämmen, betrieb der MI5 eine ermüdende Überwachung der sowjetischen Botschaft und der Handelsniederlassung, die als Tarnung für Geheimdienstagenten dienten. Die Beobachtung dieser Einrichtungen in den späten fünfziger Jahren lieferte kaum brauchbare Hinweise, gewährte jedoch interessante Einblicke in den Lebensstil der sowjetischen Gesandtschaftsmitglieder.

Macmillan verabscheute Spionageskandale, was einer der Gründe dafür war, dass er in Fragen der Spionageabwehr nur ungern direkten Kontakt zum Security Service pflegte. Im Jahr 1955 hatte er als Außenminister Philby im Unterhaus gegen den Vorwurf der Spionage für die Sowjetunion verteidigen müssen, weil keine stichhaltigen Beweise für seine Schuld vorlagen. Voller Verachtung hatte er das anschließende »Gezeter« in den Medien verfolgt. Seiner Meinung nach war es »gefährlich und schlecht für unsere nationalen Interessen«[3] – sowie peinlich für die Regierung –, wenn derartige Angelegenheiten in der Öffentlichkeit diskutiert wurden. Zu seiner Erleichterung wurden die ersten drei friedlichen Jahre seiner Regierungszeit, aus der er als »Supermac« hervorging (was ihm im Jahr 1959 einen überzeugenden Wahlsieg sicherte), nicht durch Spionageskandale getrübt.

Erfolge im Kampf gegen die sowjetische Spionage blieben dem Security Service gegen Ende dieses Jahrzehnts weitgehend verwehrt. Die Untersuchungen im Fall der »Cambridge Five« kamen nur langsam voran. Hingegen war es der KGB-Residentur gelungen, einen wichtigen Agenten in den SIS einzuschleusen. Am erfolgreichsten war der MI5 in dieser Zeit nicht in der Auseinandersetzung mit dem KGB, sondern bei der Bekämpfung der Londoner Niederlassung des polnischen Geheimdienstes UB. Macmillan war zweifellos erleichtert darüber, dass diese Erfolge kein öffentliches Aufsehen erregten. Bis 1958 konnten 31 polnische Agenten enttarnt werden, und es gelang, einige von ihnen in Doppelagenten zu verwandeln. Dank der Erfolge der Doppelagenten und der von mehreren polnischen Überläufern gelieferten Informationen konnte der DDG Graham Mitchell stolz verkünden, die Operationen der Abteilung D2 gegen den UB seien »von einer Qualität, die zu übertreffen kein Nachrichtendienst hoffen darf«.[4] Die Hinweise, die zur Lösung der zwei wichtigsten sowjetischen Spionagefälle zu Beginn der sechziger Jahre führten, stammten ebenfalls von einem Mitglied des polnischen Geheimdienstes: Michal Goleniewski wurde allerdings nicht vom Security Service, sondern von der CIA unter dem Codenamen SNIPER angeworben und setzte sich später in die Vereinigten Staaten ab.

Im April 1960 berichtete Goleniewski, dass ein um das Jahr 1951 vom polnischen Geheimdienst angeworbener Agent im Büro des britischen Marineattachés in Warschau nach seiner Heimkehr nach Großbritannien an den KGB abgetreten worden sei. Der Verdacht fiel rasch auf Harry Houghton, einen Sachbearbeiter im mit der U-Boot-Abwehr beschäftigten Underwater Detection Establishment (UDE) in Portland. Er hatte in den Jahren 1951/52 im Büro des britischen Marineattachés in Warschau gearbeitet und war wegen seines exzessiven Alkoholkonsums nach Hause geschickt worden. 1956 hatte die Admiralität dem Security Service gemeldet, Houghtons Ehefrau habe behauptet, ihr Mann gebe geheime Informationen weiter; nach Ansicht der Admiralität hatte diese Behauptung ihren Ursprung jedoch möglicherweise darin, dass die Ehe der Houghtons zerrüttet war. Die für die Sicherheitsüberprüfungen zuständige Abteilung des Security Service gelangte ohne ernsthafte Untersuchung zu dem Schluss, die Behauptung der Frau entspringe einfach ihrer Bosheit, und überließ der Admiralität die weitere Untersuchung. Nachdem Houghton im März 1961 verurteilt worden war, stellte der Leiter des Bereichs D, Martin Furnival Jones, fest, dass »eine gute Chance bestanden hätte, Houghton damals als russischen Spion zu entlarven«, wäre der MI5 dem Vorwurf der Ehefrau sorgfältig nachgegangen. Als Mrs. Houghton, die mittlerweile mit einem anderen Mann verheiratet war, nach der Weiterleitung von Goleniewskis Hinweis von der CIA an den MI5 im Jahr 1960 erstmals befragt wurde, legte sie überzeugende Beweise dafür vor, dass ihr früherer Ehemann Geheimnisse ausspionierte: Er hatte geheime Dokumente von seinem Arbeitsplatz im UDE mit nach Hause gebracht und war am Wochenende regelmäßig nach London gefahren und mit Bündeln von Pfundnoten heimgekehrt. Aus Angst vor seiner Gewalttätigkeit hatte es Mrs. Houghton nicht gewagt, zur Polizei zu gehen. Houghton hatte an sich kaum direkten Zugang zu geheimen Informationen, aber wie sich herausstellte, hatte er eine Affäre mit einer Angestellten des UDE-Archivs namens Ethel »Bunty« Gee, durch deren Hände regelmäßig streng vertrauliche Dokumente gingen. Im Juli 1960 folgte ein Observierungsteam der Abteilung

A4 dem Paar auf einen Wochenendausflug nach London, wo sich Houghton und Gee auf einer Parkbank in der Nähe der Waterloo Station mit einem Mann trafen, der anfangs irrtümlich als polnischer Geheimdienstoffizier identifiziert wurde. Nach dem Treffen fuhr dieser Mann mit einem Auto weg, das auf den Namen Gordon Lonsdale registriert war. Die Abteilung A4 beobachtete Houghton und Lonsdale auch bei ihrem nächsten Treffen in einem Café in der Nähe der Waterloo Station, wo Houghton seinem Kontaktmann einen in einer Zeitung versteckten Umschlag zuschob. Außerdem gelang es, Gesprächsfetzen mitzuhören, aus denen hervorging, dass die beiden Männer ihr nächstes Treffen vereinbarten.[5]

An sämtlichen Fällen von sowjetischer Spionage in Großbritannien, die der Security Service nach dem Krieg untersucht hatte, waren Geheimagenten beteiligt gewesen, die in den Londoner Residenturen des KGB und der GRU stationiert waren. Doch bei den Ermittlungen gegen Lonsdale stellte sich heraus, dass er ein nicht diplomatisch registrierter Deep-Cover-Agent war, ein sowjetischer Illegaler, der eine falsche Identität verwendete. Sein richtiger Name Konon Trofimowitsch Molodi wurde erst nach seiner Verurteilung wegen Spionage entdeckt. Molodi, ein Sohn von zwei sowjetischen Wissenschaftlern, war anscheinend schon in der Kindheit als potenzieller Geheimagent ausgewählt worden. Im Jahr 1932 war er mit offizieller Genehmigung im Alter von nur zehn Jahren nach Kalifornien geschickt worden, wo er bei einer Tante gelebt und die Sekundarschule in San Francisco besucht hatte. Als er 1938 nach Moskau zurückkehrte, sprach er fließend Englisch. Während des Zweiten Weltkriegs trat er in den NKWD ein, wo er, um die gestelzte Sprache seiner offiziellen Hagiografie zu zitieren, »die strahlenden Eigenschaften der Kühnheit und des Muts an den Tag legte«. Nach dem Krieg studierte Molodi Chinesisch und unterrichtete diese Sprache, bevor er im Jahr 1951 seine Ausbildung zum Illegalen begann.[6] Drei Jahre später wurde er nach Kanada geschickt, um sich eine fiktive Identität anzueignen. Er erhielt einen Reisepass, der auf den Namen eines »toten Doubles« lautete, nämlich Gordon Arnold Lonsdale, der im Jahr 1924 in Ontario zur Welt gekommen und als Kind mit seiner finnischen Mutter in die Sowjetunion ausgewandert war, wo er im Jahr 1943 gestorben war. Im März 1955 reiste Molodi als »Gordon Lonsdale« nach London, wo er sich an der School of Oriental and African Studies (SOAS) in einen Chinesischkurs eintrug. Als ausgebildeter Chinesischlehrer bewältigte er das Studium mühelos und hatte genug Zeit, um seine Tarnung auszubauen und die erste illegale KGB-Residentur in Großbritannien nach dem Zweiten Weltkrieg einzurichten. Mit KGB-Geldern gründete er mehrere Unternehmen, die Jukeboxes, Verkaufsautomaten und einarmige Banditen vertrieben. Eine der Firmen, an denen er beteiligt war, entwickelte eine elektronische Schließvorrichtung, die 1960 bei der Internationalen Erfinderschau in Brüssel mit einer Goldmedaille ausgezeichnet wurde. Im Ruhestand stellte Molodi später die maßlos übertriebene Behauptung auf, seine Unternehmen seien derart erfolgreich gewesen, dass er es als erster illegaler Resident des KGB zum Multimillionär gebracht habe.[7]

Am 26. August 1960 wurde Lonsdale von einem Observierungsteam der Abteilung A4 dabei beobachtet, wie er mehrere Pakete zu einer Bank brachte, um sie in einem Schließfach zu verstauen. Kurz darauf verließ er das Land, vermutlich, um zu einem seiner seltenen Familienbesuche nach Russland zu reisen. Während Lonsdale im Ausland war, erhielt der DDG Graham Mitchell die Genehmigung, das Bankschließfach zu öffnen. Charles Elwell, der für die Observierung Lonsdales zuständige Beamte des Security Service, war anwesend, als Peter Wright und Hugh Winterborn den Inhalt des Schließfachs untersuchten. In einem Aktenkoffer fanden sie unter anderem ein Ronson-Feuerzeug, das, wie die Röntgenuntersuchung zeigte, ein Geheimfach enthielt, in dem sich Einweg-Chiffrierscheiben, eine Liste von Orten in London und Kartenhinweise befanden.[8] Zu Elwells Überraschung enthielt der Aktenkoffer auch ein Foto von ihm selbst im Gespräch mit einer »ziemlich hübschen Frau«. Diese Entdeckung musste Elwell nun Furnival Jones melden, dem damaligen Leiter des Bereichs D. Als Elwell am nächsten Tag ins Büro kam, wurde er angewiesen, sich sofort bei Jones zu melden, der ihn zur Rede stellte: »Wie erklären Sie die Tatsache, dass in Lonsdales Aktenkoffer ein Foto von Ihnen lag?« Elwells Frau wurde zu Hause abgeholt und getrennt von ihm befragt. Doch es gab eine ausgefallene, aber harmlose Erklärung für das Foto: Die Elwells hatten ihre Wohnung an einen kanadischen Diplomaten vermietet, der zufällig einen Kurs an der SOAS besuchte und sie eines Tages zu einer Party mit einigen seiner Lehrer und Studienkollegen einlud. Einer dieser Studenten war Lonsdale, der bei jener Party die anderen Gäste fotografierte. Elwell war der Meinung, dass es »in den Annalen der Spionageabwehr wohl einmalig« sei, dass ein Geheimdienstmitarbeiter ohne es zu wissen von seinem Observierungsziel fotografiert worden war.[9]

Als Lonsdale im Oktober 1960 aus Russland nach London zurückkehrte, hatte die Branch A bereits Abhörvorrichtungen in seiner Wohnung in der Albany Street angebracht. Bei einer Durchsuchung der Wohnung stellte sich heraus, dass einige der Einweg-Chiffrierscheiben aus dem Feuerzug verbraucht waren, was zeigte, dass er mit Moskau Kontakt aufgenommen hatte.[10] Nach einem Treffen mit Houghton im November wurde Lonsdale von der Abteilung A4 verfolgt und beim Betreten eines Bungalows am Cranley Drive in Ruislip gesehen. Dieses Haus gehörte dem Ehepaar Peter und Helen Kroger, die eine antiquarische Buchhandlung betrieben. Im gegenüberliegenden Haus wurde ein Beobachtungsposten eingerichtet. Erst als man die Krogers zwei Monate später verhaftete und ihnen Fingerabdrücke abnahm, stellte sich heraus, dass sie in Wahrheit langjährige KGB-Illegale aus den Vereinigten Staaten waren, nämlich die Agenten Morris und Lona Cohen. Sie hatten für Lonsdale die Funkverbindungen hergestellt und ihm technische Unterstützung gewährt.[11] Wie Lonsdale waren die »Krogers« extrovertierte Personen mit einem regen Sozialleben, das eine ausgezeichnete Tarnung war. Einer ihrer Freunde unter den Londoner Buchhändlern erinnerte sich später an zahlreiche gesellige Abende und die »wunderbare Gastfreundschaft« in ihrem Haus in Ruislip.[12]

Am 4. Januar 1961 lief Goleniewski in Berlin zur CIA über. Der Security Service befürchtete, dass der KGB Lonsdale und die Krogers abziehen würde, sollte er bemerken, dass Goleniewski über Houghton im Bild war. Also verhafteten Beamte der Special Branch am 7. Januar Houghton, Gee und Lonsdale in der Waterloo Road, nachdem Gee geheime Dokumente übergeben hatte. Die Krogers wurden in ihrem Haus in Ruislip festgenommen. In ihrem Besitz befand sich ein ähnliches Feuerzeug wie das Lonsdales, das in einem Geheimfach ebenfalls Chiffrierscheiben enthielt. Als Mrs. Kroger darum bat, das Feuer schüren zu dürfen, nahm ihr eine wachsame Polizistin die Handtasche ab und fand darin Briefe von Lonsdale, die ihre Beteiligung an der Spionage bewiesen. Fünf Tage nach Krogers

Verhaftung wurde in einem Versteck unter dem Fußboden das Funkgerät gefunden.[13] Im sechstägigen Prozess im März 1961 wurde eine beispiellose Zahl von Mitgliedern des Observierungsteams von A4 sowie von technischen Experten als Zeugen geladen. Alle fünf »Portland-Spione« wurden schuldig gesprochen. Lordoberrichter Parker verurteilte Lonsdale zu 25 Jahren, die Krogers zu jeweils 20 Jahren sowie Houghton und Gee zu 15 Jahren Gefängnis. Generalstaatsanwalt Sir Reginald Manningham-Buller (der Vater eines zukünftigen MI5-Generaldirektors), der das Ermittlungsverfahren geleitet hatte, beglückwünschte den Rechtsberater des MI5, Bernard Hill, zu der »wunderbaren Arbeit des Security Service«.[14] Die Informationen aus Portland, die Lonsdale nach Moskau geschickt hatte, trugen nach Einschätzung der britischen Admiralität zur Entwicklung einer neuen Generation schwerer zu ortender sowjetischer U-Boote bei.[15]

Im Gefängnis erklärte sich Lonsdale bereit, sich von Elwell befragen zu lassen, der ihm als Erstes das Foto zeigte, dass der Spion bei jener Party von ihm gemacht hatte. Anstatt dem Häftling zu verraten, dass die Aufnahme das Ergebnis eines ungewöhnlichen Zufalls war, benutzte Elwell sie, um Lonsdale den Eindruck zu vermitteln, dass ihm der Security Service schon lange Zeit auf der Spur gewesen sei.[16] Lonsdale kam zu dem Schluss, Houghton müsse ein vom Security Service umgedrehter Doppelagent gewesen sein, und Elwell ließ ihn in diesem Glauben.[17] Elwell hatte seine eigene Haft als Kriegsgefangener in Colditz im Zweiten Weltkrieg nicht vergessen und empfand die Dauer von Lonsdales Haftstrafe als sehr bedrückend. Er glaubte, er hätte den Agenten »umdrehen« können, wäre das Innenministerium nicht derart fest von der Aussichtslosigkeit dieses Unterfangens überzeugt gewesen, dass es sich »nicht im geringsten bemühte, mit uns zusammenzuarbeiten«. Endgültig zunichte gemacht wurden Elwells Hoffnungen, als Lonsdale im Jahr 1964 gegen einen britischen Spion ausgetauscht wurde.[18] An die Möglichkeit, die Krogers umzudrehen, dachte Elwell nie. Er beschrieb Kroger später als »scheußlichen Menschen« und seine Frau als »noch scheußlicher«.[19]

Zur selben Zeit, als der Prozess gegen den Portland-Spionagering seinem Ende zuging, also im März 1961, erfuhr der Security Service von einem noch schwerer wiegenden Fall sowjetischer Infiltration.

Goleniewski hatte seinem CIA-Führungsoffizier bereits im November 1959 mitgeteilt, dass der KGB einen Agenten im SIS habe, aber die Briten zweifelten an der Zuverlässigkeit seiner Angaben, bis sich sein Hinweis auf Houghton im Sommer 1960 als zutreffend erwies.[20] Von nun an wurde seine Behauptung, der SIS sei infiltriert worden, ernst genommen, aber anfangs vermutete man den sowjetischen Agenten fälschlich im SIS-Büro in Brüssel.[21] Doch nachdem Goleniewski im Jahr 1961 übergelaufen war, gab er weitere Hinweise, die auf den 39-jährigen SIS-Mitarbeiter George Blake deuteten. Blake war unter dem Namen Behar als Sohn eines eingebürgerten britischen Vaters (eines Sephardim aus Istanbul) und einer niederländischen Mutter in Rotterdam geboren worden und hatte seinen Vornamen zu Ehren König Georgs V. erhalten. Im Zweiten Weltkrieg schloss er sich zunächst dem niederländischen Widerstand an und trat anschließend in die Royal Navy ein, bevor er im Jahr 1944 zum SIS kam. Dem SIS war so manches über seinen neuen Mitarbeiter unbekannt, vor allem die Tatsache, dass sein älterer Vetter Henri Curiel, einer der Gründer der ägyptischen KP, beträchtlichen Einfluss auf Blake ausübte. Im Jahr 1948 wurde Blake vom SIS nach Südkorea versetzt, wo er unter der diplomatischen Tarnung eines Vizekonsuls tätig war. Im Jahr darauf wurde er kurz nach dem Ausbruch des Koreakriegs von der nordkoreanischen Invasionsarmee interniert.[22]

Im Herbst 1951 übergab Blake seinen Wärtern eine in Russisch verfasste und an die sowjetische Botschaft gerichtete Mitteilung, in der er ihnen wichtige Informationen anbot. Bei einem Treffen mit Wassili Alexejewitsch Doschdalow vom KGB gab er sich als SIS-Offizier zu erkennen und bot an, als Agent für die Sowjetunion zu arbeiten. Laut Sergej Alexandrowitsch Kondraschow, der nach dem Ende des Koreakriegs Blakes Führungsoffizier in Großbritannien war, hielt die KGB-Zentrale diesen Agenten für so wichtig, dass kein anderer Angehöriger der Londoner Residentur seinen Decknamen DIOMID oder die Tatsache erfahren durfte, dass er dem SIS angehörte.[23] Die Ermittler des SIS wussten immer noch nicht, wie Blake vom KGB angeworben worden war, als sie am 20. März 1961 den Leiter des Bereichs D (Furnival Jones) um Rat fragten. Jones notierte sich anschließend:

Um ihren Verdacht zu klären, wollen sie Blake am Ende des Osterwochenendes unter einem administrativen Vorwand ins Vereinigte Königreich zurückbeordern [er absolviert einen Sprachkurs im Libanon] und ihn einem Verhör unterziehen. Ihre erste Frage lautete, ob es in Ordnung wäre, wenn sie Blake zu gegebenem Zeitpunkt im Verlauf des Verhörs als Gegenleistung für ein Geständnis Straffreiheit anböten. Ich beriet sie zur Verhörführung und sagte, dass der Generaldirektor [Sir Roger Hollis] die Angelegenheit wahrscheinlich gerne mit »C« [Sir Dick White] besprechen würde.[24]

Zur Erleichterung sowohl des SIS als auch des MI5 legte Blake am späten Nachmittag des 5. April gegenüber den Verhörführern vom SIS ein Geständnis ab, ohne dass es nötig gewesen wäre, ihm Straffreiheit anzubieten. Er gab zu, dem KGB im Oktober 1951 während seiner Internierung in Nordkorea seine Dienste angeboten zu haben, und erklärte, »aus rein ideologischen Gründen« spioniert zu haben, obwohl er einräumte, dass ihm »gelegentlich große Geldbeträge angeboten« worden seien.[25] Nachdem er im April 1953 seine Tätigkeit im SIS wieder aufgenommen hatte, fotografierte er jeden Monat mit einer Minox-Kamera rund 200 geheime Dokumente und leitete die Aufnahmen an seinen Führungsoffizier weiter. Um keinen Verdacht zu wecken, beschränkte er sich dabei stets auf Dokumente, zu denen er im Rahmen seiner Tätigkeit Zugang hatte.[26]

White und Hollis müssen sehr darunter gelitten haben, dass sie nun ihren amerikanischen Kollegen gestehen mussten, dass der SIS einen Mitarbeiter in seinen Reihen hatte, der seit zehn Jahren für den KGB arbeitete. Hollis willigte ein, den SLO in Washington zu beauftragen, J. Edgar Hoover persönlich einen Brief von White zu überbringen, in dem der Fall STARFISH (Blake) dargelegt wurde.[27] Die Tatsache, dass der Security Service kurz zuvor mit der Enttarnung des Portland-Spionagerings und der Sammlung ausreichender Beweise gegen drei KGB-Illegale (darunter zwei Amerikaner) einen großen Erfolg gefeiert hatte, trug möglicherweise dazu bei, dass Hoover weniger aufbrausend als gewohnt auf die Nachricht von der sowjetischen Infiltrierung reagierte. Der SLO war überrascht über die »verständnisvolle« Haltung des FBI-Direktors. Der Fall Blake, erklärte Hoover, sei »ein weiterer Beleg dafür, dass wir unentwegt wachsam gegenüber den drohenden Gefahren sein müssten. Schließlich habe sogar Christus einen Verräter in seiner kleinen Gruppe von zwölf Gefährten gehabt.«[28]

Harold Macmillan reagierte wie gewohnt irritiert, als er sich mit einem weiteren Spionageskandal beschäftigen musste. Zusätzlich vergrößert wurde sein Ärger dadurch, dass er den neuen amerikanischen Präsidenten John F. Kennedy, zu dem er auch auf persönlicher Ebene eine enge Beziehung aufbauen wollte, über den Fall Blake informieren musste.[29] Doch sollte sich der Präsident ein kritisches Urteil über das Verhalten des britischen Geheimdienstes in diesem Fall gebildet haben, so wurde es rasch durch den Fehlschlag der von der CIA unterstützten possenhaften Kommandooperation der »kubanischen Brigade« in den Hintergrund gedrängt, die am 17. April 1961 in der Schweinebucht landete, um Fidel Castro zu stürzen. Es folgten »zwei höllische Tage«, wie Kennedy es ausdrückte, »die aufreibendste Zeit meines Lebens«. In seiner Verzweiflung kommentierte er gegenüber seinem Sonderberater Theodore Sorensen: »Wie konnte ich nur so dumm sein, das zuzulassen?«[30]

In den KGB-Akten werden Blake zwei bedeutsame Spionageerfolge im Dienst der Sowjetunion zugeschrieben: Erstens ermöglichten die von ihm gelieferten Informationen gemeinsam mit jenen, die Heinz Felfe, ein KGB-Agent im Bundesnachrichtendienst (BND) bereitstellte, und früheren Angaben Philbys anscheinend die »Ausschaltung des feindlichen Agentennetzes in der DDR« in den Jahren 1953 bis 1955.[31] Der SIS schätzte, dass mindestens 40 der von Blake enttarnten Agenten hingerichtet wurden.[32] Blakes zweite große Leistung als sowjetischer Agent bestand darin, der Moskauer Zentrale eine der bemerkenswertesten westlichen Nachrichtendienstoperationen im Kalten Krieg zu verraten, nämlich den geheimen Bau eines 500 Meter langen Tunnels von West- nach Ost-Berlin, der dazu dienen sollte, die Leitungen anzuzapfen, die von der sowjetischen Militär- und Nachrichtendienstzentrale in Karlshorst bis in die Ostberliner Vororte verliefen. Bei einem Treffen mit seinem Führungsoffizier auf der Plattform eines Londoner Doppeldeckerbusses im Januar 1954 übergab Blake das Protokoll einer Konferenz über das als »Operation Gold« bezeichnete Tunnelbauprojekt.[33] Am 14. April 1955, einen Monat vor Inbetriebnahme des Tunnels, wurde Blake nach Berlin versetzt.[34] Um ihn, der mittlerweile der mit Abstand wichtigste britische Agent des KGB war, nicht zu kompromittieren, unterließ es die Moskauer Zentrale, den Bau und die Inbetriebnahme des Tunnels zu unterbinden. Als der KGB im April 1956 eine »zufällige« Entdeckung des Tunnels inszenierte, waren im Rahmen der »Operation Gold« bereits mehr als 50 000 Magnetbänder mit Aufzeichnungen abgefangener sowjetischer und ostdeutscher Mitteilungen gesammelt worden. Der nachrichtendienstliche Ertrag war so groß, dass es nach dem Ende der Operation mehr als zwei weitere Jahre dauerte, die Informationen auszuwerten. Zwar gelang es dem KGB, die Sicherheit seiner eigenen Kommunikationsleitungen zu schützen, aber er legte eine verblüffende Gleichgültigkeit gegenüber dem Lauschangriff auf die rivalisierende GRU und die sowjetische Armee an den Tag.[35]

Der Rechtsberater des Security Service, Bernard Hill, vertrat auch den SIS in den Gesprächen mit der Generalstaatsanwaltschaft und den Kronanwälten im Vorfeld von Blakes Prozess am 3. Mai 1961.[36] Zur Verblüffung aller Beteiligten verurteilte der Lordoberrichter Parker den Spion zu 42 Jahren Gefängnis, der längsten Haftstrafe, die jemals von einem britischen Gericht verhängt worden war. Blake schien fassungslos. Sir Dick White erklärte später, die Härte des Urteils habe ihn ebenfalls schockiert.[37] J. Edgar Hoover hingegen war entzückt und drückte dem SLO in Washington seine Anerkennung aus: »Die Briten haben wirklich Schneid!«[38] Macmillan hingegen fand die Spionageskandale der frühen sechziger Jahre noch widerwärtiger als die Aufregung, die er im Jahr 1955 ausgelöst hatte, indem er Philby widerwillig für unschuldig erklärt hatte. Anstatt dem MI5 zu seinen Beiträgen zur Enttarnung mehrerer sowjetischer Spione zu gratulieren, warf der Premier seinem Inlandsnachrichtendienst vor, ihn in der Öffentlichkeit in eine peinliche Lage gebracht zu haben. Nach Blakes Verurteilung beklagte sich Macmillan in seinem Tagebuch, die ohnehin bereits von den Medienberichten geschockte Öffentlichkeit wisse nicht und könne auch nicht darüber aufgeklärt werden, dass Blake »dem MI6 angehörte, einer Organisation, die theoretisch überhaupt nicht existiert. Daher hatte ich im House of Commons eine harte Prüfung zu überstehen.«[39] Zwar gab die britische Presse in der Berichterstattung über das Urteil nicht preis, dass Blake dem SIS angehört hatte, aber die ausländischen Medien hatten diesbezüglich keine Hemmungen, so dass das Geheimnis rasch durchsickerte.

Das stetige Wachstum der Londoner Residenturen von KGB und GRU in den sechziger Jahren erschwerte die Tätigkeit der Spionageabwehr zusehends. Der Security Service war in diesem Wettlauf nicht nur deshalb im Nachteil, weil seine Ressourcen nicht ausreichten, sondern litt auch darunter, dass es schwierig war, eine erfolgreiche strafrechtliche Verfolgung feindlicher Agenten durchzusetzen (verständlicherweise war er nicht darauf versessen, dieses Manko an die große Glocke zu hängen). Wenn es nicht gelang, ein Geständnis zu erreichen oder einen Agenten auf frischer Tat bei der Übergabe vertraulicher Informationen zu überraschen, war es normalerweise unmöglich, eine gerichtliche Verurteilung zu erwirken. Diese Schwierigkeit zeigte sich im Jahr 1963 deutlich im Prozess gegen Dr. Giuseppe Martelli, einen 39-jährigen italienischen Physiker, der in den Laboratorien der Atomenergiebehörde in Culham beschäftigt gewesen war. Martelli konnte dank eines Hinweises eines KGB-Überläufers enttarnt werden. Bei seiner Festnahme hatte er Aufzeichnungen über seine Treffen mit Nikolai Karpekow und anderen KGB-Offizieren, teilweise gebrauchte Einweg-Chiffrierscheiben im Geheimfach einer einfallsreich gebauten Zigarettenschachtel sowie Anweisungen zum Fotografieren von Dokumenten bei sich. Aber der Besitz von Spionagezubehör stellt (anders als der von Einbruchswerkzeug) *an sich* kein Verbrechen dar, und Martelli hatte offiziell keinen Zugang zu vertraulichen Informationen, obwohl er Kontakt zu Personen hatte, die sehr wohl Geheimdokumente einsehen konnten. Martelli gab zu, sich mit Karpekow getroffen zu haben, behauptete jedoch, einen komplexen Plan verfolgt zu haben, um sich gegen einen Erpressungsversuch des KGB zu wehren. Das Gericht sprach ihn frei.[40]

So wie die Enttarnung der Atomspione zu Beginn des Kalten Kriegs den Anstoß zur Neuausrichtung der Gefahrenabwehr gegeben hatte, führten die Spionagefälle der frühen sechziger Jahre zur Weiterentwicklung des Systems. Nach der Verurteilung George Blakes und der Mitglieder des Portland-Spionagerings im Jahr 1961 wurde der Radcliffe-Ausschuss eingerichtet, der das System der Gefahrenabwehr einer gründlichen Prüfung unterzog. Der Security Service sollte von nun an die Einrichtungen des öffentlichen Dienstes bei der Sicherheitsschulung und in technischen Fragen beraten und die Sicherheitsausbildung in der Industrie verbessern. Damit wurde die Führungsrolle der Branch C im Bereich der Gefahrenabwehr offiziell bestätigt.

In der »Nacht der langen Messer«, wie die Kabinettsumbildung im Juli 1962 bezeichnet wurde, beförderte Macmillan Rab Butler zum stellvertretenden Premierminister und Ersten Minister; seine Stelle an der Spitze des Innenministeriums nahm Henry Brooke ein. Brooke war dem Security Service eher gewogen als Macmillan, aber er löste einige Besorgnis aus, als er eine Liste mit den Namen und Adressen aller Personen und Organisationen in seinem Wahlkreis in Hampstead anforderte, deren Briefverkehr und Telefongespräche überwacht wurden. Der Security Service stellte die Angaben widerstrebend zur Verfügung, beschwerte sich jedoch bei Brookes ständigem Staatssekretär Sir Philip Allen. In einer Notiz des DDG Graham Mitchell hieß es: »Allen sagte, der Innenminister glaube diese Informationen zu brauchen, da er in seinem Wahlkreis Kontakt zu zahlreichen Personen habe und sich wohler fühlen werde, wenn er wisse, ob er gegenüber einigen von ihnen Vorsicht walten lassen müsse. Ich sagte, das sei meiner Meinung nach eine fadenscheinige Begründung.«[41]

Wenige Monate nach der Verurteilung der Mitglieder des Portland-Rings und George Blakes gab die Verhaftung eines weiteren sowjetischen Spions Premierminister Macmillan erneut Grund zum Ärger. Den ersten Hinweis auf John Vassall, einen Büroangestellten in der Admiralität, hatte der problematische KGB-Überläufer Anatoli Golizin geliefert. Später wurde dieser Hinweis durch die Angaben eines weiteren sowjetischen Informanten bestätigt. Die Untersuchung leitete wie im Fall der Portland-Spione anfangs Charles Elwell. Vassalls Wohnung am Dolphin Square wurde abgehört, ein Observierungsteam der Abteilung A4 verfolgte ihn auf dem Weg zur Arbeit im Bus Nr. 24, und sein Schreibtisch in der Admiralität wurde durchsucht. Die Untersuchung brachte keinerlei Beweise für Spionage. Doch im September 1962 wurden bei einer Durchsuchung seiner Wohnung in einem Geheimfach zwei Kameras und belichtete Filme entdeckt. Noch am selben Tag wurde Vassall verhaftet. Ein Mitarbeiter von A4, der den für die Festnahme zuständigen Beamten von der Special Branch begleitete, berichtete später, dass Vassall während der Fahrt zu Scotland Yard im Auto »vor Angst zitterte« und seine Schuld einräumte. Seit seiner Anwerbung in Moskau im Jahr 1955 hatte er unentwegt als sowjetischer Agent gearbeitet – lediglich kurz nach der Enttarnung des Portland-Rings war er angewiesen worden, eine Weile stillzuhalten.[42] Später wurde er zu einer Haftstrafe von 18 Jahren verurteilt.

Macmillan erklärte später, Hollis habe ihn nach Vassalls Verhaftung angerufen und freudig verkündet: »Ich habe den Kerl, ich habe ihn!« Als der Premierminister keinerlei Begeisterung über den Erfolg des MI5 zeigte, sagte Hollis: »Sie wirken nicht besonders erfreut, Herr Premierminister.« Worauf Macmillan antwortete:

> Ich bin tatsächlich keineswegs erfreut. Wenn mein Förster einen Fuchs erschießt, geht er nicht los und hängt ihn am Salonfenster des Besitzers der Hundemeute auf. Er verscharrt den Fuchs dort, wo ihn niemand sieht. Aber man kann einen Spion heute nicht mehr erschießen wie im Krieg. Man muss ihn vor Gericht bringen … besser wäre es, ihn nach der Entdeckung unter Kontrolle zu halten, aber nie zu fangen. … Es wird einen furchtbaren Presselärm geben, es wird eine Debatte im Unterhaus geben, und wahrscheinlich wird die Regierung stürzen. Warum zum Teufel haben Sie ihn »gefangen«?[43]

Tatsächlich spielte seine Erinnerung Macmillan hier einen Streich. Die Neuigkeit von Vassalls Festnahme war ihm nicht in einem persönlichen Gespräch von Hollis überbracht worden. Vielmehr hatte ihm der Kabinettssekretär Sir Norman Brook einen schriftlichen Bericht über den Fall vorgelegt.[44] Nach Vassalls Verurteilung im Jahr 1963 gab der Radcliffe-Ausschuss weitere Empfehlungen zur Gefahrenabwehr und schlug eine sorgfältigere Auswahl der Mitarbeiter für die Gesandtschaften hinter dem Eisernen Vorhang sowie bessere Sicherheitsüberprüfungen vor.

Macmillans Verärgerung über die Bloßstellung durch die Jagd des MI5 auf Spione steht in verblüffendem Gegensatz zu der Zufriedenheit, mit der er die Erfolge des SIS bei der Anwerbung und Führung des vielleicht wichtigsten westlichen Agenten im Kalten Krieg verfolgte. Oberst Oleg Penkowski, der stellvertretende Leiter der Auslandsabteilung der GRU, wurde vom SIS und der CIA gemeinsam betreut. Im April 1961 besuchte er Großbritannien an der Spitze einer sowjetischen Delegation und wurde im Mount Royal Hotel in der Nähe von Marble Arch insgeheim von einem gemischten Team des SIS und der CIA befragt. Er verblüffte die westlichen Geheimdienstler mit folgender Erklärung: »Mein größter Wunsch ... ist es, meiner Königin Elizabeth II. und dem Präsidenten der Vereinigten Staaten, Mr. Kennedy, deren Soldat ich bin, Treue zu geloben.« Penkowski übergab seinen Kontaktmännern in Moskau, London und Paris große Mengen streng geheimer Dokumente (viele davon mit einer Minox-Kamera fotografiert) und lieferte wichtige Einblicke in die sowjetische Politik und die Funktionsweise ihrer Streitkräfte. Im April 1961 und bei einem weiteren Besuch in London im Juli traf er sich persönlich mit Sir Dick White. Präsident Kennedy wurde im Juli vom CIA-Chef über Penkowskis Rolle (nicht jedoch über seinen Namen) informiert.[45] Macmillan wurde wahrscheinlich persönlich von White informiert, mit dem ihn eine herzliche Beziehung verband. Zwar wurden Hollis und sechs weitere Mitglieder des Security Service umfassend eingeweiht, aber der Inlandsnachrichtendienst erhielt keinen direkten Zugang zu Penkowski.[46] Obwohl der KGB Penkowski im September verhaftete, waren die von ihm bereitgestellten Informationen noch im Oktober in der 13 Tage dauernden kubanischen Raketenkrise von großem Wert. Sämtliche streng vertraulichen »Evaluierungen der Bedrohung durch die sowjetischen Raketen auf Kuba«, die Präsident Kennedy und seinen Beratern mindestens einmal am Tag vorgelegt wurden, enthielten das Codewort IRONBARK, was darauf hindeutete, dass sie sich auf von Penkowski gelieferte Dokumente stützten. Der Fall Penkowski zeigte deutlich, wie bedeutsam die »Special Relationship«, die Macmillan so am Herzen lag, im Kalten Krieg war.[47]

In der unglücklichen Beziehung zwischen Macmillan und Hollis brachte dieser das Fass endgültig zum Überlaufen, als er den Premierminister 1963 darüber informierte, dass sein Stellvertreter Graham Mitchell verdächtigt wurde, ein sowjetischer Agent zu sein. Macmillan gab später eine konfuse Darstellung des Gesprächs, in dem ihm die Beweise gegen Mitchell vorgelegt wurden: »Er war dabei gesehen worden, wie er im Park um die Toiletten herumwanderte ... und Dinge austauschte, vermutlich Opium oder etwas in der Art, er schien etwas verstört, arbeitete wahrscheinlich nicht für die Kommunisten. Zum Glück ging er in den Ruhestand, bevor wir etwas unternehmen konnten, aber es war eine besorgniserregende Sache.«[48] Macmillans unbegründeter Verdacht in Bezug auf Mitchells Verhalten ist bezeichnend für seine Wut über die Skandale, in die er seiner Meinung nach vom Security Service verwickelt wurde. Er dürfte es auch als erniedrigend empfunden haben, dass er Präsident Kennedy über die Ermittlungen gegen Mitchell Bericht erstatten musste, da die Möglichkeit bestand, dass der DDG nicht nur britische, sondern auch amerikanische Geheimnisse verraten hatte.[49]

Sehr viel größeren Anlass zur Sorge gab die Profumo-Affäre. Diese Mischung aus Sex- und Spionageskandal stürzte Macmillans Regierung in ihre tiefste Krise. In Wahrheit waren die sexuellen Ausschweifungen, welche die Fantasie der Medien über Gebühr beschäftigten, kaum der Rede wert. Zwar hatte der Kriegsminister John Profumo eine Affäre mit der Prostituierten Christine Keeler gehabt, aber diese Liaison war rasch wieder beendet. Hätte er nicht das Unterhaus belogen, indem er die Affäre leugnete, sondern stattdessen einfach jede Äußerung zu seinem Privatleben verweigert, so hätten viele Abgeordnete wahrscheinlich gezögert, den ersten Stein auf ihn zu werfen. Die kurze Affäre zwischen Christine Keeler und dem GRU-Offizier Jewgeni »Eugene« Iwanow, der als sowjetischer Marineattaché in London stationiert war, stellte ebenfalls nie eine Gefahr für die nationale Sicherheit dar. Es bestand zu keinem Zeitpunkt die Möglichkeit, dass Keeler Minister Profumo Staatsgeheimnisse entlockte und sie an Iwanow weiterleitete. In einer nachträglichen Untersuchung gelangte der Security Service zu dem Ergebnis, dass Iwanow von Anfang an klar gewesen sein musste, dass Keeler keinerlei für ihn nützliche Informationen besaß: »Obwohl zweifellos attraktiv, war Keeler geistlos und unaufrichtig. Iwanow musste nicht mit ihr schlafen, um das zu entdecken.«[50] Es war dem Security Service bekannt, dass Iwanow während seiner vorangegangenen Dienstzeit in Norwegen wegen Trunkenheit am Steuer verhaftet worden war, und Anfang 1961 kündigte sich an, dass das Außenministerium auf Drängen der Admiralität wegen Iwanows Verhalten in London einen scharfen Protest an die sowjetische Botschaft richten würde.[51] Der Leiter des Marinenachrichtendienstes berichtete dem Security Service am 18. Januar, dass Iwanows »Charakterschwächen unter Alkoholeinfluss deutlich zutage treten, vor allem seine mangelnde Diskretion und Selbstbeherrschung, sein Appetit auf Frauen und sein taktloses Gepolter«.[52]

Die Geschichte der Profumo-Affäre wurde durch die Behauptung verzerrt, dass Stephen Ward, ein in der besseren Gesellschaft etablierter Osteopath und Porträtmaler mit ausgefallenen sexuellen Vorlieben, der Profumo bei einer Party am Swimmingpool der Residenz Lord (»Bill«) Astors in Cliveden am 8. Juli mit der 19-jährigen Keeler bekannt gemacht hatte, später von der Polizei »hereingelegt« und in den Selbstmord getrieben worden sei und dass der Security Service Keeler als Lockvogel eingesetzt habe, um Iwanow zum Überlaufen zu bewegen. In Wahrheit interessierte sich der MI5 nur für Ward, weil dieser mit Iwanow zu tun hatte. Er fiel dem Nachrichtendienst erstmals Anfang des Jahres 1961 auf, als die Information einging, dass ein Mann namens Ward versuchte, seine Bekanntschaft mit Iwanow zu vertiefen, indem er mit seinen Verbindungen in der besten Gesellschaft prahlte.[53] Ward behauptete später, er habe Iwanow Personen aus den höchsten Kreisen vorgestellt und sei eng mit ihm befreundet: »Eugene [Iwanow] begegnete in meiner Begleitung auch Jack Profumo bei gesellschaftlichen Anlässen, und einmal traf er Prinzessin Margaret. Er bewunderte ihr herrliches Haar, und sie wurde wütend, als er vorgab, nicht zu glauben, dass ihre Haarfarbe echt sei.«[54] Der MI5 brauchte allerdings mehrere Monate, um den richtigen Stephen Ward ausfindig zu machen: Die Special Branch schickte den Security Service anfangs zu einem anderen Stephen Ward, der am 20. Mai im Verlauf der Befragung durch einen Mitarbeiter der Abteilung D1, der das Pseudonym »Keith Wood« verwendete, erklärte, es müsse jemandem ein Fehler unterlaufen sein, da er noch nie einem Russen begegnet sei. »Er befasste sich gerade damit, eine Geschichte des Infanterieregiments von Durham zu schreiben. Er arbeitete nicht als Osteopath und hatte es auch nie getan.« Der MI5-Mitarbeiter entschuldigte sich bei ihm und lud ihn zu einer Tasse Kaffee ein.[55]

Ein anderer Mitarbeiter des Security Service lieferte »Wood« Informationen über den richtigen Stephen Ward, die er von einem Bekannten erhalten hatte:

Demnach hat Ward eine schwierige Persönlichkeit und lehnt die Regierung ab. Seine Haltung hat ihren Ursprung in den Kriegsjahren, als sich die Armee weigerte, sein in Amerika erworbenes medizinisches Diplom anzuerkennen. Zu irgendeinem Zeitpunkt ist Ward für bankrott erklärt worden, und es wird angenommen, dass er an einem Callgirl-Ring beteiligt ist.[56]

»Wood« traf sich am 8. Juni mit Ward und hielt anschließend fest: »Ward hat eine einnehmende Persönlichkeit und ist wortgewandt. Er sprach vollkommen offen über seine Verbindung zu Iwanow. Obwohl einige seiner politischen Ideen zweifellos ausgefallen sind und von den Russen ausgenutzt werden könnten, glaube ich nicht, dass er von nachrichtendienstlichem Interesse ist.« Ward hatte »Wood« auch eine junge Frau vorgestellt, die »offensichtlich mit ihm zusammenlebt. Sie war stark geschminkt und übermäßig auffällig gekleidet, und ich frage mich … ob dies eine Bestätigung für die Behauptung ist, dass er … an einem Callgirl-Ring beteiligt ist«.[57] Doch da Wards angebliche Aktivität in der Prostitution anscheinend keinerlei Relevanz für die nationale Sicherheit hatte, verzichtete der Security Service darauf, dem Verdacht nachzugehen.

Am 12. Juli lud Ward »Wood« zum Mittagessen ein, um ihn über seine Einschätzung der sowjetischen Politik aufzuklären, der er – im Gegensatz zum Security Service – große Bedeutung beimaß. »Wood« interessierte sich eher für Wards Beschreibung von Iwanows Verhalten unter Alkoholeinfluss bei dem spektakulären Wochenende in Cliveden, wo Iwanow und Christine Keeler einige Tage zuvor nach Aussage Wards gemeinsam zwei Flaschen Whisky geleert hatten. »Wood« notierte sich anschließend: »Meine Einschätzung [Wards] hat sich nicht geändert. Ich halte ihn nicht für ein Sicherheitsrisiko in dem Sinn, dass er absichtlich sein Land verraten könnte, aber seine eigenartigen politischen Ansichten in Kombination mit seiner unübersehbaren Bewunderung für Iwanow könnten ihn zu unabsichtlichen Indiskretionen verleiten.«[58] Die Tatsache, dass Profumo ebenfalls an der Party in Cliveden teilgenommen hatte, löste in Leconfield House einige Besorgnis aus. Auf Vorschlag von Hollis traf sich der Kabinettssekretär am 9. August 1961 mit Profumo und warnte den Minister, dass Ward möglicherweise versuche, ihm Informationen zu entlocken, um sie an Iwanow weiterzugeben. Aus diesem Hinweis schloss Profumo irrtümlich, dass der Security Service von seiner Affäre mit Keeler wisse. Die Warnung des Kabinettssekretärs war zweifellos der Grund dafür, dass er den Kontakt zu Ward abbrach.[59]

Bemerkenswert ist, dass sich das Außenministerium weiterhin mit Ward beschäftigte, da es ihn aufgrund seiner Freundschaft zu Iwanow als nützlichen Mittelsmann betrachtete. Bei einem Treffen mit Ward am 28. März 1962 entdeckte »Wood«, dass Ward ohne Wissen des Security Service vom Außenministerium benutzt wurde, »um inoffizielle Informationen an die russische Botschaft weiterzuleiten«.[60] Zwei Wochen später schrieb Arthur Martin von der Abteilung D1 an Philip Adams in der Sicherheitsabteilung des Außenministeriums, um den Wahrheitsgehalt von Wards Behauptung zu überprüfen, dass er und der entfernt mit ihm verwandte Abgeordnete Sir Godfrey Nicholson »dem Foreign Office bei der Weiterleitung offizieller Berichte an Iwanow geholfen« hätten.[61] Adams bestätigte, dass man Iwanow über Ward entsprechend vorbereitetes Material aus dem Außenministerium zugeschleust hatte.[62] Ward war mit persönlicher Zustimmung des Außenministers Lord Home sowie des ständigen Staatssekretärs Sir Harold Caccia als Mittelsmann zwischen dem Ministerium und der sowjetischen Botschaft eingesetzt worden. Der Security Service warnte das Außenministerium, Ward sei »gleichermaßen naiv und indiskret«,[63] was den unausgesprochenen Vorwurf beinhaltete, dass das Foreign Office ebenfalls naiv gehandelt habe. Doch das Außenministerium ignorierte die Warnung.

Im Verlauf der Kubakrise im Oktober 1962 wurde Ward erneut eingesetzt – diesmal auf Initiative der Russen –, um vertrauliche Informationen zwischen Moskau und London auszutauschen. Der MI5 »machte das Foreign Office erneut darauf aufmerksam, wie gefährlich es war, für solche Zwecke auf Ward zurückzugreifen«.[64] Ward, der sich bereits mit seinen engen Kontakten zu höchsten Kreisen brüstete, sah in der Tatsache, dass er im gefährlichsten Moment des Kalten Krieges als inoffizieller Kanal zwischen Moskau und London eingesetzt wurde, einen Beweis dafür, dass die britische Regierung ihm eine wichtige Rolle als Mittler zwischen Ost und West eingeräumt habe. Ein als zuverlässig eingestufter Informant teilte dem MI5 mit:

Ward behauptet, auf dem Höhepunkt der kubanischen Raketenkrise ... habe Iwanow einen weiteren russischen Vertreter zu einem Treffen mitgebracht, nämlich (Witali) Loginow [einen diplomatischen Geschäftsträger]: »In dieser Nacht hatten wir praktisch eine

Kabinettssitzung. Das war die Nacht, in der Kennedy seine berühmte Radioansprache hielt [in der er die Entdeckung der Raketenabschussrampen auf Kuba bekanntgab].« Ward versuchte, der Quelle den Eindruck zu vermitteln, dass der Inhalt des Gesprächs mit den Russen in seiner Wohnung an den Premierminister und den Außenminister Lord Home weitergeleitet worden sei.

Er sagte, Iwanow habe sich an ihn gewandt, weil er wisse, dass Ward Zugang zum Premier habe: »Du hättest dabei sein sollen. Eugene rief mich sehr beunruhigt an und kam später mit diesem Loginow vorbei. Sie sagten mir gewisse Dinge, die an das Foreign Office gehen sollten. Der Premierminister wurde informiert. Es wirkte sich auf das aus, was später bekannt wurde.«[65]

Obwohl Wards Behauptungen die für ihn charakteristischen Übertreibungen enthielten, waren sie im Kern nicht unwahr. Am 24. Oktober, in einem besonders kritischen Augenblick der Raketenkrise, übermittelte Ward dem Außenministerium die Botschaft Iwanows, dass »die sowjetische Regierung auf den versöhnlichen Einfluss des Vereinigten Königreichs hoffe«. Der Empfänger der Botschaft, Caccia, gab sie an den britischen Botschafter in Moskau weiter, der »sowohl bezüglich der Information als auch bezüglich der Initiative skeptisch« war. Am 27. Oktober begleitete Ward Iwanow zum Haus des Earl of Arran, eines Angehörigen des Außenministeriums, um »der britischen Regierung eine indirekte Aufforderung zur Einberufung einer Gipfelkonferenz in London zukommen zu lassen«. Lord Arran informierte Downing Street sowie das Foreign Office über den Vorschlag.[66] Doch am Tag darauf erklärte sich Chruschtschow bereit, die Raketen aus Kuba abzuziehen.

Über Profumo war der Security Service weniger gut informiert als über Ward und Iwanow. Dass Profumo ein Verhältnis mit Keeler gehabt hatte, fand der Nachrichtendienst erst am 28. Januar 1963 heraus, fast 18 Monate nach der ersten Begegnung der beiden am Swimmingpool von Cliveden. Zwar waren zu diesem Zeitpunkt bereits Gerüchte in der Fleet Street und in Westminster in Umlauf, aber es gab Grund zu der Annahme, dass Keeler darauf verzichten würde, die Affäre in die Öffentlichkeit zu tragen. Am 6. Februar informierte die Abteilung F4 (Spionageabwehr, Führung von Agenten) den Generaldirektor darüber, dass ihre »Zeitungsquelle« berichtet habe: »Die Kurtisane Christine Keeler hat der Quelle mitgeteilt, dass sie nicht die Absicht hat, sich an irgendetwas zu beteiligen, das Mr. Profumo in eine unangenehme Lage bringen würde.«[67] Kurze Zeit später änderte sie ihre Meinung.

Ende März war Innenminister Henry Brooke so besorgt über die wilden Gerüchte, die in Westminster kursierten, dass er Hollis am 28. März 1963 zu sich zitierte, um ihn zu fragen, was der MI5 vorhabe:

> Er sagte, ihm sei zu Ohren gekommen, dass der MI5 derart beunruhigt über die Tatsache sei, dass sowohl Profumo als auch Iwanow mit Christine Keeler schliefen, dass anonyme Briefe an Valerie Hobson [Profumos Ehefrau] geschickt worden seien, um auf diese Art das Ende von Profumos Verhältnis zu erzwingen. Der Innenminister war der Meinung, er müsse die Fakten kennen.[68]

Hollis unterließ es, Brooke zu fragen, wie er auf den Gedanken komme, an dem grotesken Gerücht, der Security Service habe anonyme Briefe an die Frau eines Kabinettsmitglieds geschickt, könne irgendetwas Wahres sein. Stattdessen erklärte der Generaldirektor, der MI5 habe lediglich dafür gesorgt, dass Profumo gewarnt wurde, dass Iwanow für den sowjetischen Geheimdienst arbeitete, der es auf militärische Geheimnisse Großbritanniens abgesehen hatte. Hollis ging geschickt mit einer sehr heiklen Angelegenheit und einem reizbaren Innenminister um. Der Security Service blieb bei seiner Weigerung, politische oder Sexskandale zu untersuchen, solange diese nicht die nationale Sicherheit bedrohten. Obwohl in der folgenden Medienhysterie die Behauptung auftauchte, dass die Profumo-Affäre eine solche Bedrohung darstellte, war dies nie der Fall. Wie Hollis gegenüber Henry Brooke erklärte: »Das Interesse des Security Service war in diesem Fall auf Iwanow und seine Kontakte beschränkt, und es stand uns nicht zu, uns mit der Frage zu befassen, was Ward mit den Mädchen in seinem Bekanntenkreis vorhatte.« Brooke gab ihm recht.[69]

Als Profumo am 5. Juni zugab, das Parlament über seine Beziehung zu Keeler belogen zu haben, und seinen Rücktritt als Minister erklärte, löste die Kombination eines (realen und eingebildeten) Sexskandals in den höchsten Kreisen mit einer groß angelegten Verschwörungstheorie einen gewaltigen Blutrausch der Medien aus, der rückblickend ein weiteres Mal Macaulays Urteil bestätigt: »Es gibt kein lächerlicheres Spektakel als jenes, das die britische Öffentlichkeit bietet, wenn sie in ihre gelegentliche moralische Raserei verfällt.« Eine weitere Bestätigung für Macaulays Ausspruch lieferte ein Leitartikel in der *Times,* in dem der Herausgeber Sir William Haley schwülstig verkündete: »Es *ist* eine moralische Frage.«

Am 3. Juli 1963 wurde ein Strafverfahren gegen Ward eingeleitet, dem vorgeworfen wurde, 1961/62 von den Einnahmen aus der Prostitution von Christine Keeler und Mandy Rice-Davies gelebt zu haben. In der Überzeugung, nur neun Monate vorher eine entscheidende Rolle bei der Beilegung der kubanischen Raketenkrise gespielt zu haben, behauptete Ward nun, er sei das Opfer einer Verschwörung des Establishments. Dieser Vorwurf ist seit damals oft wiederholt worden, aber in den Akten des MI5 gibt es keinerlei Hinweis darauf, dass er begründet ist. Am 31. Juli wurde Ward bewusstlos aufgefunden, nachdem er eine Überdosis Drogen genommen hatte. Er wurde in Abwesenheit schuldig gesprochen, starb jedoch, bevor ihm das Urteil zugestellt werden konnte.

Ein angeschlagener Macmillan schrieb nach Profumos Rücktritt in sein Tagebuch: »Ich kann mich nicht entsinnen, jemals einen derart großen Druck verspürt zu haben. Selbst Suez war eine ›saubere Sache‹ – es ging um Krieg und Politik. Hier war alles ›Schmutz‹.« Lord Hailsham, der Sprecher des Oberhauses, sprach in einer Rede vor der Jugendorganisation der Konservativen einige der Sexskandale an, die die Medien mit der Affäre in Verbindung brachten: »Ich bin nicht der Mann ohne Kopf, der Mann in der eisernen Maske, der Mann, der in einem Freimaurermantel umherläuft, und ich nehme auch nicht an unsagbaren Orgien teil.«[70] Lord Denning, der Präsident des zivilen Berufungsgerichts, der eine Untersuchung der Profumo-Affäre durchführte (deren im September veröffentlichte Zusammenfassung auf Anhieb ein Bestseller wurde), erinnerte sich später:

> Ich sprach mit Ministern der Krone, mit dem Security Service, mit Gerüchtehändlern und Prostituierten. Sie kamen alle heimlich durch die Hintertür, um den Reportern auszuweichen. Einige der Fakten, die ich [bei der Vorbereitung des Denning-Berichts] zu hö-

ren bekam, waren selbst für mein geschultes Ohr derart unerhört, dass ich die Stenotypistinnen hinausschickte, so dass keine Aufzeichnungen gemacht wurden.[71]

Der Denning-Bericht bestätigte die Vorgehensweise des Security Service. Die Zeit hat Dennings Urteil bestätigt, obwohl es von zahlreichen Verschwörungstheoretikern angefochten worden ist: »Es handelte sich um eine beispiellose Situation, auf die der Regierungsapparat nicht vorbereitet war. Nach Ansicht des Security Service hatte der Fall nichts mit einem Sicherheitsrisiko zu tun, sondern war auf das moralische Fehlverhalten eines Ministers beschränkt. Und es gibt kein Verfahren für den Umgang mit einem solchen Fehlverhalten.«

Weder Denning noch der Security Service wussten, dass es noch einen wichtigen und potenziell sehr heiklen nachrichtendienstlichen Hinweis zum Fall Profumo gab, der von einem westlichen Doppelagenten im sowjetischen Geheimdienst stammte (dessen Name weiterhin geheim ist). Am 14. Juni 1963, neun Tage nach Profumos Rücktritt, berichtete dieser Agent, er habe einen sowjetischen Geheimdienstoffizier im Gespräch mit einem Kollegen sagen hören, dass die Russen »über Christine Keeler, ... in deren Wohnung Iwanow zu geeigneter Zeit Abhöraktionen durchgeführt hatte, tatsächlich viele nützliche Informationen von Profumo erhalten« hätten. Der Doppelagent wusste nicht, dass die Behauptung des sowjetischen Geheimdienstoffiziers eher auf unplausiblen Spekulationen als auf verlässlichen nachrichtendienstlichen Erkenntnissen beruhte. Iwanow war ein GRU-Offizier, und es ist sehr unwahrscheinlich, dass detaillierte Berichte über seine Aktivitäten an die KGB-Residentur geschickt wurden, in der jener Doppelagent stationiert war. Zu jenem Zeitpunkt wurde die großspurige Behauptung jedoch ernst genommen, und der Bericht des Agenten wurde an den amerikanischen Justizminister Robert Kennedy weitergeleitet, damit er ihn seinem Bruder, dem Präsidenten, vorlegte, der sich im Juli mit Macmillan treffen sollte.[72]

Doch Robert Kennedy, der gelegentlich nicht auf Hoovers Rat hörte, erzählte dem Präsidenten wahrscheinlich nichts von der Behauptung des Doppelagenten, weshalb auch Macmillan nicht davon erfuhr. Hoover seinerseits informierte den Security Service erst

Jahre später über die Angelegenheit, was vermutlich daran lag, dass er im Jahr 1963 nach einer Reihe britischer Spionageskandale zu der Überzeugung gelangt war, dass die Briten »undicht wie ein Sieb« seien. Der SLO in Washington, der im Jahr 1966 vom Bericht des Doppelagenten erfuhr, war zu Recht erleichtert darüber, dass die Information in London nicht verfügbar gewesen war, als Denning seine Untersuchung durchführte:

> Hätten wir das [im Jahr 1963] erfahren, so hätten wir wohl annehmen müssen, dass [die Information] aus einer guten Quelle stammte, die sich in der Vergangenheit als zuverlässig erwiesen hatte, selbst wenn unser eigenes Material keinen Grund zu der Annahme gab, dass infolge von Profumos Zuneigung zu Keeler und deren Verbindung zu Iwanow im Jahr 1962 Geheimnisse verraten worden waren.[73]

Wäre die Angabe des Doppelagenten im Jahr 1963 im Denning-Bericht erwähnt worden, so hätten die Verschwörungstheoretiker freie Bahn gehabt.

Nach den sensationellen Spionagefällen der frühen sechziger Jahre, deren Höhepunkt die in Macmillans Augen fast unerträgliche Bloßstellung durch den Fall Profumo war, wurde der normalerweise vernünftige Premierminister anfällig für Verschwörungstheorien. Er zitierte Dick White zu sich, dem er weiterhin sehr viel größeres Vertrauen entgegenbrachte als Hollis, und fragte ihn, ob der sowjetische Geheimdienst seinen Sturz zu inszenieren versuche.[74] White glaubte es nicht, aber um den Premierminister zu beruhigen, wurde am 17. Juni eine gemeinsame Arbeitsgruppe von Security Service und SIS eingerichtet, deren Auftrag lautete, »die Möglichkeit zu prüfen, dass der russische Geheimdienst an der Inszenierung der Profumo-Affäre beteiligt war, um die Regierung ihrer Majestät zu diskreditieren«. Macmillan war aufgrund seines schlechten Gesundheitszustands bereits aus dem Amt geschieden, als die Arbeitsgruppe zu dem Schluss gelangte, dass dies nicht der Fall sei.[75]

Die Spionageskandale und die Profumo-Affäre machten die Gefahrenabwehr zu einer Waffe, welche die Opposition in der politischen Auseinandersetzung gegen die Regierung einsetzen konnte.

Die Gründung des Ständigen Sicherheitsausschusses im Januar 1964, der zunächst unter dem Vorsitz von Oberrichter Winn »wünschenswerte Veränderungen der Sicherheitsvorkehrungen anregen« sollte, sollte die Gefahrenabwehr aus der parteipolitischen Debatte heraushalten. Der Nachteil für Branch C des MI5 war, dass ihre Führungsrolle im Bereich der Gefahrenabwehr manchmal von der Sicherheitskommission in Frage gestellt wurde, in der nach Meinung des Security Service wohlmeinende und begeisterte Amateure saßen.[76]

Ein Jahr nach der Profumo-Affäre sah sich die von Macmillans Nachfolger Sir Alec Douglas-Home geleitete konservative Regierung durch einen weiteren Sexskandal bedroht. Im Mittelpunkt der Affäre stand der bisexuelle konservative Politiker Lord Boothby, der über 30 Jahre lang für East Aberdeenshire im Unterhaus gesessen hatte, bevor ihm im Jahr 1958 die Peerswürde auf Lebenszeit verliehen worden war. Am 19. Juli 1964 veröffentlichte der *Sunday Mirror* unter der Schlagzeile »DAS BILD, DAS WIR NICHT ZU DRUCKEN WAGEN« einen Artikel über ein belastendes Foto, auf dem ein prominentes Mitglied des Oberhauses in Gesellschaft des Führers des größten Londoner Rings von Schutzerpressern zu sehen war. Der Zeitung zufolge untersuchte Scotland Yard den Verdacht einer homosexuellen Beziehung zwischen den beiden Männern. Drei Tage später identifizierte das deutsche Magazin *Stern*, dessen Bewegungsfreiheit nicht durch die britischen Pressegesetze zum Schutz vor Verleumdung eingeschränkt war, die beiden Männer als Lord Boothby und den homosexuellen Psychopathen Ronnie Kray, der gemeinsam mit seinem Zwillingsbruder Reggie die wichtigste kriminelle Bande im Norden Londons anführte und sich nebenbei in der Unterhaltungs- und Prominentenszene bewegte. Noch bevor der *Stern* die Namen Boothby und Ronnie Kray nannte, meldete die Abteilung D4, dass »ein unbezahlter Informant, bei dem es sich um einen halbgeläuterten Homosexuellen handelt«, Geschichten erzählt hatte, die Boothby und den homosexuellen Labour-Abgeordneten Tom Driberg mit den Kray-Zwillingen in Verbindung brachten. Der Leiter des Bereichs D stellte fest, dass »der Inhalt des Berichts offenbar keine Sicherheitsbedenken aufwirft, da Lord Boothby und Mr. Driberg keinen Zugang zu vertraulichen Informationen haben«. Doch ein MI5-Informant im Presseviertel in der Fleet Street gab den Hinweis, die Verbindungen zwischen Boothby und den Krays könnten sich »zu einer weiteren kleinen Profumo-Affäre auswachsen«.[77] Diese Befürchtung hegten auch einige Mitglieder der Regierung Douglas-Home, die allerdings angesichts des nur knapp drei Monate entfernten Wahltermins damit rechnen mussten, dass es mehr als nur ein kleiner Skandal werden würde. Am 22. Juli, dem Tag, an dem der *Stern* die Namen der Beteiligten veröffentlichte, wurde der DG zum Innenminister Henry Brooke bestellt, der wie einige seiner Kabinettskollegen der Meinung war, dass sich dieser Skandal ähnlich entwickeln könne wie die Profumo-Affäre. Hollis räumte ein, dass der Security Service von zahlreichen Gerüchten gehört habe, die teilweise Boothbys Homosexualität betrafen, fügte jedoch hinzu, dass sich der MI5 nicht mit dem Privatleben des Politikers zu befassen habe, da dieser keinen Zugang zu Staatsgeheimnissen habe.[78]

Boothby bestritt öffentlich, enge oder gar homosexuelle Beziehungen zu Ronnie Kray zu unterhalten, und strengte eine Verleumdungsklage gegen den *Mirror* an. Am 7. August veröffentlichte die Zeitung eine Entschuldigung und zahlte einen Schadenersatz von 40 000 Pfund sowie Boothbys Anwaltskosten. Das hielt die Medien von weiteren Recherchen ab. In Wahrheit war Boothbys Beziehung zu den Krays, die fünf Jahre später wegen Mordes zu lebenslanger Haft verurteilt wurden (ohne Möglichkeit der Bewährung vor der Verbüßung von 30 Jahren), sehr viel enger, als er behauptet hatte.[79] Wäre diese Beziehung zu jener Zeit publik geworden, so wäre der folgende Skandal für den damaligen Premierminister Harold Macmillan noch unangenehmer gewesen als die Profumo-Affäre: Denn als sich Hollis und Brooke am 22. Juli trafen, wussten sie mit einiger Sicherheit, dass der bisexuelle Boothby seit Jahren der Liebhaber von Lady Dorothy Macmillan war.

E Die Spätphase des Kalten Krieges

1
Operation FOOT und die Spionageabwehr in den siebziger Jahren

Die Ausweisung sowjetischer Geheimdienstoffiziere aus London im September 1971, die sogenannte Operation FOOT, markierte den größten Wendepunkt in der Spionageabwehr des Security Service im Kalten Krieg. In einem internen Bericht über den Erfolg von FOOT heißt es: »Das ständige und alarmierende Anwachsen der sowjetischen offiziellen Vertretung im Vereinigten Königreich im Laufe der fünfziger Jahre (von 138 im Jahr 1950 auf 249 im Jahr 1960) im Verein mit einem entsprechenden Anwachsen der Zahl der russischen Nachrichtenoffiziere (NOs) drohte unsere damals mageren Ressourcen zu erschöpfen.«[1] Um die Kapazitäten der Spionageabwehr auszuweiten, erhielt der Security Service die Erlaubnis, weitere 50 Offiziere, 150 »andere Ränge« und 100 Mitarbeiter für Sekretärs- und Büroarbeiten anzuwerben.[2]

Die sowjetische Präsenz wuchs jedoch kontinuierlich weiter an, und es zeichnete sich schon bald ab, dass eine Begrenzung der Zahl der russischen Vertreter die einzige Möglichkeit war, die Gefahr durch den [KGB] wirksam einzudämmen. Deshalb leiteten wir einen langen und mühsamen Prozess ein, in dem wir das Außenministerium und andere Behörden auf allen Ebenen über die Bedrohung und über die Notwendigkeit aufklärten, eine Obergrenze für die Zahl der Russen einzuführen. Ein wichtiges Element dieses Schulungsprogramms waren gut dokumentierte Empfehlungen für die Ausweisung einzelner Russen und für die Verweigerung von Visa für andere. Nicht alle unsere Empfehlungen wurden akzeptiert, aber von 1960 bis 1970 erreichten wir die Ausweisung von 25 Russen wegen unzulässiger Tätigkeiten und die Verweigerung von rund 40 Visa.[3]

Ende der sechziger Jahre redeten sich jedoch einige hohe Beamte des Außenministeriums ein, dass die Gefahr, die vom KGB ausging, eher ab- statt zunehme. Im Mai 1967 sagte der künftige Ständige Staatssekretär (PUS) Sir Denis Greenhill auf einem Symposium des

Geheimdienstes, er erwarte in dem weniger angespannten Klima der Ost-West-Beziehungen nach der Kubakrise, dass das Goldene Zeitalter des KGB zu Ende gehe und dass sein Einfluss schwinden werde.[4] Der Zeitpunkt einer solchen Aussage hätte kaum schlechter gewählt sein können. Der frisch ernannte KGB-Vorsitzende Juri Andropow (der einzige Geheimdienstchef, der später Parteichef wurde) zählte im Politbüro zu den maßgeblichen Fürsprechern der sowjetischen Invasion in der Tschechoslowakei im kommenden Jahr.[5]

Der erste große Erfolg der »Schulung« über die Gefahr der sowjetischen Spionage war die Entscheidung der Regierung Wilson im November 1968, drei Monate nach der Zerschlagung des Prager Frühlings durch Truppen des Warschauer Paktes, keine weitere Aufstockung der Belegschaft der sowjetischen Botschaft zu genehmigen. Dem KGB und der GRU gelang es jedoch, diese Obergrenze zu umgehen, indem sie mehr »berufstätige Ehefrauen« an die Botschaft entsandten und mehr Geheimdienstoffiziere in andere sowjetischen Behörden in London schleusten, insbesondere in die Handelsdelegation. Versuche des Security Service, auch deren Aufstockung zu begrenzen, stießen auf »beträchtlichen Widerstand« sowohl seitens des Ministeriums für Handel und Industrie als auch seitens der britischen Botschaft in Moskau.[6] Der Sieg der Konservativen bei der Parlamentswahl im Juni 1970 versetzte der Kampagne des britischen Geheimdienstes einen Schub. Der designierte Premierminister Edward Heath und sein Außenminister Sir Alec Douglas-Home waren überzeugt, dass die sowjetische Geheimdienstpräsenz in London »eine reale Bedrohung für unsere nationale Sicherheit« sei. Einige Monate lang hoffte Douglas-Home, das Problem über vertrauliche Gespräche lösen zu können. Als er jedoch im Herbst das Thema gegenüber seinem sowjetischen Amtskollegen Andrej Gromyko zur Sprache brachte, gab dieser die absurde Antwort: »Die Zahlen, die Sie hier nennen, können nicht stimmen, weil die Sowjetunion keine Spione hat.« Im Dezember schrieb Douglas-Home an Gromyko und bat offiziell, das »Ausmaß ... der nachrichtendienstlichen Tätigkeiten, die von sowjetischen Vertretern in seinem Land durchgeführt werden« einzuschränken. Er erhielt keine Antwort.[7]

Innerhalb des Außenministeriums unterstützte George Walden, der kurz nach der Wahl das Ressort Sowjetunion übernahm, am vehementesten den Plan, sowjetische Nachrichtenoffiziere in großer

Zahl auszuweisen. Walden war überzeugt, dass der Kreml die britische Diplomatie erst dann ernst nehmen würde, wenn die britische Regierung den Mut aufbrachte, sich konsequent dem aufgeblähten sowjetischen Spionagenetz in London zu widmen:

> Die Russen wussten, dass wir von Spionen geradezu erdrückt wurden und dass wir es nicht wagten, irgendetwas dagegen zu unternehmen. Der Wille, sich ihrem Druck auf dem Feld der Spionage zu widersetzen, wurde zu Recht von den Russen als Gradmesser für die gesamte Entschlossenheit eines Landes gewertet, und im Jahr 1970 betrachtete der KGB die Briten als gebrochen.[8]

Im Frühjahr 1971 hatten sich die meisten, wenn nicht alle Staatssekretäre und Abteilungsleiter des Außenministeriums dem Vorschlag des Security Service angeschlossen, eine hohe Zahl sowjetischer Nachrichtenoffiziere auszuweisen, falls der Versuch, sie im privaten Gespräch zu überzeugen, scheitern sollte. Und danach sah es immer mehr aus.

Der KGB versuchte, eine der wenigen prominenten Persönlichkeiten in Verruf zu bringen, die sich öffentlich für eine Verkleinerung der sowjetischen Geheimdienstgemeinde in London aussprach: den ehemaligen Tory-Abgeordneten Commander Anthony Courtney. Der sowjetische Geheimdienst brachte pikante Fotos von ihm und einer Intourist-Führerin in einem Moskauer Hotelzimmer in Umlauf, die mit einer versteckten Kamera aufgenommen worden waren. Die Operation mit dem Decknamen PROBA[9] verstärkte aber unter konservativen Hinterbänklern lediglich die Unterstützung für Courtneys Kampagne. Am schwersten fiel es dem Security Service, den Innenminister Reginald Maudling, dem der Geheimdienst unmittelbar unterstellt war, zu überzeugen. Genau wie die vorige Regierung unter Wilson stellte sich Maudling anfangs auf den Standpunkt, ein öffentlicher Protest gegen sowjetische Spionage werde lediglich wichtigere Fragen in den Ost-West-Beziehungen belasten: »Nach einer Massenausweisung wäre die Regierung die Zielscheibe des Spottes der britischen Öffentlichkeit, und wir stünden alle ziemlich dumm da.«[10] Am Ende ließ sich jedoch auch der Innenminister vom Security Service überzeugen. Sir Martin Furnival Jones, »FJ«, notierte nach einem Treffen am 24. Mai 1971, dass

Maudling »überrascht« gewesen sei, »dass wir imstande waren, so viele russische Geheimdienstoffiziere so genau zu identifizieren«; ferner sei er »über das Ausmaß der Anstrengungen verblüfft gewesen, das nötig war, um einen [Nachrichtenoffizier] zu observieren«.[11] In einem gemeinsamen Memorandum an den Premierminister vom 30. Juli argumentierten Maudling und Außenminister Douglas-Home, dass die Zahl der KGB- und GRU-Offiziere höher sei, »als der Security Service im Zaum halten« könne.[12] Auf der Grundlage der geschätzten 130 sowjetischen Geheimdienstoffiziere in London stimmte das Außenministerium einer Zielvorgabe von 100 Ausweisungen zu.[13]

Am 4. August schickte Douglas-Home eine letzte Warnung an Gromyko: Die »unzulässigen sowjetischen Tätigkeiten« in Großbritannien, die seit dem letzten Brief an ihn vor acht Monaten uneingeschränkt weiterbestanden hätten, müssten aufhören, hieß es in dem Schreiben. Einmal mehr hielt Gromyko es nicht für nötig zu antworten.[14]

Der Seitenwechsel Oleg Ljalins aus der KGB-Residentur in London am 3. September lieferte eine, wie der Security Service es nannte, »geeignete, zusätzliche Rechtfertigung« für die Massenausweisung sowjetischer Nachrichtenoffiziere.[15] Am 21. April 1971 war Ljalin einfach in die Polizeiwache von Hampstead spaziert und hatte erklärt, er sei ein Mitglied der russischen Handelsdelegation. Er bat um ein Treffen mit Mitarbeitern der Special Branch, gab sich als sowjetischer Nachrichtenoffizier zu erkennen und sagte, er verfüge über wichtige Informationen. Danach wurde er in einer sicheren Wohnung von Offizieren des Security Service ausführlich befragt.[16] Ljalin enthüllte, dass er in der Londoner Residentur der höchste Vertreter der Abteilung W sei, spezialisiert auf Sabotage und verdeckte Anschläge »in Krisen- oder Kriegszeiten«:[17]

> Er hatte die Aufgabe, Orte auszuwählen und zu melden, die für die Einschleusung von sowjetischen Sabotagetrupps aus der Luft und zu Wasser genutzt werden konnten, und eine vor Ort rekrutierte Hilfsorganisation aufzubauen. Im Jahr 1971 entwickelte er einen Plan für die seegestützte Landung eines oder mehrerer Sabotagetrupps bei Hayburn Wyke an der Küste im Norden von Yorkshire. Gleichzeitig hielt er nach einer geeigneten Abwurfzone für eine

Luftlandung nördlich des Kaledonischen Kanals Ausschau. Mithilfe ansässiger Agenten, die seine Vorläufer in Abteilung W, Alexander Sawin und Wladislaw Sawin, ihm empfohlen hatten, baute er ein Netzwerk (mitsamt einem in Moskau geschulten Funker) auf, um die Ankunft und Operationen der Sabotagetrupps zu unterstützen, die über Hayburn Wyke eingeschleust werden sollten. Geplant war außerdem der Aufbau eines zweiten Unterstützernetzwerks.[18]

Laut Ljalin war die Demoralisierung und Terrorisierung der Zivilbevölkerung das Hauptziel der geplanten Sabotageoperationen. Beispielsweise hielt Abteilung W es für möglich, durch Anschläge auf Eisenbahnen »die Menschen so sehr einzuschüchtern, dass sie nicht mehr mit der Bahn reisten, und auf diese Weise das Wirtschaftsleben des Landes zu lähmen«.[19]

Ljalin gab an, zu der Zeit, als er nach London kam, bereits von Abteilung W desillusioniert gewesen zu sein und seine Kollegen in Gruppe F (wo die Mitarbeiter der Abteilung in den Residenturen registriert wurden) wegen ihrer fingierten Spesenabrechnungen verachtet zu haben. Er glaubte ferner (irrtümlich), dass seine Tarnung bereits aufgeflogen sei, als er bei der Ankunft in London als angeblicher Vertreter von Strickwaren in der sowjetischen Handelsdelegation von seinem Kollegen in Gruppe F, Wladislaw Sawin, empfangen wurde. Er hatte nämlich angenommen, dass Sawin schon damals von den britischen Behörden identifiziert worden sei. Danach habe er jeden Moment damit gerechnet, dass der Security Service zu ihm Kontakt aufnahm. Im September 1970 fragte die Polizeiwache des Londoner Stadtteils Kentish Town in der Handelsdelegation nach ihm, aber nur um seine Adresse im Zusammenhang mit einem kleineren Vorfall zu überprüfen, der sich einige Wochen zuvor ereignet hatte. Ljalin war außer Haus, rief aber später bei der Polizeiwache an und bestätigte seine Anschrift. Später wählte er von einer Telefonzelle in Highgate aus die Nummer 999 und sagte, er wolle mit jemandem sprechen, der sich mit der Sowjetunion auskenne, er habe Informationen anzubieten. Der Vermittler verstand die Bitte falsch und bot an, die Nummer der sowjetischen Botschaft herauszusuchen. Ljalin legte auf.[20]

Während der Treffen in der sicheren Wohnung des Security Service, die am 21. April 1971 begannen und mehr als vier Monate dauerten, wurde Ljalins Haltung als »stets freundlich, aber nie entspannt« beurteilt. Offen und willig habe er auf alle gestellten Fragen geantwortet, wobei kein einziges nachrichtendienstliches Thema tabu gewesen sei. Die Verhöre wurden mit einem Kassettenrekorder aufgezeichnet, und Ljalin konnte sehen, wann er ein- und ausgeschaltet wurde. Allerdings wusste er nicht, dass heimlich mit einem zweiten Rekorder alles mitgeschnitten wurde. Den Vernehmungsbeamten fiel es am Anfang schwer, seine Motive zu verstehen. Auch wenn er bei jedem Treffen 10 oder 15 Pfund annahm, zeigte er kein Interesse an größeren Summen und ging beträchtliche Risiken ein, um den Kontakt zu halten. Ljalins kompliziertes Privatleben kam noch hinzu. Schon beim ersten Treffen enthüllte er, dass er die Absicht habe, sich von seiner Frau zu trennen und seine russische Geliebte zu heiraten. Im Mai beobachtete Abteilung A4, wie sich seine Frau nach einem heftigen Streit vor Ljalins Auto stellte und versuchte, ihn am Wegfahren zu hindern. Ljalin wurde wegen dieser Episode und wegen des Skandals, den seine Scheidung auslösen würde, vom Sicherheitschef in der Londoner Residentur zur Rede gestellt. Ljalin appellierte an den Security Service, seine Ausweisung aus Großbritannien zu arrangieren, damit er nach Moskau zurückkehren und dafür sorgen konnte, dass die Scheidung seiner Laufbahn möglichst nicht schadete. Er weigerte sich, zu den Briten überzulaufen, erbot sich aber eifrig, in Russland als britischer Agent im KGB zu arbeiten.[21] Der britische Geheimdienst hielt Ljalin aber für zu unberechenbar, um ihn langfristig in Moskau einzusetzen.[22] Um seiner absteigenden Karriere als KGB-Offizier neuen Auftrieb zu geben, arbeitete der Service eigens für ihn eine Operation aus: Im Verteidigungsministerium rekrutierte er einen Scheinagenten mit dem Decknamen AFT, der angeblich Zugang zu klassifizierten Informationen hatte.[23]

Die Komplikationen in Ljalins Privatleben häuften sich, als er sich auch noch mit einer verheirateten englischen Frau einließ. Am 27. August fand eine »besonders offene Sitzung« mit seinen Führungsoffizieren wegen der drei Frauen in seinem Leben statt, in der er enthüllte, dass seine Geliebte angedeutet habe, sie sei bereit, mit ihm in Großbritannien zu leben. Ljalin sagte jedoch, er sei immer noch entschlossen, in die Sowjetunion zurückzukehren. Ein paar

Tage später änderte er seine Meinung. Am 30. August wurde Ljalin in den frühen Morgenstunden wegen Trunkenheit am Steuer in der Tottenham Court Road verhaftet, verbrachte die Nacht in einer Zelle, nachdem er sich geweigert hatte, eine Blut- oder Urinprobe abzugeben, und wurde am nächsten Morgen von dem Zivilgericht an der Marlborough Street gegen Kaution aus der Haft entlassen. Bei einem Treffen mit seinen Kontaktpersonen in der sicheren Wohnung am 1. September schien Ljalin wegen der Verhaftung nicht im geringsten beunruhigt. Die Residentur hatte die Aktion der Zentrale als eine Provokation geschildert, die von den britischen Behörden eigens inszeniert worden sei. Er machte sich aber wegen eines Briefes von einem KGB-Kollegen in Moskau Sorgen, der schrieb, dass seine Frau behaupte, Ljalin sei mit dem KGB unzufrieden; er könne in ernste Schwierigkeiten geraten, falls sie das den Behörden mitteilte. Zum Pech für Ljalin war der Brief irrtümlich einem Kollegen in der Londoner Residentur zugestellt worden, der ihn prompt an den Sicherheitsoffizier weiterleitete. Zwei Tage später beschloss Ljalin, nachdem man ihn nach Moskau zurückgerufen hatte, offen die Seiten zu wechseln. Am 3. September 1971 um 9.50 Uhr rief er seine englische Geliebte an, konnte sie aber nicht überreden, ihren Mann zu verlassen und mit ihm zu leben. Dann fragte er seine russische Geliebte, und sie war einverstanden. Um 14.15 Uhr nahm Ljalin Kontakt mit dem Security Service auf und gab an, gemeinsam mit einer Freundin überlaufen zu wollen. Nachdem er klassifizierte Dokumente aus einem KGB-Safe in der Residentur entwendet hatte, fuhren er und seine russische Geliebte zu der sicheren Wohnung und unterschrieben Anträge auf politisches Asyl.[24]

Neben Details zu Sabotageplänen der Abteilung W in Großbritannien lieferte Ljalin einen aufschlussreichen Einblick, wie es der Londoner KGB-Residentur stets gelang, die mobile Observierung der Abteilung A4 zu entdecken. Im Jahr 1967 hatte Ljalins Vorgänger Alexander Sawin einen unzufriedenen Beamten in der Kraftfahrzeugzulassung der Stadtverwaltung von Großlondon als Agenten rekrutiert: Siroj Hussein Hassanally Abdoolcader. Der in eine gut situierte malaysische Familie geborene Abdoolcader war zehn Jahre zuvor nach London gekommen, um Jura zu studieren. Als Folge eines mehrfachen Scheiterns beim Examen und einer Unzufriedenheit mit seinem Gesellschaftsleben wurde er – laut einer späteren Beurteilung des Security Service – immer »verbitterter und reizbarer«. 1967 kam Sawin in einer Kneipe scheinbar rein zufällig mit Abdoolcader ins Gespräch und stellte sich als Pole namens »Vlad« vor, der seit vielen Jahren in England lebe. Nach weiteren Abenden in der Kneipe, wobei »Vlad« die meisten Getränke spendierte, gab er sich als Russe zu erkennen und überredete Abdoolcader, für ihn in den Unterlagen der Stadtverwaltung die Besitzer einiger Fahrzeuge herauszusuchen, deren Kennzeichen er ihm gab. Darunter waren etliche Autos der Abteilung A4 und der MPSB. Als Sawin im Juli 1969 nach Moskau zurückgerufen wurde, übergab er Abdoolcader an Ljalin, den er als »Alex« vorstellte. Ljalin setzte Abdoolcader als Talentscout ein, schulte ihn im Einsatz toter Briefkästen und ließ ihm Geschenke und regelmäßige Zahlungen zukommen (in der Regel kleine Beträge, einmal immerhin 100 Pfund). Zwei Wochen nach dem Seitenwechsel Ljalins wurde Abdoolcader verhaftet. In seinem Besitz fanden sich eine an Ljalin adressierte Postkarte und weitere Angaben zu A4-Observierungsfahrzeugen. Er wurde zu drei Jahren Gefängnis verurteilt.[25]

Trotz des Erfolgs der Londoner Residentur bei der Identifizierung von Überwachungsfahrzeugen hatte Ljalin offenbar beruhigende Nachrichten über deren vergebliche Versuche, den Security Service zu infiltrieren. Aus Gesprächen mit dem Residenten Juri Nikolajewitsch Woronin und anderen Offizieren der Residentur gelangte er zu der Überzeugung, dass seit dem Fall Douglas Britten im Jahr 1968 keine Unterwanderung mehr gelungen sei.[26] Die Abteilung K7, die für sowjetische Infiltration zuständig war, mahnte jedoch zur Vorsicht. Sie wies darauf hin, dass Ljalin kaum etwas über frühere Erfolge, geschweige denn die Struktur der britischen Geheimdienstgemeinde wusste. Falls derzeit ein solcher Fall existiere, dann stehe er »wohl kaum auf der Indoktrinierungsliste«. Umgekehrt steckte eine ebenso große Ironie in dem Umstand, dass ausgerechnet zu einer Zeit, als Peter Wright und andere Verschwörungstheoretiker ihre Jagd auf imaginäre KGB-Maulwürfe im Security Service fortsetzten, Ljalin nachdrücklich darauf bestand, dass die Zentrale eine Unterwanderung des britischen Geheimdienstes für »praktisch unmöglich« hielt.[27]

Die Operation FOOT war ursprünglich für Oktober 1971 geplant gewesen, wurde aber nach Ljalins endgültigem Seitenwechsel am 3. September ein paar Wochen vorgezogen. Die KGB-Zentrale wurde sowohl von seinem Seitenwechsel als auch von der Operation völlig überrumpelt. Am 24. September 1971 bestellte der Ständige Staatssekretär im Außenministerium Sir Denis Greenhill, der noch vor wenigen Jahren dem Security Service erklärt hatte, er gehe davon aus, dass der Einfluss des KGB stetig abnehmen werde, den sowjetischen Geschäftsträger Iwan Iwanowitsch Ippolitow zu sich und teilte ihm mit, dass 90 in Großbritannien unter offiziellem Deckmantel stationierte KGB- und GRU-Offiziere des Landes verwiesen würden. Weiteren 15 Agenten, die sich damals in der Sowjetunion aufhielten, werde die Einreise verweigert werden. Damit stieg die Zahl der ausgewiesenen Personen auf 105 an.[28] Noch am selben Abend wurde im Hauptquartier des Security Service eine Party gefeiert. Unter den Gästen befand sich George Walden, der Leiter des Ressorts Russland im Außenministerium, der bei früheren Begegnungen mit MI5-Mitarbeitern den Eindruck gewonnen hatte, es handle sich um eine eher deprimierte Gruppe introvertierter Menschen. Dieses Mal traf er sie jedoch in ausgelassener Stimmung an. Am Anfang war er verblüfft, weil auf der Party keine Drinks angeboten wurden. »Dann öffnete einer von ihnen einen riesigen, eindrucksvollen Safe. Er war von oben bis unten mit Flaschen gefüllt.«[29]

Fast unmittelbar nach Ippolitows Rückkehr von dem Treffen mit Greenhill im Außenministerium am 24. September meldete Abteilung A4, dass ein sowjetischer Nachrichtenoffizier gesehen worden sei, wie er von der GRU-Residentur über die Straße zur Botschaft gegenüber spurtete – zweifellos war er telefonisch zu einer Dringlichkeitssitzung wegen der Massenausweisung bestellt worden.[30] Einen Tag nach den Ausweisungen flog Außenminister Douglas-Home nach New York zu einer Sitzung der Vereinten Nationen, wo ein vor Wut schäumender Gromyko ihn zur Rede stellte und warnte, dass es sehr riskant für Großbritannien sei, der Sowjetunion zu drohen. Laut einem Diplomaten, der die Begegnung beobachtete, brach der britische Außenminister in Gelächter aus. »Glauben Sie wirklich«, fragte er, »dass Großbritannien Ihrem Land ›drohen‹ könne? Bei dem Gedanken, dass dem wirklich so ist, fühle ich mich geschmeichelt.« Douglas-Home fügte hinzu, dass der KGB offenbar Gromyko nicht über seine Pläne informiert habe und dass er persönlich hoffe, Gromyko werde künftig leichter in Erfahrung bringen können, wie viele sowjetische Vertreter in Großbritannien in

Wirklichkeit Geheimdienstoffiziere seien. Auf diese herabsetzende Bemerkung wusste Gromyko nichts zu erwidern.[31]

Kurzfristig bereitete Ljalins Seitenwechsel dem KGB vermutlich sogar mehr Kopfzerbrechen als die Operation FOOT. Die Zentrale informierte die sowjetische Führung, dass Ljalin aller Wahrscheinlichkeit nach Operationen der Abteilung W in anderen Ländern ebenso wie in Großbritannien verraten werde. Die britische Regierung gab zwar nur wenige Details bekannt, aber der Justizminister teilte dem Unterhaus mit, dass der Überläufer für »die Organisation von Sabotageakten im Vereinigten Königreich« und für »die Eliminierung von Personen, die als Gegner der UdSSR angesehen wurden« zuständig war. Laut einem späteren KGB-Überläufer, Wladimir Kusitschkin, brach der sowjetische Parteichef Leonid Breschnew am 27. September 1971 eine Reise nach Osteuropa zu einer Dringlichkeitssitzung des Politbüros in der VIP-Lounge des Moskauer Flughafens ab. Nicht lange danach wurden die meisten Offiziere der Gruppe F aus westlichen Hauptstädten abberufen, so dass die Abteilung W de facto lahmgelegt wurde und außerstande war, ihre Aufgabe, nämlich die Koordination der Sabotageakte im Ausland in Krisenzeiten, wahrzunehmen.[32] Die Reorganisation der Abteilung nahm dreieinhalb Jahre in Anspruch. Die Akten über Operationen in Großbritannien, die der Archivar des KGB (und spätere Überläufer) Wassili Mitrochin einsah, dokumentierten in den Jahren nach Ljalins »Verrat« keine weiteren Sabotagepläne.[33]

Gemäß der herkömmlichen KGB-Praxis in solchen Fällen charakterisierte die Zentrale Ljalin als moralisch verkommen und behauptete, er habe die Ehefrauen einer ganzen Reihe von sowjetischen Kollegen in London verführt. Zum Sündenbock wählte die Zentrale Woronin aus, den ehemaligen Residenten von London, dem man vorwarf, er habe Ljalins Eskapaden vertuscht, um einen Skandal zu vermeiden.[34] Ungeachtet der Tatsache, dass Woronin nur wenige Monate zuvor zum Leiter der Dritten Abteilung der Ersten Hauptverwaltung (Auslandsaufklärung) befördert worden war, wurde er entlassen – ein sicheres Indiz dafür, wie groß der Zorn über den Schaden war, den Ljalins Seitenwechsel angerichtet hatte.[35] »Alles in allem«, stellte ein gut informierter Kommentator später fest, »lösten Ljalins Enthüllungen in den Reihen von KGB/GRU die wohl größte bußfertige Panik seit Jahren aus«.[36]

Die Operation FOOT hatte eine außerordentlich starke Wirkung auf westliche und östliche Geheimdienste und hob das Ansehen des Security Service unter Freund und Feind enorm. Am 5. Oktober 1971 meldete Furnival Jones dem PUS im Innenministerium Sir Philip Allen, dass das Commonwealth und verbündete Geheimdienste geradezu enthusiastisch reagiert hätten. Im FBI hatte der autokratische 76-jährige J. Edgar Hoover »die Neuigkeit mit Freuden aufgenommen« und die Absicht bekundet, Präsident Nixon eine ähnliche Aktion vorzuschlagen.[37] Der britische Verbindungsoffizier (SLO) in Washington, Cecil Shipp, der im Oktober nach London zurückkehren sollte, traf sich im Nachspiel der Ausweisungen zum letzten Mal mit Hoover und wurde mit einer zweistündigen Audienz belohnt. Noch bemerkenswerter war, dass dieses Treffen – im Gegensatz zu den vorigen – »kein Monolog« war, wie er meldete.[38] Der CIA-Direktor Richard Helms schickte »herzliche Glückwünsche«: »Es kommt nicht oft vor, dass wir so gute Neuigkeiten erhalten!« Es gelang Helms jedoch nicht, das amerikanische Außenministerium zu überreden, dem britischen Vorbild zu folgen. Der kanadische Verbindungsoffizier in London sagte, dass die Informationen, die er über FOOT erhalten habe, womöglich, so hoffte er, »dazu führten, dass jene Minister (nicht Trudeau [der Premier galt möglicherweise als hoffnungsloser Fall]), die immer noch blauäugig über die Russen dachten, endlich desillusioniert werden«. Der belgische Verbindungsoffizier schickte »sehr freundliche und herzliche Glückwünsche« und hoffte, dass seine eigene Regierung angespornt werde, vergleichbare Maßnahmen zu ergreifen. Der französische Sicherheitsdienst DST zeigte sich hocherfreut und leitete die persönlichen Glückwünsche des Innenministers weiter; ein »erfreuter« französischer Auslandsnachrichtendienst SDECE beabsichtigte, Präsident Pompidou eine ähnliche Ausweisung vorzuschlagen. Das deutsche Bundesamt für Verfassungsschutz (BfV) war den Meldungen zufolge »begeistert«, aber zugleich pessimistisch, dass die Regierung Willy Brandt dem Beispiel folgen werde; der Bundesnachrichtendienst (BND) hingegen, der anfangs erstaunt reagiert hatte, bezeichnete die Operation sowohl als »mutig als auch revolutionär«. Die Niederländer beabsichtigten ebenfalls, die eigene Regierung mit Hilfe von FOOT dazu zu bringen, härter gegen die sowjetische Aufklärung vorzugehen, und bezeichnete sich als »wie vom Donner gerührt über die Härte und den Mut des H. M. G«: »Das war ein echter und wirksamer Schlag gegen die Struktur des KGB im Westen.«[39]

Nach der Operation FOOT war die Gefahr eines neuerlichen Skandals nach Art der Profumo-Affäre (siehe Abschnitt D, Kapitel 7) die Sicherheitsbedrohung, die der Regierung Heath in der restlichen Legislaturperiode am meisten zu schaffen machte. Am 29. April 1973 meldete die Zeitung *News of the World*, dass (namentlich nicht genannte) Abgeordnete in Geschäfte mit Prostituierten und Drogen verwickelt wären. Die städtische Polizeibehörde informierte den Security Service, dass sie den Behauptungen einer Prostituierten namens Norma Levy und ihres Ehemannes Colin nachgingen, der parlamentarische Staatssekretär für die Luftwaffe, Lord Lambton, habe Drogen genommen und »an seinen Armen Einstichlöcher«.[40] Colin Levy alarmierte das Boulevardblatt *News of the World*, das ein Mikrofon in einem Teddybär auf Norma Levys Bett versteckte und in ihrem Schlafzimmerschrank eine versteckte Kamera installierte. Das Filmmaterial und die Tonaufnahmen, auf deren Verwendung die Zeitung letztlich verzichtete, landeten in den Händen der Polizei.[41] Der Generaldirektor des MI5, Sir Michael Hanley, erkannte das Risiko eines massiven Skandals.[42] Colin Levy deutete überdies Vorwürfe gegen Lord Jellicoe, den Lordsiegelbewahrer und Führer des Oberhauses, und einen weiteren konservativen Minister an (der später für unschuldig erklärt wurde). Am 2. Mai wurde der stellvertretende Generaldirektor (DDG) ins Innenministerium gerufen und erfuhr, dass der Premier wissen wollte, ob der Security Service »irgendwelche Sicherheitsbedenken bezüglich der drei Minister« habe.[43] Am nächsten Tag teilte der Rechtsberater Bernard Sheldon dem Innenministerium mit, dass in den Akten des Geheimdienstes »keine nachteiligen Informationen« gegen einen der drei vorlägen, äußerte aber, was für einen MI5-Offizier ungewöhnlich war, Bedenken wegen der politischen Belastung durch den Skandal für den Premier.[44]

Am 7. Mai erhielt Sheldon in der Direktion des Innenministeriums (und zweifellos mit der Billigung von Heath) von der Polizei eine längere Liste bekannter Persönlichkeiten, die Colin Levy genannt hatte. Einmal mehr wurden in den Akten des Security Service »keine nachteiligen Informationen« gegen sie mit Blick auf die Sicherheit gefunden. Die Angst vor einer zweiten Profumo-Affäre blieb dennoch. Am 14. Mai 1973 erhielt der Fraktionsführer der Regierung Francis Pym einen alarmierenden Bericht von einem seiner Stellvertreter, dass Rupert Murdoch, der Besitzer der meistverkauften britischen Boulevardblätter *Sun* und *News of the World*, »eine ›Profumo‹-ähnliche Story mit Aufnahmen über einen Minister auf Lager habe, der an Sexorgien mit Hinterbänklern beteiligt sei. Der Dienstwagen sei ebenfalls beteiligt. Die Story werde in Kürze erscheinen.«[45]

Bei einer vom Premierminister geleiteten Sitzung hoher Minister und Regierungsvertreter am 18. Mai wurde mitgeteilt, dass die Polizei die Absicht habe, Lambton am 21. zu vernehmen. Man einigte sich darauf, dass »eine Entscheidung über weitere Aktionen durch den Security Service« solange warten müsse.[46] Nach dem Verhör beichtete Lambton dem Fraktionsführer: »Er habe zugegeben, dass ein Foto, das einen Mann auf einem Bett mit zwei Frauen zeige, von ihm sei, und dass die Zigarette, die er auf dem Foto rauche, Haschisch enthalte.« Da die »kleine Haschisch-Menge« in seinem Besitz eine Strafverfolgung nach sich ziehen könnte, gab Lambton seinen sofortigen Rücktritt aus der Regierung bekannt.[47] Der Leiter von K2 (Charles Elwell) notierte nach der Vernehmung am 13. Juni:

> Lambton versicherte mir sofort, dass sich im Verlauf seines Umgangs mit Prostituierten absolut nichts von sicherheitspolitischer Relevanz abgespielt habe, dass niemand versuche, ihn zu erpressen, und dass er mit den Prostituierten niemals über seine Tätigkeit gesprochen habe ... Auf seine Aktentasche angesprochen erklärte er, dass er niemals Papiere aus dem Amt mitgenommen habe. In der Tat brauchte er das auch nicht, weil er so wenig zu tun hatte. Er ließ eher durchblicken, dass gerade die Sinnlosigkeit seines Postens ein Grund dafür gewesen sei, dass er auf dumme Gedanken gekommen sei (»untätige Hände« etc.)[48]

In einem Fernsehinterview äußerte sich Lambton womöglich offener über die »Dummheiten«. Auf die Frage des bekannten Moderators Robin Day, weshalb er denn »zu den Nutten gehen« musste, erwiderte Lambton: »Ich denke, dass Menschen manchmal Abwechslung möchten. Meinen Sie nicht?«[49]

Weil Heath unbedingt verhindern wollte, dass sich ein Sexskandal unter hohen Regierungsvertretern zu einer weiteren Profumo-Affäre auswuchs, ging er gegen Lord Jellicoe genauso konsequent vor. Letzterer gab zu, dass er Prostituierte der Agentur Mayfair Escort bezahlt habe. In einem Bericht an den Premier stand zwar die Schlussfolgerung, dass »in seinem Verhalten alles darauf hindeute, dass das Risiko einer Indiskretion bei diesen Gelegenheiten vernachlässigbar sei«, aber Lord Jellicoe trat dennoch am 24. Mai zurück.[50] Der DDG betonte bei einem Treffen mit Heath, dass der Umgang eines Ministers mit Prostituierten, wie ihm sicherlich bewusst sei, wegen der Gefahr der Erpressung stets ein potenzielles Sicherheitsrisiko sei.[51]

Noch Jahre nach der Massenausweisung waren die sowjetischen Geheimdienstoperationen in Großbritannien das reinste Chaos. Die meisten sowjetischen Agenten wurden auf Eis gelegt.[52] Die Moskauer Zentrale bat die Geheimdienste des sowjetischen Blocks und Kubas, die nachrichtendienstliche Lücke in London zu stopfen. Der KGB versuchte außerdem, die Residentur zu verstärken, indem er Diplomaten und Personal an der Londoner Botschaft kooptierte. Im Jahr 1973 wurden bereits 19 Botschaftsmitglieder in den Akten der Zentrale als KGB-Agenten und kooptierte Mitarbeiter geführt, darunter der Stellvertreter des Botschafters, Iwan Ippolitow.[53] Beim Abhören des Hauptquartiers der CPGB stellte sich heraus, dass der KGB auch hohe Parteifunktionäre, insbesondere den Gewerkschaftsführer Bert Ramelson, einsetzte, um an vertrauliche Dokumente des Gewerkschaftsdachverbandes TUC zu gelangen. Bei einem einmonatigen Pauschalurlaub in der Sowjetunion im Juli 1973 wurde Ramelson von Igor Klimow, einem der ausgewiesenen KGB-Offiziere, kontaktiert und willigte ein, ihnen Kopien von den Sitzungsprotokollen des internationalen Komitees des TUC-Generalrats (zu denen sich Ramelson unbefugt Zugang verschafft hatte) über den Londoner Korrespondenten der sowjetischen Gewerkschaftszeitung *Trud*, Waleri Rogow, zukommen zu lassen. Am 6. August, kurz nach seiner Rückkehr nach London, traf sich Ramelson mit Rogow und überreichte mehrere alte Sitzungsprotokolle. Danach trafen sie sich regelmäßig. Das Arbeitsministerium sah, als es vom Security Service informiert wurde, »die Sache gelassen, weil es schon längst erkannt hatte, dass sämtliche Informationen, die man dem TUC zukommen ließ, vermutlich durchsickerten – man brauche sich lediglich die Zusammensetzung des Generalrats anzusehen.«[54]

Da Ramelson bereit war, TUC-Dokumente an den KGB weiterzuleiten, ist anzunehmen, auch wenn dafür keine Beweise vorliegen, dass er auch vertrauliche Informationen über das Nationale Exekutivkomitee (NEC) der Labour Party weiterleitete. Vom Herbst 1971 an erhielt er unmittelbar nach jeder NEC-Sitzung Berichte über die Diskussionen von seinem Gewerkschaftskollegen Alexander Kitson, dem Geschäftsführer der Transport and General Workers' Union und Schatzmeister des schottischen Gewerkschaftskomitees. Der Generaldirektor des MI5 informierte das Innenministerium, dass Kitson etwa seit 1960 in industriellen Fragen sehr eng mit der CPGB zusammengearbeitet habe: »Seine politischen Ziele und Ansichten stehen offenbar im Wesentlichen im Einklang mit denen der Kommunistischen Partei, auch wenn er nie offiziell eingetreten ist. Er hat außerdem jahrelang eine enge Freundschaft zu Vertretern der kommunistischen Botschaften in London gepflegt.« Die wohl engste Kontaktperson Kitsons war Igor Klimow vom KGB. Nach Klimows Ausweisung setzte er sich vergeblich beim Foreign Office dafür ein, das Einreiseverbot aufzuheben. Zu den übrigen Kontaktpersonen Klimows in der Labour Party zählte die Abgeordnete Joan Maynard,[55] die wegen ihrer »Hingabe an die sowjetische Sache«, wie ein Historiker sagte, den Spitznamen »Stalins Großmutter« trug.[56] Als Maynard im Jahr 1972 ins Exekutivkomitee gewählt wurde, lieferte sie ebenfalls Ramelson regelmäßig Berichte von den Sitzungen.[57]

Das MI5 informierte das Innenministerium:

Ramelsons Aktivitäten zur Beschaffung von Dokumenten ... sowie seine Bereitschaft, zumindest einen Teil dieser Informationen an die Russen und andere kommunistische Parteien weiterzuleiten, sind insofern nicht illegal, als keine Regierungsgeheimnisse gefährdet sind. Nichtsdestotrotz birgt der Umstand, dass russische Geheimdienstoffiziere bei der Beschaffung von Informationen über den TUC (und vermutlich über die Politik der Labour Party) mit Ramelson sowie mit Mitgliedern der Gewerkschaften und der Labour Party zu tun haben, einige Gefahren für die Zukunft, insbesondere falls und sobald wieder eine Labour-Regierung an die Macht kommt.[58]

Im März 1974, einen Monat nach dem Wahlsieg von Labour, stellte MI5-Chef Hanley fest, dass Roy Jenkins, der damals seine zweite Amtszeit als Innenminister antrat, »außerordentlich interessiert« an Informationen zu kommunistischen Versuchen war, das NEC und den TUC zu unterwandern. Als Hanley enthüllte, dass Ramelson die Protokolle einer Sitzung zwischen dem neuen Arbeitsminister Michael Foot und dem TUC besaß, kündigte Jenkins an, dass er die Absicht habe, den Premier zu informieren.[59] Wilsons Reaktion ist nicht dokumentiert.

Der wohl wichtigste britische KGB-Agent während eines Großteils der siebziger Jahre, Geoffrey Prime, wurde ausschließlich außerhalb des Vereinigten Königreichs geführt und war deshalb von den Ausweisungen der Operation FOOT nicht betroffen. Prime war ein Außenseiter, der viele seiner privaten Probleme dem kapitalistischen System zuschrieb und eine, wie er später einräumte, »deplazierte idealistische Anschauung von dem russischen Kommunismus« hatte. Im Jahr 1968 hinterließ er während seiner Zeit als Korporal der Royal Air Force bei der Fernmeldeaufklärungsstation in Berlin-Gatow an einem sowjetischen Checkpoint eine Notiz mit der Bitte, dass sich der sowjetische Nachrichtendienst mit ihm in Verbindung setzen möge.

Der Zettel wurde nicht an die Erste Hauptverwaltung des KGB (die Auslandsaufklärung) weitergeleitet, sondern an die Dritte Verwaltung, die für die Überwachung und Sicherheit der sowjetischen Streitkräfte zuständig war und gelegentlich unter westlichen, in Deutschland stationierten Soldaten (in der Regel auf unterer Ebene) Agenten rekrutierte. In dem Bestreben, der angeseheneren Ersten Hauptverwaltung die Schau zu stehlen, rekrutierte die Dritte Verwaltung Prime als ihren eigenen Agenten. In Absprache mit seinen Führungsoffizieren bewarb er sich nach dem Ausscheiden aus der RAF um eine Stelle im Hauptquartier der Fernmeldeaufklärung (GCHQ) und wurde auf dem KGB-Gelände bei Karlshorst in einem Vorort von Ostberlin im Umgang mit Funkgeräten und Chiffrierschlüsseln geschult, lernte das Setzen von Mikropunkten, Fotografieren mit einer Minox und die Nutzung toter Briefkästen.

Er diente fast neun Jahre lang als sowjetischer Agent am GCHQ in Cheltenham und anderen Stützpunkten. In der Regel transkribierte und übersetzte er abgefangene Funksprüche. Eine spätere Bewertung durch den Security Service beurteilte die Führung des Falls durch die Dritte Verwaltung insgesamt als »inkompetent und unfähig«. »Wenn der Fall effektiver geleitet worden wäre, dann wäre der Schaden (der auch so bereits beträchtlich war) noch größer gewesen.« Da er von seinen Führungsoffizieren keinen konkreten Auftrag erhalten hatte, die offenbar wenig Ahnung vom GCHQ hatten, leitete er einfach »sämtliche Informationen weiter, die ihm relevant erschienen«. Im Jahr 1975 hatte Prime Zugang zu »Informationen aus einer sehr sensiblen Quelle«, wie es offiziell hieß,[60] darunter auch Einzelheiten zu den britischen Erfolgen und Fehlschlägen bei der Entschlüsselung des sowjetischen Funkverkehrs.[61] Seine KGB-Führungsoffiziere schenkten jedoch der Belastung, der sich Prime durch sein Doppelleben ausgesetzt sah, zu wenig Beachtung. Im Sommer 1977, nachdem er kurz vor einem Zusammenbruch gestanden hatte, schmiedete er Pläne für den Seitenwechsel und kaufte ein Flugticket nach Helsinki, machte aber auf dem Weg zum Flughafen kehrt.[62] Im September quittierte Prime dann den Dienst, brach den Kontakt zum KGB ab und wurde Taxifahrer in Cheltenham. Die Londoner Residentur wusste offenbar gar nichts von seiner Existenz – ebenso nicht der Security Service bis zu seiner Verhaftung wegen sexueller Belästigung kleiner Mädchen im Jahr 1982.[63]

Als erste KGB-Sektion der Londoner Residentur nahm Gruppe X (wissenschaftliche und technologische Aufklärung bzw. S&T) nach der Ausweisung so etwas wie einen normalen Betrieb wieder auf, wenn auch nur allmählich und in einem reduzierten Umfang. Im Jahr 1972 wurden Pläne für die Wiederaufnahme des Kontakts zu sechs der wichtigsten Agenten ausgearbeitet: die schon 1937 rekrutierte, altgediente HOLA (Melita Norwood), eine Sekretärin in der metallurgischen Forschungsanstalt British Non-Ferrous Metals Research Association (BNFMRA);[64] der von Norwood 1967 geworbene Beamte HUNT; ACE, ein Flugzeugingenieur; der Chemiker NAGIN; der Laborant STEP und YUNG, ein Flugzeug- und Computeringenieur. Nach dem Material des Überläufers Wassili Mitrochin muss man davon ausgehen, dass die Reaktivierung der sechs Agenten ein langwieriger Prozess war, dem vermutlich eine umfassende Überprüfung vorausging, um sicherzustellen, dass kein Agent mittlerweile vom Security Service überwacht wurde. Im Jahr 1974 verfügte

Gruppe X an der Londoner Residentur über neun operative Offiziere, sieben weniger als vor der Operation FOOT.[65]

Die Karriere von Melita »Lettie« Norwood als sowjetische Agentin hatte ihren Höhepunkt längst überschritten. Im März 1945, als ihre Forschungseinrichtung BNFMRA einen Auftrag für das Projekt TUBE ALLOYS (der Deckname für den Bau der Atombombe) bekam, arbeitete sie als persönliche Assistentin des Direktors und erhielt nach einer Sicherheitsüberprüfung die Unbedenklichkeitsbescheinigung.[66] Obwohl der Security Service zuvor unbestätigte Berichte erhalten hatte, dass sie vor dem Krieg Kommunistin gewesen sei, erhärtete die Sicherheitsüberprüfung von 1945 »diese Bedenken nicht«. Es wurde schlicht angenommen, »dass ein Teil der Informationen, welche der Security Service über Melita hatte, sich womöglich auf ihre Schwester Gertrude bezog«,[67] die 1931 in die CPGB eingetreten war und sich zu einer Zeit als kommunistische Studentin an der London School of Economics engagiert hatte, als Melita Mitglied der Independent Labour Party gewesen war.[68] Nach der öffentlichen Enttarnung von Norwood als sowjetische Agentin im Jahr 1999 gelangte der Security Service in einer Bewertung der Informationen, die sie über TUBE ALLOYS geliefert hatte, zu dem Schluss, dass »deren Bedeutung für das sowjetische Atombombenprogramm allenfalls marginal« gewesen sei.[69] Auch wenn diese Interpretation anhand des Materials in den Akten des Security Service, in Unterlagen von BNFMRA im Nationalarchiv und anderen britischen Quellen durchaus vertretbar zu sein schien, gelangte die Moskauer Zentrale im Jahr 1945 zu einer anderen Schlussfolgerung. Norwoods Informationen hätten, so teilte sie der Londoner Residentur mit, »einen wertvollen Beitrag zur Entwicklung der Arbeiten auf diesem Gebiet« geleistet.[70]

Bei einer Überprüfung des Falls Norwood im Jahr 1951, bei der die Vorkriegsberichte, dass sie eine aktive Kommunistin mit einer »besonders wichtigen« geheimen Tätigkeit gewesen sei, von Neuem untersucht wurden, gelangte John Marriott, der damalige Direktor von Branch B, zu dem Schluss, dass »die Sicherheitsüberprüfung der Dame [von 1945] nicht zufriedenstellend« gewesen war.[71] Ihre Unbedenklichkeitsbescheinigung wurde aufgehoben, allerdings hatte sie ohnehin seit 1949 keinen Zugang mehr zu Atominformationen, als der Auftrag der BNFMRA auslief.[72] »Lettie« Norwood arbeitete jedoch weiter als sowjetische Agentin, auch wenn ihr Zugang sich nunmehr auf kommerziell sensible, aber nicht klassifizierte Informationen beschränkte. Laut Wassili Mitrochins Notizen auf ihrer KGB-Akte fand ein Teil der wissenschaftlichen Informationen, die sie lieferte, »praktische Anwendung in der sowjetischen Industrie« (er machte dazu keine näheren Angaben). Im Jahr 1958 wurde Norwood vom KGB mit dem Rotbannerorden ausgezeichnet. Zwei Jahre später erhielt sie zur Belohnung eine lebenslange Pension in Höhe von 20 Pfund monatlich, die mit sofortiger Wirkung auszuzahlen war. HOLA war jedoch eine ideologische Agentin, die nicht für Geld arbeitete.[73]

Schon 1965 hatte der Security Service allen Grund, eine frühere Spionagetätigkeit ihrerseits zu vermuten. Mittlerweile war bekannt, dass während des Krieges ein sowjetischer Spion in der BNFMRA gesessen hatte, überdies war inzwischen aufgedeckt worden, dass Norwood mit einem Metallurgen der Einrichtung verwandt war, der mit dem Atomspion Klaus Fuchs in Verbindung stand. (Allerdings erfuhr der Security Service erst nach Mitrochins Seitenwechsel, dass Norwood und Fuchs im Zweiten Weltkrieg dieselbe sowjetische Führungsoffizierin hatten: Ursula Beurton, geboren Kuczinski.)[74] Im Jahr 1965 brachte eine gerichtlich genehmigte Brief- und Telefonüberwachung von Norwood kein Beweismaterial für ihre Spionagetätigkeit; ein Jahr später wurde sie abgebrochen. Der zuständige Mitarbeiter der Spionageabwehr D1 notierte im April 1966: »Die Ermittlung hat sich als unergiebig erwiesen. Die Informationen, die wir erhalten haben, legen offenbar die Vermutung nahe, dass Norwood eine harmlose und relativ uninteressante Person ist.«[75]

Eine Observierung durch die Abteilung A4 ergab, dass sie jeden Morgen um 8.30 Uhr das Haus verließ und den Zug zum Hauptquartier der BNFMRA in der Euston Street nahm und den ganzen Tag im Büro verbrachte (auch die Mittagspause), bis auf einen eiligen Einkauf vor der Rückkehr nach Bexleyheath zwischen 18.30 und 19 Uhr.[76] Offenbar hatte Melita Norwood kaum Freunde. Ihr Mann Hilary, ein Lehrer an der Bexley Grammar School, hatte hingegen viele Freunde (meist Kommunisten) und war, im Gegensatz zu Melita, aktives Parteimitglied. Die einzige bekannte kommunistische Kontaktperson von Frau Norwood, abgesehen vom unmittelbaren Familienkreis, war ein betagter Arzt, der wie sie vor dem Krieg Mitglied der Independent Labour Party gewesen war: »Den Kontakt zu ihm hält sie anscheinend nur noch aus Gefälligkeit, um der alten Zeiten willen.«[77]

Ohne zu ahnen, dass Norwood weiterhin eine disziplinierte und engagierte sowjetische Agentin war, stellte der Security Service im April 1966 die Ermittlungen gegen sie ein,[78] ein Jahr bevor sie HUNT für den KGB warb. Um ihre Kontakte zum KGB aufzudecken, wäre eine intensive, längere Observierung in einem Ausmaß erforderlich gewesen, das in der Ära vor der Operation FOOT kaum durchführbar war. Die Ressourcen der Abteilung A4 waren damals ohnehin überlastet. Aus Sicherheitsgründen traf sich Norwood nur vier oder fünf Mal im Jahr mit ihrem Führungsoffizier, in der Regel in den Vororten im Südosten von London, um ihm die Aufnahmen von BNFMRA-Dokumenten zu übergeben.[79] Der britische Geheimdienst hatte bis zum Seitenwechsel Mitrochins im Jahr 1992 keinen Beweis gegen sie.[80] Und selbst danach hätte das Beweismaterial für einen erfolgreichen Strafprozess nicht ausgereicht, da Mitrochins Notizen keine Originaldokumente aus den KGB-Akten enthielten.

Als die Londoner Residentur im Jahr 1974 den Kontakt zu Melita Norwood wiederaufnahm, stellte ihr Führungsoffizier fest, dass sie zwei Jahre zuvor bereits in Pension gegangen war. Ohne Zugang zu S&T-Material war sie uninteressant, der Kontakt wurde abgebrochen. Norwood genoss jedoch als wohl langjährigste britische Agentin mit einem sehr umfangreichen »Œuvre«, nicht zuletzt Informationen über das britische Atomprogramm, weiterhin ein hohes Ansehen in der Zentrale. Laut einem Bericht, der dem Security Service ein Vierteljahrhundert später zuging, war HOLAs Akte in der Ersten Hauptverwaltung als »Studien-/Schulungsmaterial« verwendet worden, »um zu demonstrieren, wie sich aus wenig versprechenden Anfängen ein sehr produktiver Fall entwickeln kann«.[81] Melita Norwood blieb zeit ihres Lebens überzeugte Kommunistin und Anhängerin der Sowjetunion. Nach ihrer aktiven Agententätigkeit, als sie ihre Überzeugungen nicht länger verbergen musste, bekannte sie sich offen zum Kommunismus und trat in die Partei ein. In ihrer Akte beim Security Service gibt es zahlreiche Berichte über ihre Tätigkeit in der CPGB.[82] Bei ihrem ersten Besuch in Moskau im Jahr 1979 mit ihrem Mann, 42 Jahre nach ihrer Rekrutierung als sowjetische Agentin, wurde ihr offiziell der Rotbannerorden überreicht, den man ihr schon 20 Jahre zuvor verliehen hatte.[83] Darüber hinaus wurde ihr eine finanzielle Belohnung angeboten, doch sie lehnte mit der Begründung ab, sie habe alles, was sie zum Leben brauche.[84] Selbst als sie 1999 öffentlich als KGB-Agentin enttarnt wurde, sagte sie in einem Interview, dass sie nichts bedaure: »Ich würde alles wieder so tun.«[85]

Die von HUNT gelieferten Informationen, den Norwood während seiner Tätigkeit für das Handels- und Industrieministerium 1967 geworben hatte, wurden vom KGB sehr hoch eingestuft. Offenbar handelte es sich um britische Waffenverkäufe (allerdings enthalten Mitrochins knappe Notizen zu seiner Akte keine näheren Angaben). Nach einer Pause nach der Operation FOOT nahm der KGB erst im Jahr 1975 wieder zu ihm Kontakt auf, hielt es aber selbst da für sicherer, eine französische Agentin MAIRIE einzuschalten, statt einen operativen Offizier aus der Londoner Residentur. Ende der siebziger Jahre stellte die Residentur ihm 9900 Pfund zur Verfügung, um ein kleines Unternehmen zu gründen. Vermutlich hoffte sie, dass es ihm mit dessen Hilfe gelingen würde, moderne Technologie zu liefern, die damals einem Embargo unterlag. Bereits im Jahr 1981 war die Zentrale jedoch unzufrieden mit HUNTs Informationen und fürchtete offenbar (zu Unrecht), dass er vom Security Service observiert werde.[86] Wenig später starb er an Herzversagen. Der britische Geheimdienst deckte die Existenz von HUNT erst elf Jahre später nach Mitrochins Seitenwechsel auf. Eine andere Quelle aus den neunziger Jahren behauptete, dass HUNT in einer Phase seiner Laufbahn »sehr wertvolle Kopien von klassifizierten Telegrammen des Ministeriums« geliefert habe. Eine Untersuchung des Security Service gelangte jedoch zu dem Schluss: »Es ist unwahrscheinlich, dass [HUNT]s Tätigkeiten dem Vereinigten Königreich nennenswerten Schaden zugefügt haben.«[87] Das Gleiche galt in den Augen des britischen Geheimdienstes für STEP,[88] NAGIN[89] und YUNG.[90]

Der bei weitem produktivste reaktivierte Agent der Gruppe X war der Flugzeugingenieur mit dem Decknamen ACE, der dem Security Service im Oktober 1964 erstmals aufgefallen war, weil er bei der Flugschau in Farnborough Kontakt zu der sowjetischen Besuchsdelegation aufgenommen hatte. Im Lauf der folgenden vier Jahre wurden weitere Kontakte zwischen ACE und sowjetischen Regierungsvertretern dokumentiert (nicht gerade ungewöhnlich in der Luftfahrt), aber es tauchten keine Hinweise auf, dass er als sowjetischer Agent arbeitete. Im Jahr 1968 verlor der Security Service das Interesse an ihm.[91] Ende des Jahres 1981 deckte ein französischer Agent im KGB mit dem Decknamen FAREWELL auf, dass die Londoner Residentur einen Agenten der Gruppe X mit Decknamen ACE führe, dessen Arbeit in Moskau in den höchsten Tönen gelobt werde, insbesondere vom sowjetischen Luftfahrtministerium.[92] Es wurde jedoch keine Verbindung zu einer Person hergestellt, und die Informationen FAREWELLs waren zu allgemein, um eine konkrete Spur zu liefern. Die Agententätigkeit von ACE nahm mit seinem Tod im Jahr 1982 ein jähes Ende. Seine Identität wurde erst nach Mitrochins Seitenwechsel zehn Jahre später aufgedeckt. Laut Mitrochins Notizen auf seiner umfassenden KGB-Akte handelte es sich um Ivor Gregory, einen ranghohen Flugzeugingenieur. Er war im Jahr 1967 von der Gruppe X gegen Geld geworben worden.[93] Allein seine »Produktakte« umfasste rund 300 Bände mit jeweils 300 Seiten. Diese 90 000 Seiten enthielten größtenteils technische Unterlagen zu neuen Flugzeugtypen (darunter die Concorde, die Super VC-10 und die Lockheed L-1011), Flugzeugmotoren (Rolls-Royce, Olympus-593, RB-211 und SPEY-505) und Flugsimulatoren. Vermutlich bildete das Material von ACE über die Flugsimulatoren für die Lockheed L-1011 und Boeing 747 die Grundlage für eine neue Generation sowjetischer Gegenstücke. ACE warb ferner unter falscher Flagge (vermutlich der eines Konkurrenzunternehmens) einen Triebwerkspezialisten mit dem Decknamen SCHWED.[94] Die Ermittlungen des Security Service in Sachen Gregory wurden durch den Umstand erschwert, dass der Mann bereits seit zehn Jahren tot war, als der Geheimdienst Mitrochins Notizen über seine KGB-Akte erhielt. Eine erste Einschätzung im Jahr 1992 zog den Schluss: »Er dürfte den Sowjets Millionen Rubel an Forschungs- und Entwicklungsarbeit erspart haben, nicht zuletzt auf dem Feld der Flugsimulatoren. Sein Motiv war augenscheinlich finanzieller Natur.«[95] In den Akten findet sich jedoch kein Hinweis, dass der Security Service versucht hätte, die ehemaligen Arbeitgeber von ACE zu identifizieren und mit ihnen zu sprechen, um genau herauszufinden, zu welchen Informationen er Zugang hatte – vermutlich weil der Fall bereits überholt war und der Service etliche dringendere Prioritäten hatte. Folglich verwundert es auch nicht, dass die Beurteilungen der Bedeutung von ACE schwankten. Eine Einschätzung von 1996 deutet an, Gregory habe lediglich an Russen, mit denen er »legitimen Geschäftsverkehr« hatte, Informationen zur kommerziellen Luftfahrt weitergegeben und mit Spionage nichts zu tun gehabt. Die aktuellste Einschätzung von 2003 hingegen gelangt zu der Schlussfolgerung, dass die Behauptung, Gregory sei »unwissentlich ein Werkzeug der Russen gewesen, völlig ungerechtfertigt« ist. »Er war sich voll darüber im Klaren, was er tat, und war des Verbrechens schuldig, wissentlich für eine fremde Macht zu arbeiten.« Es gibt keinen Hinweis darauf, dass Gregory Zugang zu klassifizierten Informationen hatte. Aber das hat ihn nicht unbedingt davon abgehalten, wie es 2003 hieß, »beträchtlichen wirtschaftlichen Schaden anzurichten«.[96]

Aus den von Mitrochin gelieferten KGB-Akten geht hervor, dass in den siebziger Jahren weniger neue britische Rekruten für die Gruppe X geworben wurden als in dem Jahrzehnt vor der Operation FOOT. Der wohl wichtigste Neuzugang war Michael John Smith (Deckname BORG), ein Elektronikingenieur. Der damalige CPGB-Sekretär von Surrey, Richard Geldart, bezeichnete Smith später als unverbesserlichen »*Tankie*« – einen überzeugten Befürworter der Niederschlagung des Prager Frühlings 1968 durch Panzer des Warschauer Pakts: »Um es ein wenig drastisch auszudrücken, er war ein totaler Spinner. Hier und da traf man sich auch mal privat, aber er nahm nie daran teil.«[97] Viktor Alexejewitsch Oschtschenko, ein Offizier der Gruppe X in London, stellte in einer Kneipe in der Nähe von Smiths Wohnung in Kingston-on-Thames im Mai 1975 erstmals den Kontakt her. Auf Oschtschenkos Anweisung hin trat Smith aus der Partei aus, beendete seine Gewerkschaftsarbeit, las regelmäßig den *Daily Telegraph*, wurde Mitglied in einem Tennisklub und bemühte sich, wie es in der KGB-Akte euphemistisch heißt, »seine Ergebenheit gegenüber den Behörden zu bekunden«.[98]

Michael John Smith war dem Security Service im November 1971 im Alter von 23 Jahren zum ersten Mal aufgefallen, als die Observierung der CPGB einen Mitgliedsantrag von einem »Michael Smith« in Birmingham ans Licht gebracht hatte. Allerdings gelang es weder dem Geheimdienst noch der Polizei, ihn zu identifizieren. Im Januar 1973 erhielt der Security Service einen Bericht, dass ein Ingenieur namens Michael John Smith mit einer Anschrift in Chessington an einem Bezirkskongress der Partei in Surrey teilgenommen hatte. Weil der Familienname so häufig vorkam und die Anschrift abwich, wurde keine Verbindung zu dem Smith in Birmingham hergestellt. Durch einen merkwürdigen Zufall gab es in Surrey tatsächlich ein zweites Parteimitglied namens Michael John Smith, und der Bericht von 1973 wurde, genau wie einige spätere Berichte, irrtümlich in dessen Akte abgelegt. Im Juli 1976 begann der von Oschtschenko geworbene Michael John Smith seine Arbeit als Testingenieur in der Qualitätssicherung von EMI Defence Electronics, ein Posten, der eine einfache Unbedenklichkeitsbescheinigung erforderte. Mit ihr bekam er Zugang zu Material, das als geheim eingestuft wurde. Da Branch C wegen des Fehlers bei der Aktenablage von seiner kommunistischen Vergangenheit nichts wusste, wurde Smith die Bescheinigung erteilt. Im Frühjahr 1977 wurde der Irrtum korrigiert, als entdeckt wurde, dass derselbe Smith, der für EMI arbeitete, von 1973 bis 1976 in der Kommunistischen Parteiorganisation des Bezirks Surrey tätig gewesen war. Der C2-Berater bei EMI, einer Firma auf der Liste X (also mit einem klassifizierten Regierungsauftrag), brachte den Fall jedoch erst im Februar 1978 zur Sprache – eine Verzögerung, die verständlicherweise in einem Bericht des Sicherheitsausschusses kritisiert wurde. Nach einer Reihe von Gesprächen zwischen Security Service, EMI und Verteidigungsministerium wurde Smith die Unbedenklichkeitsbescheinigung entzogen, und er wurde auf einen nicht klassifizierten Posten versetzt.[99]

Ein Grund für die Nachlässigkeit des Sicherheitsbeauftragten war vermutlich, wie ein späterer Direktor von Branch K einräumte, »die Wahrnehmung in Branch K, dass der KGB in den siebziger Jahren keine Mitglieder der CPGB als Agenten warb ... Ich weiß noch, dass auch ich diese Anschauung in meinen ersten Jahren in der Abteilung verinnerlicht hatte.«[100] Schon früher im Kalten Krieg war die Moskauer Zentrale nach großartig publizierten Fällen auf beiden Seiten des Atlantiks, wo Kommunisten die sowjetische Spionagetätigkeit entweder unterstützt oder selbst übernommen hatten, weit zurückhaltender bei der Rekrutierung von Parteimitgliedern geworden. Ljalin hatte dem Security Service nach seinem Seitenwechsel berichtet: »Die KGB [-Agenten] werden nicht angehalten, bekannte Kommunisten zu hofieren oder zu rekrutieren. Wenn sie nach der

Rekrutierung eines Agenten feststellten, dass er Kommunist war, versuchten sie in der Regel, sein Verhalten gegenüber der Außenwelt zu ändern und ihn dazu zu bringen, seine kommunistischen Anschauungen zu revidieren.«[101] Allerdings hatte Ljalin hier ein viel zu kategorisches Verbot unterstellt, was die Spionageabwehr K jedoch über zehn Jahre lang nicht wusste. Wie im Fall Smith war die Zentrale durchaus imstande, eine Ausnahme zu machen.[102]

Ein Jahr bevor Smith die Unbedenklichkeitsbescheinigung entzogen wurde, hatte er an dem streng geheimen Projekt XN-715 gearbeitet, das Radarzünder für die britischen Atombomben entwickelte und testete.[103] Der KGB leitete die von Smith beschafften Dokumente an N. W. Serebrow und andere Atomwaffenexperten an einer geheimen sowjetischen Militärforschungsanlage mit dem Decknamen »Unternehmen G-4598« weiter, denen es gelang, eine Kopie des britischen Radarzünders zu bauen. Die von Smith gelieferten Informationen schienen jedoch zu schön, um wahr zu sein. Serebrow und seine Kollegen wunderten sich, wie Smith denn an die Funkfrequenz gelangt sein mochte, mit der der Zündmechanismus aktiviert wurde. Diese Information war ihrer Meinung nach so sensibel, dass sie nicht einmal in den als »streng geheim« klassifizierten Dokumenten zum Aufbau und Betrieb des Zünders auftauchen dürfte, zu denen Smith Zugang hatte. Wenn die Funkfrequenz bekannt war, wären die sowjetischen Streitkräfte imstande, einen Störsender zu betreiben, der den Zündmechanismus außer Betrieb setzen würde. Darüber hinaus war die Zentrale genau wie die Atomwaffenexperten offenbar misstrauisch, mit welcher Leichtigkeit und Schnelligkeit ein Ingenieur mit dem Ruf eines strammen Kommunisten imstande gewesen war, sich Zugang zu einem der am strengsten gehüteten Atomgeheimnisse Großbritanniens zu verschaffen. Immerhin war er erst vor kurzem aus der Partei ausgetreten und vom *Morning Star* zum *Daily Telegraph* gewechselt. Der Argwohn, dies sei ein raffiniertes Täuschungsmanöver, wurde allem Anschein nach bestätigt, als Smith seinem Führungsoffizier 1978 mitteilte, dass man ihm die Unbedenklichkeitsbescheinigung entzogen habe und dass er vorläufig keine klassifizierten Informationen beschaffen könne.[104]

Um sicherzugehen, dachte sich die Moskauer Zentrale eine Reihe von Tests aus, mit denen Smiths Zuverlässigkeit auf die Probe gestellt wurde. Der umfassendste Test, der vom KGB-Vorsitzenden Juri Andropow persönlich genehmigt worden war – im KGB-Jargon ein »psychologisch-physiologischer Test unter Verwendung eines kontaktlosen Polygraphen« –, wurde im August 1979 von KGB-Offizieren in Wien durchgeführt. Sie stellten Smith mehr als 120 Fragen (ausnahmslos Ja/Nein-Fragen) und zeichneten heimlich die Antworten auf. Eine anschließende Analyse der Aufzeichnung bestätigte der Zentrale, dass er nicht, wie befürchtet, an einer raffinierten, vom britischen Nachrichtendienst eingefädelten Täuschungsoperation beteiligt war. Smith hatte man zwar eingeredet, der »psychologisch-physiologische Test« sei eine Routinesache, doch in Wirklichkeit hatte der KGB ihn noch nie außerhalb der Sowjetunion eingesetzt. Die Zentrale war mit dem Ergebnis so zufrieden, dass sie beschloss, auch andere Agenten mit dieser Methode zu überprüfen.[105] Allem Anschein nach reizte Smith vor allem der Nervenkitzel einer Tätigkeit für den KGB. Ein Hauch Exotik fing an, sein bis dato eher ereignisloses Leben aufzuhellen. Im Jahr 1979 heiratete er, lernte Flamenco tanzen, begann, spanisch und mexikanisch zu kochen und gab Partys, bei denen er selbstgemachten Wein ausschenkte.[106] Smith versuchte überdies, seine Unbedenklichkeitsbescheinigung bei EMI zurückzubekommen, und schrieb sogar ein Bittgesuch an Mrs. Thatcher, in dem er sich beklagte: »Über mir hängt eine Wolke, die ich nicht vertreiben kann.« Es gelang ihm nicht, diese Wolke zu vertreiben, ehe er im Jahr 1985 überflüssig geworden war. Der KGB hatte den Kontakt zu ihm ein Jahr zuvor abgebrochen, zweifellos weil er keinen Zugang zu klassifiziertem Material mehr hatte, nahm aber später noch einmal Kontakt zu ihm auf.[107] Im November 1993 wurde Smith zu 25 Jahren Gefängnis verurteilt (bei der Berufungsverhandlung auf 20 reduziert), weil er im Zeitraum von 1990 bis 1992 während seiner Tätigkeit für die General Electric Company »zu einem für die Sicherheit oder die Interessen des Staates schädlichen Zweck« Material gesammelt und weitergeleitet hatte.[108]

Ungeachtet des Erfolgs der Gruppe X bei der Führung von Michael John Smith und Agent ACE war das Vereinigte Königreich nach der Operation FOOT für den sowjetischen Geheimdienst ein schwieriges Terrain geworden. Aus dem Material, das Wassili Mitrochin aus den KGB-Archiven geschmuggelt hatte, ging hervor, dass sich mindestens sechs (vermutlich mehr) Agenten der britischen Gruppe X wegen der schwierigen Arbeitsbedingungen in London außerhalb der britischen Inseln mit ihren Führungsoffizieren trafen oder von anderen Residenturen in Europa aus geleitet wurden.[109] Die Arbeitsbedingungen wurden außerdem durch die Berater der Branch C bei allen Firmen auf der Liste X erschwert. Der Irrtum, der im Fall Michael John Smith unterlaufen war, war die Ausnahme, die die Regel bestätigt, ein Beweis dafür, wie wichtig Gefahrenabwehr als Schutz gegen sowjetische S&T-Operationen war. In dieser Beziehung bestand ein auffälliger Gegensatz zu den Vereinigten Staaten. Wegen des Versäumnisses, die Größe der KGB- und GRU-Residenturen zu begrenzen, sowie wegen der Schwächen in den Sicherheitsabteilungen amerikanischer Rüstungsbetriebe kam es zu einem regelrechten Aderlass an technischen Informationen zugunsten der Sowjetunion. Im Jahr 1975 verfügte die Verwaltung T der Ersten Hauptverwaltung über 77 Agenten und 42 vertrauliche Kontaktpersonen, die sowohl innerhalb als auch außerhalb der Vereinigten Staaten gegen amerikanische Ziele eingesetzt wurden. Darunter waren führende Rüstungsbetriebe wie IBM, McDonnel Douglas und der Automobilzulieferer TRW. Der TRW-Mitarbeiter Christopher Boyce etwa ließ dem KGB über seinen drogenabhängigen Freund Andrew Daulton Lee das Bedienungshandbuch für den neuesten Spionagesatelliten Rhyolite zukommen. Später sagte Boyce vor einem Senatsausschuss aus, dass die Sicherheitsvorschriften bei TRW so lax seien, dass er und seine Kollegen »regelmäßig in der ›schwarzen Gruft‹ Partys gefeiert und Besäufnisse veranstaltet« hätten, also in dem Raum, in dem das Projekt Rhyolite untergebracht war. Nach seinen Angaben wurde hinter der Chiffriermaschine der Bacardi aufbewahrt, und ein Gerät zur Vernichtung von Chiffrierschlüsseln diente als Mixer, um Bananen-Daiquiris und Mai-Tais zu mixen.[110] Boyce behauptete darüber hinaus, einem Mitarbeiter sei es gelungen, sich mit einem Sicherheitsausweis, der das Foto eines Affen über seinem eigenen enthielt, Zugang zu streng geheimen TRW-Büroräumen zu verschaffen.[111] Auch wenn derartige Nachlässigkeiten in der Unternehmenssicherheit wohl kaum die Regel waren, sammelte der sowjetische Nachrichtendienst mehr wissenschaftliche und technologische Informationen aus den Vereinigten Staaten als aus dem gesamten Rest der Welt. Das Pentagon schätzte Anfang der achtziger Jahre, dass vermutlich 70 Prozent der damaligen Waffensysteme des Warschauer Paktes in unterschiedlichem Ausmaß auf westlicher, überwiegend amerikanischer Technologie basierten. *Beide* Seiten im Kalten Krieg – der Warschauer Pakt ebenso wie die NATO – waren auf amerikanisches Know-how angewiesen.[112]

2
Der Kampf gegen den Terror und Gefahrenabwehr Anfang der Siebziger

Die größte Änderung bei den Prioritäten des Security Service in den letzten beiden Jahrzehnten des Kalten Krieges war die Verlagerung des Schwergewichts von der Spionageabwehr (CE) und Subversionsabwehr (CS) zur Terrorismusbekämpfung (CT). Der Wechsel vollzog sich allerdings schrittweise. In den siebziger Jahren und noch lange danach ahnte der britische Geheimdienst nicht, dass die Terrorismusbekämpfung eines Tages oberste Priorität bekommen sollte. Zu Beginn wurde Terror als »die gewaltsame Seite der Subversion«[1] angesehen und dem Zuständigkeitsbereich der Branch F für Subversionsabwehr zugeordnet. Der erste Schritt in Richtung eines unabhängigen Bereichs für Terrorismusbekämpfung wurde im Jahr 1976 unternommen, und erst 1984 wurde die Umstrukturierung abgeschlossen. Für vorbeugende Sicherheitsmaßnahmen gegen Terroranschläge und andere Gefahren blieb durchweg Branch C zuständig.[2]

Nach einer längeren Ruhephase tauchten Ende der sechziger Jahre sowohl der nahöstliche Terrorismus als auch die IRA (die beiden Hauptziele der CT-Operationen gegen Ende des Kalten Krieges) fast gleichzeitig als ernstzunehmende Bedrohungen auf. Aus historischen Gründen waren für die Bekämpfung der IRA völlig andere Sicherheitsorgane zuständig als für den Kampf gegen den nahöstlichen Terrorismus. Seit Gründung der Metropolitan Police Special Branch (ursprünglich Special Irish Branch) 1883 während der »Dynamitkriege« der Fenian-Bruderschaft in London war sie die Avantgarde beim Kampf gegen den irisch-republikanischen Terrorismus im britischen Kernland. In Nordirland kam diese Rolle der Special Branch der dortigen Polizei zu, der Royal Ulster Constabulary (RUC). Innerhalb des Vereinigten Königreichs spielte der Security Service folglich nur eine Nebenrolle im Kampf gegen die IRA. Gegen alle anderen Terrorbedrohungen für das britische Kernland (einschließlich der paramilitärischen *Loyalists* aus Nordirland) hatte der Security Service das Sagen, auch wenn dies erst im Jahr 1972 offiziell anerkannt wurde.

Nach dem Wegfall der Bedrohung durch zionistische Extremisten nach dem Krieg[3] machte sich der Security Service 20 Jahre lang keine großen Sorgen um einen nahöstlichen Terrorismus. 1968 machte die Region jedoch wieder Schlagzeilen. Diesmal ging die Bedrohung von den Arabern aus. Der führende Stratege der Terroristen war Dr. Wadi Haddad, der stellvertretende Führer und Leiter der Auslandsoperationen in der marxistisch-leninistischen Popular Front for the Liberation of Palestine (PFLP) unter Führung von Dr. Georges Habasch. An dem Tag, als israelische Truppen sein Elternhaus in Galiläa zerstörten, hatte Haddad geschworen, den Rest seines Lebens der Befreiung Palästinas zu widmen. Da er nach der schmachvollen Schlappe der Araber im Sechstagekrieg 1967 von der Sinnlosigkeit eines Angriffs auf militärische Ziele in Israel überzeugt war, entwickelte er eine neue Strategie der Flugzeugentführungen und Terroranschläge gegen jüdische und zionistische Ziele in Europa, um weltweit Aufsehen zu erregen. Die erste Entführung fand im Juli 1968 statt. Zwei PFLP-Kämpfer zwangen eine Boeing 707 der Linie El Al mit Kurs auf Tel Aviv, in Algier zu landen, und benannten sie (was allerdings nicht als Tribut an James Bond gedacht war) in »Palestinian Liberation 007« um. Nach mehr als vierwöchigen Verhandlungen wurden die israelischen Passagiere an Bord gegen 16 Palästinenser in israelischen Gefängnissen ausgetauscht.[4] Da aber nichts darauf hindeutete, dass britischen Fluggesellschaften von der PFLP ebenfalls Gefahr drohte, hatte Whitehall es nicht sonderlich eilig, auf die Entführungsgefahr zu reagieren. Nach einer zweiten Entführung im September, dieses Mal eine Boeing 747 der amerikanischen Linie TWA ebenfalls mit Kurs auf Tel Aviv, rief der Kabinettssekretär Sir Burke Trend eine Arbeitsgruppe ins Leben, die sich mit Entführungen und anderen Anschlägen auf die zivile Luftfahrt befassen sollte. Sie machte jedoch kaum Fortschritte. Branch C verfasste Risikoeinschätzungen für El Al und Jordanian Airlines, die man für am stärksten gefährdet einstufte, hielt es aber nicht für nötig, mit britischen Fluglinien Kontakt aufzunehmen.[5]

Die ersten Anschläge der PFLP gegen jüdische Ziele in London waren so amateurhaft, dass sie nicht gerade das Gefühl vermittelten, die britische Terrorabwehr müsse dringend intensiviert werden. Am

18. Juli 1969 richteten Brandsätze in den Kaufhäusern Selfridge's und Marks and Spencer an der Oxford Street nur geringe Schäden an. Ein dritter Bombenanschlag, nicht weit davon entfernt im Büro der israelischen Schiffslinie Zim Shipping in der Regent Street, hatte etwas mehr Erfolg. Mehrere Glasscheiben splitterten, und ein Mitarbeiter erlitt leichte Verletzungen. Keine Vorfälle, die eine Ermittlung durch den Security Service erforderlich machten. Die Angelegenheit wurde der Sicherheitsabteilung der städtischen Polizei überlassen, der MPSB.[6] Der Geheimdienst rechnete jedoch mit weiteren, gefährlicheren »arabischen Terroranschlägen«. Generaldirektor Sir Martin Furnival Jones äußerte sich pessimistisch zu den Aussichten, diese zu verhindern:

> Es ist nicht schwierig für bislang nicht als solche identifizierte (was ja die Regel ist) Terroristen, sich für kurze Zeit Zutritt zu Großbritannien zu verschaffen, möglicherweise mitsamt dem Sprengstoff. Es gibt in Großbritannien eine große Zahl pro-arabischer Sympathisanten verschiedener Nationalitäten, darunter viele arabische Studenten, die bereit sind oder sich dazu verleiten lassen, kleinere Hilfestellungen zu leisten oder eine Tarnung zu bieten, mögen sie auch den Einsatz von Gewalt als schlechte Publicity für die Sache verurteilen. Nach unserer Meinung werden die Versuche, Terroranschläge, einschließlich Mordanschläge, zu verüben, aller Wahrscheinlichkeit nach fortgesetzt werden und nicht abnehmen.[7]

Noch pessimistischer äußerte sich der Security Service zu den Aussichten, die Gewalt der IRA zu beenden, die um die gleiche Zeit wie der Terror der PFLP einsetzte.

Die letzte IRA-Bombenserie auf dem britischen Kernland hatte anno 1938/39 stattgefunden. Die aktuellste Serie in Nordirland, die im Jahr 1958 entlang der Grenze zur Republik Irland begonnen hatte, hatte wenig Wirkung gezeigt und war in London beinahe unbemerkt geblieben. Auch wenn der Security Service auf Bitten der unionistischen Regierung im Stormont Castle einen Verbindungsoffizier nach Belfast geschickt hatte,[8] war die RUC imstande, mit einer sehr begrenzten Unterstützung durch die britische Armee mit der Gefahr fertig zu werden, die von der IRA ausging. Die IRA gab die gleichgültige Reaktion der Öffentlichkeit als einen Grund für den Abbruch der Bombenserie im Jahr 1962 an.[9] Die Regierung in Belfast verharrte weiterhin in der Selbstgefälligkeit, die zum einen ein Ergebnis der fast ein halbes Jahrhundert währenden Einparteienherrschaft der Unionisten in Nordirland war, zum anderen aber auch auf das Überlegenheitsgefühl gegenüber der »rückständigen« Republik im Süden zurückzuführen war, aus der damals noch Bürger auf der Suche nach einem besseren Leben nach Übersee emigrierten. Westminster schaute in der Regel weg und versuchte nach Möglichkeit, die Finger von Nordirland zu lassen. Nach einer längst etablierten Konvention geziemte es sich für Abgeordnete nicht, ein Problem anzusprechen, das unmittelbar in die Zuständigkeit eines Ministers in Stormont fiel. Bis Ende der sechziger Jahre befasste sich das Unterhaus, trotz der Anwesenheit nordirischer Abgeordneter in Westminster, jährlich weniger als zwei Stunden mit der Provinz.[10]

Bis zu dem Gewaltausbruch im Sommer 1968, der von manchen Anhängern und Gegnern der Bürgerrechtsbewegung gegen die Diskriminierung der katholischen Minderheit in der Provinz Ulster provoziert worden war, brauchte sich der Security Service allem Anschein nach wegen Nordirland keine großen Sorgen zu machen. Am 6. November bat Innenminister James Callaghan den Generaldirektor Furnival Jones um »eine aktuelle Einschätzung der Aussichten auf Gewaltakte in Nordirland seitens der IRA«.[11] Furnival Jones war allem Anschein nach ein wenig überrascht über die Bitte. Sein Stellvertreter Anthony Simkins sagte dem Ständigen Staatssekretär (PUS) im Innenministerium Sir Philip Allen, dass Callaghans Bitte den Geheimdienst in eine »geradezu groteske Lage bringe, weil wir unsere Informationen vom [RUC] bezogen und keine unabhängige Berichterstattung hatten«. Die eigenen Ermittlungen des MI5 müssten deshalb »diskret« behandelt werden.[12] Die Einschätzung des Geheimdienstes mit dem Titel »Die Gewaltgefahr in Nordirland«, die im Dezember abgeschlossen wurde, ließ durchblicken, dass der Innenminister einen allzu engen Blickwinkel habe. Callaghan hatte zwar nur nach einer Einschätzung der Bedrohung durch die IRA gefragt, doch Furnival Jones betonte ausdrücklich: »Die Gefahr, die von der IRA ausgeht, kann nicht isoliert von anderen Faktoren betrachtet werden, welche die Gewalt in Nordirland fördern.« Der Security Service gelangte zu dem Schluss: »Die IRA könnte durchaus in der Bürgerrechtsbewegung die breitere Basis sehen, die für das Erreichen der politischen Ziele notwendig ist« und auf diese Weise einen gewaltsamen Gegenschlag seitens loyalistischer Extremisten provozieren. Ihrem Ton nach war die Einschätzung recht düster und legte die Vermutung nahe, dass man wenig unternehmen könne, um die Ursache der Gewalt zu beseitigen:

> Im Grunde ist das Sicherheitsproblem in Nordirland ganz einfach. Es geht auf den Gegensatz zweier Gemeinschaften mit langen Erinnerungen und relativ hitzigen Temperamenten zurück. Ihre ursprünglich religiösen und kulturellen Unterschiede fallen weitgehend mit den politischen Spaltungen zusammen und haben sich im Laufe der Zeit seit der förmlichen Konstituierung des Status von Nordirland durch soziale und wirtschaftliche Nöte verschlimmert. So führt die römisch-katholische und nationalistische Minderheit fast instinktiv ihre Probleme auf den in ihren Augen inhärenten und bewusst falschen Glauben der protestantischen und unionistischen Mehrheit zurück, während Letztere, weil sie über die Orientierung der Minderheit nach Süden Bescheid weiß, fast genauso instinktiv glaubt, dass die Forderung, die Nöte zu lindern, nur ein Vorwand für die Auflösung des Staates selbst ist. In dieser Atmosphäre werden alle Versuche, die Beziehungen zu verbessern, wie ernsthaft und gut begründet sie auch sein mögen, allzu häufig von beiden Gruppen mit Misstrauen aufgenommen.[13]

Nach einer Verschärfung der Unruhen im Frühjahr 1969 instruierte ein Rundbrief der Zentrale die Mitarbeiter:

> Bis vor kurzem hatte der Security Service ein begrenztes und indirektes Interesse an der Sicherheitslage in Nordirland. In der Praxis sind wir fast völlig auf Informationen von der Royal Ulster Constabulary angewiesen, die aus gutem Grund die Irish Republican Army immer schon als ihr Hauptsicherheitsziel betrachtete. Da für die Ermittlung der Tätigkeit der I. R. A. in Großbritannien wiederum die Metropolitan Special Branch zuständig ist, ließ unser Interesse noch stärker nach. Die gesamten Anstrengungen, die Branch F in irische Angelegenheiten investierte, beschränkten sich bis vor kurzem auf einen Teilzeitangestellten in [Unterabteilung] F1C.[14]

Whitehall reagierte auf den Beginn der Unruhen mit einer Flut von Komiteesitzungen, darunter das frisch gegründete Official Committee on Northern Ireland unter dem Vorsitz von Allen, in dem der stellvertretende Generaldirektor Anthony Simkins den Security Service vertrat. Darüber hinaus richtete das Joint Intelligence Committee (JIC) auf Anregung des Kabinettssekretärs Sir Burke Trend eine Current Intelligence Group zu Nordirland ein, die als JIC (A) Ulster Working Group am 30. April 1969 zum ersten Mal zusammenkam. Am 25. April teilte Simkins Allens Komitee, das als Hauptkanal von Whitehall für Ratschläge an die Minister fungierte, Folgendes mit:

> Der [RUC] Generalinspektor hatte [den Service] einige Tage zuvor informiert, dass die [RUC] Special Branch überlastet sei und dass er wünschte, wir könnten ihr helfen, indem wir ihr wie schon in einem früheren Notfall einen Mitarbeiter zuteilten. Wenn wir auf diesen Vorschlag eingingen, dürften wir vermutlich eine sehr gute Vorstellung von der Zuverlässigkeit der RUC-Informationen über die IRA bekommen. Allen sagte, der Innenminister habe dieses Vorgehen gebilligt, und die Sitzung habe den Vorschlag sehr begrüßt.[15]

Vier Tage später traf ein Mitarbeiter des Security Service als Verbindungsoffizier (SLO) in Nordirland ein und bezog sein Büro im RUC-Hauptquartier in Knock unweit von Belfast.

Um dieselbe Zeit wurde in der Unterabteilung F1B im Leconfield House eine Vollzeitstelle eingerichtet, die sich um sämtliche Sicherheitsinformationen zu Irland kümmern sollte, mit dem Schwerpunkt auf dem Norden.[16] Im Herbst bestand F1B aus einer weiblichen Assistentin (damals der höchste Rang für weibliche Mitarbeiter) und der jungen Stella Rimington, die nach einer Teilzeitstelle in Indien für den Security Service erst wenige Monate zuvor eine volle Stelle in der Geheimdienstzentrale angetreten hatte. Rimington erinnert sich:

> Meine Chefin und ich wurden rasch fast überschwemmt, als wir versuchten, die Informationen zu verarbeiten, die nach und nach bei uns eingingen ... Ich ging dazu über, abends lange dazubleiben, nur um der Papierflut Herr zu werden. Meine Kollegin hatte

die Angewohnheit, die ganze Zeit laut zu reden und sich selbst zu sagen, was als Nächstes zu tun war, und im Laufe der Zeit, als die Belastung stärker wurde, wurden die Anweisungen an sich selbst immer manischer. Wer einen Blick in den Raum warf, bekam zwei völlig aufgelöst wirkende Frauen zu sehen, die eine plapperte wie ein Papagei, und die andere lugte wie ein Eichhörnchen hinter einem wackelnden Papierstapel hervor.[17]

Das zuvor selten vom JIC diskutierte Thema Nordirland stand nunmehr regelmäßig auf der Tagesordnung.[18] Im Juni 1969 gelangte das Komitee wie Furnival Jones' Bericht an Callaghan sechs Monate zuvor zu dem Schluss, dass »das potenzielle Chaos in Nordirland auf die Wechselwirkung dreier bestimmter Gruppen zurückzuführen« sei: die IRA, die Bürgerrechtsbewegung und die »ultra-protestantischen« Anhänger von Reverend Ian Paisley. Es stellte ferner einen wachsenden kommunistischen Einfluss in der IRA und eine trotzkistische Unterwanderung der Bürgerrechtsbewegung fest.[19]

Am 14. August 1969 traf die Regierung Wilson die schicksalhafte Entscheidung, britische Soldaten nach Ulster zu entsenden, um den Frieden zu erhalten, und begann damit die langwierigste Militäroperation der britischen Geschichte. Damals ahnte das allerdings wohl niemand. Ungeachtet der anfangs herzlichen Begrüßung durch Katholiken in Belfast und anderen Orten wurde die Armee später von den nationalistischen Anhängern der irischen Einheit unweigerlich als die Verteidigerin des Einparteienstaats der Unionisten angesehen. Callaghan erkannte dies auch, als er seinem Kabinettskollegen Dick Crossman am 11. September düster mitteilte: »Es gab keine Aussicht auf eine Lösung. Er [Callaghan] habe schon geahnt, dass die anfängliche Begeisterung nicht lange anhalten werde, und so kam es auch. Die britischen Truppen waren müde und nicht mehr beliebt, und das Schrecklichste war, dass die einzigen Lösungen zehn Jahre dauern würden, falls sie überhaupt funktionierten.«[20]

Obwohl die Irische Republik laut Verfassung die Souveränität über den Norden ebenso wie über den Süden der Insel beanspruchte, war Dublin noch schlechter auf den Ausbruch der Unruhen vorbereitet als London. »Nordirland im Jahr 1969«, schreibt der Historiker Eunan O'Halpin, »hätte ebenso gut Nordkorea sein können, so spärlich waren die vorliegenden verlässlichen Informationen.« Der irische Militärnachrichtendienst besaß nicht einmal eine Organisationsübersicht der RUC und bemühte sich verzweifelt, etwas Derartiges zusammenzustellen, das sich in erster Linie auf unterschiedlich verlässliches Hörensagen stützte – nur um anschließend festzustellen, dass die benötigten Informationen frei in offiziellen Publikationen über Nordirland erhältlich waren, die man auch in Dublin hätte kaufen können.[21]

Die Terrorismusbekämpfung hätte für den Security Service wohl höhere Priorität gehabt, wenn er gewusst hätte, dass sowohl die PFLP als auch die IRA sich Waffen über den KGB beschaffen wollten. Die ersten Kontakte zwischen Wadi Haddad und dem KGB hatten im Jahr 1968 stattgefunden – vermutlich im Nachspiel der ersten Flugzeugentführung. Bis zum Frühjahr 1970 war Haddad als Agent NAZIONALIST rekrutiert worden. Der KGB-Vorsitzende Juri Andropow berichtete stolz Parteichef Leonid Breschnew (den er zwölf Jahre später ablösen sollte): »Die Natur unserer Beziehungen zu W. Haddad versetzt uns in die Lage, die externen Operationen der PFLP bis zu einem gewissen Grad zu kontrollieren, in einer für die Sowjetunion günstigen Weise Einfluss zu nehmen und durch Kräfte der Organisation unter Einhaltung der notwendigen konspirativen Geheimhaltung aktive Maßnahmen zur Unterstützung unserer Interessen ausführen zu lassen.« Mit Breschnews Genehmigung wurden im Juli 1970 fünf tragbare Panzerabwehrgranatwerfer vom Typ RPG-7 an Haddad geliefert. Es folgte die lange geplante Operation WOSTOK (»Osten«), in deren Verlauf eine größere Menge an Waffen und Munition auf See in der Nähe von Aden im Schutz der Dunkelheit übergeben wurde. Dank Haddad erfuhr der KGB so gut wie sicher im Voraus von allen größeren Terroranschlägen der PFLP, für die er verantwortlich war.[22] Seine Rekrutierung wurde auch innerhalb der Zentrale streng geheim gehalten. Im April 1970 begann Oleg Ljalin zwar, dem Security Service Informationen über Aktionen der Abteilung W in der Ersten Hauptverwaltung zu liefern, die für die Art von »Sonderaufgaben«, die mit Haddad erörtert wurden, zuständig war, aber er wusste offenbar nichts von den KGB-Kontakten zur PFLP, als er im September überlief.[23]

Ljalin wusste aber, dass Seamus Costello, ein marxistisches Mitglied des IRA Army Council, an der sowjetischen Botschaft in London um die Lieferung von Waffen gebeten hatte. Man hatte ihn jedoch abgewiesen.[24] Der Security Service fand allem Anschein nach erst viel später heraus, dass nach der Abfuhr eine zweite Bitte von Costello und Cathal Goulding, dem Stabschef der IRA, vom Generalsekretär der irischen KP, Michael O'Riordan, an den KGB weitergeleitet wurde. Gleichzeitig bestätigte diese Bitte frühere Berichte des britischen Geheimdienstes über Kontakte zwischen IRA und irischen Kommunisten. O'Riordan behauptete, nunmehr bestehe ernstlich die Möglichkeit eines Bürgerkrieges zwischen den beiden Gemeinschaften in Nordirland und schwerer Zusammenstöße zwischen britischen Soldaten und den Katholiken. Juri Andropow hatte jedoch Bedenken, was die Geheimhaltung der Lieferung sowjetischer Waffen durch O'Riordan und die IRA anging. Es dauerte zweieinhalb Jahre, bis er sich dazu überreden ließ, die von Goulding und Costello beantragte Lieferung zu genehmigen. Mehrere Waffen- und Munitionslieferungen wurden wasserdicht verpackt von einem als Trawler getarnten sowjetischen Aufklärungsfahrzeug auf einer Sandbank 90 Kilometer vor der Küste Nordirlands versenkt und mit einer Boje markiert, die man auch für unter der Oberfläche gespannte Netze verwendete. Die Lieferungen, die von einem Fischerboot mit »irischen Freunden« (Kommunisten), wie der KGB sie nannte, geborgen wurden, blieben von den britischen Nachrichtendiensten unbemerkt.[25]

Kurz nachdem O'Riordan das Bittgesuch um Waffen weitergeleitet hatte, spaltete sich die IRA – wie die nordirische Polizei und der Security Service bereits Jahre zuvor vermutet hatten – in einen marxistischen und einen nationalistischen Flügel: die »Officials« unter Goulding und die »Provisionals« unter Seán Mac Stíofáin. Der KGB sympathisierte eher mit den marxistischen Officials als mit den nationalistischen Provisionals. Doch im Laufe der Unruhen sollten sich die Nationalisten als die wichtigsten Akteure entpuppen. Zu der Zeit, als die sowjetischen Waffen eintrafen, hatten die Officials den »bewaffneten Kampf« bereits aufgegeben. Die vom KGB nach Irland geschmuggelten Waffen wurden wahrscheinlich nicht gegen die Briten eingesetzt, sondern in einer blutigen Auseinandersetzung unter den republikanischen paramilitärischen Gruppen.[26]

Nach der Sprengung eines Schweizer Linienflugzeugs auf dem Weg von Zürich nach Tel Aviv am 21. Februar 1970, bei der 47 Menschen den Tod fanden, kam die Ausarbeitung einer Strategie zur Abwehr von Flugzeugentführungen durch den Security Service ins Rollen. Offiziell übernahm zwar keine Terrorgruppe die Verantwortung für den Anschlag, aber man ging davon aus, dass er das Werk einer Splittergruppe innerhalb der PFLP war. Die Zerstörung der Linienmaschine veranlasste Branch C endlich, ein Kommunikationssystem einzurichten, mit dessen Hilfe dringende Gefahreneinschätzungen an britische Fluglinien weitergeleitet werden konnten. Gemessen an den späteren Standards waren diese Vorkehrungen jedoch primitiv. Die Umsetzung der Sicherheitsempfehlungen lag ausschließlich in den Händen der Fluglinien, ohne jede Überwachung oder Koordination durch den Security Service oder das Handels- und Industrieministerium (DTI). Die Anregung, einen Sicherheitsdirektor zu schaffen, der die Vorkehrungen an den Flughäfen überwachte, führte zu nichts.[27]

Branch C (Gefahrenabwehr) hatte innerhalb des Security Service immer noch einen ambivalenten Status. Die wenigsten Karrieristen dürfte zwar die Aussicht auf einen Aufstieg in der Gefahrenabwehr zum MI5 geführt haben, aber Neulingen wurde gesagt, dass man, »wenn man es im Service zu etwas bringen wollte, eine gewisse Zeit in Branch C verbringen musste«. Immerhin hatte die Abteilung den engsten Kontakt zu den Ministerien, insbesondere zum Kabinett. Als der künftige Stellvertretende Generaldirektor (DDG) Julian Faux im Jahr 1971 nach Branch C versetzt wurde, gaben die Mitarbeiter »sich große Mühe, mir zu versichern, dass ich großes Glück gehabt hätte«. Der Posten verschaffte Faux in der Tat weit häufiger als den meisten seiner Kollegen Gelegenheit, mit Whitehall Kontakt aufzunehmen. Obwohl alle Regierungsbehörden ein Exemplar der »Bibel« des Security Service, »Security in Government Departments«, erhalten hatten, brauchten sie häufig Unterstützung bei der Frage, wie bestimmte Fälle auszulegen seien. »Mir gefiel diese Arbeit wirklich überhaupt nicht«, erinnerte sich Faux später. »Mir kam das Ganze wie Haarspalterei vor.«[28] Whitehall war immer noch der Meinung, die Rolle des Security Service bei der Gefahrenabwehr bestehe in erster Linie in der Überprüfung und Bewahrung klassifizierter Informationen, nicht im Schutz vor einem Terroranschlag. Im Lauf der siebziger Jahre bearbeitete Branch C durchschnittlich etwa 300 000 Sicherheitsüberprüfungen im Jahr.[29]

Im Lauf der letzten 30 Jahre des 20. Jahrhunderts entwickelte sich die Gefahrenabwehr zu einem immer wichtigeren Bestandteil der Strategie des Security Service für die Terrorismusbekämpfung. Doch der Wandel vollzog sich schrittweise und begann ganz allmählich. Als Furnival Jones sich im Juli 1970 zum ersten Mal mit Edward Heath traf, sprach er das Thema Gefahrenabwehr ausschließlich im Kontext der Spionageabwehr an. In einem umfangreichen Überblick über die Prioritäten des Security Service erwähnte der Generaldirektor den Terrorismus nur kurz und ausschließlich im Zusammenhang mit Nordirland. Die Regierung in Whitehall war ihrerseits alles andere als begeistert über eine Ausweitung der vorbeugenden Sicherheitsmaßnahmen. Als Jones ihre Bedeutung als »Sicherheitswaffe gegen Spionage« hervorhob, erwiderte Burke Trend, das sei eine »heikle Waffe« im Staatsdienst. Jones war zweifellos zu Recht der Meinung, Whitehall ginge es in Wirklichkeit nur um die Tatsache, dass »sowohl die Komplexität als auch die Kosten der Sicherheitsmaßnahmen enorm« seien.[30]

Angesichts des PFLP-Terrors stand jedoch außer Frage, dass die Flugsicherheit stark verbessert werden musste. Am 6. September 1970 entführte die PFLP vier Passagierflugzeuge mit Ziel New York (eine Leistung, die ihr bis zum 11. September 2001 keine Terrororganisation nachgemacht hat) zu einem abgelegenen ehemaligen RAF-Stützpunkt in Jordanien namens Dawson's Field. Den schwierigsten Auftrag am Tag der Entführungen erteilte Wadi Haddad dem US-Nicaraguaner Patrick Arguello und der weltbekannten Terroristin Leila Khaled, die sich als frisch vermähltes Brautpaar ausgaben. Selbst nach der plastischen Chirurgie, um nach der ersten Entführung ein Jahr zuvor ihr Aussehen zu verändern, war Khaled immer noch fotogen. Ihr Flugzeug, eine Boeing 707 der Linie El Al von Tel Aviv aus, war die einzige Maschine, die einen sogenannten Luftmarschall an Bord hatte. Es gelang den beiden zwar, Handwaffen und Granaten an Bord zu schmuggeln, aber die Entführung scheiterte dennoch. Arguello wurde von dem Luftmarschall erschossen, und Khaled wurde von anderen Passagieren daran gehindert, die Granaten aus ihrem Büstenhalter zu holen. Sie wurde verhaftet, als das Flugzeug in Heathrow notlandete. Die Entführer an Bord einer Boeing 707 der TWA und einer DC-8 der Swissair lenkten jedoch erfolgreich ihr Flugzeug zum Dawson's Field um, das sie kurzerhand in »Revolution Airstrip« umbenannten. Eine entführte Boeing 747 von PanAm war, wie sich herausstellte, zu groß für die Landebahn und musste nach Kairo fliegen, wo Passagiere und Besatzung evakuiert wurden und das Flugzeug gesprengt wurde. Drei Tage später wurde ein fünftes Flugzeug, eine BOAC VC-10, entführt und zum Airstrip geflogen, damit die PFLP auch britische Geiseln hatte. Wie die PFLP geplant hatte, wurden die Geiseln später gegen Khaled und sechs palästinensische Terroristen ausgetauscht, die in westdeutschen und schweizerischen Gefängnissen saßen.[31] Die Flugzeuge wurden von den Entführern zerstört. Die Diskussionen innerhalb Whitehalls, wie man künftig mit Entführungen umgehen solle, verliefen konfus, manche Vorschläge waren geradezu bizarr. Der spätere Kabinettssekretär Richard Wilson, der damals im Privatbüro des Ministers für zivile Luftfahrt tätig war, erinnert sich an »surreale Beiträge«, unter anderem den Einsatz von Blasrohren, um die Entführer zu überwältigen.[32]

Die Entführungen vom September verschärften die Spannungen im Nahen Osten. König Hussein von Jordanien war empört darüber, dass Flugzeugentführer einen jordanischen Landeplatz benutzt hatten und die Palästinensische Befreiungsorganisation (PLO) unter Jassir Arafat quasi zu einem Staat innerhalb seines Königreichs geworden war. Er gab der jordanischen Armee den Befehl, sie aus dem Land zu vertreiben. Tausende von Palästinensern kamen während des sogenannten Schwarzen Septembers um. Innerhalb von Arafats Fatah-Bewegung wurde eine dubiose Terrororganisation gleichen Namens gegründet, als sie sich im Libanon neu organisierte. Nach den Entführungen gelangte das JIC zu dem Schluss, dass die Gefahr seitens arabischer Terroristen »erheblich gestiegen« sei. In den kommenden Monaten befasste sich eine Reihe von JIC- und MI5-Einschätzungen mit der Möglichkeit weiterer Entführungen, Sabotageakte an Flugzeugen, Schiffen und Ölterminals im Persischen Golf oder bewaffneter Angriffe auf Tanker im Golf und im östlichen Mittelmeer. Der Innenminister wurde informiert, dass der Security Service als »die zuständige Behörde für Ratschläge zur Sabotageabwehr« die Ölanlagen im Golf sowie im Vereinigten Königreich in Sachen Gefahrenabwehr beraten habe, gelegentlich in Zusammenarbeit mit der MPSB, dem DTI und den Streitkräften.[33]

Fast zwei Jahre lang sah es jedoch so aus, als wären Flugzeuge und

Flughäfen die einzigen britischen Ziele, die ernsthaft von arabischen Terroristen bedroht würden. Der stellvertretende Leiter der Branch C Cecil Shipp (später DDG), der für die Sabotageabwehr zuständig war, regte die Schaffung des National Aviation Security Committee an, dessen erste Sitzung im Mai 1971 mit Vertretern der Polizei, der britischen Flughafenbehörde (BAA), der wichtigsten Fluglinien und Gewerkschaften stattfand. Mitarbeiter der Abteilung C4 gaben allen Teilnehmern eine umfassende Einschätzung des Gefahrenpotenzials und schlugen Abwehrmaßnahmen vor. Man einigte sich mit der BAA darauf, dass die Sicherheitschecks von C4 durchgeführt werden sollten, angefangen bei Heathrow, und dass die Umsetzung der Schutzmaßnahmen effektiv überwacht werden müsse.[34]

Am 14. Dezember 1971 meldete die MPSB, dass eine Gruppe PFLP-Terroristen in London eingetroffen sei, die »entweder ein Flugzeug entführen oder Angehörige der jordanischen Königsfamilie ermorden« wollten.[35] Das Ziel des Anschlags war jedoch, wie sich herausstellte, der jordanische Botschafter. Am nächsten Tag, als das Auto des Botschafters die Holland Street in Kensington entlangfuhr, sah ein Passant, wie »ein junger Mann eine Maschinenpistole unter dem Mantel hervorholte«: »Ich traute meinen Augen kaum. Er hielt sie auf Hüfthöhe, zog den Abzug und schoss etwa 40 Mal ... Es war wie eine Szene aus einem Gangsterfilm.«[36] Der Botschafter war erstaunlicherweise nur an einer Hand verletzt.[37] Wie die früheren Anschläge der PFLP war der Mordversuch nicht als direkter Angriff auf britische Interessen gedacht gewesen. Wenn sich im Apparat von Whitehall die Einstellung gegenüber Terrorakten veränderte, so war dies viel stärker der Wiederaufnahme der PFLP-Anschläge gegen Flugzeuge und Flughäfen im Jahr 1972 zu verdanken als dem Attentat auf den Botschafter.

Am 8. Mai 1972 leiteten vier PFLP-Entführer ein belgisches Sabena-Flugzeug auf den Flughafen Lod von Tel Aviv um, wo sie die Freilassung von 317 inhaftierten Palästinensern forderten. Beim allerersten Angriff auf ein entführtes Flugzeug befreiten als Flughafenarbeiter verkleidete israelische Spezialeinheiten die Passagiere und töteten oder ergriffen die Entführer. Haddad rächte sich blutig. Am 30. Mai betraten drei Mitglieder der Japanischen Roten Armee, die für die PFLP arbeiteten, den Wartebereich des Flughafens Lod, öffneten ihre mitgebrachten Geigenkästen, rissen Granaten und

Maschinenpistolen heraus und schossen wild um sich. 26 Passagiere, überwiegend katholische Pilger aus Puerto Rico, wurden getötet, 76 weitere Menschen verletzt. Das Blutbad von Lod schockierte den Security Service so sehr, dass er die gesamte Flugsicherheit auf den Prüfstand stellte. Bislang hatte man sich nämlich auf die Verhinderung von Entführungen konzentriert, nicht auf den Schutz von Flughäfen. Bis zum Ende des Jahres hatte Abteilung C4 eine Sicherheitsüberprüfung an 13 britischen Flughäfen abgeschlossen.[38]

Die Terrorismusbekämpfung hatte jedoch weder bei der Regierung Heath noch beim Security Service oberste Priorität. Wie der Mitarbeiter des Special Air Service (SAS) Peter de la Billière (der spätere Direktor) bemerkte, bereiteten der Regierung die Arbeiterunruhen mehr Kopfzerbrechen als die Terrorgefahr. Nach dem Lod-Massaker ordnete de la Billière die Ausarbeitung eines Papiers über den Einsatz der SAS für Terrorabwehroperationen an. Im Verteidigungsministerium wurde das Papier jedoch gleich nach Eingang einfach zu den Akten gelegt.[39]

Anfang der siebziger Jahre fürchtete der Security Service eine kurze Zeitlang, dass in Großbritannien, wie in einigen Ländern auf dem Kontinent, eine eigene, international tätige Terrororganisation entstanden sei. Am 12. Januar 1971 detonierten am Haus des Arbeitsministers Robert Carr zwei Bomben. Zu dem Anschlag bekannte sich eine Gruppe namens »Angry Brigade«, die in einer Presseerklärung verlauten ließ: »Robert Carr hat es heute Abend erwischt. Wir kommen näher.« »Vor dem Bombenanschlag auf Carrs Haus«, schrieb Stuart Christie, der wohl bekannteste britische Anarchist, »hatte niemand etwas von der Angry Brigade gehört. Über Nacht war sie in die Schlagzeilen gelangt, und jeder Guru hat seine eigene Erklärung für ihre Ursprünge.«[40] Das Archiv des Security Service enthielt jedoch keine verlässlichen Hinweise.[41] In den folgenden sechs Monaten verübte die Angry Brigade Bombenanschläge auf die Londoner Büroräume der Ford Motor Company, auf die Boutique Biba, die Rechnerzentrale der Metropolitan Police, das Haus des geschäftsführenden Direktors von Ford, ein Umspannwerk in der Nähe der Fordfabrik Dagenham und auf das Haus des Ministers für Handel und Industrie. Forensisches Beweismaterial, das die städtische Polizei gesammelt hatte, wies auf Verbindungen zur spanischen Gruppe des 1. Mai und andere kontinentale Anarchisten hin, die Terroranschläge verübten. Meist verwendete die Angry Brigade bei ihren Bombenanschlägen, genau wie die Gruppe des 1. Mai, den Sprengstoff Nitramit, der in Frankreich auf Basis von Ammoniumnitrat hergestellt wurde und in Großbritannien nicht erhältlich war.[42]

Der erste große Durchbruch bei der polizeilichen Ermittlung kam von einem Untersuchungshäftling in Brixton, der behauptete, ein Mithäftling namens Jack Prescott habe zugegeben, mit der Angry Brigade in Verbindung zu stehen.[43] Nach seiner Entlassung ging Prescott zu einer Kommune in Islington, bei der die Polizei prompt eine Razzia machte. Laut Prescotts Freund Stuart Christie entdeckten die Beamten Tagebücher und Adressbücher, die »der Polizei genügend Material für viele erfolgreiche ›Fischzüge‹ in den kommenden Monaten lieferten«.[44] Die Beschreibung der Kommune in den Akten des Security Service fiel ungewöhnlich tadelnd aus:

> Die Bewohner bestanden aus Revolutionären, die aus der konventionellen Gesellschaft ausgestiegen waren. Sie lebten promiskuitiv, die einzige anerkannte Beziehung war die zwischen »Brüdern und Schwestern«. Ein Kind in der Kommune war angeblich das Kind aller Frauen in dem Haus. Die Abhängigkeit von Haschisch und LSD ist Teil der Lebensweise …

Das bei der Razzia sichergestellte Material sowie die anschließende Observierung der Kommune führte die Polizei schließlich zu einer Wohnung in Stoke Newington, die anhand der gefundenen Dokumente, Waffen und Nitramitstangen als die Basis der Angry Brigade identifiziert wurde. Unter den Waffen befand sich ein Beretta-Schnellfeuerkarabiner, der 1967 bei einem Anschlag auf die US-Botschaft am Grosvenor Square verwendet wurde, wie die forensische Untersuchung ergab. Damals hatte sich die Gruppe des 1. Mai dazu bekannt.[45] Die Abteilung F1 räumte später ein, dass sie schneller die Angry Brigade mit der Gruppe des 1. Mai in Verbindung hätte bringen müssen.[46] Die in der Wohnung in Stoke Newington gefundenen Dokumente enthüllten »umfangreiche Recherchen zu künftigen Angriffsobjekten«: unter ihnen Minister, Richter, Staatsdiener, Polizei- und Gefängnisbeamte, Immobiliengesellschaften, Computerdienste und private Sicherheitsdienste.[47]

Acht Bewohner oder Besucher der Wohnung in Stoke Newington wurden der Verschwörung, Sprengsätze zu legen, angeklagt. Vier wurden später zu zehn Jahren Haft verurteilt, die übrigen freigesprochen. Mit dem Prozess brachen die Anschläge und Verlautbarungen der Angry Brigade abrupt ab. Wie Stuart Christie einräumte, machte sich die Brigade selbst unter denjenigen, die mit revolutionärer Gewalt im Ausland sympathisierten, wenig Freunde: »Ein großer Teil der politischen Linken wandte sich allmählich gegen die Angry Brigade. Macht konnte in Vietnam und Bolivien einem Gewehrlauf entspringen, aber nicht in Barnet. Was in Peru als städtische Guerilla gepriesen wurde, war in Poplar faschistische Propaganda.«[48] In dem »verwanzten« Hauptquartier der CPGB in der King Street wurde Bert Ramelson belauscht, wie er die Angry Brigade als »Spinner« beschimpfte.[49]

Der Security Service sah ein, dass die Aufspürung der Angry Brigade viel zu lange gedauert hatte. Als Robert Carrs Haus im Januar 1971 Ziel eines Sprengstoffanschlags war, befand sich Abteilung E1 (später F3), die für die Untersuchung der internationalen Dimensionen subversiver Tätigkeiten zuständig war, noch außerhalb von Leconfield House und stand nur in unregelmäßigem Kontakt mit Abteilung F1, die sich mit Subversion im Land befasste. »Das war«, wie es in einer Manöverkritik hieß, »ein gewaltiges Handicap, das abgeschwächt, aber nicht vollständig beseitigt wurde, als F3 zu F1 ins Leconfield House zog.« Hätten F1 und F3 enger zusammengearbeitet, hätte Branch F womöglich früher die Verbindungen zwischen der britischen Angry Brigade und der spanischen Gruppe des 1. Mai entdeckt.[50] Das eigentliche Fachgebiet der Branch F war jedoch die Abwehr von Subversion, nicht die Bekämpfung von Terrorismus. Nach dem Bombenanschlag auf Carrs Haus übernahm die Special Branch die Ermittlungen in Sachen Anarchismus.[51] Da ein Verbrechen verübt worden war, wurde die MPSB-Ermittlung gegen die Angry Brigade von der Kriminalpolizei geleitet. Der Security Service hatte Akten zu drei Personen der »Stoke Newington Eight«[52] und steuerte einige Informationen bei, die der Polizei behilflich waren. Doch der Security Service und die Special Branch kopierten, wie Abteilung F1 einräumte, »bis zu einem gewissen Grad die Arbeit der anderen Behörde«.[53] Die Bombenanschläge der Angry Brigade zeigten deutlich, wie zögerlich sich der Security Service Anfang der siebziger Jahre an die Aufgabe der Terrorismusbekämpfung herantastete. Die Brigade ist zwar seither nur eine Fußnote in der britischen Geschichte, doch im Jahr 1971 konnte niemand vorhersagen, ob die Anschläge nicht womöglich eine Terrorkampagne ankündigten ähnlich der in den siebziger Jahren in Westdeutschland. Der Baader-Meinhof-Gruppe und der aus ihr hervorgegangenen Rote-Armee-Fraktion fielen damals führende Vertreter des »imperialistischen Feudalsystems« zum Opfer, wie sie auch auf der Liste der Angry Brigade zu finden waren.

Im Jahr 1972 wurde Sandy Stuart, einer der wenigen Offiziere des Security Service, die Ziel eines Terroranschlags gewesen waren, nach Branch C versetzt, um die Abwehrmaßnahmen gegen Terroranschläge unter die Lupe zu nehmen.[54] Als Verbindungsoffizier in Aden hatte er im Jahr 1967 einen Bombenanschlag überlebt, bei dem seine Frau Judi ums Leben gekommen war.[55] Stuart stellte fest, dass sich seit dem Zweiten Weltkrieg kaum etwas verändert hatte.[56] Noch während seiner Nachforschungen steigerte der Anschlag der Terrorgruppe Schwarzer September auf die israelische Olympiamannschaft 1972 in München dramatisch die Priorität, die die Regierung Heath der Terrorismusbekämpfung zuerkannte. Am 5. September drangen sieben arabische Terroristen (von denen sich drei dank der laxen Sicherheitsvorkehrungen bei den Spielen Jobs im Olympischen Dorf verschafft hatten) in die Räume der Athleten ein, töteten zwei und nahmen neun als Geiseln. Obwohl sich die israelische Regierung weigerte, mit Terroristen zu verhandeln, erklärten sich die westdeutschen Behörden bereit, ihnen sicheres Geleit zu gewähren und sie mitsamt den Geiseln nach Ägypten auszufliegen. Auf dem Flughafen begannen deutsche Scharfschützen jedoch einen Schusswechsel, der mit dem Tod von fünf Terroristen, eines Polizisten und aller Geiseln endete.[57] Ein palästinensischer Flüchtling sagte damals einem britischen Reporter: »Seit München kann niemand mehr die Palästinenser oder ihre Problematik ignorieren.« Diese Aktion war ein Ansporn für viele frustrierte ethnische und nationalistische Gruppierungen. Auch wenn die internationalen Terrorgruppen, die in den siebziger Jahren aus dem Boden schossen, erhebliche Unterschiede aufwiesen, verband sie alle »ein brennendes Gefühl der Ungerechtigkeit und der Entrechtung sowie die Überzeugung, dass sie schließlich durch *internationalen* Terrorismus weltweite Aufmerksamkeit für sich und ihre Anliegen erringen könnten«.[58]

Neben der mangelnden Vorbereitung und Hilflosigkeit der deutschen Regierung angesichts eines schweren Terroranschlags demonstrierte das Massaker von München dem MI5 auch, wie dringend weitere Pläne für den Ernstfall ausgearbeitet und Vorkehrungen zur Terrorabwehr getroffen werden mussten. Am 8. September rief der militärische Einsatzleiter Generalmajor Bill Scotter de la Billière an und teilte ihm mit, dass der Premier wissen wolle, was die Armee zum Kampf gegen den Terror beitragen könne. Das frühere Arbeitspapier zum Einsatz der SAS für die Terrorabwehr, das de la Billière nach dem Massaker am Flughafen Lod vorgelegt hatte, wurde prompt aus einem Aktenschrank des Verteidigungsministeriums hervorgekramt; er wurde ermächtigt, eine SAS-Terrorabwehreinheit aufzubauen, Geld spiele dabei keine Rolle.[59] David Sutherland von Branch C beteiligte sich aktiv an dem Aufbau der Einheit.[60] Julian Faux, der sich auf seinem Posten nur langweilte, war hocherfreut über die Versetzung in Sutherlands Abteilung im Jahr 1972 und von Sutherland selbst sehr beeindruckt.

Robert Carr, Maudlings Nachfolger als Innenminister, bat den Security Service um eine Einschätzung »der Wahrscheinlichkeit, dass eine Terroroperation im Stile Münchens in diesem Land stattfindet«. Die pessimistische Einschätzung der Fähigkeit des Geheimdienstes, im Voraus vor Terroranschlägen zu warnen, die ihm John Jones, der Direktor von Branch F (später DG), am 8. September schickte, dürfte Carr kaum beruhigt haben:

> Uns liegen derzeit keine Informationen vor, die darauf hinweisen, dass eine arabische Terrorgruppe momentan eine Operation in GB von der Art plant, wie sie unlängst die Gruppe Schwarzer September in München durchgeführt hat. Es gibt jedoch aktuelle Informationen über die Planung von Sabotageoperationen seitens der PFLP, die sich gegen Flugzeuge der El Al an einer ganzen Reihe von Orten richten, auch auf dem Londoner Flughafen … Es ist allerdings schwierig, die Wahrscheinlichkeit von Terroranschlägen in GB vorauszusagen. Wir haben keinen unmittelbaren Einfluss auf die Menge oder Qualität der Informationen, die wir über die Pläne und Absichten arabischer Terroristen erhalten. Die Planung der-

artiger Operationen erfolgt im Nahen Osten. Wegen der strengen Geheimhaltung sind die Informationen, die wir von Freunden und mit uns zusammenarbeitenden Diensten erhalten (darunter die jordanischen, israelischen und westeuropäischen Geheimdienste), in der Regel unpräzise, was die Ziele, den Zeitpunkt und die Identität der betreffenden Personen angeht. Es ist ohnehin gängige Praxis der Terroristen, mit falschen Pässen zu reisen ...[61]

Wie schwierig es wirklich war, »die Wahrscheinlichkeit von Terroroperationen in GB vorherzusagen«, zeigte sich nur elf Tage später, als der landwirtschaftliche Berater an der israelischen Botschaft in London, Dr. Ami Shachori, von einer Briefbombe der Gruppe Schwarzer September getötet wurde. Sieben weitere Briefbomben, die an britische Adressen geschickt worden waren, konnten abgefangen werden.[62] Bei der Durchsicht der Security-Service-Akten entdeckte Sandy Stuart ein Arbeitspapier, das einige Jahre zuvor Anthony Simkins verfasst hatte. Er meinte damals, es sei nicht Aufgabe des Service, bei der Abwehr von Briefbomben Ratschläge zu erteilen. Stuart hielt das für »Unfug« und bekam von Simkins (inzwischen DDG) die Erlaubnis, das Papier zu überarbeiten. Er argumentierte überzeugend, dass der Umgang mit Briefbomben in den Zuständigkeitsbereich der Gefahrenabwehr des Service gehöre. Nach Stuarts persönlicher Meinung hatte sein Arbeitspapier zu »Postalischen Bomben und Maßnahmen zu ihrer Erkennung« die wohl größte Leserschaft von allen Dokumenten, die der MI5 jemals anfertigte; zu den Empfängern zählten sämtliche britischen Botschaften im Ausland und zahlreiche Verbindungsleute. Er fühlte sich geschmeichelt, dass man ihn als »Mr. Counter-Terrorism UK« bezeichnete.[63] »Die Terroraktivität wird uns, wie es aussieht«, schrieb Stuart, »noch einige Zeit erhalten bleiben.«[64]

Der Ausbau der britischen Gefahrenabwehr im Lauf des Jahres 1972 wurde jedoch stärker von den Massakern auf dem Flughafen Lod und in München beeinflusst als von den Briefbomben in Großbritannien (die einzige Form internationaler Terroranschläge gegen Ziele in Großbritannien in diesem Jahr). Im Nachspiel des Massakers von München forderte Edward Heath einen sofortigen und umfassenden Bericht über den aktuellen Stand der Terrorismusbekämpfung, der von militärischen und polizeilichen Einsatzplänen bis hin zum Einsatz moderner Ausrüstung und Waffen reichte. Die Arbeitsgruppe, die 1969 gegründet worden war, konstituierte sich mit einem umfassenden Aufgabenbereich als GEN 129 neu und wurde später das Offizielle Komitee für Terrorismus unter dem Vorsitz des PUS im Innenministerium. Eine Zeitlang nahm der Generaldirektor Michael Hanley an den Treffen teil. Bei der ersten Sitzung am 2. Oktober 1972 war man sich einig, dass unverzüglich ein Plan für den Ernstfall und eine Studie der verschiedenen Techniken für die Terrorabwehr angefertigt werden mussten.[65]

Mit einem am 20. Oktober 1972 vorgelegten Bericht betrat GEN 129 Neuland, denn es wurde empfohlen, bestehende Ernstfallpläne für Heathrow und andere Flughäfen dahingehend auszuweiten, dass sie für sämtliche Anschläge auf Flugzeuge im britischen Luftraum galten und dass Regierungsvertreter befugt waren, das Militär zu rufen; die Entscheidung über einen Einsatz des Militärs sollte jedoch den Ministern vorbehalten bleiben. Nach diesen neuen Vorschlägen wären gemeinsame Manöverübungen nötig, an denen Polizeikräfte aus dem ganzen Land, das Militär und der Security Service teilnahmen.[66] Nach dem Plazet der Minister zu den Empfehlungen wurden drei Arbeitsgruppen eingerichtet, a) um Pläne für den Einsatz vor Ort im Fall eines Terroranschlags auszuarbeiten, b) für die operative Kontrolle und Kommunikation (mit einem fensterlosen Instruktionszimmer des Kabinettsbüros als Basis, künftig nur noch COBR genannt) und c) für den Einsatz modernster Technik.[67] Der Security Service war in allen drei Arbeitsgruppen vertreten, und dessen Schlüsselstellung wurde durch den Vorsitz in einer weiteren Gruppe unterstrichen, die eigens zu dem Zweck gebildet wurde, zu überlegen, welche Richtlinien für den Umgang mit Terroranschlägen man aus den Erfahrungen in der Vergangenheit ableiten könne. Nach den neuen Vorschriften sollte COBR binnen einer Stunde nach Alarm besetzt sein. Der Direktor von Branch C und einige Mitarbeiter mussten folglich zum ersten Mal außerhalb der Bürostunden in Bereitschaft sein. Im Jahr 1974 stattete das Postministerium sie mit Piepsern aus, die denen der Krankenhausärzte stark ähnelten.[68]

Am 13. November 1972 gab das Joint Intelligence Committee eine Erklärung ab, die zum ersten Mal offiziell die Vorreiterrolle des Security Service beim Kampf gegen den Terrorismus bestätigte:

> Der Security Service ist die zentrale Station für den Eingang, die
> Bewertung und Weitergabe von Informationen zu terroristischen
> Aktivitäten, welche die britische Sicherheit betreffen, sowie zuständig für die Beratung der entsprechenden Behörden bei der
> Vorbeugung und bei Gegenmaßnahmen gegen die Gefahr.
> Die Rolle der Current Intelligence Groups [im JIC] ist auf das Feld
> der Einschätzung begrenzt. Auf diesem Feld sind sie nicht zuständig für die Beurteilung von Informationen operativer Natur
> im Zusammenhang mit spezifischen Bedrohungen der britischen
> Sicherheit. Die Beurteilung dieses Materials ... fällt in die Zuständigkeit des Security Service.[69]

Diese eindeutige Definition der zentralen Rolle des britischen Geheimdienstes in Fällen des Terrorismus brachte im Grunde die Maxwell-Fyfe-Direktive aus dem Jahr 1952 auf den aktuellen Stand und gestattete es dem Security Service, die Terrorismusbekämpfung offiziell den bereits bestehenden Zuständigkeiten für Spionage- und Subversionsabwehr hinzuzufügen. Einen Monat später wurde die Erklärung des JIC ergänzt, um die Verantwortung des Service als »die zentrale Station für den Eingang und die Aufzeichnung sämtlicher Informationen über Terroraktivitäten in anderen Ländern« klarzustellen.[70] Whitehall war jedoch über die Zuständigkeiten beim Umgang mit dem irischen Terrorismus selbst so verwirrt, dass es noch zwei Jahre dauerte, bis jemandem auffiel, dass in obiger JIC-Notiz die führende Rolle der MPSB beim Kampf gegen den irisch-republikanischen Terrorismus im britischen Kernland (aber nicht darüber hinaus) überhaupt nicht berücksichtigt worden war. Die Notiz wurde entsprechend abgeändert.[71]

Ein Bericht über den Umgang mit Terrorakten wurde am 23. Februar 1973 von GEN 129 genehmigt.[72] Die erste umfassende, von Branch C ausgearbeitete und überwachte Übung zum Test der neuen Verfahren (Deckname ICON) fand am 10. April 1973 statt. Das Manöver basierte auf einer simulierten Flugzeugentführung nach Stansted Airport, wobei die Entführer die Freilassung von Gefangenen in Großbritannien und im Ausland forderten. An der Übung waren zwar die Polizei, die Streitkräfte, Minister und Regierungsvertreter beteiligt, doch die Abteilung F3 erklärte überraschend, obwohl sie für Informationen über arabische und nahöstliche Terroristen in GB zuständig war, sie habe keine Kapazitäten frei, um teilnehmen zu können. Die Manöverkritik unterstrich später folglich die Notwendigkeit, die Nachrichtendienste bei künftigen Entführungen und Manövern einzubinden, und empfahl die Aufnahme »eines Nachrichtenoffiziers und Elektronikexperten aus dem Security Service« in die Teams, die eigens für den Kontakt zu Entführern zusammengestellt werden. Branch A reagierte auf den Ruf nach einem Elektronikexperten, indem ein technisches Überwachungsteam aufgestellt wurde, ausgerüstet mit Kameras, CCTV, Funkmikrofonen und anderer fortschrittlicher Technologie. Das Team, das bei vollem Einsatz 15 Mann und 3 Fahrzeuge zählte, nahm an allen folgenden Übungen teil. Auch wenn die Polizeiabteilung des Innenministeriums die Koordination der Terrorübungen übernahm, spielte Branch C weiterhin eine zentrale Rolle.[73]

Der erste wirkliche Härtetest der neuen Verfahren ließ auf sich warten. Am 5. März 1974 wurde eine VC-10 der Linie BOAC auf dem Flug von Bombay nach London über Griechenland entführt.[74] Zwei Araber fuchtelten mit Pistolen, drangen in das Cockpit ein und zwangen den Piloten, in Amsterdam zu landen. Die Entführer ließen anschließend die Passagiere frei, steckten das Flugzeug in Brand und stellten sich der holländischen Polizei. Ein holländisches Gericht verurteilte sie später zu fünf Jahren Gefängnis.[75] Der Vorfall war so schnell vorüber, dass es gar keine Gelegenheit für einen britischen Einsatz vor Ort gab. Am 21. November wurde eine weitere BOAC-Maschine entführt und gezwungen, in Tunis zu landen. Diesmal dauerte die Aktion mehrere Tage, und der Security Service schickte einen Mitarbeiter aus Branch F. Er half bei der Vernehmung von Geiseln, die nach und nach freigelassen wurden. Die wichtigste Lektion dieser Operation war, dass unbedingt verhindert werden musste, dass über die Medien Informationen nach außen gelangten, die den Entführern helfen konnten. In Tunis hörten die Entführer im Cockpit-Radio eine Meldung, dass der holländische Ministerpräsident bereit sei, die beiden im März in Amsterdam verhafteten Entführer freizulassen.[76]

Obwohl der internationale Terrorismus Anfang der siebziger Jahre zum ersten Mal seit Beginn des Kalten Krieges ein wichtiges Element der internationalen Beziehungen geworden war und obwohl die führende Rolle, die der Security Service bei seiner Bekämpfung spielen sollte, offiziell bestätigt wurde, blieb der Anteil der Mittel, die der Terrorismusbekämpfung zugeteilt wurden, verblüffend klein. Tatsächlich war es dem britischen Geheimdienst geradezu peinlich, Whitehall zu enthüllen, wie klein der Anteil wirklich war. Der Direktor von Branch S bemerkte Anfang 1974, als er Material für den Jahresbericht des Geheimdienstkoordinators vorbereitete:

> Der Anteil der Gesamtanstrengung des Service, die der Ermittlung gegen terroristische Organisationen gewidmet wurde, liegt bei ungefähr drei Prozent, während weitere vier Prozent unmittelbar für Nordirland gedacht sind.
> ... DDG stimmte zu, dass die Verwendung dieser Zahlen im Bericht des Geheimdienstkoordinators ... nicht ohne einen irritierten Kommentar seitens der Stabschefs und ihrer Berater bleiben würde. Selbst wenn wir Zahlen verwenden sollten, welche die Anstrengungen auf dem Feld der Subversionsabwehr wiedergeben (ohne dafür eine konkrete Zahl zu nennen), sollten wir immer noch allenfalls von unter zehn Prozent für Terrorismusbekämpfung und schätzungsweise 15 Prozent für Nordirland sprechen, Zahlen, die nach Ansicht des DDG ebenfalls Gegenstand eines ähnlichen Protestes wären.[77]

Im Gegensatz dazu wurden 52 Prozent der Ressourcen für Spionageabwehr und 28 Prozent für Subversionsabwehr verwendet. Als Direktor von Branch F von 1972 bis 1974 trug John Jones die Verantwortung sowohl für Subversionsabwehr als auch für Terrorismusbekämpfung, hatte aber an Ersterem ein weit größeres Interesse. Der Offizier, der die Abteilung für Terrorismusbekämpfung in Branch F aufbaute, hielt Jones »im Grunde für kaum interessiert am Terrorismus als Thema ... Schwindeleien bei der Terrorismusbekämpfung waren eigentlich nicht sein Ding.«[78]

Das terroristische Debüt in Großbritannien des Mannes, der zum wohl bekanntesten Terroristen im Auftrag der PFLP wurde, nämlich Ilich Ramírez Sánchez alias »Carlos der Schakal«, fand 1973 statt und war, in erster Linie wegen seiner dilettantischen Durchführung, denkwürdig. »Carlos« war 1966 in Begleitung seiner reichen venezolanischen Mutter und zweier Brüder als 16-jähriger Student der englischen Sprache zum ersten Mal nach Großbritannien gekommen. Der Einwanderungsbeamte, der sie in Heathrow befragte, bemerkte, dass sie »eine gut gekleidete Familie« seien, schloss aber korrekt, dass die »ungewöhnlichen Vornamen der Kinder [Wladimir, Ilich und Lenin] womöglich auf die politische Orientierung der Familie schließen ließen ...«[79] Später studierte »Carlos« an der Moskauer Universität, gab gegenüber der MPSB jedoch an, dass er 1970 wegen »sowjetfeindlicher Gefühle« ausgeschlossen worden sei.[80] Nach der Meldung seines Kontakts zur PFLP im Dezember 1971 wurde er zum Ziel einer gerichtlich genehmigten Brief- und Telefonüberwachung. Branch F berichtete später:

> Keine einzige Überprüfung ... hat signifikante Informationen zutage gebracht, die Ramírez Sánchez mit arabischer Terrortätigkeit in Verbindung brachte, und es ist wahrscheinlich, dass sämtliche Pläne, welche die PFLP für ihn hatte, fallen gelassen wurden, sobald er merkte, dass die Behörden an ihm interessiert waren (im Dezember 1971 war sein Haus durchsucht worden, und er wusste, dass er observiert wurde).

Die Abteilung A4 meldete, dass er »sehr nervös« gewirkt habe bei Besuchen in der Augenklinik des Krankenhauses St. George's und später bei einem Optiker, aus dessen Laden er mit einer dunklen Brille kam.[81]

Die Special Branch und der Security Service verloren »Carlos« 1972 zwar aus dem Blick, später stellte sich jedoch heraus, dass er die folgenden Jahre mit Reisen in Europa, im Nahen Osten und Lateinamerika, häufig mit gefälschtem Pass, verbrachte, stets im Einsatz für die PFLP und mit gelegentlichen Abstechern nach Großbritannien.[82] Am 30. Dezember 1973, bei einem dieser Abstecher, klopfte »Carlos« an die Tür des erstaunlich ungeschützten Hauses von Joseph Edward »Teddy« Sieff, einem glühenden Zionisten und Chairman von Marks and Spencer. Die Tür wurde vom Butler geöffnet, dem »Carlos« befahl, ihn zu seinem Opfer zu führen. »Carlos« gab einen Schuss ab, der allerdings von Sieffs Vorderzähnen abgelenkt wurde und ihn nicht tötete. Die Pistole klemmte danach, und »Carlos« rannte davon. Einen Monat später versuchte »Carlos«, eine in einen Schuhkarton verpackte Bombe über den Schalter der israelischen Hapoalim Bank in der Londoner City zu werfen, aber er hatte schlecht gezielt. Der Karton prallte von der Tür ab, verfehlte den Schalter und hinterließ einen kleinen Krater im Fußboden. Eine 19-jährige Sekretärin erlitt geringe Verletzungen. »Carlos« gab einmal mehr Fersengeld.[83] Obwohl sich die PFLP zu beiden Anschlägen bekannte, entdeckte der Security Service erst im Sommer 1975, dass »Carlos« der betreffende Terrorist gewesen war.[84] Zu der Zeit hatte er anderswo allerdings bereits bewiesen, dass er als Terrorist weit stärker zu fürchten war, als man nach den Aktionen in London vermutet hätte.

Obwohl das »Zeitalter des Terrorismus« begonnen hatte, wie Walter Laqueur später meinte, machten die nahöstlichen Terroristen immer noch auf die Medien viel stärkeren Eindruck als auf die meisten westlichen Regierungen. »Trotzdem werden künftige Historiker«, so Laqueur, »fasziniert und verblüfft von dem gewaltigen Missverhältnis sein, das zwischen dem enormen Redeschwall über Terrorismus und den geringen Bemühungen – sowie vergleichsweise kargen Summen – zu seiner Bekämpfung besteht.«[85]

Wer sich nicht an die Fehler der Vergangenheit erinnert, so heißt es, ist dazu verdammt, sie immer wieder zu begehen. Historische Ignoranz erklärt weitgehend die britische Politik und das nachrichtendienstliche Versagen in Nordirland in den siebziger Jahren. Wenn Whitehall oder den verschiedenen Sicherheitsorganen klar gewesen wäre, wie sehr die britischen Operationen gegen Sinn Fein und die IRA in den Jahren zwischen dem Osteraufstand von 1916 und der Gründung des Freistaates 1922 unter der fehlenden Koordination zwischen dem Militär, der Polizei und den städtischen Nachrichtendiensten gelitten hatten,[86] dann hätte aller Wahrscheinlichkeit nach ein halbes Jahrhundert danach nicht eine ähnliche Verwirrung geherrscht. Der Verbindungsoffizier des Security Service in Belfast erinnerte sich später, dass sich ihm bei der Ankunft im Juli 1970 ein »chaotisches« Schauspiel bot: »Bei dem gegenseitigen Misstrauen zwischen Polizei und Armee trug das Innenministerium die Verantwortung, hatte aber keine wirksame politische Kontrolle.«[87]

Die sogenannte Provisional IRA (PIRA) hingegen hatte bei ihrer Gründung im Jahr 1970 mit dem Gegenteil zu kämpfen, indem sie eher zu viel – statt zu wenig – Aufmerksamkeit dem historischen Gedächtnis (und der Mythenbildung) schenkte und die veraltete und schwerfällige Struktur der IRA in den zwanziger Jahren übernahm. Die pseudomilitärische Terminologie mit »Bataillonen« und »Brigaden« eignete sich im Grunde schlecht für Einheiten, die zahlenmäßig nur einen Bruchteil ihrer militärischen Äquivalente darstellen, sollte aber der nationalistischen Gemeinde die Legitimität einer Befreiungsarmee vorspiegeln.[88]

Furnival Jones war pessimistisch bezüglich der Erfolgsaussichten einer Aufklärungsarbeit in Nordirland. Er sagte zu Heath gleich bei ihrem ersten Treffen im Juli 1970: »Keine noch so große Menge an Informationen kann die Krankheiten Nordirlands heilen. Aufklärung kann allenfalls das Problem definieren und den Sicherheitskräften helfen, die Unruhen einzudämmen.«[89] Bei der Eskalation der Gewalt in den Jahren 1970/71 erlitten die Armee und die RUC schwere Verluste. Wenn die Armee effektive Operationen durchführen sollte, brauchte sie Informationen, die ihnen die unterbesetzte Special Branch der RUC nicht geben konnte.[90] Vor Ausbruch der Unruhen war die IRA relativ klein gewesen und hatte ihre Mitglieder aus republikanischen Familien rekrutiert, die der Special Branch wohlbekannt waren. Seit dem Auftritt der ersten britischen Soldaten in den Straßen von Belfast im August 1969 bis Ende 1971 war die Zahl der IRA-»Freiwilligen« in der Stadt laut glaubwürdigen republikanischen Schätzungen von etwa 50 auf rund 1200 hochgeschnellt. Wegen ihres Versagens, im gewaltsamen Sommer 1969 als »bewaffnete Verteidiger« der nationalistischen Gemeinde aufzutreten, hatte man sich zwar über sie lustig gemacht, doch allein im September 1971 gelang es der IRA, 200 Bombenanschläge zu verüben.[91]

Die überraschende Einführung einer Internierung ohne Gerichtsprozess durch die Regierung in Stormont Castle am 9. August 1971 entlarvte den konfusen Zustand der Nachrichtendienste in Nordirland. In mehreren Nacht-und-Nebel-Aktionen verhaftete die Armee 342 Verdächtige, viele aus der Official IRA, aber innerhalb von zwei Tagen wurden 105 wieder auf freien Fuß gesetzt. Heath beschwerte sich, dass sich die Informationen, welche die Special Branch der RUC vor der Internierung geliefert hatte, als »hoffnungslos überholt« erwiesen hätten.[92] Der begrenzte sicherheitspolitische Nutzen der Internierung wurde bei weitem von dem Aufflackern der sektiererischen Gewalt in den Schatten gestellt, der im Laufe von drei Tagen 23 Menschen zum Opfer fielen und die bis zu 7000 Menschen (mehrheitlich Katholiken) obdachlos machte, weil ihre Häuser abgebrannt waren. Insbesondere die Provisionals konnten nach der Internierung erheblich mehr Mitglieder rekrutieren.[93]

Die Aufteilung der Zuständigkeiten für Irland zwischen der MPSB und dem Security Service war grotesk, wenn man bedenkt, dass der Service im britischen Kernland die führende Rolle bei nachrichtendienstlichen Operationen gegen loyalistische Paramilitärs hatte, deren Hochburgen in Strathclyde und Merseyside lagen. Anfang der siebziger Jahre hatte Abteilung F5, zu deren Zuständigkeitsbereich »subversive Aktivitäten« durch »extreme protestantische Gruppierungen« ebenso wie Waffenschmuggel der IRA zählten, einige nachrichtendienstliche Erfolge erzielt, die zu Verurteilungen wegen Waffen- und Sprengstoffschmuggels vom britischen Kernland an loyalistische Paramilitärs in Ulster führten.[94] Julian Faux, der an diesen Operationen beteiligt war, war überzeugt, dass der Erfolg weitgehend der engen Zusammenarbeit mit den lokalen Special Branches (SB) zu verdanken war, die von einer Reihe aufeinanderfolgender Innenminister genehmigt worden war. »Es herrschte wirklich das Gefühl«, schrieb er später, »dass die SBs die Agenten des Service vor Ort seien.«[95] Um die Privilegien der MPSB nicht anzutasten, gab es noch keine vergleichbaren A4-Operationen gegen die viel größere Gefahr, die Anhänger der irischen Republikaner im britischen Kernland darstellten.

Bei der Organisation der britischen Terrorismusbekämpfung sorgte darüber hinaus der Umstand für Verwirrung, dass der Security Service bei der Bekämpfung von PIRA-Anschlägen nicht das Sagen hatte, aber gleichzeitig die Hauptverantwortung für die Ausarbeitung von Schutzmaßnahmen trug.[96] Die Sabotageabwehr des Security Service hatte schon seit langem den Auftrag, Empfehlungen zum Schutz militärischer »Kernziele« in Großbritannien in Zeiten internationaler Spannung und Kriege abzugeben.[97] Die Angst, dass die IRA ihre Bombenkampagne auf das britische Kernland ausdehnen könnte, veranlasste die Sabotageabwehr von Branch C, der MPSB am 30. März 1971 vorzuschlagen, die Liste der »Kernziele« um potenzielle nichtmilitärische Angriffsziele zu erweitern, die »von vitaler Bedeutung für die Wirtschaft« waren. Als die MPSB kein Interesse daran hatte, ging die Sektion damit zum Vorsitzenden des »Unterkomitees für Kernziele« im Offiziellen Komitee für Terrorismus, der allerdings genauso ablehnend reagierte.[98] Der Generaldirektor sprach anschließend mit Sir Philip Allen vom Innenministerium über das Thema. Im Jahr 1972 erklärte sich das Innenministerium bereit, die Zusammenstellung einer Liste sogenannter Economic Key Points (EKP) zu unterstützen, die besonders geschützt werden mussten.[99] Wegen der, wenigstens in den Augen des Security Service, Verschleppungstaktik des Innenministeriums wurde jahrelang nichts zur Aufstellung einer Liste unternommen.[100]

Anfang 1972 waren RUC und britische Armee, ungeachtet der bleibenden Verwirrung bei der Organisation der Nachrichtenbeschaffung in Nordirland, noch optimistisch, dass der republikanische Terrorismus in allen seinen Formen besiegt werden könne.[101] Dieser Optimismus verpuffte fast völlig während einer Bürgerrechtskundgebung in Derry am 30. Januar, dem »Bloody Sunday«, wie er seither heißt. Nach der Kundgebung kam es zu Krawallen, in deren Verlauf ein Teil der Menge versuchte, eine Straßensperre zu überwinden, und von Gummigeschossen und Wasserwerfern zurückgedrängt wurde. Über 100 Jugendliche ließen nicht locker und warfen Steine und Eisenstangen auf Soldaten des Fallschirmjägerregiments. Dann fielen plötzlich Schüsse. Generalmajor Robert Ford, der Kommandeur der Landstreitkräfte, betonte: »Es besteht überhaupt kein Zweifel, dass das Fallschirmjägerbataillon erst das Feuer eröffnete, nachdem man auf sie geschossen hatte.« Nationalisten waren hingegen überzeugt, dass sich die britischen Soldaten des vorsätzlichen Mordes schuldig gemacht hätten. 13 Männer (offenbar ausnahmslos unbewaffnet) wurden von den Fallschirmjägern erschossen; 18 weitere wurden verwundet, von denen einer später starb. Die *Irish Press* kommentierte am 31. Januar 1972: »Wenn es in der Region Derry vor dem gestrigen Massaker noch einen gesunden Mann mit republikanischen Sympathien gab, der nicht in der IRA war, so gibt es heute Abend mit Sicherheit keinen mehr.«[102] Am 2. Februar wurde nach einer Reihe antibritischer Demonstrationen in Dublin die britische Botschaft in Brand gesteckt.

Zum ersten Mal seit den IRA-Anschlägen von 1938/39 weitete sich der republikanische Terrorismus am 22. Februar 1972 auf das britische Kernland aus. Eine von der Official IRA im Hauptquartier der Fallschirmjäger in Aldershot gelegte Bombe, als Rache für den

Bloody Sunday gedacht, verfehlte ihr Ziel und tötete statt der Soldaten fünf Reinigungskräfte, einen Militärkaplan und einen Gärtner. Dies war der Beginn einer Anschlagserie der Republikaner auf dem Kernland, die mit Unterbrechungen 25 Jahre lang anhalten sollte. Am 24. März gab Heath, nach zwei schweren Terroranschlägen in Belfast, die Absetzung der nordirischen Regierung bekannt, als sie sich weigerte, freiwillig die Wiederherstellung von Ruhe und Ordnung an die britische Regierung in London zu übertragen. An ihrer Stelle übernahm ein Minister für Nordirland (abgekürzt: SOSNI), anfangs Willie Whitelaw, unterstützt von zwei Staatssekretären, die Funktionen der unionistischen Regierung, die ein halbes Jahrhundert lang in Stormont regiert hatte. Auf die dringende Bitte des ständigen Staatssekretärs im erst kürzlich gegründeten Nordirlandministerium (NIO), Sir William Neild, um genauere Informationen aus der Provinz[103] hin bildeten MI5 und SIS eine Irish Joint Section (IJS) mit Büros in Belfast und London.[104]

Wenn der SIS in den ersten Jahren eine größere Rolle im IJS spielte als der Security Service, so lag das keineswegs an dessen Ambitionen, die Zuständigkeitsbereiche des MI5 in Großbritannien zu beschneiden, sondern daran, dass der Security Service noch nicht auf eine größere Rolle in Nordirland vorbereitet war. Ein Offizier des Security Service, der Mitte der siebziger Jahre nach Nordirland versetzt wurde, verglich seine eigene Dienststelle, die bislang kaum Erfahrung mit Operationen auf feindlichem Territorium hatte, mit dem SIS, sehr zum Nachteil der ersteren.[105] Viele MI5-Mitarbeiter hatten zwar in Afrika, Asien und/oder auf den Westindischen Inseln Erfahrung gesammelt, doch die Provinz Ulster war offenbar noch fremdartiger als Tausende von Meilen entfernt liegende Vorposten des Empire. Eine Stewardess brachte diese Anschauung einmal auf den Punkt, als sie den Passagieren unmittelbar vor der Landung auf dem Aldergrove Airport von Belfast riet, die Uhren um 300 Jahre zurückzustellen. Die fehlende Kompetenz des Security Service für Aufgaben in Nordirland zu Beginn der direkten Herrschaft wurde anschaulich demonstriert, als Whitelaw in Belfast den Posten des Geheimdienstdirektors und Koordinators (DCI) schuf, der ihm sowohl als persönlicher Sicherheitsberater wie auch als Hauptverbindung zum befehlshabenden General und zum Polizeichef dienen sollte. Der Posten wurde zwar dem Security Service angeboten, aber von den Personen, die nach ihrem Rang in Frage gekommen wären, wollte ihn keiner annehmen. Der am 31. Oktober ernannte erste DCI kam folglich nicht aus dem MI5. Sein Nachfolger vom Security Service behielt ihn als den »wirklich richtigen Mann, um den Posten zu schaffen«, in Erinnerung: »Er blieb ein Jahr lang dort, und er machte seine Arbeit einfach großartig ... Er lebte wie ein König, er bewirtete wie ein König, er trank mit Willie [Whitelaw] für gewöhnlich die ganze Nacht.«[106]

John Jones, Direktor von Branch F von 1972 bis 1974 und zuständig für Terrorismusbekämpfung sowie Subversionsabwehr, war es überhaupt nicht recht, die Rolle des Service nach Nordirland auszudehnen. Ein ehemaliger Offizier des Security Service erinnert sich, dass er während seiner Zeit in Irland »mit Jones nie ein Gespräch über Irland führte«.[107] Der Titel »Geheimdienstdirektor und Koordinator«, den von 1973 an verschiedene Offiziere des Security Service trugen, war zum Teil irreführend. Der DCI leitete in Nordirland nie nachrichtendienstliche Operationen. Seine Hauptaufgabe war das nachrichtendienstliche Bindeglied und die Koordination,[108] was Anfang der siebziger Jahre heikle und gelegentlich undankbare Aufgaben waren. Ende 1973, nach zwei Jahren im Ressort Irland und in der Current Intelligence Group im JIC für Irland, gab ein F5-Mitarbeiter »eine etwas optimistische Vorhersage« ab, »dass in absehbarer Zeit die Provisionals, die bereits arg angeschlagen seien, einen Waffenstillstand ausrufen, dass die Armee zum Teil aus Nordirland abziehen und ihre nachrichtendienstlichen Anstrengungen verringern würde«.

> Wir, und selbst der Süden Irlands, betrachten [die Official IRA] langfristig als größere Bedrohung für das Vereinigte Königreich und die Republik als die Provisionals, in erster Linie wegen ihrer größeren, politischen Reife, der marxistischen Orientierung und der Kontakte zum Ausland.[109]

In Wirklichkeit verlor die Official IRA, die im Mai 1972 einen, wie sich zeigte, ständigen Waffenstillstand ausgerufen hatte, rasch an Einfluss gegenüber der PIRA.

Ungeachtet der untergeordneten Rolle bei der Bekämpfung republikanischer Anschläge in Großbritannien war der Security Service in erster Linie zuständig für die Überwachung der republikanischen Aktivitäten außerhalb des Königreichs, insbesondere für die wichtige Frage der Waffenbeschaffung. Im Gegensatz zur Official IRA, die im Jahr 1972 unbemerkte Waffenlieferungen vom KGB erhielt, versuchten die Provisionals 1972/73 mehrmals vergeblich, Waffen aus Europa einzuschmuggeln.[110] Der bereitwilligste potenzielle Lieferant war Oberst Moamar Gaddhafi in Libyen, der nach Ansicht des langjährigen Republikaners und PIRA-Stabschefs Joe Cahill »von einem furchtbaren Hass auf England« besessen war: »[Er] sagte, er könne nicht begreifen, warum wir nicht irisch sprächen und warum wir uns auf Englisch unterhielten, der Sprache unserer Feinde.«[111] Im August 1972 entdeckte die MPSB, dass der Frachter *Elbstrand*, der wenig später in *Claudia* umbenannt wurde, an dem Waffenschmuggel nach Irland beteiligt war. In den folgenden sieben Monaten wurde das Schiff ständig observiert. Cahill war persönlich an der Charterung der *Claudia* für eine erste Waffenlieferung aus Libyen im März 1973 beteiligt. Die Abteilung F5 »spekulierte« später, so gut wie sicher richtig, dass Cahill und Dáithí Ó Conaill »die Verhandlungen [mit Gaddhafi] und die Lieferung selbst persönlich überwachten, um dafür zu sorgen, dass nichts schiefging«. Von Oberst Gaddhafi hieß es, er habe der PIRA so viele Waffen angeboten, wie sie tragen könnten.[112]

Der Security Service wurde erst am 26. März über die Überwachung der *Claudia* informiert, als Branch F vom Außenministerium die Kopie eines Telegramms ausgehändigt wurde, das der Außenminister Sir Alec Douglas-Home drei Tage zuvor an den britischen Botschafter in Dublin geschickt hatte. Dieser wurde informiert, dass Geheimdienstberichte aus den letzten 24 Stunden darauf hindeuteten,

> dass die *Claudia* Nordafrika vor einigen Tagen verlassen habe, mit einer Fracht von bis zu 100 Tonnen kleiner Waffen und Sprengsätze, die dem Vernehmen nach von den Libyern kostenlos zur Lieferung an die IRA in der Republik beschafft wurden. Mindestens ein ranghohes Mitglied der IRA befindet sich vermutlich an Bord. Das Schiff soll sich planmäßig vor der Küste zwischen Dungarvan und Waterford mit zwei irischen Fischtrawlern treffen …
> *Claudia* soll von britischen Seestreitkräften lokalisiert und diskret überwacht werden. Letztere werden nicht … versuchen, auf

hoher See das Schiff abzufangen oder an Bord zu gelangen, noch irgendwelche Maßnahmen in der Endphase ergreifen, welche die irischen Hoheitsrechte beeinträchtigen würden. Das Hauptziel der Überwachungsoperation ist es, über jeden Zweifel hinaus zu beweisen, dass *Claudia* zu dem Treffpunkt fährt. Wir sind der Meinung, dass das Abfangen dieser Waffenlieferung eine Aufgabe für die irische Regierung wäre …
Sie sollten dringend Maßnahmen ergreifen, um [den irischen Premierminister] Mr. Cosgrave über das Genannte zu informieren …[113]

Da der Security Service für das Zusammenstellen von Informationen über Waffenlieferungen an die Republikaner aus dem Ausland zuständig war, reagierte Branch F mit verständlicher Empörung über die Entdeckung, dass man sie bislang nicht über die Überwachung der *Claudia* informiert hatte. »Dieser Fehler«, notierte ein vermutlich vor Wut schäumender Abteilungsleiter, »darf nicht noch einmal passieren.«[114]

Während der Fahrt von Tripolis ahnten weder Joe Cahill noch ein anderes PIRA-Mitglied an Bord der *Claudia*, dass sie Ziel einer britischen Überwachungsoperation waren.[115] Als sie am 28. März vor der Küste des County Waterford von der irischen Marine abgefangen wurden, herrschten, laut einem Bericht aus der britischen Botschaft in Dublin, »offenbar völlige Überraschung und Konsternation unter der Besatzung der *Claudia*, als das Bordkommando längsseits ging«.[116] Cahill, der sich in der Kombüse aufhielt, erinnerte sich später, dass er nicht einmal gewusst hatte, dass die *Claudia* geentert worden war, bis er einen Pistolenlauf an der Schläfe spürte und die Stimme eines jungen irischen Marineoffiziers hörte: »Keine Bewegung.« Fünf Tonnen Waffen, Munition und Sprengkörper wurden im Frachtraum gefunden – viel weniger, als man angenommen hatte. Die Geheimdienstmeldungen, nach denen die Libyer ursprünglich viel mehr Material liefern wollten, waren jedoch korrekt. Gaddhafi war entsetzt gewesen über die laxen Sicherheitsmaßnahmen der PIRA und hatte die Lieferung reduziert.[117] Wenn die fünf Tonnen sicher durchgekommen wären, wären mit Sicherheit schon bald weitere und größere Lieferungen gefolgt. Die Eroberung der *Claudia* hatte somit maßgeblichen Anteil an der Einschränkung der Fähigkeit der PIRA, ihre Operationen auszudehnen.[118] Als im Jahr 1985 ein großangelegter Waffenschmuggel aus Libyen einsetzte, veränderte er die operative Fähigkeit der Provisionals von Grund auf.[119]

Im Jahr 1973 schien die PIRA in Nordirland an Boden zu verlieren. Trotz wütender Proteste seitens der Provisionals und Sinn Feins gelang es Willie Whitelaw, die nationalistische Social Democratic and Labour Party (SDLP) für Verhandlungen über eine Machtteilung zu gewinnen. Im November 1973 einigten sich die Official Unionist Party, die SDLP und die kleine Alliance Party darauf, eine gemeinsame Exekutive zu bilden, um die Macht in Stormont wiederherzustellen und die direkte Herrschaft Londons zu beenden. Der Rahmen der neuen Exekutive wurde einen Monat später im Abkommen von Sunningdale zwischen den drei Parteien und den britischen und irischen Regierungen abgesteckt. Viele Unionisten trauten dem Abkommen jedoch fast genauso wenig wie die Provisionals. Die neue Exekutive hatte von dem Moment an, als sie am Neujahrstag 1974 das Amt übernahm, kaum Unterstützung in der Bevölkerung. Bei allgemeinen Wahlen zum Parlament in Westminster Ende Februar wurden die Unionisten von den Hardlinern vernichtend geschlagen. Letztendlich stürzte die Einheitsregierung allerdings durch den von Gewerkschaftern der Unionisten gegründeten Ulster Workers Council (UWC), der den größten Teil der Schlüsseldienstleistungen in Nordirland kontrollierte, unterstützt von loyalistischen Paramilitärs. Aufgrund einer Kombination von Überprüfungen und lokalen Berichten der Special Branch über Anhänger der Paramilitärs in Merseyside, aus denen der UWC Unterstützer zusammentrommeln wollte, war der Geheimdienst im Voraus darüber informiert, dass der UWC am 14. Mai den Generalstreik ausrufen wollte.[120] Am 19. Mai wurde der Notstand ausgerufen. Eine gute Aufklärungsarbeit änderte kaum etwas am Ergebnis. Obwohl 2000 britische Soldaten eingeflogen wurden, um den Betrieb der Kraftwerke zu gewährleisten und die Notsituation in den Griff zu bekommen, lag es auf der Hand, dass die Macht von der Exekutive zum UWC übergegangen war. »Es waren«, schloss Merlyn Rees, SOSNI in der letzten Regierung Wilson, »die Protestanten von Nordirland, die sich gegen Sunningdale erhoben.« Am 28. Mai trat die Einheitsregierung zurück und Nordirland wurde wiederum direkt von London aus regiert.[121]

Die Gewaltakte der PIRA konzentrierten sich zwar weiterhin auf Nordirland, aber im Februar 1974 verübte sie einen tödlichen Anschlag auf dem britischen Kernland, indem sie eine 50 Pfund schwere Bombe an einem Bus befestigten, der Soldaten zum Lager Catterick brachte. Der Sprengsatz detonierte auf der Autobahn M62 und tötete neun Soldaten, einen Zivilisten und zwei Kinder. Wegen der fehlenden Informationen über die operative Planung der PIRA beurteilte die Irish Joint Section die Aussichten pessimistisch, Anschläge auf dem Kernland abzuwehren.[122] Die Anschlagserie von 1974 kostete mehr Menschenleben in Großbritannien als jede andere in der Geschichte der Unruhen. Die 44 Todesopfer (29 Zivilisten, 14 Sicherheitskräfte und ein PIRA-Bombenleger, der von der eigenen Bombe in die Luft gesprengt wurde) machten einen Anteil von 38 Prozent der in England während des gesamten Zeitraums von 1973 bis 1997 getöteten Menschen aus. Der größte Teil der zivilen Opfer starb an einem einzigen Tag, dem 21. November 1974, als Bomben der PIRA in zwei Pubs in Birmingham 19 Menschen töteten und 182 verwundeten (von denen zwei später ihren Verletzungen erlagen).

Trotz der Anschläge in Großbritannien und Nordirland war ein geheimer Kanal zur Führung der Provisionals etabliert worden, der bei späteren Waffenstillstands- und Friedensgesprächen, an denen der Security Service ebenso wie der SIS beteiligt war, eine wichtige Rolle spielen sollte. Der Hauptvermittler (die »Kontaktperson«), über den mit Unterbrechungen geheime Gespräche mit den Provisionals geführt wurden, war Brendan Duddy, ein Geschäftsmann aus Derry, der den Vorsitzenden von Sinn Fein Ruairí Ó Brádaigh persönlich kannte.[123] Später erklärte Duddy, seine »Mission«, die »Gewalt durch den Dialog zu ersetzen« sei von seinem »christlichen Glauben« angetrieben gewesen: »Ich war gegen die Bomben, das Blut und die Kugeln auf allen Seiten.«[124] Die Kontakte zu den Provisionals zählten zu den am besten behüteten Geheimnissen Whitehalls. Als Harold Wilson im März 1974 wieder an die Regierung gelangte, ordnete er an, dass nur er und der Minister für Nordirland Merlyn Rees über sie informiert werden sollten.[125] Im Januar 1975 half Duddy, direkte Gespräche zwischen Vertretern des Nordirlandministeriums (NIO) und der PIRA zu arrangieren. In Geheimdienstberichten für Rees wurden zwei weitere Initiativen genannt, die zum Zustandekommen der Gespräche beitrugen:

Erstens erklärten die Provisionals nach einem Treffen mit einigen protestantischen Geistlichen aus dem Norden eine vorübergehende Waffenruhe für Weihnachten 1974. Sie ließen gegenüber den Geistlichen durchblicken, dass dies uns eine Chance geben solle, Verhandlungen über einen unbegrenzten »Waffenstillstand« zu beginnen. Zweitens machte David O'Connell [Dáithí Ó Conaill], der damalige Stabschef der Provisional IRA, in einem Brief an den Premierminister einen ähnlichen Vorschlag.[126]

Am 9. Februar kündigten die Provisionals eine unbegrenzte Waffenruhe an. Nordirlandminister Rees gelangte, in erster Linie aufgrund der Geheimdienstberichte, zu dem Schluss, dass dahinter vermutlich folgende Motive der PIRA steckten, auch wenn sich das nicht mit Sicherheit sagen ließ, und zwar in abnehmender Priorität:

a) Die Überzeugung, dass die britische Regierung und Bevölkerung die Nase von Irland so voll habe, dass sie nur nach einer ehrenvollen Ausstiegsmöglichkeit suchten.
b) Die Erkenntnis, dass eine Reihe von Vorfällen, insbesondere die Bomben in Birmingham, die Unterstützung für die Provisionals im Süden ausgehöhlt hatte. Das hieß, es war nötig, eine Bestandsaufnahme zu machen und gegenüber der katholischen Gemeinde eine verantwortliche Haltung zu beweisen.
c) Eine Spur Kampfmüdigkeit.
d) Der Wunsch, sich neu zu gruppieren und aufzustellen.[127]

Selbst wenn die Waffenruhe, wie sich zeigen sollte, nicht unbegrenzt Bestand haben sollte, so diente sie, in Rees' Augen, neben dem Retten von Menschenleben »zwei lebenswichtigen, kurzfristigen Zielen«. Erstens bot sie eine Friedensphase, in der am 1. Mai 1975 Wahlen zu einer verfassunggebenden Versammlung abgehalten werden konnten, in der, so hoffte man, alle Parteien, auch jene mit Kontakten zu paramilitärischen Gruppen, über die Zukunft Nordirlands diskutieren würden. Auch wenn Sinn Fein die Wahlen boykottierte und die Versammlung wenig einbrachte, konnte sie immerhin in einer Phase relativen Friedens zusammentreten. Das zweite Ziel von Rees während der Waffenruhe, das auch erreicht wurde, war eine Beendigung der Internierung ohne Gerichtsprozess in Nordirland –

ein Schritt, der mitten in einer Anschlagserie der PIRA kaum durchsetzbar gewesen wäre.[128]

Zu der Zeit, als die Waffenruhe begann, war die anfängliche Verwirrung über die Rolle des Geheimdienstdirektors und Koordinators (DCI) bereits weitgehend behoben. Auch wenn der DCI nie die Aufklärungsarbeit in Nordirland leitete, war er wegen seiner Verbindungs- und Beratungsfunktion nichtsdestotrotz eine einflussreiche Figur. Er wurde zum Hauptgeheimdienstberater des SOSNI, und sein Büro, das täglich Geheimdienstberichte anfertigte, leitete Informationen über Nordirland an das JIC weiter. MI5-Generaldirektor Sir Michael Hanley zeigte ebenfalls wachsendes Interesse an Informationen über die PIRA. Der zuständige Offizier für die Überwachung der Gefahr neuerlicher republikanischer Terroranschläge während der Waffenruhe von 1975 traf sich jeden Donnerstag um 9 Uhr mit Hanley – nicht zuletzt, um zu gewährleisten, dass der Generaldirektor umfassend informiert war für den Fall, dass er vor den wöchentlichen Kabinettsitzungen am Donnerstag ins Innenministerium oder gar in die Downing Street Nr. 10 gerufen wurde.[129] Auf ausdrückliche Anweisung des Premiers informierte der Generaldirektor den Innenminister Roy Jenkins jedoch nicht über die Gespräche mit den Provisionals, die während der Waffenruhe begonnen hatten. Harold Wilson bestand wie zuvor darauf, dass nur er und der Nordirlandminister darüber informiert wurden. Übrigens ignorierte er damit die Maxwell-Fyfe-Direktive aus dem Jahr 1952, nach der der MI5 unmittelbar dem Innenminister unterstellt war.[130] Gelegentlich zeigte der Premierminister ein persönliches, fast schon konspiratives Interesse an Informationen über die PIRA. Als der DCI berichtete, dass er eine Kopie von einem wichtigen PIRA-Dokument beschafft habe, wurde er nicht etwa in die Downing Street bestellt (von der Wilson fälschlich vermutete, sie sei verwanzt), sondern nach Chequers, wo ihm die Tür zu seiner Überraschung vom Premier persönlich geöffnet wurde. Wilson fragte ihn, ob er das Dokument für echt halte. Der DCI bestätigte dies. Später wurde er in Whitehall dafür kritisiert, dass er den JIC übergangen und sofort Kontakt zum Premierminister aufgenommen hatte.[131]

3
Der Kampf gegen den Terror und Gefahrenabwehr Ende der Siebziger

Ende 1975 waren die Geheimgespräche mit den Provisionals in den Augen der britischen Unterhändler »weitgehend bedeutungslos« geworden:

> Unsere Gesprächspartner waren außerstande oder nicht bereit, ihre Anhänger zu kontrollieren, und was wir ihnen auch sagten, nichts davon hatte konkret Einfluss auf die Ereignisse – einmal abgesehen davon, dass ihre anhaltenden Kontakte zu uns ihnen einen gewissen Status innerhalb der Provisional-Bewegung verlieh, der es ihnen ermöglichte, einen begrenzten, mäßigenden Einfluss auszuüben.[1]

Obwohl die PIRA offiziell die Waffenruhe erst 1976 beendete, begann sie in den letzten Monaten des Jahres 1975 eine Anschlagserie gegen Restaurants und Hotels im Londoner West End. Ein Kriminalbeamter in der Antiterroreinheit der städtischen Polizei erkannte in den Anschlägen ein bestimmtes Muster. Die meisten ereigneten sich zwischen 18.30 und 21.30 Uhr an Wochentagen, kein einziger am Wochenende, und die Bombenleger griffen manchmal dasselbe Ziel mehrmals an. Der Security Service hatte kaum etwas mit der Bekämpfung der Londoner Anschlagserie zu tun. Sie wurde durch die Operation COMBO der städtischen Polizei beendet, die Anfang Dezember acht Tage lang ständig in West End patrouillierte. Als PIRA-Terroristen am 7. Dezember einen zweiten Anschlag auf Scott's Restaurant in Mayfair verüben wollten, wurden sie von einer Polizeieinheit überrascht. Sie konnten zu einer Wohnung in der Balcombe Street fliehen, wo sie die Bewohner als Geisel nahmen. Nach einer sechstägigen Belagerung ergaben sie sich der Polizei. Die Belagerung in der Balcombe Street erwies sich als Wendepunkt in den PIRA-Operationen. Die Provisionals verübten zwar weiterhin vereinzelte Anschläge auf dem Kernland, aber bis 1989 wurde keine nachhaltige Bombenkampagne mehr organisiert.[2]

Auf Harold Wilsons ausdrückliche Anweisung hin wusste James Callaghan, wie alle anderen Minister außer Rees, nichts von den Verhandlungen mit den Provisionals. Über die mittlerweile zum Scheitern verurteilten Verhandlungen wurde er erst, kurz nachdem er im April 1976 zum Premierminister ernannt worden war, instruiert.[3] Um dieselbe Zeit schickte Nordirlandminister (SOSNI) Merlyn Rees an Callaghan einen vertraulichen Bericht über die Arbeitsweise der Nachrichtendienste:

> Als Erstes möchte ich darauf hinweisen, dass wir inzwischen einen gut etablierten, einheitlichen Apparat für die Verarbeitung der Informationen und die verdeckte Arbeit in Nordirland haben. Die Gesamtverantwortung für die Koordination der nachrichtendienstlichen Operationen wird vom Geheimdienstdirektor und Koordinator (DCI) ... [im] Nordirlandministerium in Belfast getragen. Er ist mir über den ständigen Staatssekretär rechenschaftspflichtig.[4]

Rees hatte dem Unterhaus im März 1976 angekündigt, dass künftig die RUC (Royal Ulster Constabulary) »Vorrang« bei Terrorabwehroperationen in Nordirland haben sollte,[5] zu Callaghan sagte er, dass ihre nachrichtendienstliche Zusammenarbeit mit der Armee gut funktioniere.[6] Er pries darüber hinaus die »Weite der Sichtweise und ... Kenntnis des sozialen und politischen Hintergrunds«, die der DCI und Mitarbeiter des Security Service in der Irish Joint Section (IJS) bewiesen.[7]

Im Mai 1976 unternahm MI5-Generaldirektor Sir Michael Hanley eine dreitägige Reise durch die Provinz – sein erster längerer Besuch seit 18 Monaten – und war sowohl von der verbesserten Leistung der RUC Special Branch beeindruckt (die er zuvor heftig kritisiert hatte) als auch von dem neuen Polizeichef (Sir) Kenneth Newman, der zuvor bei der »Met« gewesen war. Hanley schrieb nach der Rückkehr:

> Der Hauptschwerpunkt unserer Unterstützung muss nun zur RUC verlagert werden. Seit das NIO im Jahr 1972 gegründet wurde, habe ich die Linie verfolgt, zunächst die Armee zu unterstützen. Natür-

lich müssen wir immer noch der Armee helfen, aber künftig muss die RUC oberste Priorität haben, und wir müssen ihr gegenüber eine aktive und positive Politik verfolgen und aufmerksam nach Möglichkeiten Ausschau halten, ihr unter die Arme zu greifen.[8]

Die PIRA hingegen, so Hanley, verliere den »bewaffneten Kampf«:

> Die Bombenanschläge und Schießereien haben nicht nachgelassen, und die PIRA verfügt weiterhin über ein beträchtliches Gewaltpotenzial, aber ihre sterile Taktik führt sie unbarmherzig in die Isolation. Es wird einige Zeit dauern, bis der Prozess abgeschlossen ist, aber das muss das Ziel sein. Die PIRA/PSF (Provisional Sinn Fein) sollte hart getroffen werden, und ihr Anspruch auf »Ehrenhaftigkeit« sollte völlig vernichtet werden. Es ist ermutigend, dass man es mittlerweile als praktikabel ansieht, das Konzept des Primats der Polizei voranzutreiben mit dem Ziel, schrittweise die Provinz zu einem System der üblichen Strafverfolgung zurückzuführen, wo Verbrechen untersucht und Täter vor Gericht gestellt werden ... Der Prozess wird unweigerlich nur schrittweise voranschreiten, aber zumindest bietet er langfristig Aussicht auf Erfolg ...[9]

James Callaghan war mit schlechten Erinnerungen an Nordirland in der vorherigen Regierung Wilson vorbelastet[10] und teilte den vorsichtigen Optimismus von Rees und Hanley keineswegs. Der frisch ernannte Geheimdienstkoordinator (DCI) berichtete, nachdem er den Premier bereits während seines Besuchs in Belfast im Juli 1976 instruiert hatte:

> Ich hatte den Eindruck, dass er das Problem Nordirland für entmutigend und frustrierend hielt und dass es vermutlich zu den Problemen zählte, für die er sich persönlich nicht allzu sehr engagieren würde. Mitten in der Unterhaltung wurden wir von dem Lärm des vor dem Büro des Ministers startenden Hubschraubers des GOC [befehlshabenden Generals] gestört, und der PM bemerkte ein wenig müde, das erinnere ihn an »die letzten Tage in Vietnam« [die Evakuierung der letzten Insassen der US-Botschaft in Saigon, als die Stadt den Vietcong in die Hände fiel].[11]

Wie der DCI sah auch Callaghan wenig Sinn darin, den geheimen Kanal zu den Provisionals beizubehalten. Am 3. August genehmigte er den Vorschlag des DCI, sich von weiteren Verhandlungen mit der »Kontaktperson« Brendan Duddy »zu distanzieren«, dem wichtigsten Kanal zur PIRA-Führung (der über ein Jahrzehnt später eine wichtige Rolle im Friedensprozess spielen sollte).[12] Das IJS gelangte am Jahresende zu dem Schluss: »Es scheint sicher, dass die Führung heute nicht so abgeklärt und verbohrter als zu Beginn der Gespräche ist.«[13]

Der DCI war, wie vermutlich viele andere britische Geheimdienstoffiziere, der Meinung, dass das eigentliche politische Problem das Fehlen einer kohärenten, langfristigen Strategie seitens der Regierung sei: »Die Regierung Ihrer Majestät hat keine klar vorgegebene oder vereinbarte, langfristige politische Linie für den Umgang mit Nordirland und das irische Problem. Ihre kurz- bis mittelfristigen Maßnahmen beruhen auf der Tatsache, dass Nordirland Teil des Vereinigten Königreichs ist, sowie auf der Annahme, dass es dies noch eine Zeitlang bleiben wird.«[14] Callaghans wichtigster politischer Berater Bernard Donoughue kritisierte ebenfalls das Fehlen einer langfristigen Strategie.[15] Welche Probleme die PIRA und die Unruhen bereiteten, wurde in den Berichten des Security Service über die gelegentlichen Treffen Callaghans mit dem MI5-Chef nach dem Sommer 1976 kaum erwähnt.

Trotz der verbesserten Koordination der Nachrichtenbeschaffung in Belfast durch den DCI blieb Nordirland für viele im Security Service ein unbeliebter Posten. Wegen des Mangels an Freiwilligen wurden Offiziersanwärter ab Mitte der siebziger Jahre zum ersten Mal offiziell verpflichtet, überall ihren Dienst anzutreten, »einschließlich Nordirland«.[16] Von den damaligen Mitarbeitern, die zum Teil widerwillig eine Stelle in Belfast akzeptiert hatten, verfügte kaum jemand über Erfahrung in Irland, weder Nord noch Süd. Mitte der siebziger Jahre, zu einer Zeit grausamer Morde, sympathisierten vermutlich die meisten mit der Einschätzung des Security Service zu Beginn der Unruhen, dass die Wurzel des Sicherheitsproblems, das die Sicherheitskräfte nicht in den Griff bekamen, der »Gegensatz zweier Gemeinschaften mit langen Erinnerungen und relativ hitzigen Temperamenten« sei.[17]

Im Februar 1976 kündigte Hanley im Newsletter des Generaldirektors an, dass er die Absicht habe, im Sommer einen neuen Bereich FX zu schaffen, der sich mit sämtlichen Aspekten der Bekämpfung des irischen Terrorismus befassen sollte, für die der Security Service zuständig war: eine Entscheidung, die nicht durch ein dramatisches Ereignis ausgelöst wurde, sondern durch ein allmähliches Steigern des Arbeitspensums für Bereich F Anfang der siebziger Jahre. Branch F sollte zwar die Zuständigkeit für die »fremde« (internationale) Terrorabwehr behalten, aber Branch FX sollte Agenten sowohl gegen irische als auch gegen internationale Terroristen führen sowie gegen innenpolitische subversive Tätigkeiten. Der Direktor von Branch FX sollte als Stellvertreter des Direktors von Branch F fungieren, der weiterhin die Gesamtaufsicht über die Arbeit beider Bereiche hatte.[18] Diese verschwommene Aufteilung der Zuständigkeiten wurde erst acht Jahre später behoben, als Branch FX zu einem vollwertigen Bereich der Terrorismusbekämpfung wurde. Zur allgemeinen Verwirrung behielten die Abteilungen von FX den Zusatz »F«.[19] Die Registratur hatte gelegentlich Schwierigkeiten, die eingehende Korrespondenz Branch F oder FX zuzuordnen.[20]

Zu der Zeit, als Branch FX die Arbeit aufnahm, ging man davon aus, dass »der Höhepunkt der arabischen Terrorgefahr« in Großbritannien, der im Rückblick auf die Jahre 1971 bis 1974 datiert wurde, bereits vorüber sei.[21] Die Infiltrierung von Terrorgruppen durch Agenten Ende der siebziger Jahre brachte keine Pläne für direkte Anschläge auf britische Interessen zutage.[22] Die Abwehrmaßnahmen gegen den internationalen Terrorismus (im Gegensatz zur PIRA) wurden folglich in der Priorität zurückgestuft. Mit Blick auf den Rückgang der Bedrohung und die Leichtigkeit, mit der Palästinenser einen falschen Namen benutzen oder mit Pässen von anderen arabischen Staaten reisen konnten, wurde beschlossen, dass bis auf wenige Ausnahmen »die generelle Überprüfung arabischer Visaanträge durch den Security Service eingestellt« werde.[23]

Der Kampf gegen den Terrorismus hatte bei Callaghan in seiner Zeit als Premierminister eine niedrige Priorität. Seine wohl einzige Initiative in dieser Richtung folgte auf die Entführung einer Boeing 737 der Lufthansa im Oktober 1977 durch vier arabische Terroristen. Callaghan genehmigte persönlich ein geheimes Treffen in Downing Street 10 zwischen dem Kommandeur einer deutschen Spezialeinheit und SAS-Offizieren, um über eine Kooperation zur Beendigung der Entführung zu diskutieren. Nicht lange danach nahmen zwei SAS-Mitglieder an der Stürmung des entführten Flugzeugs auf dem Flughafen von Mogadischu teil. Der Einsatz von Blendgranaten, der vorübergehend alle an Bord blendete und taub machte, als die Maschine gestürmt wurde, war für den Erfolg ausschlaggebend. Bis auf den Piloten (er war bereits zuvor von den Entführern erschossen worden) konnten alle Passagiere gerettet werden. Drei Terroristen wurden getötet, ein vierter wurde gefangen genommen.[24] Callaghans Entscheidung, die britische Beteiligung in Mogadischu öffentlich bekannt zu machen, wurde sowohl von Hanley als auch von Merlyn Rees kritisiert. Rees war im September 1976 aus dem Nordirlandministerium ausgeschieden und Innenminister geworden. Er fragte den Generaldirektor, ob diese Publicity nach seiner Einschätzung das Risiko eines Terroranschlags in Großbritannien erhöht habe. Hanley notierte sich später: »Ich sagte, in meinen Augen sei es ganz richtig, anzunehmen, dass die Gefahr für Großbritannien ... erheblich erhöht worden sei. Mir lägen zwar keine diesbezüglichen Informationen vor, aber das sei eine vernünftige Annahme.«[25] In Wirklichkeit hatte die Operation in Mogadischu, nach der spektakulären Rettung entführter Geiseln in Entebbe ein Jahr zuvor durch israelische Kommandotrupps, allem Anschein nach eine abschreckende Wirkung. Bis zum Ende des Jahrzehnts gab es keine weiteren Flugzeugentführungen mehr.

Während Merlyn Rees' Amtszeit als Innenminister vom September 1976 bis Mai 1979 wurde die Terrorabwehr bei seinen Treffen mit dem Generaldirektor (in der Regel einmal im Monat) offenbar nicht ausführlich erörtert. Die Anschläge internationaler Terrorgruppen, die in Großbritannien – meist in London – verübt wurden, waren in den meisten Fällen Nebeneffekte von Konflikten im Nahen Osten und nicht gezielt gegen britische Interessen gerichtet. Zu den operativ wirkungsvollsten Gruppierungen zählten armenische Terrorzellen, deren ultimatives Ziel die Gründung eines unabhängigen armenischen Staates war. Ihr erster Anschlag in Großbritannien war ein Bombenattentat auf eine türkische Bank im Norden Londons am 10. Februar 1978. Der zuständige Ressortleiter von Abteilung F3 bemerkte »die rücksichtslose Effizienz und Entschlossenheit armenischer Terroristen bei Anschlägen gegen türkisches diplomatisches Personal und Räumlichkeiten« in einer Reihe von Ländern.[26]

So gut wie alle terroristischen Anschläge in London Ende der siebziger Jahre hatten mit dem Nahen Osten zu tun. 1977 tötete der PFLP-Killer Abdullah al-Hejiri einen ehemaligen jemenitischen Regierungschef, seine Frau und den Gesandten in der jemenitischen Botschaft. Zwei syrische Geheimdienstmitarbeiter, die einen Anschlag gegen eine ägyptische Behörde in London planten, kamen ums Leben, als ihre Bombe vorzeitig detonierte. Im Jahr 1978 wurde der gemäßigte PLO-Vertreter in London, Said Hammami, der im Auftrag Jassir Arafats die Ziele liberaler Israelis ausloten sollte, von der Organisation Abu Nidal getötet. General al-Naif, ein ehemaliger irakischer Regierungschef, wurde von Saddam Husseins Geheimdienst ermordet; und der bulgarische Dissident Georgi Markow wurde vom bulgarischen Geheimdienst umgebracht, unterstützt von den sowjetischen Verbündeten. Ungeachtet der Tatsache, dass sich der KGB verpflichtet fühlte, bei der Ermordung Markows behilflich zu sein, engagierte sich die Zentrale nicht so stark im nahöstlichen Terrorismus wie zu Beginn des Jahrzehnts. Nach dem Tod der beiden wichtigsten sowjetischen Agenten innerhalb der PFLP im Jahr 1978 schlief der direkte Kontakt des KGB zu ihr offenbar ein.[27]

Die wichtigste Lehre, die der Security Service aus den internationalen Terroranschlägen in London zog, war die Bedeutung ausländischer Kontakte. In der Einschätzung von Branch F hieß es:

Die internationale Terroraktivität besteht nicht nur in einer Reihe von Anschlägen, die über mehrere Länder verstreut zu verschiedenen Zeitpunkten stattfinden, sondern es handelt sich um eine ständige und anhaltende Angelegenheit, die mit einem hohen Maß an Mobilität seitens der Beteiligten verbunden ist, die genau wie ihre Hilfskräfte und Kontaktpersonen ausnahmslos schwierig zu lokalisieren und zu identifizieren sind. Sobald ein westlicher Dienst einen Treffer landet, ist es deshalb ... wichtig, dass der betreffende Dienst

a) nicht den Fehler wiederholt, allein nach innenpolitischen Gesichtspunkten zu urteilen, denn es könnte sein, dass andere befreundete Dienste über nicht zuzuordnendes Material und/oder hilfreiche Kommentare verfügen, um die Bedeutung des Treffers zu beurteilen;

b) die wichtigsten Basiskriterien so großzügig wie möglich auslegen sollte, insbesondere wo die Wahrscheinlichkeit besteht, dass potenzielle Ziele ... das Land eines befreundeten Dienstes durchqueren.[28]

Im Gegensatz zu internationalen Terrorgruppen trug die PIRA Ende der siebziger Jahre für keinen einzigen Toten auf dem britischen Kernland die Verantwortung.[29] Die Gewalt in Nordirland ging zwar weiter, doch die Zahl der Todesopfer, die auf die Unruhen zurückgeführt werden konnten, ging von jährlich durchschnittlich 264 in den Jahren 1974–1976 auf 102 in den Jahren 1977–1979 zurück.[30] Die Provisionals gingen aus der Waffenruhe von 1975 anscheinend geschwächt hervor. Der IRA-Veteran und ehemalige Stabschef der PIRA Joe Cahill räumte später ein: »Die zweite Hälfte der siebziger Jahre war keine gute Zeit für die Republikaner. Der bewaffnete Kampf ging zwar weiter, aber viele Freiwillige wurden getötet oder ausgehoben. In vieler Hinsicht funktionierte die Strategie der Briten, und die Bewegung war auf dem falschen Fuß erwischt worden.«[31] Die Informationen der IJS ließen darauf schließen, dass die Provisionals zugleich eine finanzielle Krise durchmachten, und zwar wegen eines Streits mit ihrer vermutlich wichtigsten Geldquelle der vorangegangenen Jahre, mit Oberst Gaddhafi. In Übereinstimmung mit der bizarren Aufteilung der Zuständigkeiten für den Umgang mit irisch-republikanischem Terrorismus war der Security Service, weil die Gelder von Gaddhafi aus dem Ausland kamen, für deren Überwachung zuständig. In einem IJS-Bericht hieß es: »Libyen-PIRA-Kooperation hatte zu Beginn reibungslos funktioniert, aber die PIRA [brach] den Kontakt 1978 ab, als sich herausstellte, dass die Libyer versuchten, der PIRA die Strategie zu diktieren. Die Libyer hatten vor allem ein Interesse daran, eine Bombenkampagne in England zu schüren.«[32] Roy Mason, der Nachfolger von Merlyn Rees als Nordirlandminister, erklärte öffentlich Ende des Jahres 1977: »Die Flut hat sich gegen die Terroristen gewendet, und die Botschaft für das Jahr 1978 ist echte Hoffnung.«[33] Die Gesamtzahl der Todesopfer war im Jahr 1978 in Nordirland mit 81 die niedrigste seit 1970.

Im Sommer 1978 gelang es jedoch der PIRA, ihre Operationen auf den Kontinent auszudehnen, wo der Security Service, nicht die

MPSB zuständig war. Die Anschlagserie auf dem Kontinent begann ernsthaft in der Nacht vom 18. auf den 19. August mit Bombenanschlägen auf acht britische Kasernen im Nordwesten der BRD. Es gab keine Todesopfer. Am 24. August wurden zwei weitere Sprengsätze in einem Auto auf dem Parkplatz der Truppenbetreuung NAAFI in Rheindalen entdeckt. Zwei Tage danach wurde bei Düsseldorf am Rheinufer eine Tasche gefunden, die PIRA-Ausrüstung zum Bauen einer Bombe enthielt. Obwohl niemand überrascht war, dass die am Rhein stationierte britische Armee (BAOR) Angriffsziel war, hatten weder der Security Service noch die übrige britische Geheimdienstgemeinde den kleinsten Hinweis darauf gefunden, dass der Beginn einer Anschlagserie bevorstand.[34] Die Partnerschaftsabkommen des Service auf dem Kontinent gegen irisch-republikanischen Terrorismus, ein wesentliches Element in der späteren Strategie, waren längst nicht so ausgefeilt wie jene gegen internationalen Terrorismus. Ein Jahrzehnt später war es immer noch nicht gelungen, die Bombenleger von 1978 »abschließend« zu identifizieren.[35] Die PIRA hatte jedoch nicht die Kapazität für eine nachhaltige Anschlagserie auf dem Kontinent. Für den Rest des Jahres gab es keine weiteren Anschläge. Erst im Dezember bekannte sich die PIRA zu den Anschlägen vom August in Deutschland und tat großspurig kund, sie habe nunmehr »die Fähigkeit erlangt, den britischen Imperialismus jederzeit und an jedem Ort zu treffen«.[36]

Roy Masons Zuversicht, dass der Krieg gegen die PIRA gewonnen werde, wurde von der relativ erfolglosen Anschlagserie in Deutschland nicht getrübt. Am 23. November schrieb er optimistisch:

Es darf kein Nachlassen des Sicherheitsprofils unter den gegenwärtigen Umständen geben, aber wir sollten anerkennen, dass der PIRA auch von der allgemeinen Politik der Regierung und von staatlichen Maßnahmen außerhalb des unmittelbaren Umfelds der Sicherheitskräfte das Wasser abgegraben wird. Reine Sicherheitsziele sollten nicht als vorrangig angesehen werden: Es ist wichtig, die allgemeine Regierungspolitik einer Förderung der Fortschritte in Richtung Normalität weiterzuführen. Verbesserungen der wirtschaftlichen Lage in der Provinz tragen dazu bei, die restliche Autorität zu untergraben, welche die PIRA noch unter der Minderheit genießt.[37]

Nur eine Woche danach forcierte die PIRA jedoch ihre Bombenkampagne in Nordirland. In der Nacht vom 30. November auf den 1. Dezember wurden innerhalb von neun Stunden in 16 Städten Bombenanschläge verübt. Gleichzeitig ordnete der Provisional Army Council eine vorweihnachtliche Bombenserie auf dem britischen Festland an. Am 17./18. Dezember 1978 wurden insgesamt 13 Bomben in englischen Städten gelegt, viele detonierten, manche konnten entschärft werden. Sieben Menschen wurden in Bristol verletzt, zwei in London und zwei in Liverpool. Es gab keine Todesopfer. Obwohl die MPSB hier weiterhin das Sagen hatte, war der Security Service zum ersten Mal imstande, einen nennenswerten Beitrag zur Aufklärung bei einer Anschlagserie auf dem Kernland zu leisten. Der Irish Joint Section war es nämlich gelungen, die PIRA zu unterwandern. Anfang des 21. Jahrhunderts wurde die Frage der Unterwanderung zu einem wichtigen Thema in der republikanischen Historiografie der Unruhen, wobei den Informanten – echten ebenso wie eingebildeten – die Schuld für etliche Fehlschläge der PIRA in die Schuhe geschoben wurde. Weil man den Agenten des Security Service und SIS garantiert hatte, dass ihre Identität unbegrenzt geheim gehalten werde, liegen sämtliche Informationen über sie noch heute unter Verschluss.

Die vorweihnachtlichen Bombenanschläge auf englische Städte waren als ein Vorspiel zu einer längeren Anschlagserie im neuen Jahr gedacht. Am 17. Januar 1979 riss eine Bombe ein Loch in einen Tank mit Flugbenzin an einem Texaco-Ölterminal auf Canvey Island, doch das Benzin entzündete sich nicht, wie die PIRA es geplant hatte. In den Morgenstunden des 18. Januar löste ein Bombenanschlag auf einen Gasbehälter in der Nähe der Südeinfahrt zum Blackwall-Tunnel eine gewaltige Explosion aus.[38] Eine dritte Bombe, die am Rand der M6 in Leicestershire entdeckt wurde, konnte von Spezialisten der Armee entschärft werden.[39] Dann brach die Anschlagserie abrupt ab. Laut Informationen der IJS erklärte die aktive Kampfeinheit (ASU für: *active service unit*) der PIRA, die für die Bombenanschläge zuständig war, dass keine der versprochenen unterstützenden Maßnahmen für ihren Auftritt in England umgesetzt worden sei. Ihre Fähigkeit, Operationen durchzuführen, war somit erheblich eingeschränkt. Da die ASU etwa keine falschen Papiere erhalten hatte, um einen Wagen zu mieten, hatte sie sich einen gefälschten

Führerschein verschafft, der aber, wie sich zeigte, bereits verwendet worden war. So hinterließen sie eine Spur, die die Polizei bis zu ihrer Wohnung verfolgen konnte. Die ASU hatte Pläne für Bombenanschläge auf Roy Mason und Margaret Thatcher (letztere ausgerechnet auf einem Parteitag der Konservativen) ausgearbeitet, aber nicht ausgeführt.[40] Die schwache Wirkung von PIRA-Operationen auf dem Kernland wurde noch durch einen spektakulären Erfolg der viel kleineren Terrorgruppe Irish National Liberation Army (INLA) unterstrichen. Nur knapp zwei Wochen nach Thatchers Ernennung zur Premierministerin im Mai 1979 hielt sie eine Gedenkrede für ihren Freund Airey Neave, den sie eigentlich zum Nordirlandminister hatte ernennen wollen. Neave war durch eine INLA-Bombe mit einem Quecksilberzünder getötet worden, als er am Vorabend des Wahlsieges der Konservativen vom Parkplatz des Unterhauses fuhr.

Die für 1979 geplante Anschlagserie der Provisionals war in Großbritannien zwar abgebrochen worden, wurde aber auf dem Kontinent fortgesetzt. Am Morgen des 22. März wurden der britische Botschafter in Den Haag Sir Richard Sykes und sein Kammerdiener Karel Straub erschossen. Noch am selben Nachmittag wurde der belgische Bankier André Michaux, der irrtümlich für den britischen NATO-Gesandten gehalten wurde, in Brüssel getötet. Die PIRA lehnte es ab, die Verantwortung für die verpfuschte Operation zu übernehmen.[41] Die einzigen Anschläge auf dem Kontinent bis zum Jahresende waren der Bombenanschlag auf einen britischen Militärstützpunkt in Dortmund am 10. Juli, der geringfügigen Schaden anrichtete, und eine Explosion unter einem Pavillon, in dem eine britische Militärkapelle spielen sollte. Damals wurden 18 Menschen verletzt.[42] Wie zu erwarten, war die PIRA-Führung sehr unzufrieden mit dem Ergebnis der Anschlagserie auf dem Kontinent.[43]

Offenbar gab es jedoch allen Grund zu der Befürchtung, dass die PIRA in den achtziger Jahren erfolgreicher als in den Siebzigern operieren würde. Eine Einschätzung der britischen Armee zu »künftigen terroristischen Trends« durch Brigadekommandeur James Glover von der militärischen Aufklärung fiel den Provisionals in die Hände und wurde am 10. Mai 1979 in der republikanischen Zeitung *An Phoblacht* veröffentlicht. Glover gelangte zu dem Schluss, die PIRA entwickle sich zu einem immer gefährlicheren Gegner: »Die gereiften Terroristen, darunter zum Beispiel die führenden Bombenbastler, sind mittlerweile so raffiniert, dass sie sich einer Verhaftung entziehen. Sie lernen unablässig aus ihren Fehlern und bauen ihr Fachwissen aus.« Die Provisionals würden sich schneller Waffen beschaffen, als die Armee sie wieder einsammeln könne. Glover sagte voraus, dass es der PIRA möglicherweise sogar gelingen werde, sich die sowjetischen Hightech-Flugabwehrraketen vom Typ SA-7 zu beschaffen, ähnlich denen, die Joshua Nkomos Guerillakämpfer 1978 benutzt hatten, um zwei rhodesische Viscounts abzuschießen.[44] IJS-Informanten berichteten, dass Glovers Einschätzung größtenteils »bemerkenswert zutreffend« sei und dass »sein schmeichelhaftes Bild von der Effektivität der PIRA einen enormen Effekt auf die Moral der gesamten Bewegung gehabt habe«. Die IJS war jedoch der Meinung, in absehbarer Zeit bestehe nicht die Aussicht, dass die PIRA sowjetische SA-7-Raketen beschaffe.[45]

Im Sommer 1979 konnte die PIRA mit ihren Operationen in Irland den bislang spektakulärsten Erfolg verbuchen. Die Provisionals hatten den Cousin der Queen Earl Mountbatten, dessen Ferienhaus in Sligo nicht bewacht wurde, als ein leichtes und sehr prestigeträchtiges Objekt ausgemacht. Am 27. August töteten sie ihn (sowie seinen 14-jährigen Enkel und zwei weitere Personen) durch die Zündung einer unter den Bodenbrettern seines Bootes *Shadow V* versteckten, ferngesteuerten 50-Pfund-Bombe, während er in der Sligo Bay segelte.[46] Ein wenige Stunden später verübter Anschlag auf britische Truppen in der Nähe von Warrenpoint im County Down bestätigte die Warnung Glovers vor dem wachsenden Fachwissen der PIRA. Eine erste Explosion, die per Funk von der irischen Seite der Grenze aus ferngezündet wurde, sprengte ein britisches Militärfahrzeug in die Luft. Die PIRA hatte ganz richtig damit gerechnet, dass die Soldaten, die anschließend an den Schauplatz eilten, in einem alten Wachhaus Deckung suchen würden. Dort wurde eine zweite Bombe ebenfalls von republikanischem Gebiet aus ferngezündet. Insgesamt kamen 18 Soldaten ums Leben – mehr als bei allen anderen PIRA-Operationen zusammen.[47] Informationen der IJS ließen darauf schließen, dass sowohl der Mord an Mountbatten als auch der Anschlag auf Warrenpoint sorgfältig geplant und von der Führung der Provisionals genehmigt worden waren.[48]

Die Führung des Security Service hielt es gewiss zu Recht für unlogisch, dass ausgerechnet die Bekämpfung der PIRA und anderer republikanischer Gruppierungen der einzige Aspekt der Aufklärung in Sachen Terrorabwehr im britischen Kernland war, bei dem der Geheimdienst nicht das Sagen hatte. Dennoch zögerte sie, Whitehall unter Druck zu setzen, der MPSB endlich die Führungsrolle in diesem Punkt zu entziehen. Die größten Erfolge erzielte der Security Service Ende der siebziger Jahre bei Operationen gegen loyalistische Paramilitärs auf dem Kernland, für die er zuständig war. In einem Geheimdienstbriefing, das für Callaghan unmittelbar nach der Ernennung zum Premierminister vorbereitet wurde, hieß es:

> Es gibt mehrere loyalistische, paramilitärische Organisationen von unterschiedlicher Größe und Boshaftigkeit. Ihre Ziele sind sehr einfach: erstens, zu gewährleisten, dass die protestantische Mehrheit in Nordirland nicht zur protestantischen Minderheit in Irland wird; zweitens, innerhalb der Grenzen Nordirlands zu versuchen, die Katholiken einzuschüchtern.[49]

Einige paramilitärische Gruppen waren laut DCI für »besonders grausame Morde« verantwortlich. Elf der sadistischen »Schlächter von Shankhill«, die ihre katholischen Opfer mit scharfen Messern und Äxten folterten und töteten, wurden später zu insgesamt 42 lebenslangen Haftstrafen für ihre Verbrechen verurteilt, darunter 19 Morde. Die Paramilitärs hätten jedoch, so der DCI, eine Schwäche: »Zum Glück sind sie, gemessen am Standard der IRA, schlecht bewaffnet (auch wenn sie eine besorgniserregende Kapazität für die Herstellung von Maschinenpistolen haben) und haben Schwierigkeiten, sich Waffen oder Sprengstoffe zu beschaffen.«[50]

Gemeinsame Operationen von Polizei und Security Service im Jahr 1977 verhinderten recht erfolgreich, dass Waffen vom britischen Kernland die paramilitärische Ulster Defence Association (UDA) und die Ulster Volunteer Force (UVF) in Nordirland erreichten. In einem späteren Bericht der Abteilung A4 über Operationen in Schottland hieß es:

> Die [loyalistischen] Zielpersonen tranken gewohnheitsmäßig in heruntergekommen Kneipen der Innenstadt, wo die Kundschaft generell zu kriminellen Machenschaften neigte, arbeitslos war, viel soff und einen Polizisten auf den ersten Blick erkannte. Die

Mitarbeiter von A4 hatten im Allgemeinen nicht die Figur und das Verhalten eines Polizeibeamten. Sie sprachen außerdem mit einem englischen Akzent und wurden deshalb in der Regel als ungefährlich angesehen.[51]

Im Juni 1978 wurde der UDA-Kommandeur in Schottland, ein ehemaliger Soldat namens Roddy MacDonald, zu acht Jahren Gefängnis verurteilt, weil er an einem Raubüberfall auf ein Waffengeschäft in Edinburgh teilgenommen hatte.[52] Im Juni 1979 erhielten in zwei separaten Prozessen zwölf UDA-Mitglieder lange Haftstrafen, nachdem man sie des illegalen Waffenbesitzes und der Verschwörung für schuldig erklärt hatte. Die Beteiligung des Security Service wurde in den Verfahren zwar nicht ausdrücklich erwähnt,[53] aber ein verdeckter Ermittler schilderte vor Gericht, wie er die UDA von Paisley unterwandert und Prügelstrafen beobachtet hatte, die mit dem rotweiß-blauen Stiel eines Pickels mit der Inschrift »Snoopy« verabreicht wurden.[54] MacDonalds Nachfolger als schottischer UDA-Kommandeur, James Hamilton, wurde zu 16 Jahren Haft verurteilt. Der Security Service meldete den Kontaktpersonen in Whitehall, dass die Länge der Haftstrafen sowohl das Hauptquartier in Belfast als auch die schottischen Anhänger geschockt habe: »Die Beseitigung der schottischen Führung wird die Organisation für einige Zeit außer Gefecht setzen. Die Strafen dürften einen beträchtlichen Abschreckungseffekt haben.«[55] Im Februar 1979 verübten schottische Mitglieder der UVF Bombenanschläge auf zwei Kneipen in Glasgow, die häufig von Katholiken besucht wurden. Zehn Attentäter bekamen später lange Haftstrafen. Im Juni wurde der lokale UVF-Führer William Campbell ebenfalls zu 16 Jahren Gefängnis verurteilt. Nach Ansicht des Security Service wurde »die Hauptstruktur der UVF in Schottland in den letzten sechs Monaten fast völlig zerstört«. Man ging jedoch davon aus, dass sie wieder aufgebaut wurde.[56]

Den größten Beitrag für die Abwehr der PIRA-Operationen auf dem Kernland leistete der Security Service auf dem Feld der Gefahrenabwehr. Die Erinnerung an die letzte Bombenserie der IRA in England in den Jahren 1938/39 war zwar bereits verblasst, aber damals hatte sie sowohl Fabriken als auch Stromversorgungsbetriebe angegriffen. Ein Anschlag Anfang 1939 hatte 25 000 Menschen im Norden von London von der Stromversorgung abgeschnitten.[57] Seit

1972 argumentierte Branch C, dass die PIRA oder andere Terrorgruppen durchaus wieder wirtschaftliche Ziele angreifen könnten. Auf die vorgeschlagenen vorbeugenden Sicherheitsmaßnahmen reagierte Whitehall allerdings wenig enthusiastisch. Der Vorsitzende des Unterausschusses zu Kernzielen im Terrorismuskomitee, der die Vorbereitungen zum Schutz lebenswichtiger Einrichtungen in Kriegsphasen und Zeiten ernster internationaler Spannungen überwachte, wollte sich zu seinen unzähligen Zuständigkeiten nicht auch noch den Schutz vor Terroranschlägen in Friedenszeiten aufhalsen.[58] Im Jahr 1972 brachte ein Versuch des Security Service, den Innenminister Reginald Maudling von der Notwendigkeit eines besseren Schutzes der »unverzichtbaren nationalen Infrastruktur« (kurz: CNI) zu überzeugen, nur »eine lethargische Reaktion« hervor. Die Entdeckung einer Liste mit Zielobjekten in London und Liverpool im Jahr 1975, die öffentliche Versorger umfasste, änderte jedoch die Haltung von Whitehall und markierte einen Wendepunkt in der Geschichte der britischen Gefahrenabwehr. Harold Wilson war immerhin so sehr besorgt, dass er das Offizielle Komitee für Terrorismus aufforderte, die Terrorgefahr (insbesondere von der PIRA) für die Öl- und Gasvorkommen in der Nordsee zu prüfen.[59] Bis zum Oktober 1976 wurde eine Liste wirtschaftlicher Kernziele (EKP) erstellt, die in Friedenszeiten vor Terroranschlägen geschützt werden mussten, und den Zuständigkeitsbereichen des Terrorismuskomitees hinzugefügt. Der Ausschuss billigte einen Vorschlag von Branch C, eine Arbeitsgruppe einzurichten, die ein Stufenprogramm für den Schutz dieser Einrichtungen überwachen sollte. Im Jahr 1977 übernahm eine Abteilung von Branch C zum ersten Mal die Verantwortung für die Beurteilung des Sabotagepotenzials der PIRA sowie walisischer und schottischer Extremisten. Arbeitspapiere zu diesem Thema wurden an die Arbeitsgruppe weitergeleitet, die die Schutzmaßnahmen der EKP plante.[60]

Diese Abteilung war in erster Linie mit externen Experten besetzt, meist mit militärischem Hintergrund. Oberstleutnant David Sutherland, ab 1970 Leiter der Abteilung, hatte für seine Taten im Krieg das Military Cross erhalten. Der erste Sprengstoffexperte, den das Verteidigungsministerium 1973 angeworben hatte, sammelte forensisches Beweismaterial, das zur Überführung einiger Verantwortlicher für die Bombenserie auf dem britischen Kernland im selben Jahr beitrug. Der Geheimdienstoffizier, der die behördenübergreifende Forcible Attack Working Group (FAWG) leitete, die auf Anregung von Branch C hin gegründet wurde, hatte im Zweiten Weltkrieg eine abenteuerliche Karriere in der Spezialeinheit SOE hinter sich. So war er zum Beispiel als Schafhirte verkleidet durch Kreta gereist und hatte im Schafmist Sprengstoff versteckt. Die FAWG spezialisierte sich auf die Entwicklung und Erprobung von Systemen zur Abschirmung und Aufspürung von Eindringlingen.

In den siebziger Jahren stieß dieses Fachwissen auf einen wachsenden Markt, auch in Nordirland. Im Jahr 1978 hatte die Arbeitsgruppe bereits jedes Mitglied der RUC-Sicherheitsabteilung in Maßnahmen zur Gefahrenabwehr geschult.[61] Der MI5-Chef berichtete dem Innenminister im selben Jahr, dass Branch C auch die Saudis beim »Schutz ihrer wirtschaftlichen Kernziele« berate.[62] Die Verbesserung der Schutzmaßnahmen für britische Ziele kam jedoch nur langsam voran, vor allem wegen der Kosten. Angesichts der Haushaltskrise der Callaghan-Jahre und der Kürzungen der Staatsausgaben, die für die Gewährung eines IWF-Darlehens notwendig waren, fiel es schwer, zusätzliche Mittel auf einem Feld aufzutreiben, das in Whitehall auf so wenig Gegenliebe stieß. Die Tatsache, dass bis dato kein einziges wirtschaftliches Objekt erfolgreich angegriffen worden war, war vermutlich weniger den verbesserten Schutzmaßnahmen zu verdanken als dem Umstand, dass die PIRA deren anhaltende Verwundbarkeit nicht erkannt hatte.

4
Der Kampf gegen den Terror und Gefahrenabwehr Anfang der Achtziger

Die Aufgaben des Security Service im Zusammenhang mit der Terrorismusbekämpfung waren in den Augen des Direktors von Branch F so verwirrend, dass er es im Januar 1980 für nötig hielt, den Generaldirektor Sir Howard Smith daran zu erinnern:

Sie sind zuständig für die Beschaffung von Informationen:
a) über den internationalen Terrorismus, seine Auswirkung auf Großbritannien und dessen Interessen;
b) im Zusammenhang mit irisch-republikanischem Terrorismus:
   1. weil der DCI ein Offizier des Security Service ist;
   2. weil wir für die Untersuchung der Verbindungen nach Übersee und die Nachschublinien irischer Terroristen zuständig sind;
   3. über unsere gemeinsamen Anstrengungen mit dem SIS in der IJS, Informationen zu beschaffen, insbesondere solche, die das Bestreben fördern, den republikanischen Terrorismus in Nordirland zu unterdrücken
c) über die extremistische und terroristische Aktivität der nordirischen Protestanten in Großbritannien[1]

Die Erfüllung dieser vielfältigen Aufgaben wurde noch durch die verwirrende Aufteilung der Zuständigkeit für die Terrorabwehr unter Branch F und FX erschwert.[2] Im Jahr 1980 hob Smith die bisherigen Prioritäten der beiden Bereiche auf, indem er Branch FX zum Hauptbereich für die Subversionsabwehr erklärte und die Zuständigkeit für den irischen ebenso wie den internationalen Terrorismus Branch F übertrug.[3] Unlogischerweise ordnete Smith jedoch an, dass Branch FX weiterhin für die Führung aller Agenten in der Terrorabwehr zuständig blieb. Der Direktor von Branch FX von 1981 bis 1984 räumte später ein, dass es bis zu einer weiteren Reorganisation im Jahr 1984 an der internen Kohärenz mangelte. Erst von da an war dieser Bereich allein für die Terrorismusbekämpfung zuständig.[4]

Die klarste Aufgabe des Security Service im Kampf gegen den Terror war die Observierung mit den verschiedensten Mitteln, gemeinsam mit lokalen Special Branches, und zwar die Observierung von Mitgliedern und Anhängern der loyalistischen, paramilitärischen Gruppierungen auf dem britischen Kernland, die sich vor allem in Strathclyde und Merseyside konzentrierten. Weder die UDA noch die UVF hatten sich von den langen Gefängnisstrafen erholt, die 1978/79 gegen führende britische Mitglieder verhängt worden waren.[5] Der Security Service beurteilte ihre allgemeine Aktivität Anfang der achtziger Jahre als gering. Er berichtete den Ministern im Jahr 1983, dass die Aktivitäten von UDA und UVF »hauptsächlich aus häufig erfolglosen Versuchen« bestünden, »Waffen und Sprengstoff nach Nordirland zu schmuggeln«.[6]

Die PIRA war außerhalb von Nordirland ein viel gefährlicherer Gegner als die paramilitärischen Loyalisten. Der Security Service fühlte sich bei der Reaktion auf deren Aktionen immer noch durch den Umstand eingeschränkt, dass auf dem britischen Kernland die MPSB bei der Aufklärungsarbeit das Sagen hatte.[7] Außerdem war der Service der Meinung, dass die Special Branch langfristigen Ermittlungen zu wenig Aufmerksamkeit schenkte. Der Direktor von Branch FX beschwerte sich 1980: »Solange sich die Arbeitsweise der MPSB nicht ändert, d. h. solange sie sich nicht nach einem System der Ressortleiter, wie wir es nennen, organisieren – verbunden mit einer kontinuierlichen Aufklärungsarbeit –, werden sie niemals imstande sein, ihren nachrichtendienstlichen Aufgaben, im Gegensatz zu den polizeilichen, voll nachzukommen.«[8]

Der Security Service spielte dennoch in den achtziger Jahren eine größere Rolle bei der Bekämpfung der PIRA als in den Siebzigern, nicht zuletzt wegen der PIRA-Operationen auf dem Kontinent und der Waffenbeschaffung aus dem Ausland – beides Felder, auf denen der Service das Sagen hatte. Die Leitung der Aufklärungsarbeit in Nordirland blieb zwar der Special Branch der RUC vorbehalten, doch die Stellung des DCI als wichtigstem nachrichtendienstlichem Berater des Nordirlandministers (SOSNI) stärkte ebenfalls die Rolle des Security Service. Die Station der Irish Joint Section (IJS) in Belfast verfügte über eine Kombination aus menschlichen und technischen Quellen (beide noch unter Verschluss), die gelegentlich wichtige Erkenntnisse zur Linie der PIRA und zu ihren Operationen lieferten. Der Direktor von Branch F, ein ehemaliger DCI, berichtete im November 1980 dem Generaldirektor:

> Die [IJS-] Mitarbeiter werden inzwischen bei der Beschaffung operativer Informationen zu sämtlichen Aspekten der Sicherheitsszene in Nordirland direkter in die RUC S[pecial] B[ranch] eingebunden; und diese Einbindung erstreckt sich auf Kontakte zu SB-Mitarbeitern sowohl im RUC-Hauptquartier als auch anderswo in der Provinz ... Kurzum, [die IJS] wird zunehmend sowohl von der Armee als auch von der RUC als wichtiger Teil der Nachrichtenbeschaffungsorganisation in der Provinz angesehen.
> ... Das Misstrauen, das die RUC noch vor einigen Jahren gegen Operationen des Security Service in Nordirland hegte, ist mittlerweile verflogen, und der Security Service pflegt über zwei Abteilungen engen Kontakt zur RUC: F5 (in erster Linie) und F3, die bereits eine anerkannte Zuständigkeit für Teile des irisch-republikanischen und protestantischen Extremismus haben ...[9]

Die IJS-Station in Belfast wurde mittlerweile voll vom Security Service finanziert und überwiegend besetzt.[10] Seit der Gründung der IJS acht Jahre zuvor hatte sich die Ansicht des Security Service zu seiner Rolle in Nordirland bemerkenswert gewandelt. Im Jahr 1972 war der Geheimdienst nicht einmal imstande gewesen, einen glaubwürdigen Kandidaten für den Posten des Geheimdienstkoordinators aufzutreiben, und der SIS hatte damals in der IJS das Ruder übernommen.[11] Im Jahr 1980 war der Direktor von Branch F der Meinung, die IJS habe nunmehr ihren Zweck erfüllt.[12] Sie sollte zwar noch weitere vier Jahre Bestand haben, aber der Security Service war mittlerweile bereit, die alleinige Kontrolle über die Operationen in Nordirland zu übernehmen, die er sich in den letzten acht Jahren mit dem SIS geteilt hatte.

Anfang der achtziger Jahre verübten »internationale« Terroristen, gegen die der Security Service weiterhin die Hauptaufklärungsarbeit leistete, erheblich mehr Anschläge auf dem britischen Festland als die Provisionals. Im Gegensatz zu den PIRA-Operationen waren diese Anschläge jedoch meist Nebeneffekte von Konflikten in anderen Teilen der Welt, vor allem im Nahen Osten, und richteten sich selten direkt gegen britische Interessen. Zu den Hauptproblemen, vor denen der Security Service beim Kampf gegen den internationalen Terrorismus in den achtziger Jahren stand, zählte das diffuse und oft unvorhersagbare Wesen der Bedrohung. Der erste große Terrorakt des Jahrzehnts – ein Anschlag auf eine Londoner Botschaft – traf den Security Service völlig unvorbereitet. Wegen der Planung für den Ernstfall in den siebziger Jahren war das Krisenmanagement aber weit besser als zehn Jahre zuvor.

Am 30. April 1980 drangen sechs bewaffnete Terroristen in die iranische Botschaft am Prince's Gate im Stadtteil Knightsbridge ein und nahmen 26 Geiseln, darunter ein Mitglied der Schutztruppe für Diplomaten der Metropolitan Police.[13] Die Terroristen, die sich »Märtyrergruppe« nannten und die Autonomiebewegung im iranischen »Arabistan« unterstützten, verlangten die Freilassung von 91 Mitgliedern der Bewegung, die von dem seit dem Sturz des Schahs herrschenden Khomeini-Regime inhaftiert worden waren. Das Regime sollte die »legitimen Rechte der iranischen Völker« anerkennen, außerdem sollte ein Sonderflugzeug zur Verfügung gestellt werden, das die Terroristen und ihre Geiseln zu einem nicht näher genannten Land im Nahen Osten brachte. Falls ihre Forderungen abgelehnt würden, drohten sie, die iranische Botschaft zu zerstören und die Geiseln zu töten. Laut den Erinnerungen Margaret Thatchers waren sie und Innenminister Willie Whitelaw sich von Anfang an über ihre Strategie einig: »Wir wollten es mit geduldigen Verhandlungen versuchen, doch falls eine der Geiseln verletzt werden sollte, würden wir einen Angriff auf die Botschaft in Betracht ziehen. Würde eine der Geiseln ums Leben kommen, wollten wir die Botschaft in jedem Fall vom Special Air Service (SAS) stürmen lassen.«[14] In den 18 Monaten vor der Geiselnahme war der Kontakt zwischen dem Security Service und dem SAS intensiviert worden, nicht zuletzt wegen der persönlichen Freundschaft zwischen David Sutherland, dem Leiter einer Abteilung in Branch C, und Brigadekommandeur Peter de la Billière, dem Direktor des SAS.

Nach dem Überfall auf die iranische Botschaft nahmen Offiziere des Security Service wie üblich an den Sitzungen der Krisenmanagementgruppe COBR unter Vorsitz des Innenministers im Büro des Kabinetts teil, das während der Geiselkrise rund um die Uhr besetzt war.[15] Die Arbeitsgruppe erfuhr, dass zuverlässige Informationen vorlägen, dass die Terroristen vom Regime Saddam Husseins im Irak rekrutiert und ausgebildet worden seien, das sich damals im Krieg mit dem Iran befand.[16] Das Regime gab zwar, erwartungsgemäß, die Verantwortung für die Operation nicht zu, doch die Forderungen der Terroristen wurden öffentlich von der staatlichen irakischen Presse unterstützt.[17]

Gemäß dem gut einstudierten Vorgehen im Umgang mit terroristischen Geiselnahmen wurde ein Geheimdienstteam mit einer großen technischen Hilfsgruppe der Branch A rasch an den Schauplatz verlegt, um die städtische Polizei zu unterstützen und Informationen für die Planung eines Angriffs auf die Botschaft zu beschaffen.[18] Eine ganze Palette raffinierter Abhörgeräte wurde eingesetzt, um Informationen über die Verfassung der Terroristen und ihrer Gefangenen zu erhalten und um den genauen Aufenthaltsort in einem sechsstöckigen Gebäude mit über 50 Räumen in Erfahrung zu bringen.[19] Die Arabisch und Farsi sprechenden Schreiber, die die Gespräche in der Botschaft abhörten, wurden gebeten, lange und ermüdende Arbeitsschichten in Kauf zu nehmen, weil man der Auffassung war, dass »es besser sei, wenn eine kleine Zahl von Spezialisten ein detailliertes Bild von den Terroristen und ihren Geiseln, ihren Haltungen und Handlungen entwarf, statt eine große Zahl einzusetzen, wobei die Kontinuität verloren ginge«.[20] Branch A stellte insgesamt 35 Mitarbeiter in seinem technischen Hilfsteam zur Verfügung, unterstützt von 16 Mitarbeitern, die von anderen Teilen der Geheimdienstgemeinde abgeordnet worden waren.[21]

Dank der klugen Verhandlungsführung durch die Polizei anhand der vom Security Service beschafften Informationen verstrich eine ganze Reihe von Ultimaten der Terroristen, ohne dass etwas passierte. Sobald den Terroristen jedoch klar wurde, dass man ihre Forderungen nicht erfüllen werde, zeichnete sich in den abgehörten Gesprächen eine wachsende Spannung unter ihnen ab. Am 5. Mai kündigten sie an, dass zwei Geiseln erschossen und weitere in regelmäßigen Abständen getötet würden, falls ihre Forderungen nicht erfüllt wurden. Noch am selben Tag waren Schüsse aus der Botschaft zu hören, doch die Verhandlungen wurden fortgesetzt, weil anfangs nicht ermittelt werden konnte, ob tatsächlich jemand getötet worden war. Als die Leiche einer Geisel aus der Eingangstür geschoben wurde, rief Whitelaw jedoch die Premierministerin an, die gerade von Chequers auf dem Weg zur Downing Street war. Er wollte sie um ihre Einwilligung bitten, den SAS auszuschicken. Mit Blick auf die aufwendige Abhöraktion an der Botschaft ist es eine Ironie der Geschichte, dass Frau Thatcher den Innenminister nicht verstand, weil ihr Autotelefon einen so schlechten Empfang hatte. Als ihr Fahrer in eine Parkbucht fuhr, wurde sie über die inzwischen kritische Lage in der iranischen Botschaft informiert und antwortete mit ihrer charakteristischen Entschiedenheit: »Ja, geht rein.«[22] Mit diesen Worten genehmigte sie den ersten Einsatz des SAS in Großbritannien, um eine Krise gewaltsam zu beenden.

Nach der Aktion gelangte der Security Service zu der Einschätzung, dass seine Informationen über das Geschehen im Innern der Botschaft »eine wesentliche Rolle gespielt hatten«.[23] De la Billière erinnerte sich später:

> Das Ziel lautete, jedes Stockwerk des Gebäudes gleichzeitig anzugreifen und so schnell auf allen Ebenen einzudringen, dass die Terroristen keine Zeit hatten, jemanden zu erschießen. Der Erfolg hing davon ab, dass jeder SAS-Soldat seine Aufgabe ganz genau kannte: Die Soldaten mussten imstande sein, die Terroristen zu identifizieren, jede Geisel zu erkennen (anhand von gesehenen Fotos) und innerhalb vorher festgelegter Grenzen zu bleiben, damit nicht das Risiko bestand, sich gegenseitig zu erschießen.[24]

Als der Sturm auf die Botschaft begann, war de la Billière der einzige in COBR, der über Kopfhörer mit Prince's Gate verbunden war und das Geschehen laufend kommentierte: »Sie sind auf dem Dach ... Sie legen die Seile aus ... Sie haben die Ladungen in den Lichtschacht hinabgelassen ... Sie sind bereit.« Als Nächstes folgte das Kennwort »Hyde Park«, das die Soldaten auf dem Dach anwies, sich an den Seilen einzuhaken und bereit zu machen für das Signal »London Bridge« – den Befehl, sich vom Dach fallen zu lassen und auf jedem Stockwerk durch die Fenster einzudringen. Im Gegensatz zur ganzen Nation, die wie gebannt das Geschehen live im Fernsehen verfolgte, sah in COBR niemand die Erstürmung der Botschaft. Von den Anwesenden kam keiner auf die Idee, einen der Fernsehbildschirme an der Wand einzuschalten. De la Billière konnte schon bald melden, dass fünf Terroristen nach einem kurzen Gefecht getötet und der sechste lebend gefangen genommen worden sei. Von den 26 Geiseln waren fünf schon während der Belagerung freigelassen worden, eine war von den Terroristen vor dem Überfall getötet worden und eine zweite nach Beginn der Operation. Die übrigen 19 Geiseln wurden vom SAS befreit. Als de la Billière diese Meldung bekannt gab, sprangen alle in COBR auf, Papiere flogen in die Luft und Whiskyflaschen wurden aus einem Schrank geholt.[25] Die gelungene Beendigung der Geiselnahme und die enorme Publicity, die der Operation zuteilwurde, da sie weltweit im Fernsehen verfolgt werden konnte, könnten durchaus vor weiteren Terroranschlägen in London abgeschreckt haben.[26]

Willie Whitelaw trachtete danach, die abschreckende Wirkung des Überfalls zu unterstreichen, indem er im Unterhaus erklärte: »Die Art und Weise, wie dieser Vorfall geleitet und gelöst wurde, demonstriert überzeugend die Entschlossenheit der britischen Regierung und Bevölkerung, sich nicht von Terroristen erpressen zu lassen.[27] Rund 20 Jahre später hätte der Innenminister vermutlich auch den Beitrag des Security Service ausdrücklich gewürdigt. Anno 1980 war eine öffentliche Erwähnung seiner Rolle jedoch noch tabu. Whitelaw schrieb allerdings privat dem Generaldirektor und brachte die »tiefe Wertschätzung« des vom Service übernommenen Parts und »den enormen Wert der Informationen, die beschafft wurden« zum Ausdruck.[28] Der Generaldirektor selbst und die Chefetage wurden innerhalb des Security Service jedoch kritisiert, weil sie weder während der Besetzung vor Ort aufgetaucht waren, um die unter Druck stehenden Mitarbeiter moralisch zu unterstützen, noch ihnen nach der Operation angemessen für die geleistete Arbeit gedankt hatten.[29] Die Besetzung der iranischen Botschaft führte einmal mehr vor Augen, dass Sir Howard Smith und sein Stellvertreter John Jones zu einem distanzierten Führungsstil neigten.

Flugzeugentführungen ließen sich ebenso schwierig vorhersagen wie der Anschlag auf die iranische Botschaft, waren aber Anfang der achtziger Jahre kein so großes Problem wie zehn Jahre zuvor. Die Planung für den Ernstfall, die man in den siebziger Jahren ausgearbeitet hatte,[30] wurde im Jahr 1982 erstmals auf britischem Boden auf die Probe gestellt. Am 26. Februar wurde eine Boeing 737 der Linie Air Tanzania auf einem Binnenflug von einer Gruppe entführt, die sich als Vertreterin des bislang unbekannten Tanzanian Youth Democratic Movement ausgab. Die Maschine mit rund 80 Passagieren wurde nach Nairobi umgeleitet, wo erfolglos mit den Terroristen verhandelt wurde, anschließend ging es zum Nachtanken nach Dschidda, dann nach Athen und schließlich nach Stansted, wo das Flugzeug am 27. Februar landete.[31] Die Gruppe COBR trat zusammen, anfangs unter dem Vorsitz der Premierministerin, das einzige Mal während ihrer Amtszeit.[32] Auch die anderen Bestandteile des Plans wurden in die Wege geleitet, nicht zuletzt die Unterstützung durch eine technische Hilfsgruppe aus Branch A und eine nachrichtendienstliche Analyse. Obwohl die Motive der Entführer unklar schienen, waren ihre wichtigsten Forderungen der Rücktritt Präsident Julius Nyereres von Tansania und ein Treffen mit Oscar Kambona, einem ehemaligen Außenminister von Tansania, der in London im Exil lebte. Nach den abgehörten Gesprächen der Entführer zu urteilen, standen die Aussichten für eine friedliche Beilegung sehr gut. Nach geduldigen Verhandlungen wurden die Passagiere in Gruppen freigelassen, und die Entführer ergaben sich. Am Flugzeug entstand kein Schaden, und der einzige Verwundete war der Copilot, den ein Entführer versehentlich in den Rücken geschossen hatte. Fünf Entführer wurden vor Gericht gestellt, schuldig gesprochen und zu Haftstrafen zwischen drei und acht Jahren verurteilt. Zu dem Team des Security Service in Stansted gehörte ein ehemaliger Mitarbeiter des Colonial Service, der als einer der wenigen Menschen in England den lokalen Dialekt verstand, den einige Entführer in den abgehörten Gesprächen verwendeten.[33]

Ebenso schwierig war vorauszusagen, in welchem Ausmaß autoritäre Regime staatlich unterstützten Terror einsetzen würden, um Dissidenten zum Schweigen zu bringen, die ins Ausland geflohen waren. Die hartnäckigste, wenn auch nicht durchgehende Terrorgefahr in Großbritannien ging in den achtziger Jahren von Libyen aus.[34] Oberst Gaddhafis Eitelkeit spiegelte sich nicht nur in seinem bombastischen Kleiderschrank wider, ihre hässliche Seite zeigte sich in der Entschlossenheit, sämtliche Kritiker seiner persönlichen Diktatur (offiziell Sozialistische Libysch-Arabische Volksrepublik) zu jagen, die im Ausland Zuflucht gesucht hatten. Gaddhafi war für eine Reihe von Anschlägen auf libysche Emigranten in Großbritannien verantwortlich, darunter drei Morde zu Beginn des Jahrzehnts.

Im Frühjahr 1980 lagen Branch F »zwingende Beweise« vor, dass die libysche Botschaft in London (umbenannt in »Libyan People's Bureau«) »operative und aufklärende Aktivitäten gegen libysche Dissidenten« leitete.[35] Als erster Dissident wurde Muhammad Ramadan im April 1980 vor der Moschee am Regent's Park erschossen. Der Täter Ben Hassan Muhammad El Masri[36] und sein Komplize Nagib Mufta Gasmi[37] wurden in der Nähe des Tatorts festgenommen und später zu lebenslanger Haft verurteilt. Vierzehn Tage danach ermordete ein anderer Killer Gaddhafis, Mabrook Ali Mohammed Al Gidal, den libyschen Anwalt Mahmoud Abbu Nafa in seiner Kanzlei in Kensington. Al Gidal hatte zuvor mit El Masri und Gasmi zusammengewohnt. Auch er wurde gefasst und zu lebenslanger Haft verurteilt.[38]

Die Morde waren als Warnung an andere libysche Dissidenten gedacht, ihren Widerstand aufzugeben und nach Libyen zurückzukehren. Am Tag, an dem das Ultimatum für ihre Rückkehr auslief (11. Juni), demonstrierten Dissidenten vor dem Londoner »Volksbüro«, was in Tripolis für beträchtliche Empörung sorgte. Aus verlässlichen Informationen ging hervor, dass das libysche Außenministerium Musa Kusa, den geschäftsführenden Leiter der Botschaft, tadelte, weil er keine Gewalt eingesetzt hatte, um die Demonstration zu beenden. Ihm wurde mitgeteilt, dass mindestens ein Demonstrant hätte getötet werden müssen, um zu beweisen, dass jede Opposition gnadenlos zerschlagen werde. Vermutlich als Reaktion auf diesen Tadel gab Kusa der *Times* ein Interview, in dem er erklärte, Libyen sei bereit, die IRA zu unterstützen, und billige die Entscheidung des libyschen »Revolutionary Committee« in Großbritannien, zwei Dissidenten zum Tod zu verurteilen. Nach der Veröffentlichung des Interviews am 13. Juni wurde Kusa eine Frist von 48 Stunden gesetzt, um das Land zu verlassen. Noch am selben Abend wurde mit einer Benzinbombe ein Anschlag auf die britische Botschaft in Tripolis verübt. Niemand wurde verletzt, und die libyschen Behörden gaben absurderweise einen Stromausfall als Grund für den Schaden an.[39] Nach Kusas Ausweisung war die Botschaft, verlässlichen Informationen zufolge, weiterhin an der Überwachung von Dissidenten in Großbritannien und an der Planung von Mordanschlägen beteiligt. Potenzielle Ziele wurden von der Polizei gewarnt, und der Security Service leitete Informationen über wahrscheinliche libysche Attentäter an die MPSB weiter.[40] Schon die Tatsache, dass bis zum Ende des Jahres kein führender Dissident durch die Killer des Volksbüros ermordet oder verwundet wurde, lässt vermuten, dass in diesem Fall Aufklärungsarbeit einmal tatsächlich Menschenleben gerettet hat.

Ende Oktober erfuhr Branch F aus zuverlässiger Quelle, dass die libysche Botschaft über Gift in Pulverform verfüge, mit dem sie Dissidenten ermorden wolle.[41] Der erste Killer, der es mit Gift versuchte, war offenbar Hosni Sed Farhat, der dem Vernehmen nach Dissidenten in der Region Portsmouth aufs Korn nahm.[42] Branch F wusste zwar von Farhats Aktivitäten, konnte jedoch nicht voraussehen, dass das erste Angriffsziel Farj Shaban Ghesouda und seine britische Frau Heather Clare sein würden. Die beiden gehörten keiner Dissidentengruppe an und standen in der Rangordnung der Gegner Gaddhafis im Exil relativ weit unten. Vermutlich wählte Farhat die Ghesoudas zum einen deshalb aus, weil man an führende Dissidenten kaum mehr herankam, zum anderen, weil seine frühere Bekanntschaft mit den Ghesoudas ihm einen Vorwand für einen Besuch bot. Während Farhats Besuch am 7. November erregte er rasch Verdacht, indem er sich erbot, in die Küche zu gehen und Kaffee zu kochen. Da sie einen Giftanschlag fürchteten, lehnten die Ghesoudas sein Angebot ab, kamen jedoch nicht auf die Idee, dass eine Packung Erdnüsse, die er als Geschenk mitgebracht hatte, mit dem Gift behandelt sein könnte. Wie Frau Ghesouda später sagte: »Arabische Gäste bringen gewöhnlich Nüsse oder Süßigkeiten mit.« Die Erdnüsse waren jedoch mit Thallium infiziert, das das zentrale Nervensystem angreift.[43] Ghesoudas Kinder aßen davon, und nur durch eine rasche Diagnose und Behandlung konnte ihr Leben gerettet werden. Das Haustier der Familie, ein Pekinese, der ein paar Nüsse vom Boden aufleckte, starb. Farhat wurde vier Tage nach dem Besuch bei den Ghesoudas verhaftet und wie die Mörder von Ramadan und Abbu Nafa wegen versuchten Mordes zu lebenslanger Haft verurteilt.[44]

Das letzte Opfer der Killer Gaddhafis im Jahr 1980 in Großbritannien war Ahmed Mustafa, ein libyscher Student an der Manchester University, der am 29. November tot aufgefunden wurde. Laut Angaben der Polizei deutete manches auf einen Ritualmord hin.[45] Man vermutete, dass die Mörder libysche Sprachstudenten waren, die nach der Tat sofort nach Tripolis zurückkehrten. »Unsere

Informationen«, teilte Patrick Walker von der Abteilung F3 (später Generaldirektor) der Polizei mit, »lassen darauf schließen, dass das Attentat auf Mustafa von Libyen aus in die Wege geleitet wurde.«[46] Eine Einschätzung des Außenministeriums gelangte zu dem Schluss, dass Mustafas Mörder möglicherweise die falsche Zielperson ausgewählt hatten.[47] Nach diesem Mord gab es überraschend eine Pause, vielleicht spiegelte sich darin Gaddhafis Zorn darüber wider, dass die Killer im Jahr 1980 entweder gefasst worden waren oder den falschen Mann umgebracht hatten.

Zu den gefährdetsten Personen zählten mehrere Botschafter, an erster Stelle der israelische und der türkische. Am 3. Juni 1982 erlitt der israelische Botschafter Schlomo Argow einen Kopfschuss, als er einen diplomatischen Empfang im Hotel Dorchester verließ. Der Schütze wurde anschließend von den Leibwächtern des Botschafters angeschossen.[48] Zwei weitere Männer konnten in einem Auto flüchten, wurden aber später verhaftet. Alle drei wurden wegen versuchten Mordes zu Gefängnisstrafen von mindestens 30 Jahren verurteilt. Der Botschafter überlebte das Attentat nur knapp. Der Security Service identifizierte rasch die Abu-Nidal-Gruppe (FRC) als verantwortlich für den Anschlag. Damals wurde sie vom Irak unterstützt, später von Libyen;[49] wenig später bekannte sie sich auch zu dem Attentat.[50]

Abu Nidal, eigentlich Sabri al-Banna, stammte aus einer reichen Palästinenserfamilie in Jaffa, die man im arabisch-israelischen Krieg von 1948 aus ihrem Haus vertrieben hatte. Anfang der siebziger Jahre spaltete er sich von der Palästinensischen Befreiungsorganisation (PLO) ab, weil sie ihm zu gemäßigt war. Nachdem er mehrere führende Repräsentanten ermordet hatte, wurde er 1974 von der PLO zum Tode verurteilt. Im Juni 1982, als Abu Nidal die Ermordung Schlomo Argows befahl, war er der meistgefürchtete Terrorist im Nahen Osten. Zwei Monate später feuerte ein FRC-Trupp mit einer Maschinenpistole wild in ein koscheres Restaurant in Paris; sechs Menschen kamen ums Leben, 30 wurden verletzt.[51] Bei Abu Nidals Methode, die drei geplanten Mörder Argows auszuwählen (ein Iraker und zwei Palästinenser aus dem Westjordanland), beurteilte der Security Service die Aussichten pessimistisch, künftige FRC-Terroristen in Großbritannien aufzuspüren. Alle drei waren Studenten an einer Londoner Sprachschule mit gültigen Pässen und

Visa, die britische Botschaften im Nahen Osten ausgegeben hatten. Kein einziger war dem Geheimdienst bekannt gewesen oder hatte Kontakt zu Gruppen gehabt, gegen die ermittelt wurde: »Es ist unwahrscheinlich«, folgerten die Abteilungen F3 und F6 danach, »dass sie uns bei einem normalen Lauf der Ereignisse aufgefallen wären ...« Der Spiritus rector des Kommandotrupps lebte unauffällig in einer Jugendherberge, wo er die Waffen aufbewahrte: »Es ist eine Tatsache, dass nur eine direkte Weigerung, arabische Studenten zuzulassen, verhindern kann, dass ein Mordkommando in dieser Tarnung Großbritannien betritt.«[52]

Als Folge der erfolgreichen Identifizierung mehrerer Mitglieder der marxistisch-leninistischen Armenian Secret Army for the Liberation of Armenia (ASALA) gelang es dem Security Service drei Monate nach dem Anschlag auf Argow, einen Mordanschlag auf den türkischen Botschafter zu vereiteln. Von 1975 bis 1985 wurden über 40 türkische Diplomaten und deren Familienangehörige von armenischen Terroristen ermordet.[53] Am 4. September 1982 ging aus einem abgehörten Telefongespräch hervor, dass ein nicht namentlich bekannter armenischer Killer für ein Attentat nach London gereist war.[54] Dem Gespräch war ferner zu entnehmen, dass der Killer im Hotel Lancastershire am Norfolk Square abgestiegen war. Bei der Durchsicht des Gästebuchs identifizierte die Polizei ihn als den Syrer Zaven Bedros.[55] Eine weiße Plastiktüte in seinem Hotelzimmer enthielt eine Maschinenpistole, eine russische Handgranate, Zündkapseln und Munition.[56] Bedros wurde später wegen illegalen Waffenbesitzes zu acht Jahren Gefängnis verurteilt.[57] Obwohl die Rolle des Security Service in diesem Fall für das Strafverfahren nicht relevant war, enthüllte eine Quelle der Polizei die Beteiligung des Geheimdienstes. Die *Times* kommentierte:

> Lediglich eine brillante, vom MI5 gestartete Undercoveroperation, die von der Special Branch fortgeführt und von der Antiterroreinheit Scotland Yards (C13) abgeschlossen wurde, verhinderte, dass Zaven Bedros einen Terroranschlag in London [verüben konnte] ... das war hervorragende Arbeit. Häufig heißt es spöttisch, was für Stümper die Geheimdienstler doch seien, aber dies ist ein Musterbeispiel für ein effektives Vorgehen ihrerseits.[58]

Durch eine konsequente Überwachung der Gruppe ASALA wurde so gut wie sicher ein schwerer Terroranschlag in London verhindert, der mit den in Frankreich und der Türkei verübten vergleichbar gewesen wäre. Im Juli 1983, während Bedros vor Gericht stand, wurden bei einem Bombenanschlag von ASALA auf dem Pariser Flughafen Orly am Schalter der Turkish Airlines sieben Menschen getötet und 56 weitere verletzte. Im August tötete ASALA elf Menschen und verletzte über 100 in separaten Anschlägen auf Ankaras Flughafen Esenboğa und dem Großen Basar in Istanbul.[59] Der schnelle und überraschende Rückgang des armenischen Terrorismus unmittelbar danach, der auf eine Reihe von Verhaftungen, die heftige Abscheu eines großen Teils der armenischen Diaspora über die Todesopfer sowie auf Fraktionskämpfe innerhalb der Terrorgruppen zurückzuführen war, veranschaulicht, wie schwierig es für den MI5 und andere Sicherheitsorgane war, Aufstieg und Fall von Terrorgruppen vorherzusagen.

Ungeachtet der großen Vielzahl an Terrorgruppen, die in verschiedenen Zeiträumen Anfang der achtziger Jahre in Großbritannien operierten, blieb die PIRA die größte unmittelbare Gefahr. Im Oktober 1980 weigerten sich republikanische Häftlinge im Gefängnis Long Kesh bei Belfast, die Sträflingsuniform zu tragen, und beteiligten sich an einem sogenannten »schmutzigen Protest«, indem sie sich mit Decken kleideten und Exkremente an die Wände ihrer Zellen schmierten. Am 10. Oktober gaben sie eine Erklärung ab, die »eine der dramatischsten und schrecklichsten Episoden der irischen Geschichte« einleitete, wie man sie später zu Recht nannte:

> Wir, die republikanischen Kriegsgefangenen in Block H, Long Kesh, verlangen eine angemessene politische Anerkennung und dass uns der Status politischer Gefangener zuerkannt wird.
> ... Wir möchten klarstellen, dass inzwischen jeder Kanal [der Verhandlungen] ausgeschöpft wurde und dass wir, da wir nicht das Vertrauen derjenigen enttäuschen wollen, von denen wir unsere Grundsätze übernommen haben, nunmehr in einen Hungerstreik treten werden.[60]

Damals ging man in London und Belfast gemeinhin davon aus, dass die Initiative zum Hungerstreik, der am 27. Oktober begann, von der Führung der Provisionals und Sinn Feins ausgegangen sei. Der

IJS-Station in Belfast lagen jedoch zuverlässige Informationen vor, dass die Häftlinge in Long Kesh in diesem Fall eine zögerliche republikanische Führung getrieben hatte.[61] Am 18. Dezember, als Sean McKenna, ein Häftling im Hungerstreik, bereits in Lebensgefahr schwebte, wurde der Streik abgebrochen. Offiziell hieß es von den Sinn-Fein-Führern in Belfast, dass eine Note der britischen Regierung (die in Wirklichkeit nur vage und ambivalent formuliert war) die Forderungen der Streikenden erfüllt habe.[62] Die Enttäuschung der PIRA-Häftlinge über den Inhalt der britischen Note hatte einen weiteren und entschlosseneren Hungerstreik zur Folge, der am 1. März 1981 von dem 27-jährigen befehlshabenden Offizier der Provisionals (OC) in Long Kesh, Bobby Sands, begonnen wurde. Diesmal wurde der Hungerstreik gestaffelt, wobei sich andere Häftlinge in der Regel in Zweiergruppen alle zwei oder drei Wochen daran beteiligten. Durch den Streik bekam der stattliche, langhaarige Sands weltweite Publicity und erlangte einen gewissen Kultstatus als revolutionäre Ikone – insbesondere als er in einer Nachwahl am 7. April im Wahlbezirk Fermanagh-South Tyrone ins Parlament in Westminster gewählt wurde. In so weit entfernten Städten wie New York und Teheran wurden sogar Straßen nach ihm benannt. Informanten der IJS berichteten, dass die PIRA-Führung unmittelbar nach Sands' Wahl, um die Aufmerksamkeit nicht von dem Hungerstreik abzulenken, Anweisung gegeben habe, Anschläge auf ehemalige Mitglieder der Sicherheitskräfte und kommerzielle Ziele in Nordirland auszusetzen.[63]

Mit einem vom päpstlichen Gesandten geschickten Rosenkranz um den Hals starb Bobby Sands am 5. Mai einen Märtyrertod, wie Republikaner und seine unzähligen ausländischen Unterstützer meinten. Bis zum 7. Juli starben fünf weitere Inhaftierte. Die IJS-Station in Belfast meldete nach London, dass die PIRA beschlossen habe, das Verbot für Anschläge aufzuheben:

> Der Grund für diese Kehrtwende war der Druck seitens der einfachen IRA-Mitglieder im Norden. Sie hatten ihren Kommandeuren gemeldet, dass sie auf offener Straße wegen ihrer Untätigkeit verspottet würden ... Außerdem brannten sie darauf, die Tode der republikanischen Häftlinge zu rächen.[64]

Trotz zuverlässiger Geheimdienstberichte, dass die Initiative zum Hungerstreik von den Häftlingen selbst ausgegangen sei, war Margaret Thatcher skeptisch. Selbst als ihr im Juli 1981 der katholische Primas Irlands, Kardinal Tomás Ó Fiaich, sagte, er glaube nicht, »dass die Hungerstreikenden Befehlen der IRA folgten«, überzeugte sie das nicht.[65] Aktuelle Historiker der Provisionals bestätigen jedoch die Informationen, die damals von der IJS beschafft wurden. Der größte Teil der PIRA-Führung fürchtete, dass sich der Hungerstreik als eine nicht zu gewinnende Auseinandersetzung erweisen, der britischen Regierung in die Hände spielen und der republikanischen Kampfmoral schweren Schaden zufügen könnte.[66] Sie sollten sich in allen Punkten gründlich irren. Obwohl der Hungerstreik am 3. Oktober nach insgesamt zehn Toten abgebrochen wurde, ohne von den Briten Zugeständnisse zu erreichen, meldete die IJS, dass die PIRA den Hungerstreik nunmehr »als die stärkste, einigende Kraft der republikanischen Bewegung seit Jahrzehnten« einstufte.[67] Nach dem Tod von Bobby Sands wurde Margaret Thatcher, auch wenn sie das damals nicht wusste, zum Angriffsziel Nummer eins der PIRA.[68] Es dauerte jedoch drei Jahre, bis sich die PIRA eine geeignete Ausgangsposition verschaffte, um bei einem Parteitag der Konservativen einen ernsthaften Mordanschlag zu wagen – eine Strategie, die laut Informationen der IJS schon vor Thatchers Machtantritt entwickelt worden war.

Vier Tage nach dem Tod von Bobby Sands hätte die PIRA wegen eines Versäumnisses bei der Gefahrenabwehr durch British Petroleum (BP) um ein Haar den wohl spektakulärsten Coup gelandet. Am 9. Mai 1981 trafen sich die Queen und der norwegische König auf den Shetland-Inseln, um das dortige BP-Ölterminal, das größte in ganz Europa, einzuweihen. Weil seit mehreren Tagen dichter Nebel herrschte, traf jedoch ein großes Polizeikontingent vom schottischen Festland erst so spät ein, dass die Beamten vor Beginn der Zeremonie nur noch einen kurzen Sicherheitscheck durchführen konnten.[69] In dem Moment, als die Queen ankam, war eine schwache Explosion bei einem Kraftwerk rund 500 Meter vom Ölterminal entfernt zu hören. Zunächst ging man davon aus, dass es sich um einen Kurzschluss handle, und niemand nahm während der Zeremonie groß Notiz von dem Knall. Es stellte sich jedoch heraus, dass die Explosion von einer Bombe verursacht worden war (was damals nicht bekannt gegeben wurde). Es wurde nur sehr geringer Materialschaden angerichtet, Menschen kamen nicht zu Schaden.[70] Die Queen blieb wie immer ungerührt. Die Auslandsorganisation der PIRA war tief enttäuscht darüber, dass in den Nachrichten keine Rede war von einer Störung der Zeremonie. Bei mehreren Nachrichtenagenturen gingen Anrufe von Personen ein, die mit irischem Akzent sprachen. Sie wollten wissen, ob die Agentur Meldungen von einem Vorfall bei Sullum Voe erhalten habe.[71] Die PIRA behauptete danach, sie sei »in den Sicherheitsbereich der englischen Queen eingedrungen«.

Später stellte sich heraus, dass dem großen Bauteam von Sullum Voe mit einem hohen Anteil an Iren eine Reihe bekannter oder mutmaßlicher Republikaner angehört hatte. Nach der Untersuchung von mehr als 60 Mülleimerfüllungen von Trümmern wurde die Zündkapsel der Bombe als ein Modell identifiziert, das aus der Irischen Republik stammte. Bei anschließenden polizeilichen Ermittlungen stellte sich heraus, dass zwei Pakete, jeweils mit einer Bombe, per Post an einen republikanischen Kämpfer geschickt worden waren, der beim Bau des Terminals mitarbeitete. Als sich die Zustellung des zweiten Pakets verzögerte, geriet er allem Anschein nach in Panik und meinte, es sei unterwegs abgefangen worden. Er blieb nur so lange, bis er die erste Bombe gelegt (oder womöglich einem Komplizen übergeben) hatte, und flüchtete dann, ohne seine Papiere oder Prämien für die zweijährige Tätigkeit an der Baustelle abzuholen. Das zweite Paket, eine 6-Pfund-Bombe und ein Zeitzünder für maximal zwölf Tage, kam nach seiner Abreise an. Es blieb am Postschalter des Baudorfes, bis man es, absurderweise, an seine Adresse in Nordirland weiterleitete (wo es allerdings nie ankam).[72]

Ein Mitarbeiter aus Branch C, der an der Einweihungszeremonie teilnahm, war schon zuvor mehrmals in Sullum Voe gewesen. Er hatte einen Bericht über die Schutzmaßnahmen verfasst, die man sowohl mit BP als auch mit dem Terrorismuskomitee der Regierung vereinbart hatte. Darin waren konkrete Empfehlungen für die Sicherheit des Kraftwerks enthalten. BP schreckten jedoch die Kosten für die Umsetzung sämtlicher Empfehlungen ab, die auf eine siebenstellige Summe geschätzt wurden. Zur Zeit des Anschlags wurde noch um etliche Details gerungen.[73] Die Kosten waren weiterhin, wie schon seit gut zehn Jahren, das Haupthindernis für die Umsetzung der Empfehlungen des Security Service für Abwehrmaßnahmen im privaten Sektor. Die ganzen achtziger Jahre hindurch war der Security Service der Meinung, dass von den Hunderten wirtschaftlichen Kernzielen (EKP) »nur eine kleine Zahl gerade noch vernünftig geschützt« werde.[74] Mitarbeiter von Branch C flogen mit Hubschraubern zur Inspektion der meisten Ölplattformen in der Nordsee und organisierten mit den königlichen Marineinfanteristen eine Reihe von Übungen, eine Plattform zurückzuerobern, für den Fall, dass eine Terrorgruppe jemals eine in ihre Gewalt bringen sollte.[75] Whitehall hatte wenig Interesse daran. Branch C beschwerte sich, dass die Regierung Schutzmaßnahmen vor Terroranschlägen für ebenso langweilig wie kostspielig halte:

Die Sicherheitsorganisationen in den Ministerien sind nicht gerade von ehrgeizigen Menschen besetzt. Die Ministerien für Verkehr und Energie tun sich offenbar besonders schwer damit, rasch Entscheidungen für den Schutz der EKPs zu treffen. Das ist nicht nur für Branch C frustrierend, sondern auch für die betroffenen Industriezweige und Organisationen. Unlängst haben beide Ministerien in einer ganzen Reihe von Fällen erst nach langwierigen und frustrierenden Verzögerungen am Ende doch die von Branch C empfohlenen Aktionen durchgeführt.[76]

Die Mitarbeiter des Security Service empfanden es als überaus ermüdend, mit uneinsichtigen Ausschüssen um verbesserte Schutzmaßnahmen zu kämpfen.[77] Die Provisionals erkannten jedoch nicht, wie verwundbar unzählige EKPs weiterhin waren. Das Kabinettsbüro beschloss im Jahr 1982, dass die PIRA keine kohärente Strategie (vergleichbar mit der in den neunziger Jahren entwickelten) habe, um der Wirtschaft und der nationalen Infrastruktur größeren Schaden zuzufügen:

Es ist kein Versuch unternommen worden, die Versorgungssysteme wie Strom oder Telekommunikation zu erforschen. Die PIRA ist deshalb vermutlich nicht imstande, voneinander abhängige Ziele im Versorgungssystem in Großbritannien zu erkennen und gleichzeitig zu zerstören, auch wenn sie möglicherweise in Nordirland dazu in der Lage ist.[78]

Selbst der Anschlag auf Sullum Voe war offenbar eher als eine spektakuläre Demonstration der Fähigkeit der PIRA, in den königlichen Sicherheitsbereich einzudringen, gedacht gewesen, denn als Operation, die der Ölindustrie großen Schaden zufügen sollte. Der »bewaffnete Kampf« der PIRA trachtete noch nicht danach, die britische Wirtschaft zu unterminieren.

Genau wie beim versuchten Anschlag auf Sullum Voe hatte der Security Service auch keine Informationen im Voraus über die PIRA-Anschlagserie auf dem Kontinent, die am 16. Februar 1980 begann, als Oberst Mark Coe in Bielefeld erschossen wurde. Am 1. März wurde in Münster auf eine Patrouille der Militärpolizei geschossen, während sie sich einer Kreuzung näherte. Der Fahrer wurde verwundet. Neun Tage später wurde ein Korporal der BAOR in Osnabrück angeschossen, aber nicht ernstlich verletzt. Nach einer längeren Pause ohne Anschläge wurden am 3. Dezember aus einem langsam fahrenden Auto zwei Schüsse auf Christopher Tugendhat abgegeben, einen britischen EWG-Kommissar in Brüssel. Erst einen Monat später bekannte sich die PIRA zu dem Attentat. Der Security Service zog daraus den Schluss, dass die PIRA ihre Strategie grundlegend überdacht hatte, weil sie offenbar befürchtete, dass weitere Operationen den Propagandaerfolg auf dem Kontinent gefährden könnten, den Sinn Fein mit ihrer Werbekampagne um Sympathie für die Hungerstreikenden gehabt hatte.[79] Bis 1987 verübte die PIRA keine weiteren Anschläge auf britische Ziele auf dem Kontinent.

Bei Operationen in Großbritannien kannte die PIRA keine derartigen Hemmungen. In den letzten Monaten des Jahres 1981 kam es zu einer Anschlagserie in London.[80] Im Dezember schlug der Polizeichef der RUC, Sir Jack Hermon (der im Januar 1980 Newman abgelöst hatte), vor, dass »der Security Service die Zuständigkeit für die Ermittlungen zum republikanischen Terrorismus in Großbritannien übernehmen solle, genau wie er für die Koordination der Ermittlungen außerhalb Großbritanniens zuständig sei«.[81] Die IJS-Station in Belfast unterstützte den Vorschlag. Ungeachtet aller internen Kritik an der Special Branch der MP wollte die Führung des Security Service jedoch immer noch keinen Konflikt mit der städtischen Polizei provozieren, indem sie die Führungsrolle bei der Aufklärungsarbeit zum republikanischen Terrorismus auf dem Kernland beanspruchte. Generaldirektor John Jones (der Smith im selben Jahr abgelöst hatte) legte »größten Wert« darauf, dass Hermons Ansichten »nicht der Metropolitan Police zu Ohren kamen, die uns durchaus im Verdacht haben könnte, sie zu verbreiten«.[82] Stephen Lander, der damals in Abteilung F5 arbeitete, war erstaunt über den in seinen Augen Generationenkonflikt zwischen dem zurückhaltenden Jones und seinem Stellvertreter in London einerseits und den tüchtigen, ehrgeizigen, vorpreschenden jungen Offizieren der Station in Belfast.[83]

Nach dem Ende der Anschlagserie in London in den letzten Monaten des Jahres 1981 hatte es drei Jahre lang den Anschein, als würde die Gefahr, die von der PIRA für das Kernland ausging, nachlassen. Im Jahr 1982 wurde in den wöchentlichen Sitzungen der Direktoren mehr Zeit für die Terrorgefahr in Großbritannien, die von walisischen Extremisten ausging (bei denen der Security Service das Sagen hatte),[84] aufgewendet als für die PIRA (für die er nicht zuständig war). Nach einem Besuch in Ulster im Januar teilte der DDG den Direktoren mit: »Aus Sicht der Sicherheit waren alle entspannt gewesen und vertraten die Ansicht, dass das Ausmaß der Gewalt im Großen und Ganzen, zumindest derzeit, auf das erreichbare Mindestmaß reduziert sei.«[85] Danach wurden in der wöchentlichen Sitzung sechs Monate lang keine PIRA-Operationen auf dem britischen Kernland erwähnt.

Nachdem die erste Hälfte des Jahres 1982 ohne Operationen auf dem Kernland verstrichen war, gelang es einer aktiven Kampfeinheit (ASU), am 20. Juli eine Autobombe in der Nähe der Hyde Park Corner zu legen, die vier Mitglieder der königlichen Kavallerie tötete, sowie eine Bombe unter einem Pavillon im Regent's Park, die sieben Musiker der Royal Green Jackets tötete.[86] Der Direktor von Branch F sagte zu seinen Kollegen auf der Sitzung, die am Tag der Bombenanschläge stattfand: »Schon seit einiger Zeit war erwartet worden, dass die PIRA eine neue Bombenserie in London starten würde.«[87] Die IJS meldete später, dass die Einheit, die für die Anschläge in London verantwortlich war, am 30. Juli mit einem Fischerboot in die Irische Republik zurückgekehrt sei und dass ihre Führer bereits weitere Anschläge planen würden, zeitgleich mit dem Parteitag der Konservativen im Oktober und mit der Parade zur Feier des Sieges im Falklandkrieg ein paar Tage danach. Gegen beide

Operationen habe die PIRA-Führung, nach Ansicht der IJS, ein Veto eingelegt, weil sie die verbreitete Abscheu sowohl in Irland als auch weltweit über die abstoßenden Aufnahmen von dem Blutbad am 20. Juli registriert hatte. Sie wollte, so hieß es, nicht durch weitere Bombenanschläge die Aussichten von Sinn Fein bei den Wahlen im Oktober zum nordirischen Parlament gefährden.[88]

Das Hauptaugenmerk des Security Service gegen die Provisionals im Jahr 1982 lag weniger auf der unmittelbaren Gefahr eines Bombenanschlags auf dem britischen Kernland (der weiterhin in die Zuständigkeit der MPSB fiel), sondern auf der Waffenbeschaffung in den Vereinigten Staaten und den PIRA-Operationen auf dem Kontinent (für deren Überwachung der Service in erster Linie zuständig war). Die Hungerstreiks und der Tod von Bobby Sands lösten eine antibritische Stimmung in der irischen Diaspora aus, insbesondere in den Vereinigten Staaten, wo es in vielen Städten zu Demonstrationen kam. In New York organisierten Anhänger des Irish Northern Aid Committee (NORAID) einige Jahre lang eine Mahnwache vor dem britischen Konsulat an der Third Avenue.[89] Im September 1982 berichtete der Verbindungsoffizier (SLO) in Washington dem Generaldirektor: »Die FBI-Ermittlungen gegen das irische Zielobjekt in New York in den letzten 18 Monaten waren sehr ermutigend und lohnend und rechtfertigen völlig die Überredungskünste und den Druck, den wir auf sie ausübten, dieses Ziel weiter zu verfolgen.«[90] Es blieb jedoch das Problem, die New Yorker Geschworenen zum Schuldspruch zu überreden, wie der *Guardian* am 6. November berichtete:

Fünf irische Amerikaner, darunter der 80-jährige Vorsitzende des irischen Northern Aid Committee (NORAID), Mr. Michael Flannery, wurden gestern für nicht schuldig befunden, sich zu Waffenlieferungen an die IRA verschworen zu haben.
Mehr als 100 Zuschauer im New Yorker Bezirksgericht in Brooklyn jubelten, als die Entscheidungen verkündet wurden. Die Jury hatte fast drei Tage lang beraten.
Die Angeklagten gaben ganz offen zu, dass sie im Laufe der letzten 20 Jahre Waffen und Munition im Wert von mehr als einer Million Dollar geschmuggelt hätten. Aber sie führten zu ihrer Verteidigung an, dass ein CIA-Agent ihr Hauptwaffenlieferant

gewesen sei und dass die Operation deshalb von der US-Regierung gebilligt worden sei.

Die CIA und der Generalstaatsanwalt dementierten, dass amerikanische Geheimdienstkreise in irgendeiner Form mit den Angeklagten oder dem Waffenschmuggel zu tun gehabt hätten, und es wurde auch kein stichhaltiger Beweis für die Behauptung vorgelegt. Die Jury akzeptierte jedoch allem Anschein nach die Argumentation von Flannerys Verteidiger: »Es ist Sache der Regierung zu beweisen, dass die CIA nichts mit den Angeklagten zu tun gehabt hatte, es ist nicht unsere Aufgabe, das Gegenteil zu beweisen.«[91]

Im April 1983 äußerte sich der SLO bereits weniger pessimistisch über die Aussichten, Waffenschmuggler strafrechtlich zu verfolgen: »Es liegt auf der Hand, dass die US-Staatsanwälte aus ihren Fehlern lernen ...«[92] Kurz darauf meldete er »Schuldsprüche gegen PIRA- und INLA-Waffenbeschaffer in drei separaten Prozessen in New York«. Der Direktor von Branch F bat den SLO, an das FBI einen »Ausdruck unserer Wertschätzung« weiterzuleiten.[93] Gleichzeitig herrschte beim britischen Geheimdienst jedoch eine nachhaltige Enttäuschung über die Beschränkungen der Ermittlungen des FBI gegen irische Republikaner. Patrick Walkers Nachfolger als Leiter der Abteilung F5 schrieb im Jahr 1984:

> Unser Informationsaustausch mit dem FBI zu irischen Angelegenheiten ist eine verwunderliche Einbahnstraße, wenn man bedenkt, dass die Unterstützung für den irischen Republikanismus in den USA größer ist als anderswo auf der Welt außerhalb Irlands. Während wir ihnen Unmengen von Informationen liefern, um ihnen die Arbeit zu erleichtern, kommt relativ wenig zurück. Das liegt zum Teil daran, dass das FBI bei der Weitergabe von Informationen über US-Bürger an uns gesetzlichen Beschränkungen unterliegt, und zum Teil daran, dass sie mit erheblichen Schwierigkeiten bei den Ermittlungen zu kämpfen haben (zum Beispiel ist schon eine umgekehrte Telefonnummernanfrage [um den Besitzer eines Anschlusses zu ermitteln] ein langwieriger Prozess). Allerdings wissen sie anscheinend auch nicht den Wert eines offeneren Austausches zu schätzen, und man muss sagen, dass einige ihrer Mitarbeiter sehr stark »polizeiorientiert« sind und Einwände gegen

unseren »nachrichtendienstlichen« Ansatz bei Ermittlungen haben.[94]

Allerdings war auch die Einschätzung der PIRA-Unterstützerbasis in den Vereinigten Staaten seitens des Security Service in einem Punkt nicht ganz richtig. Die große Publicity, die die Hilfsorganisation NORAID erhielt, verleitete den Service zu der Meinung, dass sie der wichtigste Spendensammler der irischen Republikaner in Nordamerika sei. Erst Anfang der neunziger Jahre entdeckte er, dass NORAID längst nicht so wichtig war wie Clan na Gael (etwa: Nachfahren Gäliens), eine geheime republikanische Organisation, die erfolgreich jede Publicity mied. Während die Unterstützer von NORAID in den Staaten geborene, irische Amerikaner waren, waren die Mitglieder von Clan na Gael Einwanderer aus der Irischen Republik. In einem Bericht des Security Service von 1990 heißt es: »Clan na Gael fällt es relativ leicht, Gelder für die IRA aufzutreiben, weil viele Iren der älteren Generation eher den militärischen als den politischen Flügel unterstützen.«[95]

In den achtziger Jahren wurde die Zusammenarbeit des Security Service mit einigen kontinentalen Geheimdiensten bei der Bekämpfung des PIRA-Terrors enger als die mit dem FBI und entwickelte sich zu einem immer wichtigeren Bestandteil der Strategie des britischen Geheimdienstes. Der Army Council der Provisionals setzte zwar Anfang 1982 Anschläge auf britische Ziele auf dem Kontinent aus, beschloss aber, in Frankreich und Belgien mithilfe einheimischer Sympathisanten und PIRA-Mitglieder Basen aufzubauen, um Bombenanschläge auf das britische Kernland zu unterstützen, in Frankreich und Belgien Waffen zu beschaffen und beim Transfer von Waffen und Ausrüstung aus den Vereinigten Staaten nach Irland zu helfen.[96] Die Verbindungen des Security Service ins Ausland waren unerlässlich für die Abwehrmaßnahmen auf dem Kontinent. Im Juni 1982 wurde nach einer Operation in enger Zusammenarbeit mit Franzosen und Belgiern ein großer Waffenvorrat in der Nähe von Nantes in einem Toyota-Wohnmobil entdeckt, das der Fahrer offenbar im Stich gelassen hatte, nachdem er die Observierung bemerkt hatte.[97] Eine weitere Operation gegen die Waffenbeschaffung kulminierte in der Verhaftung des PIRA-Mitglieds Patrick McVeigh. Er wurde in Limerick von der Garda, der irischen

Landespolizei, auf frischer Tat ertappt, als er einen Container mit Waffen auslud, der aus New York über Rotterdam nach Dublin transportiert worden war.[98]

Es häuften sich darüber hinaus Informationen, dass die Waffenlieferungen an die PIRA aus Libyen wiederaufgenommen wurden, von denen man angenommen hatte, dass sie im Jahr 1978 so gut wie aufgehört hätten.[99] Oberst Gaddhafi war offenbar so beeindruckt von den Hungerstreikenden in Block H, dass er einwilligte, die Lieferung von Geld und Waffen wiederaufzunehmen. Eine erkennungsdienstliche Untersuchung nach dem Bombenanschlag im Juli 1982 bei Knightsbridge/Hyde Park identifizierte einen in Großbritannien hergestellten Schalter in der Bombe, den ein Ingenieur in der Stadt Hemel Hempstead gekauft hatte. Laut polizeilicher Ermittlung hatte er eine größere Menge an Schaltern gekauft, weil ein Freiwilliger der PIRA ihn darum gebeten hatte.[100] Patrick Walker, damals in Abteilung F5, notierte im April 1983: »Die Meldungen häufen sich, dass Libyen Geld und/oder Waffen an die PIRA liefert. Waffen und Granaten sowjetischen und osteuropäischen Ursprungs sind in Nordirland aufgetaucht, und unlängst ... wurde ein Waffenvorrat auf dem Kontinent entdeckt.«[101]

Laut Geheimdienstberichten musste die England-Abteilung der PIRA eine geplante Reihe von Anschlägen im Jahr 1983 absagen, nicht zuletzt wegen zwei größerer Waffenfunde. Die Anschlagserie auf dem Kernland wurde nach einer Pause von fast 18 Monaten im Dezember fortgesetzt. Im Voraus lagen keine Informationen zu den geplanten Zielen vor. Von den drei Bomben, die eine ASU legte, richtete eine Autobombe vor dem Kaufhaus Harrods im vorweihnachtlichen Einkaufstrubel den größten Schaden an. Sechs Menschen kamen um, viele wurden verletzt. Der weltweite Aufschrei der Empörung über das Blutbad an Unschuldigen war so laut, dass laut Geheimdienstberichten selbst innerhalb der PIRA-Führung über einen Verzicht auf alle Kernlandoperationen diskutiert wurde.[102] Abteilung F5 schloss daraus, dass der Leiter der Auslandsabteilung der PIRA persönlich grünes Licht für den Anschlag auf Harrods gegeben hatte, obwohl er vom Provisional Army Council nicht genehmigt worden war.[103]

Im April 1984 wurde die Irish Joint Section aufgelöst. Nach Absprache mit dem SIS übernahm der Security Service, der ohnehin zum dominanten Partner in der IJS geworden war, allein die Kontrolle der Station in Belfast und richtete im Londoner Hauptquartier die Abteilung F8 neu ein, die für die alltägliche Leitung der Nordirlandoperationen zuständig war.[104] Gleichzeitig wurde Branch FX unter dem neuen Direktor Patrick Walker als völlig unabhängiger Bereich organisiert, der nicht länger Branch F untergeordnet war und zum ersten Mal die ungeteilte Verantwortung für die Terrorismusbekämpfung übernahm.[105] Das Nordirlandministerium schrieb wenig später an Walker:

> Die Statistiken belegen einen beträchtlichen Rückgang der Gewalt in der Provinz im Lauf der letzten zehn Jahre. Zum Beispiel wurden 1972 bei mehr als 10 000 Vorfällen fast 500 Menschen getötet, während im vergangenen Jahr nicht einmal 80 Menschen bei ein paar hundert Vorfällen umkamen. Die letzte Zahl entspricht weniger als der Hälfte der Zahl der Menschen, die jedes Jahr auf den Straßen Nordirlands sterben. Deshalb ist die Lage, so inakzeptabel sie derzeit auch sein mag, längst nicht so schlecht, wie manche Medien oder die Terroristen selbst es der Welt einreden wollen.[106]

In den ersten neun Monaten des Jahres 1984 nahm die Bedrohung für das britische Kernland durch die PIRA in den wöchentlichen Direktorensitzungen viel weniger Raum ein als der libysche Terrorismus.

Anfang 1984 befahl Gaddhafi eine neue Reihe von Anschlägen gegen Dissidenten im Exil bzw. gegen »streunende Hunde«, wie er sie zu nennen pflegte.[107] Im Laufe der folgenden Monate hatten Geheimdienstberichte über diese Pläne eine Reihe von Operationen durch den Security Service und die Met zur Folge, um die geplanten Anschläge zu vereiteln. Am 9. März informierte der Service die MPSB per Fernschreiben über einen verlässlichen Geheimdienstbericht über ein Treffen in der Londoner Botschaft, um über weitere »revolutionäre« Operationen gegen die Gegner des Gaddhafi-Regimes zu beraten. Aber es gab keinen klaren Hinweis, dass das »Volksbüro« selbst das Feuer auf Demonstranten eröffnen könnte, die sich draußen auf dem St. James Square in London sammelten.[108] Stattdessen gab es vom 10. bis zum 12. März eine Reihe von Bombenanschlägen gegen libysche Dissidenten in London und Manchester. Die libysche Botschaft habe, wie Abteilung F3 bemerkte, »vehement die Komplizenschaft geleugnet. Es liegt jedoch auf der Hand, dass sie die Bombenreihe leitete und plante.«[109] Ein Fernschreiben des Security Service an die MPSB am 13. März meldete aus zuverlässiger Quelle, dass die libysche Botschaft in Hochstimmung und bereit sei, die Kampagne gegen Dissidenten zu forcieren, obwohl ihnen offenbar das Material für den Bau von Bomben allmählich ausging.[110]

Am 16. April entdeckte die MPSB, dass eine Gruppe von Gaddhafi-Gegnern eine Demonstration vor der Botschaft am folgenden Tag plante. Ein Gesuch seitens der Botschaft an die Met um detaillierte Informationen über die geplante Demonstration wurde abgewiesen.[111] Aber erst nach der Demonstration am 17. April erfuhr der Security Service, dass die Botschaft schon am Abend des 16. der Regierung in Tripolis drei Optionen für den Umgang mit den Demonstranten vorgeschlagen hatte:

a) Ein direkter Zusammenstoß mit den Demonstranten von außerhalb des Gebäudes.
b) Das Feuer auf sie eröffnen aus dem Innern des Gebäudes.
c) Die Demonstration über diplomatischen Druck verhindern.[112]

Die Botschaft versuchte es anfangs mit der dritten Option. Um 1.15 Uhr morgens am 17. April stattete eine Delegation dem Außenministerium einen Besuch ab und ersuchte um Maßnahmen, um die Demonstration zu stoppen. Die Delegation erklärte, dass weder sie noch die Regierung für die Konsequenzen verantwortlich gemacht werden könnten, falls die Demonstration stattfand. Noch am selben Abend autorisierte Tripolis die zweite Option: auf die Demonstranten schießen.[113] Genau das geschah auch am 17. April. Was als eine friedliche Demonstration begann, endete in einer Tragödie. Während der polizeilichen Aufsicht über die Demonstration wurde die Polizistin Yvonne Fletcher durch Maschinengewehrschüsse aus einem Fenster im Erdgeschoss der Botschaft getötet. Ihr Mörder hatte zweifellos noch im Hinterkopf, dass die Botschaft vier Jahre zuvor von Tripolis heftig kritisiert worden war, weil sie auf eine vergleichbare Demonstration nicht geschossen hatte.

Am nächsten Tag, dem 18. April, wurde die KGB-Residentur in

London durch ein Telegramm von der Zentrale informiert, sie verfüge über zuverlässige Informationen, dass die Schüsse von Gaddhafi persönlich angeordnet worden seien. Der Leiter der politischen Aufklärung Oleg Gordiewsky, ein langjähriger britischer Agent, leitete diese Information an seinen Führungsoffizier weiter.[114] Die Regierung Thatcher brach daraufhin die diplomatischen Beziehungen zu Libyen ab und wies nach einer Belagerung des Volksbüros über 60 offizielle Vertreter und Anhänger Gaddhafis aus. Mit den Ausweisungen wurde die libysche Terrorkampagne auf dem britischen Festland de facto beendet. Am 14. Mai brachte Innenminister Leon Brittan dem Generaldirektor John Jones offiziell seine persönliche Anerkennung zum Ausdruck, nicht nur für den überaus wertvollen professionellen Beitrag, den der Service während der ganzen Operation um das libysche Volksbüro geleistet hatte, sondern auch für die Qualität der Ratschläge für den Umgang mit der Situation insgesamt, welche die Vertreter des Security Service auf den Treffen vorbrachten, die er im COBR geleitet hatte.[115]

Whitehalls Befürchtungen wegen der erhöhten Bedrohung durch den internationalen Terrorismus Mitte der achtziger Jahre hatten einen grundlegenden Wandel in der Kultur des Security Service zur Folge. Patrick Walker bestätigt, dass sich der Service von 1984 bis 1986, als er Direktor von Branch FX war, von einer introvertierten Organisation mit nur wenigen Mitarbeitern (gewiss nicht die untersten) in Kontakt mit den Ministerien in Whitehall zu einem Nachrichtendienst wandelte, der ganz gelassen mit Whitehall umging und sich seiner Kompetenz bewusst war. Die zwischenbehördlichen Vereinbarungen nach der Belagerung des libyschen Volksbüros trugen zu einem engeren Kontakt zu den Ministerien bei.[116]

Im Nachspiel des Mordes an Polizistin Fletcher und der Belagerung der Botschaft befasste sich die Premierministerin in erster Linie mit der steigenden Bedrohung durch nichtirische Terroristen, nicht mit der PIRA. Bei einem Treffen mit dem Generaldirektor am 18. Mai 1984 erkundigte sich Mrs. Thatcher, ob der Security Service zusätzliche Überwachungsressourcen brauche, um den Kampf gegen den Terror zu erleichtern. Daraufhin bat der MI5-Chef um vier neue Mitarbeiter in der Sektion zum internationalen Terrorismus von Branch FX, um acht zusätzliche Sprach-/Schreiberstellen, »um es uns zu ermöglichen, effektiv in jeder in Frage kommenden Sprache rund um die Uhr zu operieren und gleichzeitig unsere übliche Berichterstattung über terroristische oder potenzielle terroristische Ziele zu verbessern, sowie um eine Aufstockung um zwölf Mitarbeiter in den mobilen Überwachungsteams«. Der DDG Cecil Shipp teilte dem Kabinettssekretär mit: »Die mobile Überwachung gegen terroristische Ziele hat sich im Vergleich zu den letzten Jahren mehr als verdoppelt.«[117] Der Geheimdienstkoordinator Sir Tony Duff, der Jones wenig später als Generaldirektor ablösen sollte, genehmigte nach einer Prüfung die vorgeschlagene Aufstockung des Personals. Damit wurde der Security Service endlich ein operativer Dienst, der imstande war, rund um die Uhr zu arbeiten.[118]

Für Gaddhafi hatte die Anschlagserie gegen »streunende Hunde« in Großbritannien ein demütigendes Nachspiel. Ali Al Jahour, ein korrupter libyscher Geschäftsmann, der an der Organisation der Bombenserie in London beteiligt gewesen war, brach vor Gericht in Tränen aus, als man ihm anfangs eine Freilassung gegen Kaution verweigerte.[119] Der Umstand, dass er später doch gegen Kaution auf freien Fuß gesetzt wurde, weckte im Gaddhafi-Regime das Misstrauen, er kooperiere nunmehr mit den britischen Behörden. Am 20. August fand man ihn tot in einer Wohnung vor, die er gemietet hatte. Eine gerichtsmedizinische Untersuchung ergab, dass man ihn auf die Knie gezwungen und aus kurzer Entfernung in den Hinterkopf geschossen hatte.[120] Auf einem Zettel bei der Leiche stand auf Arabisch: »Das ist die Strafe für jemanden, der für eine Aufgabe angestellt wird und sie nicht erledigt.« Unterschrieben war der Satz mit: »Al Fatih für immer und die Komitees überall«. Al Fatih, »der Eroberer«, war ein Titel, der gelegentlich verwendet wurde, um Gaddhafi zu schmeicheln.[121] »Wir und die Polizei wissen sehr viel über Jahour«, schrieb Mitarbeiter F3/4. »Anscheinend hat er erfolglos versucht, sowohl mit der Pro- als auch mit der Anti-Gaddhafi-Fraktion in Kontakt zu bleiben.«[122] Weitere Ermittlungen der Special Branch ergaben, dass Jahour im »Hotel Hilton auch als Gast mit einer Neigung zu Besäufnissen und Umgang mit Prostituierten bekannt« war.[123] Im Oktober wurde ein weiterer libyscher Bombenleger, Salhen Ramdan Salem El Tarhuni, verhaftet und wegen der Explosionen in London im März angeklagt. El Tarhuni bestritt zwar, dass er sich zur Zeit des Bombenanschlags in London aufgehalten hatte, aber seine Fingerabdrücke waren auf Bombenteilen und Batterien gefunden worden. Später wurde er zu 15 Jahren Gefängnis verurteilt.[124]

Im November 1984 gab Radio Tripolis einen großen Erfolg bekannt, der in Gaddhafis Augen die Rückschläge in London aufgewogen haben dürfte. Der Sender meldete, dass der ehemalige libysche Premierminister und Gaddhafi-Gegner Abdul-Hamid Bakoush, der Anführer der Libyschen Befreiungsorganisation, in Ägypten »hingerichtet« worden sei, weil »er sein Gewissen an die Feinde der arabischen Nation verkauft habe«. Dramatische Bilder von dem blutbefleckten angeblichen Leichnam Bakoushs wurden nach Libyen geschickt. Gaddhafi fiel jedoch auf eine besonders demütigende Fälschung herein. Kaum hatte Tripolis die Ermordung Bakoushs gefeiert, da trat Bakoush lebendig und wohlbehalten im ägyptischen Fernsehen auf und enthüllte, dass das Team, das Gaddhafi zu seiner Ermordung ausgesandt hatte, gefangen genommen worden sei und ein Geständnis abgelegt habe.[125]

Gaddhafi rächte sich für die Demütigungen von 1984, indem er seine Unterstützung der PIRA öffentlich bekannt gab und drastisch steigerte: »Wir betrachten die IRA nicht als eine terroristische Armee; sie vertritt eine gerechte Sache, die Unabhängigkeit ihres Landes ... wir schämen uns keineswegs, sie mit allen uns zu Gebote stehenden Mitteln zu unterstützen.«[126] Gaddhafis Auftreten Mitte der achtziger Jahre als Hauptwaffenlieferant an die PIRA stellte eine weit größere Bedrohung für die nationale Sicherheit Großbritanniens dar als seine selbstmörderische Kampagne gegen libysche Dissidenten. Die Waffen und Sprengstoffe, die er im Laufe der nächsten drei Jahre den Provisionals lieferte, steigerten erheblich deren Fähigkeit, den »bewaffneten Kampf« fortzusetzen. Der Umstand, dass diese Waffenlieferungen bis 1987 nicht entdeckt und verhindert werden konnten, war ein Schwachpunkt in der britischen Antiterrorstrategie.

Waffenlieferungen aus Libyen waren für die Provisionals desto wichtiger, weil der Strom von Waffen aus den Vereinigten Staaten unterbrochen worden war. Am 29. September 1984 war nämlich eine große Waffenlieferung an Bord des irischen Trawlers *Marita Ann* vor der Küste des County Kerry von der irischen Marine beschlagnahmt worden. Martin Ferris, der befehlshabende PIRA-Offizier von Kerry, John Crawley, ein ehemaliger US-Marineinfanterist und PIRA-Mitglied, der den Waffenschmuggel eingefädelt hatte, und

Michael Browne, der Kapitän des Trawlers, wurden später von dem Sonderstrafgericht in Dublin, das ohne Geschworenenjury tagte, zu jeweils zehn Jahren Gefängnis verurteilt.[127]

Keine drei Wochen nach der Aufspürung der *Marita Ann* landete die England-Abteilung der PIRA nach mehreren ineffektiven Jahren ihren bislang wohl spektakulärsten Erfolg. Das Nordirlandministerium hatte nach einer Reihe von Rückschlägen ganz richtig bei PIRA-Anschlägen in Großbritannien den Trend registriert, dass die Anschläge »seltener, aber dafür raffinierter« wurden.[128] Seit mehreren Jahren hatte der Security Service Informationen gesammelt, dass die PIRA die Absicht habe, einen Bombenanschlag auf einen Jahresparteitag der Torys zu verüben – auch wenn die Warnung aufgrund des Umstands, dass bis 1984 kein Versuch unternommen worden war, womöglich ein wenig unglaubwürdig erschien.[129] In den frühen Morgenstunden des 16. Oktober explodierte eine 20 Pfund schwere Bombe mit einem Langzeitzünder (der auf dem Festland zum ersten Mal eingesetzt wurde) im Grand Hotel in Brighton, wo sich Mrs. Thatcher und die meisten Kabinettsmitglieder während des Parteitags einquartiert hatten.[130] Der »Bombenleger von Brighton« Patrick Magee war bereits seit fünf Jahren wegen seiner Beteiligung an den Bombenanschlägen im Raum London im Winter 1978/79 gesucht worden. Im September 1980 war er in den Niederlanden verhaftet worden, aber im Januar 1981 hatte ein niederländisches Gericht einen Auslieferungsantrag nach England abgelehnt.[131] Zwei Jahre später war er erneut nur knapp entkommen. Im April 1983 war er in Lancashire entdeckt und heimlich in Gesellschaft eines mutmaßlichen PIRA-Kameraden fotografiert worden. Auf der Fahrt nach Preston auf der Schnellstraße mit einer Geschwindigkeit von über 140 Kilometern pro Stunde hatten die beiden Männer bemerkt, dass sie verfolgt wurden, hatten den Wagen am Bahnhof von Preston mit dem Schlüssel im Zündschloss stehen lassen und waren untergetaucht.[132] Die von Magee im Grand Hotel gelegte Bombe tötete fünf konservative Parteimitglieder und verletzte über 30 zum Teil schwer. Mrs. Thatcher blieb zwar unverletzt, aber die PIRA veröffentlichte anschließend eine Erklärung, die sich in erster Linie an die Premierministerin richtete: »Heute hatten wir kein Glück, aber denken Sie daran, dass wir nur einmal Glück haben müssen. Sie hingegen müssen jedes Mal Glück haben.«

5
Spionageabwehr im letzten Jahrzehnt des Kalten Krieges

Während Thatchers erster Amtszeit wurde die längste Ermittlung in der Geschichte des Security Service – die Jagd auf die Glorreichen Fünf – endlich zu den Akten gelegt. Im November 1979, also 15 Jahren nach Anthony Blunts geheimem Geständnis und der Zusage der Straffreiheit, wurde er in einer Erklärung durch Margaret Thatcher vor dem Unterhaus als der vierte Mann entlarvt. Zu diesem Schritt sah sie sich gezwungen, nachdem deutliche Hinweise auf seine Identität publik geworden waren.[1] Blunt erfüllte so gut wie alle Klischees, die sich die Medien von einem sowjetischen Maulwurf wünschten: ein Verräter aus einer renommierten staatlichen Schule und dem Trinity College in Cambridge, eine Liste sexueller Eskapaden (zumindest nach damaligem Standard) und Verbindungen zum Königshaus als Kurator der königlichen Gemäldesammlung. »VERRÄTER AN DER RECHTEN HAND DER QUEEN« verkündete eine Schlagzeile in der *Daily Mail*. »Verräterischer Kommunist überführt«, erklärte John Junor im *Daily Express*.[2]

Die öffentliche Enttarnung Blunts erfolgte einige Jahre später, als sowohl der Security Service als auch Downing Street Nr. 10 angenommen hatten. Als Blunt schwer an Krebs erkrankt war und man damit gerechnet hatte, dass er die Krankheit nicht überleben werde, hatte man bereits unter der Regierung Heath Vorkehrungen für den Medienrummel getroffen, der nach der Aufdeckung seiner Rolle als sowjetischer Agent nach seinem Tod zu erwarten war. Im März 1973 hatte Heath gebeten, dass man der Queen einen detaillierten Bericht zukommen lasse, musste allerdings feststellen, dass man Ihre Hoheit bereits rund ein Jahrzehnt zuvor allgemein über Blunts Verrat in Kenntnis gesetzt hatte.[3]

Im Zuge der sensationellen Demaskierung Blunts im Jahr 1979 kam ein weltweites Medieninteresse an weiteren britischen Verrätern auf. Die Zahl der imaginären Maulwürfe in der Presse, die als

Folge falsch interpretierter Hinweise identifiziert wurden, vervielfältigte sich rasant: unter anderen Donald Beves,[4] Frank Birch, Andrew Gow, Sir Roger Hollis, Guy Liddell, Graham Mitchell und Arthur Pigou (allesamt tot), Sir Rudolf Peierls (der mit Erfolg Behauptungen dementierte, er sei ebenfalls gestorben, und bei einem Rufmordprozess recht bekam), Lord Rothschild (zu Lebzeiten das Opfer versteckter Anspielungen statt offener Anklagen, für den Fall, dass er ebenfalls vor Gericht ging) und Wilfred Mann (der nicht klagte, aber ein Buch schrieb, um seine Unschuld zu beweisen). Der Security Service wusste genau, dass die Genannten allesamt unschuldig waren, doch es gelang ihm erst im August 1982 dank der Informationen von Oleg Gordiewsky, John Cairncross als den fünften Mann der Glorreichen Fünf zu identifizieren.[5] Cairncross hatte zwar in vertraulichen Gesprächen 1964 seine Spionagetätigkeit gestanden, doch der britische Geheimdienst hatte nicht erkannt, wie hoch der KGB ihn eingestuft hatte. Die öffentliche Enttarnung von Cairncross als fünftem Mann in den letzten Monaten der Regierung Thatcher im Jahr 1990 (später durch Auszüge aus seiner KGB-Akte bestätigt, die der SWR, der postsowjetische russische Auslandsnachrichtendienst, freigegeben hatte) erregte zwar eine gewisse Medienaufmerksamkeit, enttäuschte aber auch viele Erwartungen. Cairncross hatte das Trinity College besucht und eine Studie über Polygamie veröffentlicht, aber seine Herkunft als Sohn eines schottischen Ladenbesitzers war ernüchternd bescheiden und enthielt keine Verbindung zur Königsfamilie. Obwohl er ein wichtigerer Spion als Blunt war, fiel der Medienrummel entsprechend geringer aus.[6]

Im Jahr 1980 wurde der einzige britische Politiker (zumindest soweit bekannt), der während seines Ministeramts als Agent tätig gewesen war, aufgrund von Hinweisen eines Überläufers der tschechischen Staatssicherheit (StB) enttarnt: John Stonehouse, der zwischen 1964 und 1970 in den Regierungen Wilson gedient hatte (ohne Sitz im Kabinett). Obwohl der StB-Überläufer Josef Frolik bereits 1969 seinen Verdacht gegenüber Stonehouse gemeldet hatte, hatte der Security Service nach einer Befragung von Frolik und Stonehouse Wilson mitgeteilt, es gebe »keinen Hinweis, dass Mr. Stonehouse den Tschechen irgendwelche Informationen gab, die er ihnen nicht hätte geben dürfen, geschweige denn, dass er bewusst als Agent tätig war«.[7] Diese Einschätzung wiederholte der Geheimdienst später gegenüber Edward Heath.[8]

Das spätere Verhalten von Stonehouse untergrub jedoch die Glaubwürdigkeit seiner zuvor überzeugenden Unschuldsbeteuerungen. Im Jahr 1974 ließ er, weil er ernste Geschäftsprobleme hatte, seine Frau im Stich, täuschte den eigenen Selbstmord vor, nahm eine neue Identität an und tauchte mit seiner Geliebten in Australien unter. Nachdem man ihn aufgespürt und nach England überführt hatte, wurde er im Jahr 1976 wegen Diebstahls und Betrugs in 18 Fällen zu sieben Jahren Gefängnis verurteilt. Nach der Entlassung veröffentlichte er den etwas abstrusen Agententhriller *Ralph*, der im Großen und Ganzen, wenn er überhaupt autobiografisch ist, die Behauptungen in Froliks Erinnerungen erhärtet, dass Stonehouse Ende der fünfziger Jahre vom StB rekrutiert worden sei, nachdem er bei einem Besuch in der Tschechoslowakei in eine Sexfalle, auch »Honeytrap« genannt, getappt war. Der Roman (der später zu einem aussichtsreichen Kandidaten für den »Bad Sex Award« der *Literary Review* wurde) beschreibt, wie der hohe britische Staatsdiener in der Europäischen Kommission, Ralph Edmonds, von der verführerischen ostdeutschen Lotte in die Falle gelockt wird. So unbeholfen Stonehouses Erzählkunst auch sein mag, könnte sich die Beschreibung der Rekrutierung Ralphs durchaus auf seine eigene Erfahrung mit dem StB stützen.[9]

Im Jahr 1980 überzeugten Hinweise eines StB-Überläufers mit dem Decknamen AFFIRM sowohl den Security Service als auch die Regierung Thatcher, dass Stonehouse ein tschechischer Agent gewesen war. Da man jedoch entschied, die Informationen des Überläufers nicht vor Gericht zu verwenden, willigte Mrs. Thatcher ein, Stonehouse nicht strafrechtlich zu verfolgen.[10] Die Angaben von AFFIRM wurden ein Vierteljahrhundert später weitgehend bestätigt, als ein Teil der umfangreichen StB-Akte über Stonehouse in der Tschechischen Republik veröffentlicht wurde. Wie AFFIRM behauptet hatte,[11] lautete der Deckname ursprünglich KOLON (»Kolonist«), eine Anspielung auf die zwei Jahre, die er in Uganda verbracht hatte. Stonehouse war in seiner Zeit als Hinterbänkler der Opposition angeworben worden, um »Informationen aus dem Parlament und den parlamentarischen Ausschüssen« zu beschaffen. Mit dem Geld, das er dafür erhielt, finanzierte er sein Gesellschafts-

44. Der in Deutschland geborene britische Physiker Klaus Fuchs verschaffte der sowjetischen Aufklärung während seiner Tätigkeit in Los Alamos 1945 die Pläne der ersten Atombombe – das größte Geheimnis, das jemals von einem britischen Staatsbürger verraten wurde. Vier Jahre später, als Fuchs in Harwell arbeitete, lieferten entschlüsselte sowjetische Telegramme den Beweis für seinen Verrat.

45. Der Hauptvernehmungsbeamte William »Jim« Skardon *(links)* des MI5 mit dem Sicherheitsoffizier von Harwell Henry Arnold. Obwohl keine vor Gericht verwendbaren Beweise vorlagen, um Fuchs zu verurteilen, entlockte Skardon ihm mit seinen geschickten Fragen ein Geständnis.

46. Sir John Shaw *(Mitte)*, der Leiter der Auslandsabteilung (1950–1953), mit Präsident Harry S. Truman in den Vereinigten Staaten. Shaw wurde im MI5 wegen seiner hohen, schmalen Statur und der Zeit, die er in der Luft verbrachte, der »Fliegende Bleistift« genannt. Zu Beginn des Kalten Krieges mussten MI5-Offiziere damit rechnen, ein Viertel bis ein Drittel ihres Berufslebens auf Posten des Empires oder Commonwealth zu verbringen.

47. Mitarbeiter des SLO in Aden überwachen 1963 die kahle Landschaft des Thirra-Passes. Am Vorabend der Unabhängigkeit Adens im Jahr 1967 wurde die Frau des SLO als einzige Angehörige eines MI5-Mitarbeiters im Zuge der Aufgabe des Empires bei einem Terroranschlag getötet.

48. *(rechts)* Roger Hollis (DG 1956–1965), hier an seinem Schreibtisch im Leconfield House, räumte im Jahr 1960 ein, dass die Observierung der Delegationen aus Kolonialländern während der Unabhängigkeitsverhandlungen »ein wenig« über die Befugnisse hinausgegangen sei. Wegen der Bedeutung der beschafften Informationen wurde die Vorgehensweise des MI5 vom Innenminister gedeckt.

49. *(unten)* Jomo Kenyatta *(Mitte)* im Lancaster House während der Unabhängigkeitskonferenz für Kenia im Oktober 1963. Bei der Konferenz bat Kenyatta Roger Hollis, den Verbindungsoffizier des MI5 nach der Unabhängigkeit in Kenia zu lassen.

50. Konon Molody, ein gut getarnter Illegaler des KGB, der in London die Identität des kanadischen »toten Doubles« Gordon Lonsdale annahm.

51. Eine Beschattungsaufnahme von Lonsdales wichtigsten britischen Agenten Harry Houghton und Ethel Gee, die von Abteilung A4 beobachtet wurden, wie sie ihm streng geheime Dokumente aus der Underwater Detection Establishment (UDE) in Portland übergaben.

52. Lonsdales Sachbearbeiter im MI5 Charles Elwell entdeckte verblüfft in Lonsdales Aktenkoffer ein Foto von sich. Es stellte sich heraus, dass er eine Party besucht hatte, auf der Lonsdale Aufnahmen von den Gästen gemacht hatte. Nach der Verurteilung vermittelte Elwell Lonsdale mithilfe des Fotos den falschen Eindruck, dass der Security Service ihm schon lange auf der Spur gewesen sei.

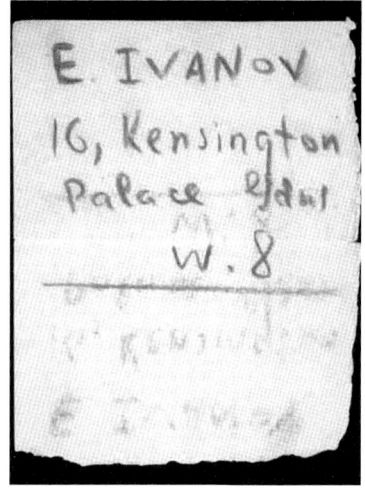

53. Jewgeni Iwanow, ein GRU-Offizier in London, der unter der Tarnung des stellvertretenden sowjetischen Marineattachés operierte.

54. Iwanows Adresse im Haus der sowjetischen Militärattachés (in dem die GRU-Residentur untergebracht war), von ihm mit rosa Lippenstift geschrieben, den er sich meist bei einer Party von einer Frau borgte, die mit ihm Kontakt aufnehmen sollte.

55. Porträt Iwanows von dem Osteopathen und Porträtmaler Stephen Ward, der ihn mit Christine Keeler bekannt machte, mit der Iwanow und der Kriegsminister John Profumo eine kurze Affäre hatten. Der MI5 gelangte zu dem Schluss, dass es Keeler, im Gegensatz zu den Behauptungen im Laufe des »Profumo-Skandals«, nie gelungen war, Profumo Staatsgeheimnisse zu entlocken und an Iwanow weiterzugeben.

56. Milicent Bagot *(rechts)* 1967 vor dem Buckingham-Palast nach der Auszeichnung mit dem Orden CBE. Die Altphilologin der Oxford University entwickelte sich zur besten Expertin für internationalen Kommunismus. Neben Bagot ihr ehemaliges Kindermädchen, das bei ihr in Putney lebte. Obwohl Bagot im MI5 eine sehr starke Persönlichkeit war, war »Nanny« zu Hause »der Boss«.

57. Ein Überwachungsfoto von Bert Ramelson *(rechts)*, von der CPGB mit Lawrence Daly, dem NUM-Generalsekretär, im Pub Prince of Wales, Warren Street, 1969. Nach Ansicht des MI5 befolgte der ehemalige Kommunist Daly »keineswegs sklavisch den Rat Ramelsons, war aber bereit, eng mit der Partei zusammenzuarbeiten, wenn es ihm in den Kram passte«.

58. Ein Überwachungsfoto aus dem Jahr 1972 von Betty Reid auf dem Weg zu einem Treffen mit einem Vertreter aus dem Sowjetblock. Seit 1946 war es ihre Aufgabe, Parteimitglieder zu nennen, die sich nicht an die Parteilinie hielten.

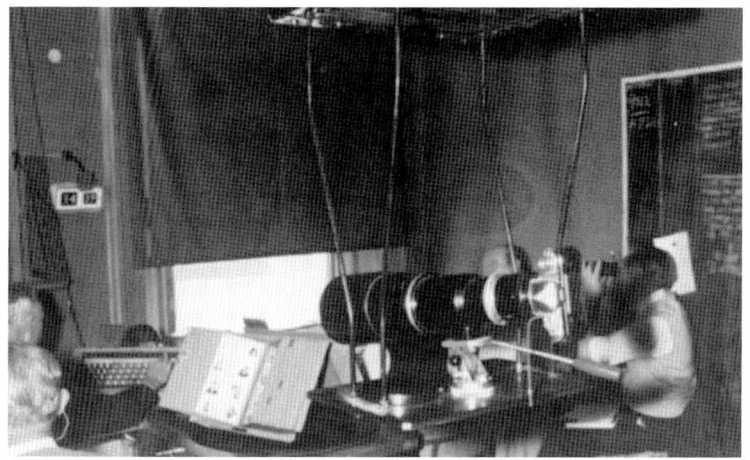

59. Ein Beobachtungsposten des MI5 (OP) um 1970, der die Bewegungen von Vertretern des Sowjetblocks, Geheimdienstoffizieren und mutmaßlichen Agenten verfolgte. Rechts von der Kamera befindet sich eine Tafel mit einer Liste der Zielpersonen; links davon Fotos zur Erleichterung der Identifikation.

60. Oleg Ljalin vor seinem Seitenwechsel 1971. Ljalin war der höchste Repräsentant der Abteilung W in der Londoner KGB-Residentur, die sich auf Sabotage und verdeckte Anschläge spezialisiert hatte.

61. Ein Teil der sowjetischen Geheimdienstoffiziere, die im Rahmen der Operation FOOT aus Großbritannien ausgewiesen wurden und im September 1971 nach Moskau abreisten. Die Ausweisungen markierten einen Wendepunkt. Seither wurde Großbritannien erstmals ein schwieriges Terrain für den KGB und die GRU.

62. Mitarbeiter in der Registratur in den Siebzigern bei der Überprüfung von Personen anhand des Karteiregisters.

63. *(links)* Zwei künftige DGs, Patrick Walker *(vorn)* und Stephen Lander, bereit, für das Kricketteam des MI5 zu schlagen und eine lange Partnerschaft einzugehen (64. *unten).* »Die Leitung eines Teams aus Doppelagenten«, meinte der Vorsitzende des Zwanzigerkomitees im Krieg, J. C. Masterman, »gleicht sehr stark der Leitung eines Kricketteams.«

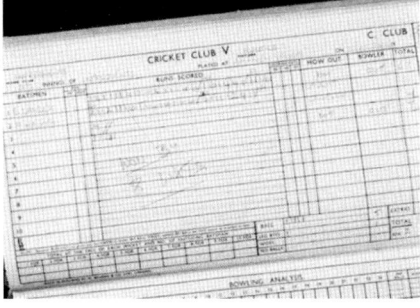

65. Ein Überwachungsfoto des KGB-Offiziers Oleg Gordiewsky, aufgenommen am 4. November 1982, während er in der Londoner Residentur stationiert war. Wie die meisten MI5-Mitarbeiter wusste auch der Fotograf nicht, dass Gordiewsky ein britischer Agent war.

66. Im Jahr 1983 enthüllte Gordiewsky, dass ein britischer Offizier des Security Service, der später als Michael Bettaney identifiziert wurde, streng geheimes Material in den Briefkasten des Residenten Arkadi Guk (hier mit seiner Frau) gesteckt hatte. Guk hielt die Sendung für eine Falle des MI5 und ging auf Bettaneys Angebot nicht ein.

67. Überwachungsfoto des letzten Illegalen aus dem Sowjetblock, der im Kalten Krieg in Großbritannien entdeckt wurde: Václav Jelinek vom tschechischen StB, der die Identität des Holländers Erwin Van Haarlem angenommen hatte.

68. Bei einer Razzia in Jelineks Wohnung am 2. April 1988 wurde er auf einem Stuhl in der Küche überrascht, als er gerade eine verschlüsselte Botschaft aus Prag über einen an das Radio angeschlossenen Kopfhörer entgegennahm. Er sprang auf, kippte den Stuhl um und ließ den Kopfhörer fallen, aus dem eindeutig Morsezeichen ertönten.

69. Am 7. Februar 1991 explodierte eine von einem weißen Ford Transit aus abgefeuerte Granate auf dem Rasen von Downing Street 10, und das mitten in einer Kabinettsitzung. Die Kommandoeinheit der PIRA hatte den Wagen in der Horse Guards Avenue an der Kreuzung zu Whitehall geparkt. Premierminister John Major wurde später mitgeteilt, dass die Granate, wenn sie nur gut drei Meter näher beim Sitzungssaal aufgeschlagen wäre, »das halbe Kabinett« hätte töten können.

70. Überwachung der Operation AIRLINES im Juli 1996: Donal Gannon (PARADISE NEWS, *links*) und Gerard Hanratty (TULIP STEM) bei der Vorbereitung auf einen PIRA-Anschlag auf die Stromversorgung von Großlondon, der vereitelt wurde.

71. Ein Überwachungsfoto von Siobhan O'Hanlon, einer Sprengstoffexpertin der IRA, gläubigen Katholikin und überzeugten Feministin, als sie im Februar 1988 Gibraltar für einen Bombenanschlag auf die britische Garnison während der Zeremonie des Wachwechsels (72. *unten*) auskundschaftete. Am 24. Februar bemerkte O'Hanlon in Spanien die Überwachung, kehrte nach Nordirland zurück und schied aus der Operation aus. Die drei Mitglieder der IRA-Kommandoeinheit, die die Operation fortsetzten, wurden am 6. März in Gibraltar erschossen.

73. *(rechts)* Im Juli 2000 wurde im Rahmen der Operation LARGE die erste islamistische Bombenfabrik in Großbritannien aufgedeckt. Moinul Abedin (Deckname PIVOTING DANCER, hier auf einem Überwachungsfoto von A4) wurde später zu 20 Jahren Haft verurteilt.

74. *(unten)* In den Jahren 2003/04 wurde durch die Operation CREVICE die erste Bombenverschwörung britischer Islamisten gegen britische Ziele seit dem 11. September aufgedeckt. Dieses Überwachungsfoto, das am 20. Februar 2004 in Heathrow aufgenommen wurde, zeigt den britischen Anführer Omar Khyam *(rechts)* bei einem Treffen mit dem kanadischen Islamisten Mohammed Momin Khawaja, über den er elektronische Zünder beschaffen wollte.

75. *(rechts)* Überwachungsfoto von Dhiren Barot, dem Hauprädelsführer in Operation RHYME im Jahr 2004, der später zu einer Mindesthaftstrafe von 30 Jahren verurteilt wurde. In dem Glauben, er sei von Khalid Scheich Mohammed, dem Kopf hinter den Anschlägen vom 11. September, auserwählt worden, hatte Barot sich zum Ziel gesetzt, eine radioaktive, schmutzige Bombe zu zünden, gab aber zu, dass ihm derzeit die für den Bau erforderlichen Kontakte fehlten.

76. *(links)* Wie am 7. Juli lagen dem MI5 keine Warnungen vor den gescheiterten Anschlägen am 21. Juli 2005 vor. Seine Informationen trugen jedoch dazu bei, die vier Möchtegern-Selbstmörder zu fassen. Der Auszug von Muktah Said Ibrahim *(links)* und Ramzi Mohammed in Unterhosen aus Mohammeds Wohnung wurde live im Fernsehen gezeigt.

77. *(links)* Yassin Hassan Omar wurde in Birmingham mit einer Burkha verkleidet gefasst. Hussein Osman wurde später in Rom aufgespürt.

78. *(unten)* Eine Aufnahme, die als Beweismaterial bei ihrem Prozess diente und Ramzi Mohammed *(links)* und Yassin Omar *(mit Kapuze, rechts)* in einem militärischen Ausbildungslager in Cumbria zeigt, 2004.

79. *(rechts)* Überwachungsfoto von Dr. Bilal Abdulla, einem 26-jährigen Arzt am Royal Alexandra Hospital in Paisley, während er eine Gasflasche für Bombenanschläge im Jahr 2007 kauft.

80. *(unten)* Gasflasche mit Zündkapsel und Nägeln (um die Wirkung zu erhöhen), die von Abdulla und seinem Partner Kafeel Ahmed in einem Wagen zurückgelassen wurden, um einen Anschlag auf einen Londoner Nachtklub und andere Ziele vorzubereiten. Abdulla wurde nach einem gescheiterten Anschlag auf dem Flughafen von Glasgow verhaftet und im Dezember 2008 zu lebenslanger Haft mit einer Mindeststrafe von 32 Jahren verurteilt.

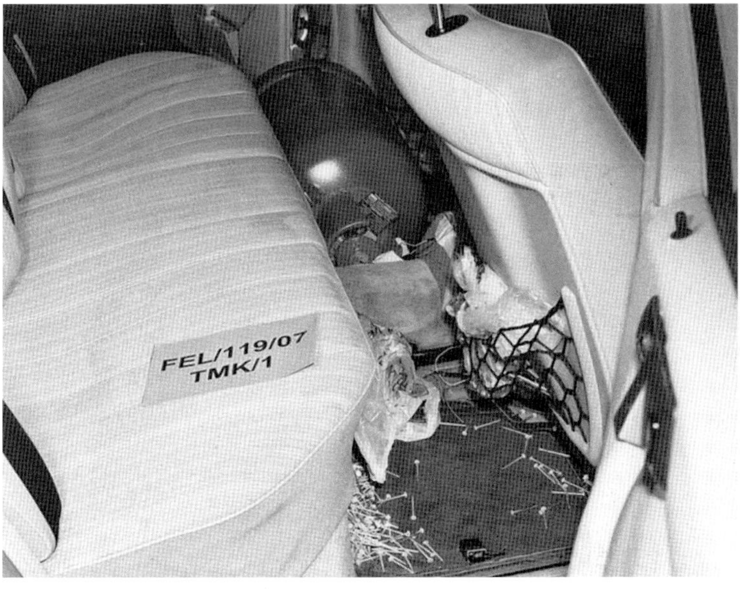

81. Das heimliche Eindringen in ein Zielgebäude bei einer nächtlichen Übung.

82. Generaldirektor Jonathan Evans in der Einsatzzentrale im Hauptquartier des Security Service im Mai 2009.

leben. Der StB war allerdings enttäuscht über das Material, das Stonehouse lieferte, nachdem er Minister geworden war.[12]

In der Ära Thatcher arbeitete die Spionageabwehr enger mit dem SIS zusammen als je zuvor. Abteilung K3, die sowjetische Agenten anwarb und betreute, war mit männlichen und weiblichen Führungsoffizieren aus beiden Diensten besetzt. Die Londoner KGB-Residentur hatte keine Erfahrung mit gegnerischen weiblichen Aufklärungsoffizieren und merkte offenbar erst nach einigen Jahren, dass sie ins Visier der britischen Geheimdienste geraten war. Über die Operationen von K3 konnten beide Dienste von dem und über den anderen etwas lernen. Wie Stella Rimington schrieb: »Wir lernten vom MI6 die Kunst der Agentenführung und Rekrutierung, in der sie mehr Erfahrung als wir hatten. Sie lernten von uns, wie man sich verhält, wenn man es mit einem raffinierten Sicherheitsdienst zu tun hat – von enormem Wert, wenn man undercover auf einem ausländischen Posten tätig ist.«[13] Der Fall des wohl wichtigsten britischen Agenten in der Endphase des Kalten Krieges veranschaulicht geradezu exemplarisch die Zusammenarbeit zwischen MI5 und SIS: Oleg Gordiewsky, ein KGB-Offizier, der im Jahr 1974 vom SIS geworben wurde. Zur Freude der wenigen informierten Mitglieder in Branch K wie auch im SIS erhielt das britische Außenministerium im Januar 1982 einen Visumsantrag von der sowjetischen Botschaft im Namen Gordiewskys, und zwar nach seiner Ernennung zum Botschaftsrat in London (in Wahrheit als hoher politischer Nachrichtenoffizier des KGB).[14] Kurz nach seiner Ankunft am 28. Juni 1982 nahm Oleg Gordiewsky wieder Kontakt zum SIS auf.

Die KGB-Dokumente, die er aus der Residentur zu Treffen mit seinem Führungsoffizier schmuggelte, verblüfften den kleinen Kreis der Geheimdienstmitarbeiter, der Zugang zu ihnen hatte. Aus den Unterlagen ging hervor, dass der KGB, gemeinsam mit der GRU, im vergangenen Jahr die größten Operationen in Friedenszeiten seiner Geschichte durchgeführt hatte. In einer geheimen Rede vor einer wichtigen KGB-Versammlung im Mai 1981 verunglimpfte der sichtlich kränkelnde sowjetische Parteichef Leonid Breschnew die Politik des US-Präsidenten Ronald Reagan, der zu Beginn des Jahres sein Amt angetreten hatte, als eine ernste Bedrohung des Weltfriedens. Nach ihm sprach der langjährige KGB-Vorsitzende Juri Andropow. Zur Verwunderung des größten Teils der Zuhörer gab Andropow bekannt, dass der KGB und die GRU auf Beschluss des Politbüros zum ersten Mal in ihrer Geschichte in einer weltweiten Operation mit dem Decknamen RJAN (die Abkürzung für *Raketno-Jadernoje Napadenije*, »Nuklearer Raketenangriff«) zusammenarbeiten. Ihr Ziel war es, Informationen über die Pläne der Vereinigten Staaten und der NATO für einen überraschenden nuklearen Erstschlag gegen die Sowjetunion zu beschaffen. In Wirklichkeit existierten solche Pläne überhaupt nicht. Die Operation RJAN ging auf die paranoiden Tendenzen des Politbüros und der KGB-Führung in einer angespannten Phase des Kalten Krieges zurück, geschürt von der antisowjetischen Rhetorik Präsident Reagans, der die Sowjetunion als »Reich des Bösen« bezeichnet hatte. Gordiewsky berichtete, dass sich seine Kollegen in der Gruppe PR (politische Aufklärung) in London längst keine so großen Sorgen wegen eines Atomkriegs machten wie die Zentrale und die Operation RJAN mit einiger Skepsis betrachteten. Doch keiner wollte seine Karriere gefährden, indem er die Einschätzung der Zentrale bezüglich der aggressiven Absichten der Reagan-Administration und ihrer Bündnispartner in Frage stellte. Folglich kam ein Teufelskreis der Informationsbeschaffung und -auswertung in Gang. Die Residenturen fühlten sich im Grunde verpflichtet, alarmierende Informationen zu melden, auch wenn sie selbst ihre Zweifel hatten. Die Zentrale war von dem, was sie meldeten, entsprechend alarmiert und forderte weitere Materialien an.[15] Gordiewskys Informationen hatten beträchtliche Wirkung auf Margaret Thatcher, die am 23. Dezember 1982 in den Fall Gordiewsky eingeweiht wurde.[16] Sir Geoffrey Howe, der nach seiner Ernennung zum Außenminister sechs Monate später ebenfalls eingeweiht wurde (der einzige andere Minister, der eingeweiht wurde, und zwar am 24. Januar 1983, war der Innenminister[17]) erinnert sich:

> Ich hatte den überaus starken Eindruck, dass die sowjetische Führung wirklich den größten Teil ihrer eigenen Propaganda selbst glaubte. Sie hatten wirklich Angst, dass sich »der Westen« zu ihrem Sturz verschworen habe – und dass er womöglich, nur womöglich, alles tun würde, um das zu erreichen. Diese fast schon Besessenheit wurde, wie sich zeigte, von der Rhetorik (und in manchen Fällen mehr als das) geschürt, die mit dem mehr oder weniger gleichzeiti-

gen Machtantritt von Margaret Thatcher und Ronald Reagan einherging.[18]

Obwohl Gordiewsky vom SIS und nicht von der gemeinsamen Abteilung K3 geführt wurde, entsprach sein Fall einer kombinierten Operation, weil der Security Service sie mehrfach unterstützte. In Zusammenarbeit mit dem SIS trachtete die kleine Gruppe im Security Service, die mit dem Fall vertraut war, danach, Gordiewskys Position in der Londoner Residentur auf zwei Wegen zu stärken: Als Erstes ließ man ihm scheinbar beeindruckende, allerdings nicht klassifizierte Informationen zukommen, die sein Renommee im KGB als politischer Nachrichtenoffizier fördern sollten – eine Arbeit, für die ihm seine Rolle als britischer Agent zu wenig Zeit ließ. Hier verfügte Abteilung K6 gelegentlich nicht über genügend Ressourcen, um die gesamte erwünschte Unterstützung zu liefern.

Zweitens versuchte der Security Service, Gordiewskys Karriere zu fördern, indem er nach Gründen für die Ausweisung höherer Mitarbeiter in der Londoner Residentur suchte – in der Hoffnung, es werde dem Agenten gelingen, ihren Platz einzunehmen. Insbesondere hatten sie es auf den Leiter der Gruppe PR, Igor Titow, und den Residenten selbst, Arkadi Guk, abgesehen. Im März 1983 wurde Titow, nach Rücksprache mit Gordiewsky, zur *persona non grata* erklärt. Um jeden Verdacht bezüglich des wahren Motivs für die Entscheidung zu zerstreuen, wurde der Fall Titow dem Außenministerium um dieselbe Zeit vorgelegt wie der Fall zweier GRU-Mitarbeiter, die bereits für die Ausweisung vorgesehen waren.[19] Wie gehofft, löste Gordiewsky Titow als Leiter der Gruppe PR ab.

Gordiewsky erzählte seinem SIS-Führungsoffizier, dass die Gruppe PR an der Londoner Residentur ein halbes Dutzend Agenten und über ein Dutzend vertraulicher Kontakte leite, aber mit bescheidenem Erfolg. (In dieser Phase hatte er nur begrenzte Kenntnisse über die Operationen anderer Gruppen.*) Von den beiden prominentes-

---

* Die Hauptgruppen (Abteilungen) in den KGB-Residenturen waren in der Endphase des Kalten Krieges: KR (Spionageabwehr und Sicherheit), N (Illegale), PR (politische Aufklärung), SK (sowjetische Emigranten) und X (Wissenschaft und Technik). Gruppe F (»Sonderaufgaben«) war nach dem Skandal um den Seitenwechsel Ljalins in der bestehenden Form aufgelöst worden. Näheres siehe Andrew und Mitrochin, *Das Schwarzbuch des KGB,* Anhang.

ten Agenten der Gruppe PR, Jack Jones und der Abgeordnete Bob Edwards, war keiner überaus bedeutend.[20] Gordiewsky berichtete, dass Jones nur von 1964 bis 1968 vom KGB als Agent betrachtet worden war. Der Kontakt wurde später zwar erneuert, aber Jones traf sich nicht länger heimlich mit seinem Führungsoffizier und reichte kein vertrauliches Material mehr weiter.[21] Im Jahr 1978 war er nicht länger Generalsekretär der Transportarbeitergewerkschaft TGWU und schied noch im selben Jahr aus dem Generalrat des Gewerkschaftsverbands TUC aus. Fünf Jahre danach hatte Gordiewsky als sein Führungsoffizier den Eindruck, dass Jones, wie zu erwarten, keinen Zugang mehr zu nennenswerten Insiderinformationen hatte. Einmal beeindruckte Gordiewskys Bericht über ein Treffen mit Jones die Zentrale jedoch erheblich:

> Einmal nahm ich eine Broschüre vom Gewerkschaftskongress mit, die eine lange Liste von Gewerkschaftsführern enthielt, und bat [Jones], Kommentare zu ihnen abzugeben. Dieser Bitte kam er so wirkungsvoll nach, dass ich anschließend eine dreiseitige Zusammenfassung schreiben konnte, die ich meinem Bericht über das Treffen beifügte. »Die Informationen unseres Agenten über Gewerkschaftsführer waren so umfassend«, schrieb ich, »dass ich sie als Anhang beilege.« Das kombinierte Dokument erweckte den Anschein, dass er außerordentlich hilfreich gewesen sei und von sich aus viele überaus wertvolle Fakten genannt habe. Daran lässt sich ablesen, worum es bei den Fakten wirklich ging und wie, durch eine wohlüberlegte Berichterstattung, mit wenig Mitteln ein Erfolg erzielt werden konnte.[22]

Auch wenn der KGB bei Jones in dem Zeitraum, in dem er als Agent betrachtet wurde, ideologische Motive vermutete, stellte Gordiewsky fest, dass er bereitwillig Geschenke annahm, zum Teil Bargeld.[23] MI5-Chef Sir Tony Duff meldete dem Kabinettssekretär im Oktober 1985, dass Jones »von seinem Führungsoffizier [Gordiewsky] auf Anweisungen der KGB-Zentrale im Mai 1984 250 Pfund erhalten habe«. Danach ordnete die Zentrale an, dass man zu Jones, in Anbetracht des fehlenden Zugangs zu vertraulichen Informationen, nur noch im Abstand von sechs Monaten Kontakt aufnehmen solle.[24]

Im Gegensatz zu Jack Jones war der langjährige KGB-Agent und Abgeordnete Bob Edwards außerhalb von Westminster und den Reihen der Linksradikalen so gut wie unbekannt. Er beteiligte sich jedoch eifrig an »aktiven Maßnahmen« (Einflussnahme) der Sowjetunion. Es deutet zwar nichts darauf hin, dass die Maßnahmen eine nennenswerte Wirkung erzielten, aber der KGB schätzte ihn dennoch hoch und verlieh ihm 1980 den Orden der Völkerfreundschaft, die dritthöchste sowjetische Auszeichnung.[25] Die Medaille blieb in seiner Akte in der Zentrale, wurde aber einmal von seinem Führungsoffizier Leonid Saizew zu einem Treffen nach Brüssel mitgenommen. Inzwischen war Saizew zwar Leiter der Verwaltung T (Wissenschaft und Technik) in der Ersten Hauptverwaltung, weil er Edwards in den sechziger Jahren während seiner Zeit an der Londoner Residentur geführt hatte, blieb aber sein Führungsoffizier – teils weil er, wie Gordiewsky vermutete, Edwards als alten Freund betrachtete, teils weil er die Reisen in den Westen als Einsatzoffizier genoss.[26] Bemerkenswerterweise traf der KGB Vorkehrungen, den Kontakt zu Edwards im Fall eines Krieges über Funk und tote Briefkästen aufrecht zu halten.[27] Laut Gordiewsky stützten sich die Berichte der Gruppe PR aus London an die Zentrale größtenteils nicht auf geheime Quellen, sondern auf Pressemeldungen und Gespräche mit Journalisten und Politikern – manche Kontakte erhielten jedoch beträchtliche Summen.[28]

Die Ankunft Gordiewskys in London 1982 und die bemerkenswerte Qualität der von ihm gelieferten Informationen markierten zwar einen der Höhepunkte der britischen Aufklärung im Kalten Krieg, doch in der Öffentlichkeit nahm man eher die sowjetischen Aufklärungserfolge wahr. Im Jahr 1981 enthüllte Chapman Pincher, heimlich unterstützt von dem ehemaligen Mitarbeiter des Security Service Peter Wright, zum ersten Mal, dass gegen Sir Roger Hollis wegen des Vorwurfs der Spionage für die Sowjetunion ermittelt worden sei, und behauptete, die Vorwürfe entsprächen der Wahrheit.[29] Gordiewsky war imstande zu bestätigen, was frühere Ermittlungen des Security Service bereits ergeben hatten: dass die Anklage nämlich Unfug war. Die Zentrale wunderte sich regelrecht, weshalb man jemals gegen Hollis ermittelt hatte und weshalb die erhobenen Vorwürfe, von denen sie genau wusste, dass sie falsch waren, einen so großen Medienwirbel in Großbritannien auslösten.

Igor Titow sagte zu Gordiewsky, nachdem er aus London ausgewiesen worden war: »Die Geschichte ist lächerlich. Da muss irgendeine interne Intrige auf britischer Seite dahinterstecken.«[30] So lächerlich sie war, die Hollis-Story machte in ganz Großbritannien Schlagzeilen auf der Titelseite und wurde von vielen geglaubt.

In einem Bericht des Security Service für Mrs. Thatcher wurde 1982 als »das Jahr des Sicherheitsskandals« bezeichnet.[31] Den größten Schaden richtete der Skandal um Geoffrey Prime an, einen ehemaligen Mitarbeiter im Hauptquartier der Fernmeldeaufklärung (GCHQ), dessen Karriere als Sowjetagent erst ans Licht kam, nachdem er im Sommer 1982 wegen sexuellen Missbrauchs minderjähriger Mädchen verhaftet worden war. Er händigte der Polizei eine Kartei mit 2000 Einträgen von Mädchen aus, deren Telefonnummern oder Fotos er Lokalzeitungen entnommen hatte. Seine Frau sagte den Beamten, er habe auch Spionage betrieben, und überreichte ihnen zwei Plastiktüten, die Einmalchiffren, getippte Anweisungen für das Lesen von Mikropunkten und 26 Umschläge mit Briefen nach Ostberlin enthielten. Bei einer Hausdurchsuchung wurden weitere Spionageutensilien entdeckt. Prime gab schließlich zu, dass er, nachdem er aus dem GCHQ ausgeschieden war und den Kontakt zum KGB im September 1977 abgebrochen hatte, im April 1980 noch einmal kontaktiert worden sei. Da er es bedauert habe, früher »die Russen im Stich gelassen« zu haben, flog er zu einem Treffen mit einem neuen Führungsoffizier nach Wien und nahm eine Reihe von Minox-Filmen und handschriftlichen Notizen aus seinen letzten 16 Monaten im GCHQ mit. Einer Einschätzung des Security Service zufolge »verschaffte ihm [die Spionage] zwar keine Zielstrebigkeit, aber sie gab ihm ein Gefühl von Bedeutung«. Prime blieb zur Befragung mehrere Tage in Wien, meist an Bord eines russischen Kreuzfahrtschiffs, wo er von den anderen Passagieren ferngehalten wurde. (Erst am letzten Abend am Tisch des Kapitäns wurde er als britischer Geschäftsmann vorgestellt.) Er wurde nach seinem Abschied aus dem GCHQ gefragt und ob es möglich sei, wieder einzutreten. Prime erklärte, er würde lieber davon absehen. Obwohl der größte Teil der Filme, die er mitgebracht hatte, nichts geworden war, wie man ihm sagte, bekam er vor der Rückkehr nach England 600 Pfund. Nach einem weiteren Treffen mit einem Führungsoffizier in Westberlin im Oktober 1981 brach der KGB den Kontakt zu ihm ab.[32]

Im November 1982 wurde Prime zu 38 Jahren Gefängnis verurteilt. Im Laufe der nächsten fünf Monate wurde er im Gefängnis Long Lartin 13 Mal von Mitarbeitern von Branch K verhört. Seine Vernehmungsbeamten wunderten sich über manches, was er ihnen erzählte, insbesondere über die nachlässige Art und den Mangel an Verständnis, den seine sowjetischen Führungsoffiziere an den Tag gelegt hatten, im Gegensatz zu der viel größeren Professionalität, die der KGB sonst bei der Führung britischer Agenten bewies. Prime beschrieb zum Beispiel, wie sich der ältere seiner KGB-Offiziere »Mike A« im September 1975 bei einem Treffen im Wiener Park Türkenschanze sichtlich bei den streng geheimen Informationen, die Prime lieferte, langweilte. Während der jüngere »Anatoli« weiter mit Prime sprach, ging »Mike A« weg und fing eine Partie Schach mit einem wildfremden Menschen an.[33] Derartige Vorkommnisse schienen der üblichen KGB-Praxis so sehr zu widersprechen, dass die Vernehmungsbeamten von Branch K Primes Version bereits anzweifelten. Ihre Zweifel wurden jedoch zerstreut, als man erkannte, dass Prime nicht von Offizieren der Ersten Hauptverwaltung geführt worden war, sondern von der Dritten Verwaltung, die von einem Agenten von der Bedeutung Primes überfordert war.

Im Zuge der Verhaftung Primes erstellte der Security Service für den Sicherheitsausschuss eine Studie, die auch an die Premierministerin ging. Darin wurden 43 Fälle britischer Agenten für den Sowjetblock seit 1952 überprüft, die verurteilt worden waren, gestanden hatten oder übergelaufen waren. Die Studie gelangte zu dem Schluss, dass 16 Agenten in erster Linie finanzielle Motive hatten, 14 (darunter Prime[34]) ideologisch motiviert waren und 10 über »emotionale Erpressung« geworben worden waren. Drei sowjetische Agenten (zu denen bemerkenswerterweise auch George Blake zählte) hatten dem Vernehmen nach »sonstige« Motive. Die Mehrzahl der wichtigsten Fälle war jedoch ideologisch motiviert.[35] Diese Kategorisierung der Motive ließ gegenüber der des FBI mit dem englischen Kürzel MICE (für: *money, ideology, compromise, ego*) zu wünschen übrig; die Bestätigung des eigenen Ego, die in der Analyse des Security Service fehlte, war häufig ein wichtiges Nebenmotiv. Die Beispiele reichen von den Glorreichen Fünf bis hin zu den Amerikanern Aldrich Ames und Robert Hanssen. In 16 der 43 Fälle stammte der erste Haupthinweis, der zur Enttarnung geführt hatte, aus Quellen des Security Service, in 11 Fällen von Überläufern, in 8 von verbündeten Diensten und in 8 weiteren von anderen Quellen.[36]

Der bei weitem gefährlichste Spionageabwehrfall für den Security Service in den achtziger Jahren begann am Ostersonntag 1983, als Michael Bettaney, ein trinkender, unzufriedener Mitarbeiter in Abteilung K4 (zuständig für Ermittlungen und Analyse bei sowjetischen Einwohnern Londons), einen Umschlag in den Briefkasten des KGB-Residenten Arkadi Guk steckte. Darin waren die Akten enthalten, die der Security Service für die Ausweisung dreier sowjetischer Geheimdienstoffiziere in den vergangenen Monaten zusammengestellt hatte, mitsamt genauen Angaben zu ihrer Enttarnung. Der Umschlag enthielt darüber hinaus das Angebot, weitere Geheimnisse zu enthüllen, sowie Anweisungen, wie der KGB mit ihm Kontakt aufnehmen sollte. Bettaney gab seine Identität nicht preis, sondern unterzeichnete mit »Koba«, dem einstigen Decknamen Stalins.[37] Zum Glück für den Security Service neigte Arkadi Guk bei seinen Operationen zu Verschwörungstheorien: So behauptete er, dass viele Reklametafeln in der Londoner U-Bahn geheime Beobachtungsposten tarnen würden, von denen aus der MI5 die Bewegungen der KGB-Offiziere und anderer verdächtiger Reisender verfolgte. Nachdem Bettaney dem KGB die Gelegenheit geboten hatte, zum ersten Mal seit einem Vierteljahrhundert einen Mitarbeiter des MI5 oder SIS zu rekrutieren, widerstand Guk mit geradezu heldenhaftem Mut der Versuchung, einem geschenkten Gaul nicht ins Maul zu schauen. Bei seiner übersteigerten Angst vor einer Observierung durch den Security Service fiel es ihm offenbar schwer, zu glauben, dass ein MI5-Mitarbeiter ein Päckchen in seinen Briefkasten stecken konnte, ohne dabei beobachtet zu werden. Deshalb gelangte Guk zu der Annahme, dass Bettaneys Angebot eine Provokation war, um ihm eine Falle zu stellen, und reagierte nicht darauf.[38]

Am 11. April erfuhr der kleine Kreis aus Mitarbeitern des Security Service mit Zugang zu Gordiewskys Informationen, dass Guk über die Rolle des Security Service an der Ausweisung dreier sowjetischer Geheimdienstoffiziere im März Bescheid wusste, auch wenn er Gordiewsky nicht gesagt hatte, wie er an die Informationen gelangt war.[39] Es war nicht sofort klar, dass das Leck innerhalb des

Service zu suchen war, weil der Fall sowohl an das Außen- als auch an das Innenministerium und vermutlich auch an Downing Street weitergeleitet worden war. Als erste Person geriet zu Unrecht ein Vertreter des Außenministeriums in Verdacht, dessen Kontakte zu einem Offizier der Gruppe KR (Spionageabwehr und Sicherheit), der unter diplomatischer Tarnung in der Londoner Residentur tätig war, schon einmal Besorgnis erregt hatte.[40]

Die Richtung der Ermittlungen nahm eine dramatische Wendung, als Gordiewsky am 17. Juni berichtete, dass der KGB-Residentur ein Dokument mit einer Liste der KGB- und GRU-Mitarbeiter in London zugespielt worden war.[41] Das Dokument wurde Gordiewsky von der Schreiberin der Residentur Slawa Mischustin gezeigt, die ihn um Hilfe bei der Übersetzung bat. Sie bemerkte, dass KGB-Offiziere in der Zentrale nie »so präzise Informationen« über das Personal der westlichen Geheimdienststationen in Moskau bekämen: »Das zeigt, dass sie viel bessere Arbeit leisten als wir.«[42] Gordiewsky war imstande, das Dokument so genau zu beschreiben, dass es als eine von etwa 50 Kopien eines Schaubildes der Londoner KGB-Residentur erkannt wurde, das Abteilung K4 erst vor kurzem angefertigt hatte. Die Jagd auf die Quelle der streng geheimen Informationen (Deckname ELMEN) konzentrierte sich fortan auf den Security Service.[43] Weitere wichtige Informationen von Gordiewsky kamen am 21. Juni in einem Bericht mit dem Titel »Ein Vertreter der britischen Spionageabwehr bietet dem KGB seine Dienste an (Anfang April – Mitte Juni 1983)«. Gordiewsky hatte von Guk und dem Chef der Gruppe KR Leonid Nikitenko erfahren, dass die ursprüngliche Information über die Ausweisungen sowjetischer Geheimdienstoffiziere in einem Umschlag angekommen war, den jemand im April in Guks Briefkasten gesteckt hatte. Der Umschlag enthielt das Angebot, weiteres klassifiziertes Material zu liefern sowie die Anregung, über bestimmte Signale und tote Briefkästen den Kontakt fortzuführen. Sowohl Guk als auch Nikitenko hielten die Aktion für eine sorgfältig geplante britische Provokation und hatten (mit Zustimmung der Zentrale) beschlossen, nicht darauf zu reagieren. Zwischen dem 10. und 14. Juni war ein weiteres Päckchen in Guks Briefkasten gesteckt worden, das das Dokument mit der Belegschaft der KGB- und der GRU-Residentur enthielt sowie das neuerliche Angebot, streng geheimes Material zu liefern, und detaillierte Vorschläge für die Kontaktaufnahme. Guk war nach wie vor der Überzeugung, dass die ganze Sache eine raffinierte Verschwörung des Security Service sei.

Am 24. Juni beschloss der Direktor von Branch K, John Deverell, im Einklang mit dem DDG (Cecil Shipp), die Suche nach dem Verräter auf seinen Bereich zu konzentrieren.[44] Die Ermittler der Operation ELMEN wurden aus dem Kreis derjenigen ausgewählt, die mit dem Fall Gordiewsky vertraut waren, mit der einfachen Begründung, dass der Täter wohl kaum unter ihnen zu suchen war, weil Gordiewsky nicht enttarnt worden war. Die Ermittlung wurde von John Deverell geleitet, und die Sitzungen fanden in seinen Büroräumen statt, um nicht die Aufmerksamkeit der übrigen Mitarbeiter zu erregen.

> Der Trakt von [Direktor] K mit einem Konferenzraum, einem Sekretärszimmer und drei Türen zum Flur erwies sich als ein geeigneter, genaugenommen der einzige geeignete Ort, wo regelmäßig ausgiebige Diskussionen stattfinden konnten, und obwohl gegen Ende der Ermittlung wie in einer französischen Schlafzimmerkomödie verstohlen Türen geöffnet und wieder geschlossen wurden ..., fiel niemandem etwas Außergewöhnliches auf.[45]

Am 27. Juni erhielten die Ermittler einen weiteren wichtigen Hinweis von Gordiewsky. Er hatte erfahren, dass der Unbekannte in dem zweiten Brief an Guk die Residentur gebeten hatte, über eine Reihe von Zeichen am 4. (oder auch 6.) Juli zu signalisieren, dass sie nunmehr bereit sei, Kontakt aufzunehmen, etwa durch das Parken von Guks Auto auf einem Platz in der Nähe der sowjetischen Botschaft.[46] Deverell und seine Leute beschlossen einmütig, die Mitarbeiter, die man bereits am stärksten im Verdacht hatte (darunter Bettaney), am 4. Juli bei ihrem Weg zur Arbeit zu observieren. Auf diese Weise würde sich der Verdächtige selbst entlarven, wenn er nachsah, ob die KGB-Residentur eins der im zweiten Brief vorgeschlagenen Signale zeigte. Man ging davon aus, dass die Observierung schwierig sein würde, weil man insbesondere von Bettaney wusste, dass er sehr vorsichtig war. Weil die Abteilung A4, die von dem Fall noch gar nichts wusste, nicht eingesetzt werden konnte, wurde vorgeschlagen, die Observierung selbst mit der Unterstützung der in ELMEN eingeweihten Mitarbeiter des SIS durchzuführen. Gegen eine Hilfe des SIS legte der stellvertretende Generaldirektor jedoch sein Veto ein. Erstaunlicherweise, aber mit der vollen Unterstützung der Mitarbeiter, ignorierte Deverell diese Anordnung (ein Akt des Ungehorsams, für den es kaum Parallelen in der Geschichte des Service gibt).[47]

Am Ende wich am 4. Juli kein einziger Verdächtiger von seinem üblichen Weg zur Arbeit ab. Bettaney machte jedoch zwei Stunden Mittagspause. In der Zeit hätte er durchaus nachsehen können, ob die KGB-Residentur über die vorgeschlagenen Zeichen ihre Bereitschaft zur Kontaktaufnahme signalisiert hatte.[48] Um diese Zeit hielt sich Gordiewsky in Moskau auf und war erst nach seiner Rückkehr am 10. August wieder imstande, neue Hinweise zu liefern.[49] Seit dem 4. Juli war man jedoch wegen Bettaneys seltsamen Verhaltens im Verein mit der Suche nach Akten, die für den KGB von besonderem Interesse waren, zunehmend von seiner Schuld überzeugt. Mitarbeiter K6/7 fiel am 7. Juli auf, dass er sich geradezu manisch für Guk interessierte und im Scherz sagte, der Security Service solle ihn unbedingt anwerben.[50] Am nächsten Tag sagte Bettaney zu K4C/1, dass der KGB, selbst wenn man ihm einen »goldenen Apfel« oder »Pfirsich« von einer Quelle innerhalb des britischen Nachrichtendienstes anböte, diesen ablehnen würde.[51] Der Direktor von Branch K notierte am selben Tag, dass Bettaney merkwürdige Fragen zu einzelnen sowjetischen Geheimdienstoffizieren gestellt und darüber hinaus angefangen hatte, lang und breit darüber zu reden, was Philby, Blake und Prime veranlasst haben mochte, für den KGB zu arbeiten.[52]

Fortan wurde Bettaney mit dem inoffiziellen und abwertenden Decknamen TRAFFIC bezeichnet, nach dem nervtötenden Verkehrslärm, der die nicht klimatisierten Räumlichkeiten an der Gower Street störte, wenn im heißen Sommer von 1983 die Fenster offenstanden. Später erhielt er den offiziellen Decknamen PUCK, aber ein damaliger Mitarbeiter weiß noch: »Die Verbindung zu Shakespeare wurde von allen Mitgliedern des Teams als völlig unangemessen angesehen, und das Wort selbst war einem bekannten angelsächsischen Kraftausdruck zu ähnlich.«[53]

Am 14. Juli lieferte Bettaney einen zwingenden Beweis für seine Schuld, als er Mitarbeiter K4C/1 fragte, wie Guk seiner Meinung nach wohl reagieren würde, wenn ein britischer Geheimdienstmitarbeiter einen Brief unter der Tür seines Hauses hindurchschieben würde.[54] Aber genau wie die anderen bislang zusammengetragenen Indizien bot dies noch lange nicht die Basis für eine erfolgreiche Strafverfolgung.[55] Weder eine Überwachungsvollmacht noch eine heimliche Hausdurchsuchung förderten nennenswerte Beweise gegen ihn zutage.[56] Man hoffte, dass er einen weiteren Versuch unternehmen würde, mit der Londoner Residentur in Kontakt zu treten, um ihn dann auf frischer Tat zu ertappen.[57]

Bettaney hatte inzwischen jedoch die Hoffnung auf Guk aufgegeben.[58] Es häuften sich die Hinweise, dass er die Absicht hatte, stattdessen an die KGB-Residentur in Wien heranzutreten. Ende Juli erwähnte er gegenüber Mitarbeiterin K4/0, dass er überlege, in Österreich Urlaub zu machen, und sprach mit ihr über die Kompetenz der österreichischen Sicherheitsbehörden. Der Generaldirektor entschied, dass man es Bettaney auf keinen Fall erlauben dürfe, ins Ausland zu reisen.[59] Es gab beunruhigende Anzeichen, dass Bettaney immer noch diese Absicht hatte. Eine Durchsuchung seines Schranks in Abteilung K4 ergab, dass er eine Studie der Agentenführung im Ausland durch den KGB angefertigt hatte, darunter befand sich ein Fall (für den sich Bettaney besonders stark interessiert hatte), in dessen Verlauf ein KGB-Offizier während der Operation FOOT aus London ausgewiesen worden war, der sich derzeit in Wien aufhielt.[60]

Ohne ausreichende Beweise für eine Strafverfolgung beschlossen die Ermittler deshalb, auf eine Konfrontation Bettaneys zu setzen, bei der ihm ein Geständnis entlockt werden sollte. Die Planung für die Konfrontation im Konferenzraum des Generaldirektors begann Anfang August unter dem Decknamen COE.[61] Es war von Anfang an klar, dass die Operation COE eine äußerst riskante Strategie war. Der Rechtsberater des Security Service, Bernard Sheldon, warnte, dass man Bettaney nicht zwingen könne, irgendwelche Fragen zu beantworten. Solange Bettaney Mitglied des Geheimdienstes war, konnte man ihm verbieten, das Land zu verlassen. Aber falls er während der Befragung den Dienst quittieren sollte, konnte man ihn nicht daran hindern, das Gebäude zu verlassen.[62] Der stellvertretende Generaldirektor warnte den SIS: »Wir können nicht für den Erfolg garantieren; es ist durchaus möglich, dass sich TRAFFIC am Ende des Tages wieder verabschiedet und tun kann, was er will –

auch überlaufen. Wir können nicht absolut sicher sein, dass wir das verhindern können.«[63]

Während der gesamten Vorbereitungen für die Konfrontation musste weiterhin unbedingt jeder Verdacht unter den Nichteingeweihten im Security Service vermieden werden, der entscheidende Hinweis für die Enttarnung Bettaneys sei von einem Agenten in der Londoner Residentur gekommen. Um Gordiewskys Rolle zu verschleiern, einigten sich der Direktor von Branch K und der SIS Anfang August darauf, einen fiktiven Grund für die Jagd nach dem Verräter in Branch K zu erfinden. Es wurde ein Bericht der Abteilung K6 vom 28. Juni von »einer sehr delikaten und zuverlässigen Quelle eines verbündeten Geheimdienstes« fingiert, in der es hieß: »Anfang 1983 bot eine Person, die sich als Mitarbeiter in der russischen Abteilung der britischen Spionageabwehr ausgab, dem KGB ihre Dienste an. Es ist nicht bekannt, ob das Angebot angenommen wurde.«[64] Der Schutz Gordiewskys wurde für so wichtig erachtet, dass sogar der Sicherheitsausschuss, als er im Fall Bettaney ermittelte, die Information erhielt, der ursprüngliche Hinweis sei »ein Bericht von einer Quelle eines verbündeten Geheimdienstes« (möglicherweise war der Vorsitzende des Ausschusses besser informiert). Selbst Rechtsberater Bernard Sheldon wurde über den Fall Gordiewsky erst zwei Monate nach dessen Seitenwechsel im Juli 1985 informiert.[65]

Die Strategie für Bettaneys Verhör lautete: ihn überrumpeln. Zu der Zeit nahm er an einem Lehrgang des SIS teil und wurde unter dem Vorwand in die Gower Street bestellt, über einen dringenden (aber erfundenen) Fall der Abteilung K3 zu diskutieren.[66] Bettaney ließ sich täuschen. Er war zwar sichtlich überrascht, als er am 15. September eilig in den Konferenzraum des Generaldirektors geführt wurde, blieb aber anfangs ruhig, als der Direktor von Branch K die gegen ihn erhobenen Anklagen darlegte und dabei eine Reihe visueller Hilfsmittel verwendete, die Bettaney zu einem Geständnis bewegen sollten. Als Deverell von einem Angebot sprach, »das man dem [KGB] im Frühjahr dieses Jahres machte«, legte er ein Foto von Guks Eingangstür vor, das man von einem Beobachtungsposten aus aufgenommen hatte. Zweifellos sollte Bettaney den falschen Eindruck erhalten, er sei beobachtet worden, als er die Päckchen durch den Briefschlitz schob.

Nach einer Dreiviertelstunde wurde Bettaney zum ersten Mal

sichtlich nervös, weil ihm das (scheinbare) Gewicht der vorliegenden Beweise allmählich bewusst wurde. Der Wendepunkt in dem Verhör trat ein, als er keine Erklärung dafür geben konnte, dass eine Seite aus seinem Bürotagebuch herausgerissen worden war, auf die er verschlüsselte Telefonnummern für zwei KGB-Offiziere geschrieben hatte. Fünf Minuten später fing Bettaney an, von einem hypothetischen Spion zu sprechen, der möglicherweise das getan habe, was der Direktor von Branch K ihm unterstellte, und der dafür, wie er glaubte, ideologische Motive gehabt habe. Bei der Beantwortung weiterer Fragen sowohl vom Direktor als auch vom DDG fiel er gelegentlich in die erste Person, wenn er von dem hypothetischen Spion sprach. Mit der Aussage, er sei nicht der Meinung, dass es in dessen Interesse sei, ein Geständnis abzulegen, gestand Bettaney implizit seine eigene Schuld. Nach einer Mittagspause, während der er das angebotene Essen ablehnte, räumte er ein, dass er mit Philby und Blake sympathisiere, und nannte sie vertraut beim Vornamen Kim und George. Er kommentierte ferner, er gehe davon aus, dass ein Angebot der Straffreiheit wie im Fall Blunt außer Frage stehe – ein weiteres implizites Schuldgeständnis.[67] Ein implizites Geständnis reichte jedoch nicht aus. Da das gesamte Belastungsmaterial ausschließlich aus Indizien bestand, würde erst ein echtes Geständnis, das er vor der Polizei ablegte oder wiederholte, eine strafrechtliche Verfolgung ermöglichen. Agent K6/7, der das Verhör im Beobachtungsraum verfolgte, erinnerte sich später:

> Wir hatten die sehr reale Angst, dass es Bettaney gelingen würde, uns auszutricksen. Als er anfing, »hypothetisch« über das zu sprechen, was die schuldige Person möglicherweise getan hätte oder auch nicht, da hielt es uns im Beobachtungsraum kaum noch auf den Stühlen. ... Es war die reinste Qual, sich seine Versuche anzuhören, jedes Eingeständnis sorgfältig zu vermeiden, aber gleichzeitig Mutmaßungen über Motive und Aktionen anzustellen, die sich mit dem deckten, was wir wussten, aber nicht als Beweis verwenden konnten.[68]

Am Ende des ersten Tages der Vernehmung erklärte sich Bettaney bereit, die Nacht in einer Wohnung des Geheimdienstes im obersten Geschoss des Hauptquartiers zu verbringen und das Verhör am nächsten Tag fortzusetzen. Beim Betreten der Wohnung überprüfte er als Erstes die Fenster. Sie waren allesamt gesichert, um zu verhindern, dass er durch einen Sprung auf die Gower Street Selbstmord beging. Bettaney verstand sich auf Anhieb mit zweien seiner drei nächtlichen Wärter gut und entwickelte ein besonders harmonisches Verhältnis zu Agent K4A/1, der sich voller Mitgefühl anhörte, was er sagte, und gelegentlich eine listige Frage einwarf, um ihm weitere Geständnisse zu entlocken. Nach dem abgelehnten Mittagessen lehnte Bettaney auch ein Abendessen und nichtalkoholische Getränke ab. Stattdessen verlangte er eine Flasche Whisky, trank den größten Teil davon bis drei Uhr morgens und schlug den Rat seiner Wärter aus, sich ein wenig aufs Ohr zu legen.[69]

Als Bettaney im Lauf der Nacht das Verhör des Vortages laut Revue passieren ließ, erkannten seine Wärter, dass er enorm beeindruckt war von der, wie er sagte, »Batterie der Beweise«, die man gegen ihn vorgebracht hatte.[70] Ihm war überhaupt nicht klar, dass das Beweismaterial, solange er kein Geständnis ablegte, für eine Verurteilung längst nicht ausreichen würde. Im Laufe der Nacht legte er zwar kein förmliches Geständnis ab und zeigte keine Reue, aber er tat nicht länger so, als sei er unschuldig, sondern erzählte den Wärtern, er habe den sowjetischen Geheimdienst warnen wollen, welche Mitarbeiter in Gefahr seien. Er ging dazu über, von den Briten als »ihr« und von den Russen als »wir« zu sprechen. Bettaney gab inoffiziell gegenüber K4A/1 zu, dass er an Guk herangetreten sei, aber keine Antwort erhalten habe.[71]

Bettaney verweigerte jedes Frühstück, bevor das Verhör am Morgen des 16. September fortgesetzt wurde. Nach einer schlaflosen Nacht, einer Flasche Whisky und ohne Mahlzeit seit 24 Stunden war er, wie zu erwarten, schlecht gelaunt und sagte zu K4A/1, er habe nicht die Absicht, ein Geständnis abzulegen. Auf dessen Erwiderung, in der letzten Nacht habe er aber einen anderen Eindruck erweckt, regte sich Bettaney furchtbar auf und fragte, ob er ihm inoffiziell etwas sagen dürfe. Der Direktor von Branch K schritt aber ein und sagte, hier sei jede Aussage offiziell. Irgendwann erklärte Bettaney, vermutlich vor Erschöpfung, er wolle die ganze Angelegenheit rasch hinter sich bringen. Während der Direktor abwesend war und sich mit der Special Branch der Polizei in Verbindung setzte, sagte Bettaney zu K4A/1, ihm sei inzwischen gleichgültig, was er gestehe, und gab die Stellen an, wo er in seinem Haus belastendes Material versteckt hatte, das später in seinem Prozess verwendet wurde. Um 11.42 Uhr erklärte er: »Ich glaube, ich sollte reinen Tisch machen. Sagen Sie dem Direktor von Branch K, dass ich ein Geständnis ablegen möchte.« Kriminalkommissar Westcott von der Special Branch brachte Bettaney danach zur Polizeiwache an der Rochester Row, wo er sein Geständnis zu Protokoll gab und wegen Verstößen gegen das Amtsgeheimnis angeklagt wurde.[72]

Die Motive Bettaneys blieben weitgehend im Dunkeln. Die positiven Anspielungen auf »Kim« und »George« während des Verhörs zeigten, wie stark er sich mit Philby und Blake und ihrer Tätigkeit für den KGB identifizierte. Dabei war er, im Gegensatz zu ihnen, kein überzeugter prosowjetischer Kommunist. »Es gab kein einfaches Motiv«, sagte er zu den Vernehmungsbeamten, »es war ein kumulativer Prozess.« Er schien nicht einmal dem Security Service sonderlich feindselig gesinnt, weil er einmal sagte: »Ich habe den Service in eine verdammt blöde Lage gebracht – das war nicht meine Absicht.«[73] Sogar in der nervenaufreibenden Nacht nach dem ersten Verhör schien er sich aufrichtig über die Gesellschaft der Kollegen zu freuen, ungeachtet der Tatsache, dass er in den vergangenen Monaten versucht hatte, die Operationen des Security Service gegen den KGB zu untergraben.

Die Ermittlung ELMEN war ein bemerkenswerter Erfolg, obwohl sie unter erschwerten Bedingungen durchgeführt wurde. Bettaney legte ein Geständnis ab, obwohl das vorhandene Beweismaterial für eine Verurteilung vor Gericht nicht ausgereicht hätte.[74] Weder er noch irgendein nicht eingeweihtes Mitglied des Security Service hatten den leisesten Verdacht, dass eine Ermittlung im Gange war. Die ganze Belegschaft war überrascht, als Bettaneys Verhaftung in einem Rundschreiben des Generaldirektors vom 16. September bekannt gegeben wurde.[75] Und es hegte erst recht niemand den Verdacht, dass seine Enttarnung die Folge von Hinweisen war, die von einem Agenten in der Londoner Residentur kamen.

Sir Robert Armstrong, der Kabinettssekretär, rief am 16. September 1983 den Generaldirektor Sir John Jones an, um die Glückwünsche der Premierministerin zu dem geschickten Krisenmanagement weiterzuleiten. »Sie war sehr erfreut, dass Bettaney enttarnt und gestoppt worden war.«[76] Im Kabinett wusste außer dem Außen- und

Innenminister nur Mrs Thatcher, dass Bettaney dank der von Oleg Gordiewsky gelieferten Informationen entdeckt worden war. Der Generaldirektor schrieb einen offiziellen Dankesbrief an Gordiewsky, der ihm von seinem SIS-Führungsoffizier gezeigt wurde. Die Ermittler ließen ihm ebenfalls ein persönliches Dankesschreiben zukommen, in dem sie ihm mitteilten, »wie sehr sie ihn schätzen«. Gordiewsky antwortete mit ebenso herzlichen Glückwünschen zum Erfolg der Ermittlung. Er sagte, dass er bereits von dem Tag träume, an dem er imstande sein werde, die Mitarbeiter des Security Service persönlich kennenzulernen und mit ihnen zu reden:

> Ich weiß nicht, ob dieser Tag jemals kommen wird – vielleicht nicht. Dennoch möchte ich, dass dieser Gedanke irgendwo dokumentiert wird: dass ich meine Überzeugung nachdrücklich unterstrichen habe, dass sie die wahren Verteidiger der Demokratie im unmittelbarsten Sinn des Wortes sind. Deshalb ist es für mich selbstverständlich, ihnen jede Hilfe und Unterstützung zu leisten, die in meiner Macht steht.[77]

Der Kontrast zwischen Gordiewskys spontaner Herzlichkeit und der Steifheit des Generaldirektors stieß allen Ermittlern auf. Wie einer von ihnen sich später erinnerte: »John Jones, nicht gerade der leutseligste DG, rief das Team zum Abschluss des Falls zu einem Drink zu sich. Wenn man bedenkt, wie eng das Team unter der DG- und DDG-Ebene zusammengearbeitet hatte, war das ein merkwürdig steifer, trauriger, ernüchternder Moment für uns alle. Das Ganze wirkte ziemlich aufgesetzt.«[78]

Bettaneys Verhaftung fiel in jene Phase, als sich der Kalte Krieg dem wohl gefährlichsten Moment seit der Kubakrise von 1962 näherte. Während Operation RJAN auf vollen Touren lief, schickte Gordiewsky Informationen, die die geradezu paranoide Stimmung, die in der Zentrale herrschte, dokumentierten. Der einzige Lichtblick, zumindest aus Sicht des Security Service, war der Hinweis, dass die Londoner Residentur derzeit von einer ergiebigeren Spionagetätigkeit abgehalten wurde, weil sie zeitraubenden und gelegentlich absurden Verpflichtungen nachkommen musste und nach nichtexistenten Beweisen für Vorbereitungen von USA und NATO zu einem nuklearen Erstschlag suchte. Zu den 20 »Aufgaben«, die der Residentur am 17. Februar 1983 auferlegt wurden, um mutmaßliche britische Vorbereitungen für ein thermonukleares Armageddon zu erkennen, zählten etwa regelmäßige Zählungen der nachts beleuchteten Fenster und geparkten Autos an offiziellen Gebäuden und die Überprüfung des Zustands der Bombenbunker. Die Anforderungen der Zentrale zeichneten sich ebenso durch ihre Ignoranz wie Paranoia aus. »Unmittelbare Aufgabe« Nummer drei wies die Residentur an:

> Ein wichtiges Indiz dafür, dass die Vorbereitungen zu RJAN beginnen, könnten verstärkte Ankäufe von Blut und ein Anstieg der dafür gezahlten Preise sein ... In diesem Kontext ermitteln Sie die Adressen der mehreren tausend Blutspendezentralen und die Preise für gespendetes Blut und notieren Sie sämtliche Veränderungen. Zeitraum: 2. Quartal [bis 30. Juni 1983]. Falls ein überraschend starker Anstieg in der Zahl der stationären und mobilen Blutspendezentralen und der gezahlten Preise zu beobachten ist, sofort der Zentrale melden.

Der Zentrale war gar nicht in den Sinn gekommen, dass Blutspender in Großbritannien keinen Penny dafür erhielten, und die Residentur wollte keine Unannehmlichkeiten verursachen, indem sie auf diese Unkenntnis hinwies. Beinahe ebenso absurd war die Anregung der Zentrale, sich von hohen Geistlichen und internationalen Bankiers Hinweise auf einen bevorstehenden nuklearen Erstschlag zu erhoffen.[79]

Am 28. September gab der schwerkranke sowjetische Parteichef Juri Andropow vom Krankenbett aus eine scharfe Verurteilung der US- und NATO-Politik ab, und zwar in einer apokalyptischen Sprache, wie man sie seit den finstersten Tiefen des Kalten Krieges nicht mehr gehört hatte: »Die Regierung Reagan geht in ihren imperialen Bestrebungen so weit, dass einem allmählich Zweifel kommen, ob Washington überhaupt noch Hemmungen hat, die es daran hindern können, jene Grenze zu überschreiten, vor der jeder besonnene Mensch Halt machen muss.« Der KGB richtete sich ganz nach Andropow. Die Paranoia der Zentrale erreichte ihren Höhepunkt, als die NATO vom 2. bis 11. November die Kommandostand-Übung ABLE ARCHER 83 durchführte, um das Vorgehen im Fall einer Freisetzung atomarer Strahlung zu üben. Die Zentrale fürchtete, das Manöver könne als Deckmantel für den Beginn des Countdowns zu einem realen Erstschlag dienen. Gordiewsky leitete ein Telegramm von der Zentrale an die Londoner Residentur vom 5. November an seinen SIS-Führungsoffizier weiter, der anschließend den MI5 informierte. In dem Telegramm warnte die Zentrale ausdrücklich, sobald die vorläufige Entscheidung zu einem Erstschlag gefallen sei, würden vermutlich innerhalb von einer Woche bis zehn Tagen die ersten Atomraketen gestartet werden. In diesem Zeitraum würden sich »die Vorbereitungen für den Überraschungsangriff notwendigerweise in den Arbeitsgewohnheiten der [britischen] Beteiligten niederschlagen«, insbesondere an Einrichtungen, die für Verteidigung und Sicherheit zuständig waren. Guk wurde deshalb angewiesen, besonders auf »ungewöhnliche Aktivität am Wohnsitz der Premierministerin in Downing Street 10« zu achten, »wo eifrige Konsultationen stattfinden werden, ohne die Presse zu informieren«.[80] Sir Geoffrey Howe schrieb später, Gordiewsky habe »jegliche Zweifel an der ungewöhnlichen, aber echten Angst der Russen vor einem realen Atomschlag zerstreut«.[81]

Laut Gordiewsky sah sich Guk in seinem Jahresbericht über die Arbeit der Londoner Residentur am Ende des Jahres 1983 gezwungen, »Unzulänglichkeiten« bei der Beschaffung von (nicht existierenden) Informationen einzugestehen, welche die Zentrale über »spezifische US- und NATO-Pläne für die Vorbereitung eines atomaren Überraschungsangriffs gegen die UdSSR« angefordert hatte. In den ersten Monaten des Jahres 1984 hellte sich die düstere Stimmung in Moskau jedoch allmählich auf, nicht zuletzt als Folge des Todes von Andropow am 9. Februar und beruhigender Signale aus London und Washington (vor allem im Falle Großbritanniens veranlasst durch das Wissen um die Ängste, die ABLE ARCHER ausgelöst hatte). Andropows Nachfolger und einstiger Rivale Konstantin Tschernenko war seinerseits bereits altersschwach und hatte nur noch ein Jahr zu leben, aber er hatte keine so krankhafte Angst vor einem westlichen Überraschungsschlag wie Andropow in den letzten Monaten vor seinem Tod. Ein minimales Nachlassen der Ost-West-Spannung war bereits bei Andropows Begräbnis zu spüren, an dem Mrs Thatcher und andere westliche Würdenträger teilnahmen. Der sowjetische Botschafter in London Viktor Popow sagte bei einer Versammlung der Botschafts- und Residenturbelegschaft, dass sich die Premierministerin große Mühe gegeben habe, ihre Gastgeber zu bezaubern. Im März hielt Nikolai Wladimirowitsch Schischlin, ein hoher außenpolitischer Experte im Zentralkomitee (und später Berater von Michail Gorbatschow), eine Ansprache an die Mitarbeiter der Londoner Botschaft und KGB-Residentur zu aktuellen internationalen Problemen. Gordiewsky berichtete seinem Führungsoffizier, dass Schischlin mit keinem Wort die angebliche Gefahr eines überraschenden Atomschlags erwähnte, die in den vergangenen drei Jahren die Residentur vor allem umgetrieben hatte. Es dauerte jedoch noch einige Zeit, bis der bürokratische Apparat die Operation RJAN ausklingen ließ. Als die Londoner Residentur im Frühsommer 1984 es versäumte, die sinnlosen 14-täglichen RJAN-Berichte abzuschicken, wurde sie von der Zentrale heftig gerügt und »dringend« ersucht, »sich an die entsprechende Direktive zu halten«.[82]

Bettaneys Verurteilung im April 1984 zu 23 Jahren Gefängnis, gefolgt von einem Bericht des Sicherheitsausschusses, bescherte sowohl dem Security Service als auch dem KGB Unannehmlichkeiten. Wegen der Enthüllung, dass der Service einen Verräter in seiner Mitte herangezogen und seine Trinkgewohnheiten toleriert hatte, musste er den Spott der Medien über sich ergehen lassen. Arkadi Guk bekam als stümperhafter KGB-Resident eine wenigstens ebenso unfreundliche Publicity. Der Generalstaatsanwalt Sir Michael Havers sagte der Jury, dass Bettaney an Guk geschrieben habe, falls sein Angebot, für den KGB zu arbeiten, akzeptiert werde, so werde er »in der Herrentoilette im Erdgeschoss des Kinos Academy One in der Oxford Street einen Behälter finden, der mit Klebeband unter dem Deckel des Spülkastens befestigt ist und belichtete Filme von klassifizierten Dokumenten enthält«.[83] Es wurde öffentlich bekannt, dass Guk die erste Gelegenheit des KGB seit dem Zweiten Weltkrieg abgelehnt hatte, einen Maulwurf innerhalb des Security Service anzuwerben.

Ungeachtet der Tatsache, dass Bettaneys Angebot abgelehnt worden war, plädierten sowohl der Security Service als auch der SIS vehement dafür, die negative Publicity für Guk als KGB-Resident zum Vorwand zu nehmen, um ihn zur *persona non grata* zu erklären – insgeheim in der Hoffnung, Gordiewskys Aufstieg zu fördern. Mit der Rückendeckung des Service bat Sir Christopher Curwen (genannt »C«) Sir Robert Armstrong um Unterstützung bei dem Versuch, Mrs. Thatcher für die, wie er meinte, einzigartige Gelegenheit, den Residenten loszuwerden, zu gewinnen, »denn Guk hat immer sorgfältig darauf geachtet, sich nicht direkt an der Agentenführung des KGB zu beteiligen, und dürfte in der Zukunft noch vorsichtiger sein« – dann würde es schwerfallen, ihm eine aktive Beteiligung an der Spionagetätigkeit nachzuweisen.[84] Gordiewsky war der Meinung, dass der derzeitige stellvertretende Resident Leonid Nikitenko, der Chef der Gruppe KR, der nach Guks Ausweisung vermutlich geschäftsführend die Leitung übernehmen würde, größeres Vertrauen zu Gordiewsky haben könnte – und dass sich seine Aussichten, selbst Resident zu werden, verbessern würden.[85] Im Gegensatz zu einigen Vertretern des Außenministeriums sprach sich Sir Julian Bullard, der Vizestaatssekretär und politische Direktor, vehement dafür aus, die Gelegenheit beim Schopf zu packen: »Hier geht es um sehr viel; um nicht weniger als die Chance, Zugang zu allen, oder so gut wie allen, KGB-Operationen gegen dieses Land zu erhalten. Eine so hohe Belohnung ist es meiner Meinung nach wert, den Preis zu zahlen, unseren eigenen PSO [Sicherheitsbeamten des Postens] in Moskau zu opfern …«[86] Sir Robert Armstrong teilte dem Ständigen Staatssekretär im Außenministerium Sir Antony Acland mit, dass die Premierministerin »dankbar wäre, wenn das Außenministerium, in Rücksprache mit dem Security Service, die unverzügliche Ausweisung von Mr. Guk als dringende Angelegenheit betrachten würde«.[87] Die sowjetische Botschaft wurde am 14. Mai informiert, dass Guk des Landes verwiesen wurde. Wie Bullard angenommen hatte, rächte sich Moskau mit der Ausweisung des britischen PSO.[88] Bei Guks Abschiedsfeier vor der Rückkehr nach Moskau wurde Gordiewsky aufgefordert, eine kleine Ansprache zu halten. »Offenbar habe ich«, erinnerte er sich später, »eine Spur zu dick aufgetragen und klang ein ganz klein wenig unaufrichtig, weil Guk spontan nur sagte: ›Sie haben viel vom Botschafter gelernt.‹ In der Kunst, unaufrichtige Reden zu schwingen, war Popow der unumstrittene Meister.«[89] Wie Gordiewsky angenommen hatte, gewährte ihm Nikitenko als geschäftsführender Resident fast sofort erweiterten Zugang zu Akten der Residentur und fragte ihn regelmäßig um Rat. Bei Nikitenkos Abwesenheit aus London übernahm er dessen Funktion.[90]

Wohl kein britischer Premierminister hat jemals den Fall eines britischen Agenten mit so großer persönlicher Anteilnahme verfolgt wie Margaret Thatcher den Gordiewskys. Im Oktober 1984 äußerte sie sich besorgt über die Belastung, der er nach zehn Jahren Tätigkeit als britischer Agent mit Sicherheit ausgesetzt sei, schlug vor, dass er »jederzeit springen« könne, und wollte Garantien haben, dass man sich um ihn und seine Familie gut kümmern werde, wenn er beschloss überzulaufen. Die Premierministerin betonte ausdrücklich ihre Besorgnis um ihn als Mensch – nicht nur als »Legehenne von Informationseiern«.[91] Gordiewsky brachte seinen innigen Dank zum Ausdruck, als sein Führungsoffizier ihm von der Besorgnis der Premierministerin berichtete.[92] Die Einblicke in die sowjetische Politik, die Gordiewskys Material geliefert hatten, waren im Dezember 1984 Margaret Thatcher außerordentlich hilfreich. Der designierte Nachfolger des kränklichen Tschernenko, Michail Gorbatschow, kam als Chef einer Delegation des Obersten Sowjets nach Großbritannien – ein Besuch, der sich als Wendepunkt in den britisch-sowjetischen Beziehungen erweisen sollte. Um Gordiewsky zu helfen, während des Besuchs Briefings zu schreiben, die sowohl Gorbatschow als auch die Zentrale beeindrucken würden, zeigte sein Führungsoffizier ihm das Briefing, das das Außenministerium für Sir Geoffrey Howe vorbereitet hatte. Gordiewsky erinnerte sich später:

> Wir wussten, dass Gorbatschow das, was wir schrieben, sehr aufmerksam las, weil er eines Morgens, nachdem wir einen schmeichelhaften Absatz über seine Frau Raissa eingefügt hatten, der beschrieb, wie sehr die [britische] Bevölkerung sie bewundert hatte, seine erste und einzige Korrektur vornahm. Er strich fünf Zeilen durch, so dass nur zwei Zeilen mit einer bescheidenen, sachlichen Würdigung übrig blieben, und fügte eine Notiz ein: »Es ist sehr gefährlich, die Frauen anderer Mitglieder eifersüchtig zu machen.«[93]

Mit Gorbatschows Besuch begann ein langsames Tauwetter in der Eiszeit der britisch-sowjetischen Beziehungen der ersten Thatcher-Jahre. »Sein Charakter«, erinnerte Margaret Thatcher sich später, »hatte mit dem des durchschnittlichen sowjetischen Apparatschik nichts gemein.«[94] »Ich mag Mr. Gorbatschow«, sagte sie der Presse.

»Ich glaube, wir könnten zusammen ins Geschäft kommen!« Die Premierministerin dürfte nicht zuletzt das Wissen beruhigt haben, dass die sachkundigsten politischen Unterweisungen, die Gorbatschow während seines Besuchs erhielt, von einem überzeugten, altgedienten britischen Agenten im KGB stammten.

Gordiewskys Briefings beeindruckten zweifellos die Zentrale ebenso sehr wie Gorbatschow und beeinflussten so gut wie sicher die Entscheidung der Dritten Abteilung der Ersten Hauptverwaltung im Januar 1985, seine Ernennung zum Nachfolger von Guk zu empfehlen.[95] Von dem Direktor von Branch K in Betracht gezogene Pläne, den geschäftsführenden Residenten Nikitenko ebenfalls zur *persona non grata* zu erklären, um den Weg für Gordiewskys Beförderung frei zu machen, wurden aufgegeben, weil sie als unnötig und möglicherweise kontraproduktiv eingestuft wurden.[96] Am 28. April wurde Gordiewsky trotz der Versuche Nikitenkos, seinen eigenen Anspruch auf die Nachfolge Guks durchzusetzen, offiziell zum designierten Residenten erklärt.[97] Aus welchen Gründen die Zentrale beinahe gleichzeitig erkannte, dass Gordiewsky ein britischer Agent war, ist noch nicht völlig geklärt. Aldrich Ames, ein sowjetischer Agent in der CIA, verriet zwar Gordiewsky an seinen Führungsoffizier in Washington, aber Gordiewsky glaubt, dass der ursprüngliche Hinweis von einer anderen, bislang unbekannten Quelle außerhalb der britischen Geheimdienstgemeinde stammen könnte. Am 16. Mai 1985 wurde er nach Moskau zurückgerufen. Als Vorwand wurden Briefings auf höchster Ebene und die offizielle Bestätigung als Resident angegeben, aber in Wirklichkeit sollte er einem Verhör unterzogen werden mit dem Ziel, von ihm ein Geständnis zu erhalten, dass er ein langjähriger britischer Agent sei. In seiner letzten Operation für den KGB am 18. Mai, am Vorabend der Abreise aus London, hinterlegte er in einem großen Ziegel versteckt 8000 Pfund für einen Illegalen mit dem Decknamen DARIO. Den Ziegel deponierte er am Grasrand in der Nähe des Kinderspielplatzes Coram's Fields in Bloomsbury.[98] DARIO wurde von einer Mitarbeiterin in Branch K mit einer in einem Kinderwagen versteckten Kamera fotografiert, als er den Ziegel aufhob. Eine Woche später, unmittelbar nach Gordiewskys Verhör in Moskau, rief die Zentrale – zum ersten Mal in der Geschichte des KGB – alle ihre (offensichtlich hinter den Erwartungen zurückbleibenden) Illegalen aus Großbritannien ab, weil sie erkannte, dass sie kompromittiert worden waren.[99]

Obwohl Gordiewsky von KGB-Ermittlern nach der Ankunft in Moskau unter Drogen gesetzt wurde, um seine Abwehrkräfte zu schwächen, legte er kein Geständnis ab und erhielt die Erlaubnis, in Urlaub zu fahren. Zweifellos hoffte der KGB, man werde Gordiewsky auf frischer Tat bei der Kontaktaufnahme zum britischen Geheimdienst ertappen. Bemerkenswerterweise gelang es ihm jedoch, die Verfolger des KGB abzuschütteln und mithilfe des SIS über die finnische Grenze zu flüchten.[100] Am 22. Juli kam Gordiewsky in Heathrow an und wurde von einem Empfangskomitee mit Sekt empfangen, dem John Deverell angehörte – »ein Mann von außergewöhnlicher Intelligenz und Charme, der ein treuer Freund und Verbündeter wurde«, wie Gordiewsky sich erinnert.[101] Die nächsten fünf Tage verbrachte er in einem sicheren Haus des Security Service in den Midlands, wo »C« ihn besuchte und Deverell und sein SIS-Führungsoffizier ihn nach den zwei Monaten in Russland befragten. Am 27. Juli zog Gordiewsky in ein Schulungszentrum des Geheimdienstes um, wo eine zweimonatige Marathonbefragung begann. Anschließend gelangte der Security Service zu der Einschätzung: »[Gordiewskys] Engagement für seine Arbeit mit dem SIS und dem Security Service schwankten niemals. Er bearbeitete geduldig und gründlich detaillierte Fragen zu einer Zeit außerordentlicher Anspannung und Befürchtungen. Seine Urteilsfähigkeit und sein analytischer Verstand schienen unbeschadet.«[102] Gordiewskys Flucht, die wohl bemerkenswerteste des Kalten Krieges, war so außergewöhnlich, dass der Generaldirektor Sir Tony Duff es für angebracht hielt, dem Kabinettssekretär Sir Robert Armstrong ein Memorandum zu schicken, um Andeutungen einer kleinen Zahl von Skeptikern in Whitehall entgegenzutreten, Gordiewsky sei in Moskau womöglich zu einem Doppelagenten umgedreht und anschließend absichtlich nach Großbritannien zurückgeschickt worden.[103]

Später wurde festgestellt, dass der KGB mehrere Wochen nach Gordiewskys Flucht immer noch keine Ahnung hatte, was aus ihm geworden war. Man vermutete, er habe womöglich Selbstmord begangen. Am 15. August wurde Moskau offiziell über Gordiewskys Seitenwechsel informiert, allerdings ohne eine öffentliche Verlautbarung, weil man hoffte, Verhandlungen über die Ausreise seiner

Frau und zwei kleinen Töchter zu beginnen. Gemäß der üblichen Praxis bei Überläufern war der KGB jedoch entschlossen, Gordiewskys Familie nicht aus dem Land zu lassen.[104] Folglich liefen die Vorbereitungen für die Operation EMBASE an, die öffentliche Ankündigung des Seitenwechsels und die Ausweisung der KGB- und GRU-Offiziere in London, die Gordiewsky identifiziert hatte.[105] Margaret Thatcher wünschte ausdrücklich, dass die Presseerklärung »kein Blatt vor den Mund« nahm.[106] Am 12. September 1985, dem Tag, an dem die Meldung von Gordiewsys Seitenwechsel bekannt gegeben (die geglückte Flucht aus Russland allerdings vorerst verschwiegen) wurde, wurden 25 sowjetische Geheimdienstoffiziere ausgewiesen.[107] Als die Russen mit der Ausweisung von 25 Briten aus Moskau antworteten (keineswegs ausnahmslos Geheimdienstmitarbeiter), schlug Sir Robert Armstrong vier weitere Ausweisungen aus London vor. Mrs. Thatcher hielt das nicht für »eine angemessene Antwort« und erhöhte die Zahl auf sechs, wiederum zog Moskau nach.[108]

Die erste augenscheinliche Sichtung eines sowjetischen Illegalen in Großbritannien nach dem Rückruf im Mai 1985 ereignete sich am 19. April 1986, als ein Mitglied der sowjetischen Handelsdelegation, das im Verdacht stand (vermutlich zu Unrecht, wie man später feststellte), für die GRU zu arbeiten, nach Hampstead Heath verfolgt und dabei beobachtet wurde, dass es sich »in einer allgemein verdächtigen Art« verhielt, bevor es das Gasthaus Old Bull and Bush betrat. Eine halbe Stunde danach tauchte ein zweiter Mann auf und suchte einen Bereich am Boden ab, bevor er ebenfalls das Gasthaus betrat. Der zweite Mann wurde anschließend bis an seine Adresse in Friern Barnet im Norden von London verfolgt und als 40-jähriger niederländischer Staatsbürger namens Erwin Van Haarlem identifiziert. Anfangs vermutete man in Van Haarlem einen Agenten der »legalen« GRU-Residentur. Im Laufe der Ermittlungen stellte sich jedoch heraus, dass er ein unbekannter Illegaler war, der die Identität des echten Erwin Van Haarlem angenommen hatte, eines illegitimen Kriegskindes einer holländischen Mutter und eines deutschen Soldaten, der bei den Kämpfen in Frankreich gefallen war. Im Oktober 1985, nach zehn Jahren Arbeit für die Hotelgruppe Hilton, war er selbstständiger Kunsthändler geworden. Das war jedoch lediglich ein Tarnberuf, der ihm sehr wenig Einnahmen einbrachte.

Van Haarlem zahlte Steuern für Verkäufe, die er gar nicht getätigt hatte, um die Tarnung aufrecht zu halten.[109]

Seine Hauptaufklärungsarbeit als Illegaler bestand darin, britische Unterstützergruppen der jüdischen *otkasniki*, auch *refuseniki* genannt, in der Sowjetunion zu infiltrieren, denen die Ausreise nach Israel verweigert worden war. Bei einem Besuch in Russland mit einer Unterstützergruppe beeindruckte er seine Kollegen durch den Wagemut, mit dem er den KGB und die Ungerechtigkeiten des sowjetischen Systems anprangerte. Da der KGB die westliche Unterstützung für jüdische Dissidenten in der Sowjetunion bekanntlich geradezu manisch überwachte, erhärtete sich der Verdacht, Van Haarlem sei ein Illegaler (vermutlich Tscheche, nicht Holländer), der für die Russen arbeite.[110] Branch K gelangte später zu dem Schluss, dass die tschechische Staatssicherheit zwar sämtliche Berichte Van Haarlems an die sowjetischen »Freunde« weiterleitete, er selbst aber »keinen direkten Kontakt zum KGB hatte«.[111] Bei einer Razzia in Van Haarlems Wohnung am Morgen des 2. April 1988 überraschte die Special Branch ihn dabei, wie er noch im Pyjama in der Küche saß und über einen Kopfhörer eine verschlüsselte Botschaft aus Prag empfing. Als die Polizei eindrang, sprang er völlig überrumpelt auf, kippte den Stuhl um und ließ den Kopfhörer fallen, aus dem die Polizeibeamten deutlich Morsezeichen vernahmen. Der konsternierte Van Haarlem machte keinen Versuch, den Anschein der niederländischen Nationalität zu wahren, gab zu, dass er Tscheche sei, und bat darum, die tschechische Botschaft zu informieren. Dann holte er aus einer Schlafzimmerschublade ein Stück Seife, das Einmalchiffren für den Funkverkehr enthielt.[112]

Der Fall Van Haarlem hatte den letzten großen Spionageprozess der Thatcher-Ära zur Folge und den ersten eines Illegalen seit Gordon Lonsdale im Jahr 1961. Bei seinem Prozess im Februar und März 1989 war »Miss J« (Stella Rimington) die Hauptzeugin des Security Service, die von dem Richter als »eine sehr hohe und erfahrene Persönlichkeit, die mit Aufklärung zu tun hat«, bezeichnet wurde. Sie erläuterte vor Gericht die Rolle der Illegalen.[113] Es war immer noch die Ausnahme, dass Geheimdienstmitarbeiter vor Gericht aussagten; und Rimington selbst empfand es als merkwürdiges Erlebnis. Um ihre Identität zu schützen, wurde ihr gestattet, eine, wie es hieß, »leichte Verkleidung« zu tragen: eine lockige Perücke, ein Make-up, das sie um zehn Jahre älter aussehen ließ, und eine Kleidung, die ihrer üblichen überhaupt nicht glich. (Als sie den Richter wenige Monate später bei einer Dinnerparty traf, erkannte er sie nicht.[114]) Rimington sagte den Geschworenen, es sei eher unwahrscheinlich, dass Van Haarlem nur deshalb in London stationiert worden sei, um über Unterstützergruppen für *otkasniki* zu berichten. Er war ein »Schläfer«, der für Aufklärungsarbeit an vorderster Front im Fall eines Krieges oder einer Ost-West-Krise gedacht war, wenn die legalen Residenturen nicht länger wie üblich arbeiten konnten. Das Geschworenengericht sprach Van Haarlem schon nach einer Dreiviertelstunde der Vorbereitung einer Spionagetätigkeit schuldig. Er wurde zu zehn Jahren Gefängnis verurteilt.[115] Van Haarlem hatte keine Ahnung, wie man ihn aufgespürt hatte. Ein Mitarbeiter des Security Service, der ihn im Gefängnis vernahm, berichtete, dass er »eine große Ignoranz der Methoden des Security Service bewies und Anzeichen von Paranoia an den Tag legte«. Van Haarlem behauptete, er habe durchaus gemerkt, dass sich jemand an seinem Fernseher »zu schaffen« gemacht habe, dass er häufig von einem silbernen Mercedes verfolgt worden sei und dass Mitarbeiter des Service »recht oft in seiner Wohnung ein und aus gegangen wären«. Er irrte sich in allen Punkten.[116] Der echte Name Van Haarlems lautete Václav Jelínek.[117]

Am 17. Mai 1988, fast drei Jahre nach Gordiewskys Ausschleusung, berichtete der Direktor von Branch K im höchsten Führungsorgan, dem Management Board (ihm gehörten der Generaldirektor, sein Stellvertreter, die Direktoren der Branches und der Rechtsberater an), dass der Security Service die Befragung von Gordiewsky endlich abgeschlossen habe: »Es war die längste und umfassendste Nachbesprechung, die der Service jemals durchgeführt hat: Mehr als 1300 konkrete Briefings von Abteilungen wurden beantwortet und 2500 Berichte innerhalb des Service verschickt.«[118] Mrs. Thatcher maß den Einschätzungen Gordiewskys zur sowjetischen Politik weiterhin große Bedeutung bei. Sir Geoffrey Howe nannte ihn später »eine Geheimwaffe in unserem Streben nach besseren Ost-West-Beziehungen«: »Seine unschätzbaren (nicht zuletzt, weil sie so regelmäßig eingingen) Kommentare zur Denkweise im Kreml ... spielten eine wichtige Rolle bei der Formulierung unserer eigenen Strategie.«[119]

Kurzfristig »lähmte«, so vermutete man, die Ausweisung von 31 Geheimdienstoffizieren im September 1985, auch wenn sie nicht ganz so dramatisch wie die Operation FOOT im Jahr 1971 war, vorübergehend insbesondere die KGB-Residentur. Auch die Londoner Residenturen des übrigen Sowjetblocks sahen sich veranlasst, »sich eine Zeitlang ruhig zu verhalten«.[120] Branch K erkannte jedoch, dass es selbst mit Gordiewskys »unschätzbarer Hilfe« bei der Identifizierung der Geheimdienstagenten nur eine Frage der Zeit war, bis sich die Aktivitäten der KGB- und GRU-Residenturen wiederum dem Niveau vor den Ausweisungen annähern würden. Im Juni 1988 meldete sie: »Der KGB hat mittlerweile wieder die Hälfte der Stärke vor der Ausweisung erreicht. Beide Residenturen sind inzwischen wieder lebensfähige Aufklärungseinheiten und werden immer aktiver. Während wir sie weiterhin so gut wie möglich eindämmen, müssen wir inzwischen auch zu Operationen übergehen, um ihre Tätigkeit zu stören.«

In den achtziger Jahren hatte die Gruppe X (wissenschaftliche und technische Aufklärung) in der Londoner KGB-Residentur größere Erfolge als die Gruppe PR (politische Aufklärung).[121] Als letzter großer Erfolg der Residentur in der Thatcher-Ära gelang es, im Herbst 1990 die Führung des Elektronikingenieurs Michael John Smith wiederaufzunehmen, der bislang vom Security Service noch nicht enttarnt worden war.[122] Wissenschaft und Technik war außerdem ein Feld, wo die Nachrichtendienste des Sowjetblocks der Moskauer Zentrale besonders wertvolle Hilfe leisteten.[123] Im Jahr 1980, möglicherweise einem Ausnahmejahr, kam knapp über die Hälfte der vom KGB beschafften wissenschaftlichen Informationen von den Nachrichtendiensten des Sowjetblocks, in erster Linie vom ostdeutschen und tschechoslowakischen.[124] Nur ein Jahrzehnt später, mit dem Zusammenbruch des Sowjetblocks, verlor der KGB jedoch alle wichtigen europäischen Hauptbündnispartner. Im Jahr 1990 leiteten einige sehr eng verbündete Geheimdienste der Sowjetunion bereits eine Kooperation mit westlichen Behörden in die Wege. Der Illegale Václav Jelínek alias »Erwin Van Haarlem«, der sich zuvor geweigert hatte, vor dem Security Service auszusagen, erhielt von dem postkommunistischen tschechischen Nachrichtendienst den ausdrücklichen Befehl dazu.[125]

In der Endphase des Kalten Krieges war es vermutlich schwieriger, die chinesische Spionagetätigkeit in Großbritannien zu überwachen als die KGB-Operationen. Der Security Service berichtete 1988:

> Mit rund 500 [Mitarbeitern] stellen [die Chinesen] die größte offizielle Vertretung in London. Es gibt mehr als 2000 Studenten an gut 300 Einrichtungen und Colleges; und die Zahl der Delegationen, die Großbritannien besuchen, geht in die Tausende. Beide chinesische Nachrichtendienste verfügen über beträchtliche Ressourcen, und beide sind hier mit Mitarbeitern und kooptierten Helfern vertreten, die innerhalb und außerhalb der diplomatischen Gemeinde tätig sind. Aus diesem Grund können wir nicht den Anspruch auf eine auch nur annähernd zufriedenstellende Berichterstattung erheben.[126]

Laut chinesischen Überläufern war Ende der achtziger Jahre ein dramatischer Anstieg in Pekings wissenschaftlicher und technischer Aufklärungsarbeit zu verzeichnen. Im Jahr 1986 stufte Peking Großbritannien noch als viertwichtigste Quelle ein. Zwei Jahre später wurde die S&T-Einheit an der Londoner Botschaft als »die produktivste nach der Anzahl der Berichte« auf der ganzen Welt gewertet.[127] Eine 1987 vom Kabinettsbüro einberufene interministerielle Arbeitsgruppe gelangte nach der Prüfung detaillierten Materials aus den Abteilungen K6 und K8 zu dem Schluss, dass Betriebe auf der Liste X ein mangelndes Bewusstsein von dem »Gewicht und der Intensität chinesischer Aufklärungsbemühungen im Vereinigten Königreich« aufwiesen. Ein von Branch C im Jahr 1988 angeführtes warnendes Beispiel betraf ein führendes Hightech-Unternehmen mit klassifizierten Rüstungsaufträgen, das zur Intensivierung der geschäftlichen Beziehungen zu China ein »Stipendium« vergeben hatte. Ein junger chinesischer Waffeningenieur, dessen Vater einen wichtigen Posten in Peking innehatte, sollte die Möglichkeit bekommen, Erfahrung zu sammeln. Ein Sicherheitsberater aus Branch C vereinbarte mit dem Sicherheitsbeauftragten des Unternehmens ein Ausbildungsprogramm, das »Herrn Zhang« (Name geändert) von sensiblen Bereichen fernhielt. Als der Berater im April 1988 dem Unternehmen einen Besuch abstattete, musste er jedoch feststellen, dass »Herr Zhang« in den vergangenen vier Monaten in einem Sicherheitsbereich zusammen mit Ingenieuren gearbeitet hatte, die es gewohnt waren, untereinander über geheime Projekte zu sprechen, noch dazu in der Nähe von Aktenschränken, die Dokumente mit dem Vermerk »GEHEIM« enthielten. Allerdings ging von der chinesischen Spionage nie eine auch nur annähernd so große Gefahr aus wie von der Spionage des Sowjetblocks im Kalten Krieg. Eine Einschätzung des Kabinettministeriums folgerte im Jahr 1988:

> Die chinesische Regierung ist der britischen Regierung oder der NATO nicht so feindselig gesinnt wie die sowjetische Regierung und der Warschauer Pakt. Wir sollten unterscheiden zwischen der [sowjetischen] Spionage mit der feindlichen Absicht, sich einen Vorteil gegenüber dem Feind zu verschaffen, und der [chinesischen] Spionage mit dem rein eigennützigen Interesse, einen nationalen Vorteil zu erlangen.[128]

Die militärische Gefahr, die von China für britische Interessen ausging, wurde als sehr gering eingestuft, wie Abteilung K8 (zuständig unter anderem für die Überwachung der chinesischen Aufklärung) dem Generaldirektor meldete: »Die Chinesen genießen einen Zugang zum Verteidigungsministerium und zu Streitkräften, wie er keinem anderen kommunistischen Land gewährt wird. Zum Beispiel sind die Chinesen inzwischen befugt, vertrauliche Informationen vom Verteidigungsministerium zu empfangen. Außerdem besuchen immer mehr chinesische Studenten [militärische] Kurse im Vereinigten Königreich ...«[129]

Am Ende des Kalten Krieges schien die gesamte Bedrohung der nationalen Sicherheit durch ausländische Spionage gering. Seit der Operation FOOT im Jahr 1971 war Großbritannien ein schwieriges Terrain für die Nachrichtendienste des Sowjetblocks gewesen. Als eine der wirksamsten Waffen im Arsenal des MI5 hatte sich die Praxis erwiesen, bekannten feindlichen Geheimdienstoffizieren, die eine Arbeitserlaubnis oder Einreise beantragten, das Visum zu verweigern. Ein Mitarbeiter der Spionageabwehr, der 1992 Direktor von Branch K wurde, erinnert sich:

> Im Lauf der Jahre hielt diese Praxis Hunderte von erfahrenen [Geheimdienstoffizieren] davon ab, das Land zu betreten ... Diese Linie hatte zur Folge, dass die Gegenseite zunehmend gezwungen

war, unerfahrene Geheimdienstoffiziere nach Großbritannien zu schicken – Mitarbeiter, die nie zuvor im Westen gedient hatten oder die nie zuvor durch operative Tätigkeit auf sich aufmerksam gemacht hatten, das Äquivalent in der Spionage der »unbeschriebenen Blätter« – bei denen die Wahrscheinlichkeit höher war, dass sie Fehler begingen, oder die zögern würden, das Risiko einer Ergreifung und schändlichen Ausweisung einzugehen.[130]

Die Schwierigkeit des KGB, kompetente, erfahrene Residenten in London zu ernennen, erklärt vermutlich die Wahl des unfähigen Arkadi Guk im Jahr 1980. Ein tüchtigerer Resident hätte Bettaneys Angebot, als Agent zu arbeiten, womöglich angenommen und damit die einzige bedeutende Unterwanderung des Security Service im Kalten Krieg erreicht. Natürlich gab es auch tüchtige KGB-Offiziere, denen es gelang, durch das Netz zu schlüpfen. Der wohl tüchtigste war Viktor Oschtschenko aus Gruppe X, auf dessen Konto die Werbung von Michael John Smith ging, des wohl wichtigsten Spionagefalls in Großbritannien, der am Ende des Kalten Krieges noch ungeklärt war.[131] Für die GRU galten weniger Einschränkungen. Um die Ernennung britischer Militärattachés in Moskau zu erleichtern, existierte hier die Linie, den in London stationierten sowjetischen Militärattachés (ausnahmslos GRU-Offiziere) Visa zu erteilen, vorausgesetzt dass sie nicht bereits bei aktiven Operationen (darunter die Führung von Agenten) gegen Großbritannien oder einen engen Bündnispartner identifiziert worden waren.

Im Verein mit der Verweigerung der Visa verhinderte die Einführung einer Obergrenze für die Zahl der erlaubten sowjetischen Vertreter im Königreich die unkontrollierte Aufstockung der Londoner Residenturen. Der KGB und die GRU waren damit gezwungen, mit anderen Ministerien um die Plätze in der Botschaft, der sowjetischen Handelsdelegation und anderen Behörden zu wetteifern. Eine rückblickende Analyse der Spionageabwehr des Security Service in der Endphase des Kalten Krieges schlussfolgerte:

> Sobald ein feindlicher Geheimdienstoffizier in diesem Land ankam, sah er sich mit einer einschüchternden Palette an Gegenmaßnahmen konfrontiert, die von einem raffinierten Programm der Gefahrenabwehr bis hin zu intensiver Observierung, Opera-

tionen mit Doppelagenten oder »Provokationen« reichte. Wir beobachteten, analysierten, zogen Schlüsse, gingen jeder Spur nach, befragten deren Kontaktpersonen, stellten sogar getarnte Mitarbeiter an ihre Seite. Das war das A und O unserer Arbeit gegen die sogenannten »legalen« Residenturen – jene Geheimdienstoffiziere, die unter diplomatischer oder kommerzieller Tarnung in den Botschaften, Handelsdelegationen, internationalen Organisationen etc. operierten. Natürlich wussten wir nicht sofort, ob eine bestimmte Person Geheimdienstoffizier war oder nicht. Oberste Priorität hatte deshalb, seinen Status zu bestätigen. Sobald er als Nachrichtenoffizier bestätigt worden war, geriet er ins Visier einer intensiveren Ermittlung, um das Wesen seiner Aufgaben und Kontakte zu bestimmen. Schließlich entschieden wir dann, ob und wie wir seine Spionagetätigkeit stören konnten. Das Abwehrsystem, das wir im Lauf der Jahre entwickelten, setzte feindliche Mitarbeiter massiv unter Druck. Die meisten waren schon vor ihrer Ankunft verängstigt und eingeschüchtert, so gut war unser Ruf.

Der wohl eindeutigste Beweis, dass der KGB sich mit Operationen in Großbritannien schwertat, war der Umstand, dass er in den späteren Jahren des Kalten Krieges einen beträchtlichen Anteil seiner Operationen gegen das Vereinigte Königreich in dritte Länder verlegte, wo britisches Personal exponierter und verwundbarer war und wo die Sicherheitsbehörden vor Ort möglicherweise nicht so effektiv arbeiteten. Der Security Service versuchte, dem vorzubeugen, indem er wahrscheinliche Angriffsziele entsprechend unterwies. Die Nachrichtendienste des Sowjetblocks verlegten darüber hinaus viele Treffen mit britischen Agenten in andere Länder, so dass ihre Enttarnung erschwert wurde. Bis zu einem gewissen Grad mochte der Service, wie ein Direktor von Branch K meint, »im Laufe der Zeit das Opfer des eigenen Erfolgs geworden sein«.[132]

6
Der Kampf gegen den Terror und Gefahrenabwehr Ende der Achtziger

Laut Stella Rimington hätte der Security Service nach dem Bombenanschlag von Brighton die Gunst der Stunde nutzen und von der Special Branch der Metropolitan Police (MPSB) die führende nachrichtendienstliche Rolle bei der Bekämpfung des irisch-republikanischen Terrorismus in Großbritannien fordern müssen. Die Gelegenheit wurde jedoch, wenn sie jemals existierte, verpasst. Rimington gibt der Leitung die Schuld daran: Die Führungskräfte wollten angeblich »nicht die Verantwortung übernehmen, weil sie Angst vor der Kritik im Falle eines Scheiterns hatten«.[1] Selbst wenn die Behauptung, Sir John Jones und die Chefetage des Security Service hätten nicht den Mut zu einer Reorganisation gehabt, ungerecht sein mag, fehlte es ihnen zumindest am nötigen Selbstvertrauen, um in Whitehall ihren Standpunkt so nachdrücklich zu vertreten, dass sie auch eine reelle Aussicht auf Erfolg gehabt hätten. In Anbetracht der Wirkungslosigkeit der PIRA-Operationen auf dem Kernland nach Brighton ließ außerdem der Druck nach, die Terrorabwehr von Grund auf neu zu organisieren. Aber weder der Security Service noch die MPSB konnten vorausgesehen haben, dass der Anschlag auf das Grand Hotel der letzte größere Erfolg einer Kampfeinheit (ASU) auf dem Kernland in den kommenden vier Jahren sein sollte.

Seit Mitte der achtziger Jahre ging das Ausklingen des Kalten Krieges und die als geringer empfundene Bedrohung durch innenpolitische Subversion mit einem wachsenden Bewusstsein für die Bedrohung durch den Terrorismus einher. Die Arbeit von Branch FX wurde gleichmäßig zwischen dem irischen und dem internationalen Terrorismus aufgeteilt. Ihr Direktor Patrick Walker teilte dem Innenminister und dem Ständigen Staatssekretär (PUS) im Juli 1985 mit: »Die Gefahr, die vom internationalen Terrorismus ausging, war weniger intensiv und nachhaltig, aber sie war andererseits diffuser und, aus Sicht des Geheimdienstes, schwieriger zu bekämpfen. Vom irischen Terrorismus ging eine dauerhaftere Gefahr aus, doch auf diesem Feld teilte sich der Security Service die Verantwortung mit der MPSB ...«[2] Außerordentlich schwer fiel es dem Service, zu beurteilen, welche Gefahr von der aktivsten und brutalsten Terrorgruppe jener Zeit ausging: der Abu-Nidal-Gruppe (FRC), damals mit Sitz in Libyen.[3] Sie hatte sich die Vernichtung des Staates Israel und eine internationale arabische Revolution auf die Fahne geschrieben. Die FRC drohte mit einer Reihe von Anschlägen auf britische Ziele und wollte auf diese Weise die Freilassung der inhaftierten Attentäter erreichen, die für den gescheiterten Mordanschlag von 1982 auf den israelischen Botschafter in London, Schlomo Argow, verantwortlich waren.[4] Der Security Service hatte jedoch keine Möglichkeit, in Erfahrung zu bringen, ob der zunehmend unberechenbare Abu Nidal ebenso mörderische Anschläge in Großbritannien plante wie die Mitte der achtziger Jahre auf Flughäfen in Rom und Wien und auf die größte Synagoge in Istanbul. Agent F3/8 sagte auf einer Konferenz des Geheimdienstes im September 1984:

> Es war immer schon extrem schwierig, eine vernünftige Schätzung der Größe der Nidal-Gruppe sowohl insgesamt als auch in einem bestimmten Land wie Großbritannien anzustellen. Sie hat es sehr erfolgreich geschafft, die Anonymität ihrer Mitglieder in europäischen Ländern zu wahren, und es ist außerordentlich schwer, sie zu infiltrieren. Obwohl bei uns ständig Listen eingehen, die angebliche Anhänger Abu Nidals aufzählen, sind sie in der Regel wertlos. Allein 1984 haben wir mehr als zwölf solcher Listen erhalten, manche werden von einem Sicherheitsdienst an den anderen weitergereicht, wobei die Namen bei der Übermittlung zunehmend verfälscht werden. Bei den wenigsten Namen stellt sich heraus, dass sie überhaupt zu Personen gehören, die positiv identifiziert werden können.[5]

»Da wollten einige Geheimdienste mich ans Tageslicht locken«, prahlte Abu Nidal anno 1985 in einem Interview mit der Zeitschrift *Der Spiegel* und spielte damit auf die Falschmeldung an, er sei tot. »Denn Abu Nidal, dieser böse Geist, der nur bei Nacht umgeht, verursacht ihnen dauerndes Alpdrücken ... Diese Kreise stellen mich so gefährlich dar wie eine Atombombe.« Der größte Albtraum für den Security Service war die Drohung an die Adresse der Premierministerin, »daß wir mit allen gegen die Thatcher gerichteten Kräften zusammenarbeiten, zum Beispiel mit der IRA. Beim letzten Attentat in Brighton ist sie zwar davongekommen, aber ich kann versichern: Den nächsten Anschlägen wird sie nicht mehr entgehen.«[6] So unwahrscheinlich die Drohung gegen Mrs. Thatcher auch scheinen mochte, die Liste der Terroranschläge Abu Nidals war so lang, dass man die Drohung ernst nehmen musste. Statt weitere Anschläge in Großbritannien zu verüben, wählte er letztendlich aber leichtere britische Ziele im Ausland aus. 1984 wurden Kenneth Whitty, der britische Kulturattaché in Athen, und Percy Norris, der Vizehochkommissar für Indien in Bombay, von FRC-Killern ermordet. Die wohl ehrgeizigste Operation Abu Nidals gegen ein britisches Ziel, vermutlich auf Veranlassung seiner libyschen Gastgeber, war allem Anschein nach der Anschlag am Sonntag, dem 3. August 1986, auf den Wohn- und Erholungsbereich des RAF-Stützpunktes Akrotiri auf Zypern. Die Angreifer – drei kleine Gruppen, die der Security Service als FRC-Terroristen identifizierte – gaben bekannt, sie würden sich für den US-Luftangriff auf Libyen wenige Monate zuvor rächen. Gaddhafi glaubte irrtümlich, der Angriff sei von Akrotiri aus gestartet worden. Obwohl die Terroristen Raketenwerfer und Mörser einsetzten, richteten sie nur geringen Schaden an. Einzig zwei Frauen des Bodenpersonals erlitten leichte Schrapnellwunden.[7] Der Security Service prüfte weiterhin, ob FRC in Großbritannien ein Netzwerk geknüpft hatte, das zu einem größeren Terroranschlag fähig war.[8] Auch wenn der Geheimdienst keine Hinweise entdeckte, konnte er sich nicht sicher sein, dass kein solches Netzwerk existierte – wie aus heutiger Sicht anzunehmen ist. Ende der achtziger Jahre vergeudete Abu Nidal seine mörderischen Energien in immer größerem Ausmaß für eine Fehde mit dem PLO-Führer Jassir Arafat, den er absurderweise den »Sohn einer Jüdin« nannte, und für eine paranoide Jagd auf größtenteils eingebildete arabische Verräter. Seine zumeist unschuldigen Opfer ließ er grausam foltern und hinrichten.[9]

In dem (neu eingeführten) Jahresbericht des Security Service an den Innenminister für 1985/86 hieß es, dass die Mitarbeiter in der Terrorabwehr »unter großem Druck« stünden und »voll im Einsatz« seien:

Vor allen Dingen kann man über unsere Arbeit auf dem Feld der Terrorismusbekämpfung sagen, dass sie monatlich zunimmt ... Eine willkommene Folge der Verringerung der Aktivität durch die Russen seit September [1985, die Ausweisungen von KGB- und GRU-Mitarbeitern[10]] ist die größere Verfügbarkeit der mobilen Überwachungsteams [von A4] für den Einsatz gegen terroristische Ziele. [Der Direktor von Branch FX Patrick Walker schrieb auf sein Exemplar des Berichts: »Aber längst nicht genug!«[11]]
Das Jahr war in erster Linie geprägt von
a) der Zunahme gewaltsamer Anschläge gegen westliche Ziele, sowohl im Nahen Osten als auch in Europa;
b) der steigenden Gefahr eines Sikh- (oder anderen subkontinentalen) Terroranschlags in Großbritannien;
c) dem massiven politischen Druck, vor allem seitens der USA, aktiver gegen Terrorgruppen und Regierungen vorzugehen, die den Terrorismus fördern;
d) dem anhaltenden und wachsenden Bedarf, sich an interministerieller [antiterroristischer] Arbeit in Whitehall und an einer Vielzahl internationaler Treffen zu beteiligen;
e) einer weiteren Verbesserung der Qualität unserer Kontakte zu verbündeten Nachrichtendiensten, insbesondere auf dem europäischen Kontinent. Diese umfassen nicht nur den Austausch und die Bewertung von Informationen, sondern eine Reihe von Fällen einer fruchtbaren, gelegentlich aber erfolglosen operativen Zusammenarbeit.[12]

Der Extremismus der Sikhs, den Generaldirektor Sir Tony Duff hoch oben auf die Liste der Terrorgefahren im Kernland Großbritannien setzte, illustriert einmal mehr die oft unvorhersagbaren Schwankungen der Gefahr, die von internationalen Terrorgruppen ausgeht. Anfang der achtziger Jahre war der Terror armenischer Extremisten, die 1982 versuchten, den türkischen Botschafter zu ermorden, ein ernstes Problem gewesen. Wenige Jahre später war er jedoch so gut wie verschwunden.[13] Terroranschläge durch extremistische Sikhs, von denen zu Beginn des Jahrzehnts kaum die Rede war, entwickelten sich hingegen im Sommer und Herbst 1984 plötzlich zu einer enormen Gefahr. Anfang Juni schickte die indische Premierministerin Indira Gandhi Truppen in den Pandschab und ließ das höchste Sikh-Heiligtum stürmen: den Goldenen Tempel von Amritsar. Am 31. Oktober 1984 rächten sich zwei ihrer Sikh-Leibwachen, indem sie die Regierungschefin in ihrem Garten erschossen. Während Frau Gandhis Leichnam aufgebahrt war, plünderten aufgebrachte Hindus die Wohnviertel und Geschäfte von Sikhs und steckten sie in Brand, Männer wurden vor den Augen ihrer Frauen und Kinder zu Tode geprügelt oder verbrannt. Von der indischen Polizei war bis auf eine Minderheit, die sich an dem Massaker beteiligte, nichts zu sehen.[14] In Großbritannien lösten die Erstürmung des Goldenen Tempels und die Massaker eine Sympathiewelle innerhalb der Sikh-Gemeinde für die Schaffung eines unabhängigen Sikh-Staates Khalistan auf dem indischen Subkontinent aus. Der Security Service meldete eine »Woge der Unterstützung unter Sikhs in Großbritannien für die Khalistan National Organisation«, angeführt von Dr. Jagjit Singh Chauhan, der auch die »Exilregierung« von Khalistan gegründet hatte.

Vor dem Staatsbesuch von Indiras Sohn und Nachfolger als Premierminister, Rajiv Gandhi, in Großbritannien im Oktober 1985 berichtete der Security Service dem Innenminister: »Seit Juni 1984 kam es zu einer Reihe relativ unbedeutender Anschläge in Großbritannien gegen indische offizielle Ziele und gemäßigte Sikhs durch Sikh-Extremisten. Das Ausmaß der Unterstützung für die Extremisten hat erheblich abgenommen, doch das steigert nur die Frustration des harten Kerns und könnte weitere Gewaltakte zur Folge haben.«[15] Man ging davon aus, dass durch gute Aufklärungsarbeit im Verein mit den Verhaftungen von Sikh- und Kaschmir-Extremisten ein Attentatsversuch auf Rajiv Gandhi während des Staatsbesuchs vereitelt wurde.[16] Im April 1986 warnte MI5-Chef Sir Tony Duff den Innenminister, dass die Minderheit der »zu Gewalt neigenden Extremisten« innerhalb der Indian Sikh Youth Federation und der fundamentalistischen Dam Dami Taksal »eine kleine, sehr auf die Sicherheit bedachte Gruppe bilden, die wegen der Natur der Sikh-Gemeinde ein schwieriges Ziel ist«:

> Wir können derzeit unsere technische Berichterstattung nicht steigern ... weil wir nicht genügend Mitschreiber haben. Das Hauptproblem besteht darin, entsprechend qualifizierte Sprachkundige zu finden. Ich würde gerne die Agentenführung intensivieren, aber

auch hier braucht es eine gewisse Zeit, die richtigen Mitarbeiter für die schwierige Aufgabe der Rekrutierung und Führung dieser Art Agent zu finden.[17]

Im Jahr 1987 war die Provisional IRA (PIRA), ungeachtet des mangelnden Erfolgs auf dem britischen Kernland seit 1984, weit besser bewaffnet als zur Zeit des Bombenanschlags in Brighton. Zwischen August 1985 und Oktober 1986 waren vier große Waffen- und Sprengstofflieferungen aus Libyen unbemerkt an der Küste des County Wicklow südlich von Dublin an Land geschafft worden.[18] Eine fünfte, noch umfangreichere Lieferung (darunter SAM-7-Raketen, mit denen man Kampfhubschrauber abschießen konnte), die am 13. und 14. Oktober 1987 in Tripolis an Bord der klapprigen, in Panama registrierten *Eksund* verladen worden war, konnte jedoch vor Ushant abgefangen werden. Am 27. Oktober fiel die Steuerung der *Eksund* aus, und sie trieb auf die französische Küste zu. Nach vergeblichen Versuchen, die Steuerung zu reparieren, traf der ranghöchste Provisional an Bord, Gabriel Cleary, am nächsten Tag die Entscheidung, das Schiff mitsamt der Fracht zu versenken, bevor es auf Grund lief, mit der Crew in einem Schlauchboot an Land zu gehen und mit einer Fähre nach Irland zurückzukehren. Kurz nach dem Auslaufen aus Tripolis hatte Cleary einen Zeitzünder an zwölf Sprengladungen unter der Wasserlinie der *Eksund* befestigt, damit er das Schiff versenken konnte, falls es vor dem Ziel abgefangen wurde. Als es Cleary nicht gelang, den Zeitzünder zu aktivieren, folgerte er, dass jemand ihn sabotiert hatte und dass ein Verräter an Bord sein musste. Mehrmals war ihm während der Fahrt ein Aufklärungsflugzeug aufgefallen. Bei Gibraltar war eine Maschine so tief geflogen, dass er den Piloten sehen konnte. Während die *Eksund* vor Ushant in Schwierigkeiten geriet, überwachte ein weiteres Aufklärungsflugzeug ihre Bewegungen. Das Schiff wurde schließlich von Motorbooten umzingelt. Bewaffnete französische Zollbeamte gingen an Bord und verhafteten die Besatzung.[19] Im Verhör gestand die Crew, dass sie im Laufe der vergangenen zwei Jahre 120 Tonnen Waffen aus Libyen in die Irische Republik geschmuggelt hatten, darunter etliche Tonnen des Sprengstoffs Semtex, rund 20 SAM-7-Raketen und weitere Hightech-Waffen.[20] Trotz des Verlustes dieser Waffenlieferung verfügte die PIRA bereits über insgesamt 150 Tonnen Waffen, genug, um ihren »langen Krieg fast endlos fortzusetzen«, wie sie meinten.[21] In einer düsteren Einschätzung des Security Service hieß es: »Die PIRA hat von Libyen mehr Waffen erhalten, als sie jemals einsetzen kann.«[22] Allerdings wurde nur eine einzige SAM-Rakete jemals abgefeuert. Sie verfehlte ihr Ziel.[23]

Der Security Service hatte weiterhin bei der Überwachung der Kernlandaktivitäten loyalistischer Paramilitärs sowie der PIRA-Operationen in Übersee und ihrer Finanzierung das Sagen. Die Zahl der UDA-Mitglieder (Ulster Defence Association) in Großbritannien stieg zwischen 1985 und 1988 von etwa 200 auf 800 und die der UVF (Ulster Volunteer Force) im selben Zeitraum von 70 auf 200. Der Service berichtete, dass die UDA in London »Mitglieder der Skinhead-Bewegung der Rechtsradikalen angelockt« habe. Er ging jedoch davon aus, dass die UDA keine offiziellen Verbindungen zu Rechtsextremisten der National Front oder der British National Party unterhalte: »Genau genommen besteht auf der Führungsebene ein gegenseitiges Misstrauen.« Der Service meldete 1988 der Premierministerin: »Ein harter Kern von Aktivisten innerhalb der UDA und der UVF wird weiterhin versuchen, sich Waffen und Sprengstoff für Nordirland zu beschaffen.« Wie in der Vergangenheit blieb der Geheimdienst vorsichtig optimistisch, was die Fähigkeit betraf, in Zusammenarbeit mit lokalen Polizeikräften die Lieferungen zu unterbinden. Die Beschlagnahmung von Waffen im Jahr 1987 führte zur Verurteilung und Inhaftierung einer ganzen Reihe von UDA- und UVF-Aktivisten wegen Verstößen gegen das Waffengesetz.[24]

Innerhalb Nordirlands gelang es dem Security Service in der Regel, bei seinen Operationen im Hintergrund zu bleiben, unter anderem bei der verstärkten (immer noch geheimen) technischen Unterstützung für die RUC durch Abteilung A1. Der umstrittenste Aspekt der Antiterroroperation in Nordirland in den achtziger Jahren betraf die angebliche Vorliebe der RUC, mutmaßliche republikanische Terroristen zu erschießen, statt sie zu verhaften. Im Mai 1984 sollte John Stalker, der Vizepolizeichef von Groß-Manchester, drei konkreten Behauptungen auf den Grund gehen, die RUC würde gezielt Todesschüsse einsetzen. Im Juni 1986 übernahm der Polizeichef von West Yorkshire, Colin Sampson, die Leitung der Ermittlungen. Offiziell wurden zwar als Grund für Stalkers Absetzung (später zurückgenommene) Vorwürfe angegeben, er habe mit »bekannten Kriminellen« in Verbindung gestanden, doch gemeinhin wurde gemutmaßt, der wahre Grund für seine Absetzung sei der Umstand gewesen, dass er unmittelbar vor der Aufdeckung illegaler Maßnahmen gestanden habe, welche die Behörden vertuschen wollten. Dass Stalker bereits zu der Schlussfolgerung gelangt war, dass die RUC nicht gezielt Todesschüsse einsetzte, geriet inmitten einer Fülle hanebüchener Verschwörungstheorien völlig aus dem Blick.[25]

In den Akten des Security Service findet sich kein Hinweis darauf, dass der Geheimdienst in Nordirland gezielte Todesschüsse geduldet oder gar unterstützt hätte. Im Jahr 1988 wurde er jedoch im Gefolge der Operation FLAVIUS, die erfolgreich einen PIRA-Anschlag auf die Garnison in Gibraltar verhinderte, in die Kontroverse um Todesschüsse hineingezogen. In Gibraltar trug der Service wie auf dem übrigen Kontinent nachrichtendienstlich die Hauptverantwortung für die Bekämpfung der PIRA, im Gegensatz zum Vereinigten Königreich. Am 6. März 1988 wurden die drei Mitglieder einer PIRA-Kampfeinheit Seán Savage, Danny McCann und Mairéad Farrell, die einen Anschlag vorbereiteten, von Militärangehörigen in Zivil erschossen. Die Schützen gaben an, sie hätten geglaubt, die drei seien im Begriff, eine Autobombe zu zünden und/oder ihre Waffen zu ziehen. Die anschließende Verwirrung nährte Behauptungen, das Militär habe dies nur vorgeschoben und verfolge in Wahrheit eine Politik gezielter Todesschüsse, gemeinsam mit dem Security Service und der Regierung Thatcher. In den Morgennachrichten auf BBC Radio 4 hieß es am folgenden Tag um 7 Uhr: »Inzwischen ist bekannt, dass es sich bei den drei von Sicherheitskräften gestern in Gibraltar erschossenen Personen um Mitglieder der Provisional IRA handelte. Man vermutet, dass sie beim Versuch, Gibraltar zu verlassen, gefasst wurden, nachdem sie eine riesige Autobombe im Zentrum der Kolonie gelegt hatten.« Nach den Nachrichten gratulierte der Minister der Streitkräfte Ian Stewart in einem Interview in der Sendung *Today* von Radio 4 der Verwaltung von Gibraltar und fügte hinzu: »Es wurde eine Autobombe gefunden, die entschärft wurde.« Sämtliche Morgenzeitungen meldeten ebenfalls, eine Bombe sei gefunden worden und die Terroristen seien bewaffnet gewesen. Einige sprachen gar von einem Schusswechsel.

Noch am selben Tag schilderte Außenminister Sir Geoffrey Howe den Tod der drei jedoch ein wenig anders:

> Auf ihrem Weg zur [spanischen] Grenze wurden sie von den Sicherheitskräften angerufen. Als sie gestellt wurden, machten sie Bewegungen, woraus die Militärangehörigen, die die Polizei von Gibraltar unterstützten, schlossen, ihr eigenes Leben und das Leben anderer sei in Gefahr. Wegen dieser Reaktion wurden sie erschossen. Später stellte sich heraus, dass die Getöteten keine Waffen bei sich hatten.

Howe ergänzte, dass keine Autobombe entdeckt worden sei.[26]

Savage und McCann waren seit geraumer Zeit beschattet worden, weil Informationen vorlagen, dass sie eine kontinentale Operation vorbereiten würden. Der Security Service hielt den introvertierten Savage für den »wohl effektivsten und erfahrensten Bombenbauer der PIRA«.[27] In einem späteren Nachruf der Republik wurde er beschrieben als »ruhiger und aufrichtiger Mensch, der weder trank noch rauchte und selten unter Leute ging«, aber regelmäßig die Messe besuchte und seinen Eltern bei der Pflege seines Bruders mit dem Downsyndrom half.[28] Der viel extrovertiertere McCann wurde später von Freunden als guter Familienvater und frommer Katholik beschrieben, »der nichts lieber hatte als ein bisschen Spaß in der Kneipe«.[29]

Die RUC und der Security Service sahen eine ganz andere Seite von McCann. Mit seinen erst 29 Jahren wurde er bereits als einer der erfahrensten und skrupellosesten Killer der Provisionals angesehen; man lastete ihm sage und schreibe 26 Morde an. Ein Stempel in seinem Pass, aus dem hervorging, dass er Mitte November 1987 bereits an dem Grenzübergang La Línea zwischen Spanien und Gibraltar gewesen war, zählte zu den Puzzlesteinen, die auf Vorbereitungen für einen Anschlag auf Gibraltar hindeuteten. Zu der Zeit hatte der Security Service entdeckt, dass die Kampfeinheit ein drittes Mitglied bekommen hatte: Siobhan O'Hanlon, eine Sprengstoffexpertin, fromme Katholikin und überzeugte Feministin, die stets darauf bestand, ihren Anteil beim Ausheben eines Waffenverstecks zu leisten. Am 25. November warnte Abteilung F5 die Behörden in Gibraltar per Fernschreiben vor der Gefahr eines PIRA-

Anschlags. Bei einem Treffen mit dem Gouverneur unmittelbar danach gelangte man (ganz richtig) zu dem Schluss, dass die ASU vermutlich beabsichtigte, einen Bombenanschlag auf die Zeremonie des Wachwechsels zu verüben, an der 50 Soldaten und Musiker teilnahmen. Die PIRA-Vorbereitungen für den Anschlag verzögerten sich jedoch um mehrere Monate, weil der Wachwechsel wegen der Renovierung der Wachstube und wegen Straßenarbeiten entlang der Prozessionsroute ausgesetzt wurde.[30] Mitte Dezember fuhren die Mitarbeiter F5/0 und A4/0 nach Gibraltar, um über die Rolle der Abteilung A4 zu sprechen, sobald die ASU zurückkehrte – was erst dann der Fall sein würde, wie inzwischen klar schien, wenn der Wachwechsel im neuen Jahr wiederaufgenommen wurde. Das Observierungsteam von A4, das während der Operation FLAVIUS nach Gibraltar entsandt wurde, sollte ihr bislang größtes Kontingent sein, zu Hause ebenso wie im Ausland.[31]

Man ging davon aus, dass die Mitglieder der ASU, wenn sie in Spanien verhaftet wurden, bevor die Vorbereitungen für den Anschlag weiter vorangeschritten waren, nur wegen geringfügiger Vergehen angeklagt würden. Allesamt wurden sie vom Security Service als skrupellose Terroristen eingestuft, die in Großbritannien nur deshalb noch auf freiem Fuß waren, weil keine vor Gericht verwendbare Beweise gegen sie vorlagen. Sie würden wieder töten, wenn sie diesmal nicht gefasst wurden. Bei einem Treffen in Gibraltar am 15. Februar vereinbarten der Gouverneur, der Direktor von Branch FX, Agent F5/0 und ein Vertreter der JIC deshalb, der Kampfeinheit die Einreise nach Gibraltar mitsamt Sprengstoff zu gestatten, um sie auf frischer Tat zu ertappen. Für diese Strategie war jedoch die Unterstützung des Militärs erforderlich: »Die Polizei von Gibraltar verfügte schlichtweg nicht über Leute mit der nötigen Erfahrung. Es war nur vernünftig, gegen so hartgesottene Terroristen die professionellste Behörde einzusetzen.« Nachdem Mrs. Thatcher einen geheimen Militäreinsatz (dessen nähere Einzelheiten noch heute unter Verschluss sind) genehmigt hatte, flogen am 18. Februar Agent F5/0 und der Kommandeur der Army nach Gibraltar, um den Gouverneur und den Polizeikommissar zu unterweisen. Das militärische Kommando traf einige Stunden danach aus Großbritannien ein und begann am nächsten Tag gemeinsame Übungen mit dem Observierungsteam aus Abteilung A4.

Am 20. Februar wurde Siobhan O'Hanlon an dem Grenzübergang La Línea erkannt. Unter permanenter Beschattung ging sie auf die Stadt, musterte ein Plakat, das die Wiederaufnahme der Wachwechsel ankündigte, und betrat anschließend – im Vertrauen auf die Gerechtigkeit ihrer mörderischen Mission – die Kathedrale, um zu beten und eine Kerze anzuzünden. Am nächsten Tag rief sie McCann an und teilte ihm mit, dass sie gute Neuigkeiten habe und bis zum 23. Februar bleiben werde (dem Tag, an dem der Wachwechsel wiederaufgenommen werden sollte). Der Gouverneur und Mrs. Thatcher stimmten zu, dass die Zeremonie wie geplant durchgeführt werden könne, da McCann nicht rechtzeitig nach Gibraltar gelangen würde, um am 23. einen Anschlag auszuführen. Das Observierungsteam von A4 berichtete, dass O'Hanlon, als sie an dem betreffenden Tag zum Schauplatz des Wachwechsels ging, die ganze Zeremonie mit ausdruckslosem Gesicht verfolgt hatte. Ihre Stimmung besserte sich merklich, als sie Gibraltar verließ, McCann anrief und ihm mitteilte: »Alles lief bestens heute!« Am 24. Februar bemerkte sie jedoch die Observierung durch spanische Kräfte, kehrte nach Nordirland zurück und schied aus der Kampfeinheit aus. Ihren Platz nahm Mairéad Farrell ein, die ein Journalist, der sie persönlich kannte, später mit folgenden Worten beschrieb: »klein, entschlossen, wütend, bereit, ihr eigenes Leben und das anderer für ihre Sache zu opfern, auf alles gefasst, was ihr in die Quere kommen mochte«. Während des »schmutzigen Protestes« hatte Farrell das Kommando über 30 weibliche PIRA-Häftlinge gehabt.[32]

Am 4. März wurden McCann, Savage und Farrell bei einem Treffen auf dem Flughafen von Málaga beobachtet. Binnen weniger Stunden war eine Kommandogruppe unter dem Vorsitz des Polizeikommissars von Gibraltar, der Vertreter sämtlicher an der Operation FLAVIUS beteiligten Sicherheitskräfte angehörten, in einem Klostergebäude in Gibraltar einsatzbereit und hielt ständigen Funkkontakt zu einem 70-köpfigen Einsatzteam vor Ort. Der Security Service hatte während der ganzen Operation die Aufgabe, die Nachrichtenbeschaffung zu koordinieren, nachrichtendienstliche Einschätzungen zu erstellen, die Reaktion auf die ASU zu planen und »den [Polizei]-Kommissar während der Operation zu leiten und zu beraten« Der spanische Sicherheitsdienst DSE wurde gebeten, McCann, Savage und Farrell nach ihrem Treffen in Málaga nicht zu verfolgen, weil man befürchtete, dass die drei, genau wie O'Hanlon, die Observierung bemerken könnten. Deshalb ging der Kontakt zu ihnen verloren, bis sie am Sonntag, dem 6. März, auf dem Felsen von Gibraltar eintrafen.

Abteilung A4 hatte einen Beobachtungsposten errichtet (OP), der die spanische Grenze überblickte, und hoffte, die Ankunft der Kampfeinheit zu registrieren. Ihre Aufgabe war alles andere als einfach. An Sonntagen überqueren mehr als 25 000 Menschen die Grenze nach Gibraltar, und der Posten hatte nur fünf bis zehn Sekunden für die Überprüfung jedes Autos. Deshalb übersah er prompt Savage, als er in einem gemieteten Renault 5 am Vormittag des 6. März die Grenze überquerte. Um 12.50 Uhr parkte Savage den Renault in der Nähe des Sammelpunkts für die Zeremonie des Wachwechsels, die am Dienstagvormittag, 8. März, stattfinden sollte. Es vergingen allerdings weitere zweieinviertel Stunden, bis er eindeutig identifiziert wurde. McCann und Farrell überquerten zu Fuß die Grenze und wurden dabei um 14.25 Uhr beobachtet. Um 15.10 Uhr wurden McCann, Farrell und Savage auf einer Parkbank gesehen, wie sie aufmerksam zu dem von Savage geparkten Renault blickten. Als sie wieder in Richtung spanischer Grenze aufbrachen, unterschrieb der Polizeikommissar einen Befehl, in dem er das Militär anwies, alle drei zu verhaften. Unterdessen meldete der Kommandeur der Bombenexperten nach einer eiligen Inspektion des Renault irrtümlich, dass er allem Anschein nach eine Bombe enthalte und dass eine alte Antenne auf dem Wagen Teil eines ferngesteuerten Zündmechanismus sein könnte. Als sich Savage, McCann und Farrell dem Stadtrand näherten, entdeckten sie plötzlich die Militäreinheit, die sie ständig beschattete. Die weitere Folge der Ereignisse war schon bald Gegenstand heftiger Kontroversen – und ist es noch heute.

Republikaner behaupten, die drei seien kaltblütig niedergeschossen worden, Opfer der angeblichen Todesschusspolitik der Regierung Thatcher in Irland. Ein eindrucksvoll aufgemachter Dokumentarfilm von Thames Television mit dem Titel »Death on the Rock« brachte Augenzeugen, die erklärten, die Provisionals seien erschossen worden, als sie sich ergeben wollten. Die Version der Soldaten, die sie bei einer gerichtlichen Untersuchung zu Protokoll gaben, klang ganz anders. Nach der Art der Bewegungen von Savage, McCann und Farrell seien die Soldaten überzeugt gewesen, dass sie entweder im Begriff seien, eine Autobombe zu zünden oder Waffen zu ziehen. Im Bruchteil von Sekunden traf das Team die Entscheidung, gezielte Todesschüsse abzugeben. Es liegen keine stichhaltigen Beweise vor, dass die Entscheidung im Voraus geplant worden war. Der Service-Mitarbeiter F5/0 erinnerte sich später: »Die Nachricht von den Schüssen wurde in der [FLAVIUS-]Einsatzzentrale mit einer bedrückenden Stille aufgenommen. Dann brach ein Tumult los, weil die Polizei die Evakuierung des Bereichs der [vermuteten] Autobombe arrangieren musste und [Abteilung] A4 anfing, ihre Sachen zu packen. Um 16.06 Uhr wurde der Polizei wieder die Kontrolle übergeben.« Man hatte im Vorfeld die Meldung der Verhaftung der Kampfeinheit vorbereitet. Wenn die Todesschüsse schon im Voraus geplant gewesen wären, dann hätten sie sich auch für einen Schusswechsel geeignet. Das war jedoch nicht der Fall. Daher rührte die Verwirrung in der Einsatzzentrale, die auf die »bedrückende Stille« folgte, als die Meldung von den Schüssen einging. Die widersprüchliche Berichterstattung in den Nachrichten bis zur Erklärung des Außenministers am folgenden Tag war eher ein Beweis für die stümperhafte Vorgehensweise der Behörden als für eine Verschwörung, wie manche behaupteten.

Der Umstand, dass McCann, Farrell und Savage nicht verhaftet, sondern erschossen wurden, war darauf zurückzuführen, dass die zum damaligen Zeitpunkt vorliegenden Informationen unvollständig waren (ein häufiges Merkmal selbst der besten Aufklärung). Die Sicherheitskräfte hatten sehr genaue Informationen über die Identität der ASU-Mitglieder, über ihre vorherigen Bewegungen und ihr Ziel. Dass sie unbewaffnet waren, wurde aber erst entdeckt, nachdem man sie erschossen hatte. Bei McCanns Ruf als skrupellosem Killer, der vermutlich 26 Menschen auf dem Gewissen hatte, lag es nahe, anzunehmen, dass er und seine Kameraden Waffen bei sich trugen. Es gab auch allen Grund zu der Annahme, dass die ASU »eine Schalter-, keine Uhrlösung« planten – also eine Bombe, die per Fernsteuerung gezündet wurde, nicht mit einem Zeitzünder. Nach heutigem Kenntnisstand ist zu vermuten, dass dies ursprünglich für die Gibraltar-Operation auch geplant gewesen war und dass die Entscheidung, einen Zeitzünder zu verwenden, darauf zurückzuführen war, dass die PIRA den Plan geändert hatte. Der Security Service hatte davon aber nichts gewusst. Erst nach den Schüssen wurde ein von der Kampfeinheit gemieteter Ford Fiesta in einem unterirdischen

Parkhaus entdeckt, der eine halbfertige Autobombe mit 64 Kilogramm Sprengstoff, 200 Schuss Kalaschnikow-Patronen und einen Zeitzünder enthielt. In dem Moment wurde erkannt, dass der Renault 5 aller Wahrscheinlichkeit nach nur dazu gedient hatte, einen Parkplatz in Gibraltar für den Fiesta freizuhalten, der im Berufsverkehr am 8. März vor dem Wachwechsel an den Platz gefahren werden sollte. Wenn die Bombe in dem Fiesta während der Zeremonie detoniert wäre, dann wären ihr Zivilisten ebenso zum Opfer gefallen wie Militärs. Operation FLAVIUS rettete zweifellos vielen Menschen das Leben.

Der Bombenanschlag auf die Garnison in Gibraltar hatte für die Provisionals zwar in einem operativen Fiasko geendet, doch sie profitierten vermutlich von der darauffolgenden langwierigen Kontroverse in den Medien. Sprecher der Republikaner räumten zwar ein, dass Farrell, McCann und Savage »Freiwillige« der PIRA gewesen seien, erklärten aber im gleichen Atemzug, dass sie der britischen Politik gezielter Todesschüsse zum Opfer gefallen seien, die mit der angeblich in Nordirland geltenden Linie durchaus vergleichbar sei. Der am 28. April ausgestrahlte Dokumentarfilm »Death on the Rock« der Reihe *World in Action* von Thames Television gelangte zu keiner definitiven Schlussfolgerung, erhärtete die Behauptung aber maßgeblich, da die vorliegenden Informationen noch nicht vollständig waren. Der Moderator kündigte an: »Wir haben vier Hauptzeugen der Schüsse befragt. Ihre Schilderungen werfen ernstlich die Frage auf, was an jenem Nachmittag wirklich geschah; sie geben nämlich an, dass die britischen Soldaten das Feuer ohne Warnung eröffnet hätten, und kein Einziger von ihnen sah bedrohliche Bewegungen der IRA-Bombenleger.« Eine spätere, unabhängige Untersuchung, die Thames Television selbst in Auftrag gegeben hatte, gelangte zu der Erkenntnis, dass die Behauptung, niemand habe »bedrohliche Bewegungen der Bombenleger« wahrgenommen, »eine nicht angemessene Wiedergabe« der Aussagen sei, die zwei Zeugen gemacht hatten.[33] Der Film ließ darüber hinaus völlig die Möglichkeit außer Acht, dass die Sicherheitsbehörden gute Gründe für die Befürchtung hatten, dass in Savages Auto eine ferngesteuerte Bombe deponiert war. Ohne zu ahnen, dass der Security Service den spanischen DSE ausdrücklich gebeten hatte, den Mitgliedern der ASU nach dem Treffen auf dem Flughafen von Málaga am 4. März nicht zu folgen, damit diese die Observierung nicht bemerkten, enthielt der Film auch eine dramatische, aber falsche Rekonstruktion, wie sowohl Savages Renault 5 als auch ein roter, von McCann und Farrell gemieteter Fiesta am 6. März »fachkundig von Beamten der spanischen Antiterroreinheit« bis zur Grenze von Gibraltar verfolgt worden seien, während »ein Polizeihubschrauber dafür sorgte, dass die Beobachter [in den Autos] keinen Fehler machten« und die britischen Sicherheitskräfte fortwährend über die Bewegungen der Autos auf dem Laufenden hielt.[34] Auch die Behauptung in dem Dokumentarfilm, »britische Sicherheitsbeamte« hätten Savage von dem Moment an identifiziert, als er die Grenze zu Gibraltar überquerte, und es ihm gestattet, »ungehindert durchzufahren«, war ungenau. Der Kommentator sagte den Zuschauern: »Warum aber die britischen Sicherheitsleute einen Wagen nicht stoppten, der nur zwei Stunden später in den Verdacht geriet, eine gefährliche Autobombe zu enthalten, ist eine der Schlüsselfragen …«[35] Obwohl diese Frage auf einer grundlegend falschen Vorstellung von der Abfolge der Ereignisse basiert, wurde sie seither immer wieder in Untersuchungen der Vorfälle von Autoren wiederholt, die nicht wussten, dass Savage erst etwas mehr als zwei Stunden nachdem er den Renault geparkt hatte, identifiziert worden war.[36]

Am 30. September 1988 entschied die Jury einer gerichtlichen Untersuchung auf Gibraltar mit einer Mehrheit von 9 zu 2 Stimmen, dass die drei Mitglieder der ASU »rechtmäßig getötet« worden seien. Mrs. Thatcher bat den MI5-Chef in einem offiziellen Schreiben, ihre »herzliche Anerkennung« an die Mitglieder des Service weiterzuleiten, die zu der Untersuchung auf Gibraltar Hinweise beigesteuert hatten, und an »den Service insgesamt für seinen Part bei der Vereitelung einer Aktion, die einen ungeahnten Verlust an Menschenleben verursacht hätte«.[37] Der Generaldirektor erwiderte, dass der Service in den letzten Monaten »viel unbegründete öffentliche Kritik« habe einstecken müssen und dass der Brief der Premierministerin deshalb »besonders geschätzt« werde.[38] »Death on the Rock« erzielte jedoch eine stärkere Wirkung in der Öffentlichkeit als die Untersuchung in Gibraltar und gewann den Preis für den »besten Dokumentarfilm« sowohl von der Broadcasting Press Guild als auch von der British Academy of Film and Television Arts (BAFTA).[39]

Die Operation FLAVIUS erbrachte dramatische, wenn auch ein wenig ungenaue öffentliche Hinweise auf die wachsende Bedeutung des Security Service bei der Terrorbekämpfung. Für das erste Treffen Patrick Walkers in seiner Funktion als Generaldirektor mit Margaret Thatcher im Januar 1988 war ein Briefing verfasst worden, das zu dem Schluss gelangte: »Die bedeutendste aktuelle Entwicklung ist eine deutliche Steigerung der Zahl der Mitarbeiter in Branch FX (Terrorismusbekämpfung) in den letzten beiden Jahren. Diese Steigerung ist zum Teil auf Kosten von Branch K (Spionageabwehr) und Branch F (Subversionsabwehr) erreicht worden.«[40] Aus dem Jahresbericht von 1986/87 für den Innenminister geht hervor, dass Branch FX inzwischen 171 Mitarbeiter hatte im Vergleich zu 192 in Branch K und 110 in Branch F.[41] Die Bedeutung der Terrorbekämpfung stieg weiterhin an. 1987/88 verfasste der Security Service 1100 Einschätzungen zur Terrorgefahr im Vergleich zu 750 im Vorjahr, war aber dennoch überzeugt, dass dies aus Mangel an Ressourcen noch nicht dem entsprach, was »wir uns an Hintergrundrecherchen wünschen würden«. 1988 wurde Branch FX umbenannt in Branch G, eine geringfügige administrative Veränderung, die jedoch den höheren Status der Terrorbekämpfung innerhalb des Security Service unterstrich und die Verwirrung abschaffte, die durch die Tatsache entstanden war, dass die derzeitigen Branches F und FX zuvor beide Abteilungen von Branch F gewesen waren.[42] Die erste Direktorin von Branch G, Stella Rimington, war zugleich die erste Frau auf dem Posten eines Direktors im Security Service. Sie stieß innerhalb der Leitung durchaus auf offene Ohren, wenn sie erklärte, dass sie mehr Ressourcen für die Bekämpfung der wachsenden Terrorgefahr benötige. Der Direktor von Branch P bemerkte im September 1988: »Wenn wir die Bemühungen unserer Reformen auf Leitungsebene nicht drastisch schmälern wollen, dann bedeutet der Anstieg des Terrorismus, dass wir ENTWEDER unsere Ressourcen aufstocken ODER die nichtterroristische Aufklärungstätigkeit kürzen müssen.«[43]

Drei Monate danach ereignete sich der bislang wohl mörderischste Terroranschlag in Großbritannien. Am Abend des 21. Dezember 1988 stürzte eine Boeing 747 des PanAm-Flugs PA 103 nach New York über der schottischen Stadt Lockerbie ab. Alle 259 Passagiere und Besatzungsmitglieder sowie 11 Menschen am Boden kamen ums Leben. Der größte Teil der Passagiere war in Heathrow an Bord gegangen, mehr als 30 hatten ihre Reise jedoch bereits in Frankfurt mit einer Boeing 727 begonnen, die mit der 747 gekoppelt war und dieselbe Flugnummer trug; wieder andere Passagiere waren von anderen Flügen umgeleitet und entweder in Frankfurt oder Heathrow Flug PA 103 zugeteilt worden.[44] Untersuchungen der Trümmer und eine Analyse der Radaraufzeichnungen der Flugsicherung sowie der Flugschreiber der Maschine ergaben, dass PA 103 in einer Höhe von über 9000 Metern verhängnisvoll beschädigt worden und beim Absturz auseinandergebrochen war.[45] Man vermutete sofort einen Bombenanschlag. Nach der Suche nach Überresten auf einem Gebiet von rund 2000 Quadratkilometern, das sich entlang der Ostküste von Schottland erstreckte, wurden Spuren von Sprengstoff in einem Gepäckcontainer aus Metall entdeckt. Weitere sorgfältige forensische und nachrichtendienstliche Nachforschungen identifizierten letztendlich den Koffer, der die Bombe enthalten hatte. Die über viele Meilen rings um Lockerbie verstreuten Leichen und Körperteile mussten ebenfalls identifiziert und anschließend mit bestimmten Gepäckstücken in Verbindung gebracht werden. Der Security Service schickte mehrere Mitarbeiter als Verstärkung des Ermittlungsteams, das von der Polizei von Strathclyde geleitet wurde. Mit Unterstützung des Service-Hauptquartiers dienten sie als Bindeglied zwischen den Ermittlern vor Ort und den Sicherheits- und Geheimdienstbehörden im Ausland, deren Unterstützung von entscheidender Bedeutung für die Suche nach den Verantwortlichen für den Anschlag war. Der größte Teil der enorm schwierigen und mühsamen Ermittlungen zu der Katastrophe wäre unmöglich gewesen, wenn sich die Explosion über dem Atlantik ereignet hätte. Dass Flug PA 103 über Land abstürzte, war eine rein zufällige Folge der Wetterbedingungen. Die Flüge nach New York von Heathrow nahmen normalerweise andere Routen, bei denen die Trümmer des Flugzeugs auf dem Meeresboden gelandet wären, in einer Tiefe, die eine Bergung des Flugschreibers und forensische Untersuchungen unmöglich gemacht hätte. Der Zufall und gute Aufklärungsarbeit spielten somit eine entscheidende Rolle bei der Auflösung des Falles.

Unzähligen zeitraubenden Spuren musste nachgegangen werden, darunter viele im Zusammenhang mit einzelnen Passagieren, die entweder an Bord gewesen waren oder den Flug in London verlassen hatten. Zu den vielen in die Irre führenden Spuren, die weithin publik gemacht wurden, zählte etwa ein in der US-Botschaft in Helsinki eingegangener Telefonanruf zwei Wochen vor dem Absturz, in dem der Anrufer einen Anschlag auf einen nicht genannten PanAm-Flug angedroht hatte. Obwohl sich manche Medienberichte darauf stürzten und den Anruf als wichtigen Hinweis feierten, handelte es sich in Wirklichkeit nur um einen aus einer Reihe ähnlicher Anrufe, denen die finnischen Behörden bereits nachgegangen waren. Sie waren zu der korrekten Schlussfolgerung gelangt, dass die Anrufe das Ergebnis einer persönlichen Rache waren und nichts mit dem Anschlag auf PA 103 zu tun hatten. Eine neuerliche Untersuchung bestätigte diese Einschätzung.[46]

Eine ganze Reihe von Terrororganisationen bekannte sich zwar schon bald zu dem Anschlag, während andere dementierten, doch der Anfangsverdacht verdichtete sich auf eine Splittergruppe der Popular Front for the Liberation of Palestine: die PFLP-GC mit Sitz in Syrien. Von ihr waren einige Mitglieder Ende Oktober 1988 in Deutschland mit einem Sprengsatz verhaftet worden, der einen barometrischen Zündmechanismus hatte. Die Möglichkeit einer libyschen (oder iranischen) Beteiligung wurde zwar in Betracht gezogen,[47] aber zunächst für eher unwahrscheinlich gehalten. Es wiesen keine stichhaltigen Beweise in Richtung Libyen, bis einige als »Detonationsschaden Kategorie eins« eingestufte Stoffreste, die folglich aus dem Innern des Koffers mit der Bombe stammen mussten, bis zu einem Bekleidungsgeschäft in Malta zurückverfolgt wurden. Der Ladenbesitzer erinnerte sich, dass er das Kleidungsstück einem Mann verkauft hatte, der dem mutmaßlichen libyschen Geheimdienstoffizier Abdelbaset Ali Mohmed al-Megrahi ähnlich sah.[48] Eine anschließende Analyse der Gepäckbearbeitung am Flughafen ergab, dass der Koffer mit der Bombe nicht in Heathrow aufgegeben worden war, sondern aus dem Anschlussflug aus Frankfurt stammte. Die dortigen Unterlagen ließen darauf schließen, dass man aller Wahrscheinlichkeit nach ein Gepäckstück von einem Flug aus Malta an Bord der Maschine geladen hatte. Einige Monate später wurde ein winziges Fragment eines Schaltkreises von einem Gerichtsmediziner in einem der verkohlten Kleidungsstücke gefunden – dem Kragen eines Hemdes – und von dem besten Sprengstoff- und Waffenexperten des Service als Bestandteil eines aus der Schweiz stammenden

Langzeitzünders identifiziert. Andere Hinweise ließen vermuten, dass der libysche Geheimdienst und ein Vertreter einer libyschen Fluggesellschaft den Koffer mit der Bombe an Bord des Flugs aus Malta gebracht hatten.[49]

Zum damaligen Zeitpunkt konnte das zwar niemand vorhersagen, doch die Tragödie von Lockerbie markierte den Höhepunkt des libyschen Terrors gegen westliche Ziele und nicht die erste Phase eines neuerlichen und besonders mörderischen Feldzugs. Gaddhafi hatte den Status als internationaler Paria allmählich satt und signalisierte erstmals den Wunsch, sich von seiner terroristischen Vergangenheit zu distanzieren.[50] Nach langwierigen und beschwerlichen Verhandlungen zwischen Großbritannien und Libyen wurden al-Megrahi und ein weiterer angeblicher libyscher Nachrichtenoffizier, Lamen Khalifa Fhimah, wegen ihrer Beteiligung an der Katastrophe von Lockerbie vor ein schottisches Gericht mit Sitz in den Niederlanden gestellt. Im Januar 2001 wurde al-Megrahi schuldig gesprochen und zu lebenslanger Haft verurteilt. Fhimah wurde freigesprochen. Ohne die Analyse der nachrichtendienstlichen Spuren durch den Security Service und die Nutzung seiner internationalen Kontakte hätten die Beweise für eine Verurteilung al-Megrahis nicht ausgereicht.[51]

Internationale Kontakte hatten auch maßgeblichen Anteil an den Abwehrmaßnahmen des Security Service gegen die PIRA. Im Jahr 1988 machten Mitarbeiter der Abteilung G5 mehr als 50 Besuche mit einer Dauer von insgesamt 250 Tagen bei neun verschiedenen europäischen Sicherheits- und Geheimdienstbehörden. Am Ende des Jahres meldete die Abteilung: »Fast alle verbündeten Dienste haben erklärt, dass sie darauf zählen, dass der Security Service bei Angelegenheiten des irischen Terrorismus die führende Rolle übernimmt und eine koordinierende Rolle bei der Wahl der Reaktion auf konkrete Bedrohungen spielt.«[52]

Nach dem Scheitern der Gibraltar-Operation bemühten sich die Provisionals darum, zu beweisen, dass sie immer noch imstande waren, gegen britische Ziele auf dem Kontinent Anschläge zu verüben. In Ferienhäusern unter Tarnung lebende Kampfeinheiten schickten sich an, britische Militärstützpunkte und Militärs in den Niederlanden, Deutschland und Belgien auszukundschaften und anzugreifen. In einer zweieinhalb Jahre dauernden Anschlagserie, die im

Mai 1988 begann, tötete die PIRA acht britische Militärangehörige und deren Familienmitglieder, aber während derselben Zeit wurden auch 15 ASU-Mitglieder verhaftet oder erschossen.[53] Die Direktorin von Branch G schrieb später: »Am Ende beschloss die Provisional IRA, dass ihre europäischen Operationen wegen der Verluste, die sie erlitten, die Kosten nicht wert seien ...«[54] Darüber hinaus blieb den Provisionals die Demütigung nicht erspart, sich in aller Öffentlichkeit für mehrere verpfuschte Anschläge zu entschuldigen, unter anderem für den Mord an zwei australischen Touristen in der holländischen Stadt Roermond im Mai 1990.[55] Für den Security Service hatte die weitgehend erfolglose Bombenkampagne auf dem Kontinent den wertvollen Nebeneffekt, dass die Zusammenarbeit mit anderen europäischen Sicherheits- und Nachrichtendiensten intensiviert wurde. Stephen Lander, damals Chef von Abteilung G5, schrieb 1990:

> Seit 1988 dominiert die PIRA den Austausch von Informationen zu Terrorgruppen unter den Geheimdiensten im Zentrum Westeuropas. Beide französischen Dienste, die Belgier, die Holländer, die Dänen und die Deutschen verfügen mittlerweile allesamt über Mitarbeiter, die sich Vollzeit mit der PIRA beschäftigen, während an der Peripherie die Portugiesen, Spanier, Italiener, Österreicher, Schweden und Norweger dann der PIRA Ressourcen zuteilen, wenn sie um Unterstützung gebeten werden ... Bei all dem arbeiten europäische Dienste eng mit dem Security Service zusammen.[56]

Aufgrund der verbesserten Zusammenarbeit zwischen dem Security Service und dem FBI konnte der Geheimdienst am Ende des Jahrzehnts einen großen Erfolg gegen die Beschaffung von Hightech-Waffen aus den Vereinigten Staaten verbuchen. Im Jahr 1989 verhaftete das FBI Richard Clark Johnson, einen Experten für elektronische Abwehrmaßnahmen mit der Freigabe für »Top Secret«-Materialien, der für einen großen amerikanischen Rüstungsbetrieb arbeitete, Martin Peter Quigley, einen irischen Elektronikexperten einer Softwarefirma in Philadelphia, Christina Leigh Reid, eine Computertechnikerin aus Kalifornien, und Gerald Hoy, einen Dozenten für Computertechnik in Philadelphia.[57] Sie wurden später wegen Verstoßes gegen das Bundesgesetz zur Kontrolle von Waffenexporten zu Haftstrafen von 10 und 8 Jahren, 41 Monaten und 2 Jahren verurteilt. Von Johnson, dem ersten, gegen den ermittelt wurde, glaubte der Security Service, dass er seit 1978 mit der PIRA in Kontakt stand. Der erste Durchbruch bei der langen Ermittlung, die in den Schuldsprüchen mündete, gelang, weil es den Waffenexperten des Security Service gelang, die Bestandteile der PIRA-Waffen zur Quelle zurückzuverfolgen. Im Jahr 1984 wurde der frequenzempfindliche Schalter FX401, den das Engineering Department der PIRA verwendete, um die funkgesteuerten Bomben vor Gegenmaßnahmen durch die Sicherheitskräfte zu schützen, bis zu einem englischen Hersteller verfolgt. Eine Untersuchung durch die MPSB auf Bitten des Security Service hin ergab, dass eine Bestellung von 50 Schaltern über das amerikanische Tochterunternehmen des Herstellers an Richard Clark Johnson in Kalifornien geschickt worden war.[58] Dass die Ermittlung in den folgenden fünf Jahren fortgesetzt wurde, trotz unzähliger Schwierigkeiten bei der Beschaffung des für eine erfolgreiche Strafverfolgung unerlässlichen Beweismaterials, war weitgehend der Hartnäckigkeit des Haupt-Waffenexperten zu verdanken.[59]

Nach der Verurteilung von Johnson, Quigley, Reid und Hoy im Jahr 1990 dankte das FBI dem Security Service für die Unterstützung in einer langjährigen Ermittlung, deren »erfolgreiche Strafverfolgung in den Vereinigten Staaten auf eine hervorragende, internationale Kooperation angewiesen« war.[60] »Dieser Erfolg hat«, so wurde angenommen, »erheblich der Fähigkeit der PIRA geschadet, neue Typen ferngesteuerter Bomben zu bauen, und hat ein Programm für die Entwicklung von Flugabwehrraketen völlig über den Haufen geworfen.«[61]

Doch selbst nach den mehrfachen operativen Erfolgen des MI5 und der Sicherheitskräfte gegen die PIRA Ende der achtziger Jahre war der Sieg noch lange nicht in Sicht. Wie der Rechtsberater des Security Service widerwillig einräumte, befand sich die Führung der Provisionals im Grunde außerhalb der Reichweite des Gesetzes, weil es so gut wie unmöglich war, genügend vor Gericht verwendbare Beweise für ein Strafverfahren zusammenzutragen:

> Wenn man alle über den irischen Terrorismus gesammelten Informationen zusammennimmt, so sind sämtliche Führungsper-

sönlichkeiten, die Mehrheit der Aktivisten und Details vieler Operationen bekannt. Wenn man diese Informationen in Beweismaterial umwandeln könnte, dann sollte es als wirksame Abschreckung dienen, indem es unzählige erfolgreiche Strafverfahren ermöglichen würde. Aber in 20 Jahren Terror sind die Chefetagen der Terroristen zu einem Fels geworden, dessen Stabilität die Reihen stärkt, neue Rekruten anlockt und für einen stetigen Geldfluss sorgt.[62]

Am Ende der Ära Thatcher lagen eindeutige Hinweise vor, dass die Provisionals eine neue Anschlagserie auf dem Kernland vorbereiteten. Im Frühjahr und Sommer 1990 trug die PIRA die Verantwortung für 15 (überwiegend kleine) Bombenanschläge und Schießereien auf dem Kernland.[63] Das bekannteste Opfer war Ian Gow, der konservative Abgeordnete für Eastbourne, der am 30. Juli von einer Bombe getötet wurde, als er seinen Wagen auf der Einfahrt seines Hauses startete. Gow wurde vermutlich als Ziel ausgewählt, weil er ein lautstarker, langjähriger Kritiker der PIRA und zugleich ein Freund von Margaret Thatcher war. Die Premierministerin empfand einen »tiefen persönlichen Schmerz«: »Als ich davon erfuhr, musste ich daran denken, dass meine Tochter Carol am vorausgegangenen Wochenende mit Ian in seinem Auto zu seinem Haus gefahren war, um den Hund der Gows spazieren zu führen; sie hätte ebenfalls getötet werden können.«[64] Am 18. September wurde der Luftwaffengeneral Sir Peter Terry, Gouverneur auf Gibraltar während der Operation FLAVIUS, in seinem Haus in Staffordshire angeschossen. Am nächsten Tag schrieb Mrs. Thatchers Privatsekretär Charles Powell an das Innenministerium:

Die Premierministerin ist überaus empört über die jüngste Steigerung der PIRA-Anschläge oder Anschlagsversuche auf dem Kernland, die offenbar sowohl auf eine Intensivierung ihrer Kampagne als auch auf einen Wechsel der Taktik mit verstärktem Einsatz von Feuerwaffen schließen lässt. Ihrer Meinung nach sollten die Minister dringend prüfen, ob die bestehenden Maßnahmen sowohl zum Schutz der in Frage kommenden Opfer als auch zur Ergreifung der Verantwortlichen und zur Abschreckung vor weiteren Anschlägen ausreichend sind.[65]

Die Antwort des Innenministeriums[66] bezeichnete Mrs. Thatcher als »lasch« und selbstgefällig.[67] Bei einem Treffen mit Ministern, dem Generaldirektor und dem Polizeikommissar von London am 25. Oktober, einen Monat vor ihrem Abschied, erklärte die unzufriedene Premierministerin, »dass die zur Ermittlung und Bekämpfung der PIRA-Aktivität auf dem britischen Kernland unternommenen Schritte, nicht ausreichend gewesen waren«.[68]

Der spätere Generaldirektor Stephen Lander argumentierte eine Zeitlang, die MPSB werde bei der Abwehr der Bedrohung durch die PIRA durch ihren »natürlichen Wunsch« behindert, »Verbrecher zu verfolgen, statt Informationen zu beschaffen«. »Die Polizei sollte uns die Aufklärungsarbeit überlassen, während sie in Gestalt der SO13 [Antiterrorabteilung] das tun sollte, wofür sie weltweit respektiert wird: die Ermittlungen nach dem Verbrechen.«[69] Die Führung des Security Service sympathisierte mit Landers Argumentation, konnte sich aber nicht zu einem Versuch durchringen, der MPSB die Führungsrolle bei der Aufklärung auf dem Kernland abzunehmen. Der Stellvertretende Generaldirektor (Operationen) Julian Faux setzte im Januar 1990 seinem Chef Sir Patrick Walker auseinander:

> Wir haben im Laufe der letzten 18 Monate unablässig das Innenministerium auf unsere Besorgnis bezüglich der Fähigkeit der MPSB hingewiesen, effektiv im Zusammenhang mit der PIRA-Bedrohung auf dem Kernland zu ermitteln und die diesbezüglichen Informationen auszuwerten. Gleichzeitig haben wir deutlich gemacht, dass wir nicht den Wunsch hatten, unnötig unsere sich bessernden Beziehungen zur MPSB in der irischen Frage zu belasten.[70]

Wenn der Security Service die Führungsrolle übernehmen würde, so wäre das »vielleicht die ideale Lösung, aber derzeit völlig undurchführbar, weil wir nicht über die nötigen Ressourcen verfügen«.[71] Walker stimmte ihm zu und sagte dem Kabinettssekretär Sir Robin Butler: »Der Service akzeptiert, dass die MPSB auf dem Kernland die Führungsrolle hat und sie auch behalten sollte.«[72]

In Anbetracht der internationalen Entspannung, der abnehmenden Bedeutung der Subversion und der wachsenden Bedrohung durch Terrorgruppen gelangte Sir Tony Duff als Generaldirektor zu der Schlussfolgerung, dass sowohl der Security Service als auch

Whitehall die Prioritäten der Arbeit in der Gefahrenabwehr überprüfen müssten. Schon im Dezember 1986 hatte Duff in einem Brief an den Kabinettssekretär Sir Robert Armstrong das Feld für eine grundlegende Reform der Sicherheitsüberprüfungen bereitet. Er meldete, dass der Service im Jahr 1985 mehr als 327 000 Anfragen bearbeitet habe, was rund 700 000 Einzelprüfungen in den Akten entsprach. Die Gesamtzahl der Arbeitsstunden, die für diese Aufgabe verwendet wurden, belief sich auf 64 Jahre. Nur in 913 Fällen (0,28 Prozent der eingereichten Anfragen) hatte der Service sicherheitspolitische Bedenken geäußert.[73] Ein im November 1988 abgeschlossener Rückblick akzeptierte »mit Blick auf die abnehmende Bedrohung durch Subversion und die wachsende Gefahr von Terrorgruppen« die Notwendigkeit, »dafür zu sorgen, dass die den Sicherheitsüberprüfungen gewidmete Energie im Einklang mit der Bedrohung steht«. Die bislang heimlich durchgeführte Sicherheitsüberprüfung sollte durch ein offenes Zweiphasen-System ersetzt werden: ein Zuverlässigkeitstest für den Zugang zu vertraulichem Material und eine positive Überprüfung für Zugang zu geheimen Informationen. Eine neue Prüfkategorie, der Antiterrortest (englisch: CTC), wurde für Personen eingeführt, die zwar nicht zu klassifiziertem Material zugelassen waren, aber Zugang zu nicht klassifizierten Zielen oder anderen Informationen hatten, die für Terroristen von Interesse waren, oder die regelmäßig ohne Begleitung das Verteidigungsministerium und andere mutmaßliche Terrorziele aufsuchten. Dadurch, dass der Security Service nach dem Unbedenklichkeitssystem, das 1990 endlich verabschiedet wurde, mit den Sicherheitsüberprüfungen nichts mehr zu tun hatte, verringerte sich die Arbeitsbelastung drastisch: von 360 000 Anfragen im Jahr 1990 auf rund 250 000 ein Jahr später. In einem Memorandum des Innenministeriums von 1990 hieß es, fast schon wehmütig:

> Die auffälligste Veränderung ist, dass fast 100 Organe, die noch unter die alten Kriterien zur Prüfung in den Akten des Security Service fielen, jetzt nicht mehr zu den Kriterien gehören … Zu den alten Freunden, die nicht mehr auftauchen, zählen das nationale Busunternehmen, die ländliche Entwicklungskommission, der Sportrat und der Rat zur Landwirtschafts- und Ernährungsforschung.[74]

F Nach dem Kalten Krieg

1
Religiös motivierter Terror

Wie tausend andere ausländische Muslime reiste Osama bin Laden, der Sohn eines saudischen Milliardärs und der gefährlichste religiöse Fanatiker in der Geschichte des zeitgenössischen Terrorismus, in den achtziger Jahren nach Afghanistan, um am Dschihad* gegen die sowjetische Besatzungsmacht teilzunehmen.

»Unsere Religion«, so teilte er später dem Magazin *Time* mit, »weist denjenigen, die am Heiligen Krieg teilgenommen haben, einen besonderen Platz im Jenseits zu. Ein Tag Afghanistan war wie tausend Tage der Gebete in einer Moschee.«[1] 1988 gründete er die Terrororganisation Al-Qaida (»die Basis«), um den Dschihad nach Ende des Krieges außerhalb Afghanistans fortzusetzen.[2] Auf bin Laden erstmals aufmerksam wurde der Security Service im Januar 1993 im Zusammenhang mit einem versuchten Mordanschlag auf ein Mitglied des Politbüros der Jemenitischen Sozialistischen Partei – für ihn vom Glauben Abgefallene – im Dezember 1992 und mit Bombenanschlägen, die sich gegen US-Soldaten in zwei Hotels in Aden richteten. Bei Letzteren starben ein australischer Tourist und ein jemenitischer Hotelangestellter. Die Attentäter wurden gefasst und gestanden, dass die Operationen von der Terrorgruppe Ägyptischer Islamischer Dschihad (auch Al-Dschihad) unter Führung von Ayman al-Zawahiri (bin Ladens späterem Stellvertreter) organisiert und von bin Laden finanziert worden waren.[3] Bin Laden und die Anschläge im Jemen erregten zu diesem Zeitpunkt bei den Geheimdiensten beiderseits des Atlantiks noch kaum Aufmerksamkeit.[4] Trotz der ab Anfang 1993 eingehenden Berichte über den Saudi legte der Security Service zu bin Laden erst zwei Jahre später eine reguläre Akte an.

---

* Die meisten Muslime begreifen den Dschihad hauptsächlich als einen gewaltfreien Kampf, zum Beispiel als spirituelles Ringen um eine bessere Lebensführung. Dagegen ist Osama bin Laden vom Dschihad als einem Heiligen Krieg besessen.

Nach einer 1994 in Auftrag gegebenen, breit angelegten internen Studie des MI5 mit dem Titel »Die Ursprünge des Terrorismus« ging vom transnationalen islamistischen Terrorismus, der den Dienst im ersten Jahrzehnt des 21. Jahrhunderts beschäftigen sollte, noch keine ernsthafte Bedrohung aus. »Religiöser Terrorismus«, so die Bilanz, werde nur dann zu einer »starken« Kraft, wenn er mit nationalen Interessen verknüpft sei.[5]

Für den Großteil der neunziger Jahre glaubte man im Security Service, dass die größte terroristische Bedrohung mit Ausnahme des irischen vom staatlich finanzierten Terror des Nahen Ostens ausgehe.[6] Als wichtigster Akteur dieses Staatsterrorismus in Großbritannien galt damals das iranische Ministerium für Information und Sicherheit (MOIS). Zu dessen häufigsten Zielen zählten kurdische Oppositionelle, von denen zwischen 1989 und 1997 mindestens 17 ermordet wurden. Als prominentestes Opfer im Ausland starb 1991 in Paris Schapur Bachtiar, der letzte Premierminister des Schahs. Er war ein Gegner der Islamischen Republik gewesen, die zwölf Jahre zuvor von Ajatollah Khomeini errichtet worden war.[7] Dass keiner der Morde auf britischem Boden stattfand,[8] war wahrscheinlich der Tatsache zu verdanken, dass der Security Service und die Special Branch die Operationen des MOIS erfolgreich überwachten.

Die wichtigste Zielscheibe der Operationen des MOIS in Großbritannien – manche in Verbindung mit der verbündeten libanesischen schiitischen Hisbollah (»Partei Gottes«)[9] – in den neunziger Jahren war der britische Schriftsteller indischer Herkunft Salman Rushdie. Er hatte 1988 den Roman *Die Satanischen Verse* veröffentlicht, die an eine (für Muslime beleidigende) mittelalterliche Legende anknüpfen, wonach einige Koranverse vom Satan inspiriert und von Mohammed später gestrichen worden seien. Im Februar 1989, vier Monate vor seinem Tod, belegte der Ajatollah Rushdie und seine Verleger mit einer Fatwa, in der sie wegen Gotteslästerung zum Tod verurteilt wurden: »Ich rufe die glaubenseifrigen Muslime dazu auf, sie rasch zu richten, wo immer sie sie finden, sodass den Islam niemand mehr zu beleidigen wagt.« Angesichts dieser »lautesten Todesdrohung in der Geschichte« tauchte Rushdie mithilfe der Special Branch unter. Wenige Tage nach Veröffentlichung der Fatwa sah er im Fernsehen, wie in Pakistan Tausende skandierend durch die Straßen zogen und sein Bild verbrannten.[10]

Schon zuvor waren unter britischen Muslimen Proteste ausgebrochen, die sich jetzt nach der Fatwa drastisch verschärften. Am 27. Mai 1989 demonstrierten 20 000 Muslime aus ganz Großbritannien in London gegen den Schriftsteller. Auf mehrere Buchläden, die den Roman verkauften, wurden Brandanschläge verübt. Die amateurhafte Ausführung sprach allerdings gegen die Beteiligung einer etablierten Terrorgruppe.[11] Die Hasskampagne gegen Rushdie, deren Bedeutung damals unterschätzt wurde, bildete den Auftakt zur Radikalisierung einer Minderheit junger britischer Muslime.

Eine größere Bedrohung für Rushdies Leben bildeten allerdings die Operationen des MOIS.[12] Deren Ernsthaftigkeit zeigten 1991 zwei Messerattacken gegen den japanischen und den italienischen Übersetzer der *Satanischen Verse*. Während der Japaner starb, überlebte der Italiener. 1993 wurde der norwegische Verleger bei einem Anschlag mit einer Schusswaffe verletzt.[13]

Im Mai 1992 erfuhr der MI5, dass Mehdi Seyed Sadighi von der Londoner Niederlassung des MOIS den Auftrag erhalten hatte, Informationen zu Rushdies Verbleib zu sammeln. Sadighi und ein weiterer Mitarbeiter des MOIS, der als Student getarnt operierte, wurden ausgewiesen.[14] In den nächsten Monaten stieß der MOIS gegen Rushdie eine ganze Serie von Operationen an,[15] die sich in unregelmäßiger Folge das gesamte Jahrzehnt über fortsetzten.[16] Dass alle scheiterten, während der MOIS auf dem Kontinent erfolgreich Mordanschläge ausführte, verdankte Rushdie wahrscheinlich dem erstklassigen Personenschutz in Kombination mit guter Geheimdienstarbeit.

Stella Rimington, die Generaldirektorin des MI5, erklärte im Juni 1994 auf der Dimbleby Lecture, einer im Jahresturnus stattfindenden Vortragsreihe: »Britische Interessen sind durch den Terrorismus internationalen Ursprungs weniger bedroht als in den achtziger Jahren.« Nur einen Monat später explodierten in London Autobomben vor der israelischen Botschaft und einer jüdischen Wohltätigkeitsorganisation. Die Sprengstoffanschläge waren nach dem Kalten Krieg die ersten in Großbritannien, die nicht von der IRA ausgingen. Der erste Verdacht fiel auf die Hisbollah – wegen eines geplanten Anschlags auf die israelische Botschaft, den der Security Service hatte vereiteln können.[17] Spätere nachrichtendienstliche Erkenntnisse zeigten allerdings, dass die Hisbollah zwar einen weiteren Anschlag geplant hatte, doch zu ihrer Überraschung und Verärgerung war ihr eine säkulare Palästinensergruppe zuvorgekommen.[18] Zwei ihrer Mitglieder wurden später zu 20 Jahren Haft verurteilt.[19]

Der Security Service gab weiterhin Warnungen vor dem staatlich finanzierten iranischen Terrorismus aus und teilte den Chefs der Terrorabwehr im Dezember 1995 mit, dass der grenzüberschreitende islamistische Terrorismus dagegen deutlich weniger gefährlich sei:

> Pressemeldungen, wonach ein weltweites radikalislamisches Netzwerk bereit sei, Terroranschläge gegen den Westen zu verüben, sind stark übertrieben ... Der Kontakt zwischen islamistischen Extremisten in verschiedenen Ländern erscheint zurzeit weitgehend opportunistisch motiviert. Dass aus ihm eine starke transnationale Kraft entsteht, ist unwahrscheinlich.[20]

Der Security Service sah in Osama bin Laden hauptsächlich einen Finanzier des Terrors anstatt den aufstrebenden Führer »einer starken transnationalen Kraft«. Woher sein Reichtum stammte, galt in den neunziger Jahren als ein »Mysterium«: »Er besitzt Bauunternehmen etc., aber diese erscheinen nicht groß genug, um die Einkünfte zu erwirtschaften, die zur Finanzierung seiner Organisation notwendig sind.« Berichten, wonach er Geld vom »übrigen Clan der bin Ladens« erhalte, begegnete der Security Service ebenso skeptisch wie anderen, wonach »die Familie seine Ermordung plane«.[21] Die Entscheidung, eine dauerhafte Akte anzulegen, spiegelte die Tatsache wider, dass er in den Geheimdienstberichten immer häufiger auftauchte. So notierte der MI5 im September: »Wohin man bei den Untersuchungen zum islamischen Extremismus – von Kaschmir bis Algerien – auch schaut, der Name bin Laden erscheint überall. Er ist eindeutig eine bedeutende Figur. Deshalb intensivieren wir unsere Bemühungen, seinem Einfluss auf Einzelne und Gruppen in diesem Land auf die Spur zu kommen.«[22]

1995 wurde zur Untersuchung der islamistischen Gefahr eine neue Abteilung eingerichtet. Deren anfängliche Priorität galt allerdings nicht bin Laden, sondern algerischen Terroristen in Großbritannien mit Verbindungen zur algerischen Bewaffneten Islamischen Gruppe

(GIA), die für Bombenanschläge in Frankreich mit 7 Toten und 180 Verletzten verantwortlich gemacht wurde.[23] Ermittlungen des MI5, die auf ein Amtshilfeersuchen des französischen Inlandsnachrichtendienstes DST (Direction de la Surveillance du Territoire) erfolgten und die von der Metropolitan Police Special Branch (MPSB) sowie der Antiterroreinheit der Londoner Polizei unterstützt wurden, führten im Dezember 1995 in London zur Verhaftung von sechs algerischen Extremisten. Einer war an der Finanzierung einer Terrorkampagne in Frankreich beteiligt gewesen.

Eine weitere Operation in Zusammenarbeit mit dem französischen und anderen Geheimdiensten führte in Großbritannien zur Festnahme eines Mannes, der die Beschaffung von Waffen in Europa für die GIA koordiniert hatte.[24] In der Wohnung eines militanten Aktivsten der Organisation tauchten Unterlagen auf, nach denen er Gelder aus bin Ladens damaligem Hauptquartier in Khartum erhalten hatte.[25] Berichten zufolge finanzierte bin Laden zudem Mudschaheddin-Gruppen in Afghanistan und Pakistan sowie al-Zawahiris Ägyptischen Islamischen Dschihad. Allerdings fehlten dem Security Service Hinweise darauf, dass er »auch an der Planung und Ausführung von Terroranschlägen beteiligt« gewesen war.[26] »Sollte bin Laden nach Großbritannien einreisen, so glauben wir nicht, dass er von hier aus Terrorakte anstiften und das Land als Stützpunkt nutzen würde, um terroristische Anschläge zu organisieren. Kaum zweifelhaft ist indes, dass er die Gelegenheit nutzen und radikalislamische Gruppen im Vereinigten Königreich zur Fortsetzung ihrer Aktivitäten ermuntern würde.«[27]

Ende 1995 soll er nach einem – wahrscheinlich falschen (gleichwohl prophetischen) – Geheimdienstbericht »an [...] der Organisation eines Selbstmordanschlags mit Sprengstoff in Großbritannien beteiligt« gewesen sein.[28] Auf Empfehlung des Security Service verhängte das britische Innenministerium im Januar 1996 zum Schutz der nationalen Sicherheit gegen ihn ein Einreiseverbot.[29] Fortgesetzte Berichte in den Medien und sogar von ausländischen Geheimdiensten, wonach er Großbritannien dennoch besucht haben oder dies planen sollte, sorgten im MI5 für Verwirrung.[30] Meldungen des US-Fernsehsenders NBC und des *Evening Standard*, wonach er regelmäßig in einem Privatjet nach London fliege, wies der Dienst als »lächerlich« zurück.[31] Allerdings behauptete später Yossef Bodansky, der Direktor der Arbeitsgruppe des US-Kongresses zum Terrorismus und zur unkonventionellen Kriegführung, bin Laden habe Mitte der neunziger Jahre »im Londoner Vorort Wembley« gewohnt und dort »Eigentum erstanden«.[32] Mit seinen geschätzten zwei Metern Körpergröße, dem langen Bart und fließenden Gewändern wäre er dort allerdings mit Sicherheit aufgefallen.

In den Berichten des Security Service lief bin Ladens Netzwerk bis zum 11. September 2001 nur unter Bezeichnungen wie »bin Laden und seine Gesinnungsgenossen«. Den Namen Al-Qaida gebrauchte er selbst nie öffentlich. Stella Rimington hörte ihn erstmals im März 1996 während ihres Abschiedsbesuchs in den USA wenige Wochen vor ihrer Pensionierung.[33] Sie und der SLO in Washington reagierten verblüfft auf das große Interesse, das bin Laden bei ihren Gastgebern in den USA auslöste. Als sie am 4. März mit dem Nationalen Sicherheitsberater Tony Lake zusammentraf, kam der gleich nach einem anfänglichen Meinungsaustausch über die Provisional Irish Republican Army und die Unruhen in Nordirland auf bin Laden zu sprechen. »Darauf waren wir nicht vorbereitet«, berichtete der SLO, »und konnten nur bestätigen, dass er Berichten zufolge eine bedeutende Rolle als Finanzier des islamistischen Terrors spielte.« Merkwürdigerweise war die Generaldirektorin auf das Treffen schlecht vorbereitet worden. Erst danach erfuhren sie und der SLO, dass wenige Tage zuvor hochrangige CIA-Mitarbeiter aus der Terrorabwehr zu einer Verabredung in Thames House eingetroffen waren. Dabei, so schrieb der SLO verärgert, seien »vermutlich ausgiebig Fragen zu bin Laden erörtert worden«.[34] Allerdings erhielt der Security Service kurz darauf als erste Behörde in Großbritannien und vielleicht sogar im Westen – so meinte man dort jedenfalls – eine Stimmprobe bin Ladens und leitete sie an die Amerikaner weiter, um deren Ermittlungen zu unterstützen.[35]

Die Rolle des Security Service bei der Bekämpfung des staatlich finanzierten Terrors stärkte dessen Ruf in Whitehall. Seine Berichte zum Thema wurden in Regierungskreisen als »äußerst« oder »besonders wertvoll« bewertet. Entsprechend stieg ihr Anteil an den Berichten insgesamt von 33 Prozent 1996/97 auf 52 Prozent 1997/98 an.[36] Der Tenor war zusehends beschwichtigend. So herrschte im Security Service 1998 eine vorsichtige Zuversicht, dass die Bedrohung durch den staatlich finanzierten Terror – außer der gegen

Rushdies Leben – erfolgreich eingedämmt worden sei: »Dies könnte den internationalen Druck widerspiegeln, von Terroraktionen abzulassen. Aber wichtig waren auch das Engagement der Regierung Ihrer Majestät für verschärfte Visumsbestimmungen für identifizierte Geheimdienstmitarbeiter und der kontinuierliche Einsatz von nachrichtendienstlichen Mitteln zur Untersuchung von deren geheimdienstlichen Aktivitäten.«[37]

Im Jahresbericht des Security Service 1997/98, der im Juli 1998 abgeschlossen wurde, tauchte bin Laden erstmals namentlich auf. Die Rede war zudem von einer »bedeutenden Kooperation mit den Amerikanern« in den Ermittlungen gegen ihn.[38] Am 7. August 1998 führte Al-Qaida ihre ersten größeren Terrorangriffe aus – zwei Selbstmordanschläge mit Lastwagen, die mit Sprengstoff beladen waren, auf die US-Botschaft in Nairobi und zehn Minuten später auf die in Daressalam. Erstere wurde fast vollständig zerstört, Letztere schwer beschädigt. Dieses erstmals auftauchende Muster, zeitgleich Selbstmordanschläge gegen verschiedene Ziele auszuführen, sollte am 11. September 2001 in weitaus größerem Maßstab wiederholt werden. In der kenianischen Hauptstadt Nairobi starben 213 Menschen, darunter 12 Amerikaner. Mehrere tausend Personen wurden verletzt, von denen 150 Personen durch herumfliegende Glassplitter ihr Augenlicht verloren. In der tansanischen Stadt Daressalam gab es elf Tote und 85 Verletzte, allesamt Afrikaner.[39] Am 20. August feuerten US-Marineschiffe im Arabischen Meer auf zwei Ziele der Al-Qaida Marschflugkörper von Typ Tomahawk ab: auf ein Terrorausbildungslager in der afghanischen Provinz Khost und auf eine pharmazeutische Fabrik in Khartum, in der nach US-Geheimdienstberichten – finanziert von bin Laden – ein Vorprodukt zur Herstellung von Nervengas gewonnen wurde. Obwohl auch das Ziel in Khost getroffen wurde, überlebte bin Laden den Angriff. Berichten zufolge sollte er das Lager wenige Stunden zuvor verlassen haben. Ob in der sudanesischen Pharmafabrik tatsächlich an der Herstellung von Nervengas gearbeitet worden war, ist bis heute umstritten.[40]

Die Anschläge von Al-Qaida im August 1998 machten erstmals deutlich, dass der staatlich finanzierte Terror, mit dem der Security Service in den Jahren zuvor eingehend Bekanntschaft gemacht hatte, nicht mehr die wichtigste Bedrohung war. Als viel gefährlicher erwies sich jetzt der grenzüberschreitende islamistische Terrorismus, mit dem er weitaus weniger Erfahrung hatte.⁴¹ Sieben Wochen nach den Bombenanschlägen in Ostafrika konnte dank der Überwachung islamistischer Extremisten durch den MI5 ein Anschlag auf die US-Botschaft in Tirana verhindert werden. Hinter den Plänen steckte al-Zawahiris Ägyptischer Islamischer Dschihad. Ende Juli hatte der Security Service Informationen erhalten,⁴² wonach Ibrahim Eidarous, der Chef der Gruppe in Großbritannien, die Dschihad-Kämpfer in Albanien angewiesen hatte, zur Vorbereitung eines Anschlags die dortige US-Botschaft auszukundschaften. Am 23. September wurden Eidarous und fünf andere Mitglieder in London festgenommen. Weitere Verhaftungen folgten am 2. Oktober in Turin. In Tirana kam ein Dschihad-Kämpfer ums Leben, als er sich seiner Festnahme zu entziehen versuchte. Der Security Service berichtete:

> Da die wichtigsten Akteure in Großbritannien und in Albanien inzwischen ausgeschaltet sind, dürften die Pläne eines Anschlags gegen die Botschaft hinfällig geworden sein. Eidarous hat ausgesagt, dass ein separates Team nach Albanien einreisen würde, um den Anschlag auszuführen. Aber ohne eine unterstützende Infrastruktur vor Ort und mit nur unvollständigen Grundinformationen halten wir eine Ausführung für schwierig.⁴³

In seinem Jahresbericht 1998/99 setzte der Security Service den vereitelten Anschlag auf die US-Botschaft in Tirana ganz oben auf die Liste seiner diesjährigen »Erfolge gegen den internationalen Terrorismus«, warnte aber vor künftigen größeren Bedrohungen.⁴⁴ Im Jahr nach den Angriffen auf die Botschaften in Ostafrika verdichteten sich die Hinweise darauf, dass »bin Laden und seine Gesinnungsgenossen« weit verstreute Anschläge auf US-Ziele am Golf, im Nahen Osten, in Zentralasien, in Südostasien, auf dem indischen Subkontinent, in Europa, in Nordamerika und in Ost-, West- und Zentralafrika planten. Nach einem Bericht des Security Service vom 21. Juli 1999 sprachen »geheimdienstliche Erkenntnisse für eine Verstrickung bin Ladens in Pläne für Bombenanschläge, den Einsatz biologischer Waffen, Entführungen von Personen sowie Flugzeugen und Raketenangriffe auf Flugzeuge. Die meisten Hinweise sprechen für Angriffe gegen US-Botschaften, obwohl es Berichte gibt, wonach bin Laden jetzt auch das Vereinigte Königreich als ein Hauptziel ansieht.«

Unter dem starken Eindruck dieser Hinweise schlossen die USA im Juni 1999 ihre Botschaften in Gambia, im Senegal, in Liberia, Madagaskar und Namibia. Mit Ausnahme Liberias folgten die Briten dem Beispiel. Im Security Service grübelte man darüber nach, warum es so viel mehr Berichte über Bedrohungslagen als tatsächliche Anschläge gab:

> Die verbündeten Geheimdienste haben von Osama bin Ladens terroristischem Planungsprozess kein klares Bild. Selbst die Erkenntnisse aus den zuverlässigsten Quellen bestehen in dieser Frage gewöhnlich nur aus einer Momentaufnahme zu einem vorgeschlagenen Plan in der Diskussion. Die meisten Berichte geben keine Auskunft darüber, wie ausgereift der Plan ist. Nur selten werden Personen benannt, die an einem geplanten Anschlag teilnehmen sollen.

Nach den Anschlägen auf die Botschaften von Nairobi und Daressalam hatte sich bin Laden mit weiteren Terrorangriffen zurückgehalten. Dies bedeutete freilich nicht, dass entsprechende Warnungen unbegründet waren: »Die Hinweise [...] spiegeln vielleicht eher Zielsetzungen und Planungen im Anfangsstadium als voll ausgereifte Anschlagspläne wider.« Einige Anschläge waren möglicherweise durch die Verhaftung islamistischer militanter Kämpfer in Albanien, Ägypten, Äthiopien, Mauretanien und Tadschikistan vereitelt worden. Zudem herrschte im Security Service die Überzeugung, dass manche Terrorwarnungen auf Falschinformationen beruhten, die bin Laden ausgestreut hatte. So soll einem Bericht zufolge ein hochrangiges Mitglied des Ägyptischen Islamischen Dschihad verlautbart haben, dass die US-amerikanischen und die britischen Botschaften in Afrika, die im Sommer 1998 geschlossen worden waren, nie auf der Liste möglicher Ziele gestanden hätten. Osama bin Laden habe nur psychologische Kriegführung betrieben, um »die Amerikaner und Briten das Fürchten zu lehren«.[45]

Seit 1995 war ein Innendienstmitarbeiter der Branch G eigens damit beschäftigt, die Radikalisierung unter den Muslimen in Großbritannien zu untersuchen – eine Entwicklung, die den Security Service zu Anfang des 21. Jahrhunderts stark beschäftigen sollte.[46] Im Jahresbericht des MI5 1998/99 wurde das Problem hervorgehoben:

> In den letzten Jahren haben wir viel darüber nachgedacht, wie wir in Großbritannien Personen, die radikalislamische Ansichten entwickeln, ausmachen und sie davon abhalten können, sich anschließend an Terroraktionen zu beteiligen. Für uns besteht die Herausforderung darin [...], die Verbindungen und bedingenden Faktoren in Großbritannien vorherzusagen, die junge Muslime in militante Extremisten verwandeln. Dabei müssen wir aber [...] auf religiöse und rassische Empfindlichkeiten Rücksicht nehmen. Kurz, wir müssen verstehen, wie Einzelpersonen, die sich im Inland vom militanten Islam angezogen fühlen, im Ausland zu Terroristen oder zu potenziellen Terroristen werden. Und wir müssen Wege finden, diese Verbindung zu unterminieren.[47]

Nach wie vor fehlte dem Security Service der Weitblick, um zu erkennen, dass »militante Extremisten« nicht nur im Ausland, sondern auch in Großbritannien Terroranschlägen verüben könnten. Dass der islamistischen Bedrohung im Dienst eine immer höhere Priorität zukam, zeigte sich allerdings darin, dass im Herbst 1998 Jonathan Evans, ein Senkrechtstarter seiner Generation, zum G9 (Chef der Branch G, Terrorabwehr Naher Osten) ernannt wurde. Evans hatte 1980 an der Universität Bristol ein Studium in Altertumswissenschaften abgeschlossen und war in den Security Service eingetreten. An seinem ersten Tag in der Gower Street wurde er von einem älteren Offizier mit den Worten begrüßt: »Ach, so ein junger Intellektueller!« – »Das Netteste, was man je über mich gesagt hat«, erinnert sich Evans.[48] Neun Jahre nach seiner Ernennung zum G9 wurde er Generaldirektor des MI5.

Wie sämtliche westlichen Nachrichtendienste trafen die Anschläge vom 11. September auf New York und Washington den Security Service ohne jede konkrete Vorwarnung. Im Sommer 1999 hatte er in einem Bericht die Hindernisse, die einem Anschlag von Al-Qaida in Nordamerika entgegenstanden, leicht übertrieben so dargestellt: »Die geheimdienstlichen Erkenntnisse deuten darauf hin, dass Osama bin Laden zwar einen Anschlag in den USA anstrebt, sich aber bewusst ist, dass es seine Organisation hier mit einem schwierigen operativen Umfeld zu tun hat.«[49] Inzwischen ist bekannt, dass zur Zeit der Abfassung des Berichts Khalid Sheikh Mohammed bereits mit den Planungen zu den Anschlägen vom 11. September beschäftigt war – mit persönlicher Beteiligung Osama bin Ladens. Der Chefplaner dieser Anschläge lag damals noch »außerhalb des Radars« des britischen Inlandsgeheimdienstes,[50] hatte aber seinen Neffen Ramzi Yousef 1993 bei den Planungen und der Finanzierung des ersten – misslungenen – Versuchs unterstützt, einen Turm des New Yorker World Trade Centers zum Einsturz zu bringen. Zudem war Khalid Sheikh Mohammed an der gescheiterten Operation Bojinka beteiligt gewesen, bei der Anfang 1995 zwölf Passagierflugzeuge über dem Pazifik durch Bomben zum Absturz hätten gebracht werden sollen. Von dem gescheiterten Anschlag auf das WTC 1993 war in den USA vor allem das rätselhafte Verhalten eines Beteiligten in Erinnerung geblieben: Mohammed Salameh, der den Lastwagen für den Sprengstoffanschlag angemietet hatte, verlangte nach der Tat seine Kaution von 400 Dollar mit der Behauptung zurück, das Fahrzeug sei ihm gestohlen worden. Eher in Vergessenheit geriet anschließend die technische Findigkeit Ramzi Yousefs, der den Sprengstoff so positioniert hatte, dass die Detonation sieben Decken des WTC durchschlug. Wie durch ein Wunder riss sie nur sieben Menschen in den Tod, verletzte allerdings rund 1000 weitere.[51] Die Sicherheitsvorkehrungen auf den US-Flughäfen, die die Selbstmordattentäter am 11. September 2001 benutzen sollten, rechtfertigten kaum die Behauptung des Security Service, wonach bin Laden in den USA auf »ein schwieriges operatives Umfeld« stoßen würde. In den Jahren zuvor hatte die US-Luftfahrtbehörde am Bostoner Logan Airport, von dem aus zwei der entführten Flugzeuge starteten, wiederholte Verstöße gegen Sicherheitsbestimmungen bemängelt.[52]

Im Juli 2000 entdeckte der Security Service bei einer Operation mit dem Codenamen LARGE eine erste Bombenfabrik von Islamisten in Großbritannien. Der aus Bangladesch stammende britische Muslim Moinul Abedin aus Birmingham hatte erwiesenermaßen Waffen und Sprengstoff zu kaufen versucht. Seine Verhaftung erfolgte am 17. November – zusammen mit dem Chemiker Dr. Faisal Mustafa. Mustafa, ebenfalls Muslim, wurde verdächtigt, Abedin in der Herstellung von Sprengstoff unterwiesen zu haben.[53] Wie sich im Prozess herausstellte, waren an der Observierung beider Männer 15 Mitarbeiter des Security Service beteiligt gewesen. Im Gerichtssaal sagte ein Teamleiter des Bereichs A hinter einer Schutzwand aus, dass Abedin im Team den Codenamen PIVOTING DANGER (ungefähr: »schwebende Gefahr«) erhalten hatte. Die Behauptung, er habe nur ein Geschäft mit Feuerwerkskörpern eröffnen wollen, nahmen die Richter dem Angeklagten nicht ab: Er erhielt 20 Jahre Haft. Mustafa wurde freigesprochen.[54]

Bei seiner Verhaftung ging man davon aus, dass Abedin keine Verbindungen zu Al-Qaida habe, ja nicht einmal »zu einer besonderen islamistischen Gruppe oder einem entsprechenden Netzwerk«, wie Generaldirektor Sir Stephen Lander Mitarbeitern des Geheimdienstes mitteilte. Gegen welche Ziele sich der mutmaßliche Sprengstoffanschlag hätte richten sollen, blieb im Dunkeln.[55] Die Überzeugung, dass es sich um einen unorganisierten Einzeltäter handle, hielt sich bis zu Abedins Verurteilung 2002. Später gab es im Security Service unterschiedliche Meinungen, ob es doch eine Verbindung zu Al-Qaida geben könne. Wie Dame Eliza Manningham-Buller in einer Rede zugab, hatte dort eine Zeitlang die Überzeugung geherrscht, LARGE habe eine Al-Qaida-Operation aufgedeckt, bei der »im Vereinigten Königreich eine große Bombe hätte explodieren sollen«.[56] Weitere Ermittlungen führten dagegen zu dem Ergebnis, dass die Operation zwar von der globalen Dschihad-Ideologie Al-Qaidas inspiriert gewesen war, dass aber nichts darauf hindeutete, dass »Al-Qaida die Operation für sich reklamiert oder sie geleitet« habe.[57]

Lange vor dem 11. September 2001 herrschte die Einschätzung vor, dass die größte potenzielle Bedrohung durch bin Laden auf lange Sicht von dessen Bestreben ausgehe, chemische, biologische, radiologische und sogar atomare Waffen zu erwerben. In der CIA war man überzeugt, dass der Anschlag mit dem Nervengas Sarin, den die fanatische japanische Aum-Sekte im März 1995 auf die Tokioter U-Bahn verübt hatte, Al-Qaida tief beeindruckt hatte. Die Terrororganisation »sah den Anschlag als Vorbild, um eigene Ziele zu erreichen«.[58] Allerdings verfügte sie bis dahin nur über rudimentäre Kenntnisse in Sachen Nuklearmaterial. Nach nachrichtendienstlichen Erkenntnissen vom Herbst 1999 fiel bin Laden auf einen Betrug herein, der seit einem Vierteljahrhundert üblich war: Er kaufte »Rotes Quecksilber«, eine Substanz, die Uranoxid physikalisch ähnelt, chemisch aber völlig verschieden ist.[59]

Heute ist bekannt, dass der Security Service ein Jahr vor den Anschlägen vom 11. September – ohne dass er es damals wusste – einen Versuch Al-Qaidas vereitelt hatte, biologische Waffen zu entwickeln: Im September 2000 hatte der pakistanische Mikrobiologe Rauf Ahmad in Großbritannien an einem Kongress zu gefährlichen Krankheitskeimen teilgenommen, andere Teilnehmer um Proben gebeten und sich um die Beschaffung eines Bioreaktors sowie eines Zellzählers bemüht. Wegen dieses Interesses wurde der Security Service eingeschaltet. Als bei seiner Ausreise aus Großbritannien sein Gepäck durchsucht wurde, kamen 13 000 britische Pfund – angeblich zum Kauf von Ausrüstung –, Unterlagen zu Kontakten (u. a. zu britischen Firmen) und ein Lebenslauf zum Vorschein. Nach Letzterem hatte Ahmad an einer pakistanischen Universität einen Doktortitel erworben, bereits 1997 und 1999 Kongresse in Großbritannien besucht und wissenschaftliche Artikel zum Milzbranderreger Anthrax veröffentlicht. Mitarbeiter des Security Service besuchten die britischen Firmen, zu denen Ahmad Kontakt aufgenommen hatte, worauf diese alle Geschäftsbeziehungen zu ihm abbrachen.[60]

Ahmads Besuche in Großbritannien hatten weitaus größere Bedeutung, als es damals den Anschein hatte. Ihr eigentlicher Zweck kam erst nach den Anschlägen vom 11. September 2001 ans Licht: Im gleichen Jahr stellten US-Soldaten in Afghanistan Unterlagen sicher, darunter einen Briefwechsel zwischen »Abu Mohamed« und »Abu Ibrahim«, in dem es um die Beschaffung von Ausrüstungsteilen und Kulturen sowie um die Ausbildung zur Herstellung biologischer Waffen ging. »Abu Mohamed« wurde rasch als Osama bin Ladens Stellvertreter Ayman al-Zawahiri ausgemacht. Länger dauerte dagegen die Identifizierung »Abu Ibrahims«. Die Hinweise im Briefwechsel, wonach die fragliche Person Auslandsreisen unternommen, an Kongressen in Großbritannien teilgenommen und dabei versucht hatte, an gefährliche Krankheitskeime zu kommen, passten exakt auf die Informationen zu Ahmad in den Akten des Security Service.[61] Die Entdeckung bestätigte die bestehenden Befürchtungen, wonach es Osama bin Laden weiterhin als seine »religiöse Pflicht« ansah, Massenvernichtungsmittel zu beschaffen und diese gegen die »Juden und Kreuzzügler« einzusetzen, die – in seiner verblendeten Fantasie – mit einer gigantischen Verschwörung seit 1000 Jahren den Islam bedrohten.

Anfang des 21. Jahrhunderts herrschte beim Security Service nach dem Ende einer Phase der Kürzungen eine zuversichtliche Stimmung. Im April 2000 erbrachte eine Erhebung unter den Mitarbeitern, die erstmals von einer externen Beratungsstelle durchgeführt wurde, »eine der besten Bewertungen, die wir in den letzten zehn Jahren bei Umfragen unter Angestellten ermittelt haben. Dies gilt für den öffentlichen und den nichtöffentlichen Bereich.«[62]

Seit 1909, als Cumming und Kell im gleichen Büro in der Detektei Drew gesessen hatten, war die Zusammenarbeit mit dem SIS so eng wie noch nie. Im Frühjahr 2001 führte der Security Service unter seinen 19 Abteilungsleitern eine »Überprüfung« zu den Beziehungen zum SIS durch. Alle berichteten, dass sie ihre dortigen Amtskollegen kannten und dass Mitarbeiter ihrer Abteilungen den Dienst innerhalb der letzten drei Monate aufgesucht hätten. Zwei Drittel der Chefs der operativen Abteilungen berichteten, dass sie »routinemäßig« Kollegen vom SIS zu Planungstreffen einlüden.[63]

Ab Frühsommer 2001 mehrten sich im MI5 die Hinweise darauf, dass Al-Qaida einen größeren Anschlag auf US-Ziele plante. Konkrete Erkenntnisse fehlten allerdings. Eine Warnung an hochrangige Vertreter in Whitehall am 22. Juni behandelte spezifische Bedrohungen gegen amerikanische Interessen in Saudi-Arabien, Bahrein, Kuwait, Jordanien, der Türkei, Italien und Kenia.[64] Am 6. Juli kam der Security Service zu dem Ergebnis:

> Noch ist nicht klar, in welchem Maß die jüngste vermehrte Berichterstattung zu Bedrohungslagen eine vermehrte nachrichtendienstliche Aktivität widerspiegelt. Die Berichte selbst sind von unterschiedlicher Zuverlässigkeit, und bislang ist es noch zu früh, um eine weitgehende Bestätigung zu erwarten. Allerdings reicht der Anstieg in der Größenordnung für den Hinweis aus, dass Osama bin Laden und seine Gesinnungsgenossen gegenwärtig bei ihren *operativen Planungen für mehrere größere Angriffe auf westliche Interessen* weit fortgeschritten sind. Hinweise auf Au-

tobomben und Selbstmordanschläge mit Sprengstoff in einigen Informationen entsprechen Osama bin Ladens Vorgehensweise, auch wenn derlei Details gewöhnlich nicht so offen diskutiert werden.
Der wahrscheinlichste *Schauplatz* eines Angriffs gegen westliche Interessen durch Osama bin Laden und seine Gesinnungsgenossen liegt in den Golfstaaten oder im weiteren Nahen Osten. Aber die jüngsten Hinweise beispielsweise auf Rom und Nairobi erinnern daran, dass bin Laden und seine Gesinnungsgenossen bereit sind, auch weiter entfernt zuzuschlagen.[65]

Vereinzelte weitere Warnungen zu unmittelbar bevorstehenden Anschlägen erreichten Whitehall in Abständen über die nächsten zwei Monate hinweg – bis zum 11. September und sogar noch am Morgen der Anschläge. Allerdings bezogen sie sich im Sommer 2001 weder auf einen größeren Anschlag in den USA noch auf eine Operation mit entführten Flugzeugen.[66]

Mit den Angriffen vom 11. September 2001 auf die USA erhielt der Security Service in Whitehall mehr Aufmerksamkeit als je zuvor in seiner Geschichte. Drei Monate nach Beginn seiner zweiten Amtszeit veränderte Tony Blair über Nacht seine Haltung gegenüber dem Geheimdienst.[67] Die Nachrichten, wonach Selbstmordattentäter in entführten Flugzeugen Anschläge auf die Zwillingstürme in New York und auf das Pentagon ausgeführt hatten, erreichten den Premier in einem Hotel in Brighton, wo er an seiner Rede für den jährlichen Gewerkschaftskongress (TUC) feilte. Anschließend tauchte er dort nur kurz auf dem Podium auf, hinterließ den Text zur Verteilung und nahm den nächsten Zug nach London.[68] In der Downing Street war unter dem Vorsitz Sir Richard Wilsons, der 1998 Kabinettssekretär geworden war, der Krisenstab (COBR) zusammengetreten.[69] Bevor dieser unter dem Vorsitz des Premiers erneut zusammentrat, ließ sich Blair von Wilson, Lander und John Scarlett, dem Vorsitzenden des Vereinigten Geheimdienstausschusses, über die Lage unterrichten.[70] Im Licht der späteren Erkenntnisse wurde in dem Informationspapier, das der G9 für Lander vor dessen Treffen mit Tony Blair vorbereitet hatte, bin Ladens Rolle als Drahtzieher der Anschläge, die Khalid Sheikh Mohammed maßgeblich geplant hatte, eher unterschätzt:

Wir dürfen uns Osama bin Laden nicht als Kopf einer zusammenhängenden geeinten Terrorstruktur vorstellen. Er ist kein Chefterrorist in dem Sinn, wie es zum Beispiel Abu Nidal war. Al-Qaida, die von ihm nominell kontrollierte Gruppe, hat weder einen hierarchischen Aufbau noch offizielle Mitglieder. Wir müssen schlicht an die Personen denken, die von seinen Lehren am stärksten beeinflusst sind und ihm am loyalsten gegenüberstehen.[71]

Alistair Campbell, Blairs Berater und Direktor für Öffentlichkeitsarbeit und Strategie, schrieb nach den Beratungen:

> Scarlett und Lander beeindruckten sehr, redeten nicht herum, äußerten sich überlegt und sagten, was sie dachten ... Lander meinte, nach der Autobombe sei diese Vorgehensweise der logische nächste Schritt. Es gehört schon einiges dazu, ein Flugzeug in eine Bombe zu verwandeln und eines der großen Symbole Amerikas zu zerstören. Aber sie haben es geschafft. Und zwar deshalb, weil sie über beliebig viele Terroristen verfügen, die zum Selbstmord bereit sind.[72]

Nach weiteren Beratungen am nächsten Tag notierte Campbell, dass »›C‹ [Sir Richard Dearlove] wie Lander beim großen Bild wie im Detail eine hervorragende Figur machten«.[73] Sir Richard Wilson bezeichnete Lander als »brillant«. Unmittelbar nach den Anschlägen »entdeckte Blair plötzlich auf eine verblüffende Weise die Geheimdienstbehörden. Ohne mit der Wimper zu zucken, wandelte er sich von einem Gleichgültigen zu einem begeisterten Unterstützer.«[74] Lander war verblüfft, »wie unvorbereitet der 11. September über so manche Schlüsselfigur in der Regierung hereinbrach«. Später teilte er den Mitarbeitern des Security Service mit:

> Keiner in der Ministerriege hatte mit größeren Terroranschlägen eine unmittelbare Erfahrung. Einige wichtige Offizielle waren neu im Amt. Nachdem der Premier am 11. und 12. – unter anderem durch uns – die nachrichtendienstlichen Informationen erhalten hatte, erfasste er sehr rasch die wichtigen Fragen. Am Abend nach dem zweiten Tag war klar, dass die Taliban und Al-Qaida auf seiner Agenda standen.[75]

Obwohl die meisten Todesopfer des 11. September Amerikaner waren, starben an dem Tag auch 67 britische Staatsbürger – mehr als bei jedem anderen Terroranschlag zuvor.

Durch die Anschläge des 9. September erhielten die besonderen Beziehungen zwischen den britischen und den US-Geheimdiensten eine ganz neue Intensität. Während Lander in London blieb, um Blair und den Krisenstab zu instruieren, flog die stellvertretende Generaldirektorin Eliza Manningham-Buller am 12. September – noch während der Sperrung des US-Luftraums – nach Washington. An Bord ihrer Maschine waren SIS-Chef Sir Richard Dearlove und der Direktor des Government Communications Headquarters. Eine Eskorte aus acht US-Kampfjets vom Typ F-16 eskortierte sie zum Luftwaffenstützpunkt Andrews. Die britische Delegation wurde sofort zum Hauptquartier der CIA in Langley gebracht. Dort fanden nach einem Abendessen ausführliche Krisengespräche mit CIA-Direktor George Tenet, dem Direktor der Nationalen Sicherheitsbehörde und dem stellvertretenden Direktor des FBI statt. Lander berichtete den Mitarbeitern des Security Service: »Es wurde deutlich, dass sich die Amerikaner, die erschöpft (nur wenige hatten etwas Schlaf bekommen) und wütend waren, über den Besuch der britischen Freunde freuten. Diese waren gekommen, um Unterstützung und Hilfe anzubieten«.[76] Der bewegende Moment war nach Tenets Sicht »das ergreifendste Ereignis, das [er] in [seinen] sechs Jahren in der CIA erlebt« hatte.[77]

Nach dem 11. September wurde aus den distanzierten Beziehungen zwischen Blair und Lander ein geradezu herzliches Verhältnis. David Blunkett, der drei Monate vor dem 11. September Innenminister geworden war, begegnete Lander dagegen eher skeptisch. Wohl als einer von ganz wenigen in Whitehall beklagte er, dass Lander »in Rätseln spricht, was es sehr schwierig macht, ihn auf etwas festzunageln«.[78]

Bushs Aufruf zum »Krieg gegen den Terror« stieß nicht bei allen Mitarbeitern des Security Service auf Begeisterung. In einem Mitteilungsblatt des Dienstes wurde die Parole *War on Terror* später spöttisch als *War on Terry (WOT)* aufgegriffen. Am 27. September versuchte Lander die Wogen zu glätten: »Dies ist ein Krieg gegen den Terrorismus in dem Sinn, in dem wir auch von einem Antidrogenkrieg reden. Natürlich kommt auch eine militärische Reaktion in Betracht, aber seien Sie versichert, dass politische, humanitäre, geheimdienstliche und strafverfolgende Reaktionen ebenfalls ganz oben auf der britischen Agenda stehen.«[79] Die »militärische Reaktion« begann mit der Bombardierung Afghanistans am 7. Oktober 2001 durch die US-amerikanische und die britische Luftwaffe – nach einer Weigerung des herrschenden Taliban-Regimes, bin Laden an US-Gerichte auszuliefern und die Stützpunkte Al-Qaidas zu schließen. Alastair Campbell war überrascht, wie schnell die Sitzungen des Kriegskabinetts in der Downing Street 10 zur Routine wurden – »die Schlapphüte und die Jungs von der Verteidigung saßen aufrecht da und bereiteten sich auf die Erfüllung ihrer Pflichten vor. Scarlett, C [Dearlove], Lander und [Generalstabschef] Admiral Sir Michael [Boyce] – alle lieferten ganz sachlich und geradeheraus ihre Beiträge.«[80] Anfang Dezember hatten die US-geführten Bodentruppen der Koalition die Taliban besiegt. Allerdings war bin Laden aus seinem Höhlenversteck Tora Bora entkommen. Kurz vor Weihnachten schrieb Blair an Lander:

> Die Regierung und das britische Volk können von Glück sagen, dass ihnen Sicherheitsorgane und geheimdienstliche Organisationen mit einer Professionalität dienen, die bewundert und von unseren Feinden überall auf der Welt gefürchtet wird. Ich danke Ihnen im Namen der Regierung für alles. Wir alle haben Grund zur Dankbarkeit für Ihre Bemühungen.

Anfang 2002 teilte Lander seinen Mitarbeitern mit:

> Die Regierung hat ihr Geld dahin gesteckt, wo es gebraucht wird, und uns für dieses und nächstes Jahr weitere Mittel für zusätzliche Anstrengungen [für die internationale Terrorbekämpfung] zugebilligt. An der Finanzierung liegt es also nicht. Bis ausreichend viele neue Mitarbeiter eingestellt werden können, bedeutet dies allerdings weiterhin, dass Arbeiten von geringerer Priorität zurückgeschraubt oder auf Sparflamme betrieben werden müssen.[81]

In den verbleibenden Jahren, in denen Blair Premierminister war, erhielt der Security Service von ihm und seinen aufeinanderfolgenden Innenministern weitaus mehr öffentliches Lob als von jeder früheren Regierung. Vor seiner Pensionierung im Oktober 2002 blickte Lander auf die Zeit seit Ende des Kalten Krieges zurück. Dabei stellte er »in den Beziehungen zwischen dem Dienst und den übrigen staatlichen Stellen eine bedeutende Veränderung« fest:

> Während des Kalten Krieges weckte das Tagesgeschäft des Dienstes auf ministerieller Ebene keinerlei Interesse, weil es mit den Feinheiten der Gefahrenabwehr (Sicherheitsüberprüfungen, Visa usw.) angesichts einer gut erfassten strategischen Bedrohungslage zu tun hatte. Heute widmen wir 60 Prozent unserer Arbeit der Terrorabwehr. Deshalb können unsere Arbeit und deren Ergebnisse unmittelbare Auswirkungen auf die Tagesgeschäfte der Minister und ihrer Ressorts haben.[82]

2
Nach dem 11. September

Im Jahr nach den Anschlägen vom 11. September erzielte der Security Service seine sichtbarsten Erfolge vor allem in der Spionageabwehr und nicht in der Terrorabwehr, die im vergangenen Jahrzehnt oberste Priorität gehabt hatte. So gelang es, zwei Angestellte der British Aerospace bei einem Versuch festzunehmen, streng geheimes Material aus der Rüstungsindustrie an den russischen Geheimdienst zu verkaufen. Beide wurden mithilfe von Spitzeln überführt. Rafael Bravo arbeitete im Sicherheitsdienst in den Büros der British Aerospace in Stanmore, Middlesex. Er unternahm einen ungeschickten Versuch, klassifizierte Unterlagen, die er mutmaßlich aus einem unverschlossenen Sicherheitsaktenschrank entwendet hatte, an die Russen zu verkaufen.[1] Bei seinem Prozess ab Dezember 2001 bekannte er sich schuldig und räumte ein, dass er bei der russischen Botschaft angerufen habe, um seine Dienste anzubieten. Unter der Nummer aus dem Telefonbuch meldete sich allerdings nur ein Anrufbeantworter: »Daraufhin habe ich ein Schriftstück mit einem Klebezettel mit dem Hinweis verschickt, wenn weitere Informationen gewünscht würden, solle man mich unter der Nummer meines Piepsers kontaktieren.«[2] Kurz darauf erhielt Bravo einen Anruf von einem Mitarbeiter der Branch G, der Russisch konnte und sich als ein russischer Geheimdienstoffizier namens »Wolodja« vorstellte. Er verabredete ein Treffen im White House Hostel im Londoner Stadtzentrum. Bravo überreichte »Wolodja« vier weitere Geheimdokumente und verlangte dafür eine beträchtliche Geldsumme. Die Verdachtsmomente reichten der Polizei für eine Verhaftung. Die Operation hatte insgesamt elf Tage gedauert.[3] Das Innenministerium übermittelte Thames House seine Glückwünsche: »Kurze und scharfsinnig durchgeführte Operationen wie diese interessieren die Minister immer. Und vielleicht interessiert es Sie, dass wir den Innenminister [David Blunkett] über die Operationen in Kenntnis gesetzt haben.«[4] Wie sich später herausstellte, enthielten die geheimen Unterlagen, die Bravo den Russen angeboten hatte, Informationen zu neuen elektronischen Überwachungsanlagen, zu Verteidigungssystemen für britische Kriegsschiffe und zu Ausrüstungsteilen für Senkrechtstarter vom Typ Harrier sowie für Hubschrauber vom Typ Apache. Das Urteil lautete auf elf Jahre Gefängnis.[5] Als in Bravos Prozess die Operation mit dem verdeckten Ermittler offengelegt wurde, protestierte überraschend der offizielle Londoner Vertreter des russischen Auslandsgeheimdienstes SWR dagegen, dass sich »Wolodja« als russischer Geheimdienstoffizier ausgegeben hatte.[6]

Am 4. März 2002, nur einen Monat nach Bravos Verurteilung, versuchte auch Ian Parr, ein unzufriedener Testkoordinator bei BAE Systems Avioncis in Basildon, Kontakt zum russischen Geheimdienst zu knüpfen. (Er war im Januar im Urlaub gewesen und hatte von Bravos Prozess so wohl nichts mitbekommen.) Parr schickte ein Paket mit drei Computerdisketten an die russische Botschaft mit einem getippten Hinweis: »Beiliegend verfügbare Probedokumente. Ich rufe Sie am Freitag, den 8. März, um 15 Uhr an, damit Sie Ihr Interesse bestätigen, und vereinbare ein Treffen. Als Codewort benutze ich ›Piglet‹ (Schweinchen).« Parr hatte allerdings übersehen, dass der 8. März als Internationaler Frauentag ein russischer Feiertag war und die Botschaft geschlossen blieb. Am 8. März erhielt Parr vom selben MI5-Mitarbeiter, der bereits Bravo kontaktiert hatte – diesmal als »Alexei« – einen Anruf. Ein vereinbartes erstes Treffen fand am 19. März im Hotel Tower Bridge Thistle statt. Bei einem weiteren Treffen im Pub Esplanade in Southend-on-Sea am 22. März übergab Parr »Alexei« 56 Disketten und 14 Sätze geheimer Dokumente zum Raketensystem STORM SHADOW. »Alexei« bezahlte und verschwand. Als der zurückgebliebene Parr ein Bier bestellte, trat die Essexer Polizei in den Raum und verhaftete ihn unter dem dringenden Verdacht des Diebstahls und Geheimnisverrats. Parr wurde wegen Weitergabe geheimer Informationen zu acht und wegen Diebstahls zu zwei weiteren Jahren Haft verurteilt.[7]

Zur Zeit von Parrs Inhaftierung geriet das Budget der Spionageabwehr wieder in Gefahr. Nachdem dessen Anteil am MI5-Gesamtetat von 12 Prozent für 1996/97[8] auf fast 20 Prozent für 2001/02 aufgestockt worden war, wurde er nach den Anschlägen von New York und Washington wieder zurückgestutzt. Entsprechend hieß es im Jahresbericht 2001/02: »Die Intensivierung der Arbeit gegen den internationalen Terrorismus nach dem 11. September ging auf Kosten der [...] Spionageabwehr. Abgedeckt wurden jetzt nur noch vier potenziell feindliche Staaten. Die Arbeit an Fällen mit geringerer Priorität wurde ausgesetzt.«[9] Im Oktober 2002, als Generaldirektor Stephen Lander in den Ruhestand ging, wurde die Bedrohung durch den islamistischen Terrorismus für Großbritannien noch immer nicht voll erkannt. Peter Clarke, Chef der Terrorabwehr bei Scotland Yard, räumte später ein: »2002 herrschte Einigkeit darüber, dass die Ursprünge einer eventuellen Bedrohung für das Vereinigte Königreich aus dem Ausland käme. Das Gespenst einer Bedrohung, die im Inland herangewachsen war, ging noch nicht um.«[10]

Lange vor Landers Ausscheiden aus dem Dienst galt die damals 54-jährige stellvertretende Generaldirektorin Eliza Manningham-Buller[11] weithin als Spitzenkandidatin für seine Nachfolge. Geschickt im Umgang mit Kollegen und mit den Regierungskreisen strahlte sie trotz ihres freundlichen Wesens Autorität aus. Als Tochter des 1. Viscount Dilhorne – der geborene Reginald Manningham-Buller war nacheinander zweiter Kronanwalt, Generalstaatsanwalt und Lordkanzler der konservativen Regierung von 1951 bis 1964 gewesen – war sie von Kindesbeinen an den Umgang mit Ministern gewohnt. Sie hatte an der Oxforder Lady Margaret Hall Englisch studiert und war ein prominentes Mitglied der Oxford University Dramatic Society (OUDS) gewesen. 1968 durfte sie in *Cinderella* die gute Fee spielen und war die erste Pantomimin der OUDS. Der Produzent Giles Brandreth, später ein Abgeordneter der Torys, beschrieb ihre Leistung als »absolut hervorragend«. »Es macht mir viel Spaß«, wurde Manningham-Buller zitiert, »aber Berufsschauspielerin will ich nicht werden.«[12] Nach dem Abschluss unterrichtete sie einige Jahre Englisch. Ein Mitarbeiter des Security Service lernte sie auf einer Party kennen und entdeckte ihr Talent. 1974 trat sie in den Dienst ein. Ihre kurze Unterrichtstätigkeit prägte dort ihre Laufbahn mit. Später vertraute sie Absolventinnen ihres Oxforder Colleges an: »Im Dienst haftet mir der Ruf an, dass ich es mit der Grammatik schon sehr genau nehme. Entwürfe von Schreiben oder Notizen bieten mir Gelegenheit für meinen Kampf um ein Mindestniveau beim geschriebenen Englisch.« Manchen Kollegen, so räumte sie ein, wäre eine ehemalige Lehrerin in Mathematik oder

Geografie wohl lieber gewesen.[13] Ihre Forderungen nach hohen Standards (nicht nur in englischer Grammatik), die einige Mitarbeiter etwas erschreckten, glich sie durch einen Sinn für ein fröhliches Arbeiten aus. Er trug ihr viele Freunde ein. Später sollte Manningham-Buller zur ersten Generaldirektorin (vielleicht sogar zur ersten Geheimdienstchefin überhaupt) werden, die ihren Mitarbeitern einen Vortrag zum Thema »Spaß bei der Arbeit« hielt.[14] Als potenzielle Generaldirektorin empfahl sie sich zunächst unter Stella Rimington. Damals fielen ihre soziale Kompetenz und ihre geheimdienstlichen Fähigkeiten als erste Chefin der neugegründeten T2 auf, der die Abwehr des IRA-Terrors in Mutterland oblag. Beide Qualitäten waren entscheidend, als die Führungsrolle dabei von der Metropolitan Police Special Branch unter aufreibenden Umständen, aber erfolgreich an den Security Service überging.[15]

Im April 2002, sechs Monate vor Landers Pensionierung, führten vier hochrangige Beamte Gespräche mit wenigen – ausschließlich internen – Anwärtern für seine Nachfolge. Wie Manningham-Buller später einräumte, hatte sie sich in ihrem Bewerbungsschreiben als die »Miss Kontinuität« nach der Ära Lander präsentiert.[16] Eine für sie typische nette Schlussbemerkung war von der Erinnerung beeinflusst, dass Generaldirektorin Stella Rimington ein Jahrzehnt zuvor von Paparazzi verfolgt worden war. Sie würden gegebenenfalls auch auf dem Bauernhof auftauchen, auf dem sie mit ihrem Ehemann möglichst viele Wochenenden verbrachte: »Meine Stützen sind eine glückliche Ehe, viele Freunde und zahlreiche außerberufliche Interessen. So arbeite ich immer mit einer Perspektive und kann auch abschalten. Auch gibt mir das häusliche Leben die Kraft, Krisen zu überstehen. Mich schreckt nur die Aussicht, dass mich die *Sun* im Overall auf meinem Hof fotografiert.«[17] Die Empfehlung des Gremiums für ihre Berufung zur Generaldirektorin fiel einstimmig aus:

> Sie wäre eine erstklassige Wahl für die Führung des Dienstes über die nächsten drei oder mehr Jahre. In und außerhalb des Dienstes genießt sie gewaltiges Vertrauen. Für eine gute Führung hat sie die notwendige Zuversicht und Sachkenntnis mit Blick auf die Probleme des Dienstes. Das Gremium kam überein, sie für einen Dreijahresvertrag zu empfehlen. So bleibt die Möglichkeit offen, nach

dem Zeitraum eine Person mit anderen Fähigkeiten zu ernennen, wenn die Rolle des Dienstes dann beispielsweise verstärkt strategisch gesehen werden muss.[18]

Die Einschätzung des Gremiums war sehr ausgewogen. Die Führungsqualitäten und das nachrichtendienstliche Urteilsvermögen Manningham-Bullers galten bei Bekannten, Kollegen und Mitarbeitern allgemein als herausragend. Aber sie war keine originäre Strategin. Am Ende ihrer Amtszeit sagte sie von sich selbst: »Ich habe nicht immer die großen Visionen, kann aber die Stimmung des Augenblicks erfassen.«[19] Als 2003 deutlich wurde, dass die Bedrohung durch Al-Qaida unterschätzt worden und Großbritannien ins Fadenkreuz britischer Terroristen geraten war, erfasste Manningham-Buller auch da die augenblickliche Stimmung, gab ihre Rolle als Miss Kontinuität auf und setzte entschieden auf Wandel. Ihre dreijährige Amtszeit als Generaldirektorin wurde nach Ablauf um zwei Jahre verlängert.

In ihrer Amtszeit deckten der Security Service und die Polizei die erste vom Inland ausgehende gefährliche islamistische Verschwörung auf, bei der Nordafrikaner Anschläge mit tödlichen Giften geplant hatten.[20] Kleinbetrügereien und gefälschte Ausweispapiere bildeten eine Spur, die in Thetford, im tiefsten ländlichen Norfolk, schließlich zur Entdeckung von arabisch verfassten Rezepturen zur Herstellung von Rizin und anderen Giften führte. (Überschrieben waren sie mit »Im Namen Allahs, des Erbarmers, des Barmherzigen«.) Am 5. Januar 2003 wurden in einem Haus in Wood Green im Norden Londons Rizinussamen zur Gewinnung des Giftstoffs sichergestellt. Bei Verhaftungen in Manchester erstach der algerische Islamist Kamel Bourgass den Detective Constable Stephen Oake. Er wurde später wegen Mordes zu 22 Jahren Haft verurteilt. Die Verschwörung zur Ausführung von Anschlägen mit Gift und Sprengstoff brachte ihm 17 weitere Jahre Gefängnis ein. Die Beweise reichten allerdings nicht aus, um weitere nordafrikanische Extremisten, die wahrscheinlich an der »Rizinverschwörung« beteiligt waren, ebenfalls zu verurteilen.[21]

Die ersten Anhaltspunkte für größere organisierte Sprengstoffanschläge durch Islamisten auf britische Ziele tauchten bei der Operation CREVICE auf, die im Frühjahr 2003 mit Ermittlungen gegen eine in London und Luton niedergelassene Gruppe begonnen hatten. Die Gruppe wurde verdächtigt, Kämpfer von Al-Qaida und Gesinnungsgenossen in Afghanistan und Pakistan mit Geld und Ausrüstung zu beliefern. Die meisten Mitglieder waren britische Staatsbürger mit pakistanischen Wurzeln, die in der zweiten Generation im Land lebten. Einige reisten im Sommer 2003 nach Pakistan, um sich im Umgang mit Waffen und Sprengstoff schulen zu lassen. Nach ihrer Rückkehr verdichteten sich die Hinweise darauf, dass die Gruppe mit Planungen für Anschläge in Großbritannien begonnen hatte – seit dem 11. September 2001 die erste Verschwörung durch ortsansässige Islamisten, die Verbindungen zu Al-Qaida unterhielten. Eine der wichtigsten geheimdienstlichen Informationen, so erinnert sich Jonathan Evans, war ein Hinweis aus der Bevölkerung.[22] CREVICE wurde zur bislang größten Operation zur Terrorabwehr des Security Service und der Polizei. Anfang Februar 2004 deuteten geheimdienstliche Erkenntnisse darauf hin, dass das Netzwerk »operativ aktiv« geworden war und einen Sprengstoffanschlag vorbereitete. In den nächsten sieben Wochen herrschte im Krisenraum des Security Service 24 Stunden am Tag Betrieb. 34 000 Stunden Überwachung wurden aufgezeichnet.[23] Die Verschwörer, die im Fadenkreuz von CREVICE standen, planten Anschläge gegen Nachtklubs, Bars und Einkaufszentren mit dem Ziel, möglichst viele Menschen zu töten. Ende März wurden sämtliche Hauptverdächtigen verhaftet – noch vor Abschluss ihrer Vorbereitungen zu den Anschlägen.[24] Am 1. April wurde die Generaldirektorin erstmals in der Geschichte des MI5 zu einer Sitzung des Kabinetts eingeladen. Tony Blair dankte dem Dienst für seine »großartige Arbeit«. Die Minister applaudierten.[25] Beim späteren Prozess wurden fünf britische islamistische Terroristen zu lebenslanger Haft verurteilt.[26]

Angesichts der wachsenden Bedrohung durch islamistische Anschläge und der nur diffusen Erkenntnisse zu der Gefahr gelangte der Security Service im Verlauf des Jahres 2003 zu der Überzeugung, dass die fortgesetzte Ausweitung seiner Arbeit zwar entscheidend, aber nicht hinreichend war. Auch die Art, wie die Erkenntnisse gesammelt und ausgewertet wurden, musste drastisch verändert werden.[27] Erstmals seit dem Zweiten Weltkrieg mit seinen Regionalen Sicherheitsverbindungsoffizieren (RSLOs) wurden in Mittel-, Nordost, Nordwest-, Süd- und Ostengland sowie in Schottland und später auch in Wales und im Südosten regionale Büros eingerichtet, deren Sitz zunächst geheim gehalten wurde. Dadurch kam der Security Service dichter an die regionalen Zentren der extremistischen Aktivitäten heran und konnte seine Zusammenarbeit mit den lokalen Polizeikräften verbessern. Das Intelligence und Security Committee (ISC) erklärte sich später beeindruckt »vom Tempo, in dem das Regionalisierungsprogramm umgesetzt wurde, und von dem deutlichen Nutzen, den dieses eingebracht hat«.[28] Einen radikalen Wandel gab es zudem bei der Bewertung der geheimdienstlichen Erkenntnisse. Im Juni 2003 wurde in Thames House das Joint Terrorism Analysis Centre (JTAC) als »nationales Zentrum des Vereinigten Königreichs für die Einschätzung des internationalen Terrorismus« eingerichtet – mit Vertretern von einem Dutzend Regierungsstellen und Behörden, die sich mit den verschiedenen Aspekten der Terrorabwehr befassten.[29] Das JTAC gab zudem Terrorwarnungen aus und setzte die Gefahrenstufe auf einer Skala fest, die anfangs sieben (später weniger) Grade umfasste und von »vernachlässigbar« bis »kritisch« (Angriff »unmittelbar bevorstehend«) reichte.[30] Der Chef des JTAC arbeitete eng mit der Branch G zusammen und legte dem Generaldirektor sowie einem Kontrollgremium aus hochrangigen Vertretern quer durch die Regierungskreise Rechenschaft ab. Der Generaldirektor berichtete dem Joint Intelligence Committee (JIC) über die Aktivitäten des JTAC.

Das Zentrum bearbeitete in den ersten neun Monaten über 25 000 Einzelposten und gab über 3000 Berichte heraus. Manningham-Buller berichtete, dass das »offizielle Feedback der Auftraggeber hohe Zufriedenheit« zeige.[31] Das ISC konnte dies bestätigen. Allerdings beklagten sich die Mitarbeiter des JTAC gelegentlich, dass sie zu einer »Anlaufstelle des Tourismus« zu werden drohten, weil sich Minister befreundeter Länder auf der ganzen Welt brennend für die Abläufe im Zentrum interessierten.

Eine grundlegende Veränderung in der Terrorabwehr war die Neuorganisation der Gefahrenabwehr. 2001 hatte sich der Security Service federführend an der Gründung des abteilungsübergreifenden National Infrastructure Security Co-ordination Centre (NISCC) beteiligt, das Empfehlungen zum Schutz vor Bedrohungen wie zum Beispiel Hackerangriffen herausgab. Zu seinen ersten Erfolgen gehörten frühzeitige Warnungen vor den Mail-Viren »I love you«

und »Kournikova«.³² Das NISCC richtete eine Website ein und knüpfte Kontakte zu Journalisten und Geschäftsleuten, die dabei über seine Verbindung zum Security Service informiert wurden.³³

Wegen der wachsenden Bedrohung durch islamistische Terroristen konzentrierte man sich erneut auf die traditionelleren Formen der Gefahrenabwehr. 2004 gründete der Dienst das National Security Advice Centre (NSAC), das Empfehlungen gab, »wie das Risiko eines terroristischen Anschlags zu verringern oder mögliche Schäden durch Terror zu begrenzen« seien.³⁴ Ab April 2004 betrieb der Security Service eine neue Website mit Informationen zum NSAC. Diese sollten »neue Publikumskreise außerhalb der CNI [Unverzichtbare Nationale Infrastruktur], darunter lokale staatliche Stellen, kleine und mittlere Betriebe und die allgemeine Öffentlichkeit« zusätzlich mit Empfehlungen zur Gefahrenabwehr versorgen.³⁵ Allerdings arbeiteten NISCC und NSAC nur mäßig koordiniert zusammen. Beide gaben ihre Informationen – die sich häufig deckten – in getrennten Systemen an die Nutzer weiter.³⁶ Die Lösung war 2007 die Fusion beider Zentren zum ressortübergreifenden Centre for the Protection of the National Infrastrucure (CPNI), das die Mittel und die Fachkompetenz mehrerer Ministerien und Behörden nutzte. Auf seiner Website hieß es: »Unsere Empfehlungen zielen darauf ab, die nationale Infrastruktur besser vor Terrorismus und anderen Bedrohungen zu schützen, damit die wichtigen Dienste des Vereinigten Königsreichs (in den Bereichen Kommunikation, Notfall, Energie, Finanzen, Lebensmittelversorgung, Regierung, Gesundheit, Transport und Wasser) sicherer gehalten werden.«³⁷

Im Mai 2003 führte ein externer Berater unter den MI5-Mitarbeitern erneut eine Meinungsumfrage durch: Sie erbrachte trotz der Umstrukturierungen und des steigenden Drucks noch höhere Zustimmungsraten als drei Jahre zuvor – wahrscheinlich wegen der festen Überzeugung, dass der Dienst eine wichtige Aufgabe erfülle und einiges bewegen könne.³⁸ Die Unzufriedenheit bezog sich vor allem auf die Bezahlung. 54 Prozent der Mitarbeiter sahen sich gegenüber der Polizei als finanziell benachteiligt an. Ganze 44 Prozent (5 Prozent mehr als 2000) hielten ihre Vergütungen für gerecht. Unmut löste bei manchen zudem die Tatsache aus, dass der interne Sprachgebrauch des Dienstes immer stärker vom kurzlebigen Jargon der Bürokraten in Whitehall und der Unternehmensberater geprägt wurde – ebenso wie eine Begeisterung der Führung für Leistungsindikatoren. Das Missbehagen über diese neue Sprache machte sich beispielsweise in einem vom Dienst aufgeführten Sketch Luft, in dem dieses Kauderwelsch aufs Korn genommen wurde. Die Aufführung erntete stürmischen Applaus.

Doch derlei kleine Ärgernisse konnten das Arbeitsklima nicht nennenswert beeinträchtigen. Ein späterer Bericht von Investors in People stellte fest, dass »der Dienst in einem bemerkenswert guten Gesundheitszustand« sei. »Trotz des Drucks« sei »die Einstellung sehr positiv. Die Mitarbeiter begeistern sich regelrecht für ihre Arbeit.«[39]

Im Jahr 2004 verhinderte die Operation RHYME einen noch gefährlicheren islamistischen Anschlag als CREVICE. Diesmal war der Chefplaner ein zum Islam konvertierter britischer Hindu: Dhiren Barot, so teilte die Generaldirektorin den Mitarbeitern mit, sollte mutmaßlich »von Khalid Sheikh Mohammed, dem Chefplaner von A[l-]Q[aida] hinter den Anschlägen vom 11. September, persönlich ausgewählt und für operative Einsätze aufgebaut worden sein«.[40] Zu Barots geplanten Anschlägen gehörte das »Gas-Limousinen-Projekt«. Drei große PKWs sollten mit Gasbehältern, die mit Sprengstoff und Nägeln gefüllt waren, in einer Londoner Tiefgarage zur Explosion gebracht werden. Hämisch beschrieb Barot ein weiteres Projekt, bei dem eine Bombe in einem U-Bahn-Zug während der Durchfahrt unter der Themse explodieren sollte: »Stellt euch das Chaos vor, wenn die gewaltige Explosion die Decke einreißt und Wasser aus dem Fluss einbricht. Die Hölle würde losbrechen nach den Explosionen, der Flutung, dem Ertrinken usw.«[41] Barot hatte außerdem die Ambition, eine radioaktive »schmutzige Bombe« hochgehen zu lassen, wobei er allerdings einräumen musste: »Zur jetzigen Zeit verfügen wir nicht über die notwendigen Kontakte, um solches Material zu erwerben.«[42] Im Sommer 2004 wurden der Security Service und die Polizei bei der Operation RHYME akut mit einem Dilemma konfrontiert, das bei der Terrorabwehr immer wieder auftritt. Einerseits musste genügend beweiskräftiges Material für eine erfolgreiche Strafverfolgung gesammelt, aber andererseits auch rechtzeitig eingegriffen werden, um die Ausführung eines Anschlags zu verhindern. Deswegen fiel der Entschluss, Barot am 3. August zu verhaften. Peter Clarke schrieb später:

Man kann ohne Übertreibung sagen, dass es zur Zeit der Verhaftung keinen Schnipsel eines gerichtsverwertbaren Beweises gegen Barot gegeben hatte ... Ich weiß, dass einige in den Medien ihre Bleistifte spitzen und dass wir einer Woge der Kritik ausgesetzt gewesen wären, wenn es uns nicht gelungen wäre, belastendes Material zu beschaffen.[43]

Die intensive Überwachung vor der Verhaftung und die anschließende komplizierte Jagd nach Beweisen machte RHYME zur bislang arbeitsintensivsten Operation der Terrorabwehr in der Geschichte des Security Service und von Scotland Yard. Über 300 Computer, 1800 Disketten, CDs, ZIP- und Festplattenlaufwerke, viele mit verschlüsseltem Zugang, mussten ausgewertet und die Informationen entschlüsselt werden. Polizeibeamte stellten zudem über 600 Schlüssel-Sets sicher und brachten 14 Monate damit zu, an über 4000 Garagen und Lagerräumen die passenden Schlösser zu suchen. In nur 77 Fällen wurden sie fündig. Befeuert wurde diese lange Suche durch Befürchtungen, dass in einer Örtlichkeit Sprengstoff oder sogar radioaktives Material gelagert sein könnte.[44] Am Ende wurde so viel Beweismaterial sichergestellt, dass Barot sich der Verschwörung zum Mord für schuldig bekannte – als erster islamistischer Terrorist in Großbritannien. Im Prozess zwei Jahre nach seiner Verhaftung wurden Beweise vorgelegt, wonach er Anschläge gegen symbolträchtige US-amerikanische und britische Ziele geplant hatte. Er hatte vor dem 11. September 2001 das New Yorker World Trade Center gefilmt, unterlegt mit einer kommentierenden Stimme, die das Geräusch einer Explosion nachahmt. Allerdings ist es höchst unwahrscheinlich, dass er in die Pläne zu den Anschlägen eingeweiht gewesen war, auch wenn ihn der Chefplaner Khalid Sheikh Mohammed zu seinem Schützling erkoren hatte. Wie der Staatsanwalt es ausdrückte, war sein Film wohl eher eine Art »makabre Prophezeiung« gewesen.[45] Barot erhielt lebenslänglich mit einer Mindesthaftdauer von 40 Jahren, die im Berufungsverfahren auf 30 Jahre herabgesetzt wurde. Seine Komplizen erhielten in abgetrennten Verfahren ebenfalls lebenslänglich.

Nach dem 11. September 2001 gelangen in Großbritannien fast vier Jahre lang keine Anschläge islamistischer Terroristen. Erfolgreich waren sie dagegen im Ausland. Zu nennen sind hier die beiden

Anschläge vom November 2003 in Istanbul mit Autobomben gegen das britische Konsulat und die HSBC-Bank. Britische Opfer waren zudem nach den Sprengstoffanschlägen gegen Nachtklubs auf Bali im Oktober 2002 und auf die Pendlerzüge in Madrid im März 2004 zu beklagen. Gleichwohl war man sich im MI5 bewusst, dass früher oder später wahrscheinlich auch ein Anschlag in Großbritannien gelingen würde. Manningham-Buller warnte im Sommer 2004:

> Bei der Radikalisierung einiger junger britischer Muslime gibt es besorgniserregende Entwicklungen. Gemeinschaftliche und internationale Aktionen haben einige [Terror-]Anschläge vereitelt oder abschreckend gewirkt. Dennoch ist es nur eine Frage der Zeit, bis es in Großbritannien zu einem schweren Ereignis kommt. Die Lage ist noch immer so, dass wir über die islamistischen Extremisten im Vereinigten Königreich, über ihre Aufenthaltsorte, Netzwerke und Aktivitäten, bei weitem nicht genug wissen, als dass wir Zuversicht verbreiten könnten, Terroranschläge im Inland in der Planungsphase regulär zu vereiteln.[46]

Die ersten erfolgreichen Terroranschläge durch Islamisten in Großbritannien ereigneten sich schließlich am 7. Juli 2005. An diesem Dienstagmorgen rissen in drei U-Bahn-Zügen und einem Bus in London vier Selbstmordattentäter mit Bomben 52 Menschen mit in den Tod. Jonathan Evans, der im Februar zum stellvertretenden Generaldirektor aufgestiegen war, erinnert sich, dass es »eine ruhige Routinewoche« gewesen war – denkwürdig nur wegen der unerwarteten Nachricht am Mittwoch, dass London die Olympischen Spiele 2012 ausrichten würde. Die Meldung von der ersten Explosion erreichte ihn am fraglichen Tag um 9.20 Uhr. Erst um 10 Uhr trafen Hinweise ein, dass es sich um eine ganze Anschlagsserie handelte. Evans sieht den Tag rückblickend als ein klassisches Beispiel für »den Nebel des Krieges«, als sich hochrangige Beamte vor TV-Geräten ein Bild der Ereignisse zu machen versuchten. Um die Mittagszeit steckten die U-Bahn-Züge noch in den Tunneln. Evans befürchtete, dass die Anzahl der Todesopfer ähnlich hoch steigen könnte wie bei den Anschlägen in Madrid im Februar 2004, als in Pendlerzügen 191 Menschen umgekommen waren. Die einzige Spur war zunächst eine E-Mail in Arabisch, die wenige Tage zuvor aus Nordafrika eingegangen war und erst jetzt übersetzt vorlag – mit dem Angebot, gegen ein Visum für Großbritannien Informationen zu Plänen für einen Anschlag in London zu liefern. Nach einer Kontaktaufnahme stimmte der Absender einem Treffen in Nordafrika zu, tauchte am Treffpunkt aber nicht auf. Rasch überzeugten neue Hinweise die Behörden davon, dass es sich um einen Betrüger handelte.[47]

Viele Mitarbeiter des Security Service waren am Morgen des 7. Juli mit der U-Bahn oder dem Bus zur Arbeit gekommen und riefen Angehörige an, um mitzuteilen, dass sie wohlauf waren. Eine Zeitlang drohte das Telefonsystem von Thames House zusammenzubrechen. Daher waren die Mitarbeiter von 7/7, wie die Anschläge genannt wurden, auch unmittelbar persönlich betroffen, obwohl keiner verletzt oder gar ums Leben gekommen war. Nicht einmal die Kollegen anderer geheimdienstlicher Stellen, so erinnerte sich einer, konnten die »tiefe Betroffenheit, den Schock, die Beunruhigung und das tiefe Bedürfnis der MI5-Mitarbeiter nachvollziehen, eine Wiederholung dieses Szenarios unter allen Umständen zu verhindern«.[48] Sie fragten sich immer wieder, ob sie ihr Menschenmögliches getan oder ob sie Warnhinweise übersehen hatten. Im Mai war gegen mehrere islamistische Gruppen (nicht gegen die Attentäter vom 7. Juli) ermittelt worden – allerdings ohne einen Hinweis auf Pläne zu einem Anschlag. Das JTAC hatte berichtet: »Nach unserem Urteil gibt es derzeit keine Gruppe, die die Absicht und zugleich auch die Fähigkeit hat, einen Anschlag in Großbritannien auszuführen.« Deswegen stufte es die Bedrohungslage von »allgemein ernst« auf »beträchtlich« herab. Die Alarmstufen* blieben aber bestehen.[49]

Am 8. Juli verkündete die Generaldirektorin vor den versammelten Mitarbeitern im Restaurant von Thames House: »Am Donnerstag [den 7. Juli] ist das geschehen, was wir befürchtet hatten, wovor wir gewarnt worden sind und was wir mit harter Arbeit verhindern wollten. Das Grauen schockiert, ... [doch] uns lagen keine Erkenntnisse vor, mit denen wir es hätten verhindern können.«[50] Innenminister Charles Clarke besuchte Thames House um die Mit-

---

* Die Stufen der Bedrohungslage spiegeln eine Einschätzung zur Wahrscheinlichkeit eines Anschlags wider; die Alarmstufen betreffen die Schutzmaßnahmen vor Ort.

tagszeit und reagierte offensichtlich beeindruckt von der anlaufenden Operation STEPFORD, wie die Ermittlungen des Dienstes zu den Anschlägen vom 7. Juli genannt wurden. Nach Treffen mit Ministern informierte am Abend Manningham-Buller ihre hochrangigen Kollegen, dass Blair und Clarke »richtig positioniert sind. Sie sind nicht scharf auf Spontanreaktionen oder Hexenjagden, sondern willens, die Polizei und den MI5 ihre Arbeit tun zu lassen.«[51] Bei den Ermittlungen stellte sich heraus, dass der Security Service bei der Operation CREVICE mit zwei der Selbstmordattentäter am Rand zu tun gehabt hatte: mit dem 30-jährigen Hauptverschwörer Mohammed Siddeque Khan und dem 22-jährigen Shehzad Tanweer. Beide Islamisten waren britische Staatsbürger. Sie hatten pakistanische Wurzeln, waren aber in Großbritannien zur Welt gekommen und aufgewachsen. Ebenso stieß der Dienst in seinen Akten auf eine Telefonnummer, die er anschließend als die eines Mannes identifizieren konnte, der als dritter Selbstmordattentäter aufgetreten war: Germaine Lindsay, ein 19-jähriger britischer Konvertit, der in Jamaika geboren war. Keine Spur fand sich in seinen Akten dagegen vom jüngsten Selbstmordattentäter, dem 18-jährigen Hasib Hussein, der wie Khan und Tanweer britischer Staatsbürger mit pakistanischen Wurzeln gewesen war.[52]

Ein erster Hinweis auf eine Tatbeteiligung Mohammed Siddeque Khans tauchte am 9. Juli in Form von Kreditkarten auf, die auf seinen Namen lauteten und am Tatort sichergestellt worden waren.[53] Wie der Dienst später ermittelte, hatte Khan 2003 Pakistan besucht und sich im Winter 2004/05 dort mehrere Monate mit Shehzad Tanweer aufgehalten. Wahrscheinlich hatten sie die Anschläge dort in Kontakt zu Al-Qaida geplant und sich für sie schulen lassen. Dabei kam der Security Service übereinstimmend mit dem Intelligence and Security Committee zu dem Schluss: »Im Rückblick hätte man anhand der damals verfügbaren Erkenntnisse unmöglich darauf schließen können, dass Khan oder Tanweer eine terroristische Bedrohung für die britische Öffentlichkeit darstellten.« Während der Operation CREVICE waren sie nur als kleine Betrüger, die im flüchtigen Kontakt zu den Verschwörern gestanden hatten, in Erscheinung getreten.[54]

Der Schock, den der Massenmord am 7. Juli im Security Service ausgelöst hatte, wurde vierzehn Tage später, am 21. Juli, durch weitere – diesmal fehlgeschlagene – Sprengstoffanschläge verstärkt. Wieder waren drei U-Bahn-Züge und ein Bus in London das Ziel. Und wieder traf es den Dienst ohne jede Vorwarnung. Bei den vier mutmaßlichen Selbstmordattentätern handelte es sich um Muktah Said Ibrahim, Yassin Hassan Omar, Ramzi Mohammed und Hussein Osman, alle Ostafrikaner in den Zwanzigern, die in den neunziger Jahren nach Großbritannien eingewandert waren. Die Fahndung nach ihnen geriet zur größten Verbrecherjagd im Vereinigten Königreich aller Zeiten.[55] Während der Operation HAT lieferte der Dienst Erkenntnisse, die zu mehreren Verhaftungen und zur Entdeckung einer Bombenfabrik in Omars Wohnung im achten Stock eines Hauses in Nordlondon führten.[56] Ibrahim und Mohammed tauchten live im Fernsehen auf, als sie in Unterhosen und mit erhobenen Händen vor Mohammeds Wohnung am Park Dalgarno Gardens abgeführt wurden, nachdem die Polizei mit CS-Gas zugegriffen hatte. Omar wurde in Birmingham gefasst, wohin er mit einer Burka verkleidet geflohen war. Osman ging den Fahndern in Rom ins Netz.[57] Wie die anschließenden Ermittlungen ergaben, war Ibrahim der Kopf der Verschwörung gewesen. Ende 2004 war er wie Siddeque Khan und Tanweer nach Pakistan gereist, um sich in Selbstmordanschlägen schulen zu lassen. Ibrahim, Omar, Mohammed und Osman wurden später zu lebenslanger Haft mit einer Mindesthaftdauer von 40 Jahren verurteilt.[58]

Jonathan Evans erinnert sich an den 21. Juli »als einen emotional noch schwereren Schlag als der 7. Juli«. – »Wir sahen schon das Damoklesschwert über uns schweben und fragen uns, ob sie uns eine Welle nach der anderen entgegenschicken konnten.« Im Spätsommer und Herbst 2005 verspürte der Dienst einen so großen Druck wie seit dem 11. September 2001 nicht mehr. Evans erinnert sich: »Angesichts der wöchentlich neuen Erkenntnisse zu Bedrohungslagen fragen wir uns: ›Können wir das noch beherrschen? Gehen uns die Leute aus?‹«[59] Als wichtigste Lehre aus den Anschlägen vom Juli, so teilte Manningham-Buller dem ISC mit, sei die Notwendigkeit deutlich geworden, die terroristischen »Unbekannten« zu infiltrieren. Bisher war der Dienst vollauf damit beschäftigt gewesen, die Spuren zu verfolgen, die sich aus ihren Ermittlungen und aus denen des SIS, des Government Communication Headquarters (GCHQ) und der ausländischen Verbindungen ergaben.[60] Am erfolgreichsten ließen sich die »Unbekannten« in den nächsten paar Jahren dadurch verringern, dass der MI5 über seine Regionalbüros auf lokaler Ebene enger mit der Polizei zusammenarbeitete. Der Chef der Terrorabwehr bei Scotland Yard, Peter Clarke, erklärte 2007:

> Es besteht kein Zweifel, dass die größte Veränderung bei der Terrorabwehr in Großbritannien in den letzten Jahren der Aufbau einer Beziehung zwischen der Polizei und dem Security Service war ... Man kann ohne Übertreibung sagen, dass die gemeinsame Arbeit zwischen Polizei und MI5 als das Fanal für eine gute Vorgehensweise erkannt wurde. Kollegen in den Strafverfolgungsbehörden wie in den Geheimdiensten auf der ganzen Welt sehen in Großbritannien ein Vorbild. Und viele geben ganz offen Neid zu. Folglich ist es zuweilen frustrierend, wenn man die abgedroschenen alten Kommentare hört oder liest, wonach der MI5 und die Polizei nicht zusammenarbeiten. Das ist überholt und falsch. Diese Lüge muss angemessen und wahrheitsgemäß entlarvt werden.[61]

Einen wachsenden Beitrag zur Terrorabwehr in Großbritannien leisteten zudem die »Vereitelungsoperationen« des SIS gegen Terrorgruppen im Ausland, die 2006 gegenüber dem Vorjahr um fast 50 Prozent ausgeweitet worden waren.[62] Zehn Prozent der Mitarbeiter der Terrorabwehr-Teams des Security Service gehörten dem SIS an. 2007 widmete das GCHQ über ein Drittel seiner Bemühungen der Terrorabwehr – häufig zur Unterstützung des MI5. Ein Jahr später räumte GCHQ-Direktor Sir David Pepper ein: »Wir erfüllen die Ziele, die sie [der MI5] setzen, nicht immer ganz, aber ehrlich gesagt, sind diese auf einem Niveau angesiedelt, auf dem wir sie nur schwerlich erfüllen können. ... Ich denke, ihre Wünsche werden unsere Möglichkeiten fast immer übersteigen.«[63]

Das breitere Spektrum an Auslandsverbindungen und die stark ausgeweiteten Aktivitäten zur Terrorabwehr, die der MI5 nach dem 11. September 2001 entfaltete, warfen heikle Fragen auf. In den Medien wurden Behauptungen laut, wonach der Security Service stillschweigend den Einsatz der Folter billigte, mit dem andere Geheimdienste an Erkenntnisse zu kommen versuchten. In dieser Grundsatzfrage herrschte allerdings Klarheit: Der Dienst verurteilte von jeher konsequent jede Art Folter. Und nach dem Criminal Justice Act von 1988 dürfen britische Beamte nirgendwo auf der Welt Akte der Folter billigend in Kauf nehmen.*

Das Innenministerium hat wiederholt betont, dass sich Mitarbeiter des MI5 wie alle anderen Geheimdienstkreise am »Einsatz von Folter sowie an inhumanen oder erniedrigenden Verhörmethoden weder beteiligen noch zu ihnen anstiften, zu ihnen ermuntern oder sie dulden«. Im Tagesgeschäft sah Manningham-Buller allerdings Probleme:

> Wenn ein Anfangsverdacht fehlt, ist es kaum praktikabel, bei jeder Information zu prüfen, ob sie unter Folter gewonnen wurde. Zwischen Großbritannien, unseren Verbündeten und Leuten, die man nicht unbedingt als unsere Verbündeten bezeichnen würde, werden täglich buchstäblich Tausende von nachrichtendienstlichen Informationen ausgetauscht.[64]

Informationen, die durch Folter gewonnen wurden, sind in Großbritannien nicht gerichtsverwertbar. Allerdings entschieden die Lordrichter im Dezember 2005, dass Erkenntnisse aus Geheimdienstoperationen auf der Grundlage »unsauberer Beweismittel« berücksichtigt werden können.[65]

Der umstrittenste Fall in diesem Zusammenhang war der Binyam Mohamed al-Habashis, eines in Großbritannien ansässigen Äthiopiers, der 2002 in Pakistan verhaftet wurde. Al-Habashi behauptete, er sei zunächst bei einer Operation zur »außergewöhnlichen Überstellung« nach Marokko und dann nach Kabul gebracht und erst 2004 in Guantánamo inhaftiert worden. Dort teilte er seinem britischen Anwalt mit, britische Beamte hätten ihn nach der Verhaftung in Pakistan verhört: »Einer hat mir gesagt, dass ich von den [Arabern] gefoltert würde.« Später sei er tatsächlich von Marokkanern gefoltert worden: »Sie arbeiteten mit dem britischen Security Service zusammen« und »stellten Fragen zu Details aus seinem Leben,

---

* Nach dieser Gesetzgebung begeht ein offizieller Vertreter jedweder Nationalität eine Straftat, wenn er in Ausübung oder angeblicher Ausübung seines Amtes einer Person willentlich starke Schmerzen oder Leiden zufügt. Jeder britische Beamte begeht eine Straftat, wenn er zu einer Folterung anstiftet, zu ihr ermuntert oder sie unterstützt.

die nur aus britischen Quellen stammen konnten«. Bei ihrer Aussage vor dem Intelligence and Security Committee 2006 verneinte Manningham-Buller die Vorwürfe. Der Beamte des Dienstes, der al-Habashi in Pakistan verhört habe, habe ihm nicht mit Folter gedroht und auch keine Anhaltspunkte dafür gehabt, dass er gefoltert würde. Nach dem Verhör habe es zu dem Gefangenen keine weiteren Kontakte gegeben, so dass über eine Folterung in Marokko nichts bekannt sei. Allerdings räumte Manningham-Buller ein: »In der Rückschau bedauern wir es, dass wir uns bei den Amerikanern nicht um volle Zusicherungen mit Blick auf al-Habashis Behandlung bemüht haben.« Dieses Versäumnis des Secret Service befand auch das ISC für »bedauerlich«.[66]

Die Kontroverse um den Fall al-Habashi dauert fort. Im Februar 2009 urteilte der englische High Court, dass unter Verschluss gehaltene amerikanische Schriftstücke »auf einen Fall von Folter oder grausamer, inhumaner oder erniedrigender Praktiken hindeuten«. Wegen der britischen Verpflichtung, keine US-Geheimdienstberichte preiszugeben, konnte das Material allerdings nicht offengelegt werden.[67] Die Generalstaatsanwältin, Baroness Scotland QC, verkündete am 26. März: »Der angemessene Verfahrensweg besteht darin, den Kommissar der Metropolitan Police dazu aufzufordern, zu den Vorwürfen im Zusammenhang mit Binyam Mohamed [al-Habashi] Ermittlungen aufzunehmen.« Auch wenn in dieser Ankündigung nicht von einer Schuld ausgegangen wurde, waren die Aktionen des Security Service erstmals in dessen Geschichte zum Gegenstand kriminalistischer Untersuchungen geworden.

Nach dem 7. und dem 21. Juli hatte der MI5 bei der Beobachtung der islamistischen Gefahr mehrere Jahre lang hauptsächlich mit der Schwierigkeit zu kämpfen, dass sich die Bedrohungslage zusehends verschärfte. Nach dem 11. September 2001 waren in Großbritannien ungefähr 250 Einzelpersonen mit Verbindungen zum internationalen (zumeist islamistischen) Terrorismus ausgemacht worden. Ende 2007 war diese Anzahl auf rund 2000 angewachsen. In 30 Fällen einer »aktiven Verschwörung« wurde ermittelt. Im Oktober 2006 teilte Manningham-Buller dem ISC mit: »Meine Hauptsorge galt und gilt der Tatsache, dass wir nicht genügend Personal haben, um die Aufgabe zu erfüllen.« Der Security Service plante eine Verdoppelung seiner Personalstärke innerhalb eines Jahrzehnts: von

2000 Mitarbeitern nach dem 11. September auf 4100 im Jahr 2011. Ein noch schnelleres Wachstum, so befürchtete Manningham-Buller, könne die Eignung des Personals beeinträchtigen. Diese aufrechtzuerhalten, so ihre Argumentation, sei aber »unglaublich wichtig, da die Mitarbeiter Zugang zu Geheimnissen, Verantwortung und die Möglichkeit haben, von Anfang an größere [Fehler] zu machen«.[68] Im SIS teilte man ihre Meinung. Sein Chef John Scarlett sagte dazu: »Wenn man versucht, die Zahl der jährlichen Neueinstellungen über eine gewisse Zahl auszuweiten, kann man buchstäblich das System sprengen ... Im Umgang mit hochsensiblen Daten ist nur eine bestimmte Anzahl von unerfahrenen Mitarbeitern hinnehmbar.«[69]

Im Dezember 2005 prognostizierte Manningham-Buller: »Wir werden weiterhin die meisten, aber eben nicht alle [Terroranschläge] verhindern können.«[70] Im Februar 2008 konnte Charles Clarkes Nachfolger als Innenminister, John Reid, an den neuen Generaldirektor Jonathan Evans (Manningham-Bullers Nachfolger seit April 2007) schreiben: »Seit Juli 2005 haben Sie in der weiteren Zusammenarbeit mit der Polizei sechs Verschwörungen zur Ausführung von Terrorakten in diesem Land vereitelt.«[71] Ein Komplott, das im August 2006 als Ergebnis der Operation OVERT verhindert werden konnte, schätzte der Security Service als das potenziell gefährlichste in der britischen Geschichte ein. Nach Überzeugung des Dienstes und nach Äußerungen der Staatsanwaltschaft im ersten Prozess 2008 hatten die mutmaßlichen Terroristen geplant, sieben Flugzeuge, die vom Airport Heathrow in US-amerikanische Städte unterwegs waren, in einem Zeitraum von drei Stunden zum Absturz zu bringen. Dazu sollten Selbstmordattentäter eingeschmuggelten Sprengstoff in Limonadenflaschen mit dem Blitz einer Einwegkamera zünden. Wären die Terroristen an ihr Ziel gelangt, hätten sie Massenmorde in der Größenordnung der Anschläge vom 11. September begangen (bei Abstürzen über Städten wären wohl noch mehr Menschen umgekommen) und den transatlantischen Flugverkehr für geraume Zeit lahmgelegt.

Der islamistische Terrorismus blieb für die nationale Sicherheit bei weitem die größte Bedrohung. Dennoch widmete der Security Service im Haushaltsjahr 2007/08 15 Prozent seiner Ressourcen der Bekämpfung des von Irland ausgehenden Terrorismus. Im Oktober

2007 erhielt der MI5 erstmals in seiner Geschichte die geheimdienstliche Führungsrolle in Nordirland – mit einem neuen Hauptquartier in Belfast. In seinem Bericht 2007/08 übernahm das ISC seine Einschätzung, wonach abgespaltene »republikanische Gruppen wie die Real IRA und Continuity IRA ... für Großbritannien und insbesondere für Nordirland weiterhin eine Gefahr darstellen«.[72] Diese Gruppen waren für mehrere fehlgeschlagene Anschläge, hauptsächlich gegen Polizeibeamte, verantwortlich. Am 7. März 2009 übernahm die Real IRA die Verantwortung für den Tod zweier Soldaten des 38. Regiments, Royal Engineers: Die Pioniere Patrick Azimkar und Mark Quinsey waren erschossen worden, als sie am Eingang der Massereene Barracks bei Antrim Pizzas hatten entgegennehmen wollen. Sie waren die ersten ermordeten Soldaten in Nordirland seit zwölf Jahren. Zwei weitere Soldaten und der Pizza-Lieferant wurden schwer verletzt. Am 9. März wurde der Polizist Stephen Carroll vom Police Service of Northern Ireland (PSNI) erschossen, als er in Craigavon einen Notruf entgegennahm. Diesmal übernahm die Continuity IRA die Verantwortung. Carroll wurde als erster Beamter des PSNI getötet, seitdem dieser 2001 an die Stelle der Royal Ulster Constabulary (RUC) getreten war. Waren solche Morde während der Unruhen in Nordirland an der Tagesordnung gewesen, so bezeugten die Reaktionen auf diesen Anschlag im März 2009 die Fortschritte im Friedensprozess während des letzten Jahrzehnts. Martin McGuinness von Sinn Fein, der stellvertretende Regierungschef in der gemeinsamen Regierung unter Peter Robinson, dem Führer der Democratic Unionists, prangerte die Mörder »als Verräter an der Insel Irland« an und rief die Öffentlichkeit dazu auf, die Polizei bei der Suche nach den Verantwortlichen zu unterstützen.

Der Security Service widmete weiterhin zwei Drittel seiner Ressourcen der Abwehr des islamistischen Terrors.[73] Man war absolut überzeugt, dass diese ernste Bedrohung auf lange Sicht erhalten bleiben und nicht so bald wieder verschwinden würde. Mit ihrer Radikalisierung breitete sich unter britischen Muslimen und Konvertiten eine manichäische Weltsicht aus, wonach die Muslime (als das Gute) gegen die Abtrünnigen und Ungläubigen (das Böse) in einem weltumspannenden Kampf verstrickt seien. Unterfüttert wurde diese Überzeugung von der Verschwörungstheorie, wonach der Westen seit mindestens dem ersten Kreuzzug gegen den Islam einen

Krieg führe. 2005 machte der Security Service fünf wesentliche Elemente aus, die bei der Radikalisierung der Muslime eine Rolle spielten: den Besuch einer Moschee mit Verbindungen zum islamischen Extremismus; den Einfluss islamistischer Freunde und Bekannter; die Rolle eines radikalen spirituellen Führers; den Einfluss der islamistischen Propaganda und der Besuch in Ausbildungslagern für den Dschihad. 2007 beobachtete der Dienst, dass die Moschee bei dieser Radikalisierung an Bedeutung verlor:

> Die Extremisten ziehen sich aus den Moscheen zurück und betreiben ihre Aktivitäten in Privatwohnungen und Geschäftsräumen. Wir gehen davon aus, dass die Radikalisierung verstärkt an privaten Treffpunkten stattfindet – in geschlossenen Gebetskreisen in Moscheen, in Selbstverteidigungskursen in Sportstätten oder in Ausbildungslagern in Großbritannien oder im Ausland.

Soziale Netzwerke hätten dabei mitunter größeren Einfluss als islamistische Prediger: »Im Fall der Op[eration] OVERT wird davon ausgegangen, dass Freundschaften aus der Schule und an den Universitäten die erste Basis für die Kontakte zwischen den Beteiligten gebildet hatten.« Die wirksamste islamistische Propaganda wurde dabei immer stärker im Cyberspace und nicht mehr in der Moschee verbreitet:

> Nach neueren Untersuchungen hat das Internet als Vehikel für extremistische Propaganda an Bedeutung gewonnen. Sie erreicht so vor allem jüngere Personen, die die konventionelleren Treffpunkte (mit ihren radikalisierenden Einflüssen) eher eingeschränkt aufsuchen. Chatrooms und Internetforen bieten Extremisten Gelegenheiten, Kontakte zu knüpfen und sich gegenseitig zu radikalisieren.[74]

Dass sich die Bedrohung durch den islamistischen Terrorismus nur eindämmen ließ, war den Mitarbeitern im Security Service durchaus bewusst. Wichtig war dabei eine breit angelegte staatliche Strategie, die sich mit *Prevent, Pursue, Protect and Prepare* (vorbeugen, verfolgen, schützen und vorbereiten) umreißen ließ:

Dem Terror durch den Kampf gegen die Radikalisierung von Einzelpersonen vorbeugen.
Die Terroristen und ihre Geldgeber verfolgen.
Die Öffentlichkeit, die wichtigen nationalen Dienste und die britischen Interessen im Ausland schützen.
Sich auf die Konsequenzen vorbereiten.[75]

In einer Ansprache an die Mitarbeiter des Security Service 2009 fügte Jonathan Evans als fünftes »P« *Perseverance* hinzu – Beharrlichkeit zur Verstärkung der anderen vier.

In den beiden Jahren von Januar 2007 bis Januar 2009 wurden 86 Angeklagte – fast die Hälfte bekannte sich schuldig – wegen islamistischer terroristischer Straftaten verurteilt, darunter im Dezember 2008 Bilal Abdulla, ein 29-jähriger Arzt des Royal Alexandria Hospital in Paisley. Dieser »religiöse Extremist und Frömmler«, so der Richter, erhielt eine lebenslange Haftstrafe, von denen mindestens 32 Jahre verbüßt werden müssen. Abdulla hatte mit dem Gesinnungsgenossen Kafeel Ahmed Anschläge mit Autobomben auf Londoner Nachtklubs und den Glasgower Flughafen vorbereitet. Die Anschläge scheiterten allerdings. Bei dem in Glasgow erlitt Ahmed schwerste Verbrennungen und verstarb, ehe er vor Gericht gestellt werden konnte. Nach Abdullas Verhaftung tauchten zwei weitere Fahrzeuge mit Gasflaschen und Benzinkanistern auf, mit denen offenbar ebenfalls Massenmorde hätten begangen werden sollen.

Diese Erfolge des MI5 im Kampf gegen den Terror erschwerten allerdings weitere Operationen. Durch die Prozesse wurden Einzelheiten zu den geheimdienstlichen Vorgehensweisen bekannt, so dass sich die Extremisten leichter auf sie einstellen konnten. Im Security Service herrschte die Überzeugung, dass der Kern der Al-Qaida-Führung an der pakistanischen Nordwestgrenze weitere größere Anschläge in Großbritannien plante – mithilfe britischer Staatsbürger und Extremisten im Inland. 75 Prozent der britischen Islamisten, gegen die der MI5 in den letzten Jahren ermittelt hatte, besaßen Verbindungen nach Pakistan. Im Januar 2009 räumte Jonathan Evans öffentlich ein: Sollte es zu einem weiteren Anschlag kommen, werde der Dienst wohl wie nach dem 7. Juli feststellen, dass er einige der Beteiligten bereits in seine Kartei aufgenommen hatte. »Wenn wir eine Einzelperson ausgemacht haben und wissen, dass Verbindungen zu Extremisten bestehen, bedeutet dies noch nicht, dass wir auf unbestimmte Zeit zuversichtlich sein können, über alle ihre Aktivitäten Bescheid zu wissen. Wir müssen Prioritäten setzen.« Immerhin dämpften die Erfolge der Terrorabwehr in den letzten Jahren »die Begeisterung der Verschwörer« für neue Anschlagspläne. »In den letzten 18 Monaten verringerten sich die Fälle, in denen der Schritt von der Förderung und Unterstützung des Terrorismus zum konkreten Planen von Anschlägen vollzogen wurde.« Vor dem hundertjährigen Jubiläum des Security Service herrschte dort die Überzeugung, dass die Bedrohung durch einen größeren Terroranschlag durch Islamisten auf absehbare Zeit erhalten bleiben, aber immerhin nicht mehr wachsen würde.[76]

Schlussfolgerung

Die ersten hundert Jahre des Security Service

Als Vernon Kell im Oktober 1909 als erster und jüngster Chef des MI5 im Büro eines Privatdetektivs in der Victoria Street 64 seine Arbeit aufnahm, waren seine einzigen Zielpersonen deutsche Spione. Dagegen ist der Security Service heute hauptsächlich eine Behörde zur Terrorabwehr. 2007/08 verwendete er gerade einmal 3,5 Prozent seines Budgets zur Bekämpfung der Spionage.[1] Diese Summe ist allerdings immer noch größer als der Etat, über den Kell vor dem Ersten Weltkrieg für seinen gesamten Aufgabenbereich verfügte. Erst im Januar 1911 konnte er sich einen Assistenten leisten. Und bei Kriegsausbruch verfügte seine Dienststelle, ihn und den Hausmeister eingerechnet, über gerade mal 17 Mitarbeiter – weniger als die Anzahl der Spione, für deren Verhaftung er im August 1914 sorgte. Die Kernelemente der Strategie, mit der Kell vor dem Krieg Spionageabwehr betrieb – er sicherte sich die Zusammenarbeit mit der Polizei, nutzte das von Churchill eingeführte System der Durchsuchungsvollmachten (Home Office Warrants) und richtete eine Kartei auf dem neuesten Stand der Technik ein –, sind für die Operationen des Security Service noch im 21. Jahrhundert von entscheidender Bedeutung. Bei Ausbruch des Krieges gelang es Kells Büro zur Erbitterung des deutschen Kaisers, mithilfe der Polizei sämtliche irgendwie bedeutenden deutschen Spione zu fassen – womit das britische Expeditionskorps an die Westfront entsandt werden konnte, ohne dass der Feind eine Vorwarnung erhielt. Und personell deutlich verstärkt, wehrte der MI5 im Krieg die Spionageoffensive der Deutschen ab.

Die Leistungen des MI5 im ersten Jahrzehnt – und auch in den meisten übrigen Perioden – seines Bestehens sind insgesamt schwieriger zu beurteilen als die der meisten anderen staatlichen Behörden und Ministerien. Der Erfolg eines Geheimdienstes bemisst sich eher an den Ereignissen, die nicht eintreten (und sich zwangsläufig nicht quantifizieren lassen), als an einem faktischen Geschehen. So kam der MI5 nach dem Krieg bei einer Bewertung seiner Operationen zur Spionageabwehr im Ersten Weltkrieg denn auch zu dem Schluss: »Obwohl offenkundig paradox, ist es doch wahr und eine höchst wichtige Tatsache, dass sich die Tauglichkeit eines Spionageabwehrdienstes nicht vornehmlich daran bemisst, wie viele Spione er gefasst hat.« Obwohl der MI5 die meisten deutschen Spione in der ersten Kriegshälfte dingfest machte, arbeitete er in der zweiten noch effizienter: Seine Erfolge bei der Spionageabwehr wirkten so abschreckend, dass kaum noch ausländische Agenten übrig blieben, die ihm ins Netz gehen konnte. Er selbst führte seine Erfolge im Krieg auf gute Präventivmaßnahmen zurück, die später unter dem Begriff Gefahrenabwehr liefen. Durch sie wurde Großbritannien für Saboteure und Spione zu einem harten Ziel. 1916 sprengten deutsche Agenten auf dem Pier von Black Tom Island, New Jersey, ein großes Lager mit Munition für die russische Offensive an der Westfront in die Luft. Eine solche Operation hätte anschließend sicher auch Großbritannien getroffen, wären die dortigen Sicherheitsvorkehrungen ebenso lasch gewesen wie die in den USA. Dass im gesamten britischen Kernland keine einzige Sabotageaktion glückte, spricht ebenfalls für eine erfolgreiche Arbeit des MI5 im Krieg – und zeigt einmal mehr auf, wie problematisch der Einsatz von »Leistungsindikatoren« ist, die im 21. Jahrhundert als »numerisches Maß« für die Bewertung der Arbeit in den staatlichen Stellen in Mode gekommen sind.

Im Ersten Weltkrieg etablierten sich im Security Service Kameradschaft und Korpsgeist als dauerhafte Merkmale der Arbeitsatmosphäre, die denn auch bei der Siegesfeier 1919 und in einer Revue an vorderer Stelle thematisiert wurden. Seit dem Ersten Weltkrieg hoben Mitarbeiter im Ruhestand immer wieder die »ungezwungene Arbeitsatmosphäre« als besonders wichtige Erinnerung an ihre Dienstzeit hervor.[2]

Ein neuer Mitarbeiter, der 1953 dazustieß, erinnerte sich an die Worte seines Personalchefs: »Eines der besten Dinge an dieser Arbeit besteht darin, dass es nur einen äußerst niedrigen Prozentsatz an Ärschen gibt.« Der distanzierte Führungsstil einiger Generaldirektoren, die von den Ministern und Regierungsausschüssen im Kalten Krieg ausgewählt wurden, vermochte an der umgänglichen Arbeitsatmosphäre kaum etwas zu ändern. Und nach dem Kalten Krieg beeinträchtigten zwar Kürzungen die Moral, aber die Antworten der Mitarbeiter, die im 21. Jahrhundert zu ihrer Arbeit befragt wurden, erbrachten im öffentlichen wie im nicht öffentlichen Sektor höchste Raten der Zufriedenheit.

In seinem ersten Jahrhundert musste sich der Security Service mehrfach auf neue Bedrohungslagen einstellen, die kaum oder gar nicht absehbar gewesen waren. Seine wechselnden Prioritäten wurden 80 Jahre lang weitgehend von den beispiellosen Umbrüchen im politischen System der beiden größten Mächte auf dem Kontinent, Deutschland und Russland, bestimmt. Die von Deutschland ausgehende Bedrohung für die nationale Sicherheit, gegen die sich die Operationen des MI5 im ersten Jahrzehnt seines Bestehens vorherrschend richteten, verlor nach der deutschen Niederlage, der Abdankung des Kaisers, der Gründung der Weimarer Republik und der Begrenzung der Wehrmacht auf 100 000 Mann durch den Versailler Vertrag dramatisch an Bedeutung. Im August 1914 hätte niemand vorherzusagen vermocht, dass sich Russland, Europas autoritärste Monarchie, im Lauf des Krieges in das revolutionärste Regime der Welt verwandeln würde. Dessen Anhängerschaft in Großbritannien sollte bis in die letzten Jahre des Kalten Krieges die Hauptsorge des Dienstes bleiben. Noch wenige Wochen vor der Februar-Revolution 1917 und dem Sturz des Zaren verkündete der damals 46-jährige Lenin: »Wir, die Alten, werden vielleicht die entscheidenden Kämpfe dieser kommenden Revolution nicht mehr erleben.« Ebenso wenig vorhersagbar war nach dem Ersten Weltkrieg Hitlers Aufstieg zur Macht. Als der ehemalige britische Botschafter in Berlin (1923–1926) Lord D'Abernon 1929 seine zweibändigen Memoiren herausgab, bestand sein einziger Hinweis auf den künftigen Diktator Deutschlands in einer Fußnote, wonach dieser 1924 sechs Monate im Gefängnis verbracht habe und »anschließend in Vergessenheit geraten« sei. »Sie werden mir doch nicht zutrauen, meine Herren«, sagte Reichspräsident von Hindenburg 1932 zu zwei Generälen, »dass ich diesen böhmischen Gefreiten zum Reichskanzler berufe.«[3]

Und als der Gefreite ein Jahr später mit 43 Jahren Reichskanzler (seine erste zivile Vollzeitstelle!) wurde, sah fast niemand voraus, dass er Deutschland rasch in den gefährlichsten Staat des 20. Jahrhunderts verwandeln würde. 1936 gab der Security Service wohl als erste staatliche Behörde eine Warnung aus, wonach die gewaltigen territorialen Bestrebungen, die Hitler in *Mein Kampf* kundgetan hatte, ernsthaft als Leitlinie seines künftigen Handelns zu betrachten seien: »Es handelt sich ganz sicher nicht um unverantwortliche Äußerungen, die ein Staatsmann bei der Machtübernahme hinter sich gelassen hat.« Nach der Sudetenkrise und dem Münchner Abkommen 1938 fällte Kell im Außenministerium Sir Robert Vansittart gegenüber ein vernichtendes Urteil über die Beschwichtigungspolitik der Regierung Chamberlain. Im Licht der zuverlässigen Informationen, die der MI5 die letzten Jahre über beschafft hatte, konnte die Sudetenkrise »nicht überraschen« und war »durchweg vorherzusehen« gewesen. Die britische Politik während der Krise habe Hitler »von der Schwäche Englands« überzeugt. Nur selten hat eine Geheimdienstbehörde einem Mächtigen so schonungslos die Wahrheit ins Gesicht gesagt wie Kell, der Chamberlain darüber informierte, dass Hitler ihn ein »Arschloch« genannt habe.[4]

Wie schon vor dem Ersten Weltkrieg leistete der MI5 auch vor dem Zweiten beträchtlich mehr, als man von einer derart dürftig ausgestatteten Behörde heute erwarten würde. Obwohl er Anfang 1938 über nur 26 Mitarbeiter verfügte, gelang es ihm, die deutsche Botschaft, die britischen Faschisten und das Hauptquartier der Kommunistischen Partei Großbritanniens zu infiltrieren. Über den Major Christopher Drapers, einen Doppelagenten gegen Deutschland, stieß er zudem auf die Hamburger Deckadresse des deutschen Abwehr-Agenten SNOW, den er später als Doppelagent rekrutierte und so den Grundstein zum Aufbau des Double-Cross-Systems legte. Weniger erfolgreich war der Security Service dagegen vor und während des Zweiten Weltkriegs im Kampf gegen die Spionage der Sowjets. Insbesondere unterschätzte er deren Erfolg bei der Anwerbung brillanter britischer Akademiker, die langfristig Regierungsstellen infiltrierten. Da dem MI5 die Mittel fehlten, um sein Personal deutlich aufzustocken, rekrutierte er im Jahrzehnt vor dem Zweiten Weltkrieg nur zwei frisch Graduierte (beide wurden später Generaldirektoren), während der sowjetische Geheimdienst mehrere britische Universitätsabgänger für sich gewinnen konnte. Selbst wenn der MI5 über größere Ressourcen und eine bessere Kenntnis des NKWD-Programms zur Rekrutierung von Akademikern verfügt hätte, hätte er »Stalins Engländer« (so der spätere Ausdruck Peter Hennessys) kaum daran hindern können, in die Korridore der Macht vorzudringen. Wegen der erbärmlich laxen Schutzmaßnahmen zwischen den Kriegen war Whitehall für die ausländische Spionage ein weiches Ziel. Vor Ausbruch des Krieges hatte das Außenministerium nicht einmal einen Sicherheitsbeauftragten, geschweige denn eine Sicherheitsabteilung. Zu verschiedenen Zeiten in den dreißiger Jahren konnte das Außenministerium nicht verhindern, dass klassifizierte Dokumente in der Botschaft in Rom nach draußen gelangten – die Moskauer Zentrale legte viele von ihnen Stalin vor –, es hatte unter seinen Mitarbeitern zudem mindestens vier Sowjetagenten: die beiden jungen Diplomaten Donald Maclean und John Cairncross sowie die beiden Chiffrierbeamten Ernest Oldham und John King.

Wie Regierungen sind auch Geheimdienstbehörden von Zeit zu Zeit auf etwas Glück angewiesen. Bei seinen Operationen gegen den sowjetischen Geheimdienst hatte der MI5 in den dreißiger Jahren eher Pech. So führte er im Sommer 1934 am Trinity College in Cambridge Ermittlungen durch. Gerade zu diesem Zeitpunkt vermittelte Kim Philby, der dort im Vorjahr seinen Abschluss gemacht hatte, den Kontakt zwischen dem NKWD und seinem College-Freund Guy Burgess. Aber die Ermittlungen des MI5 zielten nicht gegen Studenten, sondern gegen ein Mitglied des Lehrkörpers, den russischen Physiker und künftigen Nobelpreisträger Pjotr Kapiza. Gegen ihn bestand der – wie sich später herausstellte – unbegründete Verdacht, dass er in eine wissenschaftliche und technische Spionageaktivität verstrickt sei. Angesichts seiner beschränkten Ressourcen konzentrierte sich der MI5 zu Recht auf Kapiza, der Kontakte zu Maurice Dobb, dem führenden Kommunisten in der akademischen Welt in Cambridge, unterhielt, anstatt auf Philby, der ein ehemaliger Schüler Dobbs war. Während er bis 1951 gegen keinen der Cambridge Five einen Verdacht hegte, stand er vor dem Krieg kurz vor einer Verhaftung ihrer beiden Führungsoffiziere, Teodor Maly und Arnold Deutsch. Die MI5-Agentin Olga Gray arbeitete für Percy Glading, Mitglied der CPGB und Organisator des Spionagerings um das Woolwich Arsenal, und lernte so 1937 Maly und Deutsch kennen. Wären sie in England geblieben, wäre vor allem Deutsch wegen seiner wiederholt unvorsichtigen Art wahrscheinlich enttarnt worden. In der paranoiden Atmosphäre, die in der Zeit von Stalins Terror in der Moskauer Zentrale herrschte, wurden Maly und dann auch Deutsch abrupt zurückgerufen. Im Januar 1939 hielt sich nur noch ein NKWD-Offizier in London auf. Kell zog den nachvollziehbaren, aber falschen Schluss, dass eine sowjetische »Aktivität in England inexistent ist, sowohl mit Blick auf den Geheimdienst wie auf den politischen Umsturz«.[5] Dabei unterschätzte er allerdings die bemerkenswerte Motivation und Entschlossenheit von Agenten wie den Cambridge Five, die auch dann noch bei der Stange blieben, als sie von ihren Führungsoffizieren aus der Vorkriegszeit im Stich gelassen wurden. Alle »Glorreichen Fünf« erhielten weiterhin Posten im Geheimdienst oder in den Korridoren der Macht und lieferten so viel streng geheimes Material nach Moskau, dass die Zentrale mit der Auswertung kaum noch nachkam.

Bei Ausbruch des Zweiten Weltkriegs durchlief der MI5 eine schwierige Phase. Generaldirektor Kell war zu lange (länger als jeder andere Leiter einer staatlichen Behörde oder eines Ministeriums im 20. Jahrhundert) im Amt, hatte die Lehren aus dem vorigen Krieg vergessen und wurde mit der gewaltig gestiegenen Arbeitsbelastung im Krieg kaum fertig. Sein direkter Nachfolger »Jasper« Harker war seiner Aufgabe nicht gewachsen. Dann aber trat unter Sir David Petrie der Dienst in ein goldenes Zeitalter ein. Im Zweiten Weltkrieg legten die britischen Geheimdienste zuverlässigere (und besser ausgewertete) Informationen vor, als sie frühere Kriegsparteien jemals besessen hatten. Die Größenordnung ihrer Erfolge überraschte sie selbst. Der Code der deutschen Chiffriermaschine Enigma, dessen Entschlüsselung heute der wohl bekannteste geheimdienstliche Erfolg in der britischen Geschichte ist, hatte bei Ausbruch des Krieges weithin und sogar in Bletchley Park (Sitz des Chiffrierdienstes während des Zweiten Weltkriegs) als nicht zu knacken gegolten. Frank Birch, der künftige Chef der Marineabteilung in Bletchley, erhielt die Auskunft, dass der Versuch, Enigma zu knacken, »nicht der Mühe wert« sei.[6]

In ähnlicher Weise konnte man es im MI5 kaum fassen, dass »wir«, so J. C. Masterman, der Chef des Zwanzigerkomitees, »das feindliche Spionagesystem in diesem Land aktiv betrieben und kontrollierten«. Ohne diesen Erfolg wären die Operationen des größten Täuschungsmanövers in der Geschichte der Kriege, FORTITUDE, von denen das Gelingen der alliierten Landung in der Normandie abhing, nicht möglich gewesen. Masterman sah das Double-Cross-System in der Tradition des »Großen Spiels« – des Konflikts zwischen Großbritannien und Russland um die Vorherrschaft in Zentralasien –, dachte aber im Gegensatz zu Rudyard Kipling dabei an Kricket. Sein Freund Norman Holmes Pearson, ein Professor in Yale, der im Krieg für den Nachrichtendienst des US-Kriegsministeriums Office of Strategic Services in London gearbeitet hatte, nannte das Double-Cross-System »das größte Testmatch des Jahrhunderts«. Der Einfallsreichtum, mit dem die Unterabteilung B1 A die Täuschungen ins Werk setzte, speiste sich zu einem großen Teil aus dem Sinn für Humor, der schon im Ersten Weltkrieg den Arbeitsstil des MI5 geprägt hatte. »Regeln brechen macht Spaß«, hatte Masterman vor dem Krieg geschrieben, »und die im mittleren Alter und die Angesehenen verfügen hier über eine mindestens ebenso große Fähigkeit zu unschuldigen Späßen wie die Jugendlichen und Rebellischen.«[7]

GARBO und sein Führungsoffizier Tomás Harris verdankten ihre erfolgreiche Partnerschaft auch dem gemeinsamen Sinn fürs Absurde. Wie ULTRA war das Double-Cross-System eines der am besten gehüteten Geheimnisse in der britischen Geschichte. Selbst Churchill erfuhr von ihm erst im Frühjahr 1943. Während Bletchley Park das persönliche Interesse des Premierministers an seiner Arbeit begrüßte, hielt ihn der Generaldirektor David Petrie lieber etwas auf Distanz: Er befürchtete, Churchill könne sich in die Arbeit einmischen. Nach dem Krieg wurde auch König Georg VI. eingeweiht. Wie Masterman erfuhr, hatte der König seinen im Sommer 1945 verfassten Geheimbericht zum Double-Cross-System noch sieben Jahre später, kurz vor seinem Tod, in seiner privaten Reisetasche mit sich geführt.[8]

Als Chef der Spionageabwehr im Zweiten Weltkrieg war Guy Liddell durchaus bewusst, dass sich der sowjetische Geheimdienst nach dem Krieg als ein wesentlich schwierigeres Ziel erweisen würde als die deutsche Abwehr im Krieg. Im November 1942 schrieb er: »Es besteht kein Zweifel daran, dass die Russen in Sachen Spionage weitaus besser sind als jedes andere Land auf der Welt. Ich bin mir absolut sicher, dass sie hier gut eingebettet sind und wir mehr Ermittlungen einleiten müssten. Nach dem Ende des Krieges werden sie uns viel Ärger bereiten.«[9] Liddell ahnte freilich nicht, dass zu den Sektoren, in denen der sowjetische Geheimdienst »gut eingebettet war«, auch die britischen Geheimdienstkreise gehörten. Anthony

Blunt war mit ganz wenigen Ausnahmen (die wichtigste war Hollis) auf sämtlichen Ebenen des Security Service sehr beliebt. Und Liddell war von Guy Burgess, den Blunt als MI5-Agent angeworben hatte, tief beeindruckt und hätte es gerne gesehen, wenn er Offizier geworden wäre. Als Offizier des SIS im Krieg gelang es Kim Philby nur allzu leicht, sich beim MI5 mit seinem Charme und der Behauptung einzuschmeicheln, er habe es Felix Cowgill, dem Chef der SIS-Abteilung V, als einen ziemlichen Fehler vorgeworfen, dass er dem MI5 einige dechiffrierte Nachrichten der Abwehr vorenthalten habe. Als Philby, damals Chef der Abteilung IX, Ende 1946 ins Ausland versetzt wurde, war Liddell über seinen Fortgang »zutiefst betrübt«.

Aber wie der MI5 schätzte auch die Moskauer Zentrale die Fünf falsch ein. Obwohl die Sowjetunion vor und im Zweiten Weltkrieg die beispiellose Fähigkeit besaß, mit dem Mythos von Stalins Russland als dem ersten Arbeiter- und Bauernstaat gut ausgebildete Leute im Westen als Agenten für seine Geheimdienste zu rekrutieren, war sie entgegen Liddells Überzeugung »in Sachen Spionage« keineswegs »weitaus besser ... als jedes andere Land auf der Welt«. Die Spionagenetze der Sowjets wurden im und unmittelbar nach dem Zweiten Weltkrieg weniger ausgefeilt betrieben als in späterer Zeit. Die Glorreichen Fünf errangen viele Erfolge nicht wegen, sondern trotz der Führung durch die Zentrale. Erst später erkannte man im KGB, dass diese Gruppe ausländischer Agenten die fähigste in seiner Geschichte gewesen war. Während des Zweiten Weltkrieges wurden sie in immer stärkerem Maße ein Opfer der paranoiden Tendenzen im stalinistischen Geheimdienstsystem. Im Oktober 1943 teilte die Zentrale ihrer Londoner Residentur mit, inzwischen sei klar geworden, dass die Fünf von Anfang an als Doppelagenten den Anweisungen des SIS und des MI5 gehorcht hätten. Nur selten in seiner Geschichte fällte der sowjetische Geheimdienst eine so lächerliche Entscheidung wie die, ein achtköpfiges Team – in dem keiner Englisch sprach – zur Observierung der Fünf und weiterer mutmaßlicher Doppelagenten nach London zu entsenden – in der Hoffnung, sie bei Treffen mit ihren angeblichen Führungsoffizieren vom MI5 zu ertappen. Wohl um seine Misserfolge zu vertuschen, machte das Team einige Besucher der sowjetischen Botschaft in London als angebliche Provokateure des MI5 aus. Erst nach der

Landung der Alliierten in der Normandie wurden die Fünf offiziell vom Vorwurf freigesprochen, sie seien Doppelagenten in einer Täuschungsoperation der Briten. Dass der MI5 in der Folge nicht erkannte, welche Kluft zwischen den Glanzleistungen der Fünf und der bisweilen erbärmlichen Arbeit ihrer Führung in Moskau lag, bedeutete für die Ermittlungen in dem Fall ein ernsthaftes Hindernis. So wurde der Fall der »Glorreichen Fünf« denn auch erst ein halbes Jahrhundert nach Philbys Rekrutierung vollständig gelöst.

Viele Labour-Abgeordnete, die mit dem Erdrutschsieg 1945 ins Parlament einzogen und die von den noch geheim gehaltenen Erfolgen des Double-Cross-Systems nichts wussten, begegneten dem MI5 nach der Affäre um den Sinowjew-Brief von 1924, die sie für den Sturz der erster Labour-Regierung unter Ramsay MacDonald verantwortlich machten, noch immer mit Misstrauen. Aber als dann der ehemalige Polizeichef Sir Percy Sillitoe Generaldirektor des MI5 wurde, brachte Premier Clement Attlee dem Dienst sogar mehr Vertrauen entgegen als einigen seiner Minister: Er ließ sie mit der Begründung, man könne ihnen »derartige Geheimnisse nicht anvertrauen«, bei seiner Entscheidung außen vor, eine Atombombe zu bauen. Attlee begründete auch die Tradition, dass der MI5 nach jeder Parlamentswahl den neuen Premierminister darauf aufmerksam macht, wenn ein Anwärter auf ein Ministeramt Anhaltspunkte dafür liefert, ein Sicherheitsrisiko werden zu können. Und anders als alle folgenden Premiers wollte er zudem darüber informiert werden, falls etwas darauf hindeute, dass es in der Familie eines Ministers subversive Umtriebe gebe. Attlee traf sich öfter mit Sillitoe als jeder andere Premier mit einem Generaldirektor in den ersten hundert Jahren des MI5. Sillitoe wurde angehalten, Attlee darüber in Kenntnis zu setzen, sollte ein Unterhausabgeordneter jedweder Partei »nachweislich Mitglied einer umstürzlerischen Organisation« sein. Auch wenn zu den in der Downing Street diskutierten Themen kaum Material erhalten ist, so ist von Attlee bekannt, dass er 1947 dem Generaldirektor mitteilte, dass er den Labour-Abgeordneten Stephen Swingler ohne jeden Zweifel für »ein KP-Mitglied« halte. Attlee erwähnte fast sicher weitere »verkappte Kommunisten« auf den Sitzen der Labour Party. Morgan Phillips, der Generalsekretär der Partei in Attlees Amtszeit, führte zu sowjetfreundlichen Abgeordneten wie Swingler eine Akte zu »verirrten Schäfchen«. 1961 –

nach zehn Oppositionsjahren von Labour – beschloss Hugh Gaitskell, Attlees Nachfolger als Parteichef, nach einer Diskussion mit seinen engsten Mitarbeitern, dem MI5 eine Liste mit 16 Labour-Abgeordneten zu übergeben, die seiner Überzeugung nach »tatsächlich Mitglieder der CPGB ... oder Männer unter dem Einfluss der Kommunistischen Partei« waren. Auf der Liste standen neun weitere Namen, bei denen es sich »möglicherweise« um verkappte Kommunisten handelte. Graham Mitchell, der stellvertretende Generaldirektor des MI5, lehnte es ab, über die Liste auch nur zu diskutieren, weil der Dienst, so die Begründung, »nur im Interesse der Sicherheit des Königsreichs als Ganzem« und nicht zur Unterstützung einer politischen Partei genutzt werden dürfe. Diese Position hat der Dienst seither stets beibehalten.

Der Beginn des Kalten Krieges markierte den Anfang der gefährlichsten Periode in der Geschichte Großbritanniens. Bei Ausbruch des Zweiten Weltkrieges hatte kein Geheimdienst absehen können, dass dieser mit dem Eintritt ins Atomzeitalter enden würde. »Ich haben nur eine einzige Forderung an Sie, Genossen!«, hatte Stalin auf einem Geheimtreffen im Kreml gesagt, nachdem die US-Luftwaffe im August 1945 eine Atombombe über Hiroshima gezündet hatte. »Versorgen Sie uns so schnell als irgend möglich mit Atomwaffen. Sie wissen, dass Hiroshima die ganze Welt erschüttert hat.«[10]

Die Entdeckung im September 1949, dass die Sowjetunion ungefähr zwei Jahre früher als erwartet erfolgreich eine Atombombe getestet hatte, bedeutete für viele britische Geheimdienstoffiziere einen Schock. Der Vorsitzende des Joint Intelligence Committee (JIC), William Hayter, war so entsetzt, dass er vor Verkündigung der Nachricht die Sekretärinnen hinausschickte. Und obwohl das gesamte Komitee zur Verschwiegenheit verpflichtet war, forderte er zudem all jene, die Zweifel hatten, dass sie das mitzuteilende Geheimnis würden für sich behalten können, ebenfalls zum Gehen auf. Verstärkt wurde der Schock durch die fast zeitgleiche Entdeckung, dass die Pläne zur ersten US-Atombombe, die einen Monat vor dem Abwurf über Hiroshima in der Wüste New Mexicos getestet worden war, von Klaus Fuchs an den sowjetischen Geheimdienst verraten worden waren. Die Atomspione waren ein wichtiger Antrieb für Attlees Regierung zur Einführung von Sicherheitsüberprüfungen, die den Kommunisten und den wenigen Faschisten jeden Zugang zu geheimem Material versperren sollten. Im Security Service war man sich der Einschränkungen der bürgerlichen Freiheiten sehr wohl bewusst und besorgt, man könne sich einen Ruf als »schwarze Reaktionäre« schaffen, die darauf aus seien, »unglückliche Beamte zu schikanieren«. Die Sicherheitsüberprüfungen scheinen derweil kaum zu Ungerechtigkeiten geführt zu haben. In den USA wurden zwischen 1947 und 1956 im Zuge der Säuberungen 2700 Bundesbeamte entlassen, 12 000 weitere legten ihr Amt nieder. In Großbritannien verloren dagegen zwischen 1948 und 1954 nur 124 Personen ihr Amt, eine Zahl, die wahrscheinlich auch Rücktritte und Wechsel auf andere Stellen beinhaltet.

In Großbritannien waren die Ängste vor einem Atomkrieg nie größer als in den fünf Jahren vor der Kubakrise. In einem Weißpapier räumte die Regierung erstmals 1957 öffentlich ein, dass es »keine Möglichkeit« gebe, »die Bevölkerung in diesem Land angemessen vor den Folgen eines Angriffs mit Nuklearwaffen zu schützen«. Ein Schulmädchen, das sein Tagebuch nach eigener Aussage hauptsächlich »Jungs, Jungs und nochmals Jungs« widmete, schrieb jetzt dazwischen: »Ich frage mich, ob wir den Dritten Weltkrieg vor uns haben. Es sieht doch ganz danach aus, oder? Die Zukunft hängt über uns wie eine große düstere Wolke, die uns verschlingen wird.«[11]

Wie das Schulmädchen starrte auch die Führungsspitze des MI5 in den nuklearen Abgrund. Ohne die meisten Mitarbeiter zu informieren, legte sie fest, dass »es nicht sinnvoll« sei, »die Einrichtung eines Hauptsitzes irgendwo ins Auge zu fassen. Es gäbe ja auch nichts tun.« Nachdem der Dienst offiziell die Information erhalten hatte, dass er »nicht auf einen langfristigen Krieg planen« solle, gab er sein Vorhaben, im Kriegsfall die führenden Unterstützer der Sowjetunion zu internieren, weitgehend auf. Zum ersten Mal war im War Book, dem Gesamtmobilmachungsplan der Regierung, für den Security Service bei den Kriegsvorbereitungen keine Führungsrolle vorgesehen.[12] Sir Roger Hollis, der Generaldirektor des MI5 während der Kubakrise 1962, wusste, dass er bei dem Ausbruch eines Dritten Weltkrieges seine Tage mit dem Premierminister, dem Kriegskabinett und den hochrangigen Militärs und Geheimdienstmitarbeitern im Atombunker in Cotswolds beschließend würde. Diese Region war für den Kriegsfall zum Sitz (und wohl auch zur Grabstatt) der britischen Regierung erkoren worden.

Obwohl die Gefahr eines Atomkrieges nach der Beilegung der Kubakrise schwand, wurden die sechziger Jahre für die Führungsspitze des MI5 zu einer insgesamt deprimierenden Ära. Mitchell und Hollis mussten auf eine beispiellose Weise demütigende Ermittlungen wegen des Verdachts der Spionage für die Sowjetunion über sich ergehen lassen. Gleichzeitig fiel es dem Security Service immer schwerer, mit der ständigen Vergrößerung der Residenturen von KGB und GRU fertigzuwerden, die, wie später eingeräumt wurde, »unsere damals mageren Ressourcen zu erschöpfen drohten«. Nach einer langen Kampagne des MI5 in Whitehall wurden im Oktober 1971 bei einer nie da gewesenen Operation namens FOOT schließlich 105 sowjetische Geheimdienstmitarbeiter des Landes verwiesen. Im Vorjahr war der lange Albtraum der Ermittlungen gegen Mitchell und Hollis zu Ende gegangen: Sämtliche Vorwürfe gegen sie, für die es nie konkrete Anhaltspunkte gegeben hatte, wurden endgültig fallengelassen. Die Operation FOOT wirkte sich auf außergewöhnliche Weise auch international aus und stärkte das Ansehen des Security Service bei befreundeten Nationen auf mehreren Kontinenten. So war beispielsweise der ghanaische Verbindungsoffizier Berichten zufolge über den Erfolg des MI5 »erkennbar hocherfreut«. Er habe »bemerkt, dass er sich gut als Munition verwenden« lasse, »um die Minister davon zu überzeugen, dass die Bedrohung durch die russische Spionage und deren Ausmaß« durchaus ernst zu nehmen seien.[13]

Die Operation FOOT markierte in der Strategie der Spionageabwehr des MI5 einen Wendepunkt. Diese Ausweisungen in Kombination mit der Deckelung der Anzahl der sowjetischen Offiziellen, die sich in London aufhalten durften, sowie mit der Politik, bekanntermaßen feindlich gesinnten Mitarbeitern des sowjetischen Nachrichtendienstes Einreisevisa zu verweigern, machten Großbritannien für die sowjetische Spionage erstmals zu einem harten Ziel: eine beachtliche Leistung, die wie die im Ersten Weltkrieg zu diffus erschien, als dass man sie mit den üblichen »Leistungsindikatoren« hätte erfassen können. Bis zum Ende des Kalten Krieges wichen die Geheimdienststellen des sowjetischen Blocks bei ihren Operationen gegen Großbritannien in beträchtlich vielen Fällen auf Drittländer aus, weil die Sicherheitsdienste dort als weniger effizient galten.

Die meiste Zeit im Kalten Krieg blieb dem MI5 und den übrigen westlichen Geheimdienstkreisen die Rolle, die der Geheimdienst im Sowjetsystem spielte, weitgehend verborgen. Ein Teil des Problems war eine fehlende zuverlässige Dokumentation der langfristigen Entwicklungen im sowjetischen Geheimdienstwesen. 1955 hatte Sherman Kent, der Gründervater der US-Geheimdienstanalyse, beklagt, dass die Spionage der einzige Beruf sei, dem eine seriöse Literatur fehle: »Aus meiner Sicht ist dies eine Sache von größter Bedeutung. Solange dieser Disziplin eine Fachliteratur fehlt, besteht die Gefahr, dass ihre Methoden, ihr Sprachgebrauch, ihre Lehren und sogar ihre grundlegende Theorie niemals zur vollen Reife gelangen.«[14] Wirtschaftswissenschaftler und Politiker begegnen akademischen Forschungen, die sich mit Dingen weit jenseits ihrer täglichen Praxis befassen, häufig zu Recht mit Kritik. Trotzdem wären ihre Fachgebiete ohne die zugehörige Geschichte, also ohne eine zuverlässige Dokumentation ihrer Erfahrungen, nur das, was Kent der Geheimdienstarbeit prophezeite, sollte sie weiterhin ohne eine seriöse Literatur auskommen müssen: unausgereifte Disziplinen.[15]

Das Fehlen einer zuverlässigen Geschichtsschreibung zum sowjetischen Geheimdienst erleichterte es Peter Wright, an seinen großen Verschwörungstheorien zu strategischen Täuschungen der westlichen Nachrichtendienste durch die Sowjets zu spinnen. Der sowjetische Geheimdienst, so Wright, habe schon eine Generation zuvor eine solche Täuschung betrieben: in den zwanziger Jahren mit der Operation TRUST, bei der eine angebliche antisowjetische monarchistische Untergrundorganisation, die von der OGPU geleitet worden sei, den ehemaligen SIS-Agenten Sidney Reilly zum Verhör und zur anschließenden Erschießung über die Grenze gelockt sowie weitere westliche Geheimdienstoffiziere getäuscht habe. Reilly war allerdings längst nicht mehr (wenn überhaupt je) der »Meisterspion« gewesen, als den ihn einige Bewunderer porträtiert hatten. Eine seiner Sekretärinnen beklagte sich, dass er zuweilen an Wahnvorstellungen litt: »Einmal glaubte er, er wäre Jesus Christus.« TREST war eine gut durchgeführte Operation gegen eher zweitklassige Kontrahenten gewesen.[16]

Wright machte aus ihr allerdings eine strategische Täuschung, die mit dem Double-Cross-System vor der Landung in der Normandie vergleichbar gewesen sei. »Der ›Trest‹«, so behauptete er, »überredete dann die Briten, die sowjetische Regierung nicht anzugreifen, da dies von inneren Kräften besorgt würde.« Und diese seien von dem angeblichen monarchistischen Untergrund organisiert worden.[17] Eine zuverlässige Dokumentation des Zweikampfs zwischen dem sowjetischen und dem britischen Geheimdienst in der Zeit zwischen den Kriegen hätte die Unsinnigkeit dieser Behauptung offenbart, war aber zur damaligen Zeit noch nicht verfügbar. Die Operation ULTRA und das Double-Cross System unterlagen noch immer strengster Geheimhaltung. So konnte der von wenig Skrupeln geplagte Wright ganz einfach behaupten, er habe zu wichtigen weiteren Verschlusssachen einen privilegierten Zugang, und Kritik mit dem Argument wegwischen: »Wenn Sie wüssten, was ich weiß ... « Anhand des Präzedenzfalls TREST versucht Wright so seinen irrigen Standpunkt nachzuweisen: »Ein Blick auf die Welt der Geheimdienste im Jahre 1963 zeigte eindeutig, dass die Sowjets die Voraussetzungen für eine umfangreiche Desinformationskampagne hatten.«[18] In Wahrheit existierten diese »Voraussetzungen« nicht.

Dass zu der Beziehung zwischen Geheimdienst und Politik in der Sowjetunion eine Sicht aus der Langzeitperspektive fehlte, beeinträchtigte fast den gesamten Kalten Krieg hindurch sogar die besonders ausgewogenen nachrichtendienstlichen Einschätzungen der Briten. Eine Konstante in der langen Geschichte der Diktaturen ist die Erfordernis, dem jeweiligen Herrscher nur das zu sagen, was dieser gerne hören möchte. Die Analysten der westlichen Geheimdienste, die sich nur mit kürzeren Zeitabschnitten befassten, unterschätzten tendenziell, wie sehr dieser Zwang die Qualität der Geheimdienstinformationen für die Führung beeinträchtigte. Dabei übersahen sie die häufige Kluft zwischen der beeindruckenden Sammlung der Informationen auf der einen und der erbärmlichen Geheimdienstanalyse auf der anderen Seite. Besonders krass war dies in der Ära Stalin der Fall, aber auch noch 20 Jahre nach dessen Tod blieb die »politische Korrektheit« in den Geheimdienstberichten, die Leonid Breschnew erhielt, eine zentrale Komponente. Nach Wadim Kirpischenko, dem ersten stellvertretenden Chef der Ersten Hauptverwaltung des KGB (Auslandsaufklärung), wurde aus ihnen alles getilgt, was »Leonid Iljitsch hätten verärgern können«. Wenn die sowjetische Politik einen Rückschlag erlitt, wussten sich die Analysten auf einem sicheren Terrain, wenn sie dafür eine imperialistische Verschwörung verantwortlich machten. Und die Beobachter in den westlichen Geheimdiensten unterschätzten die Rolle, die diese Verschwörungstheorien in den Einschätzungen des sowjetischen Geheimdienstes spielten.[19]

Im MI5 – wie auch, soweit bekannt, in allen westlichen Geheimdienstbehörden – kam man in sämtlichen Phasen der Ermittlungen gegen die Cambridge Five gar nicht auf den Gedanken, dass die Fünf im Zweiten Weltkrieg in Moskau verdächtigt wurden, Teil einer Täuschungsoperation zu sein, weil sie wiederholt anderes als das an die Zentrale berichtet hatten, was man dort hören wollte. Und entsprechend konnte man sich auch 40 Jahre später nicht vorstellen, dass die Zentrale davon überzeugt war, dass US-Präsident Reagan, unterstützt von seinem britischen Verbündeten, einen atomaren Erstschlag gegen die Sowjetunion plane. So kamen die Informationen, die Oleg Gordiewsky 1982 bei der Operation RYAN beschaffte, für die Beteiligten beiderseits des Atlantiks als eine völlige Überraschung.[20]

Eine fehlende Langzeitperspektive beeinträchtigte ebenso die anfängliche Reaktion des Security Service auf die Unruhen in Nordirland. In dessen Archiv fand sich keine Akte aus den siebziger Jahren mit einem Hinweis auf die Erfahrungen des britischen Geheimdienstes in Irland in der Zeit zwischen dem Osteraufstand 1916 und der Gründung des irischen Freistaates 1922. Wäre man sich in der Geheimdienstgemeinschaft und bei den Sicherheitskräften bei Ausbruch der Unruhen der Probleme bewusst gewesen, die ein halbes Jahrhundert zuvor durch die mangelnde Koordination zwischen Militär, Polizei und den Geheimdienstbehörden entstanden waren,[21] hätte sich ein ähnliches Durcheinander wie damals vielleicht vermeiden lassen. Aus Gründen, die schon bei den Sprengstoffanschlägen der Fenier in den achtziger Jahren des 19. Jahrhunderts eine Rolle spielten, breitete sich das Durcheinander bei den Ermittlungen zu den Unruhen in Nordirland auf das britische Kernland aus. Erst 1992 erhielt der Security Service die nachrichtendienstliche Führungsrolle im Kampf gegen den irischen Terrorismus in Großbritannien, während er diese bei der Bekämpfung der PIRA auf dem Kontinent und des Terrorismus in Großbritannien allgemein – auch des Terrors der loyalistischen Paramilitärs aus Nordirland – bereits besessen hatte.

Der Ausbruch der Unruhen in Nordirland fiel mit der Einstellung der meisten Aktivitäten des Dienstes im Empire und Commonwealth zusammen. »Der Auslandsdienst«, schrieb 1954 Anthony Simkins, damals aus Abteilung B1 (Personal), »bringt tüchtige junge Beamte rasch voran« – seiner Meinung nach so rasch, dass sie sich dabei »etwas aufzublasen drohen«.[22] Ein Vierteljahrhundert nach dem Zweiten Weltkrieg verbrachten Beamte und viele andere Mitarbeiter des MI5 im Durchschnitt ein Drittel ihrer Laufbahn auf Posten im Ausland. Als Ergebnis verfügte der Dienst unter anderem zum englischsprachigen Afrika, zu Indien, Südostasien und den Westindischen Inseln über ein genaueres Fachwissen als zu Nordirland. Die einzige Gelegenheit, bei der der Dienst jemals einräumte, dass er »über den genauen Wortlaut« seiner Charta (der Maxwell Fyfe Directive von 1952) »hinausgegangen« sei, war die Überwachung der Kolonialdelegationen während der Verhandlungen zur Unabhängigkeit Anfang der sechziger Jahre. Innenminister Rab Butler verzieh diesen Verstoß gegen die Statuten sofort, weil die gesammelten Erkenntnisse »für die Unterhändler der Regierung von großem Wert« gewesen seien.[23] Nachdem die meisten Verantwortlichkeiten des Dienstes mit Blick auf das Commonwealth auf den SIS übergegangen waren, nahmen die Mitarbeiter des MI5, die sich einst bereitwillig nach Nairobi oder ins jamaikanische Kingston hatten versetzen lassen, die Stellen in Nordirland einige Jahre lang nur zögerlich an. Als der Landesteil 1972 der direkten Verwaltung Londons unterstellt wurde, sollte der Dienst den neu geschaffenen Posten des Geheimdienstdirektors und Koordinators (DCI) in Belfast besetzen. Da sich im MI5 kein geeigneter Bewerber fand, wurde ein Externer zum ersten DCI berufen. Nach einer dringenden Forderung des neu eingerichteten Nordirlandbüros nach mehr geheimdienstlichen Informationen richteten der MI5 und der SIS zusammen die Irish Joint Section (IJS) mit gemeinschaftlich besetzten Büros in Belfast und London ein. Da dem Security Service die Expertise zu Nordirland fehlte, trat der SIS anfangs als Seniorpartner auf. Aber bis zum Ende des Jahrzehnts wuchs der MI5 in seine Rolle hinein. Er übernahm die gesamte Finanzierung der Niederlassung in Belfast und besetzte hauptsächlich deren Posten. 1984 wurde die IJS wieder aufgelöst.[24]

Anfang 1989 ahnten die Mitarbeiter des Security Service so wenig wie die gesamte britische Bevölkerung, dass sie vor Jahresende vor ihren Fernsehschirmen Zeugen des Falls der Berliner Mauer und des Zusammenbruchs der kommunistischen Herrschaft werden würden. Das Ende der Sowjetära (zwei Jahre später endgültig besiegelt mit der Auflösung der UdSSR) war fast so unerwartet eingetreten wie deren Anfang vor fast einem Dreivierteljahrhundert. Und auch jetzt veränderten sich die Ziele des MI5 auf völlig unvorhergesehene Weise. So manche frühere Priorität wurde infrage gestellt. So fragten sich beispielsweise viele Mitarbeiter, ob sie hinsichtlich einer CPGB, die lange vor Ende des Kalten Krieges auf eine unbedeutende Splittergruppe zusammengeschrumpft war, nicht zu viel Energien auf die Untersuchung subversiver Aktivitäten verwendet hatten. Ein ehemaliger Direktor F (Subversionsabwehr) aus der Zeit von 1985 bis 1987 kam in der Rückschau zu dem Schluss: »Wir haben stets die Bedrohung überschätzt. Die Kommunisten hätten zu keinem Zeitpunkt ein Fußballstadion füllen können.«[25]

Vierzig Jahre zuvor hätte niemand im MI5 die Bedeutung der CPGB so entspannt eingeschätzt. Damals, als der Kalte Krieg zum heißen zu eskalieren drohte, sahen die Parteiführung und viele Aktivisten in Stalin, dem brutalsten Despoten in Europa, einen Hoffnungsträger der Menschheit. Als der MI5 1950 das Hauptquartier der Partei belauschte, hörte er mit, wie der Gewerkschaftsfunktionär Peter Kerrigan es als ein »verdammtes Versäumnis« geißelte, dass es die Medien unterlassen hatten, auf die Beziehungen des Atomspions Klaus Fuchs zu den britischen Kommunisten hinzuweisen. Und auch die anderen Topagenten, die zu Anfang des Kalten Krieges enttarnt wurden, waren Kommunisten oder zumindest von der kommunistischen Ideologie beeinflusst. Obwohl man im Security Service zuversichtlich war, die Subversion bei einer Begegnung mit ihr zu erkennen, unternahm der Dienst erst 1972 einen Versuch ihrer Definition: als »Aktivitäten, die die Sicherheit oder das Wohl des Staates bedrohen und darauf angelegt sind, die parlamentarische Demokratie durch politische, im Arbeitskampf eingesetzte oder gewaltsame Mittel zu unterminieren oder zu stürzen«. Dieser Definition schlossen sich die Regierung Heath und ihre Nachfolger der Labour Party an.

Die These, wonach ein schwarzsehender MI5 allenthalben die Subversion am Werk gewähnt und die Regierung in übertriebene Alarmbereitschaft zu versetzen versucht habe, ist aus der Luft gegriffen. Obwohl in Großbritannien zu keinem Zeitpunkt eine kommunistische Revolution drohte, herrschte in allen Regierungen während des Kalten Krieges – mehr noch als im Security Service – die Besorgnis, die Demokratie könne durch subversive Aktivitäten auf politischer Ebene oder durch Arbeitskämpfe Schaden nehmen. Auch das Problem der »verkappten Kommunisten« unter den Labour-Abgeordneten bereitete den Parteiführungen unter Attlee und Gaitskell mehr Kopfzerbrechen als dem MI5. Dieser sah bei keinem der 16 mutmaßlichen und 9 »möglichen« heimlichen Kommunisten, deren Namen ihm Gaitskell 1961 hatte zukommen lassen, hinreichende Verdachtsmomente für weitere Ermittlungen. Und Harold Wilson ließ sich 1966, während des Streiks der Seeleute, vom MI5 eifriger über die Lage informieren als jeder Premierminister während eines entsprechenden Arbeitskampfes vor ihm (auch wenn er den MI5 später grundlos verdächtigte, gegen ihn ein Komplott zu betreiben). Seine berühmt gewordene Anprangerung der Streikführer vor dem Unterhaus als eine »eng vernetzte Gruppe politisch motivierter Leute« war mit weiteren Passagen seiner Rede vom Security Service geprägt worden. Allerdings hatte der Direktor der Branch F, der die Downing Street während des Streiks hauptsächlich unterrichtete, einige Sorge, dass Wilson die kommunistischen Einflüsse auf den Streik überbewerten könne.

Der Security Service musste dem Druck einer ganzen Reihe von Regierungen widerstehen, um bei Arbeitskämpfen die in seiner Charta festgelegten Befugnisse nicht zu überschreiten. Diese beschränkte ihn darauf, die »Aktionen von Personen und Organisationen« zu untersuchen, »die als subversiv gegen den Staat gelten könnten«. Arbeitsniederlegungen, die von Gewerkschaftsfunktionären organisiert wurden, die weder Mitglieder noch Sympathisanten der kommunistischen oder trotzkistischen Bewegung waren, gehörten nicht dazu. Als beispielsweise im Dezember 1971 die Mitarbeiter der Elektrizitätswerke Dienst nach Vorschrift machten, was die Stromversorgung bedrohte, sondierte Heath »die Möglichkeit«, in dem Raum im Electricity Council, in dem die beteiligten vier Gewerkschaften tagen sollten, Abhöranlagen zu installieren. Der Dienst wies das Ansinnen als Verstoß gegen seine Charta zurück, weil das Ziel der Aktion »eigentlich nicht als subversiv gelten« könne.

Im Jahr 1977 schrieb der damalige stellvertretende Generaldirektor John Jones, dass die Minister und ihre höheren Beamten eine »natürliche Neigung« hätten, »die Subversion mit allen Aktivitäten gleichzusetzen, die die Regierungspolitik bedrohen oder deren Bestand bedrohen könnten«. Ihr müsse der Dienst auch weiterhin standhalten. Obwohl der MI5 an seiner eng gefassten Definition von Subversion festhielt, erschienen seine Methoden im Kampf gegen sie immer weniger zeitgemäß. Die meisten neuen und eine wachsende Anzahl altgedienter Mitarbeiter konnten sich des Eindrucks nicht erwehren, dass die rituelle Beobachtung auch der unbedeutendsten Aktivitäten und Mitglieder der CPGB eine Verschwendung von Ressourcen darstelle. Am Ende des Kalten Krieges hatte der Begriff »Subversion« einen so peinlichen Beigeschmack, dass er aus dem Security Service Act von 1989 gestrichen wurde. Dennoch hatte der Dienst nach wie vor die Aufgabe, das Königreich vor Aktivitäten zu schützen, »die darauf angelegt sind, die parlamentarische Demokratie durch politische, im Arbeitskampf eingesetzte oder gewaltsame Mittel zu unterminieren oder zu stürzen«. 1992 erhielt der MI5 die Genehmigung, die Registrierung »einfacher Mitglieder subversiver Organisationen« einzustellen. Im Hauptquartier des Dienstes hatte diese einst zu den ersten Routineaufgaben für graduierte Neuzugänge gehört, so auch für Stella Rimington, die in diesem Jahr als erste Frau Generaldirektor wurde.

Der Security Service hatte Mühe, sich nach dem Kalten Krieg in seine neue Rolle einzufinden. Den meisten Mitarbeitern waren ein strategisches Denken und eine systematische Suche nach Bedrohungspotenzialen eher fremd. H1/0, der vom Generaldirektor damit betraut wurde, ein Strategiepapier zur Zukunft des MI5 vorzubereiten, berichtete Ende 1990 dem Management Board: »Wir müssen uns der bedauerlichen Tatsache stellen, dass nur wenige Kollegen im Dienst die Notwendigkeit erkennen, auf die neue Situation mit der Entwicklung einer klar verständlichen und kohärenten Strategie zu reagieren.« Allerdings gab eine Serie von Bombenanschlägen der PIRA im britischen Kernland dem Dienst wieder eine klare Orientierung. Der Prioritätenwechsel in den letzten beiden Jahrzehnten des Kalten Krieges weg von der Spionageabwehr und der Bekämpfung der Subversion hin zur Terrorabwehr war nur in kleinen Schritten vollzogen worden. In den siebziger Jahren und einem

Großteil der achtziger Jahre hätte man sich im Dienst nicht vorstellen können, dass die Terrorabwehr dereinst höchste Priorität genießen würde. Nachdem es der PIRA 1991 fast geglückt war, auf die Kabinettssitzung in der Downing Street eine Granate abzufeuern, übernahm der MI5 im Folgejahr von der MPSB die geheimdienstliche Führungsrolle bei der Bekämpfung des nordirischen republikanischen Terrorismus in Großbritannien und präsentierte sich so erstmals in seiner Geschichte als eine Geheimdienstbehörde, die sich hauptsächlich mit der Terrorabwehr befasste. Der Terrorismus, so erklärte Stephen Lander, damals Direktor der Branch T, »bleibt uns erhalten. Die Umstände, aus denen er hervorgeht, mögen sich verändern und die Terrororganisatoren und staatlichen Financiers kommen und gehen, aber das Phänomen wird höchst wahrscheinlich nicht verschwinden.«[26]

In den nächsten Jahren bedrohte die PIRA mit Serien von Sprengstoffanschlägen den Bestand der Londoner City als wichtigsten Finanzplatz in Europa. Nach der Zerstörung des Firmensitzes der Baltic Exchange im April 1992 schrieb (Sir) Joe Pilling, der spätere Ständige Staatssekretär im Nordirlandbüro: »Nur eine Kombination aus guter Geheimdienstarbeit, Polizeiarbeit und Glück hat mehrere weitere Anschläge in einer ähnlichen Größenordnung verhindert.« Das Gleiche galt nach dem Sprengstoffanschlag der PIRA auf den NatWest Tower in Bishopsgate im April 1993. Die Terrororganisation drohte ausländischen Finanzinstituten mit ähnlichen Angriffen, wenn sie ihren Sitz nicht verlegten. Bei einer Fortsetzung der Anschläge wären manche der Forderung wohl nachgekommen. Dann aber ging im Juli bei der bislang intensivsten Terrorfahndung in Großbritannien, die vom Security Service koordiniert wurde, den Ermittlern ein Belfaster Topterrorist ins Netz, als er mit einer weiteren großen Bombe auf dem Weg zum nächsten Tatort war. Seine Verhaftung führte zur Entdeckung von Materialien zum Bau von sechs Autobomben, die die PIRA bei weiteren Anschlägen in der Londoner City hatte einsetzen wollen. Bei ihrem wohl dreistesten Vorhaben plante die Organisation 1996, die Londoner Stromversorgung zum Zusammenbruch zu bringen. John Grieve, der Kommandeur der SO13 [Antiterrorabteilung] bei Scotland Yard, beschrieb die Beteiligten als »eines der besten Teams, die die IRA je zusammengestellt hat. Wir hielten es für das ›A-Team‹ im Kernland«. Dass alle Beteiligten auf der Hut vor möglichen Beschattern waren, machte die ausgedehnten Observierungsmaßnahmen gegen sie vor ihrer Verhaftung bei der Operation AIRLINES umso eindrucksvoller.[27] Lander, der im selben Jahr Generaldirektor geworden war, erklärte voller Zuversicht im Oktober: »Selbst bei Terroristen gilt Großbritannien als feindliches und riskantes Umfeld ... Keiner hat eine bessere Bilanz vorzuweisen.«[28] Und diese Bilanz trug nach Ansicht des Dienstes denn auch dazu bei, dass die PIRA bereit war, einen politischen Kompromiss zu erwägen, bei dem die Vereinigung Irlands auf unabsehbare Zeit aufgeschoben würde.

Obwohl effizient im Kampf gegen die PIRA, erkannte der Security Service nur allmählich die sich abzeichnende Gefahr durch den islamistischen Terrorismus. Im Dezember 1995 teilte er den Chefs der Polizeiabteilungen mit, dass es nach wie vor einen staatlich finanzierten iranischen Terrorismus gebe, dessen britisches Hauptziel Salman Rushdie sei. Aber »Hinweise in der Presse auf ein weltweites Netzwerk islamistischer Extremisten, das bereit ist, Terroranschläge gegen den Westen auszuführen«, seien »grob übertrieben«. Bruce Hoffman, der Terrorismusexperte, der die künftige Bedrohung durch den religiös motivierten Terror am klarsten benannte, erkannte die Zeichen der Zeit, weil er einen weiter reichenden Blickpunkt einnahm als der Security Service. Von den 64 aktiven Terrorgruppen in den achtziger Jahren hatten nur zwei – beide mit einer engen Beziehung zur Islamischen Revolution im Iran – eine hauptsächlich religiöse Motivation. Allerdings fiel Hoffman in den nächsten 15 Jahren eine dramatische Rückbesinnung zu der alten Tradition des religiösen Terrors auf. (Vor der Französischen Revolution war Terror ausschließlich religiös gerechtfertigt worden.) Schon 1995 berief sich fast die Hälfte der aktiven internationalen Terrorgruppen auf die Religion. Und hinter den bedeutendsten Anschlägen mit Todesopfern steckten religiös motivierte Terroristen.[29]

Stella Rimington kannte Osama bin Laden als Financier des Terrors, hörte aber den Namen Al-Qaida erst im März 1996 zum ersten Mal – in Gesprächen im Weißen Haus und mit der CIA bei ihrem Abschiedsbesuch als MI5-Generaldirektorin in den USA. Und noch im Sommer 1998, als Al-Qaida bei Selbstmordanschlägen die US-Botschaften in Nairobi und Daressalam in die Luft sprengte, konnte man sich im Security Service kaum vorstellen, dass Großbritannien einst das Opfer ähnlicher Anschläge werden könnte.[30] Später erkannte man, dass das Land schon Ende 2000, noch vor den Angriffen vom 11. September auf New York und Washington, im Fadenkreuz von Al-Qaida gelegen hatte.[31] Aber noch über ein Jahr nach dem 11. September ging man davon aus, dass die islamistische Bedrohung gegen Großbritannien vom Ausland und nicht von Terroristen im Inland ausgehe. Aber als der Security Service 2003 schließlich die im Inneren herangewachsene Gefahr erkannt hatte, reagierte er rasch. Bei der Operation CREVICE, der größten zur Terrorabwehr, die er oder die Polizei jemals unternommen hatte, wurden Anschläge auf Nachtklubs, Bars und Einkaufszentren vereitelt, bei denen Massen von Menschen umgekommen wären. Im April 2004 wurde der Generaldirektor (in diesem Fall eine Direktorin, nämlich Baroness Manningham-Buller) erstmals in der Geschichte des Security Service zu einer Sitzung des vollständigen Kabinetts eingeladen, um die Glückwünsche des Premierministers entgegenzunehmen. Dennoch war man sich im Dienst im Klaren darüber, dass wegen fehlender Mittel nicht alle potenziellen islamistischen Terroristen beobachtet werden konnten, weshalb es »nur eine Frage der Zeit sein« konnte, »bis sich in Großbritannien ein schwerer Terroranschlag ereignen« würde. Die Selbstmordanschläge vom 7. Juli 2005 und die versuchten Anschläge vom 21. Juli im selben Jahr lösten eher einen großen Schock als Verwunderung aus.

Die Strategie, die islamistischen Netzwerke verstärkt auf regionaler Ebene zu erfassen, ging auf die Frühphase des MI5 zurück. Im Sommer 1910 hatte Kell persönliche Kontakte zu 40 englischen, schottischen und walisischen Polizeichefs geknüpft, die, so Kell, »alle die höchste Bereitschaft bekundeten, mich in jeder Weise zu unterstützen«. Fast ein Jahrhundert später bestand eine der erfolgreichsten Strategien des Dienstes darin, seine Operationen zur Terrorabwehr dadurch zu verbessern, dass er über neu gegründete MI5-Regionalbüros enger mit der lokalen Polizei zusammenarbeitete. Der Chef des Terrorabwehrkommandos von Scotland Yard, Deputy Assistant Commissioner Peter Clarke, erklärte 2007: »Es besteht kein Zweifel daran, dass die wichtigste Veränderung bei der Terrorabwehr im Vereinigten Königreich in den letzten Jahren die Weiterentwicklung der Beziehungen zwischen der Polizei und dem Security Service gewesen ist«. Die Regionalbüros des MI5 bauten auf den Erfahrungen mit seinen regionalen Sicherheitsverbindungsoffizieren (RSLOs) im Zweiten Weltkrieg auf. Diese waren im Krieg zwar hauptsächlich zur Vorbereitung auf eine – dann nicht stattfindende – deutsche Invasion ins Amt genommen worden, waren aber insofern ein Erfolg gewesen, als sie den Dienst in »engeren Kontakt zu den Polizeikräften in der Provinz brachten«.[32]

Auch wenn die Bedrohung der nationalen Sicherheit in Großbritannien durch Terroristen unterschiedlich intensiv sein wird, wird sie wohl ebenso lange Bestand haben wie einst der Kalte Krieg. In den beiden Jahren von Januar 2007 bis zum Januar 2009 wurden 86 Personen wegen islamistischer terroristischer Straftaten verurteilt. Aber wie bei der Anzahl der gefassten Spione im Ersten Weltkrieg sind die Verurteilungen von Terroristen für die Effizienz der Arbeit des MI5 nur ein unvollständiges Maß. Im Ersten Weltkrieg zeigte sich der Erfolg der Spionageabwehr am besten daran, dass Großbritannien ein so hartes Ziel geworden war, dass kaum noch weitere Agenten gefasst werden konnten. Terroristen, die zum Selbstopfer bereit sind, lassen sich jedoch weitaus weniger gut abschrecken als einst die mitunter dürftig motivierten deutschen Agenten im Ersten Weltkrieg. Allerdings bemerkte Jonathan Evans Anfang 2009, dass der Erfolg der Operationen zur Terrorabwehr in den letzten Jahren auf »die Begeisterung der Verschwörer« für neue Anschlagspläne »einen abkühlenden Effekt« gehabt habe. Noch kann man nicht sagen, ob dieser »Effekt« eine kurzzeitige Schwankung oder ein langfristiger Trend ist.

Außer beim Klimawandel hat die Untersuchung langfristiger Trends auf die Politiker des frühen 21. Jahrhunderts bislang nur eine geringe Anziehungskraft ausgeübt. Der Schock, den die Immobilien- und die Finanzkrise 2008/09 auslösten, ist wohl zumindest teilweise auf ein Phänomen zurückzuführen, das ich als eine Art Aufmerksamkeitsdefizitsyndrom mit Blick auf die Historie bezeichnen würde. Zahlreiche Banker und Finanzkommentatoren erkannten in dem Präzedenzfall des Börsenkrachs von 1929, den sie zuvor kaum beachtet hatten, plötzlich eine überraschende Bedeutung. Die Kurzsichtigkeit ist am Ende des 20. und zu Beginn des 21. Jahrhunderts zu einer kennzeichnenden Schwäche des Denkens geworden. Erstmals in der Geschichte herrschte weit verbreitet die Annahme, die Erfahrungen vorangegangener Generationen seien für die Gegenwartspolitik irrelevant.[33] Aber wie Menschen arbeiten auch Institutionen weniger erfolgreich, wenn sie die Fähigkeit verlieren, zurückliegende Erfolge und Misserfolge zu reflektieren. Als erster MI5-Offizieller hat Anthony Simkins nach seinem Eintritt in den Ruhestand mit Sir Harry Hinsley eine offizielle Geschichte des Sicherheits- und Geheimdienstwesens im Zweiten Weltkrieg verfasst. »Ich wäre ein besserer stellvertretender Generaldirektor gewesen«, sagte er anschießend, »wenn ich mein Geschichtswerk vorher geschrieben hätte.«[34]

Sogar die Historiker leiden heute mit Blick auf die Geschichte ein wenig unter einer verkürzten Aufmerksamkeitsspanne, wenn es um den Security Service und die übrige Geheimdienstgemeinschaft geht. Die gut beleuchteten Erfolge der britischen Codeknacker gegen Deutschland im Ersten Weltkrieg hätten die Geschichtswissenschaftler darauf aufmerksam machen müssen, dass es im Zweiten Weltkrieg möglicherweise ähnliche Erfolge gab. Stattdessen kam bis zur Offenlegung der klassifizierten Operation ULTRA 1973 kaum ein Historiker auf den Gedanken, dass SIGINT bei der Niederlage von Nazi-Deutschland eine bedeutende Rolle gespielt hatte.[35] 1984 bezeichneten David Dilks und ich den Geheimdienst als die »fehlende Dimension« der britischen Historiografie des 20. Jahrhunderts.[36]

Obwohl sich mit dem Geheimdienst inzwischen auch britische Historiker befassen, muss dessen Bedeutung für eine Vielzahl von einschlägigen Forschungsgebieten erst noch entdeckt werden. So hat zum Beispiel die Tatsache, dass die erste Finanzkontrolleurin einer britischen Regierungsdienststelle und die erste Chefin eines bedeutenden Geheimdienstes der Welt beim MI5 beschäftigt waren, bei Historikern mit dem Spezialgebiet der Geschlechterrollen bislang noch kein Interesse geweckt. Und auch in zahlreichen Geschichtswerken zur britischen Entkolonialisierung fehlt jeder Hinweis auf die Rolle, die der MI5 in dieser Entwicklung gespielt hat. In zahlreiche Biografien von britischen Premierministern taucht über deren Haltung gegenüber der nachrichtendienstlichen Tätigkeit und den Geheimdiensten nichts oder fast nichts auf. Aber wie üblich sind die Versäumnisse einer Generation von Historikern die Chancen ihrer Nachfolger.[37]

Wie viele andere Institutionen hat der Security Service in der Vergangenheit aus der eigenen Geschichte kaum Lehren gezogen. Einige hochrangige Mitarbeiter sahen sämtliche Erkenntnisse aus älterer Zeit eher als Hindernisse, die einer Erneuerung der Geheimdienstarbeit entgegenstünden. So glaubte Sir David Petrie, einer der erfolgreichsten Generaldirektoren des Dienstes (1941–1946): »Zu viel aus der fernen Vergangenheit enthält allzu wenig nützliche Lehren.« In Wahrheit hat die Führungsspitze eine ganze Reihe »nützlicher Lehren« aus der Vergangenheit übersehen. So versäumte es Kell, den Hinweis in einem MI5-Bericht vom Ende des Ersten Weltkrieges zu beachten, wonach der Dienst bei Ausbruch eines erneuten Krieges »mit einer Flut von Papier« überschwemmt und seine Verwaltung an den Rand des Zusammenbruchs gebracht würde. Die mangelnde Vorbereitung des Dienstes, 1940 mit den hysterischen Ängsten vor einer fünften Kolonne der Nazis umzugehen, spiegelt ebenfalls ein Versäumnis wider, aus den Erfahrungen aus dem letzten Krieg zu lernen. Dessen Ausbruch hatte zu »einer virulenten Epidemie« der Furcht vor Spionen geführt.[38]

Im verbliebenen 20. Jahrhundert waren die Unterschätzung der Defizite in der sowjetischen Geheimdienstanalyse, das Chaos bei den geheimdienstlichen Ermittlungen zu Beginn des Nordirlandkonflikts und die verspätete Erkenntnis, dass der Islamismus zu einer terroristischen Bedrohung geworden war, weitere Symptome einer verkürzten Aufmerksamkeitsspanne mit Blick auf die Geschichte. Aber der Security Service lernte in allen Fällen aus seinen Fehlern. Nur sechs Monate nachdem die Verwaltung des MI5 im Sommer 1940 beinahe zusammengebrochen wäre, betrieb das Zwanzigerkomitee unter Führung eines Vorsitzenden vom MI5 das Double-Cross-System. Die von Oleg Gordiewsky gesammelten geheimdienstlichen Erkenntnisse verschafften dem Security Service wie der übrigen Geheimdienstgemeinschaft nie da gewesene, wenn auch verspätete Einblicke in die engstirnige Denkweise der Moskauer Zentrale und zu den völlig falschen Vorstellungen, die man sich von ihr im Westen gemacht hatte. Nachdem der Security Service 1992 als Geheimdienst die Führungsrolle im Kampf gegen den irischrepublikanischen Terrorismus in Großbritannien erhalten hatte, verhinderte er erfolgreich mithilfe der Polizeikräfte, dass die PIRA mit ihren Anschlagsserien im britischen Kernland an ihr Ziel gelangte. Und seitdem sich der MI5 ab 2003 voll auf die vom heimischen Terrorismus ausgehende Bedrohung konzentrierte, hat er – bis lang jedenfalls noch – die meisten geplanten Terroranschläge verhindert.

Aus der Langzeitperspektive gesehen, gibt es zwischen den zurückliegenden und den gegenwärtigen Bedrohungen für die nationale Sicherheit mehr Kontinuität als vielfach angenommen. Elie Wiesel, Nobelpreisträger, Holocaust-Überlebender und Menschenrechtsaktivist, prophezeite mehrere Jahre vor dem 11. September: »Die wichtigste Herausforderung im 21. Jahrhundert wird genau die gleiche sein wie im 20. Jahrhundert: Wie gehen wir mit einem Fanatismus um, der mit Macht versehen ist?«[39] Die drei Männer, die die Sicherheit Großbritanniens ab den dreißiger Jahren am stärksten bedrohten – Hitler, Stalin und Osama bin Laden – waren alle »mit Macht versehene Fanatiker«.

Dabei ist das 21. Jahrhundert deshalb weniger gefährlich als das 20., weil Fanatiker inzwischen keine der wichtigen Weltmächte mehr kontrollieren. Es besteht keine reale Gefahr, dass sich erneut in Berlin ein Hitler oder in Moskau ein Stalin etabliert. Die gefährlichsten gegenwärtigen Fanatiker – Terrorgruppen, allen voran Al-Qaida, und »Schurkenstaaten« – sind im Gegensatz zu Hitler oder Stalin eher an den Rändern als im Zentrum des internationalen Systems angesiedelt. Aber während der Fanatismus an politischer Macht eingebüßt hat, wird sein Zerstörungspotential in der nächsten Generation mit der Weiterverbreitung von Massenvernichtungswaffen eher steigen.[40] 1998 hat bin Laden den Erwerb solcher Waffen zur »religiösen Pflicht« erklärt. Ein Jahr vor den Ereignissen vom 11. September vereitelte der Security Service in einer Operation zur Verhinderung der Weiterverbreitung von Waffen, ohne es damals zu wissen, einen ersten Versuch Al-Qaidas, sich in Großbritannien Material zur Entwicklung von biologischen Waffen zu beschaffen. Dhiren Barot, der Kopf der islamistischen Verschwörer, der bei der Operation RHYME 2004 gefasst wurde, hatte den Ehrgeiz gehabt, eine radioaktive »schmutzige Bombe« hochgehen zu lassen. Auch wenn er, wie er einräumte, nicht an die notwendigen Kontakte herangekommen war, so werden andere Terroristen dies weiterhin versuchen.

Wie im 20., sind auch im 21. Jahrhundert einige Herausforderungen, die sich dem Security Service stellen werden, kaum oder gar nicht vorhersehbar. Aber aus dem ersten Jahrhundert seines Bestehens kann er die Lehre ziehen, dass er mit diesen am besten fertig werden wird, wenn er seine eigene Geschichte in der Langzeitperspektive kennt. Winston Churchill, der ihn ein halbes Jahrhundert lang engagiert unterstützt und gelegentlich kritisiert hat, fasste es so: »Je weiter man zurückblickt, desto weiter kann man nach vorn sehen.«

Anhang

Anhang 1

Direktoren und Generaldirektoren, 1909 – 2009

1909 – 1940	Sir Vernon Kell
1940 – 1941	Brigadier Oswald Allen »Jasper« Harker
1941 – 1946	Sir David Petrie
1946 – 1953	Sir Percy Sillitoe
1953 – 1956	Sir Dick White
1956 – 1965	Sir Roger Hollis
1965 – 1972	Sir Martin Furnival Jones
1972 – 1978	Sir Michael Hanley
1978 – 1981	Sir Howard Smith
1981 – 1985	Sir John Jones
1985 – 1988	Sir Antony Duff
1988 – 1992	Sir Patrick Walker
1992 – 1996	Dame Stella Rimington
1996 – 2002	Sir Stephen Lander
2002 – 2007	Baroness Manningham-Buller
2007 –	Jonathan Evans

Hinweis:
Der Titel »Generaldirektor« wurde bei Sir David Petrie erstmals verwendet. Kell und Harker wurden beide mit Direktor angesprochen.

Anhang 2

Personalstand des Security Service, 1909–2009

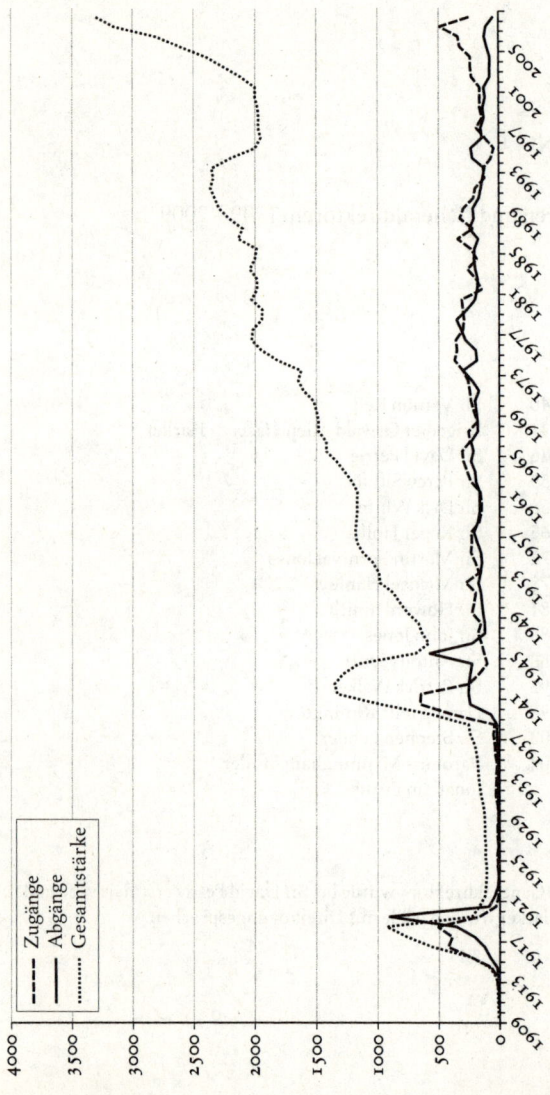

Anhang 3

Aufbau und Zuständigkeitsbereiche der Branches/
Divisionen des Security Service, 1914–1994

Im Folgenden werden die Abkürzungen DG für Director General oder Generaldirektor und DDG für Deputy Director General oder stellvertretender Generaldirektor verwendet.

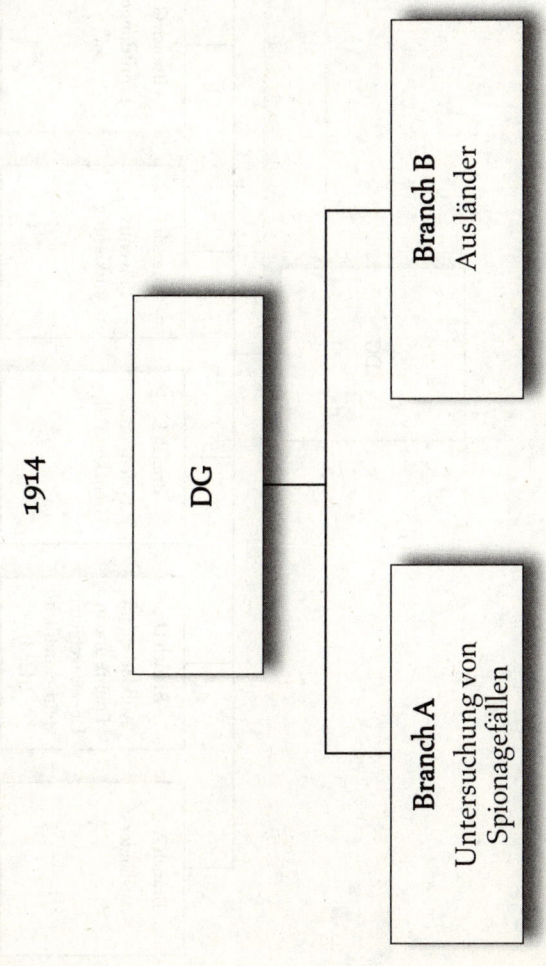

754 Anhang

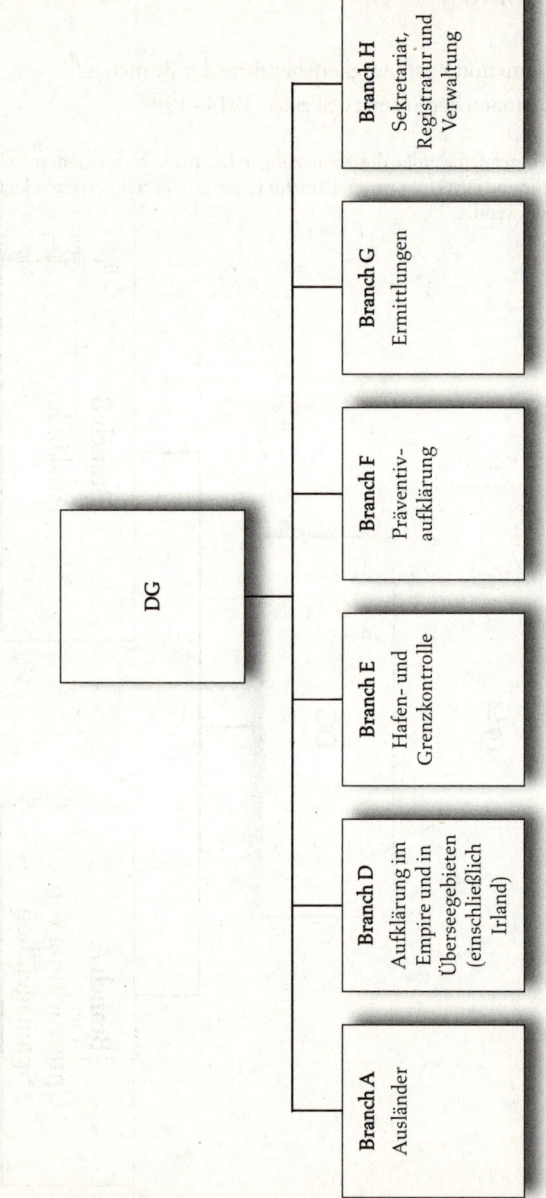

Anhang 3 755

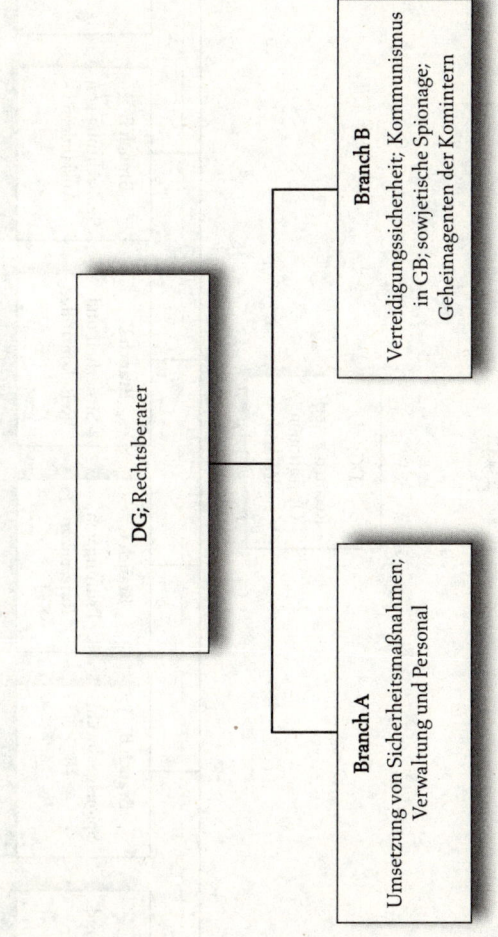

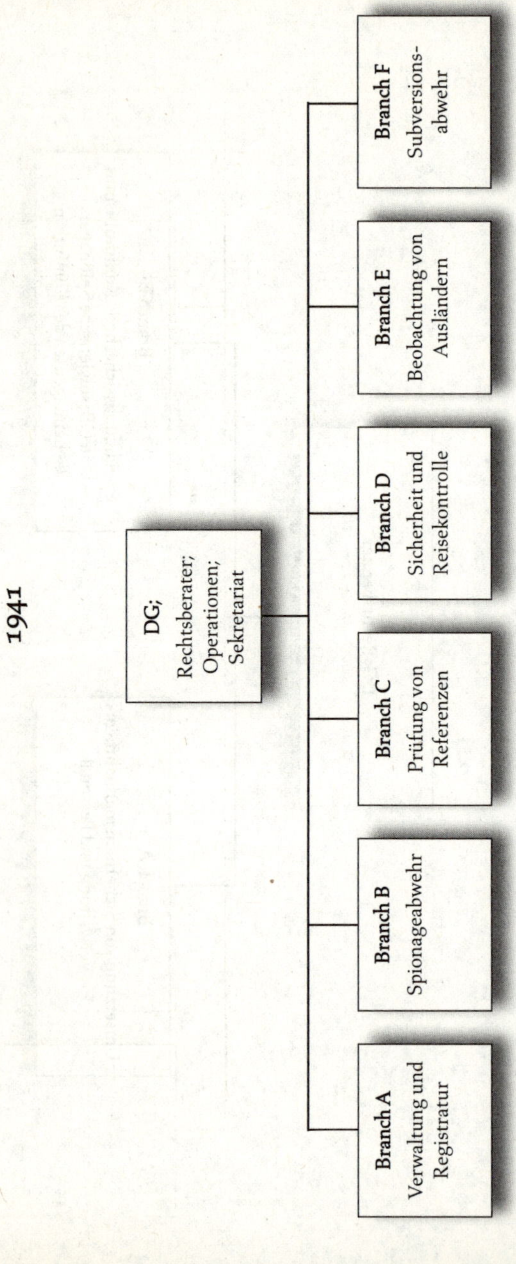

1941

- **DG;** Rechtsberater; Operationen; Sekretariat
  - **Branch A** — Verwaltung und Registratur
  - **Branch B** — Spionageabwehr
  - **Branch C** — Prüfung von Referenzen
  - **Branch D** — Sicherheit und Reisekontrolle
  - **Branch E** — Beobachtung von Ausländern
  - **Branch F** — Subversionsabwehr

Anhang 3 757

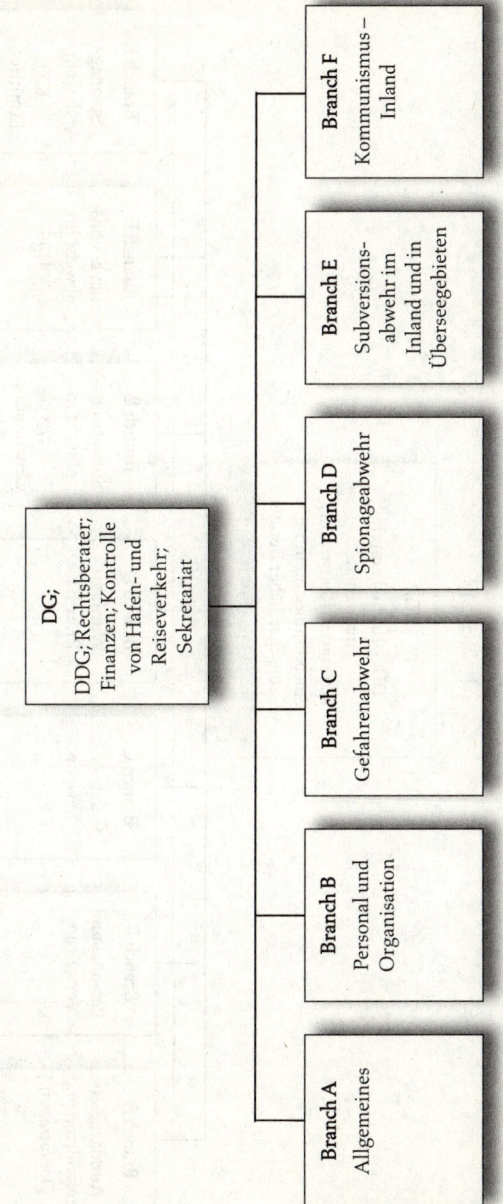

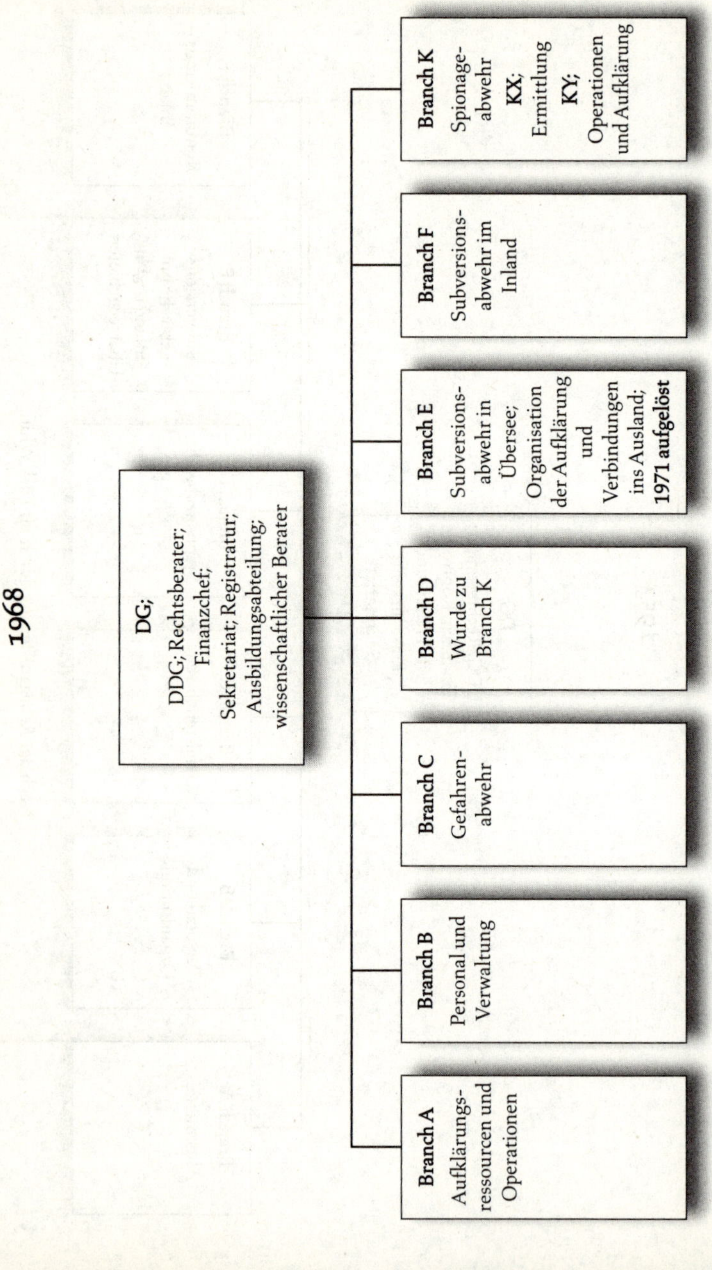

1968

DG;
DDG; Rechtsberater; Finanzchef; Sekretariat; Registratur; Ausbildungsabteilung; wissenschaftlicher Berater

- **Branch A**
  Aufklärungsressourcen und Operationen

- **Branch B**
  Personal und Verwaltung

- **Branch C**
  Gefahrenabwehr

- **Branch D**
  Wurde zu Branch K

- **Branch E**
  Subversionsabwehr in Übersee; Organisation der Aufklärung und Verbindungen ins Ausland; **1971 aufgelöst**

- **Branch F**
  Subversionsabwehr im Inland

- **Branch K**
  Spionageabwehr
  KX; Ermittlung
  KY; Operationen und Aufklärung

Anhang 3 759

1976

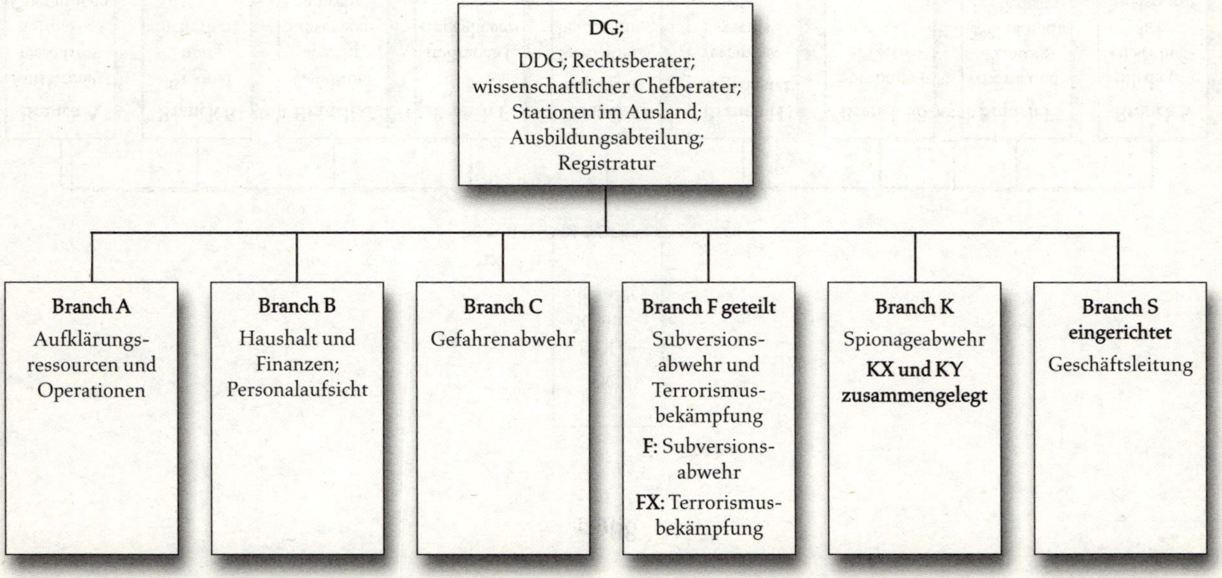

DG;
DDG; Rechtsberater;
wissenschaftlicher Chefberater;
Stationen im Ausland;
Ausbildungsabteilung;
Registratur

- **Branch A** — Aufklärungsressourcen und Operationen
- **Branch B** — Haushalt und Finanzen; Personalaufsicht
- **Branch C** — Gefahrenabwehr
- **Branch F geteilt** — Subversionsabwehr und Terrorismusbekämpfung
  F: Subversionsabwehr
  FX: Terrorismusbekämpfung
- **Branch K** — Spionageabwehr **KX und KY zusammengelegt**
- **Branch S eingerichtet** — Geschäftsleitung

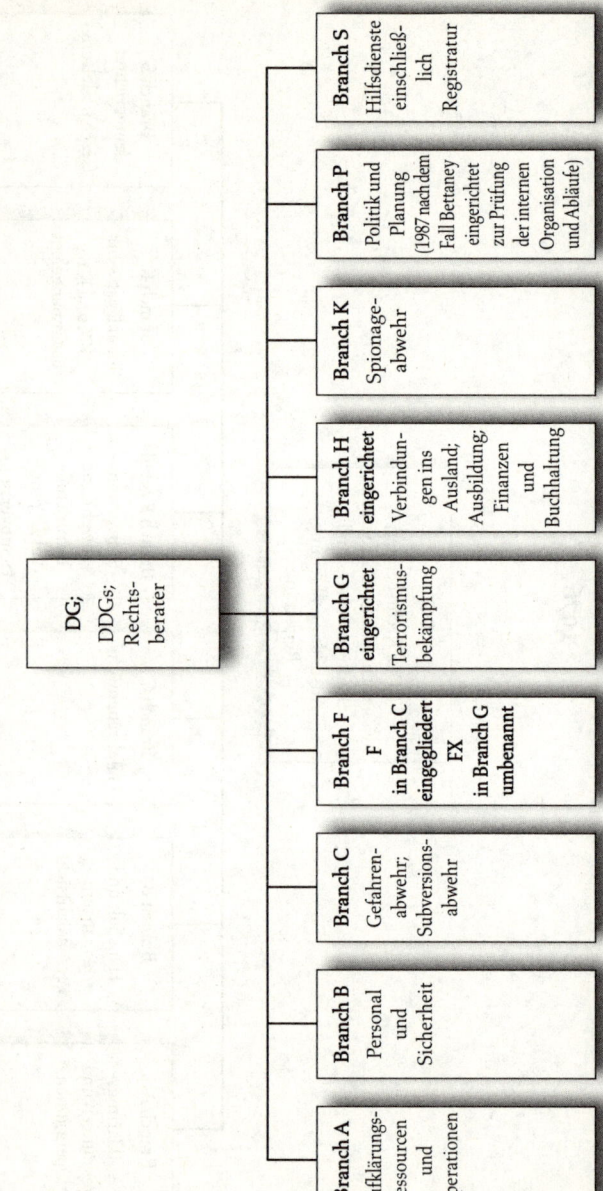

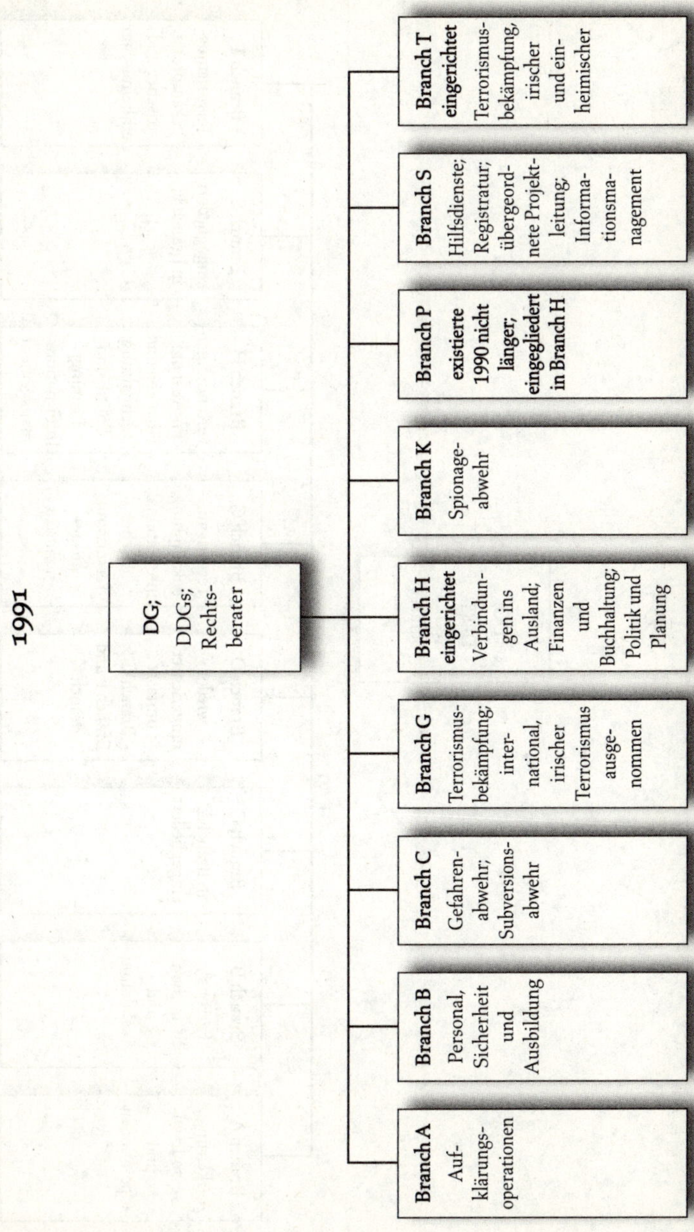

Anhang 3 761

1991

DG; DDGs; Rechtsberater

- **Branch A** — Aufklärungsoperationen
- **Branch B** — Personal, Sicherheit und Ausbildung
- **Branch C** — Gefahrenabwehr; Subversionsabwehr
- **Branch G** — Terrorismusbekämpfung: international, irischer Terrorismus ausgenommen
- **Branch H eingerichtet** — Verbindungen ins Ausland; Finanzen und Buchhaltung; Politik und Planung
- **Branch K** — Spionageabwehr
- **Branch P existierte 1990 nicht länger, eingegliedert in Branch H**
- **Branch S** — Hilfsdienste; Registratur; übergeordnete Projektleitung; Informationsmanagement
- **Branch T eingerichtet** — Terrorismusbekämpfung, irischer und einheimischer

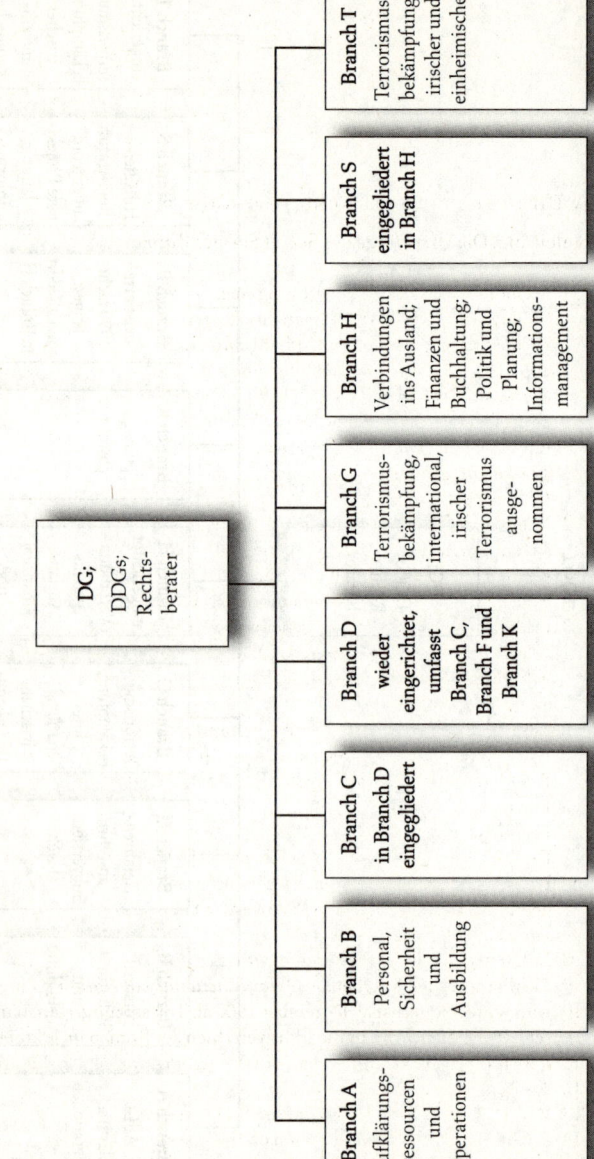

Anmerkungen

A Die deutsche Bedrohung, 1909–1919
Einleitung: Die Ursprünge des Secret Service Bureau

1 Memorandum über die Einrichtung eines Secret Service Bureau [Protokoll einer Sitzung am 26. August 1909, genehmigt von Sir Charles Hardinge, Parlamentarischer Staatssekretär im Außenministerium, am 14. September 1909], TNA WO 106/6292. Die neue Dienststelle sollte am 1. Oktober den Betrieb aufnehmen, aber sowohl Cumming als auch Kell nahmen erst am 10. die Arbeit auf, und erst ab diesem Zeitpunkt stellte das Außenministerium Geld zur Verfügung. Cumming war am 7. zum ersten Mal in den Räumen des Büros »und blieb den ganzen Tag da, sah jedoch niemanden, und es gab dort auch nichts zu tun.« Judd, *Quest for C*, S. 86, 100.
2 Mansfield Cumming, Tagebuch, 4. Oktober 1909, Archiv des SIS. Kell erklärte später gegenüber Gilbert Wakefield, der ein hausinterner MI5-Historiker wurde, er habe ›C‹ erstmals »im Büro eines Privatdetektivs getroffen« (bei dem es sich, wie Wakefield herausfand, um Drew handelte).
3 Erklärung von Kell vor dem Geheimdienstausschuss, Protokoll des Secret Service Committee, 10. März 1925, TNA FO 1093/68. Aus Cummings Tagebuch geht hingegen hervor, dass die beiden nur selten gleichzeitig im selben Raum arbeiteten.
4 »Report and Proceedings of a Sub-Committee of the Committee of Imperial Defence Appointed by the Prime Minister to Consider the Question of Foreign Espionage in the United Kingdom«, Oktober 1909, TNA CAB 16/8.
5 Ebenda.
6 Le Queux, *England's Peril*, S. 42.
7 Der Name Le Queux (ausgesprochen als »Le Kju«) reimte sich mit Drew. Wie Drew hatte Le Queux eine englische Mutter und einen französischen Vater. Und der fiktive Drew verwendet bei Besuchen in Frankreich seinen wirklichen Namen Dreux.
8 Le Queux, *Secrets of the Foreign Office*.
9 »William Tufnell Le Queux«, *Oxford Dictionary of National Biography*.
10 Kim wurde zunächst ab Dezember 1900 als Fortsetzungsroman in einer Zeitschrift veröffentlicht. In Buchform erschien der Roman im Oktober 1901.
11 Hinsley u. a., *British Intelligence in the Second World War*, Bd. 1, S. 16 f.
12 Andrew, *Secret Service*, Kap. 1.
13 Warwick (Hg.), *South African War*, S. 66.
14 Report of the Royal Commission on the War in South Africa, Cd 1789 (1903), S. 128. Siehe auch Andrew, *Secret Service*, S. 28 f.

15 Cook, M, *MI5's First Spymaster*, S. 146 ff., 253.
16 Ebenda, S. 248 f.
17 Sowohl das Pseudonym als auch die Adresse standen auf Melvilles Visitenkarte, die sich sowohl in seinen Papieren (ebenda, S. 254) als auch in den Akten des Security Service befand.
18 Zur Nachrichten-Abteilung und zu Steinhauers Rolle in der Abteilung siehe Boghardt, *Spies of the Kaiser*, S. 13–20.
19 Steinhauer, *Steinhauer*, S. 310–319. Cook, *M: MI5's First Spymaster*, S. 134 bis 137. Boghardt, *Spies of the Kaiser*, S. 47 f. Zu Steinhauers Rolle in der Hierarchie des Marinenachrichtendienstes siehe Boghardt, Spies of the Kaiser, Anhang 1, S. 148. Der MI5 gelangte in der Zwischenkriegszeit in einer Bewertung von Steinhauers Memoiren zu dem Schluss: »Ein Vergleich mit den Aufzeichnungen des Security Service zeigt, dass dieses Buch die Organisation in jenem Land zutreffend beschreibt.« Siehe »Gustav Steinhauer«, in: »Game Book«, Bd. 1: 1909–1915, TNA KV 4/112.
20 Bericht von Melville über Longs Mission, 8. April 1904; wiedergegeben in Cook, *M: MI5's First Spymaster*, Anhang, S. 256. Longs Vorname wird manchmal fälschlich mit »Henry« angegeben.
21 »Historical Papers«, TNA KV 6/47.
22 Cohn, *Warrant for Genocide*, S. 76–86, 113, dt.: *Die Protokolle der Weisen von Zion. Der Mythos von der jüdischen Weltverschwörung*, Köln 1969; Neuauflage Baden-Baden 1998.
23 Memoiren Melvilles, ohne Titel, 31. Dezember 1917, S. 15 f., TNA KV 1/8.
24 Ebenda, S. 2.
25 Ebenda, S. 21–22.
26 Edmonds, »Origins of MI5«, LHC Edmonds MSS VIII/3; Edmonds, unveröffentlichte Memoiren, Kap. 20, LHC Edmonds MSS III/5.
27 Memoiren Melvilles ohne Titel, 31. Dezember 1917, S. 3, TNA KV 1/8. Le Queux stellte die unzutreffende Behauptung auf, die deutsche Übersetzung ende mit einem Sieg des Deutschen Reichs.
28 Soweit sie außerhalb der Einbildung von Le Queux existierte, hatte die neue »freiwillige Geheimdienstbehörde« ihre Heimat in der Ende 1904 von Roger Pocock gegründeten patriotischen Legion of Frontiersmen. Pocock lebte in einer ebenso überspannten Fantasiewelt wie Le Queux, in der es von Bösewichten und Helden aus Abenteuergeschichten für Jungen wimmelte.
29 Le Queux, *Invasion of 1910*. Clarke, Voices Prophesying War, S. 145. Kennedy, *Rise of the Anglo-German Antagonism*, S. 362, 371. Andrew, *Secret Service*, S. 74–76. Patrick und Baister, *William Le Queux*, S. 57–63.
30 Le Queux, *Things I Know*, S. 237.
31 Standish, Prince of Storytellers.
32 Morris, »And is the Kaiser Coming for Tea?«, S. 58–61; Gooch, *Plans of War*, S. 284 f.
33 Steiner, *Britain and the Origins of the First World War*, S. 53, 287 Anm. 23.
34 Marder, *From the Dreadnought to Scapa Flow*, Bd. 1, Kap. 7.
35 Thwaites an Gleichen, 7. Mai 1907, TNA WO 32/8873; Hiley, »Failure of British Espionage«, S. 874.
36 Edmonds, unveröffentlichte Memoiren, Kap. 20, LHC Edmonds MSS III/5.

37 »Report and Proceedings of a Sub-Committee of the Committee of Imperial Defence Appointed by the Prime Minister to Consider the Question of Foreign Espionage in the United Kingdom«, Anhang 1: »Cases of Alleged German Espionage which have been reported to the Director of Military Operations«, Oktober 1909, TNA CAB 16/8.
38 Darunter auch Christopher Andrew in *Secret Service*.
39 »Sir James Edward Edmonds«, *Oxford Dictionary of National Biography*. Obwohl die Intelligence Division (Nachrichtendienstabteilung) des War Office erst 1901 offiziell in Intelligence Department umbenannt wurde, wurde sie schon in den neunziger Jahren des 19. Jahrhunderts oft mit diesem Titel bezeichnet.
40 »Report and Proceedings of a Sub-Committee of the Committee of Imperial Defence Appointed by the Prime Minister to Consider the Question of Foreign Espionage in the United Kingdom: First Meeting, Tuesday, 30th March, 1909«, Oktober 1909, TNA CAB 16/8.
41 *Security Service*, S. 64; siehe Stieber, *Spion des Kanzlers* (eine Quelle, der gegenüber allerdings eine gewisse Vorsicht angebracht ist).
42 Edmonds, »Espionage in the time of peace«, Januar 1909, S. 22–32, TNA KV 1/2.
43 CID, »The Question of Foreign Espionage in the United Kingdom«, 30. März 1909, S. 2, TNA CAB 16/18.
44 Edmonds, »Espionage in the time of peace«, Januar 1909, S. 24, TNA KV 1/2. Stieber, *Spion des Kanzlers*.
45 »Report and Proceedings of a Sub-Committee of the Committee of Imperial Defence Appointed by the Prime Minister to Consider the Question of Foreign Espionage in the United Kingdom: First Meeting, Tuesday, 30th March, 1909«, Oktober 1909, TNA CAB 16/8. In Ansprachen vor neuen Mitarbeitern erklärte der DDG Guy Liddell in der Frühphase des Kalten Kriegs: »Bei Besuchen in Berlin und Moskau und nach seiner Rückkehr fand [Edmonds] heraus, dass die Deutschen in ihrem Nachrichtendienst eine Abteilung eingerichtet hatten, die sich mit England beschäftigen sollte.« Guy Liddell, Tagebuch, 1. November 1950. Die Liddell-Tagebücher im Zweiten Weltkrieg befinden sich in TNA KV 4/185–194; Auszüge wurden veröffentlicht in: West (Hg.), *Guy Liddell Diaries*, 2 Bde. Die Nachkriegstagebücher werden im Archiv des Security Service aufbewahrt.
46 Boghardt, *Spies of the Kaiser*, S. 13–20.
47 Andrew, *Théophile Delcassé*, S. 284 f. Hiley, Einleitung zu Le Queux, *Spies of the Kaiser*, S. xix-xx.
48 »Sir James Edward Edmonds«, *Oxford Dictionary of National Biography*.
49 Kell schrieb kurz nach dem Krieg an Holt-Wilson: »Der alte Edmonds hat mir geschrieben und mich aufgefordert, ihn in Dienst zu stellen! Ich habe nicht geantwortet. Ich hätte nichts dagegen gehabt, wenn ich sicher sein könnte, dass er nicht noch schrulliger geworden ist als in den alten Tagen.« Archiv des Security Service.
50 J. E. Edmonds, »Intelligence Systems: Germany«, 9. Februar 1909, IWM Kell MSS.
51 Le Queux, *Spies of the Kaiser*. Le Queux identifizierte sich mit dem Erzähler Jacox und übernahm an einem Punkt selbst die Rolle des Erzählers; Patrick und Baister, *William Le Queux*, S. 66.

52 Edmonds, unveröffentlichte Memoiren, Kap. 20, LHC Edmonds MSS III/5.
53 Einleitung von Parlamentsmitglied Sir Robert Gower MP zu Sladen, *The Real Le Queux*, S. xv. Le Queux überzeugte Gower auch davon, dass die Waghalsigkeit seiner persönlichen unbezahlten »Geheimdienstoperationen« die »farbenfrohesten Abenteuer seiner tapfersten Romanhelden« in den Schatten stellte. Es ist eigentlich unvorstellbar, dass ihm das bei Edmonds ebenfalls gelungen sein sollte.
54 Edmonds, unveröffentlichte Memoiren, Kap. 20, LHC Edmonds MSS III/5.
55 »Report and Proceedings of a Sub-Committee of the Committee of Imperial Defence Appointed by the Prime Minister to Consider the Question of Foreign Espionage in the United Kingdom«, Oktober 1909, Anhang Nr. 1, Sache Nr. 26, TNA CAB 16/8.
56 Edmonds, unveröffentlichte Memoiren, Kap. 20, LHC Edmonds MSS III/5.
57 Lady Kell, »Secret Well Kept: an account of the work of Sir Vernon Kell«, S. 113 (unveröffentlichtes Manuskript, IWM).
58 Die weiteren Mitglieder waren der Erste Lord der Admiralität, der Innenminister, der Direktor der Post, Lord Esher, die ständigen Staatssekretäre im Finanzministerium und im Außenministerium, der Chef der Metropolitan Police, der Direktor des Bereichs Militärische Operationen, der Direktor des Marinenachrichtendienstes, der Leiter der militärischen Ausbildung sowie Konteradmiral Sir C. L. Ottley.
59 »Report and Proceedings of a Sub-Committee of the Committee of Imperial Defence Appointed by the Prime Minister to Consider the Question of Foreign Espionage in the United Kingdom«, Oktober 1909, TNA CAB 16/8; Edmonds, unveröffentlichte Memoiren, Kap. 20, LHC Edmonds MSS III/5.
60 Col. W. G. Simpson, »The Duties of Local Authorities in War Time«, in: *Journal of the Royal United Service Institution*, LVIII (Januar 1914), S. 5–30; Gilbert Mellor, »The Status under the Hague Conference of Civilians Who Take up Arms during the Time of War«, in: *Journal of the Royal United Service Institution*, LVIII (Mai 1914), S. 559–578; Col. G. H. Ovens, »Fighting in Enclosed Country«, in: *Journal of the Royal United Service Institution*, XLIX (1905), S. 524–546.
61 »Report and Proceedings of a Sub-Committee of the Committee of Imperial Defence Appointed by the Prime Minister to Consider the Question of Foreign Espionage in the United Kingdom: First Meeting, Tuesday, 30th March, 1909«, Oktober 1909, TNA CAB 16/8.
62 »Report and Proceedings of a Sub-Committee of the Committee of Imperial Defence Appointed by the Prime Minister to Consider the Question of Foreign Espionage in the United Kingdom«, Oktober 1909, Appendix 1, Case Nr. 10, TNA CAB 16/8. Memoiren Melvilles, ohne Titel, 31. Dezember 1917, S. 24 f., TNA KV 1/8.
63 Dr. Nicholas Hiley erkannte als Erster die Bedeutung von »TR«, »Tariff Reformer« und »Tiaria«.
64 Mansfield Cumming, Tagebuch, Archiv des SIS.
65 Herbert Dale Long an Melville, 23. März 1909, TNA KV 6/47. Mit der »Partei« ist die »Tariff Reform Party« (der deutsche Geheimdienst) gemeint. Über die geheimen Ermittlungen von Herbert Dale Long im In- und Ausland sind nur fragmentarische Aufzeichnungen erhalten geblieben. Zu seiner frühen Tätig-

keit für Melville siehe Cook, *M: MI5's First Spymaster*, S. 148 f. Nicholas Hileys Forschungen haben gezeigt, dass Long im Jahr 1911 nach Brüssel geschickt wurde, um eine Mission für Cumming durchzuführen (SS Bureau: General Organisation, TNA KV 1/53).

66 »Report and Proceedings ... Appendix 1: Cases of Alleged German Espionage which have been reported to the Director of Military Operations«, Oktober 1909, TNA CAB 16/8.

67 Ebenda. Boghardt, *Spies of the Kaiser*, S. 32.

68 »Report and Proceedings of a Sub-Committee of the Committee of Imperial Defence Appointed by the Prime Minister to Consider the Question of Foreign Espionage in the United Kingdom. Appendix 1: Cases of Alleged German Espionage which have been reported to the Director of Military Operations«, Oktober 1909, TNA CAB 16/8.

69 »Report and Proceedings ...: First Meeting, Tuesday, 30th March, 1909«, Oktober 1909, TNA CAB 16/8.

70 Brett (Hg.), *Journals and Letters of Reginald Viscount Esher*, Bd. 2, S. 379.

71 »Report and Proceedings ...: First Meeting, Tuesday, 30th March, 1909«, Oktober 1909, TNA CAB 16/8.

72 Koss, *Lord Haldane*, S. 15 f., 65, 69.

73 »Report and Proceedings ...: First Meeting, Tuesday, 30th March, 1909«, Oktober 1909, TNA CAB 16/8.

74 »Report and Proceedings ...: Second Meeting, Tuesday, 20th April, 1909«, Oktober 1909, TNA CAB 16/8.

75 Haldane berichtete auch über ein Gespräch mit »einem Mitglied der russischen Regierung«, das erklärt habe, dass Deutschland in Anbetracht der Verstärkung der französischen und deutschen Verteidigungsstellungen »die Möglichkeit einer erfolgreichen Invasion Englands« als verlockend betrachten müsse. »Report and Proceedings ...: Third Meeting, Monday, 12th July, 1909«, Oktober 1909, TNA CAB 16/8.

76 Edmonds, unveröffentlichte Memoiren, Kap. 20, LHC Edmonds MSS III/5.

77 »Report and Proceedings ...«, Oktober 1909, TNA CAB 16/8.

78 Judd, *Quest for C*, S. 72.

79 Brief von Le Queux an den Herausgeber des *Manchester Guardian*, 4. Januar 1910. (Ich bin Dr. Nicholas Hiley für diesen Hinweis dankbar.) Für weitere Hinweise darauf, dass Le Queux von der Gründung des Secret Service Bureau Kenntnis erhalten hatte, siehe Hiley, Einleitung zu Le Queux, *Spies of the Kaiser*, S. xviii.

80 Der Fall von Hauptmann Siegfried Helm ist ein Beispiel für die Informationssammlung eines deutschen Armeeoffiziers in Eigeninitiative. Paul Brodtmann, ein Agent der Nachrichten-Abteilung, arbeitete zwar nicht für den Heeresnachrichtendienst, übermittelte dem deutschen Militärattaché in London jedoch mehrere Berichte.

81 Memorandum über die Gründung eines S. S. Bureau [Protokoll einer Sitzung am 26. August 1909, genehmigt von Sir Charles Hardinge, Staatssekretär im Außenministerium, am 14. September 1909], TNA WO 106/6292.

82 »Conclusions of the Sub-Committee requested to consider how a secret service bureau could be established in Great Britain«, 28. April 1909, TNA WO 106/6292.

83 Lady Kell, »Secret Well Kept«, Kap 1, 2, IWM.
84 Ebenda, S. 110.
85 In Kells Personalakte steht, dass er am 1. Oktober 1909 »von Col. Edmonds eingestellt« wurde. Edmonds bestätigt seine Rolle in seinen unveröffentlichten Memoiren, Kap. 19, S. 7, und Kap. 20, S. 5; LHC Edmonds MSS III/4–5.
86 Boghardt, *Spies of the Kaiser*, S. 38.
87 Lady Kell, »Secret Well Kept«, IWM.
88 Keiner der Biografen von Le Queux, Patrick und Baister hat Hinweise auf Kontakte zu Kell gefunden. Auch in den Akten des Security Service sind keine solchen Hinweise aufgetaucht.
89 Lady Kell, »Secret Well Kept«, IWM.
90 Andrew, *Secret Service*, S. 123.
91 Judd, *Quest for C*, Kap. 1. Für weitere Einzelheiten zu Cummings Ernennung siehe Jeffery, *Official History of the Secret Intelligence Service*, Teil I.
92 Mansfield Cumming, Tagebuch, zitiert nach Judd, *Quest for C*, S. 84–87, 110.
93 Judd, Quest for C, S. 87.
94 Mansfield Cumming, Tagebuch, 22. Oktober 1909.
95 Kell, [Halbjahresbericht], April 1910-Oktober 1910 [beginnt mit einer Zusammenfassung der Arbeit in den vergangenen sechs Monaten], TNA KV 1/9.
96 Mansfield Cumming, getippte Notiz, 1. November 1909, mit dem Tagebuch abgelegt; Judd, *Quest for C*, S. 115.
97 Mansfield Cumming, Tagebuch, 1. November 1909; Judd, *Quest for C*, S. 114.
98 Judd, *Quest for C*, S. 114 f.
99 Mansfield Cumming, Tagebuch, 26. und 30. November 1909; Judd, *Quest for C*, S. 119.
100 Archiv des Security Service.
101 Judd, *Quest for C*, S. 151, 155.
102 Mansfield Cumming, Tagebuch, 17. März 1910.
103 Ebenda, 23. März 1910; Judd, *Quest for C*, S. 151 f.
104 Mansfield Cumming, Tagebuch, 5. und 6. April 1910, Archiv des SIS.
105 Ebenda, 28. April 1910.
106 Ebenda, 9. Mai 1910.

1
»Die Spione des Kaisers«:
Spionageabwehr vor dem Ersten Weltkrieg

1 Diese Bezeichnung verwendete Kell in einigen seiner Fortschrittsberichte.
2 *Security Service*, S. 67 ff.
3 Ihre Namen sind in der Liste vergangener und gegenwärtiger Angehöriger des Security Intelligence Service (Dezember 1919) und einigen früheren Listen enthalten. Es sind kaum Personalakten der frühen Mitarbeiter erhalten geblieben.
4 Commander B. J. Ohlson, Reservist der Royal Navy (trat im Mai 1911 ein), Major R. J. Drake (April 1912), Captain E. E. B. Holt-Wilson (Dezember 1912), Captain F. B. Booth (Januar 1913), Captain M. Brodie (Juli 1913), Captain J. B. Fetherston (Januar 1914) und Lieutenant Colonel M. M. Haldane (April 1914).

Major J. F. C. Carter nahm am 4. August 1914 die Arbeit auf. Außerdem waren Captain Stanley Clarke von Januar 1911 bis November 1912 und Captain K. E. Lawrence von Januar 1913 bis März 1914 für die Behörde tätig. In Bezug auf Ohlsons Position besteht keine völlige Klarheit. Aus den Personallisten geht hervor, dass er von Mai 1911 bis November 1914 durchgehend bei Kells Dienststelle beschäftigt war. Doch laut den Angaben in einem Who's Who des MI5 aus der Zwischenkriegszeit kehrte Ohlson im Mai 1913 zu seinem früheren Arbeitgeber P&O zurück, wo er bis Mai 1914 blieb. Eine mögliche Erklärung dafür ist, dass der Posten im P&O als Tarnung diente, während er für Kells Büro arbeitete.

5 J. Regan (Juni 1911) und H. I. Fitzgerald (November 1912).

6 J. R. Westmacott (März 1910), Miss D. Westmacott (Januar 1911), Corporal F. S. Strong (September 1911), Miss H. M. Newport (Oktober 1911), Miss S. Holmes (Februar 1913) sowie Miss D. Bowie (Januar 1914).

7 Mrs. Sumner.

8 Churchill, *My Early Life*, S. 355.

9 Ewart an Churchill, 27. April 1910, CCAC Churchill MSS, CHAR 13/1/25.

10 E. Marsh (Home Office) an die Chief Constables von England und Wales, 28. April 1910, CCAC Churchill MSS CHAR 13/1/25.

11 Kell diary, 8. Juni 1910, TNA KV 1/10.

12 Kell, [Zweiter Fortschrittsbericht], April 1910-Oktober 1910, TNA KV 1/9.

13 Archiv des Security Service.

14 Zum Meldewesen vor 1914 siehe die Beurteilung aus erster Hand durch einen amerikanischen Polizeibeamten in: Fosdick, *European Police Systems*, S. 349 bis 351. Zur Polizei im Deutschen Reich siehe Evans, »Police and Society from Absolutism to Dictatorship«.

15 »Office instructions to preparation of possible suspects list«, Papiere von Holt-Wilson, Archiv des Security Service.

16 Kell, Erster Fortschrittsbericht, 25. März 1910, TNA KV 1/9. G Branch History, S. 22, TNA KV 1/39.

17 Kell, Tagebuch, 6. Juni 1910, TNA KV 1/10.

18 Ebenda, Einträge vom 28. Juli und 5. August 1910.

19 Seligmann, *Spies in Uniform*, S. 61 f., 69 f., 170 f.; Kopien der Meldungen von Colonel Trench vom 24. Juni und 15. Dezember 1910, TNA KV 3/1; Kell, Tagebuch, 29. August 1910, KV 1/10.

20 Andrew, *Secret Service*, S. 130 f.; Judd, *Quest for C*, S. 178–182.

21 Kell, Tagebuch, 30. August 1910, TNA KV 1/10.

22 Ebenda, 5. September 1910.

23 Andrew, *Secret Service*, S. 104 f.; Boghardt, *Spies of the Kaiser*, S. 48 f.

24 Kell, Tagebuch, 6. Sept. 1910, TNA KV 1/10. Da Helm schon der zweite deutsche Offizier war, den sich Miss Wodehouse als Liebhaber nahm, wirkt ihre Erklärung nicht sehr überzeugend.

25 Andrew, *Secret Service*, S. 104 f.; Boghardt, *Spies of the Kaiser*, S. 50 f.

26 *The Times*, 22., 23. Dezember 1910. Brandon und Trench wurden im Jahr 1913 aus der Haft entlassen.

27 Schriftwechsel zwischen dem Reichsaußenministerium und dem Preußischen Kriegsministerium, 12. September 1910, 7. Dezember 1910, Politisches Archiv des Auswärtigen Amtes, Berlin, zitiert nach: Boghardt, *Spies of the Kaiser*, S. 50.

28 Kell, Tagebuch, 14. November 1910, TNA KV 1/10; Boghardt, *Spies of the Kaiser*, S. 51.

29 Kell bezeichnete die Ernennung von Thwaites zum Direktor des Marinenachrichtendienstes (DMI) im Jahr 1918 als »sehr gute Entscheidung – ein Glücksfall für uns, da er uns alle so gut kennt und unsere Arbeit schätzt«. Kell an Holt-Wilson, 7. September 1918, Papiere von Holt-Wilson, Archiv des Security Service.

30 Kell, Tagebuch, 18. November 1910, TNA KV 1/10.

31 Der Hinweis schien seinen Ursprung darin zu haben, dass die Schwester von Thwaites glaubte, von den Deutschen beleidigt worden zu sein. Kell, Tagebuch, 24. November 1910, TNA KV 1/10.

32 Kell, [Zweiter Fortschrittsbericht], April 1910-Oktober 1910, TNA KV 1/9.

33 Kell, Tagebuch, 15. November 1910, TNA KV 1/10.

34 Aus den Aufzeichnungen des Security Service geht hervor, dass Clarke aus nicht näher erläuterten Gründen am 30. November 1912 aus dem MO5 ausschied. (Der interne Deckname für Kells Dienststelle im Kriegsministerium war MO5(g).)

35 Kell, »Progress during the quarter ending 31st March, 1911«, TNA KV 1/9; Kell, Tagebuch, 17. März 1911, TNA KV 1/10.

36 Kell, Tagebuch, 3. März 1911, TNA KV 1/10.

37 Neuere Forschungen haben gezeigt, dass Melville im Jahr 1850 geboren wurde (Cook, M: *MI5's First Spymaster*, S. 14). In Kells Dienststelle war sein Geburtsdatum jedoch nicht bekannt. In einer zusammenfassenden Darstellung seiner Karriere im Archiv des Security Service wird das Geburtsjahr mit »um 1847« angegeben.

38 »IIIrd Report of the work done by the Counter-espionage Section of the Secret Service Bureau from October 1910 to May 1911«, TNA KV 1/9.

39 Personalregister des Security Service (eines dieser Verzeichnisse wird wiedergegeben in: Cook, M: *MI5's First Spymaster*, S. 259).

40 Am 16. Dezember 1910 schrieb Kell in sein Tagebuch: »Lt J. Ohlson vom P&O Stelle als Marineassistent mit Jahresgehalt von £350 und jährlicher Gehaltserhöhung von £10 bis auf £400 angeboten. Wird zunächst einjährige Freistellung beantragen.« TNA KV 1/10.

41 »IIIrd Report of the work done by the Counter-espionage Section of the Secret Service Bureau from October 1910 to May 1911«, TNA KV 1/9.

42 Kell, »Progress Report for the Quarter ending 30th June, 1911«, TNA KV 1/9.

43 »Steinhauer, Gustav« in: »Game Book«, Bd. 1: 1909–1915, TNA KV 4/112; »Information Obtained by Chance«, G Branch History, S. 33, TNA KV 1/39; Holt-Wilson, »Security Intelligence in War«, 1934, IWM Kell MSS. Die früheste Erwähnung dieser Episode, die erhalten geblieben ist, findet sich in Kells gemeinsam mit seinem Tagebuch für das Jahr 1911 in TNA KV 1/10 abgelegten Fortschrittsbericht für das 3. Quartal 1911: »Die Untersuchungen im Leith-Fall beruhen auf Informationen aus Leith, die zur Entdeckung des Namens und der Adresse eines tatsächlichen deutschen Agenten im Ausland sowie der Namen und Adressen seiner Kontaktpersonen in unserem Land geführt haben. Die Angelegenheit wird sehr sorgfältig untersucht.« In Kells Fortschrittsberichten wurde der Name des Empfängers des Briefes (in diesem Fall Holstein) nie erwähnt. In

keiner der erhalten gebliebenen Darstellungen wird erklärt, wie es dazu gekommen war, dass Clarke (über den wenig bekannt ist) mit Holstein im selben Zugabteil reiste. Clarke hatte ursprünglich einem schottischen Regiment angehört und besuchte möglicherweise Freunde und Verwandte. Wahrscheinlicher ist jedoch, dass er nach Leith (Hafen von Edinburgh) reiste, um Berichte über verdächtige Deutsche zu untersuchen.

44 Boghardt, *Spies of the Kaiser*, S. 71.
45 Ebenda, S. 54.
46 *Security Service*, S. 68.
47 Churchill an Sir Edward Grey, 22. November 1911, CCAC Churchill MSS, CHAR 13/1/25.
48 KV 1/48 »Rough Draft Summary of G-Branch«, S. 36.
49 *The Times*, 6. August 1913, 14. November 1914.
50 »Steinhauer, Gustav«, in: »Game Book«, Bd. 1: 1909–1915, TNA KV 4/112; *The Times*, 6, August 1913, 14. November 1914; Andrew, *Secret Service*, S. 116 ff.
51 »Steinhauer, Gustav«, in »Game Book«, Bd. 1: 1909–1915, TNA KV 4/112.
52 »G«-Bericht, Teil 1, Kap. 3, TNA KV 1/39; Andrew, *Secret Service*, S. 105 f.; Boghardt, *Spies of the Kaiser*, S. 54 ff.
53 *Parl. Deb. (Lords)*, 25. Juli 1911, col. 642.
54 Williams, *Not in the Public Interest*, S. 24–28.
55 *Parl. Deb. (Commons)*, 18. August 1911, cols. 2252 ff.
56 Kell, »Progress Report for the Quarter ending 30th September 1911«, TNA KV 1/9.
57 Kell, »Report on Counter-Espionage from December 1911 to 31 July 1912«, TNA KV 1/9; »Espionage in Portsmouth«, in: *The Times*, 10. Februar 1912. Boghardt, *Spies of the Kaiser*, S. 56–59; Andrew, *Secret Service*, S. 64.
58 Graves, *The Secrets of the German War Office*, S. 136.
59 Boghardt, *Spies of the Kaiser*, S. 60 f.
60 Kell war im Jahr 1894 Lieutenant im South Staffordshire Regiment geworden; Drake, der drei Jahre jünger war als Kell, wurde 1896 Lieutenant im North Staffordshire Regiment.
61 Archiv des Security Service.
62 Lady Kell, »Secret Well Kept«, IWM.
63 Archiv des Security Service.
64 Archiv des Security Service. Die Informationen zu Clarkes Laufbahn stammen aus dem Archiv des Gloucestershire County, GBR/L6/23/B715.
65 Cook, *M: MI5's First Spymaster*, S. 220.
66 Lady Kell, »Secret Well Kept«, S. 222, IWM; Andrew, *Secret Service*, S. 102.
67 Holt-Wilson, Tagebuch, S. 9, CUL Holt-Wilson Papiere. Ich schulde Dr. Victor Madeira Dank für diesen Hinweis.
68 Brief Holt-Wilsons an Kell, Archiv des Security Service.
69 »G«-Bericht, Teil 1, Kap. 4, TNA KV 1/40.
70 Obwohl Fitzgerald, über den nur wenig bekannt ist, laut Personalregister offiziell am 1. November 1912 als Detektiv in Kells Behörde eintrat, besteht die Möglichkeit, dass er, wie einige andere Mitarbeiter in der Frühzeit des MO5, bereits früher inoffiziell für das MO5 gearbeitet hatte.
71 »G«-Bericht, Teil 1, Kap. 4, TNA KV 1/40.

72 »Graves, Armgaard Karl«, in: »Game Book«, Bd. 1: 1909–1915, TNA KV 4/112.
73 Boghardt, *Spies of the Kaiser*, S. 61 ff.
74 »Rough Draft of G-Branch History«, S. 7, TNA KV 1/48; Andrew, *Secret Service*, S. 68; Boghardt, *Spies of the Kaiser*, S. 63–67.
75 »Hentschel, Karl Paul Gustav«, in: »Game Book«, Bd. 1: 1909–1915, TNA KV 4/112.
76 »Parrott, George Charles«, in: »Game Book«, Bd. 1: 1909–1915, TNA KV 4/112.
77 »Hentschel, Karl Paul Gustav«, in: »Game Book«, Bd. 1: 1909–1915, TNA KV 4/112.
78 Boghardt, *Spies of the Kaiser*, S. 64 f.
79 »Parrott, George Charles«, in: »Game Book«, Bd. 1: 1909–1915, TNA KV 4/112.
80 »Ireland, Frederick James R. N.«, in: »Game Book«, Bd. 1: 1909–1915, TNA KV 4/112.
81 »Hattrick, John James @ Devlin, Walter John«, in: »Game Book«, Bd. 1: 1909–1915, TNA KV 4/112.
82 »Parrott, George Charles«, in: »Game Book«, Bd. 1: 1909–1915, TNA KV 4/112.
83 *The Times*, 17. Januar 1913.
84 Boghardt, *Spies of the Kaiser*, S. 66.
85 *The Times*, 10. und 19. November 1913; Andrew, *Secret Service*, S. 113.
86 *The Times*, 7., 14. und 21. März 1913. »Klare, William«, in: »Game Book«, Bd. 1: 1909–1915, TNA KV 4/112.
87 Boghardt, *Spies of the Kaiser*, S. 67.
88 Andrew, *Secret Service*, S. 115.
89 Boghardt, *Spies of the Kaiser*, S. 68.
90 »Gould, Frederick Adolphus (real name: Schroeder)«, in: »Game Book«, Bd. 1: 1909–1915, TNA KV 4/112.
91 Andrew, *Secret Service*, S. 115.
92 Kell an die Truppe (Home Office), 11. Dezember 1913, TNA HO 48/10629/199699.
93 *Security Service*, S. 69.
94 Die Liste beinhaltete Bürger Österreich-Ungarns, Belgiens, Dänemarks, Deutschlands, der Niederlande, Norwegens, Schwedens und der Schweiz. Dazu kamen von diesen Staaten eingebürgerte Briten. Italiener wurden trotz des Bündnisses Italiens mit den Mittelmächten nicht erfasst, und dasselbe galt für die kleine Zahl türkischer Auslandsbürger. »General Staff Policy in connection with Enemy Alien Civilians during war« (Vorgehen des Generalstabs gegenüber zivilen Angehörigen feindlicher Staaten im Krieg). Dieses Dokument war Teil einer Zusammenfassung der Tätigkeit und der Zuständigkeiten der Sektion F des MO5, »Summary of the work and duties of Branch F of MO5«, Archiv des Security Service. Nach Aussage von Constance Kell waren »eingebürgte Deutsche besonders verdächtig«. Lady Kell, »Secret Well Kept«, S. 125, IWM.
95 Das Patent hielt die amerikanische Roneo Company, die im Jahr 1909 einem britischen Unternehmen eine Lizenz erteilte. Kell gehörte zu den ersten Kunden dieses Unternehmens. Einer der Gründer und Kapitalgeber von Roneo war Edmund Trevor Lloyd Williams, der auch Gründer und Präsident eines weiteren modernen Hochtechnologieunternehmens war, der Gramophone Company Ltd. Für Einzelheiten dazu siehe »General Staff Policy in connection with

Enemy Alien Civilians during war« in »Summary of the work and duties of Branch F of MO5«, ohne Datum, Papiere von Holt-Wilson, Archiv des Security Service, im Verlauf des Krieges offenkundig ergänzt. Die erste Runde der Ausländerregistrierung war am ersten Jahrestag der Gründung des Büros abgeschlossen, denn am 3. November 1910 schrieb Kell: »Der Innenminister hat die Eintragung von Fremden genehmigt. Ich habe Mr. C. Harrison angewiesen, 1500 Kopien zu drucken.« Kell, Tagebuch, TNA KV 1/10.

96 Die Information in diesem Abschnitt entstammt einem Bericht von Mrs. L. F. Edmonds über das Archivierungssystem der Registratur im Jahr 1929 sowie einigen ergänzenden Angaben zu den Anfängen der Registratur. Diese Darstellung war so gut, dass Vernon Kell sie als »außergewöhnlich interessanten Bericht« bezeichnete. »Der bisher vollständigste über diesen Gegenstand, der dabei jedoch nicht übermäßig ins Detail geht. Ich freue mich sehr darüber. Glückwunsch an Mrs. Edmonds.« Sein Stellvertreter Eric Holt-Wilson bemerkte: »Ich gratuliere Mrs. Edmonds und dem Personal. Ich betrachte dies als *Monument* der Vernunft in der praktischen Entwicklung eines leicht zu verwendenden Routinesystems, dessen widersprüchliche Bestandteile zu einem undurchschaubaren Chaos hätten führen können.« Major Phillips kommentierte: »Ich denke, diese Mitteilung wird eine seit langem beobachtete Lücke schließen, die Autorin hat die Einzelheiten sehr verständlich beschrieben.« Archiv des Security Service.

97 *Security Service*, S. 68.

98 Kell, »Report on Counter-Espionage from December, 1911 to 31 July, 1912«, TNA KV 1/9.

99 »The letters of a spy«, in: *The Times*, 24. Juli 1912.

100 »Steinhauer, Gustav«, in: »Game Book«, Bd. 1: 1909–1915, TNA KV 4/112.

101 Zudem stellte Steinhauer die in Anbetracht der Verhaftung seiner Agenten im August 1914 wenig plausible Behauptung auf, er habe die Briefe an seine Spione in Großbritannien benutzt, um die britischen Behörden mit Falschinformationen zu täuschen. Steinhauer, *Steinhauer*, S. 6. (dt.: Steinhauer: *Ich war der Spion des Kaisers*, Edition Flaschenpost, 2009)

102 »Steinhauer, Gustav«, in: »Game Book«, Bd. 1: 1909–1915, TNA KV 4/112.

103 Steinhauer, *Steinhauer*, S. 18–24.

104 F Branch-Bericht, Bd. 1, S. 54 ff., TNA KV 1/35; Hiley, »Entering the Lists«, S. 49.

105 Lady Kell, »Secret Well Kept«, S. 140, IWM.

106 Die Namen der sieben Verdächtigen, die ohne entsprechende Anweisung Kells von den örtlichen Polizeikräften verhaftet wurden, stehen auf einer Liste von 21 Festnahmen im Entwurf einer internen Geschichte des MI5 in den Kriegsjahren, die im Jahr 1921 von der Historikerin Dr. Lucy Farrar geschrieben wurde (die in Literaturgeschichte promoviert hatte); G Branch-Bericht, Bd. 1, S. 48 f., TNA KV 1/40. Farrar übersah jedoch, dass diese Liste, die im Wesentlichen die ersten verhafteten Verdächtigen enthielt, eine Mischung der von Kell angeordneten und der eigenständig von der Polizei vorgenommenen Verhaftungen darstellte. Aufgrund des chronischen Personalmangels im MI5 der Zwischenkriegszeit – Ende der zwanziger Jahre hatte die Behörde nur 13 Mitarbeiter – wurde der (ausschließlich für den internen Gebrauch bestimmte) Entwurf

einer Geschichte der Behörde nicht überprüft und höchstwahrscheinlich auch kaum gelesen. Schließlich wurde der Fehler jedoch entdeckt, und im Jahr 1931 wurde eine korrekte Liste der 21 im August 1914 angeordneten Festnahmen zusammengestellt (wiederum für den internen Gebrauch); AR (L. F. M. Edmonds), Mitteilung an DCDS, 12. Mai 1931, TNA KV 4/114. Edmonds wies darauf hin, dass Farrars Liste »mehrere Namen enthielt, bei denen es sich nicht um Fälle des M. I.5. handelte«. Anhand anderer Akten kann nachgewiesen werden, dass sämtliche Festnahmen in der Liste von 1931 tatsächlich erfolgten.

107 Von Kells Dienststelle identifizierte und im August 1914 verhaftete deutsche Agenten:

1 ALBERTO ROSSO (alias »Rodriguez« sowie weitere Pseudonyme)
Sprachlehrer in Portsmouth, dessen Briefwechsel mit dem deutschen Nachrichtendienstbüro in Brüssel, das ihm »umfangreiche Fragebögen zu Fragen der Marine« schickte, erstmals im März 1914 abgefangen wurde. Am 3. August 1914 verhaftet und später nach Maßgabe des Aliens Restriction Act (ARA) inhaftiert.

2 FREDERICK APEL
Im Mai 1913 dank abgefangener Briefe identifiziert. Schickte Informationen über die Vickers-Schiffswerft in Barrow an den deutschen Geheimdienst in Antwerpen. Am 4. August 1914 verhaftet und später nach Maßgabe des ARA inhaftiert.

3 KORVETTENKAPITÄN FRIEDRICH VON DIEDERICHS
War kurz vor Kriegsausbruch mit einer Spionagemission in Medway, Sheerness und Chatham betraut, die dank abgefangener Briefe entdeckt wurde. Wurde 4. August 1914 verhaftet und später nach Maßgabe des ARA inhaftiert.

4 JOHANN ENGEL
Deutscher Marineveteran, der sich in Falmouth niederließ; im Dezember 1911 wurde entdeckt, dass er vierteljährliche Zahlungen vom deutschen Marinenachrichtendienst erhielt; daraufhin Kontrolle der Korrespondenz. Am 4. August 1914 verhaftet und später nach Maßgabe des ARA inhaftiert.

5 KARL GUSTAV ERNST
Anhand abgefangener Briefe im Jahr 1911 als Steinhauers aktivster Mittelsmann identifiziert, der auch andere nachrichtendienstliche Missionen übernahm. Bei seiner Verhaftung am 4. August 1914 stellte sich heraus, dass er britischer Staatsbürger war; wegen Verstoßes gegen den Official Secrets Act angeklagt und am 12. September zu sieben Jahren Gefängnis verurteilt.

6 UND 7 LINA MARIA HEINE und ihr Ehemann MAX POWER HEINERT
Sprachlehrer in Portsmouth bzw. Southsea. Heines Briefwechsel mit dem deutschen Geheimdienst wurde abgefangen, und im Mai 1914 wurde sie in Ostende bei einem Treffen mit einem »bekannten Agenten des deutschen Geheimdienstes« beobachtet. Sie wurde am 4. August gemeinsam mit Heinert verhaftet, der weder auf der ursprünglichen Festnahmeliste stand, noch als ihr Ehemann identifiziert worden war. Da er nicht imstande war, »eine befriedigende Erklärung für sein Verhalten« zu geben, wurde er ebenfalls verhaftet. Beide wurden später nach Maßgabe des ARA inhaftiert.

8 August Wilhelm Julius Klunder
Abgefangene Briefe zeigten im Jahr 1912, dass er an der Weiterleitung von Korrespondenz an deutsche Agenten beteiligt war. Wurde am 4. August 1914 verhaftet und später nach Maßgabe des ARA inhaftiert.

9 Frans Heinrich Lozel
Obwohl seit langem als deutscher Agent verdächtigt, konnte ihm erst Spionage nachgewiesen werden, als ihn Hentschel am 18. Oktober 1913 identifizierte. Vermutlich vom deutschen Nachrichtendienst für Fotos von britischen Marineeinrichtungen gut bezahlt. Wurde am 4. August 1914 verhaftet und später nach Maßgabe des ARA inhaftiert.

10 Adolf Schneider
Abgefangene Korrespondenz zeigte, dass Steinhauer ihn einsetzte, um Briefe an deutsche Agenten in Großbritannien weiterzuleiten. Am 4. August 1914 verhaftet, später nach Maßgabe des ARA inhaftiert.

11 Major Enrico Lorenzo Bernstein (verschiedene Pseudonyme)
Vor dem Ersten Weltkrieg an mehreren Versuchen zur Weiterleitung von nachrichtendienstlichen Informationen beteiligt (es ist unklar, ob einige dieser Versuche durch die Postzensur entdeckt wurden). Wurde am 5. August 1914 verhaftet, als er sich mit dem Angebot an das Naval Intelligence Department wandte, Informationen über den deutschen Geheimdienst zu beschaffen. Am 12. August nach Maßgabe des ARA inhaftiert, jedoch im September freigelassen, um für Cumming zu arbeiten. Bernsteins Fall ist bis heute unklar. Cumming traute ihm offenbar, aber Cummings Biograf gelangt zu dem Schluss, dass Bernstein vor dem Krieg »vermutlich auch in Kontakt zu den Deutschen« gestanden hatte (Judd, *Quest for C*, S. 230). Kell teilte anscheinend diesen Verdacht.

12 Frederick William Fowler
Friseur in Penarth, verheiratet mit der Schwester von Otto Kruger (Festgenommener Nr. 13); Briefwechsel über Klunder (Festgenommener Nr. 8) mit deutschem Geheimdienst in Hamburg abgefangen. Wegen Verstoßes gegen den Official Secrets Act am 5. August 1914 verhaftet, nach strenger Verwarnung am 19. August auf freien Fuß gesetzt.

13 Otto Moritz Walter Kruger
Friseur in Abercynon (Glamorganshire), arbeitete für Steinhauer; vermutlich wurde der Briefwechsel mit Steinhauer abgefangen, aber die einzige erhaltene knappe Zusammenfassung des Falles (nur 100 Wörter) enthält keine klaren Hinweise darauf. Gab zu, seinen britischen Neffen Frederick Ireland (Festgenommener Nr. 14) überredet zu haben, in die Royal Navy einzutreten, um Informationen für den deutschen Geheimdienst zu sammeln. Am 5. August 1914 wegen Verstoßes gegen den Official Secrets Act als »bekannter Agent eines ausländischen Geheimdienstes« festgenommen; am 13. August nach Maßgabe des ARA inhaftiert.

14 Frederick James Ireland
Im Februar 1912 verhaftet, weil er als Angehöriger der Royal Navy Informationen an den deutschen Marinenachrichtendienst weitergegeben hatte. Wurde jedoch nicht vor Gericht gestellt, da es »nicht wünschenswert« war, die abgefangenen Beweise in einem Prozess vorzulegen; am 5. August 1914

erneut verhaftet. Nach seiner Freilassung am 19. August erbrachte die Überwachung keine Hinweise darauf, »dass er den britischen Interessen schadete«.

15 Heinrich Christian Wilhelm Schutte
Abgefangene Korrespondenz zeigte, dass er Informationen (die überwiegend »nicht von großem Wert« waren) an den deutschen Geheimdienst weitergab. Am 5. August 1914 verhaftet und später nach Maßgabe des ARA inhaftiert.

16 Heinrich Charles Grosse
Aufgrund abgefangener Korrespondenz im Februar 1912 nach Maßgabe des Official Secrets Act wegen Spionage verurteilt; nahm nach seiner Haftentlassung auf Bewährung im Mai 1914 vermutlich erneut Kontakt zum deutschen Geheimdienst auf. Am 6. August verhaftet und später interniert.

17 William Francis Brown
Britischer Staatsbürger deutscher Herkunft. Im Oktober 1911 zeigte die Postzensur, dass er mit Steinhauer kommunizierte; weckte weiteren Verdacht, indem er sich um eine Tätigkeit in Flugzeugfabriken bemühte. Am 7. August 1914 verhaftet, aber später wieder auf freien Fuß gesetzt, da bei einer Hausdurchsuchung keinerlei belastendes Material gefunden wurde.

18 Marie Kronauer
Witwe des deutschen Agenten Wilhelm Kronauer; abgefangene Briefe zeigten, dass sie nach dem Tod ihres Mannes wieder Kontakt zu Steinhauer aufnahm. Am 8. August 1914 verhaftet und später nach Maßgabe des ARA inhaftiert.

19 Hauptmann Kurd von Weller
Ehemaliger preußischer Offizier, nach einem Irlandbesuch im Dezember 1913 von der irischen Polizei (Royal Irish Constabulary) an Kell gemeldet. Am 10. August 1914 im Besitz von »Informationen, die für den Feind nützlich sein könnten«, festgenommen und nach Maßgabe des ARA inhaftiert. Obwohl er aus dem Gefängnis versuchte, »dem Feind Informationen zu übermitteln« (diese waren vermutlich nicht allzu bedeutsam), wurde er im Oktober 1915 gegen einen in Gefangenschaft geratenen britischen Offizier ausgetauscht.

20 Heinrich Schmidt
Im März 1913 abgefangene Briefe zeigten, dass er über August Klunder in Kontakt zum deutschen Geheimdienst stand. Am 12. August 1914 verhaftet und später nach Maßgabe des ARA inhaftiert.

21 Harold Dutton
Ehemaliger Armeeangestellter, der geheime Dokumente über die Verteidigungsanlagen von Portsmouth kopiert hatte. Bei der Festnahme auf Ersuchen von Kells Behörde am 15. August 1914 bestritt er zunächst die Vorwürfe, gab dann aber den Besitz der Dokumente zu. Wurde wegen Verstoßes gegen den Official Secrets Act zu sechs Monaten Zwangsarbeit verurteilt.

22 Robert A. Blackburn
Neunzehnjähriger ehemaliger Matrose der Handelsmarine, der im Juni 1914 durch die Überwachung des Briefverkehrs entdeckt wurde und über August Klunder (Festgenommener Nr. 8) mit dem deutschen Geheimdienst in Ver-

bindung stand. Nach seiner Verhaftung am 16. August 1914 gab er zu, die Deutschen mit Informationen über die Verteidigungsstellungen am Mersey versorgt zu haben. Später wegen Verstoßes gegen den Official Secrets Act zu zwei Jahren Haft in einer Jugendstrafanstalt verurteilt.

Die korrekte Liste der Festnahmen im August 1914, auf der diese Rekonstruktion beruht, wurde im Jahr 1931 anhand von Akten erstellt, die verloren gegangen sind (vgl. Anm. 106). Einzelheiten zu den Beweisen, die gegen die Verhafteten vorlagen, finden sich in den Zusammenfassungen der Akten in »Game Book«, Bd. 1: 1909–1915, TNA KV 4/112. Nur sehr wenige Originalaufzeichnungen über die Spionageabwehr vor dem Ersten Weltkrieg wurden nach Kriegsende aufbewahrt.

Mehrere andere erhaltene Listen der Festnahmen im August 1914 enthalten so wie die von Dr. Farrar zusammengestellte Liste eine Mischung der von Kell angeordneten Festnahmen mit solchen, die von den örtlichen Polizeibehörden in Eigeninitiative vorgenommen wurden. Eine im Jahr 1915 von der Generalstaatsanwaltschaft erstellte Liste von 24 »bei Kriegsausbruch gemäß Official Secrets Act von 1911 verhafteten … deutschen Spionen« enthielt neun Polizeifälle, während sieben von Kell angeordnete Festnahmen nicht berücksichtigt wurden. Diese Listen sind dank der Forschungsarbeit von Dr. Nicholas Hiley ans Licht gekommen. Allerdings teile ich nicht Dr. Hileys zum Teil auf der Analyse dieser Listen beruhende Einschätzung, Kells Behauptung, »die Verhaftung von 21 der 22 in Großbritannien tätigen deutschen Agenten [vor Kriegsausbruch] geplant zu haben«, sei »frei erfunden« und eine »bemerkenswerte Lüge«, bei der Kell und Holt-Wilson »bis zum Ende ihrer Karrieren« geblieben seien (Hiley, »Entering the Lists«). Mit einer einzigen Ausnahme waren alle zuvor genannten 21 Festnahmen im August 1914 das Ergebnis der Untersuchungen von Kells Behörde.

108 AR (L. F. M Edmonds), Mitteilung an DCDS, 12. Mai 1931, TNA KV 4/114.
109 Siehe die rekonstruierte Liste der Festnahmen in Anm.108.
110 »Rimann, Walter @ Friese, Gustav @ Germanikus«, in: »Game Book«, Bd. 1: 1909–1915, TNA KV 4/112.
111 In mehreren Fällen waren die örtlichen Polizeidienststellen der Meinung, der Hauptverdienst an der Verhaftung eines deutschen Agenten gebühre ihnen und nicht Kells Behörde. In einem Bericht des Generalstaatsanwalts aus dem Jahr 1915 wurde die »Weisungshoheit« in den Fällen Marie Kronauer und Frans Lozel nicht dem Kriegsministerium (also Kell), sondern der Metropolitan Police bzw. der Polizei von Kent zugesprochen: Hiley, »Entering the Lists«, S. 60 f. Kronauers Korrespondenz war jedoch von Kells Behörde überwacht worden, die auch eine zentrale Rolle im Fall Karl Hentschel spielte, der zur Enttarnung Lozels führte. In diesen und anderen Fällen ist es schwierig, wenn nicht sogar unmöglich, die relativen Beiträge von Kells Secret Service und der Polizei zu beurteilen. Beide Behörden spielten eine wichtige Rolle. Als im Jahr 1931 die überarbeitete Liste der Festnahmen im August 1914 zusammengestellt wurde, gab Holt-Wilson folgende Anweisung: »Kümmern Sie sich nicht darum, ob es sich im engeren Sinn um ›M. I.5-Fälle‹ handelt. Die von unseren Kollegen oder Agenten oder der Polizei ergriffenen Maßnahmen *zählen*, da sie unter dem nationalen Gesichtspunkt der zuvor genannten Definition entsprechen [Perso-

nen, die ›offiziell wegen irgendwelcher Handlungen bestraft wurden, die der Sicherheit der Landesverteidigung schadeten‹.« Holt-Wilson an AR (L. F. M. Edmonds), Mitteilung 10 [Mai 1931], TNA KV 4/114.

112 Die Fälle 1–8, 10, 12, 14–18, 20, 22 in der rekonstruierten Liste der Festnahmen (vgl. Anm. 108) stützten sich im Wesentlichen auf die Kontrolle des Briefverkehrs mittels HOW-Vollmachten, die im Wesentlichen (wenn auch nicht ausschließlich) Kell eingeholt hatte. Die Postzensur spielte vermutlich auch in Fall Nr. 13 eine Rolle, um die Kontakte von Steinhauer zu überwachen, aber es gibt keinen spezifischen Hinweis dazu in der knappen Zusammenfassung von 100 Worten (dem einzigen erhaltenen Dokument). In Fall Nr. 11 könnten ebenfalls die Briefe kontrolliert worden sein, wobei jedoch kein Beleg dafür erhalten geblieben ist. In Heinerts Fall (Nr. 7) wurde der Briefverkehr nicht überwacht, sehr wohl jedoch im Fall seiner Frau (Nr. 6), der zu Heinerts Verhaftung führte. Es gibt keinen Hinweis auf eine Kontrolle der Korrespondenz in Fall Nr. 9 (Lozel), aber Lozel wurde aufgrund der Ermittlungen im Fall Hentschel enttarnt. Es gibt keinen Beleg für eine Briefzensur in Fall Nr. 19 (von Weller), aber es steht außer Zweifel, dass Kell in diesem Fall eine zentrale Rolle spielte; dieser Fall wurde von der irischen Polizei an ihn weitergeleitet. Obwohl es keinen Hinweis auf eine Überwachung des Briefverkehrs in Fall Nr. 21 (Dutton) gibt, war Kell derjenige, der seine Verhaftung anordnete.

113 Steinhauer wurde möglicherweise durch die Erklärung des Innenministers am 5. August, die Verhaftungen seien bereits erfolgt, in die Irre geführt und nahm an, seine Agenten seien vor der Kriegserklärung Großbritanniens festgenommen worden.

114 Steinhauer, *Steinhauer*, S. 37.

115 Holt-Wilson, »Security Intelligence in War«, 1934, S. 17, IWM Kell MSS.

116 Trumpener, »War Premeditated? German Intelligence Operations in July 1914«, S. 58–85.

117 Nicolai, *Nachrichtendienst, Presse und Volksstimmung im Weltkrieg;* English trans.: Nicolai, *German Secret Service*, S. 52 ff.

2
Der Erste Weltkrieg
Teil 1: Das Scheitern des deutschen Geheimdienstes

1 Thomson zufolge war die Special Branch »während des gesamten Krieges mit dem Criminal Investigation Department verbunden«; Thomson, *Queer People*, S. 47. Die Größe der Special Branch zu Kriegsbeginn wurde in einer Mitteilung vom 20. November 1914 angegeben; TNA MEPO 2/1643/ON 856720. Thomson erklärte zu einem späteren Zeitpunkt im Krieg: »Die Special Branch und die Central Branch des CID waren verbunden«; *Morning Post*, 24. April 1919.

2 Thomson, *Queer People*, S. 36 f.; Andrew, *Secret Service*, S. 264–267.

3 *Parl. Deb. (Commons)*, 5. August 1914.

4 Archiv des Security Service.

5 Archiv des Security Service.

6 Bird, »Control of Enemy Alien Civilians«.

Anmerkungen Seite 82–92

7 Kells mit 4. August 1914 datierter Mobilmachungsbefehl als »dem Kriegsministerium zugeteilter Offizier« und seine Ernennung zum Generalstabsoffizier (GSO2) sowie zur »zuständigen militärischen Autorität« am 5. August 1914 sind in seinen Dienstaufzeichnungen in den Akten des Security Service erhalten geblieben.

8 »Historical Sketch of the Directorate of Military Intelligence during the Great War of 1914–1919«, TNA WO 32/10776.

9 »The Women's Staff«, S. 26, TNA KV 1/50.

10 *The Times*, 15. Oktober 1915.

11 Archiv des Security Service.

12 Le Queux, *German Spies in England*.

13 Hazlehurst, *Politicians at War*, S. 146; Gillman, *Collar the Lot*, S. 10. In den folgenden 30 Jahren wurde Simon Innenminister (bei zwei Gelegenheiten), Außenminister, Finanzminister und Lordkanzler.

14 Im Jahr 1915 schieden auch 63 Mitarbeiter aus (21 Männer und 42 Frauen). Security Intelligence Service Seniority List and Register of Past and Present Members, Dezember 1919.

15 »Outbursts from Waterloo[se] House«, für die Verbreitung im privaten Kreis bestimmt, 1917.

16 Archiv des Security Service.

17 Archiv des Security Service. Dass Hinchley Cooke ein besonders gutes Auge für den Einsatz von Geheimtinte hatte, war wahrscheinlich auf seine wissenschaftliche Ausbildung in Deutschland zurückzuführen, die nach Kells Einschätzung »von besonderem Wert bei der Enttarnung feindlicher Agenten« war. Obwohl keine Einzelheiten darüber erhalten sind, welche Fälle Hinchley Cooke aufzuklären half, würdigte Sir Archibald Bodkin, der Anklagevertreter in zahlreichen Spionageprozessen und Kriegsgerichtsverfahren (später wurde er Generalstaatsanwalt), die Bedeutung seiner »Übersetzungen und seiner Untersuchungen zahlreicher Dokumente, die in Fremdsprachen verfasst, verschlüsselt und gelegentlich mit ›Geheimtinten‹ geschrieben waren«. Archiv des Security Service.

18 Archiv des Security Service.

19 Lady Kell, »Secret Well Kept«, S. 110, 122, IWM. Who's Who des MI5 aus der Zwischenkriegszeit.

20 »Historical Sketch of the Directorate of Military Intelligence during the Great War of 1914–1919«, TNA WO 32/10776.

21 Dansey an Major Van Deman (Heeresnachrichtendienst der USA), 1. Mai 1917; Vortrag Danseys, 4. Mai 1917, NAW RG 165, 9944-A-4/5.

22 F Branch-Bericht, Teil II, Kap. 5, Abschnitt XVII, S. 116–20, TNA KV 1/35.

23 Ebenda. Das geheime Klassifizierungshandbuch des MI5 enthielt folgende Ergänzung:
Es ist zu beachten, dass eine aktiv feindselige Person unter mehrere der zuvor genannten speziellen Klassifikationen fallen kann. Solche Fälle sind folgendermaßen zu bezeichnen: z. B. Klasse: SI/BL. BEFHKJ Frankreich. Für einen Mitarbeiter des SIB, der sich die Standardklassifizierungen eingeprägt hat, enthält diese Abkürzung folgende Information:
»Wird als Feind eingestuft (BL [Black List]); wurde im Krieg bereits von einem verbündeten Land ausgewiesen (B); als aktiver feindlicher Agent eingestuft (E);

hat falsche Ausweispapiere vorgelegt (F); steht im Verdacht, Geschäfte mit dem Feind zu machen (H); früherer deutscher Offizier (K); französischer Geheimdienst benötigt Informationen über seinen gegenwärtigen Aufenthalt und seine Aktivitäten (J).«

MI5 f., »Notes on Preventive Intelligence Duties in War«, April 1918; Kopie in NAW RG 165 11013–21.

24 F Branch-Bericht, Teil II, Kap. 5, Abschnitt XVII, S. 118, TNA KV 1/35
25 Archiv des Security Service.
26 »Report on Women's Work«, 1920, S. 26, TNA KV 1/50.
27 Ebenda.
28 Ebenda, S. 13. Bei Kriegsbeginn waren drei der sieben Bürokräfte des MO5(g) Männer gewesen.
29 Ebenda, S. 16.
30 Archiv des Security Service.
31 Ihre Namen und Dienstzeiten sind in der Security Intelligence Service Seniority List und im Register of Past and Present Members, Dezember 1919, verzeichnet.
32 Constance Kell schrieb über Lomax und die Veränderungen, die sie in der Registratur herbeiführte: »Miss Lomax leitete diese Sektion viele Jahre lang und leistete derart ausgezeichnete Arbeit, dass Kell sicher sein konnte, dass jede Aufgabe, die ihr und ihren Mitarbeiterinnen übertragen wurde, rasch und mit Freuden erledigt würde.« Lady Kell, »Secret Well Kept«, S. 148, IWM.
33 Archiv des Security Service.
34 Geschichte der H Branch, Kap. 2, S. 38, TNA KV 1/49.
35 Archiv des Security Service.
36 »Report on Women's Work«, 1920, S. 54, TNA KV 1/50.
37 Archiv des Security Service.
38 »Report on Women's Work«, 1920, S. 19, TNA KV 1/50.
39 »Historical Sketch of the Directorate of Military Intelligence during the Great War of 1914–1919«, TNA WO 32/10776.
40 Hall, unveröffentlichte Memoiren (verfasst von Ralph Strauss), Entwurf für Kapitel C, CCAC HALL 3/2. Hall nahm für sich in Anspruch, Asquith dazu bewegt zu haben, das War Trade Intelligence Department (das später im Blockadeministerium aufging) zu finanzieren, dessen erster Leiter Freddie Browning war.
41 »Historical Sketch of the Directorate of Military Intelligence during the Great War of 1914–1919«, TNA WO 32/10776. Für Einzelheiten zur Zensur während des Krieges siehe TNA KV 1/73–4.
42 Boghardt, *Spies of the Kaiser*, S. 89 f.
43 »Lody, Carl Hans @ Inglis, Charles A«, in: »Game Book«, Bd. 1: 1909–1915, TNA KV 4/112.
44 Boghardt, *Spies of the Kaiser*, S. 98, 102.
45 Hiley, »Counter-Espionage and Security in Great Britain during the First World War«, S. 639.
46 Lady Kell, »Secret Well Kept«, S. 144, IWM. Thomson, *Queer People,* S. 122–126. Felstead, *German Spies at Bay,* Kap. 3.
47 Lady Kell, »Secret Well Kept«, S. 150, IWM.

48 F. B. Booth (MO5(g)), Memo an Kell, 27. Juli 1915, TNA HO 45/10741/263275. Carsten, *War against War*, S. 56.
49 Boghardt, *Spies of the Kaiser*, S. 106.
50 Ebenda, S. 81 f.
51 G Branch-Bericht für 1915, S. 59 ff., TNA KV 1/42. Boghardt, *Spies of the Kaiser*, S. 106 f.
52 »Kupferle, Anthony«, in: »Game Book«, Bd. 1: 1909–1915, TNA KV 4/112.
53 Thomson, *Queer People*, S. 126–129. Felstead, *German Spies at Bay*, Kap. 3.
54 »Muller, Carl Friedrich Heinrich @ Leidec [and] Hahn, John«, in: »Game Book«, Bd. 1: 1909–1915, TNA KV 4/112. Dr. Boghardt fand heraus, dass es sich bei Müller um einen Baltendeutschen gehandelt hatte. Boghardt, *Spies of the Kaiser*, S. 96.
55 W. E. Hinchley Cooke an DG (Petrie), »Motor-car purchased by MI5 out of German Secret Service Funds during the 1914–18 War«, 29. Juni 1943, TNA KV 4/200.
56 Müllers Akte beim MI5 wurde nach dem Krieg vernichtet, aber Zusammenfassungen der in seinem Namen übermittelten gefälschten Berichte sind in deutschen Archiven erhalten geblieben: RW 5/v. 48 – Geheimer Nachrichtendienst und Spionageabwehr des Heeres – von Generalmajor z. V. Gempp (1939), 8. Abschnitt: Die Ergebnisse des Nachrichtendienstes der mobilen Abt IIIb im Westen vom Frühjahr 1915 bis Ende 1916, IV: Die Kriegsnachrichtenstelle Antwerpen Anlage 5: Meldungen der Kriegsnachrichtenstelle Antwerpen vom 25. 3. 15 bis 14. 6. 15, Bundesarchiv, Militärarchiv, Freiburg. Ich bin Dr. Emily Wilson für diesen Hinweis dankbar.
57 Wilson, »War in the Dark«, S. 118 f.
58 »Muller, Carl Friedrich Heinrich @ Leidec [and] Hahn, John«, in: »Game Book«, Bd. 1: 1909–1915, TNA KV 4/112.
59 RW 5/v. 48 – Geheimer Nachrichtendienst und Spionageabwehr des Heeres – von Generalmajor z. V. Gempp (1939), 8. Abschnitt: Die Ergebnisse des Nachrichtendienstes der mobilen Abt IIIb im Westen vom Frühjahr 1915 bis Ende 1916, IV: Die Kriegsnachrichtenstelle Antwerpen Anlage 5: Meldungen der Kriegsnachrichtenstelle Antwerpen vom 25. 3. 15–14. 6. 15, Bundesarchiv, Militärarchiv, Freiburg.
60 W. E. Hinchley Cooke an DG (Petrie), »Motor-car purchased by MI5 out of German Secret Service Funds during the 1914–18 War«, 29. Juni 1943, TNA KV 4/200.
61 »The Secret Services: Inquiry by the Minister without Portfolio [Lord Hankey]. Second Report dealing with the Security Service (MI5)«, Januar-Mai 1940, TNA CAB 127/383.
62 W. E. Hinchley Cooke an DG (Petrie), »Motor-car purchased by MI5 out of German Secret Service Funds during the 1914–18 War«, 29. Juni 1943, TNA KV 4/200.
63 »Rosenthal, Robert @ Berger, Harry B.«, in: »Game Book«, Bd. 1: 1909–1915, TNA KV 4/112. Entwurf einer Geschichte der G Branch, Bd. 4, S. 111 ff., TNA KV 1/42.
64 Felstead, *German Spies at Bay*, S. 44–56. Felstead hatte anscheinend Zugang zu Berichten sowohl des MI5 als auch der Special Branch. Drake teilte Hall später

mit: »B[asil] T[homson] gab ihm Berichte zu lesen, soviel ich weiß.« Drake an Admiral Hall, 1. November 1932, CCAC HALL 1/3.
65 Boghardt, *Spies of the Kaiser*, S. 115.
66 Felstead, *German Spies at Bay*, S. 56.
67 Archiv des Security Service.
68 »(i) Janssen, Haicke Marinus Petrus (ii) Roos, Willem Johannes«, in: »Game Book«, Bd. 1: 1909–1915, TNA KV 4/112; »Principal German Espionage Agents captured in the United Kingdom by M. I.5, 1909 to 1919«, Mai 1919, TNA KV 4/114.
69 Commandant Hue, Leiter der französischen Mission im Bureau Central Interallié, beklagte sich im Jahr 1917: »Bisher scheinen die Bemühungen um die Einrichtung einer [nachrichtendienstlichen] Verbindung mit den alliierten Armeen nur wenige Ergebnisse gebracht zu haben.« Aubin, »French Counterintelligence and British Secret Intelligence in the Netherlands«, S. 19.
70 Major General Sir Walter Kirke, Tagebuch, 15. Juni 1915, IWM.
71 Felstead, *German Spies at Bay*, Kap. 4; Lady Kell, »Secret Well Kept«, S. 154, IWM.
72 Andrew, *Secret Service*, S. 133, 221.
73 »Marks, Josef @ Multer, Josef Marks«, in: »Game Book«, Bd. 2: 1916[sic]-1937, TNA KV 4/113; »Principal German Espionage Agents captured in the United Kingdom by M. I.5, 1909 to 1919«, Mai 1919, TNA KV 4/114.
74 Albert Meyer, Frank Greite, Mrs. Albertine Stanaway, Leopold Vieyra. »Principal German Espionage Agents captured in the United Kingdom by M. I.5, 1909 to 1919«, Mai 1919, TNA KV 4/114; »Game Book«, Bd. 2: 1916–1937, TNA KV 4/113.
75 George Vaux Bacon.
76 Felstead, *German Spies at Bay*, S. 109.
77 Boghardt, *Spies of the Kaiser*, S. 106.
78 Felstead, *German Spies at Bay*, S. 110, 139, 150, 209–15, 284. »Hurwitz y Zender, Ludovico«, in: »Game Book«, Bd. 2: 1916–1937, TNA KV 4/113.
79 Archiv des Security Service.
80 »Bacon, George Vaux«, in: »Game Book«, Bd. 2: 1916–1937, TNA KV 4/113.
81 »Principal German Espionage Agents captured in the United Kingdom by M. I.5, 1909 to 1919«, Mai 1919, TNA KV 4/114.
82 »Bacon, George Vaux«, in: »Game Book«, Bd. 2: 1916–1937, TNA KV 4/113.
83 Boghardt, *Spies of the Kaiser*, S. 136 f.
84 Entwurf einer Geschichte der G Branch, Kap. 12, S. 155 ff., TNA KV 1/43; »Bacon, George Vaux«, in: »Game Book«, Bd. 2: 1916–1937, TNA KV 4/113.
85 Der erste ausländische Doppelagent des MI5 war der deutsche Spion Armgaard Karl Graves gewesen, den Kell im Jahr 1912 angeworben hatte. Doch Graves führte sowohl Kell als auch den deutschen Nachrichtendienst hinters Licht. Die ersten Doppelagenten im Krieg waren zwei im Oktober 1915 angeworbene Inder, die über deutsche Versuche zur Unterwanderung der britischen Kolonialherrschaft in Indien berichten sollten.
86 »Wife Sues Editor Whytock«, in: *New York Times*, 9. September 1911.
87 Whytocks Identität und seine Rolle gehen hervor aus: »Bacon, George Vaux«, in: »Game Book«, Bd. 2: 1916–1937, TNA KV 4/113. Weitere Details (allerdings

nicht Whytocks Identität) enthält der Entwurf der Geschichte der G Branch, Kap. 12, S. 160 ff., TNA KV 1/43.
88 Captain Roslyn Whytocks Position im amerikanischen Heeresnachrichtendienst wurde am 30. Oktober 1918 in einem Bericht der *New York Times* über eine von seinem Bruder, Lieutenant Norman R. Whytock, in Frankreich erlittene Kriegsverletzung erwähnt.
89 »Bacon, George Vaux«, in: »Game Book«, Bd. 2: 1916–1937, TNA KV 4/113.
90 Boghardt, *Spies of the Kaiser*, S. 138.
91 Andrew, *Secret Service*, S. 169–177.
92 Andrew, *For the President's Eyes Only*, S. 31–46.
93 »Game Book«, Bd. 1: 1909–1915, TNA KV 4/112; Bd. 2, 1916–1937, TNA KV 4/113. Eine nach dem Krieg vom MI5 erstellte Aufzählung der »wegen Spionage, Hochverrat usw. verurteilten Personen« enthielt ebenfalls die Zahl von 65. Siehe »Certain Offences against the Defence of the Realm Regulations 1914–1919. Estimate of Cases leading to conviction or executive action, as dealt with by the Security Service (Approximate figures)«, TNA KV 4/114.
94 Die Namen und/oder Decknamen der in den deutschen Archiven genannten Agenten listet Boghardt auf. Siehe Boghardt, *Spies of the Kaiser*, Anhang 3.
95 Die ersten drei Namen in Dr. Boghardts Liste passen in diese Kategorie. In vielen anderen Fällen sind keine Einzelheiten über die Funktionen der Agenten erhalten geblieben. Ebenda.
96 Archiv des Security Service. Zum ersten Versuch von COMO, deutsche Spione in Großbritannien ausfindig zu machen, zu denen kein Kontakt mehr bestand.
97 Nach dem Ersten Weltkrieg veröffentlichten zahlreiche Autoren Berichte über angebliche deutsche Geheimdienstmissionen in Großbritannien, die sich überwiegend als maßlos übertrieben oder frei erfunden erwiesen haben. In einem 1932 erschienenen Buch mit dem Titel *The Invisible Weapons* behauptete Jules Crawford Silber, Berlin mit zahlreichen bedeutsamen Informationen versorgt zu haben, die er während seiner Tätigkeit als britischer Zensor in Edinburgh gesammelt habe. Dr. Boghardt und andere haben Zweifel an Silbers Behauptung geäußert. Boghardt hat darauf hingewiesen, dass in den deutschen Archiven keinerlei Hinweise auf einen »Silber« zu finden sind und dass Silber in seinem Buch nur bereits öffentlich zugängliche Informationen preisgab. Im Zensurbüro wurden im Krieg die Namen aller bekannten deutschen Agenten samt Adresse auf große Tafeln geschrieben, damit sämtliche Zensoren sie sehen konnten. Wäre diese Information tatsächlich an den deutschen Geheimdienst weitergeleitet worden, so hätte dieser vermutlich eine geringere Zahl seiner wichtigen britischen Agenten verloren. Doch wie Boghardt festgestellt hat, sind die deutschen Aufzeichnungen über die 120 im Krieg nach Großbritannien entsandten Agenten keineswegs vollständig. Boghardt, *Spies of the Kaiser*, S. 97, 109.
98 Geschichte der E Branch, Kap. 11, S. 134 f., TNA KV 1/34.
99 Ebenda.
100 Simpson, »Duties of Local Authorities in War Time«, S. 5–30; Mellor, »Status under the Hague Conference of Civilians who Take up Arms during the Time of War«, S. 559–578; Ovens, »Fighting in Enclosed Country«, S. 524–546.

101 Boghardt, *Spies of the Kaiser*. Die Sektion P wurde auch fälschlich für mehrere zufällige Explosionen auf Schiffen verantwortlich gemacht, die den Atlantik überquerten.
102 Boghardt, *Spies of the Kaiser*, S. 122 f.; Andrew, *For the President's Eyes Only*, S. 37.
103 Basil Thomson hatte zweifellos recht, als er erklärte: »In Amerika setzten die Deutschen die Sabotage umfassend ein. Es steht außer Frage, dass sie dasselbe in England getan hätten, wenn es ihnen möglich gewesen wäre.« Thomson, *Queer People*, S. 194.
104 F Branch-Bericht, TNA KV 1/36. Im August 1915 arbeiteten in der von Holt-Wilson geleiteten Abteilung F sechs Offiziere und sieben Bürokräfte.
105 Die Nomenklatur der Branches (Abteilungen) war während des raschen Wachstums des MO5(g) im Jahr 1915 fließend und ein wenig verwirrend. Bei ihrer Einrichtung im August 1915 wurde die E Branch üblicherweise als MO5(e) bezeichnet. Im Rahmen einer umfassenden Reorganisation des MO5 durch das War Office wurden die drei bestehenden Abteilungen umbenannt. Das MO5(g)A (Spionageabwehr) wurde zum MO5(a); das MO5(g)B (Ausländer, DORA und Gefahrenabwehr) verwandelte sich in das MO5(f); und das MO5(g)C (Dokumentation, Personal, Verwaltung) wurde in MO5(h) umbenannt. Diese vier Branches wurden ab dem 3. Januar 1916 zusammen als MI5 bezeichnet. »Historical Sketch of the Directorate of Military Intelligence during the Great War of 1914–1919«, TNA WO 32/10776.
106 Archiv des Security Service.
107 Ebenda.
108 Ein Brief von Major Money an Hinchley Cooke aus dem Jahr 1916 beginnt mit den Worten »Mein lieber Koch.« Archiv des Security Service.
109 »Boehm, Captain Hans W @ Thrasher, Jelks Leroy«, in: »Game Book«, Bd. 2: 1916–1937, TNA KV 4/113.
110 Dokumente der deutschen Kriegsmarine, die den Aliierten nach dem Zweiten Weltkrieg in die Hände fielen, beweisen, dass bereits vor dem Ersten Weltkrieg an Plänen für die Einrichtung einer Schiffsagentur gearbeitet wurde, die als Tarnung für Nachrichtendienstoperationen dienen sollte, zu denen die Kontaminierung und Vergiftung von für feindliche Häfen bestimmte Schiffsladungen zählten. Archiv des Security Service.
111 Boghardt, *Spies of the Kaiser*, S. 133 f.
112 Major J. F. C. Carter (MI5), »Alfred Hagn. Alleged German agent«, 30. Mai 1917, CUL Templewood Papers; Boghardt, *Spies of the Kaiser*, S. 130.
113 »F-Branch Report: Preventative Security«, S. 9, TNA KV 1/35.
114 Generalstabspapier, »The Organization of the Services of Military Secrecy, Security and Publicity«, Oktober 1917, S. 44, TNA INF 4/9.
115 Obwohl seine Bewertung ihrer Beteiligung an der Spionage im Krieg nicht glaubwürdig ist, widerlegt Howe in *Mata Hari* erfolgreich Zelles Erfindungen über ihre Erziehung und ihre frühe Karriere.
116 Die zweibändige MI5-Akte Zelles findet sich in: TNA KV 2/1–2.
117 Thomson, *Queer People*, S. 182 f.
118 TNA KV 2/2.
119 Howe, *Mata Hari*, S. 11 f.

120 H. A. Pakenham (Paris) an R. D. Waterhouse, 28. November 1917, TNA KV 2/2.
121 Bird, »Control of Enemy Alien Civilians«.
122 Aus späteren Statistiken des MI5 geht hervor, dass die Behörde die Deportation von 354 Ausländern, die Internierung von 226 »Personen feindlicher Herkunft oder mit Verbindungen zum Feind«, den Ausschluss von 650 »verdächtigen Personen« aus bestimmten Gebieten, und die Beschränkung der Bewegungsfreiheit von weiteren 25 »feindseligen Personen« empfahl. »Certain Offences against the Defence of the Realm Regulations 1914–1919. Estimate of Cases leading to conviction or executive action, as dealt with by the Security Service (Approximate figures)«, TNA KV 4/114.
123 Nach dem Krieg stellte Holt-Wilson Hinchley Cooke ein begeistertes Empfehlungsschreiben aus. Archiv des Security Service.
124 Holt-Wilson, »Memorandum on the Military Inexpediency of permitting persons of German blood to remain at large during the present organization of this country for war«, 15. Juni 1915, TNA KV 1/65, S. 271–275.
125 Thomson, *Scene Changes*, an verschiedenen Orten.
126 Holt-Wilson, »Security Intelligence in War«, 1934, IWM Kell MSS.
127 Drake an Admiral Hall, 1. November 1932, CCAC HALL 1/3. Eine vom MI5 erstellte Zusammenfassung der Spionagefälle des vorausgegangenen Jahrzehnts bestätigte: »Es ist kein einziger Fall dokumentiert, in dem ein Spion, feindlicher Agent, Unteragent oder Mittäter aufgrund von Informationen enttarnt oder verhaftet wurde, die von Scotland Yard oder einer anderen zivilpolizeilichen Einrichtung des Vereinigten Königreichs gesammelt oder bereitgestellt worden wäre.« In: »Principal German Espionage Agents captured in the United Kingdom by M. I.5, 1909–1919«, TNA KV 4/114, s. 8 a.
128 Newman, *Speaking from Memory*, S. 93.

3
Der Erste Weltkrieg
Teil 2: Der Aufstieg der Subversionsabwehr

1 *Security Service*, S. 72.
2 339 Mitarbeiter schieden im Jahr 1918 aus. Security Intelligence Service Seniority List und Register of Past and Present Members, Dezember 1919.
3 Security Intelligence Service Seniority List sowie Register of Past and Present Members, Dezember 1919.
4 H Branch-Bericht, Archiv des Security Service. Die Ausweitung der Kartei des MI5 in den letzten Kriegsjahren war zu einem Großteil auf die Meldungen der Ports Police zurückzuführen. Aus einer Mitteilung der Registratur geht hervor, dass die Kartei im Jahr 1917 748 große Schachteln füllte; Archiv des Security Service. Ein späterer Leiter des Registers glaubt, dass jede Schachtel bis zu tausend Karteikarten fasste.
5 Nur Band 24 der Black List aus dem Oktober 1918 ist in den Aufzeichnungen des MI5 erhalten geblieben. Er enthält die Namen mit den Kennzahlen 10914 bis 11275; TNA KV 1/61. Zu diesem Zeitpunkt hatte die Liste der Verdächtigen bereits eine globale Dimension und umfasste Personen aus Nord- und Süd-

amerika, Japan und Polynesien. Einige Namen stammten von den Verbindungsbüros in Frankreich, Belgien und den USA.
6 Archiv des Security Service.
7 Ebenda.
8 W. E. Hinchley Cooke an DG (Petrie), »Motor-car purchased by MI5 out of German Secret Service Funds during the 1914–18 War«, 29. Juni 1943, TNA KV 4/200. Ein komischer Zufall, den manche als Verschwörung deuten dürften, wollte es, dass Cummings Dienstwagen ebenfalls gestohlen wurde.
9 »Historical Sketch of the Directorate of Military Intelligence during the Great War of 1914–1919«, TNA WO 32/10776.
10 *Security Service*, S. 98. Es gibt geringe Abweichungen zwischen den von Curry und anderen genannten Zahlen.
11 Boghardt, *Spies of the Kaiser*, S. 117 f.
12 Zwei als »privat und vertraulich« gekennzeichnete Telegramme von Findlay (Christiania) an FO, 30. Oktober 1914, mit Notizen von Grey, TNA MEPO 2/10660. Detailangaben zu mehreren irischen Agenten, die dem britischen Geheimdienst ebenfalls Informationen über Casement lieferten, sind weiterhin als geheim eingestuft, da die britische Regierung an dem Grundsatz festhält, die Namen früherer Agenten weder zu bestätigen noch zu dementieren.
13 Kopien von Casement an MacNeill, 28. November 1914, mit Tarnbrief Casements an Mrs. A. S. Green, TNA KV 2/8. Der Brief an Mrs. Green wird zitiert in: Sawyer, *Casement*, S. 119.
14 Sawyer, *Casement*, S. 115.
15 Andrew, *Secret Service*, S. 356. Frank Hall, der zu jenem Zeitpunkt den Rang eines Hauptmanns hatte, war im Dezember 1914 in das MO5(g) eingetreten. Siehe Security Intelligence Service Seniority List und Register of Past and Present Members, Dezember 1919.
16 Dudgeon, *Roger Casement – The Black Diaries*, S. 481–485.
17 Archiv des Security Service.
18 Churchill äußerte sich voll Bewunderung über Halls Sachkenntnis. Siehe: Churchill an Lord French, 17. April 1919, CCAC CHAR 16/6.
19 Andrew, *Secret Service*, S. 356.
20 Inspector Edward Parker (Special Branch), »Interview with Sir E. Blackwell, Home Office«, 18. Juli 1916, TNA MEPO 2/10664.
21 O'Halpin, »British Intelligence in Ireland«, S. 59 ff.
22 TNA KV 2/8.
23 Findlay (Christiania) an FO, 30. Oktober 1914, mit Notiz von Grey, TNA MEPO 2/10660.
24 Findlay (Christiania) an Nicolson (FO), 3. Januar 1915, »Most Private and Secret«, TNA KV 2/6; Aussage Christensens gegenüber Chefinspektor Ward in Philadelphia, 23. Mai 1916, TNA KV 2/9.
25 Dudgeon, *Roger Casement – The Black Diaries*.
26 Bericht von Dr. Audrey Giles in: Daly (Hg.), *Roger Casement in Irish and World History*.
27 Zum Einsatz gefälschter Dokumente in den »aktiven Maßnahmen« des KGB siehe Andrew und Mitrokhin, *Mitrokhin Archive*. Zwar waren die »Black Diaries« keine Fälschung des britischen Geheimdienstes, aber Captain Hall und an-

dere bedienten sich der Tagebücher skrupellos, um nach Casements Verurteilung die Bemühungen um eine Begnadigung zu vereiteln. Siehe Andrew, »Casement and British Intelligence«.
28 Andrew, *Secret Service*, Kap. 8; O'Halpin, »British Intelligence in Ireland«.
29 Fussell, *The Great War and Modern Memory*.
30 D Branch-Bericht, S. 63, TNA KV 1/36.
31 Nach der Ermordung Sir William Curzon Wyllies in London im Jahr 1909 wurde in der MPSB eine Indische Sektion mit vier Mitarbeitern eingerichtet. Popplewell, *Intelligence and Imperial Defence*, S. 132.
32 Ebenda, S. 139.
33 Ebenda, S. 176.
34 Fraser, »Germany and Indian Revolution«, S. 258.
35 Popplewell, *Intelligence and Imperial Defence*, S. 178 f.
36 Ebenda, S. 220 f.
37 Ebenda, S. 219 f.
38 Security Intelligence Service Seniority List and Register of Past and Present Members, Dezember 1919.
39 Popplewell, *Intelligence and Imperial Defence*, S. 218. Im Ausschuss saßen Vertreter des Indien-, des Kolonial-, des Außen- und des Kriegsministeriums sowie der Admiralität.
40 Ebenda, S. 220.
41 Ebenda.
42 Datta, *Madan Lal Dinghra*, S. 77.
43 Popplewell, *Intelligence and Imperial Defence*, S. 225 f.
44 Ebenda, S. 226–229.
45 Nathan verließ den MI5 am 29. Februar 1916. Security Intelligence Service Seniority List and Register of Past and Present Members, Dezember 1919. Im August 1919 trat Nathan als Leiter der Politischen Abteilung in den SIS ein.
46 Popplewell, *Intelligence and Imperial Defence*, S. 245–251.
47 Thomson, *Queer People*, S. 103.
48 Popplewell, *Intelligence and Imperial Defence*, S. 251.
49 Ebenda, S. 219.
50 Ebenda, S. 189.
51 D Branch-Bericht, S. 14, TNA KV 1/35. D Branch-Bericht, S. 135, TNA KV 1/36. Am 15. Januar 1917 wurde eine neue Abteilung eingerichtet, die MI5(b), die sich mit Angelegenheiten beschäftigen sollte, die »die Eingeborenen Indiens und andere orientalische Rassen betreffen«; am 1. September 1917 ging diese Abteilung in der D Branch auf.
52 D Branch-Bericht, S. 13, TNA KV 1/19.
53 Thomson, *Queer People*, S. 266.
54 Archiv des Security Service.
55 Hiley, »Counter-Espionage and Security in Great Britain during the First WorldWar«, S. 651.
56 Major V. Ferguson (MI5) an Sir Ernley Blackwell (Rechtsberater, Home Office), 30. Juni 1916, TNA HO 45/1081/307402, Akte 75.
57 Major V. Ferguson, Mitteilung an Kell, 14. Juni 1916, TNA HO 45/10801/ 307402, Akte 75. Ich danke Dr. Nicholas Hiley herzlich dafür, dass er mir ein Foto

dieses Dokuments zur Verfügung gestellt hat. Das Original fehlt mittlerweile in der Akte.
58 Holt-Wilson, Generalstabspapier, »The organisation of the Services of military secrecy, security and publicity«, 1917, TNA INF 4/9.
59 Thomson, *Queer People*, S. 269.
60 Clarke, *Hope and Glory*, S. 79.
61 »Revolutionary Agencies at Work«, S. 62 ff., TNA KV 1/43.
62 Debo, »Georgii Chicherin in England«, S. 655.
63 »Memorandum regarding the Russian section of the Communist Club«, verbunden mit einer Empfehlung Kells, Tschitscherin zu internieren, datiert mit 26. Januar 1917, TNA HO 144/2158.
64 Zwei weitere Bandenmitglieder starben im Januar 1911 bei der berühmten »Belagerung in der Sidney Street«. Der damalige Innenminister Winston Churchill konnte der Versuchung nicht widerstehen, den Ort des Geschehens zu besuchen und an vorderster Front Ratschläge zur Einsatztaktik zu geben. Leggett, *Cheka*, S. 266 f. Cook, *M: MI5's First Spymaster*, S. 266 f.
65 »Revolutionary Agencies at Work«, S. 62 ff., TNA KV 1/43.
66 McLean, *Legend of Red Clydeside*, Kap. 7.
67 »Historical Sketch of the Directorate of Military Intelligence during the Great War of 1914–1919«, S. 13, TNA WO 32/10776. Für biografische Details zu Labouchere siehe Who's Who des MI5 aus der Zwischenkriegszeit.
68 McLean, *Legend of Red Clydeside*, S. 83.
69 Ebenda, S. 84.
70 CX 491, 16. September 1916, TNA KV 2/1532.
71 Thomson, *Scene Changes*, p. 312. E. F. Wodehouse (New Scotland Yard) to Home Office, 23 April 1917, TNA HO 45/11000/223532. »Historical Sketch of the Directorate of Military Intelligence during the Great War of 1914–1919«, S. 13, TNA WO 32/10776. Der größte Erfolg des PMS2 war die Untersuchung eines angeblichen Mordkomplotts gegen Lloyd George. Die Drahtzieher dieser Verschwörung waren Alice Wheeldon, eine Frau von »extremen anarchistischen Ansichten«, die in Derby mit gebrauchter Kleidung handelte, ihre Töchter Harriet und Winnie sowie Winnies Ehemann Alfred Mason, ein Chemiker, der »sorgfältige Studien zu Giften« durchgeführt hatte. Nach Angabe des PMS2 bestand Wheeldons possenhafter Plan zur Ermordung Lloyd Georges darin, aus einem Luftgewehr einen vergifteten Pfeil auf ihn abzuschießen, während er eine Runde auf dem Golfplatz von Walton Heath drehte. Die Verschwörer wurden im Januar 1917 verhaftet und zwei Monate später zu Haftstrafen verurteilt.
72 Kell an das War Office, »Memorandum concerning a proposed transfer of certain duties from the Ministry of Munitions (P. M.S. 2) to M. I.5«, 3. März 1917, wiedergegeben in der Geschichte der A Branch, TNA KV 1/13.
73 Security Intelligence Service Seniority List and Register of Past and Present Members, Dezember 1919.
74 »Revolutionary Agencies at Work«, S. 62 ff., TNA KV 1/43.
75 »Memorandum regarding the Russian section of the Communist Club«, sowie: »The Russian Political Prisoners and Exiles Relief Committee in London«, verbunden mit einer Empfehlung Kells, Tschitscherin zu internieren, datiert mit 26. Januar 1917, TNA HO 144/2158 (322428/2). Im November 1916 hatte

Tschitscherin öffentlich erklärt, die Kampagne seines Komitees, mit der Exilrussen dazu bewegt werden sollten, sich nicht zum Kriegsdienst zu melden, sei weitgehend erfolgreich gewesen. Siehe Debo, »Chicherin in England«, S. 656 f.
76 »Es ist mir nicht klar, worin die Tätigkeit [des Verbindungsoffiziers] bestehen sollte«, schrieb er in sein Tagebuch. Mansfield Cumming, Tagebuch, 25. Dezember 1916.
77 Empfehlung Kells zur Internierung Tschitscherins, 26. Januar 1917, TNA HO 144/2158.
78 Archiv des Security Service. Einige Monate früher hatte sich Kell anscheinend noch guter Gesundheit erfreut. Am 29. September 1916 hatte er an den MCO in Falmouth, Major R. Money geschrieben: »Ich bin in guter Form.« Archiv des Security Service.
79 Archiv des Security Service.
80 Ebenda.
81 Carsten, *War against War*, S. 102.
82 Thomson, *Queer People*, S. 273.
83 Andrew, *First World War*, S. 46.
84 Swartz, *Union of Democratic Control*, S. 175. Taylor, *English History*, S. 128.
85 G1, »The British Socialist Party«, 4. Oktober 1916, TNA KV 2/1655.
86 Nicht datierte Notiz von Major Ferguson aufgrund von Informationen von Victor Fischer [sic], TNA KV 2/1532.
87 »Albert Edward Inkpin«, in: *Oxford Dictionary of National Biography*.
88 Notiz des Stellvertretenden Leiters der Rekrutierungsbehörde (Region London), 16. November 1917, TNA KV 2/1532. Mitteilung Kells an den DSI, 23. November 1917, TNA KV 2/585.
89 »Albert Edward Inkpin«, in: *Oxford Dictionary of National Biography*.
90 Bericht von SW 5 (Bern) vom 13. April 1917, weitergeleitet von Cumming, TNA KV 2/585. Die Deutschen finanzierten auch Trotzkis Rückkehr aus dem Exil.
91 Figes, *Die Tragödie eines Volkes*, Berlin Verlag 1998, S. 411.
92 Pipes, *Russian Revolution*, S. 392 ff.
93 Figes, *Die Tragödie eines Volkes*, Berlin 1998, S. 459.
94 Notiz von Dansey, 16. August 1917, TNA KV 2/585.
95 TNA HO 144/2158.
96 Debo, »Chicherin in England«, S. 659.
97 Watson, *Clemenceau*, S. 260–264, 286–289.
98 WC 245(20), 4. Oktober 1917, TNA CAB 23/4.
99 WC 253(1), 19. Oktober 1917, TNA CAB 23/4.
100 Thomson, *Scene Changes*, S. 359.
101 Thomson, »Pacifist and Revolutionary Organizations in the United Kingdom«, in: G 173, 13. November 1917, TNA CAB 24/4.
102 Ullman, *Anglo-Soviet Relations*, Bd. 1, S. 3.
103 G 173, 13. November 1917, TNA CAB 24/4; GT 2809, 24. November 1917, TNA CAB 24/34.
104 GT 2980, 13. Dezember 1917, TNA CAB 24/35.
105 Hiley, »Counter-Espionage and Security in Great Britain during the First World War«, S. 658.

106 *Security Service*, S. 86.
107 Ullman, *Anglo-Soviet Relations*, Bd. 1, S. 20; Carsten, *War against War*, S. 109 ff.
108 Entwurf eines Telegramms von Tschitscherin an Trotzki, 4. Dezember 1917, TNA HO 144/2158 322428/45 a. Der Gefängnisdirektor ersuchte das Innenministerium um die Erlaubnis, das Telegramm abzuschicken. Wäre die Genehmigung verweigert worden, so wäre dies vermutlich in der Akte festgehalten worden. Es gibt allerdings keine schriftliche Bestätigung dafür, dass das Telegramm abgeschickt wurde.
109 Debo, »Chicherin in England«, S. 660 ff. Maxim Litwinow trat Tschitscherins Nachfolge als Vertreter des bolschewistischen Regimes in London an und erhielt diplomatische Immunität sowie einen halboffiziellen Status, bevor er im September 1918 deportiert wurde.
110 Andrew, *First World War*, S. 44.
111 GT 4624, 23. Mai 1918, TNA CAB 24/52.
112 Security Intelligence Service Seniority List and Register of Past and Present Members, Dezember 1919.
113 Zwischen dem 1. Januar 1918 und dem 31. August 1919 (dem Zeitpunkt der Schließung des Büros) waren 66 Mitarbeiter des MI5 in Italien stationiert: 28 Offiziere und 38 Bürokräfte und Sekretariatsmitarbeiter. Security Intelligence Service Seniority List and Register of Past and Present Members, Dezember 1919.
114 Andrew, *Secret Service*, S. 299–304.
115 CUL Templewood Papers, Teil III, Italien und Vatikan 1917–1918, Akten 1–5. Zu Hoares sonstigen Aufgaben in Rom zählten die Gegenspionage und die Bekämpfung des umfangreichen Schmuggels (insbesondere von Münzgeld und anderen verbotenen Gütern über die Schweiz nach und aus Deutschland).
116 Security Intelligence Service Seniority List and Register of Past and Present Members, Dezember 1919. Die endgültigen Bestimmungsorte in den USA entsprechen jedoch nicht immer jenen in der Liste. Thwaites war in New York stationiert.
117 Army War College Washington, Vortrag von Lieutenant Colonel C. E. Dansey, 4. Mai 1917, NAW RG 165, 9944-A-4.
118 Seit seinem Eintritt in den MI5 im März 1917 war Pakenham bereits Verbindungsoffizier in Paris und Südafrika gewesen. »Alphabetical list and register of past and present [MI5] members«, November 1921.
119 Archiv des Security Service. Pakenhams Freizeitbeschäftigungen waren typisch für einen Offizier des MI5: Fischen, Schießen, Golf.
120 Archiv des Security Service.
121 Der erste verzeichnete Besuch im Hauptquartier des MI5 war der von W. Lee Hurley, Sonderattaché der US-Botschaft, am 21. August 1918, der letzte jener von Sergeant M. Y. Hughes vom US Intelligence Corps am 26. Februar 1919. Archiv des Security Service. Es ist durchaus möglich, dass es Treffen zwischen amerikanischen und britischen Nachrichtendienstoffizieren gab, über die keine Aufzeichnungen erhalten geblieben sind.
122 Thwaites schied am 22. Juli 1918 aus dem MI5 aus. Security Intelligence Service Seniority List and Register of Past and Present Members, Dezember 1919.

123 Andrew, *For the President's Eyes Only*, S. 38 f.
124 Ebenda, S. 39 f., 552 Anm. 39.
125 Memorandum, 28. März 1918, in: SLYU Wiseman MSS, Reihe 1, Schachtel 6, Ordner 172.
126 Wiseman an Cumming, 6. September 1918, in: SLYU Wiseman MSS, Reihe 1, Schachtel 6, Ordner 171; Andrew, *For the President's Eyes Only*, S. 90.
127 Thomson, *Scotland Yard*, Kap. 20; Jeffery und Hennessy, *States of Emergency*, S. 5.
128 GT 6079, 21. Oktober 1918, TNA CAB 24/67.
129 Thomson, *Scene Changes*, S. 358, 377.
130 C. E. Russell an Thomson, 14. Oktober 1918, samt Memo von Long, Wiltshire Public Record Office, Long MSS. Ich bin Professor Eunan O'Halpin für diesen Hinweis dankbar.
131 Thomson an Long, 15. Oktober 1918, samt »Comments on the Attached Memorandum. Scheme for the Reorganisation and Coordination of Intelligence«, Wiltshire Public Record Office, Long MSS.
132 Long an Thomson, 16. Oktober 1918; Long an Lloyd George, ohne Datum, Wiltshire Public Record Office, Long MSS.
133 Long an Lloyd George, 18. November 1918, Wiltshire Public Record Office, Long MSS.
134 Archiv des Security Service. Nach Angabe von Constance Kell diente der Besuch in Dublin dazu, »die Hafenanlagen zu inspizieren«. Lady Kell, »Secret Well Kept«, S. 167, IWM. Sie berichtete auch über ihren Ausflug nach Alnwick, ihre Reise zu ihrem Mann und ihre Schwierigkeiten beim Fliegenfischen (S. 172).
135 Bericht des Geheimdienstausschusses, Februar 1919, TNA CAB 127/356; Curzon an Long, 18. Februar 1919, Wiltshire Record Office, Long MSS; Long an Austen Chamberlain, 2. November 1921, BUL Chamberlain MSS AC 23/2/1.
136 Edward Bell an Leland Harrison, 2. Mai 1919, Library of Congress, Leland Harrison MSS, Schachtel 102. Das Washingtoner Büro des MI5 war am 26. März 1919 geschlossen worden. »Alphabetical list and register of past and present [MI5] members«, November 1921.

B Zwischen den Kriegen

1
Die rote Gefahr in den zwanziger Jahren

1 Andrew und Gordiewsky, *KGB*, S. 89.
2 Andrew, *Secret Service*, S. 57 f.
3 MacMillan, *Peacemakers*, S. 5.
4 Andrew und Gordiewsky, *KGB*, S. 91 f.
5 Kell, Vortrag vor den schottischen Polizeipräsidenten in Edinburgh, 26. Februar 1925, IWM Kell MSS. Ähnliche Vorträge wurden wahrscheinlich auch vor anderen Polizeipräsidenten gehalten.
6 Ulmaman, *Anglo-Soviet Relations*, Bd. 2, S. 130 f. Thomson, »A Survey of Revolutionary Feeling in the Year 1919«, CP 462, TNA CAB 24/96.

7 Bericht des Geheimdienstausschusses, 1. Dezember 1925, veröffentlicht als Annex E in: Bennett, »A most extraordinary and mysterious business«.
8 Andrew, *Secret Service*, S. 380
9 Kell, Memorandum, 24. November 1922, TNA WO 32/3948 5/Bills/1873. »Seditious Literature« etc., Januar 1932, TNA WO 32/3948 110/Gen/4638. Weitere Einzelheiten zum Druck des MI5 hinsichtlich einer Gesetzesverschärfung siehe TNA WO 32/3948.
10 B1 A (W. A. Alexander), Notiz, 24. Juni 1930, TNA KV 4/199, s. 42 a. Nach Alexander lagen »für die Zeit vor 1927 keine genauen Zahlen« vor. Den Hinweis verdanke ich Dr. Victor Madeira.
11 B3, Umsetzung des Home Office Warrent (HOW), Überwachungsvollmacht gegen Harry Pollitt, Minute 12, 26. November 1926, TNA KV2/1034.
12 HOW gegen David Ramsey, 30. Juni 1929, TNA KV 2/1868, s. 2 a.
13 HOW gegen Robert Robson, 9. Mai 1923, TNA KV 2/1176 s. 160.a.
14 Obwohl bei kommunistischen Führungsfiguren ungewöhnlich, wurde der HOW gegen ihn zunächst von der Special Branch ausgeführt; HOW, 19. April 1921, TNA KV 2/1186, s. 3 a. Nach Campbells Umzug beantragte allerdings der MI5 eine Erneuerung des Überwachungsbeschlusses; HOW, 4. Juli 1927, TNA KV 2/1168 s. 27 a.
15 HOW gegen Robert Stewart, 30. Januar 1921, TNA KV 2/1180 s. 3 a.
16 *Security Service*, S. 93; »Eva Collet Reckitt«, TNA KV 2/1369.
17 Major O. N. Solbert an DMI Washington, 30. Oktober 1920, NAW RG 165 9944-A-165.
18 Major R. F. Hyatt an DMI Washington, 15. Dezember 1920, NAW RG 165 9944-A-166.
19 »War Book 1926. War Book Chapter«, S. 70, TNA WO 33/1077. »Field Security Police«, 1923, S. 2 f., TNA WO 33/1025. Kell, Vortrag an die schottischen Polizeipräsidenten, 26. Februar 1925, IWM Kell MSS.
20 Archiv des Security Service.
21 Freeman, »MI1(b) and the Origins of British Diplomatic Cryptanalysis«, S. 216.
22 Andrew, *Secret Service*, S. 376 f.
23 Ebenda, S. 377–394.
24 Freeman, »MI1(b) and the Origins of British Diplomatic Cryptanalysis«, S. 217 f. Die entschlüsselten Botschaften siehe TNA HW 12/332, Abschriften von vielen siehe HLRO Lloyd George MSS.
25 Andrew, *Secret Service*, S. 377, 384–388, 394.
26 H1, Zusammenfassung von Berichten zu Klischko vom 1. September 1915 bis zum 9. September 1918, TNA KV 2/1411.
27 »Nicholas Klyshko« *[sic]*, 21. Februar 1918, TNA KV 2/1410.
28 Bericht von M. W. Bray (G4), 11. Juli 1918, TNA KV 2/1411. Bray diente im MI5 von Mai 1917 bis Januar 1919; Archiv des Security Service.
29 »Clandestine Activities of William Norman Ewer 1919–1929«, September 1949, S. 1, TNA KV 2/1016, s. 1101 a.
30 Zu den Operationen des SIS gegen Sowjetrussland in den zwanziger Jahren siehe Jeffery, *Official History of the Secret Intelligence Service*, Teil 2.
31 Andrew, *Secret Service*, S. 398 ff.

32 Hinweis von A. G. Denniston (Direktor der GC&CS), 16. April 1921, TNA KV 2/501 SZ/2132.
33 Taylor, *English History*, S. 269 f.
34 Kell an Troup (Innenministerium), 2. Mai 1918, mit »Return no. 2« zu Fällen, bei denen eine Verfolgung erwogen wird, mit »remarks by MI5«, TNA HO 45/10743/263275.
35 Nach dem Krieg musste Kell sechs Jahre lang um das Überleben des MI5 kämpfen. Wegen der dürftigen Koordination der beiden Geheimdienste war eine Zeitlang sogar eine Verschmelzung des MI5 mit dem SIS im Gespräch.
36 Marquand, *Ramsay MacDonald*, S. 314 f. Andrew, *Secret Service*, S. 425 ff.
37 Andrew, *Secret Service*, S. 426. Als Winston Churchill im November 1924 an die Macht zurückkehrte und begierig die aufgelaufenen entschlüsselten Botschaften der GC&CS durchgehen wollte, stellte er fest, dass »das Außenministerium diese MacDonald während dessen Amtszeit lange vorenthalten hatte.« Churchill an Austen Chamberlain, 21. November 1924, BUL Chamberlain MSS AC 51/58.
38 Roskill, *Hankey*, Bd. 2, S. 358.
39 Barnes, »Special Branch and the First Labour Government«.
40 Williams, *Not in the Public Interest*, S. 134.
41 SIS-Bericht CX/9668, »Counter-Bolshevik report: Soviet Propaganda in the British Colonies«, 2. Juli 1924, TNA KV 2/1183, SZ/2514.
42 Jeffery und Hennessy, *States of Emergency*, S. 79–86.
43 Industrial Unrest Committee Interim Report (mit einem Memorandum des Innenministers, das die geheimdienstlichen Erkenntnisse zur CPGB zusammenfasst), 30. April 1924, CP 273(24), TNA CAB 24/166.
44 Ebenda.
45 Cabinet conclusion 32 (24) 5, 15. Mai 1924, TNA CAB 23/48.
46 Die zuverlässigste Studie zum Sinowjew-Brief – und die einzige, in der Material aus dem Archiv des SIS verwertet wird, siehe Bennett, *»A most extraordinary and mysterious business«*.
47 Aus B3 hieß es während einer Untersuchung 1928: »CSI [Kell] fordert mich auf, eine Stellungnahme vorzubereiten, die aufzeigt, dass der Sinowjew-Brief nichts Neues oder anderes enthält als das, was über die Absichten und die Propaganda der UdSSR vor der Zeit der Versendung dieses Schreibens am 15. 09. 24 bekannt war.« Archiv des Security Service.
48 *Security Service*, S. 59.
49 Makgill war ein ultrakonservativer und gewerkschaftsfeindlicher Geschäftsmann, der nach dem Krieg mit Gleichgesinnten das private Geheimdienstbüro Industrial Intelligence Bureau (IIB) gegründet hatte.
50 Bennett, *»A most extraordinary and mysterious business«*, S. 36. Siehe ebenso Bennett, *Churchill's Man of Mystery*, S. 81.
51 Director B (Jasper Harker) merkte später an, dass das Datum der Verbreitung des Sinowjew-Briefs an die Kommandos der Streitkräfte am 22. Okt. 1924 und an entsprechende Kontakte des SIS an den beiden vorangegangenen Tagen »von Colonel Holt-Wilson anhand der Akten überprüft worden« sei. Archiv des Security Service.
52 Stellungnahme von Donald Im Thurn, die Premier Stanley Baldwin am 19. März 1928 vor dem Unterhaus verlas; abgedruckt in der *Morning Post* und anderen Zeitungen am 20. März.

53 Bennett, »*A most extraordinary and mysterious business*«, KaS. 2. Weitere Einzelheiten zu den Laufbahnen von Im Thurn und Alexander stammen aus dem Archiv des Security Service.
54 Ball schied 1926 aus dem MI5 aus, nachdem er sich 1925 über die schlechte Bezahlung beklagt hatte. 1927 wurde er vom Vorsitzenden der Konservativen zur Leitung eines »eigenen kleinen Geheimdienstes« angeworben.
55 Andrew, *Secret Service*, S. 436 ff.
56 Bennett, »*A most extraordinary and mysterious business*«, S. 26.
57 Tatsächlich gewann die Labour Party durch eine um 3 Prozent höhere Wahlbeteiligung über eine Million Stimmen hinzu. Entschieden wurden die Parlamentswahlen 1924 durch das Abschneiden des liberalen Koalitionspartners, der unter 20 Prozent kam. Siehe hierzu Clarke, *Hope and Glory*, S. 127.
58 Taylor, *Beaverbrook*, S. 223–241.
59 Andrew, »Secret Intelligence and British Foreign Policy«, S. 20. Mit Genehmigung des damaligen Außenministers stellte Christopher Andrew diese denkwürdige Szene im Zimmer des Ministers 1987 in *Timewatch* für den Sender BBC2 nach. Am 4. November 1924 berichtete ein Ausschuss unter der Leitung von MacDonald bei der letzten Kabinettssitzung der ausscheidenden Regierung, »angesichts der vorliegenden Hinweise war es unmöglich, in der Sache zu einem abschließenden Ergebnis zu kommen«.
60 Bennett, *Churchill's Man of Mystery*, S. 82 f.
61 Archiv des Security Service.
62 Ebenda.
63 Boddington hatte für das Industrial Intelligence Bureau gearbeitet wie Finney und war mit ihm in Kontakt geblieben.
64 1969 bereitete Milicent Bagot für den Security Service einen Bericht zum Sinowjew-Brief vor, um den die Kontroverse erneut aufgeflammt war. Sie informierte Director B, dass (der damals im Ruhestand befindliche) Boddington »bei ihren Untersuchungen besonders hilfreich gewesen sei« und »ihr tatsächlich auch den entscheidenden Hinweis gegeben habe, auf dem ihr Bericht wahrscheinlich beruhen wird«. Boddington erhielt ein offizielles Dankschreiben und einen Weihnachtsgeschenkkorb. Archiv des Security Service. Der »entscheidende Hinweis« war die Information, dass »Finney« entgegen Mortons Behauptung für den Sinowjew-Brief keine Bestätigung geliefert hatte. Wegen ihr hatte Eyre Crowe MacDonald versichert, er wisse aus »absolut zuverlässiger« Quelle, dass der Brief von der britischen KP diskutiert worden sei. (Den Hinweis hat freundlicherweise Gill Bennett geliefert.)
65 »Re Advertisement in Daily Herald«, 1. Januar 1925, TNA KV 2/1101, s. 19b. Zu meiner Analyse des Falls siehe die wegweisende Studie von Victor Madeira, »Moscow's Interwar Infiltration of British Intelligence« und die Dissertationen an der Universität Cambridge von Dr. Madeira, »British Intelligence in ›A New Kind of War‹ against Soviet ›Subversion‹ 1917–1929« sowie von Dr. Kevin Quinlan, »Human Intelligence Tradecraft and MI5 Operations in Britain 1919–40«.
66 »From Box 573 Daily Herald in reply to (19 a)«, 9. Januar 1925, TNA KV 2/1101, s. 23 a; »Report on interview by ›D‹ (R)«, 3. Februar 1925, TNA KV 2/1101, s. 27 a. Quinlan, »Human Intelligence Tradecraft and MI5 Operations in Britain«, S. 143 ff.

67 Notiz vom 7. Februar 1925, TNA KV 2/1101. »History of a Section of the Russian Intelligence Service, operating in this country, under management of William Norman Ewer 1919–1929«, 8. Januar 1930, TNA KV 2/1016, s. 809 a; »Synopsis of Telephone Conversations of the Federated Press of America«, undatiert, TNA KV 2/1101, s. 46 a.

68 Einige Päckchen enthielten zudem Mitteilungen von »Anne« in Paris an »C. P. D.« Nach Beratungen mit der Indien Political Intelligence kam der MI5 zu dem Schluss, dass die Mitteilungen von Evelyn Roy stammten, der Frau des führenden indischen Kommunisten M. N. Roy (der kürzlich aus Frankreich ausgewiesen worden war und in Moskau lebte). Sie richteten sich an Clemens Palme Dutt, dessen Bruder Rajani Palme Dutt Mitglied des Exekutivkomitees der CPGB war. Notiz vom 3. Februar 1925, TNA KV 2/1101; Notiz vom 13. April 1925, TNA KV 2/1099; Brief an Morton, 4. März 1925, TNA KV 2/1099, s. 48 a. Quinlan, »Human Intelligence Tradecraft and MI5 Operations in Britain«, S. 146–149.

69 »Memorandum on Slocombe«, 29. April 1930, TNA KV 2/485, s. 205 a; »HOW on George Slocombe«, Notiz vom 15. Mai 1925, KV 2/1099; »History of a Section of the Russian Intelligence Service…«, 8. Januar 1930, TNA KV 2/1016, s. 809 a. Callaghan und Morgan (»The Open Conspiracy of the Communist Party and the Case of W. N. Ewer«) äußern Zweifel an Ewers Beteiligung an einer Spionageaktion – hauptsächlich mit der Begründung, dass er »ein bekennender Kommunist« gewesen sei. Allerdings ging es beim bedeutendsten Spionageprozess in den dreißiger Jahren ebenfalls um einen Spionagering, der von einem bekannten Kommunisten, in dem Fall von einem hohen Parteifunktionär, geleitet wurde. Obwohl Ewers später verständlicherweise darauf bedacht war, die Bedeutung seiner verdeckten Aktivitäten in den zwanziger Jahren herunterzuspielen, räumte er selbst ein, dass seine Beziehungen zu Slocombe auf eine Spionagetätigkeit hinauslief. Weitere Kommentare zu der von Callaghan und Morgan vertretenen These siehe die Dissertationen von Madeira und Quinlan.

70 Bennett, *Churchill's Man of Mystery*, S. 123.

71 Madeira, »Moscow's Interwar Infiltration of British Intelligence«, S. 923, Anm. 31. Zur jährlichen Unterstützung der CPGB siehe Allen, TNA KV 2/989, s. 77 a, »Mr. Harker's notes on interview of 2. 9. 28«, 11. September 1928; »History of a Section of the Russian Intelligence Service…«, 8. Januar 1930, TNA KV 2/1016, s. 809 a.

72 Notiz vom 18. April 1925, TNA KV 2/1101.

73 Notiz vom 6. März 1925, TNA KV 2/1101.

74 Kell legte die Entscheidung des Generalstaatsanwalts Sir Wyndham Childs vor. Sinclair unterhielt ausgezeichnete Verbindungen zu Whitehall. In seinem Nachlass fanden sich Menükarten von Abendessen, die er zum Teil selbst gegeben hatte und an denen auch die Mitglieder des Geheimdienstausschusses teilgenommen hatten. Nach seiner Erkrankung erhielt er von wichtigen Personen sehr persönliche Schreiben.

75 Die Akten des MI5 zu der Durchsuchungsaktion bei ARCOS siehe TNA KV 3/15–16, KV 2/818. Bennett, *Churchill's Man of Mystery*, S. 94–106. Madeira, »«British Intelligence in ›A New Kind of War‹ against Soviet ›Subversion‹ 1917–1929«, Kap. 7.

76 Bennett, *Churchill's Man of Mystery*, S. 94. Madeira, »British Intelligence in ›A New Kind of War‹ against Soviet ›Subversion‹ 1917–1929«, Kap. 7.
77 Die abgefangenen Telegramme von Jakowlew an Moskau vom 13. April und 18. Mai siehe Abdruck in Cmd. 2874 (1927), *Documents Illustrating the Hostile Activities of the Soviet Government and Third International against Great Britain*, S. 31.
78 Archiv des Security Service.
79 Cab. 23(27), TNA CAB 23/55.
80 *Parl. Deb. (Commons)*, 24. Mai 1927, cols 1842–54.
81 Ebenda, 26. Mai 1927, cols 2207–22, 2299–306.
82 Chamberlain an Rosengolz, 26. Mai 1927, *Documents on British Foreign Policy*, series 1 A, BD. III, Nr. 215.
83 Cmd. 2874 (1927), *Documents Illustrating the Hostile Activities of the Soviet Government and Third International against Great Britain*.
84 Denniston, »Government Code and Cypher School between the Wars«, S. 55. Andrew, *Secret Service*, S. 469–471.
85 Harker an Kell, Notiz, 21. Mai 1928, TNA KV 2/989; B.4-Bericht re Allen, 25. Juni 1928, TNA KV 2/989, s. 1 a; B.4-Bericht re Allen, 27. Juni 1928, TNA KV 2/989, s. 54 a. Quinlan, »Human Intelligence Tradecraft and MI5 Operations in Britain«, S. 152–154.
86 Harker an Kell, 24. Juli 1928, TNA KV 2/989, s. 63 a.
87 Allens Stellungnahme zu Aktivitäten der FPA, 20. August. 1920, TNA KV 2/989, s. 69 a; »History of a Section of the Russian Intelligence Service…«, 8. Januar 1930, TNA KV 2/1016, s. 809 a; »Comparative Statement of information obtained from Allen and MI5 records«, 29. August 1928, TNA KV 2/989, s. 72 a. Quinlan, »Human Intelligence Tradecraft and MI5 Operations in Britain«, S. 155–158.
88 »History of a Section of the Russian Intelligence Service…«, 8. Januar 1930, TNA KV 2/1016, s. 809 a. Madeira, »Moscow's Interwar Infiltration of British Intelligence, 1919–1929«, S. 927.
89 »History of a Section of the Russian Intelligence Service…«, 8. Januar 1930, TNA KV 2/1016, s. 809 a.
90 1950 erklärte sich Ewer zu einem Interview mit Maxwell Knight vom Security Service bereit; TNA KV 2/1099.
91 »Charles Jane«, TNA KV 2/1398.
92 Einschließlich Kell und Holt-Wilson. Es gab zwei Branches (oder »Divisions«): A war für die Verwaltung, fürs Personal, die Akten und »Präventivmaßnahmen«, B für »Ermittlungen und Untersuchungen« zuständig.
93 Bennett, *Churchill's Man of Mystery*, S. 125.
94 Guy Liddell, Tagebuch, 17. Juni 1949, Archiv des Security Service.
Guy Liddell, ein entfernter Verwandter von Alice Liddell, dem Vorbild für die Titelfigur in Carrolls Alice im Wunderland, wurde Anfang der dreißiger Jahre stellvertretender Chef der Abteilung B (Spionageabwehr und Subversionsbekämpfung). Vor dem Krieg hatte er Deutsch und Französisch studiert und sprach beide Sprachen fließend. Als Cellospieler wäre er möglicherweise Berufsmusiker geworden, wenn ihm der Krieg nicht dazwischen gekommen wäre – er wurde mit dem Military Cross ausgezeichnet –, hielt dem Instrument aber

zeit seines Lebens die Treue. Wegen seiner ruhigen und beherrschten Art war er bei seinen Mitarbeitern sehr bliebt.
95 Ebenda, 25. Mai 1949.
96 »Clandestine Activities of William Norman Ewer 1919–1929«, September 1949, TNA KV 2/1016. »History of a Section of the Russian Intelligence Service…«, 8. Januar 1930, TNA KV 2/1016, s. 809 a. Bennett, *Churchill's Man of Mystery*, S. 125. Zu Hayes ist keine Akte erhalten.

2
Die Rote Gefahr in den dreißiger Jahren

1 Carr, *Foundations of a Planned Economy*, Bd. 3, S. 376–399. Carr, *Twilight of Comintern*, S. 209–214.
2 »Internal Security of H.M. Forces during 1929«, 3. Februar 1930, TNA WO 32/3948 110/Gen/4399.
3 Haslam, *Soviet Foreign Policy*, 1930–1933, S. 56.
4 Andrew und Mitrochin, *Das Schwarzbuch des KGB*, S. 63, 104f. Andrew und Gordiewsky, KGB, S. 174ff.
5 »Internal Security of H.M. Forces during 1929«, 3. Februar 1930, TNA WO 32/3948 110/Gen/4399.
6 Roskill, *Naval Policy between the Wars*, Bd. 2, Kap. 4. Roskill, Hankey, Bd. 2, S. 556. Ereira, *Invergordon Mutiny*, Kap. 10.
7 »Most Secret« Kabinettsprotokoll, 21. September 1931, TNA CAB 23/90B.
8 Niederschrift stenografierter Aufzeichnungen einer Befragung bei New Scotland Yard, S.W., 3. Oktober 1931: Aussage des Telegrafisten Stephen Bousfield von der HMS »Warspite«, TNA KV 2/604, s. 7a. Harker nahm an der Befragung bei Scotland Yard teil.
9 *The Times*, 17. und 26. Oktober, 3. und 27. November 1931.
10 S8 (Sissmore) an Harker, Minute 53, 8. Juni 1932, TNA KV 2/604.
11 Im Februar 1933 reiste Hutchings Frau, ebenfalls eine aktive Kommunistin, ihrem Mann nach Moskau nach. S10, Minute 79, 24. Februar 1933, TNA KV 2/604.
12 Ereira, *Invergordon Mutiny*, Kap. 11. In seiner späteren richtungweisenden Studie zur Marinepolitik zwischen den Kriegen sieht Captain Stephen Roskill keinerlei Hinweis auf kommunistische Aktivitäten in der Marine, außer wenigen Fällen, in denen Matrosen Versammlungen der britischen KP im Hyde Park zur Unterstützung des Streiks der Minenarbeiter 1926 besuchten. Roskill, *Naval Policy between the Wars*, Bd. 2, S. 115 (Fn.), 116 (Fn).
13 V. Baddeley (für das Marineministerium) an den Staatssekretär, Kriegsministerium, 16. November 1931, TNA KV 4/129, s. 42a.
14 Boddington war der CPGB 1923 beigetreten, wechselte aber von 1924 bis 1926, als er für den MI5 und SIS arbeitete, zu den British Fascists und der Italienischen Faschistischen Partei über. Zu seinen Operationen unter der Tarnung eines Faschisten sind aus den Akten des Security Service keine Einzelheiten bekannt. Boddington verließ die britischen und italienischen Faschisten 1926 und trat erneut der CPGB bei. 1932 »zog er sich diskret [aus der Kommunistischen Partei]

zurück«. (Archiv des Security Service). Die Gründe für den Rückzug sind unklar. Möglicherweise befürchtete er, dass seine Tarnung auffliegen könnte. Harker glaubte, dass sich Knights Agenten fortan besser für eine Infiltration der CPGB eigneten.

15 Parl. Deb. (Commons), 16. April 1934, cols 740–743. Anderson, *Fascists, Communists and the National Government*, S.70.

16 Hyde, *Anders als ich glaubte*, S.47.

17 Der Bericht des Security Service vom Oktober 1932 wurde in einem Bericht des Kriegsministeriums ohne Titel vom 16. März 1933 zitiert, TNA WO 32/3948 110/Gen/4771.

18 Als Quelle für diese »Informationen von höchster Bedeutung« kommt unter anderem Olga Gray in Frage. Dies könnte eine »sehr stattliche Prämie« erklären, die Kell später im Jahr an Knight verteilte. Über Knights Agenten sind kaum Berichte erhalten.

19 Bericht des Kriegsministeriums ohne Titel, 16. März 1933, TNA WO 32/3948 110/Gen/4771.

20 *Security Service*, S.107.

21 Cab 52(33)6, 18. Oktober 1933, TNA CAB 23/77.

22 Andrew, *Secret Service*, S.518f. Von der einzigen Strafverfolgung war ein Student der Universität Leeds mit »radikalen politischen Ansichten« betroffen. 1937 wurde er zu einem Jahr Haft verurteilt, weil er einem Piloten der Luftwaffe vorgeschlagen hatte, ein Flugzeug zu stehlen und es zur Unterstützung der spanischen Republik einzusetzen. Im Berufungsverfahren wurde das Strafmaß drastisch herabgesetzt.

23 Hinweis des MI5 und von Scotland Yard an DDMO&I, 5. März 1930, TNA KV 5/71, s. 131a. Guy Liddell (damals bei der Metropolitan Police Special Branch, MPSB), »Russian Oil Products Limited«, 14. Jan. 1931, TNA KV 5/72, s. 191a.

24 G. M. Liddell (damals bei der MPSB), »The activities of Russian Soviet organizations in Great Britain and Ireland since the ARCOS raid, May 1927-April 1929«, 17. April 1929, TNA KV 5/71, s. 64a; »Russian Oil Products«, 5. Mai 1932, TNA KV 5/72, s. 356z.

25 »Note of discussion at the Home Office on ROP Petrol depots«, 13. März 1934, TNA KV 5/74, s. 604a.

26 Holt-Wilson merkte im Mai 1931 an: »In Übereinkunft mit Scotland House… befassen wir uns mit Blick auf das Problem der Russian Oil Products nur mit dem Aspekt der Spionage und Sabotage. Die Leute von Scotland House zeichnen für das Sammeln von Informationen zum Personal in den verschiedenen Depots im ganzen Land verantwortlich, und wir geben an sie sämtliches Material weiter, das uns zu diesem Gegenstand in die Hände kommt.« Holt-Wilson an J.C. MacIver (Innenministerium), 19. Mai 1931, TNA KV 5/72, s. 221a. Im Oktober erhielt der Security Service nach der Verlagerung der Abteilung Subversionsbekämpfung von der Special Branch zum MI5 die Verantwortung für sämtliche Aspekte der Ermittlungen gegen die ROP.

27 Hinweis des MI5 und von Scotland Yard an DDMO&I, 5. März 1930, TNA KV 5/71, s. 131a.

28 Bericht der MPSB an den Security Service, 20. April 1932, TNA KV 5/72, s. 341c.

29 Valentine Vivian (SIS) an Liddell, »The Olsen case«, 14. Oktober 1932, TNA KV 2/2880, s. 25a.
30 O. A. Harker (DB), »Joseph Volkovich Volodarsky and Elisabeth Grigorievna Volodarskaya«, 4. November 1932, TNA KV 2/2280, s. 46a.
31 Archiv des Security Service. Wolodarski wurde im Zweiten Weltkrieg in Kanada interniert, räumte seine Tätigkeit für das NKWD ein, kooperierte dann mit den Behörden und durfte sich in Montreal niederlassen.
32 Bericht des MI5, »Pyotr Kapitza«, 17. September 1930, TNA KV 2/777, s. 42a. Bericht zu Maurice Dobb, 19. September 1930, TNA KV 2/1758, s. 12a.
33 Andrew und Gordiewsky, *KGB*, S.247, 251.
34 22. Juni 1934, TNA KV 2/777, s. 81a.
35 TNA KV 2/777, ss. 79a, 80a, 82. Burke, The Spy Who Came in from the Co-op, Kap.6.
36 Holloway, *Stalin and the Bomb*, S.26f.
37 Die erste, die Philbys Potenzial als Sowjetagent erkannte – und wahrscheinlich Arnold Deutsch auf ihn aufmerksam machte – war Litzis Freundin Edith Suschitsky, die selbst von Deutsch angeworben worden war und den durchsichtigen Codenamen EDITH erhalten hatte. Andrew und Mitrochin, *Das Schwarzbuch des KGB*, S.87.
38 Philby, Bericht ohne Titel, Archiv des Security Service. Zu Philbys Teilgeständnis vor seiner Entlassung 1963, siehe Abschnitt D, Kap.4.
39 J. C. Brown, »Interview of Frau Josefine (Fini) Deutsch, 21./22. May 1972«, 2. Juni 1972, PF 48,871, s. 71b.
40 Andrew und Mitrochin, *Das Schwarzbuch des KGB*, S.85.
41 Zu den Versuchen des heutigen russischen Geheimdienstes SWR, dem höherrangigen NKWD-Offizier Alexander Orlow die führende Rolle zuzuschreiben, siehe ebenda, S.89.
42 Ebenda, S.88.
43 Borovik, *Philby Files*, S.29. Andrew und Mitrochin, *Das Schwarzbuch des KGB*, S.88.
44 Andrew und Mitrochin, *Das Schwarzbuch des KGB*, S.85.
45 Im Oktober 1936 und später beantragte Oscar Deutsch eine Genehmigung, seinen Cousin Arnold als Psychologe bei seiner Kinokette einstellen zu dürfen. Das Innenministerium lehnte den Antrag mit der Begründung ab, dass die Stelle auch an einen britischen Bewerber vergeben werden könne. Archiv des Security Service. Der Hinweis auf das Akronym Odeon stammt von Peter Hennessy.
46 Archiv des Security Service.
47 Nach seiner Ankunft in England im April 1934 studierte Deutsch ein Trimester am University College London Phonetik, wahrscheinlich, weil es schon zu spät war, um mit den Vorbereitungen für das Diplom in Psychologie zu beginnen. Archiv des Security Service.
48 Ebenda.
49 Ebenda. Nach Burts Tod 1971 entbrannte ein lange währender Streit darüber, ob er einige in seinen Forschungen verwendete Nachweise gefälscht hatte.
50 Costello und Tsarev, *Deadly Illusions*, S.146.
51 Andrew und Mitrochin, *Das Schwarzbuch des KGB*, Kap.4.

52 Der ursprüngliche Cambridge University Labour Club stand zunächst der Labour Party nahe, wurde aber am 29. November 1930 von den Kommunisten übernommen, rückte von Labour ab und benannte sich in Cambridge University Socialist Society (CUSS) um. Protokollbuch der CUSS, 29. November 1930.

53 Der offizielle Titel des Schatzmeisters der CUSS lautete wie der in anderen Studentenorganisationen in Cambridge »Junior Treasurer«. Der Titel »Senior Treasurer« war für ein älteres Mitglied der Universität reserviert, das die ordnungsgemäßen Abläufe in der Organisation sicherstellen sollte.

54 Protokollbuch der CUSS.

55 Andrew und Mitrochin, *Das Schwarzbuch des KGB*, Kap.4.

56 Ebenda, Kap. 3 und 4.

57 Primakov u.a. (Hg.), *Ocherki istorii rossiiskoi vneshnei razvedki*, Bd.3, Kap.13.

58 Andrew und Mitrochin, *Das Schwarzbuch des KGB*, S.76f.

59 Denniston, »Government Code and Cypher School between the Wars«, S.58.

60 H. C. Kenworthy, »A Brief History of Events Relating to the Growth of the ›Y‹ Service«, TNA HW 3/81. Smith, »Government Code and Cypher School and the First Cold War«.

61 *Security Service*, S.105f.

62 William Morrison PF, TNA KV 2/606.

63 Jane Sissmore, »William Morrison«, 1. August 1939, TNA KV 2/606. Nach seiner Rückkehr aus Spanien im April 1938 (Sissmore hegte »einen sehr starken Verdacht, dass er [bei den republikanischen Streitkräften] desertiert war«), brach Morrison den Kontakt zur KP ab und berichtete dem MI5 »freimütig« von seinen vorigen Aktivitäten. Knight (B5b), »William Morrison«, 30. Oktober 1939, TNA KV 2/606.

64 Security Service, S.106.

65 Denniston, »Government Code and Cypher School between the Wars«, S.58.

66 Beim Security Service findet sich nur noch eine kurze Zusammenfassung der Akten.

67 CB 16 (22. April 1931 bis 19. Mai 1932), TNA HW 17/70. Den Hinweis verdanke ich Dr. Victor Madeira.

68 Entschlüsselte Botschaften der Komintern zwischen Moskau und London von Februar 1934 bis Januar 1937 siehe West, MASK, S.41–199.

69 Entschlüsselte Mitteilung aus Moskau an Pollitt, 16. Februar 1934, mit Bericht zu Kenyattas Rückkehr nach London; West, MASK, S.120.

70 Archiv des Security Service.

71 *Security Service*, S.106. Zahlreiche Hinweise zu diesen Geldern siehe die entschlüsselten Mitteilungen in West, MASK.

72 Bericht von Vansittart (Ständiger Staatssekretär, Außenministerium), 28. Mai 1935; Sir John Simon an die Moskauer Botschaft, 30. Mai 1935, TNA FO 371/19467 N2761. Andrew, »Secret Intelligence and British Foreign Policy«, S.21.

73 Millar, »British Intelligence and the Comintern in Shanghai«, S.136–150. Smith, »Government Code and Cypher School and the First Cold War«, S.29f. Smith, *Foley*, S.51–61. *Security Service*, S.103ff.

74 Zahlreiche Bände zu den Botschaften der Komintern in verschiedene Teile der Welt wurden erst 1952 an den Security Service weitergeleitet, als dort das Interesse an ihnen im Zusammenhang mit den VENONA-Ermittlungen (Ge-

meinschaftsprojekt der Geheimdienste der USA und des britischen MI6 zur Entschlüsselung von Geheimnachrichten offizieller sowjetischer Stellen in den USA) erneut erwachte. Kopien gingen zudem an das FBI und die CIA. Archiv des Security Service.

75 »John Harold Salisbury«, 5. September 1935, TNA KV 2/2499, s. 231a.
76 Bericht ohne Titel von Harker zur Sitzung in der Admiralität, 8. Januar 1936, TNA KV 2/2499, s. 276a. Ba, Abschrift der Vernehmung von J.H. Salisbury, 13. Januar 1936, TNA KV 2/2499, s. 278a.
77 Protokolle 281a, 282a, 1. Februar 1936, TNA KV 2/2499.
78 Harker an Rae (Schatzministerium), 9. Oktober 1936, mit Berichten des MI5 zu Trebilcock und anderen Kommunisten, »die in zivilen Einrichtungen unter der Admiralität beschäftigt« waren; Geheimbericht des Carter-Komitees zu »Unerwünschten Beschäftigten in Marine-Einrichtungen«, 4. November 1936; Macleod (Admiralität) an Rae (Schatzministerium), 7. Januar 1937; Notiz für Baldwins Treffen mit Bevin, Februar 1937, TNA T 162424/E13264/04. Aufzeichnungen von Sir Horace Wilson zum Treffen zwischen Baldwin, Bevin und dem Chef der Marine, 9. Februar 1937, TNA PREM 1/206.
79 Bericht der Special Branch, 29. März 1935, TNA FO 371/19467 N1781. Andrew, »Secret Intelligence and British Foreign Policy«, S.21f. Die erhaltenen entzifferten Botschaften aus der MASK-Operation enthalten unter anderem mehrere Rügen an den *Daily Worker*, weil er der Moskauer Linie nicht mit der gebotenen Strenge gefolgt war. West, MASK, S.102, 181, 182.
80 »M.S. Report«, S.18, 33f., TNA KV 4/227. »The Woolwich Arsenal Case – Summary Report«, 13. Februar 1950, S.13, TNA KV 2/1023, s. 871a. »Statement of ›X‹ the informant in this case«, 25. Januar 1938, S.1, TNA KV 2/1022, s. [unleserlich]. Quinlan, »Human Intelligence Tradecraft and MI5 Operations in Britain«, S.178f.
81 »Statement of ›X‹ the informant in this case«, 25. Januar 1938, S.1–2, TNA KV 2/1022; »M.S. Report«, S.35–38, TNA KV 4/227. Quinlan, »Human Intelligence Tradecraft and MI5 Operations in Britain«, S.181–190.
82 »re 82 Holland Road«, 24. April 1937, TNA KV/2008, s. 1a; »re ›Mr Peters‹«, 29. April 1937, ebenda, s. 2a; M (Knight), Notiz, 13. Januar 1938, ebenda, s. 4a. Archiv des Security Service.
83 »Statement of ›X‹ the informant in this case«, 25. Januar 1938, S.3, TNA KV 2/1022. Der NKWD-Überläufer Walter Kriwitzki sagte später aus, dass auch Maly Deutsch als »wichtigtuerisch« empfand; »Note re information from Krivitsky«, 23. Januar 1940, S.8, TNA KV 2/804, s. 2b.
84 Siehe Abschnitt D, Kap.4.
85 »Statement of ›X‹ the informant in this case«, 25. Jan. 1938, S.3–6, TNA KV 2/1022. »The Woolwich Arsenal Case – Summary Report«, 13. Februar 1950, S.1ff., TNA KV 2/1023, s. 871a. »M.S. Report«, S.39f., TNA KV 4/227. Quinlan, »Human Intelligence Tradecraft and MI5 Operations in Britain«, S.189f.
86 »Willy and Mary Brandes«, TNA KV 2/1004.
87 »The Woolwich Arsenal Case – Summary Report«, 13. Februar 1950, S.4, TNA KV 2/1023, s. 871a; »Statement of ›X‹ the informant in this case«, 25. Januar 1938, S.7, TNA KV 2/1022, s. [unleserlich]. Quinlan, »Human Intelligence Tradecraft and MI5 Operations in Britain«, S.191–194.

88 Prozessbericht in *The Times*, 4., 8. Februar, 15. März 1938. Masters, *The Man Who was M*, Kap. 4.
89 Burke, *The Spy Who Came in from the Co-op*, S. 95. Vivian buchstabierte Sirnis »Sirness«. Zudem identifizierte er eine Adresse auf einem Zettel in Gladings Tagebuch als ihre Adresse.
90 Archiv des Security Service. M2 nahm fälschlicherweise an, dass entweder »Sirnis« oder »Steadman« ihr Name nach der Eheschließung und der andere ihr Mädchenname sei. Tatsächlich scheint Melita Norwood den Namen ihres Mannes zu dieser Zeit in Parteikreisen nicht gebraucht zu haben.
91 Archiv des Security Service.
92 Ebenda.
93 Andrew und Mitrochin, *Das Schwarzbuch des KGB*, S. 170. David Burkes Biografie zu Melita Norwood, *The Spy Who Came in from the Co-op*, ist insgesamt ein beeindruckendes und richtungweisendes Werk. Der Hinweis auf S. 103, wonach »ein Beteiligter im Fall den Entschluss gefasst haben [müsse], die Russen zu informieren, dass ihre Tarnung nicht aufgeflogen sei«, ist allerdings unplausibel.
94 Archiv des Security Service.
95 Andrew und Mitrochin, *Das Schwarzbuch des KGB*, S. 118f. Die Zentrale und vielleicht auch Deutsch könnten einen Besuch, den er im September 1937 von der Polizei erhielt, missdeutet haben. Tatsächlich ging es dabei nicht um einen Spionageverdacht, sondern nur darum, dass er seinen Diplomkurs am University College abgebrochen hatte und versuchte, seinen Aufenthalt in England durch eine Anstellung bei seinem Cousin Oscar Deutsch zu legalisieren. Archiv des Security Service.
96 Burke, *The Spy Who Came in from the Co-op*, Kap. 6.
97 Archiv des Security Service.
98 Ebenda.
99 Grafpens Akte wurde vor einigen Jahren vernichtet. Übrig blieb allerdings eine Aufzeichnung, wonach er 1927 vom Security Service zunächst als sowjetischer Geheimdienstoffizier identifiziert worden war und Posten in der sowjetischen Handelsdelegation in London, New York und Mailand innegehabt hatte.
100 Andrew und Mitrochin, *Das Schwarzbuch des KGB*, S. 125, 127.
101 »Compte-rendu de Mission à Londres les 30 & 31 janvier 1939«, 1. Februar 1939, SHD-DAT, ARR, dr. 250; »Prévisions britanniques«, 19. Februar 1939, SHD-DAT, ARR, dr. 251. Den Hinweis verdanke ich Dr. Peter Jackson.
102 Andrew und Mitrochin, *Das Schwarzbuch des KGB*, S. 125ff.

3
Der britische Faschismus und die Bedrohung durch die Nazis

1 Archiv des Security Service.
2 *Parl. Deb. (Commons)*, 26. Mai 1927, cols 2257 f.
3 Nicolai, *Nachrichtendienst, Presse, und Volksstimmung im Weltkrieg*.
4 Nicolai, *Geheime Mächte*, S. 182 f.
5 Holt-Wilson, »Military Administration of occupied territory in time of war«, 22. März 1922, TNA KV 4/313, s. 2 a. *Security Service*, S. 78.

6 Der Mangel an detaillierten Studien zu den Geheimdiensten im Kaiserreich und in der Weimarer Republik, der weitgehend der dürftigen Quellenlage geschuldet ist, steht in deutlichem Kontrast zur üppigen Literatur zur polizeilichen Tätigkeit. Zum gegenwärtigen Stand der Forschung zum Geheimdienst in der Weimarer Republik siehe L. Richter, »Military and Civil Intelligence Services in Germany from World War I to the end of the Weimar Republic«, in: Bungert/Heitmann/Wala, *Secret intelligence in the twentieth century*, London 2003.
7 »The Deutsche Überseedienst«, 1923, TNA KV 2/1116, s. 139 a. Andrew, *Security Service*, S. 98.
8 SIS an Major Ball, MI5, 11. Oktober 1922, TNA KV 2/1116, s. 10 a.
9 Bericht des SIS, »Alleged German espionage activities«, 10. März 1923, TNA KV 2/1116, s. 37 a. Zu Operationen des SIS gegen Deutschland zwischen den Kriegen siehe Jeffery, *Official History of the Secret Intelligence Service*, Teil III.
10 SIS an Harker, MI5, 7. Juli 1928, TNA KV 2/1116, s. 204 a. Major Ball, »The Deutsche Überseedienst«, 30. März 1929, TNA KV 2/1116, s. 207 a.
11 Major Ball, »The Deutsche Überseedienst«, 30. März 1929, TNA KV 2/1116, s. 207 a.
12 Holt-Wilson, »German espionage in the UK«, 12. August 1931, TNA KV 3/93, s. 88 a. SIS an Major Alexander, 24. März 1932, TNA KV 3/93, s. 112 a.
13 Allerdings enttarnte der MI5 einige Agenten des Etappendienstes, ohne dass das Netzwerk als solches identifiziert wurde. Archiv des Security Service.
14 *Security Service*, S. 109.
15 *The Times*, 31. Januar 1933.
16 Kershaw, *Hitler 1889–1936*, S. 583.
17 *The Times*, 22. März 1933.
18 G. M. Liddell, »The Liquidation of Communism, Left-Wing Socialism and Pacifism. Visit to Berlin, (30 March 1933–9 April 1933)«, TNA KV 4/111, s. 1 a.
19 Trenchard an den Berliner Polizeipräsident, 24. März 1933, TNA KV 4/111. Dankesbrief ohne Unterschrift von Kell an Admiral Sinclair (SIS), Mai 1933, TNA KV 4/111.
20 Diels verlor später einen Machtkampf gegen den SS-Führer Heinrich Himmler, der im April 1934 zudem Chef der Gestapo wurde.
21 G. M. Liddell, »The Liquidation of Communism, Left-Wing Socialism and Pacifism. Visit to Berlin, (30 March 1933–9 April 1933)«, TNA KV 4/111, s. 1 a.
22 Ebenda.
23 Guy Liddell, Tagebuch, 21. April 1940.
24 Curry trat 1907 im Alter von zwanzig Jahren in die indische Polizei ein und ging 1932 in Ruhestand. Das Angebot, in die B Branch einzutreten, kam von deren Chef Jasper Harker, der ihn noch in der Zeit seines Dienstes in der indischen Polizei, vor seiner Rückkehr nach Großbritannien 1919, kennengelernt hatte. Archiv des Security Service.
25 Ebenda.
26 Knight war von 1924 bis 1930 Mitglied der British Fascisti, die er für die Regierung ausspionierte. Er trat wieder aus, als die Organisation deutlich an Schlagkraft verloren hatte.
27 Bericht »M«, 21. März 1934, TNA KV 3/53, s. 1c.

28 Bericht »M«, 13. April 1934, TNA KV 3/53, s.1e.
29 »The Revival of Fascism in Britain. Memorandum by the Security Service«, Dez. 1945, TNA KV 4/331.
30 Kell an Scott (Innenministerium), 18. Juni 1934, mit Bericht Nr. 1 zur BUF, TNA HO 144/21041.
31 Anderson, *Fascists, Communists and the National Government*, Kap. 6, 7. Dorril, *Blackshirt*, Kap. 15.
32 Kell an Scott (Innenministerium), 1. August 1934, mit Bericht Nr. 2 zur BUF, TNA HO 144/21041.
33 Dorril, *Blackshirt*, S. 307.
34 Obwohl die Mosleys und Hitler die Hochzeitsfeier geheim halten wollten, wurde sie dem Außenministerium rasch bekannt, Dorril, *Blackshirt*, S. 393 f.
35 B7, »Lady Diana Mosley«, 26. Juni 1940, TNA KV 2/884, s. 48 a.
36 Kell an Scott (Innenministerium), 8. Oktober 1934, mit Bericht Nr. 3 zur BUF, TNA HO 144/21041.
37 Kell an Scott (Innenministerium), 11. März 1935, mit Bericht Nr. 5 zur BUF, TNA HO 144/21041.
38 Kell an Scott (Innenministerium), 10. Juli 1936, mit Bericht Nr. 8 zur BUF, TNA HO 144/21041.
39 Ebenda.
40 Kell an Scott (Innenministerium), 27. November 1936, mit Bericht Nr. 9 zur BUF, TNA HO 144/21041.
41 Anderson, *Fascists, Communists and the National Government*, Kap. 10, 11.
42 Kell an Scott (Innenministerium), 27. November 1936, mit Bericht Nr. 9 zur BUF; Mitteilung von Liddell, 10. Dezember 1936; Mitteilung von Harker, 10. Juli 1937, TNA HO 144/21041.
43 Anderson, *Fascists, Communists and the National Government*, Kap. 11.
44 Notizen des Innenministeriums zu Defence Regulation 18b, April 1949, TNA HO 45/26018. Grant, »Desperate Measures«, Kap. 1.
45 »Order of priority of foreign countries from SIS point of view«, o. D. [1935 oder 1936], TNA WO 106/5392.
46 Andrew, *Secret Service*, S. 532 f., 547 f. Einzelheiten zum ›Secret Vote‹ siehe TNA T 160787/F6139/053.
47 Vansittart, *Mist Procession*, S. 397.
48 Archiv des Security Service.
49 Vansittart, *Mist Procession*, S. 398.
50 Niederschrift, 6. Mai 1933, CCAC VNST 2/3. »Robert Gilbert Vansittart«, *Oxford DNB*.
51 Rose, *Vansittart*, S. 104, 164, 182.
52 Curry erinnerte sich später, dass Kell zunächst dagegen war, dass der Security Service eine ausländische Botschaft infiltrierte, aber von Vansittart dann doch dazu überredet wurde. Archiv des Security Service.
53 Putlitz, *Unterwegs nach Deutschland*, S. 45.
54 Archiv des Security Service.
55 Kell wurde Ustinov am 9. August 1934 von Vansittarts Privatsekretär Clifford Norton (später zum Ritter geschlagen) vorgestellt; Archiv des Security Service.
56 Rose, *Vansittart*, S. 74.

57 Archiv des Security Service.
58 Ustinov, *Klop and the Ustinov Family*, S. 66.
59 Ustinov, Das Porträt erscheint als Titelbild von *The Security Service*.
60 Bower, *Perfect English Spy*, S. 29.
61 Archiv des Security Service.
62 In Juni wurden allerdings Überwachungsvollmachten für zwei Adressen in Hamburg erteilt, von denen bekannt waren, dass das Londoner Büro der Auslands-Organisation mit ihnen korrespondierte. *Security Service*, S. 110.
63 Currys Zeugnis mit Blick auf Kells anfänglichen Widerwillen, sich an Nachforschungen zur Auslands-Organisation zu beteiligen, wird auch dadurch gestützt, dass er zugleich »den höchsten Respekt und die höchste Wertschätzung für unseren Chef« zu Protokoll gegeben hatte. Archiv des Security Service.
64 [Curry] »Memorandum on the possibilities of sabotage by the organisations set up in British countries by the totalitarian governments of Germany and Italy«, Juli 1936, S. 11, TNA KV 4/290, s. 2 a; siehe ebenso *Security Service*, S. 111.
65 »Conference held at the Home Office on 26 May, 1936, to consider the position arising from the organization in Great Britain of Branches of the German Nazi and Italian Fascist Parties«, TNA FO 371/19942, s. 128.
66 McKale, *Swastika outside Germany*, S. 157.
67 Das Außenministerium argumentierte so, dass sich nach einem Verbot der Auslands-Organisation deren Aktivitäten in den Untergrund verlagern würden. Der MI5 entgegnete, dass sie auch dann noch überwacht werden könne. Der »Druck« auf die Untergrundorganisation mache die Beobachtung wahrscheinlich leichter. »Conference held at the Home Office on 26 May, 1936, to consider the position arising from the organisation in Great Britain of Branches of the German Nazi and Italian Fascist Parties«, TNA FO 371/19942, s. 128.
68 B2 a, Notiz, 24 March 1939, TNA KV 4/301, s. 88b. J. C. Curry, unveröffentlichte Memoiren, Archiv des Security Service. *Security Service*, S. 132 f. McKale, *Swastika outside Germany*, S. 157.
69 Archiv des Security Service.
70 Kell an Sir Maurice Hankey, CID, 6. Juli 1936, mit [Curry] »Memorandum«, S. 5, TNA KV 4/290, s. 2 a.
71 Archiv des Security Service.
72 »Note on Information Received in Connection with the Crisis of September, 1938«, [7. Nov. 1938], TNA KV 4/16.
73 Willans, *Peter Ustinov*, S. 39 ff.
74 »Note on Information Received in Connection with the Crisis of September, 1938«, [7. Nov. 1938], TNA KV 4/16. Der Security Service hatte keine Akten zur Abdankung König Edwards VIII. oder zu dessen Geliebten und künftigen Ehefrau, Mrs. Simpson. Dagegen verfügte die Special Branch über eine Akte Simpson (2003 freigegeben), die offenlegte, dass sie 1936 gleichzeitig mit einem verheirateten Autohändler eine Affäre hatte. »Mrs Simpson«s Secret Lover Revealed«, *The Times*, 30. Januar 2003.
75 »Note on Information Received in Connection with the Crisis of September, 1938«, [7. November 1938], TNA KV 4/16.
76 Archiv des Security Service.

77 Ebenda.
78 Ebenda.
79 Archiv des Security Service.
80 Andrew, *Secret Service*, S. 553–559.
81 Nach einem Bericht des MI5 ans Außenministerium hatte dieser am 16. August 1938 von »Herrn von S.«, einem bedeutenden Deutschen »nicht ohne Verbindungen zum deutschen Generalstab«, »eine Warnung« erhalten, wonach »ein plötzlicher Einmarsch in die Tschechoslowakei erwogen wurde. Am Anfang der zweiten Augusthälfte« nahm er »einen engen Kontakt zu ihm auf.« – »Note on Information Received in Connection with the Crisis of September, 1938«, [7. November 1938], TNA KV 4/16. In dem Bericht wird auf vier weitere deutsche Informanten verwiesen, die allerdings nicht identifiziert werden konnten.
82 Ustinov, *Ich und ich*, S. 107 f. Klops Erinnerung an die zentrale Botschaft von »Herrn von S.« deckt sich mit den erhaltenen Berichten des MI5. Zu Ribbentrops kriegslüsternen Äußerungen zur Tschechoslowakei im August 1938 siehe Kershaw, *Hitler, 1936–1945*, S. 141. Generalmajor Geyr von Schweppenburg war von 1933 bis 1937 Militärattaché in London gewesen und wurde später ein bekannter Panzerkommandeur.
83 »Note on Information Received in Connection with the Crisis of September, 1938«, [7 November 1938], TNA KV 4/16. Nach einem weiteren Bericht des MI5, in dem zwischen den verschiedenen deutschen Quellen weniger genau unterschieden wird, hat Putlitz auch von diesem Dokument eine Mehrfertigung geliefert. Archiv des Security Service.
84 Dilks (Hg.), *Cadogan Diaries*, S. 94–97. Weinberg, *Foreign Policy of Hitler's Germany*, S. 394, 396, 421, 428. Vansittart zweifelte später an Kordts Motiven: »In Wahrheit wollte er ein möglichst großes Deutschland ohne Krieg mit uns. Sein wirkliches Spiel bestand darin, freie Hand für die Expansion nach Osten zu gewinnen... Ansonsten war er ein anständiger, humaner Mann und ganz sicher kein Nazi.« Rose, *Vansittart*, S. 136 ff., 222.
85 Rose, *Vansittart*, S. 228, Dilks (Hg.), *Cadogan Diaries*, S. 95.
86 Curry erinnerte sich später, im Rückblick möglicherweise mit einem verbesserten Gedächtnis, dass er im Security Service niemand kenne, der das Ergebnis von Chamberlains Verhandlungen mit Hitler als »einen großen Erfolg« ansehe. Archiv des Security Service.
87 Malcolm Woollcombe, »What Should We Do?«, 18. September 1938; Fisher an Sinclair (Abschrift), 20. September 1939, Woollcombe Handschriften. Ein Duplikat von »What Should We Do?« mit dem Vermerk »Views of SIS«, siehe TNA FO 371/21659 C14471/42/18. Ein früherer Bericht von Woollcombe, »Germany and Colonies«, 3. Februar 1938, war von Neville Chamberlain positiv aufgenommen worden. An einer Stelle machte er die Randnotiz: »Was habe ich gesagt [?]«. Andrew, »Secret Intelligence and British Foreign Policy«, S. 24.
88 »Note on Information Received in Connection with the Crisis of September, 1938«, [7. November 1938], TNA KV 4/16.
89 J. C. Curry, »Note on the aggressive policy of Hitler and Ribbentrop: and consequent instructions to the Abwehr«, Archiv des Security Service (Ohne Aktenbeleg). J. C. Curry, »Information on Hitler's Germany's intentions in 1938 obtained from M. I.5 sources«, 5. September 1941, TNA KV 4/16.

90 »Note on Information Received in Connection with the Crisis of September, 1938«, [7. November 1938], TNA KV 4/16.
91 Archiv des Security Service.
92 Andrew, *Secret Service*, S. 547–550.
93 Ob Hitler tatsächlich diese Worte gebrauchte, ist noch immer fraglich. Einer der Informanten des MI5 könnte auch einige von Hitlers tatsächlichen Kommentaren ausgeschmückt haben, um die britische Entschlossenheit zu stärken.
94 »Note on Information Received in Connection with the Crisis of September, 1938«, [7. November 1938], TNA KV 4/16.
95 Archiv des Security Service.
96 »Note on Information Received in Connection with the Crisis of September, 1938«, [7. November 1938], TNA KV 4/16.
97 Archiv des Security Service.
98 *Security Service*, S. 121 f.
99 Brendon, *Dark Valley*, S. 522.
100 »Note on Information Received in Connection with the Crisis of September, 1938«, [7. November 1938], TNA KV 4/16.
101 Cadogan, Tagebuch, 28., 29. November, 1., 6. Dezember 1938, CCAC ACAD 1/7.
102 Hoare agierte 1936 sechs Monate lang sehr erfolglos als Außenminister.
103 Archiv des Security Service.
104 Brendon, *Dark Valley*, S. 536.
105 Archiv des Security Service.
106 Putlitz, *Unterwegs nach Deutschland*, S. 239 f. Curry bestätigt Putlitz' Bericht über Vansittarts Asylangebot; Archiv des Security Service.
107 *Security Service*, S. 122.
108 Archiv des Security Service.
109 Dilks (Hg.), *Cadogan Diaries*, S. 151.
110 Feiling, *Neville Chamberlain*, S. 396.
111 Rose, *Vansittart*, S. 232 f.
112 Dilks (Hg.), *Cadogan Diaries*, S. 153–157, 163. Rose, *Vansittart*, S. 233. Andrew, *Secret Service*, S. 585 f.
113 Colvin, *Chamberlain Cabinet*, S. 188.
114 Der genaue Zeitpunkt, an dem White Curry als Ustinovs Führungsoffizier nachfolgte, geht aus den erhaltenen Akten nicht hervor. Das wahrscheinlichste Datum ist Februar 1939, als sich Curry einer schwierigen Augenoperation unterziehen musste. Nachdem sie gescheitert war, gelang eine zweite Operation nur teilweise. Curry war sieben Monate lang krankgeschrieben. Archiv des Security Service.
115 Christopher Andrew, Interview mit Sir Dick White, 1984.
116 Dilks (Hg.), *Cadogan Diaries*, S. 170. Andrew, *Secret Service*, S. 590.
117 Douglas, *Advent of War*, S. 11 f.
118 Hinsley u. a., *British Intelligence in the Second World War*, Bd. 1, S. 41, 85.
119 Dilks (Hg.), *Cadogan Diaries*, S. 158. Cadogan, Tagebuch, 21. April 1939, CCAC ACAD 1/8.
120 Hinsley u. a., *British Intelligence in the Second World War*, Bd. 1, S. 42 f.
121 Hinsley und Simkins, *British Intelligence in the Second World War*, Bd. 4, S. 11 f.

122 Archiv des Security Service.
123 Ebenda.
124 Heinemann, »Abwehr«, S. 1.
125 Dazu siehe Leverkuehn, *German Military Intelligence,* S. 93; Kahn, *Hitler' Spies,* S. 346 f.
126 Currys Bericht zur Spionagetätigkeit der deutschen Abwehr in Großbritannien vor dem Krieg (*Security Service,* S. 125 f.), der 1945/46 entstand, muss inzwischen revidiert und aktualisiert werden.
127 »Major Christopher Draper«, o. D., TNA KV 2/365. »Pre-War Espionage on behalf of Germany in Great Britain«, März 1942, TNA KV 3/47. Draper, *Mad Major.*
128 Hinchley Cooke, Minute 7, 19. August 1937, TNA KV 2/19. »Pre-War Espionage on behalf of Germany in Great Britain«, März 1942, TNA KV 3/47, *Security Service,* S. 136.
129 Andrew, *For the President's Eyes Only,* S. 90.
130 *Security Service,* S. 148, 163.
131 Minute 34, 8. Febuar 1938, TNA KV 2/2618.
132 Archiv des Security Service.
133 *Security Service,* S. 127 f.
134 Ebenda.
135 TNA KV 3/205–208.
136 TNA KV 3/206.
137 Masterman, *Unternehmen Doppelspiel,* S. 55 ff. Die Akten zu SNOW des MI5 siehe TNA KV 2/444–53. Die Beschreibung zu SNOW siehe KV 2/444.
138 Masterman, *Unternehmen Doppelspiel,* S. 57 ff. Zitat S. 58.
139 Archiv des Security Service. Die erste öffentliche Benennung von Folkert van Koutrik als ein von der deutschen Abwehr kontrollierter Doppelagent, beruhend auf sichergestellten Akten der Abwehr, siehe Farago, *Das Spiel der Füchse,* S. 93 ff.
140 Guy Liddell, Tagebuch, 30. August 1939.
141 Dilks (Hg.), *Cadogan Diaries,* S. 204 f. Andrew, *Secret Service,* S. 605.

C Der Zweite Weltkrieg

1
Täuschung

1 Siehe Abschnitt B, Kap. 3.
2 Bond (Hg.), *Chief of Staff,* S. 223, Fn.
3 Dear and Foot (Hg.), *Oxford Companion to the Second World War,* S. 886.
4 In seinem Tagebuch merkte Guy Liddell an, die Liste sei Putlitz von einem »Mitglied des Personals in der Vertretung« vorgelegt worden (Tagebuch, 15. September 1939). In der Befragung nach dem Krieg offenbarte der damalige Chef der Den Haager Abwehr, Traugott Protze, dass der deutsche Botschafter Putlitz trotz eines ausdrücklichen Verbots mit den Fakten [der Liste] konfrontiert habe, woraufdieser unverzüglich mit seinem Diener geflohen sei. Archiv des Security Service.
5 Guy Liddell, Tagebuch, 15. September 1939.

6 Archiv des Security Service.
7 Ebenda.
8 Bland an Sinclair, 27. Oktober 1939, NMM Sinclair MSS 81/091.
9 Hankey an Sinclair, 31. Okt. 1939, NMM Sinclair MSS 81/091.
10 Andrew, »Secret Intelligence and British Foreign Policy«, S. 25 f. Zur Venlo-Affäre siehe ebenso Jeffery, *Official History of the Secret Intelligence Service*, Teil IV.
11 Curry erinnerte sich später, dass er den SIS telefonisch zum Verbleib von Stevens and »seinem Assistenten« befragt habe. Mit Stevens war er persönlich bekannt, aber Payne Bests Namen kannte er möglicherweise nicht. Unveröffentlichte Memoiren (unpaginiert) eines ehemaligen Offiziers des Security Service; Archiv des Security Service.
12 Guy Liddell, Tagebuch, 12. November 1939. Ein späterer Plan, Dr. Unterberg, den Chef der Niederlassung der deutschen Abwehr in Brüssel, dazu zu bewegen, »Barton« für Operationen gegen Großbritannien zu gewinnen, damit sie als Doppelagentin arbeiten könne, verlief nach einem vielversprechenden Anfang im Sand. Archiv des Security Service.
13 Dilks (Hg.), *Cadogan Diaries*, S. 230–233.
14 Obwohl van Koutrik die Namen von Putlitz und Krüger offenbar nicht kannte, konnte er Einzelheiten zu ihrer Enttarnung liefern. Archiv des Security Service.
15 Zu den Gründen für van Koutriks Flucht nach England ist nichts dokumentiert. Möglicherweise hatte ihm sein Führungsoffizier bei der deutschen Abwehr nicht erläutert, was von ihm erwartet wurde und wann die SIS-Niederlassung nach London zurückkehren würde. Der Abwehr musste sehr daran gelegen gewesen sein, sich die Dienste des einzigen Agenten zu erhalten, der die britischen Geheimdienstkreise infiltriert hatte – insbesondere nachdem van Koutrik im vergangenen Jahr die wichtigsten deutschen Agenten des SIS und des MI5 enttarnt hatte.
16 Archiv des Security Service.
17 Die einzige Operation, die van Koutrik für die E1C durchführte und die noch belegt ist, war eine Ermittlung unter holländischen Fischern in Fleetwood im Januar 1941. Archiv des Security Service.
18 Archiv des Security Service.
19 Ebenda.
20 Archiv des Security Service.
21 Ebenda.
22 Ebenda. 1943 trat van Koutrik in die holländische Marine ein.
23 Andrew, *Secret Service*, S. 533 f.
24 Archiv des Security Service.
25 Ebenda.
26 Die wichtigsten Informationen zu Hoopers Laufbahn als deutscher Agent kamen von Hermann Giskes, dem ehemaligen Chef der deutschen Abwehr in den Niederlanden. Archiv des Security Service. Giskes, der in Lager 020 befragt wurde, fiel »Tin-eye« Stephens als einer der fähigsten deutschen Geheimdienstoffiziere auf, denen er begegnet war; Hoare (Hg.), *Camp 020*, S. 356.
27 Archiv des Security Service.
28 Ein Jahr vor Kriegsausbruch hatte die Abwehr »einen Privatmann mit ausgezeichneten Kontakten zu hohen britischen Regierungskreisen« nach Großbritan-

nien entsandt. Den Erwartungen nach sollte dieser »von den Briten eingehend zur deutschen Politik befragt werden«. Mit Canaris' Billigung wurde er mit einer plausiblen Mischung aus Informationen und Falschmeldungen versorgt, von denen sich die Briten wahrscheinlich täuschen lassen würden. »Preliminary note on the use by German Intelligence of Deception as an aid to military operations«, Archiv des Security Service. Nach Ausbruch des Krieges wurde keine ähnliche Operation mehr gestartet.

29 Mit Unterstützung der Special Branch rieb der Security Service 1939 das gesamte Netz der in Großbritannien residierenden deutschen Agenten auf. Es war weitaus kleiner als das im August 1914. Karl Burger, Eugen Horsfall Ertz, Arthur Owens, S. W. Rapp, Stanley Scott und William Wishart wurden bei Kriegsausbruch verhaftet und My Eriksson kurz darauf interniert. Die Akten des MI5 dazu sind allerdings unvollständig erhalten. Möglicherweise gab es weitere Verhaftungen. Archiv des Security Service.
30 SNOWs zehnbändige Akte siehe TNA KV 2/444–53.
31 TNA KV 2/468.
32 Masterman, *Unternehmen Doppelspiel*, S. 59 f.
33 Ebenda, S. 60. B13, »Mathilde Caroline Krafft«, 2. Dezember 1939, TNA KV 2/701, s. 46 a.
34 »Selected papers from the CHARLIE case«, TNA KV 2/454. Masterman, *Unternehmen Doppelspiel*, S. 59 f.
35 Smith, »Bletchley Park, Double-Cross and D-Day«, S. 283 f.; *Security Service*, S. 179, 207 Fn. Holt, *Deceivers*, S. 127.
36 Masterman, *Unternehmen Doppelspiel*, S. 61 ff.
37 Guy Liddell, Tagebuch, 19. Mai 1940.
38 Beim MI5 war man sich niemals sicher, wo SNOWs tatsächliche Loyalitäten lagen.
39 Masterman, *Unternehmen Doppelspiel*, S. 64.
40 »Mr Dick White»s lecture for new RSLO»s«, 9. Januar 1943, S. 5, TNA KV 4/170, s. 1 a.
41 Archiv des Security Service.
42 Nachruf, T. A. Robertson, *The Times*, 16. Mai 1994.
43 Wilson, »War in the Dark«, S. 126.
44 Holt, *Deceivers*, S. 131.
45 Archiv des Security Service.
46 Ebenda.
47 Ebenda.
48 *Security Service*, S. 232 f.
49 Masterman, *Unternehmen Doppelspiel*, S. 68.
50 Hinsley and Simkins, *British Intelligence in the Second World War*, Bd. 4, S. 88.
51 Archiv des Security Service.
52 Hoare (Hg.), *Camp 020*, S. 7. Macintyre, *Agent Zigzag*, S. 113 f.
53 Hoare (Hg.), *Camp 020*, S. 16 f.
54 Ebenda, S. 137–140.
55 Guy Liddell, Tagebuch, 22. September 1940.
56 Hoare (Hg.), *Camp 020*, S. 140 Fn.
57 Guy Liddell, Tagebuch, 3. Oktober 1943.

58 Hoare (Hg.), *Camp 020*, S. 58.
59 *Security Service*, S. 229.
60 Hoare (Hg.), *Camp 020*, S. 140. Später gab TATE eine andere Erklärung dafür ab, warum er Doppelagent geworden war – ohne Hinweis auf seine Wut auf SUMMER wegen dessen angeblichem Verrat: »Niemand hat mich je gefragt, warum ich es mir anders überlegt hatte«, sagte er nach dem Krieg. »Der Grund war ganz simpel. Es war einfach eine Frage des Überlebens. Selbsterhaltung ist sicher der stärkste Antrieb im Menschen.« Andrew, *Secret Service*, S. 671.
61 TNA KV 2/61.
62 Zur Organisation des Systems der Doppelagenten siehe Masterman, *Unternehmen Doppelspiel*, S. 79 ff.; *Security Service*, S. 250; Wilson, »War in the Dark«.
63 Während die Täuschungsaktionen von MUTT höchst erfolgreich verliefen, erwies sich sein norwegischer Kollege Tör Glad (JEFF), der mit MUTT von der Abwehr nach Großbritannien entsandt wurde, als unzuverlässig. Er wurde bis 1945 interniert. Hoare (Hg.), *Camp 020*.
64 Hinsley und Simkins, *British Intelligence in the Second World War*, Bd. 4, S. 89.
65 A. G. Denniston (Direktor der GC&CS) an »C« (Menzies), 10. Dezember 1941, TNA HW 14. Smith, »Bletchley Park, Double-Cross and D-Day«, S. 287. Hinsley und Simkins, *British Intelligence in the Second World War*, Bd. 4, S. 108.
66 TNA KV 2/845–66.
67 Howard, *British Intelligence in the Second World War*, Bd. 5, S. 18 f. Die umfassendsten Darstellungen zu GARBOs außergewöhnlicher Laufbahn siehe Pujol und West, *GARBO* sowie Seaman (Hg.), *GARBO*.
68 Guy Liddell, Tagebuch, 26. März 1942.
69 Hinsley und Simkins, *British Intelligence in the Second World War*, Bd. 4, S. 19.
70 Die Beschwerden über Cowgill von Montagu und dem Kriegsministerium, schrieb Dick White, »müssten eigentlich verhindern, dass die Angriffe auf die Abteilung V rein einer Rivalität des MI5 zugeschrieben werden«. Archiv des Security Service.
71 Archiv des Security Service.
72 Hinsley und Simkins, *British Intelligence in the Second World War*, Bd. 4, S. 20.
73 Howard, *British Intelligence in the Second World War*, Bd. 5, S. 7 f. »Formation of the W. Board in connection with Special [Double] Agents, 1939–1945«, TNA KV 4/70.
74 Protokolle in TNA KV 4/63.
75 Archiv des Security Service.
76 Ebenda.
77 In den zwanziger Jahren genoss Masterman zudem den Ruf des besten Squash-Spielers an der Universität Oxford. »Times Portrait Gallery: J. C. Masterman«, *The Times*, 10. Oktober 1958.
78 Masterman, *Unternehmen Doppelspiel*, S. 109. Zweites Zitat siehe englische Ausgabe *The Double-Cross System*, S. 114. (In der deutschen gekürzt.)
79 Archiv des Security Service.
80 Masterman, *Chariot Wheel*, Kap. 21.
81 Masterman, *Unternehmen Doppelspiel*, S. 78.
82 Ebenda, S. 70 f.

83 Major Dixon (RSLO Cambridge) an Dick White, 14. Januar 1941, TNA KV 2/60.
84 Captain S. E. S. Finney, »re Mills' Circus«, 9. April 1941, TNA KV 4/211, s. 23 a. Details zu dem Hotel siehe den (später revidierten) »Accommodation Plan«, s. 38 a.
85 B2 a, »Suggestions for dealing with Double Agents in case of invasion«, 1. Februar 1941, TNA KV 4/211, s. 1 a.
86 Masterman, *Unternehmen Doppelspiel*, S. 109 ff., Zitat S. 111.
87 B2 a, »Suggestions for dealing with Double Agents in case of invasion«, 1. Februar 1941, TNA KV 4/211, s. 1 a.
88 TNA KV 2/448.
89 Brief an GW ohne Unterschrift, 12. März 1941, mit dem Vermerk »GW am 24. 3. 41 ausgehändigt und von ihm zur Kenntnis genommen«, TNA KV 4/211, s. 4 a.
90 New Scotland Yard an T. A. Robertson, 25. März 1941, TNA KV 4/211, s. 19 a.
91 T. A. Robertson an Major Stephens, 12. März 1941, TNA KV 4/211, s. 10 a.
92 DG, »Orders for Mr Atkinson«, 3. April 1941, TNA KV 4/211, s. 22 a.
93 Zu diesem umstrittenen Punkt ist keine Meinung eines Rechtsberaters der Streitkräfte oder eines anderen Juristen überliefert.
94 Archiv des Security Service.
95 Alcázar hatte erfolgreich den britischen Botschafter Sir Samuel Hoare getäuscht. Dieser empfahl ihn »in überschwänglichen Tönen« dem Außenministerium, so die Einschätzung des MI5. Ebenso erfolgreich hatte er den britischen Presseattaché hinters Licht geführt, der ihn als »antideutsch bis ins Mark« beschrieb. Archiv des Security Service.
96 Ebenda.
97 West und Tsarev, *Crown Jewels*, S. 140.
98 Ebenda, S. 141.
99 Archiv des Security Service.
100 Guy Liddell, Tagebuch, 1. Januar 1942.
101 Churchill erfuhr von diesen Aktivitäten durch einen Bericht des Security Service vom 1. Juni 1943. Archiv des Security Service.
102 Archiv des Security Service.
103 Der Ausfall von GW, der für einen Einsatz im Double-Cross-System nicht mehr infrage kam, wurde durch die ausgeweitete Rekrutierung neuer Doppelagenten mehr als wettgemacht.
104 Archiv des Security Service.

2
Sieg

1 Masterman, *Unternehmen Doppelspiel*, S. 12.
2 Howard, *British Intelligence in the Second World War*, Bd. 5, S. 20 f.
3 Shelley, »Empire of Shadows«. Holt, *Deceivers*.
4 Howard, *British Intelligence in the Second World War*, Bd. 5, S. xi.
5 West und Tsarev, *Crown Jewels*, S. 308 f.
6 Ebenda, S. 317 ff.

7 Holt, *Deceivers*, S. 43. In einer Untersuchung kam Lord Gort zu dem Ergebnis, dass Clarke »in jeder anderen Hinsicht geistig stabil erscheint«. Wilson, »War in the Dark«, S. 193.
8 Howard, *British Intelligence in the Second World War*, Bd. 5, S. 26 f.
9 Ebenda, S. 55–63.
10 Masterman, *Unternehmen Doppelspiel*, S. 129.
11 Tomás Harris war bei der B1 G (spanische Gegenspionage) mit Sitz in der Jermyn Street, arbeitete aber eng mit der B1 A zusammen und besuchte sie fast täglich. Erinnerungen eines ehemaligen Mitarbeiters des Security Service.
12 Sir Michael Howard nennt ihre Zusammenarbeit »eine dieser seltenen Partnerschaften zwischen zwei außergewöhnlich begabten Männern, die sich mit einfallsreichem Genie gegenseitig inspirierten und ergänzten«. Howard, *British Intelligence in the Second World War*, Bd. 5, S. 231.
13 Archiv des Security Service.
14 Carter, *Blunt*, S. 94 f., 257. In Harris' Akte wird er als ein enger Freund von Blunts Mitbewohner Guy Burgess beschrieben. Seine Freundschaft mit beiden und mit Philby führte später zu einer Untersuchung, bei der keine Hinweise auf seine Beteiligung an einer sowjetischen Spionageaktivität auftauchten. Archiv des Security Service.
15 Howard, *British Intelligence in the Second World War*, Bd. 5, S. 62 f.
16 Holt, *Deceivers*, S. 268.
17 Archiv des Security Service.
18 Holt, *Deceivers*, S. 370.
19 Archiv des Security Service.
20 Howard, *British Intelligence in the Second World War*, Bd. 5, S. 89. Kurz nachdem Cholmondeley das Täuschungsmanöver inszeniert hatte, kehrte er aus unbekannten Gründen ins Luftfahrtministerium zurück. Archiv des Security Service.
21 Ebenda.
22 Howard, *British Intelligence in the Second World War*, Bd. 5, S. 89.
23 Bevan, »Mincemeat«, o. D., TNA CAB 154/67/63; zitiert nach Holt, *Deceivers*, S. 376.
24 Holt, *Deceivers*, S. 374.
25 Erinnerung von ehemaligen Beamten des Security Service.
26 Holt, *Deceivers*, S. 375.
27 Ebenda, S. 374.
28 Erinnerung von ehemaligen Mitarbeitern des Security Service. Montagu, *Der Mann, den es nie gab*, S. 134.
29 Howard, *British Intelligence in the Second World War*, Bd. 5, S. 90 ff. Dear und Foot (Hg.), *Oxford Companion to the Second World War*, S. 751.
30 Duff Cooper an Petrie, 9. März 1943, TNA KV 4/83, s. 1 a. Duff Cooper war von MINCEMEAT so begeistert, dass er auf der Grundlage dieser Operation 1950 den Roman *Operation Heartbreak* (dt.: *Kennwort Unternehmen Heartbreak*, Stuttgart 1951) veröffentlichte.
31 Guy Liddell, Tagebuch, 10. März 1943.
32 Duff Cooper an Petrie, 9. März 1943, TNA KV 4/83, s. 1 a.
33 *Security Service*, S. 231; Chapmans Akte des MI5 siehe TNA KV 2/455–63.

34 »The HARLEQUIN case«, mit Petrie an Duff Cooper, 16. April 1943, TNA KV 4/83, s. 9 a.
35 Ebenda.
36 Duff Cooper an Petrie, 9. März 1943, TNA KV 4/83, s. 1 a.
37 Guy Liddell, Tagebuch, 10. März 1943.
38 Petrie an Duff Cooper, 13. März 1943, TNA KV 4/83, s. 3 a.
39 Guy Liddell, Tagebuch, 16. März 1943. ADB1 (White) an DG über DB, 26. März 1943, TNA KV 4/83, s. 5 a. Die wenigen Fälle einer sowjetischen Spionage, die ans Tageslicht kamen, wurden allerdings in die Monatsberichte aufgenommen.
40 Tatsächlich war Zec ein anerkannter und ganz sicher kein subversiver Cartoonist. Morrison entschuldigte sich nach dem Krieg bei ihm. Kellett, »Philip Zec«, S. 87–95; Zec, *Don't Lose it Again!*, S. 73–81 (Die Hinweise verdanke ich Dr. Nicholas Hiley.)
41 ADB1 (White) an DG über DB, 26. März 1943, TNA KV 4/83, s. 5 a.
42 Bestätigt wird dies durch die Erinnerungen ehemaliger Mitarbeiter des Security Service. Siehe Blunt (B1B) an DB, 13. Juli 1945, TNA KV 4/83, s. 61 a.
43 Wie viele britische Geheimdokumente vom sowjetischen Geheimdienst Stalin persönlich übergeben wurden, ist im Einzelnen ziemlich unklar. Bekannt ist indes, dass er 1935 mehr als 100 Berichte des Außenministeriums erhielt (Andrew und Elkner, »Stalin and Intelligence«, S. 73). Die Monatsberichte des MI5 an Churchill wären für ihn wahrscheinlich interessanter gewesen.
44 Nach einer Vereinbarung gingen dieser und die folgenden Berichte an den Security Service zurück, nachdem Churchill sie gelesen hatte. ADB1 (White) an DG über DB, 26. März 1943, TNA KV 4/83, s. 5 a.
45 Duff Cooper an Guy Liddell, 2. April 1943, TNA KV 4/83, s. 8 a. Guy Liddell, Tagebuch, 3. April 1943.
46 »Report on Activities of Security Service«, mit einer Notiz von Churchill vom 2. April 1944, TNA KV 4/83, s. 7 a.
47 Petrie an T. L. Rowan (Nr. 10), 23. Januar 1946, Archiv des Security Service.
48 »Report on Activities of Security Service«, o. D. [März 1943], TNA KV 4/83, s. 7 a.
49 Duff Cooper an Guy Liddell, 2. April 1943, TNA KV 4/83, s. 8 a.
50 »The HARLEQUIN case«, mit Petrie an Duff Cooper, 16. April 1943, TNA KV 4/83, s. 10 a.
51 Dritter Bericht zu den Aktivitäten des Security Service, 1. Juni 1943, TNA KV 4/83, s. 16 a.
52 52. V. B. Carol (B1 H) an ADB1 (über B1B, H. S. Milmo), 22. April 1943, TNA KV 2/268, s. 43b; H. S. Milmo an Major Stopford-Adams, 4. Mai 1943, TNA KV 2/268, s. 45 a.
53 Zweiter Bericht zu den Aktivitäten des Security Service, 1. Mai 1943, TNA KV 4/83, s. 13 a.
54 Macintyre, *Zigzag: Die Geschichte des Doppelagenten Eddie Chapman*, Kap. 20.
55 Duff Cooper an Dick White, 5. Mai 1943, TNA KV 2/459; Macintyre, *Zigzag: Die Geschichte des Doppelagenten Eddie Chapman*, S. 269.
56 Ebenda, S. 181 f., 214.

57 »Report on the Activities of the Security Service during June, 1944«, 3. Juli 1944, TNA KV 4/83, s. 42 a.
58 Neben HARLEQUIN war GARBO der einzige Agent, dem der MI5 einen besonderen Bericht an den Premierminister widmete. Er wurde zudem in einigen Monatsberichten erwähnt. Dass Duff Cooper ein Duplikat von ZIGZAGs Akte orderte, spricht dafür, dass dieser beim Premierminister ein vergleichbares Interesse geweckt hatte.
59 *Security Service*, S. 254.
60 »GARBO« (nach der Notiz des MI5 vom 5. November 1943 ein »Bericht, den Mr. Duff Cooper zur Vorlage für den Premierminister vorbereitet hatte« und der auf Informationen des Security Service beruhte), TNA KV 4/83, s. 21 a.
61 Guy Liddell, Tagebuch, 22., 23., 24. Juni 1943.
62 Howard, *British Intelligence in the Second World War*, Bd. 5, S. 106 f.
63 Stafford, *Ten Days to D-Day*, S. 48 ff.
64 Masterman, *Unternehmen Doppelspiel*, S. 177 ff.
65 Stafford, *Ten Days to D-Day*, S. 157 f.
66 Zehnter Bericht zu den Aktivitäten des Security Service, 7. März 1944, TNA KV 4/83, s. 29 a.
67 Guy Liddell vermerkte am 16. April 1944 in seinem Tagebuch, »ARTIST hat deutlich gemacht, dass er alles über GARBOs System wisse und glaubt, dass alles ein Täuschungsmanöver sei.«
68 Reile, *Geheime Westfront*, S. 194–205.
69 Masterman, *Unternehmen Doppelspiel*, S. 163 f. Hinsley und Simkins, *British Intelligence in the Second World War*, Bd. 4, S. 117 f.
70 Christopher Harmer an Hugh Astor, 28. Oktober 1992, Archiv des Security Service.
71 Reile, *Geheime Westfront*, S. 194–205, Zitat S. 203.
72 Masterman, *Unternehmen Doppelspiel*, S. 165.
73 Hugh Astor an Roger Fleetwood-Hesketh, 10. Juli 1984, Archiv des Security Service.
74 Guy Liddell, Tagebuch, 4. Juli 1944.
75 Willan, *D-Day to Berlin*, Kap. 1.
76 Mary Sherer (B1 A), »Nathalie Sergueiew« (sic), 4. Juli 1944, TNA KV 2/466, s. 377 a.
77 Masterman, *The Double-Cross System*, S. 167, 173, 186.
78 Archiv des Security Service.
79 Sergueiev, *Secret Service Rendered*.
80 Mary Sherer (B1 A), »Nathalie Sergueiew«, 4. Juli 1944, TNA KV 2/466, s. 377 a.
81 Ebenda.
82 Zehnter Bericht zu den Aktivitäten des Security Service, 7. März 1944, TNA KV 4/83, s. 29 a. Der SIS transportierte den Sender für TREASURE nach London zurück; Mary Sherer (B1 A), »Nathalie Sergueiew«, 4. Juli 1944, TNA KV 2/466, s. 377 a.
83 Mary Sherer (B1 A), »Nathalie Sergueiew«, 4. Juli 1944, TNA KV 2/466, s. 377 a.
84 Masterman, *Unternehmen Doppelspiel*, S. 186.

85 »Report on the Activities of the Security Service during May, 1944«, 3. Juni 1944, TNA KV 4/83, s. 41 a.
86 »Report on the Activities of the Security Service during April, 1944«, Mai 1944, TNA KV 4/83, s. 38 a.
87 »Report on the Activities of the Security Service during May, 1944«, 3. Juni 1944, TNA KV 4/83, s. 41 a.
88 Mary Sherer (B1 A), »Nathalie Sergueiew«, 4. Juli 1944, TNA KV 2/466, s. 377 a.
89 Ebenda. Für Robertson kam es von da an allerdings »nicht mehr infrage«, in TREASUREs Funksprüchen nach Lissabon Falschinformationen einzustreuen. Sie leistete zu den FORTITUDE-Täuschungsmanövern von da an keinen weiteren Beitrag.
90 »Report on the Activities of the Security Service during May, 1944«, 3. Juni 1944, TNA KV 4/83, s. 41 a. Stafford, *Ten Days to D-Day*, S. 204.
91 »Report on the Activities of the Security Service during May, 1944«, 3. Juni 1944, TNA KV 4/83, s. 41 a. Stafford, *Ten Days to D-Day*, S. 204.
92 Masterman, *Unternehmen Doppelspiel*, S. 197. ARTIST starb wahrscheinlich im Konzentrationslager Oranienburg. Hinsley und Simkins, *British Intelligence in the Second World War*, Bd. 4, S. 224 f.
93 Holt, *Deceivers*, S. 565 ff.
94 Ebenda, S. 577. Stafford, *Ten Days to D-Day*, S. 307.
95 Nach der offiziellen Version der strategischen Täuschung (gewöhnlich die zuverlässigste Darstellung) konnte GARBO erst um 6.08 Uhr mit Madrid eine Verbindung herstellen; Howard, *British Intelligence in the Second World War*, Bd. 5, S. 185. Nach anderen Berichten soll der Kontakt erst um 8 Uhr zustande gekommen sein.
96 Stafford, *Ten Days to D-Day*, S. 306 ff. Eisenhowers Appell an die Franzosen, sich erst »zu gegebener Zeit« gegen den deutschen Besatzer zu erheben, könnte auch als eine versteckte Anspielung auf die Tatsache gedeutet werden, dass weitere Landungen geplant waren. GARBO teilte der deutschen Abwehr deshalb mit, dass dieser Appell vom Direktor der PWE bedauert worden sei.
97 Stafford, *Ten Days to D-Day*, S. 308 f.
98 Der Führungsoffizier der Abwehr hatte noch mehr Lob übrig: Das Oberkommando sei dank GARBOs Berichten so »umfassend gewarnt und vorbereitet« gewesen, dass es kaum einen Unterschied gemacht hätte, wenn die Nachricht von der Ankunft der alliierten Streitkräfte an der Küste der Normandie »drei oder vier Stunden früher« eingetroffen wäre. Howard, *British Intelligence in the Second World War*, Bd. 5, S. 185.
99 »Report on the Activities of the Security Service during June, 1944«, 3. Juli 1944, TNA KV 4/83, s. 42 a.
100 Holt, *Deceivers*, S. 581.
101 Howard, *British Intelligence in the Second World War*, Bd. 5, S. 189 ff.
102 »Report on the Activities of the Security Service during June, 1944«, 3. Juli 1944, TNA KV 4/83, s. 42 a.
103 »Report on the Activities of the Security Service during June, 1944«, 3. Juli 1944, TNA KV 4/83, s. 42 a.
104 Holt, *Deceivers*, S. 586.

105 Howard, *British Intelligence in the Second World War*, Bd. 5, S. 193 f.
106 T. E. Bromley (Außenministerium) an DG/Sec, 13. März 1944, TNA KV 4/83, s. 30 a. Aus ungeklärten Gründen verfasste der Security Service für November 1943, Dezember 1943 und Januar 1944 einen zusammenfassenden Bericht, der am 1. Februar 1944 erschien. Es war der erste, der an Eden geschickt wurde. Staatssekretär Sir Alexander Cadogan las die Berichte offenbar aufmerksamer als der Außenminister.
107 Als Duff Cooper Ende 1943 seinen Posten als Vorsitzender der Security Executive aufgab, wurde Eden auf dessen Vorschlag hin die ministerielle Verantwortung für MI5 übertragen – eine Verantwortung, die er offenbar nicht sehr aktiv wahrnahm. *Security Service*, S. 400.
108 TNA KV 4/87. Am 16. Juni, zehn Tage nach dem D-Day, informierte der stellvertretende britische Generalstabschef Lieutenant General (Sir) Archibald Nye MI5-Generaldirektor Petrie darüber, dass es klare Hinweise darauf gebe, dass die Deutschen von der Landung in der Normandie vollständig überrascht worden seien. Er gratulierte dem Security Service, »der so stark zum anfänglichen Gelingen der Operation« beigetragen habe, für seine »bemerkenswerten Leistungen«. Nye an Petrie, 16. Juni 1944, TNA KV 4/130.
109 TNA KV 4/130.
110 »Summary of the Activities of the Security Service up to September, 1944«, 5. Oktober 1944, TNA KV 4/83, s. 51 a. Dieser Monatsbericht wurde erstmals von Petrie abgezeichnet. Die sichergestellte Karte ist abgedruckt in Holt, *Deceivers*, S. 569.
111 Summary of the Activities of the Security Service up to September, 1944«, 5. Oktober 1944, mit Notiz von Churchill vom 7. Oktober 1944, TNA KV 4/83, s. 51 a.
112 Guy Liddell, Tagebuch, 21. Dezember 1944.
113 Howard, *British Intelligence in the Second World War*, Bd. 5, S. 169.
114 Dear und Foot (Hg.), *Oxford Companion to the Second World War*, S. 1249–1253.
115 Howard, *British Intelligence in the Second World War*, Bd. 5, S. 171 f.
116 Ebenda, S. 174. Ziemlich amüsiert verfolgte man in der B1 A die sich anschließenden Streitereien um die Verleihung des Eisernen Kreuzes an einen nicht kämpfenden Ausländer.
117 T. A. Robertson, »TREASURE«, 15. Juni 1944, TNA KV 2/466, s. 367 a. Mary Sherer (B1 A), »TREASURE«, 17. Juni 1944, TNA KV 2/466, s. 368 a.
118 »Report on the Activities of the Security Service during June, 1944«, 3. Juli 1944, TNA KV 4/83, s. 42 a.
119 »Report on the Activities of the Security Service during June, 1944«, 3. Juli 1944, TNA KV 4/83, s. 42 a.
120 »Report on the Activities of the Security Service during June, 1944«, 3. Juli 1944, TNA KV 4/83, s. 42 a. Einzelheiten zu ZIGZAGs Rückkehr siehe Macintyre, *Zigzag: Die Geschichte des Doppelagenten Eddie Chapman*, Kap. 25.
121 Bericht von Michael Ryde, 26. Juli 1944, TNA KV 2/460. Macintyre, *Zigzag: Die Geschichte des Doppelagenten Eddie Chapman*, S. 336. Die meisten von ZIGZAGs Botschaften an die deutsche Abwehr sind nicht erhalten.
122 Michael Ryde an Tar Robertson, 13. September 1944, TNA KV 2/460; Macintyre, *Zigzag: Die Geschichte des Doppelagenten Eddie Chapman*, S. 338.

123 Macintyre, *Zigzag: Die Geschichte des Doppelagenten Eddie Chapman*, S. 338. Masterman, *Unternehmen Doppelspiel*, S. 205.
124 »Report on the Activities of the Security Service during June, 1944«, 3. Juli 1944, TNA KV 4/83, s. 42 a.
125 Howard, *British Intelligence in the Second World War*, Bd. 5, S. 176 f.
126 Ebenda, S. 177.
127 Ebenda, S. 180 f.
128 Guy Liddell, Tagebuch, Bd. 10, 25. August 1944, TNA KV 4/194.
129 Ebenda, 9., 11. September 1944.
130 Ebenda, 15. September 1944.
131 Masterman, *Unternehmen Doppelspiel*, S. 207.
132 Macintyre, *Zigzag: Die Geschichte des Doppelagenten Eddie Chapman*, S. 354.
133 Keine der Botschaften, die TATE in dieser Zeit gesendet oder empfangen hat, ist erhalten. Dennoch gibt es spätere Hinweise darauf, dass er für die Täuschung mit Blick auf die V-2 von entscheidender Bedeutung war.
134 Hoare (Hg.), *Camp 020*, S. 217–225.
135 Macintyre, *Zigzag: Die Geschichte des Doppelagenten Eddie Chapman*, Kap. 26 ff.
136 Guy Liddell, Tagebuch, 31. Oktober 1944. Die Episode erscheint seltsamerweise nicht in Macintyres ausgezeichneter Biografie *Zigzag: Die Geschichte des Doppelagenten Eddie Chapman*.
137 Bericht von Michael Ryde, 24. Oktober 1944, TNA KV 2/460. Macintyre, *Zigzag: Die Geschichte des Doppelagenten Eddie Chapman*, S. 365.
138 »Report on the Activities of the Security Service, March 1946«, 4. April 1946, Archiv des Security Service. Auch diese Episode fehlt in Macintyres Biografie.
139 Später informierte der Security Service Churchill: »In der zweiten Jahreshälfte 1944 gibt es keinen bekannten Fall eines Agenten, der vom Feind mit einer Mission ins Vereinigte Königreich entsandt worden ist.« »Report on the Activities of the Security Service during January, 1945«, 19. Februar 1945, TNA KV 4/83, s. 56 a.
140 Masterman, *Unternehmen Doppelspiel*, S. 196 f.
141 Report on the Activities of the Security Service during January, 1945«, 19. Februar 1945, TNA KV 4/83, s. 56 a.
142 Masterman, *Unternehmen Doppelspiel*, S. 207, mit Fußnote.
143 Sein deutscher Führungsoffizier gab TATE im März eine Woche im Voraus eine Warnung über einen erneuten Angriff, bei dem dann 275 V-1 auf britische Ziele abgefeuert wurden. »Report on the Activities of the Security Service during February, 1945«, 13. März 1945, TNA KV 4/83, s. 57 a.
144 Dear und Foot (Hg.), *Oxford Companion to the Second World War*, S. 1249–1253.
145 Howard, *British Intelligence in the Second World War*, Bd. 5, S. 182 f.
146 Bei den Amerikanern wurde die Vorrichtung »snorkel«, bei den Briten »snork« genannt. Dear und Foot (Hg.), *Oxford Companion to the Second War*, S. 981, 1080.
147 Howard, *British Intelligence in the Second World War*, Bd. 5, S. 228.
148 »Report on the Activities of the Security Service during January, 1945«, 19. Februar 1945, TNA KV 4/83, s. 56 a.
149 Howard, *British Intelligence in the Second World War*, Bd. 5, S. 228 ff.

150 Masterman, *Unternehmen Doppelspiel*, S. 210 f.
151 Ebenda, S. 211.
152 Da die Fälle in der B1 A stark zurückgingen, war Astor für das nachrichtendienstliche Büro in Delhi vorgesehen worden, hatte aber eine Versetzung in die Special Operations Executive (SOE) beantragt: Er hoffte, nach Südostasien entsandt zu werden. Erinnerungen eines ehemaligen Mitarbeiters des Security Service.
153 Guy Liddell, Tagebuch, 4. Mai 1945.
154 Erinnerungen eines ehemaligen Mitarbeiters des Security Service.
155 Gilbert, *Road to Victory*, Kap. 69.
156 Archiv des Security Service.
157 Wilson, »War in the Dark«, S. 2.
158 LCS (44) 3, TNA CAB 81/78.
159 »Historical Record of Deception in the War against Germany and Italy«, TNA CAB 154/100–101.
160 HC (49) 3, TNA CAB 81/80. Die LCS, nach dem Zweiten Weltkrieg als überflüssig angesehen, wurde Anfang 1947 wiederbelebt.
161 TNA CAB 154/104. Wilson, »War in the Dark«, S. 221–226.
162 Siehe Abschnitt D, Kap. 4.

D Die Frühphase des Kalten Krieges

1
Spionageabwehr und sowjetische Infiltration: Igor Gusenko und Kim Philby

1 Siehe Abschnitt B, Kap. 1.
2 Guy Liddell, Tagebuch, 17. Dezember 1945, Archiv des Security Service.
3 Archiv des Security Service. Schilderung eines ehemaligen Mitarbeiters des Security Service.
4 Archiv des Security Service.
5 Report of the Committee appointed to inquire into the Interception of Communications, 1957 (Cmnd 283). Williams, *Not in the Public Interest*, S. 134 f.
6 Archiv des Security Service.
7 Guy Liddell, Tagebuch, 26. Februar 1946, Archiv des Security Service.
8 Archiv des Security Service.
9 Guy Liddell, Tagebuch, 19. November 1946, Archiv des Security Service.
10 Ebenda, 4. März 1950.
11 Ebenda, 27. Juli 1950. Brook hatte die Situation ursprünglich durchaus richtig eingeschätzt: Zu Beginn des Kalten Krieges flossen unverhältnismäßig viele Mittel in die Spionageabwehr.
12 »Norman Craven Brook«, *Oxford Dictionary of National Biography*.
13 Archiv des Security Service.
14 Ebenda.
15 Bower, *Perfect English Spy*, S. 137 f.
16 Archiv des Security Service.
17 Archiv des Innenministeriums.
18 Ebenda.

19 Trevor-Roper, »The man who put intelligence into spying«, in: *Sunday Telegraph*, 9 April 1995.
20 Archiv des Innenministeriums.
21 Ebenda.
22 Ebenda.
23 Ebenda.
24 Ebenda.
25 Schilderung eines ehemaligen Mitarbeiters des Security Service.
26 Schilderungen ehemaliger Mitarbeiter des Security Service.
27 Archiv des Innenministeriums.
28 Ministry of Defence War Book, Appendix D, August 1963, TNA DEFE 2/225; zitiert bei Hennessy, *Secret State*, S. 177–180. Der Autor besichtigte den Bunker am 10. September 2008.
29 Archiv des Security Service. Nicht enthalten in diesen Zahlen ist das Hafenpersonal, dessen Zahl im Krieg stetig stieg, nämlich von 357 im September 1939 auf 942 im Mai 1943 und 621 im April 1945. *Security Service*, S. 323 f., 373.
30 Andrew und Mitrochin, *Das Schwarzbuch des KGB*, S. 230.
31 Die umfangreiche Literatur zum Fall Gusenko umfasst: Bothwell und Granatstein (Hg.), *Gouzenko Transcripts;* Granatstein und Stafford, *Spy Wars*, Kap. 3; Hyde, *Atom Bomb Spies*, Kapitel 1 und 2; Sawatsky, *Gouzenko: The Untold Story;* Brook-Shepherd, *Storm Birds*, Kap. 21; Black und Rudner (Hg.), *Gouzenko Affair*. Christopher Andrew befragte Gusenkos Frau und seine Tochter (die eine neue Identität erhalten hatten) im November 1991 in Toronto. Die Darstellung des Falls Gusenko in diesem Kapitel beruht auf Andrew und Walton, »The Gouzenko Case and British Secret Intelligence«.
32 Archiv des Security Service.
33 Hyde, *Atom Bomb Spies*, S. 30.
34 Für die jüngste Analyse siehe Black und Rudner (Hg.), *Gouzenko Affair*.
35 »Miscellaneous notes taken from Grant's safe, telegram from Moscow to Ottawa, 22 August 1945«, TNA KV 2/1427, S. 105 a.
36 Der Security Service war im Februar 1938 erstmals auf Alan Nunn May aufmerksam geworden, als dieser als Repräsentant der British Association of Scientific Workers auf der World Boycott Conference in London beim Besuch einer »Fraktionssitzung der Kommunistischen Partei« abseits der Hauptkonferenz beobachtet wurde; TNA KV 2/2209. Bis zu Gusenkos Enthüllungen im Jahr 1945 wurde er in den Akten des Security Service nicht mehr erwähnt.
37 Andrew und Gordiewsky, *KGB*, S. 405.
38 Cecil, »The Cambridge Comintern«, S. 179.
39 Philby, *My Silent War*, S. 102.
40 Borovik, *The Philby Files*, S. 239.
41 Der verlässlichste Bericht über Wolkows Versuch, überzulaufen, stammt von Brook-Shepherd, *Storm Birds*, S. 40–53. Brook-Shepherd korrigiert einige Erfindungen und Ungenauigkeiten in Philbys Darstellung der Ereignisse.
42 Andrew und Mitrochin, *Das Schwarzbuch des KGB*, S. 201.
43 Andrew und Gordiewsky, *KGB*, S. 479.
44 Guy Liddell, Tagebuch, 5. Oktober 1945, Archiv des Security Service.
45 Andrew und Gordiewsky, *KGB*, S. 479.

46 Andrew und Mitrochin, *Das Schwarzbuch des KGB*, S. 202.
47 Philby, *My Silent War*, S. 113.
48 West und Tsarev, *The Crown Jewels*, S. 238. Grant an den Direktor, Telegramm Nr. 244, 22. August 1945, TNA KV 2/1427.
49 CXG-Telegramm 273, 11. September 1945, TNA KV 2/1420, s. 5 a.
50 West und Tsarev, *Crown Jewels*, S. 238.
51 T. E. Bromley, »Corby Case«, 1. März 1946, TNA KV 2/1422, s. 86 a.
52 »Ignacy Samuel Witczak«, TNA KV 2/1635.
53 Philby, *My Silent War*, S. 103 f.
54 Political Affairs Department, Commonwealth Relations Office, an High Commissioner Ottawa, Telegramm, 4. Mai 1950; Sir Percy Sillitoe (DG MI5) an S. P. Osmond, Büro des Premierministers, 5. Mai 1950, TNA PREM 8/1280.
55 Nicht unterzeichnetes [kanadisches] Memorandum, [25. März 1950], TNA PREM 8/1280. Unter den Beweisen, die Hollis zu Gesicht bekam, war ein Notizbuch, das Israel Halperin gehörte (später vor Gericht gestellt und freigesprochen) und im Februar 1946 von der berittenen kanadischen Polizei beschlagnahmt wurde. Es enthielt eine Liste von Namen und Adressen, darunter jene von Klaus Fuchs. Der Lordkanzler Viscount Jowitt räumte nach dem Prozess gegen Fuchs im Jahr 1950 ein: »Selbstverständlich haben die späteren Ereignisse diesem Namen eine Bedeutung verliehen, die er zu jener Zeit nicht hatte.« *Parlamentsdebatte (Lords)*, 5. April 1950, col. 817. Jowitt und andere Minister erwähnten weder die Rolle von Hollis noch die irgendeines anderen Mitarbeiters des MI5 im Fall Gusenko. In einem streng vertraulichen Telegramm des Commonwealth Relations Office an die Ottawa High Commission vom 4. Mai 1950 hieß es, die Aufmerksamkeit von Hollis sei nicht »spezifisch auf das Adressbuch oder auf die ... darin enthaltenen Namen gelenkt« worden. ... Security Service hat immer noch keine Kopie des Adressbuchs.« TNA PREM 8/1280.
56 Hyde, *Atom Spies*, S. 49.
57 Ebenda, S. 37 f.
58 P. C. Gordon Walker, Memo ohne Titel an den Lordkanzler, 31. März 1950, TNA PREM 8/1280.
59 Guy Liddell, Tagebuch, 16. Februar 1946, Archiv des Security Service.
60 Ebenda, 20. Februar 1946. Hyde, *Atom Spies*, S. 55 f. May weigerte sich auch, den Agenten zu identifizieren, der ihn angeworben hatte. Der MI5 gelangte später zu dem Schluss, dass es sich wahrscheinlich um Engelbert Broda gehandelt habe, einen aus Österreich geflohenen Physiker und Kommunisten, der von 1941 bis 1947 am Cambridge Cavendish Laboratory gearbeitet hatte, bevor er in seine Heimat zurückgekehrt war. Im Jahr 2009 freigegebene Dokumente aus den KGB-Archiven bestätigen diese Einschätzung. Gegen den Rat des MI5 war Broda im Krieg im Projekt TUBE ALLOYS beschäftigt worden; die KGB-Archive zeigen, dass er ein für die Sowjetunion wertvoller Atomspion wurde. May heiratete im Jahr 1953 nach seiner Entlassung aus dem Gefängnis Brodas Exfrau. Gibbs, »British and American Counter-Intelligence and the Atom Spies«, S. 58, 117 f., Haynes, Klehr und Vassiliev, *Spies*, S. 64–69.
61 Alan Nunn Mays letzte Worte – Seiner Stiefenkelin Alice Evelegh diktiert, 23. Dezember 2002; zitiert nach Gibbs, »British and American Counter-Intelligence and the Atom Spies«, S. 109.

62 Hyde, *Atom Spies*, S. 44, 46, 55–60.
63 Kurz vor seinem Amtsantritt als Verbindungsoffizier des SIS in Washington im Jahr 1949 wurde Kim Philby in das »Venona«-Projekt eingeweiht. Kurz darauf meldete er nach Moskau, dass der in mehreren entschlüsselten sowjetischen Mitteilungen genannte Atomspion mit dem Codenamen CHARLES (zuvor REST) als Klaus Fuchs identifiziert worden war. So konnte Moskau die Agenten in den USA, die mit Fuchs zu tun gehabt hatten, warnen und zur Flucht über Mexiko auffordern. Unter den Agenten, die sich daraufhin absetzten, waren Morris und Lona Cohen, die später unter den Pseudonymen Peter und Helen Kroger in Großbritannien auftauchten und 1961 wegen Spionage verurteilt wurden. (Mehr zu den »Krogers« im Kapitel über die Spionageskandale unter der Regierung Macmillan.)
64 Philby an R. Hollis, 19. Februar 1946, TNA KV 2/1421, s. 64 a.
65 Hollis an Philby, 19. Februar 1946, TNA KV 2/1421, s. 65 a.
66 Guy Liddell, Tagebuch, 18. September 1946, Archiv des Security Service. Obwohl Philby stolz darauf war, dass es ihm gelang, Liddell und seine anderen Kollegen im Geheimdienst getäuscht zu haben, deuten seine Memoiren darauf hin, dass er Liddell bis zu einem gewissen Grad mochte und seinen »subtilen Verstand und seine Nachdenklichkeit« respektierte. Philby, *My Silent War*, S. 74.
67 Guy Liddell, Tagebuch, 20. März 1946, Archiv des Security Service.
68 Noch im Oktober 1981 hieß es in einer Notiz zum Fall ELLI: »Der Hinweis auf ELLI war ausgesprochen vage und konnte nie geklärt werden.« Archiv des Security Service.
69 Wright, *Spycatcher*, S. 278–86, 290, 293, 381; Chapman Pincher, *Their Trade is Treachery*, S. 39 ff.
70 Andrew und Gordiewsky, *KGB*, S. 17. Kerr, »Roger Hollis and the Dangers of the Anglo-Soviet Treaty of 1942«.
71 Andrew und Gordiewsky, *KGB*, S. 310 ff. In einem wesentlichen Punkt verwechselte auch Gusenko Blunt mit dessen Unteragenten ELLI, denn er glaubte fälschlich, ELLI habe Zugang zu den MI5-Akten über Auslandsrussen in London, was auf Blunt zutraf. Wie bei anderen wichtigen KGB-Agenten änderte sich auch in Longs Fall der Codename im Lauf der Zeit. So hieß er zu einem Zeitpunkt RALPH. Siehe West und Tsarev, *Crown Jewels*, S. 130, 133.
72 »A Digest of CORBY's Information on the Organisation of the H. Q. of the Chief Directorate of Intelligence of the Red Army [GRU]', S. 18, von Philby an J. H. Marriott (MI5) übermittelt, 2. November 1945, TNA KV 2/1421, s. 43 a.
73 Memorandum von J. C. Curry an DDG, 1. Oktober 1946, TNA KV 4/158.

2
Zionistische Extremisten und Terrorbekämpfung

1 Der Security Service berichtete dem Colonial Office Anfang 1946: »In den letzten Monaten ist die Mitgliederzahl der Stern-Gruppe Berichten zufolge gestiegen, und die Zahl der aktiven Angehörigen wird vom C. I. D. mittlerweile auf 500 geschätzt.... Die Stärke von Irgun wird auf 1200 bis 3500 geschätzt. Die

kleinere Zahl entspricht wahrscheinlich der Zahl der ausgebildeten Kämpfer, während die höhere Zahl auch die Hilfskräfte und Rekruten beinhaltet.« Archiv des Security Service.
2 Walzer, *Just and Unjust Wars*, S. 197. Ich bin Dr. Calder Walton für diesen Hinweis dankbar.
3 Zur Rolle des SIME im Krieg und seiner Eingliederung in den Security Service nach dem Krieg siehe die Doktorarbeit von Adam Shelley, »Empire of Shadows: British Intelligence in the Middle East, 1939–1945«, eingereicht 2007 bei der Universität Cambridge.
4 Erinnerungen ehemaliger Mitarbeiter des Security Service. Le Carré (David Cornwell) dürfte Kellar während seiner Karriere im Security Service gekannt haben.
5 Maxine Magan, *In the Service of Empire*, S. 217. William Magan, *Middle Eastern Approaches*, S. 14.
6 William Magan, *Middle Eastern Approaches*, S. 91.
7 B3 A (J. C. Robertson), Notiz 19 a, 29. März 1946, TNA KV 5/4.
8 DG (Petrie), Notiz 24 a, 30. März 1946, TNA KV 5/4. Walton, »British Intelligence and the Mandate of Palestine«, S. 439.
9 Der Security Service berichtete, dass Begin, auf den ein Kopfgeld von 2000 £ ausgesetzt war, »in der Vergangenheit für die Liquidierung von Angehörigen der Polizei und der Armee« verantwortlich gewesen sei, deren Aktivitäten bei den Juden in Palästina besonderes Ressentiment weckten«. In: »Threatened Jewish Activity in the United Kingdom, Palestine and Elsewhere«, August 1946, TNA KV 3/41.
10 Clarke, *By Blood and Fire*.
11 Erinnerungen eines ehemaligen Mitarbeiters des Security Service.
12 Hennessy, *Never Again*, S. 238–41. Acheson, *Present at the Creation*, S. 172 f.
13 Archiv des Security Service.
14 »Threatened Jewish Activity in the United Kingdom, Palestine and Elsewhere«, August 1946, TNA KV 3/41. Walton, »British Intelligence and the Mandate of Palestine«.
15 B3 A, »Present Trends in Zionism«, 2. September 1946, TNA KV 3/67.
16 SIS an H. J. Seager, MI5, 13. Februar 1947, TNA KV 2/2251, s. 38 a. Walton, »British Intelligence and the Mandate of Palestine«, S. 447.
17 Begin, *Revolt*, S. 103, 308–311.
18 »Palestine: Terrorist Outrages. Extension to the United Kingdom«, TNA CO 733/457/13.
19 Denniston, »Government Code and Cypher School between the Wars«, S. 51 f. Kryptografische Berichte von R Signals, Nr. 2, Wireless Company, Sarafand, Palestine, TNA HW 41/361–70.
20 Guy Liddell, Tagebuch, 8. Oktober 1942, TNA KV 4/190, Bd. 6.
21 Begin, *Revolt*, S. 148.
22 Archiv des Security Service.
23 Guy Liddell, Tagebuch, 19. November 1946, Archiv des Security Service.
24 »Extract from Report on interview with Kollek, forwarded by DSO Palestine, dated 18. 8. 45, reference DSO/P/13576«, TNA KV 5/34, s. 57c. Ich danke Jonathan Chavkin vom Cambridge Intelligence Seminar für den Hinweis.

25 T. A. Robertson, Notiz 2 a, 19. September 1946, TNA KV 4/216. Walton, »British Intelligence and the Mandate of Palestine«, S. 450.
26 A. J. Kellar, (B1B), Notiz 86, 30. April 1945, TNA KV 2/1435.
27 J. C. Robertson, (B3 A), Notiz 19 a, 29. März 1946, TNA KV 5/4. Walton, »British Intelligence and the Mandate of Palestine«, S. 448 ff.
28 B3 A, »Present Trends in Zionism«, 2. September 1946, TNA KV 3/67, s. 113 a; F. C. Derbyshire, »Report on Betar«, 26. Juli 1946, TNA KV 5/4, s. 57d.
29 Archiv des Security Service. Die ursprünglich verzeichneten Namen der Agenten wurden getilgt. Die Akte selbst existiert nur noch auf Mikrofilm; das Original wurde zerstört.
30 B3 A, »Present Trends in Zionism«, 2. September 1946, TNA KV 3/67, s. 113 a.
31 Archiv des Security Service.
32 Ebenda.
33 Guy Liddell, Tagebuch, 14. Juni 1947, Archiv des Security Service.
34 Burt, Commander Burt of Scotland Yard, S. 126 f. Walton, »British Intelligence and the Mandate of Palestine«, S. 440.
35 Archiv des Security Service.
36 Ebenda.
37 H. E. Watts (Chefinspektor Sprengstoffe), »Outrages 1947–1948: letter bombs«, TNA EF 5/12. Walton, »British Intelligence and Threats to National Security, 1941–1951«, S. 137.
38 Archiv des Security Service. Am 22. Mai waren fünf vermutliche Mitglieder der Stern-Gruppe in Paris verhaftet worden. Im Zimmer einer dieser Personen wurden Material für den Bombenbau und Verpackungen für Plastiksprengstoff gefunden, die zum für den Anschlag auf das Colonial Office verwendeten Sprengstoff und zu dem Material in Knouths Koffer passten. Archiv des Security Service.
39 »Stern Gang Give Bomb Girl a Party«, Daily Express, 25. August 1948. Knouth wurde freigelassen, nachdem sie acht Monate ihrer Haftstrafe verbüßt hatte.
40 Guy Liddell, Tagebuch, 14. Juni 1947, Archiv des Security Service.
41 Archiv des Security Service.
42 Ebenda.
43 »Stern Gang Give Bomb Girl a Party«, in: *Daily Express,* 25. August 1948.
44 »Director-General [Sillitoe]'s Lecture«, 16. März 1948, TNA KV 3/41, s. 7 a. Walton, »British Intelligence and Threats to National Security, 1941–1951«, S. 168.
45 Archiv des Security Service.
46 Ebenda.
47 Ebenda.
48 Ebenda.
49 Ebenda.
50 Ebenda.
51 Ebenda.
52 Ebenda.
53 Ebenda.
54 Hennessy, *Never Again,* S. 239.
55 Brendon, *Decline and Fall of the British Empire,* S. 476.
56 Guy Liddell, Tagebuch, 4. Juni 1947, Archiv des Security Service.

57 Für Informationen über andere Entführungen siehe TNA FO 371/52530.
58 Aldrich, *Hidden Hand*, S. 262 f.
59 Archiv des Security Service.
60 Bethell, *Palestine Triangle*, S. 331.
61 Archiv des Security Service.
62 Heller, »Failure of a Mission: Bernadotte and Palestine, 1948«; Marton, *Death in Jerusalem*.
63 Archiv des Security Service.
64 Archiv des Security Service. Stanley behauptete auch, einen einflussreichen zionistischen Freund in den Vereinigten Staaten zu haben, der nach seiner Aussage »mit 80 Senatoren zusammenarbeitet«. Der Security Service stufte diesen Freund als »begabten Scharlatan« ein; Archiv des Security Service.
65 Ebenda.
66 Ebenda.
67 Slowe, *Shinwell*, S. 286.
68 Archiv des Security Service.
69 Sillitoe erklärte später gegenüber dem Leiter des SIS, Sir Stewart Menzies, man habe von »Stanleys Verbindung mit Shinwell ... erfahren, weil er mit Sir Eric Speed [Shinwells Staatssekretär] darüber sprach, und dessen Nachforschungen zeigten klar, dass sich Shinwell vollkommen korrekt verhalten hatte und sich nichts hatte entlocken lassen«. Archiv des Security Service.
70 Baron, *Contact Man*, S. 145. Es ist nicht ganz klar, wann diese Party stattfand.
71 Ebenda, S. 145 f.
72 Archiv des Security Service.
73 Baron, *Contact Man*, S. 194.
74 Ebenda, S. 187.
75 Ebenda, S. 167, 224.
76 Archiv des Security Service.
77 Es gibt jedoch keinen Hinweis darauf, dass Stanley in Pläne für terroristische Anschläge in Großbritannien verwickelt war.
78 Archiv des Security Service.
79 Ebenda.
80 DOS (J. V. W. Shaw), Notiz Nr. 131, 5. August 1953, TNA KV 2/2252.
81 Archiv des Security Service.
82 Archiv des Security Service. Bei einer geringen Zahl von Juden, bei denen es sich überwiegend (wenn nicht ausschließlich) um Frauen handelt, kam dieses allgemeine Verbot nicht zur Anwendung.
83 Archiv des Security Service.
84 Ebenda.
85 Bei der Entscheidung über die Bewerbung eines Juden im Jahr 1974 einigten sich der Leiter B und der DDG auf Folgendes:
»Es gibt keinen Grund für ein generelles Verbot der Rekrutierung von Juden mit britischer Staatsbürgerschaft. Ein wichtiger Faktor bei der Beurteilung der Eignung eines Bewerbers wird jedoch sein, in welchem Maß er seinen Glauben praktiziert. Ein zweiter Faktor, der in unseren förmlichen Bewerbungsgesprächen leichter zu beurteilen sein wird, ist die Frage, inwieweit der Kandidat die Behörde angemessen vertreten kann.« Archiv des Security Service.

Nach der Ablehnung des Bewerbers im Personalausschuss wurde in einer Notiz festgehalten: »Direktor B wurde zur Entscheidung über diesen sehr ungewöhnlichen und schwierigen Fall eingeladen, um zu gewährleisten, dass die Ablehnung des Bewerbers unsere Auseinandersetzung mit zukünftigen Bewerbungen von Juden nicht beeinträchtigen wird. Sollten solche Bewerbungen eingereicht werden, so sollten die für die Personalbeschaffung zuständigen Mitarbeiter zwei wichtige Punkte klären, bevor sie einen Kandidaten der Aufnahmekommission vorschlagen. Erstens sollten die Loyalität des Bewerbers gegenüber der Krone und die entsprechende Vorgeschichte seiner Eltern und Großeltern keinen Anlass zu der Sorge geben, dass der Kandidat unter Druck geraten könnte, und zweitens sollten das äußere Erscheinungsbild und das Auftreten des Bewerbers seine Beziehungen zu den Kollegen und seine Kontakte außerhalb der Behörde nicht beeinträchtigen.«

86 Hennessy, *Never Again*, S. 239.
87 Vorurteilsvolle Aussagen wie die Attlees sind in den Akten des Security Service wiederholt zu finden. Beispielsweise äußerte die Abteilung B1 A im Jahr 1949 die Vermutung, bei der Auseinandersetzung zwischen dem kommunistischen Parlamentsabgeordneten Phil Piratin und einem anderen Kommunisten aus Stepney, Michael Shapiro, handle es sich möglicherweise »einfach um das wirre Gerede von zwei Juden, die um Parteiämter rangeln«. B1 A, »The Shapiro-Piratin Row«, 14. Oktober 1949, TNA KV 2/2033, s. 268c.

3
Venona, Sicherheitsüberprüfungen, Atomspione und Gefahrenabwehr

1 Andrew, *For the President's Eyes Only*, S. 150–156, 161 ff.
2 Guy Liddell, Tagebuch, 5. Februar 1946, Archiv des Security Service. Petrie kam nie auf den Gedanken, die Vereinigten Staaten selbst zu besuchen. Da er der Special Relationship keine Bedeutung beimaß, hielt er es für ausreichend, die nachrichtendienstlichen Verbindungen auf einer untergeordneten Ebene zu pflegen.
3 Die Entschlüsselungsmethode wurde in einer Reihe von NSA-Publikationen zusammenfassend dargestellt, darunter eine Arbeit von Cecil James Phillips von der NSA, »What Made Venona Possible?« Die Bezugnahme auf diese Darstellung bedeutet nicht, dass sie von der britischen Regierung oder von einer britischen Nachrichtendienstbehörde bestätigt wird.
4 Archiv des Security Service.
5 Guy Liddell, Tagebuch, 25. November 1947, Archiv des Security Service.
6 Die entschlüsselten »Venona«-Mitteilungen sind samt Erläuterungen auf der Website der NSA zugänglich: http://www.nsa.gov:8080/. Eine hilfreiche Einführung samt einer Auswahl dechiffrierter Mitteilungen findet man bei Benson und Warner (Hg.), *VENONA*.
7 Archiv des Security Service.
8 Inoffizielle Schilderung Sheddens im Gespräch mit Liddell während eines Besuchs in London; Guy Liddell, Tagebuch, 27. Juli 1949, Archiv des Security Service.

9 Archiv des Security Service.
10 Andrew, »Growth of the Australian Intelligence Community«, S. 226–229. Die Gründung der ASIO genügte jedoch nicht, um das Vertrauen der Amerikaner in die australische Sicherheit wiederherzustellen. Erst Ende der fünfziger Jahre waren die USA bereit, den Australiern erneut geheime Informationen zukommen zu lassen.
11 Archiv des Security Service.
12 Schilderung eines ehemaligen Mitarbeiters des Security Service.
13 Archiv des Security Service.
14 Ebenda.
15 Im April 1949 schrieb A. S. Martin, man habe aufgrund der Arbeit am australischen Fall seit etwa sechs Monaten vermutet, dass das amerikanische »Venona«-Material existiere. Archiv des Security Service.
16 Archiv des Security Service.
17 Ebenda.
18 Ebenda.
19 Ebenda.
20 Ebenda.
21 Ebenda. Über die Australien betreffenden »Venona«-Erkenntnisse waren Inglis und der USCIB informiert.
22 H. B. Fletcher an D. M. Ladd, [FBI] Office Memorandum, 18. Oktober 1949. Dieses bedeutsame Memorandum, in dem über General Omar Bradleys Entscheidung berichtet wird, US-Präsident Truman nicht über »Venona« zu informieren, wurde im Jahr 1997 auf energisches Betreiben von Senator Daniel Patrick Moynihan offengelegt; Moynihan, *Secrecy*, S. 69–73. Fletchers Darstellung der Geschehnisse wurde von G. T. D. Patterson (SLO Washington) bestätigt: Archiv des Security Service.
23 Archiv des Security Service.
24 Andrew, »The VENONA Secret«. Christopher Andrew, Gespräche mit Dr. Cleveland Cram, September 1996. Da die CIA sehr viel strengere Sicherheitsüberprüfungen vornahm als die OSS, wurde sie zu Beginn des Kalten Krieges offenbar nicht von sowjetischen Agenten infiltriert.
25 Andrew, »The VENONA Secret«.
26 Archiv des Security Service.
27 Von 25 Mitteilungen, die die Moskauer Zentrale in diesem Zeitraum nach London schickte, wurden 24 vollkommen oder teilweise entschlüsselt; Archiv des Security Service.
28 Archiv des Security Service.
29 Ebenda.
30 Benson und Warner (Hg.), *VENONA*, S. xxviii, 167–170. KGB-Akten zeigen, dass Weisband im Jahr 1934 als sowjetischer Agent angeworben worden war; Weinstein und Vassiliev, *Haunted Wood*, S. 291.
31 Interviews mit Cecil Phillips und Meredith Gardner für die Dokumentation *VENONA* von BBC Radio 4, geschrieben und präsentiert von Christopher Andrew (Produzenten: Mark Burman und Helen Weinstein), Erstausstrahlung: 18. März 1998.
32 Weinstein und Vassiliev, *Haunted Wood*, S. 291.

33 Archiv des Security Service.
34 Ebenda.
35 Benson und Warner (Hg.), *VENONA*, S. xxvii-xxviii.
36 Interview mit Meredith Gardner für die Dokumentation *VENONA* von BBC Radio 4. Die Behauptung, Philby habe die AFSA wiederholt besucht und Gardner bei der Entschlüsselung sowjetischer Telegramme über die Schulter geschaut, ist unzutreffend. Im Jahr 1986 gelangte der Security Service in einem Bericht zu dem Ergebnis, dass es »abgesehen von Weisband und Philby keine weiteren bekannten Spione gab, die Zugang [zu ›Venona‹] hatten«. Archiv des Security Service.
37 Archiv des Security Service.
38 Ebenda.
39 Eine Studie der CIA hat bestätigt, dass Philby von der AFSA regelmäßig übersetzte und ausgewertete »Venona«-Telegramme erhielt. www.cia.gov/csi/books/venona/preface.htm.
40 Archiv des Security Service.
41 Siehe Abschnitt D, Kap. 4.
42 Archiv des Security Service.
43 A. J. D. Winnifrith, »The Evolution of the Present Security System in the Civil Service«, 5. Dezember 1955, Sicherheitskonferenz der Kronräte, S. C. P. C.(55)4, 6. Dezember 1955, TNA CAB 134/1325. In Winnifriths Memorandum wurde der kommunistische Privatsekretär nicht identifiziert.
44 Ebenda.
45 Cabinet Committee on Subversive Activities, »The Employment of Civil Servants etc. Exposed to Communist Influence«, 29. Mai 1947, GEN 183/1, TNA CAB 130/20.
46 Notiz von Attlee, 21. Dezember 1947, GEN 183/1, TNA CAB 130/20.
47 Archiv des Security Service.
48 Ebenda.
49 Ebenda.
50 Ebenda.
51 Anfangs hatte das Schatzamt geplant, die Fälle aller aussortierten Personen an einen hochrangigen Beamten weiterzuleiten, der die Vorgehensweise bei der Umsetzung des Verfahrens koordinieren sollte. Neben Gardiner saßen anfangs Sir Frederick Leggett und Sir Maurice Holmes im Tribunal, die beide Beamte im Ruhestand waren. Holmes wurde nach kurzer Zeit durch W. J. Bowen ersetzt, einen ehemaligen Gewerkschafter, stand jedoch bei Abwesenheit eines anderen Mitglieds des Gremiums weiterhin als Ersatz zur Verfügung. Archiv des Security Service.
52 Archiv des Security Service.
53 Ebenda.
54 Ursprünglich war vorgesehen, jenen Personen, die im Rahmen der »Industrial Purge« von einem Arbeitsplatz entfernt wurden, ähnlich wie den Staatsdienern ein Recht auf Anfechtung der Entscheidung einzuräumen. Doch dieses Vorhaben wurde auf Anraten sowohl der im National Joint Advisory Council versammelten Gewerkschaften als auch der Arbeitgeber aufgegeben. Entlassungen waren selten und wurden von der Abteilung C2 zunächst in Absprache mit

der Abteilung B1D (Kommunismus in der Industrie) geregelt. Archiv des Security Service.
55 Hennessy und Brownfeld, »Britain's Cold War Security Purge«, S. 968.
56 Guy Liddell, Tagebuch, 1. Januar 1950, Archiv des Security Service.
57 Andrew, *For the President's Eyes Only*, S. 177.
58 Guy Liddell, Tagebuch, 24. September 1949, Archiv des Security Service.
59 Ebenda.
60 Benson und Warner (Hg.), *VENONA*, S. xxv.
61 Guy Liddell, Tagebuch, 20. September 1949, Archiv des Security Service.
62 Einzelheiten zur Untersuchung von Fuchs durch den MI5 finden sich in: TNA KV 2/1245 ff. Zu den aktuellsten sekundären Quellen zählt Gibbs, »British and American Counter-Intelligence and the Atom Spies«, Kap. 3; Walton, »British Intelligence and Threats to National Security«, S. 237–248.
63 Andrew und Gordiewsky, *KGB*, S. 399.
64 Guy Liddell, Tagebuch, 12. September 1949, Archiv des Security Service
65 James Robertson, »Progress report«, 16. September 1949, TNA KV 2/1246, s. 124; TNA KV 2/1266–7 enthalten Berichte über abgehörte Telefongespräche von Fuchs.
66 TNA KV 2/1246; Walton, »British Intelligence and Threats to National Security«, S. 243.
67 Guy Liddell, Tagebuch, 25. Januar 1950, Archiv des Security Service.
68 Ebenda, 29. Oktober 1949.
69 Ebenda, 19. Dezember 1949.
70 Ebenda, 21. Dezember 1949.
71 W. J. Skardon, »Emil Julius Klaus Fuchs. Fourth, Fifth, Sixth and Seventh Interviews«, 31. Januar 1950, TNA KV 2/1250, s. 443ab.
72 James Robertson, Notiz, 24. Januar 1950, TNA KV 2/1250, s. 433 a.
73 Walton, »British Intelligence and Threats to National Security«, S. 244.
74 Archiv des Security Service.
75 Ebenda.
76 Guy Liddell, Tagebuch, 27. März 1950, Archiv des Security Service.
77 Archiv des Security Service.
78 Archiv des Security Service. TNA KV 4/242, s. 52b.
79 »Extract from statement made by Dr. Fuchs to the FBI«, 26. Mai 1950, TNA KV 2/1255, s. 689 a; Goodman, »Who is Trying to Keep What Secrets from Whom and Why?« Das Ehepaar Julius und Ethel Rosenberg hatte in New York einen sehr erfolgreichen Spionagering aufgebaut, der wertvolle wissenschaftliche und technologische Geheimnisse an die Sowjetunion lieferte. Die Rosenbergs wurden 1951 zum Tode verurteilt und zwei Jahre später als einzige sowjetische Spione im Kalten Krieg hingerichtet.
80 PV(50)11, Committee on Positive Vetting. Bericht, 27. Oktober 1950, TNA CAB 120/30. Hennessy, *Secret State*, S. 90.
81 GEN 183, 5. Sitzung, 5. April 1950, TNA CAB 130/20.
82 Guy Liddell, Tagebuch, 1. Januar 1950, Archiv des Security Service.
83 JIC (50) 21 (endg.), »Clandestine use of atomic weapons«, 12. Juni 1950, TNA CAB 158/9.
84 Andrew, *For the President's Eyes Only*, S. 184–187.

85 Hennessy, *Secret State*, S. xvii-xviii; TNA AVIA IR (50) 5 endg., »Ministry of Defence. Imports Research Committee, report to Chiefs of Staff«, 2. November 1950, S. 5.
86 »Review of B Division«, Juli 1950, TNA KV 4/162.
87 Archiv des Security Service.
88 »Security Service action in the case of Pontecorvo«, Information des Beschaffungsministeriums, erstellt mit Unterstützung von Roger Hollis, 6. November 1950, TNA KV 4/242, s. 54d. Die besten Darstellungen des Falls Pontecorvo, die auf freigegebenen MI5-Akten beruhen, sind: Gibbs, »British and American Counter-Intelligence and the Atom Spies«, Kap. 5, sowie: Walton, »British Intelligence and Threats to National Security«, S. 248–252.
89 G. T. D. Patterson (SLO Washington) nach London, 13. November 1950, TNA KV 4/242, s. 64 a.
90 Guy Liddell, Tagebuch, 23. Oktober 1950, Archiv des Security Service.
91 Ebenda, 21. Oktober 1950.
92 »Security Service Action in the case of Pontecorvo«, TNA KV 4/242; Gibbs, »British and American Counter-Intelligence and the Atom Spies«, Kap. 5.
93 Hollis an Geoffrey Patterson (SLO Washington), 23. November 1950, TNA KV 4/252. Gibbs, »British and American Counter-Intelligence and the Atom Spies«, Kap. 5.
94 G. T. D. Patterson (SLO Washington) nach London, 22. Oktober 1950, TNA KV 4/242, s. 45 a.
95 Gespräch des DDG [Liddell] und des Leiters des Bereichs B [White] mit dem SIS, 21. Oktober 1950, TNA KV 4/242, s. 13 a.
96 Michael Serpell, Bericht über ein Gespräch zwischen dem Premierminister und dem Generaldirektor, 2. November 1950, TNA KV 4/242; Gibbs, »British and American Counter-Intelligence and the Atom Spies«, Kap. 5.
97 Andrew und Gordiewsky, *KGB*, S. 405 f.
98 Archiv des Security Service. Boris Davisons Akte wurde im Jahr 2007 freigegeben: TNA KV 2/2579–85.
99 A. J. D. Winnifrith, »The Evolution of the Present Security System in the Civil Service«, 5. Dezember 1955, Sicherheitskonferenz der Kronräte (S. C. P. C.), (55)4, 6. Dezember 1955, TNA CAB 134/1325.
100 »Boris Davison«, April 1952 (Papier, das der Generaldirektor am 15. Mai 1952 dem Innenminister übergab), Archiv des Security Service.
101 GEN 183, 6. Sitzung, 13. November 1950, TNA CAB 130/20.
102 Ebenda.
103 A. J. D. Winnifrith, »The Evolution of the Present Security System in the Civil Service«, 5. Dezember 1955, Sicherheitskonferenz der Kronräte (S. C. P. C.), (55)4, 6. Dezember 1955, CAB 134/1325.
104 Siehe Abschnitt D, Kap. 4.
105 GEN 183, 7. Sitzung, 17. August 1951, TNA CAB 130/20.
106 A. J. D. Winnifrith, »The Evolution of the Present Security System in the Civil Service«, 5. Dezember 1955, Sicherheitskonferenz der Kronräte (S. C. P. C.), (55)4, 6. Dezember 1955, CAB 134/1325.
107 GEN 183, 7. Sitzung, 17. August 1951, TNA CAB 130/20.
108 Walton, »British Intelligence and Threats to National Security«, S. 260.

109 Hennessy, *Cabinets and the Bomb*, S. 69.
110 Diese fünf Minister waren E. Bevin (Außen), Herbert S. Morrison (Innen), A. V. Alexander (Verteidigung), Lord Addison (Dominions) und John Wilmot (Beschaffung). GEN 163, 1. Sitzung, 8. Januar 1947, »Confidential Annex Minute 1. Research in Atomic Weapons«, TNA CAB 130/16.
111 Lord Cherwell an den Premierminister, 29. Juli 1954; Notiz Churchills, 4. August 1954, TNA PREM 11/761.
112 Archiv des Security Service.
113 Dem Offiziellen Ausschuss unterstanden zwei weitere Ausschüsse: der Personalausschuss (der frühere Ausschuss für Sicherheitsüberprüfungen) unter Vorsitz des Finanzministeriums sowie der Ausschuss für allgemeine Sicherheitsverfahren unter dem Vorsitz des Innenministeriums. Ein Vertreter des Security Service, J. L. Vernon, wurde im Dezember 1953 ins Kabinettsbüro entsandt, wo er als Sekretär beider Ausschüsse fungierte. Die Arbeit des Personalausschusses, dem als Vertreter des Security Service der Leiter des Bereichs C angehörte, kam vergleichsweise gut voran. Für den Ausschuss für allgemeine Sicherheitsverfahren galt das nicht. Nachdem sich der verzweifelte Vertreter des Security Service, Michael Serpell (C1), 1957 beim Innenministerium darüber beklagt hatte, dass der Ausschuss seit fast zwei Jahren nicht getagt hatte, wurde er durch einen aktiveren Sicherheitsausschuss (Maßnahmen und Methoden) ersetzt, dem auch der Sicherheitsausschuss des JIC unterstand. Archiv des Security Service.
114 SCPC(55)5, »Role of the Security Service in Personnel Security. Note by the Security Service«, 7. Dezember 1955, TNA CAB 134/1325.
115 Die prekäre Sicherheitslage wurde am 15. September 2004 unübersehbar, als es fünf radikalen Befürwortern der Jagd gelang, während einer Debatte in den Sitzungssaal des Unterhauses einzudringen.
116 S (PS) (54), 6. Sitzung, 17. November 1954; TNA CAB 134/1165, zitiert bei Schlaepfer, »British Governance, Intelligence and the Communist Threat«, Kap. 3.
117 A. J. D. Winnifrith, »The Evolution of the Present Security System in the Civil Service«, 5. Dezember 1955, Sicherheitskonferenz der Kronräte (S. C. P. C.), (55)4, 6. Dezember 1955, TNA CAB 134/1325.
118 SCPC (55)5, 2. Sitzung, 9. Dezember 1955, TNA CAB 134/1325.
119 Attlee, »Britain and America«, S. 202. Ich bin Christian Schlaepfer vom Cambridge Intelligence Seminar für diesen Hinweis dankbar.
120 Caute, *Great Fear*, S. 275.
121 Aldrich, *Hidden Hand*, S. 426 f. Diese Zahlen stimmen nicht mit jenen überein, die Hennessy aus einer nicht zuzuordnenden Quelle bezieht. Siehe Hennessy, *Secret State*, S. 97.
122 De la Mare, *Perverse and Foolish*, S. 99 f. Aldrich, *Hidden Hand*, S. 547.
123 Archiv des Security Service.
124 Ebenda.
125 Bericht eines ehemaligen Mitarbeiters des Security Service.
126 Archiv des Security Service.
127 Ebenda.
128 Bericht eines ehemaligen Mitarbeiters des Security Service.
129 Archiv des Security Service.

130 Archiv des Security Service.
131 Aldrich, *Hidden Hand*, S. 549.
132 A. J. D. Winnifrith, »The Evolution of the Present Security System in the Civil Service«, 5. Dezember 1955, Sicherheitskonferenz der Kronräte (S. C. P. C.), (55)4, 6. Dezember 1955, TNA CAB 134/1325.
133 Archiv des Security Service.
134 Vassall, *Vassall*, S. 67.
135 Archiv des Security Service.
136 Ebenda.
137 Ebenda.
138 Ebenda.

4
Die Jagd auf die »Magnificent Five«

1 Lyubimov, »Martyr to Dogma«, S. 278 f.
2 Andrew und Mitrochin, *Das Schwarzbuch des KGB*, S. 222.
3 Archiv des Security Service.
4 Ebenda.
5 Ebenda.
6 Cecil, *Divided Life*, Kap. 6, 7. Für Details zu Alger Hiss siehe Andrew und Mitrochin, *Das Schwarzbuch des KGB*, S. 153 f., 193 ff., 206 f., 209, 235; sowie: Haynes, Klehr und Vassiliev, *Spies*, Kap. 1.
7 Andrew und Mitrochin, *Das Schwarzbuch des KGB*, S. 224.
8 Rees, *Chapter of Accidents*, S. 7.
9 Archiv des Security Service.
10 Ebenda.
11 Hill war ein Prozessanwalt, der im Jahr 1946 zum Rechtsberater des Security Service ernannt worden war.
12 Guy Liddell, Tagebuch, 23. Januar, 16. Februar 1950, Archiv des Security Service.
13 Andrew und Mitrochin, *Das Schwarzbuch des KGB*, S. 224 ff.
14 Guy Liddell, Tagebuch, 11. September 1950, Archiv des Security Service.
15 Philby, *My Silent War*, S. 152 ff.; Cecil, *Divided Life*, S. 118. Andrew und Mitrochin, *Das Schwarzbuch des KGB*, S. 226.
16 Das hat Macleans Führungsoffizier Juri Modin eingeräumt. Siehe Modin, *My Five Cambridge Friends*, S. 199.
17 Philby, *My Silent War*, S. 156. Die später vom KGB aufgestellte Behauptung, die Eskapaden, die zur Rückholung von Burgess führten, seien inszeniert gewesen, ist sehr unglaubwürdig und wurde nicht durch Mitrochins Mitteilungen in den KGB-Akten oder andere Quellen bestätigt; vielmehr setzten sich mit diesen Eskapaden die zweifellos nicht geplanten »Verlegenheiten« von Burgess in den vorangegangenen Jahren fort.
18 Andrew und Mitrochin, *Das Schwarzbuch des KGB*, S. 227.
19 Modin, *My Five Cambridge Friends*, S. 199–204. Costello und Tsarev, *Deadly Illusions*, S. 338 f.

20 Aldrich, *Hidden Hand*, S. 436.
21 Archiv des Security Service.
22 Ebenda.
23 Andrew und Mitrochin, *Das Schwarzbuch des KGB*, S. 228. Die Abteilung A4 ging bis 1956 am Samstagmittag ins Wochenende.
24 Aldrich, *Hidden Hand*, S. 437.
25 Andrew und Mitrochin, *Das Schwarzbuch des KGB*, S. 228.
26 Archiv des Security Service.
27 Andrew und Mitrochin, *Das Schwarzbuch des KGB*, S. 228.
28 Ebenda, S. 209.
29 Ebenda.
30 Ebenda, Kap. 9.
31 Borovik, *Philby Files*, S. 294.
32 Philby, *My Silent War*, S. 168 f.
33 Archiv des Security Service.
34 Ebenda.
35 Philby, *My Silent War*, S. 169.
36 Archiv des Security Service.
37 Ebenda. »Venona« wird hier nicht direkt erwähnt, sondern es werden nur die »geheimen Quellen« genannt, die schließlich den Verdacht auf Maclean lenkten.
38 Der Grund für Hoovers Misstrauen gegenüber der CIA war, dass deren Vorgängerorganisation, das OSS (Office of Strategic Services), während des Krieges mit großem Erfolg vom sowjetischen Geheimdienst infiltriert worden war. Außerdem betrachtete er die CIA als Rivalen.
39 Archiv des Security Service.
40 Andrew und Gordiewsky, *KGB*, S. 519. Modin, *My Five Cambridge Friends*, S. 213–218. Modin weiß anscheinend nicht, dass Colville seine Gespräche mit Cairncross im Jahr 1939 in seinem Tagebuch festgehalten hatte, und bezweifelt zu Unrecht, dass Colville in der Lage gewesen sei, Cairncross als Autor einer in der Wohnung von Burgess gefundenen Notiz zu identifizieren, in der eines dieser Gespräche beschrieben war.
41 Archiv des Security Service.
42 Im Jahr 1964 legte Cairncross schließlich ein umfassendes Geständnis ab und gab zu, dass er die Initiative ergriffen hatte, um ein Treffen mit Modin am 7. April 1952 zu arrangieren. Zu diesem Zweck hatte er an einer vereinbarten »Signalstelle« mit Kreide ein Zeichen hinterlassen.
43 Archiv des Security Service.
44 Modin, *My Five Cambridge Friends*, S. 221–224, 229–232. Andrew und Gordiewsky, *KGB*, S. 519 f.
45 Archiv des Security Service.
46 Ebenda.
47 Ebenda.
48 Philby, *My Silent War*, S. 151, 171. Andrew und Gordiewsky, *KGB*, S. 565 f.
49 Schilderung eines ehemaligen Mitarbeiters des Security Service.
50 Philby, *My Silent War*, Kap. 13.
51 Archiv des Security Service.

52 Ebenda.
53 Ebenda.
54 Knightley, *Philby*, S. 192 ff. Philby, *My Silent War*, Kap. 13.
55 Archiv des Security Service.
56 Philby, *My Silent War*, Kap. 13.
57 Archiv des Security Service. Die Formulierung »Bericht B %« in der abgefangenen Mitteilung bedeutete, dass »Bericht« eine wahrscheinlich, aber nicht sicher zutreffende Entschlüsselung war; C % entsprach einer noch geringeren Wahrscheinlichkeit.
58 Archiv des Security Service. Darüber hinaus waren einige Mitarbeiter des Security Service sowie mehrere Regierungsvertreter über den Fall Gusenko informiert.
59 Archiv des Security Service.
60 Ebenda.
61 Der Leiter des Bereichs D, Graham Mitchell, zeichnete de Wesselows Mitteilung vom 13. Oktober über die Bedeutung der kurz zuvor entschlüsselten sowjetischen Nachricht kommentarlos ab, aber es gibt keinen klaren Beleg dafür, dass er auch die Notiz vom 18. Oktober sah, in der Philby gezielt als einer von wenigen Kandidaten für STANLEY genannt wurde. Archiv des Security Service. In die spätere Beweisführung gegen Mitchell, der im Verdacht der Spionage für die Sowjetunion stand, wurde die unbegründete Behauptung aufgenommen, er habe die »Venona«-Beweise »unterdrückt«. In einem Papier, in dem die Vorwürfe gegen ihn dargelegt wurden, wurde behauptet, er habe de Wesselows Notiz vom 18. Oktober 1955 gesehen. Am Rand des Papiers steht jedoch die Notiz »Diese Angaben sind falsch!« Archiv des Security Service.
62 Archiv des Security Service.
63 Ebenda.
64 Ebenda.
65 Ebenda.
66 Ebenda.
67 Seale und McConville, *Philby*, S. 226. Knightley, *Philby*, S. 191 f., 203.
68 Archiv des Security Service.
69 Es ist unklar, ob Philby begriff, dass Burgess Maclean unter dem Druck des KGB nach Moskau begleitet hatte. Die Erklärung, die er später im Gespräch mit Phillip Knightley dafür gab, dass er Burgess nach seinem Wechsel in die Sowjetunion im Jahr 1963 nicht besuchte, klang eher nach einer Ausrede: »[Der KGB] hielt uns voneinander fern, um Schuldzuweisungen zu vermeiden. Ich sah ihn bis zu seinem Tod nicht mehr. Ich bedaure, dass wir uns nicht ein letztes Mal trafen. Er war ein guter Freund gewesen.« (Knightley, *Philby*, S. 223) Die Andeutung, der KGB sei für Philbys Weigerung verantwortlich gewesen, Burgess zu treffen oder an seiner Beerdigung teilzunehmen, war ein heuchlerischer Versuch, sein hartherziges Verhalten zu entschuldigen. Maclean, der nie ein enger Freund von Burgess gewesen war, hielt auf dessen Begräbnis die Leichenrede. Philby hatte später eine Affäre mit Melinda Maclean.
70 Archiv des Security Service.
71 Ebenda.
72 Ebenda.

73 Wright, *Spycatcher*, S. 144.
74 Furnival Jones stellte fest: »[W]ir hätten es vorgezogen, keine derartige Mitteilung an den Innenminister zu richten, aber Charles Cunninghams Rat lautete, dass dies unausweichlich sei – der Innenminister werde sein Ansuchen nicht vergessen ...« Archiv des Security Service.
75 Archiv des Security Service.
76 Rose, *Elusive Rothschild*, S. 230.
77 Borovik, *Philby Files*, S. 344 f.
78 Archiv des Security Service.
79 Ebenda.
80 Ebenda.
81 Ebenda.
82 Ebenda.
83 Ebenda.
84 Ebenda.
85 Ebenda.
86 Ebenda.
87 Archiv des Security Service. Im Jahr 1972 ging die URG in der Abteilung K3 auf.
88 Die Autoren eines Berichts vom 29. August 1974, in dem noch immer der Einfluss von Golizins unglücklicher Definition des »Fünferrings« zu erkennen war, gelangten zu folgendem Ergebnis: »Der vierte Mann könnte Blunt gewesen sein, obwohl gewisse Zweifel daran bestehen, dass er zu den ursprünglichen Mitgliedern des Rings zählte.« Archiv des Security Service.
89 Archiv des Security Service.
90 Ebenda.

5
Das Ende des britischen Weltreichs: Teil I

1 Archiv des Security Service. Die Berichte des SLO aus Neu-Delhi wurden wie die meisten aus dem Empire und dem Commonwealth bedauerlicherweise später vernichtet, da es im Archiv des Security Service an Platz mangelte. Allerdings finden sich in anderen Akten einzelne Auszüge und Kopien.
2 Archiv des Security Service.
3 Ebenda.
4 Ebenda.
5 Ebenda.
6 Ebenda.
7 Guy Liddell, Tagebuch, 31. Mai, 22. Juli 1949, Archiv des Security Service.
8 TNA KV 2/2509.
9 Guy Liddell, Tagebuch, 22. Juli 1949, Archiv des Security Service.
10 Ebenda, 6. Oktober 1949.
11 Andrew und Mitrochin, *Das Schwarzbuch des KGB II*, S. 453 f.
12 Archiv des Security Service.
13 Murphy, »Creating a Commonwealth Intelligence Culture«, S. 142.
14 »Sir Percy Sillitoe's Visit to South Africa«, 14. November 1949, TNA PREM

8/1283; zitiert nach Chavkin, »British Intelligence and the Zionist, South African and Australian Communities«.
15 Sillitoe an SLO Zentralafrika, 20. Dezember 1951, TNA KV 2/2053, s. 148 a; zitiert nach Chavkin, »British Intelligence and the Zionist, South African and Australian Communities«.
16 De Quehen an den DG, 31. Dezember 1951, TNA KV 2/2053, s. 152 a; zitiert nach Chavkin, »British Intelligence and the Zionist, South African and Australian Communities«.
17 Archiv des Security Service.
18 Ebenda.
19 Ebenda.
20 Ebenda.
21 Ebenda.
22 Ebenda.
23 Ebenda.
24 Andrew und Mitrochin, *Das Schwarzbuch des KGB II*, S. 456 f., 464 f.
25 Archiv des Security Service.
26 Ebenda.
27 Ebenda.
28 Ebenda.
29 Zu den KGB-Operationen in Indien siehe Andrew und Mitrochin, *Das Schwarzbuch des KGB II*, Kap. 17, 18.
30 DG (Hollis) an Sir Burke Trend (Kabinettssekretär), 18. November 1965, TNA CO 1035/187, ohne Reihennummer. Freeman war besorgt über die Neuigkeit, dass der Posten des SLO aufgrund von Budgetkürzungen möglicherweise bedroht war. Freeman war selbst eines der Ziele der aktiven Maßnahmen des KGB zur Diskreditierung der amerikanischen und britischen Politik in Indien. Vor den Parlamentswahlen im Jahr 1967 tauchte in der indischen Presse ein vom KGB gefälschter Brief auf, in dem Freeman angeblich erklärte, die CIA finanziere insgeheim rechte Parteien und Politiker mit hohen Beträgen. Doch in diesem Fall unterlief dem KGB ein Schnitzer: In dem Brief firmierte Freeman fälschlich als *Sir* John Freeman. Siehe Andrew und Mitrochin, *Das Schwarzbuch des KGB II*, S. 457.
31 Rimington, *Open Secret*, S. 66 f.
32 Siehe Louis und Robinson, »The Imperialism of Decolonisation«.
33 Auf einigen Posten unterstanden die SLO/DSO den Leitern von SIME und SIFE.
34 Darstellung ehemaliger Mitarbeiter des Security Service.
35 Archiv des Security Service.
36 Darstellung ehemaliger Mitarbeiter des Security Service.
37 Am 28. Oktober 1953 schrieb White an Shaw: »Nun, da meine Pläne für die Reorganisation der Behörde umgesetzt werden, existiert der von Ihnen geleitete Übersee-Bereich nicht mehr. Für den Augenblick haben Sie sich bereit erklärt, dafür zu sorgen, dass die neue Organisation richtig auf die Erfordernisse unserer Vertreter in Übersee abgestimmt wird. Ich nehme jedoch an, dass die Zuständigkeiten des Direktors des Overseas Service Schritt für Schritt schwinden werden, wenn die neue Organisation zu funktionieren beginnt, und habe daher

den von Ihnen akzeptierten Vorschlag gemacht, dass Sie am Jahresende, das heißt am 31. Dezember 1953, in den Ruhestand gehen.« Archiv des Security Service.
38 Darwin, *Britain and Decolonisation*, S. 167.
39 Chin Peng, *My Side of History*, S. 171–190. Vieles von Lai Tecks Laufbahn ist ein Geheimnis geblieben; siehe Bayly und Harper, *Forgotten Wars*, S. 350.
40 SIFE, das für »die Zusammenstellung und Verbreitung sicherheitsrelevanter Informationen über die britischen Territorien in Fernost« verantwortlich war, wurde im Jahr 1946 auf Ersuchen der Stabschefs eingerichtet, die sich auf ein Memo Mountbattens stützten. Kurz nach der Einrichtung der Dienststelle stammten etwa 25 ihrer 65 Mitarbeiter (darunter der Leiter) aus dem Security Service. Information von einem ehemaligen Mitarbeiter des Security Service.
41 Archiv des Security Service. Zu SIFE siehe die richtungweisende Doktorarbeit von Samuel Roskams, »British Intelligence, Imperial Defence and the Early Cold War in the Far East«.
42 Guy Liddell, Tagebuch, 18. November 1947, Archiv des Security Service.
43 Bayly und Harper, *Forgotten Wars*, S. 427 f. Aldrich, *Hidden Hand*, S. 496 f.
44 Chin Peng, *My Side of History*, S. 212 ff.; Roskams, »British Intelligence, Imperial Defence and the Early Cold War in the Far East«, S. 70 f.
45 Archiv des Security Service.
46 Blake, *View from Within*, S. 89; Roskams, »British Intelligence, Imperial Defence and the Early Cold War in the Far East«, S. 69 f.
47 Die Ersetzung des MSS war nach einer entsprechenden Untersuchung auch von Colonel Gray vorgeschlagen worden, der später Polizeichef in der Malaiischen Union wurde. Archiv des Security Service.
48 Aldrich, *Hidden Hand*, S. 496–501.
49 Bayly und Harper, *Forgotten Wars*, S. 523 f. Aldrich, *Hidden Hand*, S. 502 f.
50 Hennessy, *Having It So Good*, S. 304.
51 Chin Peng, *My Side of History*, S. 268 f.
52 Bayly und Harper, *Forgotten Wars*, S. 524.
53 Smith, »General Templer and Counter-Insurgency in Malaya«. Miller, *Jungle War in Malaya*, Kap. 8, 9. Smith liefert eine ausgewogene Darstellung der widersprüchlichen Bewertungen von Templers Beitrag zum Sieg in Malaya.
54 Archiv des Security Service.
55 In seinem Schreiben an Sillitoe, in dem er die Ernennung zum Nachrichtendienstchef in Malaya ablehnte, erwähnte White verständlicherweise nicht, dass er Sillitoe auf dem Posten des Generaldirektors folgen wollte. Er nannte drei Gründe für seinen Verzicht: Erstens halte er seinen gegenwärtigen Posten im MI5 für wichtiger, zweitens wolle er bei der Ernennung des neuen DG im Board of Directors des MI5 sitzen, und drittens wolle er aus persönlichen Gründen keinen Posten im Ausland annehmen. Dick White, Archiv des Security Service.
56 Archiv des Security Service.
57 In einem Dankschreiben bei Mortons Ausscheiden schrieb Templer: »Sie sollen ... wissen, wie sehr ich Sie persönlich vermissen werde. Ich habe unsere Unterhaltungen stets sehr genossen.« Mortons Erinnerungen an den Dienst in Indien im Archiv des Security Service.

58 Smith, »General Templer and Counter-Insurgency in Malaya«. In: Miller, *Jungle War in Malaya*, Kap. 8, 9.
59 Chin Peng, *My Side of History*, S. 324 ff.
60 Archiv des Security Service.
61 Ebenda. Mortons Nachfolger als Nachrichtendienstchef, Arthur Martin, war weniger erfolgreich und verursachte durch seine Versuche zum Umbau der Special Branch derartigen inneren Aufruhr, dass Bill Magan losgeschickt werden musste, um die Wogen zu glätten. Schilderung eines ehemaligen Mitarbeiters des Security Service.
62 Bayly und Harper, *Forgotten Wars*, S. 496, 524.
63 Siehe Abschnitt C, Kap. 1.
64 »Interrogation. Notes on the Administrative, Technical and Physical Problems involved in the running of an Interrogation Centre«, März 1961.
65 Archiv des Security Service.
66 Comber, »The Malayan Special Branch on the Malayan-Thai Frontier during the Malayan Emergency«, S. 88–94.
67 Schilderungen ehemaliger Mitarbeiter des Security Service.
68 Comber, »The Malayan Special Branch on the Malayan-Thai Frontier during the Malayan Emergency«, S. 88–94. Inoffiziell blieb der Ausnahmezustand in Form der »Confrontation« auf Borneo bis weit in die sechziger Jahre in Kraft. Auf dem Höhepunkt der »Konfrontation« hatte der Security Service Verbindungsmänner und Unterstützungspersonal in Sarawak und Nord-Borneo sowie in Malaya, Singapur und im Oberkommando Fernost.
69 Archiv des Security Service.
70 Security Service an D. Bates (CO), 31. Oktober 1946; TNA CO 537/3566, s. 2; Security Service an Sir Marston Logan (CO), 3. Dezember 1946, TNA CO 537/3566, s. 6.
71 Nkrumah, *Autobiography*, S. 45 f. Zu Nkrumah und dem WANS siehe Walton, »British Intelligence and Threats to National Security«, S. 291 f. Die TNA-Quellen im verbleibenden Absatz wurden erstmals von Dr. Walton entdeckt.
72 B. H. Smith (MI5) an Special Branch, 29. Juni 1946, TNA KV 2/1847, s. 3 a.
73 Mitschnitt von Telefongesprächen in der Zentrale der CPGB, 5. Juni 1947, TNA KV 2/1847, s. 11 a.
74 C4, »Note«, 1. November 1947, TNA KV 2/1847, s. 28 a.
75 Captain R. W. H. Bellantine an Sir Percy Sillitoe, 16. März, 1948, TNA KV 2/1847; Nkrumah, *Autobiography*, S. 65.
76 Für genauere Informationen über Nkrumahs Vision für Schwarzafrika siehe u. a. seine Bücher *Speak of Freedom* und *Africa Must Unite*.
77 G. T. D. Patterson (B3C), Mitteilung 50, 1. April 1948, TNA KV 2/1848; M. J. E. Bagot (B1B),
Mitteilung 58, 30. April 1948, TNA KV 2/1848.
78 Andrew und Mitrochin, *Das Schwarzbuch des KGB II*, S. 603.
79 Guy Liddell, Tagebuch, 20. Dezember 1949, Archiv des Security Service. Es scheint keine andere schriftliche Erwähnung des Terminus »Nigger« durch irgendeinen Mitarbeiter des Security Service erhalten geblieben zu sein.
80 »Personality Note«, Juni 1948, TNA KV 2/1847, s. 61b.

81　R. Stephens an Generaldirektor, 17. Juni 1949, TNA KV 2/1848, s.100 a.
82　Walton, »British Intelligence and Threats to National Security«, S. 302 ff.
83　Guy Liddell, Tagebuch, 21. Dezember 1950, Archiv des Security Service.
84　TABLE Extrakt, 11. Juni 1951, TNA KV 2/1848, s. 160b; TABLE Extrakt, 1. Juli 1951, TNA KV 2/1848, s. 174c; Sir John Shaw, Notiz 209, 1. Januar 1952, TNA KV 2/1850; Walton, »British Intelligence and Threats to National Security«, S. 300–310.
85　Walton, »British Intelligence and Threats to National Security«, S. 260.
86　Archiv des Security Service.
87　Ebenda.
88　Ebenda.
89　Ebenda.
90　Hennessy, *Having It So Good*, S. 302.
91　»Record of the Conference of Colonial Commissioners of Police at the Police College, Ryton-on-Dunsmore«, April 1951, S. 24, TNA CO 885/119.
92　Lonsdale, »Jomo Kenyatta, God, and the Modern World«, S. 31 ff.
93　DG (Sillitoe), Entwurf eines Schreibens an Sir Evelyn Baring (als »nicht abgeschickt« gekennzeichnet), 9. Januar 1953, TNA KV 2/2542, s. 374 a. Am 12. Januar wurde ein kürzerer Brief mit derselben Kernaussage abgeschickt; TNA KV 2/2542, s. 376 a.
94　Walton, »British Intelligence and Threats to National Security«, S. 319 ff.
95　»Visit to England of the General Secretary of the Kikuyu Central Association, Johnstone Kenyatta«, Januar 1929-Februar 1930, TNA CO 533/384/9; »Johnstone Kenyatta«, 11. November 1931, TNA KV 2/1787, s. 2 a.
96　Superintendent E. Parker, »Secret Report on Communist Party Activities in Great Britain Among Colonials«, 22. April 1930; zitiert nach Howe, *Anticolonialism in British Politics*, S. 66.
97　MI6 an Captain Miller, MI5, 9. Juli 1930, TNA KV 2/1787, s. 1y.
98　Suchkow, »Dschomo Keniata v Moskwe«; McClellan, »Africans and Blacks in the Comintern Schools«; Andrew und Mitrochin, *Das Schwarzbuch des KGB II*, S. 600.
99　MPSB an MI5, 6. Dezember 1933, TNA KV 2/1787, s. 19 a.
100　McClellan, »Africans and Blacks in the Comintern Schools«.
101　Kell an D. C. J. McSweeney (CO), 16. Dezember 1933; Sir Vernon Kell an Commissioner of Police, Kenia, 18. Januar 1934, TNA KV 2/1787, s. 13 a.
102　Home Office Warrant, 3. Januar 1934, TNA KV 2/1787, s. 23 a; Querverweis, 18. Januar 1934; Jane Archer, Mitteilung 60, TNA KV 2/1787, ss. 9, 27 a; Walton, »British Intelligence and Threats to National Security«, S. 311 f.
103　Andrew und Mitrochin, *Das Schwarzbuch des KGB II*, S. 31 f.
104　O. J. Mason (MI5) an J. D. Bates (CO), 29. Dezember 1945, TNA KV 2/1788, s. 248 a.
105　B. M. de Quehen, SLO Zentralafrika, an DG, 23. Juli 1951, TNA KV 2/1788, s. 333b, zitiert nach Walton, »British Intelligence and Threats to National Security«, S. 316. Für eine Bestätigung dieses Berichts siehe Andrew und Mitrochin, *Das Schwarzbuch des KGB II*, S. 31, 504 f., Anm. 8.
106　DG (Sillitoe), Entwurf eines Schreibens an Sir Evelyn Baring (als »nicht abgeschickt« gekennzeichnet), 9. Januar 1953, TNA KV 2/2542, s. 374 a. Am 12. Ja-

nuar wurde ein kürzerer Brief mit derselben Kernaussage abgeschickt; TNA KV 2/2542, s. 376 a.
107 Archiv des Security Service.
108 Berman, »Nationalism, Ethnicity and Modernity«.
109 Anderson, *Histories of the Hanged*, S. 59 f. Lonsdale, »Authority, Gender and Violence«, S. 59 f.
110 C. R. Major (SLO Ostafrika), an DG, 17. November 1952, TNA KV 2/1788, s. 357c.
111 Quartalsbericht des SLO Ostafrika, 20. Oktober 1952, TNA KV 2/1788, s. 357b; Lonsdale, »Kenyatta's Trials«.
112 Lonsdale, »Kenyatta's Trials«; Anderson, *Histories of the Hanged*, S. 62–68.
113 Schilderung eines ehemaligen Mitarbeiters des Security Service. Broadbent war von Februar 1953 bis Juli 1954 SLO in Kenia und diente anschließend von Juli 1954 bis Mai 1957 als Verbindungsmann in Ostafrika.
114 Schilderung eines ehemaligen Mitarbeiters des Security Service.
115 Schilderungen ehemaliger Mitarbeiter des Security Service. Prendergast wurde später Nachrichtendienstchef auf Zypern (1958–60), Leiter der Special Branch in Hongkong (1960–66) und Leiter des Nachrichtendienstes in Aden (1966–67).
116 Anderson, *Histories of the Hanged*, Kap. 7. Für eine noch schonungslosere Darstellung der Schrecken des Polizeistaates siehe Elkins, *Britain's Gulag*. Am Wahrheitsgehalt ihrer Darstellung wurden allerdings Zweifel geäußert. Siehe Elstein, »The End of the Mau Mau«.
117 Sir G. Colby an Kolonialsekretär, Telegramm Nr. 485, 7. September 1953, TNA CO 0115/457, Nr. 1; abgedruckt in: Murphy und Ashton (Hg.), *Central Africa*, Dokument 98.
118 Murphy und Ashton (Hg.), *Central Africa*, S. 247.
119 Archiv des Security Service.
120 Murphy, »Creating a Commonwealth Intelligence Culture«, S. 140. Aldrich, *Hidden Hand*, S. 517.
121 Archiv des Security Service.
122 Ebenda.
123 Ebenda.
124 Ebenda.
125 Ebenda. Zu den britischen Wirtschaftsinteressen in Guayana siehe Drayton, »Anglo-American ›Liberal‹ Imperialism«, S. 327 f.
126 Archiv des Security Service.
127 Ebenda.
128 Churchill an Lyttelton, 2. Mai 1953, TNA PREM 11/827, zitiert nach Gallagher, »Intelligence and Decolonisation in British Guiana«.
129 Andrew und Mitrochin, *Das Schwarzbuch des KGB II*, S. 255, 291.
130 Kabinettspapiere (3908), September 1953, PREM 11/827, zitiert nach Gallagher, »Intelligence and Decolonisation in British Guiana«.
131 Archiv des Security Service.
132 Churchill an Lyttelton, 27. September 1953; Memo für den Premierminister, 6. Oktober 1953; Savage an Lyttelton, 7. Oktober 1953; Lyttelton an Savage, 7. Oktober 1953, TNA PREM 11/827, zitiert nach Gallagher, »Intelligence and Decolonisation in British Guiana«.

133 *Annual Register*, 1953, S. 125 f.
134 Archiv des Security Service.
135 Siehe Abschnitt D, Kap. 6.

6
Das Ende des britischen Weltreichs: Teil II

1 Archiv des Security Service.
2 Ebenda.
3 Ebenda.
4 Ebenda.
5 Aldrich, *Hidden Hand*, S. 571, 579.
6 Archiv des Security Service.
7 Aldrich, *Hidden Hand*, S. 572 f.
8 Ebenda, S. 574.
9 Archiv des Security Service.
10 Aldrich, *Hidden Hand*, S. 575.
11 Archiv des Security Service.
12 Horne, *Macmillan*, Bd. 2, S. 100.
13 Archiv des Security Service. Am 16. Oktober 1958 wurde Magans Aufgabenstellung genehmigt: »Brigadier Magan wird dem Gouverneur von Zypern persönlich unterstellt, damit er sich in enger Zusammenarbeit mit den nachrichtendienstlichen Stellen Zyperns insbesondere jenen Aspekten des Nachrichtendienstes widmen kann, die am besten geeignet sind, Grivas und seine wichtigsten Assistenten gefangen zu nehmen. Die Abordnung von Brigadier Magan erfolgt für maximal sechs Monate.«
14 Archiv des Security Service.
15 Ebenda.
16 Die mit 11. März 1959 datierte Endversion von Bill Magans 57 Seiten langem Persönlichkeitsprofil von Grivas wurde »in der letzten Woche der Existenz der EOKA« geschrieben. Archiv des Security Service. Sir Hugh Foot schrieb nach Magans Abreise: »Wir waren alle ungeheuer beeindruckt von seiner Arbeitsweise. Er saß viele Stunden über den Dokumenten und studierte alle Hinweise, um Schritt für Schritt ein Bild von Grivas, seinem Charakter, seinen Fähigkeiten und seinen Schwächen zusammenzusetzen und anschließend mehrere Maßnahmen einzuleiten ...«
17 Aussage des Kolonialministers Lennox Boyd (1959 von Iain Macleod abgelöst), zitiert nach Brendon, *Decline and Fall of the British Empire*, S. 565.
18 Aldrich, *Hidden Hand*, S. 577 f.
19 Archiv des Security Service.
20 Horne, *Macmillan*, Bd. 2, S. 103.
21 Archiv des Security Service.
22 Ebenda.
23 Ebenda.
24 Ebenda.
25 Ebenda.

26 Ebenda.
27 Ebenda.
28 Ebenda.
29 Walter Bell, der bereits in den Jahren 1949/50 als Assistent des SLO und in den Jahren 1950/51 als SLO in Nairobi tätig gewesen war, kehrte im Juni 1961 als Verbindungsmann in die Hauptstadt Kenias zurück.
30 DG (Hollis), Notiz, 11. Oktober 1963, gemeinsam mit J. A. Harrison (Security Service) an J. N. A. Armitage-Smith (Colonial Office), 17. Oktober 1963, TNA CO 1035/171, s. 8.
31 Horne, *Macmillan*, Bd. 2, S. 389 f.
32 Archiv des Security Service.
33 Kellar an W. S. Bates (CAO), 5. September 1962, TNA DO 183/480, Nr. 1; veröffentlicht in Murphy und Ashton (Hg.), *Central Africa*, Dokument 331.
34 Murphy und Ashton (Hg.), *Central Africa*, S. 327.
35 Archiv des Security Service.
36 Ebenda.
37 Der SLO in Neu-Delhi schrieb 1959, dass er »ziemlich gut in die Politische Abteilung des Hochkommissariats integriert« sei. »Das scheint mir eine vernünftige Entwicklung, die wir auch in den jüngeren Commonwealth-Ländern anstreben sollten.« Archiv des Security Service.
38 Archiv des Security Service.
39 Ebenda.
40 Ebenda.
41 Ebenda. DG (Hollis) an Sir Burke Trend (Kabinettssekretär), 18. November 1965, TNA CO 1035/187, keine Reihennummer.
42 Schilderung eines ehemaligen Mitarbeiters des Security Service.
43 Archiv des Security Service.
44 Andrew und Mitrochin, *Das Schwarzbuch des Kommunismus II*, S. 615 f., 791 Anm. 22. Rooney, *Kwame Nkrumah*, S. 226.
45 Archiv des Security Service.
46 Andrew und Mitrochin, *Das Schwarzbuch des Kommunismus II*, S. 615.
47 Ebenda, S. 615 f. Der Text von Nkrumahs Brief an Johnson, der mit 26. Februar 1964 datiert ist, findet sich in: Rooney, *Kwame Nkrumah*, S. 243 ff.
48 Archiv des Security Service. Hollis lehnte das Ansuchen mit Bedauern ab. Archiv des Security Service. Nach Thomsons Abreise schrieb Smedley an Hollis: »John Thomsons Beitrag auf diesem Posten geht weit über seine Tätigkeit als Security Liaison Officer hinaus. Mit seiner Aufrichtigkeit, seiner Zielstrebigkeit und seiner echten Sympathie für die Ghanaer hat er sich zahlreiche Freunde abseits seiner offiziellen Kontakte gemacht, während seine langjährige Kenntnisse Ghanas für mich und meine Mitarbeiter von großem Wert gewesen sind.« Archiv des Security Service.
49 Archiv des Security Service.
50 Schilderung eines ehemaligen MI5-Mitarbeiters.
51 Archiv des Security Service.
52 Ebenda.
53 Ebenda.
54 Ebenda.

55 Ebenda.
56 Ebenda.
57 Schilderung eines ehemaligen Mitarbeiters des Security Service. Der SLO kommentierte später, wäre es nicht zum Bürgerkrieg gekommen, so wäre seine Rolle sehr viel weniger wichtig gewesen.
58 Christopher Andrew, Interview mit dem ehemaligen stellvertretenden Leiter der kenianischen Special Branch in Sydney, New South Wales, 1987.
59 Archiv des Security Service.
60 Ebenda.
61 Percox, *Britain, Kenya and the Cold War*, S. 171 f. Edgerton, *Mau Mau*, S. 227 f. Der KGB versuchte Kenyatta mit »aktiven Maßnahmen« als Handlanger der CIA zu diffamieren. Andrew und Mitrochin, *Das Schwarzbuch des Kommunismus II*, S. 624, 793 Anm. 55.
62 Der Security Service führte zu jener Zeit vor allem in Kolonien, die kurz vor der Unabhängigkeit standen, sowie in anderen Teilen des Commonwealth Schulungen für Polizeikräfte und Verwaltungspersonal durch.
63 Archiv des Security Service.
64 Schilderung eines ehemaligen Mitarbeiters des Security Service.
65 Archiv des Security Service.
66 Macmillan, Memorandum, 28. Juni 1958, TNA PREM 11/2616/46. Walker, *Aden Emergency*, S. 22.
67 Nur einer der vier rivalisierenden Staaten des Protektorat Ost-Aden trat der Föderation bei. Walker, *Aden Emergency*, S. 21–26, 35 f.
68 Ebenda, S. 25 f., 71 ff., 78 f.
69 Ebenda, S. 88.
70 Trevaskis an Sandys, 18. Dezember 1963, IOR R/20/D/27; Trevaskis an Sandys, 31. März 1964, Anhang 5, Trevaskis, Papiere, Teil 1, Rhodes House Library, University of Oxford (Dokumente zitiert von: Mawby, *British Policy in Aden and the Protectorates*, S. 99).
71 Archiv des Security Service.
72 Ebenda.
73 Ebenda.
74 Ebenda.
75 Ebenda.
76 Ebenda.
77 Zwischenbericht des Vorsitzenden der JIC-Arbeitsgruppe »Intelligence Organisation in Aden«, Anhang zu JIC/1061/65, TNA CO 1035/184.
78 »Intelligence Organisation in Aden«, 17. Dezember 1965, JIC(IAF)(65)3, TNA CO 1035/184.
79 Archiv des Security Service.
80 Ebenda. Im Jahr 1967 wurde auf Druck des MI5 ein als »ethisch unhaltbares« Verhörhandbuch des Intelligence Corps zurückgezogen. Archiv des Security Service.
81 Walker, *Aden Emergency*, S. 278.
82 Schilderung eines ehemaligen Mitarbeiters des Security Service.
83 Archiv des Security Service. Es wurde auch die Theorie geäußert, die NLF habe die Mutter des »Hausdieners« des britischen Diplomatenpaars entführt und ihn

mit der Drohung, sie zu töten, dazu gezwungen, den Anschlag zu verüben. Walker, *Aden Emergency*, S. 221.
84 Crossman, *Diaries of a Cabinet Minister*, Bd. 2, 5. September, 30. Oktober 1967.
85 Schilderung eines ehemaligen Mitarbeiters des Security Service.
86 Archiv des Security Service.
87 Ebenda.
88 Weiner, *Legacy of Ashes*, S. 192. Mit einiger Sicherheit hatte Kennedy seine Zustimmung zu den untauglichen Versuchen der CIA gegeben, Castro zu ermorden. Andrew, *For the President's Eyes Only*, S. 274 ff., 303–306.
89 *Foreign Relations of the United States (FRUS)*, 1961–63, Bd. XII, S. 544 f.
90 Macmillan, Mitteilung über Rusk an Home, 19. Februar 1962, TNA PREM 11/3666; Home an Rusk, 26. Februar 1962, TNA PREM 11/3666; Drayton, »Anglo-American ›Liberal‹ Imperialism«, S. 334 f.
91 Drayton, »Anglo-American ›Liberal‹ Imperialism«, S. 338.
92 Weiner, *Legacy of Ashes*, S. 192. *FRUS*, 1964–1968, Bd. XXXII, Anm. d. Hg.
93 Archiv des Security Service.
94 Ebenda.
95 Ebenda.
96 Ebenda.
97 Daniels und Waters, »The World's Longest General Strike«.
98 Konsul der USA in Georgetown an Dean Rusk, 8. Mai 1963, John F. Kennedy Presidential Library; zitiert nach Gallagher, »Intelligence and Decolonisation in British Guiana«.
99 Dean Rusk, Rundschreiben, 10. Oktober 1961, John F. Kennedy Presidential Library; zitiert nach Gallagher, »Intelligence and Decolonisation in British Guiana«.
100 Konsul der USA in Georgetown an Dean Rusk, 1. Mai 1963, John F. Kennedy Presidential Library; zitiert nach Gallagher, »Intelligence and Decolonisation in British Guiana«.
101 »Extract from SLO's Trinidad letter of 20. 8. 63«, TNA CO 1036/173, s. 1/1. Siehe »SLO's visit to British Guiana 11th-15th May, 1964«, TNA CO 1036/173, s. 6/6.
102 Archiv des Security Service.
103 Ebenda.
104 Ebenda.
105 Drayton, »Anglo-American ›Liberal‹ Imperialism«, S. 337. Jagan kehrte 1992 als Verfechter einer Mischwirtschaft an die Macht zurück.
106 »Cheddi Berret Jagan«, *Oxford Dictionary of National Biography*. Zu Castros Reaktion auf die Niederschlagung des Prager Frühlings siehe Andrew und Mitrochin, *Das Schwarzbuch des Kommunismus II*, S. 99 f.
107 Der Leiter des Bereichs E hielt im Jahr 1971 in einer Mitteilung fest, der Kabinettssekretär Sir Burke Trend habe klargestellt, es gebe »unabhängig von den Umständen nur eine geringe oder überhaupt keine Aussicht darauf, dass eine MI5-Vertretung [SLO-Positionen] wiederhergestellt wird. Die Vorgehensweise bestehe von nun an darin, dass der MI6 gegebenenfalls beide Dienststellen im Ausland vertrete, während sich der MI5 auf die Sicherheit der Heimatbasis zu konzentrieren habe. Habe der MI5 einmal einen Posten im Ausland

verlassen, so werde er kein Geld erhalten, um dorthin zurückzukehren. Der MI5 stehe nunmehr unter Druck, seine SLO-Posten zugunsten des MI6 aufzugeben. Es werde weiterhin finanzieller Druck ausgeübt, um dieses Ziel zu erreichen.« Archiv des Security Service.
108 Archiv des Security Service.
109 Zu der vom Security Service gewährten Unterstützung zählte das Delhi Intelligence Bureau: Schulungskurse, Spezialausrüstung (Technik), allgemeine Beratung in Sicherheitsfragen (z. B. zur Sabotageabwehr), Gegenspionage und Nachrichtendienst, Sicherheitsüberprüfung und Aktivitäten von Auslandsindern im Vereinigten Königreich. Archiv des Security Service.
110 Archiv des Security Service.
111 Ebenda.

7
Die Regierung Macmillan: Spionageskandale und die Profumo-Affäre

1 Horne, *Macmillan*, Bd. 2, S. 467.
2 Archiv des Security Service.
3 Diese Aussage zitierte Harold Wilson später zustimmend in *Governance of Britain*.
4 Archiv des Security Service.
5 Ebenda.
6 Samolis (Hg.), *Veterani Wneschnei Raswedki Rossii*, S. 103 ff.
7 Andrew und Mitrochin, *Das Schwarzbuch des KGB*, S. 503. Für Einzelheiten zu Molodis Lebenslauf vergleiche: Andrew und Gordiewski, *KGB*, S. 571–576.
8 Schilderung eines ehemaligen Mitarbeiters des Security Service. Archiv des Security Service; Wright, *Spycatcher*, S. 130 f.
9 Schilderung eines ehemaligen Mitarbeiters des Security Service.
10 Archiv des Security Service; Wright, *Spycatcher*, S. 130 f.
11 Archiv des Security Service.
12 Snelling, *Rare Books and Rarer People*, S. 208.
13 Ebenda.
14 Archiv des Security Service.
15 Information von Peter Hennessy.
16 Schilderungen ehemaliger Mitarbeiter des Security Service.
17 Archiv des Security Service.
18 Schilderungen ehemaliger Mitarbeiter des Security Service. Unter dem Pseudonym »Elton« veröffentlichte Elwell später eine Schilderung der mühseligen Nachforschungen, die es ermöglichten, Lonsdales wirkliche Identität und seinen russischen Familienhintergrund aufzuklären. Siehe: *Police Journal*, Bd. XLIV, Nr. 2 (April–Juni 1971).
19 Schilderung eines ehemaligen Mitarbeiters des Security Service.
20 Archiv des Security Service.
21 Ebenda.
22 Blake, *No Other Choice*, Kap. 2–5; siehe Hyde, *Blake*. Blake bestätigt seine Zuneigung und Bewunderung für seinen Vetter Curiel, versucht jedoch (wenig über-

zeugend), dessen Einfluss herunterzuspielen. Laut Angabe des KGB-Generals Oleg Kalugin, der Mitte der siebziger Jahre Leiter des Direktorats K (Spionageabwehr) war, vertrat Blake »bei Ausbruch des Koreakriegs bereits linksextreme Ansichten«. (Kalugin, *Spymaster*, S. 141.) Beispiele für weitere Verzerrungen in Blakes Erinnerungen siehe Andrew und Gordiewsky, *KGB*, S. 524 f.; Murphy, Kondrashev und Bailey, *Battleground Berlin*, S. 217, 482 f. (Anm. 36) (dt.: George Bailey/Sergej A. Kondraschow/David E. Murphy, *Die unsichtbare Front. Der Krieg der Geheimdienste im geteilten Berlin*, München 1997).

23 Murphy, Kondrashev und Bailey, *Die unsichtbare Front*, S. 214 f.
24 Archiv des Security Service.
25 Ebenda.
26 »STARFISH [Blake] schätzte, dass im Durchschnitt mehr als zehn Prozent seiner Produktion durch schlechte Fototechnik zerstört wurde ... Allgemeine Informationen, die er durch Hörensagen und dank persönlicher Kontakte erfuhr, gab er beim monatlichen Treffen mit seinem RIS-Führungsoffizier mündlich weiter. Diese Informationen waren zwangsläufig knapp, begrenzt und nicht detailliert.« Archiv des Security Service.
27 Archiv des Security Service.
28 Ebenda.
29 Hollis notierte am 10. April, der Premierminister halte es »für richtig, dem Präsidenten eine kurze Erklärung zu geben.« Archiv des Security Service.
30 Andrew, *For the President's Eyes Only*, S. 256, 264 f.
31 Andrew und Mitrochin, *Das Schwarzbuch des KGB*, S. 537. In den Jahren 1953–1955 wurde jedoch nicht das gesamte Agentennetz aufgedeckt. Die Stasi berichtete, in den Jahren 1958–1961 habe Blake weitere 100 Agenten identifiziert. Es ist unwahrscheinlich, dass er genaue Informationen über das Spionagenetz hatte. Maddrell, *Spying on Science*, S. 145 ff.
32 Interview mit Sir Dick White, zitiert bei Bower, *Perfect English Spy*, S. 268.
33 Cleve Cram, einer der CIA-Mitarbeiter, die an der Sitzung teilnahmen, erzählte Christopher Andrew später, dass er Blake vorgeschlagen hatte, anschließend gemeinsam zu Mittag zu essen. Blake lehnte das Angebot mit der Entschuldigung ab, er habe sehr viel zu tun (vermutlich musste er die Sitzungsunterlagen für den KGB fotografieren).
34 Archiv des Security Service.
35 Es gibt keinen glaubwürdigen Hinweis darauf, dass der KGB die bei der Operation »Gold« gesammelte Information mit nennenswerten Mengen an falschen Daten kontaminierte. Die besten Darstellungen der Tunneloperation, die beide auf vom SVR zur Verfügung gestelltem Material sowie auf freigegebenen CIA-Akten beruhen und zahlreiche Fehler in früheren Darstellungen korrigieren, sind: Murphy, Kondrashev und Bailey, *Die unsichtbare Front*, Kap. 11 und Anhang 5; sowie: Stafford, *Spies beneath Berlin*.
36 Archiv des Security Service.
37 Interview mit Sir Dick White, zitiert bei Bower, *Perfect English Spy*, S. 268.
38 Archiv des Security Service.
39 Horne, *Macmillan*, Bd. 2, S. 457.
40 West, *Matter of Trust*, S. 115–119.
41 Archiv des Security Service.

42 Ebenda. Schilderung eines ehemaligen Mitarbeiters des Security Service.
43 Horne, *Macmillan*, Bd. 2, S. 460 f. Die Flucht Philbys nach Moskau im Januar 1963 und die Enthüllung, dass er einer der wichtigsten Spione der Sowjetunion gewesen war, obwohl Macmillan acht Jahre früher im Unterhaus seine Unschuld bestätigt hatte, war ein weiteres Ärgernis für den Premier.
44 Brook hatte mehr für den Security Service übrig als der Premier. Hauptsächlich in Folge der Gegenspionagefälle in den Jahren 1961 und 1962 genehmigte er die Einstellung von 50 zusätzlichen Offizieren, 150 niederrangigen Mitarbeitern sowie 100 Sekretariatsmitarbeitern und Bürokräften. Archiv des Security Service.
45 Schecter und Deriabin, *Die Penkowskij-Akte*. (Die Autoren waren die Ersten, die Zugang zu zahlreichen Debriefing-Protokollen hatten.) Bower, *Perfect English Spy*, S. 274.
46 Im Mai 1961 wurden Hollis, der DDG (Mitchell), der Direktor D (Furnival Jones) und drei weitere Mitglieder des Security Service sowohl über YOGA (Penkowskis Codename) als auch über RUPEE (seine nachrichtendienstliche Tätigkeit) informiert. Eine weitere Aufklärung über YOGA und RUPEE erfolgte im Juli. Außerdem erhielten einige andere Mitarbeiter in den Jahren 1961 und 1962 Einblick in RUPEE-Informationen. Archiv des Security Service.
47 Andrew, *For the President's Eyes Only*, S. 290 ff.; Andrew und Mitrochin, *Das Schwarzbuch des KGB*, S. 261.
48 Horne, *Macmillan*, Bd. 2, S. 466. Bei ihrer Veröffentlichung im Jahr 1989 sorgte Macmillans Darstellung für einige Verärgerung bei langjährigen Mitgliedern des Security Service. Einer der Mitarbeiter hatte Mitchell als »kultivierten, menschlichen Mann« in Erinnerung, der seine jüngeren Kollegen stets rücksichtsvoll behandelt habe.
49 Nachdem man den Amerikanern kurz zuvor fälschlich versichert hatte, Philby sei kein sowjetischer Agent, fühlte sich Hollis verpflichtet, nach Rücksprache mit White an Macmillan heranzutreten und ihn über die Ermittlungen gegen Mitchell zu informieren. Der Premierminister hielt es für angebracht, die Amerikaner zu informieren, doch sowohl die CIA als auch das FBI hatten erhebliche Zweifel an den gegen Mitchell erhobenen Vorwürfen, da sie nicht den geringsten Hinweis darauf hatten, dass eine der zahlreichen gemeinsamen Operationen der britischen und amerikanischen Geheimdienste, über der die DDG informiert war, an die Sowjetunion verraten worden waren.
50 Archiv des Security Service.
51 Ebenda.
52 Ebenda.
53 Ebenda.
54 Interview Warwick Charlton mit Ward, in: *Today*, 11. Mai 1963.
55 Archiv des Security Service.
56 Ebenda.
57 Ebenda.
58 Ebenda.
59 Ebenda.
60 Ebenda.
61 Ebenda.
62 Ebenda.

63 Ebenda.
64 Ebenda.
65 Ebenda. Eine ähnlich aufgeblasene Darstellung seiner Rolle in der kubanischen Raketenkrise gab Ward später dem Autor Warwick Charlton, der sie am 11. Mai 1963 in *Today* veröffentlichte.
66 Scott, *Macmillan, Kennedy and the Cuban Missile Crisis*, S. 104–107.
67 Archiv des Security Service.
68 Ebenda
69 Ebenda.
70 Knightley und Kennedy, *Affair of State*, Kap. 1.
71 Einleitung Lord Dennings zur Neuausgabe des *Denning Report* im Jahr 1992.
72 Archiv des Security Service.
73 Ebenda.
74 Christopher Andrew, Interview mit Sir Dick White, 1984.
75 Archiv des Security Service.
76 Ebenda.
77 Ebenda.
78 Ebenda.
79 Pearson, *Profession of Violence*, S. 115 f., 120, 122.

E Die Spätphase des Kalten Krieges

1
Operation FOOT und die Spionageabwehr in den siebziger Jahren

1 Archiv des Security Service; Erinnerungen eines ehemaligen Mitarbeiters des Security Service.
2 Archiv des Security Service.
3 Ebenda.
4 Ebenda.
5 Andrew und Mitrochin, *Das Schwarzbuch des KGB*, S. 351–365.
6 Archiv des Security Service.
7 Heath, *Course of my Life*, S. 474 f.; Thorpe, *Douglas-Home*, S. 415 f.
8 Walden, *Lucky George*, S. 144.
9 Archiv des Security Service. Zur KGB-Operation PROBA gegen Courtney siehe Andrew und Mitrokhin, *Mitrokhin Archive*, S. 530 f. (in dt. Übersetzung gestrichen).
10 Baston, *Reggie*, S. 405; Walden, *Lucky George*, S. 143.
11 Archiv des Security Service.
12 *Documents on British Policy Overseas*, Serie III, Bd. 1, S. 337–343. Maudling räumte später gegenüber Kabinettskollegen ein, dass sein früherer Widerstand gegen die Vorschläge zu FOOT falsch gewesen sei. Baston, *Reggie*, S. 405.
13 Archiv des Security Service.
14 Thorpe, *Douglas-Home*, S. 416.
15 Archiv des Security Service.

16 Ebenda.
17 Zu Abteilung W, gegründet im Jahr 1967, siehe Andrew und Mitrochin, *Das Schwarzbuch des KGB,* Kap. 21. Anatoli Golizin hatte bereits einige Informationen über die 13. Abteilung der Ersten Hauptverwaltung, den Vorläufer von Abteilung W, geliefert, nachdem er Ende 1961 zur CIA übergelaufen war. Ljalin lieferte jedoch »die ersten detaillierten Hinweise« auf die Präsenz von Mitarbeitern der Abteilung W in der Londoner Residentur sowie von illegalen Hilfsmitarbeitern. Bei einer Stationierung in Residenturen wurden diese Mitarbeiter als Gruppe F beziehungsweise Gruppe N geführt.
18 Archiv des Security Service.
19 Ebenda.
20 Ebenda.
21 Ebenda.
22 Ebenda.
23 Ebenda.
24 Ebenda.
25 Ebenda. Als die Kfz-Zulassungsstelle im Jahr 1970 zur Abteilung für Umwelt verlegt wurde, wurde Abdoolcader Beamter und unterschrieb im Juli die Schweigepflicht.
26 Zu Britten siehe Andrew und Mitrochin, *Das Schwarzbuch des KGB,* S. 509.
27 Archiv des Security Service.
28 *Documents on British Policy Overseas,* Serie III, Bd. 1, S. 388 f. Zu Ippolitows Status als Agent siehe Andrew und Mitrochin, *Das Schwarzbuch des KGB,* S. 516.
29 Walden, *Lucky George,* S. 148.
30 *Documents on British Policy Overseas,* Serie III, Bd. 1, S. 389 Anm.
31 Im Gegensatz zu manchen Vorhersagen belastete die Operation FOOT nicht dauerhaft die britisch-sowjetischen Beziehungen. Im Dezember 1973 wurde Douglas-Home nach Moskau eingeladen und Gromyko empfing ihn direkt am Flughafen. Während des Besuchs brachte Gromyko »bei jeder Gelegenheit« einen Trinkspruch auf Douglas-Home und die britische Delegation aus. Thorpe, *Douglas-Home,* S. 417, 434.
32 Barron, *KGB,* S. 386 ff. Kuzichkin, *Inside the KGB,* S. 81.
33 Andrew und Mitrochin, *Das Schwarzbuch des KGB,* S. 476 f.
34 Kalugin, *Spymaster,* S. 131 f.
35 Archiv des Security Service. Woronins Entlassung wird auch erwähnt von Gordievsky, *Next Stop Execution,* S. 184.
36 Nachruf auf Oleg Ljalin in: *The Times,* 24. Februar 1995.
37 Archiv des Security Service.
38 Ebenda.
39 Ebenda.
40 Ebenda.
41 Nachruf auf Antony Lambton, »Raffish aristocrat caught out in Seventies sex scandal«, in: *The Week,* 13. Januar 2007. Lambton verzichtete auf den Titel des Earl of Durham, den er 1970 von seinem Vater erbte, zugunsten seiner politischen Karriere, sorgte aber für Aufsehen, indem er versuchte, den Adelstitel »Lord Lambton« im Unterhaus beizubehalten.

42 Archiv des Security Service.
43 Ebenda.
44 Sheldon fügte jedoch hinzu, dass der Nachrichtendienst zwar mündlich von der Polizei informiert worden sei, aber die aktuellen schriftlichen Berichte zu dem Fall noch nicht eingesehen habe. Deshalb könne er »nicht mit absoluter Sicherheit« sagen, dass sie die neuesten Informationen »voll berücksichtigt hätten«. Archiv des Security Service.
45 John Stradling Thomas, Abgeordneter an Francis Pym (Fraktionsführer), 14. Mai 1973 (gekennzeichnet mit »sofort Kopie an PM Uhrzeit: 14.15, 14. Mai 1973«), TNA PREM 15/190.
46 Protokoll der vom Premierminister geleiteten Sitzung, 18. Mai 1973, TNA PREM 15/1904.
47 TNA PREN 15/1904. »Obituary: Lord Lambton«, in: *The Times*, 2. Januar 2007. Am 13. Juni wurde Lambton von einem Zivilgericht wegen Besitz von Cannabis und Amphetaminen zu einer Geldbuße in Höhe von 300 Pfund verurteilt.
48 Archiv des Security Service.
49 BBC News (online), »Sex scandal Tory blamed pressure«, 1. Januar 2004, wo unlängst freigegebene Regierungsdokumente zitiert wurden. Nachruf auf Antony Lambton: »Raffish aristocrat caught out in Seventies sex scandal«, in: *The Week*, 13. Januar 2007.
50 BBC News (online), »Sex scandal Tory blamed pressure«, 1. Januar 2004.
51 Archiv des Security Service.
52 Andrew und Mitrochin, *Das Schwarzbuch des KGB*, S. 515
53 Zum Teil wurden die KGB-Offiziere, die aus Großbritannien ausgewiesen wurden, in die Hauptstädte von Commonwealth-Ländern verlegt, die eine größere britische Gemeinde hatten, insbesondere Delhi, Colombo, Daressalam, Lagos und Lusaka. Die von Wassili Mitrochin eingesehenen Akten der Ersten Hauptverwaltung lassen vermuten, dass kaum bedeutende Rekrutierungen folgten. Andrew und Mitrochin, *Das Schwarzbuch des KGB*, S. 516 f.
54 Archiv des Security Service. Das Innenministerium stellte für Ramelson eine Überwachungsvollmacht aus, zu der gelegentlich eine Observierung durch A4 hinzukam, um bestimmte Sitzungen zu überwachen.
55 Archiv des Security Service.
56 Rosen, *Old Labour to New*, S. 441.
57 Archiv des Security Service.
58 Ebenda.
59 Ebenda. Ramelson teilte Gollan, dem Parteichef der CPGB, mit, dass der TUC bei der Sitzung »das allergrößte Chaos« angerichtet habe.
60 Ebenda.
61 Andrew und Mitrochin, *Das Schwarzbuch des KGB*, S. 434.
62 Archiv des Security Service.
63 Andrew und Mitrochin, *Das Schwarzbuch des KGB*, S. 434; Anm. 20; zur Wiederaufnahme des Kontakts zu Prime im Jahr 1980 und seiner Verhaftung 1982 siehe ebenda, S. 770, Anm. 20.
64 Siehe Abschnitt B, Kap. 2.
65 Andrew und Mitrochin, *Das Schwarzbuch des KGB*, S. 516 f.

66 Eine Instruktion des Innenministeriums (die sich nicht auf Material des Service stützte) behauptete nach der Veröffentlichung des *Schwarzbuchs des KGB*, dass Norwood im Jahr 1945 nicht von der BNFMRA beschäftigt gewesen sei. Die Behauptung wurde von Burke, *The Spy Who Came in from the Co-op*, S. 9, widerlegt.
67 Archiv des Security Service.
68 Burke, *The Spy Who Came in from the Co-op*, S. 64.
69 Archiv des Security Service.
70 Andrew und Mitrochin, *Das Schwarzbuch des KGB*, S. 185.
71 Archiv des Security Service. Zu den Vorkriegsberichten über Norwood siehe Abschnitt B, Kap. 2.
72 Ebenda.
73 Andrew und Mitrochin, *Das Schwarzbuch des KGB*, S. 491 f.
74 Ebenda, S. 169 f.; Burke, *The Spy Who Came from the Co-op*, Kap. 10–12.
75 Archiv des Security Service. Die Behauptung in einer Zusammenfassung eine Generation später, die Offiziere, die 1965/66 in ihrem Fall ermittelten, hätten, »obwohl die Überprüfung keine Beweise erbrachte und nach einem Jahr abgebrochen wurde«, Norwood dennoch »stark im Verdacht gehabt, KGB-Agentin zu sein«, steht im Widerspruch zu der Schlussfolgerung des D1-Mitarbeiters im Jahr 1966.
76 Die BNFMRA hatte zwar zu der Zeit keine klassifizierten Aufträge, aber der Vorgesetzte von Norwood war immerhin Mitglied eines streng geheimen Komitees der Admiralität. Der D1-Mitarbeiter bemerkte: »Es liegt auf der Hand, dass es ihr nicht allzu schwer gefallen wäre, etwas über die Arbeit herauszufinden, wenn sie die Absicht gehabt hätte.« Doch »sie wurde eindeutig als zuverlässig und eine Stütze der Firma angesehen, was nach so vielen Arbeitsjahren kein Wunder ist.« Archiv des Security Service.
77 Ebenda.
78 Ein Vorschlag, »Lettie« Norwood im Jahr 1968 zu vernehmen, wurde mit der Begründung abgelehnt, dass keine Aussicht bestehe, sie dazu zu bringen, eine Verbindung zum KGB in irgendeiner Phase ihrer Karriere einzugestehen. Archiv des Security Service.
79 Andrew und Mitrochin, *Das Schwarzbuch des KGB*, S. 492.
80 Archiv des Security Service.
81 Ebenda.
82 Ebenda.
83 Burke, *The Spy Who Came in from the Co-op*, S. 164.
84 Andrew und Mitrochin, *Das Schwarzbuch des KGB*, S. 517.
85 Ebenda; sowie englische Ausgabe Andrew und Mitrokhin, *Mitrokhin Archive*, S. xxv–xxvii.
86 Andrew und Mitrochin, *Das Schwarzbuch des KGB*, S. 517.
87 Archiv des Security Service.
88 Ebenda.
89 Ebenda. Die später von Mitrochin gelieferten Informationen über NAGIN fügten kaum etwas dem hinzu, was der Security Service bereits herausgefunden hatte.
90 Archiv des Security Service. Der Generalstaatsanwalt entschied im Jahr 1996, dass keine zulässigen Beweise gegen YUNG vorlägen und deshalb keine Aussicht auf eine erfolgreiche Strafverfolgung bestünde.

91 Ebenda.
92 Ebenda.
93 Ebenda.
94 Andrew und Mitrochin, *Das Schwarzbuch des KGB*, S. 517.
95 Archiv des Security Service.
96 Ebenda.
97 John Steele, »25 years for the Spy Who Stayed in the Cold«, in: *Daily Telegraph*, 18. November 1993.
98 Andrew und Mitrochin, *Das Schwarzbuch des KGB*, S. 518.
99 Bericht des Sicherheitsausschusses (Cm 2930), Juli 1995.
100 Archiv des Security Service.
101 Ebenda.
102 Der Direktor von Branch K schrieb im Jahr 1994: »Die Botschaft aus den Berichten der Überläufer – insbesondere Mitte der achtziger Jahre – lautete durchweg: Ausnahmen konnten gemacht werden, es gab *kein* Verbot gegen ehemalige Mitglieder, etc.« Archiv des Security Service.
103 Bericht des Sicherheitsausschusses (Cm2930), Juli 1995, Kap. 2–4.
104 Andrew und Mitrochin, *Das Schwarzbuch des KGB*, S. 519 f.
105 Ebenda, S. 520 f.
106 »›Boring‹ idealist, who spied for Russia gets 25 years«, in: *The Times*, 19. November 1993.
107 Bericht des Sicherheitsausschusses (Cm2930), Juli 1995. Andrew und Mitrochin, *Das Schwarzbuch des KGB*, S. 520.
108 Obwohl Smith nur wegen Anklagen im Zusammenhang mit seiner Spionage von 1990 bis 1992 verurteilt wurde, erklärte der Sicherheitsausschuss, dass »die gravierendste bekannte Spionagetätigkeit von Smith während seiner Arbeit für EMI stattfand«. Bericht des Sicherheitsausschusses (Cm 2930), Juli 1995.
109 Andrew und Mitrochin, *Das Schwarzbuch des KGB*, S. 518.
110 Ebenda, S. 304.
111 Polmar und Allen, *Spy Book*, S. 83.
112 Andrew und Mitrochin, *Das Schwarzbuch des KGB*, S. 306, 751 f. Im Jahr 1980 stammten 61,5 Prozent aller sowjetischen S&T-Informationen aus amerikanischen Quellen, 10,5 Prozent aus der BRD, 8 Prozent aus Frankreich und 7,5 Prozent aus Großbritannien. Diese Zahlen geben jedoch nicht die ganze Geschichte wieder, weil darin Material aus nicht klassifizierten und klassifizierten Quellen enthalten ist. Hanson, *Soviet Industrial Espionage;* Andrew und Mitrochin, *Das Schwarzbuch des KGB*, S. 306.

2
Der Kampf gegen den Terror und Gefahrenabwehr Anfang der Siebziger

1 Archiv des Security Service.
2 Bis in die siebziger Jahre hinein befasste sich die »Gefahrenabwehr« in erster Linie mit »dem Schutz klassifizierter Informationen«. Archiv des Security Service. Anschließend wurde der Tätigkeitsbereich ausgeweitet und deckte auch den Schutz vor Terroranschlägen ab.

3 Siehe Abschnitt D, Kap. 2.
4 Follain, *Jackal*, S. 20 f.
5 Archiv des Security Service.
6 Ebenda.
7 Ebenda.
8 Ebenda.
9 Boyce, *Irish Question and British Politics*, S. 106.
10 Taylor, *Provos*, S. 32.
11 Archiv des Security Service.
12 Ebenda.
13 Ebenda.
14 Ebenda.
15 Ebenda.
16 Ebenda.
17 Rimington, *Open Secret*, S. 105.
18 Die Arbeitsgruppe des JIC von 1967, die an den nachrichtendienstlichen Prioritäten arbeitete, erwähnte die irischen Angelegenheiten mit keinem Wort. »Confidential Annexe to Item 1 of JIC (67) 27. Sitzung (29. Juni 1967)«, TNA CAB 159/47; den Hinweis auf diese Quelle verdanke ich Professor Eunan O'Halpin.
19 JIC (A) (69) 27 (Final) (16. Juni 1969), TNA CAB 186/3.
20 Crossman, *Diaries of a Cabinet Minister*, Bd. 3, S. 636; Bew und Gillespie, *Northern Ireland*, S. 19.
21 O'Halpin, *Defending Ireland*, S. 307.
22 Andrew und Mitrochin, *Das Schwarzbuch des KGB*, S. 472 f.
23 Zu Oleg Ljalin, siehe Abschnitt E, Kap. 1.
24 Archiv des Security Service.
25 Offenbar erfuhr der Security Service erst 1992 nähere Einzelheiten zu dem Bittgesuch Gouldings und Costellos an Andropow und von den Waffenlieferungen an die »Official IRA«, als Mitrochin entsprechende Informationen aus den KGB-Akten lieferte. Andrew und Mitrochin, *Das Schwarzbuch des KGB*, S. 477 ff.
26 Nach einem Streit mit Goulding im Jahr 1974 wurde Costello aus der Official IRA ausgeschlossen und gründete eine neue trotzkistische Bewegung, die Irisch-Republikanische Sozialistische Partei (TRSP). Er wurde im Jahr 1977 von den Officials ermordet.
27 Archiv des Security Service.
28 Unveröffentlichte Memoiren eines ehemaligen Offiziers des Security Service.
29 Archiv des Security Service.
30 Ebenda.
31 Im Archiv des Security Service ist kein Nachweis über eine Kommunikation zwischen Furnival Jones und Heath zu den Entführungen erhalten. Zur geringen Meinung von Heath über den MI5-Chef siehe Heath, *Course of my Life*, S. 474.
32 Interview mit Lord Wilson of Dinton, Januar 2007.
33 Archiv des Security Service.
34 Ebenda.

35 Ebenda.
36 *Evening Standard*, 15. Dezember 1971.
37 Archiv des Security Service. Der Geheimdienst überließ die Ermittlungen weitgehend der städtischen Polizei.
38 Ebenda.
39 de la Billière, *Looking for Trouble*, S. 180 f.
40 Christie, *Christie File*, S. 227.
41 Archiv des Security Service. Die bislang unbekannte Angry Brigade hatte sich zuvor bereits zu Schüssen bekannt, die am 3. Dezember 1970 auf die spanische Botschaft abgegeben worden waren, sowie zu einem Sprengmittel, das am 9. Dezember im Arbeitsministerium deponiert worden war. Beide Anschläge richteten jedoch so wenig Schaden an, dass sie von den Medien kaum beachtet worden waren.
42 Archiv des Security Service.
43 Ebenda.
44 Christie, *Chistie File*, S. 239. Christie räumte ein, dass er »mit dem, was die Angry Brigade tat« sympathisierte (S. 335), leugnete aber jede aktive Beteiligung. Im Jahr 1972 wurde er von der Anklage freigesprochen, Sprengsätze beim Prozess gegen die »Stoke Newington Eight« gezündet zu haben.
45 Archiv des Security Service.
46 Ebenda.
47 Ebenda.
48 Christie, *Christie File*, S. 248.
49 Archiv des Security Service.
50 Ebenda.
51 Ebenda.
52 Ebenda.
53 F1B war der Meinung, dass es nicht die Aufgabe des Security Service sei, nach einem Terroranschlag die Ermittlungen zu übernehmen, »sondern er sollte künftige anarchistische Gewalttaten vorhersagen. Zu diesem Zweck müssen wir unsere Verbindung zu Sicherheitsbehörden auf der ganzen Welt ausbauen.« Archiv des Security Service.
54 Ebenda.
55 Siehe Abschnitt D, Kap. 6.
56 Erinnerungen eines ehemaligen Mitarbeiters des Security Service.
57 Archiv des Security Service.
58 Hoffman, *Terrorismus*, S. 95 f.
59 de la Billière, *Looking for Trouble*, S. 281 f.
60 Archiv des Security Service.
61 Ebenda.
62 Die Ermittlungen zu den Briefbomben wurden in erster Linie von der MPSB durchgeführt, unterstützt vom forensischen Sprengstofflabor des königlichen Arsenals. EM2 Branch, R. A. R. D. E., Archiv des Security Service. In dem Bericht heißt es auf Seite 3: »Viele ähnliche Apparate sind von dem Labor seit dem Mord an Dr. Ami Shachori in der israelischen Botschaft in London am 19. September 1972 untersucht worden.«
63 Erinnerungen eines ehemaligen Mitarbeiters des Security Service.

64 Archiv des Security Service.
65 Ebenda.
66 Ebenda.
67 Ebenda. COBR kam bei allen möglichen Notfällen zum Einsatz, nicht nur bei Terroranschlägen.
68 Ebenda.
69 Ebenda.
70 Ebenda.
71 Ebenda.
72 Ebenda.
73 Ebenda.
74 Ebenda.
75 Ebenda.
76 Ebenda.
77 Ebenda.
78 Ebenda.
79 Ebenda.
80 Ebenda.
81 Ebenda.
82 Ebenda.
83 Dobson und Payne, *War without End*, S. 174; Follain, *Jackal*, S. 39 ff.
84 Archiv des Security Service.
85 Laqueur, *Terrorismus. Eine globale Herausforderung*, S. 381. Dieses Zitat verdanke ich Eoin Jennings vom Cambridge Intelligence Seminar.
86 Andrew, *Secret Service*, Kap. 8.
87 Erinnerungen eines ehemaligen Mitarbeiters des Security Service.
88 Archiv des Security Service.
89 Ebenda.
90 Ebenda.
91 Moloney, *Secret History of the IRA*, S. 103.
92 Heath, *Course of my Life*, S. 427 f.
93 Bew und Gillespie, *Northern Ireland*, S. 36 f.
94 Erinnerungen eines ehemaligen Mitarbeiters des Security Service.
95 Unveröffentlichte Memoiren eines ehemaligen Offiziers des Security Service.
96 Im April 1971 teilte der DG dem Innenminister mit: »Es besteht die potenzielle Gefahr einer Sabotage an der Concorde seitens der IRA und ... mit der Zustimmung des Ministeriums für Luftfahrtindustrie und BAC haben wir unlängst die Sicherheitsmaßnahmen am Flugplatz überprüft, von dem aus der Prototyp startet.« Archiv des Security Service. Allem Anschein nach ist dies das erste Beispiel für eine Beteiligung des Security Service an Schutzmaßnahmen gegen republikanischen Terrorismus im Kernland, der seit dem Beginn der Unruhen ins Blickfeld der Regierung geraten ist.
97 Archiv des Security Service.
98 Ebenda.
99 Ein EKP ist folgendermaßen definiert: »Jede Einrichtung, deren Produkte oder Dienstleistungen von so großer Bedeutung sind, dass ein völliger Ausfall oder schwerer Schaden die Verteidigung oder Sicherheit oder die Funktion der Regie-

rung oder der Wirtschaft empfindlich beeinträchtigen würde.« Archiv des Security Service. Das Konzept der EKP, wenn auch unter anderem Namen, reichte mindestens bis in den Zweiten Weltkrieg zurück, als der Service zuständig war für die Beratung zur Sicherheit von Munitions- und Flugzeugfabriken, Arsenalen, Werften, Eisenbahnen und öffentlichen Versorgungsbetrieben.

100 Archiv des Security Service.
101 Ebenda.
102 Bew und Gillespie, *Northern Ireland*, S. 44 ff.
103 Archiv des Security Service.
104 Ebenda. Erinnerungen eines ehemaligen Mitarbeiters des Security Service.
105 Erinnerungen eines ehemaligen Mitarbeiters des Security Service.
106 Erinnerungen eines ehemaligen Mitarbeiters des Security Service; Archiv des Security Service.
107 Erinnerungen eines ehemaligen Mitarbeiters des Security Service.
108 Erinnerungen eines ehemaligen Mitarbeiters des Security Service.
109 Archiv des Security Service.
110 Ebenda.
111 Anderson, *Cahill*, S. 270.
112 Archiv des Security Service. Die autorisierte Biografie Cahills bestätigt seine Teilnahme an der Lieferung, Anderson, *Cahill*, S. 13 f., Kap. 11.
113 Archiv des Security Service.
114 Ebenda.
115 Ebenda.
116 Ebenda. Behauptungen, die Besatzung der *Claudia* habe gemerkt, dass sie beobachtet werde, und begonnen, die Waffen über Bord zu werfen, entbehren jeder Grundlage.
117 Anderson, *Cahill*, S. 272 (das Zitat von Cahill).
118 Archiv des Security Service.
119 Siehe Abschnitt E, Kap. 6.
120 Erinnerungen eines ehemaligen Mitarbeiters des Security Service.
121 Taylor, *Provos*, S. 164 f.
122 Archiv des Security Service.
123 In den Protokollen der Ermittlung zum »Bloody Sunday« im Juni 2004 (Woche 118, ADO 199.0001) gab Duddy an, er kenne Ruairí Ó Brádaigh.
124 Brian Rowan, »Derry man breaks silence in ›McGuinness plea‹«, in: *Belfast Telegraph*, 21. Juni 2007.
125 Archiv des Security Service.
126 Ebenda.
127 Ebenda.
128 Ebenda.
129 Erinnerungen eines ehemaligen Mitarbeiters des Security Service.
130 Archiv des Security Service.
131 Ebenda. Die Tatsache, dass das Treffen des DCI mit Wilson im Archiv des Security Service nicht dokumentiert ist, ist ein weiterer Beweis für die Heimlichtuerei um den Besuch des DCI in Chequers.

3
Der Kampf gegen den Terror und Gefahrenabwehr Ende der Siebziger

1. Archiv des Security Service.
2. McGladdery, *Provisional IRA in England*, S. 102 ff. Die Akte des Security Service über die Belagerung in der Balcombe Street enthält keinen Hinweis darauf, dass der Geheimdienst der Met nennenswert geholfen hätte.
3. Archiv des Security Service.
4. Ebenda.
5. *Parl. Deb. (Commons)*, 25. März 1976, col. 647.
6. Archiv des Security Service.
7. Ebenda.
8. Ebenda.
9. Ebenda.
10. Siehe Abschnitt E, Kap. 2.
11. Archiv des Security Service.
12. Ebenda.
13. Ebenda.
14. Ebenda.
15. Donoughue schrieb am 17. Februar 1977: »Wie ›verantwortungsvoll‹ ist es, keine langfristige Strategie zu haben?«, in: Donoughue, *Downing Street Diary*, Bd. 2, S. 149.
16. Archiv des Security Service. Im Jahr 1978 wurde bezüglich früherer Anfänger vermerkt: »Wir sind auf Freiwillige angewiesen und können einem Stabsoffizier nicht befehlen, dort [in Nordirland] zu dienen. Derzeit haben wir lediglich fünf Freiwillige, von denen zwei erst gegen Ende des Jahres bereit sind zu gehen.«
17. Archiv des Security Service. Siehe Abschnitt E, Kap. 2.
18. Archiv des Security Service. Branch FX wurde ursprünglich FZ genannt. Der Name wurde geändert, weil man befürchtete, dass FZ, mit der Hand geschrieben, mit F2 verwechselt werden könnte.
19. Ursprünglich umfasste Branch F die Abteilungen F1, F2 und F3; die Abteilungen F4, F5 und F6 hingegen gehörten zu Branch FX. Archiv des Security Service.
20. Ebenda.
21. Ebenda.
22. Ebenda.
23. Ebenda. Die wichtigsten Ausnahmen waren Iraker, Libyer und die Mitarbeiter der nahöstlichen Botschaften in London.
24. Donoughue, *Downing Street Diary*, Bd. 2, S. 248.
25. Archiv des Security Service.
26. Ebenda.
27. Andrew und Mitrochin, *Das Schwarzbuch des KGB*, S. 482 ff.; Andrew und Mitrochin, *Schwarzbuch des KGB 2*, S. 222, 373.
28. Archiv des Security Service.
29. Das letzte Opfer der PIRA auf dem Festland in den Siebzigern war ein Passant, der am 22. Oktober 1975 von einer Bombe getötet wurde, die außen am Londoner Wohnsitz des konservativen Abgeordneten Hugh Fraser gelegt worden war.

30 Statistische Angaben aus Bew und Gillespie, *Northern Ireland*. Die »Zahl der Todesopfer aus den Unruhen« verteilte sich wie folgt auf die Jahre: 1974–220; 1975–275; 1976–297; 1977–112; 1978–81; 1979–113.
31 Anderson, *Cahill*, S. 314 f.
32 Archiv des Security Service.
33 Taylor, *Provos*, S. 210.
34 Archiv des Security Service.
35 Ebenda.
36 Ebenda.
37 Ebenda.
38 Ebenda.
39 Ebenda.
40 Ebenda.
41 Der britische NATO-Gesandte Paul Holmer war von der PIRA zum Angriffsziel auserwählt worden, nachdem Pläne, den NATO-Botschafter Sir John Killick zu ermorden, abgelehnt worden waren. Archiv des Security Service.
42 Ebenda.
43 Ebenda.
44 Coogan, *IRA*, S. 467 f.
45 Archiv des Security Service.
46 Der Security Service schenkte späteren Pressemeldungen wenig Glauben, wonach Lord Mountbatten bereits im Sommer von Sir Maurice Oldfield, dem ehemaligen SIS-Chef, gewarnt worden sei, nach Irland zu fahren. Archiv des Security Service.
47 English, *Armed Struggle*, S. 219 ff., 224.
48 Archiv des Security Service.
49 Ebenda.
50 Ebenda.
51 Ebenda.
52 Ebenda.
53 Ebenda.
54 Wood, *Crimes of Loyalty*, S. 330 f.
55 Archiv des Security Service.
56 Ebenda; Wood, *Crimes of Loyalty*, S. 329.
57 McMahon, *British Spies and Irish Rebels*, S. 265 ff.
58 Archiv des Security Service.
59 Ebenda.
60 Ebenda.
61 Ebenda.
62 Ebenda.

4

Der Kampf gegen den Terror und Gefahrenabwehr Anfang der Achtziger

 1 Archiv des Security Service.
 2 Siehe Abschnitt E, Kap. 3.
 3 Archiv des Security Service.
 4 Erinnerungen eines ehemaligen Mitarbeiters des Security Service.
 5 Siehe voriges Kapitel.
 6 Archiv des Security Service.
 7 Siehe Abschnitt E, Kapitel 2.
 8 Archiv des Security Service.
 9 Ebenda.
10 Ebenda.
11 Siehe Abschnitt E, Kap. 2.
12 Archiv des Security Service.
13 Ebenda.
14 Thatcher, *Downing Street. Erinnerungen*, S. 140. Laut Peter de la Billière wurde diese Strategie anschließend leicht abgeändert: »Nach intensiven Diskussionen im COBR beschloss Whitelaw, dass ein Angriff der Botschaft gerechtfertigt sei, falls zwei oder mehr Geiseln getötet wurden. Ein Toter, entschied er, könne infolge eines Unfalls eintreten, und die Verhandlungen könnten danach weitergeführt werden; aber falls eine zweite Geisel ermordet werde und weitere bedroht seien, wäre dies ein ausreichender Grund für eine Erstürmung.« De la Billière, *Looking for Trouble*, S. 322.
15 Thatcher, *Downing Street. Erinnerungen*, S. 139 f. Zu den Anfängen der Beteiligung des Security Service in COBR siehe Abschnitt E, Kap. 2.
16 Archiv des Security Service.
17 Ebenda.
18 Ebenda.
19 Ebenda.
20 Ebenda.
21 Ebenda.
22 Thatcher, *Downing Street. Erinnerungen*, S. 140.
23 Archiv des Security Service.
24 De la Billière, *Looking for Trouble*, S. 326.
25 Ebenda, S. 333 ff.
26 Archiv des Security Service.
27 *Parl. Deb. (Commons)*, 6. Mai 1980, cols 28–35.
28 Archiv des Security Service.
29 Ebenda.
30 Die erste umfassende britische Übung zur Terrorabwehr im Jahr 1973 war eigens für den Umgang mit der Gefahr einer Flugzeugentführung geplant worden. Siehe Abschnitt E, Kap. 2.
31 Archiv des Security Service.
32 Thatcher, *Downing Street. Erinnerungen*, S. 140.
33 Archiv des Security Service.
34 Im Dezember 1980 sagte MI5-Chef Sir Howard Smith dem Innenminister Willie

Whitelaw: »Zum derzeitigen Zeitpunkt sind die Libyer die größte Gefahr, und ich hoffe, dass in Tripolis alles in ihrer Macht Stehende getan wird, um dafür zu sorgen, dass keine unerwünschten Personen Visa erhalten. Gleichzeitig müssen wir damit rechnen, dass einige durch das Netz schlüpfen werden, und für diesen Fall hoffte ich, dass der Innenminister bereit sei, eine harte Linie gegen unerwünschte Personen zu fahren, die hier auftauchen.« Archiv des Security Service.

35 Archiv des Security Service.
36 Ebenda.
37 Ebenda.
38 Ebenda.
39 Ebenda.
40 Ebenda.
41 Ebenda.
42 Ebenda.
43 Ebenda. Die Special Branch in Hampshire fand drei Gramm Thallium versteckt in einem Gebäude von Portsmouth.
44 »Shared-out peanuts foiled poison plot, QC says«, in: *The Times*, 23. Juni 1981; Malcolm Stuart, »Prisoner who got it all wrong«, in: *Guardian*, 3. Juli 1981.
45 Archiv des Security Service.
46 Ebenda.
47 Ebenda.
48 Ebenda.
49 Ebenda.
50 Ebenda.
51 Follain, *Jackal*, S. 160 f.
52 Archiv des Security Service.
53 Zu ASALA und der rivalisierenden Gruppe »Gerechtigkeitskommandos des armenischen Völkermords« (JCAG) siehe Hoffman, *Terrorismus*, S. 97 ff.
54 Archiv des Security Service.
55 Ebenda.
56 Ebenda.
57 Ein angeblicher Komplize wurde freigesprochen.
58 *The Times*, 25. Juli 1983.
59 Hoffman, *Terrorismus*, S. 99.
60 English, *Armed Struggle*, Kap. 5.
61 Archiv des Security Service.
62 Moloney, *Secret History of the IRA*, S. 206 f.
63 Archiv des Security Service.
64 Ebenda.
65 Thatcher, *Downing Street. Erinnerungen*, S. 555.
66 Moloney, *Secret History of the IRA*, S. 206; English, *Armed Struggle*, Kap. 5.
67 Archiv des Security Service.
68 Thatcher, *Downing Street. Erinnerungen*, S. 554.
69 Erinnerungen eines ehemaligen Mitarbeiters des Security Service.
70 Archiv des Security Service.
71 Erinnerungen eines ehemaligen Mitarbeiters des Security Service.

72 Archiv des Security Service.
73 Ebenda.
74 Ebenda. Die Arbeitsgruppe war der Meinung, dass das Fehlen öffentlicher Mittel, anderer Anreize und Sanktionen viele Besitzer von EKP (meist im privaten Sektor) zögern ließen, die gelegentlich hohen Kosten zu investieren, die erforderlich waren, um ein befriedigendes Maß an Sicherheit zu gewährleisten. Ferner nahm man an, dass die Kriterien für die Bestimmung eines Objekts zu unflexibel seien und dass die (eher vereinfachte) Liste zu lang sei.
75 Erinnerungen eines ehemaligen Mitarbeiters des Security Service.
76 Archiv des Security Service.
77 Die wichtigsten Komitees waren die EKP-Unterausschüsse des Offiziellen Komitees für Terrorismus (TO) und das Offizielle Komitee zum Heimatschutz (HDO); der Unterausschuss des HDO befasste sich mit Maßnahmen zum Schutz von EKP in Kriegs- und Krisenzeiten.
78 Archiv des Security Service.
79 Ebenda.
80 Bew und Gallagher, *Northern Ireland*, S. 359 f.
81 Archiv des Security Service.
82 Ebenda.
83 Erinnerungen von Sir Stephen Lander.
84 Archiv des Security Service.
85 Ebenda.
86 Ebenda.
87 Ebenda.
88 Ebenda.
89 Moloney, *Secret History of the IRA*, S. 209.
90 Archiv des Security Service.
91 David Pallister, »US court clears five of IRA gunrunning plot«, in: *Guardian*, 6. November 1982.
92 Archiv des Security Service.
93 Ebenda.
94 Ebenda.
95 Ebenda.
96 Ebenda.
97 Später stellte sich heraus, dass der Fahrer zuvor bereits zwei Waffenlieferungen geschmuggelt hatte. Archiv des Security Service.
98 Ein zweites Mitglied, das gemeinsam mit McVeigh die Ladung löschte, konnte flüchten. Archiv des Security Service.
99 Ebenda.
100 Ebenda.
101 Ebenda.
102 Ebenda.
103 Ebenda.
104 Ebenda.
105 Branch F wurde einmal mehr zum Bereich für Subversionsabwehr.
106 Archiv des Security Service.
107 Ebenda.

108 Information der MPSB.
109 Archiv des Security Service.
110 Erinnerungen eines Beamten der MPSB.
111 Erinnerungen eines Beamten der MPSB.
112 Archiv des Security Service.
113 Erinnerungen eines Beamten der MPSB. Zu US-Informationen über libyschen Terrorismus Mitte der achtziger Jahre siehe Andrew, *For the President's Eyes Only,* S. 483 f.
114 Andrew und Gordiewsky, *KGB – Auslandsoperationen,* S. 813 f.
115 Archiv des Security Service.
116 Erinnerungen von Sir Patrick Walker.
117 Archiv des Security Service.
118 Ebenda.
119 Ebenda.
120 Al Jahours Mörder ist noch immer nicht bekannt. Archiv des Security Service.
121 Dobson und Payne, *War without End,* S. 190 f.; Archiv des Security Service.
122 Archiv des Security Service.
123 Ebenda.
124 Ebenda.
125 Dobson und Payne, *War without End,* S. 191 f.
126 Ebenda, S. 187.
127 »Terrorists Jailed for Marita Ann Cache«, in: *The Times,* 12. Dezember 1984. Zwei weitere Besatzungsmitglieder, die beim Auslaufen des Trawlers angeblich von seiner Mission wussten, erhielten fünf Jahre auf Bewährung.
128 Archiv des Security Service.
129 Erinnerungen von Sir Stephen Lander.
130 Ebenda.
131 Archiv des Security Service.
132 Ebenda.

5
Spionageabwehr im letzten Jahrzehnt des Kalten Krieges

1 Das Medieninteresse wurde durch das Erscheinen von Andrew Boyles Buch *Climate of Treason* (deutsch: *Ring der Verräter. Fünf Spione für Russland,* Hamburg 1980) geweckt, das einen Teil der Geschichte Blunts erzählt, aber aus Angst vor Verleumdungsklagen von einem »Maurice« schreibt und die wahre Identität verschweigt.
2 Zu den Medien und der Enttarnung Blunts siehe Carter, *Blunt,* S. 468–482.
3 Archiv des Security Service.
4 Beves war schon im Jahr 1977 zu Unrecht als mutmaßlicher sowjetischer Spion bezeichnet worden.
5 Archiv des Security Service. Während seiner Zeit in der Zentrale in der Dritten Abteilung der Ersten Hauptverwaltung (u. a. für Großbritannien zuständig) hatte Gordiewsky nach der Enttarnung von Blunt als »Vierter Mann« erfahren, dass Cairncross der fünfte gewesen war. Als Gordiewsky im Jahr 1981 an

einer Geschichte der dritten Abteilung arbeitete, stellte er fest, dass Cairncross' Leistungen als sowjetischer Agent durchaus mit denen Philbys, Burgess' und Macleans vergleichbar waren.
6 Cairncross, der bereits als sowjetischer Spion genannt worden war, wurde zum ersten Mal in dem 1990 erschienenen Buch von Andrew und Gordiewsky, *KGB – Auslandsoperationen*, öffentlich als der fünfte Mann identifiziert.
7 Archiv des Security Service.
8 Ebenda.
9 Stonehouse, *Ralph*; Andrew und Gordiewsky, *KGB – Auslandsoperationen*, S. 672 f.
10 Archiv des Security Service.
11 Ebenda.
12 Chapman Pincher, »Minister Sold our Concorde Secrets to KGB«, in: *Daily Express*, 16. Januar 2006.
13 Interview mit Stella Rimington, September 2001.
14 Archiv des Security Service.
15 Andrew und Gordievsky (Hg.), *Instructions from the Centre*, Kap. 4.
16 Archiv des Security Service. Francis Pym, damals Außenminister, wurde ebenfalls am 23. Dezember 1982 eingeweiht.
17 Archiv des Security Service.
18 Howe, *Conflict of Loyalty*, S. 349 f.
19 Archiv des Security Service.
20 Ebenda.
21 Ebenda.
22 Gordievsky, *Next Stop Execution*, S. 285 f.
23 Archiv des Security Service.
24 Ebenda.
25 Ebenda.
26 Gordievsky, *Next Stop Execution*, S. 286 f.
27 Archiv des Security Service.
28 Ebenda.
29 Pincher, *Their Trade is Treachery*.
30 Andrew und Gordiewsky, *KGB – Auslandsoperationen*, S. 17.
31 Archiv des Security Service.
32 Ebenda.
33 Ebenda.
34 Zu Primes eigener Einschätzung des ideologischen Elements in seiner Motivation siehe Abschnitt E, Kap. 1.
35 Da die Analyse mit dem Jahr 1952 begann, fielen Burgess, Maclean und die wichtigsten Atomagenten weg, die allesamt in erster Linie aus ideologischer Überzeugung handelten.
36 Archiv des Security Service.
37 Ursprünglich nahm Gordiewsky an, KOBA sei der Deckname, den die Zentrale dem anonymen Briefschreiber gegeben hatte; Archiv des Security Service. Als er im Frühjahr 1984 designierter Resident wurde und Zugang zu Bettaneys Briefen an Guk hatte, entdeckte er jedoch, dass Bettaney selbst mit »Koba« unterschrieben hatte.

38 Andrew und Gordiewsky, *KGB – Auslandsoperationen*, S. 772 f.; Gordievsky, *Next Stop Execution*, S. 249–252.
39 Archiv des Security Service.
40 Ebenda; Erinnerungen eines ehemaligen Mitarbeiters des Security Service.
41 Archiv des Security Service.
42 Ebenda.
43 Ebenda. Durch die Verwendung des Decknamens ELMEN wurde erreicht, dass die Berichte nicht in den Akten für andere Berichte Gordiewskys abgelegt wurden. Der Kreis der Eingeweihten wurde damit weiter begrenzt.
44 Archiv des Security Service.
45 Archiv des Security Service.
46 Ebenda.
47 Erinnerungen eines ehemaligen Mitarbeiters des Security Service; Archiv des Security Service.
48 Erinnerungen eines ehemaligen Mitarbeiters des Security Service.
49 Archiv des Security Service.
50 Ebenda.
51 Ebenda.
52 Ebenda.
53 Erinnerungen eines ehemaligen Mitarbeites des Security Service.
54 Archiv des Security Service.
55 Am 27. Juli erörterten der Generaldirektor und der Direktor von Branch K den Fall ELMEN mit Sir Robert Armstrong und dem PUS im Innenministerium. Sie berichteten, dass der Fall zwar gelöst sei, aber immer noch keine Beweise vorlägen, auf die man eine Strafverfolgung stützen könne. Archiv des Security Service.
56 Ebenda.
57 Ebenda.
58 Nach der Rückkehr aus dem Urlaub am 10. August berichtete Gordiewsky, dass G. F. Titow, der Chef der Dritten Abteilung der Ersten Hauptverwaltung, Guks Ansicht teilte, dass Bettaneys Briefe eine Provokation der Briten waren. Archiv des Security Service.
59 Ebenda.
60 Ebenda.
61 Ebenda.
62 Ebenda.
63 Ebenda.
64 Ebenda.
65 Ebenda.
66 Ebenda.
67 Ebenda. Der DDG machte deutlich, dass Bettaneys Annahme zutraf: Er konnte nicht mit Straffreiheit rechnen im Gegenzug für ein volles Geständnis.
68 Erinnerungen eines ehemaligen Offiziers des Security Service; Archiv des Security Service.
69 Archiv des Security Service.
70 Ebenda.
71 Ebenda.

72 Ebenda.
73 Ebenda.
74 Ebenda.
75 Ebenda.
76 Ebenda.
77 Ebenda.
78 Erinnerungen eines ehemaligen Mitarbeiters des Security Service.
79 Andrew und Gordievsky (Hg.), *Instructions from the Centre*, S. 69–73.
80 Ebenda, S. 95–98; dazu auch Andrew und Gordiewsky, *KGB – Auslandsoperationen*, S. 773 f.
81 Howe, *Conflict of Loyalty*, S. 349 f. Die Analytiker der CIA waren damals skeptischer, siehe Andrew, *For the President's Eyes Only*, S. 476 f.
82 Andrew und Gordievsky, *KGB – Auslandsoperationen*, S. 752–780; Andrew und Gordievsky (Hg.), *Instructions from the Centre*, Kap. 4. Zur Reaktion der USA auf Gordiewskys Informationen siehe Andrew, *For the President's Eyes Only*, S. 476 f.
83 »Russian Ignored Bettaney ›Letter Boxes‹, Jury Told«, in: *The Times*, 11. April 1984. Bericht des Sicherheitsausschusses, Mai 1985, Cmnd 9514.
84 Archiv des Security Service. Als Offizier der Gruppe KR war Guk eigentlich nicht vertraut mit der Tätigkeit der Gruppe PR.
85 Ebenda.
86 Ebenda.
87 Ebenda.
88 Ebenda.
89 Gordievsky, *Next Stop Execution*, S. 270.
90 Archiv des Security Service.
91 Ebenda.
92 Ebenda.
93 Gordievsky, *Next Stop Execution*, S. 310 f.
94 Thatcher, *Downing Street. Erinnerungen*, S. 652 ff.
95 Gordievsky, *Next Stop Execution*, S. 310 f., 317 f. Gordiewskys Ernennung zum designierten Residenten wurde erschwert durch ihre vorzeitige Ankündigung auf einer Konferenz der Ersten Hauptverwaltung im Januar 1985.
96 Archiv des Security Service.
97 Gordievsky, *Next Stop Execution*, S. 318 f.
98 Die Anweisungen der Zentrale an die Londoner Residentur im Zusammenhang mit der Zahlung an DARIO sind veröffentlicht in Andrew und Gordievsky (Hg.), *Instructions from the Centre*, S. 61 ff.
99 Gordievsky, *Next Stop Execution*, S. 315; Andrew und Gordiewsky, *KGB – Auslandsoperationen*, S. 26. Gordiewsky erfuhr nach seiner Rückkehr nach Moskau durch einen Kollegen in der Ersten Hauptverwaltung, der keine Ahnung hatte, dass Gordiewsky unter Verdacht stand, von dem Rückruf der Illegalen.
100 Gordievsky, *Next Stop Execution*, Kap. 1; Andrew und Gordievsky, *KGB – Auslandsoperationen*, S. 19–28.
101 Gordievsky, *Next Stop Execution*, S. 346.
102 Archiv des Security Service.
103 Ebenda.

104 Gordievsky, *Next Stop Execution*, S. 350 ff. Leila Gordiewsky und ihren beiden Töchtern Anna und Maria wurde nach dem gescheiterten Putsch der Hardliner im August 1991 endlich die Ausreise erlaubt.
105 Archiv des Security Service.
106 Ebenda.
107 Ebenda.
108 Ebenda.
109 Ebenda.
110 Ebenda.
111 Ebenda.
112 Ebenda.
113 Ebenda.
114 Rimington, *Open Secret*, S. 186.
115 Archiv des Security Service.
116 Ebenda.
117 Ebenda. Am 19. November 2005 meldete die tschechische Zeitung *Dnes*, dass Jelínek seine Memoiren veröffentlichen werde.
118 Archiv des Security Service.
119 Howe, *Conflict of Loyalty*, S. 349 f. Zu den Treffen Gordiewskys mit Margaret Thatcher siehe Gordievsky, *Next Stop Execution*, S. 368–372.
120 Archiv des Security Service.
121 Andrew und Mitrochin, *Das Schwarzbuch des KGB*, S. 530–533.
122 Siehe Abschnitt E, Kap. 1.
123 Archiv des Security Service.
124 Anfang der achtziger Jahre wurden statistische Angaben zur sowjetischen Forschung und Entwicklung von einem französischen Agenten in Direktion T der Ersten Hauptverwaltung, Wladimir Wetrow (Deckname FAREWELL), beschafft. Hanson, *Soviet Industrial Espionage*; Andrew und Mitrochin, *Das Schwarzbuch des KGB*, S. 588 f.
125 Archiv des Security Service.
126 Ebenda.
127 Ebenda.
128 Ebenda.
129 Ebenda.
130 Erinnerungen eines ehemaligen Offiziers des Security Service.
131 Siehe Abschnitt E, Kap. 1.
132 Erinnerungen eines ehemaligen Offiziers des Security Service.

6
Der Kampf gegen den Terror und Gefahrenabwehr Ende der Achtziger

1 Rimington, *Open Secret*, S. 219 f.
2 Archiv des Security Service.
3 Ebenda.
4 Ebenda. Zu dem Attentat auf Argow siehe Abschnitt E, Kap. 4.
5 Ebenda.

6 »Wir werden den großen Brand entfachen«, in: *Der Spiegel*, 14. Oktober 1985; »Abu Nidal, a hired gun who turned on himself«, in: *The Times*, 20. August 2002.
7 Archiv des Security Service.
8 Im Jahr 1988 räumte der Service ein, dass er immer noch nicht herausgefunden hatte, ob Abu Nidal in Großbritannien eine »Struktur« aufgebaut habe. Archiv des Security Service.
9 Andrew und Mitrochin, *Das Schwarzbuch des KGB 2*, S. 220 f., 378. Die JIC berichtete im Oktober 1989, dass es keine Meldung einer FRC-Beteiligung an »einem internationalen Terroranschlag« gegeben habe seit dem Anschlag auf ein griechisches Kreuzfahrtschiff 15 Monate zuvor. Archiv des Security Service.
10 Siehe voriges Kapitel.
11 Archiv des Security Service.
12 Ebenda.
13 Siehe Abschnitt E, Kap. 4.
14 Frank, *Indira*, S. 480–483, 492 ff., 498 f.
15 Archiv des Security Service.
16 Ebenda.
17 Ebenda.
18 Ebenda.
19 Moloney, *Secret History of the IRA*, S. 3–6.
20 Archiv des Security Service.
21 Taylor, *Provos*, S. 277 f.
22 Archiv des Security Service.
23 Information von Sir Stephen Lander.
24 Archiv des Security Service.
25 Taylor, *Brits*, S. 251 ff. Taylor folgert: »Wenn es tatsächlich eine ›Briten‹-Verschwörung gab, Stalker loszuwerden (was ich nicht glaube), dann war die Ernennung von Colin Sampson zu seinem Nachfolger, in der Annahme, er werde bei einer Vertuschung mitspielen, ein großer Fehler. Das ist wohl der Hauptgrund, weshalb die Verschwörungstheorie nicht stichhaltig ist.«
26 Bolton, *Death on the Rock*, S. 189 ff.
27 Archiv des Security Service.
28 Eckert, *Fatal Encounter*, S. 13 f.
29 Ebenda, S. 11.
30 Archiv des Security Service.
31 Ebenda.
32 Eckert, *Fatal Encounter*, S. 14, 19, 21.
33 *The Windlesham/Rampton Report*, S. 103–107. Wie bei so plötzlichen und schockierenden Schüssen nicht anders zu erwarten, wichen die Zeugenaussagen erheblich voneinander ab.
34 Ebenda, S. 45 ff., 81 f., 86 ff. Allerdings traf das Team von *World in Action* nicht allein die Schuld an diesem grundlegenden Fehler in der Argumentation. Sie stützten sich allzu sehr auf eine falsch verstandene Version der spanischen Observierung, die sie von den spanischen Behörden erhalten hatten.
35 Transskript von »Death on the Rock«, 28. April 1988; *The Windlesham/Rampton Report*, S. 47 f.

36 Siehe z. B. Taylor, *Brits,* S. 282. Zu den vielen falsch wiedergegebenen Fakten in »Death on the Rock« zählt die Behauptung (ohne nähere Begründung), dass »Mary Parkin« (Siobhan O'Hanlon) am 1. März nach Gibraltar zurückgekehrt sei, fünf Tage vor den Schüssen und mehrere Tage, nachdem sie in Wirklichkeit nach Irland zurückgekehrt war. Außerdem wurde sie falsch als das »vierte Mitglied« einer dreiköpfigen Kampfeinheit bezeichnet. Transskript von »Death on the Rock«, 28. April 1988; *The Windlesham / Rampton Report,* S. 41.
37 Archiv des Security Service.
38 Ebenda.
39 Bolton, *Death on the Rock,* S. 300.
40 Archiv des Security Service.
41 Ebenda.
42 Ebenda.
43 Ebenda.
44 Ebenda.
45 Ebenda.
46 Ebenda; zusätzliche Informationen von Frau Eliza Manningham-Buller.
47 Ebenda.
48 Ebenda. Der schottische Kronanwalt Lord Fraser of Carmyllie, der letztlich die Verantwortung für die Lockerbie-Ermittlung trug, erinnert sich, dass der Hinweis, das Kleidungsstück sei auf Malta von al-Megrahi gekauft worden, den Grundstein für die Strafsache legte: »Für mich war dies der bedeutendste Durchbruch.« Interview mit Lord Fraser in: *The Times,* 19. Dezember 2008.
49 Erinnerungen eines ehemaligen Mitarbeiters des Security Service.
50 Naftali, *Blind Spot,* S. 220.
51 Eine erste Berufung Megrahis hatte keinen Erfolg. Später verzichtete er auf eine zweite Berufung. Im August 2009 wurde der Todkranke aus Mitleid aus dem Gefängnis in Schottland entlassen und kehrte nach Libyen zurück.
52 Archiv des Security Service.
53 Ebenda.
54 Rimington, *Open Secret,* S. 216.
55 Bew und Gillespie, *Northern Ireland,* S. 236.
56 Archiv des Security Service.
57 Archiv des Security Service. Peter Eamon Maguire, ein hohes langjähriges Mitglied der Ingenieursabteilung der PIRA mit Sitz in Dublin, der als Techniker für Aer Lingus arbeitete, entging einer Verhaftung knapp und floh, bis er fünf Jahre danach an die Vereinigten Staaten ausgeliefert wurde. Maguire wurde 1995 verurteilt.
58 Ebenda. Der im Rückblick geschriebene Bericht von 1989 gibt irrtümlich 1985 als das Jahr an, in dem der Service die Nachforschungen zur Bestellung der 50 Schalter aufnahm. Der Antrag des FBI, Johnson 1984 nach ihnen zu befragen, zeigt, dass die Angelegenheit ein Jahr früher begann.
59 Ebenda.
60 Archiv des Security Service.
61 Ebenda.
62 Ebenda.
63 Ebenda.

64 Thatcher, *Downing Street. Erinnerungen*, S. 586.
65 Archiv des Security Service.
66 Ebenda.
67 Ebenda.
68 Ebenda.
69 Ebenda.
70 Ebenda.
71 Ebenda.
72 Ebenda.
73 Ebenda.
74 Ebenda.

F Nach dem Kalten Krieg

1
Religiös motivierter Terror

1 »The Paladin of Jihad«, *Time*, 6. Mai 1996.
2 *The 9/11 Commission Report*, S. 56.
3 Archiv des Security Service
4 Der US-Untersuchungsausschuss zu den Anschlägen vom 11. September berichtete später, dass die Anschläge im Jemen den US-Geheimdienstkreisen bis 1996/97 »unbekannt« geblieben seien. *The 9/11 Commission Report*, S. 341.
5 Archiv des Security Service.
6 Ebenda.
7 Hoffman, *Terrorismus – der unerklärte Krieg*, S. 397.
8 Archiv des Security Service. In der Ära Khomeini fand nur ein Anschlag gegen einen iranische Oppositionellen (1987) in Großbritannien statt.
9 Archiv des Security Service.
10 »Salman Rushdie: His life, his work and his religion«, *Independent*, 13. Oktober 2006.
11 Archiv des Security Service.
12 Ebenda.
13 Hoffman, *Terrorismus – der unerklärte Krieg*, S. 397.
14 Archiv des Security Service.
15 Ebenda.
16 Im Dezember 1998 kam der Security Service zu dem Schluss: »Entgegen den Versicherungen von [Präsident] Khatami und Außenminister Kharrazi gibt es Hinweise darauf, dass Elemente in der iranischen Regierung, die sich ihrer Kontrolle entziehen, weiterhin nach einer Ausführung der Fatwa streben.« Archiv des Security Service. In den nächsten Jahren tauchten allerdings keine konkreten Hinweise auf eine Verschwörung zur Ermordung Rushdies in Großbritannien auf.
17 Erinnerungen von Sir Stephen Lander.
18 Archiv des Security Service.
19 Ebenda.

20 Ebenda.
21 Ebenda.
22 Ebenda.
23 Ebenda.
24 Ebenda.
25 »The Paladin of Jihad«, *Time*, 6. Mai 1996.
26 Archiv des Security Service.
27 Ebenda.
28 Ebenda.
29 Ebenda.
30 Ebenda.
31 »Britain accused of harbouring New York bomber«, *Evening Standard*, 17. Januar 1997. Archiv des Security Service.
32 Bodansky, *Bin Laden*, S. 101.
33 Erinnerungen von Dame Stella Rimington.
34 Archiv des Security Service.
35 Ebenda.
36 Ebenda.
37 Ebenda.
38 Ebenda.
39 Wright, *Der Tod wird euch finden*, S. 337 ff.
40 *The 9/11 Commission Report*, S. 116 f. Tenet, *At the Center of the Storm*, S. 117.
41 Archiv des Security Service.
42 Ebenda.
43 Ebenda.
44 Ebenda.
45 Ebenda.
46 Ebenda.
47 Ebenda.
48 Interview mit Jonathan Evans, 3. Februar 2009.
49 Archiv des Security Service.
50 Erinnerungen eines Mitarbeiters des Security Service.
51 *The 9/11 Commission Report*, S. 71 ff.
52 »Crashes in NYC had grim origins at Logan«, *Boston Globe*, 12. September 2001.
53 Archiv des Security Service.
54 »Men ›Planned Fireworks Business‹«, BBC News [online], 8. Februar 2002. »Bomb Maker Jailed for Twenty Years«, BBC News [online], 27. Februar 2002. »Abedin Team Mai Go Abroad«, BBC News [online], 27. Februar 2002.
55 Archiv des Security Service.
56 Rede der Generaldirektorin Dame Eliza Manningham-Buller, 9. November 2006; den vollen Text siehe die Website des Security Service.
57 So die Schlussfolgerung des Joint Terrorism Assessment Centre (JTAC). Archiv des Security Service.
58 Tenet, *At the Center of the Storm*, S. 260.

59 Archiv des Security Service. Behauptungen, wonach Osama bin Laden 1993 ebenfalls auf eine Betrügerei mit »Rotem Quecksilber« hereingefallen sei, sind umstritten. Wright, *Der Tod wird euch finden*, S. 238 f., 491 f.
60 Archiv des Security Service.
61 Ebenda.
62 Ebenda.
63 Ebenda.
64 Ebenda.
65 Ebenda.
66 Ebenda.
67 Interview mit Lord Wilson of Dinton, Januar 2007. Erinnerungen von Sir Stephen Lander.
68 Campbell, *Blair Years*, S. 560.
69 Interview mit Lord Wilson of Dinton, Januar 2007.
70 Campbell, *Blair Years*, S. 560 f.
71 Archiv des Security Service.
72 Campbell, *Blair Years*, S. 561
73 Ebenda, S. 563.
74 Interview mit Lord Wilson of Dinton, Januar 2007.
75 Archiv des Security Service.
76 Erinnerungen Manningham-Buller.
77 Tenet, *At the Center of the Storm*, S. 174.
78 Blunkett, *Blunkett Tapes*, S. 333.
79 Archiv des Security Service.
80 Campbell, *Blair Years*, S. 578.
81 Archiv des Security Service.
82 Security Service Annual Review 2001–2.

2
Nach dem 11. September

1 Archiv des Security Service.
2 »Guard admits stealing secrets«, BBC News, 17. Dezember 2001. »Guard jailed for stealing secrets«, BBC News, 1. Februar 2002.
3 Ohne einen kurzen Urlaubsaufenthalt Bravos im Ausland wäre sie schneller abgeschlossen gewesen. Archiv des Security Service.
4 Ebenda.
5 »Guard admits stealing secrets«, BBC News, 17. Dezember 2001. »Guard jailed for stealing secrets«, BBC News, 1. Februar 2002.
6 Archiv des Security Service.
7 Ebenda. »Plane engineer admits spying«, BBC News, 29. November 2002. »Southend sting halts a spy called Hazard«, *Guardian*, 30. November 2002. »Spy engineer jailed for 10 years«, BBC News, 4. April 2003.
8 Archiv des Security Service.
9 Ebenda.
10 Deputy Assistant Commissioner Peter Clarke, »Learning from Experience –

Counter Terrorism in the UK since 9/11«, the Colin Cramphorn Memorial Lecture, 24. April 2007.
11 Mit Billigung des Ministeriums hatte Lander Manningham-Buller 1997 zur einzigen stellvertretenden Generaldirektorin ernannt – ein Bruch mit der seit 1985 bestehenden Praxis, einen DDG(A) und einen DDG(O) zu ernennen.
12 »Fairy Godmother of the security service«, *Daily Mail,* 11. August 1997.
13 Ansprache zum »Lady Margaret Hall London Dinner«, 21. Mai 2003.
14 Archiv des Security Service.
15 Der Ständige Staatssekretär im Innenministerium, Sir Clive Whitmore, schrieb Rimington im Oktober 1992: »Ich begrüße die Nachricht, dass Eliza Manningham-Buller [1993] zur Direktorin ernannt wird. Als Direktorin der Branch A kann sie dann auf die Beziehungen aufbauen, die sie gegenwärtig zur Polizei in Sachen nachrichtendienstliche Erkenntnisse zur PIRA im britischen Kernland knüpft.« Archiv des Security Service, Archiv des Home Office.
16 Interview mit Dame Eliza Manningham-Buller, 3. April 2007.
17 Archiv des Home Office.
18 Ebenda.
19 Interview mit Dame Eliza Manningham-Buller, 3. April 2007.
20 Rizin war fast ein Vierteljahrhundert zuvor zur Ermordung des bulgarischen Dissidenten Georgi Markow beim sogenannten Regenschirmattentat eingesetzt worden.
21 Clarke, »Learning from Experience: Counter-Terrorism in the UK since 9/11«. Archiv des Security Service.
22 Interview mit Jonathan Evans, 3. Februar 2009.
23 Archiv des Security Service.
24 Salahuddin Amin, einer der Verschwörer, der sich damals in Pakistan aufhielt, stellte sich den dortigen Behörden und wurde am 2. April verhaftet. Nach seiner Rückkehr wurde er im Februar 2005 in Großbritannien festgenommen.
25 Archiv des Security Service.
26 Am 30. April 2007 wurden Omar Khyam, Anthony Garcia und Waheed Mahmood zu einer Mindesthaftdauer von 20 Jahren sowie Jawad Akbar und Salahuddin Amin zu mindestens 17,5 Jahren verurteilt. Zwei weitere Angeklagte wurden von allen Vorwürfen freigesprochen. Im Juni 2004 hatte sich Mohammed Junaid Babar in den USA einer Reihe terroristischer Straftaten für schuldig bekannt, darunter »der Beschaffung von Material zur Unterstützung terroristischer Aktivitäten, insbesondere für die britische Verschwörung mit Sprengstoff«. Anschließend trat er im CREVICE-Prozess als Zeuge der Anklage auf.
27 Archiv des Security Service.
28 Intelligence and Security Committee, *Annual Report 2006–2007* (Cm 7299), Januar 2008.
29 Website des MI5. Archiv des Security Service.
30 Die Gefahrenstufen wurden aufgelistet in Intelligence and Security Committee, *Report into the London Terrorist Attacks on 7 Juli 2005* (Cm 6785), Mai 2006.
31 Archiv des Security Service. Die Bilanz des JTAC als behördenübergreifende Organisation wurde 2004 im Butler-Report gelobt.

32 Archiv des Security Service.
33 Interview mit einem ehemaligen Mitarbeiter des Security Service.
34 Website des MI5.
35 Archiv des Security Service.
36 Interview mit einem ehemaligen Mitarbeiter des Security Service.
37 Website des CPNI.
38 Die Beantwortungsquote von 60 Prozent lag um 6 Prozent unter der der Umfrage von 2000, wurde von offizieller Stelle aber für ausreichend hoch befunden, um die Ergebnisse als zuverlässig einzustufen. Die Quote der allgemeinen Zufriedenheit lag 4 Prozent über der der letzten Erhebung 2000. 99 Prozent derer, die die Fragen beantwortet hatten, hielten die Arbeit des Dienstes für wichtig. 95 Prozent bekundeten Stolz, »für den Dienst zu arbeiten«, und hatten eine Vorstellung davon, wie sie als Einzelne zur Erlangung seiner Ziele beitrugen.
39 Bericht von »Investors in People« vom Dezember 2006.
40 Archiv des Security Service. Im Bericht der US-Untersuchungskommission zum 11. September 2001 wurde Barot unter seinem Alias-Namen Issa al-Britani als ein Komplize Khalid Sheikh Mohammeds identifiziert.
41 Website der Metropolitan Police.
42 Robert Wesley, »British Terrorist Dhiren Bharot's Research on Radiological Weapons«, *Terrorism Focus*, 14. November 2006.
43 Clarke, »Learning from Experience: Counter-Terrorism in the UK since 9/11«.
44 Press Association, »Barot Operation Posed Complex Challenge«, 7. November 2006.
45 CBS News, »British Terror Plotter Gets Life in Prison«, 7. November 2006.
46 Archiv des Security Service.
47 Derlei falsche Hinweise gab es mehrere. Interview mit Jonathan Evans, 3. Februar 2009.
48 Interview mit einem ehemaligen Mitarbeiter des Security Service.
49 Intelligence and Security Committee, *Report into the London Terrorist Attacks on 7 Juli 2005* (Cm 6785), Mai 2006.
50 Archiv des Security Service.
51 Interview mit Jonathan Evans, 3. Februar 2009.
52 Dem Security Service lagen weitere Berichte zu einem nicht identifizierten Extremisten vor, den er erst nach den Anschlägen vom 7. Juli als Siddeque Khan identifizierte. Intelligence and Security Committee, *Report into the London Terrorist Attacks on 7 Juli 2005* (Cm 6785), Mai 2006.
53 Interview mit Jonathan Evans, 3. Februar 2009.
54 Intelligence and Security Committee, *Report into the London Terrorist Attacks on 7 Juli 2005* (Cm 6785), Mai 2006. »Links between the 7 Juli bombers and the fertiliser plotters«, Website des MI5. Am 30. April 2007 wurde im Magazin *Panorama* (»Real Spooks«, BBC 1) die sensationelle (aber nach Ansicht des Autors wenig überzeugende) Behauptung aufgestellt, dass »das ISC vom Security Service entweder nie in allen Einzelheiten informiert worden war oder die Entscheidung getroffen hatte, [Informationen] zu verschweigen, die Forderungen nach einer unabhängigen oder öffentlichen Untersuchung Vorschub geleistet hätten«.
55 Der Ghanaer Manfo Kwaku Asiedu, der eine fünfte Bombe bei sich hatte, schreckte dann doch zurück und warf sie in London in einen Park.

56 Archiv des Security Service.
57 Bei einer Verfolgungsjagd verwechselte die Polizei den brasilianischen Elektriker Jean Charles de Menezes mit Osman und erschoss ihn. An diesem tragischen Zwischenfall war der Security Service nicht beteiligt.
58 Asiedu wurde zu 33 Jahren Gefängnis verurteilt.
59 Interview mit Jonathan Evans, 3. Februar 2009.
60 Intelligence and Security Committee, *Report into the London Terrorist Attacks on 7 July 2005* (Cm 6785), Mai 2006, S. 36.
61 Clarke, »Learning from Experience: Counter-Terrorism in the UK since 9/11«.
62 Intelligence and Security Committee, *Annual Report 2006–2007* (Cm7299), Januar 2008, S. 12.
63 Intelligence and Security Committee, *Annual Report 2007–2008* (Cm 7542), März 2009, S. 12, 22.
64 Baroness Manningham-Buller, *Parl. Deb. (Lords)*, 5. Februar 2009.
65 Urteil des Oberhauses im Fall A und andere gegen den Minister für Inneres, 8. Dezember 2005.
66 Intelligence and Security Committee, *Rendition* (Cm 7171), Juli 2007, S. 33 f.
67 Richard Norton-Taylor, »MI5 criticised for role in case of torture, rendition and secrecy«, *Guardian*, 22. August 2008. Richard Norton-Taylor, »Evidence of torture ›buried by ministers‹«, *Guardian*, 5. Februar 2009. Richard Ford und Francis Elliott, »US threatens to stop sharing intelligence if ›torture‹ of British detainee is revealed«, *The Times*, 5. Februar 2009.
68 Intelligence and Security Committee, *Annual Report 2006–2007* (Cm 7299), Januar 2008.
69 Intelligence and Security Committee, *Report into the London Terrorist Attacks on 7 July 2005* (Cm 6785), Mai 2006, S. 38.
70 Ebenda, S. 39.
71 Archiv des Security Service.
72 Intelligence and Security Committee, *Annual Report 2007–2008* (Cm 7542), März 2009, S. 18.
73 Ebenda, S. 16.
74 Archiv des Security Service.
75 *Countering International Terrorism: The United Kingdom's Strategy* (Cm 6888), Juli 2006.
76 Im Juli 2009, während der Vorbereitungen zu diesem Buch, stufte das JTAC die Gefahrenlage durch den internationalen Terrorismus in Großbritannien von »ernst« auf »beträchtlich« herab – auf den niedrigsten Grad seit den Selbstmordanschlägen mit Sprengstoff von 2005. »Beträchtlich« bedeutet allerdings, dass ein islamischer Terroranschlag auf Großbritannien nach wie vor durchaus möglich ist. Al-Qaida beeindruckt den MI5 weiterhin als »eine höchst widerstandsfähige Organisation«.

SCHLUSSFOLGERUNG
Die ersten hundert Jahre des Security Service

1 Intelligence and Security Committee, *Annual Report 2007–2008* (Cm 7542), März 2009, S. 18. Die meisten Spionagefälle, die 2007/08 vom Security Service untersucht wurden, gingen von China und Russland aus.
2 Natürlich werden vor allem die positiven Erinnerungen der Mehrheit registriert. Aber selbst der unzufriedene Peter Wright erinnert sich in seinen Memoiren an »Jahre der Fröhlichkeit« und des »ansteckenden Gelächters«, bevor er seine obsessive Jagd nach eingebildeten Verrätern begann.
3 Andrew, *First World War*, S. 42, 106 f.
4 Siehe Abschnitt B, Kap. 3.
5 Siehe Abschnitt B, Kap. 2.
6 Andrew, Secret Service, S. 631.
7 Norman Holmes Pearson, Vorwort zu Masterman, *Double-Cross System*.
8 Archiv des Security Service.
9 Guy Liddell, *Tagebuch*, 1. November 1942.
10 Andrew und Gordiewsky, *KGB*, S. 485.
11 Sandbrook, *Never Had It So Good*, S. 218, 261.
12 In einem Memorandum vom 14. Dezember 1962 hieß es: »Der Security Service trägt für keine der im bestehenden Government War Book aufgelisteten Maßnahmen die primäre Verantwortung«. Archiv des Security Service.
13 Ebenda.
14 Kent, »Need for an Intelligence Literature«.
15 Andrew, »Reflections on Intelligence Historiography«. Die Mitarbeiter des MI5 waren sich der eigenen Geschichte dennoch durchaus bewusst. So verfasste Curry eine (inzwischen freigegebene) Geschichte über den Zeitabschnitt von 1909 bis 1945. Ein weiterer MI5-Offizieller deckte mit einem (bislang noch unter Verschluss gehaltenen) Werk das nächste Vierteljahrhundert ab. Anthony Simkins erstellte mit Sir Harry Hinsley die 1990 erschienene offizielle Geschichte des Sicherheits- und Geheimdienstes im Zweiten Weltkrieg. Und schon 1959 war zum 50-jährigen Bestehen des Dienstes eine Broschüre zu dessen Geschichte entstanden.
16 Andrew und Mitrochin, *Das Schwarzbuch des KGB*, S. 54. Die beste Biografie Reillys siehe Cook, *On His Majesty's Secret Service*.
17 Peter Wright und Paul Greengrass, *Spycatcher. Enthüllungen aus dem Secret Service*, S. 213.
18 Ebenda.
19 Andrew und Mitrochin, *Mitrokhin Archive II*, S. 21 ff. Zur Verbesserung der Sammlung nachrichtendienstlicher Erkenntnisse während der Ära Gorbatschow siehe Andrew and Mitrokhin, *Mitrokhin Archive*, S. 722.
20 Die Überraschung wäre weniger drastisch ausgefallen, wenn die Analysten im britischen und US-amerikanischen Geheimdienst erkannt hätten, dass der KGB schon Anfang der sechziger Jahre – mit einer erschreckenden Unkenntnis der Sachlage – dem Politbüro berichtet hatte, dass die USA einen nuklearen Erstschlag gegen die Sowjetunion planten. Andrew and Mitrochin, *KGB*, S. 258 f..
21 Andrew, Secret Service, Kap. 8.

22 Archiv des Security Service.
23 Siehe Abschnitt D, Kapitel 6.
24 Siehe Abschnitt E, Kap. 2 und 4.
25 Archiv des Security Service. Die britischen Kommunisten hätten zwar weder Wembley noch Old Trafford, zur Hochzeit der KP Großbritanniens aber zumindest doch kleinere Stadien füllen können.
26 Archiv des Security Service.
27 Taylor, *Brits*, S. 351.
28 Stephen Lander, »Terrorism: The Genie out of the Bottle«, nichtöffentlicher Vortrag vor dem Strategic and Combat Studies Institute, Staff College, Camberley, Oktober 1996.
29 Hoffman, »Religion und Terrorismus«, in: *Terrorismus – der unerklärte Krieg*, Bonn 2006, Kap. 4.
30 Anfang 1998 habe ich bei einem Gespräch in Thames House die Ansicht vertreten, dass die Bedrohung für die nationale Sicherheit Großbritanniens langfristig vom religiösen Terrorismus kommen würde. Das Verdienst für diesen Weitblick nehme ich nicht für mich in Anspruch. Dieser basiert vielmehr auf den von Bruce Hoffman ausgemachten langfristigen Trends.
31 *The United Kingdom's Strategy for Countering International Terrorism* (Cm 7547), März 2009, S. 26 f.
32 Andrew, *Security Service*, S. 174 f., 328–331. Bei der Einrichtung der Regionalbüros berücksichtigte der Dienst die Lehren aus dem Präzedenzfall im Zweiten Weltkrieg. Sein Historikerteam wurde um einen Bericht zu den RSLOs gebeten.
33 Andrew, »Historical Attention Span Deficit Disorder«.
34 Archiv des Security Service.
35 Andrew, »Reflections on Intelligence Historiography«.
36 Andrew und Dilks (Hg.), *Missing Dimension*.
37 Ein gutes Beispiel für die Wichtigkeit dieser Gelegenheiten zum Forschen ist Dr. Calder Waltons entstehende Geschichte zum Geheimdienst und zur Entkolonialisierung.
38 Andrew, Einführung zu *Security Service*, S. 3, 10 f.
39 Ders., »Historical Attention Span Deficit Disorder«.
40 Ders., »Future of European Security and the Role of Intelligence«.

Abkürzungsverzeichnis

AFSA	Armed Forces Security Agency
ASA	Army Security Agency
ASIO	Australian Security Intelligence Organization
AVIA	Ministry of Aviation (Luftverkehrsministerium)
BSC	British Security Co-ordination
BSP	British Socialist Party
BUL	Birmingham University Library
CAB	Cabinet Office (Kabinettsbüro)
CCAC	Churchill College Archive Centre, Cambridge (Archiv des Churchill College)
CHAR	Chartwell papers (Chartwell-Papiere im CCAC)
CID	Criminal Investigation Department
CO	Colonial Office (Kolonialministerium)
CPGB	Communist Party of Great Britain
CPNI	Centre for the Protection of the National Infrastrucure
CUL	Cambridge University Library
CUSS	Cambridge University Socialist Society
DEFE	Ministry of Defence (Verteidigungsministerium)
DIB	Delhi Intelligence Branch
DNB	*Oxford Dictionary of National Biography*
DO	Dominions Office (Ministerium für die Staaten des Empire)
DST	Direction de la Surveillance du Territoire, frz. Inlandsnachrichtendienst
FCO	Foreign and Commonwealth Office (Außenministerium, seit 1968)
FO	Foreign Office (Außenministerium, bis 1968)
GCHQ	Government Communications Headquarters (britische Fernmeldeaufklärung)
GEN	Cabinet Sub-Committee (Kabinettsunterausschuss)
GIA	Bewaffnete Islamische Gruppe
HLRO	House of Lords Record Office (Archiv des Oberhauses)
HO	Home Office (Innenministerium)
HOW	Home Office Warrants (Durchsuchungsvollmacht des Innenministeriums)
HW	Dokumente der Zentrale für Government Communications Headquarters (GCHQ)
ILP	Independent Labour Party
INF	Dokumente des Zentralamts für Information
ISC	Intelligence und Security Committee

IWM	Imperial War Museum
JIC	Joint Intelligence Committee
JTAC	Joint Terrorism Analysis Centre
KV	Aufzeichnungen des Security Service
LCS	London Controlling Section
LHC	Liddell Hart Centre for Military Archives, King's College, London
LRC	London Reception Centre
MEPO	Dokumente der Metropolitan Police von London
MISC	Zeitweiliger Unterausschuss des Kabinetts
MPSB	Metropolitan Police Special Branch, Nachrichtendienst der Metropolitan Police
NAW	National Archives, Washington D. C.
NIO	Northern Ireland Office
NISCC	National Infrastructure Security Co-ordination Centre
NMM	National Maritime Museum
NORAID	Irish Northern Aid Committee
NSAC	National Security Advice Centre
OSS US	Office of Strategic Services (Vorläuferbehörde der CIA)
PREM	Büro des Premierministers
PWE	Political Warfare Executive
RG	Record Group, Nationalarchiv, Washington D. C.
RUC	Royal Ulster Constabulary
SIB	Special Intelligence Bureau
SIFE	Security Intelligence Far East
SIGINT	Signals Intelligence, Fernmeldeaufklärung
SLO	Security Liaison Officer, Verbindungsoffizier des Security Service im Ausland (Commonwealth).
SLYU	Sterling Library, Yale University
SOE	Special Operations Executive
SRC	Situation Report Center
T	Treasury (Schatzamt)
TNA	The National Archives
UDA	Ulster Defence Association
UDC	Union of Democratic Control
UDE	Underwater Detection Establishment
USCIB	United States Communications Intelligence Board
UVF	Ulster Volunteer Force
WANS	West African National Secretariat
WC	War Cabinet (Kriegskabinett)
WO	War Office (Kriegsministerium)

Bibliografie

Acheson, Dean, *Present at the Creation*. New York 1969.
Adams, Gerry, *Before the Dawn. An Autobiography*. Paperback. Dingle, Co. Kerry 2001.
Agrell, Wilhelm, *Venona. Spåren från ett underrättelsekrig*. Lund 2003.
Aldrich, Richard, *The Hidden Hand. Britain, America and Cold War Secret Intelligence*. London 2001.
Anderson, Brendan, *Joe Cahill. A Life in the IRA*. Dublin 2002.
Anderson, David, *Histories of the Hanged. Britain's Dirty War in Kenya and the End of Empire*. London 2005.
Anderson G. D., *Fascists, Communists and the National Government. Civil Liberties in Great Britain 1931–1937*. Columbia 1983.
Andrew, Christopher, *Théophile Delcassé and the Making of the Entente Cordiale*. London 1968.
–, *The First World War. Causes and Consequences*, Bd. 19 der *Hamlyn History of the World*. London, New York 1970.
– (Hg.), *Codebreaking and Signals Intelligence*. London 1986.
–, »Secret Intelligence and British Foreign Policy 1900–1939«, in: ders. und Jeremy Noakes (Hg.), *Intelligence and International Relations 1900–1945*. Exeter 1987.
–, »Churchill and Intelligence«, in: *Intelligence and National Security*, 3, Nr. 3 (1988).
–, »The Growth of the Australian Intelligence Community and the Anglo-American Connection«, in: *Intelligence and National Security*, 4, Nr. 2 (1989).
–, »The British View of Security and Intelligence«, in: A. Stuart Farson, David Stafford und Wesley K. Wark (Hg.), *Security and Intelligence in a Changing World. New Perspectives for the 1990s*. London 1991.
–, *Secret Service. The Making of the British Intelligence Community*. Paperback. London 1991.
–, *For the President's Eyes Only. Secret Intelligence and the American Presidency from Washington to Bush*. London 1995.
–, »The Future of European Security and the Role of Intelligence«, in: *Irish Studies in International Affairs*, 7 (1997).
–, »Historical Attention Span Deficit Disorder: Why Intelligence Analysis Needs to Look Back before Looking Forward«, in: *New Frontiers of Intelligence Analysis. Papers Presented at the Conference on New Frontiers of Intelligence Analysis. Shared Threats, Diverse Perspectives, New Communities*. Rom 2005.
–, »Casement and British Intelligence«, in: Mary E. Daly (Hg.), *Roger Casement in Irish and World History*. Dublin 2005.

–, »Intelligence and the Cold War«, in: Melvyn Leffler und Odd Arne Westad (Hg.), *The Cambridge History of the Cold War*. Cambridge 2009, Bd. 2.

–, »Reflections on Intelligence Historiography since 1939«, in: Gregory A. Treverton und Wilhelm Agrell, *National Intelligence Systems. Current Research and Future Prospects*. Cambridge 2009.

– und Elkner, Julie, »Stalin and Intelligence«, in: Harold Shukman (Hg.), *Redefining Stalinism*. London 2003.

– und David Dilks (Hg.), *The Missing Dimension. Governments and Intelligence Communities in the Twentieth Century*. London 1984.

– und Oleg Gordievsky (Hg.), *Instructions from the Centre. Top Secret Files on KGB Foreign Operations 1975–1985*. London 1990; leicht überarb. US-Ausgabe: *Comrade Kryuchkov's Instructions. Top Secret Files on KGB Foreign Operations 1975–1985*. Stanford 1993.

– und Oleg Gordiewsky, *KGB – Die Geschichte seiner Auslandsoperationen von Lenin bis Gorbatschow*. München 1990; englischer Titel: *KGB. The Inside Story of its Foreign Operations from Lenin to Gorbachev*. Paperback. London 1991.

– und Oleg Gordievsky (Hg.), *More Instructions from the Centre. Top Secret Files on KGB Global Operations 1975–1985*. London 1991.

– und Wassili Mitrochin, *Das Schwarzbuch des KGB. Moskaus Kampf gegen den Westen*. München 2001; englische Ausgabe: Christopher Andrew und Vasili Mitrokhin, *The Mitrokhin Archive. The KGB in Europe and the West*. London 1999.

– und Wassili Mitrochin, *Das Schwarzbuch des KGB 2. Moskaus Geheimoperationen im Kalten Krieg*. Berlin 2006; englische Ausgabe: Andrew, Christopher und Vasili Mitrokhin, *The Mitrokhin Archive II. The KGB and the World*. London 2005.

– und Calder Walton, »The Gouzenko Case and British Secret Intelligence«, in: J. L. Black und Martin Rudner (Hg.), *The Gouzenko Affair. Canada and the Beginnings of Cold War Counter-Espionage*. Manotick, Ontario 2006.

Ansari, Ali M., *Iran, Islam and Democracy. The Politics of Managing Change*. London 2006.

Attlee, Clement R., »Britain and America: Common Aims, Different Opinions«, in: *Foreign Affairs* 32 (1953–4).

Aubin, Chantal, »French Counterintelligence and British Secret Intelligence in the Netherlands 1920–40«, in: Beatrice de Graaf, Ben de Jong und Wies Platje (Hg.), *Battleground Western Europe. Intelligence Operations in Germany and the Netherlands in the Twentieth Century*. Amsterdam 2007.

Ball, Desmond, und David Horner, *Breaking the Codes. Australia's KGB Network 1944–1950*. St Leonards, NSW 1998.

Barnes, Trevor, »Special Branch and the First Labour Government«, in: *Historical Journal*, 22 (1979).

Baron, Stanley Wade, *The Contact Man. The Story of Sidney Stanley and the Lynskey Tribunal*. London 1966.

Barron, John, *KGB. Arbeit und Organisation des sowjetischen Geheimdienstes in Ost und West*. Bern, München 1974.

Baston, Lewis, *Reggie. The Life of Reginald Maudling*. Stroud 2004.

Bayly, Christopher, und Tim Harper, *Forgotten Wars. The End of Britain's Asian Empire*. London 2007.

Beach, Jim, »Origins of the Special Intelligence Relationship? Anglo-American Intelligence Cooperation on the Western Front 1917–18«, in: *Intelligence and National Security*, 22, Nr. 2 (2007).

Bearse, Ray und Anthony Read, *Conspirator. The Untold Story of Churchill, Roosevelt and Tyler Kent, Spy*. London 1991.

Beckett, Francis, *Enemy Within. The Rise and Fall of the British Communist Party*. London 1995.

Begin, Menachem, *The Revolt. Story of the Irgun*. überarb. Ausg., London 1979.

Bell, J. Bowyer, *The Secret Army. The IRA 1916–1979*. Dublin 1990.

–, *The Irish Troubles. A Generation of Violence 1976–1992*. New York 1993.

Benn, Tony, *Out of the Wilderness. Diaries 1963–67*. London 1987.

–, *Against the Tide. Diaries 1973–76*. London 1989.

–, *Conflicts of Interest. Diaries 1977–80*. London 1990.

Bennett, Gill, »*A most extraordinary and mysterious business*«: *The Zinoviev Letter of 1924*. FCO History Note Nr. 14. London 1999.

–, »The Secret Service Committee 1919–1931«, in: *The Records of the Permanent Undersecretary's Department. Liaison between the Foreign Office and British Secret Intelligence 1873–1939*. London 2005.

–, *Churchill's Man of Mystery. Desmond Morton and the World of Intelligence*. London 2007.

Benson, Robert Louis, und Michael Warner (Hg.), *VENONA: Soviet Espionage and the American Response 1939–1957*. Washington, DC 1996.

Bentsur, Eytan, und Boris L. Kolokolov (Hg.), *Documents on Israeli-Soviet Relations 1941–1953*, Teil I: *1941–1949*. London 2000.

Bergen, Peter L., *Heiliger Krieg Inc. Osama bin Ladens Terrornetz*. Berlin 2001.

Berman, Bruce J., »Nationalism, Ethnicity and Modernity: The Paradox of Mau Mau«, in: *Canadian Journal of African Studies*, 25, Nr. 2 (1991).

Bethell, Nicholas, *The Palestine Triangle. The Struggle between the British, the Jews and the Arabs 1935–1948*. London 1979.

Bew, Paul und Gordon Gillespie, *Northern Ireland: A Chronology of the Troubles 1968–1999*. Dublin 1999.

Billière, General Sir Peter de la, *Storm Command. A Personal Account of the Gulf War*. London 1992.

–, General Sir Peter, *Looking for Trouble. An Autobiography – from the SAS to the Gulf*. London 1994.

Bird, J. C., »Control of Enemy Alien Civilians in Great Britain 1914–1918«. Dissertation der London University 1981.

Bishop, Patrick, und Eamonn Mallie, *The Provisional IRA*. London 1987.

Black, Alistair, und Rodney Brunt, »Information Management in MI5: Before the Age of the Computer«, in: *Intelligence and National Security*, 16, Nr. 2 (2001).

Black, J. L., und Martin Rudner (Hg.), *The Gouzenko Affair. Canada and the Beginnings of Cold War Counter-Espionage*. Ottawa 2006.

Blake, Christopher, *A View from Within. The Last Years of British Rule in South-East Asia*. Somerset 1990.

Blake, George, *No Other Choice. An Autobiography*. London 1990.

Blunkett, David, *The Blunkett Tapes. My Life in the Bearpit*. London 2006.

Bodansky, Yossef, *Bin Laden. The Man Who Declared War on America*. Überarb. Ausg. Roseville, Kal. 2001.

Boghardt, Thomas, *Spies of the Kaiser. German Covert Operations in Britain during the First World War Era*. Basingstoke 2004.

Bolton, Roger, *Death on the Rock*. London 1990.

Bond, Brian (Hg.), *Chief of Staff. The Diaries of Lieutenant General Sir Henry Pownall*. 2 Bde. London 1972–1974.

Borovik, Genrikh, *The Philby Files*. London 1994.

Bothwell, Robert und J. L. Granatstein (Hg.), *The Gouzenko Transcripts. The Evidence Presented to the Kellock-Taschereau Royal Commission of 1946*. Ottawa 1982.

Bower, Tom, *A Perfect English Spy. Sir Dick White and the Secret War 1935–90*. London 1995.

Boyce, D. G., *The Irish Question and British Politics 1868–1996*. London 1996.

Boyle, Andrew, *The Climate of Treason*. überarb. Ausg. Sevenoaks 1980; deutsch: *Ring der Verräter. Fünf Spione für Russland*. Hamburg 1980.

Brendon, Piers, *Dark Valley. A Panorama of the 1930s*. London 2000.

–, *The Decline and Fall of the British Empire 1781–1997*. London 2007.

Brent, Jonathan, und Vladimir P. Naumov, *Stalin's Last Crime. The Plot against the Jewish Doctors 1948–53*. London 2003.

Brett, M. V. (Hg.), *Journals and Letters of Reginald Viscount Esher*, 4 Bde. London 1934–1938.

Brook-Shepherd, Gordon, *The Storm Birds. Soviet Post-War Defectors*. London 1988.

Burke, David, »Theodore Rothstein, Russian Emigré and British Socialist«, in: *Immigrants and Minorities*, 2 (1983).

Burke, David, *The Spy Who Came in from the Co-op. Melita Norwood and the Ending of Cold War Espionage*. Woodbridge 2009.

Burke, Jason, *Al Qaeda. Casting a Shadow*. London 2003.

Burt, Leonard, *Commander Burt of Scotland Yard*. London 1959.

Callaghan, John, und Morgan, Kevin, »The Open Conspiracy of the Communist Party and the Case of W. N. Ewer, Communist and Anti-Communist«, in: *Historical Journal*, 49 (2006).

Campbell, Alastair, *The Blair Years. Extracts from the Alastair Campbell Diaries*. London 2007.

Campbell, John, *Edward Heath. A Biography*. Paperback. London 1994.

Carr, Edward Hallett, *Foundations of a Planned Economy 1926–1929*. 3 Bde. London 1982.

–, *The Twilight of Comintern 1930–1935*. London 1982.

Carsten, F. L., *War against War*. London 1982.

Carter, Miranda, *Anthony Blunt. His Lives*. London 2001.

Castle, Barbara, *The Castle Diaries 1964–70*. London 1984.

Catterall, Peter (Hg.), *The Macmillan Diaries. The Cabinet Years 1950–57*. London 2003.

Caute, David, *The Great Fear. The Anti-Communist Purge under Truman and Eisenhower*. London 1978.

Cecil, Robert, »The Cambridge Comintern«, in: Christopher Andrew und David Dilks (Hg.), *The Missing Dimension. Governments and Intelligence Communities in the Twentieth Century*. London 1984.

Cecil, Robert, *A Divided Life. Donald Maclean*. London 1988.
Cesarani, David, *Major Farran's Hat. Murder, Scandal and Britain's War against Jewish Terrorism 1945–1948*. London 2009.
Chamberlain, Phil, »Mr Mills' Circus«, in: *History Today*, 54 (2004).
Chapple, Frank, *Sparks Fly! A Trade Union Life*. Aktual. Ausg. London 1985.
Chavkin, Jonathan, »British Intelligence and the Zionist, South African and Australian Communities during and after the Second World War«. Dissertation an der Cambridge University, 2009.
Chenevix Trench, Charles, *Men Who Ruled Kenya. The Kenya Administration 1892–1963*. London, New York 1993.
Chin Peng, *My Side of History*. Singapur 2003.
Christie, Stuart, *The Christie File*. Sanday, Orkney Islands 1980.
Churchill, Winston S., *My Early Life 1874–1908*, Paperback. London 1959.
Clarke, Ignatius F., *Voices Prophesying War 1763–1984*. Oxford 1966.
Clarke, Peter, *Hope and Glory. Britain 1900–1990*, Paperback. London 1997.
–, »Learning from Experience: Counter-Terrorism in the UK since 9/11«. London 2007.
Clarke, Thurston, *By Blood and Fire. The Attack on the King David Hotel*. London 1981.
Cline, C. A., *E. D. Morel 1873–1914. The Strategies of Protest*. Belfast 1980.
Clinton, Bill, *Mein Leben*. München 2004.
Cohen, Paul, »The Police, the Home Office and Surveillance of the British Union of Fascists«, in: *Intelligence and National Security*, 1 (1986).
Cohn, Norman, *Warrant for Genocide*. London 1967.
Colvin, Ian, *The Chamberlain Cabinet*. London 1971.
Comber, Leon, »The Malayan Special Branch on the Malayan-Thai Frontier during the Malayan Emergency (1948–1960)«, in: *Intelligence and National Security*, 21, Nr. 1 (2006).
Coogan, Tim Pat, *The IRA*. Überarb. Ausg. London 1995.
–, *The Troubles. Ireland's Ordeal 1966–1995 and the Search for Peace*. London 1995.
Cook, Andrew, *On His Majesty's Secret Service. Sidney Reilly Codename ST1*. Stroud 2002.
–, *M: MI5's First Spymaster*. Stroud 2004.
Corera, Gordon, *Shopping for Bombs. Nuclear Proliferation, Global Insecurity and the Rise and Fall of the A. Q. Khan Network*. London 2006.
Costello, John, und Tsarev, Oleg, *Deadly Illusions*. London 1993; deutsch: John Costello und Oleg Zarew, *Der Superagent. Der Mann, der Stalin erpresste*. Wien 1993.
Coughlin, Con, *Saddam Hussein. Porträt eines Diktators – eine Biographie*. München 2002.
Cradock, Sir Percy, *Know your Enemy. How the Joint Intelligence Committee Saw the World*. London 2002.
Cragin, R. Kim, »The Early History of Al-Qa'ida«, in: *Historical Journal*, 51, Nr. 4 (2008).
Craig, Anthony, »Anglo-Irish Relations 1966–1974: Interdependence from Economics to Security«. Master-Examensarbeit der University of Cambridge 2006.
Cross, J. A., *Lord Swinton*. Oxford 1982.

Crossman, Richard, *The Diaries of a Cabinet Minister*, Bd. 1: *Minister of Housing 1964–1966*, hg. Janet Morgan. London 1975.
–, *The Diaries of a Cabinet Minister*, Bd. 2: *Lord President of the Council and Leader of the House of Commons 1966–1968*, hg. Janet Morgan. London 1976.
–, *The Diaries of a Cabinet Minister*, Bd. 3: *Secretary of State for Social Services 1968–70*, hg. Janet Morgan. London 1977.
Daly, Mary E. (Hg.), *Roger Casement in Irish and World History*. Dublin 2005.
Daniels, Gordon, und Robert Waters, »The World's Longest General Strike: The AFL-CIO, the CIA and British Guiana«, in: *Diplomatic History*, 29, Nr. 2 (2005).
Darwin, John, *Britain and Decolonisation. The Retreat from Empire in the Post-War World*. London 1998.
Datta, Vishwa N., *Madan Lal Dhingra and the Revolutionary Movement*. New Delhi 1978.
Davidson, John C. C., Viscount, *Memoirs of a Conservative*, hg. Robert Rhodes James. London 1969.
Dear, I. C. B., und M. R. D. Foot (Hg.), *The Oxford Companion to the Second World War*. Oxford 1995.
Debo, Richard, »The Making of a Bolshevik: Georgii Chicherin in England 1914–1918«, in: *Slavic Review*, 25, Nr. 4 (1966).
–, *Revolution and Survival. The Foreign Policy of Soviet Russia 1917–1918*. Liverpool 1979.
Deedes, W. F., *Dear Bill. W. F. Deedes Reports*. London 1997.
Denning, Lord [Alfred Thompson], *The Denning Report: The Profumo Affair*, Nachdruck des Reports von 1962 (Cmnd 2512), mit einer neuen Einleitung von Denning. London 1992; deutsch: *Lord Dennings Report zum Fall Profumo; oder die funktionierende Demokratie. Der offizielle Bericht der britischen Regierung im Auftrag Ihrer Majestät dem Parlament vorgelegt durch den Premierminister im September 1963*. Komment. von U. Sonnemann und M. Löffler. München 1964.
Denniston, A. G., »The Government Code and Cypher School between the Wars«, in: Christopher Andrew (Hg.), *Codebreaking and Signals Intelligence*. London 1986.
Devji, Faisal, *Landscapes of the Jihad. Militancy, Morality, Modernity*. London 2005.
The Dictionary of National Biography 1971–1980, hg. Lord Blake und C. S. Nicholls. Oxford 1986.
Dilks, David (Hg.), *The Diaries of Sir Alexander Cadogan, O. M., 1938–1945*. London 1971.
Dobson, Christopher, und Ronald Payne, *War without End. The Terrorists. An Intelligence Dossier*. London 1986.
Documents on British Foreign Policy, Serie III, Bd. I: *Britain and the Soviet Union 1968–1972*, hg. G. Bennett und K. A. Hamilton. London 1998.
Donoughue, Bernard, *Downing Street Diary. With Harold Wilson in No. 10*. London 2005.
–, *Downing Street Diary*, Bd. 2: *With James Callaghan in No. 10*. London 2008.
Donovan, Robert J., *Conflict and Crisis*. New York 1977.
Dorril, Stephen, *Blackshirt: Sir Oswald Mosley and British Fascism*. London 2006.
Douglas, Roy, *The Advent of War 1939–40*. London 1980.
Draper, Christopher, *The Mad Major*. Dunstable, London 1962.

Drayton, Richard, »Anglo-American ›Liberal‹ Imperialism, British Guiana, 1953–64, and the World since September 11«, in: William Roger Louis (Hg.), *Yet More Adventures with Britannia: Personalities, Politics and Culture in Britain.* London 2005.

Dudgeon, Jeffrey, *Roger Casement – The Black Diaries. With a Study of his Background, Sexuality and Irish Political Life.* Belfast 2002.

Eaden, James, und David Renton, *The Communist Party of Great Britain since 1920.* London 2002.

Eckert, Nicholas, *Fatal Encounter: The Story of the Gibraltar Killings.* Dublin 1998.

Edgerton, Robert B., *Mau Mau. An African Crucible.* London 1990.

Elkins, Caroline, *Britain's Gulag. The Brutal End of Empire in Kenya.* London 2005.

Elstein, David, »The End of the Mau Mau«, in: *New York Review of Books,* 52 (Juni 2005).

English, Richard, *Armed Struggle. The History of the IRA,* Paperback. London 2004.

Ereira, Alan, *The Invergordon Mutiny.* London 1981.

Evans, Richard, »Police and Society from Absolutism to Dictatorship«, in: Richard Evans, *Rereading German History 1800–1996.* London 1997.

Farago, Ladislas, *Das Spiel der Füchse. Deutsche Spionage in England und den USA 1918–1945,* Frankfurt a. M., Berlin 1972.

Feiling, Keith, *The Life of Neville Chamberlain.* London 1946.

Felstead, Sidney T., *German Spies at Bay.* London 1920.

Ferris, Paul (mit Reg McKay), *The Ferris Conspiracy.* Edinburgh, London 2001.

Figes, Orlando, *Die Tragödie eines Volkes. Die Epoche der russischen Revolution 1891 bis 1924.* Berlin 1998.

Firmin, Stanley, *They Came to Spy.* London 1946.

Fitch, Herbert T., *Traitors Within. The Adventurers of Detective Inspector Herbert T. Fitch.* London 1933.

Follain, John, *Jackal. The Secret Wars of Carlos the Jackal.* London 1998.

Foot, Paul, *Who Framed Colin Wallace?.* London 1990.

Fosdick, R. B., *European Police Systems.* Montclair, NJ 1969 [New York 1915].

Fouda, Yosri, »The Masterminds«, in: *Sunday Times,* 8. September 2002

Frank, Katherine, *Indira. The Life of Indira Nehru Gandhi.* London 2001.

Fraser, T. G., »Germany and Indian Revolution 1914–18«, in: *Journal of Contemporary History,* 12, Nr. 2 (1977).

Freeman, Peter, »MI1(b) and the Origins of British Diplomatic Cryptanalysis«, in: *Intelligence and National Security,* 22, Nr. 2 (2007).

Freeman, Simon, und Barrie Penrose, *Rinkagate. The Rise and Fall of Jeremy Thorpe.* Paperback. London 1997.

Frolik, Josef, *The Frolik Defection.* London 1975.

Fussell, Paul, *The Great War and Modern Memory.* Oxford 1975.

Gallagher, Pete, »Intelligence and Decolonisation in British Guiana«, Geschichtsdissertation Teil II, University of Cambridge 2009.

Gibbs, Tim, »British and American Counter-Intelligence and the Atom Spies 1941–1950«. Dissertation an der University of Cambridge 2008.

Gilbert, Martin, *Finest Hour. Winston S. Churchill 1939–1941.* London 1983.

–, *Road to Victory. Winston S. Churchill 1941–1945*. London 1986.
Gill, Peter, *Policing Politics. Security Intelligence and the Liberal Democratic State*. London 1994.
Gillman, Peter und Leni, *Collar the Lot. How Britain Interned and Expelled its Wartime Refugees*. London 1980.
Gilmour, Raymond, *Dead Ground*. London 1998.
Gooch, John, *The Plans of War. The General Staff and British Military Strategy 1900–1916*. London 1974.
Goodman, Michael S., »Who is Trying to Keep What Secrets from Whom and Why? MI5-FBI Relations on the Klaus Fuchs Case«, in: *Journal of Cold War Studies*, 7, Nr. 3 (2005).
Goodman, Michael S., *Spying on the Nuclear Bear. Anglo-American Intelligence and the Atomic Bomb*. Stanford 2007.
Gordievsky, Oleg, *Next Stop Execution*. London 1995.
Granatstein, J. L. und David Stafford, *Spy Wars. Espionage and Canada from Gouzenko to Glasnost*. Toronto 1990.
Grant, Jennifer, »Desperate Measures: Britain's Internment of British Fascists during the Second World War«. Dissertation der University of Cambridge 2009.
Graves, A. K., *The Secrets of the German War Office*. New York 1914.
Griffiths, Richard, *Patriotism Perverted. Captain Ramsay, the Right Club and English Anti-Semitism 1939–40*. London 1998.
Gromyko, Andrej, *Erinnerungen. Internationale Ausgabe*. Düsseldorf, Wien, New York 1989.
Gunaratna, Rohan, *Inside Al Qaeda. Global Network of Terror*. New York 2002.
Hain, Peter, *A Putney Plot?* London 1987.
Haines, Joe, *Glimmers of Twilight. Harold Wilson in Decline*. London 2003.
Hamza, Khidir, *Saddam's Bombmaker*. New York 2000.
Hanson, Philip, *Soviet Industrial Espionage. Some New Information*. London 1987.
Harris, Ralph, und Brendon Sewill, *British Economic Policy 1970–74: Two Views*. London 1975.
Harris, Tomás, *GARBO: The Spy Who Saved D-Day*. London 2000.
Haslam, Jonathan, *Soviet Foreign Policy 1930–1933. The Impact of the Depression*. London 1983.
Haynes, John Earl, Harvey Klehr und Alexander Vassiliev, *Spies. The Rise and Fall of the KGB in America*. New Haven, London 2009.
Haynes, John Earl, Harvey Klehr und Alexander Vassiliev, »Spy Mystery Solved«, in: *Weekly Standard*, 5. April 2009.
Hazlehurst, Cameron, *Politicians at War, July 1914-May 1915*. London 1971.
Heath, Edward, *The Course of my Life. My Autobiography*. London 1998.
Heinemann, Winfried, »Abwehr«, in: I. C. B. Dear und M. R. D. Foot (Hg.), *The Oxford Companion to the Second World War*. Oxford 1995.
Heller, Joseph, »Failure of a Mission: Bernadotte and Palestine, 1948«, in: *Journal of Contemporary History*, 14, Nr. 3 (1979).
Hennessy, Peter, *Never Again. Britain 1945–1951*. Paperback. London 1993.
–, *The Prime Minister. The Office and its Holders since 1945*. Überarb. Paperback. London 2001.
–, *The Secret State. Whitehall and the Cold War*. London 2002.

–, *Having It So Good. Britain in the Fifties*. London 2006.
–, *Cabinets and the Bomb*. London 2007.
– (Hg.), *The New Protective State. Government, Intelligence and Terrorism*. London 2007.
– und Gail Brownfeld, »Britain's Cold War Security Purge: The Origins of Positive Vetting«, in: *Historical Journal*, 25, Nr. 4 (1982).
– und Keith Jeffery, *States of Emergency. British Governments and Strikebreaking*. London 1983.
Heussler, Robert, *Completing a Stewardship. The Malayan Civil Service*. London 1983.
Hewitt, Steve, *Spying 101. The RCMP's Secret Activities at Canadian Universities*. Toronto 2002.
Hiley, Nicholas, »The Failure of British Counter-Espionage against Germany 1907–1914«, in: *Historical Journal*, 28, Nr. 4 (1985).
–, »British Internal Security in Wartime: The Rise and Fall of P. M.S. 2, 1915–17«, in: *Intelligence and National Security*, 1, Nr. 3 (1986).
–, »Counter-Espionage and Security in Great Britain during the First World War«, in: *English Historical Review*, 101 (1986).
–, Einleitung zu William Le Queux, *Spies of the Kaiser. Plotting the Downfall of England*. London 1996.
–, »Entering the Lists: MI5's Great Spy Round-up of August 1914«, in: *Intelligence and National Security*, 21, Nr. 1 (2006).
Hinsley, F. H., u. a., *British Intelligence in the Second World War*, Bd. 1: *Its Influence on Strategy and Operations*. London 1979.
– und C. A. G. Simkins, *British Intelligence in the Second World War*, Bd. 4: *Security and Counter-Intelligence*. London 1990.
Hoare, Oliver (Hg.), *Camp 020. MI5 and the Nazi Spies: The Official History of MI5's Wartime Interrogation Centre*. London 2001.
Hoffman, Bruce, »›Holy Terror‹: The Implications of Terrorism Motivated by a Religious Imperative«, in: *Studies in Conflict and Terrorism*, 18, Nr. 4 (1995).
–, *Inside Terrorism*. 2. Aufl. New York 2006; deutsch: *Terrorismus – der unerklärte Krieg*, Bonn 2006.
Holloway, David, *Stalin and the Bomb. The Soviet Union and Atomic Energy 1939–1956*. New Haven 1994.
Holroyd, Fred und Burbridge, Nick, *War without Honour*. Hull 1989.
Holt, Thaddeus, *The Deceivers. Allied Military Deception in the Second World War*. London 2004.
Hooper, David, *Official Secrets. The Use and Abuse of the Act*. London 1987.
Hope, John G., »Surveillance or Collusion? Maxwell Knight, MI5 and the British Fascisti«, in: *Intelligence and National Security*, 9, Nr. 4 (1994).
Horne, Alistair, *Macmillan*, Bd. 2: *1957–1986*. London 1989.
Howard, Sir Michael, *British Intelligence in the Second World War*, Bd. 5. London 1990.
Howe, Sir Geoffrey, *Conflict of Loyalty*. London 1994.
Howe, Russell Warren, *Mata Hari: The True Story*. New York 1986.
Howe, Stephen, *Anticolonialism in British Politics: The Left and the End of Empire*. Oxford 1993.

Hull, Mark M., »German Military Intelligence Operations in Ireland 1939–45«. Dissertation am University College Cork 2000.

Hull, Mark M., *Irish Secrets. German Espionage in Wartime Ireland 1939–1945*. Dublin 2002.

Hurd, Douglas, *Memoirs*. London 2003.

Hyde, Douglas, *I Believed. The Autobiography of a Former British Communist*. London 1950; deutsch: *Anders als ich glaubte*, Freiburg i. Br. 1952.

Hyde, H. Montgomery, *The Atom Bomb Spies*. London 1980.

Jeffery, Keith, *The Official History of the Secret Intelligence Service 1909–1949*. London, erscheint 2010.

– und Peter Hennessy, *States of Emergency*. London 1983.

Jenkins, Roy, *A Life at the Centre*. London 1991.

Johnston, Roy H. W., *Century of Endeavour. A Biographical and Autobiographical View of the Twentieth Century in Ireland*. Überarb. Ausg. Carlow, Dublin 2006.

Judd, Alan, *The Quest for C. Sir Mansfield Cumming and the Founding of the British Secret Service*. London 1999.

Kahn, David, *Hitler's Spies. German Military Intelligence in World War II*. London 1978.

Kalugin, Oleg, *Spymaster. My 32 Years in Intelligence and Espionage against the West*. London 1994.

Kellett, David, »Philip Zec: Cartoonist in a Propaganda War«. Master-Examensarbeit an der University of Kent 1999.

Kennedy, Paul, *The Rise of the Anglo-German Antagonism 1860–1914*. London 1980.

Kent, Sherman, »The Need for an Intelligence Literature«, in: Donald P. Steury (Hg.), *Sherman Kent and the Board of National Estimates: Collected Essays*. Washington, DC 1994.

Kerr, Sheila, »Roger Hollis and the Dangers of the Anglo-Soviet Treaty of 1942«, in: *Intelligence and National Security*, 5, Nr. 3 (1990).

Kershaw, Ian, *Hitler 1889–1936: Hubris*. London 1998; deutsch: *Hitler, 1889–1936*, Stuttgart 1998.

–, *Hitler 1936–1945: Nemesis*. London 2000; deutsch: *Hitler, 1936–1945*, Stuttgart 2000.

Kluiters, F. A. C., *De Nederlandse inlichtingen- en veiligheidsdiensten*. Den Haag 1993.

Knight, Maxwell, *Pets Usual and Unusual*. London 1951.

Knightley, Phillip, *Kim Philby. Geheimagent*. München 1989.

– und Caroline Kennedy, *An Affair of State. The Profumo Case and the Framing of Stephen Ward*. London 1987.

Koss, S. E., *Lord Haldane. Scapegoat for Liberalism*. New York 1969.

Kuzichkin, Vladimir, *Inside the KGB. Myth and Reality*. London 1990.

Laqueur, Walter, *Terrorismus. Die globale Herausforderung*. Frankfurt a. M., Berlin 1987.

Lawrence, Bruce (Hg.), *Messages to the World. The Statements of Osama bin Laden*. London 2005.

Leggett, George, *The Cheka. Lenin's Political Police*. Oxford 1981.

Le Queux, William, *England's Peril. A Story of the Secret Service*. London 1903.

–, *Secrets of the Foreign Office*. London 1903.

–, *The Invasion of 1910*. London 1906.

–, *Spies of the Kaiser. Plotting the Downfall of England*. London 1909; Neuauflage mit Einleitung von Nicholas Hiley, London 1996.

–, *Things I Know*. London 1923.

Leutze, James, »The Secret of the Churchill-Roosevelt Correspondence: September 1939 – May 1940«, in: *Journal of Contemporary History,* 10 (1975).

Leverkuehn, Paul, *Der geheime Nachrichtendienst der deutschen Wehrmacht im Kriege*. Frankfurt a. M. 1957.

Levy, Adrian, und Catherine Scott-Clark, *Deception. Pakistan, the United States and the Secret Trade in Nuclear Weapons*. London 2007.

Lilleker, Darren G., *Against the Cold War. The History and Traditions of Pro-Sovietism in the British Labour Party*. London 2004.

Lonsdale, John, »Kenyatta's Trials: Breaking and Making of an African Nationalist«, in: Peter Cross (Hg.), *The Moral World of the Law*. Cambridge 2000.

Lonsdale, John, »Jomo Kenyatta, God and the Modern World«, in: J.-G. Deutsch, P. Probst und H. Schmidt (Hg.), *African Modernities*. Oxford 2002.

–, »Authority, Gender and Violence: The War within Mau Mau's Fight for Land and Freedom«, in: E. S. Atieno Odhiambo und John Lonsdale (Hg.), *Mau Mau and Nationhood. Arms, Authority and Narration*. Oxford 2003.

Louis, W. Roger, und Ronald Robinson, »The Imperialism of Decolonisation«, in: *Journal of Imperial and Commonwealth History,* 22, Nr. 3 (1994).

Lustgarten, Laurence, und Ian Leigh, *In from the Cold. National Security and Parliamentary Democracy*. Oxford 1994.

Lyubimov, Mikhail, »A Martyr to Dogma«, in: Rufina Philby (mit Hayden Peake und Mikhail Lyubimov), *The Private Life of Kim Philby: The Moscow Years*. London 1999.

McClellan, Woodford, »Africans and Blacks in the Comintern Schools«, in: *International Journal of African Historical Studies,* 26, Nr. 2 (1993).

McGladdery, Gary, *The Provisional IRA in England. The Bombing Campaign in England*. Dublin 2006.

Macintyre, Ben, *Agent Zigzag. The True Wartime Story of Eddie Chapman, Lover, Betrayer, Hero, Spy*. London 2007; deutsch: *Zigzag: Die Geschichte des Doppelagenten Eddie Chapman,* Köln 2008.

McIvor, Arthur, »›A Crusade for Capitalism‹: The Economic League 1919–39«, in: *Journal of Contemporary History,* 23 (1988).

McKale, Donald M., *The Swastika outside Germany*. Kent, Ohio 1979.

McLaine, Ian, *Ministry of Morale*. London 1978.

McLean, Ian, *The Legend of Red Clydeside*. Edinburgh 1983.

McMahon, Paul, »Covert Operations and Official Collaboration: British Intelligence's Dual Approach to Ireland during the Second World War«, in: *Intelligence and National Security,* 18, Nr. 1 (2003).

–, Paul, *British Spies and Irish Rebels. British Intelligence and Ireland 1916–1945*. Woodbridge, Suffolk 2008.

MacMillan, Margaret, *Peacemakers: The Paris Conference of 1919 and its Attempt to End War*. London 2001.

McSmith, Andy, *Faces of Labour. The Inside Story*. London 1996.

Maddrell, Paul, *Spying on Science. Western Intelligence in Divided Germany 1945–1961.* Oxford 2006.

Madeira, Victor, »Moscow's Interwar Infiltration of British Intelligence 1919–1929«, in: *Historical Journal,* 46 (2003).

–, »›No Wishful Thinking Allowed‹: Secret Service Committee and Intelligence Reform in Great Britain 1919–23«, in: *Intelligence and National Security,* 18 (2003).

–, »›Because I Don't Trust Him, We Are Friends‹: Signals Intelligence and the Reluctant Anglo-Soviet Embrace 1917–24«, in: *Intelligence and National Security,* 19 (2004).

–, »British Intelligence in ›A New Kind of War‹ against Soviet ›Subversion‹«. Dissertation an der University of Cambridge 2008.

Magan, Maxine, *In the Service of Empire.* Privat veröffentlicht, 2002.

Magan, William, *Middle Eastern Approaches. Experiences and Travels of an Intelligence Officer.* Wilby, Norfolk 2001.

Major, John, *The Autobiography.* London 1999.

Mangold, Tom, *Cold Warrior. James Jesus Angleton: The CIA's Master Spy Hunter.* New York, London 1991.

Marder, A. J., *From the Dreadnought to Scapa Flow,* 5 Bde. London 1961–1970.

Mare, Arthur de la, *Perverse and Foolish. A Jersey Farmer's Son in the British Diplomatic Service.* Jersey 1994.

Marquand, David, *Ramsay MacDonald.* London 1977.

Martland, Peter, *Lord Haw Haw. The English Voice of Nazi Germany.* Kew 2003.

Marton, Kati, *A Death in Jerusalem.* New York 1994.

Masterman, John, *Unternehmen Doppelspiel. Sir John Mastermans Geheimberichte an die Regierung seiner Majestät. Der Kampf zwischen deutscher Spionage und britischer Abwehr im Zweiten Weltkrieg.* Wien, München, Zürich 1973.

Masterman, J. C., *On the Chariot Wheel.* London 1975.

Masters, Anthony, *The Man Who Was M. The Life of Maxwell Knight.* Oxford 1984.

Matthews, L. Harrison, und Maxwell Knight, *The Senses of Animals.* London 1963.

Mawby, Spencer, *British Policy in Aden and the Protectorates 1955–67. Last Outposts of a Middle East Empire.* London 2005.

May, Ernest R., *Strange Victory. Hitler's Conquest of France.* New York 2000.

– »Die Nachrichtendienste und die Niederlage Frankreichs«, in: Wolfgang Krieger (Hg.), *Geheimdienste in der Weltgeschichte.* München 2003.

Mellor, Gilbert, »The Status under the Hague Conference of Civilians Who Take up Arms during the Time of War«, in: *Journal of the Royal United Service Institution,* 58 (1914).

Menashri, David, *Post-Revolutionary Politics in Iran. Religion, Society and Power.* London 2001.

Millar, Alexander, »British Intelligence and the Comintern in Shanghai 1927–37«. Doktorarbeit an der University of Cambridge 2009.

Miller, Harry, *Jungle War in Malaya. The Campaign against Communism 1948–60.* London 1972.

Miller, Joan, *One Girl's War. Personal Exploits in MI5's Most Secret Station.* Dingle, Co. Kerry 1986.

Milne, Seumas, *The Enemy Within. The Secret War against the Miners.* Überarb. Ausg., London 2004.

Modin, Yuri, *My Five Cambridge Friends*. London 1994.
Moloney, Ed, *A Secret History of the IRA*, Paperback. London 2003.
Montagu, Ewen, *The Man Who Never Was*. Überarb. Paperbackausgabe, Oxford 1996; deutsch: *Der Mann, den es nie gab*, Zug 1975.
Morgan, Kenneth O., *The People's Peace. British History 1945–1990*, Paperback. Oxford 1992.
–, *Callaghan. A Life*. Oxford 1997.
Morris, A. J., »And is the Kaiser Coming for Tea?«, in: *Moirae*, 5 (1980).
Moynihan, Daniel Patrick, *Secrecy. The American Experience*. New Haven, London 1998.
Muggeridge, Malcolm, *Chronicles of Wasted Time*, Bd. 2: *The Infernal Grove*. London 1973.
Mullik, B. N., *The Chinese Betrayal*. Bombay 1971.
–, *My Years with Nehru 1948–1964*. Bombay 1972.
Murphy, David E., Sergei A. Kondrashev und George Bailey, *Battleground Berlin. CIA vs KGB in the Cold War*. New Haven 1997; deutsch: *Die unsichtbare Front. Der Krieg der Geheimdienste im geteilten Berlin*. Berlin 1997.
Murphy, Philip, »Creating a Commonwealth Intelligence Culture: The View from Central Africa 1945–65«, in: *Intelligence and National Security*, 17, Nr. 2 (2002).
– und S. R. Ashton (Hg.), *Central Africa. Closer Association 1945–1958*. London 2005.
– und S. R. Ashton (Hg.), *Central Africa. Crisis and Dissolution 1959–1965*. London 2005.
Musharraf, Pervez, *In the Line of Fire. A Memoir*. London 2006.
Naftali, Timothy, *Blind Spot. The Secret History of American Counterterrorism*. New York 2005.
Newman, Bernard, *Speaking from Memory*. London 1960.
Nicolai, Walter, *Nachrichtendienst, Presse, und Volksstimmung im Weltkrieg*. Berlin 1920.
–, *Geheime Mächte. Internationale Spionage und ihre Bekämpfung im Weltkrieg und heute*. Leipzig 1923.
The 9/11 Commission Report: Final Report of the National Commission on Terrorist Attacks upon the United States. New York 2004.
Nkrumah, Kwame, *The Autobiography of Kwame Nkrumah*. Edinburgh 1959.
Nkrumah, Kwame, *I Speak of Freedom: A Statement of African Ideology*. London 1961; deutsch: *Sprung über Jahrtausende. Unser Weg in die Freiheit*. Düsseldorf, Wien 1963.
–, *Afrika muss eins werden*. Leipzig 1965.
Odhiambo, E. S. Atieno und John Lonsdale (Hg.), *Mau Mau and Nationhood. Arms, Authority and Narration*. Oxford 2003.
O'Halpin, Eunan, *Defending Ireland. The Irish State and its Enemies*. Oxford 1999.
– (Hg.), *MI5 and Ireland 1939–1945. The Secret History*. Dublin 2002.
–, »Intelligence and Anglo-Irish Relations 1922–1973«, in: E. O'Halpin, R. Armstrong und J. Ohlmeyer (Hg.), *Intelligence, Statecraft and International Power*. Dublin 2006, S. 132–150.

–, »British Intelligence in Ireland 1914–21«, in: Christopher Andrew und David Dilks (Hg.), *The Missing Dimension. Governments and Intelligence Communities in the Twentieth Century*. London 1984.

–, »›A poor thing but our own‹: The Joint Intelligence Committee and Ireland 1965–72«, in: *Intelligence and National Security*, 23, Nr. 5 (2008), S. 658–680.

Ovens, Colonel G. H., »Fighting in Enclosed Country«, in: *Journal of the Royal United Service Institution*, 49 (1905).

Palmer, Alasdair, »The History of the D-Notice Committee«, in: Christopher Andrew und David Dilks (Hg.), *The Missing Dimension. Governments and Intelligence Communities in the Twentieth Century*. London 1984.

Patrick, Chris, und Stephen Baister, *William Le Queux. Master of Mystery*. Privat von den Autoren veröffentlicht 2007.

Pearson, John, *Profession of Violence. The Rise and Fall of the Kray Twins*. London 1995.

Penrose, Barrie, und Roger Courtiour, *The Pencourt File*. London 1978.

Penrose, Barrie, und Simon Freeman, *Conspiracy of Silence*. London 1986.

Percox, David, *Britain, Kenya and the Cold War. Imperial Defence, Colonial Security and Decolonisation*. London 2004.

Perkins, Anne, *A Very British Strike. 3 May – 12 May 1926*. London 2006.

Petrie, Sir David, *Communism in India 1924 – 1927*, Hg. M. Saha. Kalkutta 1972.

Philby, Kim, *My Silent War*, Paperback. London 1969; deutsch: *Mein Doppelspiel. Autobiographie eines Meisterspions*. Gütersloh o. J.

Philby, Rufina (mit Hayden Peake und Mikhail Lyubimov), *The Private Life of Kim Philby: The Moscow Years*. London 1999.

Phillips, Cecil James, »What Made Venona Possible?«, in: Robert Louis Benson und Michael Warner (Hg.), *VENONA: Soviet Espionage and the American Response 1939–1957*. Washington, DC 1996.

Pillar, Paul R., »Good Literature and Bad History: The 9/11 Commission's Tale of Strategic Intelligence«, in: *Intelligence and National Security*, 21, Nr. 6 (2006).

Pimlott, Ben, »The Labour Left«, in: Chris Cook und Ian Taylor (Hg.), *The Labour Party. An Introduction to its History, Structure and Politics*. London 1980.

–, *Harold Wilson*. London 1992.

Pincher, Chapman, *Inside Story. A Documentary of the Pursuit of Power*. London 1978.

–, *Their Trade is Treachery*. London 1981.

Pinkus, Benjamin und Jonathan Frankel, *The Soviet Government and the Jews 1948–1967. A Documentary Study*. Cambridge 1984.

Pipes, Richard, *Die Russische Revolution*. 3 Bde. Reinbek bei Hamburg 1992–1993.

Polmar, Norman, und Thomas B. Allen, *Spy Book. The Encyclopedia of Espionage*. London 1997.

Popplewell, Richard J., *Intelligence and Imperial Defence. British Intelligence and the Defence of the Indian Empire 1904–1924*. London 1995.

Porter, Bernard, *Plots and Paranoia. A History of Political Espionage in Britain 1790–1988*. London 1989.

Primakow, Jewgeni, u. a. (Hg.), *Otscherki istorii rossijskoi wneschnej raswedki*. Moskau 1995–2007.

Prince, Simon, »The Global Revolt of 1968 and Northern Ireland«, in: *Historical Journal*, 49, Nr. 2 (2006).

Pujol, Juan (mit Nigel West), *GARBO*. London 1985.
Putlitz, Wolfgang gans [sic!], edler Herr zu, *Unterwegs nach Deutschland. Erinnerungen eines ehemaligen Diplomaten*. 17. Aufl., Berlin 1974; englische Ausgabe: *The Putlitz Dossier*. London 1957.
Quinlan, Kevin, »Human Intelligence Tradecraft and MI5 Operations in Britain 1919–40«. Dissertation an der University of Cambridge 2007.
Ramsden, John, *Making of Conservative Party Policy*. London 1980.
Ranelagh, John, *The Agency. The Rise and Decline of the CIA*. London 1986.
Ranstorp, Magnus, *Hizb'allah in Lebanon. The Politics of the Western Hostage Crisis*. London 1997.
Ranstorp, Magnus, »The Virtual Sanctuary of Al-Qaeda and Terrorism in an Age of Globalisation«, in: Johan Eriksson und Giampiero Giacomello (Hg.), *International Relations and Security in the Digital Age*. London 2007.
Ray, Philip, *Jesus through the Spyglass*. Darlington 2007.
Rees, Goronwy, *A Chapter of Accidents*. London 1971.
Reile, Oscar, *Geheime Westfront. Die Abwehr 1935 bis 1945*. München, Wels 1962.
Richelson, Jeffrey T., und Desmond Ball, *The Ties that Bind*. Boston 1990.
Richter, Ludwig, »Military and Civil Intelligence Services in Germany from World War I to the End of the Weimar Republic«, in: Heike Bungert, Jan G. Heitmann und Michael Wala (Hg.), *Secret Intelligence in the Twentieth Century*. London 2003.
Rimington, Stella, *Open Secret. The Autobiography of the Former Director-General of MI5*. London 2001.
Riva, Valerio, *Oro da Mosca*. Mailand 1999.
Rolph, C. H., *All Those in Favour? An Account of the High Court Action against the Electrical Trades Union and its Officers for Ballot-Rigging in the Election of Union Officials (Byrne & Chapple v. Foulkes & Others, 1961)*. Mit einem Vorwort von John Freeman. London 1962.
Rooney, David, *Kwame Nkrumah. The Political Kingdom in the Third World*. London 1988.
Rose, Kenneth, *Elusive Rothschild. The Life of Victor, Third Baron*. London 2003.
Rose, Norman, *Vansittart*. London 1978.
Rosen, Greg, *Old Labour to New. The Dreams that Inspired, the Battles that Divided*. London 2005.
Roskams, Samuel, »British Intelligence, Imperial Defence and the Early Cold War in the Far East«. Master-Examensarbeit an der University of Cambridge 2007.
Roskill, Stephen, *Hankey. Man of Secrets*, 3 Bde. London 1970–1974.
–, *Naval Policy between the Wars*. London 1976.
Rust, William, *The Story of the Daily Worker*. London 1949.
Saidabadi, Mohammad R., »Iran's European Relations since 1979«, in: Ali Mohammadi und Anoushiravan Ehteshami (Hg.), *Iran and Eurasia*. Reading 2000.
Samolis, T. W. (Hg.), *Weterany Wneschnej Raswedki Rossii. Kratki Biografitscheski Sprawotschnik*. Moskau 1995.
Sandbrook, Dominic, *Never Had It So Good. A History of Britain from Suez to the Beatles*. London 2005.
–, *White Heat. A History of Britain in the Swinging Sixties*. London 2006.
Sawatsky, John, *Gouzenko. The Untold Story*. Toronto 1984.
Sawyer, Roger, *Casement. The Flawed Hero*. London 1984.

Schecter, Jerrold L. und Peter S. Deriabin, *The Spy Who Saved the World*. New York 1992; deutsch: *Die Penkowskij-Akte. Der Spion, der den Frieden rettete*. Frankfurt a. M., Berlin 1993.

Schlaepfer, Christian, »British Governance, Intelligence and the Communist Threat c.1945–1962«. Master-Examensarbeit an der University of Cambridge 2009.

Schoenberg, David, »Kapitza: Fact and Fiction«, in: *Intelligence and National Security*, 3, Nr. 4 (1988).

Scott, Leonard V., *Macmillan, Kennedy and the Cuban Missile Crisis. Political, Military and Intelligence Aspects*. London 1999.

Seale, Patrick, und Maureen McConville, *Philby. The Long Road to Moscow*. London 1968.

Seaman, Mark (Hg.), *GARBO: The Spy Who Saved D-Day*. London 2004.

The Security Service 1908–1945. The Official History, [von John Curry]. Mit einer Einleitung von Christopher Andrew. Kew 1999.

Seligmann, Matthew S., *Spies in Uniform. British Military and Naval Intelligence on the Eve of the First World War*. Oxford 2006.

Sellers, Leonard, *Shot in the Tower*. London 1997.

Sergueiev, Lily, *Secret Service Rendered*. London 1968.

Setting the Record Straight. A Record of Communications between Sinn Fein and the British Government, October 1990 – November 2003. Sinn Fein, 2. Dezember 2003.

Seyd, Patrick, *The Rise and Fall of the Labour Left*. London 1987.

Shelley, Adam, »Empire of Shadows: British Intelligence in the Middle East 1939–1945«. Dissertation an der University of Cambridge 2007.

Sherman, Daniel, »Learning from Past Mistakes? Planning for Internment of Subversives during a Transition to War 1948–1964«. Master-Examensarbeit, Queen Mary and Westfield College, University of London 2005.

Sillitoe, Sir Percy, *Cloak without Dagger*. London 1955.

Simpson, Colonel W. G., »The Duties of Local Authorities in War Time«, in: *Journal of the Royal United Service Institution*, 58 (1914).

Sladen, N. St Barbe, *The Real Le Queux. The Official Biography of William Le Queux*. London 1938.

Slowe, Peter, *Manny Shinwell. An Authorised Biography*. London 1993.

Smith, Cyril, *Big Cyril. The Autobiography of Cyril Smith*. London 1977.

Smith, Michael, *New Cloak, Old Dagger*. London 1996.

–, *Foley. The Spy Who Saved 10,000 Jews*. London 1999.

–, »Bletchley Park, Double Cross and D-Day«, in: Michael Smith und Ralph Erskine (Hg.), *Action This Day. Bletchley Park from the Breaking of the Enigma Code to the Birth of the Modern Computer*. London 2001.

–, »The Government Code and Cypher School and the First Cold War«, in: Michael Smith und Ralph Erskine (Hg.), *Action This Day. Bletchley Park from the Breaking of the Enigma Code to the Birth of the Modern Computer*. London 2001.

– und Erskine, Ralph (Hg.), *Action This Day. Bletchley Park from the Breaking of the Enigma Code to the Birth of the Modern Computer*. London 2001.

Smith, Simon, »General Templer and Counter-Insurgency in Malaya: Hearts and Minds, Intelligence and Propaganda«, in: *Intelligence and National Security*, 16, Nr. 3 (2001).

Snelling, O. F., *Rare Books and Rarer People. Some Personal Reminiscences of ›The Trade‹*. London 1982.

Stafford, David, *Churchill and Secret Service*. London 1997.

–, *Spies beneath Berlin*. London 2002; deutsch: *Berlin underground. Wie der KGB und die westlichen Geheimdienste Weltpolitik machten*. Hamburg 2003.

–, *Ten Days to D-Day. Countdown to the Liberation of Europe*. London 2004.

Stalker, John, *Stalker*. London 1988.

Stammers, Neil, *Civil Liberties in Britain during the Second World War*. London 1983.

Standish, Robert (Pseud.), *The Prince of Storytellers. The Life of E. Phillips Oppenheim*. London 1957.

Steiner, Zara, *Britain and the Origins of the First World War*. London 1977.

Steinhauer, Gustav, *Der Detektiv des Kaisers. Spionage und Spionageabwehr*. Berlin-Schöneberg [1930].

Stieber, Wilhelm J. C. E., *Spion des Kanzlers. Die Enthüllungen von Bismarcks Geheimdienstchef*. Stuttgart 1978.

Stonehouse, John, *Ralph*. London 1982.

Sutschkow, D. I., »Dshomo Kenjata w Moskwe«, in: *Wostok*, 4 (1993).

Summers, Anthony und Stephen Dorril, *Honeytrap: The Secret Worlds of Stephen Ward*. London 1987.

Swartz, M., *The Union of Democratic Control in British Politics during the First World War*. Oxford 1971.

Taylor A. J. P., *Beaverbrook*. London 1972.

–, *English History 1914–1945*. Überarb. Ausg. London 1975.

Taylor, Peter, *Provos. The IRA and Sinn Fein*. London 1997.

–, *Brits. The War against the IRA*, Paperback. London 2002.

Taylor, Robert, *The Trade Union Question in British Politics. Government and Unions since 1954*. Oxford 1993.

Tenet, George, *At the Center of the Storm. My Years at the CIA*. New York 2007.

Thatcher, Margaret, *Downing Street No. 10. Die Erinnerungen*. Düsseldorf u. a. 1993.

Thompson, Willie, *The Good Old Cause. British Communism 1920–1991*. London 1992.

Thomson, Sir Basil, *Queer People*. London 1922.

–, *The Story of Scotland Yard*. London 1935.

–, *The Scene Changes*. London 1939.

Thorpe, D. R., *Alec Douglas-Home*. London 1996.

Thurlow, Richard, *The Secret State. British Internal Security in the Twentieth Century*. Oxford 1995.

–, *Fascism in Modern Britain*. Stroud 2000.

Thwaites, Norman G., *Violet and Vinegar*. London 1932.

Trumpener, Ulrich, »War Premeditated? German Intelligence Operations in July 1914«, in: *Central European History*, 9, Nr. 1 (1976).

Turnbull, Malcolm, *The Spycatcher Trial*. London 1988.

Turrou, Leon G., *The Nazi Spy Conspiracy in America*. London 1939.

Ullman, Richard H., *Anglo-Soviet Relations 1917–21*, 3 Bde. London 1961–1972.

Ustinov, Nadia Benois, *O diese Ustinovs*. Stuttgart 1975.

Ustinov, Peter, *Ich und ich, Erinnerungen*. Düsseldorf, Wien, New York 1990.

Vansittart, Lord, *The Mist Procession. The Autobiography of Lord Vansittart*. London 1958.

Vassall, John, *Vassall*. London 1975.

Walden, George, *Lucky George. Memoirs of an Anti-Politician*. London 1999.

Walker, Jonathan, *Aden Emergency. The Savage War in South Arabia 1962–67*. Staplehurst 2005.

Walton, Calder, »British Intelligence and Threats to National Security 1941–1951«. Dissertation an der University of Cambridge 2006.

–, »British Intelligence and the Mandate of Palestine: Threats to British National Security Immediately after the Second World War«, in: *Intelligence and National Security*, 23, Nr. 4 (2008).

Walzer, Michael, *Just and Unjust Wars. A Moral Argument with Historical Illustrations*. London, New York 2000; deutsch: *Gibt es den gerechten Krieg?* Stuttgart 1982.

Warwick, Peter (Hg.), *South African War. The Anglo-Boer War 1899–1902*. Harlow 1980.

Wasserstein, Bernard, *Britain and the Jews of Europe 1939–1945*. Oxford 1979.

Watson, David Robin, *Georges Clemenceau. A Political Biography*. London 1974.

Weinberg, Gerhard, *The Foreign Policy of Hitler's Germany. Starting World War II 1937–1939*. Chicago, London 1980.

Weiner, Tim, *Legacy of Ashes. The History of the CIA*. London 2007; deutsch: *CIA – die ganze Geschichte*. Frankfurt a. M. 2008.

Weinstein, Allen, und Alexander Vassiliev, *The Haunted Wood. Soviet Espionage in America - The Stalin Era*. New York 1999.

Werner, Ruth, *Sonya's Report*. London 1991.

West, Nigel, *A Matter of Trust. MI5 1945–72*. London 1982.

–, *Venona: The Greatest Secret of the Cold War*. London 1999.

– (Hg.), *The Guy Liddell Diaries*, Bd. 1: *1939–1942*; Bd. 2: *1942–1945*. London 2005.

–, *MASK: MI5's Penetration of the Communist Party of Great Britain*. London 2005.

– und Oleg Tsarev, *The Crown Jewels. The British Secrets at the Heart of the KGB Archives*. London 1998.

Westlake, Martin (mit Ian St. John), *Kinnock. The Biography*. London 2001.

Wheen, Francis, *Tom Driberg. His Life and Indiscretions*. London 1990.

Whitelaw, William, *The Whitelaw Memoirs*. London 1989.

Wigg, Lord, *George Wigg*. London 1972.

Wilkinson, Nicholas, *Secrecy and the Media. The Official History of the UK's D-Notice System*. London 2009.

Willan, Andrew, *D-Day to Berlin*. London 2004.

Willans, Geoffrey, *Peter Ustinov*. London 1957.

Williams, David G. T., *Not in the Public Interest. The Problem of Security within Democracy*. London 1965.

Williams, Marcia, *Inside Number Ten*. London 1972.

Wilson, Emily, »The War in the Dark: The Security Service and the Abwehr 1939–1944«. Dissertation an der University of Cambridge 2003.

Wilson of Rievaulx, Baron, *The Governance of Britain*. London 1976.

Wincott, Len, *Invergordon Mutineer*. London 1974.

Windlesham, Lord und Richard Rampton, *The Windlesham/Rampton Report on ›Death on the Rock‹*. London 1989.

Wise, David, *Molehunt. The Secret Search for Traitors that Shattered the CIA*. New York 1992.

Wolf, Markus, *Spionagechef im geheimen Krieg. Erinnerungen*. Düsseldorf, München 1997; erw. und bearb. Fassung der englischen Originalausgabe (mit Anne McElvoy), *Man without a Face. The Autobiography of Communism's Greatest Spymaster*. London 1997.

Wood, Angus, »The Construction of Parliamentary Accountability for the British Intelligence Community 1979–2002«. Master-Examensarbeit an der University of Cambridge 2003.

Wood, Ian S., *Crimes of Loyalty. A History of the UDA*. Edinburgh 2006.

Wright, Lawrence, *The Looming Tower. Al-Qaeda's Road to 9/11*. London 2006; deutsch: *Der Tod wird euch finden. Al-Qaida und der Weg zum 11. September*. 3. Aufl., München 2007.

Wright, Peter, *Spycatcher*. New York 1987; deutsch: *Spycatcher. Enthüllungen aus dem Secret Service*. Frankfurt a. M., Berlin 1989.

Yong, C. F., *The Origins of Malayan Communism*. Singapur 1997.

Zec, Donald, *Don't Lose it Again! The Life and Wartime Cartoons of Philip Zec*. London 2005.

Ziegler, Philip, *Wilson. The Authorised Life of Lord Wilson of Rievaulx*. London 1993.

Code- und Aliasnamen

ACE (Ivor Gregory) 529, 533 ff.
AFFIRM (tschechischer Überläufer) 624
ALEK (Alan Nunn May) 334
Allen, Albert (Arthur von Lakey) 183–186
Anatoli (sowjetischer Agent) 631
ARABEL (Juan Pujol Garcia) 275, 303
ARMAND (Roman Garby-Czerniawski) 304
ARTIST (Johann Jebsen) 302 f., 308 f.

Barton, Susan 260 ff.
BISCUIT (MI5-Informant) 268
BORG (Michael Smith) 535
BRUTUS (Roman Garby-Czerniawski) 303 ff., 307, 311, 315, 321
BUR (Ian Milner) 369

Carlos, der Schakal (Ilich Ramírez Sánchez) 563 ff.
CELERY (MI5-Agent) 280
CHARLES (Klaus Fuchs) 374, 382
CHARLIE (Doppelagent) 267
Corby (Igor Gusenko) 338, 345
CROWN (Guenther Rumrich) 254
CURZON (Donald Maclean) 409

DARIO (sowjetischer Agent) 647
Devlin, Walter J. (John Hattrick) 73
DIOMID (George Blake) 493
DUCK (MI5-Agent) 285

Elias, Jacob (Yaakov Levstein) 354 f.
ELLI (Kay Willsher) 344
ELLI (Leo Long) 345

FAREWELL (Wladimir Wetrow) 534, 868
Fritsches (Gustav Steinhauer) 80

GARBO (Juan Pujol Garcia) 274 ff., 278, 289 f., 297, 299–303, 305, 308–311, 313 ff., 318, 729
Gould (Frederick Schroeder) 76, 80
Gould, Mrs. (Maud Sloman) 77, 121
GW (Doppelagent) 267, 281–284, 286

HARLEQUIN (Offizier der deutschen Abwehr) 294 f., 297 ff.
HARRY (Valeri Makajew) 406, 410 f.
Herr Q. (Wolfgang zu Putlitz) 245 f.
Herr von S. (deutscher Informant) 241, 243
HICKS (Burgess) 336, 415
HOLA (Melita Norwood) 529, 531 f.
HOMER (Donald Maclean) 407 f., 413
HUNT (Beamter) 529, 533

JEFF (Tör Glad) 297
JOHNSON (Anthony Blunt) 415
Joken, James (Jomo Kenyatta) 449
Jonny X (Johannes de Graaf) 209

Kelly (Vernon Kell) 69
Klare (Wilhelm Klauer) 75
Koch, Wilhelm Eduard (Hinchley Cooke) 116
KOLON (John Stonehouse) 624
Kroger, Helen (Lona Cohen) 374, 491 f.
Kroger, Peter (Morris Cohen) 374, 491 f.
Kulbe, Franz (Hauptmann von Prieger) 105

Lange, Stefan (Arnold Deutsch) 201
Lazarus, Gilberte oder Elizabeth (Betty Knouth) 354
Lonsdale, Gordon (Konon Molodi) 489–492, 650

Mairie (französische Agentin) 533
Mata Hari (Margaretha Zelle) 118
Mike A (KGB-Offizier) 631
Milton, Kenneth (William Ewer) 179
Miss X (Olga Gray) 212 f.
MUTT (Helge John Niel Moe) 273, 297

NAGIN (Chemiker) 529, 533
NAZIONALIST (Wadi Haddad) 548

Olsen (Joseph Wolodarski) 197

PEACH (Kim Philby) 420
Peters (Walter Kriwitzki) 214
PIVOTING DANGER (Moinul Abedin) 692
Primel (Alan May) 338
PUCK (Michael Bettaney) 635

RAINBOW (Doppelagent) 279
Reimers, F. (Gustav Steinhauer) 61
REST (Klaus Fuchs) 374, 382
Robinson, W. (Vernon Kell) 70 f.
Rodriguez (Alberto Rosso) 81
ROVER (Doppelagent) 319 f.

SCHWED (Triebwerkspezialist) 534
Sirner (Sirness) (Melita Norwood) 216

SNIPER (Michal Goleniewski) 488
SNOW (Doppelagent) 256, 267 f., 270, 278, 280 ff., 726
SÖHNCHEN (Kim Philby) 201 f.
STANLEY (Kim Philby) 336, 375, 415, 418 f., 421 f.
STARFISH (George Blake) 494
Steadman (Melita Norwood) 216
STEP (Laborant) 529, 533
Stevens, Mr. (Willy Brandes) 214 f.
SUMMER (Doppelagent) 271 ff., 278 ff.

T (Richard Tinsley) 107
TATE (Doppelagent) 271 ff., 278–281, 305, 307, 311, 315, 318–321
TEKHNIK (Fjodor Nosow) 369
TOURIST (Jim Hill) 369
TRAFFIC (Michael Bettaney) 635
TREASURE (Nathalie Sergueiev) 306 f., 309, 315
TRICYCLE (Dušan Popov) 274, 302, 307 f.

WALBACH (Folkert van Koutrik) 262
Wolodja (russischer Geheimdienstoffizier) 700 f.
Wood 502 f.

Yung (Flugzeug- und Computeringenieur) 529, 533

ZIGZAG (Eddie Chapman) 273, 294 f., 298 f., 315 f., 318

Personenregister

Abbu Nafa, Mahmoud 601 f.
Abdoolcader, Siroj Hussein 519 f.
Abdulla, Bilal 720
Abedin, Moinul 691
Acland, Anthony 645
Adams, Philip 504
Addison, Christopher 140 f.
Adrian, Max 348
Afxentiou, Gregory 460
Ahmad, Rauf 693
Ahmed, Kafeel 720
Al Gidal, Mabrook Ali Mohammed 601
Al Jahour, Ali 619
Alba, Herzog von 283
Albu, Austen 365
Alcázar de Velasco, Angel 283–286
Alexander, A. V. 393
Alexander, William 175
Alexandra, Königin 20
Allen, John 435
Allen, Philip 498, 523, 544, 546, 568
Allison, George 193
Almereyda, Miguel 147
Alverstone, Richter 64, 67
Ames, Aldrich 631, 647
Andropow, Juri 514, 538, 548 f., 625 f., 642 f.
Angelow, Pawel 334
Apel, Frederick 776
Arafat, Jassir 552, 583, 659
Archer, Jane 335
Arden-Clarke, Charles 444, 446 f.
Argow, Schlomo 603 f., 658
Arguello, Patrick 551
Armstrong, Robert 640, 645, 648 f., 680

Arnold, Henry 383, 389 f.
Arnot, Robin Page 448
Aron, C. Ben 362
Arran, Earl of 505
Asnag, Abdullah al- 474
Asquith, Herbert 19, 28, 35, 42, 99, 120, 127
Astor, Hugh 269, 305, 321, 502
Attlee, Clement 325–328, 340, 349 f., 352, 354, 359–362, 365, 367 f., 377, 381, 386 f., 390–393, 395, 433, 457, 731 f., 740
Averoff, Angelos 462
Azimmer, Sappers Patrick 718

Bachtiar, Schapur 682
Bacon, George Vaux 110–113
Bagot, Milicent 796
Bailey, G. L. 217
Bakoush, Abdul-Hamid 620
Baldwin, Stanley 170, 176, 180, 182 f., 211, 238 f.
Balfour, Arthur 112, 158
Ball, Joseph 175
Banda, Hastings 467 f.
Bankes, Richter 57
Baring, Evelyn 448, 450 f., 465
Barot, Dhiren 708 f., 748
Bateman, Gefreiter 192 f.
Beaverbrook, Lord 176
Bedros, Zaven 604 f.
Begin, Menachem 349–353, 363 f.
Belcher, John 361
Bell, Eddie 122, 159
Bell, Walter 434 f., 466
Bella, Leo 355 ff., 359
Beneš, Eduard 206

Personenregister

Ben-Gurion, David 357
Bennett-Goldney, Francis 35
Benois, Nadia 235
Bentley, Elizabeth 374
Beresford, Charles 88
Bernadotte, Graf Folke 359
Bernstein, Enrico Lorenzo 777
Bernstorff, Johann Heinrich Graf von 127, 129, 154
Best, Sigismund Payne 261 f.
Besthorn, Kapitän 260
Bethell, Alexander Edward 40, 45–49, 55
Bethmann-Hollweg, Theobald von 127, 133
Bettaney, Michael 632, 634–641, 644, 655
Beurton, Ursula 531
Bevan, J. H. 289, 291, 301, 312
Beves, Donald 623
Bevin, Ernest 210 f., 349 f., 354, 357–361, 498
Billière, Bill Scotter de la 558
Billière, Peter de la 554, 596, 598 f.
bin Laden, Osama 681, 684–698 passim, 743, 748
Birch, Frank 623, 728
Birrell, Augustine 128
Blackburn, Robert A. 778
Blair, Tony 695–698, 705, 712
Blake, George 493–498, 631, 635, 638, 640
Bland, Nevile 261
Block, Fritz 255
Blunkett, David 697, 700
Blunt, Anthony 204 f., 263, 285 f., 289, 296, 332, 345, 372, 402, 408, 413–416, 421–429 passim, 622 f., 638, 729 f.
Bodansky, Josef 685 f.
Boddington, Herbert »Con« 177, 194, 209 f., 796, 799
Boehm, Hans 116
Boghard, Thomas 127
Booth, F. B. 770
Boothby, Lord 510 f.
Born, Max 383
Bourgass, Kamel 704

Bourne, Kenneth 431
Bousfield, Stephan 192
Boyce, Christopher 539
Boyce, Michael 698
Brádaigh, Ruairí 574
Bradley, Omar Nelson 371 f., 375
Brailsford, H. N. 151
Brandes, Willy 197, 215, 218
Brandon, Vivien 55, 57 f.
Brandreth, Giles 702
Brandt, Eilly 523
Bravo, Rafael 700 f.
Bray, Maurice 168
Breschnew, Leonid 522, 548, 625, 736
Briggs, Harold 440 f.
Briscone, Henry Vincent Aird 106
Brittan, Leon 618
Britten, Douglas 520
Broadbent, Robert 452
Broda, Engelbert 823
Brodie, M. 770
Brodtmann, Paul 39, 769
Brook, Norman 327, 394, 499
Brooke, Henry 498, 506, 511
Brown, F. 279
Brown, George 478
Brown, William Francis 778
Browne, Michael 621
Browning, Freddie 96, 175
Bullard, Julian 645
Burgess, Guy 202–205, 218 f., 289, 324, 332, 336, 339, 372, 392, 402, 405–417 passim, 421 f., 426 f., 727, 730
Burnham, Forbes 457, 478, 480, 483
Burt, Cyril 202
Burt, Leonard 340 f., 354
Bush, George W. 697
Butler, Richard Austen »Rab« 458, 463, 486, 498, 738
Butler, Robin 679

Caccia, Harold 504 f.
Cadogan, Alexander 242, 245, 248, 250 f., 258, 262
Cahill, Joe 571 f., 584
Caillaux, Joseph 148

Cairncross, John 204 f., 332, 402, 413 f., 421, 423–426, 428, 430, 623, 727
Callaghan, James 429, 544, 547, 578–582, 589, 592
Calvo, Luis 284 ff.
Campbell, Alistair 696, 698
Campbell, John 165
Campbell, William 590
Canaris, Wilhelm 252, 298
Carne, Francis 210
Caroll, Stephen 718
Carr, Robert 554, 556, 558
Carré, John le 348
Carson, Edward 148
Carter, H. 38
Carter, J. F. C. 771
Carter, Archibald 210 f.
Casement, Roger 127, 129–132
Castro, Fidel 479, 483, 495
Cave, George 150
Cecil, Robert 335
Chamberlain, Austen 176, 182
Chamberlain, Neville 239, 242–245, 246–251, 259, 261, 726
Chandra, Harish 135
Chaplin, Charlie 216
Chapman, Eddie 273, 293, 318 f.
Chattopadhyaya, Virendranath 133
Chauhan, Jagjit Singh 661
Cherwell, Lord 393 f.
Chidson, »Monty« 241
Chifley, J. B. 368
Childs, Wyndham 170
Chin Peng 439, 441–444
Cholmondeley, Charles 290 ff.
Christensen, Adler 127, 131
Christie, Stuart 554 ff.
Chruschtschow, Nikita 332, 435, 505
Churchill, Winston 29, 42, 51 f., 61 f., 80, 95 f., 128 f., 135, 145, 158, 181, 236, 266, 291–303 passim, 306–322 passim, 328, 354, 393 f., 441, 456 f., 723, 729, 749
Clare, Heather 602
Clarke, Carter W. 370 f., 375
Clarke, Charles 711 f., 717
Clarke, Dudley 288
Clarke, Peter 702, 708, 714, 744
Clarke, Stanley 58 f., 61, 69, 771 ff.
Cleary, Gabriel 662
Clegg, Hugh 386
Clemenceau, Georges 147 f.
Clive, Lord 239
Cockerill, G. K. 96
Cockroft, John 390
Coe, Mark 610
Cohen, Lona 374, 491
Cohen, Morris 374, 491
Colby, Geoffroy 453
Colman, Ronald 269
Colville, John 423
Constantini, Secondo 206
Cooke, Hinchley 89, 102 ff., 116, 121, 166
Cooper, Duff 293 ff., 298
Cosgrave, Liam Thomas 572
Costello, Seamus 548 f.
Coutney, Anthony 515
Cowgill, Felix 275 f., 730
Cox, Idris 464
Crawley, John 620
Cribb, Hilda 93 f.
Cromwell, Oliver 441
Crossman, Richard 478, 547
Crowe, Eyre 174, 176, 796
Cumming, Mansfield 19, 38, 43, 45–50, 56, 96, 107, 141, 143, 145, 152–154, 175, 412, 694
Cumming-Bruce, Francis 472
Cunningham, Charles 423
Curiel, Henri 493
Curry, John »Jack« 227, 235 ff., 240 f., 243, 246–249, 255, 261, 346
Curzon, George 158, 167 f., 182
Cussen, Edward 338

D'Abernon, Lord 725
D'Aguiar, Peter 480, 483
Dale Long, Herbert 24, 37 f., 46, 53
Dale, Walter 178, 185 f.
Dalley, John 439 f.
Dalton, H. E. 241, 264
Dansey, Claude 90, 146, 153
Darling, Charles 67, 74

Darwin, John 438
Davison, Boris 391
Day, Patrick 269
Day, Robin 525
Dearlove, Richard 696 ff.
Dedman, John 368
Dehn, Otto Kurt 254
Deku, A. K. 470
Delcassé, Théophile 20
Denning, Alfred 507 ff.
Denniston, Alastair 183, 207, 351
Derbyshire, F. C. 353
Deutsch, Arnold 199–202, 204, 214, 218 f., 402, 727
Deutsch, Oscar 201
Deverell, John 634 f., 637, 648
Dhingra, Madan Lal 135
Diederichs, Friedrich von 776
Diels, Rudolf 225
Dilger, Anton 117
Dilks, David 746
Dillon, Stephen 118
Dobb, Maurice 197, 727
Donoughue, Bernard 580
Doschdalow, Wassili 493
Douglas-Home, Alec 510 f., 514, 516, 521, 571
Drake, Reginald 68 f., 97, 101 ff., 122, 143, 770
Draper, Christopher 253, 256, 726
Drew, Edward »Tricky« 19, 694
Driberg, Tom 510
Duddy, Brendan 574, 580
Duff, A. C. Grant 89
Duff, Hugh 64, 66, 70
Duff, Tony 619, 628, 648, 660 f., 679 f.
Durston, Alfred 210 f.
Dutton, Harold 778, 780
Duval, Raoul 147
Dwyer, Peter 374

Eden, Anthony 206, 239, 312, 330 f., 354, 418
Edmonds, James 26, 29–46 passim, 767
Edward VIII., König von England 239
Edward VII., König von England 20, 22, 87
Edwards, Bob 628 f.
Eidarous, Ibrahim 688
Eisenhower, Dwight D. 292 f., 302, 312
El Masri, Ben Hassan Muhammad 601
El Tarhuni, Salhen Ramdan Salem 619
Elizabeth I. 20
Elizabeth II. 500
Elliott, Nicholas 412, 423 f.
Elwell, Charles 490 ff., 498, 525
Engel, Johann 776
Ernst, Karl 63, 79, 121, 776
Esher, Lord 39, 768
Evans, Jonathan 10, 690, 705, 710, 713, 717, 720, 744
Evatt, H. V. »Bert« 368
Ewart, John Spencer 29 f., 40 f., 52
Ewer, William Norman 168, 178 ff., 183–187

Falber, Reuben 385
Farhat, Hosni Sed 602
Farrell, Mairéad 664, 667–671
Faux, Julian 550, 567, 679
Felfe, Heinz 495
Ferguson, Victor 138, 141, 145
Ferris, Martin 620
Fetherston, J. B. 770
Fetterlein, Ernst 166
Fhimah, Lamen Khalifa 675
Findlay, Mansfeldt de Carbonnel 127, 131
Finney, P. E. S. 177, 280, 796
Fisher, Warren 244
Fisher, Victor 145
Fitzgerald, Henry 71, 773
Flannery, Michael 612 f.
Fletcher, Yvonne 617 f.
Foley, Frank 225
Foot, Isaac 195
Foot, Michael 195, 461, 528
Foot, Hugh 461, 462
Ford, Robert 568
Forgan, Robert 230
Fowler, Frederick William 777
Franz Ferdinand, Erzherzog 80
Freeman, John 437
Freud, Sigmund 200

Friedman, William 166
Friedmann, Litzi 199
Frolik, Josef 623 f.
Frost, Malcom 272
Fuchs, Klaus 340, 342, 369, 373 f.,
 382–391, 412, 414, 531, 732, 739
Fyfe, David Maxwell 328 f.

Gaddhafi, Moamar 571 f., 584,
 600–603, 615 f., 618 ff., 659, 675
Gaitskell, Hugh 732, 740
Gallagher, Willie 172, 196, 378
Gandhi, Indira 437, 660 f.
Gandhi, Mohandas Karamchand
 »Mahatma« 137
Gandhi, Rajiv 661
Garby-Czerniawski, Roman 303 f.
Gardiner, Thomas 379 f.
Gardner, Meredith 367, 373 ff., 407,
 418, 421
Gasking, John 427
Gasmi, Nagib Mufta 601
Gee, Ethel 488 f., 491 f.
Geldart, Richard 535
Gent, Edward 440
Georg V. 169, 212, 493
Georg VI. 206, 302, 729
Ghesouda, Farj Shaban 602
Gilmour, John 229
Ginhoven, Hubertus van 185 f.
Giskes, Hermann 811
Glading, Percy 197, 212–217, 727
Gladstone, Hugh 124
Glover, James 587 f.
Goebbels, Joseph 229
Gold, Harry 386 f.
Goleniewski, Michal 488, 491, 493
Golizin, Anatoli 422, 425, 428 f., 498
Gorbatschow, Michail 644, 646 f.
Gorbatschowa, Raissa 646
Gordiewsky, Oleg 345, 390, 429 f., 618,
 623, 625–637 passim, 641, 643–652
 passim, 737, 747
Göring, Hermann 224, 246
Gorski, Anatoli 219
Goulding, Cathal 549
Gow, Andrew 623

Gow, Ian 678
Gower, Robert 35
Gowon, Yakubu 471 f.
Graaf, Johannes Heinrich de 209
Grafpen, Grigori 219
Graves, Armgaard Karl 67 f., 70 ff., 80,
 105, 784
Gray, Olga 212–217, 727
Green, Alice Stoford 128
Greene, Graham 55, 205
Greene, Philip Kirby 459, 461
Greenhill, Denis 513, 521
Greenwood, Anthony 483
Gregory, Ivor 534 f.
Grey, Edward 62, 127, 131
Grey, Ralph 480
Grieve, John 742
Grivas, George 458–462
Gromyko, Andrej 514, 516, 521 f.
Gröning, Stephan von 294
Grosse, Heinrich 66 ff., 70, 72, 778
Guk, Arkadi 627, 632–637, 639, 643 ff.,
 647, 655
Gurney, Henry 441
Gusenko, Igor 325, 333–346 passim,
 377, 418, 421 f.

Haas, Fritz 108
Habasch, Georges 542
Habashi, Binyam Mohamed al- 715 f.
Haddad, Wadi 542, 548, 551, 553
Hafiz, Abdul 135
Hagn, Alfred 117
Hahn, John 101, 103
Haig, Douglas 152
Hailsham, Lord 507
Haines, Charles 300
Haldane, Maldwyn Makgill 92, 95, 770
Haldane, Richard Burton 35 f., 40 f.,
 65, 87, 92
Haley, William 507
Halifax, Lord. E. F. L. 239, 242, 245,
 247 f., 250 f., 340
Hall, Frank 129 ff., 137
Hall, Reginald »Blinker« 96, 112,
 122 f., 129, 132, 155 ff., 175
Halperin, Israel 334, 823

Hamilton, James 590
Hammami, Said 583
Hancock, Henry 398
Hanfstaengel, Ernst »Putzi« 225
Hankey, Maurice 103, 170, 191, 261, 582
Hanley, Michael 429, 524, 528, 560, 576, 578 ff.
Hanssen, Robert 631
Harding, John 459 f.
Hardinge, Charles 40
Hardy, Thomas 20
Harker, Oswald A. «Jasper« 178, 180, 183 ff., 194, 210, 216, 327, 728
Harlley, J. W. K. 470 f.
Harmer, Christopher 269, 304 f.
Harmer, Peggy 304
Harris, Tomás 289, 299 f., 302 f., 309 f., 313, 315, 729
Harrison, Elsie Lydia 94 f.
Hart, Herbert 269, 276
Hastings, Charles 111
Hattrick, John 73 f.
Havers, Michael 644
Hayes, John 186
Hayter, William 381, 732
Heath, Edward 514, 524 ff., 551, 554, 557, 559, 566, 569, 623 f., 739 f.
Heine, Lina 81 f., 776
Heinert, Max Power 776, 780
Hejiri, Abdullah al- 583
Helm, Siegfried 56–59, 65, 72, 769, 771
Helms, Richard 523
Henderson, Arthur 99, 171
Henderson, Nevile 233, 250
Hennessy, Peter 726
Henry, Edward 40
Hentschel, Karl 72, 74 f., 779
Herbert, Christopher 468
Hermon, Jack 610 f.
Hesse, Fritz 248
Hill, Bernard 405, 492, 496
Hill, Jim 369
Hillenkoetter, Roscoe Henry 371 f.
Himmler, Heinrich 298
Hindenburg, Paul von 725
Hinsley, Harry 252, 746

Hitler, Adolf 11, 25, 206, 223–250 passim, 253, 257 f., 261 f., 290, 298, 301, 309, 311, 313, 317, 725 f., 747
Hoare, Samuel 152 ff., 248
Hobson, Valerie 506
Hoesch, Leopold von 237 f.
Hoffman, Bruce 743
Holland, Alice 207
Hollis, Roger 13, 295 f., 330 f., 336, 339 f., 343 f., 368, 376, 380, 389 f., 394, 396 f., 399, 415, 422, 424, 435 ff., 458, 461, 463, 465 f., 468, 470, 486, 494, 499 f., 503, 506, 509, 511, 623, 629 f., 730, 733 f.
Holmer, Paul 860
Holstein, Francis 61, 772 f.
Holt-Wilson, Eric 57, 69, 83, 86, 115, 120 ff., 124, 150, 157, 165, 196, 222, 233, 453, 770 Home, Lord 480, 504 f.
Hooper, William 264 ff., 269, 279
Hoover, J. Edgar 254, 371 f., 375, 385 f., 390, 412 f., 417, 424, 494, 496, 523
Houghton, Harry 488
Houghton, Mrs. 488 f., 491 ff.
Howard, Michael 11, 269, 288
Howe, Geoffrey 626, 643, 646, 651, 665
Hoy, Gerald 676 f.
Hussein, Hasib 712
Hussein, König von Jordanien 552
Hutchings, Stephen 192 f.
Hyde, Douglas 194

Ibn Saud, König 202
Ibrahim, Muktah, Said 713
Im Thurn, Donald 174 f.
Inkpin, Albert Edward 145, 177
Inksumah, Ashford Emmanuel 447
Ippolitow, Iwan 521, 526
Ireland, Frederick James 73 f., 777
Isaacs, Rufus 65
Ishmael, Richard 481
Iwanow, Jewgeni 501 f., 504 ff., 508 f.

Jagan, Cheddi 455 ff., 478–483
Jagan, Janet 455 ff., 479, 482
Jane, Charles 185 f.
Jane, F. T. 33

Janssen, Haicke 106 f.
Jebb, Gladwyn 235, 250
Jebsen, Johann 302
Jelínek, Václav 651 f.
Jellicoe, Lord 524, 526
Jelzin, Boris 374
Jenkins, Roy 528, 576
Joad, Cyril 167
Jodl, Alfred 290
Johnson, Lyndon B. 470
Johnson, Richard Clark 676 f.
Jones, Martin Furnival 323, 419, 423, 468, 471, 483, 488, 490, 493, 515, 523, 543 f., 547, 551, 558, 563, 566, 570, 599, 611, 618 f., 628 f., 640 f., 657, 741
Jones, E. M. 376, 413
Jones, Irma 111
Jordan, Jessie 253 f.
Jowitt, Viscount 823
Joyce, William 232 f.
Joynson-Hicks, William 180, 182 f.
Judd, Alan 46
Junor, John 623

Kambona, Oscar 600
Kanyotu, James 485
Kapiza, Pjotr 197 f., 203, 727
Karpekow, Nikolai 497
Keeler, Christine 501 ff., 505–509
Kell, Vernon 19, 33, 36, 43–92 passim, 97–109 passim, 106–109, 111, 115 f., 121–124, 129, 132, 134, 139, 141–145, 148, 150–166 passim, 170, 174, 180, 184, 210, 219, 222, 228, 230–237, 245, 248, 250, 277, 449, 694, 723, 726, 728, 744, 771
Kell, Constance 44 f., 69, 81, 90, 98 f., 107, 157
Kell, John 157
Kellar, Alex 348, 440, 451, 467 f., 480 f.
Kennedy, John F. 479 f., 495, 500 f., 505
Kennedy, Robert 508
Kent, Sherman 735
Kenworthy, Harold 207
Kenyatta, Jomo 208, 448 ff., 452, 463, 465 f., 472 f.
Kerenski, Alexander 423

Kerrigan, Peter 385, 739
Kershaw, Ian 224
Khaled, Leila 551 f.
Khan, Mohammed Siddeque 712 f.
Khomeini, Ajatollah 596, 682
Killick, John 860
King, John 205, 727
Kipling, Rudyard 21, 729
Kirke, Walter 45, 107
Kirpischenko, Wadim 736
Kitchener, Horatio Herbert Graf 127
Kitchin, Eric 432
Kitson, Alexander 527
Klauer, Wilhelm 75 f.
Klimow, Igor 526 f.
Klischko, Nikolai 168
Klugman, James 426
Klunder, August Wilhelm Julius 777 f.
Knight, Maxwell 194, 212 ff., 216, 227 f., 231, 285
Knouth, Betty 354 f.
Knox, »Dilly« 274
Koestler, Arthur 351
Kollek, Teddy 352
Kondraschow, Sergej
Kordt, Theodor 242
Koutrik, Folkert van 257, 262–266, 279
Krafft, Mathilde 267
Kray, Reggie 510 f.
Kray, Ronnie 510 f.
Kriwitzki, Walter 214, 335
Kronauer, Marie 778 f.
Kronauer, Wilhelm 77, 778
Krötenschield, Boris 336
Krüger, Otto 262, 264, 266
Kruger, Otto Moritz Walter 73, 777
Kuhn, Joseph 153
Küpferle, Anton 100 f.
Kusa, Musa 601
Kusitschkin, Wladimir 522

Labouchere, Frank 141 f.
Lai Teck 439
Lake, Tony 686
Lakey, Arthur 183
Lambert, Leslie 207

Lambton, Lord 524 f.
Lamphere, Robert 386
Lander, Stephen 7, 611, 676, 679, 692, 695–699, 702 f., 742 f.
Landman, Samuel 359 ff.
Laqueur, Walter 565
Law, Henry 211
Lawrence, K. E. 771
Le Queux, William 20 f., 27 f., 33 ff., 38 f., 42, 45, 75, 87 f.
Lee, Andrew Daulton 539
Leibacher, Franz 100
Lenin, Wladimir 145 f., 152, 161, 163, 167 f., 171, 725
Levstein, Yaacov 355
Levy, Colin 524
Levy, Norma 524
Lewal, Jules Louis 31
Liddell, Guy 186, 198, 225 ff., 248, 257, 260 f., 272, 275 f., 278, 289, 293, 295, 300, 310, 313, 317 f., 322 ff., 327 ff., 333, 335, 337, 341, 343 f., 346, 352, 357 f., 366 f., 369, 378–389 passim, 405 f., 416, 431 ff., 439, 445 f., 623, 729 f., 767
Lindsay, Germaine 712
Lipton, Marcus 417
Litwinow, Maxim 139, 169, 206
Ljalin, Oleg 516–520, 522, 536 f., 548
Lloyd George, David 62, 140, 143 f., 148, 155, 157, 161, 167 f., 171, 790
Lloyd George, Gwilym 330
Lloyd, Thomas 450 f.
Lody, Carl Hans 97 f., 100 ff., 131
Loginow, Witali 504 f.
Lomax, Edith Annie 94 f.
Long, Leo 345
Long, Walter 156 ff.
Lovejoy, Henry 210
Lozel, Frans Heinrich 777, 779 f.
Lubbe, Marinus van der 224
Lynskey, Richter 361
Lyttelton, Oliver 441, 448, 456

Macartney, Wilfred 318
Macassey, Lynden 140 f.
Macaulay, Thomas Babington 507

MacDonald, A. M. 418 f., 451, 454, 460, 796
MacDonald, James Ramsay 99, 169 ff., 173 f., 176, 186, 188 f., 221, 325, 731
MacDonald, Malcolm 473
MacDonald, Roddy 590
Macdonogh, George 46, 48
Mackenzie King, William 333, 340, 342
Mackenzie, Edward Compton 45
Maclean, Donald 202–205, 218 f., 324, 332, 334, 337, 339, 373, 392, 402–417 passim, 421 f., 424, 426 f., 727
Maclean, Melinda 407, 410
MacMichael, Ronald 348
Macmillan, Dorothy 511
Macmillan, Harold 328, 331, 418, 456, 460, 462 f., 467, 473 f., 480, 486 f., 495 f., 498–501, 507–511
Macnamara, Jack 203
MacNeill, Eoin 128
Magan, Bill 348, 400, 461 ff., 475 f.
Magan, Maxine 348
Magee, Patrick 621
Maguire, Peter Eamon 870
Mahony, Joseph 131
Maiski, Iwan 198, 208 f.
Major, C. R. 452
Makajew, Valeri 406, 410 f.
Makarios III., Erzbischof 459 ff., 463
Makgill, George 174, 795
Malan, Daniel 433
Malvy, Louis 147
Maly, Teodor 214, 218, 402, 727
Mann, Wilfred 623
Manningham-Buller, Eliza 7, 692, 697, 702 ff., 706, 710, 712 f., 715 ff., 744
Manningham-Buller, Reginald 492, 702
Mao Zedong 382
Mare, Arthur de la 396
Markow, Georgi 583
Marks, Josef 107, 109
Marriott, John 290, 323, 364, 396 f., 530
Marsh, Percy 95
Martelli, Giuseppe 497

Martin, Arthur 369, 413, 424 f., 504
Marx, Karl 200, 445
Mason, Alfred 790
Mason, O. J. 450
Mason, Roy 584 f., 587
Masterman, John Cecil 276–280, 287, 304 f., 308, 319 ff., 323, 728 f.
Masterton, A. W. 95
Maudling, Reginald 515 f., 558, 591
Maurier, George du 184
May, Alan Nunn 334 f., 338–342, 377, 382
Maynard, Joan 527
McCann, Danny 664 f., 667–671
McCarthy, Joseph 395, 429, 456
McGuinness, Martin 718
McKenna, Reginald 28, 56, 85 f., 96, 120
McKenna, Sean 606
McVeigh, Patrick 614
Megrahi, Abdelbaset Ali Mohmed al- 674 f.
Melville, James 140
Melville, William 22–27, 30, 32, 37, 46, 51, 53 f., 58 ff., 72 f., 77, 140, 147
Menon, V. K. Krishna 432 f.
Menzies, Stewart 276, 317, 337, 342, 362
Meynell, Francis 167
Michael, Glyndwr 291 f.
Michaux, André 587
Mikardo, Ian 365
Mill., Bertram 280
Mill., Cyril 280
Milmo, Helenus »Buster« 269, 411 f., 416, 419
Milner, Ian 369
Milner, Lord 144
Mischustin, Slawa 633
Mitchell, Graham 379 f., 383, 399, 421, 487, 490, 498, 500 f., 623, 732, 734
Mitford, Diana 229
Mitrochin, Wassili 522, 529, 531–535, 538
Modin, Juri 408, 415 f., 420
Moe, Helge John Niel 273
Mohammed, Khalid Sheikh 691, 695, 798 f.

Mohammed, Ramzi 713
Molodi, Konon 489 f.
Money, Rowland 116
Montagu, Ewen 276, 291 f.
Montgomery, Bernard Law 302, 312
Moresby, Walter 90
Morley, John 40
Morrison, Herbert 295 f., 378, 408
Morrison, William 208
Morton, Desmond 174, 176 f., 180
Morton, Jack 442
Morton, Alpheus 65
Mosley, Oswald 227–233
Mossadegh, Mohammed 456
Mott, Neville 383
Mountbatten, Lord Louis 291 f., 431
Moyne, Lord 348
Müller, Karl 101–105, 126
Mullik, B. N. 433–436
Munday, Charles 215
Murdoch, Rupert 525
Murray, George 40 f.
Mussolini, Benito 153, 206, 228, 231, 251
Mustafa, Ahmed 602 f.
Mustafa, Faisal 691 f.

Naif, Abder Rassik al- 583
Nasser, Gamal Abd el- 474 f., 447
Nathan, Robert 134 ff.
Neave, Airey 587
Neild, William 569
Newman, Kenneth 578, 610
Nicholson, Godfrey 504
Nicolai, Walter 84, 115, 221
Nidal, Abu (eigtl. Sabri al-Banna) 603, 658 f., 696
Nikitenko, Leonid 633, 645, 647
Nikolaus, Zar 166
Nixon, Richard 523
Njonjo, Charles 466, 473
Nkomo, Joshua 588
Nkrumah, Kwame 444–447, 467, 469 ff.
Norman, C. H. 99
Norris, Percy 659
Northcliffe, Lord 27

Norwood, Hilary 531
Norwood, Melita 216 f., 528, 530–533, 804
Nosow, Fjodor 369
Nye, Archibald 292, 432
Nyerere, Julius 467, 600
Nzula, Albert 450

Ó Conaill, Dáithi 571, 575
Ó Fiaich, Tomás 607
O'Halpin, Eunan 547
O'Hanlon, Siobhan 665 ff.
O'Riordan, Michael 549
Oake, Stephen 704
Obote, Milton 467
Odinga, Oginga 464 f., 466, 472 f.
Ohlson, B. J. 60, 770
Oldham, Ernest 205, 727
Omar, Yassin Hassan 713
Oppenheim, E. Philips 28
Oschtschenko, Viktor 535 f., 655
Oshima, Hiroshi 309
Osman, Hussein 713
Ottaway, John 178, 183 ff.
Ottley, C. L. 768

Pacelli, Eugenio (Papst Pius XII.) 153
Paisley, Ian 547, 590
Pakenham, Hercules 119, 153
Palme Dutt, Clemens 796
Palme Dutt, Rajani 797
Parker, Hubert 492, 496
Parr, Ian 701
Parrott, George 72–75, 83
Patterson, Geoffrey 370 f., 375, 385 f., 390, 410
Pearson, Norman Holmes 729
Peierle, Rudolf 382 f.,
Peierls, Rudolf 623
Penkowski, Oleg 499 f.
Pepper, David 714
Perrin, Michael 381 f.
Peshawari, Ram Chandra 136
Peters, Jakow 139 f.
Petrie, David 266, 281, 295 f., 310, 312 f., 325, 338, 340, 349, 366, 728 f., 747

Petrow, Wladimir 416
Petrowa, Ewdokia 416
Pfeiffer, Erich 255
Philby, Aileen 420
Philby, Kim 197–205, 276, 288 f., 325, 332, 335–345 passim, 362, 372, 374 ff., 386, 390, 402–426 passim, 487, 495 f., 635, 638, 640, 727, 730 f.
Phillips, Cecil 373
Phillips, Morgan 731
Phillips, William 166
Pigou, Arthur 623
Pillai, N. R. 435
Pilling, Joe 742
Pincher, Chapman 384, 629
Pollitt, Harry 165, 172, 188, 208, 212 f.
Pompidou, Georges 523
Ponsonby, Arthur 221
Pontecorvo, Bruno 389 ff.
Popov, Dušan 274
Popow, Viktor 643, 645
Powell, Charles 678
Poynton, Hilton 466
Pozo, Miguel Piernavieja del 282 ff.
Prendergast, John 453, 477
Prescott, Jack 555
Presman, Harry Isaac 355 ff.
Prieger, Hauptmann von 105
Prime, Geoffrey 630 f., 635, 528 f.
Profumo, John 328, 501–510 passim, 524, 526
Protze, Traugott 810
Pujol Garcia, Juan 274 ff.
Pujol, Mrs. 299 f.
Pulitzer, Joseph 154
Putlitz, Wolfgang zu 234 f., 237–241, 245–251, 257 f., 260, 262, 266
Pym, Francis 525

Quehen, Bob de 434, 450, 454
Quigley, Martin Peter 676 f.
Quinsey, Mark 718

Radcliffe, Lord 397 f.
Rahman, Tunku Rahman 443
Ramadan, Muhammad 601 f.
Ramelson, Bert 526 ff., 556

Ramsey, David 165
Rasputin, Grigori 152
Ratschkowski, Pjotr 24, 147
Reagan, Ronald 625 ff., 642, 737
Redesdale, Lady 234
Reed, Ronnie 292, 298, 416
Rees, Goronwy 405, 582, 584
Rees, Merlyn 573 ff., 578 f.
Regan, John 60, 77
Reich, Wilhelm 200
Reid, Christina Leigh 676 f.
Reid, John 717
Reile, Oscar 303 ff.
Reilly, Sidney 735
Ribbentrop, Joachim von 238 ff., 242
Rice-Davies, Mandy 507
Riley, Patricia 72
Rimann, Walter 82, 113
Rimington, Stella 13, 437, 546, 625,
 650 f., 657, 672, 683, 686, 703, 741, 743
Ritter, Nikolaus 257, 267 f., 280
Roberts, Lord 28
Robertson, J. C. 415, 419
Robertson, Norman 340
Robertson, Thomas Argyll »Tar«
 268 f., 256 f., 274, 276 f., 281, 287,
 290, 295, 299 f., 308 f., 323
Robinson, Peter 718
Robinson, W. D. »Bill« 460
Robson, Robert 165
Rodin, Nikolai 408
Rogow, Waleri 526
Rommel, Erwin 313
Roos, Willem 106 f.
Rosenbaum, Erna 404
Rosenberg, Ethel 831
Rosenberg, Julius 831
Rosenthal, Levi 76
Rosenthal, Robert 105 ff.
Ross, Colin 231
Rosso, Alberto 81, 776
Rothermere, Lord Harold Harmsworth
 176, 230
Rothschild, Victor 227, 289, 364, 423,
 623
Rothstein, Andrew 198
Roy, Evelyn 797

Roy, M. N. 797
Rumrich, Guenther 254
Rundstedt, Gerd von 312
Rushdie, Salman 682 f., 687, 743
Rusk, Dean 479 ff.

Sabotin, Nikolai 334 f.
Saddam Hussein 583, 597
Sadighi, Mehdi Seyed 683
Saizew, Leonid 629
Salameh, Mohammed 691
Salisbury, John 209 f.
Salter, William 66, 70
Sampson, Colin 663
Sánchez, Ilich Ramírez 563 f.
Sander, Albert 110–113
Sands, Bobby 606 f., 612
Sandys, Duncan 465 ff., 472, 475, 480
Sanjevi, T. G. 432 f.
Savage, Seán 664–671
Sawin, Alexander 517, 519 f.
Sawin, Wladislaw 517
Scarlett, John 695 f., 698, 717
Schischlin, Nikolai 644
Schmidt, Heinrich 778
Schneider, Adolf 777
Schneider, Willy 235, 260
Schroeder, Frederick Adolphus 76 f.,
 82, 121
Schultz, Max 64, 66 ff., 70, 72, 80
Schutte, Heinrich Christian Wilhelm
 778
Scotland, Alexander 272
Scott, Michael 434
Scott, Russell 235
Seely, »Jack« 65 f.
Segrè, Emilio 390
Serebrjanski, Jakow 190
Serebrow, N. W. 537
Sergueiev, Nathalie »Lily« 305 f.
Serocold, Claud 155 f.
Sessodia, Thakur Jessrajsinghji 135
Shachori, Ami 559
Shakespeare, William 635
Shaw, Byam 150
Shaw, John 354, 363, 438, 446 f., 450 f.,
 454

Shawcross, Hartley 362
Shedden, Frederick 368
Sheldon, Bernard 524, 636 f.
Shepherd, William 192 f.
Sherer, Mary 306 f.
Shinwell, Emmanuel 359 ff.
Shinwell, Ernie 361
Shipp, Cecil 523, 553, 634
Sieff, Joseph Edward 564
Sillitoe, Percy 325 ff., 329, 347, 349 f., 363, 368, 370, 384, 386 ff., 390, 412, 433 f., 438–442, 448, 450 f., 731
Simkins, Anthony 252, 419, 544, 546, 559, 738, 746
Simon, John 88, 206, 209, 229, 232 f., 242
Sinclair, Quex 175 ff., 179 f., 234, 244 f., 261
Sinclair, John 330, 416
Singh, Ram 136
Sinowjew, Grigori 161, 171, 173–177, 180, 186 f., 731
Sissmore, Jane 193
Sisters, Mitford 234
Skardon, Jim 369, 384 f., 412–415
Slocombe, George 179
Sloman, Maud 77
Smedley, Hugh 470
Smith, Howard 593, 599, 611
Smith, Michael John 535–539, 652, 655
Smith, Walter Bedell 411, 413
Snelling, Arthur 471
Solomon, Flora 423
Sorensen, Theodore 495
Spence, Basil 302
Stalin, Josef 189 f., 204, 206, 217, 296, 363, 375, 423, 632, 726 f., 730, 732, 736, 739, 747
Stalker, John 663 f.
Stanley, Sidney 360 ff.
Steinhauer, Gustav 23 f., 32, 61, 63, 66 f., 72 f., 75 ff., 77, 79–82, 121
Stephens, Donald 459 f.
Stephens, Robin »Tin-eye« 270–273, 277, 281, 294, 318, 444, 446
Steuart, Lily 93 f.

Stevens, Richard 240 f., 261 f.
Steward, George 248
Stewart, Ian 664
Stewart, Robert 165, 171
Stewart, Findlater 326
Stíofáin, Seán Mac 549
Stone, Earl F. 371
Stonehouse, John 623 ff.
Strachey, Oliver 267
Straight, Michael 425
Strang, William 235
Straub, Karel 587
Stuart, Judi 477 f., 557
Stuart, Sandy 477 f., 557, 559
Suñer, Ramón Serrano de 283
Suschitzky, Edith 801
Sutherland, David 558, 591, 596
Swingler, Stephen 731
Sykes, Richard 587
Tanweer, Shehzad 712 f.
Tarren, Edward 64
Temple, R. C. 37
Templer, Gerald 441 ff., 454 f., 459
Tenet, George 697
Terry, Peter 678
Thatcher, Margaret 538, 587, 596, 598, 607, 618, 621–627, 630, 641, 643, 645 f., 649, 651, 659, 664, 666 ff., 671 f., 678 f.,
Thatcher, Carol 678
Thomson, Basil 85, 89, 98, 101, 119, 121 ff., 129, 131–135, 137, 141, 144, 148 ff., 152, 155–168 passim
Thomson, John 447, 467, 469 ff.
Thwaites, Norman 154 f.
Thwaites, William 29 f., 58
Thwistlethwaite, Dick 370
Tillett, Ben 99
Tiltman, John 207 f.
Tinsley, Richard 107, 110
Titow, Igor 627, 630
Toynbee, Philip 403
Travis, Edward 370
Trebilcock, Edward 210
Trench, Frederic 55
Trench, R. M. 55, 57 f.
Trend, Burke 542, 546, 551

Trevaskis, Kennedy 474 ff.
Trevor-Roper, Hugh 329
Trotzki, Leo 145, 151, 190
Trudeau, Pierre Elliot 523
Truman, Harry 340, 349, 367, 375, 382
Tschernenko, Konstantin 643, 646
Tschitscherin, Georgi 139, 142 f., 146 f., 151, 177
Tudor-Hart, Edith 218
Tugendhat, Christopher 610
Turrou, Leon G. 254

U'ren, Bill 432
Ustinov, Jona »Klop« 234 f., 237–241, 243, 247, 251, 258, 260
Ustinov, Peter 238, 241

Van Haarlem, Erwin 649–652
Van Vleet, Richter 112
Vansittart, Robert 233–236, 242 f., 245, 249 ff., 257, 726
Varma, S. P. 484
Vassall, John 399 f., 498 f.
Victoria, Königin 22, 23, 170
Vivian, Valentine 206, 216, 276
Vrinten, Adrianus 263

Walden, George 514 f., 521
Walker, Patrick Gordon 340, 483, 603, 613, 615 f., 618, 657, 660, 672, 679
Wallinger, John 132
Walsingham, Francis 20
Walton, Calder 390
Ward, Stephen 502–507
Wavel, Archibald 288
Weisband, William 373 ff.
Welensky, Roy 467
Weller, Kurd von 778
Wells, H. G. 20
Wesselow, Peter. de 418 f.
Wetrow, Wladimir 868
Wheeldon, Alice 790
Wheeldon, Harriet 790
Wheeldon, Winnie 790
Wheeton, Stephen James 207 f.
White, Dick 235, 251, 260, 262, 268, 271 f., 277, 279, 289, 295 f., 298, 326–330, 332, 368, 383, 411 f., 416, 421, 423 f., 436, 438, 441 f., 486, 494, 496, 500, 509
Whitelaw, Willie 569 f., 573, 596, 598 f.
Whiting, Charles 356
Whitson, Lish 386
Whitty, Kenneth 659
Whomack, George 215
Whytock, Roslyn 111, 155
Wiesel, Elie 748
Wilhelm II. 11, 23 f., 55, 82
Wilkinson, Spenser 21
Williams, Albert 215
Williams, David G. T. 326
Williams, R. G. 54
Willsher, Kay 344
Wilson, Harold 13, 476, 483, 514 f., 528, 547, 574, 576, 578 f., 591, 623, 740
Wilson, Richard 552, 695
Wilson, Horace 242, 248
Wilson, Woodrow 112 f., 161
Winn, Rodger 510
Winnifrith, John 387, 392 f., 395
Winterborn, Hugh 490
Wiseman, William 154 f.
Wodehouse, Miss 56 f., 771
Wolkow, Konstantin 335 ff.
Wolodarski, Joseph Wokowitsch 197
Woollcombe, Malcolm 176, 246
Woronin, Juri 520, 522
Worthington-Evans, Laming 180
Wright, Peter 419, 422, 427 f., 490, 520, 629, 735 f.
Wünnenberg, Karl 109 f., 112 f.
Wyllie, William Curzon 134
Wyschinski, Andrej 383

Yew, Lee Kuan 468
Yousef, Ramzi 691

Zawahiri, Ayman al- 681, 685, 688, 693
Zec, Philip 296
Zelle, Margaretha Gertruida 118 f.
Zender, Ludovico Hurwitz y 108
Zimmermann, Arthur 112